Andreas Kosch

COM/DCOM/COM+ mit Delphi

Software & Support Verlag GmbH
Frankfurt, 2000

COM/DCOM/COM+ mit Delphi
Andreas Kosch
Frankfurt/Main: Software & Support Verlag GmbH, 2000
ISBN 3-935042-01-9

Die Deutsche Bibliothek – CIP-Einheitsaufnahme
Ein Titeldatensatz für diese Publikation ist bei Der Deutschen Bibliothek erhältlich.

© 2000 Software & Support Verlag GmbH

http://www.entwickler.com

Lektorat, Satz: Nicole Bechtel
Korrektorat: Rüdiger Glaum, Nicole Bechtel
Umschlaggestaltung: Tobias Friedberg
Belichtung, Druck und Bindung: M.P. – Media-Print-Informationstechnologie GmbH, Paderborn

Alle Rechte, auch für Übersetzungen, sind vorbehalten. Reproduktion jeglicher Art (Fotokopie, Nachdruck, Mikrofilm, Erfassung auf elektronischen Datenträgern oder andere Verfahren) nur mit schriftlicher Genehmigung des Verlages. Jegliche Haftung für die Richtigkeit des gesamten Werks kann, trotz sorgfältiger Prüfung durch Autor und Verlag, nicht übernommen werden.

Die im Buch genannten Produkte, Warenzeichen und Firmennamen sind in der Regel durch deren Inhaber geschützt.

Inhaltsverzeichnis

VORWORT		**15**
1	**STANDORTBESTIMMUNG**	**17**
1.1	DER URSPRUNG	17
1.2	WAS HABE ICH ALS ENTWICKLER VON COM?	21
1.3	WO WIRD COM EINGESETZT?	22
1.4	EIGENE COM-SERVER ENTWICKELN	24
1.4.1	*Delphi-3/4-Beispiel: In-process Server Step by Step*	*25*
1.4.2	*Delphi-3/4-Beispiel: Local Server Step by Step*	*39*
1.4.3	*Delphi-5-Beispiel: Automation-Server mit Events*	*39*
1.5	BEISPIEL: WINDOWS SCRIPTING HOST	45
1.5.1	*Beispiel: Windows Scripting Host und COM+*	*46*
1.5.2	*Beispiel: Windows Scripting Host und ADSI*	*46*
1.6	DELPHI-TOOLS	47
1.6.1	*Delphi's Typbibliothekseditor*	*47*
1.6.2	*Welche Darstellung verwenden?*	*53*
1.6.3	*TLIBIMP.EXE*	*55*
1.6.4	*TREGSRV.EXE – Borland Turbo-Registrierungs-Server*	*56*
1.7	DAS DOKUMENTATIONS-PROBLEM	56
1.8	WIE GEHT'S WEITER?	59
2	**COMPONENT OBJECT MODEL**	**61**
2.1	WAS IST EIN OBJEKT?	61
2.2	WARUM COM?	62
2.3	SERVER UND CLIENT	65
2.3.1	*In-process Server*	*66*
2.3.2	*Local Server*	*68*
2.3.3	*Remote Server*	*69*
2.3.4	*COM-Handler*	*71*
2.3.5	*Der technische Unterschied*	*71*
2.4	COM-INTERFACE	72
2.4.1	*Interface als binärer Standard*	*72*
2.4.2	*Interface-Vorläufer – Objekt aus einer DLL exportieren*	*74*
2.4.3	*IUnknown*	*80*
2.4.4	*Dispinterface IDispatch*	*98*
2.4.5	*Sonderfall Dispinterface mit feststehenden DispIDs*	*106*
2.4.6	*Dual Interface*	*108*
2.4.7	*Vergleich IDispatch und Dual Interface*	*111*
2.4.8	*VTABLE-Interface*	*113*
2.4.9	*Mehrere Interface-Versionenl*	*113*

	2.4.10	Mehrfachvererbung in Object Pascal durch Interfaces?	116
2.5		COM IDENTIFIER	121
2.6		COM CLASS	124
	2.6.1	Die COM-Class-Alternativen von Delphi	125
	2.6.2	Kein Server von der Stange!	127
	2.6.3	Object Interface am Beispiel TInterfacedObject	133
2.7		CLASS OBJECT UND CLASS FACTORY	135
	2.7.1	Delphi erzeugt eine Server-Instanz	137
	2.7.2	Class Factory	139
	2.7.3	Die vordefinierten Class Factories	142
2.8		COL – COMPONENT OBJECT LIBRARY	142
	2.8.1	Eine Instanz einer COM Class wird angefordert	143
	2.8.2	COM und die Registry	144
2.9		TYPE LIBRARY – DIE TYPBIBLIOTHEK DES COM-OBJEKTS	146
	2.9.1	Beispiel für das Beschreiben von DLL-Funktionen	146
	2.9.2	Typbibliothek für COM-Server	150
	2.9.3	Elemente der Typbibliothek	152
	2.9.4	Enumerated Types in der Typbibliothek	155
	2.9.5	Zweite Typbibliothek für das Callback-Interface	158
	2.9.6	Registrieren oder nicht registrieren?	161
	2.9.7	Server-Registrierung unter Delphi	162
	2.9.8	Die Registry und die Typbibliotheken	166
2.10		COM OBJECT ALS INSTANZ DER COM CLASS	167
2.11		MARSHALER UND APARTMENTS	168

3 COM OBJECT – INSTANZ DER COM CLASS 169

3.1		EINFACHE VS. MEHRFACHE INSTANZ	170
3.2		WAS BEIM DELPHI-EXPERTEN FEHLT	172
3.3		SINGLETON SERVER	175
3.4		RUNNING OBJECT TABLE (ROT)	177
	3.4.1	Moniker	177
	3.4.2	Beispiel für einen ROT-Server	179
	3.4.3	Inhalt der ROT auslesen	181
3.5		TOleServer.ConnectKind	184
3.6		StartMode smStandAlone	185
3.7		FORMULARLOSE COM-SERVER	186
3.8		CLIENTS ALS KONSOLENANWENDUNG	187

4 MARSHALER UND APARTMENTS 191

4.1		PROZESSE UND THREADS – EINE KURZEINFÜHRUNG	191
4.2		MARSHALER	192
	4.2.1	Praktische Auswirkungen	193
	4.2.2	COM als Programmiermodell	197
	4.2.3	Standard- vs. Custom-Marshaling	199
	4.2.4	Standard-Marshaler	200

4.3		APARTMENT UND THREADING MODEL	203
	4.3.1	COM und Threads	206
	4.3.2	Warum sind Threading-Modelle notwendig?	207
4.4		SINGLE-THREADED APARTMENT (STA)	207
	4.4.1	Single-threading Model	210
	4.4.2	Regeln für Single-threaded Apartments (STA)	211
4.5		MULTI-THREADED APARTMENT (MTA)	217
4.6		WER DIE WAHL HAT, HAT DIE QUAL	218
4.7		MARSHALING AUS SICHT DER API-FUNKTIONEN	219
	4.7.1	IStream	220
	4.7.2	CoMarshalInterface und CoUnmarshalInterface	221
	4.7.3	In-process-Helfer für den Marshaler	222
	4.7.4	Global Interface Table (GIT)	224
4.8		PRAKTISCHE VERSUCHE	226
	4.8.1	STA – Zugriff auf einen Local Server	226
	4.8.2	STA – Zugriff auf einen In-process Server	230
	4.8.3	STA: Server muss seine globalen Daten schützen	232
	4.8.4	STA: Thread muss Windows-Botschaften verteilen	235
	4.8.5	MTA – Zugriff auf einen In-process Server	239
	4.8.6	Unterschiede der Threading-Beispiele	242
4.9		PRAXISBEISPIEL STA-MULTITHREAD-SERVER FSOBJ	246
	4.9.1	Server-Implementierung	247
	4.9.2	Client-Implementierung	251
	4.9.3	Testergebnisse	254
	4.9.4	Sink-Objekt des Clients in einem eigenen Thread	255
4.10		ZUSAMMENFASSUNG	259
4.11		FEHLT DA WAS?	260

5	**HRESULT UND SAFECALL**		**261**
5.1		HRESULT	261
	5.1.1	Exceptions in einer Interface-Methode?	262
	5.1.2	HRESULT-Aufbau	263
	5.1.3	HRESULT-Wert auswerten und erzeugen	265
	5.1.4	OleCheck	266
5.2		SAFECALL	267
	5.2.1	Das Problem	269
	5.2.2	Ein praktisches Beispiel	270
	5.2.3	Der Haken an der Sache mit SafeCall	274
	5.2.4	SafeCall – ein Blick hinter die Kulissen	275
	5.2.5	ServerExceptionHandler	276
5.3		SAFECALL FÜR NICHT-COM-ANWENDUNGEN?	279
5.4		EOLESYSERROR	282

6	**AGGREGATION UND CONTAINMENT**		**285**
6.1		NATIVE AGGREGATION	286

6.2	INTERFACE-METHODEN-MAPPING	291
6.3	IMPLEMENTS	292
6.3.1	Einfaches Aggregations-Beispiel	293
6.3.2	Komplexes Aggregations-Beispiel	298

7 DATENAUSTAUSCH ... 309

7.1	IStream	309
7.2	IStrings	312
7.2.1	Ein Beispiel	312
7.2.2	IStrings intern	316
7.2.3	Fehlt da nicht etwas?	322
7.3	IFont und IFontDisp	323
7.4	IPictureDisp	326
7.5	Variant-Array	328
7.5.1	Variant	328
7.5.2	Was ist ein Variant-Array?	331
7.5.3	TMemo-Inhalt als Variant-Array	335
7.5.4	TStrings als Variant-Array	338
7.5.5	Beispielprojekt Records als Variant-Array	342
7.5.6	TStream als VariantArray verpackt	344
7.6	PSafeArray	346
7.6.1	VarArrayRef	348
7.6.2	Einsatzbeispiel: Interne Verwendung	350
7.6.3	Einsatzbeispiel: Local Server fordert Speicher an	352
7.7	JPG-Grafik als WideString übertragen	355
7.8	User Defined Types (UDT) und Delphi	359
7.9	User Defined Types (UDT) via IRecordInfo	362
7.10	IMalloc	371
7.10.1	Das erste Beispielprogramm	373
7.10.2	Das zweite Beispielprogramm	374
7.11	CoTaskMemAlloc	376
7.12	IEnumString	379
7.13	IEnumVariant	383
7.14	Optionale Parameter	388
7.15	IDataObject	389
7.15.1	IDataObject-Grundlagen	390
7.15.2	Das Beispielprojekt	392
7.16	ADO-Recordset	396
7.16.1	Warum ADO?	397
7.16.2	OLE DB	399
7.16.3	ADO 2.1 – die Bestandteile	401
7.16.4	ADO-Programmiermodell	401
7.16.5	Das Recordset-Beispielprojekt	406
7.16.6	Das Stream-Objekt von ADO 2.5	410
7.16.7	RDS – das Borland-Beispiel wird erweitert	413

8	CALLBACK VS. CONNECTION POINT	417
9	**OBJEKTMODELLE**	**419**
9.1	Einfaches Beispiel mit fester Objektanzahl	419
9.2	Komplexes Beispiel mit variabler Objektanzahl	426
9.3	Feintuning – aus TAutoObject wird TAutoIntfObject	435
9.4	Umbau zum DCOM-Server	437
10	**COM UND DAS BETRIEBSSYSTEM**	**445**
11	**OLE – DER URSPRUNG VON COM**	**447**
12	**AUTOMATION**	**449**
12.1	Was ist zu tun?	450
12.2	Eigenen Automation-Server entwickeln	452
12.2.1	Schritt 1: Anwendungsprogramm	452
12.2.2	Schritt 2: Automatisierungsobjekt	453
12.2.3	Schritt 3: Client	455
12.2.4	Schritt 4: Running Object Table (ROT)	457
12.2.5	Schritt 5: Client nutzt die ROT aus	458
12.3	Das Objektmodell von Microsoft Word	459
12.3.1	Was ist ein Objektmodell?	459
12.3.2	Wie finde ich das richtige Objekt?	462
12.3.3	Delphi als Automation-Controller	466
12.3.4	Global-Objekt	476
12.3.5	Application-Objekt	476
12.3.6	Document-Objekt	478
12.3.7	Range-Objekt	480
12.3.8	Selection-Objekt	482
12.3.9	Word als Report-Engine	483
12.3.10	Delphi und die Datentypen von VBA	485
12.3.11	Stolperstellen	485
12.4	TOleServer – Neues in Delphi 5	487
12.4.1	TWordApplication und TWordDocument	488
12.4.2	TWordApplication und Threads	491
12.5	Neues in Microsoft Word 2000	493
12.5.1	Komponenten für Office 2000 installieren	494
12.5.2	Überladene Interface-Methoden	496
12.5.3	COM Add-In für Word 2000	497
12.6	Delphi 5 und Microsoft Office 2000	505
12.6.1	Text über Bookmarks einfügen	505
12.6.2	Der Serienbrief in Word 2000	506
12.6.3	Word 2000 und das Internet	508
12.6.4	Das FileSearch-Objekt	510
12.6.5	Office Assistant	512

	12.6.6	Makro, Menü und Toolbar konfigurieren	516
12.7		CONTROLLER FÜR WORD 95 UND WORD 97/2000?	521
12.8		BEISPIELE MIT MICROSOFT EXCEL 2000	527
	12.8.1	Das Objektmodell von Excel 2000	528
	12.8.2	Zellen auslesen und mit den Daten füllen	529
	12.8.3	Excel 2000 und ADO	535
12.9		BEISPIELE MIT MICROSOFT OUTLOOK	536
	12.9.1	Das Objektmodell von Outlook	536
	12.9.2	Delphi 4/5 ohne Outlook-Komponenten	538
	12.9.3	Delphi 5 mit den Outlook-Komponenten	544
12.10		ANWENDUNGSBEISPIEL MICROSOFT AGENT	547
	12.10.1	Die Installation	548
	12.10.2	Der Import in Delphi 4	548
	12.10.3	Das Beispielprogramm	551
	12.10.4	Connection-Points-Unterstützung	553
12.11		INTERNET EXPLORER	557
13	**DCOM**		**561**
14	**MIDAS**		**563**
14.1		DELPHI 4 UND MIDAS 2	563
	14.1.1	Client ruft Server – die Verbindungsalternativen	563
	14.1.2	MIDAS-2-Server	564
	14.1.3	Briefcase-Modell	565
	14.1.4	SingleInstance-Server	571
	14.1.5	MultiInstance-Server	573
	14.1.6	MultiInstance-Multithread-Server	574
	14.1.7	Poolmanager-Server	579
	14.1.8	ActiveForm als MIDAS-Client	584
14.2		DELPHI 5 UND MIDAS 3	584
14.3		TCOMPONENTFACTORY	585
	14.3.1	Das Standardverhalten von TAutoObjectFactory	586
	14.3.2	Das Standardverhalten von TComponentFactory	587
	14.3.3	Das Geheimnis von TComponentFactory	587
15	**MTS**		**589**
15.1		STANDORTBESTIMMUNG	589
	15.1.1	Was ist der MTS?	590
	15.1.2	Einsatzfälle	591
	15.1.3	MTS-Steckbrief	592
15.2		INSTALLATION DES MTS	593
15.3		DAS MINIMAL-BEISPIEL MIT DELPHI	599
15.4		DAS PRINZIP DES MTS	602
	15.4.1	MTS-Begriffe	602
	15.4.2	Beispiel für das Zusammenspiel	608

- 15.5 Middle-tier-Objekte für den MTS ... 609
  - 15.5.1 Objekt-Anforderungen ... 610
  - 15.5.2 Objekt-Aktivierung ... 611
  - 15.5.3 Zustandslose Objekte ... 613
- 15.6 MTS-Transaktionen ... 616
  - 15.6.1 Ein kurzer Ausflug in die Theorie ... 616
  - 15.6.2 Das 2-Phasen-Commit des MTS ... 621
  - 15.6.3 Deklarative Transaktionen ... 622
  - 15.6.4 Transaktionsregeln des MTS ... 625
- 15.7 Zustandslose vs. zustandsbehaftete Objekte ... 628
  - 15.7.1 Zustandsbehaftetes Objekt ... 628
  - 15.7.2 Zustandsloses Objekt ... 636
  - 15.7.3 Shared Property Manager ... 641
  - 15.7.4 MTS-Objekte debuggen ... 644
- 15.8 MTS-Objekte mit Datenbankzugriff ... 645
  - 15.8.1 BDE als Resource Dispenser ... 646
  - 15.8.2 Die Beispiel-Datenbank ... 650
  - 15.8.3 Der konventionelle Client/Server-Ansatz ... 652
  - 15.8.4 Das zustandslose Datenbankobjekt ... 661
  - 15.8.5 Self-made Session-Manager ... 670
  - 15.8.6 MIDAS für Arme ... 673
- 15.9 Design von Multi-tier-Anwendungen ... 677
  - 15.9.1 CRUD-Aktionen ... 678
  - 15.9.2 Beispielprojekt MTSKdnManager ... 680
- 15.10 MTS und ADO ... 683
  - 15.10.1 Microsoft-Empfehlungen ... 683
  - 15.10.2 ACCESS-Datenbank ohne Transaktion ... 685
  - 15.10.3 Kurzeinführung in die MSDE ... 688
  - 15.10.4 MSDE-Datenbank ohne Transaktion ... 698
  - 15.10.5 MSDE-Datenbank mit Transaktion ... 699
  - 15.10.6 Recordset-Objekt übertragen ... 704
- 15.11 Microsoft-Regeln zum MTS ... 707
- 15.12 Troubleshooting ... 708

16 COM+ ... 711

- 16.1 Standortbestimmung ... 711
  - 16.1.1 Von COM zu COM+ ... 711
  - 16.1.2 Configured vs. Nonconfigured ... 713
- 16.2 Was gibt's Neues in COM+? ... 714
  - 16.2.1 COM+ Services ... 715
  - 16.2.2 COM+ Runtime ... 716
  - 16.2.3 COM+ Administration ... 718
  - 16.2.4 Process, Apartment, Activity und Context ... 723
  - 16.2.5 Type Libraries und ProgIDs für COM+ ... 727
  - 16.2.6 Das neue COM+-Programmier-Modell ... 728

16.3		VERTEILTE ANWENDUNGEN	737
	16.3.1	Warum eine verteilte Anwendung?	738
	16.3.2	Warum nicht CORBA, Java oder XML?	743
	16.3.3	Nebenwirkungen	744
	16.3.4	Performance von verteilten Anwendungen	747
16.4		COM+ UND DELPHI 5	750
	16.4.1	Borlands Eigentor	751
	16.4.2	Non-blocking Calls	755
	16.4.3	COM+-Komponenten debuggen	756
16.5		VERWENDETE ENTWICKLUNGSUMGEBUNG	757
16.6		COM+ EVENT SERVICE	758
	16.6.1	Das Minimalbeispiel	762
	16.6.2	Transiente Subscription	774
	16.6.3	Die Bibliotheksanwendung	776
	16.6.4	Event-Filter	778
	16.6.5	Queued Subscribers	779
16.7		CONSTRUCTOR STRINGS	779
16.8		TRANSACTION SERVICES	782
	16.8.1	Beispiel für den Microsoft SQL-Server 7	784
	16.8.2	Der C/S-Client (Two-tier)	788
	16.8.3	Fehlerbehandlung von ADO	791
	16.8.4	Aus C/S wird Three-tier	795
	16.8.5	Verzicht auf TADOConnection und TADOStoredProc	807
	16.8.6	SetAbort-Bug von Windows 2000	820
16.9		MICROSOFT MESSAGE QUEUE SERVICES	823
16.10		QUEUED COMPONENTS	824
16.11		COM+ SECURITY	831
	16.11.1	Standard-Sicherheit	832
	16.11.2	Identität	833
	16.11.3	Rollen	834
	16.11.4	Call Context	842
	16.11.5	CoInitializeSecurity	845
16.12		LOAD BALANCING	846
16.13		OBJECT POOLING	848
	16.13.1	Objekt-Pool trotz CanBePooled := False	849
	16.13.2	Der echte Objekt-Pool	850
16.14		COM+-SYNCHRONISATION	852
	16.14.1	Gemeinsame Testbedingungen	852
	16.14.2	Verhalten des STA-Objekts	855
	16.14.3	Verhalten des MTA-Objekts	856
	16.14.4	Verhalten des TNA-Objekts	861
16.15		Migration vom MTS zu COM+	863
17		**INTERNET INFORMATION SERVICES**	**867**
17.1		INTRANET WEBSITE EINRICHTEN	867

	17.1.1	Neue IP-Adresse vergeben	868
	17.1.2	Neue Website konfigurieren	869
	17.1.3	Index Service konfigurieren	873
17.2		DIE IIS-ARCHITEKTUR	879
	17.2.1	Web Application Manager (WAM)	880
	17.2.2	IIS-Anwendung	882
	17.2.3	Anwendungsschutz	883
	17.2.4	IUSR_Rechnername	885
17.3		INTERNET SERVER API (ISAPI)	887
	17.3.1	Was ist eine ISAPI-DLL?	887
	17.3.2	ISAPI-DLL für eine Datenbankabfrage	892
	17.3.3	ISAPI-DLL für das Einfügen und Löschen von Daten	899
	17.3.4	ISAPI-DLL mit TPageProducer	907
	17.3.5	ISAPI-DLL für das Uploaden von Dateien	908
17.4		ACTIVE SERVER PAGES (ASP)	910
	17.4.1	Was ist eine ASP?	910
	17.4.2	Neue ASP-Funktionen in IIS 5.0	911
	17.4.3	ASP startet COM-Objekt	914
	17.4.4	ASP ruft direkt die ADO-Objekte auf	920
	17.4.5	ASP mit Objektkontext-Unterstützung	925
	17.4.6	ASP und IBX	928
	17.4.7	ASP-Objekt mit Delphi Professional	929
17.5		ACTIVEFORM	934
	17.5.1	Das erste Beispiel	934
	17.5.2	ActiveForm-Methoden aus der HTML-Seite aufrufen	939
17.6		TWEBCONNECTION	941

INDEX **945**

Inhaltsverzeichnis

Vorwort

COM (engl. Component Object Model) ist nur sieben Jahre alt und hat seit der Vorstellung auf der OLE2 Professional Developer's Conference 1993 seine Spuren hinterlassen. Wie es auch bei vielen anderen Technologien der Fall war, haben sich die geistigen Väter die tatsächliche Entwicklung nicht vorstellen können. Dies erklärt auch die vorhandenen Stolpersteilen – im Laufe seiner Entwicklung musste COM nicht selten Kompromisse eingehen, um die am Anfang gemachten Designfehler zu umgehen. Der Entwickler, der auf COM zurückgreift, spürt die Nebenwirkungen in der alltäglichen Arbeit: wohl jeder hat während seiner Arbeit mit anfangs unverständlichen Fehlermeldungen und mit „Übersetzungsfehlern" in der gerade importierten Typbibliothek zu tun.

Mit der Einführung von DCOM (engl. Distributed COM) im Jahre 1996 liegen nun sogar COM-Objekte auf externen Rechnern im Zugriffsbereich eines Anwendungsprogramms. Dass damit das Ganze für den Entwickler nicht einfacher wird, belegen Schlagworte wie MTS, ASP und MIDAS.

Gleich am Anfang dieses Jahres werden wir mit den Neuheiten von COM+ konfrontiert, die Windows 2000 zur Verfügung stellt. Dabei kommt es zur paradoxen Situation, dass zwar die theoretischen Grundlagen komplexer werden, der praktische Einsatz jedoch deutlich einfacher wird. Der Grund für diesen scheinbaren Widerspruch liegt darin, dass mit COM+ viele der in der Zwischenzeit eingefügten COM-Fähigkeiten, wie zum Beispiel der MTS oder der MSMQ, in das Betriebssystem vollständig integriert wurden. Allein das Stichwort ADSI macht deutlich, in welchem Umfang mittlerweile Windows 2000 aus COM-Objekten besteht, auf die ein Entwickler zugreifen kann.

Obwohl das Thema an sich bereits schwierig ist, hat ein Entwickler, der Borland Delphi als Entwicklungsumgebung einsetzt, zusätzliche Probleme. Damit meine ich nicht Delphi selbst – ganz im Gegenteil, auch bei COM und DCOM macht Delphi seinem exzellenten Ruf alle Ehre. Das Problem liegt vielmehr darin, dass bisher alle zu diesem Thema auf dem Markt erhältlichen Bücher sich ausschließlich mit den Sprachen C++ oder Visual Basic befassen. Das Gleiche gilt für die Vielzahl von technischen Dokumentationen, die von Microsoft über das MSDN (Microsoft Developer Network) zur Verfügung gestellt werden. Ein Entwickler, der Delphi einsetzt, wird mit Informationen über die MFC und die ATL nur wenig anfangen können. Er kommt – dank Delphi! – mit vielen der COM-Grundlagen oftmals erst gar nicht in Berührung. So positiv dies in der Regel auch ist, so problematisch wird es, wenn der eigene COM-Server mit außergewöhnlichen Fähigkeiten ausgestattet werden soll. Spätestens dann helfen die bequemen Delphi-Experten nicht mehr weiter, stattdessen ist Know-how gefragt. Und genau bei diesem Problem soll dieses Buch helfen. Damit der Bezug mit der Microsoft-Originalliteratur für Sie als Leser einfacher wird, verwende ich weitgehend auch die originalen und somit englischsprachigen Bezeichnungen für die wichtigsten COM-Bestandteile.

COM ist nicht nur eine junge, sondern auch eine sehr dynamische Technologie. Sie müssen damit rechnen, im Jahresrhythmus mit jeder neuen Delphi-Version Ihre bisherigen Erfahrungen auffrischen zu müssen. So liegen zum Beispiel einige Projekte in diesem

Buch sowohl in einer Delphi-4- als auch in einer Delphi-5-Version vor (die Delphi-3-Versionen der ersten Ausgabe wurden aus Platzgründen weitgehendst entfernt). Den Grund dafür nennt Ihnen Delphi selbst, wenn Sie eines der Delphi-4-Beispiele mit der neuen Version kompilieren wollen. Die meisten Projekte jedoch lassen sich mit beiden Versionen bearbeiten.

Noch ein Wort zu den Beispielprojekten. Sie finden auf der CDROM zum Buch über 300 Beispielprojekte vor, die sich bei mir im Laufe der Zeit angesammelt haben. Im Quellcode der Beispiele ist jeweils die Delphi-Version vermerkt, mit der dieses Beispiel entwickelt wurde. Ich hatte zuerst vor, jedes dieser Beispiele für die unterschiedlichen Delphi-Versionen aufzubereiten und auch unter den verschiedenen Betriebssystemen zu testen. Allerdings sorgt eine kurze Rechnung für Ernüchterung – 300 Beispiele für 5 Delphi-Versionen (Delphi 4, 4.03, 5, 5.01, 5.01 + ADO-Patch) und 4 Betriebssysteme (Windows 95, Windows 98, Windows NT 4 SP 5 und Windows 2000) ergeben 6000 unterschiedliche Konfigurationen. Für diese Tests wäre mehr Zeit benötigt worden als für das Buch. Ich habe daher darauf verzichtet und stelle auf der CDROM alle Projekte zur Verfügung, auch wenn diese in Einzelfällen nicht mit jeder Delphi-Version und unter jedem Betriebssystem nutzbar sind.

Es sei mir noch ein Hinweis gestattet. Im Buch gehe ich davon aus, dass Sie die Delphi-Entwicklungsumgebung sowie die Sprache Object Pascal bereits kennen. Falls nicht, legen Sie dieses Buch besser erst einmal für ein paar Wochen zur Seite. Es ist mir auch völlig klar, dass dieses Buch stellenweise schwer verständlich ist. Am Anfang habe auch ich bestimmte Zusammenhänge erst nach mehrmaligen Anläufen begriffen – Sie sollten daher nicht zu früh resignieren, sondern mit dem „Learning by doing"-Prinzip am Ball bleiben.

Für Ihre Fragen und Anregungen zum Inhalt dieses Buches stehe ich Ihnen über meine E-Mail-Adresse „ossisoft@aol.com" zur Verfügung. Die inhaltlichen Erweiterungen dieser zweiten Ausgabe resultieren auch aus dem Feed-back, das ich in Form von E-Mails oder in Gesprächen auf der Entwickler-Konferenz 1999 und den Entwickler-Tagen 2000 erhalten habe.

Andreas Kosch

1 Standortbestimmung

Wer seit den Tagen von Windows 3.0 die Entwicklung der letzten Jahre mitverfolgt hat, wird sich sicherlich noch an die alten Schlagworte wie Zwischenablage, Dynamic Data Exchange (DDE) und Object Linking & Embedding (OLE) erinnern. Erst mit Windows 3.0 stand ein Betriebssystem für die Allgemeinheit zur Verfügung, das Multitasking unterstützte. Ab diesem Zeitpunkt konnte jeder Anwender gleichzeitig mit mehreren Anwendungen arbeiten, wobei daraus der Wunsch resultierte, Daten zwischen den Anwendungen auszutauschen. Im Gegensatz zu den DOS-Programmen stand mit Windows 3.0 ein System zur Verfügung, das wichtige Kernfunktionen wie eine Maus oder einen Drucker systemweit zur Verfügung stellte. Für den Anwendungsentwickler entfiel damit die Aufgabe, für jeden Druckertyp eine eigene Anbindung vorsehen zu müssen. Stattdessen wurde er nur mit dem Windows-API konfrontiert – für die Anpassung an einen konkreten Drucker war Windows verantwortlich. Und über die Zwischenablage stellte Windows eine definierte Schnittstelle zur Verfügung, über die verschiedene Windows-Anwendungen ohne zusätzliche Anpassungen Daten austauschen können. Mit Hilfe von DDE können komplexe Datenstrukturen gezielt übertragen werden, wobei DDE zum ersten Mal eine Art Fernsteuerung von Anwendungen erlaubte.

In der Zwischenzeit wurden die Rechner und Prozessoren immer leistungsfähiger und auch die Fähigkeiten der eingesetzten Anwendungsprogramme nahmen dramatisch zu. Wäre es nicht gut, wenn es jemanden gäbe, der diese Fähigkeiten der Anwendungsprogramme auf genauso einfache Art und Weise zur Verfügung stellt, wie das Windows 3.0 mit der Zwischenablage und der Druckeranbindung gemacht hat? Die Antwort auf diese hypothetische Frage kennen Sie – ansonsten würden Sie nicht dieses Buch lesen.

1.1 Der Ursprung

Mit der im Jahr 1992 veröffentlichten Spezifikation für das Component Object Model (COM) hat Microsoft dafür gesorgt, dass eine einheitliche binäre Schnittstelle zur Verfügung steht, über die Anwendungen auf andere Anwendungen zugreifen können. Die COM-Spezifikation besteht aus – Sie werden es erahnen können – umfangreichen Dokumenten. Auch wenn man diese Informationsfülle schwer komprimieren kann, versuche ich es mit der folgenden Beschreibung für COM:

- objektbasierendes Modell, das zwischen Schnittstelle und Implementierung trennt
- implementierter binärer Standard
- Server-Modul stellt den Clients über seine Interfaces Dienste zur Verfügung

COM war zu diesem Zeitpunkt bereits eine langjährig erprobte Technologie, denn vor der Veröffentlichung wurde diese Technik von Microsoft intern genutzt. Gerade bei der Zusammenarbeit in sehr großen Projekt-Teams hat es Vorteile, wenn das einzelne Team-Mitglied nicht direkt auf den Source-Code, sondern nur auf fertig kompilierte binäre Objekte zugreifen kann. In diesem Fall kann niemand der Versuchung erliegen, etwas am gemeinsam genutzten Source-Code zu ändern, damit die eigene Aufgabe leichter wird.

COM vs. CORBA

Ein weiterer Grund für das Veröffentlichen von COM werden die Anstrengungen der im Jahr 1989 entstandenen Object Management Group (OMG) gewesen sein. Die Aufgabe der OMG bestand in der Förderung und Entwicklung von objektorientierten Technologien, indem eine abstrakte Beschreibung der Zusammenarbeit von Objekten erstellt wurde. Das Ergebnis dieser Bemühungen werden Sie sicherlich mindestens vom Namen her kennen – die Common Object Request Broker Architecture (CORBA) steht auch mit Delphi zur Verfügung.

Sowohl COM als auch CORBA haben das gleiche primäre Ziel – den Zugriff auf fremde Objekte. Warum befasst sich dieses Buch ausschließlich mit COM? Nun, dafür gibt es einige handfeste Gründe. Im Gegensatz zu CORBA ist COM sowohl eine Spezifikation als auch eine einsatzfertige Implementierung, die kostenlos zur Verfügung steht. Jeder Rechner, auf dem eine 32-Bit-Version von Windows läuft, hat COM an Bord. Und ab Windows 2000 stehen sogar alle COM-Funktionen ohne die Notwendigkeit der Installation spezieller Option Packs beziehungsweise Service Packs zur Verfügung. Aber das ist nicht der wichtigste Grund – auch dann, wenn Geld keine Rolle spielt, hat COM gegenüber CORBA mindestens einen gravierenden Vorteil. Ein Entwickler kann seine COM-Fähigkeiten in einem breiten Umfeld einsetzen. Angefangen vom Betriebssystem (Beispiel: WSH) über die Anwendungsprogramme (Beispiel: VBA) bis zum Web-Server (Beispiel: ASP) ist für die unterschiedlichsten Aufgaben immer COM im Spiel. Im Gegensatz dazu bleibt CORBA allein aus dem Grund der schlechteren Performance immer nur bestimmten Einsatzumgebungen vorbehalten. Wenn Sie in Ihrem Projekt davon ausgehen, dass alle Objekte nur unter Windows laufen, sind Sie mit COM in jedem Fall besser bedient als mit CORBA.

Von OLE zu COM+

Doch zurück zum Entwicklungsverlauf von COM. Nachdem der erste Implementierungsversuch von OLE in der Praxis wegen des trägen Verhaltens gescheitert war, tauschte Microsoft in OLE 2 das Basisprotokoll DDE durch COM aus. Allerdings passte nun der alte Name Object Linking & Embedding nicht mehr ganz zu den neuen Fähigkeiten, sodass mit OLE Automation ein neuer Begriff eingeführt wurde.

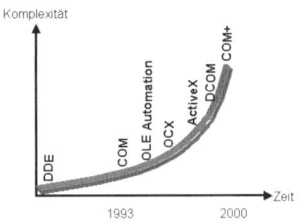

Abb. 1.1: Die Entwicklung im Laufe der Zeit

Kurze Zeit später entfiel der Bezug vom Vorläufer, sodass Sie heute meistens nur noch den Begriff Automation vorfinden. Zusätzlich tauchten in Form der OCX einzelne Control-Objekte auf, die als vorgefertigte Bestandteile in die eigene Anwendung integriert werden konnten. Der Begriff ActiveX kann durchaus als Marketing-Bezeichnung interpretiert werden, die 1996 zusammen mit den COM-basierenden Internet-Technologien eingeführt wurde. Ein ActiveX-Control unterscheidet sich von einem OCX-Control nur durch die Größe. Da es beim Download aus dem Internet auf jedes kByte ankommt, wurde eine Lite-Version der OCX-Spezifikation geschaffen.

Mit Distributed COM (DCOM) steht ein rechnerübergreifender Zugriff auf COM-Objekte zur Verfügung. DCOM integriert sich vollständig in das Sicherheitssystem von Windows NT, sodass ein Entwickler einen weiteren Teil seines Pflichtenhefts auf das Betriebssystem abschieben konnte. Über die verschiedenen Service Packs und das Option Pack kamen im Laufe der Zeit neue COM-Systemdienste hinzu. Der Microsoft Transaction Server (MTS) übernahm Aufgaben aus dem Bereich Komponentenverwaltung und Skalierbarkeit, während sich der Microsoft Message Queue Server (MSMQ) um den Bereich der asynchronen Objekt-Aufrufe kümmerte. Sowohl der MTS als auch der MSMQ waren Erweiterungen von COM, bei denen COM prinzipiell nicht geändert wurde. Dies führte in der Praxis dazu, dass der Entwickler stellenweise mit einem unübersichtlichen System hantieren musste. Erst mit Windows 2000 und der Einführung von COM+ kamen alle COM-Bestandteile erneut auf den Prüfstand. Das Ergebnis kann sich durchaus sehen lassen – dem Entwickler steht nunmehr ein homogenes System zur Verfügung.

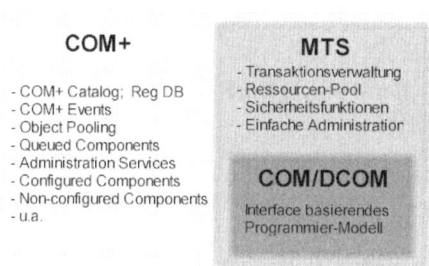

Abb. 1.2: Einordnung der Begriffe COM/DCOM, MTS und COM+

In der ersten Ankündigung von COM+ hat Microsoft im Herbst 1997 erstaunliche Verbesserungen im Bereich COM versprochen. Nun ist COM+ in Form von Windows 2000 auf dem Markt – nur ist von den damaligen Versprechungen nicht viel übriggeblieben. Betrachten Sie dies positiv, so ist die Lernphase kürzer. Denn mit COM+ kommt es zu der paradoxen Situation, dass zwar die Technologie im Vergleich zum bisher gewohnten COM komplexer wird, aber der Entwickler in seiner tagtäglichen Arbeit eine deutliche Entlastung spürt. Am Beispiel des Themas COM und Threads wird dies sehr deutlich. Während der Entwickler früher mit den schon vom Namen her beeindruckenden API-Funktionen `CoMarshalInterThreadInterfaceInStream` und `CoGetInterfaceAndReleaseStream` hantieren musste, kann er heute mit COM+ verschiedene Threads nutzen, ohne sich in jedem Fall darum kümmern zu müssen. Die notwendigen Schritte übernimmt COM+, sodass sich die Entwicklung einer stabil laufenden Anwendung drastisch vereinfacht. Denn wo der Entwickler selbst keine Threads abspaltet, kann er auch keine Fehler machen. Dass im Ergebnis dann doch wieder Threads im Spiel sind, die COM+ hinter den Kulissen verwaltet, demonstrieren die ersten praktischen Versuche.

COM+ in zwei Erscheinungsformen

Wie die Abbildung 1.2 demonstriert, bleiben die alten COM- und MTS-Objekte nicht außen vor. Bei exakter Betrachtung ist die Bezeichnung als „altes Objekt" auch nicht ganz korrekt, denn auch heute noch werden in bestimmten Situationen neue COM-Objekte auf dem bisherigen Weg entwickelt. Der Grund dafür wird erst verständlich, wenn man sich die grundlegenden Unterschiede der Eigenschaften und Merkmale von COM- und COM+-Objekten anschaut. Am Ende dieses Buches komme ich genauer darauf zurück. Für den Anfang reicht es völlig aus, zu wissen, dass es unter COM+ zwei unterschiedliche Kategorien von COM-Objekten gibt:

Configured Components (konfigurierbare Komponenten)

Nonconfigured Components (nichtkonfigurierbare Komponenten)

 Der Begriff Komponente hat in COM+ eine völlig andere Bedeutung als in Delphi. Leider setzte sich in COM+ die begriffliche Zweideutigkeit fort, die unter NT 4 mit den MTS-Packages begonnen hat. Auch der Begriff „Package" hat für COM nicht die Bedeutung wie für Delphi.

In der Tabelle 1.1 habe ich als Vorgriff auf das COM+-Kapitel im Buch die wichtigsten Merkmale gegenübergestellt.

Configured Components	Nonconfigured Components
werden in eine COM+ Application installiert	werden nicht in eine COM+ Application installiert
erhalten eine Profil-Konfiguration (Attribute) in der COM+ Registration Database (RegDB)	registrieren sich als COM-Objekte auf dem klassischen Weg über die Registry
können die Fähigkeiten der COM+ Services nutzen	haben keine Attribute; können die COM+ Services nicht ausnutzen
sind nur unter Windows 2000 lauffähig	sind unter allen Win32-Versionen lauffähig
können von einer COM+ Application aufgerufen werden	können von einer COM+ Application aufgerufen werden

Tabelle 1.1: Die Gegenüberstellung der beiden Objekt-Kategorien

Schaut man sich diese Gegenüberstellung genauer an, wird man gut erkennen, dass die alten COM-Objekte zur Kategorie der Nonconfigured Components gehören. Und da es bei COM+ diese Unterscheidung gibt, darf man auch den alten Weg nicht ignorieren. Für das Buch bedeutet dies, dass auch die Themen OLE, Automation, DCOM und MTS nicht unterschlagen werden. Mit COM+ kommt nur Neues hinzu, ohne das Alte völlig zu ersetzen.

Der Verlauf dieser Entwicklung hat selbstverständlich seine Ursachen – eine Technologie wird nur selten allein deshalb eingesetzt, weil sie „da" ist. Damit sind wir bei der nächsten interessanten Frage – warum soll ein Entwickler COM einsetzen?

1.2 Was habe ich als Entwickler von COM?

Zur Beantwortung dieser Frage komme ich nochmals auf ein Beispiel von Windows 3.0 zurück. Vor Windows war es durchaus üblich, dass ein DOS-Programm auf einer Handvoll Disketten ausgeliefert wurde. Eine Diskette enthielt das Programm und die restlichen Disketten die unterstützten Druckertreiber. Jedes Programm musste eine eigene Druckeranbindung implementieren, sodass ein großer Anteil der Entwicklerkapazität allein von dieser an sich unnötigen Aufgabe gebunden wurde. Mit Windows 3.0 verschwand dieses Problem – der Druckertreiber wurde einmal geschrieben und stand dann automatisch allen Windows-Anwendungen zur Verfügung.

Genau das Gleiche passiert nun mit COM – wenn ein Standard für den Zugriff auf binäre Objekte vorhanden ist, macht es Sinn, immer mehr Aufgaben auf andere Objekte zu delegieren. Somit gibt es aus meiner Sicht 3 Gründe, weshalb sich ein Entwickler mit COM beschäftigen sollte:

1. **Bequemlichkeit**. Auf Systemfunktionen zurückgreifen, anstatt alles selbst zu schreiben.
2. **Sparsamkeit**. Die Implementierung wird erst bei Bedarf in den Arbeitsspeicher geladen.
3. **Gorbatschow**. Wer zu spät kommt, den bestraft das Leben.

Der erste Grund ist am plausibelsten. Je weniger man selbst schreibt, umso schneller ist das Projekt abgeschlossen und um so weniger potentielle Fehlerquellen können im Programm sein, die man später mühsam suchen muss. Der zweite Grund erhält erst dann seine wahre Bedeutung, wenn man das Ganze einmal aus der Sichtweise von verteilten Anwendungen betrachtet. Auf einem einzelnen Rechner wird angesichts der heute üblichen PCs ein sparsamer Umgang mit dem Arbeitsspeicher nur geringe Priorität haben. Allerdings gilt dies für einen Application Server nicht mehr, denn hier muss der Entwickler durchaus mit einer Vielzahl von gleichzeitigen Client-Zugriffen rechnen. Und um so besser die mittlere Schicht mit den Ressourcen hantieren kann, um so mehr ist die eigene Anwendung skalierbar.

Der dritte Grund sieht nur auf den ersten Blick trivial aus – aus eigenem Erleben kann ich mehrere Fälle schildern, wo jemand über Wochen erfolglos eine Funktion implementieren wollte, die das Betriebssystem über COM bereits einsatzfertig anbietet. Nur jemand, der sich auf dem Laufenden hält und die Entwicklung aktiv mitverfolgt, kann bei Bedarf auf die einsatzfertigen Implementationen zurückgreifen. Und je früher man damit anfängt, um so flacher ist die Lernkurve (siehe Abbildung 1.1).

Bislang bezog sich meine Argumentation nur auf den Fall des Zugriffs auf bereits vorhandene COM-Objekte. Auch wenn das der häufigste Einsatzfall sein wird, gibt es doch weitere, leistungsfähige Einsatzmöglichkeiten. Zum Beispiel hat der COM-Bestandteil Interface die Sprache Object Pascal so erweitert, dass eine Art Mehrfachvererbung zur Verfügung steht.

1.3 Wo wird COM eingesetzt?

Lassen Sie sich von den neuen Marketing-Schlagworten wie zum Beispiel Windows DNA nicht zu sehr beeindrucken – die Tabelle 1.2 stellt einige der wichtigsten alltäglichen Einsatzfälle zusammen. Dabei kann man die Einsatzfälle zwei Gruppen zuordnen.

Zugriff auf externe COM-Objekte	Sonstige Verwendung
• Win32-Betriebssysteme	• interne Objekte der Anwendung
• Automation	• Erweiterung von Object Pascal
• ActiveX	• DLL-Dokumentation
• DCOM	
• MTS und COM+	
• ASP	
• OLE DB	
• ADO	
• Windows DNA bzw. MIDAS	

Tabelle 1.2: Einsatzfälle für COM

Externe COM-Objekte

Am häufigsten wird der Zugriff auf die bereits vorhandenen externen COM-Objekte erfolgen. Zu dieser Gruppe gehören auch die COM-Objekte, die man selber entwickelt hat. Die Bezeichnung „externes COM-Objekt" kennzeichnet alle die Objekte, die zumindestens theoretisch auch von anderen Clients verwendet werden könnten.

Ein Beispiel gefällig? Auch das Betriebssystem Windows stellt in seinen aktuellen Versionen eine Vielzahl von COM-Objekten zur Verfügung. Nehmen wir einmal an, ein kompletter Pfadname – der die kurze Namenssyntax wie zum Beispiel *C:\Temp\TEST-PF~1\LANGER~1.TXT* verwendet – soll in den besser lesbaren langen Pfadnamen konvertiert werden. Über einen Zugriff auf das IShellLink-Interface des Betriebssystems ist das – wie das folgende Beispiel zeigt – schnell erledigt.

```
uses ComObj, ActiveX, ShlObj;

function GetLongPathName(ShortPathName: String): String;
```

```
var
  aSL    : IShellLink;
  szPath : array[0..MAX_PATH] of Char;
  aWFD   : TWin32FindData;
begin
  Result := '';
  StrPcopy(szPath, ShortPathName);
  OleCheck(CoCreateInstance(CLSID_ShellLink,nil,
           CLSCTX_INPROC_SERVER,IID_IShellLinkA , aSL));
  OleCheck(aSL.SetPath(szPath));
  OleCheck(aSL.GetPath(szPath, MAX_PATH, aWFD, SLGP_UNCPRIORITY));
  Result := szPath;
end;

procedure TForm1.Button1Click(Sender: TObject);
begin
  ShowMessage(GetLongPathName('C:\Temp\TESTPF~1\LANGER~1.TXT'));
end;
```

Sonstige Verwendungsfälle

Im Gegensatz dazu haben die sonstigen Verwendungsfälle eines gemeinsam – dort wird nur ein Teilbereich von COM genutzt, sodass es sich nicht um vollwertige COM-Objekte handelt, die somit auch nicht von einem fremden Client genutzt werden können. Im zweiten Kapitel komme ich bei der Vorstellung der Interfaces auf Praxisbeispiele für diesen Einsatzfall zurück.

Bevor Sie jetzt vor lauter Neugier zum zweiten Kapitel vorblättern, verrate ich an dieser Stelle soviel, dass mit der Integration von IUnknown in die Sprache Object Pascal völlig neue Einsatzmöglichkeiten entstehen.

Die Qual der Wahl

Die Auflistung in der Tabelle 1.2 lässt erahnen, wie vielfältig das Einsatzgebiet von COM ist. Es kann somit nicht verwundern, dass COM trotz der Standardisierung viele Freiräume zur Ausgestaltung übrig lässt. Und das wiederum hat leider zur Konsequenz, dass Sie als Entwickler an vielen Stellen eine Entscheidung für oder gegen eine bestimmte Einsatztechnik treffen müssen. Wenn dabei der Würfel nicht entscheiden soll, müssen Sie selbst die Vor- und Nachteile jeder dieser Einsatztechniken für die konkreten Aufgaben abwägen. Delphi stellt zwar eine Vielzahl von Experten in der Objektgalerie zur Verfügung (siehe Abbildung 1.3), aber alle Entscheidungen können auch diese dienstbaren Geister nicht abnehmen.

Um nun zum Beispiel die richtige Auswahl zwischen einem COM-Objekt und einem Automatisierungs-Objekt treffen zu können, sind theoretische Kenntnisse unumgänglich. Dabei kämpfen Sie zu diesem Zeitpunkt gleich an zwei Fronten. Zum einen mit der Delphi-Dokumentation für die Experten und VCL-Klassen und zum anderen mit der COM-Dokumentation. Auch wenn Delphi und die VCL viele der Details im Hintergrund verbergen, bleiben für COM letztendlich nur die eigenen aufgestellten Regeln gültig. Sie müssen daher die in Delphi umgesetzte Implementierung ständig dem entsprechenden originalen COM-Abschnitt richtig zuordnen können. Das dazu notwendige Rüstzeug liefern die folgenden Buch-Kapitel.

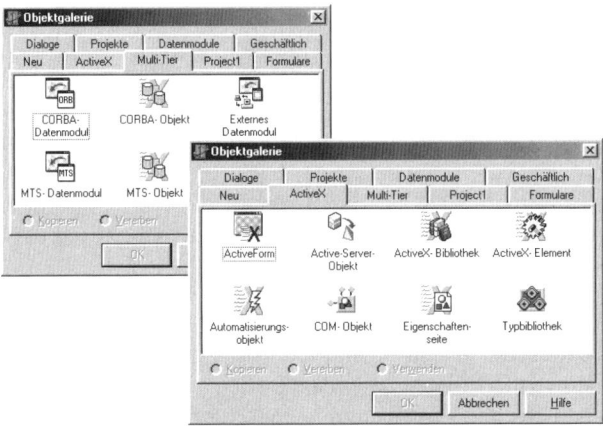

Abb. 1.3: Die Experten aus der Objektgalerie von Delphi 5

Bevor es dort richtig zur Sache geht und der stellenweise staubtrockene Theorieteil beginnt, sollen zuvor einige Beispiele die Motivation verbessern. Das hat außerdem den Vorteil, dass Sie später bestimmte Begriffe besser zuordnen können.

1.4 Eigene COM-Server entwickeln

Da Sie immer noch im ersten Kapitel mit der Überschrift Standortbestimmung lesen, möchte ich Sie an dieser Stelle nur mit dem „Delphi way of live" beim Entwickeln eigener COM-Server vertraut machen. Zum einen können Sie erkennen, dass das Entwickeln einfacher COM-Objekte mit Delphi fast schon eine triviale Aufgabe ist. Und zum anderen tauchen hier Begriffe auf, die im folgenden Kapitel ausführlich erläutert werden.

 Eine Erklärung der Begriffe wie zum Beispiel „In-process Server" finden Sie im Theorieteil des zweiten Kapitels. Ich gehe im Folgenden nicht näher auf die Details im Hintergrund ein, sondern verweise generell auf das nächste Kapitel.

Die ersten beiden folgenden Beispielprojekte können Sie mit Delphi 3, 4 oder Delphi 5 nachvollziehen, erst das dritte Beispiel setzt Delphi 5 voraus.

1.4.1 Delphi-3/4-Beispiel: In-process Server Step by Step

Angenommen, mehrere Anwendungsprogramme müssen zur Ermittlung der Bruttosumme die aktuell gültige Mehrwertsteuer aufschlagen. Wenn der zu verwendende Steuersatz fest im Programm abgelegt wird, ist bei jeder Änderung des Steuersatzes auch eine Änderung am Programm notwendig. Nicht jeder Kunde wird hier ein kostenpflichtiges Update akzeptieren, sodass Sie eine bessere Schnittstelle vorsehen sollten. Zum Beispiel könnte die Berechnung ein eigenes COM-Objekt übernehmen, wobei es keine Rolle spielt, ob dieses Objekt auf dem eigenen Rechner ausgeführt wird oder auf einem beliebigen Server im Netzwerk. Dieses Leistungsmerkmal ist mit einer normalen DLL nicht machbar – also ist ein COM-Objekt in Form eines In-process Servers (DLL-Format) die richtige Wahl.

Der eigene Mehrwertsteuer-Server benötigt die folgenden Teile:

- ein Interface, um auf die Eigenschaften und Methoden zugreifen zu können
- eine Eigenschaft Mehrwertsteuersatz als Puffer für den aktuellen Steuersatz
- eine Methode zur Berechnung der Bruttosumme
- eine Implementierung für diese Interface-Bestandteile
- eine Typbibliothek als binäres Inhaltsverzeichnis, das den Aufbau des COM-Objekts und sein Interface maschinenlesbar beschreibt

Die einzelnen Schritte des Beispielprojekts »MWStObj.DPR« (geeignet für Delphi 3, 4 und 5) finden Sie auf der CD-ROM als Unterverzeichnisse von »Kapitel 1\In Process«.

Mit Delphi haben Sie die Wahl, ob sie zuerst die Interface-Methoden in der Typbibliothek deklarieren und dann automatisch die Implementierungs-Deklaration ableiten lassen, oder ob Sie zuerst die Implementierungs-Methoden von Hand schreiben und Delphi dann automatisch die Interface-Methoden in der Typbibliothek generiert. Auch hier ist Delphi ein „Two-way-tool", indem es Ihnen die Wahl überlässt. Ich empfehle den ersten Weg – allerdings stelle ich im ersten Beispiel den anderen Weg vor; damit diese Vorgehensweise wenigstens einmal im Buch verwendet wird.

Schritt 1: ActiveX-Bibliothek anlegen

Keine Sorge – Sie sind nicht aus Versehen in das falsche Kapitel geraten, Borland verwendet nur die modernere Bezeichnung ActiveX für einen COM-Server. Wichtig ist nur, dass Sie den Begriff ActiveX nicht mit dem Begriff ActiveX-Controls verwechseln.

Über den Menüpunkt DATEI | NEU.. | ACTIVEX | ACTIVEX-BIBLIOTHEK legen Sie zuerst die DLL-Ummantelung für das COM-Objekt an. Da eine DLL die Abkürzung für Dynamic Link Library ist, hat Borland bei der Übersetzung der deutschen Version von Delphi den Begriff Bibliothek verwendet. Rein technisch gesehen handelt es sich jedoch um eine DLL, die allerdings bestimmte Funktionen exportieren muss, um als COM-DLL nutzbar zu sein.

Detaillierte Hintergrund-Informationen über DLLs finden Sie in meinem Buch „Delphi Win32-Lösungen", das im gleichen Verlag erschienen ist.

Abb. 1.4: Das Fundament für einen In-process Server wird gelegt

Mit der Auswahl des ActiveX-Bibliothek-Experten baut Delphi das Fundament des In-process Servers auf. Im Ergebnis erhalten Sie eine Projektdatei mit dem folgenden Inhalt:

```
library COMMWST;

uses
  ComServ;

exports
  DllGetClassObject,
  DllCanUnloadNow,
  DllRegisterServer,
  DllUnregisterServer;

{$R *.RES}

begin
end.
```

Ohne dass Sie – außer dem Dateinamen – auch nur einen Buchstaben eingetippt haben, kann dieser Rumpfserver schon eine ganze Menge. Über die vier exportierten Funktionen stellt die ActiveX-Bibliothek eine Anbindung an die COM-Laufzeitumgebung des Betriebssystems zur Verfügung.

Schritt 2: Ein Automatisierungsobjekt anlegen

Über den Menüpunkt DATEI I NEU.. I ACTIVEX I AUTOMATISIERUNGSOBJEKT fügen sie das COM-Objekt in das Projekt ein. Dabei erwartet Delphi von Ihnen, dass dieses Objekt einen im Projekt eindeutigen Namen bekommt.

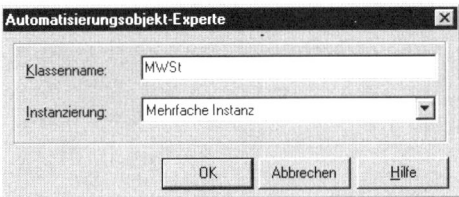

Abb. 1.5: Das COM-Objekt bekommt einen Namen

Im Anschluss zeigt Delphi gleich den Typbibliothekseditor an, in dem bereits die Rumpfdeklaration eingetragen ist.

- MWSt ist das COM-Objekt, d.h. die zu implementierende CoClass
- IMWSt ist das Dual Interface für das MWSt-Objekt

Da ein Client ausschließlich über ein Interface auf einen COM-Server zugreifen kann, hat Delphi die Rumpf-Deklaration des zwingend vorgeschriebenen Interfaces gleich eingefügt. Wenn Sie sich nun einmal die automatisch angelegten Objekte im Typbibliothekseditor anschauen, stellen Sie fest, dass Delphi sowohl die CLSID für das COM-Objekt als auch die IID für das Interface zugewiesen hat. Allerdings fehlen noch alle Eigenschaften und Methoden, die ein echtes Objekt erst einem sinnvollen Dasein zuführen.

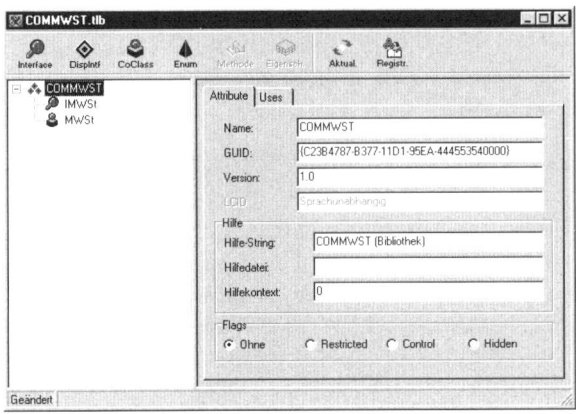

Abb. 1.6: Der Typbibliothekseditor von Delphi 3 zeigt das Rohgerüst an

Klicken Sie nun im Typbibliothekseditor auf die Schaltfläche AKTUALISIEREN, schließen Sie diesen Editor und speichern Sie die von Delphi automatisch angelegte Unit ab. Ich verwende als Namen den Projektnamen mit angehängtem _Impl.pas (für Implementierung). Sie müssen sich jedoch nicht daran halten.

```
unit COMMWST_Impl;

interface

uses
  ComObj, ActiveX, COMMWST_TLB;

type
  TMWSt = class(TAutoObject, IMWSt)
  protected
  end;

implementation

uses ComServ;

initialization
  TAutoObjectFactory.Create(ComServer, TMWSt,
                            Class_MWSt, ciMultiInstance);
end.
```

Alle Eintragungen stammen von Delphi 3 selbst. Die COM-Klasse TMWSt vom Typ TAutoObject unterstützt neben IUnknown und IDispatch auch das eigene IMWSt-Interface. Außerdem registriert die Unit die von Delphi bereitgestellte Class Factory. Ansonsten wartet diese Unit darauf, von Ihnen mit Programmcode gefüllt zu werden. In dieser Unit wird das COM-Objekt mit Leben gefüllt, indem die einzelnen Methoden implementiert werden.

Im Projektverzeichnis taucht allerdings noch eine Datei auf, die von Delphi auch in der Projektdatei vermerkt wurde.

```
library COMMWST;

uses
  ComServ,
  COMMWST_TLB in 'COMMWST_TLB.pas',
  COMMWST_Impl in 'COMMWST_Impl.pas' {MWSt: CoClass};

exports
  DllGetClassObject,
  DllCanUnloadNow,
  DllRegisterServer,
  DllUnregisterServer;

{$R *.TLB}
{$R *.RES}
```

```
begin
end.
```

Die Unit mit der Namens-Endung *_TLB.pas* ist das Delphi-Gegenstück zur Typbibliothek. Bei der Namensvergabe für diese Wrapper-Unit der Typbibliothek haben Sie keinerlei Mitbestimmungsrechte, Delphi benennt diese automatisch nach dem Servernamen mit angehängtem *_TLB*. Die echte Typbibliothek verbirgt sich als binäre Datei hinter dem Dateinamen *COMMWST.TLB*. Und auch diese Datei wird über die $R-Anweisung in die Projektdatei aufgenommen.

Das Gleiche gilt auch für den Inhalt dieser Datei; um keine Missverständnisse aufkommen zu lassen, platziert Delphi einen entsprechenden Hinweistext in den Kommentarblock. Bevor Sie sich die folgenden Zeilen anschauen, denken Sie daran, dass Delphi bisher vom Entwickler nur den Namen des COM-Objekts wissen wollte. Alle anderen Zeilen der Unit *COMMWST_TLB.pas* hat Delphi eingetragen!

```
unit COMMWST_TLB;

{ Diese Datei beinhaltet Pascal Deklarationen die aus einer
  Typenbibliothek importiert wurden. Diese Datei wird bei jedem
  neuen Import oder Aktualisieren der Typenbibliothek neu
  geschrieben.  Änderungen in dieser Datei werden während des
  Aktualisierungsprozesse ignoriert. }

{ COMMWST (Bibliothek) }
{ Version 1.0 }

interface

uses Windows, ActiveX, Classes, Graphics, OleCtrls, StdVCL;

const
  LIBID_COMMWST: TGUID = '{C23B4787-B377-11D1-95EA-444553540000}';

const

{ Komponentenklassen-GUIDs }
  Class_MWSt: TGUID = '{C23B4789-B377-11D1-95EA-444553540000}';

type

{ Forward-Deklarationen: Interfaces }
  IMWSt = interface;
  IMWStDisp = dispinterface;

{ Forward-Deklarationen: CoClasses }
  MWSt = IMWSt;
```

```
{ Dispatch-Interface für MWSt-Objekt }

  IMWSt = interface(IDispatch)
    ['{C23B4788-B377-11D1-95EA-444553540000}']
  end;

{ DispInterface-Deklaration für Dual Interface IMWSt }

  IMWStDisp = dispinterface
    ['{C23B4788-B377-11D1-95EA-444553540000}']
  end;

{ MWStObjekt }

  CoMWSt = class
    class function Create: IMWSt;
    class function CreateRemote(const MachineName: string): IMWSt;
  end;

implementation

uses ComObj;

class function CoMWSt.Create: IMWSt;
begin
  Result := CreateComObject(Class_MWSt) as IMWSt;
end;

class function CoMWSt.CreateRemote(
  const MachineName: string): IMWSt;
begin
  Result := CreateRemoteComObject(MachineName,
    Class_MWSt) as IMWSt;
end;

end.
```

Der Aufbau der Typbibliothek ist bei Delphi 3 am übersichtlichsten – ich habe daher diese Version gewählt. Mit Delphi 5 bekommen Sie es an dieser Stelle mit einem deutlich komplexeren Gebilde zu tun – allerdings wird auch dieses vollständig von Delphi generiert, manuelle Eingriffe sind bis auf vereinzelte Ausnahmen nicht sinnvoll.

Ganz schön beachtlich, welcher Teil der Arbeit bereits ohne jedes eigene Zutun erledigt ist. Delphi hat für uns:
- der Typbibliothek eine eindeutige GUID vergeben
- die CoClass für das COM-Objekt deklariert und gleich mit dem eigenen Interface verbunden
- eine eindeutige CLSID als Kennzeichner für die COM-Klasse zugewiesen
- eine eindeutige IID als Kennzeichner für die Interfaces zugeteilt
- neben dem Pflichtteil IDispatch auch noch das schnellere Dual Interface vorbereitet
- Funktionen für das Erzeugen des Servers vorbereitet

Die Funktion `CreateComObject` erzeugt ein einzelnes, nicht initialisiertes Objekt der Klasse TMWSt, wobei deren CLSID als Konstante übergeben wird. CreateComObject wird verwendet, wenn die CLSID des zu erzeugenden Objekts bekannt ist und das Objekt zu einem In-process Server oder Local Server gehört. Die Funktion liefert eine Referenz auf die IUnknown-Schnittstelle zurück. Da der Client jedoch nicht an IUnknown, sondern direkt am eigenen Interface interessiert ist, verwendet Delphi den folgenden Aufruf:

```
Result := CreateComObject(Class_MWSt) as IMWSt;
```

Das unscheinbare `As IMWSt` sorgt dafür, dass Delphi hinter den Kulissen über den Aufruf von `QueryInterface` in eigener Regie nach dem Interface IMWSt sucht und im Erfolgsfall eine Referenz auf dieses Interface zurückliefert.

Spätestens hier werden Sie beim Nachbauen eines Beispiels aus dem Microsoft Platform SDK feststellen, dass sich die in der Sprache C/C++ geschriebenen Beispiele nicht 1:1 nach Delphi umsetzen lassen. Oder exakter formuliert, dass ein 1:1-Nachbau mit Delphi wenig sinnvoll ist, da Delphi viele Verwaltungsaufgaben automatisch im Hintergrund erledigt. Ein gutes Beispiel für diese Behauptung ist QueryInterface – im nächsten Kapitel komme ich noch einmal darauf zurück.

Schritt 3: COM-Klasse mit Leben füllen

Hier beginnt die eigentliche Arbeit des Entwicklers, er füllt sein Objekt mit Leben. Im folgenden Listing hebe ich zur besseren Übersichtlichkeit alle die Stellen fett hervor, die ich von Hand eingetragen habe.

```
unit COMMWST_Impl;

interface

uses
  ComObj, ActiveX, COMMWST_TLB;

type
  TMWSt = class(TAutoObject, IMWSt)
  private
    FMWStSatz : Real;
```

```
  public
    procedure Initialize; override;
    function GetBrutto(const aNetto: Currency): Currency;
      safecall;
    procedure SetPercent(const aPercent : Integer);
      safecall;
  end;

implementation

uses ComServ;

procedure TMWSt.Initialize;
begin
  inherited Initialize;
  FMWStSatz := 1.15;
end;

function TMWSt.GetBrutto(const aNetto: Currency): Currency;
begin
  Result := aNetto * FMWStSatz
end;

procedure TMWSt.SetPercent(const aPercent : Integer);
begin
  FMWStSatz := 1.0 + (aPercent/100);
end;

initialization
  TAutoObjectFactory.Create(ComServer, TMWSt,
                            Class_MWSt, ciMultiInstance);
end.
```

TComObject deklariert die Methode Create nicht als virtuelle Methode. Damit können die TComObjekt-Nachfolger TAutoObject und TMWSt diese Methode nicht überladen. Stattdessen ist vorgesehen, die von TComObject.Create als Nebenwirkung aufgerufene virtuelle Methode Initialize zu überladen.

Schritt 4: Interface deklarieren

Das COM-Objekt (genauer die COM-Klasse) deklariert und implementiert die Methoden, die der Client nutzen kann. Allerdings kann der Client ausschließlich über ein Interface auf die Server-Methoden zugreifen. Sie müssen sich dieses Interface als eine Art Vertrag vorstellen. Hat der Kunde (Client) den Vertragstext in der Hand, verlässt er sich darauf, dass der Vertragspartner (Server) die Punkte des Vertrages vollständig einhält. Hat also der Client eines COM-Servers einen Zeiger auf ein Interface, so verlässt er sich darauf, jede dort deklarierte Methode ohne vorherige Prüfung direkt aufrufen zu dürfen.

Jede im Interface deklarierte Methode muss in jedem Fall auch implementiert werden. Notfalls verwenden Sie eine Rumpfimplementation, die nur den Wert E_NOTIMPL zurückliefert. Beispiel dafür finden Sie im weiteren Verlauf des Buches.

Da der enge Zusammenhang zwischen Objektmethoden und Interface sehr wichtig ist, bietet Delphi einen sehr sicheren Weg an. Direkt aus dem Editierfenster der Implementierungsunit *COMMWST_Impl.pas* heraus können Sie via rechtem Mausklick eine Methode zum Interface hinzufügen. Damit ist die Methode bereits implementiert, bevor sie zum Interface hinzugefügt wird.

Allerdings steht dazu noch eine andere Alternative zur Verfügung. Sie können selbstverständlich auch direkt im Typbibliothekseditor das Interface zu einem Zeitpunkt deklarieren, zu dem die COM-Klasse noch nicht mit Leben gefüllt ist. Allerdings dürfen Sie die spätere Implementierung im Eifer des Gefechts niemals vergessen.

In diesem Beispiel schlage ich den sicheren Weg ein, indem ich die Methoden der COM-Klasse über das Kontextmenü der rechten Maustaste direkt von Delphi in die Type Library eintragen lasse. Wird die Syntaxhilfe aktiviert, legt Delphi sofort ein Veto ein, wenn der verwendete Datentyp gegen die Regeln für COM-Objekte verstößt.

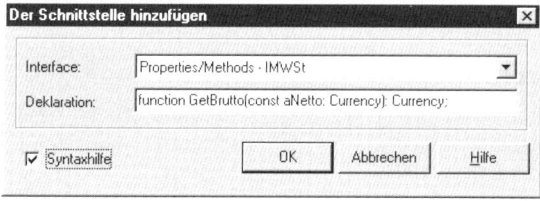

Abb. 1.7: Delphi legt für eine Server-Methode einen Interface-Eintrag an

Dieser Dialog wird sowohl für die Interface-Funktion `GetBrutto` als auch für die Prozedur `SetPercent` aufgerufen, wobei man allerdings diese Unterscheidung üblicherweise nicht macht und generell nur von Methoden spricht. Im Ergebnis hat Delphi sowohl die Datei der Type Library *COMMWST.tlb* als auch deren Delphi-Gegenstück *COMMWST_TLB.pas* aktualisiert.

```
{ Dispatch-Interface für MWSt-Objekt }
  IMWSt = interface(IDispatch)
    ['{C23B4788-B377-11D1-95EA-444553540000}']
    function GetBrutto(const aNetto: Currency): Currency;
```

```
      safecall;
   procedure SetPercent(const aPercent: Integer);
      safecall;
end;


{ DispInterface-Deklaration für Dual Interface IMWSt }
   IMWStDisp = dispinterface
     ['{C23B4788-B377-11D1-95EA-444553540000}']
     function GetBrutto(const aNetto: Currency): Currency;
        dispid 1;
     procedure SetPercent(const aPercent: Integer);
        dispid 2;
   end;
```

Damit ist der COM-Server fertig! Sie müssen nun nur noch dafür sorgen, dass irgend jemand die notwendigen Einträge in der Registry vornimmt. Freundlicherweise nimmt Ihnen Delphi sogar noch diese Arbeit ab. Dazu sind nur zwei Arbeitsschritte notwendig:

1. Das Projekt wird neu kompiliert.
2. Der COM-Server wird über den Menüpunkt START | ACTIVEX-SERVER EINTRAGEN auf Ihrem Rechner registriert.

Bei der Registrierung des COM-Servers wird auch der aktuelle Pfad des ausführbaren Moduls in der Windows-Registry eingetragen. Bevor Sie diese Dateien wieder löschen, sollten Sie in Delphi den Server über den entsprechenden Menüpunkt wieder abmelden.

Schritt 5: Client ruft Server

Der Client ist ein ganz normales Anwendungsprogramm. Zuerst wird das Programmfenster des Clients vorbereitet, eine Aufgabe, die mit Delphi schnell erledigt ist.

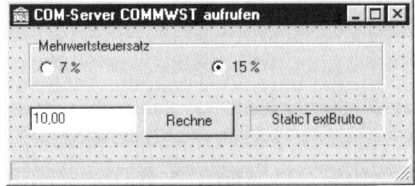

Abb. 1.8: Das Programmfenster des Clients

Der Client soll jedoch die Berechnungsmethode für die Bruttosumme nicht als Funktion aus einer DLL importieren, sondern dafür die Methoden eines COM-Servers nutzen.

Auf die Methoden eines COM-Servers wiederum kann ein Client nur über ein Interface zugreifen. Dieses Interface stellt der Server in unserem Beispiel unter dem Namen IMWSt auch zur Verfügung. Es fehlt also nur noch die Verbindung des Clients zu diesem Interface, die unter Delphi sehr einfach hergestellt wird. Haben Sie selbst den Server entwickelt, so liegt die Wrapper-Unit für die Typbibliothek bereits vor. Greifen Sie hingegen auf einen fremden COM-Server zu, muss die Wrapper-Unit auf einem anderen Weg beschafft werden. Dazu reicht es unter Delphi aus, nur die Typbibliothek zu importieren. Aus diesen Daten generiert Delphi eine abgeleitete Unit *COMMWST_TLB.pas*, die somit den gleichen Aufbau hat wie die des Servers. Dies ist auch der Grund, warum beim Entwickeln des Servers keine eigenen Änderungen in dieser Unit zugelassen werden. Da ein Nutzer vor Ort diese Unit aus der binären Typbibliothek anlegt, darf der Server dort keine Änderungen tolerieren.

Auch wenn es im konkreten Beispiel nicht unbedingt notwendig ist (da die Wrapper-Unit für die Typbibliothek des Servers bereits vorliegt), importiere ich die Typbibliothek über den Aufruf des Menüpunkts PROJEKT | TYPBIBLIOTHEK importieren. Im Dialogfenster listet Delphi alle auf dem Rechner registrierten Typbibliotheken auf, sodass der eigene COM-Server über seinen Namen nur noch ausgewählt werden muss.

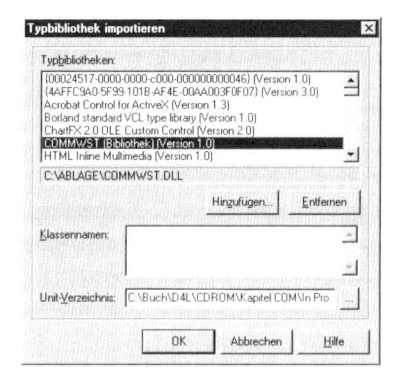

Abb. 1.9: Der Client importiert die Type Library des Servers

Bindet nun der Client die aus der Typbibliothek abgeleitete Unit *COMMWST_TLB.pas* ein, so stehen ihm alle Daten zur Verfügung, um den Server anfordern und verwenden zu können.

```
uses
  Windows, Messages, SysUtils, Classes, Graphics, Controls, Forms,
  Dialogs, StdCtrls, ComCtrls, ExtCtrls, COMMWST_TLB;
```

Dazu wird die Unit *COMMWST_TLB.pas* in die Uses-Klausel aufgenommen. Nach dieser Vorbereitung hat der Compiler auch nichts mehr dagegen, dass Sie ein privates Objektfeld vom Typ IMWSt – und damit eine Puffervariable für die Referenz auf das Interface – deklarieren.

```
type
  TForm1 = class(TForm)
    StatusBar1: TStatusBar;
    EditNetto: TEdit;
    ButtonCalc: TButton;
    StaticTextBrutto: TStaticText;
    RadioGroup1: TRadioGroup;
    procedure FormCreate(Sender: TObject);
    procedure ButtonCalcClick(Sender: TObject);
    procedure RadioGroup1Click(Sender: TObject);
  private
    { Private-Deklarationen }
    aMWSt : IMWSt;
  public
    { Public-Deklarationen }
  end;
```

Nun besteht die nächste Aufgabe nur noch darin, sofort beim Programmstart eine Instanz des COM-Servers zu erzeugen. War das erfolgreich, kann der Client auf die im Interface des Servers veröffentlichte Methode `GetBrutto` zugreifen.

```
procedure TForm1.FormCreate(Sender: TObject);
begin
  aMWSt := CoMWSt.Create;
end;

procedure TForm1.ButtonCalcClick(Sender: TObject);
var
  cBrutto : Currency;
begin
  cBrutto := aMWSt.GetBrutto(StrToFloat(EditNetto.Text));
  StaticTextBrutto.Caption := Format('%m',[cBrutto]);
end;

procedure TForm1.RadioGroup1Click(Sender: TObject);
begin
  if RadioGroup1.ItemIndex = 0
    then aMWSt.SetPercent(7)
    else aMWSt.SetPercent(15);
end;
```

Falls Sie sich das Beispiel etwas genauer anschauen, fällt auf, dass zwar das Server-Objekt über den Aufruf von `CoMWSt.Create` erzeugt, aber nie wieder freigegeben wird. Dies ist keine Nachlässigkeit von mir, sondern von Delphi so vorgesehen. Man sagt dazu auch, dass die Interface-Variable automatisch ressourcengeschützt ist. Immer dann, wenn die Variable ihren Gültigkeitsbereich verlässt, sorgt Delphi dafür, dass der Referenzzähler des Objekts durch den Aufruf von `_Release` herabgezählt wird. Damit ist das Ende des Client-Programms mit dem Ende des COM-Servers identisch.

Dieser im Hintergrund ablaufende Mechanismus ist so wichtig, dass sich im nächsten Kapitel gleich mehrere Beispiel-Projekte zur Demonstration damit beschäftigen.

Variationen

Ein Client-Anwendungsprogramm muss jedoch nicht so aussehen, wie ich es im Schritt 5 vorgestellt habe. Im Unterverzeichnis *Variationen* finden Sie zum Beispiel eine andere Version, die sich in den folgenden Punkten unterscheidet:

- Die Typbibliotheks-Unit *COMMWST_TLB.pas* wird nicht benötigt.
- Das private Objektfeld aMWSt wird nicht gebraucht.
- Die Delphi-Unit *ComObj.pas* taucht im Implementations-Abschnitt in der Uses-Klausel auf.
- Die neue lokale Variable aMWSt vom Typ OleVariant wird deklariert.
- Der COM-Server wird über CreateOleObject('COMMWST.MWSt') aktiviert.

Trotzdem kann diese Variante genau die gleichen Ergebnisse ermitteln wie die in Schritt 5 vorgestellte Version. Obwohl das Ergebnis gleich ist, gehen die Clients unterschiedlich heran. In Schritt 5 verwendet der Client das eigene IMWSt-Interface und nutzt somit die Vorteile der frühen Bindung über das Dual Interface aus, während die jetzt vorgestellte Version die späte Bindung über das IDispatch-Interface verwendet.

```
uses ComObj;

procedure TForm1.ButtonCalcClick(Sender: TObject);
var
  aMWSt   : OleVariant;
  cBrutto : Currency;
begin
  aMWSt := CreateOleObject('COMMWST.MWSt');
  if RadioGroup1.ItemIndex = 0
    then aMWSt.SetPercent(7)
    else aMWSt.SetPercent(15);
  cBrutto := aMWSt.GetBrutto(StrToFloat(EditNetto.Text));
  StaticTextBrutto.Caption := Format('%m',[cBrutto]);
end;
```

Warum erzeugt jedoch der Aufruf `CreateOleObject('COMMWST.MWSt')` das gleiche Objekt wie `CoMWSt.Create`? Woher stammt die Zeichenfolge „COMMWST.MWSt"? Nun – die Antworten sind einfach. Die Funktion `CreateOleObject` liefert eine Referenz auf das IDispatch-Interface zurück. Die Implementierung von CoMWSt.Create verwendet jedoch anstelle von CreateOleObject die Funktion Create-

Eigene COM-Server entwickeln

ComObject. Diese Funktion liefert wiederum eine Referenz auf das IUnknown-Interface zurück, wenn nicht implizit über den AS-Typecast ein anderes Interface angefordert wird. Und genau das macht CoMWSt.Create, sodass diese Funktion tatsächlich eine Referenz auf das IMWSt-Interface zurückliefert.

```
class function CoMWSt.Create: IMWSt;
begin
  Result := CreateComObject(Class_MWSt) as IMWSt;
end;
```

Somit sind CreateOleObject('COMMWST.MWSt') und CoMWSt.Create nur zwei Seiten ein und derselben Medaille.

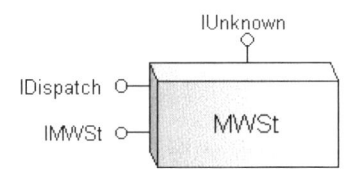

Abb. 1.10: Die vom MWSt-Objekt bereitgestellten Interfaces

Die Frage, woher die Zeichenfolge „COMMWST.MWSt" stammt, kann auch einfach beantwortet werden. COM verwaltet außer der 16 Byte großen CLSID noch die als Zeichenkette für uns Entwickler besser lesbare ProgID.

```
Class_MWSt: TGUID = '{C23B4789-B377-11D1-95EA-444553540000}';
```

Somit können Sie anhand der CLSID aus der Typbibliothek in der Registry nach der ProgID suchen.

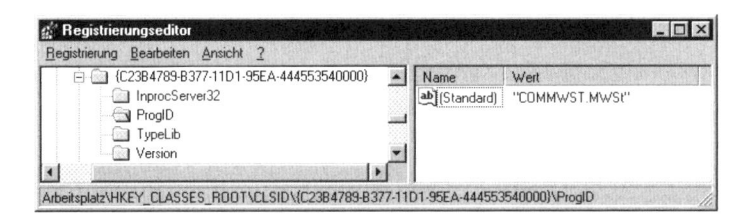

Abb. 1.11: Die Registry verwaltet über die CLSID die ProgID

Sie sehen – mit dem notwendigen theoretischen Hintergrundwissen ist COM fast schon wieder einfach. Zumal es zur Suche in der Registry noch eine andere Alternative gibt. Sie können selbstverständlich mit Delphi's Typbibliothekseditor direkt in *COMMWST.tlb* nachschauen, wobei sich dann sogar die Notation „COMMWST.MWSt" von selbst erklärt. Der COM-Server „COMMWST" stellt das COM-Objekt MWSt zur Verfügung. Da ein COM-Server durchaus mehrere COM-Objekte bereitstellen kann, sorgt die Punkt-Notation für die notwendige Klarheit.

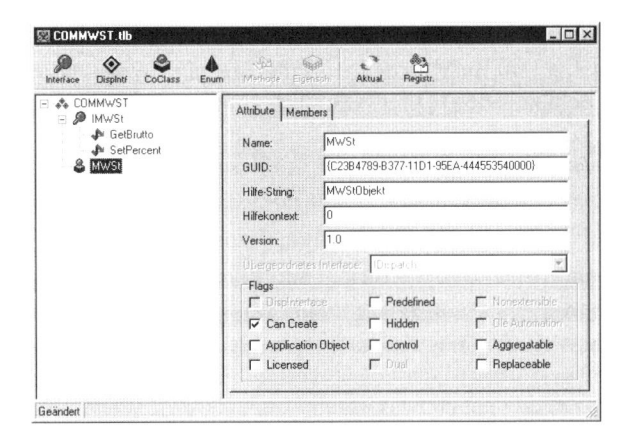

Abb. 1.12: Die Typbibliothek des eigenen COM-Servers legt die ProgID fest

1.4.2 Delphi-3/4-Beispiel: Local Server Step by Step

Die Arbeitsschritte für das Erstellen eines Local Servers – also einer eigenständigen Anwendung im EXE-Format – stimmen bis auf den ersten Schritt exakt mit den Schritten des In-process Servers überein. Im ersten Schritt wird nur kein DLL-Rumpf angelegt, sondern eine normale Anwendung mit einem Formular. Ansonsten ist die Vorgehensweise vollkommen identisch, wobei selbstverständlich der Server einen eigenen eindeutigen Namen bekommen muss. Dies gilt auch für die CLSID, die IID und die ProgID.

Sie sollten diese Bestandteile niemals von bereits fertigen Projekten kopieren, sondern immer Delphi mit der Neuausstellung beauftragen. Falls doch ein Projekt kopiert und komplett überarbeitet werden soll, müssen Sie zumindest im Typbibliothekseditor alle GUIDs durch neue Werte ersetzen.

Um einen Local Server im System zu registrieren, reicht es aus, die EXE einmal zu starten. Auch das Client-Anwendungsprogramm stimmt mit Ausnahme der Server-Namen usw. mit der vorherigen Version überein. Gravierende Unterschiede sind erst dann erkennbar, wenn die Ausführungsgeschwindigkeit untersucht wird.

Die einzelnen Schritte des Beispielprojekts (geeignet für Delphi 3, 4 und 5) finden Sie auf der CD-ROM als Unterverzeichnisse von »Kapitel I\Local Server«.

1.4.3 Delphi-5-Beispiel: Automation-Server mit Events

Angenommen, Sie entwickeln ein Anwendungsprogramm, das ähnlich wie Microsoft Word bestimmte Funktionen auch anderen Anwendungen zur Verfügung stellen soll. Das könnte zum Beispiel eine Suchfunktion sein, die bestimmte Informationen zusammenstellt und das Ergebnis am Ende an den Aufrufer übergibt. Wenn diese Anwendung nun eine Automation-Schnittstelle erhalten soll, muss das COM-Objekt gleich drei Aufgaben erfüllen:

1. Eine Interface-Methode implementieren, über die der Client seine Aufgabe an das COM-Objekt im Automation-Server delegieren kann
2. Die Suche durchführen und die Informationen zusammenstellen
3. Den Client vom Abschluss der Arbeiten informieren und das Ergebnis übermitteln

Werden alle drei Aufgaben vollständig vom Automation-Server umgesetzt, kann der Client nach der Auftragserteilung an den Server ungestört weiterarbeiten. Über das vom Server ausgelöste Ereignis wird der Client darüber informiert, dass der aufgerufene Server seine Arbeiten erledigt hat und das Ergebnis nunmehr zur Verfügung steht.

In der Beschreibung tauchten die Wörter Server und Client auf – es handelt sich in der Tat um eine Minimalversion einer verteilten Anwendung, die aus zwei Programmen besteht. Ein Blick auf die Abbildung 1.13 beseitigt die letzten Zweifel.

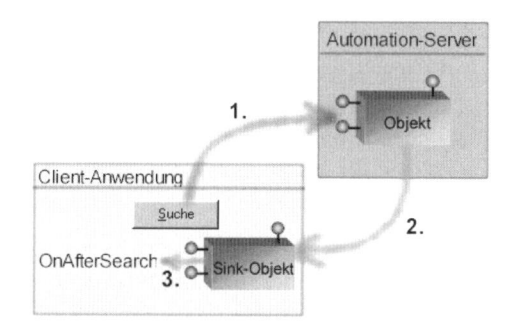

Abb. 1.13: Das Zusammenspiel zwischen Client und Automation-Server

Es sind in der Tat zwei COM-Objekte beteiligt, wobei diese Abbildung auch ein gutes Beispiel für die Zweideutigkeit der Begriffe Server und Client ist. Im ersten Schritt ruft die Client-Anwendung den Automation-Server auf und übergibt die Aufgabe. Wenn der Automation-Server das Ergebnis mitteilen will, ruft er in der Funktion eines Clients das als Server arbeitende Sink-Objekt der Client-Anwendung auf – somit kehrt sich die Rollenverteilung beim Rückruf um. Im dritten Schritt sorgt das Sink-Objekt dafür, dass die Client-Anwendung über das vom Automation-Server ausgelöste Ereignis informiert wird, indem die vereinbarte Ereignisbehandlungsmethode aufgerufen wird.

Doch genug der Vorrede – die folgende Beschreibung soll demonstrieren, wie einfach diese Standardaufgabe mit Delphi 5 in die Praxis umgesetzt werden kann.

Die Teilnehmer des COM/DCOM-Workshops auf den Entwickler-Tagen 2000 werden das folgende Beispiel kennen. Das COM-Objekt trägt daher auch den Namen „ET2K". Ich beschränke mich in der Beschreibung nur auf die einzelnen Arbeitsschritte – die Erklärungen zu den Details finden Sie

in den nachfolgenden Buchabschnitten vor.

Sie werden sehen, dass mit Delphi die meisten Arbeitsschritte visuell in der Entwicklungsumgebung abgearbeitet werden.

Schritt 1: Neue Anwendung

Der Automation-Server soll als eigenständige Anwendung implementiert werden, daher beginnt der Schritt 1 mit einer neuen Anwendung, die nur aus dem Hauptformular besteht. Dieses Grundgerüst wird unter dem Dateinamen *ET2K.DPR* gespeichert.

Schritt 2: Neues Automatisierungsobjekt

Über den Menüpunkt DATEI | NEU erreichen Sie die Objektgalerie von Delphi 5. Dort wählen Sie auf der Registerseite ACTIVEX den Automatisierungsobjekt-Experten aus. Der Experte erwartet nun zwei Entscheidungen von Ihnen – die erste betrifft den eindeutigen Namen der CoClass. Und die zweite Entscheidung besteht darin, die Checkbox für die Ereignisunterstützung anzuklicken.

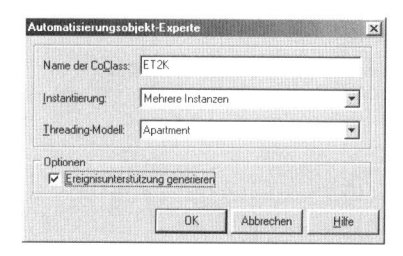

Abb. 1.14: Der Delphi-Experte legt das Grundgerüst des Automation-Servers an

Wird der Dialog über die Schaltfläche OK geschlossen, generiert Delphi das Grundgerüst des Automation-Servers und ruft anschließend den Typbibliothekseditor auf.

Schritt 3: Das Interface im Typbibliothekseditor definieren

Um den nachfolgenden Kapiteln nicht vorzugreifen, beschränke ich mich in Schritt 3 auf die notwendigsten Erläuterungen. Der Automation-Server stellt über das Dual Interface IET2KObj seine Fähigkeiten den Clients zur Verfügung. Außerdem muss das DispInterface IET2ObjEvents für das Sink-Objekt definiert werden, damit der Server den Client vom Ende seiner Arbeiten informieren kann. Beide Interfaces als auch die CoClass hat der Experte angelegt – Sie müssen nur noch die Interface-Methoden hinzufügen.

Eine Kurzbeschreibung zum Typbibliothekseditor finden Sie am Ende dieses Kapitels. Falls Sie Schwierigkeiten beim Nachbau des Beispiels haben, sollten Sie zuerst dort weiterlesen.

Eigene COM-Server entwickeln

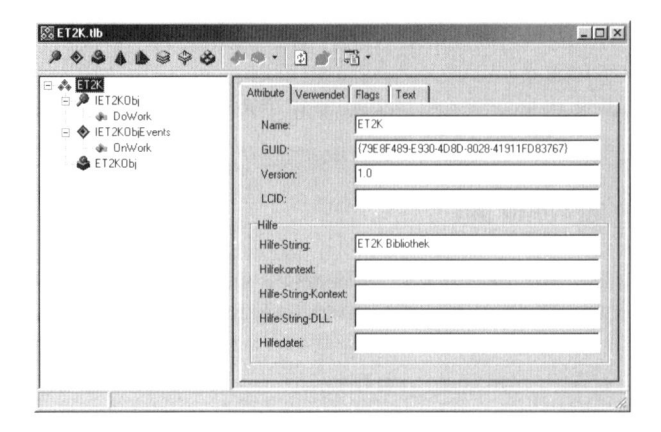

Abb. 1.15: Der Aufbau der Typbibliothek des einfachen Automation-Servers

Wurden beide Interface-Methoden konfiguriert, legt der Typbibliothekseditor über die Schaltfläche IMPLEMENTIERUNG AKTUALISIEREN die Deklaration der Interface-Methoden in der Implementierungs-Unit an.

```
type
  TET2KObj = class(TAutoObject, IConnectionPointContainer,
                   IET2KObj)
  private
    { Private-Deklarationen }
    FConnectionPoints: TConnectionPoints;
    FConnectionPoint: TConnectionPoint;
    FSinkList: TList;
    FEvents: IET2KObjEvents;
  public
    procedure Initialize; override;
  protected
    { Protected-Deklarationen }
    property ConnectionPoints: TConnectionPoints
      read FConnectionPoints
      implements IConnectionPointContainer;
    procedure EventSinkChanged(const EventSink: IUnknown);
      override;
    procedure DoWork(const sText: WideString;
      out sSrvMsg: WideString); safecall;
  end;
```

Dort taucht mit dem Interface `IConnectionPointContainer` etwas auf, was gar nicht im Typbibliothekseditor eingetragen wurde. Aber dafür fehlt anscheinend das Interface `IET2KEvents` und die Interface-Methode `OnWork`, die doch gerade neu angelegt wurde. Warum das so ist, verstehen Sie spätestens dann, wenn Sie sich bis zum Kapitel über die Connection Points durchgearbeitet haben. Vorerst reicht es aus zu wissen, dass der Delphi-Experte alle notwendigen Einträge in eigener Regie vornimmt. Daher widmen wir uns gleich der Implementierung der automatisch angelegten Methoden-Rümpfe. Die drei Programmzeilen zwischen `begin` und `end` sind schnell eingetippt:

```
procedure TET2KObj.DoWork(const sText: WideString;
  out sSrvMsg: WideString);
begin
  sSrvMsg := Format('%s (%s)', [sText, 'OK']);
  if FEvents <> nil then
    FEvents.OnWork(sSrvMsg);
end;
```

Zuerst baut der Automation-Server eine Zeichenkette zusammen, die an den Aufrufer zurückgeliefert wird. Dann wird geprüft, ob sich ein Client für die Benachrichtigung angemeldet hat – wenn ja, wird dieser Client vom Abschluss der Arbeiten verständigt.

Der Automation-Server wird nun kompiliert, anschließend gestartet und gleich wieder geschlossen. Beim Start hat er sich automatisch im System registriert, sodass nun der Client erstellt werden kann.

Schritt 4: Die VCL-Wrapper-Komponente für das Sink-Objekt erstellen

Immer dann, wenn der Automation-Server mit seiner Aufgabe fertig ist und ein Client sich zur Benachrichtigung beim Server registriert hat, ruft der Server das Sink-Objekt im Client auf. Sobald das passiert, soll ein Ereignis ausgelöst werden. Allerdings stehen Ereignisse nur dann zur visuellen Konfiguration im Objektinspektor zur Verfügung, wenn dafür eine Komponente in Delphi installiert wurde. Ab der Version 5 ist Delphi in der Lage, aus dem in der Typbibliothek beschriebenen Sink-Objekt automatisch eine VCL-Komponente zusammenzubauen. An dieser Stelle werden Sie zum ersten Mal mit den Vorteilen von COM konfrontiert – die Typbibliothek ist die Dokumentation zum COM-Objekt, die von anderen Anwendungen ausgewertet werden kann. Denn die neuen Fähigkeiten von Delphi 5 beziehen sich nicht nur auf Automation-Server, die mit Delphi entwickelt wurden, sondern auf alle COM-Objekte.

Über den Menüpunkt PROJEKT | TYPBIBLIOTHEK importieren rufen Sie die Anzeige aller auf Ihrem Rechner registrierten Typbibliotheken auf. Es kann daher einige Sekunden dauern, wenn auf dem Rechner sehr viele Anwendungen installiert sind. Der Name der im Schritt 2 vergebenen CoClass ist ebenfalls in dieser Liste zu finden, wie ein kurzer Blick auf die Abbildung 1.16 verdeutlicht. Am Ende des dritten Schrittes wurde der neue Automation-Server einmal kurz gestartet. Delphi sorgt dabei dafür, dass sich der Server zur Sicherheit bei jedem Start im System registriert. Der Entwickler hat eine Sorge weniger, er kann diesen Arbeitsschritt niemals vergessen, wenn später der Installationspfad der EXE geändert wird.

Im Dialogfenster wählen Sie die Zeile „ET2K Bibliothek (Version 1.0)" aus der Liste aus. Delphi informiert sofort über den neuen Klassennamen der zu generierenden VCL-Komponente. Nachdem Sie sich vergewissert haben, dass die Checkbox KOMPONENTEN-WRAPPER GENERIEREN auch angekreuzt ist, wird die neue VCL-Komponente über die Schaltfläche INSTALLIEREN erzeugt.

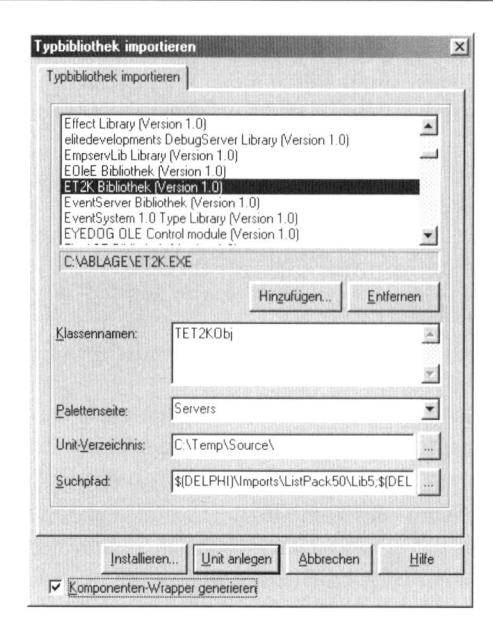

Abb. 1.16: Die VCL-Komponente für das Sink-Objekt wird generiert

Auf der angegebenen Palettenseite taucht kurze Zeit später ein neues Symbol auf – die eigene VCL-Komponente für das Sink-Objekt ist fertig.

Schritt 5: Der Client für den Automation-Server wird erstellt

Die Entwicklung des Clients ist mit Delphi 5 sehr schnell erledigt, denn die Vorgehensweise unterscheidet sich nicht von einem ganz normalen Delphi-Programm, bei dem COM nicht eingesetzt wird. Zuerst wird die im Schritt 4 angelegte VCL-Komponente auf das Formular gezogen. Anschließend sorgt ein Doppelklick auf das Eingabefeld `OnWork` im Objektinspektor dafür, dass Delphi den Methodenrumpf für die Ereignisbehandlungsmethode anlegt.

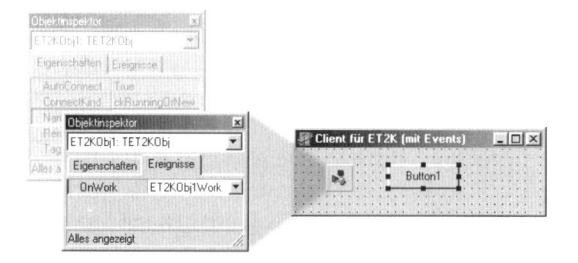

Abb. 1.17: Die Ereignisbehandlungsmethode wird im Objektinspektor konfiguriert

In diesem Methodenrumpf wird nur eine Zeile von Hand nachgetragen – der `ShowMessage`-Aufruf.

```
procedure TFormClient2.ET2KObj1Work(Sender: TObject;
  var sTxt: OleVariant);
begin
  ShowMessage(sTxt);
end;
```

Jetzt bleibt nur noch eine einzige Aufgabe übrig, der Client muss die Interface-Methode des Automation-Servers aufrufen und somit das Auslösen des Ereignisses anstoßen. Dazu wird die Interface-Methode `DoWork` des Servers aufgerufen.

```
procedure TFormClient2.Button1Click(Sender: TObject);
var
  sSrvMsg : WideString;
begin
  ET2KObj1.DoWork('Delphi 5 Komponente', sSrvMsg);
end;
```

Resümee

Sie müssen zugeben, dass diese Aufgabe mit Delphi 5 schnell erledigt wurde. Und besondere Kenntnisse über COM waren auch nicht unbedingt notwendig – der Delphi-Experte hat die meiste Arbeit auf der Server-Seite erledigt. Noch einfacher ist der Client – hier muss man schon hinter die Kulissen schauen, um überhaupt den Aufruf des Automation-Servers erkennen zu können. COM ist völlig sprachunabhängig, somit muss sich Delphi an die Regeln der COM-Spezifikation halten. Was innerhalb von Delphi so einfach aussieht, wird mit beeindruckender Eleganz über die VCL-Klassen in viele Hintergrundschritte umgesetzt.

Diese von Delphi angebotene Bequemlichkeit hat selbstverständlich ihre Vor- und Nachteile. Der Vorteil wird jedem sofort deutlich, wenn man den Zeitbedarf gegenüber der Entwicklung mit Delphi 3 gegenüberstellt. Der Nachteil macht sich spätestens dann bemerkbar, wenn der eigene Server spezielle Fähigkeiten haben soll, die über die vom Experten generierte Implementierung hinausgehen. Sie können nur dann erfolgreich eigene Erweiterungen vornehmen, wenn Sie das Hintergrundwissen über das Wirkungsprinzip einsetzen. Betrachten Sie somit dieses einfache Beispiel nur als Argumentations-Hilfe, warum sich ein Weiterlesen im Buch auch für denjenigen lohnt, der sich mit Delphi 5 die tagtägliche Arbeit erleichtert.

1.5 Beispiel: Windows Scripting Host

Als Kontrastbeispiel möchte ich Ihnen zum Ende des ersten Kapitels noch zwei Einsatzbeispiele zeigen, bei denen Delphi überhaupt nicht vorkommt. Der Windows Scripting Host (WSH) von Microsoft stellt mit VBScript und JavaScript gleich zwei Makrosprachen zur Verfügung, die direkt auf COM-Objekte zugreifen können. Jetzt können Sie fragen, was der WSH in einem Delphi-Buch zu suchen hat. Es gibt tatsächlich einen praktischen Bezug. Angenommen, Sie müssen Ihre Anwendung mit einer Makro-Fähigkeit ausstatten. Der Anwender oder der Systemadministrator soll die Möglichkeit haben, bestimmte Arbeitsschritte zu automatisieren, indem ein eigener Ablauf festgelegt wird. Vor dem WSH war das eine zeitaufwendige oder eine kostspielige Sache. Seit dem WSH ist die Aufgabe relativ einfach – das eigene Programm muss nur als Automation-Server seine Funktionen anderen Clients zur Verfügung stellen. Und einer dieser Clients kann der WSH sein.

Dass ich diese Argumentation nicht an den Haaren herbeigezogen habe, sehen Sie spätestens dann, wenn Sie sich die beiden folgenden Beispiele näher anschauen. Ab Windows 2000 ist der WSH auf jedem Rechner zum sofortigen Einsatz enthalten, auf allen früheren 32-Bit-Windows-Versionen kann er nachinstalliert werden.

1.5.1 Beispiel: Windows Scripting Host und COM+

Im ersten Beispiel greift ein VBScript über die COM-Interfaces auf den `COMAdminCatalog` zu, um alle installierten COM+ Anwendungen mit ihren Sicherheitseinstellungen auszulesen. Beachten Sie, dass es ausreicht, die folgenden Zeilen in einen beliebigen Editor wie zum Beispiel Notepad einzutippen und dann über den Explorer mit einem Doppelklick zu starten.

```
sMsgText = "COM+ Applications: " vbCrLf
Set Cat = CreateObject("COMAdmin.COMAdminCatalog")
Set Apps = Cat.GetCollection("Applications")
Apps.Populate
For Each App In Apps
  Caps = App.Value("AuthenticationCapability")
  Line ="0x" & Hex(Caps) & Chr(9) & App.Name vbCrLf
  sMsgText = sMsgText & Line
Next
MsgBox sMsgText
```

Das Ergebnis gibt der WSH in einem Hinweisfenster aus.

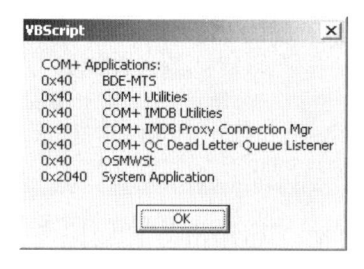

Abb. 1.18: Das VBScript ermittelt die installierten COM+-Anwendungen

1.5.2 Beispiel: Windows Scripting Host und ADSI

Das zweite Beispiel demonstriert die Leistungsfähigkeit von ADSI, indem über ein VBScript alle NT-Dienste auf diesem Rechner aufgelistet werden.

```
Dim oADSWinNT
Dim sStr

Set oADSWinNT = GetObject("WinNT://OSSISOFT-ASCN7S")
oADSWinNT.Filter = Array("Service")
sStr = "Ergebniss von " & oADSWinNT.Name & vbCrLf
For Each Item In oADSWinNT
  sStr = sStr & Item.Name & vbCrLf
Next

MsgBox sStr
```

Spätestens jetzt müssen auch skeptische Zeitgenossen eingestehen, dass bei diesen Fähigkeiten der WSH demnächst zum Alltag eines Administrators und eines Power-Users gehören wird. Und wenn diese tagtäglich mit diesem Tool hantieren, werden sie auch erwarten, dass auch ein von Ihnen entwickeltes Programm über diesen Weg angesprochen werden kann. Auf das Thema ADSI komme ich im Kapitel 10 noch mal zurück.

1.6 Delphi-Tools

In den folgenden Kapiteln tauchen ständig verschiedene Delphi-Tools auf, die im jeweils vorgestellten Projekt verwendet werden. In fast allen Fällen ist mindestens der Typbibliothekseditor beteiligt, sodass bereits das erste Kapitel dieses Tool näher vorstellen muss, um für die nachfolgenden Kapitel eine gemeinsame Ausgangsbasis zu schaffen. Dabei unternehme ich keinen Versuch, alle Zusammenhänge bereits jetzt zu erklären. Diese Aufgabe ist den nachfolgenden Kapiteln vorbehalten. Trotzdem sollten Sie den folgenden Teil nicht überblättern – es ist hilfreich, sich von gewissen Begriffen gleich am Anfang ein „visuelles" Bild machen zu können.

Warum das so ist, wird im zweiten Kapitel deutlich. Jetzt reicht es vorerst aus, einfach nur auf den Begriff Typbibliothek-Marshaler (alias Automation-Marshaler) der COM-Runtime hinzuweisen.

1.6.1 Delphi's Typbibliothekseditor

Ein Tool, das zu ihrem ständigen Begleiter werden wird, ist der Typbibliothekseditor von Delphi. Aufgrund der von Delphi genutzten COM-Techniken wird fast jedes mit Delphi entwickelte COM-Objekt eine Typbibliothek verwenden müssen. Lassen Sie sich von der Komplexität dieses Tools nicht abschrecken – es ist nichts anderes als eine visuelle Ummantelung der Interface-Beschreibung im IDL-Format. Über den Dialog für die Umgebungsoptionen können Sie das anzuzeigende Format zwischen der Pascal- und der IDL-Syntax umschalten.

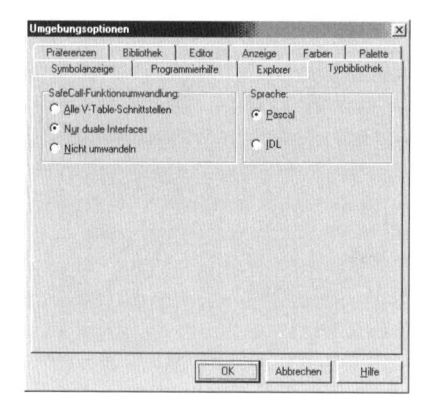

Abb. 1.19: Konfigurationsoptionen des Typbibliothekseditors

Da auch der Typbibliothekseditor ein Two-Way-Tool ist, reicht es zum Beispiel aus, eine bereits im IDL-Format vorhandene Interface-Beschreibung in das Memo-Feld auf der Registerseite TEXT zu kopieren. Aber auch dann, wenn Sie selbst das Interface visuell im Typbibliothekseditor zusammenstellen, können Sie sich auf der Registerseite TEXT ständig darüber informieren, wie Ihre Konfiguration in das IDL-Format umgesetzt wird. Dies ist immer dann hilfreich, wenn Sie den Versuch unternehmen, ein für die Sprache C/C++ vorliegendes Interface in Delphi nachzubauen.

Der Typbibliothekseditor kann auf drei verschiedenen Wegen aufgerufen werden:

- Über das Menü DATEI | NEU... | ACTIVEX können Sie das Icon Typbibliothek aus der Objektgalerie auswählen. Delphi öffnet daraufhin eine völlig neue und damit leere Typbibliothek.
- Über einen der Delphi-Wizards für COM-Server. In diesem Fall wird das Fundament der Typbibliothek von Delphi bereits voreingetragen.
- Über das Menü DATEI | ÖFFNEN... kann eine bereits vorhandene Typbibliothek nachträglich geändert werden.

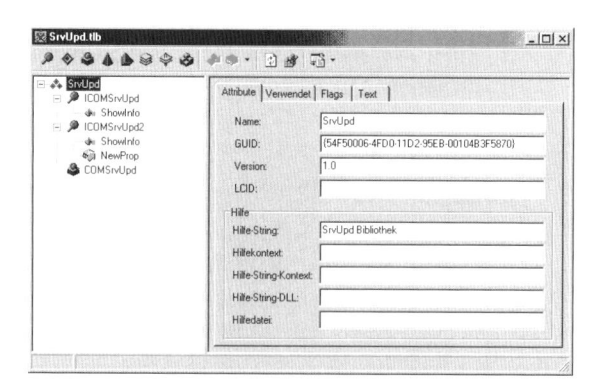

Abb. 1.20: Eine Typbibliothek wird bearbeitet

Der Typbibliothekseditor ist analog zum Windows-Explorer aufgebaut. Mit dem Auswählen eines Eintrages aus dem linken TreeView-Fenster ändert sich der Inhalt des rechten Fensterbereichs. Delphi zeigt immer nur die Elemente im rechten Fensterbereich an, die für den gerade ausgewählten Bestandteil der Typbibliothek relevant sind.

Der Bereich Typbibliothek und Typbibliothekseditor gehört sicherlich zu dem Delphi-Teil, der am stärksten von der technischen Weiterentwicklung (andere sagen auch Bug-Fixes dazu) betroffen ist. Dies gilt auch nach dem UpdatePack#3 zu Delphi 4, der Typbibliothekseditor hat immer noch seine Eigenheiten. Auch die Originalversion von Delphi 5 hatte an dieser Stelle einige Schwierigkeiten, die zum Teil erst mit dem UpdatePack#1 für Delphi 5 behoben wurden.

Mit der entsprechenden Vorsicht und Sorgfalt lassen sich jedoch die meisten Klippen sicher umschiffen. Zumindest sollten Sie Ihre Projektdateien so frühzeitig und häufig wie nur möglich während des Entwicklungsprozesses speichern.

Erklärungen am Beispiel des Automation-Servers (mit Events)

Besser als jede verbale theoretische Umschreibung ist die Beschreibung an einem praktischen Beispiel. Ich ziehe dazu das vorhin vorgestellte Beispiel eines Automation-Servers mit Events heran. In diesem Beispiel hat der Delphi-Wizard das Grundgerüst im Typbibliothekseditor bereits ausgefüllt.

Registerseite Attribute

Auf der Registerseite ATTRIBUTE werden die markanten Eigenschaften der Typbibliothek festgelegt. Zum einen geht es darum, die ProgID festzulegen und zum anderen wird hier die Zeichenkette definiert, die in anderen Tools als Bezeichnung für diese Typbibliothek angezeigt werden soll. Die ProgID setzt sich aus dem Namen der Typbibliothek sowie dem Namen der CoClass zusammen, wobei beide Bestandteile durch einen Punkt voneinander getrennt werden.

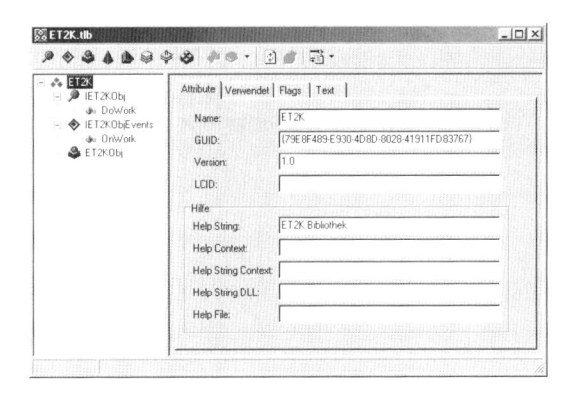

Abb. 1.21: Die AppID und der sichtbare Name werden definiert

Die anderen Eigenschaften sind optional und tauchen bei mir im Buch auch nicht auf – ich mache es mir daher einfach und verweise alle diejenigen, die es genauer wissen möchten, auf die Hilfedatei.

Registerseite Verwendet

In einer Typbibliothek beschreibt der COM-Server seine von außen sichtbaren Schnittstellen. Immer dann, wenn dabei Elemente verwendet werden, die nicht in der eigenen Typbibliothek deklariert wurden, muss die eigene Typbibliothek den Ort der Deklaration definieren. Dies erfolgt durch das Einbinden anderer Typbibliotheken, wobei jede im System registrierte Typbibliothek zugeordnet werden kann.

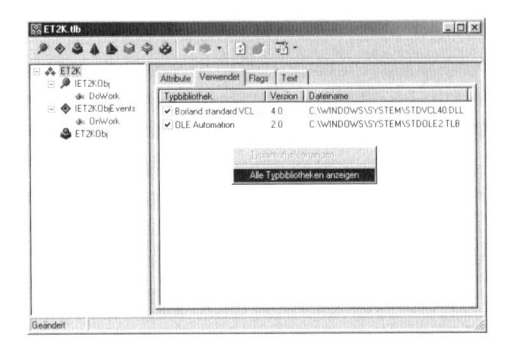

Abb. 1.22: Die eingebundenen externen Typbibliotheken werden definiert

Registerseite Flags

Der Inhalt dieser Registerseite hängt davon ab, welcher Zweig in der Explorerdarstellung des linken Fensters ausgewählt wurde.

Im Fall eines Interfaces werden zwei Flags aktiv sein. Zum einen generiert Delphi in der Voreinstellung automatisch ein Dual Interface, sodass ein Client sowohl mit der frühen Bindung als auch mit der späten Bindung auf das Objekt zugreifen kann. Das COM-Objekt ist universell einsetzbar, weil auch die Scriptsprachen (VBScript bzw. ASP) das Objekt aufrufen können. Allerdings haben Sie die Wahl, das Dual Interface abzuwählen.

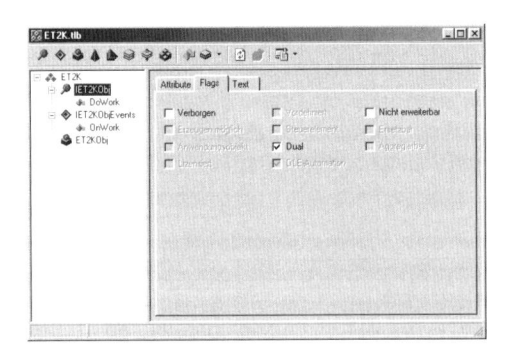

Abb. 1.23: Das Interface legt seinen Typ und den zuständigen Marshaler fest

Sobald Sie das Häkchen aus der Dual-Checkbox entfernen, können Sie auch das Flag OLE-Automation abwählen. Allerdings sollten Sie dies nur dann tun, wenn Sie sich in

Standortbestimmung

den Kapiteln 2 und 4 mit den sich daraus ergebenden Nebenwirkungen vertraut gemacht haben.

Wird die CoClass im linken Fenster ausgewählt, wechselt Delphi auch die Darstellung in der Registerseite FLAGS. Eine CoClass ist die implementierende Klasse, in der die abstrakten Interface-Methoden tatsächlich mit Leben ausgefüllt werden. In der Vorbelegung aktiviert der Delphi-Wizard nur das Flag ERZEUGEN MÖGLICH – somit kann jeder Client eine Instanz dieses COM-Objekts anfordern.

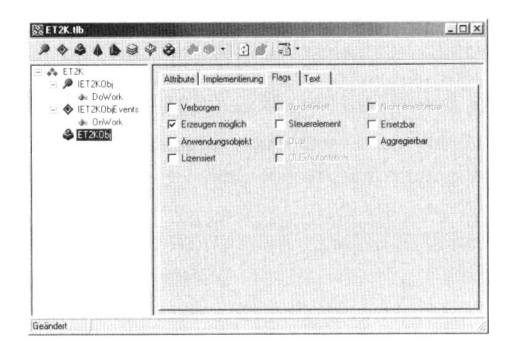

Abb. 1.24: Darf ein externer Client eine Objektinstanz anfordern?

Allerdings taucht bei der Auswahl einer CoClass eine neue Registerseite auf.

Registerseite Implementierung

Wenn die CoClass die implementierende Klasse für ein Interface ist, muss es auch einen Weg geben, einer CoClass die implementierten Interfaces zuzuordnen. Im Beispiel hat der Delphi-Wizard bereits zwei Interfaces eingetragen, wobei eines davon das Interface des Sink-Objekts für die Event-Benachrichtigung ist.

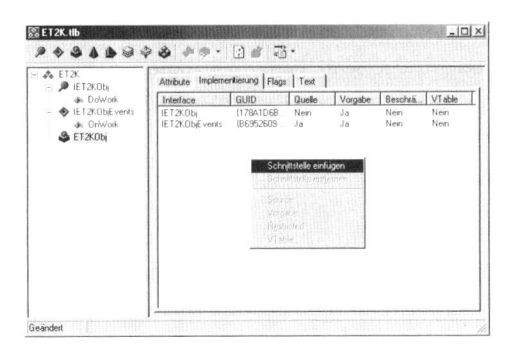

Abb. 1.25: Eine CoClass definiert die Interfaces, für die sie zuständig ist

Sie können jedoch auch weitere Interfaces von Hand hinzufügen. Dies ist immer dann notwendig, wenn das eigene COM-Objekt ein Interface implementieren muss, das von COM bereits als feststehende Schnittstelle deklariert wird.

Registerseite Parameter

Sobald eine Interface-Methode in der linken Explorer-Darstellung ausgewählt wurde, zeigt der Typbibliothekseditor die Registerseite PARAMETER an. Sie können dabei drei verschiedene Parameter-Kategorien auswählen:

- IN-Parameter, wenn der Wert vom Objekt niemals verändert wird
- OUT-Parameter, wenn nur das Objekt einen Wert zurückliefert
- VAR-Parameter, wenn der vom Client übergebene Wert vom Objekt verändert werden kann

Als Datentyp können Sie alle die Typen auswählen, die in einer der eingebundenen Typbibliotheken deklariert wurden. Allerdings gibt es hier die Einschränkung, dass je nach verwendeten Marshaler zusätzliche Regeln gelten. Sie dürfen nicht alles, was hier zur Auswahl in der Liste angeboten wird, auch wirklich gefahrenfrei verwenden. Im Kapitel 4 komme ich beim Thema Marshaler noch einmal auf diese Beschränkungen zurück.

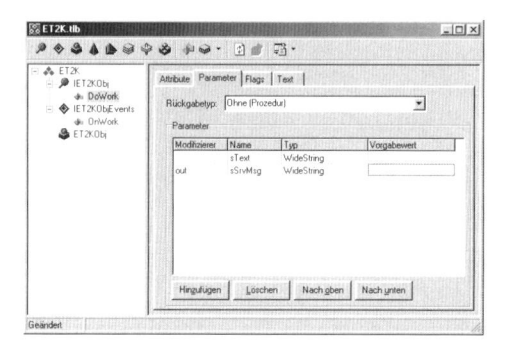

Abb. 1.26: Die Parameter der Interface-Methoden werden definiert

Registerseite Text

Auf der Registerseite TEXT können Sie sich davon überzeugen, dass der Typbibliothekseditor strenggenommen gar nicht unbedingt notwendig ist. Auf dieser Registerseite zeigt das Delphi-Tool das Ergebnis der visuellen Konfiguration als Inhalt der Typbibliothek in der IDL-Syntax (Interface Description Language) an.

> *Der Typbibliothekseditor ist tatsächlich überflüssig, wenn man die IDL-Datei von Hand mit einem beliebigen Editor schreibt und dann über den MIDL-Compiler aus dem Win32-SDK übersetzen lässt. Allerdings macht ein derartiger freiwilliger Verzicht auf die visuelle Entwicklung in der Regel keinen Sinn.*

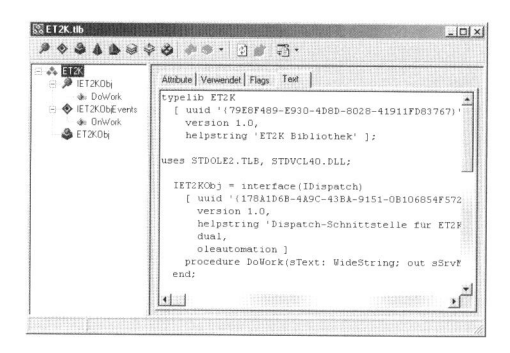

Abb. 1.27: Die binäre TLB-Datei ist nur das Ergebnis einer IDL-Datei in Text-Form

In der Uses-Anweisung tauchen zwei Einträge auf, somit kann der eigene Server nur dann erfolgreich aufgerufen werden, wenn auf dem Rechner auch alle dort aufgeführten Typbibliotheken vorhanden sind. Im Fall von *STDOLE2.TLB* ist das immer der Fall, da diese Typbibliothek zur COM-Runtime gehört. Anders sieht es bei *STDVCL40.DLL* aus, hier müssen Sie dafür sorgen, dass diese DLL mit auf dem Rechner installiert wird.

Im Abschnitt der Interface-Deklaration tauchen die Begriffe Dual und OleAutomation auf – hier definiert Delphi den Interfacetyp sowie den verwendeten Marshaler. Als unmittelbare Folge dessen schränken diese Deklarationen auch die für Interface-Methoden zur Verfügung stehenden Datentypen ein.

1.6.2 Welche Darstellung verwenden?

Delphi stellt im Typbibliothekseditor gleich zwei verschiedene Sprachen zur Verfügung. Als Vorbelegung ist Pascal ausgewählt; somit sieht der Entwickler auch in der Typbibliothek die von Object Pascal her gewöhnten Datentypen. Allerdings können Sie jederzeit auch zur IDL-Syntax (Interface Definition Language) wechseln (siehe Abbildung 1.19) und sich somit den Aufbau der Typbibliothek im Standardformat von COM anschauen. Beachten Sie, dass hier nur die Anzeige umgeschaltet wird – der interne Aufbau der Typbibliothek bleibt davon unberührt immer gleich.

Angenommen, das eigene COM-Objekt soll in einer Interface-Methode eine Zeichenkette als BSTR zurückliefern. Der COM-Datentyp BSTR ist mit dem Delphi-Typ WideString identisch. Somit könnte die Implementierung dieser COM-Class zum Beispiel so aussehen:

```
type
  TTest = class(TAutoObject, ITestInterface)
  protected
    function TestCall: WideString; safecall;
  end;
```

Wird an der Delphi-Voreinstellung nichts geändert, so kann der Rückgabewert dieser Interface-Methode direkt als WideString ausgewählt werden.

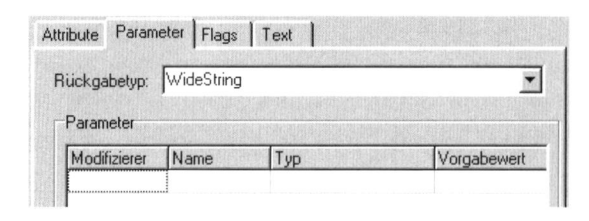

Abb. 1.28: In der Pascal-Syntax wird WideString als Rückgabewert definiert

Die gleiche Syntax wird verwendet, wenn man sich die Interface-Beschreibung auf der Registerseite TEXT anschaut.

```
ITestInterface = interface(IDispatch)
  [ uuid '{737E60F2-0414-46F5-8762-560B50AA64BA}',
    version 1.0,
    helpstring 'Dispatch-Schnittstelle für test-Objekt',
    dual,
    oleautomation ]
  function TestCall: WideString [dispid $00000001]; safecall;
end;
```

Wechseln Sie jedoch nun über den Menüpunkt TOOLS | UMGEBUNGSOPTIONEN zur Dialogseite TYPBIBLIOTHEK. Schalten Sie die Syntax von Pascal auf IDL um. Delphi ändert sofort die Anzeige im Typbibliothekseditor:

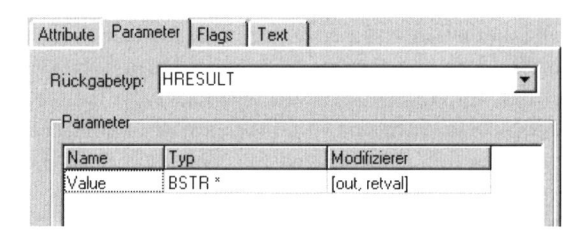

Abb. 1.29: Die Darstellung der gleichen Interface-Methode in der IDL-Syntax

Die exakt gleiche Methode wird nun völlig anders dargestellt – die Funktion gibt einen HRESULT-Wert zurück, sodass der eigentliche Rückgabewert in einen OUT-Parameter umgewandelt wird. Warum das so ist, stelle ich im Kapitel über HRESULT und SafeCall noch näher vor – an dieser Stelle reicht der Hinweis, dass Delphi über die SafeCall-Deklaration den Entwickler erneut von Alltagsaufgaben entlastet.

Wechseln Sie nun im Typbibliothekseditor auf die Registerseite TEXT; die gleiche Interfacemethode wird auch hier in der IDL-Syntax dargestellt:

```
[
  uuid(737E60F2-0414-46F5-8762-560B50AA64BA),
  version(1.0),
  helpstring("Dispatch-Schnittstelle für test-Objekt"),
  dual,
```

```
  oleautomation
]
  interface ITestInterface: IDispatch
{
  [id(0x00000001)]
  HRESULT _stdcall TestCall([out, retval] BSTR * Value );
};
```

Wichtig ist dabei nur eines – unabhängig von der eingestellten Syntax bleibt der binäre Aufbau der Typbibliothek völlig gleich. Sie können daher fallbezogen immer die Darstellung aktivieren, die Ihnen am meisten zusagt.

1.6.3 TLIBIMP.EXE

Neben den visuellen Tools findet sich im *BIN*-Unterverzeichnis von Delphi auch noch die Konsolenanwendung *TLIBIMP.EXE* Wird dieses Tool mit dem Parameter »/?« gestartet, ahnt man schon, wie leistungsfähig dieses unscheinbare Programm ist:

```
Borland TLIBIMP Version 4.0  Copyright (c) 1997, 1998 Inprise
Corporation

Benutzung: TLIBIMP [optionen] <typebibdatei> [optionen]

  -D<pfad>       Ausgabeverzeichnis
  -F<dateiname>  Name der Ausgabedatei
  -N<namespace>  C++-Namespace-Name
  -U<unitname>   uses-Unit von Pascal
  -#<includename> C++-include-Dateiname

Schalter: -<zeichen><status> (Vorgaben siehe unten)
  -C+  C++-Import-Datei genierieren
  -E+  Emit C++ Helper-Klassen für dispinterfaces ausgeben
  -G+  Namespace im globalen Namespace benutzen
  -I-  MIDL\COM-IDL-Quelldatei generieren
  -J-  CORBA-IDL-Quelldatei generieren
  -K-  Pascal-CORBA-Stubs und -Skeletons generieren
  -H+  Hilfe-Strings als Kommentare schreiben
  -O+  CoClass-Klassen-Wrapper
  -P+  Pascal-Importdatei generien
  -R+  Dateien für referenzierte Typbibliotheken importieren
  -S+  Bei dualen Interfaces HRESULT stdcall in safecall umwandeln
  -T+  Bei allen Interfaces HRESULT stdcall in safecall umwandeln
  -W+  Warnungen in Import-Datei
```

Sollten Sie irgendwann einmal beim Öffnen oder Importieren von Typbibliotheken mit dem Typbibliothekseditor Schwierigkeiten haben, ist *TLIBIMP.EXE* als Alternative sehr hilfreich. Um eine für Delphi geeignete *.TLB.pas* der Typbibliothek von Microsoft Word 8 zu generieren, ist zum Beispiel der folgende Aufruf notwendig:

```
Tlibimp -C- -E- msword8.olb
```

Über die Aufruf-Parameter müssen die Vorbelegungen für das Generieren von C++-Importdateien überschrieben werden.

1.6.4 TREGSRV.EXE – Borland Turbo-Registrierungs-Server

Die In-process Server können als DLL vom Microsoft-Tool *REGSVR32.EXE* registriert werden, dieses Programm ist mittlerweile auf fast jeder Windows-Installation zu finden. Möchten Sie jedoch nur die Typbibliothek als binäre TLB-Datei weitergeben, hilft dieses Tool nicht weiter. Bei dieser Aufgabe kommt die große Stunde von `TRegSrv`, denn dieses Tool kann auch eine einzelne TLB im System registrieren:

```
Borland Turbo-Registrierungs-Server --
Programm zur Registrierung von COMServern

Version 1.1. Copyright (c) 1997,98 Inprise Corporation

Syntax: TREGSVR [optionen] dateiname
  -u = Registrierung des Servers oder der Typbibliothek aufheben
  -q = Ohne Meldungsausgabe (Quiet)
  -t = Typbibliothek registrieren (Vorgabe für .TLB-Dateien)
```

> *Generell ist allen mit Delphi erstellten COM-Servern gemeinsam, dass ein Zugriff nur dann erfolgreich ist, wenn die Typbibliothek sowohl auf dem Client-Rechner als auch auf dem Server-Rechner registriert ist. Daher wird das separate Registrieren der TLB auf der Client-Seite bei DCOM-Anwendungen häufig vorkommen.*

1.7 Das Dokumentations-Problem

Solange man nur auf seine eigenen COM-Objekte zugreift, ist das Problem der Dokumentation irrelevant. Ein Entwickler, der sich selbst seine COM-Objekte zusammenbaut, hat alle Informationen, um diese Objekte sinnvoll einzusetzen. Völlig anders ist die Situation, wenn auf bereits vorhandene externe Objekte zurückgegriffen werden soll. Die beiden zuletzt vorgestellten Beispiele für den Windows Scripting Host sind dazu ein gutes Beispiel. Ohne vernünftige Dokumentation des COM-Objekts wird man diese Objekte nicht effektiv einsetzen können. Und hier stellt sich die Frage, woher ein Entwickler diese Informationen bekommt. In der Delphi-Dokumentation kann das nicht enthalten sein. Borland wird sich sehr schwer davon überzeugen lassen, die Objekte fremder Hersteller zu dokumentieren. Aus diesem Grund sind zum Beispiel in Delphi 5 auf der Palette Servers zwar die VCL-Wrapperkomponenten für die Automation-Server aus Microsoft Office enthalten, aber keine Dokumentation dieser Microsoft-Objekte. Stattdessen gilt hier die Regel, dass der Hersteller des COM-Objekts für die Dokumentation verantwortlich ist. Am Beispiel von Microsoft Office wird dies sehr gut deutlich – zusammen mit dem Produkt Microsoft Office 2000 Developer werden drei CD-ROMs zusätzlich ausgeliefert, auf denen nur die Dokumentation zum Produkt einschließlich aller Objektmodelle enthalten ist.

Microsoft Developer Network (MSDN)

Wollen Sie ein COM-Objekt einsetzen, das von Microsoft entwickelt wurde? In diesem Fall haben Sie Glück, denn umfangreiche Informationen stehen auf gleich zwei Wegen zur Verfügung. Zum einen die Webseite von MSDN Online, die über die URL **http://msdn.microsoft.com** erreicht wird. Und zum anderen können alle diejenigen, die nicht stundenlang Online lesen möchten, auf die CD-ROM-Ausgabe MSDN Library zurückgreifen.

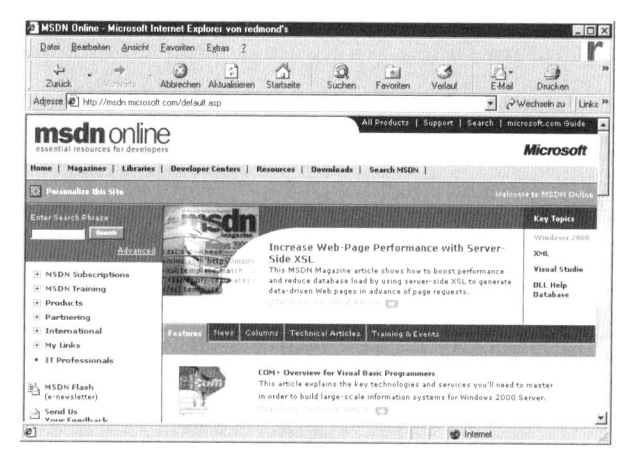

Abb. 1.30: Die Webseite von MSDN Online

Microsoft Platform SDK

Eine weitere Wissensquelle können Sie über das Microsoft Platform SDK anzapfen. Auch wenn sich der Inhalt mit dem MSDN Library überschneidet, wird Sie der schnelle Zugriff auf gesuchte Informationen bei der tagtäglichen Arbeit überzeugen. Wobei beim Platform SDK die in der Abbildung 1.31 dargestellte Hilfedatei nur eine Seite der Medaille ist. Genauso wichtig sind die im Paket enthaltenen Tools und Header-Dateien. Nur hier finden Sie die brandaktuelle Fassung der Deklaration von API-Funktionen, Konstanten und Datenstrukturen, die in den unterschiedlichen Win32-Versionen verwendet werden.

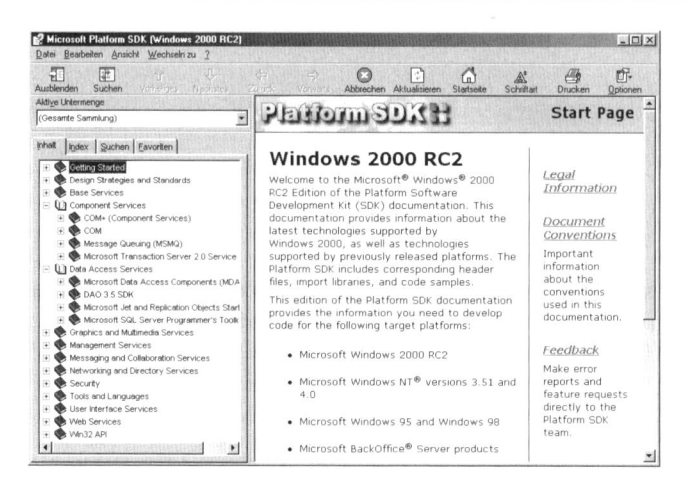

Abb. 1.31: Die Hilfedatei zum Microsoft Platform SDK

So gut MSDN Library und das Platform SDK auch sind, Informationen über Borland Delphi werden Sie in diesen Microsoft-Produkten nur sehr selten vorfinden. Daher greife ich auf eine dritte Informationsquelle zurück – die Borland TIP-CD.

Borland TIP

Mit der Borland TIP-CD unternimmt Borland den Versuch, als Ergänzung zu den Microsoft-Informationsquellen das Defizit an Delphi-Informationen in gewissem Maße zu beseitigen.

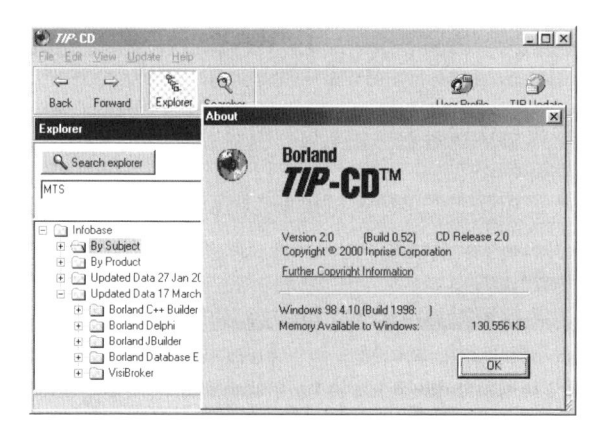

Abb. 1.32: Die Borland TIP-CD als aktualisierbares Nachschlagewerk

An dieser – zugegebenermaßen – vorsichtigen Formulierung können Sie erkennen, dass der Inhalt der Borland TIP-CD nicht mit dem MSDN vergleichbar ist. Trotzdem ist es eine sehr sinnvolle Ergänzung, zumal seit Anfang dieses Jahres mit der Version 2.0 erstmalig die Möglichkeit besteht, den Inhalt über Internet-Updates aktualisieren zu können.

Somit bleiben Sie zwischen den vierteljährlichen Updates der CD-ROM immer auf dem aktuellen Stand.

1.8 Wie geht's weiter?

Zuerst mit einer kleinen Pause – Sie sollten sich eine Tasse Kaffee oder Tee gönnen, um die folgenden Teile besser überstehen zu können. Der Aufbau der folgenden Kapitel lehnt sich an die Entwicklung von COM an. Zuerst werden die einzelnen Bestandteile eines COM-Objekts vorgestellt. Ich möchte Ihnen dabei unter anderem zeigen, wie einzelne COM-Techniken auch in Nicht-COM-Anwendungen genutzt werden können. Wenn dieser theoretische Unterbau fertig ist, geht es mit OLE weiter. Das Thema Automation wird anhand von Einsatzbeispielen für die Microsoft Office-Anwendungen betrachtet. Mit DCOM werden Sie mit einem neuen Schwierigkeitsgrad konfrontiert – dem Sicherheitssystem von Windows NT. Nachdem das MTS-Kapitel einige der COM+-Grundlagen angerissen hat, befasst sich das Buch am Ende mit den neuen Leistungsmerkmalen von COM+. Anhand von vielen Beispielprojekten werden Sie sehen, dass der größte Teil davon auch mit Delphi 5 genutzt werden kann.

2 Component Object Model

2.1 Was ist ein Objekt?

Keine Sorge – ich habe nicht vor, die nächsten 50 Seiten mit den Grundlagen der objektorientierten Programmierung zu füllen. Es geht auch weder um die Vererbung noch um die Kapselung – stattdessen wird das Objekt an sich sehr abstrakt betrachtet. Man kann sagen, dass sich jedes Objekt durch drei Eigenschaften beschreiben lässt.

1. **Identity** – Name des Objekts als Kennzeichner
2. **State** – Daten einer Instanz zur Zustandsverwaltung
3. **Behavior** – Menge der Methoden, über die das Verhalten oder der Zustand des Objekts geändert werden kann

Alles schön und gut werden Sie jetzt vielleicht sagen – aber was hat das mit uns zu tun? Eine ganze Menge – denn diese Eigenschaften finden sich auch im Aufbau eines COM-Objekts wieder. Und nicht nur das, zum Beispiel war der gravierende Umbau von MIDAS 3 allein deshalb notwendig, weil MIDAS-3-Objekte im Gegensatz zu MIDAS 2 nun zustandslos sind. Ein zustandsloses Objekt erfordert ein völlig neues Programm-Design, ist dafür aber besser skalierbar. Und da der MTS (Microsoft Transaction Server) am besten mit zustandslosen Objekten umgehen kann, war der grundlegende Umbau von MIDAS 3 auch sinnvoll.

> *Der Begriff Objekt wird von Microsoft und Borland in ihren Dokumentationen unterschiedlich gehandhabt. Während bei Microsoft ein Objekt eine Instanz einer Klasse ist, bezeichnet Borland die Klasse als Objekt (siehe Hilfe zu TObject). Im Buch verwende ich sowohl die Bezeichnungen Objekt als auch Klasse gleichbedeutend, während die Bezeichnung Instanz für ein „lebendes" Objekt der Klasse verwendet wird.*

Falls Sie das erste Kapitel nicht überblättert haben, werden Sie sich an das Beispielprojekt des Automations-Servers mit Ereignisunterstützung erinnern. Anhand dieses Beispiels wäre auch die folgende Zuordnung möglich.

- Identity = CLSID und IID
- State = Instanzierung und Threading Model
- Behavior = Interface-Methoden

Hier tauchen mit CLSID, IID, Interface und Threading Model neue Begriffe auf, die Schritt für Schritt in diesem Kapitel vorgestellt werden. Bevor es jedoch zu diesen Details geht, müssen zwei weitere Begriffe eingeordnet werden. COM und COM+ verwenden stellenweise Begriffe, die in ihrer Bedeutung mit Delphi-Begriffen kollidieren. Damit die von mir verwendeten Begriffe „Objekt" und „Komponente" von Ihnen richtig eingeordnet werden, verwende ich die folgende Definition.

Ein COM-Objekt ist bei exakter Betrachtung eine Instanz einer COM-Klasse, die im Arbeitsspeicher die über das Interface veröffentlichen Funktionen implementiert.

Eine COM-Komponente ist ein ausführbares Modul (EXE oder DLL), das bei Bedarf geladen werden kann und das eine oder mehrere COM-Klassen enthält. Eine COM-Komponente (alias COM-ActiveX) hat nichts mit einer Delphi-Komponente zu tun!

2.2 Warum COM?

Alles begann damit, dass immer komplexere Funktionen in den Anwendungsprogrammen implementiert wurden und der Anwender dank Multitasking mit mehreren Anwendungen gleichzeitig arbeiten konnte. Wäre es nicht gut, wenn auch andere Programme von den speziellen Kenntnissen ihrer Nachbarn auf der Festplatte Nutzen ziehen könnten? Für jeden Windows-Anwender ist es selbstverständlich, dass ein einmal installierter Gerätetreiber, wie zum Beispiel ein Druckertreiber, für alle unter Windows installierten Anwendungen zur Verfügung steht. Geht so etwas nicht auch mit speziellen Modulen aus den Anwendungsprogrammen? Es geht – solange das Betriebssystem einen Überbau für die Verwaltung dieser Module zur Verfügung stellt. Dieser Überbau ist – Sie werden es ahnen – COM.

Versionen-Problem

Bislang konnten Anwendungsprogramme die universell nutzbaren Funktionen nur in eine DLL (Dynamic Link Library) auslagern. Alle Umsteiger von Turbo Pascal für Windows oder Borland Pascal kennen die Datei *BWCC.DLL*. Sollten Sie aus dem Umfeld von Visual Basic stammen, kennen Sie deren Laufzeit-DLLs *VBRUNxxx.DLL*. Die mit Delphi 3 eingeführten Packages sind intern auch nur DLLs und haben damit den gleichen Nachteil wie die konventionellen DLLs. Der große Nachteil besteht darin, dass beim Update eines Anwendungsprogramms eine neue Version eingespielt werden kann, die für die anderen Programme nicht mehr kompatibel ist. Jeder wird in seinem Umfeld bereits auf derartige Probleme gestoßen sein. Der Grund für dieses Verhalten liegt im Prinzip einer DLL begründet – die Funktionen werden fest über ihren Namen oder die Position in der Exporttabelle deklariert. Immer dann, wenn eine neuere DLL-Version installiert wird, müssen auch die bereits vorhandenen anderen Anwendungsprogramme die neue Implementierung der aufgerufenen Funktionen nutzen.

Um dieses potentielle Problem zu umgehen, kann eine Anwendung ihre Version der DLL zum Beispiel in das eigene Programmverzeichnis installieren. Damit geht jedoch der Vorteil des gemeinsamen Zugriffs auf Funktionen verloren, da ein und dieselbe DLL mehrfach auf der Festplatte vorhanden ist.

Unter Windows 2000 wird mit den Side-by-Side-DLLs genau dieser Weg beschritten, da die Abwärtskompatibilität einer neuen DLL-Version zwar gefordert, aber anscheinend in der Praxis oftmals nicht erfüllt wird.

Der wesentlich bessere Weg zur Lösung des Versionen-Problems besteht darin, die interne Implementierung der Funktionen vom Zugriff auf diese Funktionen durch Dritte zu trennen. Der entsprechende COM-Begriff dafür lautet Interface. Eine neue Version wird ein zusätzliches Interface bereitstellen, wobei das alte Interface auf jedem Fall unverändert bleibt. Damit befindet sich der COM-Server für den Client noch im Originalzustand – der Client sieht nur sein bekanntes Interface und damit die alte Implementierung.

Namens-Problem

Im Alltag hat der Anwender von gemeinsam genutzten Modulen nicht nur mit Versionsproblemen zu kämpfen. Betrachtet man Delphi-Komponenten als gemeinsam genutzte Module, die ein Anwender in sein System installieren kann, können die sich durch bereits vorhandene Komponenten-Namen ergebenden Probleme als Beispiel angeführt werden. Nicht ohne Grund verwenden kommerzielle Komponentenanbieter ein eindeutiges Präfix für den Namen der Komponente, um die Wahrscheinlichkeit einer Überschneidung zu verringern. Allerdings sind diesem Verfahren enge Grenzen gesetzt, ein Namenskonflikt kann niemals verhindert werden. Wenn aber ein Objekt zweideutig sein kann, wird die Funktionalität und Stabilität in Frage gestellt. Auf der anderen Seite soll der administrative Aufwand minimiert werden, sodass eine Namensvergabe durch eine weltweit zuständige Stelle auch nicht in Frage kommt. Ein eindeutiger Name ist jedoch Grundvoraussetzung. Wie sonst soll ein COM-Objekt über Rechner hinweg eindeutig aufgerufen werden können?

Die Lösung für dieses Problem liegt schlicht und einfach darin, dass nicht der Entwickler eines Objektes seinem „Kind" einen Namen geben darf, sondern dass diese extrem wichtige Aufgabe COM selbst übernimmt. Die GUIDs (Global Unique Identifier) werden durch einen Algorithmus generiert, der die Eindeutigkeit mit sehr hoher Wahrscheinlichkeit sicherstellt. Ein Namenskonflikt kann somit nicht mehr auftreten.

Suchpfad

Ein Client kann ein COM-Objekt auf dem lokalen Rechner oder auch auf einer anderen Maschine im LAN/WAN nur über den eindeutigen Namen (GUID) aufrufen. Damit dies auch so funktioniert, muss irgendwo ein Mechanismus implementiert werden, der ein ausführbares Modul in den Tiefen großer Festplatten nur über die GUID findet. Aus diesem Grund übernimmt COM auch diese Aufgabe, indem alle benötigten Informationen in der Registry oder im Fall von COM+ in einer separaten Datenbank gespeichert werden.

Datenübertragung und Anpassung

Nicht alle Computer gehören zur so genannten Wintel-Welt, es gibt auch Rechner, die keinen Intel-Prozessor nutzen und die nicht unter Windows laufen. Trotzdem sollen COM-Objekte auf fast allen Rechnern nutzbar sein. Reale COM-Objekte bekommen beim Aufruf Parameter mit auf den Weg und liefern selbst Daten zum Client zurück. Aber ein bestimmter Parametertyp wird nicht auf allen Plattformen gleich definiert, sodass irgend jemand die plattformspezifischen Anpassungen vornehmen muss. Das COM-Objekt kann dies nicht, da es keine Ahnung davon hat, auf welcher Plattform der Client läuft. Aber auch der Client ist nicht in der Lage, die Rechnerplattform des COM-Objekts zu ermitteln. Also bleibt nur noch eine Stelle übrig, die derartige Anpassungen erledigen kann – COM selbst. Der Begriff Marshaling bezeichnet unter anderem diesen Mechanismus.

Der Einsatz des Marshalers beschränkt sich nicht nur auf den Zugriff auf externe Rechner. Ein COM-Objekt kann in einer DLL implementiert werden. Diese DLL wird beim Aufruf in den Adressraum des Clients geladen und kann so direkt über Zeiger angesprochen werden. Eine Anpassung der Parameter ist hier nicht nötig.

Ein COM-Objekt kann aber auch eine Anwendung im EXE-Format sein. Unter Win32 wird jede Anwendung in einem eigenen Adressraum ausgeführt, sodass sich hier COM-Objekt und Client „nicht sehen" können. Der Marshaler muss zumindest eine Verbindung zwischen diesen beiden Adressräumen – oder anders gesagt, zwischen diesen beiden Prozessen – herstellen.

Ein 16-Bit-COM-Objekt im EXE-Format kann jedoch auch von einem 32-Bit-Client aufgerufen werden (oder andersherum). Jeder Umsteiger von Delphi 1 wird wissen, dass unter Win16 und Win32 nicht alle Datentypen gleich aufgebaut sind. Ein `Integer` ist in Win16 nur 16 Bit groß, während die gleiche Variable unter Win32 die vollen 32 Bit belegt. In diesen Fällen muss der Marshaler auch die notwendigen Anpassungen für nicht-kompatible Datentypen vornehmen.

Belegungszähler

Ein COM-Objekt macht nur dann Sinn, wenn dieses Objekt von mehreren Clients gemeinsam genutzt wird oder gemeinsam genutzt werden könnte. Falls beim Anwender zum Beispiel das Softwarepaket Microsoft Office installiert ist, könnte der Anwender das Objekt Microsoft WordArt sowohl in Word als auch in Excel zur gleichen Zeit verwenden.

Das COM-Objekt Microsoft WordArt läuft als eigenständiger Prozess in einem eigenen Adressraum und ist somit von den beiden Client-Prozessen völlig abgekapselt. Irgend jemand muss nun dafür sorgen, dass der Prozess des COM-Objekts WordArt erst dann beendet wird, wenn der letzte Client diese Dienste nicht mehr benötigt. Aber auch für den Fall, dass ein neuer Client hinzukommt, muss jemand darauf achten, dass der bereits vorhandene COM-Server genutzt wird. Es wird Sie nicht verwundern, dass auch diese Aufgabe von COM selbst übernommen wird. Hier kommen die Begriffe `AddRef`, `Release` und `QueryInterface` ins Spiel.

Der COM-Steckbrief

Der folgende Steckbrief fasst die wichtigsten Punkte zusammen:
COM
- definiert einen binären Standard für den Funktionsaufruf zwischen COM-Objekten
- ist unabhängig von der verwendeten Programmiersprache. Dies gilt sowohl für die Implementierung eines COM-Objektes als auch für den Zugriff auf COM-Objekte.
- kann auf verschiedenen Betriebssystemen (Windows 9x, Windows NT, Windows 2000, UNIX, usw.) eingesetzt werden

- ist erweiterbar, um späteren Anforderungen zu genügen
- stellt Mechanismen für die Kommunikation zwischen den COM-Objekten zur Verfügung, wobei die Verbindungen auch andere Prozesse oder sogar über ein Netzwerk andere Rechner erreichen
- stellt Mechanismen für den gemeinsamen Speicherzugriff durch verschiedene COM-Objekte bereit
- ist in der Lage, andere COM-Objekte dynamisch bei Bedarf nachzuladen und
- umgeht die Versionsprobleme, d.h. ein COM-Objekt darf ohne Rücksicht auf die anderen geändert und erweitert werden, solange das einmal veröffentlichte Interface gleich bleibt

Die COM-Bestandteile

Damit Sie nicht gleich hier an dieser Stelle die Übersicht verlieren, führe ich die wichtigsten Bestandteile des COM-Konzepts auf, die in diesem Kapitel näher vorgestellt werden:

- Server und Client
- Interface   (Schnittstelle zum Client)
- Identifier   (GUID=eindeutiger Bezeichner)
- COM Class   (Interface-Implementation)
- Class Object   (Class Factory erzeugt Instanz)
- COL   (Component Object Library)
- Type Library   (Typbibliothek)
- COM Object   (Instanz einer COM Class)
- Marshaler   (Grenzen überwinden)
- Apartments   (Denkmodell als Regelwerk)

Allerdings fängt der Detailreichtum an dieser Stelle schon an. Es gibt nicht „den COM-Server", da die COM-Objekte selbst, je nach Aufgabenstellung, in mehreren Erscheinungsformen implementiert werden können. Ein OCX- bzw. ActiveX-Baustein wird sicherlich anders eingesetzt als eine OLE-Automation-Anwendung oder gar ein DCOM-Servermodul. Und diese grundverschiedenen Einsatzfälle sorgen dann auch mit dafür, dass sich die technische Implementierung mehr oder weniger gravierend unterscheidet.

2.3 Server und Client

Ein COM-Objekt stellt seine Funktionen über eine definierte Schnittstelle – das Interface – den Nutzern zur Verfügung. Dieser Nutzer wird in der COM-Begriffswelt als Client bezeichnet. Für den Fall, dass der Nutzer auch Daten des COM-Objekts in eigener Regie verwaltet, wird der Client zum Container. Auf diesen Fall gehe ich im OLE-Kapitel näher ein.

Das COM-Objekt als Anbieter von Funktionen wird als Server bezeichnet. Dabei wird ein COM-Objekt erst dann zum Server, wenn es bei Bedarf ausgeführt wird und somit den Clients zur Verfügung steht. Auf der anderen Seite kann ein ausführbares Modul als Server mehreren COM-Objekten zur Verfügung stehen. Der Client greift über das Interface auf ein COM-Objekt zu. Dabei kann der Client ausschließlich durch das Aufrufen von Methoden des Servers mit diesem in Verbindung treten – das Interface des Servers schränkt dabei die zur Verfügung stehenden Methoden ein und exportiert diese gleichzeitig für den Client.

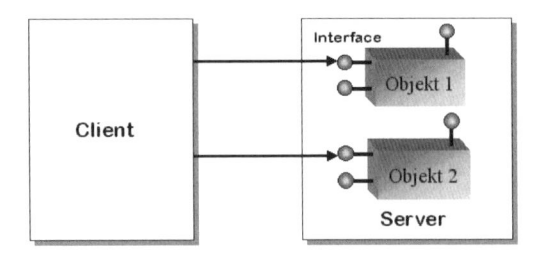

Abb. 2.1: Das Client/Server-Prinzip von COM

Dabei geht es bei COM um die gemeinsame Nutzung von binären Komponenten, die von der verwendeten Programmiersprache und der Rechnerplattform unabhängig sein sollen. Aus diesem Grund verwenden die COM-Objekte die Interfaces, um die interne Implementierung des Objekts einzukapseln. Damit erhält ein Client keinen direkten Zugriff auf die Eigenschaften (wie zum Beispiel den Inhalt von Objektfeldern und globalen Variablen) und Funktionen (Methoden und globale Prozeduren) des Servers.

Die COM-Server werden je nach den Umgebungsbedingungen in drei Kategorien eingeteilt. Als Kriterium wird die Beziehung zwischen Client- und Server-Prozess herangezogen:

- Werden sowohl der Server als auch der Client im gleichen Prozess und damit im gleichen Adressraum ausgeführt, spricht man von In-process Servern.
- Werden der Server und der Client als getrennte Prozesse auf dem gleichen PC ausgeführt, handelt es sich bei dem COM-Server um einen Local Server.
- Befinden sich Server und Client sogar auf unterschiedlichen Rechnern, spricht man von einem Remote Server.

Generell gilt, dass es für den Client keine Rolle spielt, mit welcher Server-Gattung er es zu tun hat. Diese Unabhängigkeit wird auch als Local/Remote Transparency bezeichnet. Intern spielt es aber dann doch eine Rolle, wie der Server ausgeführt wird. In diesem Zusammenhang kommt der Begriff Marshaler ins Spiel. Als Vorgriff auf die späteren Erläuterungen reicht es vorerst aus zu wissen, dass ein Marshaler prinzipiell für zwei Aufgaben zuständig ist:

- Transferiert einen Interfacezeiger des Servers in den Adressbereich des Clientprozesses beziehungsweise in ein anderes Apartment
- Transferiert die beim Aufruf einer Interfacemethode vom Client übergebenen Argumente in den Ausführungskontext des Servers und liefert die Rückgabewerte auf dem gleichen Weg wieder beim Client ab

Je nach Server-Gattung bekommt der Marshaler dazu mehr oder weniger Arbeit aufgebrummt.

2.3.1 In-process Server

Ein COM-Server, der in einer DLL implementiert wird, kann nur aus einem anderen Programm heraus aufgerufen werden und wird dann als normale DLL in den Adressraum

Component Object Model

des Aufrufers geladen. Damit entfallen in der Regel viele COM-Aufgabenbereiche (wie zum Beispiel Remoting und Marshaling), sodass auf In-process Server als simpelste Gattung sehr schnell zugegriffen werden kann.

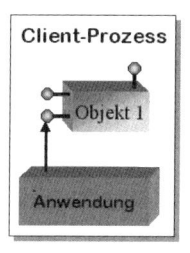

Abb. 2.2: COM-Objekt als In-process Server

Ruft ein Client ein COM-Objekt aus einem In-process Server auf, liefert COM an den Client direkt einen Zeiger zurück. Da sowohl Client als auch Server im gleichen Prozess und damit im gleichen Adressraum laufen, ist diese Zeigeradresse in jedem Fall gültig. Die Dienste des Marshalers werden nicht benötigt, sodass der Zugriff auf In-process Server fast so schnell ist wie direkte Zugriffe auf klassische DLL-Funktionen. Allerdings gilt diese Aussage nur dann, wenn der In-process Server auch im gleichen Thread wie der Client läuft.

Warum gibt es dann überhaupt In-process Server? Nun, sie sind ideale universell nutzbare Softwarekomponenten, die unabhängig von der Entwicklungsumgebung und damit sprachunabhängig eingebunden werden. Unter dem Begriff OCX sind Ihnen sicherlich diese Objekte bereits bekannt, einige Vertreter dieser Gattung gehören als Funktionserweiterung zum Lieferumfang von Delphi. Aber auch Module für den Microsoft Transaction Server (MTS) müssen als In-process Server implementiert werden. Und mit COM+ werden die In-process Server zum Regelfall, da auch die über DCOM aufgerufenen Objekte in Form einer DLL implementiert werden.

Eine DLL kann leicht als COM-Server identifiziert werden, wenn die folgenden Funktionen von der DLL exportiert werden:

- `DllGetClassObject`
- `DllCanUnloadNow`
- `DllRegisterServer`
- `DllUnregisterServer`

Die Implementierung dieser Funktionen finden Sie in der Delphi-Unit ComServ bereits einsatzfertig vor.

Ein In-process Server muss als DLL innerhalb des Client-Prozesses in den gleichen Adressraum geladen werden. Damit benötigt COM jedoch auch diese Information in der Registrierungsdatenbank von Windows. Aus diesem Grund erwartet COM bei den In-process Servern den Eintrag `InprocServer32` für den CLSID-Schlüssel des Servers.

Server und Client

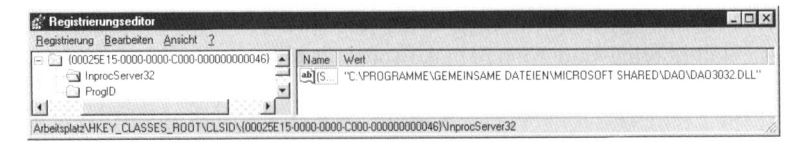

Abb. 2.3: InprocServer32 für In-process Server

Diese Einträge legt COM selbst an, wenn ein In-process Server über den Aufruf der DLL-Funktion `DllRegisterServer` im System registriert wird. Delphi ist so freundlich, diese Funktion standardmäßig zum sofortigen Gebrauch bereitzustellen.

2.3.2 Local Server

Im Gegensatz zu den In-process Servern erfordern die Local Server einen höheren Aufwand. Diese COM-Objekte im EXE-Format werden unter Windows als Anwendung in einem eigenen Prozess und damit in einem eigenen Adressraum ausgeführt. Somit kann der Client nicht mehr so ohne weiteres auf diese Server zugreifen. Zwangsläufig benötigen der Client und der Server die Dienste des Marshalers, der eine Art Interprozess-Kommunikation zwischen Client und Server einrichtet. Beim Marshaling wird der Zeiger auf ein Interface so verpackt, dass alle Informationen zur Verfügung stehen, um eine Verbindung zum Prozess des Objekts herstellen zu können.

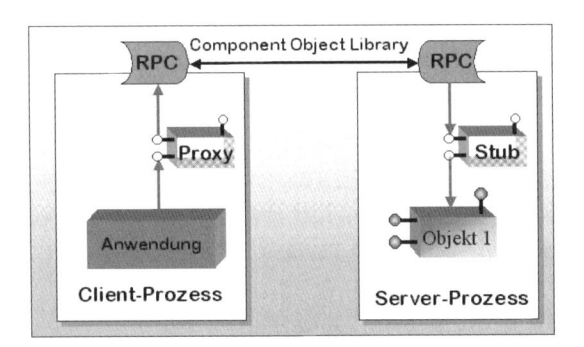

Abb. 2.4: Local Server als Out-process Server

Die Component Object Library (COL) blendet aus diesem Grund in beide Adressräume spezielle Funktionen ein. Das so genannte Proxy-Objekt fängt einen Aufruf des COM-Objekts ab und konvertiert dabei alle eventuell übergebenen Parameter in eine mit dem RPC-Protokoll (Remote Procedure Call) übereinstimmende Form. Aus Geschwindigkeitsgründen verwendet COM allerdings für den Zugriff auf lokale Server eine leicht abgewandelte RPC-Form, das so genannte LRPC (Lightweight RPC).

Auf der Server-Seite sorgt das Stub-Objekt dafür, dass der COM-Server von diesem ganzen Mechanismus nichts mitbekommt. Diese Anpassungen sind für alle Beteiligten völlig transparent, wobei bei Bedarf automatisch die notwendige Konvertierung für nicht übereinstimmende Datentypen erledigt wird. Solange nur die von COM standardmäßig unterstützten Datentypen übertragen werden müssen, können Client und Server den so genannten Automation-Marshaler von COM ohne eigene Implementierung nutzen.

Die Proxy- und Stub-Objekte enthalten keine Implementierung des aktuell verwendeten Interfaces. Stattdessen werden nur die Aufrufe mit allen übergebenen Parametern via RPC an die Gegenseite weitergereicht. Der Stub liest somit zum Beispiel nur die Daten aus, packt die übergebenen Parameter auf den Stack und ruft dann die Server-Funktion auf. Dieses Proxy-Marshaling hat den großen Vorteil, dass der Client in jedem Fall nur lokale Objekte sieht. Somit ist für den Client zwischen In-process Servern und Local Servern kein Unterschied feststellbar (abgesehen von der Ausführungsgeschwindigkeit).

Ein Local Server wird als eigenständige Anwendung und damit als eigenständiger Prozess gestartet. Damit muss COM einen Local Server im Unterschied zum In-process Server völlig anders behandeln. Aus diesem Grund verwenden diese Server auch den Eintrag `LocalServer32` in der Registry. Soll dieser 32-Bit-Server auch von einer 16-Bit-Anwendung verwendet werden, muss auch der Eintrag `LocalServer` angelegt werden.

> *Generell gilt, dass ein Client immer bevorzugt mit einem Server der gleichen Bit-Breite bedient wird. Damit wählt COM auch dann immer den am besten geeigneten Server aus, wenn der Client beim Aufruf keine weiteren Angaben macht.*

Der Eintrag im Schlüssel `InprocHandler32` legt fest, wer für die prozessübergreifende Verbindung zwischen Client und Server zuständig ist. Im Normalfall finden Sie hier immer den Eintrag *OLE32.DLL* vor.

2.3.3 Remote Server

Soll der Client einen COM-Server ansprechen, der sich sogar auf einem fremden Rechner befindet, schlägt die Stunde von DCOM (Distributed COM). Mithilfe von DCOM muss der COM-Server nicht mehr unter dem gleichen Betriebssystem laufen, solange in allen beteiligten Systemen DCOM zur Verfügung steht. Der Remote Server unterscheidet sich vom Local Server auf den ersten Blick nur durch den eingebundenen Protokoll-Stack für die Netzwerkfunktionalität. Intern wird für DCOM allerdings die vollständige RPC-Implementierung verwendet, somit sind Zugriffe auf Remote Server die langsamsten der drei Server-Arten.

Aus der Sicht des Clients besteht generell kein Unterschied zwischen dem Aufruf eines In-process Servers, Local Servers oder Remote Servers. Allerdings sind in einer Praxisanwendung dann doch Unterschiede spürbar, beim Thema DCOM kommt zum Beispiel die Zugriffskontrolle auf Objekte auf einem anderen Rechner ins Spiel. Diesem komplexen Thema trägt das Buch mit einem eigenen DCOM-Kapitel Rechnung.

Server und Client

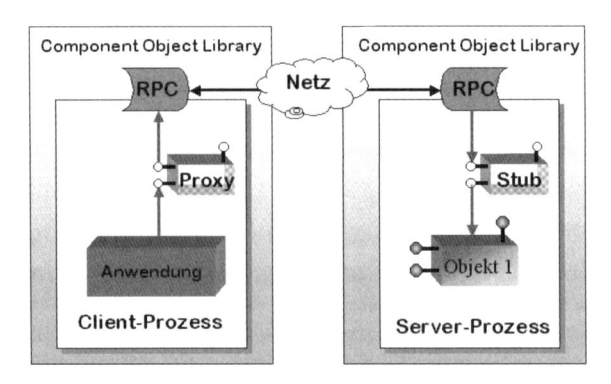

Abb. 2.5: Zugriff auf ein COM-Objekt auf einem anderen Rechner

An dieser Stelle reicht es aus, auf das Microsoft-Tool zur DCOM-Konfiguration (*dcomcnfg.exe*) hinzuweisen. Mithilfe dieses Programms kann unter Windows 9x und Windows NT 4 jedes COM-Objekt zu einem Remote Server gemacht werden. Es reicht aus, den Rechnernamen einzutragen, auf dem das COM-Objekt ausgeführt werden soll. Vorausgesetzt, die Benutzerrechte stimmen, erhält der Client von nun an eine Objekt-Instanz, die auf einem fremden Rechner ausgeführt wird. Und nicht nur das, der Client kann auch nicht ermitteln, wo sein Objekt tatsächlich ausgeführt wird. Für ihn spielt es keine Rolle, ob das Objekt als DLL im eigenen Prozessraum, als EXE auf dem gleichen Rechner oder als DLL/EXE auf einem fremden Rechner ausgeführt wird. Auch ein In-process Server kann als DLL zum Remote Server umkonfiguriert werden. Da eine DLL nicht separat ausgeführt werden kann, richtet DCOM einen Surrogate-Prozess ein, in den dieser In-process Server geladen wird.

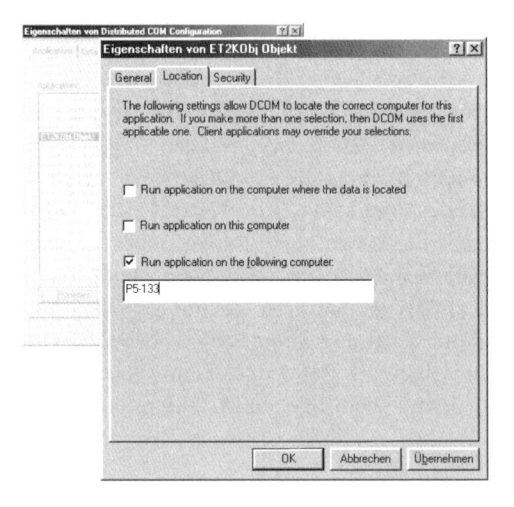

Abb. 2.6: Das COM-Objekt wird über das Tool DCOMCNFG konfiguriert

2.3.4 COM-Handler

Für den Fall, dass Sie in der Literatur auf den Begriff COM-Handler stoßen, soll dieser nicht unerwähnt bleiben. Bei der Zusammenstellung der Unterschiede zwischen einem In-process Server und einem Local Server wurde klar, dass jeder prozessüberschreitende Aufruf deutlich langsamer ist als ein direkter Aufruf. Ein COM-Handler soll als Zwitter diesen Nachteil teilweise beseitigen. Zum einen kann er als In-process Server direkt in den Adressraum des Clients geladen werden und zum anderen stellt er die Verbindung zu dem Local Server her, in dem der größte Teil des Funktionsumfangs implementiert wird. Die COM-Handler sind im Zusammenhang mit OLE 1 (Linking & Embedding) eingeführt worden, um die Kommunikation zwischen dem OLE-Container und seinem eingebetteten Server zu beschleunigen.

Sie kennen bestimmt das Verhalten einer `TOleContainer`-Instanz mit einem eingebetteten Word-Dokument. Solange der Containerinhalt nicht aktiviert wird, stellt der Container den Inhalt des eingebetteten Dokuments ohne diverse Details mit einem grauen Hintergrund dar. Für diese Darstellung ist ein von Microsoft Word zur Verfügung gestellter COM-Handler zuständig. Erst dann, wenn der Container aktiviert wird, erhalten Sie die vollständige Layout-Anzeige des eingebetteten Dokuments. Solange die einfache Darstellung ausreicht, muss Microsoft Word für die Anzeige nicht bemüht werden.

2.3.5 Der technische Unterschied

Unter COM ist es üblich, dass die unterschiedlichen Server-Typen zum besseren Verständnis nur als logische Modelle betrachtet werden. Die Funktion der in den Grafiken eingezeichneten Proxy- und Stub-Objekte leuchtet auch ein, aber einen Software-Entwickler interessiert doch sehr, wie so etwas tatsächlich im Source-Code gemacht wird. Hier gelten die folgenden Regeln:

- Der einzige Weg für den Client, eine Kommunikation mit dem Server abzuwickeln, besteht im Aufruf von Methoden des Servers.
- Der Client erhält die Adressen dieser Methoden aus der VTable, einer Tabelle mit den Funktionsadressen des Servers.
- Bei einem In-process Server, der im gleichen Thread wie der Client läuft, kann der Client direkt die Server-Methoden aufrufen. COM ist hierbei nicht beteiligt, sondern definiert nur den exakten Aufbau der VTable, sodass der Client im Fall der frühen Bindung – ich komme später darauf zurück – die Methoden über ihre Adresse direkt aufrufen kann.
- Sobald sich der Server in einem anderen Thread oder einem anderen Prozess befindet, ersetzt COM die Adresseinträge in der VTable durch Verweise auf seine eigenen RPC-Funktionen. Ruft nun der Client diese Methoden auf, kann COM die Parameter übernehmen, in das allgemeingültige Format konvertieren, in einem so genannten Channel zum Server transportieren, entpacken und danach selbst die gewünschte Methode des Servers aufrufen. Damit implementiert COM einen objektorientierten RPC-Mechanismus.

Damit sind zwei neue Begriffe im Spiel – VTable und Threads. Auf die Zusammenhänge von COM und Threads gehe ich erst später im Zusammenhang mit den Apartments ein.

Der Begriff VTable hingegen ist eng mit dem Kernbestandteil von COM verbunden – dem Interface.

> *Die virtuelle Methodentabelle VMT von Delphi hat den prinzipiell gleichen Aufbau wie eine COM VTable. Sollten Sie in einer Microsoft-Dokumentation auf den Begriff VTBL stoßen, ist das Gleiche gemeint.*

2.4 COM-Interface

Das Thema Interface nimmt eine Schlüsselrolle ein – für den Entwickler sind die Interfaces fast die Hauptsache am Komplex COM/DCOM. Möchten Sie aus Ihrem Programm heraus auf die Fähigkeiten eines fremden COM-Servers zugreifen, stehen Ihnen als Ansatzpunkt nur die Interfaces dieses COM-Objekts zur Verfügung. Aber auch dann, wenn Sie selbst einen COM-Server entwickeln, ist dieser nur dann von Nutzen, wenn er über die implementierten Interfaces entsprechende Verbindungspunkte für potentielle Clients anbietet.

Das COM-Interface bildet die definierte Schnittstelle, über die andere Objekte auf dieses Modul zugreifen können. Ein Interface ist kein Objekt, sondern nur der Zugriffskanal auf ein COM-Objekt. Sie können sich ein Interface als eine Gruppe von zusammengehörenden Funktionen vorstellen, die als eine Tabelle von Zeigern auf die Funktionsimplementierung aufgebaut sind.

2.4.1 Interface als binärer Standard

Für jede unterstützte Plattform (Hardware und Betriebssystem) definiert COM einen einheitlichen Weg für die Implementierung der so genannten virtuellen Funktionstabelle (VTable) für ein COM-Objekt. Auch der einheitliche Zugriff auf diese VTable wird vom COM-Standard geregelt. Ein Client greift auf die Fähigkeiten eines COM-Servers zu, indem er einen Zeiger auf ein Interface des Servers anfordert. Das Interface selbst ist auch nichts anderes als ein Zeiger auf die VTable. Damit verwendet der Client einen Zeiger auf einen Zeiger auf die VTable. Dieser Zugriff über einen doppelten Zeiger hat den Vorteil, dass sich mehrere Objektinstanzen eine gemeinsame VTable teilen, der vorhandene Arbeitsspeicher wird also optimal ausgenutzt.

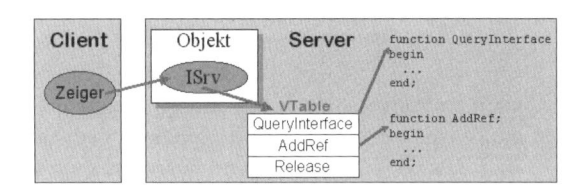

Abb. 2.7: Zugriff über einen doppelten Zeiger auf die Server-Methoden

In Abbildung 2.7 wird dies anhand des Zugriffs eines Controllers auf einen Automation Server demonstriert. Jeder Client verwaltet in einer eigenen Variablen einen so genannten Interface-Pointer, der die Verbindung zur clientspezifischen Instanzstruktur im COM-

Server hält. In dieser servereigenen Struktur zeigen wiederum die ersten vier Bytes als 32-Bit-Zeiger direkt auf die VTable.

Ein COM-Objekt kann niemals direkt auf ein anderes COM-Objekt zugreifen. Der Zugriff erfolgt nur über einen Zeiger auf ein vom gewünschten COM-Objekt bereitgestelltes Interface. Der Client fordert eine Instanz des Interfaces an und erhält dabei einen Zeiger auf die VTable. Stellt das COM-Objekt mehrere Interfaces zur Verfügung, sind auch mehrere VTables im Objekt vorhanden.

Die Daten des COM-Objektes sind damit vollständig gekapselt – ein direkter Zugriff auf diese Daten von außen her ist nicht möglich. Auf den ersten Blick erscheint dies umständlich und damit als Nachteil – allerdings bildet diese strenge Kapselung die Basis für einen großen Vorteil von COM. Auch dann, wenn sich der COM-Server in einem anderen Prozess oder sogar auf einem anderen Rechner befindet, kann dieses COM-Objekt genauso angesprochen werden wie ein COM-Objekt im eigenen Prozessraum. In diesem Fall sorgt das Proxy-Objekt im eigenen Prozessraum dafür, dass jeder Zugriff auf Objektdaten an die Funktionen (Methoden) des auswärtigen COM-Objekts weitergereicht werden.

Zum Beispiel sind alle OLE-Services einfache COM-Interfaces. Das Interface definiert dabei das exakte Verhalten sowie vorhersehbare Antworten des COM-Objekts. Ein gutes Beispiel dafür ist die Drag & Drop-Unterstützung von OLE. Die komplette Funktionalität für die Implementierung eines Drop-Ziels verbirgt sich hinter dem `IDropTarget`-Interface. Demgegenüber ist `IDragSource` für die Eigenschaften zuständig, die eine Drag & Drop-Quelle besitzen muss.

Interface-Eigenschaften

Ein COM-Interface hat laut Standard die folgenden Eigenschaften:
- Die Interface-Namen beginnen in der Regel mit dem Buchstaben „I".
- Ein Interface ist keine Klasse im Sinne der objektorientierten Programmierung. Sie können niemals direkt eine Instanz von einem Interface ableiten, stattdessen muss ein COM-Objekt dieses Interface deklarieren und implementieren. Wird dann von diesem COM-Objekt eine Instanz erzeugt, ist damit automatisch auch eine Interface-Instanz verbunden.
- Ein Interface darf vererbt werden, allerdings bedeutet dies nicht die gemeinsame Nutzung der Implementierung. Im Gegensatz zu OOP-Objekten wird kein ausführbarer Programmcode vererbt, sondern nur der von außen sichtbare Aufbau des Interfaces.
- Im Gegensatz zu einer Klasse kann bei einem Interface der Zugriff auf die Interface-Methoden nicht eingeschränkt werden, die Sichtbarkeitsattribute `private`, `protected`, `public`, `published` und `automated` sind in einem Interface illegal.
- Ein Interface darf im Gegensatz zu einer Klasse keine eigenen Variablen (Objektfelder) deklarieren.
- COM-Objekte dürfen mehrere Interfaces implementieren. Dies bedeutet, dass COM-Objekte in Bezug auf Interfaces eine Art der Mehrfachvererbung unterstützen.

Jedes Interface hat seinen eigenen, eindeutigen Bezeichner (Identifier) in Form der IID, einer weltweit einmaligen GUID (Global Unique Identifier). Nur über diese IID erhält man eine Interface-Instanz, d.h. einen Zeiger auf dieses Interface. Damit sorgt COM dafür, dass potentielle Konflikte infolge einer Bezeichnerkollision vermieden werden, oder anders ausgedrückt: Verwechslungen sind nicht möglich.

Ein COM-Interface darf nach der Veröffentlichung nach außen hin niemals geändert werden. Soll eine neue Version des COM-Objekts neue Fähigkeiten besitzen, muss ein zusätzliches Interface den Zugriff darauf bereitstellen. Damit wird automatisch sichergestellt, dass alte Clients immer auf die gleiche Art und Weise auf den neuen COM-Server zugreifen können. Da das Interface nur ein Zeiger auf die VTable ist, und auch die VTable nur auf die Funktionsadressen im Objekt zeigt, verursachen die mehrfachen Interfaces keine unnötige Mehrfachimplementierung der speziellen Funktion im COM-Objekt.

> *Die Deklaration eines Interfaces ist mit der Unterzeichnung eines Vertrages vergleichbar. Sobald ein Client ein Interface vorfindet, verlässt er sich unbedingt darauf, dass der Server die hier veröffentlichten Methoden auch garantiert implementiert!*

2.4.2 Interface-Vorläufer – Objekt aus einer DLL exportieren

Halt – so gut diese Zwischenüberschrift auch ist, so ganz stimmt sie nicht. Strenggenommen kann Delphi kein Objekt aus einer DLL exportieren, dies gilt jedoch nicht für die virtuellen Methoden dieser Klasse. Damit muss immer noch die DLL selbst das Objekt erzeugen, allerdings steht es dann der aufrufenden Anwendung voll zur Verfügung. Da jedes Objekt einen Zeiger auf die eigene virtuelle Methodentabelle (VMT oder VTable) mitführt, kommt die aufrufende Anwendung in den Besitz der Adresse der virtuellen Methoden der Klasse aus der DLL. Solange nun die Anwendung selbst eine Rumpf-Klasse mit der gleichen Struktur – aber ohne Implementierung – deklariert, hat Delphi nichts gegen diese untergeschobene Klassenreferenz.

Die Beispiel-DLL

Damit die Beispielprojekte nicht unübersichtlich werden, beschränkt sich das DLL-Objekt nur auf die Berechnung des Bruttopreises, indem die Mehrwertsteuer aufgeschlagen wird. Damit kommt das Objekt mit zwei Methoden aus. Zum einen kann der jeweils anzuwendende Steuersatz definiert werden und zum anderen ermittelt die Methode `Get-Brutto` das Ergebnis.

> *Das Beispielprojekt (für Delphi 3 bis 5 geeignet) finden Sie im Verzeichnis »Kapitel 2\DLL-Objekt«.*

Schritt 1: VTable als virtuelle Methodentabelle erzwingen

Damit das Anwendungsprogramm das Objekt über den Zeiger auf die virtuelle Methodentabelle ansprechen kann, muss erst dafür gesorgt werden, dass Delphi diese Tabelle überhaupt anlegt. Aus diesem Grund deklariert die DLL zuerst eine abstrakte Klasse. Da die Struktur – jedoch nicht die Implementierung – dieser Klasse auch im Anwendungsprogramm benötigt wird, ist es am besten, diese Deklaration in eine eigenständige Unit auszulagern. Somit können sowohl DLL als auch Anwendungsprogramm diese Unit einbinden.

```
unit Obj_Unit;

interface

type
  TMWSt = class
  public
    function GetBrutto(const aNetto: Currency): Currency;
            virtual; abstract;
    procedure SetPercent(const aPercent : Integer);
            virtual; abstract;
  end;

const
  MWST_VERSION = 1;

implementation

end.
```

Beachten Sie dabei die Schlüsselwörter `Virtual` und `Abstract`. Diese Klasse, die ausschließlich aus abstrakten Methoden besteht, kann niemals direkt in dieser Form verwendet werden. Da hier noch keine privaten Objektfelder deklariert werden, könnte diese Klasse auch gar nichts mit dem übergebenen Mehrwertsteuersatz anfangen. Dennoch ist dieser Zwischenschritt wichtig, denn erst für virtuelle Methoden legt Delphi eine VTable an und nur die Methoden der Klasse können aus der DLL exportiert werden, die von Delphi in die VTable platziert werden.

Erst in der DLL-Projektdatei selbst wird ein Nachfahre dieser Klasse deklariert, der vollständig lebensfähig ist.

Schritt 2: Klasse in der DLL deklarieren und implementieren

In der DLL-Projektdatei wird nun ein Nachfahre von `TMWSt` deklariert, wobei ein privates Objektfeld den aktuellen Mehrwertsteuersatz speichert.

```
type
  TMWSt98 = class(TMWSt)
  private
    FMWStSatz : Real;
  public
```

```
    constructor Create;
    function GetBrutto(const aNetto: Currency): Currency;
      override;
    procedure SetPercent(const aPercent: Integer); override;
end;
```

Eine virtuelle Methode kann in einer untergeordneten Klasse überschrieben werden. Wenn die Deklaration einer Methode die Direktive Override enthält, überschreibt die Methode die geerbte Implementierung der Methode. Die Reihenfolge und die Typen der Parameter sowie der Typ des Funktionsergebnisses müssen genau mit der ursprünglichen Methode übereinstimmen – während der Name der Funktion keine Rolle spielt.

> *In der Tat kommt es ausschließlich auf die Position der Methode in der VTable an, der Name ist völlig nebensächlich. Auch deshalb ist es eine sehr gute Idee, die Klassendeklaration für die gemeinsame Nutzung in eine separate Unit auszulagern.*

Vergessen Sie hier das Wörtchen Override, so wird die geerbte Deklaration durch die Deklaration der neuen Methode nur verborgen, nicht aber überschrieben. Die Implementierung der Klasse ist nicht weiter der Rede wert:

```
constructor TMWSt98.Create;
begin
  inherited Create;
  FMWStSatz := 1.15;
  Assert(MWST_VERSION = 1, 'Falsche Unit-Version!');
end;

function TMWSt98.GetBrutto(const aNetto: Currency): Currency;
begin
  Result := aNetto * FMWStSatz
end;

procedure TMWSt98.SetPercent(const aPercent : Integer);
begin
  FMWStSatz := 1.0 + (aPercent/100);
end;
```

Schritt 3: Objekt über die Schnittstellenroutine exportieren

Dieser Teil entspricht der für eine DLL üblichen Vorgehensweise. Da Delphi keine Variablen oder Objekte direkt aus einer DLL exportieren kann, wird eine Schnittstellenroutine zwischengeschaltet. Letztendlich wird diese eine Schnittstellenroutine über ihren Namen exportiert.

```
function CreateMWStObj: TMWSt98; stdcall;
begin
  Result := TMWSt98.Create;
end;

exports
  CreateMWStObj resident;
```

Das Beispielprogramm für die DLL

Nachdem die DLL fertig ist, bleibt für die Beispielanwendung kaum noch etwas übrig.

Schritt 1: Deklaration der abstrakten Klasse übernehmen

Als Erstes müssen Sie dafür sorgen, dass die Anwendung genau die gleiche abstrakte Klasse verwendet wie die DLL. Aus diesem Grund wird einfach die Unit *Obj_Unit.pas* mit in die Uses-Klausel aufgenommen.

```
Uses
  Windows, Messages, SysUtils, Classes, Graphics, Controls, Forms,
  Dialogs, StdCtrls, ComCtrls, ExtCtrls, Obj_Unit;
```

Damit hat der Compiler gar nichts mehr dagegen, wenn das Formular ein privates Objektfeld vom Typ TMWSt deklariert:

```
type
  TForm1 = class(TForm)
    StatusBar1: TStatusBar;
    EditNetto: TEdit;
    ButtonCalc: TButton;
    StaticTextBrutto: TStaticText;
    RadioGroup1: TRadioGroup;
    procedure FormCreate(Sender: TObject);
    procedure FormDestroy(Sender: TObject);
    procedure ButtonCalcClick(Sender: TObject);
    procedure RadioGroup1Click(Sender: TObject);
  private
    { Private-Deklarationen }
    aMWStObj : TMWSt;
  public
    { Public-Deklarationen }
  end;
```

Die Referenz auf TMWSt fungiert hier nur als Platzhalter für das zur Laufzeit aus der DLL zu importierende Objekt.

Schritt 2: DLL-Funktion deklarieren

Die zweite Aufgabe ist am schnellsten erledigt – die Schnittstellenfunktion aus der DLL wird nur über das Schlüsselwort `External` deklariert. Diese Funktion liefert einen Zeiger auf das TMWSt-Objekt, oder genauer gesagt, auf dessen Nachfolger zurück. Da das bei TMWSt fehlende private Objektfeld für den Mehrwertsteuersatz sowieso nicht über die VTable greifbar ist, spielt es auch keine Rolle, dass der in der DLL tatsächlich verwendete Nachfolger umfangreicher ist.

```
function CreateMWStObj: TMWSt; stdcall external 'MWSTOBJ.DLL';
```

Beachten Sie, dass bei diesem statischen Import die DLL sofort zur Laufzeit geladen wird.

Schritt 3: Objekt aus der DLL erzeugen, nutzen und freigeben

Die Anwendung selbst erzeugt sofort beim Programmstart das Objekt aus der DLL und puffert den Zeiger auf TMWSt98 in dem privaten Objektfeld `aMWStObj`.

```
procedure TForm1.FormCreate(Sender: TObject);
begin
  aMWStObj := CreateMWStObj;
end;
```

Ist das DLL-Objekt erst einmal erzeugt, wird es im Programm genau so verwendet, als ob es sich um eine Klasse aus der Anwendung handeln würde. Da sich die DLL im gleichen Prozess und damit im gleichen Adressraum wie die Anwendung befindet, besteht zwischen dem Aufruf eines Codeteiles aus der EXE oder aus der DLL kein Unterschied.

```
procedure TForm1.ButtonCalcClick(Sender: TObject);
var
  cBrutto : Currency;
begin
  cBrutto := aMWStObj.GetBrutto(StrToFloat(EditNetto.Text));
  StaticTextBrutto.Caption := Format('%m',[cBrutto]);
end;

procedure TForm1.RadioGroup1Click(Sender: TObject);
begin
  if RadioGroup1.ItemIndex = 0
    then aMWStObj.SetPercent(7)
    else aMWStObj.SetPercent(15);
end;
```

Das Abräumen der angeforderten Ressourcen zum Programmende erfolgt ebenfalls völlig transparent. Auch wenn die virtuelle Methode `Free` nicht in der Klassendeklaration verwendet wurde, ist ein Destruktor doch in jedem Delphi-Objekt vorhanden.

```
procedure TForm1.FormDestroy(Sender: TObject);
begin
  aMWStObj.Free;
end;
```

Von der abstrakten Klasse zum Interface

Nun wissen Sie, wie ein Delphi-Objekt aus einer normalen DLL exportiert werden kann. Der Schlüssel dieser Technik liegt darin, dass sowohl DLL als auch die aufrufende Anwendung die gleiche abstrakte Klasse als Bauplan des Objekts verwenden.

```
type
  TMWSt = class
  public
    function GetBrutto(const aNetto: Currency): Currency;
            virtual; abstract;
    procedure SetPercent(const aPercent : Integer);
            virtual; abstract;
  end;

  TMWSt98 = class(TMWSt)
  private
    FMWStSatz : Real;
  public
    constructor Create;
    function GetBrutto(const aNetto: Currency): Currency;
      override;
    procedure SetPercent(const aPercent: Integer); override;
  end;
```

Die abstrakte Klasse TMWSt deklariert somit für die Anwendung nur den Weg, wie die reale Instanz der Klasse TMWSt98 angesprochen werden kann. Damit dies funktioniert, benötigt die Anwendung zur Kompilierungszeit die Deklaration der abstrakten Klasse TMWSt.

Für COM-Objekte ist dieses direkte Einbinden der Deklaration nicht zulässig, denn COM-Objekte sollen sprachunabhängig sein. Aus diesem Grund wird eine Alternative zur abstrakten Klasse benötigt – das Interface.

```
  IMWSt = interface(IDispatch)
    ['{C23B4788-B377-11D1-95EA-444553540000}']
    function GetBrutto(aNetto: Currency): Currency; safecall;
    procedure SetPercent(aPercent: Integer); safecall;
  end;
```

> *Hinter der in geschweiften Klammern gesetzten etwas merkwürdig aussehenden Zeichenkette verbirgt sich eine GUID. Ein Interface muss immer dann eine GUID definieren, wenn dieses Interface über den Aufruf von QueryInterface von außen abgefragt werden soll. Setzen Sie ein Interface als Spracherweiterung von Object Pascal ein, kann auf die zugeordnete GUID verzichtet werden.*

Ein COM-Server kann die Deklaration seines Interfaces über die Typbibliothek veröffentlichen. Damit ist ein Anwendungsprogramm in der Lage, als Client auf die veröffentlichten Methoden dieses Interfaces zuzugreifen. Die Typbibliothek übernimmt dabei die Aufgabe von *Obj_Unit.pas* aus dem DLL-Beispiel. Auf das Beispiel mit `IMWSt` komme ich im Laufe dieses Kapitels noch zurück.

Alle COM-Objekte müssen per Definition das `IUnknown`-Interface unterstützen – damit sind wir beim Ausgangspunkt aller Interfaces angekommen.

2.4.3 IUnknown

Jedes COM-Objekt hat seinen Ursprung im `IUnknown`-Interface. Alle anderen Interfaces setzen darauf auf, indem die drei Grundfunktionen polymorph verwendet werden. `IUnknown` ist für zwei grundlegende COM-Aufgaben zuständig:

1. Der Lebenszyklus eines COM-Objekts wird kontrolliert, indem `AddRef` und `Release` eine Referenzierung dokumentieren.
2. Die Navigation zwischen mehreren Interfaces eines COM-Objekts wird durch die Interface-Funktion `QueryInterface` unterstützt.

In Delphi sieht das zum Beispiel so aus:

```
type
  IUnknown = interface
    ['{00000000-0000-0000-C000-000000000XXX}']
    function QueryInterface(const IID: TGUID; out Obj): Integer;
      stdcall;
    function _AddRef: Integer; stdcall;
    function _Release: Integer; stdcall;
  end;
```

Der COM-Standard definiert die ersten drei Methoden sowie deren Reihenfolge in der VTable. Solange ein Interface die Reihenfolge der ersten drei Funktionen nicht ändert, ist es zum IUnknown-Interface kompatibel.

Über `QueryInterface` besorgen sich die aufrufenden Clients zur Programmlaufzeit einen Zeiger auf die Schnittstellen des aufgerufenen COM-Objektes. Das zu verwendende Interface wird bereits zur Kompilierungszeit fest im Programm abgelegt, sodass ein Programm immer die gleiche Schnittstelle anspricht. Damit erhalten neue Clients über ein neues Interface den Zugriff auf neue Funktionen eines aktualisierten COM-Objekts, wäh-

Component Object Model

rend die bereits vorhandenen alten Clients immer noch binärkompatibel über ihre Schnittstelle auf die alte Implementierung im neuen COM-Objekt zugreifen können.

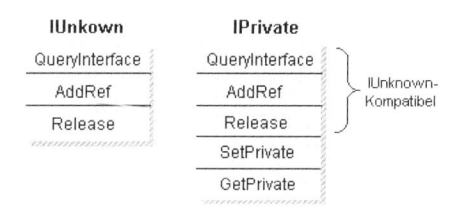

Abb. 2.8: IUnknown als Basis aller Interfaces

Damit ist `IUnknown.QueryInterface` eine universale Verteilerstelle. Jeder beliebige Client kann über diesen Weg nachfragen, ob ein COM-Server ein bestimmtes Interface anbietet. Und wenn ja, liefert `QueryInterface` sogar einen Verweis auf das gewünschte Interface zurück.

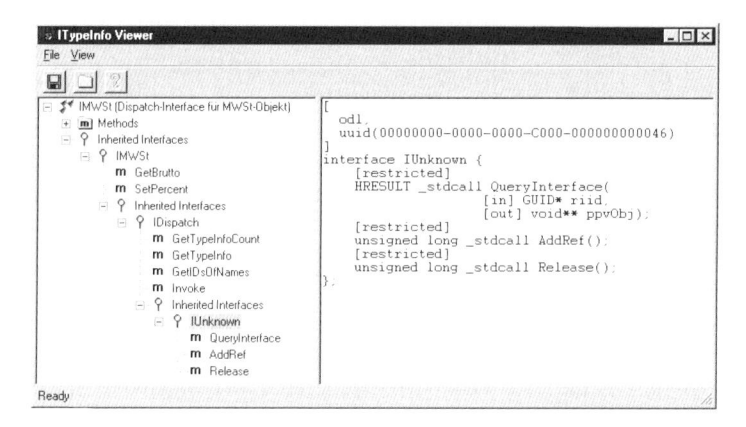

Abb. 2.9: Die Interface-Vererbung im praktischen Beispiel

Wird das vorhin verwendete DLL-Beispiel mit Delphi in ein echtes COM-Objekt umgesetzt, ergibt sich das in der Abbildung 2.9 gezeigte Bild. Solange der Entwickler an der Delphi-Voreinstellung nichts ändert, erhält er ein COM-Objekt mit einem Dual Interface. Auf die Frage, was sich dahinter verbirgt, komme ich einige Zwischenüberschriften später noch zurück. An dieser Stelle reicht der Hinweis, dass auch ein Dual Interface vom IUnknown Interface abstammt. Das Microsoft-Tool OleView aus dem Platform SDK zeigt die Vererbungskette visuell sehr gut an. Sie können gut erkennen, welche Interface-Methoden bei jedem Vererbungsschritt neu hinzukommen.

Ist das nun alles graue Theorie, die man mit Delphi nicht benötigt? Ja und Nein – wie die folgenden Abschnitte demonstrieren. Zwar kann man die 3 Methoden von IUnknown mit wenigen Zeilen in Delphi implementieren – aber wozu etwas von Hand nachholen, das bereits einsatzfertig zur Verfügung steht. Aus diesem Grund greift das folgende Beispiel auf `TInterfacedObject` aus der Unit *System.pas* als Vorfahren zurück.

> *Beim Thema Delphi und IUnknown hat Borland gleich Nägel mit Köpfen gemacht. Das IUnknown-Verhalten wurde vollständig in die Sprache Object Pascal integriert – daher ist es nur logisch, dass sich TInterfacedObject in der Unit System befindet. Diese Integration in die Sprache hat zwei Vorteile: Zum einen sind somit elegante Lösungen möglich und zum anderen müssen Sie sich – im Gegensatz zu den C++-Kollegen – über bestimmte Aufgaben überhaupt keine Sorgen machen. Delphi kann durch die Integration sehr viele Verwaltungsaufgaben automatisch im Hintergrund erledigen.*

1. Aufgabe: Lebenszyklus eines COM-Objekts in Delphi

Das automatische Abräumen von Objekten (Garbage Collection) ist unter Delphi nichts Neues, zum Beispiel werden alle TComponent-Nachfolger in eigener Regie vom zugewiesenen Owner der Objektinstanz zerstört. Die Eigenschaft `Components` verwaltet dazu eine Liste mit allen Instanzen, die in die Obhut des Owners übergeben wurden und die dieser bei seinem Ende automatisch mit abräumen muss. Allerdings gilt diese Aussage nicht für alle VCL-Objekte; wenn der Entwickler von Hand eine TForm-Instanz erzeugt, muss er diese auch wieder über Release oder Free in eigener Verantwortung zerstören. Alle diese Sonderbehandlungen sind jedoch sprachspezifisch und somit nur für Object Pascal typisch. COM soll jedoch einen sprachunabhängigen Zugriff auf Objekte erlauben, daher muss sich COM zwangsläufig von dem Verhalten von Object Pascal unterscheiden.

Wenn ein COM-Objekt gemeinsam von verschiedenen Clients verwendet werden soll, müssen strenge Regeln die Lebensdauer des COM-Objekts definieren. Im Gegensatz zu einer normalen DLL – die vom Anwendungsprogramm bei Nichtbedarf problemlos entladen werden kann – darf ein einzelner Client keinen direkten Einfluss auf die Lebensdauer eines COM-Objektes erhalten. Das COM-Objekt wird erst dann zerstört, wenn auch der letzte Client seine Dienste nicht mehr benötigt.

Über die beiden anderen IUnknown-Funktionen `AddRef` und `Release` verwaltet das Objekt einen Referenzzähler für die Anzahl der fremden Clients, die eine Verbindung hergestellt haben. Jeder explizite Aufruf von `AddRef` zählt damit den Referenzzähler des COM-Objektes hoch.

> *Das explizite Hochzählen des Referenzzählers über _AddRef ist nur dann notwendig, wenn der Client eine Kopie des Interfacezeigers weiterreicht oder garantiert verhindern will, dass der Server wieder zerstört wird.*

Im Gegensatz dazu gibt `Release` einen Verweis auf das Objekt wieder frei. Damit stellt COM sicher, dass ein Objekt erst dann zerstört wird, wenn der letzte Client seine Dienste nicht mehr benötigt. Allerdings ist dieser letzte Satz nicht ganz korrekt – exakter ist die Formulierung, dass die jeweilige Implementierung der Interface-Methode `Release` für das Freigeben zuständig ist. Im Fall von Delphi sieht das zum Beispiel so aus:

```
function TInterfacedObject._Release: Integer;
begin
  Result := InterlockedDecrement(FRefCount);
  if Result = 0 then
    Destroy;
end;
```

Wenn der Verwendungszähler auf 0 steht, wird das Objekt zerstört, das die Methoden des IUnknown-Interfaces implementiert.

In der klassischen COM-Programmierung in der Sprache C bildet der korrekte Einsatz von `AddRef` und `Release` eine Stolperstelle nach der anderen. COM definiert umfangreiche Regeln (mit entsprechend vielen Ausnahmen) für die richtige Verwaltung der Referenzzähler. Für die Anwender von Delphi ist dies zum Glück kein Thema mehr – Delphi kapselt die Objektverwaltung völlig transparent ein. Sie als Entwickler müssen daher fast niemals `AddRef` und `Release` direkt selbst aufrufen. Aus diesem Grund hat Borland den Namen beider Methoden auch einen Unterstrich vorangestellt. Sie werden ab Delphi 3 nur noch `_AddRef` und `_Release` zu Gesicht bekommen. Eine Interface-Methode, deren Namen mit einem Unterstrich beginnt, ist in der COM-Welt als „verborgen" (Hidden) markiert.

Interface-Referenzverwaltung vs. Objekt-Referenzverwaltung

Kommen wir noch einmal auf die vorhin genannten Unterschiede zwischen der automatischen Referenzverwaltung von Object-Pascal-Objekten und COM-Objekten zurück. Dieses unterschiedliche Verhalten lässt sich am besten über ein Beispielprojekt vermitteln.

Das Beispielprojekt finden Sie im Verzeichnis »Kapitel 2\Vergleich«.

Dabei sollen die Details der Implementierung erst einmal keine Rolle spielen – ich gehe später näher auf die Zusammenhänge ein. Wichtiger sind vorerst die Eintragungen in der Listbox – denn hier protokollieren die Objektinstanzen ihr Verhalten. Beide Objekte verwenden das gleiche Interface und implementieren auch die gleichen Methoden.

```
type
  IMWStVergleich = interface(IUnknown)
    ['{B0BAF2E9-120D-40FF-B30A-74D8A0FAD9DE}']
    function GetBrutto(const aNetto: Currency): Currency;
```

```
end;

TMWSt16 = class(TInterfacedObject, IMWStVergleich)
public
  function GetBrutto(const aNetto: Currency): Currency;
  destructor Destroy; override;
end;

TMWSt7 = class(TInterfacedObject, IMWStVergleich)
public
  function GetBrutto(const aNetto: Currency): Currency;
  destructor Destroy; override;
end;
```

Neben der Berechnung des Bruttobetrages besteht die Hauptaufgabe allerdings darin, einen Protokolleintrag in der Listbox des Beispielprogramms auszugeben. Somit kann man visuell den Zeitpunkt des Aufrufs der jeweiligen Methode nachvollziehen.

```
destructor TMWSt16.Destroy;
begin
  inherited;
  Form1.ListBoxLog.Items.Add('  TMWSt16.Destroy');
end;

function TMWSt16.GetBrutto(const aNetto: Currency): Currency;
begin
  Form1.ListBoxLog.Items.Add('  TMWSt16.GetBrutto');
  Result := aNetto * 1.16;
end;
```

> *Das Beispielprojekt »Implements.dpr« aus dem Kapitel 6 demonstriert, wie durch Aggregation der Zugriff auf die TListBox-Instanz in eine einzige, gemeinsam genutzte Interface-Methode gekapselt wird.*

Schauen Sie sich nun einmal die Implementierung der beiden folgenden Methoden genauer an. Speziell geht es darum, wann die angeforderte Objektinstanz wieder freigegeben wird. Im ersten Fall ist sofort eine Aussage möglich, denn die Objektinstanz wird über den Konstruktor Create von Hand angefordert und über den Free-Aufruf von Hand wieder zerstört.

```
procedure TForm1.ButtonOPClick(Sender: TObject);
var
  aMWSt16 : TMWSt16;
  aMWSt7  : TMWSt7;
```

```
begin
  ListBoxLog.Items.Add('Object-Referenzen:');
  aMWSt16 := TMWSt16.Create;
  aMWSt7  := TMWSt7.Create;
  ListBoxLog.Items.Add(Format('  Ergebnis von TMWSt16: %m',
                              [aMWSt16.GetBrutto(100)]));
  ListBoxLog.Items.Add(Format('  Ergebnis von TMWSt7 :%m',
                              [aMWSt7.GetBrutto(100)]));
  aMWSt16.Free;
  aMWSt7.Free;
  ListBoxLog.Items.Add('  (Ende)');
end;

procedure TForm1.ButtonCOMClick(Sender: TObject);
var
  aIntf : IMWStVergleich;
begin
  ListBoxLog.Items.Add('Interface-Referenzen:');
  aIntf := TMWSt16.Create;
  ListBoxLog.Items.Add(Format('  Ergebnis von TMWSt16: %m',
                              [aIntf.GetBrutto(100)]));
  aIntf := TMWSt7.Create;
  ListBoxLog.Items.Add(Format('  Ergebnis von TMWSt7: %m',
                              [aIntf.GetBrutto(100)]));
  ListBoxLog.Items.Add('  (Ende)');
end;
```

Beim zweiten Beispiel ButtonCOMClick ist das völlig anders – es unterscheidet sich in den folgenden Punkten vom ersten Beispiel:

- Es wird nur eine gemeinsame lokale Interface-Variable für beide Objekte genutzt.
- Es finden sich zwei Aufrufe von Create, aber kein Aufruf von Free.
- Der Inhalt der Interface-Variablen wird beim zweiten Aufruf von Create einfach überschrieben.

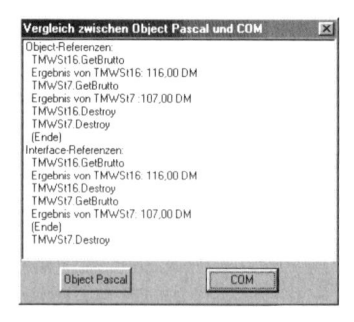

Abb 2.10: Das unterschiedliche Verhalten wird mitprotokolliert

Trotzdem tauchen in der Listbox – abgesehen von der Reihenfolge – die gleichen Protokolleinträge wie beim ersten Beispiel auf. Wobei auf den ersten Blick sofort auffällt, dass der Protokolleintrag „(Ende)" gar nicht am Ende der Liste steht. Und anscheinend hat Delphi hinter den Kulissen auch Destroy automatisch dann aufgerufen, wenn der Inhalt der Interface-Variablen durch eine neue Objektreferenz überschrieben wurde. Es wird Zeit, die Hintergründe dieses merkwürdigen Verhaltens näher zu beleuchten.

Sonderfall Interface-Variablen

Es ist sehr wichtig, dass Sie die Bedeutung von `AddRef` und `Release` auch wirklich verstehen und vor allem über das Verhalten von Delphi an dieser Stelle Bescheid wissen. Delphi steuert den Lebenszyklus eines COM-Objekts für die Interface-Variablen. Somit hängt die Lebensdauer der Objektinstanz von der Gültigkeitsdauer der Interface-Variablen ab.

Vergleichen Sie bitte dazu das folgende Beispiel. Die Interface-Variable `aMWSt` vom Typ `IMWStMinimal` wurde als lokale Variable deklariert. Somit beschränkt sich die Lebensdauer des COM-Objekts automatisch auf die Methode `ButtonCOMClick`.

```
procedure TFormMain.ButtonCOMClick(Sender: TObject);
var
  aMWSt   : IMWStMinimal;
  cBrutto : Currency;
begin
  aMWSt := TMWSt.Create;
  aMWSt.SetPercent(16);
  cBrutto := aMWSt.GetBrutto(StrToFloat(EditNetto.Text));
  StatBar.SimpleText := Format('%m',[cBrutto]);
end;
```

Möchten Sie im Programm über längere Zeit auf das COM-Objekt zugreifen, ohne jedes Mal eine neue Instanz anfordern zu müssen, darf keine lokale Interface-Variable verwendet werden. Stattdessen ist ein privates Objektfeld des Formulars in diesem Fall der richtige Ort. Diese Variable verliert erst beim Programmende ihre Gültigkeitsdauer.

Parallel zu dieser automatischen Lebensdauer einer Interface-Variablen steht es Ihnen selbstverständlich frei, den Zeitpunkt des Freigebens des COM-Objekts durch das Zuweisen von Nil selbst festzulegen. Auch in diesem Fall ruft Delphi hinter den Kulissen die IUnknown-Methode _Release auf.

Ist Ihnen an dem letzten Beispiel etwas aufgefallen? Auch wenn zum Beispiel aMWSt als Interface-Variable für das IMWStMinimal-Interface deklariert wird, darf der Rückgabewert von TMWSt.Create zugewiesen werden!

```
var
  aObj : IMWStMinimal;
begin
  aObj := TMWSt.Create;
...
```

Delphi liefert in diesem Fall keine normale Referenz auf die dynamisch angelegte Instanz der TMWSt-Klasse zurück, sondern einen Verweis auf das angebotene Interface.

Was passiert aber, wenn innerhalb des Gültigkeitsbereichs einer Interface-Variablen diese mehrfach zugewiesen wird. Im folgenden Beispiel wird die gleiche Variable nacheinander für zwei Objektinstanzen verwendet, ohne das Objekt explizit freizugeben.

```
procedure TFormMain.ButtonCOMClick(Sender: TObject);
var
  aMWSt   : IMWStMinimal;
  cBrutto : Currency;
begin
  aMWSt := TMWSt.Create;
  aMWSt.SetPercent(16);
  cBrutto := aMWSt.GetBrutto(StrToFloat(EditNetto.Text));
  aMWSt := TMWSt.Create;
  aMWSt.SetPercent(7);
  cBrutto := aMWSt.GetBrutto(StrToFloat(EditNetto.Text));
  StatBar.SimpleText := Format('%m',[cBrutto]);
end;
```

Wenn man das mit einem Zeiger auf einen angeforderten Speicherbereich macht, erhält man als Konsequenz ein Speicherleck. Nicht so bei einer Interface-Variablen, auch hier unternimmt Delphi alle notwendigen Schritte im Hintergrund. Konkret bedeutet dies, dass vor der Zuweisung an das neue Objekt automatisch das alte zuerst freigegeben wird.

Somit lassen sich als Zusammenfassung gleich 3 Fälle benennen, bei denen Delphi im Hintergrund automatisch aufräumt:
1. Die Interface-Variable verlässt ihren Gültigkeitsbereich.
2. Die Interface-Variable wird neu zugewiesen.

3. Die Interface-Variable wird entwertet (Nil bzw. Null).

Ist damit alles in Butter? Nein – nicht ganz, denn auch Delphi kann noch nicht jeden Fehler des Entwicklers verhindern. Es wird immer dann kritisch, wenn die Interface-Referenz mit der Referenz des VCL-Objekts vermischt wird. Auch dieser Sonderfall erklärt sich am besten über ein kleines Beispiel.

Ein Interface-Beispiel Step by Step

In dieser Form werden Sie ein COM-Objekt vermutlich niemals anwenden – trotzdem ist das Beispiel sehr gut geeignet, die Zusammenhänge zu demonstrieren. Außerdem wird anhand des folgenden Programms sehr gut deutlich, wozu die später vorgestellte Class Factory und die Type Library gut sind.

Das Beispielprojekt (für Delphi 3 bis 5 geeignet) finden Sie im Verzeichnis »Kapitel 2\FirstInterface«.

Das Projekt *FirstInterface.dpr* wurde komplett von Hand geschrieben, d.h. ich habe bewusst auf die Delphi-Experten verzichtet. Damit befinden sich zum einen alle Bestandteile übersichtlich in einer Unit und zum anderen verwendet das Beispiel tatsächlich eine Minimalkonfiguration:

- Das COM-Objekt stammt nur von `TInterfacedObject` ab.
- Das Interface wird direkt von `IUnknown` abgeleitet.

Das Delphi-Objekt TInterfacedObject implementiert das IUnknown-Interface. Damit sind per Definition automatisch alle Nachfolger von TInterfacedObject gleichzeitig COM-Server. Damit der COM-Server irgend etwas Sinnvolles macht, müssen eigene Methoden implementiert werden. Alles kein Problem – wobei ein Client jedoch nur dann auf diese Server-Fähigkeiten zugreifen kann, wenn das Interface diese Methoden auch veröffentlicht.

Zur besseren Übersichtlichkeit stelle ich Ihnen die notwendigen Arbeiten Schritt für Schritt vor. Die Reihenfolge entspricht zum einen dem Auftauchen im Quelltext und hat außerdem noch einen logischen Hintergrund. Wenn ein Client ausschließlich über ein Interface auf einen COM-Server zugreifen kann, ist das Interface das wichtige Verbindungsglied nach außen. Somit macht es Sinn, im ersten Schritt das Interface zu beschreiben.

Das eigene Interface IMWStMinimal wird direkt von IUnknown – der Mutter aller Interfaces – abgeleitet. Wie jedes Interface benötigt auch IMWStMinimal eine eigene, eindeutige Interface-ID (IID). Normalerweise erledigt dies der Delphi-Wizard, aber in unserem Fall habe ich diese Zeilen von Hand eingetippt und bin daher auch selbst dafür verantwortlich, eine eindeutige IID zu vergeben. Zum Glück fügt Delphi mit der Tastenkombination STRG+SHIFT+G eine garantiert ofenfrische IID in Form einer GUID an der aktuellen Cursorposition ein.

```
Type
  // Interface auf das Minimal-COM-Objekt
```

```
IMWStMinimal = interface(IUnknown)
  ['{30C1D0A0-D206-11D1-95EB-00104B3F5870}']
  function GetBrutto(const aNetto: Currency): Currency;
  procedure SetPercent(const aPercent: Integer);
end;
```

Damit ist die Beschreibung der Server-Fähigkeiten für einen potentiellen Client fertig. Dies bedeutet jedoch auch, dass die deklarierten Methoden auch garantiert vom COM-Server implementiert werden müssen! Aus diesem Grund schafft der folgende zweite Schritt die notwendigen Voraussetzungen dafür.

Die Klasse des COM-Servers wird deklariert und mit dem eigenen Interface verbunden. Als Nachfolger von TInterfacedObject ist TMWSt automatisch ein COM-Server und stellt somit das geerbte IUnknown-Interface zur Verfügung. Damit ein Client auf die eigenen Methoden zugreifen kann, muss auch das eigene Interface IMWStMinimal mit dieser Server-Klasse verbunden werden.

```
TMWSt = class(TInterfacedObject, IMWStMinimal)
private
  FMWStSatz : Single;
public
  function GetBrutto(const aNetto: Currency): Currency;
  procedure SetPercent(const aPercent : Integer);
  procedure ShowMsg;
  destructor Destroy; override;
end;
```

Zur Demonstration der Zugriffsbeschränkung habe ich zusätzlich die Methode ShowMsg deklariert. Diese Methode taucht im Interface IMWStMinimal nicht auf und sollte damit für einen Client unerreichbar sein! Der Destructor Destroy dient ebenfalls nur der besseren Anschauung. Jedes Mal, wenn das COM-Objekt zerstört wird, soll ein Show-Message-Aufruf dies dem Anwender zurückmelden.

Mit dem Deklarieren des Interfaces hat das Objekt auch die Verpflichtung übernommen, alle im Interface veröffentlichten Methoden auch zu implementieren. Daher werden im nächsten Schritt alle drei Methoden der COM-Klasse TMWSt mit Leben gefüllt. Es ist dabei nur wichtig, dass die Interface-Methoden erfolgreich aufgerufen werden können. Im Gegensatz dazu spielt es keine Rolle, was in diesen Methoden steht. Somit wären auch leere Methodenrümpfe völlig legal. Allerdings soll das Objekt in unserem Beispiel reagieren, sodass die Berechnung des Endpreises sowie die Übergabe des Prozentwertes implementiert werden.

```
function TMWSt.GetBrutto(const aNetto: Currency): Currency;
begin
  Result := aNetto * FMWStSatz
end;

procedure TMWSt.SetPercent(const aPercent : Integer);
```

```
begin
  FMWStSatz := 1.0 + (aPercent/100);
end;

procedure TMWSt.ShowMsg;
begin
  ShowMessage('Hallo');
end;

destructor TMWSt.Destroy;
begin
  ShowMessage('COM-Objekt wird jetzt zerstört!');
  inherited Destroy;
end;
```

Im trivialen Beispielprogramm kann der Anwender die Funktion auf zwei verschiedenen Wegen testen. Zum einen wird die Klasse TMWSt ganz normal wie jedes andere Delphi-Objekt auch angesprochen. Und zum anderen demonstriert das Programm den Weg über das Interface. Die folgenden Zeilen könnten so auch in jedem beliebigen Delphi-Programm stehen:

```
procedure TFormMain.ButtonClassClick(Sender: TObject);
var
  aMWSt    : TMWSt;
  cBrutto  : Currency;
begin
  aMWSt := TMWSt.Create;
  aMWSt.SetPercent(16);
  cBrutto := aMWSt.GetBrutto(StrToFloat(EditNetto.Text));
  StatBar.SimpleText := Format('%m',[cBrutto]);
  aMWSt.ShowMsg;
end;
```

Beachten Sie, dass sogar die Methode ShowMsg aufgerufen werden kann, die nicht im Interface auftaucht. Somit wird TMWSt als TInterfacedObject-Nachfolger nicht wie ein COM-Server, sondern wie ein normales Delphi-Objekt verwendet. Der Grund dafür verbirgt sich hinter der lokalen Variablen aMWSt vom Typ TMWSt.

Beim folgenden Aufruf hingegen beschwert sich der Compiler mit einer Fehlermeldung, sobald die vorletzte Zeile nicht mehr auskommentiert wird. Auf den ersten Blick sieht die zweite Variante doch genauso aus wie die erste Variante mit TMWSt. Der kleine – aber wesentliche – Unterschied verbirgt sich hinter der Interface-Variablen aMWSt. Diese lokale Variable ist nunmehr vom Typ IMWStMinimal und verweist somit auf ein Interface eines COM-Servers. Delphi sorgt beim Aufruf aMWSt := TMWSt.Create hinter den Kulissen automatisch dafür, dass dieser lokalen Variablen ein gültiger Zeiger auf das IMWStMinimal-Interface zugewiesen wird.

```
procedure TFormMain.ButtonCOMClick(Sender: TObject);
var
  aMWSt   : IMWStMinimal;
  cBrutto : Currency;
begin
  aMWSt := TMWSt.Create;
  aMWSt.SetPercent(16);
  cBrutto := aMWSt.GetBrutto(StrToFloat(EditNetto.Text));
  StatBar.SimpleText := Format('%m',[cBrutto]);
  //aMWSt.ShowMsg;
end;
```

Damit ist auch klar, warum `ShowMsg` nicht aufgerufen werden kann. Da das Interface diese Server-Methode nicht deklariert, steht sie einem Client auch nicht zur Verfügung.

Das Beispiel zeigt auch ein weiteres Problem auf. Der Client benötigt die Server-Implementation, um über `TMWSt.Create` direkt den Konstruktor aufrufen zu können. So war es allerdings mit COM gar nicht gedacht – ein Client soll unabhängig von der Server-Implementierung ein COM-Objekt aufrufen können. Um dieses Problem zu lösen, ist eine Erweiterung notwendig. Der Server muss eine Class Factory bereitstellen, damit ein Client eine Server-Instanz erzeugen kann. Und damit jeder beliebige Client den Server sinnvoll verwenden kann, wird noch eine Type Library benötigt. Über diese Typbibliothek veröffentlicht der Server eine Beschreibung seines Interfaces. Auf diese beiden Begriffe gehe ich im Verlauf des Kapitels noch genauer ein.

Sie sehen – obwohl *FirstInterface.dpr* ein funktionstüchtiger COM-Server ist, kommen Sie nicht direkt mit den drei IUnknown-Methoden `QueryInterface`, `AddRef` oder `Release` in Verbindung. Dennoch werden diese Methoden von Delphi im Hintergrund immer dann korrekt aufgerufen, wenn Delphi Ihre Gedankengänge nachvollziehen kann. Da die Interface-Variable `aMWSt` als lokale Variable deklariert wurde, räumt Delphi automatisch dann auf, wenn der Gültigkeitsbereich der Methode `ButtonCOMClick` verlassen wird. Wird die Interface-Variable hingegen als Objektfeld für `TFormMain` deklariert, sieht die Sache komplizierter aus.

```
TFormMain = class(TForm)
  ...
    procedure ButtonClassClick(Sender: TObject);
    procedure ButtonCOMClick(Sender: TObject);
  private
    { Private-Deklarationen }
    FMWSt : IMWStMinimal;
  public
    { Public-Deklarationen }
  end;
```

Wird nun der Button ButtonCOM zum ersten Mal angeklickt, ist alles noch in Ordnung. Allerdings überlebt das COM-Objekt die Methode `ButtonCOMClick`, sodass beim zweiten Anklicken des Buttons ein Problem auftritt. Wird die Interface-Variable einfach neu belegt, so bleibt das ursprüngliche erste COM-Objekt als unerreichbare Speicher-Leiche zurück. Damit dies nicht passiert, befolgt Delphi in jedem Fall die folgenden Regeln, die ich an dieser Stelle zur Sicherheit nochmals wiederhole:

1. Immer dann, wenn die Interface-Variable ihren Gültigkeitsbereich verlässt, ruft Delphi automatisch die IUnknown-Methode _Release auf.
2. Immer dann, wenn einer belegten Interface-Variablen ein neues COM-Objekt zugewiesen wird, gibt Delphi erst über den Aufruf von IUnknown._Release den belegten Referenzzähler für das alte Objekt frei. Erst dann wird das neue Objekt der Interface-Variablen zugewiesen. Somit bleiben auch dann keine Speicherleichen übrig, wenn eine Interface-Variable mehrfach verwendet wird.
3. Auch dann, wenn der Interface-Variablen der Wert Nil oder unassigned zugewiesen wird, ruft Delphi im Hintergrund IUnknown._Release auf.

Ja – wo liegt nun das Problem? Mit diesem werden Sie handfest in Form einer Schutzverletzung konfrontiert, wenn das zweite Beispiel *MixTrouble.dpr* ausprobiert wird.

> *Das Beispielprojekt (für Delphi 3 bis 5 geeignet) finden Sie im Verzeichnis »Kapitel 2\MixTrouble«.*

Das Objekt ist völlig ungeändert geblieben, nur auf der Seite des Clients wurde die Ergebnisanzeige in eine separate Prozedur ausgelagert.

```
procedure ShowSrvResult(aSrvObj : IMWStMinimal; sDM: String);
var
  cBrutto : Currency;
begin
  cBrutto := aSrvObj.GetBrutto(StrToFloat(sDM));
  ShowMessage(Format('%m',[cBrutto]));
end;

procedure TFormMain.ButtonTroubleClick(Sender: TObject);
var
  aMWSt : TMWSt;
begin
  aMWSt := TMWSt.Create;
  aMWSt.SetPercent(16);
  ShowSrvResult(aMWSt, EditNetto.Text);
  aMWSt.SetPercent(7);   // Exception !
  ShowSrvResult(aMWSt, EditNetto.Text);
end;
```

Nach der ersten Berechnung, die völlig problemlos abläuft, erhält der Client immer dann eine Exception, wenn der Steuersatz auf 7 Prozent korrigiert werden soll. Das COM-Objekt wurde direkt über seinen Konstruktor erzeugt und in einer lokalen Variable vom Typ TMWSt abgelegt. Beachten Sie, dass als Typ TMWSt und nicht IMWStMinimal verwendet wird, somit gelten die Regeln für die Interface-Variablen in diesem Fall nicht. Diese Regeln kommen erst dann ins Spiel, wenn die globale Prozedur ShowSrvResult aufgerufen wird, denn dort wird als Parametertyp IMWStMinimal verwendet. Delphi ruft also unmittelbar vor dem Einsprung in die globale Prozedur hinter den Kulissen _AddRef auf. Der Verwendungszähler steht nun auf 1, denn vorher war ja keine Interface-Variable beteiligt. Bei Rücksprung von der globalen Prozedur macht Delphi diese Vorbereitung durch den automatischen Aufruf von _Release rückgängig. Leider steht nun der Verwendungszähler auf 0, sodass die Lebensdauer des Objekts abgelaufen ist.

> *Delphi schützt einen Interface-Zeiger als Parameter immer dann durch einen _AddRef/_Release-Block, wenn der Parameter nicht als Var- oder Const-Parameter deklariert wird. Wird der Parameter als Var oder als Const deklariert, übergibt Delphi nur den reinen Zeiger, sodass sich am Verwendungszählen nichts ändert. Wird jedoch Var oder Const „vergessen", so kopiert Delphi den Wert für den Parameter.*

Um das Problem zu lösen, könnte man als Workaround selbst Hand anlegen und über den eigenen Aufruf von _AddRef dafür sorgen, dass der Verwendungszähler bereits vor dem Aufruf der globalen Prozedur auf dem Wert 1 steht.

```
procedure TFormMain.ButtonWorkaroundClick(Sender: TObject);
var
  aMWSt : TMWSt;
begin
  aMWSt := TMWSt.Create;
  aMWSt.SetPercent(16);
  aMWSt._AddRef;
  ShowSrvResult(aMWSt, EditNetto.Text);
  aMWSt.SetPercent(7);
  ShowSrvResult(aMWSt, EditNetto.Text);
  aMWSt._Release;
end;
```

In jedem Fall besser ist der Fix des eigenen Programmfehlers, in dem tatsächlich eine Interface-Variable für das COM-Objekt verwendet wird. Wird die lokale Variable aMWSt mit dem Typ IMWStMinimal deklariert, tritt der Fehler überhaupt nicht erst auf.

```
procedure TFormMain.ButtonFixClick(Sender: TObject);
var
  aMWSt : IMWStMinimal;
begin
  aMWSt := TMWSt.Create;
  aMWSt.SetPercent(16);
```

```
  ShowSrvResult(aMWSt, EditNetto.Text);
  aMWSt.SetPercent(7);
  ShowSrvResult(aMWSt, EditNetto.Text);
end;
```

Sie sollten daher generell eine echte Interface-Variable verwenden und auf die Alternative nur dann zurückgreifen, wenn die Umgehung der Verwendungszählung tatsächlich beabsichtigt ist.

> *Im weiteren Buchverlauf werden Sie Beispiele dafür finden. Ein Interface-Zeiger wird in einer Pointer-Variablen gespeichert, wenn der Entwickler die automatische Referenzzählung im konkreten Einsatzfall deaktivieren will.*

2. Aufgabe: Navigation zwischen verschiedenen Interfaces

Wenn ein Client nur über eine Interface-Referenz auf ein COM-Objekt zugreifen kann und ein COM-Objekt beliebig viele Interfaces zur Verfügung stellen darf, muss es für den Client einen Weg geben, eine Referenz auf das benötigte Interface abzufordern. Es liegt auf der Hand, dass Delphi für diese Standardaufgabe mehrere Alternativen anbietet, die den Entwickler von dem mühsamen Abfragen von IUnknown.QueryInterface entlastet. Allerdings sollte zuerst zum besseren Verständnis der originale Weg betrachtet werden.

Die Fähigkeit eines COM-Objekts, verschiedene Interfaces zu unterstützen, ist ein wesentlicher Vorteil. Jeder Client kann somit über „sein" Interface auf verschiedene Art und Weise auf das gleiche Objekt zugreifen. Dass dies tatsächlich in der Praxis benötigt wird, demonstriere ich anhand eines Beispiels im Automation-Kapitel des Buchs. Bindet ein Client zum Beispiel die Textverarbeitung Microsoft Word ein, so hat er es je nach vorgefundener Version mit völlig unterschiedlichen Implementierungen zu tun. Die Version Word 95 verwendet zum Beispiel eingedeutschte WordBASIC-Befehle als Makrosprache, während das neuere Word 97 die englischen Funktionen aus dem VBA erwartet. Damit Word 97 jedoch auch noch von einem älteren Client verwendet werden kann, stellt Word sowohl das neue als auch das alte Interface zur Verfügung. Ein „alter" Client ruft über Word.Basic das alte Interface auf, während ein aktuelles Clientprogramm die neuen Fähigkeiten über das neue Interface Word.Application nutzt. Somit spielt es keine Rolle, dass die Funktionsnamen nicht mehr übereinstimmen – jeder Zugriff auf eines der beiden Interfaces wird über die VTable an die entsprechende Implementierung weitergeleitet.

Die Funktion IUnknown.QueryInterface unterstützt den Client bei der Suche nach den vom COM-Objekt bereitgestellten Interfaces. Da alle Interfaces von IUnknown abstammen, kann ein Client zu jeder Zeit direkt auf QueryInterface zugreifen.

```
function QueryInterface(const IID: TGUID;
                  out Obj): Integer; stdcall;
```

Immer dann, wenn ein Client ein COM-Objekt zum ersten Mal anspricht, erhält er einen Zeiger auf das `IUnknown`-Interface. Mit diesem Interface-Zeiger kann er nur die drei Funktionen aus `IUnknown` ansprechen. Allerdings erlaubt QueryInterface die Abfrage, ob das gewünschte Interface überhaupt vom Server angeboten wird. Dazu wird QueryInterface mit der GUID des gewünschten Interfaces (IID) als Parameter aufgerufen. Wird dieses Interface unterstützt, liefert QueryInterface dem Client über den `Out`-Parameter einen Zeiger auf das gesuchte Interface zurück. Falls nicht, kann der Client den Server in der beabsichtigten Art und Weise nicht verwenden.

Über den Out-Parameter kann die Methode einen Wert an den Aufrufer zurückliefern, ohne dass diesem Parameter beim Aufruf ein Wert zugewiesen werden muss.

Die Theorie soll gleich an einem praktischen Beispiel getestet werden. Angenommen, Sie verwalten in einer Kollektion vom Typ `TInferfaceList` eine Sammlung von Interface-Zeigern für verschiedene COM-Objekte. Jedes dieser Objekte verwendet bestimmte Interfaces, wobei aber nicht alle Objekte in jedem Fall das gleiche Interface unterstützen. Über `QueryInterface` kann das Programm beim Objekt nachfragen, ob das gesuchte Interface zur Verfügung steht.

```
Collection[i].QueryInterface(IKiss, aObjKiss);
if aObjKiss <> nil then
  aObjKiss.Kiss;
```

Findet man nach dem Aufruf im Out-Parameter einen Interface-Zeiger vor, darf dieses Interface verwendet werden. Diese Prüfung läuft somit in zwei Arbeitsschritten ab. Zuerst wird das Interface abgefragt und erst im zweiten Schritt der Interface-Zeiger auf `Nil` geprüft. Mit Delphi kann aber sogar das noch vereinfacht werden. In der Unit *SysUtils.pas* liegt die Funktion `Supports` zum Einsatz bereit. Wird diese Hilfsfunktion verwendet, ist die Aufgabe mit einem einzigen Aufruf abgeschlossen:

```
if Supports(Collection[i], IKiss, aObjKiss) then
  aObjKiss.Kiss;
```

Im bisherigen Beispiel musste die Anwendung damit rechnen, dass ein bestimmtes Objekt das gesuchte Interface nicht bereitstellt. Können Sie diesen Sonderfall jedoch ausschließen, gibt es mit Delphi eine noch einfachere Lösung.

Delphi's AS-Typecast
Delphi hilft in Standardsituationen hinter den Kulissen aus, indem es den typischen Verwaltungskram für den Zugriff auf Interfaces vor Ihnen abschirmt. Zum Beispiel wird im Normalfall eine Instanz eines COM-Servers über eine Hilfsfunktion erzeugt:

```
class function CoMWSt.Create: IMWSt;
begin
```

```
  Result := CreateComObject(Class_MWSt) as IMWSt;
end;
```

Eine `Class Function` darf auch dann aufgerufen werden, wenn noch gar keine Instanz dieser Klasse vorhanden ist. Per Definition liefert jeder frisch erzeugte COM-Server einen Zeiger auf sein IUnknown-Interface zurück. Über das Delphi-Schlüsselwort As teilen Sie hingegen dem Compiler mit, dass Sie speziell am Interface IMWSt interessiert sind. Ich hatte vorhin gesagt, dass IUnknown völlig in die Sprache Object Pascal integriert wurde. Somit kann der explizite Aufruf von QueryInterface durch die Typumwandlung über AS ersetzt werden. Das Ergebnis bleibt das Gleiche – QueryInterface wird in jedem Fall aufgerufen, wobei im Fall von AS jedoch Delphi dies automatisch erledigt.

Delphi's Hilfsfunktion GetInterface
Die TObject-Methode `GetInterface` wird intern vom Operator As verwendet, um die von einem Objekt implementierten Schnittstellen zu ermitteln. `TInterfacedObject` benutzt `GetInterface` zur Implementierung der Methode `QueryInterface`.

Somit kann das vorhin vorgestellte Beispiel für den direkten Aufruf von QueryInterface etwas vereinfacht werden, indem GetInterface die explizite Prüfung auf Nil überflüssig macht.

```
procedure TForm1.Button1Click(Sender: TObject);
var
  aObj       : TFrenchPerson;
  aObjSpeak  : ISpeak;
  aObjKiss   : IKiss;
begin
  aObj := TFrenchPerson.Create;
  if aObj.GetInterface(IKiss, aObjKiss) then
    aObjKiss.Kiss;
  if aObj.GetInterface(ISpeak, aObjSpeak) then
    aObjSpeak.SayHello;
end;
```

Das Beispielprojekt ist im Verzeichnis »Kapitel 2\GetInterface« auf der CD-ROM zu finden. Eine detaillierte Beschreibung des Beispiels finden Sie am Ende des Interface-Teils dieses Kapitels – dort nutze ich das Beispielprogramm, um die scheinbare Mehrfachvererbung über Interfaces zu demonstrieren.

Component Object Model

Delphi's direkte Variablenzuweisung

Der einfachste Weg, eine Interface-Referenz abzufordern, besteht in der direkten Zuweisung an eine Interface-Variable. Erinnern Sie sich noch an das folgende Beispiel:

```
procedure TFormMain.ButtonFixClick(Sender: TObject);
var
  aMWSt : IMWStMinimal;
begin
  aMWSt := TMWSt.Create;
  aMWSt.SetPercent(16);
  ShowSrvResult(aMWSt, EditNetto.Text);
  aMWSt.SetPercent(7);
  ShowSrvResult(aMWSt, EditNetto.Text);
end;
```

Im Gegensatz zum vorhin vorgestellten GetInterface-Beispiel wird hier das Ergebnis vom Create-Aufruf direkt einer Interface-Variablen zugewiesen. Dies führt dazu, dass Delphi hinter den Kulissen alle notwendigen Schritte in die Wege leitet, um über den impliziten Aufruf von QueryInterface eine zum Variablentyp passende Interface-Referenz anzufordern.

IUnknown – Problem für einige Umgebungen

Jedes Interface, über das eigene Funktionen zur Verfügung gestellt werden, muss zum einen von IUnknown abstammen und zum anderen jede eigene Funktion deklarieren. Damit kann nur dann ein Client von den Diensten des Servers profitieren, wenn der Client selbst von diesem Interface zur Kompilierungszeit Kenntnis hat. Der Grund dafür liegt darin, dass ein Client die Position der aufgerufenen Methoden in der VTable kennen muss. Damit hat jedoch COM wieder ein Problem – wie soll ein Client aus einem neu installierten COM-Server Nutzen ziehen? Wenn der Server jünger als der Client ist, kann der Client gar nichts von dessen Interface-Implementierung wissen. Für normale Anwendungen ist dies vielleicht kein Problem, aber was ist mit den Entwicklungsumgebungen wie Delphi, Visual Basic oder den Komponenten aus Microsoft Office? In jeder dieser Umgebungen können externe COM-Objekte eingebunden werden. Es wird also ein Weg benötigt, über den Clients ohne genaue Kenntnis der Schnittstelle den Server ansprechen können.

Das Gleiche trifft für die Script-Engines wie VBScript oder JavaScript zu – beide können auf COM-Objekte nicht über das IUnknown-Interface zugreifen.

Außerdem gab es da noch ein Problem. Für die Sprache C/C++ stellten die für IUnknown-Nachfolger benötigten Zeiger auf diese Schnittstelle kein Problem dar. Allerdings wollte Microsoft die COM-Objekte auch für das eigene Interpreter-Produkt Visual Basic verwenden, und für Visual Basic stellten Zeiger zum damaligen Zeitpunkt ein großes Problem dar.

Zum Beispiel können Microsoft Visual Basic 3.0 und Visual Basic for Application (VBA) keinen Vorteil aus Dual Interfaces ziehen, beide Umgebungen sind somit auf das klassische IDispatch-Interface mit den Aufrufen über Invoke angewiesen. Auch in einer Active Server Page (ASP) steht nur das IDispatch-Interface zur Verfügung.

Es musste also eine Art „Hintertür" vorgesehen werden, bei der die exakte Kenntnis des Server-Interfaces nicht notwendig ist. Aus diesem Grund bekam COM mit dem so genannten Dispinterface eine zweite Standard-Schnittstelle. Das Dispinterface ist vom Design her speziell für die so genannte späte Bindung konzipiert. Bei diesem Aufrufverfahren informiert sich der Client erst zur Laufzeit über die jeweils zur Verfügung stehenden Funktionen und übergibt eventuell notwendige Argumente ungeprüft an den Server.

2.4.4 Dispinterface IDispatch

Das IDispatch-Interface – auch Dispinterface genannt – baut auf dem IUnknown-Interface auf und hat damit zwangsläufig die drei Grundfunktionen Add, Release und QueryInterface. Die IDispatch-Schnittstelle wurde definiert, damit eine einzige Standard-Schnittstelle die Verbindung zwischen beliebigen Clients und COM-Objekten herstellen kann, ohne die spezifischen Interface-Details berücksichtigen zu müssen. Dieses Interface und der dazugehörende Marshaling-Mechanismus aus der DLL *oleaut32.dll* wird auch als Automation bezeichnet.

Die Schlüsselfunktion vom Dispatch-Interface verbirgt sich hinter `Invoke`. Über den Universalschlüssel Invoke kann ein Client jede Methode des Interfaces aufrufen. Anstelle von Zeigern auf die Schnittstelle greift IDispatch dabei über die so genannten Token auf die notwendigen Eigenschaften und Methoden zu. Ein Token ist eine vom COM-Objekt definierte 32-Bit-Zahl und wird vom aufgerufenen COM-Objekt interpretiert. Dieses Token wird auch als DISPID (Dispatch Identifier) bezeichnet, um die Funktion als Verteiler-Kennzeichen zu verdeutlichen.

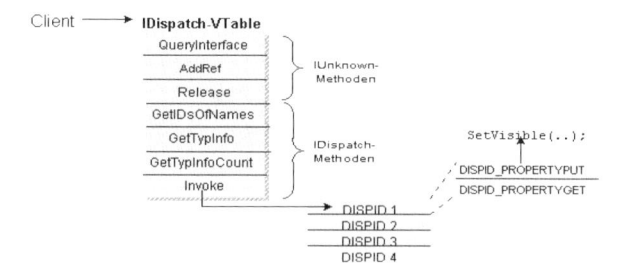

Abb. 2.11: Die Interface-Methode Invoke als Aufrufverteiler

Das aufrufende Programm muss sich dazu über den Wert eines bestimmten Tokens informieren, auch dazu stehen zwei Alternativen zur Verfügung:

Component Object Model

1. Das aufrufende Programm schaut in der Typbibliothek des aufgerufenen COM-Objektes nach. Dies setzt jedoch voraus, dass zur Kompilierungszeit die Typbibliothek zur Verfügung steht.
2. Das aufrufende Programm fragt über die IDispatch-Schnittstelle beim aufgerufenen Objekt nach, welcher Token-Wert für einen Eigenschafts- oder Methodennamen gültig ist. So liefert zum Beispiel `IDispatch.GetIDsOfNames` den numerischen Wert für einen als Zeichenkette übergebenen Methodennamen zurück.

Liegt der numerische Wert des Tokens vor, kann das Programm die gewünschte Eigenschaft oder Funktion über den Aufruf von `IDispatch.Invoke` ansprechen.

Damit löst der Client alle Referenzen auf den Server erst zur Laufzeit auf – der Client verwendet daher eine späte Bindung. Server-Methoden werden durch `Invoke` nur über ihre numerische DispID aufgerufen, die jeder Server völlig unabhängig selbst definieren kann.

Das hört sich nicht nur umständlich an, das ist in der Praxis auch recht langsam. Jedes `Invoke` aufrufende Programm muss die unterschiedlichsten Parameter als Variants in einer variablen Datenstruktur übergeben. Außerdem erwartet die IDispatch-Schnittstelle noch, dass der Aufrufer über ein Flag mitteilen muss, ob er eine Eigenschaft auslesen, setzen oder gar eine Methode aufrufen möchte. Der Empfänger – also das aufgerufene COM-Objekt – muss diesen Datenwirrwarr wieder in die einzelnen Bestandteile auftrennen, wofür auch der schnellste Prozessor seine Zeit braucht.

```
IDispatch = interface(IUnknown)
  ['{00020400-0000-0000-C000-000000000046}']
  function GetTypeInfoCount(out Count: Integer): Integer;stdcall;
  function GetTypeInfo(Index, LocaleID: Integer;
                out TypeInfo): Integer; stdcall;
  function GetIDsOfNames(const IID: TGUID; Names: Pointer;
                NameCount, LocaleID: Integer;
                DispIDs: Pointer): Integer; stdcall;
  function Invoke(DispID: Integer; const IID: TGUID;
                LocaleID: Integer;
                Flags: Word; var Params; VarResult,
                ExcepInfo, ArgErr: Pointer): Integer; stdcall;
end;
```

Die VTable des IDispatch-Interfaces kommt mit wenigen Methoden aus. Eine Anwendung, die über IDispatch auf einen COM-Server zugreifen will, muss nur diese sieben Methoden implementieren. Die Schlüsselfunktion `Invoke` kann zudem mit einer variablen Anzahl von Parametern aufgerufen werden, der Parameter `Params` ist dabei ein Zeiger auf die Datenstruktur mit einer variablen Anzahl von Parametern. Diese Datenstruktur muss zudem mit benannten und optionalen Parametern umgehen können.

Außerdem gibt es da noch ein Problem. Der Compiler kann beim klassischen IDispatch-Interface zur Kompilierungszeit nicht nachprüfen, ob die korrekte Methode mit den erwarteten Parametern aufgerufen wird. Sie können jede beliebige Zeichenkette im Programm unterbringen, der Fehler macht sich erst beim ersten Aufruf bemerkbar.

Das folgende Beispiel startet die Textverarbeitung Microsoft Word mit einem leeren Blatt. Da Word die Vorlage *Normal.dot* standardmäßig verwendet, muss der Name der Vorlage nicht angegeben werden.

```
var
  aWord : Variant;
begin
  aWord := CreateOleObject('Word.Application');
  aWord.Visible := True;
  aWord.Documents.Add;
  ShowMessage('Hello Word :-)');
end;
```

> *Die späte Bindung ist auf den ersten Blick anhand der Variant-Variablen für das Interface des Server-Objekts erkennbar.*

Die späte Bindung hat neben dem Nachteil des langsamen Zugriffs damit aber auch Vorteile:

1. Zur Kompilierungszeit muss der Client die Namen der Server-Methoden nicht unbedingt kennen (ein Vorteil, der sich gerade bei Interpretern bemerkbar macht).
2. Zur Kompilierungszeit muss der Client die exakte Parameterliste der aufgerufenen Methoden nicht kennen (Stichwort „benannte Parameter").
3. Der Client kann die vom Server definierten Standard-Parameter und optionale Parameter ausnutzen, indem er nur die mit eigenen Daten gefüllten Parameter übergibt.

Datentypen und Datenstrukturen des IDispatch-Interfaces

Das IDispatch-Interface wird von COM definiert und unterliegt damit auch einigen Einschränkungen in Bezug auf die erlaubten Datentypen und Datenstrukturen. Auf den Grund für diese Einschränkungen gehe ich später noch im Zusammenhang mit dem Marshaler genauer ein. Da Invoke die Parameter über Variants erwartet, können auch nur die als Variant definierten Datentypen bei der IDispatch-Schnittstelle verwendet werden. Eine Aufstellung der gültigen Typen finden Sie in der Delphi-Unit *ActiveX.pas* sowie in der Delphi-Hilfe. Beachten Sie jedoch, dass COM generell sprachunabhängig ist, sodass letztendlich nur die automatisierungskompatiblen IDL-Datentypen zählen:

- Boolean
- Double
- Float
- Signed Int
- Signed short
- Enum
- BSTR
- CY (Currency)

Component Object Model

- DATE
- IDispatch
- IUnknown
- SafeArray
- Variant

Variant und BSTR

Die IDispatch-Methode `Invoke` kann mit einer variablen Anzahl von Parametern aufgerufen werden, der Parameter `Params` ist dabei ein Zeiger auf die Datenstruktur mit einer variablen Anzahl von Parametern. Dabei ist auch der Datentyp des Parameters variabel, sodass hier nur Vertreter des Typs `Variant` erwartet werden.

Eine Variant-Variable ist eine 16 Byte große Datenstruktur, in der neben der Beschreibung des Datentyps auch die Daten als Wert gespeichert werden. Auf die Besonderheiten zum Einsatz von Variants komme ich im Kapitel 7 ausführlicher zurück.

Für Zeichenketten wird der automationskompatible IDL-Datentyp BSTR (Abkürzung für „Basic Strings", da dieser Typ auch von Microsoft Visual Basic verwendet wird) erwartet. Ein BSTR ist eine Kombination von Pascal-Strings und nullterminierten Strings, da ähnlich wie beim klassischen Pascal-String die Stringlänge als negativer Offset mit abgelegt wird. Alle API-Funktionen von COM, die Zeichenketten als Parameter verwenden, erwarten nullterminierte Unicode-Zeichenfolgen. In Visual Basic oder in der Java Virtual Machine erfolgt über deren Laufzeitumgebung die transparente Anpassung der Zeichenformate. Unter C++ und im konkreten Einzelfall auch unter Object Pascal müssen spezielle API-Hilfsfunktionen genutzt werden, um mit BSTRs hantieren zu können. Im Kapitel 7 finden Sie dazu einige Beispielprojekte.

API-Funktion	Verwendung
SysAllocString	reserviert einen BSTR und kopiert die Zeichenkette in diese Variable
SysAllocStringByteLen	liefert einen BSTR für einen AnsiString zurück
SysAllocStringLen	reserviert einen neuen BSTR und kopiert die angegebene Anzahl von Zeichen
SysFreeString	gibt den von einem BSTR belegten Speicher frei, sodass dieser in den Cache zurückgelegt wird
SysReAllocString	reserviert einen neuen BSTR, kopiert die angegebene Zeichenfolge und löscht den alten BSTR
SysReAllocStringLen	reserviert einen neuen BSTR, kopiert die angegebene Anzahl von Zeichen und löscht den alten BSTR
SysStringByteLen	ermittelt die Anzahl der Bytes in einem BSTR

API-Funktion	Verwendung
SysStringLen	ermittelt die Anzahl der Zeichen in einem BSTR

Tabelle 2.1: Die API-Hilfsfunktionen für BSTRs

Die BSTRs bringen immer dann Vorteile, wenn Zeichenketten prozessübergreifend vom Marshaler kopiert werden müssen. Da die Stringlänge im Anzahl-Feld vermerkt ist, muss nicht mehr die komplette Zeichenkette nach dem ersten Vorkommen des Null-Zeichens als Stringterminator durchsucht werden. Außerdem dürfen durchaus mehrere Null-Zeichen im String vorkommen. Unter Win32 verwenden die BSTRs – wie alle anderen Strings unter OLE auch – den Unicode-Zeichensatz. Wird ein 16-Bit-Server angesprochen, wandelt das Betriebssystem automatisch die Unicode-Zeichen in ANSI-Zeichen um. Da die BSTRs nullterminiert sind, dürfen sie an Funktionen aus dem Win32-API weitergegeben werden. In diesem Fall wird die im Anzahl-Feld abgelegte Stringlänge nicht ausgewertet.

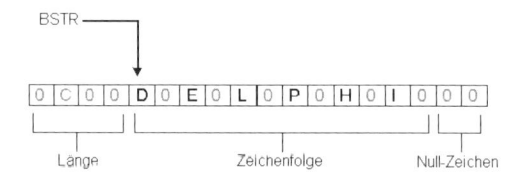

Abb. 2.12: Der Aufbau eines BSTR

Ein BSTR unterscheidet sich durch den am Anfang stehenden Zeichenzähler von den normalen Windows-Strings. Aus diesem Grund müssen Sie, falls ein manuelles Anfordern/Freigeben im Einzelfall zweckmäßig ist, spezielle API-Funktionen verwenden. Die Funktion SysAllocString fordert zum Beispiel einen Speicherbereich für einen BSTR an, während SysFreeString diesen Bereich wieder freigeben kann.

Theoretisch können in einer BSTR-Variablen binäre Daten abgelegt werden – praktisch besteht dabei aber das Risiko, dass die implizit ausgeführte ANSI-Unicode-Umwandlung den binären Inhalt verfälscht.

Currency

Der Währungstyp ist für Währungsberechnungen sehr hilfreich, bei denen es auf Genauigkeit ohne Rundungsfehler ankommt.
Der Typ Currency ist ein Festkomma-Datentyp und belegt 8 Byte. Er wird als skalierter 64-Bit-Integer gespeichert, bei dem die vier niedrigstwertigen Stellen implizit vier Nachkommastellen repräsentieren. Somit bleiben 15 Stellen vor dem Komma übrig, was auch für große Währungsbeträge ausreichen wird (922.337.203.685.477,5808 bis -922.337.203.685.477,5807).

Bei einer Kombination mit anderen reellen Typen in Zuweisungen und Ausdrücken werden Currency-Werte automatisch mit 10.000 multipliziert.

> *Der Currency-Datentyp von Delphi stimmt exakt mit dem OLE-Currency-Typ des IDispatch-Interfaces überein.*

Marshaling

Ein COM-Objekt muss sich nicht immer als In-process Server im eigenen Prozessraum und im gleichen Thread befinden. Bei einem Out-Process Server ist die Prozessgrenze zu überwinden. Die dazu notwendigen Anpassungen übernimmt COM bei einem IDispatch-Interface automatisch. Da nur bekannte Datentypen (Variants) verwendet werden und zudem alle Interface-Methoden in der Type Library auftauchen, kann COM alle notwendigen Zwischenschritte automatisch ausführen. Da die Implementierung eines eigenen Marshalers zu den komplexesten Aufgaben überhaupt gehört, ist das automatische Marshaling einer der großen Vorteile vom IDispatch-Interface.

Beispiel für den Zugriff über IDispatch.Invoke

Um Ihnen einen Überblick darüber zu verschaffen, wie umständlich der Einsatz der klassischen Dispinterfaces über `GetIDsOfNames` und `Invoke` in der Praxis ist, stelle ich ein Beispielprojekt vor. Beachten Sie dabei bitte, dass Sie mit Delphi niemals diesen umständlichen Weg einschlagen müssen.

> *Das Beispielprojekt (für Delphi 3 bis 5 geeignet) finden Sie im Verzeichnis »Kapitel 2\IDispatch«.*

Das Beispielprojekt soll zwei ganz und gar triviale Aufgaben abarbeiten: Microsoft Word als Automation-Server starten und das Word-Fenster im zweiten Schritt sichtbar machen. Normalerweise wird so etwas in Delphi mit nur zwei Programmzeilen erledigt, der folgende Auszug demonstriert zum Vergleich dazu den klassischen Einsatz des Dispinterfaces. Zum besseren Verständnis löst das Programm die einzelnen Arbeitsschritte über getrennte Buttons aus:

1. Interface-Variable für das IDispatch-Interface von Microsoft Word initialisieren, indem `CreateOleObject` Word als Automation-Server startet.
2. Über `IDispatch.GetIDsOfNames` holt sich das Programm von Word die DispID für die als Zeichenkette übergebene Word-Eigenschaft `Visible`. Der ermittelte Wert wird im Programmfenster angezeigt.
3. Über `IDispatch.Invoke` wird die Word-Eigenschaft `Visible` auf `True` gesetzt, wobei dazu die von Invoke erwarteten Parameter korrekt initialisiert werden müssen.

COM-Interface

Der erste Schritt wird in der Ereignisbehandlungsmethode `ButtonWordStartClick` implementiert und sieht noch völlig typisch aus. Die zweite Methode `Button-GetIDsOfNamesClick` ermittelt die DispID für die Word-Eigenschaft `Visible`. Über den Parameterwert LOCALE_SYSTEM_DEFAULT kann die aufrufende Anwendung festlegen, welche Sprachversion der Automation-Server berücksichtigen soll. In den früheren Word-Versionen kamen lokalisierte (d.h. übersetzte) WordBASIC-Befehle zum Einsatz, sodass `GetIDsOfNames` die Sprachversion berücksichtigen muss. Im Beispiel liefert der Automation-Server Word die DispID 23 für die Eigenschaft `Visible` zurück.

```
uses
  ActiveX, ComObj;

var
  pDisp     : IDispatch;
  sPropName : Widestring;
  iDispId   : TDispId;

procedure TFormMain.ButtonWordStartClick(Sender: TObject);
begin
  pDisp := CreateOleObject('Word.Application');
  ButtonGetIDsOfNames.Enabled := True;
  ButtonWordStart.Enabled := False;
end;

procedure TFormMain.ButtonGetIDsOfNamesClick(Sender: TObject);
begin
  sPropName := 'Visible';
  OleCheck(pDisp.GetIDsOfNames (GUID_NULL, @sPropName, 1,
          LOCALE_SYSTEM_DEFAULT, @iDispId));
  StaticTextDispID.Caption := Format('Visible = %d', [iDispId]);
  ButtonInvoke.Enabled := True;
end;

procedure TFormMain.ButtonInvokeClick(Sender: TObject);
var
  vSet        : OLEVariant;
  aDispParams : TDispParams;
  aDispId     : TDispId;
  aEI         : TExcepInfo;
  iError      : UINT;
begin
  vSet := True;
  FillChar(aDispParams, SizeOf (aDispParams), 0);
  with aDispParams do begin
    rgvarg := @vSet;
```

```
  cArgs := 1;
  cNamedArgs := 1;
end;
aDispId := DISPID_PROPERTYPUT;
aDispParams.rgdispidNamedArgs := @aDispId;
OleCheck(pDisp.Invoke(iDispId,GUID_NULL,LOCALE_SYSTEM_DEFAULT,
        DISPATCH_PROPERTYPUT,aDispParams,NIL,@aEI,@iError));
end;
```

Steht die DispID fest, kann `IDispatch.Invoke` aufgerufen werden. Allerdings muss der Aufrufer ganz exakt beschreiben, was mit dieser DispID gemacht werden soll. Der Wert der Eigenschaft mit der DispID 23 wird auf `True` gesetzt, außerdem ist es der einzige Wert und kann auch als benannter Parameter verwendet werden. Die Konstante `DISPID_PROPERTYPUT` legt fest, dass mit dem Aufruf von Invoke der Wert der Word-Eigenschaft geändert wird. Erst dann, wenn alle benötigten Parameter und Datenstrukturen korrekt ausgefüllt sind, führt der Aufruf von Invoke zum gewünschten Resultat.

Interface-Properties

Bislang habe ich immer gesagt, dass ein Client nur über die Interface-Methoden auf das COM-Objekt zugreifen kann. Aber wie passt das folgende Beispiel in diese Theorie?

```
IMemoSrvIFontDisp = dispinterface
  ['{328C0EA9-C8DC-4227-BC5E-8903A77C7087}']
  property Color: OLE_COLOR dispid 1;
  property Font: IFontDisp dispid 2;
  property Text: IStrings dispid 3;
end;
```

Im Interface werden nur Property-Einträge deklariert, aber keine einzige Methode. Etwas Licht ins Dunkle bringt die Darstellung des dazugehörenden Dual Interfaces. Delphi hat für jede Eigenschaft entsprechende Lese- und Schreib-Methoden deklariert.

```
IMemoSrvIFont = interface(IDispatch)
  ['{328C0EA9-C8DC-4227-BC5E-8903A77C7087}']
  function  Get_Color: OLE_COLOR; safecall;
  procedure Set_Color(Value: OLE_COLOR); safecall;
  function  Get_Font: IFontDisp; safecall;
  procedure Set_Font(const Value: IFontDisp); safecall;
  function  Get_Text: IStrings; safecall;
  procedure Set_Text(const Value: IStrings); safecall;
  property Color: OLE_COLOR read Get_Color write Set_Color;
  property Font: IFontDisp read Get_Font write Set_Font;
  property Text: IStrings read Get_Text write Set_Text;
end;
```

Somit wird deutlich, dass beim Zugriff auf ein Property eines Dual Interfaces der Zugriff automatisch auf die entsprechende Methode umgeleitet wird. Es passiert also genau das Gleiche, was Delphi im Hintergrund auch beim Zugriff auf VCL-Properties macht.

Und die letzten Zweifel werden beseitigt, wenn man sich einmal die Darstellung des Interfaces in der IDL-Syntax (Interface Description Language) anschaut. Denn dort tauchen überhaupt nur die Methoden-Einträge auf, aber nicht die Property-Einträge. Stattdessen wird jede Methode über die Zuordnung zur `propput`- beziehungsweise `propget`-Eigenschaft nur dem für den Entwickler sichtbaren Property zugeordnet. Für COM gibt es in einem Interface keine Properties, sodass meine Aussage in Bezug auf die Interface-Methoden völlig korrekt war.

```
IMemoSrvIFont = interface(IDispatch)
  [ uuid '{328C0EA9-C8DC-4227-BC5E-8903A77C7087}',
    version 1.0,
    helpstring 'Dispatch-Schnittstelle für MemoSrvIFont-Objekt',
    dual,
    oleautomation ]
  function Color: OLE_COLOR [propget, dispid $00000001];
    safecall;
  procedure Color(Value: OLE_COLOR) [propput, dispid $00000001];
    safecall;
  function Font: IFontDisp [propget, dispid $00000002];
    safecall;
  procedure Font(Value: IFontDisp) [propput, dispid $00000002];
    safecall;
  function Text: IStrings [propget, dispid $00000003]; safecall;
  procedure Text(Value: IStrings) [propput, dispid $00000003];
    safecall;
end;
```

2.4.5 Sonderfall Dispinterface mit feststehenden DispIDs

Eine Geschwindigkeitsverbesserung des IDispatch-Interfaces lässt sich erreichen, wenn der Client nicht erst beim Server nach dem numerischen Token – der DispID – fragen muss, sondern die entsprechende DispID sofort verwendet. Damit würde der Client 50% der Aufrufe einsparen und gleich zur Sache kommen. Dies ist genau das, was Delphi auch tatsächlich anbietet. Immer dann, wenn eine Typbibliothek des Servers von Delphi importiert werden kann und zur Entwicklungszeit zur Verfügung steht, kann Delphi jeder Methode den entsprechenden Wert des Tokens (DispID) zuordnen. Damit ist zur Laufzeit der erste Aufruf von `IDispatch.GetIDsOfNames` überflüssig. Allerdings kann Delphi die korrekten Werte der DispID nur aus der Typbibliothek auslesen, sodass die ID-Bindung nur dann zur Verfügung steht, wenn der COM-Server eine Typbibliothek anbietet. Beim Import der Typbibliothek ordnet Delphi jeder Interface-Eigenschaft bzw. -Methode den numerischen Wert der DispID zu:

```
_ApplicationDisp = dispinterface
  ['{00020970-0000-0000-C000-000000000046}']
  property Application: Application readonly dispid 1000;
  property Creator: Integer readonly dispid 1001;
  property Parent: IDispatch readonly dispid 1002;
  property Name: WideString readonly dispid 0;
  property Documents: Documents readonly dispid 6;
...
```

Wird nun diese Deklaration des DispInterfaces beim Aufruf verwendet, kann Delphi im Programm gleich die DispID-Werte ablegen. Somit ruft der Client sofort Invoke mit der richtigen DispID auf.

```
var
  aWord : _ApplicationDisp;
begin
  aWord := CreateOleObject(
    'Word.Application') as _ApplicationDisp;
  aWord.Visible := True;
  ShowMessage('Hello Word :-)');
end;
```

Dispinterface-Schnittstellen bieten die Geschwindigkeitsvorteile der klassischen ID-Bindung und werden anstatt über den DispID-Wert über aussagekräftige Namen aufgerufen. Allerdings müssen alle Parameter gemäß der Deklaration angegeben werden. Allerdings gibt es auch für dieses Problem eine Lösung, indem mit EmptyParam ein speziell markierter Platzhalter für „leere" (d.h. nicht zu berücksichtigende) Parameter übergeben wird.

Bei manchen Funktionen mit sehr vielen Parametern wird aber auch das unübersichtlich, sodass über eine Typumwandlung wie zum Beispiel Variant(aWord).Quit der Zugriff auf das klassische IDispatch-Interface sinnvoll ist.

> *Bevor Sie zu derartigen Mitteln greifen, ist es sinnvoll, in der importierten Typbibliotheks-Unit nachzuschauen, ob Delphi nicht automatisch überladene Methoden für die unterschiedliche Parameteranzahl eingerichtet hat. Bei den Beispielen für den Automation-Server Microsoft Word komme ich nochmals auf diese neuen Fähigkeiten von Delphi 5 zurück.*

Die COM-Objekte sollen universell einsetzbar sein und auch in der Praxis tatsächlich in verschiedenen Umgebungen verwendet werden. Entweder nehmen alle Umgebungen Rücksicht auf das schwächste Glied (in Form der früheren „zeigerlosen" Visual Basic-Versionen), oder es wird eine dritte Schnittstelle implementiert – das Dual Interface.

2.4.6 Dual Interface

Das Dual Interface verwendet das Beste aus den beiden anderen Schnittstellen. Ein Aufrufer, der mit Zeigern hantieren kann und im Besitz der Type Library ist, findet IUnknown vor und kann die abgeleiteten Schnittstellen über die VTable direkt ansprechen. Da die ersten drei Methoden und deren Reihenfolge in der VTable fest vom COM-Standard vorgegeben werden, muss sich das IDispatch-Interface für die „zeigerlosen" Aufrufer daran anschließen. Somit verwenden die Aufrufer, welche die VTable-Bindung oder auch ein Dual Interface ausnutzen können, direkt die Methoden des IUnknown-Nachfolgers. Der Rest, also die Vertreter der späten Bindung, greifen über IDispatch und Invoke auf das COM-Objekt zu.

Diese Trennung zwischen früher und später Bindung ist jedoch nicht zwingend vorgeschrieben, jeder Client kann seinen Zugriffsweg bei einem Dual Interface frei wählen. Nicht immer ist der schnellste Zugriffsweg der beste – den Beweis für diese Behauptung stelle ich im Laufe des Buches noch vor.

Dies bedeutet jedoch auch, dass die in einem Dual Interface verwendeten Parameter-Typen den Anforderungen des IDispatch-Interfaces entsprechen müssen. Für diese Einschränkung gibt es zwei Gründe. Zum einen muss jede Methode des Dual Interfaces auch über `IDispatch.Invoke` aufgerufen werden können. Und da Invoke nur Variants unterstützt, darf auch ein Dual Interface keine anderen Datentypen verwenden. Der zweite Grund ist noch gravierender – der von COM bereitgestellte Standard-Marshaler kann nur Automation-kompatible Datentypen transportieren. Diese Datentypen speichern zusätzlich zum eigentlichen Wert noch eine Beschreibung des Datentyps, sodass der Marshaler in Verbindung mit den Informationen aus der Typbibliothek die Daten über seine eigenen Proxy- und Stub-Objekte transportieren kann.

```
_Application = interface(IDispatch)
  ['{00020970-0000-0000-C000-000000000046}']
  function Get_Application: Application; safecall;
  function Get_Creator: Integer; safecall;
  ...
  procedure Set_Visible(Value: WordBool); safecall;
  ...
  property Visible: WordBool read Get_Visible write Set_Visible;
  ...
```

Die Abbildung 2.13 verdeutlicht die beiden Zugriffsalternativen auf ein Dual Interface. Es liegt auf der Hand, dass ein Zugriff auf die im Interface veröffentlichte Eigenschaft `Visible` durch die Interface-Methode `Set_Visible` schneller ist als über Invoke.

Component Object Model

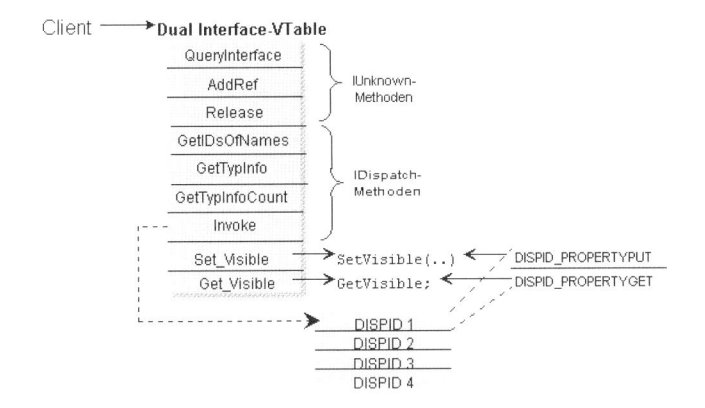

```
Client ──────▶ Dual Interface-VTable
               ┌─────────────────┐
               │  QueryInterface │ ┐
               ├─────────────────┤ │ IUnknown-
               │  AddRef         │ ├─ Methoden
               ├─────────────────┤ │
               │  Release        │ ┘
               ├─────────────────┤
               │  GetIDsOfNames  │ ┐
               ├─────────────────┤ │
               │  GetTypInfo     │ ├─ IDispatch-
               ├─────────────────┤ │  Methoden
               │  GetTypInfoCount│ │
               ├─────────────────┤ │
    ┌───────── │  Invoke         │ ┘
    │          ├─────────────────┤
    │          │  Set_Visible    │─▶ SetVisible(..) ◀── DISPID_PROPERTYPUT
    │          ├─────────────────┤
    │          │  Get_Visible    │─▶ GetVisible;    ◀── DISPID_PROPERTYGET
    │          └─────────────────┘
    └─────────────────────────────▶ DISPID 1
                                    DISPID 2
                                    DISPID 3
                                    DISPID 4
```

Abb. 2.13: Das Dual Interface mit seinen zwei Aufruf-Alternativen

Der Client kann diese Aufruf-Option optimal nutzen, wenn er die Objektvariable mit diesem Typ deklariert und auch die Server-Instanz nur über dieses Interface anspricht. Delphi legt dazu die CLSID des Servers als Konstante beim Import der Typbibliothek mit ab.

```
Class_Application: TGUID =
  '{000209FF-0000-0000-C000-000000000046}';
```

Der Client ruft dann die ebenfalls automatisch von Delphi generierte Klassen-Funktion `CoApplication.Create` auf, die ihrerseits einen Zeiger auf das gesuchte Interface zurückliefert.

```
class function CoApplication.Create: _Application;
begin
  Result := CreateComObject(Class_Application) as _Application;
end;
```

Bereits auf den ersten Blick fällt beim folgenden Beispiel auf, dass die Version mit früher Bindung gegenüber der späten Bindungs-Version umfangreicher ist. Zum einen ist die Interface-Variable nun nicht mehr vom Typ `Variant`, sondern vom dem aus der Word-Typblibliothek importierten Typ `_Application`. Die anderen beiden lokalen Variablen vom Typ OLEVariant werden benötigt, um die zwingend notwendigen Parameter der Word-Methode `Add` aufzunehmen. Im Gegensatz zur späten Bindung verweigert sich der Compiler so lange, bis sowohl Anzahl als auch Typ der Parameter für die Word-Methode `Add` der Deklaration in der Unit *Word_TLB.pas* entsprechen.

```
var
  aWord    : Word_TLB._Application;
  aBoolean : OLEVariant;
  aTemplate: OLEVariant;
```

```
begin
  aWord := CoApplication.Create;
  aWord.Visible := True;
  aBoolean := False;
  aTemplate := 'OLEAutomation.dot';
  aWord.Documents.Add(aTemplate, aBoolean);
  ShowMessage('Hello Word :-)');
end;
```

In diesem einfachen Beispiel macht das noch keine Schwierigkeiten, aber was machen Sie, wenn die Word-Methode sehr viele und zudem noch optionale Parameter verwendet? Bei der späten Bindung ist es zulässig, nur die benötigten Parameter als benannte Parameter anzugeben. Alle anderen füllt der OLE-Automation-Server selbst mit den Vorgabewerten auf. Diesen Komfort dürfen Sie bei der frühen Bindung nicht erwarten, hier macht der Pascal-Compiler seinem Ruf der strengen Typprüfung alle Ehre. Allerdings gibt es auch für dieses Problem eine Lösung, indem ein speziell markierter Platzhalter für „leere" Parameter übergeben wird. Während Delphi 4 dafür mit `EmptyParam` bereits eine Lösung bereitstellt, muss unter Delphi 3 auf eine eigene Hilfsfunktion zurückgegriffen werden.

```
function OleNil: OleVariant;
begin
  TVarData(Result).VType := varError;
  TVarData(Result).VError := DISP_E_PARAMNOTFOUND;
end;
```

Ab Delphi 5 tritt auch dieser scheinbare Nachteil in den Hintergrund, da Delphi beim Import der Typbibliothek automatisch überladene Methoden anlegt, die sich nur in der Parameteranzahl unterscheiden.

Dual Interface und benutzerdefinierte Datentypen

Benutzerdefinierte Typen wie zum Beispiel ein Record sind somit nicht zulässig. Damit dennoch ein Client Daten aus einem eigenen Record zum Server transportieren kann, stehen mehrere Alternativen zur Auswahl:

1. Alle Record-Felder werden als einzelne Parameter beim Aufruf der Server-Methode übergeben.
2. Vor der Übertragung werden die Daten in ein spezielles Variant-Array vom Datentyp `varByte` übertragen. Der Server kann diese Daten dann intern in die Recordstruktur übernehmen.
3. Vor der Übertragung werden die Daten in ein spezielles Variant-Array vom Datentyp `Variant` übertragen. Der Server kann diese Daten dann intern in die Recordstruktur übernehmen.
4. Ein spezielles Wrapper-Interface bildet die Struktur des Records ab. Der Client kann somit einen Interface-Zeiger an den Server übergeben, über den der Server die Daten selbst auslesen kann.

Diese Einschränkungen haben selbstverständlich einen triftigen Grund. Per COM-Definition müssen alle Methoden des Dual Interfaces über die Invoke-Methode aufrufbar sein. Und da Invoke selbst nur Variants zulässt, gibt es keine Alternative. Außerdem besteht auch der Default-Marshaler auf einen Variant-kompatiblen Datentyp.

> *Der letzte Satz bedeutet im Umkehrschluss jedoch auch, dass immer dann, wenn der Marshaler nicht benötigt wird, auch mit Delphi alles erlaubt ist. Außerdem muss man nicht in jedem Fall ein Dual Interface verwenden. Wenn die späte Bindung nicht benötigt wird, darf der IDispatch-Elternteil in der Typbibliothek „abgewählt" werden.*

Sonderfall In-process Server

Immer dann, wenn ein In-process Server im eigenen Adressraum angesprochen wird, hat das Dual Interface noch einen weiteren Vorteil. Beim klassischen IDispatch-Interface werden alle Parameter in Variants verpackt und der Interface-Methode Invoke übergeben. Auch in der Gegenrichtung findet diese Konvertierung für die Rückgabewerte statt, die in diesem konkreten Fall eigentlich völlig unnötig ist. Da dem Compiler für dieses Objekt die Informationen aus der Type Library zur Verfügung stehen, kann er gleich direkt die Parameter für eine spezielle Methode in dem erwarteten Datentyp übergeben. Diese Einsparung hat den größten Anteil an dem Performancegewinn durch das Dual Interface.

2.4.7 Vergleich IDispatch und Dual Interface

Welche Vorteile ein Zugriff über das Dual Interface gegenüber dem klassischen IDispatch-Interface bietet, zeigt der folgende Vergleich. In Delphi bedeutet das Dual Interface, dass der COM-Server genauso wie alle anderen Delphi-Objekte auch angesprochen wird.

```
procedure TFormMain.ButtonDualClick(Sender: TObject);
var
  FEarly : IMWSt;
begin
  FEarly := CreateComObject(Class_MWSt) as IMWSt;
  FEarly.SetPercent(15);
  StatBar.SimpleText := Format('%m', [FEarly.GetBrutto(100.75)]);
end;
```

Im klassischen IDispatch-Interface ist dies nicht der Fall – hier können Server-Methoden nur über die IDispatch-Methode Invoke aufgerufen werden. Damit klar ist, welche Methode gemeint ist, muss der Client zudem den Namen der Methode über `GetIDsOfNames` in eine gültige ID umtauschen.

```
procedure TFormMain.ButtonIDispatchClick(Sender: TObject);
var
  aDisp  : IDispatch;
  aParam : OleVariant;
  pName  : PWideChar;
  iRes   : TDispID;
begin
  aDisp := CreateComObject(Class_MWSt) as IDispatch;
  pName := PWideChar(WideString('SetPercent'));
  // liefert DispID 2 zurück
  aDisp.GetIDsOfNames(GUID_NULL, @pName, 1, 0, @iRes);
  aParam := 16;
  aDisp.Invoke(iRes,GUID_NULL,0,DISPATCH_METHOD,
               aParam,nil,nil,nil);
end;
```

Sie sehen selbst, es besteht in der Regel kein Grund, eine Delphi-Anwendung auf den klassischen Zugriff auf IDispatch über den direkten Aufruf von Invoke auszurichten. Delphi ist intelligent genug, um beim Zugriff auf IDispatch diese Zwischenschritte im Hintergrund selbst auszuführen.

Performance-Unterschiede

Nicht immer werden Sie eine gravierende Verbesserung feststellen, wenn ein Aufruf mit später Bindung durch einen Aufruf mit früher Bindung ersetzt wird. Es kommt ganz entscheidend darauf an, an welcher Stelle des Aufrufweges ein Engpass eintritt. Benötigt der Server längere Zeit zur Erledigung der Aufgabe, spielt die Aufrufgeschwindigkeit selbst keine so große Rolle. Außerdem hängt die Performance davon ab, ob ein In-process Server, ein Local Server oder gar ein Remote Server angesprochen wird.

Schaut man sich einmal die folgende Tabelle an, wird deutlich, wie stark der Marshaler ins Gewicht fällt. Sobald der Server sich nicht mehr im Adressbereich des Clients befindet, muss der Marshaler alle Parameter vom Client in den Prozessraum des Servers transportieren. Da diese Aufgabe bei den In-process Servern entfällt, ist deren Aufrufgeschwindigkeit tatsächlich nur von der Prozessorgeschwindigkeit abhängig.

Test auf einem Pentium 120 MHz	Aufrufzeit in Millisekunden
In-process Server (im gleichen Adressraum)	0,0003
Local Server (in einem anderen Adressraum)	0,42
Remote Server (auf einem anderen Rechner)	2,7

Tabelle 2.2: Gegenüberstellung der Aufrufgeschwindigkeiten

Die Zahlen in der Tabelle sollen nur einen vergleichbaren Überblick geben, die absoluten Zeiten hängen stark davon ab, ob und wie viele Parameter beim Aufruf übergeben werden.

2.4.8 VTABLE-Interface

Wenn jetzt bei Ihnen der Eindruck entstanden ist, dass ein Dual Interface generell das am besten geeignete Interface ist, muss ich etwas gegensteuern. Je nach Einsatzfall schleppt ein Dual Interface Ballast mit sich herum, der gar nicht benötigt wird. Wird ein Zugriff über die späte Bindung (zum Beispiel über VBScript, ASP oder VBA) von vornherein ausgeschlossen, wird der IDispatch-Teil nicht benötigt. Dies ist jedoch nur eine Seite der Medaille, die Beschränkung auf die Dispinterface-kompatiblen Datentypen ist die andere Seite.

Angenommen, in der Typbibliothek wird eine Datenstruktur definiert. Diese Datenstruktur kann nun als Datentyp einem Parameter einer Interface-Methode zugewiesen werden. Bei einem Dual Interface baut Delphi automatisch das Dispinterface zusammen, um ein Dual Interface zu erreichen. Und immer dann, wenn der eigene Datentyp nicht für den Aufruf via Invoke verpackt werden kann, haben Sie ein Problem. Allerdings verschwindet das Problem sofort, wenn auf die Einbindung vom Dispinterface verzichtet wird.

Das folgende Interface demonstriert einen derartigen Fall. Als Flags werden nur `OleAutomation Dispatchable` verwendet, aber nicht die für ein Dual Interface typische Kombination von `Dual OleAutomation Dispatchable`.

```
// *********************************************************//
// Interface: IUDFSrvObj
// Flags:     (4352) OleAutomation Dispatchable
// GUID:      {56D4F062-F5B3-11D3-BF78-005004303872}
// *********************************************************//
  IUDFSrvObj = interface(IDispatch)
    ['{56D4F062-F5B3-11D3-BF78-005004303872}']
    function  Get_Info: WideString; safecall;
    function  Get_Kunde: OleVariant; safecall;
    procedure SetKunde(aKunde: TSrvRec); safecall;
    procedure GetKunde(var aSrvRec: TSrvRec); safecall;
    property Info: WideString read Get_Info;
    property Kunde: OleVariant read Get_Kunde;
  end;
```

Um das Dual Interface zu deaktivieren reicht es aus, im Typbibliothekseditor die Option DUAL auf der Registerseite FLAGS abzuwählen. Allerdings tauscht nun Delphi auch alle Safecall-Aufrufe durch Stdcall aus, was wiederum zu mehr manuellem Mehraufwand führen würde. Zum Glück kann dies sofort rückgängig gemacht werden. Im Dialog ENVIRONMENT OPTIONS wird der Radiobutton auf den Eintrag ALL V-TABLE INTERFACES gesetzt – somit richtet Delphi Safecall-Aufrufe auch für ein VTABLE-Interface automatisch ein.

2.4.9 Mehrere Interface-Versionen!

Ein COM-Interface darf nach der Veröffentlichung nach außen hin niemals geändert werden. Soll eine neue Version des COM-Objekts neue Fähigkeiten besitzen, muss ein

COM-Interface

zusätzliches Interface den Zugriff darauf bereitstellen. Damit ist automatisch sichergestellt, dass alte Clients immer auf die gleiche Art und Weise auf den neuen COM-Server zugreifen können. Da ein Interface nur eine Methode deklariert, aber niemals implementiert, sind damit keine großen Nachteile verbunden, da das Interface-Methoden-Mapping auf elegante Art und Weise das doppelte Implementieren der Methoden unnötig macht.

Das Beispielprojekt (für Delphi 3 bis 5 geeignet) finden Sie im Verzeichnis »Kapitel 2\InterfaceVersionen«.

Der Beispiel-Server

Im Beispiel wird sowohl die Implementation einer Interface-Methode in der zweiten Interfaceversion geändert als auch eine neue Methode hinzugefügt. Beide Interfaces gelten für das gleiche COM-Objekt und verwenden damit auch die gleiche CoClass.

Das Objekt TCOMSrvUpd deklariert beide Interface-Versionen, sodass auch die Methoden von beiden Versionen implementiert werden müssen. Die in der zweiten Interfaceversion geänderte Methode `ShowInfo` bekommt über das Methoden-Mapping von Delphi einen Aliasnamen zugewiesen. Dies ist notwendig, da in einer Klasse niemals zwei Methoden mit dem gleichen Namen implementiert werden können. Außerdem dient das Mappen zusätzlich noch der besseren Übersicht, die geänderte Interface-Methode kann einen frei wählbaren aussagekräftigen Namen bekommen.

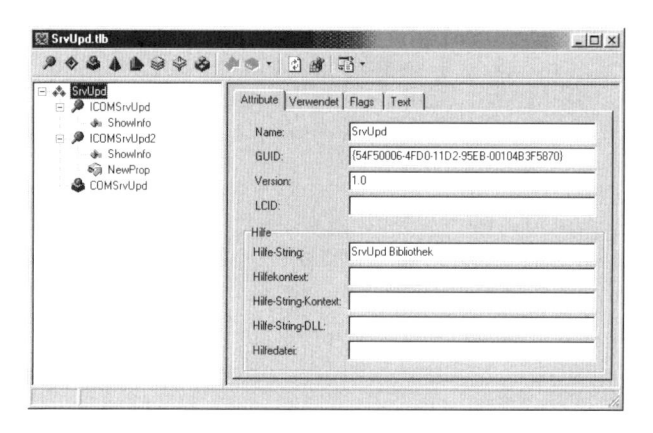

Abb. 2.14: Der Server stellt zwei Versionen des Interfaces bereit

```
unkt SrvUpdImpl;

interface

uses
  Windows, ActiveX, ComObj, SrvUpd_TLB;
```

Component Object Model

```
type
  TCOMSrvUpd = class(TTypedComObject, ICOMSrvUpd, ICOMSrvUpd2)
  protected
    // Interface-Methoden-Mapping
    procedure ICOMSrvUpd2.ShowInfo = NewShowInfo;
    procedure ShowInfo; stdcall;
    procedure NewShowInfo; stdcall;
    function Get_NewProp: Integer; stdcall;
  end;

implementation

uses ComServ;

procedure TCOMSrvUpd.ShowInfo;
begin
  Windows.MessageBox(0, 'Version 1.0', 'SrvUpd',
                  MB_ICONINFORMATION);
end;

function TCOMSrvUpd.Get_NewProp: Integer;
begin
  Result := 2;
end;

procedure TCOMSrvUpd.NewShowInfo;
begin
  Windows.MessageBox(0, 'Version 2.0', 'SrvUpd',
                  MB_ICONINFORMATION);
end;

initialization
  TTypedComObjectFactory.Create(ComServer, TCOMSrvUpd,
    Class_COMSrvUpd, ciMultiInstance, tmSingle);
end.
```

Der Beispiel-Client

Im Beispielprogramm kann der Client über die beiden Schaltflächen den COM-Server sowohl über das alte als auch über das neue Interface ansprechen. Da der COM-Server selbst nur eine CoClass bereitstellt, muss der Client beim Aufruf des zweiten Interfaces dieses explizit anfordern. Die Typumwandlung `as ICOMSrvUpd2` sorgt dafür, dass Delphi im Hintergrund in eigener Regie einen Zeiger auf das neuere Interface zurückliefert.

```
implementation

{$R *.DFM}

uses SrvUpd_TLB, ComObj;

procedure TForm1.ButtonAltClick(Sender: TObject);
var
  aSrv : ICOMSrvUpd;
begin
  aSrv := CoCOMSrvUpd.Create;
  StatBar.SimpleText := 'Altes Interface';
  aSrv.ShowInfo;
end;

procedure TForm1.ButtonNeuClick(Sender: TObject);
var
  aSrv : ICOMSrvUpd2;
begin
  aSrv := CreateComObject(CLASS_COMSrvUpd) as ICOMSrvUpd2;
  StatBar.SimpleText := Format('Server-Interface: %d',
    [aSrv.NewProp]);
  aSrv.ShowInfo;
end;

end.
```

2.4.10 Mehrfachvererbung in Object Pascal durch Interfaces?

Object Pascal unterstützt – zum Glück – keine echte Mehrfachvererbung und ist allein deshalb übersichtlicher als C++. Allerdings gibt es Einsatzfälle, bei denen eine Mehrfachvererbung hilfreich wäre. Nun konnte man bislang darüber streiten, ob diese seltenen Fälle es wert sind, die Sprache zu verschandeln. Seit der Integration von IUnknown in Object Pascal ist dieser Streit entschieden – der Einsatz von Interfaces erschließt neue Möglichkeiten, die das Defizit an dieser Stelle kompensieren.

Die einzige Schwierigkeit besteht darin, ein gutes Beispiel zu finden, das in einem Buch auf wenigen Seiten in verständlicher Form abgehandelt werden kann. Ein solches Beispiel habe ich auf den Web-Seiten von Borland in der Code-Central-Datenbank gefunden und für meine Bedürfnisse nur umgestaltet.

Die beiden Beispielprojekte für Delphi 5 finden Sie im Verzeichnis »Kapitel 2\Interface_Vererbung«.

Bei beiden Beispielen geht es darum, in einer Kollektion mehrere Instanzen von verschiedenen Objekten zu speichern, um dann bei allen enthaltenen Instanzen eine bestimmte Methode aufzurufen. Die Schwierigkeit liegt nun darin, dass diese Methode nicht von allen Objekten unterstützt wird. Das Programm muss also sicherstellen, dass diese Methode nur dann aufgerufen wird, wenn sie auch tatsächlich von dieser Objektinstanz angeboten wird. Um die Sache noch etwas schwieriger zu machen, verwenden die Objekte gleich zwei unterschiedliche Stammbäume – nicht jedes Objekt stammt somit von den gleichen Vorfahren ab.

Die Lösung ohne Interface

Im Beispiel vertreten drei Klassen einen Teil der Menschheit, wobei Engländer und Franzosen eine eigene Klasse erhalten. Während der Engländer seine Begrüßung auf englisch hält, wird der Franzose nur in seiner Landessprache mit Ihnen reden. Außerdem sind ja Franzosen auch noch für weitere Handlungen bekannt – die Klasse erhält mit Kiss eine Methode, die bei den beiden anderen Personen-Klassen nicht vorhanden ist.

Die Klasse für den Hund kann nicht von TPerson abstammen und wird die drei Methoden völlig anders implementieren, als die drei restlichen Klassen.

```
type
  TPerson = class(TObject)
  public
    procedure SayHello; virtual; abstract;
    procedure SayGoodbye; virtual; abstract;
  end;

  TEnglishPerson = class(TPerson)
  public
    procedure SayHello; override;
    procedure SayGoodbye; override;
  end;

  TFrenchPerson = class(TPerson)
  public
    procedure SayHello; override;
    procedure SayGoodbye; override;
    procedure Kiss; virtual;
  end;

  // Sonderfall (stammt nicht von TPerson ab)
  TDog = class(TObject)
    procedure SayHello; virtual;
    procedure SayGoodbye; virtual;
    procedure Kiss; virtual;
  end;
```

In einem Beispielaufruf wird nun von jeder dieser Klasse eine Instanz erzeugt und in eine TList-Kollektion eingefügt. Anschließend kann jede einzelne Instanz aus dieser Kollektion ausgewählt werden, um die Methode `SayHello` aufzurufen. Dies ist auch garantiert in jedem Fall erfolgreich, denn alle Objektinstanzen aller vier Klassen unterstützen diese Methode.

Anders sieht es aus, wenn die Methode `Kiss` aufgerufen werden soll. Diese Methode wird nur von TDog und TFrenchPerson implementiert, sodass ein Aufruf bei den anderen zwei Klassen eine Exception hervorrufen würde. Um dieses Problem zu lösen, nutzt man die RTTI-Fähigkeiten (Run Time Type Information) von Delphi aus. Über die `Is`-Abfrage wird jede einzelne Objektinstanz befragt, ob sie von einer bestimmten Klasse abgeleitet wurde. Dabei muss auf jede der betroffenen Klassen geprüft werden – diese Lösung ist also nicht allgemeingültig und muss beim Hinzufügen einer neuen Klasse von Hand erweitert werden (neue If-Abfrage).

```
procedure TForm1.Button1Click(Sender: TObject);
var
  Collection : TList;
  i          : Integer;
  aObj       : TObject;
begin
  Collection := TList.Create;
  try
    with Collection do
    begin
      Add(TEnglishPerson.Create);
      Add(TFrenchPerson.Create);
      Add(TDog.Create);
    end;
    for i := 0 to Collection.Count - 1 do
      begin
        aObj := Collection[i];
        // SayHello unterstützen alle Objekte
        TPerson(aObj).SayHello;
        // Kiss unterstützen nur einige Objekte
        if aObj is TFrenchPerson then
          TFrenchPerson(aObj).Kiss;
        if aObj is TDog then
          TDog(aObj).Kiss;
      end;
  finally
    Collection.Free;
  end;
end;
```

Universeller als die einzelnen If-Abfragen wird die Implementierung, wenn jede Klasse mit einem Interface ausgestattet wird. In diesem Fall sollte es doch möglich sein, sich die Vorteile von `IUnknown.QueryInterface` zu Nutze zu machen.

Die Lösung mit Interface

Als Erstes werden die Interface-Methoden in zusammengehörende Gruppen eingeteilt. Es liegt auf der Hand, dass `SayHello` und `SayGoodbye` zusammengehören. Diese beiden Methoden werden von allen Klassen unterstützt. Und da das Interface über QueryInterface abgefragt werden soll, muss jedes Interface auch eine eindeutige Interface-ID (IID) verwenden. Über die Tastenkombination STRG+UMSCH+G zaubert Delphi eine ofenfrische GUID an der aktuellen Cursorposition in das Editorfenster von Delphi.

Die Methode `Kiss` wird einem eigenen Interface zugeordnet, denn nur zwei Klassen implementieren diese Methode.

Mit diesen Vorbereitungen kann nun jeder Klasse das von ihr implementierte Interface zugeordnet werden. Schauen Sie sich bitte dazu die Unterschiede zwischen `TEnglishPerson` und `TFrenchPerson` an. Während die erste Klasse mit `ISpeak` nur ein Interface unterstützt, stellt die zweite Klasse beide Interfaces zur Verfügung.

```
type
  ISpeak = interface
  ['{AC27A69A-43FC-49AC-85A3-7576AFA72324}']
    procedure SayHello;
    procedure SayGoodbye;
  end;

  IKiss = interface
  ['{6A2F7D8B-33DF-480E-B160-969CCC9A2153}']
    procedure Kiss;
  end;

  TPerson = class(TInterfacedObject)
  public
  end;

  TEnglishPerson = class(TPerson, ISpeak)
  public
    procedure SayHello;
    procedure SayGoodbye;
  end;

  TFrenchPerson = class(TPerson, ISpeak, IKiss)
  public
    procedure SayHello;
    procedure SayGoodbye;
    procedure Kiss;
```

```
end;

// Sonderfall (stammt nicht von TPerson ab)
TDog = class(TInterfacedObject, ISpeak, IKiss)
   procedure SayHello;
   procedure SayGoodbye;
   procedure Kiss;
end;
```

Auch von diesen Klassen werden nun Objektinstanzen in einer Kollektion verwaltet. Allerdings müssen dort Interface-Zeiger gespeichert werden und bei diesen Dingern ist automatisch immer der Belegungszähler von Delphi im Spiel. Um hier die Sache zu vereinfachen, greift das Beispielprojekt auf `TInterfaceList` zurück. Wenn eine Instanz von TInterfaceList freigegeben wird, werden automatisch auch alle darin gespeicherten COM-Objektinstanzen freigegeben.

Zuerst soll die Methode `SayHello` des Interfaces ISpeak aufgerufen werden. Alle Objekte unterstützen dieses Interface, sodass die As-Typumwandlung zulässig ist. Danach ist die Methode `Kiss` vom Interface IKiss an der Reihe – allerdings steht dieses Interface nur bei zwei Objektklassen zur Verfügung. Im ersten Beispiel ohne Interfaces musste dazu jede einzelne der in Frage kommenden Klassen geprüft werden. Dies ist hier – dank QueryInterface – nicht notwendig. Über QueryInterface kann man beim Objekt höflich nachfragen, ob das gesuchte Interface von dieser Objektinstanz unterstützt wird. Wenn ja, wird die Methode aufgerufen.

```
procedure TForm1.Button1Click(Sender: TObject);
var
  Collection : TInterfaceList;
  i          : Integer;
  aObjSpeak  : ISpeak;
  aObjKiss   : IKiss;
begin
  Collection := TInterfaceList.Create;
  try
    with Collection do
    begin
      Add(TEnglishPerson.Create);
      Add(TFrenchPerson.Create);
      Add(TDog.Create);
    end;
    for i := 0 to Collection.Count - 1 do
      begin
        // ISpeak wird von allen unterstützt
        aObjSpeak := Collection[i] as ISpeak;
        if aObjSpeak <> nil then
          aObjSpeak.SayHello;
```

```
      // IKiss wird nur von einigen unterstützt
      Collection[i].QueryInterface(IKiss, aObjKiss);
      if aObjKiss <> nil then
        aObjKiss.Kiss;
    end;
  finally
    Collection.Free;
  end;
end;
```

Auch dann, wenn neue Klassen hinzugefügt werden, muss die Implementierung im Gegensatz zum ersten Beispiel (ohne Interfaces) nicht geändert werden. Die Methode `QueryInterface` ist flexibel genug, um mit beliebigen Interfaces umgehen zu können.

> *In Verbindung mit Aggregation oder Containment stellen Interfaces Leistungsmerkmale zur Verfügung, die eine echte Mehrfachvererbung in vielen Fällen überflüssig machen. Im Kapitel 6 gehe ich näher darauf ein.*

Das Beispiel ist mit den verwendeten Interface-IDs (IID) auch eine ideale Überleitung zum nächsten Thema.

2.5 COM Identifier

Bei der Auflistung des „Warum COM?" wurde das wichtige Namensproblem bereits angesprochen. Softwaremodule sind nur dann universell und sicher einsetzbar, wenn jedes einzelne Modul garantiert eindeutig bezeichnet werden kann. Die GUIDs (Global Unique Identifier) stellen dies sicher. Jedes COM-Objekt und jedes COM-Interface werden durch einen garantiert weltweit einmaligen ID-Wert gekennzeichnet. Dieser GUID ist eine 128-Bit breite Zahl und wurde zum ersten Mal unter dem Namen Universally Unique Identifier (UUID) von der Open Software Foundation verwendet.

Eine GUID hat eine garantierte Einmaligkeit, auch dann, wenn 10 Millionen Aufrufe pro Sekunde pro Rechner für die nächsten 3240 Jahre erfolgen. Sie sehen – es besteht überhaupt kein Grund, sparsam mit diesen Elementen umzugehen.

> *Aufgrund dieser Eigenschaften werden GUIDs auch gern als garantiert eindeutige Primärschlüsselwerte für Datenbanken verwendet. Immer dann, wenn der Datenbestand in einer zentralen Datenbank zusammengeführt werden soll, bringt diese Eindeutigkeit sehr viele Vorteile mit sich. Zum Beispiel verwendet auch MS ACCESS die GUIDs für eindeutige Zähler.*
> *PS: GUID wird „goo-id" ausgesprochen.*

Jeder Entwickler eines COM-Objekts beziehungsweise eines Interfaces sollte eine neue GUID generieren und diesem COM-Objekt zuordnen. Die GUID wird in binärer Form direkt im COM-Objekt abgelegt. Damit ist von vornherein ausgeschlossen, dass irrtümlicherweise ein falsches COM-Objekt aufgerufen wird. Denken Sie dabei bitte daran, dass ich den Begriff Objekt in der gleichen Bedeutung wie den Begriff Klasse verwende. Bei exakter Betrachtung wird die GUID nur den Elementen einer COM-Klasse zugeordnet, sodass alle Objekt-Instanzen dieser Klasse die gleichen GUIDs verwenden. Wenn es auch darauf ankommt, dass jede einzelne Objekt-Instanz eindeutig bezeichnet werden muss, kommen die Moniker ins Spiel. Im Kapitel 3 finden Sie dazu Näheres.

Da sowohl das COM-Objekt als auch jedes COM-Interface eine eigene GUID benötigen, tauchen zur Differenzierung zwei weitere Begriffe auf:

- Eine CLSID kennzeichnet als GUID ein bestimmtes COM-Objekt (Klasse).
- Eine IID kennzeichnet als GUID ein bestimmtes Interface eines bestimmten COM-Objekts.
- Auch eine Typbibliothek kann über eine GUID eindeutig im System gekennzeichnet werden.

Allerdings ist damit der Theorieteil in Bezug auf GUIDs noch nicht zu Ende. Eine GUID ist als 16 Byte großer Datenblock eine ziemlich sperrige Angelegenheit. Mit dieser Größe ist sie zwar ideal dazu geeignet, ein COM-Objekt eindeutig zu beschreiben. Dafür eignet sie sich weniger, wenn es darum geht, API-Funktionen in allen Sprachen schnell und effektiv aufzurufen. Aus diesem Grund verwendet COM bei Bedarf noch die nur 4 Byte große REFIID; dieser 32-bit-Zeiger auf eine IID dient somit als Referenz auf einen Interface-Identifier.

> *Die REFIID taucht im Laufe des Buchs nicht mehr auf, da sie bei Delphi überflüssig ist. Delphi übergibt einen als »const TGUID« übergebenen Parameter immer als Referenz, d.h. bereits als Zeiger auf diese Datenstruktur. Damit ist das explizite Deklarieren einer REFIID zur Platzeinsparung unter Delphi unnötig.*

TGUID – Global Unique Identifier in Delphi

Da die GUIDs für COM eine wichtige Rolle spielen, hat Borland dieser Struktur auch eine Delphi-Entsprechung spendiert. In der Delphi-Unit *System.pas* finden Sie die folgende Deklaration:

```
type
  TGUID = record
    D1: LongWord;    // Delphi 3: D1: Integer;
    D2: Word;
    D3: Word;
    D4: array[0..7] of Byte;
  end;
```

Component Object Model

Erwarten Sie bitte nicht von mir, den Sinn dieses Aufbaus zu erklären. Diese Frage kann wohl nur Microsoft beantworten. Außerdem taucht in den Quelltexten eine andere Lesart dieser Datenstruktur auf, die besser für Entwickler geeignet ist:

```
IClassFactory = interface(IUnknown)
  ['{00000001-0000-0000-C000-000000000046}']
```

In dieser Form wird der 16 Byte große Datenblock in hexadezimaler Schreibweise dargestellt. Damit sind der Integer-Teil sowie die beiden Word-Teile gut erkennbar – für das Abteilen der beiden Bytes aus dem 8 Byte großen Array habe ich keine Erklärung.

Da die Aufgabe der GUID im Wesentlichen darin besteht, garantiert eindeutig zu sein, darf sie deshalb auch niemals aus bereits vorhandenen Programmen beziehungsweise Listings kopiert werden. Stattdessen stehen mehrere Optionen zur Verfügung, um eine eigene GUID zu erhalten:

1. Sie verwenden das Microsoft-Tool *UUIDGEN.EXE* aus dem Windows-SDK.
2. Sie rufen die Win32-API-Funktion `CoCreateGuid` auf.
3. Die Tastenkombination STRG+UMSCH+G zaubert eine GUID an der aktuellen Cursorposition in das Editorfenster von Delphi.
4. Sie verlassen sich darauf, dass Delphi als mitdenkende Entwicklungsumgebung die GUIDs in eigener Regie im Quelltext platziert.

Den Beweis, dass den GUIDs komplexere Algorithmen zu Grunde liegen müssen, tritt das Beispielprogramm *DguidGen.dpr* an.

Die beiden Beispielprojekte für Delphi 5 finden Sie im Verzeichnis »Kapitel 2\Interface_Vererbung«.

Wird das Programm gestartet, protokolliert jede Anforderung einer GUID sowohl die verstrichenen Millisekunden ab dem Windows-Start als auch die zurückgelieferte GUID mit.

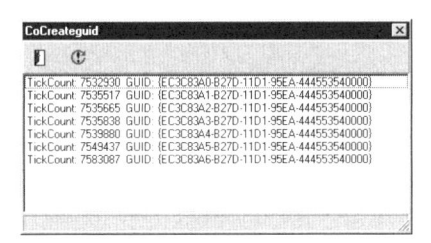

Abb. 2.15: Das Beispielprogramm zum Thema GUID

Dabei fällt auf, dass der Zeitpunkt der Anforderung einer GUID keine Rolle spielt. Das vierte Byte fungiert scheinbar als ein Aufrufzähler, der während der Lebensdauer des Prozesses hochgezählt wird. Damit ist zum einen die GUID eindeutig und zum anderen liegen zusammengehörende GUIDs (CLSID und IID) immer dann zusammen, wenn der Aufrufer (wie zum Beispiel die Delphi-IDE) zwischendurch nicht neu gestartet wird.

Zum Beispielprogramm selbst gibt es nur wenig zu sagen. Die COM-relevanten Deklarationen befinden sich in den Delphi-Units *ActiveX.pas* und *ComObj.pas*. Die Win32-API-Funktion `CoCreateGuid` erwartet als einzigen Parameter nur eine Puffervariable, in der das Ergebnis abgelegt wird.

```
uses
  ActiveX, ComObj;

procedure TFormMain.SBtnGetClick(Sender: TObject);
var
  aTGUID : TGUID;
  dwTick : DWord;
  sLine  : String;
begin
  dwTick := GetTickCount;
  CoCreateGuid(aTGUID);
  sLine := Format('TickCount: %d   GUID: %s',
                  [dwTick, GUIDToString(aTGUID)]);
  ListBoxGUID.Items.Add(sLine);
end;
```

Die polymorphe GUID

Nicht in allen Delphi-Units werden Sie die bisher gezeigte Darstellung einer CLSID oder IID vorfinden. Zum Beispiel verwendet Borland in der Unit *ShlObj.pas* die folgende Darstellung:

```
CLSID_ShellLink: TGUID = (
    D1:$00021401;D2:$0000;D3:$0000;
    D4:($C0,$00,$00,$00,$00,$00,$00,$46));
IID_IContextMenu: TGUID = (
    D1:$000214E4;D2:$0000;D3:$0000;
    D4:($C0,$00,$00,$00,$00,$00,$00,$46));
```

Dies ist zwar auch eine hexadezimale Darstellungsform, allerdings verwendet Borland hier exakt die deklarierte Recordstruktur von `TGUID` und verzichtet auf die Microsoft-übliche Formatierung der Zeichenkette.

2.6 COM Class

Ein Client kann nur über das Interface auf die Funktionen eines COM-Servers zugreifen. Der Server ist verpflichtet, alle im Interface einmal veröffentlichten Methoden unverändert auch zu implementieren. Ein Client kann jedoch keine Instanz eines Interfaces anfordern, denn dort wird ja nicht implementiert. Stattdessen muss er sich eine Instanz des zu Grunde liegenden Objekts besorgen. Eine COM Class ist somit nichts anderes als eine benannte Implementation eines oder mehrerer COM Interfaces. Jede COM Class hat dazu ein zugeordnetes Class Object. Ein Class Object kennt den Weg, wie eine Instanz einer COM-Klasse erzeugt werden kann.

Klingt kompliziert – ist aber nicht so. Denn dank Delphi werden Sie nur in Sonderfällen mit diesem Teil in Berührung kommen. Die VCL stellt verschiedene spezialisierte Klassen zur Verfügung, wobei die Auswahl durch die vorhandenen Experten erleichtert wird. Dabei dreht sich alles um die Frage, welche Eigenschaften und Fähigkeiten die eigene COM Class haben soll. Generell lassen sich dazu drei Schwerpunkte zusammenfassen:

- Wird eine CoClass benötigt? Das COM-Objekt kann von einem externen Client nur dann erzeugt werden, wenn eine ClassFactory vorhanden ist. Fehlt die CoClass-Unterstützung, kann der Client eine Objekt-Instanz nur direkt über den Konstruktor erhalten.
- Wird eine Typbibliothek benötigt? Eine Interface-Beschreibung ist nur über die Typbibliothek möglich, außerdem erwartet der von Delphi genutzte Standard-Marshaler sowohl beim Client als auch beim Server eine registrierte Typbibliothek.
- Wird IDispatch benötigt? Nur wenn auch dieses Interface unterstützt wird, kann der Client über die späte Bindung auf das Objekt zugreifen. Soll das Objekt als Script-Sprachen (VBScript, ASP bzw. VBA) aufgerufen werden, ist ein vollständiges Dual Interface notwendig. Der eigene COM-Server unterstützt die Funktionalität eines Automation-Objekts.
- Wird die ISupportErrorInfo-Unterstützung benötigt? Wenn ja, unterstützt das eigene COM-Objekt das OLE Exception Handling. Eine Interface-Methode, die als SafeCall deklariert wurde, klammert alle Programmzeilen implizit in einen Try...Except-Block ein.

2.6.1 Die COM-Class-Alternativen von Delphi

Nimmt man diese Punkte als Prüfstein, so lassen sich mit `TComObject`, `TAutoIntfObject` und `TAutoObject` drei Schwerpunkt-Klassen der VCL ermitteln.

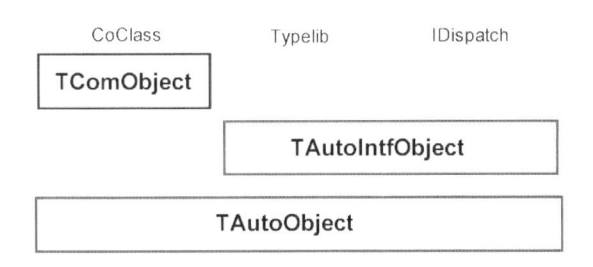

Abb. 2.16: Die Eigenschaften der wichtigsten COM-Klassen der VCL

- `TInterfacedObject` implementiert nur IUnknown und hat somit sehr begrenzte Einsatzmöglichkeiten.
- `TAggregatedObject` implementiert IUnknown für Inner-Objekte (Stichwort Aggregation).

COM Class

- `TContainedObject` ist als Nachfolger von TAggregatedObject für die Implementierung von Inner-Objekten, die von Delphi als Basisklasse für Connection Points verwendet werden, zuständig.
- `TComObject` ist ein COM-Objekt, das IUnknown, ISupportErrorInfo und Aggregation unterstützt. Über die zugeordnete TComObjectFactory stehen die Merkmale CLSID, ProgID, ThreadingModel zur Verfügung.
- `TTypedComObject` entspricht der Kombination von TComObject und IProvideClassInfo und stellt Mechanismen für Automation zur Verfügung, wobei diese Daten aus der Typbibliothek ausgelesen werden (IProvideClassInfo erfordert zwingend eine vorhandene Typbibliothek). Über TTypedComObjectFactory steht neben den TComObjectFactory-Fähigkeiten auch die Unterstützung von ITypeInfo zur Verfügung.
- `TAutoIntfObject` entspricht der Kombination von TInterfacedObject + IDispatch + ISupportErrorInfo und ist somit TAutoObjekt sehr ähnlich. Allerdings kann ein TAutoIntfObject mit dem Verzicht auf eine CoClass und mit dem Verzicht auf eine Class Factory nur noch intern instanziert werden. Ein externer Client kann also nicht direkt ein Objekt erzeugen; allerdings ist diese Klasse sehr gut geeignet, wenn ein TAutoObject zusätzliche COM-Objekte in eigener Regie erzeugt und den Clients zur Verfügung stellt.
- `TAutoObject` entspricht der Kombination TTypedComObject + IDispatch und macht somit den Automation-Server auch für Late-bound-Zugriffe über das IDispatch-Interface erreichbar. Außerdem stehen die vom COM-Standard definierten ConnectionPoints zur Verfügung. Über die zugeordnete TAutoObjectFactory steht eine erweiterte Fassung von TTypedComObjectFactory zur Verfügung.

VCL-Klasse	TLB	CoClass	IDispatch
TInterfacedObject	Nein	Nein	Nein
TAggregatedObject	Nein	Nein	Nein
TContainedObject	Nein	Nein	Nein
TComObject	Nein	Ja	Nein
TTypedComObject	Ja	Ja	Nein
TAutoIntfObject	Ja	Nein	Ja
TAutoObject	Ja	Ja	Ja

Tabelle 2.3: Zusammenstellung der wichtigsten COM-Class-Vorlagen

Die Zusammenstellung ist unvollständig – für die Details zu den MTS-Objekten und dem Remote Datamodule finden Sie in der Delphi-Hilfe alles Notwendige. Zumal bei diesen Anwendungen der Delphi-Experte alle Zutaten zusammenmixt – was zum Beispiel bei der manuellen Auswahl zwischen TAutoIntfObject nicht der Fall ist. Hier müssen Sie selbst von Hand eingreifen.

Component Object Model

Um die Seitenanzahl dieses Kapitels nicht weiter zu erhöhen, habe ich bis auf die folgende Ausnahme die Beispielprojekte zu diesem Thema aufgabenbezogen in die jeweiligen nachfolgenden Kapitel verschoben. Dort finden Sie ein Beispiel, wie am Ende der Entwicklung von Hand ein TAutoObject-Server zu einem TAutoIntfObject-Server umgebaut wird.

2.6.2 Kein Server von der Stange!

Wollen Sie selbst eigene COM-Objekte anlegen, so können diese von zwei unterschiedlichen Vorfahren abstammen. Neben TAutoObject steht auch noch TComObject zur Auswahl. Alle Nachfolger von TComObject stellen automatisch die Unterstützung für das IUnknown-Interface zur Verfügung. Im Unterschied dazu sind die Erben von TAutoObject etwas besser dran, hier gibt's zudem noch das IDispatch-Interface von Automation. In den bisher vorgestellten Projekten wurde der Server meistens um ein Automatisierungsobjekt herumgebaut. Dies bedeutet jedoch nicht, dass es dazu keine Alternative gibt. Das folgende Beispielprojekt ist in der Tat handgestrickt – allerdings unterstützt Delphi auch diesen Lösungsweg durch viele intern vordefinierte Objekte. Arbeiten Sie bereits mit Delphi 5, können Sie dieses Beispiel überblättern. Delphi 5 stellt bereits einen Experten für derartige Objekte zur Verfügung. Gehören Sie jedoch zur Kategorie der neugierigen Entwickler, die wissen wollen, was der Delphi-Experte im Hintergrund erledigt, lesen Sie am besten weiter.

Das Beispielprojekt »COB_SRV.DPR« (für Delphi 3 und 4 geeignet) finden Sie auf der CD-ROM im Verzeichnis »Kapitel 9\TComObject«.

Im Verzeichnis finden Sie die Projektdateien sowohl für den Server als auch für den Client. In diesem Fall hat es einen Grund, warum sich beide Projekte ein Verzeichnis teilen.

»COB_SRV« – Ein TComObject-Server

Schritt 1: ActiveX-Bibliothek

Über den Menüpunkt DATEI | NEU.. | ACTIVEX | ACTIVEX-BIBLIOTHEK lassen Sie Delphi ein Grundgerüst für eine ActiveX-Bibliothek anlegen. Diese Projektdatei speichern sie am besten gleich unter dem Namen *COB_SRV.dpr* ab.

```
library COB_SRV;

uses
  ComServ,
```

```
exports
  DllGetClassObject,
  DllCanUnloadNow,
  DllRegisterServer,
  DllUnregisterServer;

{$R *.RES}

begin
end.
```

Schritt 2: Typbibliothek anlegen

Da im Gegensatz zu Automatisierungsobjekten die Typbibliothek nicht automatisch angelegt wird, müssen Sie dies nachholen. Über den Menüpunkt DATEI | NEU.. | ACTIVEX | TYP-BIBLIOTHEK rufen Sie dazu den Typbibliothekseditor auf. Obwohl das COM-Objekt in Form der COM-Klasse noch gar nicht deklariert wurde, lege ich gleich am Anfang eine Type Library an. Dies hat in diesem speziellen Fall mehrere Vorteile:

- Der Typbibliothekseditor beschwert sich sofort, wenn Sie einen Datentyp verwenden, der nicht den Anforderungen entspricht.
- Die vom Typbibliothekseditor generierten Interface-Methoden können aus der TLB-Datei in die Implementierungs-Unit der COM-Klasse kopiert werden.

Als Erstes wird ein Interface unter dem Namen IMWSt3 eingefügt. Dabei müssen die Eigenschaften dieses Interfaces nachträglich geändert werden:

- IUnknown ist das übergeordnete Interface, Sie müssen daher den Eintrag IDispatch aus der Auswahlliste abwählen.
- Das Flag Dual muss entfernt werden.
- Das Flag OLE-Automation wird abgewählt.

Zum Interface IMWSt3 wird nun eine Funktion sowie eine Eigenschaft hinzugefügt.

```
function GetBrutto(const aNetto: Currency): Currency;
property MWStSatz: Double;
```

Delphi setzt automatisch die Eigenschaft MWStSatz in die beiden Get_- und Set_-Funktionen um.

Component Object Model

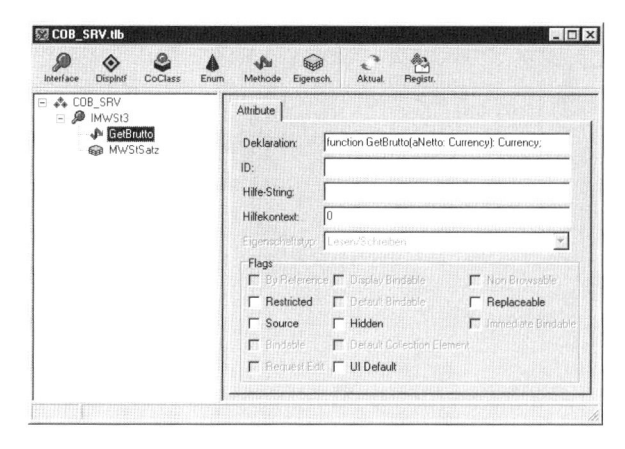

Abb. 2.17: Alle Eintragungen werden von Hand vorgenommen

Klicken Sie nun auf die Schaltfläche AKTUALISIEREN und schließen Sie den Typbibliothekseditor. In der TLB-Datei hat der Editor gleich drei neue Methoden eingetragen:

```
IMWSt3 = interface(IUnknown)
  ['{D1BD6283-B42E-11D1-95EA-444553540000}']
  function GetBrutto(aNetto: Currency;
                    out Retval: Currency): HResult; stdcall;
  function Get_MWStSatz(out Retval: Double): HResult; stdcall;
  function Set_MWStSatz(Value: Double): HResult; stdcall;
end;
```

Beachten Sie dabei, dass alle Funktionen den Rückgabewert HRESULT zurückliefern und den Out-Parameter für den eigentlichen Rückgabewert der Funktion nutzen. Diese Methoden müssen nun auch in der COM-Klasse implementiert werden.

Schritt 3: COM-Klasse deklarieren und implementieren

Ich lege von Hand eine neue Implementierungs-Unit für die COM-Klasse an. Die einzelnen Arbeitsschritte lassen sich wie folgt unterteilen:

- Unit *ComObj* und *COB_SRV_TLB* mit in die Uses-Klausel aufnehmen.
- CLSID für die COM-Klasse von Delphi über die Tastenkombination STRG + UMSCH + G anfordern und der Konstanten CLSID_TMWSt3 zuordnen.
- Die COM-Klasse TMWSt3 als Nachfahre von TComObject deklarieren und mit dem eigenen Interface IMWSt3 verbinden.
- Die Methoden aus der Interface-Deklaration IMWSt3 der Datei *COB_SRV_TLB.pas* kopieren und in den Public-Abschnitt von TMWSt3 einfügen.
- Bei Bedarf den Konstruktor-Ersatz `Initialize` und den Destruktor `Destroy` deklarieren.
- Die Methoden der COM-Klasse implementieren.
- Die Class Factory deklarieren.

```
unit COB_SRV_Impl;

interface

uses Windows, ComObj, COB_SRV_TLB;

const
   CLSID_TMWSt3 : TGUID = '{D1BD6285-B42E-11D1-95EA-
444553540000}';

type
  TMWSt3 = class(TComObject, IMWSt3)
  private
    FMWStSatz : Double;
  public
    function GetBrutto(aNetto: Currency;
                      out Retval: Currency): HResult; stdcall;
    function Get_MWStSatz(out Retval: Double): HResult; stdcall;
    function Set_MWStSatz(Value: Double): HResult; stdcall;
    procedure Initialize; override;
    destructor Destroy; override;
  end;

implementation

uses ComServ;

procedure TMWSt3.Initialize;
begin
  inherited Initialize;
  FMWStSatz := 1.15;
end;

destructor TMWSt3.Destroy;
begin
  inherited Destroy;
  MessageBox(0, 'Destroy', 'COB_SRV.DLL', mb_OK);
end;

function TMWSt3.GetBrutto(aNetto: Currency;
                      out Retval: Currency): HResult;
begin
  Retval := aNetto * FMWStSatz;
  Result := S_OK;
end;
```

Component Object Model

```
function TMWSt3.Get_MWStSatz(out Retval: Double): HResult;
begin
  Retval := FMWStSatz;
  Result := S_OK;
end;

function TMWSt3.Set_MWStSatz(Value: Double): HResult;
begin
  FMWStSatz := 1.0 + (Value/100);
  Result := S_OK;
end;

initialization
  TComObjectFactory.Create(ComServer, TMWSt3, CLSID_TMWSt3,
                          'COB_SRV.MWSt3',
                          'COM-Server via TComObject',
                          ciMultiInstance);

end.
```

> *Beachten Sie, dass in diesem einfachen Beispiel die Interface-Methoden nicht mit SafeCall deklariert wurden. Somit muss der Entwickler verhindern, dass eine Exception den Bereich der Methode verlässt. Das einfache Beispiel tut dies nicht. Wird auf SafeCall verzichtet, müssen Sie selbst try..except-Abschnitte vorsehen und im Falle einer Exception diese abfangen und den Rückgabewert HRESULT von Hand setzen.*

Der letzte Arbeitsschritt bestand in der Erzeugung der Class Factory für diese COM-Klasse. Delphi hält dazu sofort einsatzbereite Vorlagen bereit, wobei alle TComObject-Nachfolger auf `TComObjectFactory` zurückgreifen.

Der Rückgabewert von `TComObjectFactory.Create` wird nicht benötigt, da Delphi alle Klassengeneratoren automatisch über den globalen Klassen-Manager `TComClassManager` verwaltet.

Schritt 4: COM-Server kompilieren und registrieren

Der letzte Schritt ist über einen Mausklick erledigt. Sie müssen den COM-Server über den Menüpunkt START | ACTIVEX-SERVER EINTRAGEN im System registrieren lassen.

Bei der Registrierung des COM-Servers wird auch der aktuelle Pfad des ausführbaren Moduls in der Windows-Registry eingetragen. Bevor Sie diese Dateien wieder löschen, sollten Sie in Delphi den Server über den Menüpunkt „ActiveX-Server austragen" wieder abmelden.

Der Client für »COB_SRV«

Nachdem das Formular des Clients soweit fertig ist, muss die TLB-Datei des Servers über die Projekt-Verwaltung zu dem Projekt hinzugefügt werden. Dies ist auch der Grund dafür, dass Server und Client in diesem Fall das gleiche Projektverzeichnis verwenden.

Als zweiten Arbeitsschritt müssen Sie nun nur noch die CLSID der COM-Klasse aus der Implementierungs-Unit des Servers kopieren und im Client als Konstante deklarieren.

Damit liegen alle Informationen vor, um über die Funktion CreateComObject eine Server-Instanz anzufordern. Die Funktion liefert im Normalfall eine Referenz auf das IUnknown-Interface zurück. Über den As-Typecast vermittelt Delphi im Hintergrund sofort an das gewünschte IMWSt3-Interface weiter.

Verwenden Sie niemals eine direkte Typumwandlung auf ein Interface, sondern greifen Sie stattdessen auf das sichere As zurück. Damit übertragen Sie die Verantwortung im Interesse der Programmstabilität an Delphi.

```
uses COB_SRV_TLB, ComObj;

const
   CLSID_TMWSt3 : TGUID = '{D1BD6285-...-444553540000}';

procedure TFormMain.ButtonIMWst3Click(Sender: TObject);
var
  aMWSt   : IMWSt3;
  cBrutto : Currency;
begin
  aMWSt := CreateComObject(CLSID_TMWSt3) as IMWSt3;
  OleCheck(aMWSt.Set_MWStSatz(15));
  OleCheck(aMWSt.GetBrutto(100.50, cBrutto));
  StatBar.SimpleText := Format('%m',[cBrutto]);
end;
```

Die Prozedur OleCheck löst eine EOleSysError-Exception aus, wenn der Ergebniscode vom Typ HRESULT einen Fehler anzeigt. Da die Referenzvariable für das Interface als lokale Variable deklariert wird, verliert diese Variable am Ende der Methode ButtonIMWst3Click ihre Gültigkeit. Damit gibt Delphi das Interface sofort frei und der

Component Object Model

COM-Server wird zerstört. Dies protokolliert der MessageBox-Aufruf im Server-Destruktor Destroy auch mit.

2.6.3 Object Interface am Beispiel TInterfacedObject

Mit Delphi 3 hat Borland die Sprache Object Pascal um das Konzept der Object Interfaces erweitert. Ein Object Interface gemäß der Definition ist eine Menge von Methoden, die von einem Objekt auch außerhalb des Gültigkeitsbereichs der Implementation aufgerufen werden können. Ein Object Interface entspricht damit den bekannten Interface-Abschnitten in einer Unit. Auch hier wird nur der Methodenkopf deklariert, wobei die Implementierung verborgen wird.

Das Object Interface von Delphi entspricht den Spezifikationen für COM-Interfaces. Damit ist jedes Delphi-Objekt, das ein COM-Interface oder mehrere Interfaces bereitstellt, automatisch ein COM-Objekt.

Obwohl ein Object Interface auf den ersten Blick wie eine Object-Pascal-Klasse aussieht, gibt es doch gravierende Unterschiede. Ein Object Interface wird niemals eigenständig implementiert, sondern nur innerhalb einer einbindenden anderen Klasse. Eine Klasse, die ein eingebundenes Object Interface implementiert, bildet eine Instanz eines COM-Objekts.

Ein weiterer Unterschied besteht darin, dass ein Object Interface niemals Objektfelder (Variablen) deklarieren kann. Außerdem sind alle Interface-Methoden automatisch als `public` deklariert und verwenden zudem die unter Win32 übliche Aufrufkonvention `stdcall`.

Auch die Object Interfaces folgen dem objektorientierten Ansatz; damit kann ein Interface einen Vorfahren deklarieren. Wird kein Vorfahr angegeben, stammt das Interface direkt von `IUnknown` ab.

```
type
  IUnknown = interface
    ...
  end;

  IDispatch = interface(IUnknown)
    ...
  end;
```

Im Gegensatz zu den normalen Object-Pascal-Klassen vererben die Object Interfaces keine Implementierungen, d.h. ein Nachfolger verwendet niemals einen geerbten Programmcode. Stattdessen bezieht sich die Vererbung nur auf den Aufbau des Interfaces.

Alles schön und gut – doch wie sieht es in der Praxis aus? Ganz einfach – wie man am Beispiel von `TInterfacedObject` aus der Delphi-Unit *System.pas* sieht:

```
TInterfacedObject = class(TObject, IUnknown)
protected
  FRefCount: Integer;
```

```
    function QueryInterface(const IID: TGUID;
                            out Obj): HResult; stdcall;
    function _AddRef: Integer; stdcall;
    function _Release: Integer; stdcall;
  public
    procedure BeforeDestruction; override;
    property RefCount: Integer read FRefCount;
  end;
```

Der Ur-Klasse von Delphi, TObject, wird das Ur-Interface von COM, IUnknown, zugeordnet. Damit ist schon ein vollständiges, wenn auch nutzloses COM-Objekt fertig.

Sogar die Implementierung der IUnknown-Methoden ist sehr übersichtlich, und da sage noch einer, COM sei kompliziert. QueryInterface schiebt die Arbeit sofort an die GetInterface weiter (ab da wird es allerdings in der Unit *System.pas* kompliziert).

```
function TInterfacedObject.QueryInterface(const IID: TGUID;
                                          out Obj): Integer;
const
  E_NOINTERFACE = $80004002;
begin
  if GetInterface(IID, Obj)
    then Result := 0
    else Result := E_NOINTERFACE;
end;
```

Auch die beiden Methoden für das Verwalten des Referenzzählers für dieses Objekt sind nicht außergewöhnlich. So etwas könnte in jedem beliebigen Quelltext stehen. Allerdings unterscheiden sich Delphi 3 und Delphi 4 in diesem Punkt. Vergleichen Sie dazu die folgenden unterschiedlichen Implementierungen.

Delphi 3

Delphi 3 ist an dieser Stelle nicht threadsicher, da zum Beispiel in der Implementierung von _AddRef das Hochzählen des Belegungszählers und das Rückmelden des aktuellen Zählerstandes in zwei Programmzeilen aufgeteilt wird, die nicht geschützt sind. Nach der Ausführung von Inc(FRefCount) könnte dem Thread durchaus die Rechenzeit entzogen werden, was dann eine gefährliche Situation provozieren könnte.

```
function TInterfacedObject._AddRef: Integer;
begin
  Inc(FRefCount);
  Result := FRefCount;
end;

function TInterfacedObject._Release: Integer;
begin
  Dec(FRefCount);
```

```
  if FRefCount = 0 then begin
    Destroy;
    Result := 0;
    Exit;
  end;
  Result := FRefCount;
end;
```

Delphi 4 und 5

Ab Delphi 4 hat Borland diese Gefahrenstelle beseitigt, indem die speziell für diese Aufgabe vorgesehenen Win32-API-Funktionen `InterlockedIncrement` und `InterlockedDecrement` verwendet werden. Das Betriebssystem selbst kapselt die kritischen Stellen damit in Critical Sections ein, sodass an dieser Stelle garantiert kein Threadwechsel vorkommen kann.

```
function TInterfacedObject._AddRef: Integer;
begin
  Result := InterlockedIncrement(FRefCount);
end;

function TInterfacedObject._Release: Integer;
begin
  Result := InterlockedDecrement(FRefCount);
  if Result = 0 then
    Destroy;
end;
```

Die beiden Win32-API-Funktionen InterlockedIncrement und InterlockedDecrement sollen den Variablenwert threadsicher hoch- bzw. herunterzählen. Microsoft spendiert in den MSDN-Unterlagen diesen beiden API-Funktionen eine kleine Fußnote, die darauf hinweist, dass unter Windows 95 und Windows NT 3.5x der Rückgabewert der Funktion nicht immer korrekt ist. Erst ab Windows 98 und Windows NT 4 dürfen die beiden Funktionen uneingeschränkt verwendet werden. Leider hat Microsoft diese Warnung nicht in den Hilfedateien zu Win32 vermerkt, sodass auch in der Delphi-Hilfe davon kein Wort zu lesen ist!

2.7 Class Object und Class Factory

Ein COM-Server ist nur dann zu etwas zu gebrauchen, wenn ein Client eine Instanz von ihm anfordern kann. Dazu sind zwei Dinge notwendig. Zum einen sollte der Server eine so genannte Class Factory und damit das `IClassFactory`-Interface implementieren und zum anderen muss diese auch COM bekannt gemacht werden.

Obwohl die Class Factory ein COM-Objekt ist, handelt es sich nicht um das Elternobjekt des COM-Servers, sondern nur um eine Art Hilfsklasse, die nur kurzzeitig für die Instanzierung eines Servers benötigt wird. Die Class Factory hat nur eine Aufgabe – sie muss ein anderes COM-Objekt zusammenbauen können. Trotzdem finden sich gleich 2 Methoden im IClassFactory-Interface. Dies ist kein Widerspruch, denn die Methode `LockServer` ist ein Überbleibsel aus den frühen OLE-Tagen von COM. Beim Einbetten von OLE-Objekten – die in der Regel als Local Server implementiert werden – kann das Verriegeln Performance-Vorteile bringen.

```
IClassFactory = interface(IUnknown)
  ['{00000001-0000-0000-C000-000000000046}']
  function CreateInstance(const unkOuter: IUnknown;
                          const iid: TIID;
                          out obj): HResult; stdcall;
  function LockServer(fLock: BOOL): HResult; stdcall;
end;
```

> *Die IClassFactory-Methode LockServer macht nichts anderes, als den COM-Server ständig aktiv zu halten – auch wenn kein Client mehr auf dieses Objekt zugreift.*

Eine COM Class ist die benannte Implementation eines oder mehrerer COM-Interfaces. Jede COM Class hat ein zugeordnetes Class Object. Ein Class Object kennt den Weg, wie eine Instanz einer COM-Klasse erzeugt werden kann. Die COM-Spezifikation definiert eine API-Funktion (CoGetClassObject) zur Instanzierung dieses Class Objects über das definierte Interface `IClassFactory`. Aus diesem Grund wird ein Class Object auch als Class Factory bezeichnet.

Delphi stellt für die COM-Klassen spezielle Factory-Klassen (Klassengenerator) zur Verfügung, wobei der jeweilige Experte die Zuordnung übernimmt. Schauen Sie sich zum Vergleich noch einmal das Beispiel aus dem ersten Kapitel an. Dort wurde der eigene Automation-Server über den Experten angelegt, der auch gleich die dazu passende Class Factory im Initialization-Abschnitt der Unit initialisiert hat.

```
Initialization
  TAutoObjectFactory.Create(ComServer, TET2KObj, Class_ET2KObj,
                            ciMultiInstance, tmApartment);
```

Das war aber noch nicht alles – auch in der Import-Unit für die Typbibliothek hat Delphi für die CoClass gleich zwei Hilfsfunktionen eingerichtet.

```
class function CoET2KObj.Create: IET2KObj;
begin
```

Component Object Model

```
  Result := CreateComObject(CLASS_ET2KObj) as IET2KObj;
end;

class function CoET2KObj.CreateRemote(
  const MachineName: string): IET2KObj;
begin
  Result := CreateRemoteComObject(MachineName,
    CLASS_ET2KObj) as IET2KObj;
end;
```

Ein Client kann somit nur durch den Aufruf der Class Function eine Objektinstanz entweder auf dem eigenen Rechner oder auf einem frei wählbaren Rechner anfordern.

Die Flexibilität von Delphi lässt es zu, dass man von den in der VCL angebotenen Class Factories eigene Nachfolger ableiten kann, um bestimmte zusätzliche Aufgaben zu erledigen. Dafür ist bei Delphi 3 und 4 die von Borland bereitgestellte Klasse TThreaded-AutoObjectFactory das beste Beispiel. Beim Thema des Singleton-Servers komme ich im nächsten Kapitel nochmals darauf zurück, dort finden Sie ein Beispiel für eine eigene speziell den Anforderungen angepasste Class Factory.

Eine Class Factory ist jeweils nur für eine CLSID und damit nur für ein COM-Objekt zuständig. Stellt der COM-Server mehrere Objekte zur Verfügung, muss er für jedes eine eigene Class Factory vorsehen.

Neben CreateOleObject bietet COM über GetActiveObject auch noch die Alternative, eine Verbindung zu einem bereits laufenden COM-Server herzustellen. Dies gelingt jedoch nur dann, wenn sich dieser Server beim Start in der ROT (Running Object Table) registriert hat. Auch dafür finden Sie im nächsten Kapitel noch ein Beispiel.

Damit das alles nicht nur graue Theorie bleibt, ist es eine gute Idee, das Ganze aus der Sicht des Clients zu betrachten.

2.7.1 Delphi erzeugt eine Server-Instanz

Über die Funktion `CreateComObject` kann ein COM-Server direkt über seine CLSID erzeugt werden.

```
  function CreateComObject(const ClassID: TGUID): IUnknown;
```

In der Delphi-Unit *ComObj.pas* wird diese Funktion wie folgt implementiert:

```
function CreateComObject(const ClassID: TGUID): IUnknown;
begin
  OleCheck(CoCreateInstance(ClassID, nil, CLSCTX_INPROC_SERVER or
```

```
                CLSCTX_LOCAL_SERVER, IUnknown, Result));
end;
```

Die Delphi-Funktion ruft die Win32-API-Funktion `CoCreateInstance` auf. Diese API-Funktion ermittelt anhand der als Parameter übergebenen CLSID das gewünschte Objekt, erzeugt eine nichtinitialisierte Instanz davon und gibt die Class Factory als Ursprungsobjekt gleich wieder frei. In der Sprache C/C++ sieht die interne Implementierung aus dem Win32-SDK dann so aus:

```
CoGetClassObject(rclsid, dwClsContext, NULL,
            IID_IClassFactory, &pCF);
hresult = pCF->CreateInstance(pUnkOuter, riid, ppvObj)
pCF->Release();
```

Zuerst holt sich COM ein Objekt, das in der Lage ist, eine Instanz vom gewünschten Objekt anzulegen. Dazu greift COM über das vordefinierte `IClassFactory`-Interface auf den Server zu. Ist die eigentliche Aufgabe erledigt, so wird dieses Hilfsobjekt wieder freigegeben.

In-process Server

Ruft dann zum Beispiel ein Client über `CreateComObject` einen In-process Server auf, arbeitet die Component Object Library (COL) die folgenden Schritte ab:

1. `CoGetClassObject` sucht in der Registry nach dem ausführbaren Modul für diese CLSID.
2. Die COL lädt dieses Modul bei Bedarf (falls noch kein anderer Client darauf zugreift).
3. Die COL ruft die `DLLGetClassObject`-Funktion aus der DLL auf. Diese Funktion muss in jedem In-process Server exportiert werden und erwartet zum einen die CLSID als eindeutigen Bezeichner für die COM-Klasse sowie die IID als eindeutigen Bezeichner auf das gewünschte Interface. Der Rückgabewert dieser Funktion im Var-Parameter `Obj` ist eine ClassFactory.

    ```
    function DllGetClassObject(const CLSID, IID: TGUID;
                    var Obj): HResult; stdcall;
    ```

4. Liegt die Class Factory vor, kann COM über die Class-Factory-Methode `CreateInstance` die gewünschte Instanz erzeugen.
5. War alles erfolgreich, liefert `CreateComObject` das Ergebnis der Class Factory als eigene Arbeitsleistung an den Aufrufer zurück.

Local Server

Eine ausführbare Programmdatei im EXE-Format kann keine Funktionen exportieren, die COM von außen direkt aufrufen kann. Damit steht der für DLLs verwendete Mechanismus nicht zur Verfügung. Stattdessen muss COM selbst Buch führen, welche Class Factories zur Zeit aufgerufen werden können. Dazu ist es notwendig, dass die COM-Server

Component Object Model

dafür sorgen, dass COM auf die dazu notwendigen Daten zugreifen kann. Im Einzelnen sieht das so aus:

- Unmittelbar beim Start eines COM-Servers im EXE-Format erzeugt dieser seine Class Factories, die das `IClassFactory`-Interface bereitstellen.
- Der COM-Server meldet sich daraufhin mit dem Aufruf von `CoRegister-ClassObject` bei COM mit seiner CLSID an.
- Der COM-Server meldet sich über den Aufruf von `CoRevokeClassObject` bei COM ab, wenn die folgenden Kriterien eingehalten werden: a) es werden zur Zeit keine Server-Instanzen mehr verwendet; b) es liegen keine Sperren für das Server-Objekt vor, und c) die Anwendung wurde nicht vom Benutzer gestartet, sondern direkt von COM aufgerufen.

> *Der COM-Server im EXE-Format wird von COM bei Bedarf mit dem Aufrufparameter „/Embedding" (ein Überbleibsel von OLE 1) oder „/Automation" gestartet. Soll der Anwender den Server nicht von Hand starten dürfen, kann dieses Argument ausgewertet werden.*

2.7.2 Class Factory

Wie der Name bereits suggeriert, ist eine Class Factory ein COM-Objekt, das in der Lage ist, andere COM-Objekte zusammenzubauen. Ein COM-Server darf ja durchaus mehrere COM-Objekte implementieren und jedes Objekt darf beliebig viele Interfaces verwenden. Damit muss eine Stelle da sein, die jedes einzelne dieser Objekte erzeugen kann. Der Client hat somit in jedem Fall immer nur einen Ansprechpartner „vor Ort" und nur aus diesem Grund ist COM auch so flexibel. Denn das Wissen, wie eine Class Factory zusammenzubauen ist, ist fest in den Tiefen der Component Object Library codiert. Damit kann ein Client ohne spezielles Wissen jeden COM-Server zusammenbauen lassen, da sich die COL sinngemäß jedes Mal beim Server den Bauplan abholt. Durch den Zugriff auf das IClassFactory-Interface muss ein Client nicht mehr wissen, welche Server-Methode für die Initialisierung zuständig ist – für den Client reicht die CLSID aus.

> *Es soll an dieser Stelle nicht unterschlagen werden, dass es eine Alternative zur Class Factory gibt. Ein Client kann direkt den Konstruktor eines Servers aufrufen – allerdings tolerieren nicht alle COM-Server ein derart forsches Herangehen.*

Wenn also ein Client, der direkt den Konstruktor einer COM-Klasse aufruft, ohne Class Factory auskommt, wird auch der Grund für den Einsatz der Class Factory deutlicher. Das Grundproblem liegt darin, dass ein Client beim Erzeugen einer Objektinstanz die folgenden Fragen klären muss:

- Wie viel Speicher wird für eine Instanz dieses Objektes benötigt?

- Wem gehört dieser Speicherbereich?
- Wer gibt beim „Ableben" der Instanz den angeforderten Speicher wieder frei?

In einem normalen Delphi-Programm, das nur VCL-Komponenten einsetzt, sind diese Fragen kein Problem. Der Compiler kann die Objektgröße auslesen und direkt im Programm vermerken, da die Deklaration des VCL-Objekts in einer der aufgelisteten Units vorhanden sein muss.

Bei einem COM-Objekt sieht das hingegen völlig anders aus – im besten Fall kann ein Client über die Typbibliothek nur die Deklaration der Interfaces dieses COM-Objekts auslesen. Im Interface werden jedoch nur die Methoden der COM-Klasse aufgeführt, aber keine Objektfelder. Damit ein COM-Client auch ohne Neukompilation einen in der Klassenimplementierung geänderten COM-Server wie gewohnt über sein Interface ansprechen kann, muss der COM-Server selbst für seine korrekte Instanzierung verantwortlich sein. Diese Aufgabe erfüllt er über seine Class Factory, indem die Class Factory für das Anfordern eines ausreichend großen Speicherbereiches für die Server-Instanz zuständig ist.

Delphi erleichtert uns die Arbeit an dieser Stelle ungemein, weil es eine universelle ClassFactory implizit zur Verfügung stellt. Für einfache COM-Objekte beziehungsweise für alle Objekte, die keine spezielle Initialisierung benötigten, reicht die automatisch angebotene ClassFactory aus. Der Klassengenerator ist auch dafür zuständig, dass sich Delphi-COM-Server beim ersten Start selbstständig unter Windows registrieren können.

Ab der Version 4 nimmt Delphi mehr Rücksicht auf die Anforderungen von multithreadingfähigen Anwendungen. Es ist ein weiterer Parameter hinzugekommen, der das Threading-Modell des Servers beschreibt.

```
Initialization
  TComObjectFactory.Create(ComServer,
                   TDelphi4ComObject,
                   Class_Delphi4ComObject,
                   'Delphi4ComObject',
                   'Beschreibung Delphi4ComObject',
                   ciMultiInstance,
                   tmApartment);
```

Mit dem letzten Parameter teilen Sie dem Betriebssystem nur mit, nach welchen Threading-Regeln sich Ihr COM-Server verhält. Der hier eingetragene Wert ist völlig unabhängig von der tatsächlichen Implementierung – für die sind Sie allein zuständig.

Außerdem hat sich die Initialisierung der COM-Umgebung gravierend geändert. Im Initialization-Abschnitt der Unit *ComObj.pas* finden Sie – im Gegensatz zu Delphi 3 – keinen Aufruf von CoInitialize mehr vor.

```
initialization
begin
  LoadComExProcs;
  VarDispProc := @VarDispInvoke;
  DispCallByIDProc := @DispCallByID;
  SafeCallErrorProc := @SafeCallError;
  if not IsLibrary then
  begin
    SaveInitProc := InitProc;
    InitProc := @InitComObj;
  end;
end;
```

Stattdessen wird dies in der neuen Prozedur `InitComObj` erledigt. Der Grund für diese Änderungen liegt darin, dass Delphi nunmehr besser die verschiedenen Ausführungen von multithreadingfähigen COM-Servern unterstützt.

```
procedure InitComObj;
begin
  if SaveInitProc <> nil then
    TProcedure(SaveInitProc);
  if (CoInitFlags <> -1) and Assigned(ComObj.CoInitializeEx) then
  begin
    NeedToUninitialize := Succeeded(ComObj.CoInitializeEx(nil,
                                    CoInitFlags));
    IsMultiThread := IsMultiThread or
      ((CoInitFlags and COINIT_APARTMENTTHREADED) <> 0) or
      (CoInitFlags = COINIT_MULTITHREADED);
  end
  else
    NeedToUninitialize := Succeeded(CoInitialize(nil));
end;
```

Die Abfrage `Assigned(ComObj.CoInitializeEx)` ist notwendig, weil diese API-Funktion unter Windows 95 erst mit einem nachträglich installierten DCOM for Windows 95 zur Verfügung steht. Für Windows 98 und Windows NT 4 gilt diese Einschränkung nicht, da diese Versionen von Haus aus für DCOM geeignet sind.

Damit wird die COM-Umgebung erst dann initialisiert, wenn im eigenen Programm die Zeile `Application.Initialize` in der Projektdatei ausgeführt wird.

```
procedure TApplication.Initialize;
begin
  if InitProc <> nil then TProcedure(InitProc);
end;
```

An diese Änderung sollten Sie sich immer dann erinnern, wenn Sie einen COM-Server entwickeln, der nicht auf der VCL basiert. In einer Konsolen-Anwendung zum Beispiel gibt es keine Formulare und damit auch kein TApplication-Objekt. In diesem Fall müssen Sie die Zeile aus Application.Initialize direkt in Ihren eigenen Sourcecode übernehmen.

2.7.3 Die vordefinierten Class Factories

Für die unterschiedlichen COM-Klassen der VCL definiert Delphi auch jeweils eine zum sofortigen Gebrauch vorbereitete Class Factory. Einen Sonderfall nimmt dabei in Delphi 4 TThreadedClassFactory und TThreadedAutoObjectFactory aus der Unit *ThrddCF.pas* ein. Zum einen ist diese Unit nur in den zusammen mit der Delphi Client/Server Suite ausgelieferten Demo-Programmen zum Thema MIDAS enthalten. Und zum anderen müssen diese beiden speziellen Class Factories von Hand aktiviert werden – Näheres finden Sie dazu im Kapitel 14 dieses Buches.

Delphi COM-Klasse	Delphi Class Factory
TComObject	TComObjectFactory
TTypedComObject	TTypedComObjectFactory
TAutoObject	TAutoObjectFactory
TActiveXControl	TActiveXControlFactory
TRemoteDataModule (etc.)	TThreadedClassFactory
TAutoObject	TThreadedAutoObjectFactory (Demos-Verzeichnis)

Tabelle 2.4: COM-Klassen mit der entsprechenden Class Factory

Ist Ihnen noch etwas unklar? Wenn ja, beseitigt hoffentlich der folgende Abschnitt die noch unverständlichen Stellen. Erst bei der Betrachtung des Zusammenspiels erhält man den Überblick, der zur richtigen Einordnung der Details notwendig ist.

2.8 COL – Component Object Library

COM ist nicht nur eine technische Spezifikation, sondern implementiert einige wichtige Systemdienste in der so genannten Component Object Library, die aus DLLs und EXE-Dateien (im Wesentlichen aus *OLE32.DLL* und *RPCSS.EXE*) besteht. Die von der Component Object Library bereitgestellten Systemfunktionen lassen sich den folgenden Gruppen zuordnen:

- API-Funktionen, um COM-Objekte erzeugen zu können
- Implementierung einer Suchfunktion über die CLSID eines COM-Objekts

Component Object Model

- Transparentes Aufrufen von Server-Methoden über ein Interface, wobei es keine Rolle spielt, ob es sich dabei um einen In-process Server, Local Server oder Remote Server handelt.
- Standardmechanismen für die gemeinsame Speicherverwaltung

Jede Anwendung, die auf COM zugreift, muss für den eigenen Thread die Component Object Library vor dem ersten Zugriff initialisieren. Wird die Anwendung beendet, erwartet COM, dass sich die Anwendung auch wieder abmeldet.

Die Component Object Library ist eine Systemkomponente, die primäre COM-Mechanismen bereitstellt. Dazu gehört zum Beispiel die Fähigkeit, IUnknown über Prozessgrenzen hinaus aufrufen zu können. Falls ein COM-Objekt dynamisch nachgeladen werden muss, ist auch für diese Dienstleistung die Component Object Library zuständig.

2.8.1 Eine Instanz einer COM Class wird angefordert

Wenn Sie sich die folgenden Schritte anschauen, finden Sie Bekanntes vor. Die nochmalige Auflistung soll zwei Ziele erfüllen. Zum einen verfestigt diese Wiederholung das vorhin Gelernte und zum anderen soll deutlich werden, dass COM nur dann funktioniert, wenn sich alle beteiligten Stellen an den im Standard vorgeschriebenen Mechanismus halten.

Sobald eine Anwendung ein COM-Objekt erstellt, laufen intern die folgenden Schritte ab:

1. Die Anwendung übergibt beim Aufruf von `CreateObject` die CLSID des COM-Objektes an die Component Object Library.
2. Die Component Object Library verwendet die CLSID, um in der Windows-Registry nach dem dazugehörenden Programm-Modul zu suchen.
3. Wird das Programm-Modul für diese CLSID gefunden und ist dieser COM-Server eine ausführbare Datei im EXE-Format, startet die Component Object Library über die Win32-API-Funktion `CreateProcess` diese EXE. Handelt es sich hingegen um eine DLL, so lädt COM diese DLL via `LoadLibrary` in den Adressraum des aufrufenden Prozesses. In beiden Fällen wartet COM darauf, dass die COM-Objekte korrekt ihre Class Factory registrieren. Die Class Factory umschreibt den Mechanismus, der eine neue Instanz eines COM-Objekts anlegt. Ein COM-Server im EXE-Format ruft dazu `CoRegisterClassFactory` auf. Handelt es sich beim aufgerufenen COM-Objekt hingegen um eine DLL, so sorgt `DllGetClassFactory` für die notwendigen Schritte.
4. COM verwendet daraufhin die `IClassFactory`-Schnittstelle, um nach dem Bauplan (Class Factory) des COM-Objekts zu fragen. Über die Class Factory wird die Objekt-Instanz erzeugt und ein Interface-Zeiger an das aufrufende Programm zurückgeliefert.
5. Das Anwendungsprogramm kann im Erfolgsfall über den Zeiger auf das Interface die gewünschten Funktionen des COM-Objekts ansprechen.

COL – Component Object Library

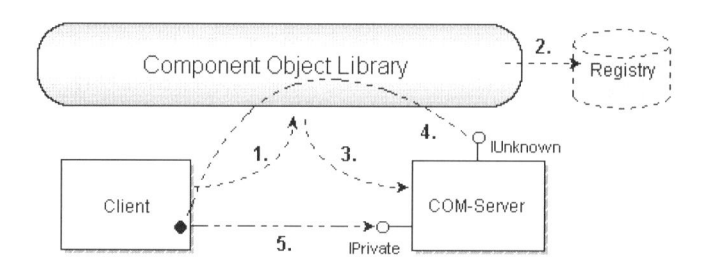

Abb. 2.18: Ein Client aktiviert einen COM-Server

Die Component Object Library (*OLE32.DLL*) ist ein kritischer Bestandteil der Betriebssystem-Versionen Windows 9x und Windows NT. Immer dann, wenn unerklärliche Fehlermeldungen auftauchen oder eine Anwendung auf einmal nicht mehr funktioniert, sollten Sie diese OLE-DLLs aus dem Systemverzeichnis von Windows prüfen.

> *Mit Windows 2000 gehören derartige Problem der Vergangenheit an. Zum einen ist die COL vollständig in das System integriert und zum anderen wird es keinem externen Setup-Programm erlaubt, diese extrem wichtigen Teile ohne Genehmigung zu überschreiben.*

2.8.2 COM und die Registry

Die Registrierungsdatenbank (Registry) von Windows ist für das fehlerfreie Arbeiten von COM lebenswichtig. Ein Client kann ein COM-Objekt auf dem lokalen Rechner oder auch auf einer anderen Maschine im LAN/WAN nur über den eindeutigen Namen (GUID) aufrufen. Damit dies auch so funktioniert, muss irgendwo ein Mechanismus implementiert werden, der ein ausführbares Modul in den Tiefen großer Festplatten nur über die GUID findet. Aus diesem Grund übernimmt COM auch diese Aufgabe, indem alle benötigten Informationen in der Registry gespeichert werden.

> *COM+ speichert die Daten in einer neuen COM+-Datenbank auf dem Rechner. Die Windows-Registry wird dabei nur noch aus Kompatibilitätsgründen aktualisiert beziehungsweise von den Non-configured Components verwendet.*

Programme werden jedoch zur Zeit noch von Menschen geschrieben und eine GUID hat ein Format, das sich nur die wenigsten Entwickler gut merken können. Es wäre also gut, wenn für Programmierer eine Eselsbrücke vorhanden wäre, die der Rechner selbst in sein bevorzugtes GUID-Format übersetzt. Und genau das macht – neben vielen anderen Aufgaben – die Registry.

Registrierung von CLSID und ProgID

Neben der 16 Byte langen CLSID verwaltet COM daher in der Registry noch die ProgID – eine beliebig lange Zeichenkette für einen aussagekräftigen Namen des COM-Servers, der speziell für uns Entwickler vorgesehen ist.

Im Registry-Zweig HKEY_CLASSES_ROOT mappt COM die ProgIDs in CLSIDs im GUID-Format.

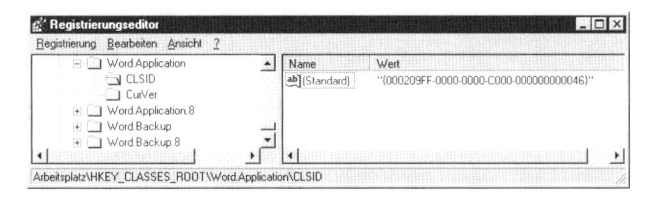

Abb. 2.19: Die Registry verwaltet ProgID und CLSID

Damit darf der Entwickler zum Beispiel einen COM-Server über

```
aWord := CreateOleObject('Word.Application');
```

aufrufen. Die Component Object Library sorgt selbst dafür, dass diese Zeichenkette in die richtige CLSID konvertiert wird. Im Win32-API ist dafür die Funktion `CLSIDFromProgID` zuständig. Um nicht jedes Mal selbst die Stringkonvertierung in einen WideString abzuwickeln und zudem die Fehlerbehandlung zu implementieren, vereinfacht die Funktion `ProgIDtoClassID` aus der Delphi-Unit *ComObj.pas* die Sache.

```
function ProgIDToClassID(const ProgID: string): TGUID;
begin
  OleCheck(CLSIDFromProgID(PWideChar(WideString(ProgID)),
          Result));
end;
```

> *Sie müssen diese Konvertierung nur selten selbst in die Hand nehmen, Delphi befreit Sie in der Regel von derartigem Verwaltungskram.*

Die Gegenrichtung – also die Umwandlung einer CLSID in eine ProgID – wird selbstverständlich auch von der Registry unterstützt.

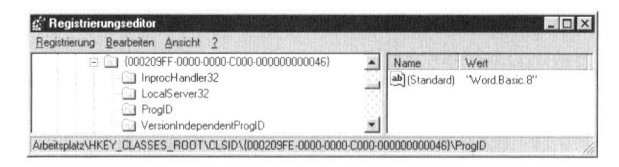

Abb. 2.20: Eine CLSID führt auch zur ProgID

In der Registry tauchen außer der CLSID und IID noch andere GUIDs auf, die jeweils auf eine Typbibliothek verweisen.

2.9 Type Library – die Typbibliothek des COM-Objekts

Eine Typbibliothek (Type Library) ist eine binäre Datei, die alle Informationen über die vom Server unterstützten Elemente (CoClass, Interface) mit ihren Methoden und Parametern einkapselt. Ein beliebiger Client kann über spezielle COM-Funktionen alle die Informationen auslesen, die er für den direkten Zugriff auf den COM-Server benötigt.

Bisher war von einer Typbibliothek immer nur im Zusammenhang mit COM die Rede. Selbstverständlich spielt sie hier eine sehr wichtige Rolle, allerdings sind die Typbibliotheken weitaus universeller einsetzbar. Sie stellen binäre Metadaten zur Verfügung, die von den unterschiedlichsten Umgebungen genutzt werden können. So universell und leistungsfähig eine Typbibliothek damit auch ist, um so komplexer muss damit das Thema für den Entwickler sein. Das folgende Beispiel greift einen solchen Anwendungsfall – der nichts mit dem Thema COM zu tun hat – heraus.

2.9.1 Beispiel für das Beschreiben von DLL-Funktionen

Die Textverarbeitung Microsoft Word 97 verwendet VBA (Visual Basic for Applications) als interne Makrosprache. So leistungsfähig VBA inzwischen auch geworden ist, es bleiben große Lücken im Funktionsumfang übrig. Allerdings können diese leicht über externe DLLs geschlossen werden, was gleich zwei Probleme auslöst. Zum einen muss jede externe Funktion explizit deklariert werden und zum anderen sollte in diesen Fällen auch die bequeme Codierungshilfe von VBA zur Verfügung stehen. Beide Probleme können Sie mit Delphi lösen, indem eine Typbibliothek für die DLL-Funktion geschrieben wird. Im Beispiel verwende ich dazu die Win32-API-Funktion `MessageBeep` – es handelt sich also in der Tat nicht um einen COM-Server!

```
function MessageBeep(uType: UINT): BOOL; stdcall;
```

Die durchzuführenden Arbeiten lassen sich in die folgenden Schritte unterteilen:
1. Mit Delphi wird eine neue Typbibliothek mit der Beschreibung der Win32-API-Funktion `MessageBeep` angelegt.
2. Im Visual Basic-Editor von Microsoft Word 97/2000 binden Sie die TLB-Datei der Typbibliothek ein.
3. Im VBA-Code können Sie die in der Typbibliothek deklarierten Konstanten und Funktionen direkt aufrufen, wobei auch die Codierungshilfe zur Verfügung steht.

VBA zeigt dabei sogar die einzelnen Konstanten für die unterschiedlichen Sounds von `MessageBeep` an.

> *Das Beispielprojekt ist auf der CD-ROM im Verzeichnis »Kapitel2\TypMessageBeep« zu finden.*
>
> *Ich empfehle Ihnen, die Typbibliothek »TypMsgBeep.tlb« in Delphi zu öffnen und die einzelnen Darstellungen beim Lesen zu vergleichen. Das Erscheinungsbild der rechten Tab-Seiten im Typbibliothekseditor ändert sich entsprechend des gerade im linken Fenster ausgewählten Eintrags.*
>
> *Über die Registerseite „Text" steht zudem der Inhalt in Textform zur Verfügung. Dies ist immer dann hilfreich, wenn Sie eine vorliegende IDL-Struktur nachbauen möchten.*
>
> *Über den Dialog „Umgebungsoptionen" bietet Delphi die Option an, die Typbibliothek in der IDL-Syntax darzustellen.*

Schritt 1: Typbibliothek mit Delphi anlegen

Zuerst legen Sie in Delphi über die Objektgalerie eine neue Typbibliothek an. Diese bekommt einen aussagekräftigen Namen. Um die Win32-API-Funktion `MessageBeep` in VBA auch mit Unterstützung der Codierungshilfe nutzen zu können, müssen die Konstanten für den Aufrufparameter mit aussagekräftigen Namen deklariert werden. Dafür ist die Enumeration in der Typbibliothek zuständig – jede Konstante bekommt den von Win32 erwarteten numerischen Wert zugewiesen.

Ist das erledigt, wird ein neues Modul in der Typbibliothek deklariert. Das neue Modul wird mit dem Namen einer bereits vorhandenen DLL verbunden – in diesem Beispiel mit der Windows-DLL *USER32.DLL*.

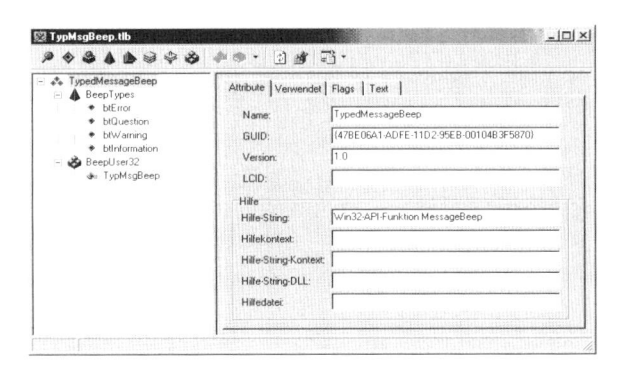

Abb. 2.21: Eine DLL-Funktion wird mit den Parameter-Konstanten beschrieben

Anschließend wird die von der DLL bereitgestellte Funktion deklariert – wobei ein völlig anderer Name verwendet werden darf. Im Eingabefeld DLL-EINSPRUNG müssen Sie in

Type Library – die Typbibliothek des COM-Objekts

jedem Fall den korrekten Funktionsnamen der DLL eintragen. Der erwartete Parameter wird ebenfalls deklariert, wobei die Typbibliothek die eigene Enumeration `BeepTypes` als Datentyp verwendet. Damit ist die Verbindung zwischen Funktionsparameter und den als Aufzählung deklarierten Konstanten hergestellt.

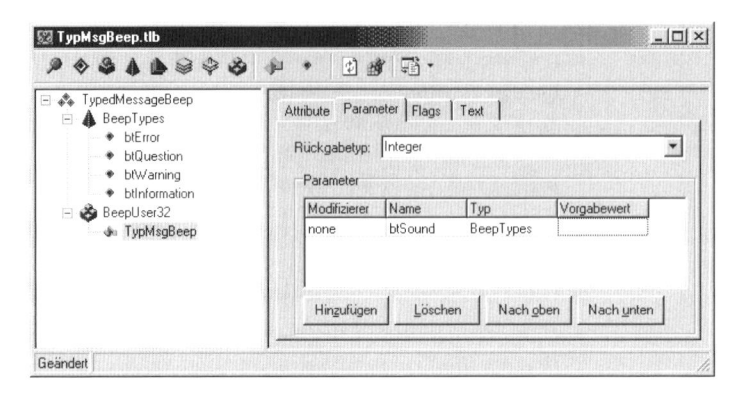

Abb. 2.22: Parameter-Name und -Typ werden festgelegt

Um alle Einträge auf einen Blick im Buch darstellen zu können, verwende ich die auf der Registerseite TEXT angezeigte Darstellung des Typbibliothekinhalts im IDL-Format. Über den Delphi-Dialog UMGEBUNGSOPTIONEN können Sie diese Darstellung jederzeit zwischen der Pascal- und IDL-Syntax umschalten.

```
[
  uuid(47BE06A1-ADFE-11D2-95EB-00104B3F5870),
  version(1.0),
  helpstring("Win32-API-Funktion MessageBeep")
]
library TypedMessageBeep
{

  importlib("STDOLE2.TLB");
  importlib("STDVCL40.DLL");

  [
    uuid(47BE06A2-ADFE-11D2-95EB-00104B3F5870),
    version(1.0)
  ]
  typedef enum tagBeepTypes
  {
    btError = 10,
    btQuestion = 20,
    btWarning = 30,
    btInformation = 40
  } BeepTypes;
```

Component Object Model

```
[
  uuid(47BE06A3-ADFE-11D2-95EB-00104B3F5870),
  version(1.0),
  dllname("USER32")
]
  module BeepUser32
  {
    [entry("MessageBeep")]
    long _stdcall TypMsgBeep(BeepTypes btSound );
  };

};
```

Damit ist der Delphi-Teil abgeschlossen – alles weitere findet in Microsoft Word 97 statt.

Schritt 2 + 3: TLB-Datei in VBA einbinden und verwenden

Die DLL-Funktion soll über den neuen Namen `TypMsgBeep` aus einem VBA-Formular heraus aufgerufen werden. Im Visual Basic-Editor von Word muss dazu als Nächstes über den Menüpunkt EXTRAS | VERWEISE das Dialogfenster für die Projekt-Verweise aufgerufen werden.

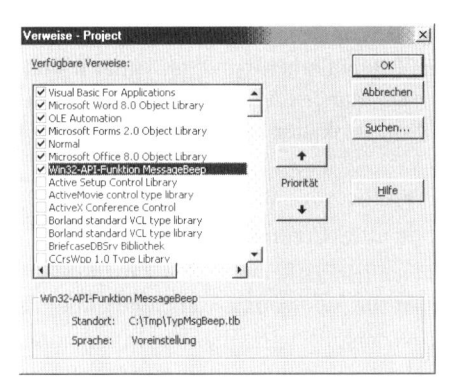

Abb. 2.23: Die eigene Typbibliothek wird in VBA eingebunden

Über die SUCHEN-Schaltfläche wählen Sie die gerade zusammengestellte TLB-Datei aus. Ist das erledigt, zeigt VBA auch dann das Parameterinfo-Hinweisfenster an, wenn die eigene Funktion `TypMsgBeep` im Codefenster verwendet wird.

Type Library – die Typbibliothek des COM-Objekts

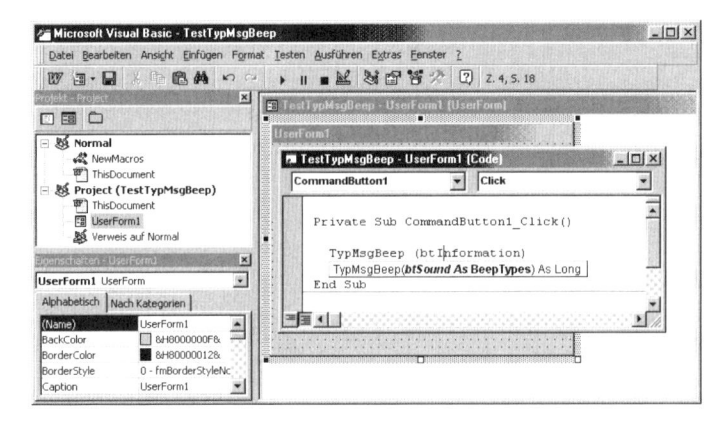

Abb. 2.24: Die Quickinfos von VBA erscheinen auch bei der eigenen Funktion

Eine Hilfestellung für die möglichen Parameterkonstanten erhalten Sie über den Kontextmenüeintrag KONSTANTEN ANZEIGEN. VBA blendet unterhalb der Cursorposition eine Auswahlliste ein. Auch diese Werte stammen aus der Typbibliothek.

2.9.2 Typbibliothek für COM-Server

Obwohl ein COM-Server nicht unbedingt eine Typbibliothek zur Verfügung stellen muss, ermöglichen jedoch erst die Typbibliotheken den vollen Zugriff auf die Leistungsfähigkeit von COM-Servern.

Ob ein COM-Server eine Typbibliothek benötigt, hängt davon ab, wie Clients auf den Server zugreifen und wie das Marshaling für die beteiligten Interfaces abgewickelt werden soll. Gemäß der COM-Spezifikation wird eine Typbibliothek in drei Fällen zwingend vorgeschrieben:

1. Der COM-Server unterstützt Automation.
2. Der COM-Server ist ein OLE-Control (OCX).
3. Der COM-Server implementiert keine eigene Proxy-/Stub-DLL, sondern greift auf den Standard-Marshaler für Automation-kompatible Interfaces zurück.

Eine Typbibliothek ist eine binäre Datei, die alle Informationen über die vom Server unterstützten Elemente mit ihren Methoden und Parametern einkapselt. Damit kann ein beliebiger Client über spezielle COM-Funktionen alle die Informationen auslesen, die er für den direkten Zugriff auf den COM-Server benötigt.

Ein COM-Objekt kann auf zweierlei Art und Weise beschrieben werden: Entweder durch eine IDL-Datei (engl. Interface Definition Language) oder eine Type Library. Leider sind diese beiden Informationsquellen weder austauschbar noch völlig kompatibel. Die Ursache für diese Misere liegt – wie schon so oft – in der Rücksichtnahme auf Microsoft Visual Basic. Die Type Library wurde vom Visual Basic-Team erschaffen, um vorhandene Einschränkungen zu umgehen.

Component Object Model

Leider entschied man sich damals, anstelle von IDL eine abgewandelte Version (ODL) zu verwenden. Dies führt dazu, dass heute immer wieder Probleme beim Import von Type Libraries auftreten, die unter C++ und damit über eine IDL-Datei entwickelt wurden.

Im Gegensatz zu anderen Entwicklungsumgebungen ist Delphi in der Lage, eine Typbibliothek automatisch in eine Delphi-Unit umzusetzen. Damit kann der Entwickler die Informationen aus der Typbibliothek direkt in seinem Programm verwenden, da alle Deklarationen in der Pascal-Syntax vorliegen.

Leider ist die binäre Typbibliothek eines COM-Servers nicht über eine spezielle Dateiendung erkennbar, sodass Sie unter Umständen suchen müssen. Steht Ihnen ein Ressourcen-Editor zur Verfügung, können Sie nach dem Ressourcen-Typ TYPELIB Ausschau halten.

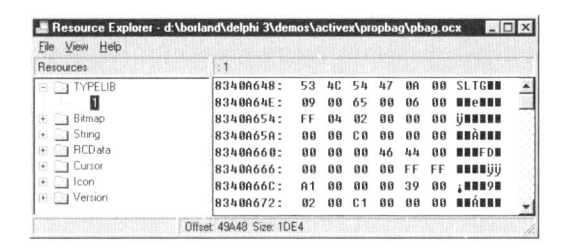

Abb. 2.25: Das Demoprogramm „Resource Explorer" hat eine Type Library gefunden

Mit hoher Wahrscheinlichkeit werden Sie jedoch bei den folgenden Dateiendungen fündig:

Dateiendung	Beschreibung
TLB	alleinstehende Type Library für einen bestimmten Server
OLB	alleinstehende Object Library für mehrere Server
OCX	ActiveX-Komponente mit angehängten Ressourcen-Informationen
DLL	In-process Server mit angehängten Ressourcen-Informationen
EXE	Local Server/Remote Server mit angehängten Ressourcen-Informationen

Tabelle 2.5: Dateien für Typbibliotheken

Auf der anderen Seite beschränkt sich die Verwendung von Typbibliotheken nicht nur auf den Import von fremden Bibliotheken. Sie selbst sollten als Entwickler zu Ihren COM-Servern ebenfalls Typbibliotheken zur Verfügung stellen, um die Arbeit Ihrer Clients zu erleichtern. Eine Umgebung, die mit COM-Objekten umgehen kann, liest alle registrierten Typbibliotheken aus dem Registry-Pfad HKEY_CLASSES_ROOT\TYPELIB\{UUID} aus.

Type Library – die Typbibliothek des COM-Objekts

Alle diejenigen, die nicht Delphi einsetzen, müssen sich an dieser Stelle mit Begriffen wie ODL (Object Definition Language) oder IDL (Interface Definition Language) herumschlagen. In diesen ASCII-Dateien muss der Entwickler seine Objekte mit den Interfaces exakt beschreiben, sodass ein spezieller Compiler (MIDL) diese Informationen in eine allgemeingültige Typbibliothek übersetzen kann. Zum Glück müssen Sie sich mit Delphi niemals auf dieser Ebene plagen – zumal ODL und IDL sehr auf die Sprache C/C++ ausgerichtet sind, wie Abbildung 2.26 zeigt.

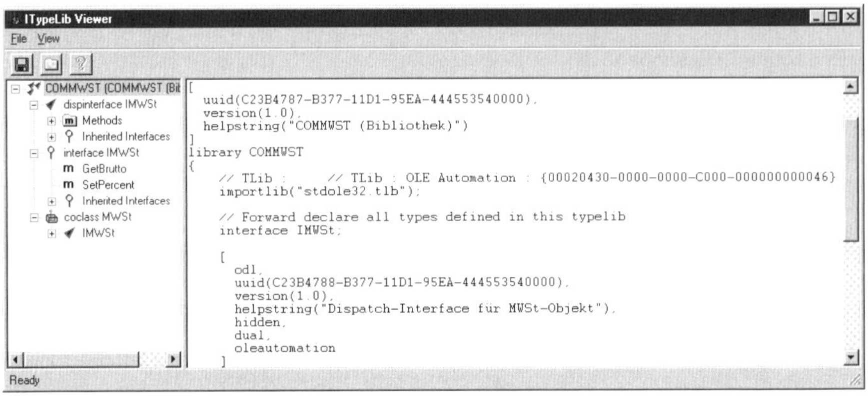

Abb. 2.26: Das Microsoft-Tool OLE/COM Object Viewer zeigt die ODL-Fassung an

Allerdings zeigt die Abbildung auch, dass sich Delphi intern an die COM-Spielregeln hält und die Typbibliothek nach den ODL-Regeln aufbaut. Damit unterscheiden sich am Ende die visuell in Delphi entwickelten Typbibliotheken in der Regel nicht von den anderen. Aus diesem Grund sollten Sie sich auch mit dem prinzipiellen Aufbau einer ODL-Datei vertraut machen. Da bei der C++-Konkurrenz generell dieses Format eingesetzt wird, tauchen auch in der COM-Literatur die IDL/ODL-Dateien häufig auf.

2.9.3 Elemente der Typbibliothek

Jeder Eintrag einer Typbibliothek fällt in eine der nachfolgend vorgestellten fünf Kategorien.

Kategorie	Beschreibung
CoClass	Beschreibt die sogenannte Component Class für ein durch seine CLSID gekennzeichnetes Objekt, indem alle unterstützten Interfaces aufgelistet werden. Ein Client kann somit direkt in der CoClass nachschauen, welche Interfaces vom Server unterstützt werden (es muss dazu keine Server-Instanz erzeugt werden).
Interface	Beschreibt ein VTable-kompatibles Interface, indem die Methodennamen mit ihren Parametern und Rückgabewerten aufgelistet werden.
DispInterface	Beschreibt ein IDispatch-kompatibles Interface, indem die Methodenna-

Component Object Model

Kategorie	Beschreibung
	men, die DispIDs sowie die Parameter und Rückgabewerte aufgelistet werden.
Module	beschreibt ein DLL-Modul
TypeDef	beschreibt eine benutzerdefinierte Datenstruktur bzw. Aufzählungstypen

Tabelle 2.6: Kategorien der Einträge einer Typbibliothek

Obwohl Delphi die Typbibliotheken in eigener Regie anlegt und auswertet, sollten Sie sich dennoch die Option des manuellen Eingriffs vorbehalten. Zum einen „irrt" sich Delphi in einigen Fällen und zum anderen tauchen in der für die Sprache C/C++ ausgelegten Literatur zum Thema COM immer nur die ODL/IDL-Dateien auf. Mit dem Microsoft-Tool OLE/COM Object Viewer kann jede von Delphi automatisch generierte Typbibliothek in die ODL-Syntax konvertiert werden. Die folgenden Zeilen stammen aus dem COM-Server *COMMWST.DLL*.

```
// Generated .IDL file (by the OLE/COM Object Viewer)
//
// typelib filename: COMMWST.DLL

[
  uuid(C23B4787-B377-11D1-95EA-444553540000),
  version(1.0),
  helpstring("COMMWST (Bibliothek)")
]
library COMMWST
{
    // TLib : OLE Automation : {00020430-...-000000000046}
    importlib("stdole32.tlb");

    // Forward declare all types defined in this typelib
    interface IMWSt;

    [
      odl,
      uuid(C23B4788-B377-11D1-95EA-444553540000),
      version(1.0),
      helpstring("Dispatch-Interface für MWSt-Objekt"),
      hidden,
      dual,
      oleautomation
    ]
    interface IMWSt : IDispatch {
        [id(0x00000001)]
```

```
            HRESULT GetBrutto(
                        [in] CURRENCY aNetto,
                        [out, retval] CURRENCY* aNetto);
            [id(0x00000002)]
            HRESULT SetPercent([in] long aPercent);
    };

    [
      uuid(C23B4789-B377-11D1-95EA-444553540000),
      version(1.0),
      helpstring("MWStObjekt")
    ]
    coclass MWSt {
        [default] interface IMWSt;
    };
}
```

> *Das Microsoft-Tool OLE/COM Object Viewer kann in seiner aktuellen Version über »http://www.microsoft.com/oledev/« heruntergeladen werden. Steht Ihnen das MDSN Professional-Abo zur Verfügung, finden Sie dieses Tool unter den Dateien des Platform-SDKs vor. Aber auch in den verschiedenen Resource Kits ist es zu finden: Zum Beispiel befindet sich dieses Tool nach der Installation des Windows 2000 Resource Kits auf Ihrer Festplatte.*

Eine vollständige Beschreibung der ODL-Syntax finden Sie in der Microsoft-Dokumentation „OLE Programmer's Reference" aus dem Platform-SDK. Aber auch ohne dieses umfangreiche Werk hilft der Vergleich der ODL-Datei mit den in Delphi visuell angezeigten Daten weiter.

Jedes Element in der ODL-Datei kann eigene Eigenschaften deklarieren, indem diese in eckigen Klammern der eigenen Deklaration angefügt werden.

Anweisung	Beschreibung
Library	definiert die Eigenschaften UUID, Helpstring und Version
Importlib	Importiert die Deklarationen einer externen Typbibliothek, wobei als Mindestanforderung der Eintrag importlib("stdole32.tlb") vorhanden sein muss.
ODL	kennzeichnet die Object-Definition-Language-Syntax der IDL-Datei
Version	Versionsnummer 1.0

Anweisung	Beschreibung
Helpstring	Hilfetext, der in Entwicklungsumgebungen bzw. Typbibliotheksbetrachtern zu diesem Element angezeigt werden soll
Hidden	Der COM-Server bzw. das Element wird nicht in einer visuellen Entwicklungsumgebung angezeigt.
Dual	Kennzeichnet das Interface als Dual Interface, damit ist das Interface sowohl IDispatch- als auch VTable-kompatibel. Da es IDispatch unterstützt, ist ein Dual Interface auch gleichzeitig ein für Automation geeignetes Interface, sodass das Attribut Ole-Automation parallel mit Dual gesetzt wird.
OleAutomation	kennzeichnet das Interface als OLE-Automation-kompatibel
Interface	Jede deklarierte Methode kann optionale Attribute verwenden, um den Rückgabewert, die Aufrufkonvention, usw. näher zu definieren. Eine Methode, deren Namen einen führenden Unterstrich verwenden, entspricht der Deklaration als [hidden]. Das [id]-Attribut entspricht der DispID der Methode. Über die [in]- bzw. [out]-Attribute ist die Verwendung der Parameter erkennbar.
CoClass	Jedes im Abschnitt CoClass aufgeführte Interface kann zwei optionale Attribute verwenden. Das Attribut [default] kennzeichnet das primäre Interface eines Objekts, wobei es sich dabei um ein Incoming- oder Outgoing-Interface handeln kann. Im Gegensatz dazu kennzeichnet das Attribut [source] explizit ein Outgoing-Interface. Verwendet die CoClass das Attribut [licensed], erwartet das Objekt eine Sonderbehandlung, da bestimmte Lizenzinformationen (Kopierschutz) benötigt werden.
// bzw. /*...*/	Kommentare. In der ODL-Datei sind Kommentare in der C-Syntax erlaubt.

Tabelle 2.7: Erklärungen zur IDL/ODL-Datei

2.9.4 Enumerated Types in der Typbibliothek

Bisher war es in Object Pascal üblich, dass immer dann, wenn mehrere Units die gleichen Kontanten-Werte verwendet haben, diese Konstanten in einer gemeinsam genutzten dritten Unit deklariert wurden. Allerdings ist diese Lösung nur dann brauchbar, wenn sich alles nur in einer Entwicklungsumgebung und in einer Sprache abspielt. Ein COM-Server soll hingegen unabhängig von der Sprache von verschiedenen Clients genutzt werden können. Es liegt auf der Hand, dass COM deshalb auch einen eleganteren Weg für die gemeinsame Nutzung von Konstanten vorsieht. Ein kurzes Beispielprojekt soll dies anschaulicher darstellen.

Type Library – die Typbibliothek des COM-Objekts

Das Beispielprojekt finden Sie im Verzeichnis »Kapitel 2\EnumType«.

Der Client übergibt beim Aufruf einer Interface-Methode des Servers eine aus der Typbibliothek des Servers ausgelesene Konstante. Somit reicht ein kurzer numerischer Wert aus, um das Verhalten des Servers festzulegen. Da der Client aber nur das nutzen kann, was der Server in seiner Typbibliothek zur Verfügung stellt, müssen diese Konstanten auch zuerst deklariert werden. Dazu wird im Typbibliothekseditor eine neue Enumeration mit dem Namen `ServerAction` angelegt. Ist das erledigt, wird bei der Interface-Methode `ServerGo` der Typ des ersten Parameters als ServerAction deklariert.

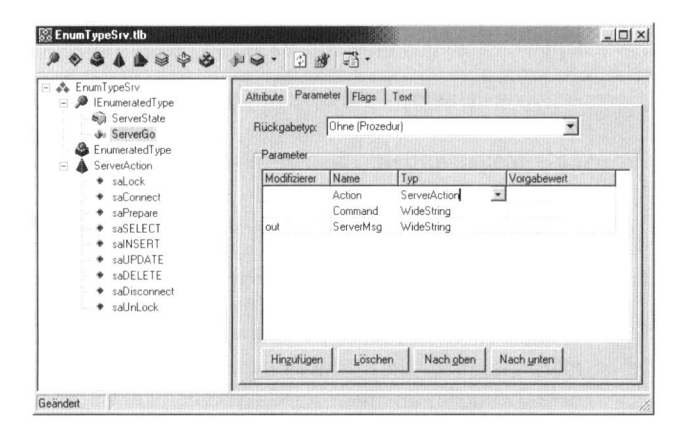

Abb. 2.27: Die Konstanten werden als Enumeration deklariert

Intern setzt der Typbibliothekseditor die Enumerations-Konstanten als einzelne Konstanten-Deklarationen um.

```
// *************************************************************//
// Deklaration vin Enumerationen definiert in Typbibl.          //
// *************************************************************//
// ServerAction constants
type
  ServerAction = TOleEnum;
const
  saLock = $00000000;
  saConnect = $00000001;
  saPrepare = $00000002;
  saSELECT = $00000003;
  saINSERT = $00000004;
  saUPDATE = $00000005;
  saDELETE = $00000006;
  saDisconnect = $00000007;
  saUnLock = $00000008;
```

Component Object Model

Delphi muss diesen Weg über die einzelnen Konstanten-Einträge gehen, da COM für eine Enumeration auch nicht aufeinanderfolgende Werte erlaubt.

Die Interface-Methode des Servers wertet nur den ersten Parameter aus und vergleicht den übergebenen Wert mit dem Wert der Enumerations-Konstanten.

```
procedure TEnumeratedType.ServerGo(Action: ServerAction;
  const Command: WideString; out ServerMsg: WideString);
var
  sMsg : String;
begin
  FServerState := Action;
  case FServerState of
    saLock      : sMsg := 'Server ist gesperrt';
    saConnect   : sMsg := 'Verbindung hergestellt.';
    saPrepare   : sMsg := 'SQL-Anweisung wurde vorbereitet';
    saSELECT    : sMsg := 'SELECT-Anweisung wurde ausgeführt';
    saINSERT    : sMsg := 'INSERT-Anweisung wurde ausgeführt';
    saUPDATE    : sMsg := 'UPDATE-Anweisung wurde ausgeführt';
    saDELETE    : sMsg := 'DELETE-Anweisung wurde ausgeführt';
    saDisconnect: sMsg := 'Verbindung zur Datenbank getrennt';
    saUnLock    : sMsg := 'Server ist wieder frei';
  end;
  ServerMsg := Format('Client-Command: %s; ServerMsg: %s',
                      [Command, sMsg]);
end;
```

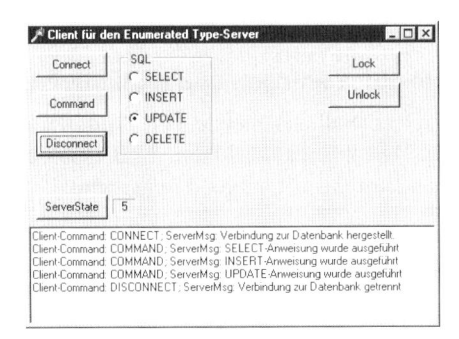

Abb. 2.28: Das Beispielprogramm in Aktion

Der Client verwendet beim Aufruf garantiert die gleichen Enumerations-Konstanten, da diese aus der Typbibliothek ausgelesen wurden.

Type Library – die Typbibliothek des COM-Objekts

```
procedure TFormMainClt.ButtonCommandClick(Sender: TObject);
var
  aSA : ServerAction;
begin
  aSA := 99;
  case RadioGroupSQL.ItemIndex of
    0 : aSA := saSELECT;
    1 : aSA := saINSERT;
    2 : aSA := saUPDATE;
    3 : aSA := saDELETE;
  end;
  FSrv.ServerGo(aSA, 'COMMAND', FServerMsg);
  ShowServerMessage;
end;
```

2.9.5 Zweite Typbibliothek für das Callback-Interface

Im Kapitel 8 stelle ich Ihnen Beispielprojekte für Callbacks vor, worüber der Server den Client über einen Callback von bestimmten Situationen verständigen kann. Normalerweise wird das Callback-Interface für das Sink-Objekt im Client bereits in der Typbibliothek des Servers deklariert. Da beide Interfaces nun bekannt sind, kann das Callback-Interface als Parameter-Typ aus der Liste ausgewählt werden. Genau so gehe ich auch in den Beispielprojekten aus dem Kapitel 8 vor.

Es ist aber gar nicht zwingend notwendig, das Callback-Interface in der Typbibliothek des Servers aufzuführen. Wenn die Interface-Deklaration des Callback-Interfaces der eigenen Typbibliothek bekannt gemacht wird, kann der Server genau so darauf zugreifen wie bei der Deklaration in der eigenen Typbibliothek.

Um Ihnen zu zeigen, welche Flexibilität Delphi auch an dieser Stelle an den Tag legt, greife ich dem Kapitel 8 etwas vor und zeige ein Beispiel, das den alternativen Weg verwendet.

Schritt 1: Neue Typbibliothek anlegen und registrieren

Mit Delphi können Sie auch eine alleinstehende Typbibliothek als neues Projekt anlegen. Dies hat den Vorteil, dass Delphi nur die binäre TLB generiert, die später an anderer Stelle in ein bereits vorhandenes Projekt aufgenommen wird.

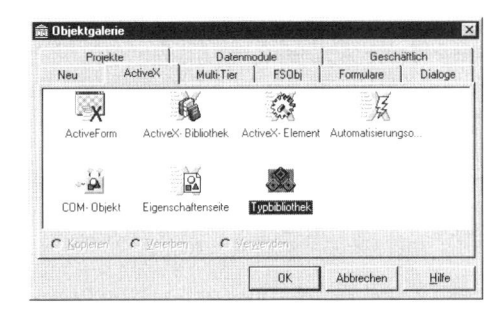

Abb. 2.29: Eine neue Typbibliothek wird erzeugt

Da diese Typbibliothek unabhängig von einem COM-Projekt angelegt wird, entfällt auch die CoClass in der Typbibliothek. Nur das Callback-Interface wird mit seinen Interface-Methoden deklariert.

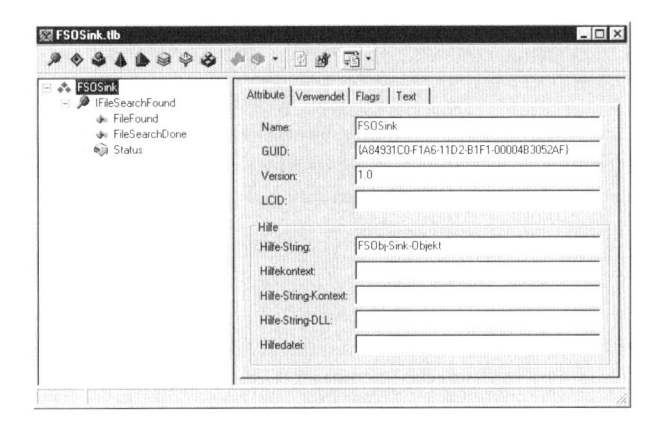

Abb. 2.30: Es wird nur das Interface deklariert

Nachdem die Typbibliothek unter dem Dateinamen *FSOSink.tlb* gespeichert wurde, wird die Typbibliothek über die REGISTRIERUNG-Schaltfläche in der Toolbar-Leiste im System registriert. Beachten Sie dabei unbedingt, dass danach der Name und Pfad der TLB-Datei nachträglich nicht mehr geändert werden darf (sonst ist eine erneute Registrierung fällig).

Schritt 2: Zweite Typbibliothek in die Server-Typbibliothek importieren

Wenn nun der COM-Server bearbeitet wird, der über dieses Callback-Interface den Client informieren soll, kann der Inhalt der gerade angelegten separaten Typbibliothek in die Server-Typbibliothek importiert werden. Über die rechte Maustaste wählen Sie im Popup-Menü den Eintrag ALLE TYPBIBLIOTHEKEN ANZEIGEN aus.

Type Library – die Typbibliothek des COM-Objekts

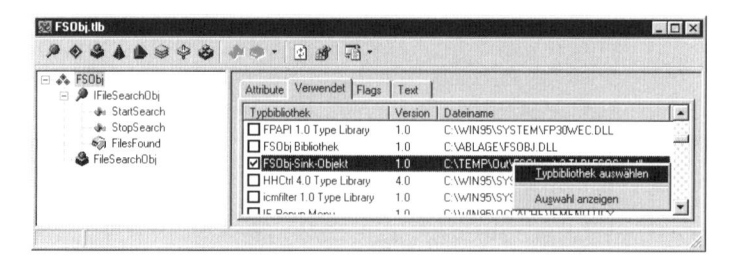

Abb. 2.31: Die zweite Typbibliothek wird in die Server-Typbibliothek importiert

Mit dem zweiten Menüeintrag AUSWAHL ANZEIGEN gelangen Sie wieder zur Übersichtsdarstellung der aktuell verwendeten Typbibliotheken zurück. Waren alle Zwischenschritte erfolgreich, können Sie nun als Parametertyp auf das eigene Interface IFileSearchFound zurückgreifen, obwohl dieses Interface nicht mehr direkt in der Server-Typbibliothek deklariert wird.

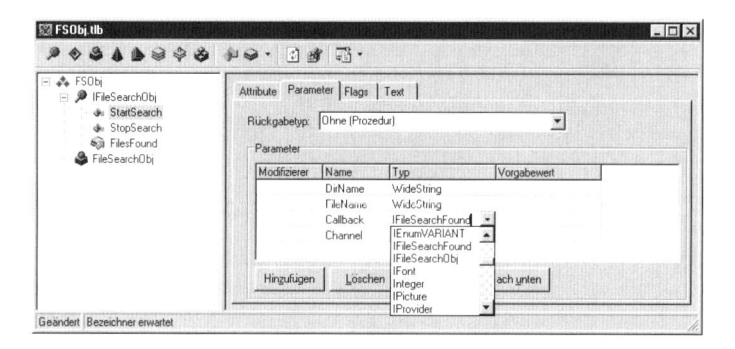

Abb. 2.32: Das in der zweiten Typbibliothek deklarierte Interface wird ausgewählt

Schritt 3: Zweite Typbibliothek im Client importieren

Bislang existiert nur eine TLB-Datei für die binäre Typbibliothek. Delphi erwartet jedoch eine PAS-Unit für diese Bibliothek, sodass in das Client-Projekt die separate Typbibliothek importiert werden muss.

Component Object Model

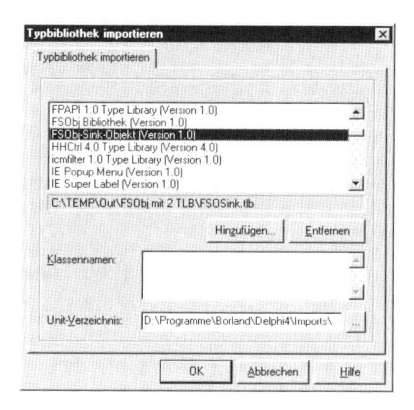

Abb. 2.33: Aus der binären .TLB wird eine TLB.pas gemacht

Der Client kann dann anschließend die generierte *TLB.pas* in seine Uses-Klausel aufnehmen und somit auf die Interface-Deklaration zurückgreifen.

```
uses
  Windows, ActiveX, ComObj, FSOSink_TLB;
```

> *Dieser auf den ersten Blick umständliche Weg lohnt sich nur dann, wenn mehrere COM-Objekte voneinander unabhängig ein anderes Objekt gemeinsam nutzen. In diesem Fall kann jedes COM-Objekt die benötigte TLB einbinden und erspart sich somit die eigene Deklaration.*

2.9.6 Registrieren oder nicht registrieren?

Beim Zugriff auf ein COM-Objekt sind immer zwei Stellen beteiligt. Zum einen der COM-Server, der seine Dienste anbietet und zum anderen der Client, der überhaupt erst einen COM-Server zum Leben erweckt. Der Client kann nur auf die vom Server über seine Interfaces veröffentlichten Methoden zugreifen, wobei sowohl das universelle IDispatch als auch die spezifischen Dual Interfaces zur Verfügung stehen. Während IDispatch vollständig genormt ist, wird jeder COM-Server sein Dual Interface mit eigenen Methoden gestalten. Somit benötigen auch die beiden Stellen (Server und Client) direkt aus der Registry einige Informationen über diesen Mechanismus.

> *Solange ein Client ausschließlich über das IDispatch-Interface (d.h. er verwendet eine Variant-Variable für den Interface-Zeiger) auf einen COM-Server zugreift, muss die Typbibliothek des Servers nicht auf dem Client-Rechner registriert werden. Damit vereinfacht sich die Weitergabe von DCOM-Lösungen, bei denen der Server auf einem externen*

Rechner ausgeführt wird. Allerdings muss man in diesem Fall die Nachteile der späten Bindung über IDispatch in Kauf nehmen.

Rein formal betrachtet reicht es aus, für jeden Client die Typbibliothek zu registrieren. Am einfachsten geht das, indem die EXE-Datei des COM-Servers einmal gestartet wird – er registriert beim Aufruf die in seinen Ressourcen enthaltene Typbibliothek in eigener Regie. Im Normalfall greift eine Delphi-Anwendung bei Bedarf auf die Fähigkeiten des Standard-Marshalers zurück, wobei dieser nur dann die passenden Proxy-/Stub-Objekte einrichten kann, wenn ihm alle Informationen über das Interface und deren Methoden zur Verfügung stehen. Damit steht fest, dass die Typbibliothek sowohl auf der Client-Seite als auch auf der Server-Seite benötigt wird. Befinden sich Client und Server auf dem gleichen Rechner, ist diese Forderung automatisch erfüllt. Im Sonderfall DCOM läuft der COM-Server auf einem anderen Rechner – sodass hier nur dann eine erfolgreiche Verbindung aufgebaut werden kann, wenn auch auf dem Client-Rechner die Typbibliothek des Servers registriert wurde. In diesem Fall kann die Typbibliothek des Servers auf drei verschiedene Arten registriert werden:

1. Der COM-Server wird als EXE-Anwendung einmal auf dem Client gestartet und registriert sich damit selbst. Die Informationen der Typbibliothek sind in den Ressourcen der ausführbaren Datei enthalten, somit darf die ausführbare Datei nicht wieder vom Rechner entfernt werden.
2. Das Delphi-Tool *TREGSRV.EXE* aus dem *Bin*-Unterverzeichnis ist in der Lage, nur die TLB-Datei des COM-Servers auf dem Client zu registrieren. Damit muss nur die binäre TLB-Datei auf dem Client-Rechner installiert werden.
3. Das Installationsprogramm oder eine eigene Anwendung übernimmt diese Aufgaben. Ein Beispiel dazu finden Sie im Demos-Verzeichnisbaum von Delphi.

Mit diesen Vorbereitungen kommt der Client für sich genommen aus – allerdings bedeutet dies nicht, dass er in jedem Fall eine erfolgreiche Verbindung zum COM-Server aufbauen kann. Im Normalfall werden Sie die Klassenfunktionen der CoClass (z.B.: CoMWSt.Create) verwenden, um eine Server-Instanz zu erzeugen, die gleich das gewünschte Interface zurückliefert. Dazu muss aber die CLSID der CoClass in der Registry vorhanden sein. Am sichersten ist somit die erste Variante – der COM-Server wird einmal auf dem Client-Rechner ausgeführt und damit registriert.

2.9.7 Server-Registrierung unter Delphi

Ein COM-Objekt kann als In-process Server oder als Local/Remote Server ausgelegt werden. Für beide Erscheinungsformen unterscheidet sich die von COM erwartete Registrierung, wobei Delphi allerdings für den Entwickler diese Unterschiede über seine vordefinierten Class Factories verbirgt. Es reicht aus, unter Delphi 3 die Unit *COMObj.pas* einzubinden, alles weitere erledigt Delphi im Hintergrund. Ab Delphi 4 muss die Anwendung jedoch `Application.Initialize` aufrufen.

Immer dann, wenn ein Client eine Instanz eines COM-Servers erzeugen will, muss COM die dafür notwendigen Informationen in der Registrierungsdatenbank von Windows vor-

Component Object Model

finden. Aus dieser Perspektive betrachtet, dürfen die Unterschiede zwischen den In-process Servern und Local/Remote Servern nicht mehr vernachlässigt werden.

Es geht dabei um zwei prinzipielle Fragen. Wie wird das ausführbare Server-Modul über seine CLSID gefunden und wie kann der Client eine Instanz des Servers erzeugen?

Wie wird das ausführbare Server-Modul gefunden?

COM verwaltet den Zusammenhang zwischen der CLSID als Kennzeichen für die COM-Klasse und dem dazugehörenden ausführbaren Programmodul in der Registrierungsdatenbank von Windows. Damit muss jeder COM-Server – unabhängig von seiner Ausführung – dafür sorgen, dass diese Informationen in die Registry aufgenommen werden:

- Die Win32-API-Funktion `RegisterTypeLib` registriert die Typbibliothek sowie jedes Dispatch-, Disp- und Dual Interface. Die CLSIDs der Hilfsklassen (CoClasses) werden hingegen nicht registriert.
- Die TComObjectFactory-Methode `UpdateRegistry` sorgt dafür, dass auch die CLSID und die ProgID mit den zusätzlichen Informationen in der Registry eingetragen werden.

Jetzt muss nur noch geklärt werden, wann und wie diese beiden Funktionen und Methoden aufgerufen werden.

CLSID des In-process Servers (DLL) registrieren

Jeder In-process Server exportiert als DLL unter anderem die beiden folgenden Funktionen:

- `DllRegisterServer` sorgt dafür, dass der Server jede seiner COM-Klassen mit der beteiligten Typbibliothek in der Registrierungsdatenbank von Windows vermerkt.
- `DllUnregisterServer` entfernt die durch DllRegisterServer hinzugefügten Einträge aus der Registrierungsdatenbank.

Obwohl die beiden Namen von COM so vorgegeben werden, muss ein COM-Server diese selbst implementieren. Delphi nimmt dem Entwickler diese Arbeit vollständig in der Unit *COMObj.pas* ab.

Damit reicht es aus, wenn jeweils eine der beiden Funktionen aufgerufen wird, um einen In-process Server im System an- beziehungsweise abzumelden. Und auch für den Aufruf dieser beiden Funktionen stehen verschiedene Alternativen zur Verfügung:

- Registrierung über den Delphi-Menüpunkt ACTIVEX-SERVER REGISTRIEREN. Dies ist die für den Entwickler einfachste Methode, indem der In-process Server direkt aus der Delphi-Umgebung heraus registriert wird.
- Registrierung über das Microsoft-Tool *REGSVR32.EXE* aus dem Win32-SDK. Von der Kommandozeile aus wird dem Tool beim Aufruf der Pfadname der DLL übergeben. Dies ist zwar umständlich, hat aber den Vorteil, dass eventuelle Fehlermeldungen sichtbar werden.
- Registrierung durch ein selbstgeschriebenes Programm, indem dieses die DLL lädt und selbst die exportierte Funktion `DllRegisterServer` aufruft. Im Demos-

163

Unterverzeichnis von Delphi finden Sie das Projekt *TRegSrv.dpr*, in dem diese Technik vorgestellt wird.
- Registrierung durch ein Installationsprogramm wie zum Beispiel InstallShield. Dieses Programm erkennt eine zu registrierende DLL über die exportierten Funktionen, sodass die DLL automatisch registriert wird.

CLSID des Local/Remote Servers (EXE) registrieren

Von jedem COM-Server im EXE-Format wird von COM erwartet, dass dieses Modul bestimmte Aufrufparameter auswertet:
- Der Parameter /REGSERVER gibt an, dass sich der Server nur registrieren soll.
- Der Parameter /UNREGSERVER gibt an, dass der Server seine Registrierungseinträge entfernen soll.

Zusätzlich zu dieser Implementierung hat jeder mit Delphi entwickelte COM-Server noch einen wesentlich erweiterten Komfort eingebaut. Solange nicht der Aufrufparameter UNREGSERVER erkannt wird, registriert sich der Server bei jedem Programmstart. Dieses Verhalten implementiert Delphi in der TComServer-Methode Initialize:

```
procedure TComServer.Initialize;
begin
  UpdateRegistry(FStartMode <> smUnregServer);
  if FStartMode in [smRegServer, smUnregServer] then Halt;
  ComClassManager.ForEachFactory(Self,
    FactoryRegisterClassObject);
end;
```

Damit verhält sich jeder mit Delphi entwickelte COM-Server im EXE-Format wie folgt, wobei der Unterschied in der Behandlung der Class Factories wichtig ist:
- Werden die Parameter /REGSERVER beziehungsweise /UNREGSERVER nicht übergeben, so registriert sich der Server beim Programmstart selbst noch einmal. Außerdem aktualisieren auch die Class Factories des Servers ihre Einträge in der Registry.
- Werden die Parameter /REGSERVER beziehungsweise /UNREGSERVER hingegen beim Aufruf übergeben, so führt der Server nur die Registrierung oder Abmeldung durch und beendet sich anschließend sofort wieder. Dabei wird das Programm beendet, bevor sich die Class Factories registrieren können.

Damit ist klar, was jeweils aufgerufen wird, um einen Server zu registrieren. Aber wann soll das passieren und wer ist für diesen Aufruf zuständig. Für den Entwickler ist es ganz einfach. Für In-process Server hat er für diese Aufgabe einen speziellen Menüpunkt in seiner Entwicklungsumgebung, sodass die ganze Sache mit einem Mausklick erledigt ist. Bei einem Local/Remote Server reicht es aus, den Server einmal zu starten, was während der Programmentwicklung ganz zwangsläufig passiert.

Für den normalen Anwender, der die Anwendung auf seinem Rechner installiert, sieht das jedoch ganz anders aus. Ihm steht Delphi mit hoher Wahrscheinlichkeit nicht zur Verfügung. Auch der Aufruf von *REGSVR32.EXE* sieht nicht besonders gut aus, da dieses Kommandozeilen-Tool im Konsolenfenster nicht gerade zeitgemäß aussieht. Der Weg über eine externe REG-Datei hat auch gravierende Nachteile, da immer dann Probleme auftauchen, wenn der Anwender das Installationsverzeichnis frei wählen kann. Es wird also eine Lösung benötigt, die alle notwendigen Schritte automatisch bei der Installation der Anwendung über ein Windows-konformes Installationsprogramm erledigt. Diese Lösung steht mit COM bereits zur Verfügung, solange sich das verwendete Installationsprogramm an die Regeln hält.

Selbstregistrierung

Da die korrekte Registrierung der COM-Objekte für COM sehr wichtig ist, definiert COM einen Mechanismus zur Selbstregistration. Diese Lösung ist für alle Server-Typen im DLL- und EXE-Format geeignet und wird über einen speziellen Eintrag in den Versionsinformationen des Servers aktiviert. Immer dann, wenn in den Versionsinformationen der Eintrag `OLESelfRegister` vorgefunden wird, kann ein Installationsprogramm davon ausgehen, dass der Server automatisch registriert werden darf. Mit Delphi können Sie eigene Einträge zu den Versionsinformationen hinzufügen, sodass spezielle Tools, wie zum Beispiel der Resource Workshop von Borland, nur noch zur optionalen Auflistung der Struktur benötigt werden.

```
1 VERSIONINFO
FILEVERSION 1, 0, 0, 0
PRODUCTVERSION 1, 0, 0, 0
FILEFLAGSMASK VS_FFI_FILEFLAGSMASK
FILEOS VOS__WINDOWS32
FILETYPE VFT_APP
{
 BLOCK "StringFileInfo"
 {
  BLOCK "040704E4"
  {
   VALUE "CompanyName", "\000"
   VALUE "FileDescription", "\000"
   VALUE "FileVersion", "1.0.0.0\000\000"
   VALUE "InternalName", "\000"
   VALUE "LegalCopyright", "\000"
   VALUE "LegalTrademarks", "\000"
   VALUE "OriginalFilename", "\000"
   VALUE "ProductName", "\000"
   VALUE "ProductVersion", "1.0.0.0\000\000\"
   VALUE "Comments", "\000"
   VALUE "OLESelfRegister", "$\000"
  }
 }
 BLOCK "VarFileInfo"
 {
```

```
   VALUE "Translation", 1031, 1252
  }
}
```

Installationsprogramme

Der Eintrag `OLESelfRegister` dient dazu, dem Installationsprogramm unnötige Ladevorgänge von COM-Servern zu ersparen. Ein Windows-konformes Installationsprogramm sucht nur dann nach den Registrierungsfunktionen in einer DLL, wenn dieser Wert in den Versionsinformationen vorgefunden wird. Wird der Eintrag vorgefunden, ruft ein Windows-konformes Installationsprogramm bei DLLs die exportierenden Funktionen `DllRegisterServer` beziehungsweise `DllUnRegisterServer` auf. Deklariert ein Server im EXE-Format diesen Eintrag, soll das Installationsprogramm diesen automatisch mit den Parametern /REGSERVER beziehungsweise /UNREGSERVER starten. Da diese Schalter den Server sofort nach der Registrierung wieder beenden (ohne dass ein sichtbares Programmfenster erscheint), ist diese Lösung für Installationsprogramme gut geeignet. Genauer gesagt vertrauen die Installationsprogramme darauf, dass sich die über diesen Aufruf-Parameter gestartete Anwendung unmittelbar nach der Registrierung selbst beendet, ohne ein Programmfenster anzuzeigen.

Beachten Sie dabei bitte, dass dieser Automatismus nur dann funktioniert, wenn zum Zeitpunkt des Aufrufs alle vom COM-Server benötigten Dateien (DLLs etc.) bereits installiert worden sind. Es kommt daher beim Zusammenstellen der zu kopierenden Dateien auf die richtige Reihenfolge an.

Internet Component Download

Der OLESelfRegister-Eintrag ist jedoch nicht nur für Installationsprogramme von Bedeutung. Auch der Internet Explorer nutzt diesen Eintrag, um bei heruntergeladenen Komponenten zu prüfen, ob diese registriert werden müssen. Der Internet Explorer – oder genauer gesagt der vom IE aufgerufene Internet Component Download-Dienst – sucht in allen OCX-, DLL- und EXE-Dateien nach diesem Eintrag in den Versionsinformationen. Alle Komponenten, die diesen Eintrag nicht verwenden, müssen in einer INF-Datei die benötigte Registrierung anmelden.

2.9.8 Die Registry und die Typbibliotheken

Eine Umgebung, die mit COM-Objekten umgehen kann, kann alle registrierten Typbibliotheken aus dem Registry-Pfad HKEY_CLASSES_ROOT\TYPELIB\{UUID} auslesen.

Component Object Model

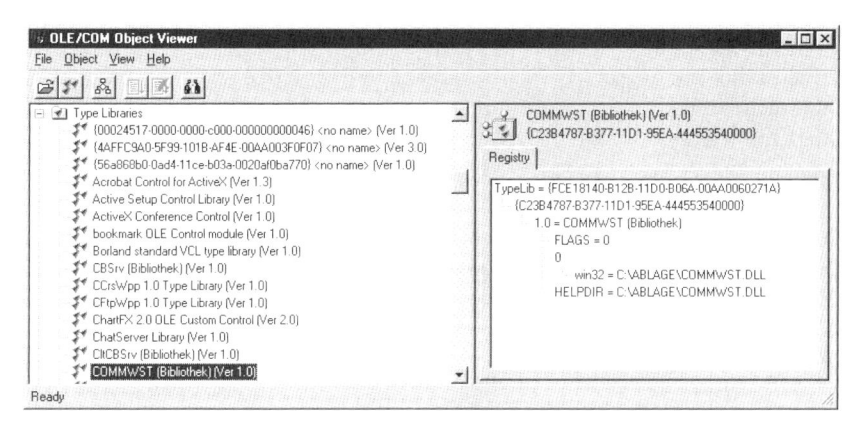

Abb. 2.34: Microsoft-Tool »OLEVIEW.EXE« aus dem Win32-SDK

Über den Eintrag FLAGS kann COM bereits vorher bestimmte Einträge vorselektieren, die in der aktuellen Umgebung nicht sinnvoll verwendbar sind. Die einzelnen FLAGS-Werte werden über eine OR-Verknüpfung kombiniert.

FLAGS-Wert	Beschreibung
1	Beschränkter Zugriff – kein Anwendungsprogramm sollte diese Bibliothek anzeigen oder gar auslesen.
2	Steuerelement – die Typbibliothek enthält eine Beschreibung dieses Controls. Anwendungen, die nicht mit visuellen Steuerelementen umgehen können, sollten diese Typbibliothek ignorieren.
4	Verborgen – diese Typbibliothek wird in Anwendungsprogrammen nicht angezeigt, kann jedoch programmintern verwendet werden.

Tabelle 2.5: Der Wert für FLAGS beschreibt den Verwendungszweck

Der Subkey-Eintrag 0 hat hingegen nur historische Gründe, da die erste Implementierung von OLE die Einträge nicht wieder löschen wollte. Der numerische Index auf die aktuellste Version wird heute nicht mehr verwendet – daher werden Sie hier nur den Wert 0 vorfinden. Der Subkey HELPDIR definiert den Pfad der eventuell zur Typbibliothek gehörenden Hilfedatei.

2.10 COM Object als Instanz der COM Class

Nachdem die COM Class ein Interface implementiert und die Typbibliothek dieses Interface beschreibt, fordert der Client eine Instanz dieser COM Class an. Damit COM die vielfältigsten Aufgabenbereiche abdecken kann, stehen auch für diese Aufgabe unterschiedliche Wege zur Verfügung. Im Kapitel 3 finden Sie daher Informationen zu den folgenden Themen:

- Interne Instanz
- Einfache Instanz
- Mehrfache Instanz
- Singleton-Server
- Running Object Table (ROT)

2.11 Marshaler und Apartments

Auch das Thema COM-Apartments ist so umfangreich, dass es in ein eigenes Kapitel ausgelagert wird. Verwenden Sie nur die Delphi-Experten und greifen Sie nur aus einem Thread heraus auf COM-Objekte zu, müssen Sie das Kapitel 4 nicht unbedingt lesen. Ein Entwickler, der sich in das Thema COM einarbeitet, muss sich nicht unbedingt gleich am Anfang mit diesem komplexen Thema belasten.

3 COM Object – Instanz der COM Class

Die Art und Weise, wie eine Instanz eines COM-Servers angefordert werden kann, ist nur für Local Server und Remote Server (EXE) relevant. Ein In-process Server wird als DLL in der Regel in den Adressraum jedes einzelnen Clients geladen, sodass die Auswahl im Automatisierungsobjekt-Experten nur bei COM-Servern im EXE-Format eine Auswirkung hat.

> *Die Situation sieht bei MTS- und COM+-Objekten für Inprocess Server anders aus – ich komme in den folgenden Buchkapiteln nochmals darauf zurück.*

Bei der Frage, wie mehrere Clients auf ein COM-Objekt zugreifen, muss generell zwischen zwei unterschiedlichen Aspekten unterschieden werden.
1. Soll jeder Client einen eigenen Server-Prozess erhalten?
2. Falls alle Clients einen gemeinsamen Server-Prozess verwenden, sollen alle Clients eine eigene Objekt-Instanz in diesem Prozess erhalten?

Nur die erste dieser beiden Fragen wird von der im Automatisierungs-Objekt getroffenen Auswahl beantwortet.

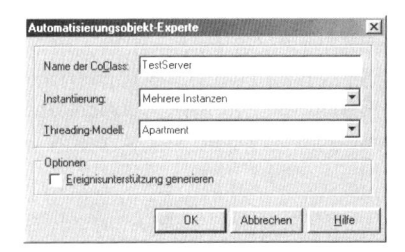

Abb. 3.1: Die Fähigkeiten des Delphi-Experten

Die Entscheidung, die Sie gleich am Anfang im Automatisierungsobjekt-Experten treffen, kann jederzeit völlig problemlos geändert werden.

Instanzierung	Bedeutung
Intern	Das COM-Objekt kann nur intern erzeugt werden, für außenstehende Anwendungen ist es nicht sichtbar.
Einfache Instanz	Auf eine Instanz dieses Prozesses kann immer nur ein Client zugreifen, d.h. jeder Client erhält seinen eigenen Server-Prozess. Muss mit vielen verschiedenen Clients gerechnet werden, ist dieses Instanzierungsmodell ressourcenintensiv, da der Server als EXE in entsprechend vielen Kopien ausgeführt wird. Diesem Nachteil steht der Vorteil

Instanzierung	Bedeutung
	gegenüber, dass jeder Client für sich allein einen Server hat.
Mehrfache Instanz	Auf eine Instanz dieses Prozesses können beliebig viele Clients zugreifen, d.h. alle Clients teilen sich diesen Server. Damit ist diese Aufrufmethode bei vielen Clients ressourcensparender, da immer nur ein Server-Prozess ausgeführt wird. Dem steht allerdings der Nachteil gegenüber, dass sich alle Clients einen Server teilen müssen.

Tabelle 3.1: Instanzierung eines Local Servers

3.1 Einfache vs. mehrfache Instanz

Um nicht immer wieder das gleiche Listing-Schema zu wiederholen, beschränke ich mich nur auf den wesentlichen Teil in der Implementations-Unit des Servers. Im Initialization-Abschnitt wird die Class Factory des Servers definiert, indem eine Instanz von `TAuto-ObjectFactory` mit den entsprechenden Parametern erzeugt wird.

Die beiden Beispielprojekte finden Sie im Verzeichnis »Kapitel 3\Single_Multi_Instanz« auf der CD-ROM.

Der Beispiel-Server

Um nun das Verhalten des Servers in beiden Konfigurationen zu untersuchen, tauschen Sie einfach den vorletzten Parameter aus. Die Konstante `ciSingleInstance` definiert die einfache Instanz, während `ciMultiInstance` für die mehrfache Instanzierung des Servers zuständig ist.

```
Initialization
  TAutoObjectFactory.Create(ComServer, TSingleInstanzAuto,
                   Class_SingleInstanzAuto,
                   ciSingleInstance, tmApartment);

Initialization
  TAutoObjectFactory.Create(ComServer, TSingleInstanzAuto,
                   Class_SingleInstanzAuto,
                   ciMultiInstance, tmApartment);
```

Der Beispiel-Client

Das Beispielprogramm für den Client stellt zwei Schaltflächen für die Server-Aktivierung zur Verfügung. Mit dem linken Button erzeugt der Client nur eine Instanz des COM-Servers.

COM Object – Instanz der COM Class

Verwendet der Server die Konstante `ciSingleInstance` und startet man zwei Instanzen des Clients, so ruft jeder Client seinen eigenen Server-Prozess auf.

Verwendet der Server die Konstante `ciMultiInstance` und startet man zwei Instanzen des Clients, so ruft jeder Client den gleichen (!) Server-Prozess auf. Damit nutzt der zweite Client die bereits bestehende Server-Prozessinstanz mit, aber jeder Client greift trotzdem auf eine eigene Objektinstanz zu.

```
uses SingleCom_TLB;

procedure TFormMain.ButtonCallOneClick(Sender: TObject);
var
  aSrv : ISingleInstanzAuto;
begin
  aSrv := CoSingleInstanzAuto.Create;
  StatBar.SimpleText := aSrv.Instanzierung;
  aSrv.ShowAbout('Server zeigt Client-Text an');
end;
```

Mit dem rechten Button ändert sich die Situation etwas, hier soll geprüft werden was passiert, wenn ein Client gleich zwei Instanzen des Servers anfordert.

Verwendet der Server die Konstante `ciSingleInstance` und startet ein Client gleich zwei Server-Aufrufe hintereinander, so erhält er auch zwei Server-Instanzen!

Verwendet der Server die Konstante `ciMultiInstance` und startet ein Client gleich zwei Server-Aufrufe hintereinander, so wird immer der gleiche Server-Prozess angesprochen.

```
procedure TFormMain.ButtonCallTwoClick(Sender: TObject);
var
  aSrv1, aSrv2 : ISingleInstanzAuto;
begin
  aSrv1 := CoSingleInstanzAuto.Create;
  StatBar.SimpleText := Format('%s - %d Server',
                        [aSrv1.Instanzierung, 1]);
  Refresh;
  aSrv1.ShowAbout('Server 1 zeigt Client-Text an');
  aSrv2 := CoSingleInstanzAuto.Create;
  StatBar.SimpleText := Format('%s - %d Server',
                        [aSrv2.Instanzierung, 2]);
  Refresh;
  aSrv2.ShowAbout('Server 2 zeigt Client-Text an');
end;
```

Der Hintergrund

Die von Ihnen im Automatisierungsobjekt-Experten getroffene Entscheidung setzt Delphi intern in der TComObjectFactory-Methode `RegisterClassObject` um. Diese Methode ruft immer dann, wenn es sich nicht nur um ein Objekt zur internen Nutzung handelt, die Win32-API-Funktion `CoRegisterClassObject` auf.

```
procedure TComObjectFactory.RegisterClassObject;
const
  RegFlags: array[ciSingleInstance..ciMultiInstance] of Integer=(
              REGCLS_SINGLEUSE, REGCLS_MULTIPLEUSE);
  SuspendedFlag: array[Boolean] of Integer = (0,
                                              REGCLS_SUSPENDED);
begin
  if FInstancing <> ciInternal then
    OleCheck(CoRegisterClassObject(FClassID, Self,
             CLSCTX_LOCAL_SERVER,
             RegFlags[FInstancing] or
             SuspendedFlag[FComServer.StartSuspended],
             FRegister));
end;
```

Mit dem Aufruf von CoRegisterClassObject geben sich COM-Server nach außen hin zu erkennen. Erst nach diesem Aufruf kann ein Client letztendlich einen Interface-Zeiger für diesen Server abfordern. Haben Sie im Automatisierungsobjekt-Experten den Eintrag EINFACHE INSTANZ ausgewählt, verwendet Delphi als Parameter die Konstante REG-CLS_SINGLEUSE. Und dies führt dazu, dass COM den öffentlichen Vermerk über den Server nach dem ersten erfolgreichen Connect eines Clients entfernt. Fordert ein weiterer Client die Dienste dieses Servers an, so ist die bereits laufende Instanz für ihn unsichtbar – er bekommt somit einen eigenen Server-Prozess, da COM den angeforderten Server als neuen Prozess starten muss.

3.2 Was beim Delphi-Experten fehlt

Ein Automation-Server kann vom Delphi-Experten in drei Instanzierungsarten angelegt werden: INTERN, EINFACHE INSTANZ und MEHRERE INSTANZEN. Die getroffene Auswahl gilt dabei ausschließlich aus der Sichtweise des Servers, somit legt die Auswahl MEHRERE INSTANZEN fest, dass auf die eine Server-Instanz (genauer gesagt, auf den einen Server-Prozess) gleich mehrere Clients zugreifen können. Allerdings sind dabei feine Abstufungen zu unterscheiden – auch dann, wenn tatsächlich nur eine Instanz der Server-EXE auf dem Rechner ausgeführt wird, bedeutet dies nicht, dass jeder Client auch mit exakt der gleichen COM-Objekt-Instanz arbeitet.

Auch dann, wenn im Delphi-Experten für Automation-Server der Eintrag MEHRERE INSTANZEN ausgewählt wird, erhält jeder Client seine eigene Instanz des COM-Objekts im gemeinsam genutzten Server-Prozess. Somit teilen sich alle Clients nur die globalen Daten des Servers. Die COM-Objekte mit ihren Objektfeldern hingegen gehören nur jeweils einem einzigen Client.

Das in der Abbildung 3.2 dargestellte Beispielprojekt demonstriert diesen Fall – obwohl 3 Clients auf den gemeinsam genutzten Server-Prozess zugreifen und sich die globale Variable gemeinsam teilen, verwendet jeder Client eine private Objekt-Instanz und somit auch eine eigene Kopie der Objektfelder dieser Instanz.

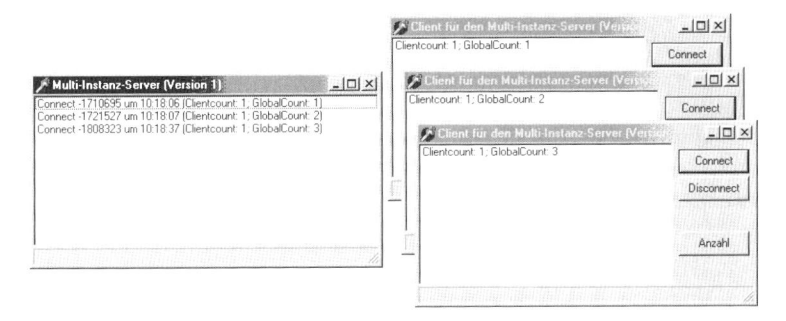

Abb. 3.2: Das Standardverhalten beim Eintrag MEHRERE INSTANZEN

Der Grund für dieses Verhalten liegt im Aufbau der ClassFactory-Klassen von Delphi. Warum sich der Automation-Server so verhält, wird deutlich, wenn man sich einmal den Aufrufmechanismus etwas genauer anschaut. Dabei sind drei verschiedene Stellen beteiligt:

Schritt 1: Der Client erzeugt eine Objektinstanz

Der Client ruft die von Delphi automatisch eingerichtete Class Function Create aus der Typbibliotheks-Unit auf, um über die CoClass eine Instanz des COM-Objekts anzufordern.

```
procedure TForm1.ButtonConnectClick(Sender: TObject);
var
  swMsg : WideString;
begin
  FROTSrv := CoROTServer1.Create;
  swMsg := 'Connect';
  FROTSrv.Connect(GetCurrentThreadID, Now, swMsg);
  ListBoxMsg.Items.Add(swMsg);
end;
```

Schritt 2: CoClass ruft indirekt CoCreateInstance auf

In der Class Function Create wird die Delphi-Hilfsfunktion CreateComObject aufgerufen.

```
class function CoROTServer1.Create: IROTServer1;
begin
  Result := CreateComObject(CLASS_ROTServer1) as IROTServer1;
end;
```

Allerdings delegiert auch CreateComObject die Arbeit sofort weiter, indem die API-Funktion `CoCreateInstance` aufgerufen wird.

```
function CreateComObject(const ClassID: TGUID): IUnknown;
begin
  OleCheck(CoCreateInstance(ClassID, nil, CLSCTX_INPROC_SERVER or
    CLSCTX_LOCAL_SERVER, IUnknown, Result));
end;
```

Die API-Funktion CoCreateInstance ist eine von COM angebotene Hilfsfunktion, die eine uninitialisierte Instanz eines COM-Objekts der gewünschten CLSID erzeugt und einen Verweis auf das gewünschte Interface zurückliefert. Dabei wird das ClassFactory-Objekt des COM-Servers nur kurzzeitig verwendet und anschließend sofort wieder freigegeben. Die interne Funktion von CoCreateInstance entspricht ungefähr dem folgenden Aufbau, den Microsoft nur als Pseudo-Code für die Sprache C veröffentlicht hat:

```
CoGetClassObject(rclsid, dwClsContext, nil,
                 IID_IClassFactory, pCF);
hresult = pCF.CreateInstance(pUnkOuter, riid, ppvObj)
pCF.Release;
```

Zuerst wird eine Instanz der Class Factory angefordert, die als „Baumeister" in der Lage ist, eine Objektinstanz zu erzeugen. Anschließend wird der Baumeister in den Ruhestand geschickt. Die Stärke dieser Funktion liegt also darin, nur eine einzige Instanz des COM-Objekts über den von Delphi eingerichteten Klassengenerator zu erzeugen.

Schritt 3: Der Klassengenerator

Woher kennt COM aber diesen „Baumeister"? Die Frage beantwortet sich mit einem kurzen Blick auf den Initialization-Abschnitt von selbst:

```
Initialization
  TAutoObjectFactory.Create(ComServer, TROTServer1,
                            Class_ROTServer1,
                            ciMultiInstance, tmApartment);
```

Delphi richtet für die COM Class einen Klassengenerator ein, der von COM eindeutig über die CLSID des Objekts zugeordnet werden kann. Und in dieser Class Factory wird auch die Instanzierungs-Art festgelegt – allerdings nur in einem bestimmten Rahmen. Der Klassengenerator prüft nicht, ob bereits eine Instanz seiner COM Class aktiv ist, sondern erzeugt immer eine neue Instanz. Sollen nun mehrere Clients tatsächlich beim Connect das gleiche COM-Objekt im Multiinstanz-Server wiederverwenden, ist also eine völlig andere Herangehensweise notwendig. Für diese Aufgabe stehen mehrere Alternativen zur Verfügung.

- Die Clients fordern über ein Hilfsobjekt (Singleton Server) das gemeinsam zu nutzende COM-Objekt an.

- Die Clients nutzen die von COM gepflegte Running Object Table (ROT) aus, um einen Interface-Zeiger auf die bereits ausgeführte Objekt-Instanz abzufordern.

3.3 Singleton Server

Das im folgenden vorgestellte Beispielprojekt verwendet die Möglichkeiten der bedingten Kompilierung, um in einem Quelltext sowohl das Standardverhalten als auch den Singleton-Server zu implementieren. Somit können die Auswirkungen sehr gut beobachtet und verglichen werden.

Die beiden Beispielprojekte für Delphi 4 und 5 finden Sie im Verzeichnis »Kapitel 3\Singleton«.

Verhalten des Singleton Servers

Zum Test speichert der COM-Server einen Integerwert jeweils als Objektfeld der eigenen Klasse und als globale Variable. Über eine Read-Only-Eigenschaft des Server-Interfaces kann nun jeder Client den aktuellen Inhalt beider Variablen abfragen. Dabei ergibt sich das folgende Bild:

Aktion	Objektfeld	Globale Variable
Client 1 schreibt Wert 100	100	100
Client 2 schreibt Wert 125	125	125
Client 1 liest Wert aus 100	100	125

Tabelle 3.2: Die Situation beim Standard-Server

Beim Standard-Server von Delphi verwendet jeder Client eine eigene COM-Objektinstanz und somit auch eigene Objektfelder. Nur die globale Variable wird gemeinsam genutzt, sodass der Client 1 beim Auslesen nach der Änderung durch Client 2 unterschiedliche Ergebnisse erhält.

Erst beim Einsatz des Singleton Servers greift jeder Client auf das gleiche Objekt und somit auf das gleiche Objektfeld zurück.

Aktion	Objektfeld	Globale Variable
Client 1 schreibt Wert 100	100	100
Client 2 schreibt Wert 125	125	125
Client 1 liest Wert aus 100	125	125

Tabelle 3.3: Die Situation beim Singleton Server

Implementierung des Singleton Servers

In der vorangegangenen Betrachtung wurde der im Schritt 3 ins Spiel gekommene Klassengenerator als Ursache für das Standard-Verhalten ermittelt. Und da ich im zweiten Kapitel darauf hingewiesen habe, dass die von Delphi bereitgestellten Class Factories überschrieben werden können, greife ich auf diese Option auch in diesem Fall zurück.

Schritt 1: Eigenen Klassengenerator von TAutoObjectFactory ableiten

Das von TAutoObjectFactory geerbte Verhalten des Klassengenerators wird geändert, indem die Methode `CreateComObject` modifiziert wird und ein privates Objektfeld als Referenz auf die bereits bestehende Objektinstanz hinzukommt.

```
type
  TSingletonAutoObjectFactory = class(TAutoObjectFactory)
  private
    FCOMObj : TComObject;
  public
    function CreateComObject(
      const Controller: IUnknown): TComObject; override;
    destructor Destroy; override;
  end;
```

In der von TAutoObjectFactory geerbten Methode CreateComObject wird zuerst geprüft, ob im eigenen Objektfeld bereits eine Referenz auf eine Objektinstanz enthalten ist. Wenn ja, so wird keine neue Instanz erzeugt, sondern die bereits bestehende zurückgeliefert. Wird im privaten Objektfeld des Klassengenerators jedoch der Wert Nil vorgefunden, muss die erste Objektinstanz auf dem normalen Weg über den Aufruf von CreateComObject erzeugt werden.

```
function TSingletonAutoObjectFactory.CreateComObject(
  const Controller: IUnknown): TComObject;
begin
  if FCOMObj = nil then
    FCOMObj := inherited CreateComObject(Controller);
  Result := FCOMObj;
end;

destructor TSingletonAutoObjectFactory.Destroy;
begin
  FCOMObj := nil;
  inherited;
end;
```

Da der Klassengenerator einen Verweis auf die Objektinstanz in seinem privaten Objektfeld speichert, wird dieser Verweis vor dem Zerstören der Klassengeneratorinstanz entfernt.

Schritt 2: Eigenen Klassengenerator aktivieren

Das COM-Objekt kann zu diesem Zeitpunkt gleich auf zwei vollwertige Klassengeneratoren zurückgreifen. Der Experte hat `TAutoObjectFactory` im Initialization-Abschnitt der Unit automatisch eingetragen – dies muss nun von Hand korrigiert werden. Über die Fähigkeiten der bedingten Kompilierung können Sie beide Varianten ausprobieren und das Verhalten des COM-Objekts austesten. Wenn das Symbol NO_SINGLETON zur Kompilierungszeit definiert ist, verwendet Delphi den Standard-Klassengenerator TAutoObjectFactory, anderenfalls den eigenen.

```
initialization
  {$IFDEF NO_SINGLETON}
  TAutoObjectFactory.Create(ComServer,
                            TSingletonSrvExample,
                            Class_SingletonSrvExample,
                            ciMultiInstance,
                            tmApartment);
  {$ELSE}
  TSingletonAutoObjectFactory.Create(ComServer,
                            TSingletonSrvExample,
                            Class_SingletonSrvExample,
                            ciMultiInstance,
                            tmApartment);
  {$ENDIF}
end.
```

3.4 Running Object Table (ROT)

Die Running Object Table ist eine rechnerweit definierte Tabelle, in der sich aktive Objektinstanzen selbst registrieren können. Über die ROT kann ein Moniker herausfinden, ob ein Objekt bereits ausgeführt wird. Die ROT dient also dazu, das unnötige Instanzieren von COM-Objekten zu vermeiden, wenn eine bereits aktive Instanz mitgenutzt werden kann.

Im Gegensatz zum Singleton-Server legt dabei nur der Client fest, ob er eine neue Instanz oder eine bereits aktive Instanz des COM-Servers nutzen will.

3.4.1 Moniker

COM stellt über das Interface `IRunningObjectTable` eine Schnittstelle zur ROT zur Verfügung. Mit der API-Hilfsfunktion `GetRunningObjectTable` kann eine Anwendung einen Interface-Zeiger für IRunningObjectTable anfordern.

```
IRunningObjectTable = interface(IUnknown)
  ['{00000010-0000-0000-C000-000000000046}']
  function Register(grfFlags: Longint;
                    const unkObject: IUnknown;
    const mkObjectName: IMoniker;
      out dwRegister: Longint): HResult; stdcall;
  function Revoke(dwRegister: Longint): HResult; stdcall;
  function IsRunning(const mkObjectName: IMoniker): HResult;
    stdcall;
  function GetObject(const mkObjectName: IMoniker;
    out unkObject: IUnknown): HResult; stdcall;
  function NoteChangeTime(dwRegister: Longint;
    const filetime: TFileTime): HResult; stdcall;
  function GetTimeOfLastChange(const mkObjectName: IMoniker;
    out filetime: TFileTime): HResult; stdcall;
  function EnumRunning(out enumMoniker: IEnumMoniker): HResult;
    stdcall;
end;
```

Über die Methode `EnumRunning` wird ein Interface-Zeiger auf IEnumMoniker zurückgeliefert, sodass alle registrierten aktiven Objekte über ihren Moniker aufgelistet werden können. Ein Beispiel dafur stelle ich Ihnen in diesem Kapitel noch vor.

Im zweiten Kapitel bin ich auf die Notwendigkeit, Objekte einen eindeutigen Namen zu vergeben, bereits eingegangen. Dabei ging es jedoch nur um die eindeutigen Namen für die COM Class, aber nicht um eindeutige Namen für jede aktive Instanz dieser COM Class. Die Moniker – die auch als intelligente Namen bezeichnet werden – bilden eine definierte und erweiterbare Möglichkeit zur systemweiten Benennung von Objektinstanzen. Ein Moniker ist also nichts anderes als ein Objekt, das ein anderes Objekt identifiziert.

Moniker-Typ	Verwendung
Datei-Moniker	Objekt, das einen für einen Pfadnamen (Datei-Typ) zuständigen Server zurückliefern kann
Element-Moniker	wird zur Identifizierung eines Objekts verwendet, das in einem anderen Objekt enthalten ist
Zeiger-Moniker	identifiziert ein Objekt, das nur im ausgeführten Zustand existiert
Anti-Moniker	hebt als Gegenstück zu einem anderen Moniker dessen Wirkung auf
Verbund-Moniker	ist aus anderen Monikern zusammengesetzt
Klassen-Moniker	fungiert als Wrapper für die CLSID einer COM Class

COM Object – Instanz der COM Class

Moniker-Typ	Verwendung
URL-Moniker	verwaltet eine URL (Uniform Resource Locator)
OBJREF-Moniker	kapselt einen IUnknown-Interfacezeiger in einem Objekt

Tabelle 3.4: Die Moniker-Typen

Das Interface IMoniker ist sehr umfangreich, sodass ich mich nur auf zwei Interface-Methoden beschränke, bei denen ein Bindungskontext genutzt wird:

```
IMoniker = interface(IPersistStream)
  ['{0000000F-0000-0000-C000-000000000046}']
  function BindToObject(const bc: IBindCtx;
    const mkToLeft: IMoniker;
    const iidResult: TIID; out vResult): HResult; stdcall;
  ...
  function IsRunning(const bc: IBindCtx;
    const mkToLeft: IMoniker;
    const mkNewlyRunning: IMoniker): HResult; stdcall;
  ...
end;
```

Ein Moniker kann über den Bindungskontext (IBindCtx) eine Verbindung zu einem von ihm benannten Objekt herstellen. Zum Beispiel steht dazu die API-Hilfsfunktion CoGetObject zur Verfügung.

Die beiden Beispielprojekte für Delphi 4 und 5 finden Sie im Verzeichnis »Kapitel 3\RunningObjectTable«. Im Unterverzeichnis »Default« demonstriert ein Beispielserver den Normalfall, während die Version aus dem Unterverzeichnis »RegisterActiveObject« auf die ROT zugreift.

3.4.2 Beispiel für einen ROT-Server

Doch genug der grauen Theorie – zum Glück müssen Sie sich nicht unbedingt damit befassen, wenn das eigene aktive Objekt in die ROT eingetragen werden soll. Da COM über sein API entsprechende Hilfsfunktionen bereitstellt, ist das Registrieren und auch das Abfordern einer aktiven Objekt-Instanz aus der ROT schnell implementiert.

Die Server-Erweiterungen

Über die API-Funktion RegisterActiveObject wird eine bereits ausgeführte Instanz eines COM-Objekts als aktives Objekt der Klasse (CLSID) systemweit registriert. COM nimmt daraufhin dieses Objekt in seine globale Verzeichnistabelle auf. Zu einem späteren Zeitpunkt kann ein Client das so registrierte Objekt jederzeit anfordern, ohne dass eine neue Instanz des Objekts erstellt werden muss. Selbstverständlich muss der COM-Server auch wieder dafür sorgen, dass dieses Objekt sofort wieder abgemeldet wird, wenn die Instanz des COM-Servers zerstört wird.

```
procedure TROTServer2.Initialize;
begin
  inherited Initialize;
  RegisterActiveObject(Self as IUnknown, CLASS_ROTServer2,
                       ACTIVEOBJECT_WEAK, FSrvROTHandle);
end;

destructor TROTServer2.Destroy;
begin
  RevokeActiveObject(FSrvROTHandle, nil);
  inherited Destroy;
end;
```

Noch ein Wort zum dritten Parameter – über den Wert ACTIVEOBJECT_WEAK teilt das COM-Objekt mit, dass in der ROT nur ein Zeiger auf das Objekt gespeichert werden soll, ohne den Verwendungszähler des Objekts zu verändern. Damit entfernt COM alle Verweise, sobald der letzte Client seine Referenz auf das COM-Objekt abgebaut hat. Alle Automation-Server sollen den Wert ACTIVEOBJECT_WEAK verwenden, sodass auch dieses Beispielprogramm keine Ausnahme macht.

Die Client-Erweiterungen

Das COM-Objekt hat dafür gesorgt, dass sich die erste Instanz automatisch in der ROT registrieren lässt. Wenn nun ein anderer Client diese bereits ausgeführte Objekt-Instanz verwenden soll, muss der Aufrufmechanismus grundlegend geändert werden. Der Client versucht zuerst, über die API-Funktion GetActiveObject einen Interface-Zeiger auf das in der ROT registrierte Objekt zu erhalten. Immer dann, wenn bereits vor ihm ein anderer Client das COM-Objekt angefordert und registriert hat, erhält der Client einen Interface-Zeiger auf IUnknown zurück. Über die Typumwandlung As tauscht Delphi implizit den Interface-Zeiger für IUnknown in den gewünschten Zeiger für das Interface IRotServer2 um.

```
uses ActiveX;

procedure TForm1.ButtonConnectClick(Sender: TObject);
var
  swMsg   : WideString;
  aSrvObj : IUnknown;
begin
  GetActiveObject(CLASS_ROTServer2, nil, aSrvObj);
  if Assigned(aSrvObj) then
    begin
```

COM Object – Instanz der COM Class

```
      FROTSrv := aSrvObj as IROTServer2;
      swMsg := 'Connect mit ROT-Instanz';
    end
  else
    begin
      FROTSrv := CoROTServer2.Create;
      swMsg := 'Connect mit neuer Instanz';
    end;
  StatusBar1.SimpleText := swMsg;
  FROTSrv.Connect(GetCurrentThreadID, Now, swMsg);
  ListBoxMsg.Items.Add(swMsg);
end;
```

Für den Fall, dass der Client als erster auf das COM-Objekt zurückgreift, liefert `GetActiveObject` keinen gültigen Interface-Zeiger zurück. Der Client kann dann über den Aufruf der CoClass-Funktion `Create` die erste Instanz des COM-Objekts wie gehabt erzeugen. Da sich das COM-Objekt bei dieser Gelegenheit selbst in der ROT registriert, gelingt der Aufruf bei allen späteren Clients, solange mindestens ein Client seine Referenz auf das Objekt behält.

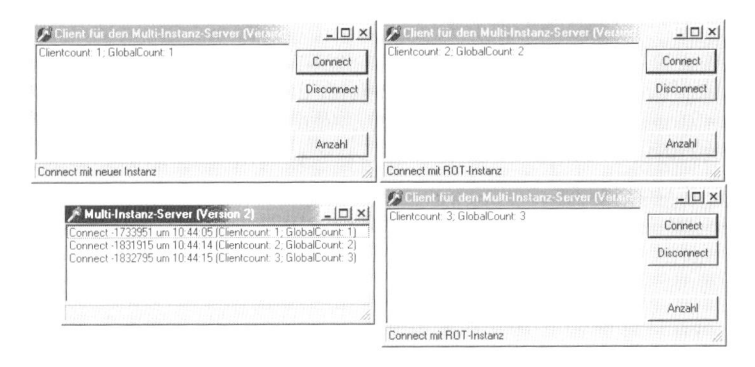

Abb. 3.3: Alle drei Clients verwenden die gleiche Objekt-Instanz

Die Running Object Table (ROT) ist nur im Kontext einer Window Station gültig. Dies wird immer dann relevant, wenn ein COM-Objekt in einem NT-Service ausgeführt wird und dieser Service eine eigene Window Station verwendet (RunAs).

3.4.3 Inhalt der ROT auslesen

Im Microsoft Platform SDK ist das Tool IROTVIEW enthalten, mit dessen Hilfe Sie einen Blick hinter die Kulissen werfen können. Das Programm listet alle zur Zeit in der ROT registrierten COM-Objekte mit ihrer Konfiguration auf.

Running Object Table (ROT)

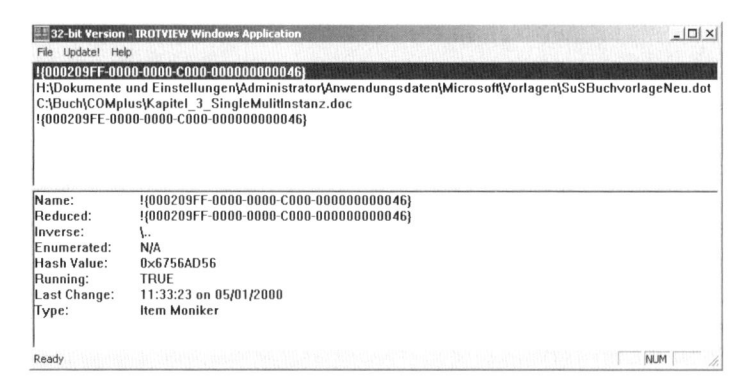

Abb. 3.4: IrotView aus dem Platform SDK zeigt alle registrierten Server an

Steht Ihnen dieses Tool nicht zur Verfügung, können Sie vergleichbare Informationen auch über ein selbstgeschriebenes Delphi-Programm ermitteln.

Das Beispielprojekt finden Sie im Verzeichnis »Kapitel 3\ShowROT«.

Über die API-Funktion `GetRunningObjectTable` erhalten Sie einen Zeiger auf das IRunningObjectTable-Interface und können somit einen Interface-Zeiger für das zuständige Enumerationsobjekt abfordern. Über die While-Schleife wird dann jeder einzelne Eintrag ausgelesen und ausgewertet.

Nachdem über den Aufruf von `GetDisplayName` die Zeichendarstellung ermittelt wurde, kann geprüft werden, ob es sich bei dem ersten Zeichen um ein Ausrufezeichen handelt. Wenn ja, liegt eine CLSID für dieses Objekt vor, sodass diese CLSID in eine besser lesbare ProgID umgetauscht werden kann.

Wird dann auch noch die ProgID für die Textverarbeitung Microsoft Word vorgefunden, kann man sich einen Interface-Zeiger auf diese Instanz holen und zum Beweis den Namen des aktiven Word-Dokuments in der zweiten Listbox anzeigen.

Immer dann, wenn als Parameter ein `PWideChar` übergeben wird, dessen Speicherplatz von der aufgerufenen API-Funktion angefordert wird, ist das eigene Programm am Ende für die Freigabe dieses Speicherbereichs zuständig. Dafür gibt es verschiedene Optionen, auf die ich im Kapitel 7 noch näher eingehe. In diesem Beispiel greife ich auf die API-Funktion `CoTaskMemFree` zurück.

```
uses
  ComObj, ActiveX, Word2000;

procedure TForm1.ButtonShowClick(Sender: TObject);
const
  cPROG = 'Word.Application';
var
```

COM Object – Instanz der COM Class

```
    iROT     : IRunningObjectTable;
    iEnum    : IEnumMoniker;
    iMon     : IMoniker;
    iFetch   : Integer;
    iBind    : IBindCtx;
    pwChr    : PWideChar;
    aGUID    : TGUID;
    pwProgID : PWideChar;
    iUnk     : IUnknown;
    aWordSrv : _Application;
begin
  OleCheck(GetRunningObjectTable(0, iROT));
  OleCheck(iROT.EnumRunning(iEnum));
  iEnum.Reset;
  while Succeeded(iEnum.Next(1, iMon ,@iFetch)) do
  begin
    if iFetch <> 1 then
      Break;
    OleCheck(CreateBindCtx(0, iBind));
    OleCheck(iMon.GetDisplayName(iBind, nil, pwChr));
    if Assigned(pwChr) then
      begin
        if pwChr[0] = '!' then
          begin
            try
              aGUID := StringToGUID(Copy(pwChr, 2,
                                  Length(pwChr) -1 ));
              ProgIDFromCLSID(aGUID, pwProgID);
              Listbox1.Items.Add(pwProgID);
              if Copy(pwProgID, 1, Length(cPROG)) = cPROG then
                begin
                  OleCheck(iROT.GetObject(iMon, iUnk));
                  aWordSrv := iUnk as _Application;
                  ListboxWord.Items.Add(
                    aWordSrv.ActiveDocument.Name);
                  aWordSrv := nil;
                end;
              CoTaskMemFree(pwProgID);
            except
              //
            end;
          end;
        CoTaskMemFree(pwChr);
      end;
```

```
    end;
end;
```

Abb. 3.5: Das eigene Programm liest die Daten aus

3.5 TOleServer.ConnectKind

Mit Delphi 5 stehen die Wrapper-Klassen für Automation Server zur Verfügung, sodass ein Client direkt über eine im Formular platzierte Komponente seine Server-Instanz anfordert. Für diesen Fall wird selbstverständlich ein anderer Mechanismus benötigt, wenn der Client zwischen einer neuen und einer bereits vorhandenen Objektinstanz unterscheiden soll. Das folgende Beispiel stammt aus dem im ersten Kapitel vorgestellten Beispiel für einen mit Delphi 5 entwickelten Automation Server. Die Interface-Methode des Servers wird direkt aufgerufen, ohne dass sich der Client vorher um das Anfordern einer Server-Instanz kümmern muss.

```
procedure TFormClient2.Button1Click(Sender: TObject);
var
  sSrvMsg : WideString;
begin
  ET2KObj1.DoWork('Delphi 5 Komponente', sSrvMsg);
end;
```

Bei einem Formular darf man niemals die Bedeutung der dazugehörenden DFM-Datei vergessen – und dort findet sich auch die Anforderung einer Server-Instanz. Da Delphi die DFM-Datei beim Programmstart auswertet, wird der verwendete Server gleich mit gestartet. Die Eigenschaften `AutoConnect` und `ConnectKind` des TOleServer-Nachfolgers legen das Startverhalten fest.

```
  object ET2KObj1: TET2KObj
    AutoConnect = True
    ConnectKind = ckRunningOrNew
    OnWork = ET2KObj1Work
    Left = 32
    Top = 16
  end
```

Und über die Eigenschaft `ConnectKind` legen Sie im Objekt-Inspektor fest, auf welche Art und Weise die Server-Instanz angefordert wird.

Wert	Bedeutung
ckRunningOrNew	verbindet mit einem laufenden Server oder erzeugt eine neue Instanz des Servers
ckNewInstance	erzeugt immer eine neue Instanz des Servers
ckRunningInstance	verbindet nur mit einer laufenden Instanz des Servers
ckRemote	Verbindet mit einer Remote-Instanz des Servers. Bei Verwendung dieser Option muss ein Wert für RemoteMachineName angegeben werden.
ckAttachToInterface	Verbindet nicht mit dem Server. Stattdessen stellt die Anwendung über die ConnectTo-Methode eine Schnittstelle zur Verfügung, die in untergeordneten Klassen eingeführt ist.

Tabelle 3.5: Die zulässigen Werte für ConnectKind

3.6 StartMode smStandAlone

Angenommen, der eigene Local Server soll sowohl manuell vom Benutzer als auch über Automation von einer anderen Anwendung verwendet werden können. Allerdings darf die vom Benutzer manuell gestartete Programminstanz nicht als Automation Server genutzt werden, damit die vom Benutzer manuell eingetragenen Daten niemals versehentlich über den Weg der Automation geändert werden. Diese Aufgabe ist dank Delphi schnell zu erledigen, wie das folgende Beispielprojekt demonstriert.

Das Beispielprojekt finden Sie im Verzeichnis »Kapitel 3\StandAlone«.

Der Delphi-Experte für Automation Server richtet den folgenden Aufruf ein, damit sich der Local Server für COM zu erkennen gibt.

```
initialization
  TAutoObjectFactory.Create(ComServer, TStandAloneObj,
    Class_StandAloneObj, ciMultiInstance, tmApartment);
```

Mit dieser Konfiguration muss der eigene Server einmal von Hand gestartet werden. Danach wird der originale Aufruf von `TAutoObjectFactory.Create` auskommentiert und durch die neue Version ersetzt. Je nachdem, welchen Wert die Variable `StartMode` aus der Unit *Comserver* hat, registriert sich der Server entweder als `ciInternal` oder `ciMultiInstance`.

```
initialization
  // Beim ersten Aufruf normal registrieren lassen
```

```
(*
TAutoObjectFactory.Create(ComServer, TStandAloneObj,
  Class_StandAloneObj, ciMultiInstance, tmApartment);
*)
if (Comserver.StartMode = smStandAlone) then
  TAutoObjectFactory.Create(ComServer, TStandAloneObj,
    Class_StandAloneObj, ciInternal, tmApartment)
else
  TAutoObjectFactory.Create(ComServer, TStandAloneObj,
    Class_StandAloneObj, ciMultiInstance, tmApartment);
```

Wird in StartMode der Wert `smStandAlone` vorgefunden, hat der Anwender das Programm gestartet, sodass der Wert `ciInternal` als Instancing-Argument der ClassFactory dafür sorgt, dass diese Instanz niemals als Automation Server genutzt werden kann. Ruft nun ein Client den Local Server als Automation Server auf, erhält er eine eigene Instanz.

Wird jedoch `smStandAlone` nicht vorgefunden, so muss `ciMultiInstance` als Argument verwendet werden. Greifen nun mehrere Clients auf den Server zu, arbeiten sie aufgrund von ciMultiInstance immer mit der gleichen Instanz des Servers.

3.7 Formularlose COM-Server

Die bisher vorgestellten Local Server haben eine Gemeinsamkeit – alle verwenden ein sichtbares Formular. Nun ist das zum Entwickeln eines COM-Objektes sehr hilfreich, denn nichts geht über eine visuelle Rückmeldung von bestimmten Statusinformationen. Aber sobald der COM-Server fertig ist und eventuell über DCOM direkt auf einem NT-Server ausgeführt werden soll, passt eine sichtbare Benutzeroberfläche nicht mehr so recht ins Bild.

Das Beispielprojekt »EXEFrmLess.DPR« finden Sie auf der CD-ROM als Unterverzeichnisse von »Kapitel 3\TAutoObject-WithoutForm«.

Problem Botschaftswarteschleife

Das Entfernen des sichtbaren Formulars ist einfacher, als man es auf den ersten Blick vermutet. Zum einen wird jeder Bezug auf das Formular auskommentiert und zum anderen muss die Anwendung trotzdem sicherstellen, dass eine funktionstüchtige Message-Loop für das Bearbeiten der Windows-Botschaften vorhanden ist.

```
program EXEFrmLess;

uses
  Forms,
  //ExeFrmLessDummyForm in 'ExeFrmLessDummyForm.pas' {Form1},
```

```
  EXEFrmLess_TLB in 'EXEFrmLess_TLB.pas',
  ExeFrmLessImpl in 'ExeFrmLessImpl.pas' {AutoFormLess: CoClass};

{$R *.TLB}

{$R *.RES}

begin
  Application.Initialize;
  while not Application.Terminated do
    Application.ProcessMessages;
end.
```

Nach dem Initialisieren ruft der Local Server in einer While-Schleife so lange die Application-Methode `ProcessMessages` auf, bis die Anwendung nicht mehr benötigt wird. Damit übernimmt diese Schleife die Funktion des an dieser Stelle normalerweise ins Leben gerufenen Hauptformulars.

> *Alternativ dazu steht die TApplication-Eigenschaft ShowMainForm zur Verfügung: Um das Hauptformular beim Start der Anwendung auszublenden, wird ShowMainForm vor dem Aufruf von Application.Run auf False gesetzt, zusätzlich wird auch die Formular-Eigenschaft Visible auf False konfiguriert.*

Problem Registrierung

Ein weiteres Problem taucht auf, wenn dieser formularlose Server über den ersten Aufruf registriert werden soll. Normalerweise beendet man den Server nach dem Start wieder – allerdings steht mit dem Verzicht auf eine sichtbare Benutzeroberfläche keiner der üblichen Wege zur Verfügung.

In diesem Fall ist es hilfreich, dass alle mit Delphi entwickelten Server auch die Aufrufparameter mit auswerten. Wird der Parameter /REGSERVER vorgefunden, beendet sich das Programm nach der Registrierung selbst.

3.8 Clients als Konsolenanwendung

Nicht für alle Aufgaben wird eine grafische Benutzeroberfläche und damit der Overhead eines VCL-Formulars benötigt. Immer dann, wenn ein kleines und schnelles Tool für die Erledigung immer wiederkehrender Aufgaben benötigt wird, schlägt die große Stunde der so genannten Konsolen-Anwendungen. Im deutschsprachigen Delphi wird dies auf der Projektoptionenseite LINKER mit TEXTBILDSCHIRM-ANWENDUNG übersetzt.

Sobald ein COM-Client als Konsolenanwendung erzeugt wird, verhält sich Delphi ab der Version 4 deutlich anders als Delphi 3. Im Gegensatz zur Version 3 reicht es nun nicht mehr aus, nur die Unit *ComObj.pas* einzubinden, um die COM-Umgebung zu initialisieren. Stattdessen sorgt ab Delphi 4 der Aufruf von `Application.Initialize` für die nötigen Schritte. Borland hat diese Änderung eingebaut, damit der Entwickler flexibler die Threading-Art seines Servers festlegen kann. Bei einer Konsolenanwendung gibt es keine Formulare und damit keine Unit *Forms.pas*. Aus diesem Grund müssen Sie selbst den fehlenden Aufruf nachholen:

```
program ConsoleCOM;

uses
  SysUtils, ComObj;

{$R *.RES}

var
  aCOM : Variant;
  cBrutto : Currency;

begin
  // Ersatz für Application.Initialize;
  if InitProc <> nil then
    TProcedure(InitProc);
  // Klappt der Zugriff?
  try
    aCOM := CreateOLEObject('COMMWST.MWSt');
    WriteLn('COMMWST.MWSt wurde erfolgreich angefordert...');
    aCOM.SetPercent(16);
    WriteLn('COMMWST.MWSt.SetPercent aufgerufen...');
    cBrutto := aCOM.GetBrutto(100);
    WriteLn(Format('Ergebnis von OMMWST.MWSt.GetBrutto: %m',
                   [cBrutto]));
    WriteLn;
    WriteLn('Ende mit <Return>');
    ReadLn;
  except
    WriteLn('COMMWST.MWSt ist nicht verfügbar');
  end;
end.
```

Der Inhalt der Implementierung von Application.Initialize wird 1:1 in die eigene Anwendung übernommen, indem direkt die Initialisierungsprozedur `InitProc` aufgerufen wird. Natürlich könnte man auch die Unit *Forms* einbinden und Application.Initialize aufrufen. Dann wird als Nebenwirkung allerdings die Größe der Konsolen-Anwendung von 48 kByte auf 280 kByte aufgebläht.

Jeder Aufruf von `CoInitialize` muss zum Programmende über den Aufruf von `CoUninitialize` wieder ausgeglichen werden. Mein Beispielprogramm macht das jedoch nicht – ein Versäumnis? Nein, stattdessen räumt in der Unit *ComObj.pas* der Finalization-Abschnitt in eigener Regie auf:

```
finalization
begin
  OleUninitializing := True;
  ComClassManagerVar.Free;
  SafeCallErrorProc := nil;
  DispCallByIDProc := nil;
  VarDispProc := nil;
  if NeedToUninitialize then CoUninitialize;
end;
```

Die globale Variable `NeedToUninitialize` wird dabei innerhalb von ComObj immer dann auf True gesetzt, wenn die über InitProc aufgerufene Prozedur InitComObj die API-Funktion CoInitializeEx erfolgreich aufrufen konnte. Damit stellt ComObj automatisch sicher, dass CoUninitialize nur dann aufgerufen wurde, wenn CoInitialize(Ex) erfolgreich war.

4 Marshaler und Apartments

Wie lange ist Ihre letzte Pause beim Lesen her? Es ist eine gute Idee, die eigenen geistigen Kräfte aufzufrischen, denn das nun anstehende Thema gehört zu den kompliziertesten überhaupt. Delphi versucht zwar, diesen Komplex über seine VCL-Klassen und die Experten zu verbergen, aber nicht immer reicht die so erhaltene Standard-Implementierung aus. Und sobald Sie den Standard-Weg verlassen, ist Know-how über den Marshaler und die COM-Apartments angesagt. Dies gilt zumindest uneingeschränkt für COM-Objekte, die unter Windows 9x und Windows NT ausgeführt werden, aber auch für die Non-configured Components in Windows 2000. Erst dann, wenn echte COM+ Applications geschrieben werden, tritt dieses Thema etwas in den Hintergrund. Der Grund dafür liegt in den neuen COM+ Services, die im Gegensatz zu COM einen größeren Teil der Aufgabenbandbreite in eigener Regie erledigen.

4.1 Prozesse und Threads – eine Kurzeinführung

Gemäß der Definition ist ein Prozess ein Gebilde, das aus einem virtuellen Speicherbereich, ausführbarem Programmcode, Daten und Systemressourcen besteht. Im Gegensatz dazu ist ein Thread der innerhalb eines Prozesses ausgeführte, zusammenhängende Programmcode. Jeder Prozess besteht aus mindestens einem Thread – dem so genannten primären Thread. Die CPU eines Computers führt somit nur Threads aus, jedoch keinen Prozess.

Mit der Einführung der 32-Bit-Windowsversionen können nun innerhalb eines Prozesses neben dem primären Thread noch beliebig viele Threads ausgeführt werden. Jeder Thread bekommt dabei vom so genannten Scheduler über das Zeitschlitzverfahren Rechenzeit auf der CPU zugeteilt. Jeder Thread eines Prozesses kann unterschiedlichen Programmcode ausführen. Mehrere Threads können allerdings auch gleichzeitig die gleichen Programmfunktionen aufrufen, da jeder Thread seinen eigenen Stack-Speicher erhält. Allerdings teilen sich alle Threads eines Prozesses dessen globale Variablen und Ressourcen.

Der Windows-Scheduler teilt jedem Thread die Rechenzeit zu, wobei die Prioritätsklasse des Prozesses sowie die Prioritätsklasse des betroffenen Threads die jeweilige Verteilung beeinflusst.

Jede Anwendung, die Multithreading verwendet, muss zwei Probleme vermeiden:

- Eine Deadlock-Situation entsteht, wenn mehrere Threads gegenseitig auf sich warten.
- Eine Race-Situation entsteht, wenn ein Thread nicht auf das Ende eines anderen Threads wartet, sodass die gemeinsam verwalteten Daten nicht korrekt initialisiert sind.

Auf diese Probleme muss auch COM Rücksicht nehmen. Da jeder Aufruf über COM läuft, stellen die Deadlocks kein Problem mehr dar – allerdings muss sich COM je nach Einsatzfall unterschiedlich verhalten. Damit diese Unterschiede auch für den Entwickler transparent bleiben, führt COM ein spezielles Betrachtungsmodell ein – das Apartment.

Alle COM-Objekte in einem Prozess werden in spezielle Gruppen unterteilt – die Apartments. Ein bestimmtes COM-Objekt „lebt" in einem bestimmten Apartment, wobei die Interface-Methoden dieses Objekts nur von dem im gleichen Apartment ausgeführten Thread direkt aufgerufen werden können. Stammt der Thread nicht aus dem gleichen Apartment, kann er nur indirekt über ein Proxy-Objekt auf das COM-Objekt zugreifen.

Es gibt unter Windows 9x und Windows NT prinzipiell zwei Typen von Apartments: das Single-threaded Apartment (STA) und das Multi-threaded Apartment (MTA). Bevor ich darauf näher eingehe, darf das vorhin nur kurz erwähnte Proxy-Objekt – und damit der Marshaler – nicht unterschlagen werden.

> *Zugegeben – eine Seite Text zum Thema Prozesse und Threads sind das absolute Minimum. Allerdings finden Sie in meinem Buch „Delphi Win32-Lösungen" (unter der ISBN 3-9806738-2-0 im gleichen Verlag erschienen) auf ca. 90 Seiten umfassendere Informationen zum Thema Threads vor.*

4.2 Marshaler

Immer dann, wenn auf einen COM-Server aus einem anderen Apartment heraus zugegriffen wird, sorgt der Marshaler für die dazu notwendigen internen Anpassungsarbeiten. Auf den Begriff Apartment gehe ich im folgenden Abschnitt noch genauer ein, zurzeit reicht der Hinweis: „Ein Apartment ist der Aufenthaltsort eines COM-Servers in einem definierten Thread". Wenn also bei jedem Zugriff auf ein fremdes Apartment der Marshaler eingreifen muss, sind davon die folgenden Einsatzfälle betroffen:

- Der Local Server wird als eigenständiger Prozess ausgeführt und läuft damit zwangsläufig in einem anderen Adressbereich als der Client. Jeder Prozess (Server und Client) hat einen eigenen primären Thread und damit automatisch ein eigenes Apartment.
- Der Remote Server wird als eigenständiger Prozess auf einen fremden Rechner ausgeführt – in diesem Fall dürften wohl die geringsten Verständnisprobleme in Bezug auf Apartments auftreten.
- Der In-process Server wird als DLL in den Prozess – und damit in den Adressbereich – des Clients geladen. Damit ist ein Marshaling an sich überflüssig, solange sich der COM-Server im gleichen Apartment wie der Client befindet. Dies gilt jedoch nicht mehr, wenn beim Zugriff des Clients auf den Server ein Threadwechsel notwendig wird. Auch dann muss der Marshaler die notwendigen Anpassungen vornehmen.

Es ist einleuchtend, dass somit ein Marshaler häufig ins Spiel kommt. Für den Sonderfall DCOM (also bei einem Remote Server) ist das Marshaling sogar die Grundvoraussetzung. Die Funktion der für das Marshaling verwendeten Proxy- und Stub-Objekte wurde bereits erklärt, offen ist nur noch, woher diese Objekte kommen.

4.2.1 Praktische Auswirkungen

Bislang war das alles reine Theorie – hat das überhaupt einen praktischen Bezug? Die folgenden beiden Beispielprojekte demonstrieren recht anschaulich, dass die Unterschiede in der Tat nicht nur akademischer Natur sind, sondern durchaus ins Gewicht fallen. Im ersten Kapitel habe ich Ihnen zwei Implementierungen des Mehrwertsteuer-Objekts vorgestellt. Da hier sowohl das gleiche Objekt einmal als In-process Server und einmal als Local Server vorliegt, ist es sehr gut für einen Performance-Vergleich geeignet.

COM-Contest mit dem In-process Server

Wie unterscheiden sich jedoch beide Varianten im Zeitverhalten? Das Beispielprogramm dafür finden Sie im Unterverzeichnis *Contest*. Über eine TrackBar-Komponente kann der Anwender die Anzahl der Schleifenaufrufe variieren, wobei die Win32-API-Funktion `GetTickCount` als Schiedsrichter jeweils zu Beginn und am Ende die Zeit stoppt. Der Client verwendet dabei zur Demonstration der Unterschiede sowohl die späte Bindung über das IDispatch-Interface als auch die frühe Bindung über das Dual Interface IMWSt.

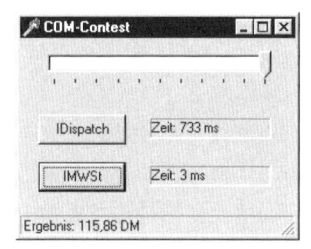

Abb. 4.1: Performance-Unterschiede

Das Beispielprojekt finden Sie auf der CD-ROM im Verzeichnis »Kapitel 4\InProcess\Contest«.

```
uses COMMWST_TLB, ComObj;

procedure TFormMain.ButtonLateClick(Sender: TObject);
var
  aMWSt   : OleVariant;
  cBrutto : Currency;
  iCnt,
  iStart,
  iStop   : Integer;
begin
  cBrutto := 0.0;
  StatBar.SimpleText := 'Starte IDispatch...';
  try
```

```
      iStart := GetTickCount;
      aMWSt := CreateOleObject('COMMWST.MWSt');
      for iCnt := 1 to TrackBarRepeat.Position do begin
        aMWSt.SetPercent(15);
        cBrutto := aMWSt.GetBrutto(100.75);
      end;
      iStop := GetTickCount;
      STxtLate.Caption := Format('Zeit: %d ms',
                                 [iStop - iStart]);
    finally
      StatBar.SimpleText :=  Format('Ergebnis: %m',
                                    [cBrutto]);
    end
end;

procedure TFormMain.ButtonEarlyClick(Sender: TObject);
var
  aMWSt   : IMWSt;
  cBrutto : Currency;
  iCnt,
  iStart,
  iStop   : Integer;
begin
  cBrutto := 0.0;
  StatBar.SimpleText := 'Starte IMWSt...';
  try
      iStart := GetTickCount;
      aMWSt := CoMWSt.Create;
      for iCnt := 1 to TrackBarRepeat.Position do begin
        aMWSt.SetPercent(15);
        cBrutto := aMWSt.GetBrutto(100.75);
      end;
      iStop := GetTickCount;
      STxtEarly.Caption := Format('Zeit: %d ms',
                                  [iStop - iStart]);
    finally
      StatBar.SimpleText :=  Format('Ergebnis: %m',
                                    [cBrutto]);
    end
end;
```

Das Ergebnis stimmt mit der Theorie überein – bei einem In-process Server (also einer DLL im gleichen Adressraum) ist die frühe Bindung über IMWSt wesentlich schneller als die späte Bindung über das IDispatch-Interface. Erst bei einer Schleifenwiederholung von ca. 5000 Aufrufen erhalten Sie für das schnelle IMWSt-Interface eine Zeitmessung. Der Unterschied von 3 Millisekunden zu 733 Millisekunden dürfte jeden überzeugen.

Marshaler und Apartments

Der direkte Vergleich durch zwei parallel ausgeführte Threads

Im Unterverzeichnis *Contest2* finden Sie eine Variante des Wettkampfprogramms, bei der beide Aufrufoptionen zur gleichen Zeit gegeneinander antreten. Jede Zugriffsart auf das COM-Objekt wird dabei in einem eigenen Thread ausgeführt.

Je nachdem, welches Interface gewünscht wird, erzeugt der TThread-Konstruktor Create entweder via `CoMWSt.Create` einen Interface-Zeiger für die Interface-Referenzvariable `FEarly` vom Typ IMWSt oder einen Interface-Zeiger für die Variant-Variable `FLate`.

```
constructor TCOMThread.Create(SText: TStaticText;
                              Dual: Boolean; Count : Integer);
begin
  FText := SText;
  FDual := Dual;
  FCount := Count;
  FText.Caption := 'läuft...';
  if Dual then
    FEarly := CoMWSt.Create
  else
    FLate := CreateOleObject('COMMWST.MWSt');
  FValue := 0;
  inherited Create(False);
end;
```

Die Ausführungsmethode `Execute` entspricht der ersten Variante, nur wird hier die Zeit für das Erzeugen der Instanz des COM-Objekts nicht mitgerechnet.

```
procedure TCOMThread.Execute;
var
  iCnt,
  iStart,
  iStop   : Integer;
  cBrutto : Currency;
begin
  iStart := GetTickCount;
  for iCnt := 1 to FCount do begin
    if FDual then begin
      FEarly.SetPercent(15);
      cBrutto := FEarly.GetBrutto(100.75);
    end else begin
      FLate.SetPercent(15);
      cBrutto := FLate.GetBrutto(100.75);
    end;
  end;
  iStop := GetTickCount;
```

```
  FValue := iStop - iStart;
  if FDual
    then FText.Caption := 'Early: ' + IntToStr(FValue)
    else FText.Caption := 'Late: ' + IntToStr(FValue);
end;
```

COM-Contest Local Server

Wie sieht das Ganze nun aus, wenn der Client auf einen Local Server zugreift? Da der Server die exakt gleichen Funktionen ausführt, können eventuell feststellbare Unterschiede nur am Übertragungsweg zwischen Client und Server liegen. Obwohl der Local Server nur 2500 Aufrufe abwickeln muss, sind die Ausführungszeiten in beiden Fällen gravierend länger als beim In-process Server.

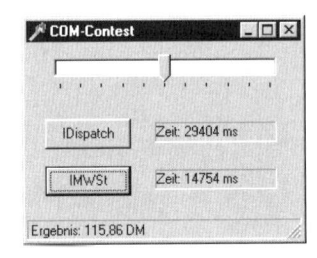

Abb. 4.2: Der Local Server ist wesentlich langsamer als der In-process Server

Die Unterschiede treten in der folgenden tabellarischen Darstellung noch gravierender hervor.

Server	Interface	Aufrufe	Zeit	Zeit je Aufruf
In-process Server	IDispatch	5 000	733 ms	0,1466 ms
In-process Server	IMWSt	5 000	3 ms	0,0006 ms
Local Server	IDispatch	2 500	29 404 ms	11,7616 ms
Local Server	IMWSt2	2 500	14 754 ms	5,9016 ms

Tabelle 4.1: Unterschiedliche Aufrufzeiten auf einem Pentium II (300 MHz)

Nur dann, wenn wie beim In-process Server der Server im gleichen Prozess und damit im gleichen Adressraum wie der Client läuft, macht sich die Langsamkeit des IDispatch-Interfaces gravierend bemerkbar.

Beim Local Server ist das anders, denn er läuft als eigenständige EXE in einem eigenen Prozess und damit auch in einem eigenen Adressraum. Um nun zwischen Client und Server eine Verbindung aufzubauen, muss COM mithilfe des Marshalers die Prozessgrenzen überwinden.

Beachten Sie dabei bitte, dass der Beispiel-Server außer einer einfachen Berechnung nichts weiteres macht. Damit hängt der Zeitunterschied tatsächlich nur vom Aufruf ab. Ein „echter" Local Server wird sicherlich etwas Sinnvolleres machen, sodass sich die Relationen zwischen den Zeitunterschieden noch weiter verringern werden.

4.2.2 COM als Programmiermodell

Ein COM-Server kann als In-process Server, Local Server und Remote Server implementiert und verwendet werden. Trotz dieser technisch gravierenden Unterschiede soll jedoch ein Client völlig transparent auf die verschiedenen Server-Arten zugreifen. COM setzt für alle diese Server-Arten ein einziges, allgemeingültiges Programmiermodell voraus.

Sichtweise des Clients

Ein Client eines COM-Servers kann nur über das vom Server unterstützte Interface auf den Server zugreifen. Dazu verwendet der Client einen Interface-Zeiger. Ein Zeiger hat jedoch nur im eigenen Prozess und damit im eigenen Adressraum seine Berechtigung, sodass jeder Zugriff über diesen Interface-Zeiger auf den eigenen Adressraum verweisen muss. Verwendet der Client einen In-process Server, so ist die Sache klar. Dieser Server wird als DLL in den Adressraum des Clients geladen und kann daher direkt über den Zeiger angesprochen werden.

Wird der angesprochene Server jedoch als Local Server im EXE-Format implementiert, sieht die Sache schon komplizierter aus. Eine EXE wird immer in einem eigenen Prozess und damit in einem eigenen Adressraum ausgeführt, sodass der Client mit seinem Interface-Zeiger keinen direkten Zugriff auf das Server-Objekt hat.

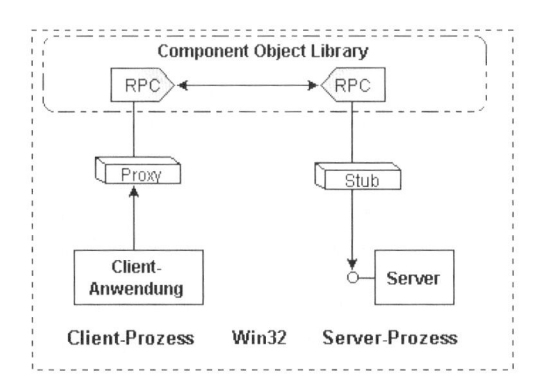

Abb. 4.3: Das Proxy- und Stub-Objekt

Damit der Client trotzdem den Local Server genauso wie den In-process Server ansprechen kann, sorgt COM dafür, dass der Client über das eingeblendete Proxy-Objekt die gleichen Bedingungen vorfindet. Das Proxy-Objekt stammt entweder direkt von COM oder von einer eigenen DLL, falls der COM-Server spezielle Datenstrukturen im Interface verwendet.

Da das Proxy-Objekt im gleichen Adressraum wie der Client ausgeführt wird, kann es der Client direkt über den Interface-Zeiger aufrufen. Der Client als Aufrufer einer Interface-Methode bekommt dabei die Existenz dieses Proxy-Objekts gar nicht mit, für ihn ist die Situation, unabhängig von der Server-Art, immer die gleiche. Das Proxy-Objekt übernimmt die Aufrufparameter (inklusive Interface-Zeiger) des Clients, verpackt diese und generiert entsprechende RPC-Aufrufe, die über die COM-Channels in den Prozessraum des Server-Objekts weitergeleitet werden.

Dieser Mechanismus des Transports von Interface-Zeigern und anderen Parametern über Prozessgrenzen hinweg wird als Marshaling bezeichnet.

Sichtweise des Servers

Für den Server kann jeder Client ausschließlich über einen Zeiger auf sein Interface zugreifen. Handelt es sich um einen In-process Server, stellt das kein Problem dar. Da der Server im gleichen Adressraum wie der Client ausgeführt wird, ist der vom Client verwendete Interface-Zeiger gültig. Der Client ruft über seinen Zeiger direkt die Zeiger in der virtuellen Funktionstabelle (VTable) auf, wobei die dort abgelegten Zeigerwerte direkt auf die Implementierung der Server-Methoden zeigen.

Handelt es sich hingegen um einen Local beziehungsweise Remote Server, so unterscheiden sich die Adressräume von Client und Server. Auf der Client-Seite wurde daher der Interface-Zeiger vom Proxy-Objekt speziell verpackt und zum Adressraum des Servers transportiert. Auch diese Zeigeradresse ist jedoch nur im Server-Adressraum gültig, sodass die vom Proxy-Objekt des Client-Prozesses generierten Daten auf der Server-Seite wieder in einen normalen Interface-Zeiger umgewandelt werden müssen. Für diese Aufgabe ist das Stub-Objekt im Server-Adressraum zuständig. Das Stub-Objekt stammt entweder direkt von COM oder von einer eigenen DLL, falls der COM-Server spezielle Datenstrukturen im Interface verwendet.

Das Stub-Objekt „fängt" den vom Proxy-Objekt weitergeleiteten Aufruf ab, wandelt die Parameter zurück in die Originalform (unmarshaling) und ruft die entsprechende Interface-Methode des Servers direkt auf. Liefert die aufgerufene Server-Methode ein Ergebnis zurück, wird dies auf die gleiche Art und Weise vom Stub-Objekt zum Proxy-Objekt, und damit in den Adressraum des Clients, transportiert.

Damit wird auch klar, warum COM für alle Server-Arten das gleiche Programmiermodell verwenden kann. In jedem Fall haben es sowohl der Client als auch der Server immer nur mit Objekten im jeweils eigenen Adressraum zu tun. Entweder handelt es sich dabei um den In-process Server oder um die Proxy-/Stub-Objekte in allen anderen Fällen.

> *Zur Vereinfachung geht das verwendete Beispiel davon aus, dass sowohl der Client als auch der Server immer nur in einem Thread ausgeführt werden. Falls dies nicht der Fall ist, sind die Regeln des Threading Models zu beachten.*

Woher kommen nun diese Proxy-/Stub-Objekte und warum bekommt ein Client nichts davon mit, wenn ihm ein solches Hilfsobjekt untergeschoben wird? Die Antwort auf den zweiten Teil der Frage liegt auf der Hand. Ein Interface-Zeiger ist ein Zeiger auf eine Tabelle mit Zeigern auf die implementierenden Funktionen. Dabei müssen die Zeigerwerte aus der virtuellen Funktionstabelle (VTable) nicht zwingend auf den implementierenden Programmcode zeigen. Damit kann der konkrete Zeigerwert in der VTable vom Proxy-Objekt gefahrlos „umgebogen" werden, solange am Ende der Zeigerkette die korrekte Methode erreicht werden kann.

Auf die Frage nach dem „Woher" gibt es – typisch für COM – gleich mehrere Antworten:
- Die für den Entwickler einfachste und für den Delphi-Anwender einzigste: direkt von COM.
- Die für C/C++-Leute übliche: aus der mit dem MIDL-Compiler generierten DLL.
- Die für den Entwickler folgenschwerste: vom Custom-Marshaler.

Hinter diesen Antworten verbirgt sich die Theorie zum Standard-Marshaling und Custom-Marshaling.

4.2.3 Standard- vs. Custom-Marshaling

COM bietet mit dem Standard-Marshaler eine Lösung an, die für die meisten COM-Objekte geeignet ist und die den Aufwand für den Anwendungsentwickler spürbar verringert. Da das IDispatch-Interface eine Standardschnittstelle ist, muss COM auch einen Standard-Marshaler dafür bereitstellen. Allerdings kann dieser wesentlich mehr, unter bestimmten Bedingungen werden auch VTable-Interfaces, wie zum Beispiel die Dual Interfaces, bedient. Immer dann, wenn

- eine Typbibliothek mit der Interfacebeschreibung vorhanden ist
- sowohl der Client als auch der Server die Typbibliothek in der Registry vorfindet
- die Typbibliothek festlegt, dass der Standard-Marshaler verwendet werden soll, und
- das Interface automationskompatible Datentypen verwendet

stehen die Dienste des Standard-Marshalers zur Verfügung.

Nur dann, wenn sowohl der Client als auch der Server auf den Standard-Marshaler zugreifen, ist das Marshaling völlig transparent. Dem Vorteil – auf gleiche Art und Weise völlig transparent auf die verschiedenen Server-Arten zugreifen zu können – steht natürlich auch ein Nachteil gegenüber. Dieser macht sich immer dann bemerkbar, wenn es darum geht, die Server-Methoden möglichst effektiv auch über Prozess- und Rechnergrenzen hinweg aufzurufen. In diesem Fall wird das Standardverfahren nicht immer die besten Resultate bringen, sodass COM dem Entwickler des COM-Servers die Option anbietet, auch einen speziell für dieses Objekt angepassten Custom-Marshaler (auch als IMarshal-Marshaler bekannt) zu verwenden. Da der Aufwand für einen Custom-Marshaler sehr hoch ist, gehe ich nicht weiter auf ihn ein.

COM definiert zwar den Custom-Marshaler als den fundamentalen Mechanismus, aufgrund des damit verbundenen beachtlichen Aufwandes eines jeweils speziell angepassten Marshalers hat sich jedoch der Standard-Marshaler in der Praxis durchgesetzt. Dies gilt erst recht bei COM+, nur beim Standard-Marshaler greifen die internen Optimierungen von COM+, sodass der Standard-Marshaler jetzt sogar die bessere Performance erreicht.

4.2.4 Standard-Marshaler

Per Definition ist der Standard-Marshaler eine abgeleitete Form des Custom-Marshalers, der immer dann verwendet wird, wenn ein Objekt keinen eigenen Custom-Marshaler einsetzt. Der Standard-Marshaler verwendet für jeden erlaubten Parametertyp eigene Mechanismen für den konkreten Transport in den anderen Adressraum. Damit wird ein weiterer Nachteil angedeutet – die aufgerufenen Methoden dürfen nur bestimmte Datentypen für Parameter verwenden.

Die Proxy- und Stub-Objekte des Standard-Marshalers sind systemweit gültige Ressourcen, die für den Datenaustausch über den Channel ein standardisiertes Protokoll verwenden. Dem Standard-Marshaler stehen drei Verfahrenswege zur Verfügung:

- Sollen die von COM vordefinierten Interfaces bearbeitet werden, verwendet er für die Proxy- und Stub-Objekte die COM-DLL OLE32.DLL als In-process Server. Diese DLL steht systemweit jederzeit zur Verfügung.
- Handelt es sich um ein benutzerdefiniertes Interface, kann der Marshaler auf eine spezielle, vom Anwendungsentwickler über den MIDL-Compiler entworfene DLL zurückgreifen. Dies setzt allerdings voraus, dass diese für die Proxy- und Stub-Objekte zuständige DLL in der Registry für die Interface-IDs (IID) entsprechend eingetragen wurde.
- Handelt es sich um ein benutzerdefiniertes Interface und steht keine eigene Proxy-/Stub-DLL zur Verfügung, kann auf einen weiteren automatischen Marshaler zugegriffen werden. Dazu muss allerdings die Typbibliothek des Servers in der Registry eingetragen und sowohl für den Client als auch für den Server erreichbar sein. Außerdem müssen alle Interfaces entweder als OLE-Automation oder Dual deklariert sein, was bei Delphi selbstverständlich ist. Seit der Einführung von OLE-Automation kann der Standard-Marshaler zur Laufzeit alle benötigten Daten direkt aus der Typbibliothek auslesen.

Der Standard-Marshaler ist nicht nur für die von COM vordefinierten Interfaces zuständig, sondern kann auch unter bestimmten Voraussetzungen ein benutzerdefiniertes Interface (sprich ein Server-spezifisches Interface) marshalen. Diese Fähigkeiten nutzt Delphi konsequent aus.

C/C++ vs. Delphi

In den Standardwerken wie zum Beispiel „Inside COM" oder „Inside COM+" taucht Delphi als Entwicklungsumgebung niemals auf, es wird in den meisten Fällen nur die C/C++-Entwicklungsumgebung betrachtet. Dort generiert ein spezieller Compiler

Marshaler und Apartments

(MIDL) den Quellcode für die Proxy- und Stub-DLL aus der im IDL-Format vorliegenden Interface-Beschreibung. Der Entwickler erhält somit neben seinem COM-Server auch eine speziell für das verwendete Interface generierte DLL, die vom Marshaler als Implementation des Proxy- und Stub-Objekts verwendet wird.

Betrachten Sie nun ein typisches Delphi-Projekt, so werden Sie hier keine spezielle DLL finden. Da die Anwendung sowohl als COM-Server und auch als DCOM-Server erfolgreich verwendet werden kann, muss Delphi einen anderen Mechanismus für das Marshaling ausnutzen. Hier kommt nun der Standard Marshaler von COM ins Spiel! Er ist die Voraussetzung für den Siegeszug von OLE-Automation – da ein beliebiger Client über Automation die Methoden eines Automation-Servers aufrufen darf. In diesem Fall wird ein allgemeingültiger Mechanismus benötigt, sodass der Standard-Marshaler zur Laufzeit (!) selbst ein Proxy-/Stub-Objekt einrichtet. Im Unterschied zum MIDL-Compiler steht COM allerdings dann keine IDL-Datei zur Verfügung, in der das Interface und seine Methoden inklusive der verwendeten Parameter definiert wird. Diese externe Datei benötigt COM gar nicht – da über die Typbibliothek ein gleichwertiger Ersatz zur Verfügung steht. Eine Typbibliothek veröffentlicht für beliebige Clients das Interface des Servers und wurde im Buch bereits näher vorgestellt.

Wenn also einem COM-Server sowohl die Implementierung über eine eigene Proxy-/Stub-DLL als auch die Dienste des Standard-Marshalers zur Verfügung stehen, muss die konkret verwendete Methode irgendwie an COM weitergegeben werden. Hier kommen nun die speziellen Flags aus der Typbibliothek zum Einsatz.

Ole-Automation-Flag

Solange sich ein Entwickler an die von Delphi vorbelegten Einstellungen hält, macht er in diesem Fall alles richtig. Delphi verwendet bei einem Dual Interface automatisch IDispatch als übergeordnetes Interface und aktiviert somit das so genannte Ole-Automation-Flag.

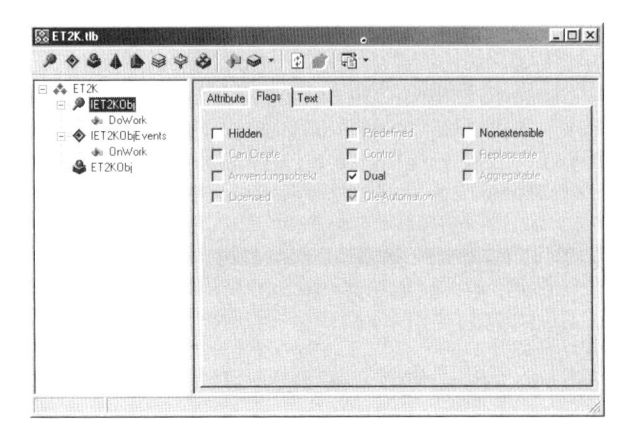

Abb. 4.4: Das Ole-Automation-Flag ist als Vorgabe aktiv und gesperrt

Über dieses Flag aktivieren Sie den seit Automation vorhandenen Standard Marshaler, sodass der COM-Server keine eigene, interfacespezifische Proxy-/Stub-DLL benötigt.

Dabei bedeutet dieses Flag nicht, dass nur noch OLE-Automation beziehungsweise ein Zugriff über das IDispatch-Interface zulässig ist. Die Option des schnelleren Dual Interfaces bleibt davon unbenommen, entscheidend ist nur, dass mit der Aktivierung dieses Flags der Standard-Marshaler von COM ins Spiel kommt.

Der Vorteil liegt somit auf der Hand – es wird keine IDL-Datei und kein MIDL-Compiler benötigt. Für den Entwickler vereinfacht sich das Projekt, da er sich nicht um die Proxy-/Stub-DLL kümmern muss.

Ein weiterer Vorteil des Standard-Marshalers liegt in seiner Fähigkeit, die 16-/32-Bit-Grenze zwischen Client und Server überspringen zu können. Eine mit MIDL generierte Proxy-/Stub-DLL läuft nur unter 32-Bit.

Allerdings hat jede Sache ihre zwei Seiten – und auch der Standard-Marshaler hat einen gravierenden Nachteil. Er kann nur dann zur Laufzeit Proxy-/Stub-Objekte nachbilden, wenn alle Methoden des Interfaces nur die zu Automation kompatiblen Datentypen verwenden. Somit haben Sie als Entwickler wieder ein Problem, wenn eigene Datenstrukturen übertragen werden sollen. Verschiedene Wege zur Lösung dieses Problems stelle ich Ihnen im Buch noch vor – sodass dieser Nachteil tolerierbar ist.

Der zweite Nachteil ist nicht so schwerwiegend – den Verzicht auf eine eigene Proxy-/Stub-DLL erkauft sich Delphi mit der Notwendigkeit, die Typbibliothek des COM-Objekts zu registrieren. Bei In-process Servern und Local Servern ist das kein Problem, da die Typbibliothek automatisch beim ersten Start des COM-Servers eingetragen wird. Im Sonderfall DCOM hingegen müssen Sie selbst dafür sorgen, dass auf beiden (!) Rechnern die Registrierung erfolgt.

Der Standard-Marshaler ersetzt die Forderung, die spezielle Proxy-/Stub-DLL zu registrieren, durch die Forderung, die Typbibliothek des COM-Servers zu registrieren.

OLEAUT32.DLL

Die Implementierung des COM-Standard-Marshalers verbirgt sich hinter der System-DLL *OLEAUT32.DLL*. Schon der Name verweist auf die enge Verwandtschaft zu OLE-Automation (alias OLE 2). Wenn also diese DLL vom eigenen COM-Server verwendet wird, muss dieser Zusammenhang auch in der Registry erkennbar sein.

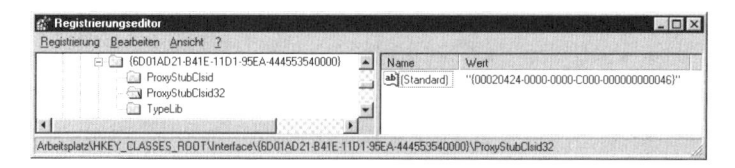

Abb. 4.5: Ein Local Server deklariert die ProxyStubClsid32 von „PSAutomation"

Schauen Sie sich dazu einmal einen beliebigen, mit Delphi entwickelten Local Server an. In der Registry finden Sie für die verwendete IID (Interface-ID) einen Eintrag für ProxyStubClsid32. Über diesen Eintrag vermerkt COM, welcher Marshaler für dieses Interface bei Bedarf zuständig ist (genauer gesagt, wer das IPSFactoryBuffer-Interface implementiert). Wie der Namensbestandteil Clsid32 suggeriert, wird die Klassenbezeichnung CLSID erwartet.

Sobald Sie nun in der Registry nach dieser CLSID suchen, stoßen Sie auf PSAutomation. Diese COM-Klasse ist für das Simulieren der Proxy-/Stub-Objekte im Falle von OLE-Automation zuständig. Über den Schlüssel InprocServer32 verweist die Registry tatsächlich auf die Datei *OLEAUT32.DLL*.

Da Delphi als Vorgabewert in der Typbibliothek das Flag OleAutomation setzt, blendet also COM bei Bedarf diese DLL – genauer gesagt die Proxy-/Stub-Objekte – in den Adressraum des Clients beziehungsweise des Servers ein.

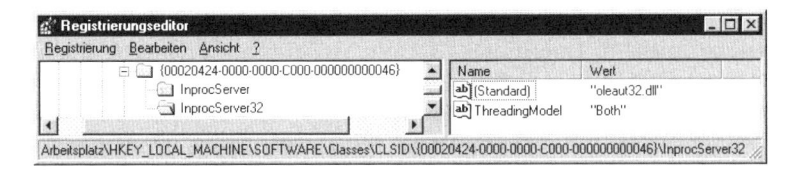

Abb. 4.6: Die CLSID von PSAutomation verweist auf die Datei »OLEAUT32.DLL«

Bei genauer Betrachtung der Einträge für den Schlüssel InprocServer32 fällt die Zeichenkette ThreadingModel auf. Damit kommt erneut ein Thema ins Spiel, das den Ruf hat, schwierig zu sein. Leider ist das ein Thema, das keiner ignorieren sollte, da Sie eher früher als später mit dem Problem der Apartments konfrontiert werden.

4.3 Apartment und Threading Model

Mit dem Begriff Marshaling ist sehr eng der Begriff Apartment verbunden. Ein Apartment ist dabei kein reales Objekt, sondern nur ein fiktives Denkmodell, das die Zusammenhänge zwischen Server, Prozess/Thread und Client besser veranschaulichen soll. Jeder Prozess, der auf COM zugreift, hat ein oder mehrere Apartments, aber jedes Apartment gehört nur zu exakt einem Prozess. Das Apartment als Ausführungskontext des COM-Objekts wird dazu verwendet, die speziellen Eigenschaften und Anforderungen von Objekten in Bezug auf den Zugriff von außerhalb zu beschreiben beziehungsweise zu vereinbaren.

Stellen Sie sich einmal den folgenden Fall vor: Ihre Anwendung soll mehrere externe, als In-process Server vorliegende COM-Objekte von Drittherstellern nutzen. Sie haben keinen Einfluss darauf, wie diese binären Objekte intern implementiert werden. Trotzdem muss das eigene Anwendungsprogramm in der Lage sein, alle eingebundenen COM-Objekte gemeinsam im eigenen Adressraum verwenden zu können. Zur Unterstützung stellt COM für jedes „nicht zusammenpassende" Objekt ein eigenes Apartment zur Verfügung, wobei COM selbst die notwendigen Zwischenschritte zur Anpassung abarbeitet.

Ein Apartment deckt verschiedene Aufgabenbereiche ab:

- Es ist ein logisches Denkmodell, um die Forderung nach Multithread-Zugriffen auf das COM-Objekt sicher umsetzen zu können.

- Es ist ein Regelwerk für den Entwickler, dessen Einhaltung das erwartete Verhalten von COM sicherstellt.
- Es ist eine Tool-Sammlung, da COM bestimmte Funktionen zur Lösung der Multithread-Probleme implizit übernimmt beziehungsweise eine Sammlung von API-Funktionen bereitstellt.

COM-Server und ihre Clients können unter Windows 9x und Windows NT zwischen zwei grundlegenden Apartment-Modellen wählen, wobei das Vermischen von mehreren Modellen in einem Prozess zulässig ist:

- Single-threaded Apartment (STA, alias Apartment Model): In einem Prozess greifen ein Thread oder mehrere Threads auf COM zu, wobei COM die Aufrufe synchronisiert. Die Interface-Zeiger müssen vor der Übergabe in andere Threads vom Marshaler bearbeitet werden.
- Multi-threaded Apartment (MTS, alias Free Model): In einem Prozess greifen ein Thread oder mehrere Threads auf COM zu, wobei ohne Beteiligung des Marshalers und ohne eine Synchronisation direkt auf die Objekte zugegriffen wird.

Streng genommen ist das Apartment nicht dem Objekt selbst zugeordnet, sondern dem Interface-Zeiger auf das COM-Objekt. Wenn ein Interface-Zeiger von einer COM-API-Funktion beziehungsweise von einer aufgerufenen Server-Methode zurückgeliefert wird, prüft COM nach, auf welches Apartment das Interface zeigt. Handelt es sich um das gleiche Apartment wie das des Aufrufers, zeigt der Interface-Zeiger direkt auf das COM-Objekt. In den meisten Fällen wird das COM-Objekt jedoch in einem anderen Prozess oder Thread ausgeführt, sodass der Interface-Zeiger nur auf das von COM eingerichtete Proxy-Objekt zeigt. Ein Proxy-Objekt spiegelt das echte Objekt in den Kontext eines anderen Apartments, indem jeder Methodenaufruf zum echten Objekt weitergegeben wird. COM ist clever genug, beim mehrfachen Marshalen zwischen mehreren Stellen immer die kürzeste Proxy-Verbindung zurückzuliefern, es werden also keine Proxies in Reihe geschaltet.

Client und In-process Server	Client und Local/Remote Server
Der In-process Server wird im Prozess des Clients ausgeführt. Immer dann, wenn die Threading-Modelle nicht zusammenpassen, muss COM geeignete Mechanismen dazwischenschalten. Damit hängen wichtige Parameter, wie zum Beispiel die Performance, vom Threading-Modell des Clients und des Servers ab.	Ein Local/Remote Server wird immer in einem anderen Prozess als der Client ausgeführt. Da in diesem Fall immer eine Apartmentgrenze überwunden werden muss und COM somit der Marshaler ständig aktiviert, ist die Interaktion zwischen Client und Server relativ einfach und übersichtlich.

Tabelle 4.2: Unterschiede zwischen In-process Server und Local/Remote Server

Der Delphi-Wizard und die Apartments

Das Threading-Modell des eigenen In-process Servers wird ab Delphi 4 im Dialogfenster des entsprechenden Wizards einfach aus einer Liste ausgewählt.

Marshaler und Apartments

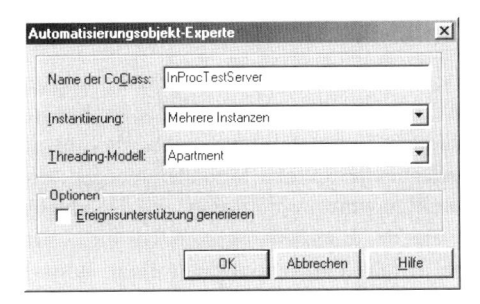

Abb 4.7: Der Experte kümmert sich um das Threading-Modell

Delphi sorgt dann dafür, dass der COM-Server korrekt unter Windows angemeldet wird. Allerdings sind Sie als Entwickler allein dafür zuständig, den eigenen COM-Server auch entsprechend dem ausgewählten Threading-Modell auszulegen.

> *In diesem Punkt unterscheiden sich die Delphi-Versionen 3, 4 und 5 voneinander.*

Während die Instanzierung nur bei Local Servern relevant ist, macht das Threading-Modell nur bei den In-process Servern Sinn. Denn nur diese im DLL-Format vorliegenden COM-Server werden in den Adressraum des bereits bestehenden Client-Prozesses geladen und finden dort bereits ein definiertes Apartment des Clients vor. Der ausgewählte Eintrag für das Threading-Modell sorgt nur dafür, dass bei der Registrierung des Servers der entsprechende Eintrag in die Registry geschrieben wird. Immer dann, wenn eine Server-Instanz angefordert wird, kann COM nachprüfen, ob spezielle Anpassungsarbeiten notwendig sind, um die Threading-Modelle des Servers und des Clients anzupassen.

Modell	Bedeutung
Einzelner Thread	Das Objekt stellt keine Threading-Unterstützung bereit. Alle Client-Anforderungen werden serialisiert, d.h. nacheinander bearbeitet.
Apartment (STA)	Clients können Interface-Methoden des Servers nur von dem Thread aus aufrufen, mit dem das Objekt angefordert wurde.
Frei (MTA)	Clients können Interface-Methoden des Servers aus jedem Thread heraus aufrufen. Da keine Serialisierung erfolgt, können die Serverobjekte gleichzeitig reagieren.
Beide (Both)	Der COM-Server kann Clients unterstützen, die entweder STA oder MTA verwenden.

Tabelle 4.3: Threading-Modelle eines In-process Servers

4.3.1 COM und Threads

Bevor es sich lohnt, näher auf diese Fragen einzugehen, muss zuerst die Grundfrage beantwortet werden: Wird Multithreading für COM-Server benötigt? Ich antworte darauf mit einem klaren Jein! Je nach Einsatzfall müssen Sie als Entwickler entscheiden, indem Sie die Vor- und Nachteile des jeweiligen Modells abwägen. Steht für Sie die einfache, schnelle Programmentwicklung im Vordergrund, hat Delphi bereits eine Vorentscheidung getroffen. Ohne eigene Eingriffe verwenden die COM-Objekte das Single-Threading-Modell. Damit sorgt COM automatisch dafür, dass die zeitgleichen Zugriffe von verschiedenen Clients auf ein COM-Serverobjekt serialisiert werden, sodass ein Client nach dem anderen bedient wird. Angenommen, der COM-Server stellt zwei COM-Objekte über zwei Interfaces zur Verfügung. Während das erste Objekt die gewünschte Aufgabe sehr schnell erledigt, benötigt das zweite Objekt einige Sekunden für die Arbeit. Zum Beispiel könnte die Festplatte des Servers nach einer Datei durchsucht werden, sodass das Server-Objekt in diesem Fall auf das Betriebssystem warten muss.

In der Delphi-Voreinstellung bedeutet dies, dass der Single-Threading-Server alle Aufrufe in seinem primären Thread abarbeitet. Dies bedeutet jedoch auch, dass immer dann, wenn ein Client das „langsame" Server-Objekt verwendet, alle anderen Clients so lange warten müssen, bis diese Aufgabe erledigt ist. Also auch dann, wenn nur eine Auskunft des „schnellen" Server-Objekts benötigt wird, muss der Client zwangsläufig auf das Ende der „langsamen" Abfrage seines Kollegen warten.

Bei In-process Servern wird dies in den meisten Fällen keine Rolle spielen, diese Server werden ja als DLL in den Adressraum des Clients geladen. Damit verhält sich der Single-Threading-Server in der DLL wie jede andere in einer DLL aufgerufene Funktion auch.

Bei einem Local Server könnte dies schon anders aussehen, da durchaus verschiedene Clients in ihren eigenen Prozessen auf den Server zugreifen könnten. Hier muss der Entwickler abwägen, ob die Vorteile des Multithreadings die Nachteile der komplexeren Implementierung aufwiegen.

Im Fall der Remote Server hingegen stellt sich die Situation völlig anders dar. Diese Objekte haben nur dann eine Existenzberechtigung, wenn mehrere Clients von verschiedenen Rechnern aus auf den gemeinsamen Server zugreifen. In diesem Fall sollten die Clients – um beim Beispiel zu bleiben – auch dann das „schnelle" COM-Objekt aufrufen können, wenn das „langsame" Objekt noch die Aufgabe eines anderen Clients bearbeitet. Um dies zu erreichen, müssen beide COM-Objekte in getrennten Threads ausgeführt werden, denn nur dann kann das zweite Objekt die Vorteile der im Zeitschlitzverfahren verteilten Rechenzeit ausnutzen.

Um zu erreichen, dass verschiedene COM-Objekte in verschiedenen Threads laufen, stehen mehrere Optionen zur Verfügung:

- Jeder Client könnte seine eigene COM-Serverinstanz starten. Unter Windows NT tritt dieser Fall zum Beispiel immer dann automatisch ein, wenn der COM-Server im Kontext des Benutzerkontos eines Clients ausgeführt werden soll. Jede Serverinstanz läuft im primären Thread des eigenständigen Prozesses und wird vom Betriebssystem gleichmäßig mit Rechenzeit bedacht. Falls Sie mit Hunderten gleichzeitig ausgeführter Client-Zugriffe rechnen müssen, ist diese Variante sehr ressourcenintensiv.

- Der COM-Server könnte für jeden Client einen eigenen Thread abspalten und die Objektinstanz in diesem Thread erzeugen. Auf den ersten Blick hört sich das gut an – allerdings wird auch hier ein Punkt erreicht, bei dem die interne Threadverwaltung mehr Schaden als Nutzen anrichtet.
- Der COM-Server könnte einen feststehenden Thread-Pool einrichten und in jedem Thread eine Objektinstanz erzeugen. Jedem Client-Zugriff wird dann ein Thread aus diesem Pool zugeordnet. Somit kann der Server verschiedene Clients gleichzeitig bedienen, ohne dass die Gefahr besteht, durch das Erzeugen von zu vielen Threads das System lahmzulegen.
- Der Entwickler stattet seinen völlig threadfesten COM-Server selbst mit der Multithreading-Fähigkeit aus.
- Der Entwickler nutzt unter Windows NT 4 die Fähigkeiten des MTS aus.
- Der Entwickler nutzt unter Windows 2000 die Fähigkeiten von COM+ aus.

4.3.2 Warum sind Threading-Modelle notwendig?

COM-Objekte können die Multithreading-Fähigkeiten des Betriebssystems ausnutzen. Unter Windows NT stehen zum Beispiel den COM-Objekten mehrere Threads eines Prozesses zur Verfügung. Der DCE-RPC-Standard fordert die Bearbeitung der RPC-Aufrufe in beliebigen Threads. Dazu sieht RPC einen Thread-Pool vor, aus dem sich bei jedem eintreffenden RPC-Aufruf bedient wird. Allerdings setzen die meisten Betriebssysteme diese Forderung nur ungenügend um. Win32 verteilt Botschaften für ein bestimmtes Fenster nur an den Thread, der dieses Fenster auch erzeugt hat. Die Botschaftsverwaltung von Windows rechnet damit nicht mit direkten Aufrufen von außerhalb, sodass eine überschaubare Situation vorliegt. In dieser Situation sorgt COM für eine Erweiterung des Systems. Zum einen wird die volle Freiheit unabhängig von den Threads unterstützt und zum anderen eine automatische Synchronisation angeboten. Diese völlig unterschiedlichen Systemumgebungen müssen natürlich auch für den Entwickler transparent sein, sodass COM das Konzept der Threading-Modelle einführt.

> *Betrachten Sie die Threading-Modelle am besten nur als reine Denkmodelle, die bestimmte Regeln formulieren. Es gibt keine API-Funktionen, die auf ein bestimmtes Modell umschalten – die betreffenden Funktionen kündigen COM nur an, welche Regeln das COM-Objekt beachtet.*

Die verschiedenen Threading-Modelle beschreiben nun die Beziehungen zwischen COM-Objekten und Threads. Dabei geht es darum, wie Objektmethoden aufgerufen werden und wie Zeiger auf Interfaces zwischen Threads auszutauschen sind. COM unterscheidet dabei generell zwischen zwei unterschiedlichen Threading-Modellen – STA und MTA.

4.4 Single-threaded Apartment (STA)

Im Single-threaded Apartment-Modell (STA) synchronisiert die Component Object Library (COL) selbst die Aufrufe aus den einzelnen Threads heraus.

Jedes COM-Objekt „lebt" in einem Thread und übernimmt somit das threadbezogene Verhalten, das auch Win32-Fenster zeigen. Jeder Server-Thread muss dabei einen Message Handler (auch als Message Loop bekannt) als Verteilerstelle für Windows-Botschaften implementieren, da COM in diesem Fall ein unsichtbares Fenster einrichtet, über welches die eintreffenden RPC-Aufrufe mit den anderen Aufrufen aus dem Betriebssystem synchronisiert werden. Dies bedeutet, dass COM nur dann auf die Serialisierung über Windows-Botschaften zurückgreift, wenn das Objekt aus einem anderen Apartment heraus aufgerufen wird. Wenn mehrere Clients das Objekt gleichzeitig aufrufen, sorgt dieser Mechanismus dafür, dass alle Aufrufe in der Botschaftswarteschlange des unsichtbaren Fensters gepuffert werden. Die Fensterprozedur dieses Fensters setzt dann die eingetroffenen Botschaften in die jeweiligen Methodenaufrufe des COM-Servers um. Dies bedeutet allerdings auch, dass der COM-Server nur dann aufgerufen werden kann, wenn in seinem Apartment die Botschaftswarteschlange ausgelesen wird. Da COM auf diesem Weg jeden Zugriff streng serialisiert, muss der COM-Server in seiner Implementierung der Interface-Methode keine speziellen Vorkehrungen zur Synchronisation treffen.

Alle COM-Objekte eines Threads bilden ein Apartment. Das Apartment beschreibt als logisches Denkmodell die Beziehungen zwischen dem Thread und dem COM-Objekt inklusive der jeweiligen Außenwirkungen.

In der Tat ist die Bezeichnung Apartment wörtlich gemeint. Wie in einer abgeschlossenen Wohnung auch haben Außenstehende keinen direkten Einblick. Ein COM-Apartment übernimmt die Funktion eines logischen Containers für das Objekt und wird von COM erst dann definiert, wenn zum ersten Mal ein Interfacezeiger in einen anderen Thread übertragen wird.

Immer dann, wenn die Anwendung STA-Objekte in verschiedenen Threads ausführen will, muss für jedes dieser Objekte ein eigenes Single-threaded Apartment eingerichtet werden.

Dabei werden – analog zum Local Server – auch die Zugriffe auf die Interfaces vom Marshaler bearbeitet, wenn mehrere Objekte in unterschiedlichen Apartments aktiv sind. Unterschiedliche Apartments bedeuten unterschiedliche Threads und damit auch unterschiedliche Aufruf-Stacks. Der Marshaler muss in diesem Fall die gleiche Arbeit leisten, die auch zur Überschreitung der Prozessgrenzen notwendig ist. Auch in diesem Fall wird eine Proxy/Stub-Kombination genutzt, was sich dann negativ auf die Aufrufgeschwindigkeit auswirkt.

Marshaler und Apartments

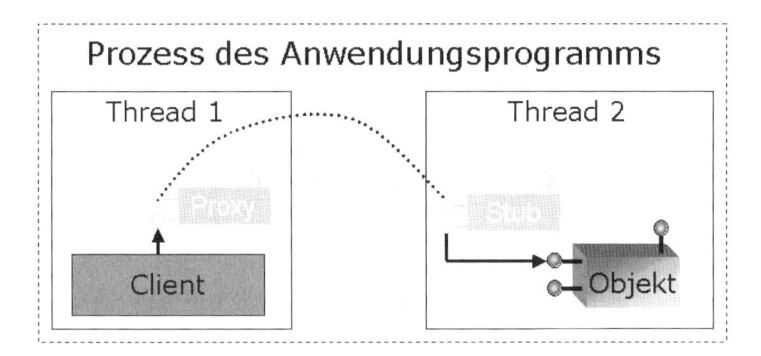

Abb. 4.8: Kommunikation zwischen zwei Apartments in einem Prozess

Der klassische Einsatzfall für STA ist ein COM-Objekt mit einer grafischen Benutzeroberfläche wie zum Beispiel ein ActiveX-Control. Sowohl die COM-Aufrufe als auch die vom Control abzuwickelnden Windows-Botschaften müssen serialisiert werden. Über das STA-Modell übernimmt COM selbst diese Aufgaben, sodass der Entwickler des Controls entlastet wird.

Sie finden in der Delphi-Unit *ActiveX.pas* die folgende Deklaration:

```
Const
  // flags passed as the coInit parameter to CoInitializeEx.
  COINIT_MULTITHREADED      = 0;
  COINIT_APARTMENTTHREADED  = 2;
```

Über diese zwei Konstanten kann der STA- und MTA-Modus angemeldet werden, indem diese Parameter beim Aufruf der Win32-API-Funktion `CoInitializeEx` angegeben werden. Allerdings verwendet Delphi einen anderen Weg. In der Unit *ComObj.pas* finden Sie in Delphi 3 die folgenden Zeilen:

```
Initialization
  begin
    if not IsLibrary then CoInitialize(nil);
```

Immer dann, wenn der COM-Server nicht in einer DLL implementiert ist, wird die Win32-API-Funktion `CoInitialize` aufgerufen. Diese initialisiert die Component Object Library und richtet damit ein Apartment für das Single-threaded Apartment (STA) im primären Thread der Anwendung ein. Damit muss der verbundene Thread Windows-Botschaften für dieses Objekt verteilen können. Ein sichtbares ActiveX-Objekt hat ein Fenster und damit auch eine Message Loop, sodass diese Forderung automatisch erfüllt ist.

> *Die API-Funktion CoInitializeEx steht erst unter Windows NT 4 beziehungsweise für Windows 95 nur mit installiertem DCOM für Windows 95 zur Verfügung. Erst unter diesen Umgebungen kann das MTA-Modell verwendet werden.*

Delphi 3 geht daher mit der „alten" Funktion CoInitialize auf Nummer sicher, da diese Funktion auf jeder Plattform das STA-Modell anmeldet. Delphi 4 und 5 sind an dieser Stelle moderner und verwenden einen anderen Initialisierungsmodus. Ab der Version 4 wird CoInitialize nicht mehr automatisch mit dem Einbinden der Unit »ComObj« aufgerufen, sondern erst von Application.Initialize.

Warum aber die Ausnahme bei einem COM-Server als DLL? Delphi ruft nur dann CoInitialize auf, wenn es einen COM-Server im EXE-Format vorfindet. Der Grund dafür liegt darin, dass die Component Object Library über den Aufruf von CoInitialize nur dann das STA aktivieren kann, wenn ein neuer Prozess erzeugt wird.

Ein In-process Server wird als DLL in den Adressraum eines bereits bestehenden Prozesses geladen, daher darf die DLL ohne Rücksprache mit COM keine eigenmächtigen Eingriffe vornehmen. Stattdessen erwartet COM, dass eine DLL über einen Registry-Eintrag ihre Wünsche anmeldet. COM versucht dann, das gewünschte Threading-Modell einzurichten.

Im Schlüssel InprocServer32 wird dazu bei einem In-process Server nach dem Namenseintrag ThreadingModel gesucht.

ThreadingModel	Bedeutung
(Kein Eintrag)	Single-threading Modell – das Objekt kann ausschließlich in das Haupt-STA (primärer Thread) eines Prozesses geladen werden.
Apartment	STA-Modell – das Objekt kann in jedes STA eines Prozesses geladen werden.
Both	STA- und MTA-Modell (Mixed Model)
Free	MTA-Modell – das Objekt kann nicht in ein STA geladen werden.

Tabelle 4.4: Bedeutung der Daten für den Namenseintrag ThreadingModel

Das ThreadingModel wird als Namenseintrag dem Schlüssel InprocServer32 für eine bestimmte CLSID zugeordnet. Dies bedeutet jedoch auch, dass mehrere COM-Objekte in einer DLL alle unterschiedlichen Modelle verwenden dürfen. Das ist auch die Erklärung dafür, warum die exportierten DLL-Funktionen wie `DLLGetClassObject` usw. threadsicher implementiert werden müssen.

4.4.1 Single-threading Model

Der Minimalfall – also wenn nur ein Thread in einem Prozess auf ein COM-Objekt zugreift – wird als Single-threading Model bezeichnet. In diesem Fall stellt COM sicher, dass keine zeitgleichen Aufrufe aus verschiedenen anderen Threads heraus auf das COM-Objekt erfolgen. Jede Anforderung an das COM-Objekt muss im Kontext des primären Threads der Server-Anwendung abgearbeitet werden, sodass die Aufrufe der Clients zwangsläufig serialisiert werden. Für den gleichzeitigen Zugriff von verschiedenen Clients ist dieses Modell weniger geeignet.

Die Auswirkung verdeutlicht die in der Abbildung 4.9 dargestellte Grafik besser. Da sowohl „Objekt 1" als auch „Objekt 2" im einzigen Apartment ausgeführt werden, läuft jedes Objekt nur im primären Thread des Servers. Verwendet nun der erste Client das „Objekt 1", so kann der zweite Client erst dann auf sein „Objekt 2" zugreifen, wenn der erste Aufrufer fertig ist. Diese Situation ist mit dem Einfrieren der Benutzeroberfläche vergleichbar, wenn eine normale Anwendung lang andauernde Vorgänge nicht in einen separaten Thread auslagert.

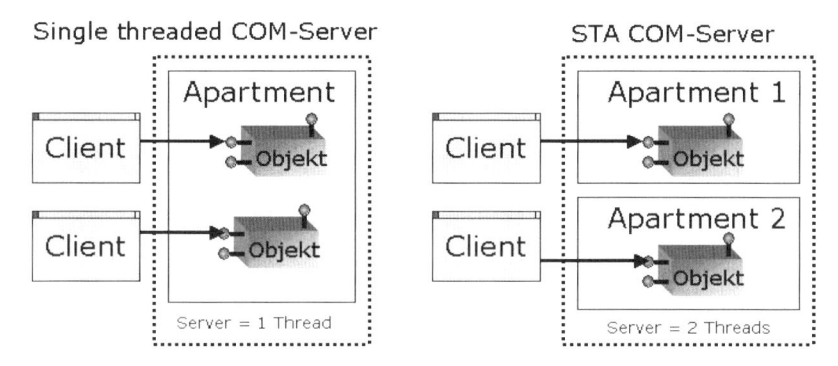

Abb. 4.9: Unterschied zwischen Single-threaded Server und STA-Server

Ist dieses Einfrieren für Ihren Verwendungszweck nicht tolerierbar, so bietet das STA-Modell einen Ausweg an. Sie müssen nur dafür sorgen, dass jedes COM-Objekt ein eigenes Apartment bekommt und somit in einem eigenen Thread ausgeführt wird. Sobald nun „Objekt 1" zeitintensiv beschäftigt ist, kann „Objekt 2" dank Multithreading trotzdem verwendet werden.

Beachten Sie bitte, dass auch beim STA-Modell das Zugriffsproblem wieder auftaucht, wenn mehrere Clients gemeinsam auf eine konkrete Serverinstanz in einem STA-Apartment zugreifen. Bei dieser Betrachtungsweise entspricht jedes einzelne Apartment einem Single-threaded Server.

4.4.2 Regeln für Single-threaded Apartments (STA)

Ich hatte vorhin die Apartments als Regelwerk bezeichnet. Es liegt auf der Hand, dass die dort definierten Regeln auch genannt werden müssen:
- Jede Anwendung, die COM nutzt, muss mitteilen, nach welchen Regeln sie sich richtet.
- Jedes COM-Objekt „lebt" in seinem eigenen Thread (Apartment). Es ist verboten, ein Objekt aus einem anderen Thread heraus direkt aufzurufen, auch wenn das im Fall von In-process Servern technisch durchaus möglich ist.
- Jeder Thread muss die COM Library selbst initialisieren.
- Die in Interface-Variablen gespeicherten Zeiger auf COM-Objekte müssen immer dann vom Marshaler gesondert behandelt werden, wenn die Grenze eines Apart-

Single-threaded Apartment (STA)

ments verlassen wird. Wird ein Interface-Zeiger als Parameter beim Aufruf einer Server-Methode übergeben, nimmt COM implizit das Marshaling vor. Gibt das Programm hingegen einen Interface-Zeiger direkt weiter, muss der Entwickler eine der Marshaling-Funktionen für die Vorbereitung des Interface-Zeigers bemühen.
- Jedes STA muss eine Message Loop besitzen, um Aufrufe aus anderen Apartments abwickeln zu können und die Gefahr des Blockierens anderer Anwendungen zu beseitigen.
- Ein im STA laufender Server muss seine **globalen** Daten schützen, da COM nur die Aufrufe aus jeweils einem Apartment heraus serialisiert. Mehrere Client-Apartments dürfen durchaus zur gleichen Zeit auf den Server zugreifen. Jeder Client erhält dabei zwar eine eigene Objekt-Instanz mit eigenen, instanzbezogenen Objektfeldern, die globalen Variablen des Servers hingegen werden von allen Clients gemeinsam genutzt.
- Die als DLL implementierten In-process Server müssen ihr Threading Model in der Registry definieren.

Die zweite Regel – „Es ist verboten, ein Objekt aus einem anderen Thread heraus direkt aufzurufen" – bedeutet jedoch nicht, dass ein Zugriff aus einem zweiten Thread heraus unmöglich ist. Dies ist selbstverständlich zulässig, wenn der Zeiger auf das Server-Interface aus dem fremden Apartment vom Marshaler behandelt wird. COM stellt speziell für diese Aufgabe mehrere Funktionen bereit:

- `CoMarshalInterface` ist eine Low-Level-Funktion für das konfigurierbare Vorbereiten eines Interface-Zeigers in einen Byte-Stream.
- `CoUnmarshalInterface` ist eine Low-Level-Funktion, um den Byte-Stream wieder in einen für das aktuelle Apartment gültigen Interface-Zeiger umzuwandeln.
- `CoMarshalInterThreadInterfaceInStream` sorgt als Hilfsfunktion dafür, dass der Interface-Zeiger innerhalb des eigenen Prozesses in ein threadsicheres Streamobjekt konvertiert wird.
- `CoGetInterfaceAndReleaseStream` generiert als Hilfsfunktion aus dem Streamobjekt wieder einen für das aktuelle Apartment im eigenen Prozess gültigen Interface-Zeiger.
- Die Funktionen der Global Interface Table (GIT), die jedoch erst ab Windows NT 4.0 beziehungsweise Windows 95 mit installiertem DCOM for Windows 95 zur Verfügung stehen.

Zum Glück werden diese Funktionen nur in Ausnahmefällen benötigt. COM sorgt in der Regel automatisch für diese Arbeitsschritte, wenn ein Interface-Zeiger als Parameter beim Aufruf einer Server-Methode übergeben wird. Nur dann, wenn der Interface-Zeiger im Programm direkt an ein anderes Apartment übergeben wird, muss der Entwickler über diese Funktionen den Marshaler selbst aufrufen. Ein Beispiel soll diesen Einsatzfall verdeutlichen.

Das „Apartment A" (primärer Thread des Prozesses) besitzt in einer Interface-Variablen einen gültigen Zeiger auf das Server-Interface. Ein zweiter Thread dieses Prozesses („Apartment B") soll nun eine Server-Methode über diese bereits vorhandene Referenz aufrufen. Dazu muss „Apartment A" über CoMarshalInterThreadInterfaceInStream den Interface-Zeiger marshalen. Diese Funktion erzeugt einen Thread-sicheren Stream, der in einer globalen Variablen für beide Threads zugänglich ist. Das „Apartment B" (also der zweite Thread) übergibt diesen Stream der Funktion CoGetInterfaceAndReleaseStream und erhält damit einen gültigen Interface-Zeiger auf den Server. Genauer gesagt erhält „Apartment B" einen Zeiger auf das vom Marshaler dazwischengeschaltete Proxy-Objekt für den Server. Da sich der zweite Thread das COM-Objekt nur ausgeborgt hat, darf „Apartment B" niemals vor „Apartment A" beendet werden. Da es sich bei „Apartment A" um den primären Thread der Anwendung handelt, wird diese Forderung sichergestellt.

STA-Forderung: Server muss seine globalen Daten schützen

Ein im STA laufender Server muss seine **globalen** Daten schützen, da COM nur die Aufrufe aus jeweils einem Apartment heraus serialisiert. Mehrere Client-Apartments dürfen durchaus zur gleichen Zeit auf den Server zugreifen. Jeder Client erhält dabei zwar eine eigene Objekt-Instanz mit eigenen, instanzbezogenen Objektfeldern, die globalen Variablen des Servers hingegen werden von allen Clients gemeinsam genutzt. Ein Beispiel demonstriert diesen Einsatzfall: Jeder Client-Thread meldet sich am Server an – die dabei übergebene Thread-ID wird als Benutzerkennung in einem Objektfeld des COM-Objekts gespeichert. Gleichzeitig verwaltet der Server einen Benutzerzähler über eine globale Variable und stellt eine Eigenschaft dafür zur Verfügung. Der primäre Thread des Clients (ist ständig aktiv) ruft nun alle 10 Millisekunden diesen Zählerstand ab, sodass im Hauptfenster immer die aktuelle Zahl der aktiven Verbindungen sichtbar ist. Damit der Effekt visuell mitverfolgt werden kann, kann jeder Client eine wählbare Warte-Zeitspanne definieren (der Server simuliert damit eine langandauernde Methode).

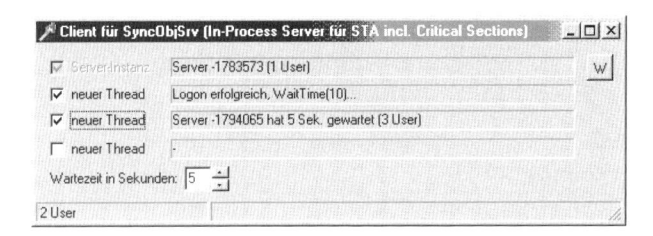

Abb. 4.10: Ein Client greift über mehrere Threads auf ein COM-Objekt zu

Der Server verwendet sowohl instanzbezogene Daten in Form von zwei Objektfeldern als auch globale Daten in Form von zwei globalen Variablen:

```
type
  TSTASyncObj = class(TAutoObject, ISTASyncObj)
  private
    FUserName : String;
    FUserId   : Integer;
  protected
    function Get_UserCount: Integer; safecall;
    procedure LogonUser(const UserName: WideString;
                       UserId: Integer); safecall;
```

```
    procedure WaitTime(Time: Integer;
                       out SrvMsg: WideString); safecall;
    procedure LogoutUser; safecall;
  end;

var
  iUserCount : Integer;
  aCS        : TCriticalSection;
```

Während jeder Client eine eigene Objekt-Instanz von TSTASyncObj und damit auch eigene instanzbezogene Objektfelder erhält, arbeiten alle Clients nur mit einer Server-Instanz zusammen und greifen somit alle auf die gleichen globalen Variablen zu. Der Server soll zum Beispiel niemals mehr als 3 gleichzeitige Instanzen zulassen – daher wird eine entsprechende Prüfung in die Server-Methode `LogonUser` implementiert. Allerdings muss der Server immer damit rechnen, dass innerhalb der Methode der Prozessor die Rechnerzeit einem anderen Thread zuteilt. Somit besteht die Gefahr, dass zwischen `Inc(iUserCount)` und `if UserCount > 3 then` ein anderer Thread den Wert der globalen Variable `iUserCount` ändert. Ein Server, der sich über `tmApartment` bei COM für ein STA anmeldet, muss jedoch an dieser Stelle threadfest sein. Daher schützt die Implementierung die kritische Stelle über Critical Sections, eine der vom Betriebssystem angebotenen Synchronisierungsoptionen.

```
procedure TSTASyncObj.LogonUser(const UserName: WideString;
                                UserId: Integer);
begin
  FUserName := UserName;
  FUserId := UserId;
  aCS.Enter;
  try
    Inc(iUserCount);
    if iUserCount > 3 then
      raise EOleSysError.Create('Zu viele User!', S_FALSE, 0);
  finally
    aCS.Leave;
  end;
end;
```

Das Ausnutzen von Critical Sections ist durch das Einbinden von `TCriticalSection` ab Delphi 4 (zumindest in der Client/Server-Suite beziehungsweise der Enterprise-Version) schnell erledigt. Nach dem Hinzufügen der Unit *SyncObj.pas* zur Uses-Klausel muss nur noch im Initialization-Abschnitt eine Instanz davon erzeugt werden. Was man selbst erzeugt, muss man zum Ende auch wieder selbst abräumen – dies erledigt der Aufruf von `Free` im Finalization-Abschnitt.

Steht Ihnen die Client/Server-Suite oder die Enterprise-Version von Delphi nicht zur Verfügung, finden Sie in meinem Buch „Delphi Win32-Lösungen" auch Beispiele für den direkten Einsatz der API-Funktionen, sodass TCriticalSection nicht unbedingt notwendig ist.

```
Initialization
  TAutoObjectFactory.Create(ComServer, TSTASyncObj,
    Class_STASyncObj, ciMultiInstance, tmApartment);
  aCS := TCriticalSection.Create;

finalization
  aCS.Free;
```

STA-Forderung: Thread muss Windows-Botschaften verteilen

COM stellt an STA in Bezug auf Windows-Botschaften bestimmte Anforderungen und legt Regeln fest:

- Ein STA-Thread, der keine Botschaften aus der Warteschlange ausliest und verteilt, kann zum Hängenbleiben von anderen Anwendungen führen, wenn diese via Broadcast eine Botschaft an alle Top-Level-Fenster verschicken.
- Ein STA-Thread, der keine Botschaften aus der Warteschlange ausliest und verteilt, hinterlässt eine kleine Speicherleiche.
- Ein STA-Server-Thread, der keine Botschaften aus der Warteschlange ausliest und verteilt, kann keine Aufrufe von Clients aus anderen Apartments erkennen.
- Ein STA-Client-Thread, der keine Botschaften aus der Warteschlange ausliest und verteilt, kann keine Benachrichtigungen von Servern erhalten.

Im Hintergrund erzeugt COM für jeden STA-Thread (also ein Thread, der CoInitialize aufgerufen hat) ein verstecktes Top-Level-Fenster. Wenn nun eine Anwendung eine Windows-Botschaft wie zum Beispiel WM_DDE_INITIATE als Rundruf verschickt, bleibt die SendMessage-Funktion dieser Anwendung so lange hängen, bis alle Top-Level-Fenster auf diese Botschaft reagiert haben! Um diese nachteiligen Folgen für andere Anwendungen zu vermeiden, fordert COM, dass STA-Threads Windows-Botschaften verteilen. COM setzt die Aufrufe von Server-Methoden in RPC-Aufrufe (Remote Procedure Call) um. Im Apartment-Modell synchronisiert COM die empfangenen RPC-Aufrufe für den Empfänger-Thread, indem dem Thread eine Windows-Botschaft zugestellt wird. Dies bedeutet jedoch auch, dass ein STA-Server-Thread immer dann keine Aufrufe von außerhalb erkennen kann, wenn er die Botschaftswarteschlange des versteckten Fensters nicht ausliest. Das Gleiche gilt für einen STA-Client-Thread, der dann in diesem Fall keine Benachrichtigungen des Servers verarbeiten kann.

Single-threaded Apartment (STA)

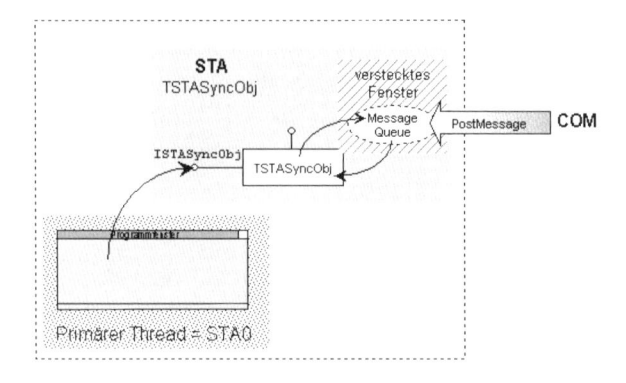

Abb. 4.11: Das „versteckte" Fenster im STA

Das folgende Beispiel demonstriert, wie so etwas in der Praxis aussehen kann. Über eine `While GetMessage`-Schleife sorgt das STA dafür, dass eintreffende Windows-Botschaften verteilt werden können. Das ist zwar umständlicher als der Aufruf der TApplication-Methode `ProcessMessages`, dafür vergeuden Sie jedoch keine Prozessortakte für das Warten auf eintreffende Botschaften. Den Beweis für diese Behauptung trete ich in diesem Kapitel noch an.

```
procedure TSinkThread.Execute;
var
  aMsg     : TMsg;
  FSinkObj : IFileSearchFound;
begin
  // neues STA-Apartment initialisieren
  OleCheck(CoInitialize(nil));
  try
    dwSinkThread := GetCurrentThreadId;
    // Instanz des Sink-Objekts erzeugen
    FSinkObj := TFileSearchFoundObj.Create;
    IncSinkObjCounter;
    // Interface-Zeiger für primären Thread vorbereiten
    OleCheck(CoMarshalInterThreadInterfaceInStream(
             IFileSearchFound,
             FSinkObj, IStream(pSinkStream)));
    // Semaphore-Sperrobjekt signalisieren
    ReleaseSemaphore(aSinkSemaphore, 1, nil);
    // COM-Forderung: STA-Thread muß Message Loop implementieren
    while GetMessage(aMsg, 0, 0, 0) do
    begin
      TranslateMessage(aMsg);
      DispatchMessage(aMsg);
      if Terminated then
```

```
      Break;
   end;
   FSinkObj := nil;
  finally
   CoUninitialize;
  end;
end;
```

4.5 Multi-threaded Apartment (MTA)

Im Gegensatz zum STA dürfen beim MTA mehrere Threads zu einem Apartment gehören, genauer gesagt: da es für jede Anwendung nur ein MTA gibt, müssen sich alle Threads dieses Apartment teilen.

Beim Multi-threaded Apartment Model (MTA) – das auch unter der Bezeichnung Free-threaded Model bekannt ist – hält sich die Component Object Library aus allem heraus. Es wird weder ein unsichtbares Fenster eingerichtet noch wird ein Message Handler vorausgesetzt. Die Threads müssen sich selbst beim Zugriff auf das gemeinsam genutzte COM-Objekt einigen. Innerhalb eines Prozesses können Objekte aus einem beliebigen Thread direkt auf Objekte anderer Threads zugreifen, solange diese Objekte alle das MTA-Modell verwenden – es gibt je Prozess nur ein MTA. Das im STA notwendige Marshalen eines Interface-Zeigers entfällt.

Da unter Win32 auch mit Multiprozessorsystemen unter dem Betriebssystem Windows NT gerechnet werden muss, stellt das MTA-Modell sehr hohe Anforderungen an das COM-Objekt. Das Objekt muss hier in der Tat damit rechnen, von mehreren Clients zur gleichen (!) Zeit verwendet zu werden. Da sich die Component Object Library heraushält, stehen auch die Dienste des Standard-Marshalers nicht zur Verfügung. Damit muss der COM-Server alle Interface-Methoden sowie seine Class Factory threadsicher implementieren. Unter Win32 stehen dazu die zur Thread-Synchronisation vorgesehenen Objekte (Events, Critical Sections, Semaphore und Mutexe) zur Verfügung.

> *In meinem im gleichen Verlag erschienenen Buch „Delphi Win32-Lösungen" (ISBN 3-9806738-2-0) gehe ich sehr ausführlich auf die verschiedenen Mechanismen der Thread-Synchronisation sowie ihrer Implementierung in Delphi ein.*

Der Bedarf für das MTA-Modell entstand erst mit der Kombination von Windows NT 4 und DCOM95. Da ein typischer DCOM-Server nicht unbedingt eine grafische Benutzeroberfläche benötigt, stehen Windows-Botschaften als Synchronisierungsmittel nicht zur Verfügung. Außerdem muss ein DCOM-Server auch dann für die Clients erreichbar sein, wenn er gerade den Auftrag eines anderen Clients abarbeitet.

Um ein MTA zu aktivieren, wird die Win32-API-Funktion `CoInitializeEx` mit dem Parameter COINIT_MULTITHREADED aufgerufen. Ab Delphi 4 sind dafür jeweils für In-process Server und Local/Remote Server unterschiedliche Aufrufe notwendig. Ein In-process Server wird als DLL in einen bereits laufenden Prozess geladen und muss daher seine Wünsche korrekt anmelden:

```
initialization
  IsMultiThread:= True;
  TAutoObjectFactory.Create(ComServer, TThrdSrvDLL,
    Class_ThrdSrvDLL, ciMultiInstance, tmFree);
```

Ein als EXE ausgeführter Server erhält einen eigenen Prozess und hat es an dieser Stelle einfacher; hier reicht es aus, die Variable `CoInitFlags` entsprechend zu belegen:

```
program ThrdExmplClt2;

uses
  Forms, ComObj, ActiveX,
  ThrdExmplClt2Frm in 'ThrdExmplClt2Frm.pas' {FormMain2};

{$R *.RES}

begin
  IsMultiThread:= True;
  CoInitFlags := COINIT_MULTITHREADED;
  Application.Initialize;
  Application.CreateForm(TFormMain2, FormMain2);
  Application.Run;
end.
```

4.6 Wer die Wahl hat, hat die Qual

Sowohl das STA- als auch das MTA-Modell dürfen in einem Prozess zur gleichen Zeit gemeinsam verwendet werden. Diese Fälle bezeichnet der COM-Sprachgebrauch als Mixed-Model.

Ein COM-Objekt kann als In-process Server, als Local Server oder als Remote Server wirken, wobei alle drei Arten funktionale Unterschiede aufweisen. Damit muss auch das Thema Threading-Modell immer in Bezug auf die Server-Art betrachtet werden.

- COM-Objekte als Local Server bzw. Remote Server können das Threading-Modell freizügig wählen.
- COM-Objekte als In-process Server hängen in den meisten Fällen von ihrem Client, also dem Anwendungsprogramm, in dessen Adressbereich sie ausgeführt werden, ab. Damit müssen sie in der Regel in dem Apartment Platz nehmen, das ihnen vom Client beziehungsweise der Component Object Library (COL) zugewiesen wird. Über einen Registry-Eintrag stellen die Objekte sicher, dass die COL bei Bedarf ein kompatibles Apartment einrichtet. In diesem Fall läuft die Kommunikation zwischen Client und In-process Server wieder über ein Proxy/Stub-Paar.

Welches Modell ist dann das richtige? Eine allgemeingültige Antwort auf diese Frage gibt es nicht, allerdings helfen die folgenden Grundsätze bei der Lösungssuche:
- Ein Objekt, das mit dem Benutzer über eine grafische Benutzeroberfläche in Verbindung tritt, sollte das STA-Modell verwenden. Damit synchronisiert COM selbst alle COM-Aufrufe mit den „normalen" Windows-Funktionen. Das STA-Modell ist für den Entwickler einfacher, da es das geerbte Verhalten ausnutzt.
- Ein Objekt, bei dem es vor allem auf die Performance ankommt und dessen Benutzeroberfläche eine untergeordnete Rolle spielt, kann MTA verwenden. Allerdings verzichtet der Entwickler dann auf jeden Komfort, er selbst muss sein Objekt mit den notwendigen Synchronisationsmechanismen ausstatten.
- Ein Objekt, das auf andere COM-Objekte zugreift, sollte sich an deren Anforderungen ausrichten. Zum Beispiel erreichen die ADO-Objekte nur dann die optimale Leistung, wenn ein STA angemeldet wird. Auf die Hintergründe dieser Empfehlung gehe ich im Buch noch ein.

Beachten Sie außerdem, dass ein Threading-Modell nur für das jeweilige Apartment gilt, aber nicht für den Prozess. Ein Prozess kann kein, ein oder mehrere Single-threaded Apartments (STA) haben. Im Unterschied dazu darf ein Prozess entweder kein oder exakt ein Multi-threaded Apartment (MTA) besitzen. Somit können verschiedene Situationen auftreten:
- Ein Prozess, der nur ein STA besitzt, wird als Single-threaded Process bezeichnet.
- Ein Prozess, der ein oder mehrere STAs, aber kein MTA besitzt, wird als Apartmentmodel process bezeichnet.
- Ein Prozess, der kein STA und nur ein MTA besitzt, wird als Free-threaded Process bezeichnet.
- Ein Prozess, der ein oder mehrere STAs und ein MTA besitzt, wird als Mixed-model Process bezeichnet.

4.7 Marshaling aus Sicht der API-Funktionen

Um den Zugriff auf ein COM-Objekt in einem anderen Apartment zu unterstützen, stellt COM einige Funktionen zum Exportieren eines Interface-Zeigers aus einem Apartment und zum Importieren in ein Apartment zur Verfügung. Ein auf diesem Weg importierter Interface-Zeiger verweist dabei auf ein Proxy-Objekt und ist für jeden Thread in diesem Apartment gültig.

Die Übergabe eines Interface-Zeigers beziehungsweise eines Methoden-Parameters über die Grenzen eines Apartments hinweg wird als Marshaling bezeichnet. Dabei wird der Interface-Zeiger in einen übertragbaren Byte-Stream konvertiert, in dem Daten zum Objekt und dem Apartment, in dem das Objekt ausgeführt wird, gespeichert werden. Dieser Byte-Stream kann dann von einem anderen Apartment importiert werden, als Ergebnis steht ein gültiger Interface-Zeiger auf das fremde COM-Objekt zur Verfügung. Beim Marshaling wird nicht das Objekt selbst übertragen, sondern ausschließlich Interface-Zeiger, die einen Verweis auf das COM-Objekt darstellen.

Normalerweise werden Interface-Zeiger beim Erzeugen einer Server-Instanz beziehungsweise beim Aufruf einer Interface-Methode implizit vom Marshaler völlig transparent behandelt, der Client hat keine besonderen Vorkehrungen zu treffen. Für den Client spielt es keine Rolle, ob er auf Methoden eines In-process Servers (häufig gleiches Apartment), Local Servers (fremder Prozess, also auch fremdes Apartment) oder Remote Servers (fremder Rechner, also auch fremdes Apartment) zugreift. Der Entwickler muss nur dann selbst eingreifen, wenn ein Interface-Zeiger außerhalb eines Methodenaufrufs an ein fremdes Apartment übergeben werden muss. COM stellt dazu die API-Funktion CoMarshalInterface und weitere Hilfsfunktionen zur Verfügung.

4.7.1 IStream

Die API-Funktion CoMarshalInterface wandelt den übergebenen Interface-Zeiger in einen Byte-Stream um, der neben dem Interface-Zeiger auch Informationen zum Apartment des COM-Objekts enthält.

Wenn also beim Marshaling ein Byte-Stream über Thread-, Prozess- oder Rechnergrenzen übertragen werden muss, verwundert es nicht, dass COM spezielle Zugriffswege auf Streams über das IStream-Interface selbst anbietet. Das IStream-Interface arbeitet wie ein beliebiges I/O-Gerät und unterstützt Write- und Read-Methoden. Ein Programm kann über den Aufruf von GetHGlobalFromStream ein Handle auf den vom IStream verwendeten Speicherbereich anfordern und so auf die dort gespeicherten Informationen zugreifen:

```
procedure TFormMain.ActionTest1Execute(Sender: TObject);
var
  aStream   : IStream;
  iWritten  : Integer;
  hGLBL     : HGLOBAL;
  pText     : PChar;
  iLen      : Integer;
begin
  pText := PChar(MemoSource.Text);
  iLen := MemoSource.GetTextLen;
  OleCheck(CreateStreamOnHGlobal(0, True, aStream));
  OleCheck(aStream.Write(pText, iLen, @iWritten));
  hGLBL := 0;
  OleCheck(GetHGlobalFromStream(aStream, hGLBL));
  pText := GlobalLock(hGLBL);
  try
    MemoTarget.Text := pText;
  finally
    GlobalUnlock(hGLBL);
  end
end;
```

Über den Aufruf von CreateStreamOnHGlobal erhält der Aufrufer einen IStream-Zugriff auf den frisch angeforderten Speicherbereich. Im Beispiel wird der API-Funktion als ersten Parameter der Wert 0 übergeben, somit generiert das Betriebssystem einen gültigen HGLOBAL-Verweis auf einen geeigneten Speicherbereich.

Das Beispielprojekt finden Sie im Verzeichnis »Kapitel 4\Stream«.

4.7.2 CoMarshalInterface und CoUnmarshalInterface

Nachdem `CoMarshalInterface` den Interface-Zeiger zusammen mit den Apartment-Informationen in einen Byte-Stream verpackt hat, kann dieser Stream zu einem anderen Apartment transportiert werden. Dort wird er durch den Aufruf von `CoUnmarshalInterface` importiert und so zu einem gültigen Interface-Zeiger auf das in einem fremden Apartment ausgeführte COM-Objekt konvertiert.

Das folgende Beispiel führt diese Schritte als Vereinfachung im gleichen Apartment aus, sodass anstelle von IStream die Daten über ein HGLOBAL übertragen werden können. Dazu tauscht die API-Funktion `GetHGlobalFromStream` den IStream-Verweis in ein Handle auf den Speicherbereich um.

```
procedure TFormMain.FormCreate(Sender: TObject);
begin
  FServer := CoMarshalTest2.Create;
end;

procedure TFormMain.ActionTest2Execute(Sender: TObject);
var
  hData : HGLOBAL;
begin
  DoMarshal(hDATA);
  DoUnMarshal(hDATA);
end;

procedure TFormMain.DoMarshal(var hData: HGLOBAL);
var
  aStream  : IStream;
begin
  FServer.Data := MemoSource.Text;
  OleCheck(CreateStreamOnHGlobal(0, False, aStream));
  OleCheck(CoMarshalInterface(aStream, IID_IMarshalTest2,
           FServer, MSHCTX_LOCAL, nil,MSHLFLAGS_NORMAL));
  hData := 0;
  OleCheck(GetHGlobalFromStream(aStream, hData));
end;

procedure TFormMain.DoUnMarshal(hData: HGLOBAL);
var
  aStream  : IStream;
```

```
  aSrv     : IMarshalTest2;
begin
  OleCheck(CreateStreamOnHGlobal(hData, False, aStream));
  OleCheck(CoUnmarshalInterface(aStream,IID_IMarshalTest2,aSrv));
  MemoTarget.Text := aSrv.Data;
end;
```

Das Beispielprojekt finden Sie im Verzeichnis »Kapitel 4\CoMarshalInterface«.

Beim Aufruf von CoMarshalInterface muss definiert werden, für welchen Übertragungsbereich der Interface-Zeiger vorbereitet werden soll. Dabei ist es zulässig, einen höheren Übertragungsbereich als unbedingt notwendig zu definieren:

- MSHCTX_INPROC – Zielapartment liegt im gleichen Prozess
- MSHCTX_LOCAL – Zielapartment liegt in einem fremden Prozess
- MSHCTX_DIFFERENTMACHINE – Zielapartment wird auf einem fremden Rechner ausgeführt
- MSHCTX_NOSHAREDMEM – Zugriff auf gemischte 16/32-Bit-Anwendungen auf dem gleichen Rechner

Weiterhin kann das Verhalten des Marshalers in Bezug auf den Byte-Stream über den letzten Parameter näher definiert werden:

- MSHLFLAGS_NORMAL – der Interface-Zeiger wird einmal übertragen, d.h. CoUnmarshalInterface darf nur einmal aufgerufen werden
- MSHLFLAGS_TABLESTRONG – CoUnmarshalInterface darf mit Einschränkungen beliebig oft aufgerufen werden

Sie werden bei den mit Delphi entwickelten Objekten immer den Default-Wert MSHLFLAGS_NORMAL verwenden müssen, da MSHLFLAGS_TABLESTRONG nur COM-Objekte, aber keine Proxies verwalten kann.

Durch den Aufruf von `CoUnmarshalInterface` wird der Byte-Stream wieder in einen im Ziel-Apartment gültigen Interface-Zeiger auf das COM-Objekt konvertiert. Immer dann, wenn zwischen dem Aufruf von CoMarshalInterface und CoUnmarshalInterface eine Apartmentgrenze überwunden wurde, schaltet COM implizit ein Proxy-Objekt dazwischen. In dem verwendeten Beispiel allerdings ist das nicht der Fall; beide Funktionen wurden zur übersichtlicheren Demonstration aus dem gleichen Thread und damit aus dem gleichen Apartment aufgerufen, sodass am Ende ein direkter Interface-Zeiger zurückgeliefert wird.

4.7.3 In-process-Helfer für den Marshaler

Normalerweise erledigt COM das Marshaling beim Aufruf einer Interface-Methode implizit im Hintergrund, sodass der Entwickler nur dann eingreifen muss, wenn ein Interface-Zeiger direkt in ein anderes Apartment transportiert werden soll und dies nicht über den Aufruf einer Interface-Methode passiert. Am häufigsten wird dieser Fall wohl für die

Übertragung eines Interface-Zeigers in einen anderen Thread des gleichen Prozesses zutreffen. Und für diesen Einsatzbereich stellt COM zwei Hilfsfunktionen zur Verfügung: `CoMarshalInterThreadInterfaceInStream` und `CoGetInterfaceAndReleaseStream`.

Das vorhin verwendete Beispiel vereinfacht sich durch den Einsatz dieser Hilfsfunktionen sehr, wie das dritte Beispiel zeigt:

> *Das Beispielprojekt finden Sie im Verzeichnis »Kapitel 4\Inprocess-Helfer«.*

```
procedure TFormMain.ActionTest3Execute(Sender: TObject);
var
  aData: IStream;
begin
  DoMarshalEx(aData);
  DoUnMarshalEx(aData);
end;

procedure TFormMain.DoMarshalEx(var aData: IStream);
begin
  FServer.Data := MemoSource.Text;
  OleCheck(CoMarshalInterThreadInterfaceInStream(
          IID_IMarshalTest3, FServer, aData));
end;

procedure TFormMain.DoUnMarshalEx(aData: IStream);
var
  aSrv : IMarshalTest3;
begin
  OleCheck(CoGetInterfaceAndReleaseStream(aData,
          IID_IMarshalTest3, aSrv));
  MemoTarget.Text := aSrv.Data;
  aData := nil;
end;
```

Da die API-Funktion `CoMarshalInterThreadInterfaceInStream` im Beispiel den Default-Wert MSHLFLAGS_NORMAL für das Marshaling verwendet, ist nach dem erfolgreichen Aufruf von `CoGetInterfaceAndReleaseStream` der IStream-Verweis `aData` ungültig, sodass im Beispiel diese Variable auch zur Sicherheit auf `nil` gesetzt wird.

4.7.4 Global Interface Table (GIT)

Ab dem Windows NT 4.0 Service Pack 3 beziehungsweise DCOM for Windows 95 1.1 stellt COM die Global Interface Table (GIT) zur Verfügung.

Beim Marshaling eines Interface-Zeigers kann der Aufrufer über die Parameter MSHLFLAGS_NORMAL beziehungsweise MSHLFLAGS_TABLESTRONG festlegen, wie oft der vorbereitete Byte-Stream über das UnMarshaling in einen Interface-Zeiger umgetauscht werden kann. Allerdings ist MSHLFLAGS_TABLESTRONG nur bei COM-Objekten, aber nicht bei dazwischengeschalteten Proxies wirksam. Um diese Einschränkung zu beseitigen, stellt die GIT ihre Dienste zur Verfügung.

Die Global Interface Table ist eine Optimierung der API-Funktionspaare CoMarshalInterface/CoUnmarshalInterface, indem der Zugriff auf die in der GIT gespeicherten Interface-Zeiger aus allen Apartments eines Prozesses erlaubt wird. COM richtet je Prozess eine GIT ein und speichert dort jeden registrierten Interface-Zeiger zusammen mit der bereits vom Marshaler vorbereiteten Datenstruktur. Innerhalb des Prozesses kann das Unmarshaling beliebig oft aufgerufen werden, ohne dass eine erneute Vorbereitung notwendig wird.

Leider fehlt in Delphi 4 die Deklaration des IGlobalInterfaceTable-Interfaces sowie der CLSID, sodass die Unit *OS_GIT.pas* im Beispielprojekt dieses nachholt:

Das Beispielprojekt finden Sie im Verzeichnis »Kapitel 4\GIT«.

```
const
  CLASS_StdGlobalInterfaceTable: TGUID =
    '{00000323-0000-0000-C000-000000000046}';

type
  IGlobalInterfaceTable = interface(IUnknown)
    ['{00000146-0000-0000-C000-000000000046}']
    function RegisterInterfaceInGlobal(pUnk : IUnknown;
      const riid: TIID; out dwCookie : DWORD): HResult; stdcall;
    function RevokeInterfaceFromGlobal(dwCookie: DWORD): HResult;
      stdcall;
    function GetInterfaceFromGlobal(dwCookie: DWORD;
      const riid: TIID; out ppv): HResult; stdcall;
  end;
```

Über den Aufruf der API-Funktion `CoCreateInstance` kann ein Client einen Interface-Zeiger auf die GIT abfordern. Da dieser Zeiger als Objektfeld in der eigenen Klasse gespeichert wird, darf der Client während der Laufzeit ständig direkt auf die GIT zugreifen. Allerdings kann er erst von den Fähigkeiten der GIT Nutzen ziehen, wenn er eigene Interface-Zeiger dort registriert. Dazu dient die GIT-Methode `RegisterInterfa-`

ceInGlobal, die jedem registrierten Interface-Zeiger als Garderobenmarke einen eindeutigen numerischen Wert (FCookie) zuordnet.

```
type
  TFormMain = class(TForm)
    ...
  private
    { Private-Deklarationen }
    FServer : IMarshalTest4;
    FGIT    : IGlobalInterfaceTable;
    FCookie : DWORD;
  public
    { Public-Deklarationen }
  end;

procedure TFormMain.FormCreate(Sender: TObject);
begin
  FServer := CoMarshalTest4_.Create;
  OleCheck(CoCreateInstance(CLASS_StdGlobalInterfaceTable, nil,
          CLSCTX_LOCAL_SERVER, IGlobalInterfaceTable, FGIT));
  OleCheck(FGIT.RegisterInterfaceInGlobal(FServer,
          IID_IMarshalTest4, FCookie));
end;
```

Benötigt der Client einen Interface-Zeiger auf das registrierte COM-Objekt, so liefert die GIT-Methode `GetInterfaceFromGlobal` das zum Cookie passende Interface zurück. Der Client kann dabei diese Methode beliebig oft aufrufen, sodass der Interface-Zeiger nicht jedes Mal neu vorbereitet werden muss.

```
procedure TFormMain.ActionGetExecute(Sender: TObject);
var
  aSrv : IMarshalTest4;
begin
  OleCheck(FGIT.GetInterfaceFromGlobal(FCookie,
          IID_IMarshalTest4, aSrv));
  MemoTarget.Text := aSrv.Data;
  StatusBar1.SimpleText := 'Daten gelesen.';
end;
```

Es gehört zum guten Ton, dass die registrierten Sachen zum Programmende wieder ordentlich abgeräumt werden, dies erledigt die GIT-Methode `RevokeInterfaceFromGlobal`.

```
procedure TFormMain.FormCloseQuery(Sender: TObject;
  var CanClose: Boolean);
begin
```

```
  FGIT.RevokeInterfaceFromGlobal(FCookie);
  FGIT := nil;
  FServer := nil;
  // ShowMessage('Interface wurde aus der GIT entfernt!');
  CanClose := True;
end;
```

4.8 Praktische Versuche

Zugegeben, die bisher verwendeten Beispiele stellten das absolute Minimum dar, da alle Aufrufe aus dem gleichen Thread und damit aus dem gleichen Apartment heraus erfolgten. Damit beschränken sich die Beispiele auf das Wesentliche und sind zur Darstellung der Zusammenhänge sehr gut geeignet, einen Praxisnutzen haben sie allerdings nicht. Das Marshaling wird gerade dann benötigt, wenn die Grenzen des eigenen Apartments verlassen werden. Aus diesem Grund demonstriert das nächste Beispiel ein einsatzfertiges Grundgerüst für den Zugriff auf einen Local/Remote Server.

4.8.1 STA – Zugriff auf einen Local Server

Das Beispielprojekt finden Sie im Verzeichnis »Kapitel 4\ThrdExmpl«.

Während der erste Button den COM-Server aus dem primären Thread der Anwendung heraus aufruft, verlagert der zweite Button den Zugriff auf den Server über den gleichen Interface-Zeiger in einen eigenen Thread:

```
procedure TFormMain.FormCreate(Sender: TObject);
begin
  FServer := CoThrdExmplObj.Create;
end;

procedure TFormMain.ButtonTestClick(Sender: TObject);
begin
  FServer.SetData(EditSource.Text);
  StaticTextTarget.Caption := FServer.Version;
end;

procedure TFormMain.ButtonThrdTextClick(Sender: TObject);
begin
  TObjThread.Create(FServer, EditSource.Text);
end;
```

Die Ereignisbehandlungsmethode für das OnClick-Ereignis des zweiten Buttons erzeugt einen TThread-Nachfolger, somit werden alle Aktionen aus einem anderen Thread heraus aufgerufen.

```
type
  TObjThread = class(TThread)
  private
    FThrdServer : IThrdExmplObj;
    FText       : String;
    FResult     : String;
    {$IFDEF UseMarshaler}
    FStream     : Pointer;
    {$ENDIF}
    FCount      : Integer;
    FStatus     : String;
    procedure UpdateFrm;
  protected
    procedure Execute; override;
  public
    constructor Create(IObj : IThrdExmplObj; Text: String);
  end;
```

Das Objektfeld FStream wird als Pointer und nicht als IStream deklariert. Erst beim Aufruf wird dieser Zeiger über die Typumwandlung IStream(FStream) als IStream betrachtet. Die automatische Referenzzählung für dieses Objektfeld ist deaktiviert, sodass nur Sie die Gültigkeitsdauer festlegen.

Der Konstruktor Create übernimmt dabei den als Parameter erhaltenen Interface-Zeiger IObj in ein eigenes Objektfeld. Allerdings wurde dieser Interface-Zeiger im primären Thread des Clients angefordert und kann daher nicht so ohne weiteres im zweiten Thread verwendet werden. Den Beweis für diese Behauptung erhalten Sie, wenn die Zeile {$DEFINE UseMarshaler} im Listing auskommentiert und das Projekt neu kompiliert wird. Beim Anklicken des zweiten Buttons erhalten Sie dann von COM in Form einer RPC_E_WRONG_THREAD-Exception die rote Karte:

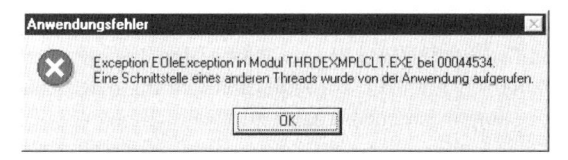

Abb. 4.12: COM erkennt den illegalen Apartment-Aufruf

Solange jedoch {$DEFINE UseMarshaler} aktiv ist (d.h. der Compiler die durch die bedingte Kompilierung eingeklammerten Programmzeilen mit eingebunden hat), kann der Client aus dem zweiten Thread heraus auf die Server-Methoden zugreifen:

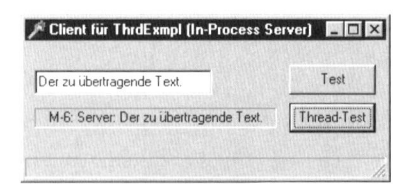

Abb. 4.13: Der erfolgreiche Test

Immer dann, wenn das eigene Symbol `UseMarshaler` definiert ist, sorgt der Aufruf von CoMarshalInterThreadInterfaceInStream dafür, dass der vom primären Thread STA0 angeforderte Interface-Zeiger auf das COM-Objekt im Local Server für die Übergabe an ein anderes Apartment vorbereitet wird. Die Methode `TObjThread.Create` wird noch im Kontext des Aufrufers und damit im primären Thread ausgeführt. Die Thread-Instanz wird im suspendierten Zustand erzeugt. Erst nachdem die Daten in eigenen Objektfeldern gesichert sind und der Interface-Zeiger im Byte-Stream verpackt wurde, wird der angehaltene Thread über den Aufruf von `Resume` aktiviert.

```
constructor TObjThread.Create(IObj : IThrdExmplObj; Text: String);
begin
  inherited Create(True);
  FreeOnTerminate := True;
  FThrdServer := IObj;
  FText := Text;
  {$IFDEF UseMarshaler}
  OleCheck(CoMarshalInterThreadInterfaceInStream(IThrdExmplObj,
           FThrdServer, IStream(FStream)));
  {$ENDIF}
  Resume;
end;
```

Erst in der TObjThread-Methode `Execute` wird der neue Thread tatsächlich ausgeführt. Wenn ein Thread erzeugt wird, hat er in den aktuellen Win32-Implementationen (Windows 95/98/NT4) noch kein zugeordnetes Apartment. Bevor der neue Thread auf eine COM-Funktion zugreifen kann, muss er zuerst ein Apartment durch den Aufruf der API-Funktionen `CoInitialize` beziehungsweise `CoInitializeEx` definieren. Über die Low-Level-Funktion CoInitializeEx kann der Client den Typ des Apartments festlegen - das Beispiel greift allerdings auf die Hilfsfunktion CoInitialize zurück und erhält damit automatisch ein STA (Single-threaded Apartment).

Der Aufruf von CoInitialize entspricht dem Aufruf von CoInitializeEx(nil, COINIT_APARTMENTTHREADED).

Der so angemeldete Thread wird in einem eigenen privaten Apartment ausgeführt, das von keinem anderen Thread genutzt werden kann. Die API-Funktionen dürfen mehrfach aufgerufen werden, allerdings ist je Thread nur der erste Aufruf erfolgreich. Jeder erfolgreiche Aufruf muss aber in jedem Fall mit dem abschließenden Aufruf von CoUninitialize beantwortet werden – COM richtet für jedes Apartment einen TLS (Thread Local Storage) ein und zählt daher die Aufrufe intern mit, damit die belegten Ressourcen am Ende auch wieder freigegeben werden können.

Nun ist auch klar, warum beim Auskommentieren von {$DEFINE UseMarshaler} der Fehler auftritt: der Interface-Zeiger muss in das eigene Apartment importiert werden! Der Thread verwendet eine lokale Variable für den Interface-Zeiger, die direkte Zuweisung des originalen Interface-Zeigers aus dem primären Thread wird von COM mit der Fehlermeldung bestraft. Erst dann, wenn über CoGetInterfaceAndReleaseStream der Byte-Stream FStream in einen gültigen Interface-Zeiger konvertiert wird, richtet COM das zum Apartment-übergreifenden Zugriff notwendige Proxy-Objekt ein:

```
procedure TObjThread.Execute;
var
  aSrv  : IThrdExmplObj;
  iLoop : Integer;
begin
  OleCheck(CoInitialize(nil));
  try
    {$IFDEF UseMarshaler}
    OleCheck(CoGetInterfaceAndReleaseStream(IStream(FStream),
            IThrdExmplObj, aSrv));
    FStatus := 'M';
    {$ELSE}
    aSrv := FThrdServer;
    FStatus := 'D';
    {$ENDIF}
    for iLoop := 0 to 5 do
    begin
      Inc(FCount);
      aSrv.SetData(FText);
      FResult := aSrv.Version;
      Synchronize(UpdateFrm);
      Sleep(250);
    end;
  finally
    CoUninitialize;
  end;
end;
```

Über den Synchronize-Aufruf sorgt der Thread dafür, dass die Methode UpdateFrm im Kontext des primären Threads der Anwendung ausgeführt wird. Somit ist der direkte Zugriff auf die VCL-Elemente im Hauptformular völlig ungefährlich.

```
procedure TObjThread.UpdateFrm;
begin
  FormMain.StaticTextTarget.Caption := Format('%s-%d: %s',
    [FStatus, FCount, FResult]);
end;
```

4.8.2 STA – Zugriff auf einen In-process Server

Wiederholt man einmal das Beispiel mit einem In-process Server, ergibt sich ein völlig anderes Bild. Auch dann, wenn die privaten Symbole {$DEFINE UseMarshaler} und {$IFDEF MultiThreadedServer} auskommentiert sind, beschwert sich COM nicht mit der Fehlermeldung, sondern arbeitet anscheinend völlig unbeeindruckt weiter.

```
procedure TObjThread.Execute;
var
  aSrv  : IThrdSrvDLL;
  iLoop : Integer;
begin
  {$IFDEF MultiThreadedServer}
  OleCheck(CoInitializeEx(nil, COINIT_MULTITHREADED));
  {$ELSE}
  OleCheck(CoInitialize(nil));
  {$ENDIF}
  try
    {$IFDEF UseMarshaler}
    OleCheck(CoGetInterfaceAndReleaseStream(IStream(FStream),
             IThrdSrvDLL, aSrv));
    FStatus := 'M';
    {$ELSE}
    aSrv := FThrdServer;
    FStatus := 'D';
    {$ENDIF}
    for iLoop := 0 to 5 do
    begin
      Inc(FCount);
      aSrv.SetData(FText);
      FResult := aSrv.Version;
      Synchronize(UpdateFrm);
      Sleep(250);
    end;
  finally
    CoUninitialize;
  end;
end;
```

Marshaler und Apartments

Das Beispielprojekt finden Sie im Verzeichnis »Kapitel 4\ThrdExmpl2«.

Zur Sicherheit zeigt der Client die über die API-Funktion `GetCurrentThreadID` ermittelte Thread-ID im Fenster mit an; beide Werte unterscheiden sich, also muss das COM-Objekt im Kontext von zwei unterschiedlichen Threads ausgeführt werden.

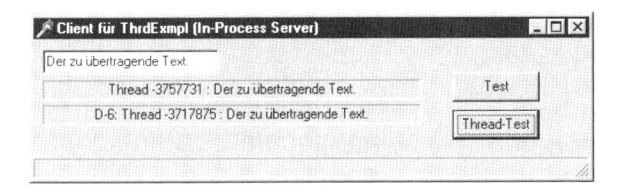

Abb. 4.14: Der Beweis über die unterschiedlichen Thread-IDs

Das gleiche Bild ergibt sich auch dann, wenn die Anwendung mit dem Microsoft-Tool WinTop (aus den Kernel-Toys für Windows 95) untersucht wird:

Abb. 4.15: Das Microsoft-Tool WinTop zeigt ebenfalls unterschiedliche Threads an

Warum wird bei einem Local Server durch den illegalen Zugriff die OLE-Fehlermeldung RPC_E_WRONG_THREAD ausgelöst, aber bei einem In-process Server nicht? Dieser Frage hat Microsoft als Antwort sogar einen eigenen Artikel in ihrer Knowledge-Base (MSDN Article-ID Q172314) gewidmet: COM kann zur Laufzeit derartige Fehler nur dann erkennen, wenn sich zwischen Aufrufer und Objekt ein Proxy-Objekt befindet. Bei einem Local Server, der in einem fremden Prozess ausgeführt wird, ist das immer der Fall! Bei einem In-process Server hängt es im Gegensatz dazu von der Konfiguration der Apartments ab. In unserem Beispiel richtet der Client ein STA ein, und auch der In-process Server registriert STA als sein Wunschapartment. Somit erhält der Client beim Anfordern des Objekts aus dem primären Thread heraus direkt einen Interface-Zeiger auf das COM-Objekt, ein Proxy wird nicht benötigt. COM verwaltet jedoch die Zugehörigkeit über ein Apartment ausschließlich im Proxy-Objekt, sodass bei einem fehlenden Proxy der illegale Aufruf nicht erkannt werden kann.

Auch wenn COM keinen Fehler meldet, verstößt der Aufruf ohne Marshaler aus dem zweiten Thread heraus gegen die COM-Regeln!

Kompilieren Sie nun die Clientanwendung mit dem definierten privaten Symbol Use-Marshaler, so ergibt sich jedoch ein anderes Bild. In beiden Fällen wird die gleiche Thread-ID angezeigt! Somit entspricht das praktische Verhalten wieder der COM-Theorie, da der zweite Thread nur einen Interface-Zeiger auf das Proxy-Objekt erhält. Der eigentliche COM-Server wird in dem STA ausgeführt, in dem die Instanz erzeugt wurde.

4.8.3 STA: Server muss seine globalen Daten schützen

Ein im STA laufender Server muss seine globalen Daten schützen, da COM nur die Aufrufe aus jeweils einem Apartment heraus serialisiert. Mehrere Client-Apartments dürfen durchaus zur gleichen Zeit auf den Server zugreifen. Jeder Client erhält dabei zwar eine eigene Objekt-Instanz mit eigenen, instanzbezogenen Objektfeldern, die globalen Variablen des Servers hingegen werden von allen Clients gemeinsam genutzt. Das nächste Beispielprojekt demonstriert diesen Einsatzfall.

Das Beispielprojekt finden Sie im Verzeichnis »Kapitel 4\SyncObj«.

Jeder Client-Thread meldet sich am Server an, die dabei übergebene Thread-ID wird als Benutzerkennung in einem Objektfeld des COM-Objekts gespeichert. Gleichzeitig verwaltet der Server einen Benutzerzähler über eine globale Variable und stellt eine Eigenschaft dafür zur Verfügung. Der primäre Thread des Clients (ist ständig aktiv) ruft nun alle 250 Millisekunden diesen Zählerstand ab, sodass im Hauptfenster immer die aktuelle Zahl der aktiven Verbindungen sichtbar ist. Damit der Effekt visuell mitverfolgt werden kann, kann jeder Client eine wählbare Warte-Zeitspanne definieren (der Server simuliert damit eine langandauernde Methode).

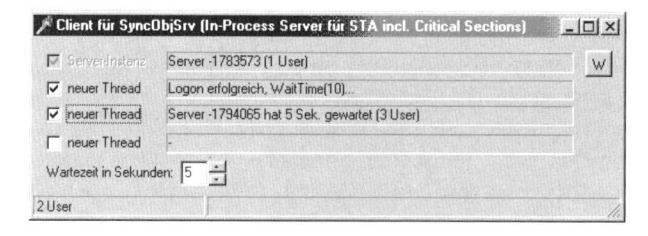

Abb. 4.16: Das Beispielprogramm simuliert Mehrbenutzerzugriffe

Das Server-Interface stellt die Methoden zum Login und Logout zur Verfügung, gestattet das Auslesen des aktuellen Benutzerzählerstands und simuliert über die Methode Wait-Time eine langandauernde Server-Methode.

```
// ***************************************************//
// Schnittstelle: ISTASyncObj
// Flags:       (4416) Dual OleAutomation Dispatchable
// GUID:        {5B53A4C6-EFF5-11D2-95EB-00104B3F5870}
// ***************************************************//
  ISTASyncObj = interface(IDispatch)
    ['{5B53A4C6-EFF5-11D2-95EB-00104B3F5870}']
    procedure LogonUser(const UserName: WideString;
                       UserId: Integer); safecall;
    function Get_UserCount: Integer; safecall;
    procedure WaitTime(Time: Integer;
                  out SrvMsg: WideString); safecall;
    procedure LogoutUser; safecall;
    property UserCount: Integer read Get_UserCount;
  end;
```

Der Server verwendet sowohl instanzbezogene Daten in Form von zwei privaten Objektfeldern als auch globale Daten in Form von zwei globalen Variablen.

```
type
  TSTASyncObj = class(TAutoObject, ISTASyncObj)
  private
    FUserName : String;
    FUserId   : Integer;
  protected
    function Get_UserCount: Integer; safecall;
    procedure LogonUser(const UserName: WideString;
                       UserId: Integer); safecall;
    procedure WaitTime(Time: Integer;
                  out SrvMsg: WideString); safecall;
    procedure LogoutUser; safecall;
    { Protected-Deklarationen }
  end;

var
  iUserCount : Integer;
  aCS        : TCriticalSection;
```

Während jeder Client eine eigene Objekt-Instanz von `TSTASyncObj` und damit auch eigene instanzbezogene Objektfelder erhält, arbeiten alle Clients nur mit einer Server-Instanz zusammen und greifen somit alle auf die gleichen globalen Variablen zu. Der Server soll zum Beispiel niemals mehr als 3 gleichzeitige Instanzen zulassen, daher wird eine entsprechende Prüfung in die Server-Methode `LogonUser` implementiert. Allerdings muss der Server immer damit rechnen, dass innerhalb der Methode der Prozessor die Rechnerzeit einem anderen Thread zuteilt. Somit besteht die Gefahr, dass zwischen `Inc(iUserCount)` und `if UserCount > 3 then` ein anderer Thread den Wert der globalen Variable `iUserCount` ändert. Ein Server, der sich über `tmApartment` bei COM für ein STA anmeldet, muss jedoch an dieser Stelle threadfest sein. Daher schützt die Implementierung die kritische Stelle über Critical Sections, eine der vom Betriebssystem angebotenen Synchronisierungsoptionen.

```
procedure TSTASyncObj.LogonUser(const UserName: WideString;
  UserId: Integer);
begin
  FUserName := UserName;
  FUserId := UserId;
  aCS.Enter;
  try
    Inc(iUserCount);
    if iUserCount > 3 then
      raise EOleSysError.Create('Zu viele User!', S_FALSE, 0);
  finally
    aCS.Leave;
  end;
end;
```

Auf die Hintergründe zu `TOleSysError` und der SafeCall-Aufrufkonvention für die Interface-Methoden gehe ich im nächsten Kapitel näher ein.

Das Einbinden von `TCriticalSection` ist ab Delphi 4 (zumindestens in der Client/Server-Suite beziehungsweise der Enterprise-Version von Delphi) schnell erledigt: nach dem Hinzufügen der Unit *SyncObjs* zur Uses-Klausel muss nur noch im Initialization-Abschnitt eine Instanz davon erzeugt werden. Und was man selbst erzeugt, muss man zum Ende auch wieder selbst abräumen, dies erledigt der Aufruf von `Free` im Finalization-Abschnitt.

```
initialization
  TAutoObjectFactory.Create(ComServer, TSTASyncObj,
    Class_STASyncObj, ciMultiInstance, tmApartment);
  aCS := TCriticalSection.Create;

finalization
  aCS.Free;
```

Zum Client gibt es nicht mehr viel zu sagen; zusätzlich zum primären Thread fordert auch jeder zusätzlich abgespaltete Thread eine eigene Server-Instanz in einem eigenen STA an. Vor dem Ende des Threads meldet sich jeder Client (Thread) über `LogoutUser` beim Server ab und gibt anschließend den Interface-Zeiger wieder frei. Auch hier sorgt die Win32-API-Funktion `GetCurrentThreadID` dafür, dass wir während der Entwicklung eine visuelle Rückmeldung für die tatsächlich verwendete Thread-ID einbauen können. Beachten Sie, dass nur die TThread-Methode `Execute` tatsächlich in einem eigenen Thread ausgeführt wird.

```
procedure TObjThread.Execute;
var
  aSrv      : ISTASyncObj;
  iThreadId : DWORD;
  swUser    : WideString;
begin
  iThreadId := GetCurrentThreadId;
  swUser := Format('User%d', [iThreadId]);
  OleCheck(CoInitialize(nil));
  try
    aSrv := CoSTASyncObj.Create;
    aSrv.LogonUser(swUser, iThreadId);
    FResult := Format('Logon erfolgreich, WaitTime(%d)...',
                     [FWaitTime]);
    Synchronize(UpdateFrm);
    aSrv.WaitTime(FWaitTime, FResult);
    Synchronize(UpdateFrm);
    aSrv.LogoutUser;
    aSrv := nil;
  finally
    CoUninitialize;
  end;
  MessageBeep($FFFFFFFF);
end;
```

4.8.4 STA: Thread muss Windows-Botschaften verteilen

COM stellt an STA in Bezug auf Windows-Botschaften bestimmte Anforderungen und legt Regeln fest (siehe dazu den Artikel aus der MSDN Knowledge Base mit der Nummer Q136885):

1. Ein STA-Thread, der keine Botschaften aus der Warteschlange ausliest und verteilt, kann zum Hängenbleiben von anderen Anwendungen führen, wenn diese via Broadcast eine Botschaft an alle Top-Level-Fenster verschicken.
2. Ein STA-Thread, der keine Botschaften aus der Warteschlange ausliest und verteilt, hinterlässt eine kleine Speicherleiche.
3. Ein STA-Server-Thread, der keine Botschaften aus der Warteschlange ausliest und verteilt, kann keine Aufrufe von Clients aus anderen Apartments erkennen.
4. Ein STA-Client-Thread, der keine Botschaften aus der Warteschlange ausliest und verteilt, kann keine Benachrichtigungen von Servern erhalten.

Im Hintergrund erzeugt COM für jeden STA-Thread ein verstecktes Top-Level-Fenster.

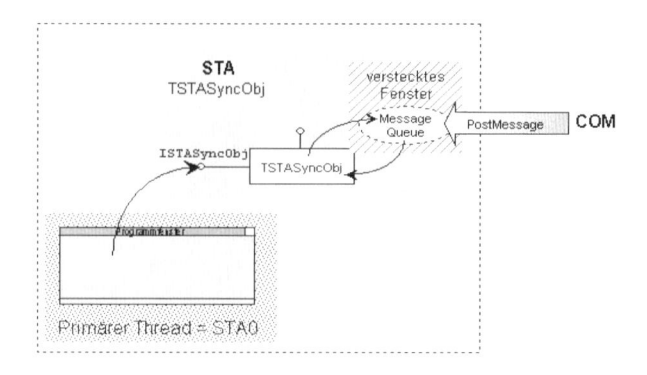

Abb. 4.17: Das von COM erzeugte versteckte STA-Fenster

Der Entwickler ist dafür verantwortlich, dass die eigene Anwendung die Botschaftswarteschlange in regelmäßigen Abständen ausliest. Daraus ergeben sich einige Stolperstellen, die ich Ihnen in Form von praktischen Beispielen vorstellen möchte.

Das Sleep-Problem

Ist das nun alles graue Theorie oder müssen wir als Entwickler darauf reagieren? Im vorherigen Beispiel habe ich zum Beispiel eine lang andauernde Server-Methode über den Aufruf der Win32-API-Funktion Sleep simuliert:

```
procedure TSTASyncObj.WaitTime(Time: Integer;
  out SrvMsg: WideString);
begin
  Sleep(Time * 1000);
  SrvMsg := Format('Server %d hat %d Sek. gewartet (%d User)',
                   [FUserId, Time, iUserCount]);
end;
```

Übergibt der Aufrufer zum Beispiel den Wert 5, so gibt das Server-Objekt für die nächsten 5 Sekunden die Rechenzeit sofort wieder ab, damit wird der Thread für diese Zeitdauer nicht mehr ausgeführt. Hat das Nachteile? Aber ja doch – wie sogar in der Hilfe zur API-Funktion zu lesen ist:

Sleep

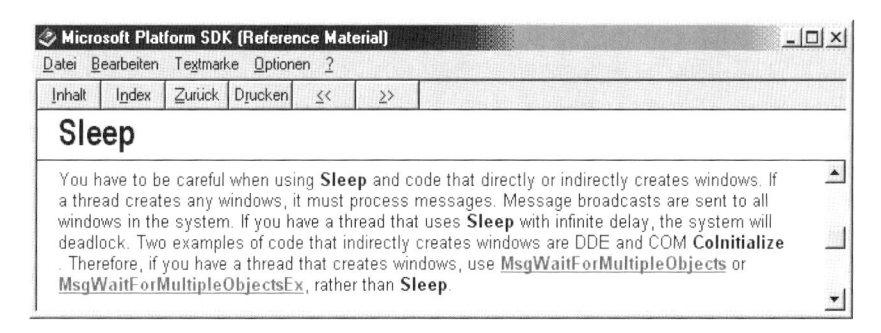

You have to be careful when using **Sleep** and code that directly or indirectly creates windows. If a thread creates any windows, it must process messages. Message broadcasts are sent to all windows in the system. If you have a thread that uses **Sleep** with infinite delay, the system will deadlock. Two examples of code that indirectly creates windows are DDE and COM **CoInitialize**. Therefore, if you have a thread that creates windows, use MsgWaitForMultipleObjects or MsgWaitForMultipleObjectsEx, rather than **Sleep**.

Abb. 4.18: Die Win32-SDK-Hilfe warnt vor den Nebenwirkungen

Die negativen Auswirkungen für STA-Threads (Deadlocks) werden extra erwähnt, und zudem wird auf die Alternative `MsgWaitForMultipleObjects` hingewiesen. Gibt es denn noch eine weitere, einfachere Alternative? Schauen Sie sich dazu die folgende Implementierung an:

```
procedure TSTASyncObj.WaitTime(Time: Integer;
  out SrvMsg: WideString);

  procedure WinDelay(Secs: DWORD);
  var
    iTicks : DWORD;
    aMsg   : TMsg;
  begin
    iTicks := GetTickCount;
    while (GetTickCount - iTicks) < Secs do
    begin
      if PeekMessage(aMsg, 0, 0, 0, PM_REMOVE) then
        begin
          TranslateMessage(aMsg);
          DispatchMessage(aMsg);
        end
    end
  end;

begin
  WinDelay(Time * 1000);
  SrvMsg := Format('Server %d hat %d Sek. gewartet (%d User)',
                   [FUserId, Time, iUserCount]);
end;
```

Hier wurde die Win32-API-Funktion `Sleep` durch eine eigene Prozedur ersetzt, die in einer Schleife ständig die Win32-API-Funktion `PeekMessage` aufruft, um eintreffende Botschaften auszulesen und zuzustellen. Im Gegensatz zu `GetMessage` kehrt PeekMessage auch dann sofort zurück, wenn keine Botschaft vorgefunden wird. PeekMessage prüft dazu nur, ob Botschaften für das zum eigenen Thread gehörende Fenster vorliegen. Somit muss dies doch eine Alternative zu `MsgWaitForMultipleObjects` sein?

Die Ernüchterung kommt spätestens dann, wenn man sich einmal die Prozessorauslastung während der Warteschleife ansieht.

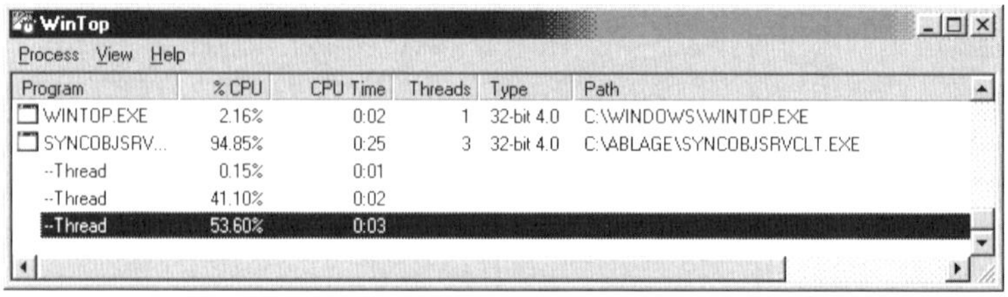

Program	% CPU	CPU Time	Threads	Type	Path
WINTOP.EXE	2.16%	0:02	1	32-bit 4.0	C:\WINDOWS\WINTOP.EXE
SYNCOBJSRV...	94.85%	0:25	3	32-bit 4.0	C:\ABLAGE\SYNCOBJSRVCLT.EXE
--Thread	0.15%	0:01			
--Thread	41.10%	0:02			
--Thread	53.60%	0:03			

Abb. 4.19: Die gravierenden Nebenwirkungen von PeekMessage

Die „wartende" Anwendung verbraucht für die beiden wartenden Threads über 90% der Prozessorzeit, sodass alle anderen aktiven Anwendungen in Mitleidenschaft gezogen werden. Also steht diese anfangs so einfach aussehende Alternative nicht zur Verfügung! Es bleibt also nichts anderes übrig, als auf die in der Hilfedatei genannte Win32-API-Funktion `MsgWaitForMultipleObjects` zurückzugreifen. Im ersten Schritt ermittelt die Win32-API-Funktion `GetCurrentThread` das Handle auf den Thread des Servers. Damit kann der Aufruf von MsgWaitForMultipleObject auf Aktionen für dieses Handle warten, wobei durch den Parameter QS_ALLINPUT alle Botschaften erkannt werden. Wenn diese Funktion zurückkehrt, ist entweder

- eine Botschaft in der zugehörigen Botschaftswarteschlange des Threads vorgefunden worden (WAIT_OBJECT_0 +1) oder
- der TimeOut-Wert überschritten worden (WAIT_TIMEOUT)

Ist Letzteres der Fall, wird die Repeat-Schleife verlassen, das angeforderte Thread-Handle geschlossen – die Server-Methode kehrt zum Aufrufer zurück.

```
procedure TSTASyncObj.WaitTime(Time: Integer;
  out SrvMsg: WideString);
var
  dwTime   : DWORD;
  dwResult : DWORD;
  aMsg     : TMsg;
  aHandle  : THandle;
  bTimeOut : Boolean;
begin
  //Sleep(Time * 1000);
  bTimeOut := False;
  dwTime := Time * 1000;
  aHandle := GetCurrentThread;
  repeat
    dwResult := MsgWaitForMultipleObjects(1, aHandle, False,
                          dwTime, QS_ALLINPUT);
```

```
   case dwResult of
     WAIT_OBJECT_0 + 1 : while PeekMessage(aMsg, 0, 0, 0,
                                           PM_REMOVE) do
                         begin
                           TranslateMessage(aMsg);
                           DispatchMessage(aMsg);
                         end;
     WAIT_TIMEOUT      : bTimeOut := True;
   end;
  until bTimeOut;
  CloseHandle(aHandle);
  SrvMsg := Format('Server %d hat %d Sek. gewartet (%d User)',
                   [FUserId, Time, iUserCount]);
end;
```

Die Mühe macht sich in jedem Fall bezahlt: die Anwendung verbraucht nur noch 0,15% Prozessorzeit (im Gegensatz zu 94% des ersten Beispiels). Obwohl zwei Threads warten, belegen sie keine Rechenzeit.

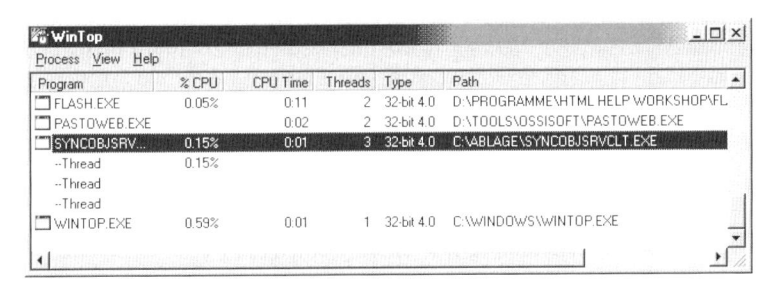

Abb. 4.20: Die beiden wartenden Threads verschwenden keine Rechenzeit mehr

Das Beispielprojekt finden Sie im Verzeichnis »Kapitel 4\SyncObj«.

4.8.5 MTA – Zugriff auf einen In-process Server

Das Beispiel ist jedoch noch steigerungsfähig, wenn ein weiteres privates Symbol deklariert wird. Über das Symbol `MultiThreadedServer` kann das Verhalten des In-process Servers geändert werden. Da in diesem Fall sowohl der In-process Server als auch die Clientanwendung mit aktiviertem Symbol neu kompiliert werden müssen, ist es übersichtlicher, dieses private Symbol nicht im Sourcecode, sondern im Dialog der Projektoptionen zu deklarieren.

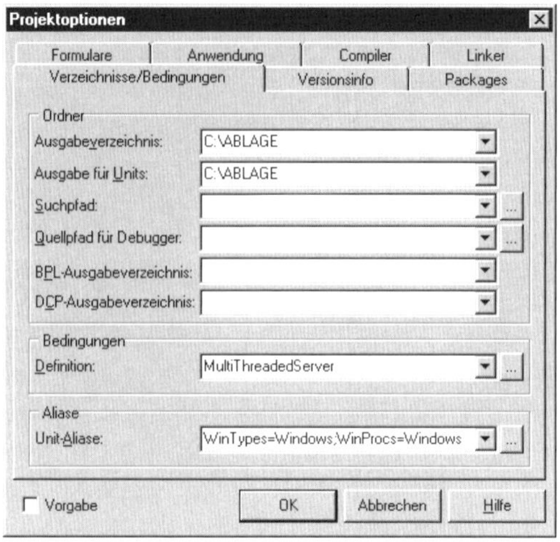

Abb. 4.21: Das Symbol für die bedingte Kompilierung wird definiert

Im Eingabefeld DEFINITION werden die Symbole angegeben, die in den bedingten Compiler-Direktiven referenziert werden. Sie können mehrere Define-Symbole durch Semikolons voneinander trennen beziehungsweise über den eigenen Editor bequem verwalten.

Das Beispielprojekt finden Sie im Verzeichnis »Kapitel 4\ThrdExmpl2«.

Von der zweiten Compiler-Direktive sind die folgenden Programmstellen betroffen:

In-process Server

```
initialization
  {$IFDEF MultiThreadedServer}
  IsMultiThread:= True;
  TAutoObjectFactory.Create(ComServer, TThrdSrvDLL,
    Class_ThrdSrvDLL, ciMultiInstance, tmFree);
  {$ELSE}
  TAutoObjectFactory.Create(ComServer, TThrdSrvDLL,
    Class_ThrdSrvDLL, ciMultiInstance, tmApartment);
  {$ENDIF}
```

Client-Projektdatei

```
program ThrdExmplClt2;

uses
```

```
  Forms, ComObj, ActiveX,
  ThrdExmplClt2Frm in 'ThrdExmplClt2Frm.pas' {FormMain2};

{$R *.RES}

begin
  {$IFDEF MultiThreadedServer}
  IsMultiThread:= True;
  CoInitFlags := COINIT_MULTITHREADED;
  {$ENDIF}
  Application.Initialize;
  Application.CreateForm(TFormMain2, FormMain2);
  Application.Run;
end.
```

Client-Thread

```
procedure TObjThread.Execute;
var
  aSrv  : IThrdSrvDLL;
  iLoop : Integer;
begin
  {$IFDEF MultiThreadedServer}
  OleCheck(CoInitializeEx(nil, COINIT_MULTITHREADED));
  {$ELSE}
  OleCheck(CoInitialize(nil));
  {$ENDIF}
  ....
```

Nachdem der frisch kompilierte In-process Server über die Delphi-Menüpunkte ACTIVEX-SERVER AUSTRAGEN und ACTIVEX-SERVER EINTRAGEN mit der neuen Konfiguration im System angemeldet wurde, ergibt der Test ein völlig anderes Ergebnis. Im Gegensatz zum vorherigen Versuch mit einem STA-Objekt liefern beide Aufrufe wieder eine unterschiedliche Thread-ID zurück, also wird das COM-Objekt im Kontext des abgespalteten Threads im Client ausgeführt.

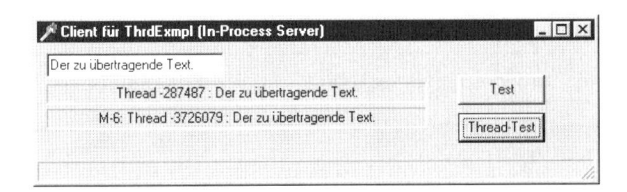

Abb. 4.22: Im MTA kann jeder Thread auf das Objekt zugreifen

Da sowohl der Client als auch der Server ein MTA anmelden und im MTA auf COM-Objekte aus jedem Thread direkt zugegriffen werden kann, muss COM keine Anpassungsarbeiten übernehmen. Der Client darf daher völlig legal einen Interface-Zeiger ohne Marshaler-Beteiligung in einen anderen Thread übergeben, da im MTA ein Interface-Zeiger wie ein normaler Zeiger auf einen Speicherbereich betrachtet werden darf.

4.8.6 Unterschiede der Threading-Beispiele

Mithilfe der bedingten Kompilierung konnten sechs unterschiedliche Einsatzfälle betrachtet werden. Je nach dem zur Kompilierungszeit aktivierten Symbol hat der COM-Server zum einen ein unterschiedliches Threading-Modell angemeldet beziehungsweise nur fallbezogen auf die API-Funktionen des Marshalers zurückgegriffen.

Fall	Bedingte Kompilierung	Threading-Modell des In-process Servers	Expliziter Aufruf des Marshalers
1	(keine Symbole)	tmApartment	Nein
2	UseMarshaler	tmApartment	Ja
3	(keine Symbole)	tmSingle	Nein
4	UseMarshaler	tmSingle	Ja
5	UserMarshaler + MultiThreadedServer	tmFree	Ja
6	MultiThreadedServer	tmFree	Nein

Tabelle 4.5: Die Kombinationsmöglichkeiten der Beispielprojekte

Stellt man nun einmal die in praktischen Versuchen ermittelten Ergebnisse zusammen, ergibt sich das folgende Bild:

Fall	Ergebnis des Experiments
1	COM-Objekt wird in unterschiedlichen Threads ausgeführt
2	COM-Objekt wird nur im primären Thread ausgeführt
3	COM-Objekt wird in unterschiedlichen Threads ausgeführt
4	COM-Objekt wird nur im primären Thread ausgeführt
5	COM-Objekt wird in unterschiedlichen Threads ausgeführt
6	COM-Objekt wird in unterschiedlichen Threads ausgeführt

Tabelle 4.6: Die Ergebnisse

Das Zusammenspiel von In-process Server und Client hängt von der aktuellen Konfiguration ab. Für dieses Verhalten gibt es mindestens zwei Gründe:

Marshaler und Apartments

1. Ein In-process Server kann im Gegensatz zu den Local/Remote-Servern nicht das Apartment über den Aufruf von CoInitializeEx frei wählen, da diese Serverform als DLL in den Adressraum eines bereits aktiven Prozesses eingebunden wird. Der In-process Server muss sich daher in dieser Situation an die Konfiguration des einbettenden Containers anpassen, oder genauer gesagt: COM muss entsprechende Zwischenschritte vorsehen. Aus diesem Grund müssen In-process Server ihre Apartment-Wünsche über den Registry-Eintrag Threading Model anmelden.

2. COM unterstützt mehrere Threads erst ab Windows NT 3.51 beziehungsweise Windows 95; daher musste bei der Einführung dieses neuen Features ein Mechanismus vorgesehen werden, der die „alten", nicht multithreadfähigen Server schützt. Immer dann, wenn in der Registry kein Eintrag zum Threading-Modell vorgefunden wird, geht COM von einem nicht multithreadfähigen Server aus. COM fügt daher beim Marshaling einige Zwischenschritte ein, die dafür sorgen, dass alle Aufrufe des COM-Servers ausschließlich aus dem Kontext des primären Threads erfolgen. Mit diesem Trick stellt COM sicher, dass jeder Zugriff garantiert serialisiert wird, der Server muss daher gar nicht multithreadfähig sein. COM nutzt dabei das gleiche Prinzip, das Windows auch für den Aufruf der Fensterprozedur verwendet – auch die Fensterprozedur wird nur von dem Thread aufgerufen, der das Fenster auch erzeugt hat. Dabei stimmt nicht nur das Prinzip überein, sondern weitgehend auch die Implementierung. COM verwendet das Windows-Botschaftssystem, indem das versteckte Fenster mit der Fensterklasse OleMainThreadWndClass die von COM geposteten Botschaften in Server-Aufrufe umsetzt.

Abb. 4.23: OleMainThreadWndClass – das versteckte Fenster

Meldet der In-process Server über seinen Registry-Eintrag das Threading-Modell Free an, so hält sich COM heraus (d.h. die Serialisierung aller Zugriffe durch COM über das versteckte Fenster entfällt), sodass das COM-Objekt tatsächlich immer in getrennten Threads ausgeführt wird.

Aber was passiert, wenn der Client noch einen zweiten Thread abspaltet und den Interface-Zeiger auf den In-process Server erst von dort aus anfordert und somit überhaupt kein eigenes Marshaling notwendig ist?

```
constructor TObjThread2.Create(Text: String);
begin
  inherited Create(True);
  FreeOnTerminate := True;
  FText := Text;
  Resume;
end;
```

243

```
procedure TObjThread2.Execute;
var
  aSrv  : IThrdSrvDLL;
  iLoop : Integer;
begin
  OleCheck(CoInitialize(nil)); // neues STA einrichten
  try
    aSrv := CoThrdSrvDLL.Create;
    FStatus := 'D';
    for iLoop := 0 to 5 do
    begin
      Inc(FCount);
      aSrv.SetData(FText);
      FResult := aSrv.Version;
      Synchronize(UpdateFrm);
      Sleep(250);
    end;
  finally
    CoUninitialize;
  end;
end;

procedure TObjThread2.UpdateFrm;
begin
  with FormMain3.StaticTextTarget2 do
    Caption := Format('%s-%d: %s', [FStatus, FCount, FResult]);
end;
```

In diesem Fall wird die im zweiten Thread ausgeführte COM-Server-Instanz nur dann im Kontext des neuen Threads ausgeführt, wenn der In-process Server das Threading-Modell `tmApartment` verwendet. Sobald Sie den Wert auf `tmSingle` ändern und den In-process Server neu registrieren lassen, sind alle drei Thread-IDs wieder völlig gleich! Der Grund dafür liegt in der Fürsorge von COM. Da der In-process Server sein Threading-Modell nicht definiert, schaltet COM auf den serialisierten Kompatibilitätsmodus zurück und ruft jede Server-Methode nur aus dem primären Thread (STA0) des Clients auf.

Marshaler und Apartments

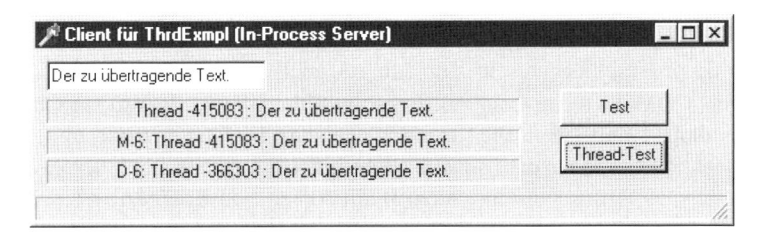

```
┌─────────────────────────────────────────────────┐
│ 🔧 Client für ThrdExmpl (In-Process Server)  _ □ ×│
├─────────────────────────────────────────────────┤
│ Der zu übertragende Text.                       │
│ ┌──────────────────────────────────┐ ┌───────┐ │
│ │ Thread -415083 : Der zu übertragende Text. │ Test  │ │
│ ├──────────────────────────────────┤ └───────┘ │
│ │ M-6: Thread -415083 : Der zu übertragende Text. │ ┌───────────┐ │
│ ├──────────────────────────────────┤ │Thread-Test│ │
│ │ D-6: Thread -366303 : Der zu übertragende Text. │ └───────────┘ │
│ └──────────────────────────────────┘             │
└─────────────────────────────────────────────────┘
```

Abb. 4.24: Der Apartment-Typ tmSingle und seine Auswirkungen

Fall a) Threading-Modell tmSingle

Immer dann, wenn der In-process Server seine Threading-Fähigkeiten nicht über einen Registry-Eintrag definiert, geht COM von einem Singlethread-Server aus und aktiviert den Kompatibilitätsmodus der ersten COM-Tage. In diesem Modus darf nur ein Apartment auf COM-Objekte zugreifen. Mit dem Starten der Client-Anwendung hat der primäre Thread des Clients bereits ein Apartment eingerichtet, sodass alle weiteren Aufrufe ausschließlich aus diesem Apartment heraus zulässig sind.

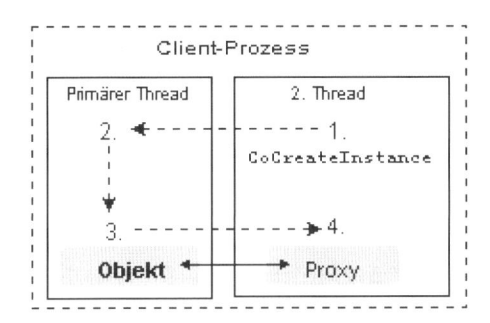

Abb. 4.25: Die COM-Vorbereitungen für tmSingle

In dem Beispiel bedeutet dies, dass der Aufruf von CoCreateInstance (Schritt 1) aus dem zweiten Thread heraus von COM automatisch in den primären Thread umgeleitet wird (Schritt 2). COM erzeugt dann die Instanz des COM-Objekts im primären Thread (Schritt 3) und muss für den zweiten Thread auch über den Marshaler ein Proxy-Objekt als Verbindungsglied einrichten. Der zweite Thread erhält im Schritt 4 also keinen direkten Interface-Zeiger auf das COM-Objekt zurück, sondern nur einen Interface-Zeiger auf das Proxy-Objekt. Somit wird jeder Server-Aufruf aus dem zweiten Thread im Kontext des primären Threads ausgeführt; COM serialisiert auf diesem Weg alle Aufrufe, sodass der In-process Server nicht multithreadfähig sein muss.

Dieses Verfahren hat natürlich Nachteile. Zum einen kostet das Marshaling über das Proxy-Objekt Rechenzeit – das mag angesichts der heute üblichen Taktfrequenzen nicht weiter tragisch sein. Allerdings kommt der zweite Nachteil in jedem Fall voll zur Geltung. Immer dann, wenn der primäre Thread selbst stark beschäftigt ist, muss der Marshaler solange auf ihn warten. Die Vorteile des Multithreadings kommen beim Threading-Modell tmSingle also nicht zur Geltung.

Fall b) Threading-Modell tmApartment

Sobald der In-process Server sein Threading-Modell `tmApartment` in der Registry definiert, geht COM davon aus, ein modernes, multithreadingfähiges COM-Objekt vorzufinden. Das Objekt muss aber auch in der Lage sein, im STA korrekt zu arbeiten. Für unser Beispiel bedeutet dies, dass sowohl der primäre Thread als auch der zweite Thread jeweils ein eigenes Apartment einrichten. Beim Aufruf von `CoCreateInstance` aus dem zweiten Thread heraus richtet COM das Objekt auch direkt im zweiten Thread (A-partment) ein, sodass ein direkter Interface-Zeiger auf das Objekt zurückgeliefert wird. Das COM-Objekt kann auch weiterhin nur von dem Apartment aus aufgerufen werden, in dem es erzeugt wurde. COM serialisiert auch hier alle Zugriffe auf das Objekt aus dem Apartment (Thread) heraus, sodass die Instanz-Daten (Objektfelder) des Servers von COM geschützt werden. Trotzdem ist dieser Modus eine Verbesserung, da nun beide Threads direkt auf die COM-Objekte zugreifen, wie an der Anzeige der unterschiedlichen Thread-IDs deutlich wird. Beachten Sie jedoch, dass nun der COM-Server selbst dafür verantwortlich ist, seine globalen Daten zu schützen.

Fall c) Threading-Modell tmFree

Sobald der In-process Server das Threading-Modell `tmFree` (MTA) in der Registry definiert, geht COM davon aus, dass der Server seine Instanz-Daten und die globalen Daten in eigener Regie gegen Multithread-Zugriffe schützt. Das COM-Objekt darf zu jeder Zeit von jedem Thread aus aufgerufen werden! Dies bedeutet, dass das Objekt entweder reentrant oder intern über Critical Sections oder vergleichbare Synchronisationsobjekte geschützt sein muss. Sobald sowohl der Client als auch der In-process Server ein MTA aktivieren, hält sich COM aus allem heraus.

4.9 Praxisbeispiel STA-Multithread-Server FSObj

Der Beispielserver simuliert einen Aufgabenbereich, der in der Praxis häufiger vorkommen wird:

- Mehrere Clients greifen auf das Server-Objekt zu, beziehungsweise ein Client kann mehrere Aufträge parallel abarbeiten lassen.
- Der Server benötigt für die Erledigung der Aufgaben eine vorher nicht absehbare Zeitspanne, auf deren Ende der Client jedoch nicht warten muss. Stattdessen kehrt der Aufruf der Server-Methode sofort zurück, der Server spaltet zur Aufgabenerledigung je Clientaufruf einen neuen Thread ab.
- Der Server informiert über eine Callback-Schnittstelle den Client vom Arbeitsfortschritt beziehungsweise von dem Abschluss der Arbeiten.

Als Beispiel für eine derartige Aufgabe wird sehr häufig die Suche nach bestimmten Dateien auf den Server-Festplatten verwendet, sodass ich mich diesem fiktiven Beispiel einfach anschließe. Im Beispielprojekt wird dabei nur der notwendige Rahmen vorgestellt, die interne Implementierung der Suche wird über eine Schleife von 1000 Aufrufen der Callback-Schnittstelle simuliert.

Das Beispielprojekt finden Sie im Verzeichnis »Kapitel 4\FSObj«.

Immer dann, wenn der Client die Server-Methode `StartSearch` aufruft, spaltet das Server-Objekt einen neuen Thread für die simulierte Suche ab. Der Client übergibt bei diesem Aufruf einen Interface-Zeiger auf sein Sink-Objekt, das die Funktion eines Benachrichtigungsobjekts implementiert und zu diesem Zweck via Callback vom Server-Objekt aufgerufen wird. Auf das Thema Callback gehe ich im Kapitel 8 noch detaillierter ein, sodass ich die Begriffe Callback und Sink-Objekt in diesem Beispiel nicht weiter erläutere.

Jeder vom Server abgespaltete Thread ruft in einer Schleife 1000-mal das Sink-Objekt im Client auf. Der Client kann über drei Buttons gleich max. drei Server-Threads parallel ausführen lassen, sodass das einzige Sink-Objekt im Client von drei verschiedenen Server-Threads parallel aufgerufen wird. Damit nicht genug, über einen Timer ruft auch der Client in seinem primären Thread alle 10 Millisekunden das eigene Sink-Objekt auf und fragt den aktuellen Zählerstand ab.

Im Beispielprojekt finden Sie gleich zwei unterschiedliche Implementierungen der Clientanwendung, den Grund dafür werden Sie bei dem Test der ersten Version selbst nachvollziehen können.

4.9.1 Server-Implementierung

Der In-process Server deklariert gleich zwei Interfaces in seiner Typbibliothek, wobei `IFileSearchFound` nur in der Typbibliothek des Servers deklariert, aber nicht implementiert wird.

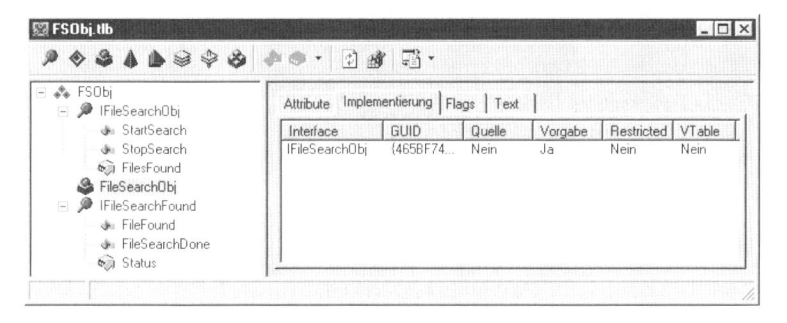

Abb. 4.26: Die beiden Interfaces des Servers

Der Client übergibt beim Aufruf der Server-Methode `StartSearch` als dritten Parameter einen Interface-Zeiger auf sein eigenes Sink-Objekt. Damit dieser Interface-Typ im Typbibliothekseditor auch tatsächlich ausgewählt werden kann, wird das Sink-Interface IFileSearchFound auch in der gleichen Typbibliothek deklariert.

Praxisbeispiel STA-Multithread-Server FSObj

Normalerweise wird das Callback-Interface für das Sink-Objekt im Client bereits in der Typbibliothek des Servers deklariert. Da beide Interfaces somit bekannt sind, kann das Callback-Interface als Parameter-Typ aus der Liste ausgewählt werden. Dabei ist es gar nicht zwingend notwendig, das Callback-Interface in der Typbibliothek des Servers aufzuführen. Wenn die Interface-Deklaration der eigenen Typbibliothek bekannt gemacht wird, indem eine andere Typbibliothek eingebunden wird, kann der Server genauso darauf zugreifen, wie bei den STDVCL-Interfaces von Delphi.

```
// ************************************************************//
// Schnittstelle: IFileSearchObj
// Flags:    (4416) Dual OleAutomation Dispatchable
// GUID:     {465BF741-F039-11D2-870D-444553540000}
// ************************************************************//
  IFileSearchObj = interface(IDispatch)
    ['{465BF741-F039-11D2-870D-444553540000}']
    procedure StartSearch(const DirName: WideString;
                    const FileName: WideString;
                    const Callback: IFileSearchFound;
                    Channel: Integer); safecall;
    procedure StopSearch; safecall;
    function Get_FilesFound: Integer; safecall;
    property FilesFound: Integer read Get_FilesFound;
  end
//*************************************************************//
// Schnittstelle: IFileSearchFound
// Flags:    (320) Dual OleAutomation
// GUID:     {465BF745-F039-11D2-870D-444553540000}
//*************************************************************//
  IFileSearchFound = interface(IUnknown)
    ['{465BF745-F039-11D2-870D-444553540000}']
    procedure FileFound(const FileName: WideString; Pos: Integer;
                    Channel: Integer); safecall;
    procedure FileSearchDone(Channel: Integer); safecall;
    function Get_Status: WideString; safecall;
    property Status: WideString read Get_Status;
  end
```

Server-Methode StartSearch spaltet einen neuen Thread ab

Immer dann, wenn die Client-Anwendung die Server-Methode `StartSearch` aufruft, spaltet das Server-Objekt einen neuen Thread ab und kehrt sofort zum Aufrufer zurück.

Somit muss der Client nicht so lange warten bis der Server die Arbeit erledigt hat. Stattdessen erwartet der Client, vom Server über das Callback-Interface für sein Sink-Objekt ständig über den aktuellen Fortschritt sowie das Ende der Arbeiten informiert zu werden.

```
type
  TFileSearchObj = class(TAutoObject, IFileSearchObj)
  private
    FFilesFound : Integer;
  protected
    procedure StartSearch(const DirName, FileName: WideString;
      const Callback: IFileSearchFound; Channel: Integer);
      safecall;
    procedure StopSearch; safecall;
    function Get_FilesFound: Integer; safecall;
    { Protected-Deklarationen }
  end;

...

procedure TFileSearchObj.StartSearch(const DirName,
  FileName: WideString;
  const Callback: IFileSearchFound; Channel: Integer);
begin
  if Assigned(Callback) then
    TObjThread.Create(Callback, Channel);
end;
```

TObjThread – das Arbeitspferd des In-process Servers

Bei jedem Aufruf der Server-Methode StartSearch spaltet der Server einen neuen Thread ab, übergibt dabei den vom Client erhaltenen Interface-Zeiger auf das Sink-Objekt im Client und kehrt sofort zum Aufrufer zurück. Der Interface-Zeiger IFileSearchFound ist jedoch nur im STA des Server-Objekts gültig, aber nicht mehr im eigenen STA des neuen Threads. Aus diesem Grund muss der Server den Interface-Zeiger beim Abspalten des neuen Threads vom Marshaler behandeln lassen. Ein Synchronisationsobjekt wird nicht benötigt, da alle Arbeitsschritte sequentiell beim Abspalten des Threads innerhalb des Threadobjekts selbst abgearbeitet werden.

Um die Übersichtlichkeit des Beispiels zu verbessern, greife ich auf die TApplication-Methode ProcessMessages zurück, um die COM-Forderung nach dem regelmäßigen Auslesen der Botschaftswarteschlange zu erfüllen, auch wenn dies nicht die effektivste Lösung ist. Außerdem sorgt der einzelne PeekMessage-Aufruf dafür, dass Windows auch garantiert eine Botschaftswarteschlange für das STA-Fenster eingerichtet hat, wenn zum ersten Mal auf das COM-Objekt zugegriffen wird.

```pascal
type
  TObjThread = class(TThread)
  private
    FCount   : Integer;
    FStream  : Pointer;
    FChannel : Integer;
  protected
    procedure Execute; override;
  public
    constructor Create(IObj : IFileSearchFound; Channel: Integer);
  end;

constructor TObjThread.Create(IObj : IFileSearchFound; Channel:
Integer);
begin
  inherited Create(True);
  FreeOnTerminate := True;
  FChannel := Channel;
  OleCheck(CoMarshalInterThreadInterfaceInStream(IFileSearchFound,
           IObj, IStream(FStream)));
  Resume;
end;

procedure TObjThread.Execute;
var
  aSink : IFileSearchFound;
  iLoop : Integer;
  aMsg  : TMsg;
begin
  // neues STA-Apartment initialisieren
  OleCheck(CoInitialize(nil));
  // Botschaftswarteschlange erzeugen, falls noch nicht vorhanden
  PeekMessage(aMsg, 0, WM_USER, WM_USER, PM_NOREMOVE);
  try
    OleCheck(CoGetInterfaceAndReleaseStream(IStream(FStream),
             IFileSearchFound, aSink));
    for iLoop := 0 to 1000 do
    begin
      aSink.FileFound('Callback-Aufruf 1', iLoop, FChannel);
      Sleep(1 * FChannel);
      // regelmäßig die eigene Botschaftswarteschlange auslesen
      Application.ProcessMessages;
    end;
    aSink.FileSearchDone(FChannel);
    aSink := nil;
```

```
    finally
      CoUninitialize;
    end;
end;
```

4.9.2 Client-Implementierung

Die Client-Anwendung ist nicht nur ein COM-Client für den In-process Server FSObj, sondern gleichzeitig auch ein COM-Server, der im STA0 das Sink-Objekt implementiert, das vom In-process Server regelmäßig aufgerufen wird. Dabei ist nur eine einzige Sink-Objektinstanz für alle aktiven STA-Serverthreads zuständig, sodass der Interface-Zeiger für die Sink-Objektinstanz als Objektfeld im Private-Abschnitt von TFormClient deklariert werden kann.

```
type
  TFormClient = class(TForm)
    ...
  private
    { Private-Deklarationen }
    FServer   : IFileSearchObj;
    FSinkObj  : IFileSearchFound;
    FObjCount : Integer;
  public
    { Public-Deklarationen }
    property ObjCount: Integer read FObjCount write FObjCount;
  end;
```

Gleich zum Programmstart fordert der Client eine Instanz des In-process-Server-Objekts an und sichert den Interface-Zeiger im Objektfeld FServer. Da das Server-Objekt via Callback das Sink-Objekt im Client aufrufen kann, muss der Client ebenfalls sofort eine Instanz des eigenen Sink-Objekts erzeugen. Dies ist im Gegensatz zum echten Server nicht über einen CoClass-Aufruf möglich, da das Sink-Objekt zum einen als internes Objekt deklariert wurde und zum anderen das Sink-Objekt auch nicht in der Registry veröffentlicht wird. Aus diesem Grund nutzt der Client die Delphi-Fähigkeit aus, bei einem normalen Aufruf des Konstruktors Create der Sink-Objekt-Klasse einen gültigen Interface-Zeiger zurückzuliefern, wenn die zuzuweisende Variable vom passenden Interface-Typ IFileSearchFound ist.

```
procedure TFormClient.FormCreate(Sender: TObject);
begin
  FServer := CoFileSearchObj.Create;
  FSinkObj := TFileSearchFoundObj.Create;
  with TimerSink do
  begin
    Interval := 10;
    Enabled := True;
```

end;
end;

Über die drei Buttons kann der Anwender die Server-Methode StartSearch aufrufen, wobei der Server intern einen neuen Thread zur Bearbeitung abspaltet. Beim Aufruf übergibt der Client gleichzeitig den Interface-Zeiger auf das eigene Sink-Objekt, sodass der Server nach dem Marshalen dieses Zeigers in das neue STA das Sink-Objekt im Client zur Benachrichtigung aufrufen kann. Der letzte Parameter legt fest, welche Button- beziehungsweise TProgressBar-Instanz einem bestimmten STA-Thread im Server zugeordnet wird.

```
procedure TFormClient.Button1Click(Sender: TObject);
begin
  ObjCount := ObjCount + 1;
  Button1.Enabled := False;
  FServer.StartSearch('C:\Ablage', 'Test.pas', FSinkObj, 1);
end;
```

Über einen Timer ruft der Client alle 10 Millisekunden die Eigenschaft Status des eigenen Sink-Objekts ab. Gleichzeitig wird die Anzeige der Anzahl der aktiven STAs aktualisiert – zu jedem STA-Thread im In-process Server muss dazu der primäre Thread (STA0) der Clientanwendung hinzugezählt werden.

```
procedure TFormClient.TimerSinkTimer(Sender: TObject);
begin
  StatusBar1.Panels[0].Text := Format('%d STA', [ObjCount + 1]);
  StatusBar1.Panels[1].Text := FSinkObj.Status;
end;
```

Das Sink-Objekt des Clients wird in einer eigenen Unit implementiert, deren Rumpf vom Automatisierungsobjekt-Experten generiert wurde. Aus diesem Grund finden Sie dort auch die Konstante Class_FileSearchFoundObj vor, die im Projekt gar nicht verwendet wird. Das Sink-Objekt implementiert die Interfacemethoden von IFileSearchFound, die in der Typbibliothek des In-process Servers deklariert wurden. Der Compiler ist erst dann zufrieden, wenn die TLB-Unit des Servers mit in die Uses-Klausel des Clients aufgenommen wird.

```
unit FSObjClt_Sink;

interface

uses
  Windows, ActiveX, ComObj, FSObj_TLB;

type
  TFileSearchFoundObj = class(TComObject, IFileSearchFound)
  private
```

```
    FCallbackCount : Integer;
  protected
    procedure FileFound(const FileName: WideString; Pos: Integer;
                       Channel: Integer); safecall;
    procedure FileSearchDone(Channel: Integer); safecall;
    function Get_Status: WideString; safecall;
  end;

const
  Class_FileSearchFoundObj: TGUID = '{465BF748...444553540000}';

implementation

uses ComServ, Forms, Dialogs, FSObjCltFrm, SysUtils;

procedure TFileSearchFoundObj.FileFound(
  const FileName: WideString; Pos: Integer; Channel: Integer);
begin
  Inc(FCallbackCount);
  case Channel of
    1 : FormClient.ProgressBar1.Position := Pos;
    2 : FormClient.ProgressBar2.Position := Pos;
    3 : FormClient.ProgressBar3.Position := Pos;
  end;
  Application.ProcessMessages;
end;

procedure TFileSearchFoundObj.FileSearchDone(Channel: Integer);
var
  iNewCount : Integer;
begin
  iNewCount := FormClient.ObjCount -1;
  FormClient.ObjCount := iNewCount;
  case Channel of
    1 : begin
          FormClient.ProgressBar1.Position := 0;
          FormClient.Button1.Enabled := True;
        end;
    2 : begin
          FormClient.ProgressBar2.Position := 0;
          FormClient.Button2.Enabled := True;
        end;
    3 : begin
          FormClient.ProgressBar3.Position := 0;
          FormClient.Button3.Enabled := True;
```

```
        end;
   end;
end;

function TFileSearchFoundObj.Get_Status: WideString;
begin
   Result := Format('%d Aufrufe vom Sink-Objekt',
                 [FCallbackCount]);
end;

initialization
   TComObjectFactory.Create(ComServer, TFileSearchFoundObj,
      Class_FileSearchFoundObj, 'FileSearchFoundObj',
      'Sink-Objekt fÜR FSObj', ciInternal, tmApartment);
end.
```

4.9.3 Testergebnisse

Jeder gestartete Server-Thread richtet ein eigenes STA ein und ruft von dort in jeder Schleife das im Client implementierte Sink-Objekt auf. Da jede Schleife 1000-mal durchlaufen wird (mit jeweils 1, 2 oder 3 Millisekunden Sleep-Pause) und zudem der Client selbst alle 10 Millisekunden sein Sink-Objekt direkt aufruft, wird das Beispielobjekt gut ausgelastet. Dabei treten so lange keine Störungen auf, bis über den Button TEST das Info-Dialogfenster aufgerufen wird.

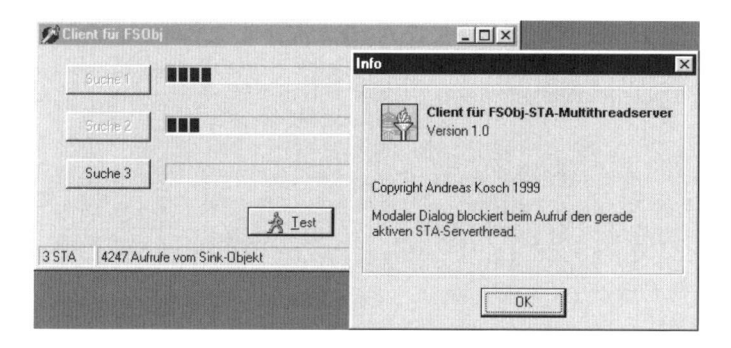

Abb. 4.27: Das Problem der ersten Implementierung zeigt sich

Wird der modale Dialog in einem ungünstigen Moment aufgerufen (d.h. bei einem aktiven Sink-Objekt-Aufruf), bleibt der Server-Thread, der gerade im Callback-Aufruf ist, so lange hängen, bis der Dialog wieder geschlossen wird.

Die Ursache für dieses Problem liegt dabei nicht im direkten Aufruf des Sink-Objekts durch den Timer; schaltet man zum Test einmal die Botschaftswarteschlange dazwischen, bleibt es beim Hängenbleiben!

Also auch dann, wenn der Client via `PostMessage` sich in die Reihe der von COM über Botschaften zugestellten Callback-Aufrufe einreiht, kann einer (oder auch mehrere) der Server-Threads einfrieren:

```
procedure TFormClient2.TimerSinkTimer(Sender: TObject);
begin
  PostMessage(Handle, WM_PrivateSinkTimer, 0, 0);
end;

procedure TFormClient2.WMPrivateSinkTimer(var Message : TMessage);
begin
  StatusBar1.Panels[0].Text := Format('%d STA', [ObjCount + 1]);
  StatusBar1.Panels[1].Text := FSinkObj.Status;
end;
```

Um dieses Problem zu umgehen, muss das Sink-Objekt völlig vom primären Thread (STA0) der Anwendung getrennt werden, indem auch das Sink-Objekt in einem eigenem Thread (und damit in einem eigenem STA) ausgeführt wird.

4.9.4 Sink-Objekt des Clients in einem eigenen Thread

Die zweite Version der Clientanwendung verwendet einen eigenen Thread für das Sink-Objekt. Da die Server-Instanz aus diesem zweiten Thread und somit aus einem fremden STA angefordert wird, darf der primäre Thread und damit das STA0 diesen Interface-Zeiger nicht unbehandelt verwenden. Stattdessen muss der Sink-Thread den Interface-Zeiger marshalen, wobei ein Semaphore-Sperrobjekt die Abstimmung zwischen primären Thread und Sink-Thread übernimmt. Der Grund dafür liegt darin, dass im Gegensatz zum vorherigen Beispiel der primäre Thread so lange warten muss, bis sein abgespalteter Thread die Vorbereitungen abgeschlossen hat.

```
procedure TFormClient2.FormCreate(Sender: TObject);
begin
  aSinkSemaphore := CreateSemaphore(nil, 0, 1, nil);
  FServer := CoFileSearchObj.Create;
  IncSinkObjCounter;
  FSinkThread := TSinkThread.Create;
  Application.ProcessMessages;
  if WaitForSingleObject(aSinkSemaphore,
                         INFINITE) = WAIT_OBJECT_0 then
    begin
      OleCheck(CoGetInterfaceAndReleaseStream(
            IStream(pSinkStream), IFileSearchFound,FSinkObj));
      with TimerSink do
      begin
        Interval := 10;
        Enabled := True;
```

```
      end;
   end;
end;
```

Der Client arbeitet bei seinem Programmstart also die folgenden Schritte ab:
1. Erzeugen des Semaphore-Sperrobjekts zur Synchronisation mit dem abgespalteten Thread für das Sink-Objekt.
2. Erzeugen der Instanz des In-process Servers, indem ein Interface-Zeiger für IFileSearchObj abgefordert wird.
3. Abspalten eines Threads für das Sink-Objekt – der neue Thread fordert einen Interface-Zeiger für IFileSearchFound ab und erzeugt somit die Instanz des Sink-Objekts. Nachdem der neue Thread diesen Interface-Zeiger für den Marshaler vorbereitet hat, gibt er die Semaphore-Sperre frei.
4. Der primäre Thread des Clients wartet auf die Freigabe des Semaphore-Sperrobjekts und holt sich dann über den Marshaler einen gültigen Interface-Zeiger auf das im zweiten Thread – und damit in einem anderen STA – lebende Sink-Objekt.

```
procedure TSinkThread.Execute;
var
  aMsg     : TMsg;
  FSinkObj : IFileSearchFound;
begin
  // neues STA-Apartment initialisieren
  OleCheck(CoInitialize(nil));
  try
    // Instanz des Sink-Objekts erzeugen
    FSinkObj := TFileSearchFoundObj.Create;
    IncSinkObjCounter;
    // Interface-Zeiger des Sink-Objekts vorbereiten
    OleCheck(CoMarshalInterThreadInterfaceInStream(
             IFileSearchFound,
             FSinkObj, IStream(pSinkStream)));
    // Semaphore-Sperrobjekt signalisieren
    ReleaseSemaphore(aSinkSemaphore, 1, nil);
    // COM-Forderung: STA-Thread muß Message Loop implementieren
    repeat
      Application.ProcessMessages;
    until Terminated;
    FSinkObj := nil;
  finally
    CoUninitialize;
  end;
end;
```

Marshaler und Apartments

Da der neue Thread ein eigenes STA einrichtet, muss er der COM-Forderung nach einer eigenen Message Loop Rechnung tragen. Auch hier greife ich zur Verbesserung der Übersichtlichkeit vorerst auf die TApplication-Methode `ProcessMessages` zurück. Der Entwickler – in diesem Fall also ich – muss nur eine einzige Programmzeile schreiben, den Rest erledigt das Application-Objekt der VCL.

Der Aufruf von `Application.ProcessMessages` in einer Repeat-Schleife vergeudet allerdings Rechenzeit, da die Anwendung im Leerlauf bereits 98% Prozessorzeit anfordert. Unter der Belastung aller 3 gestarteten Server-Threads geht der Anteil des Sink-Threads auf nur 66% Prozent zurück. Somit erhält die eigentliche Server-Funktionalität nur einen kleinen Anteil an der CPU-Zeit.

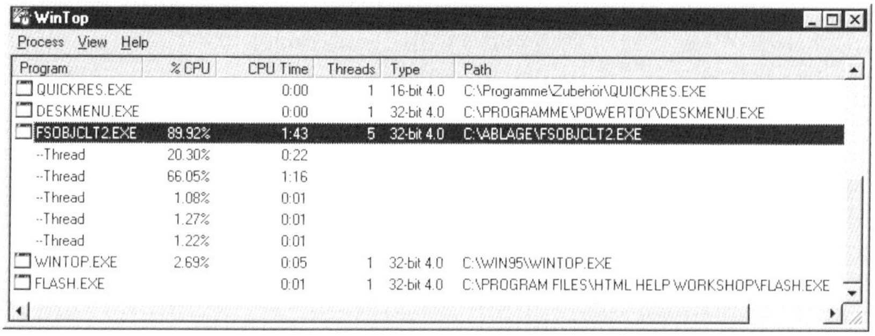

Abb. 4.28: Das bereits bekannte PeekMessage-Problem

Wird die Schleife für Application.ProcessMessages durch eine Schleife für `GetMessage` ersetzt, sieht das Bild schon viel besser aus. Der Sink-Thread verbraucht nur noch 12% Prozessorzeit.

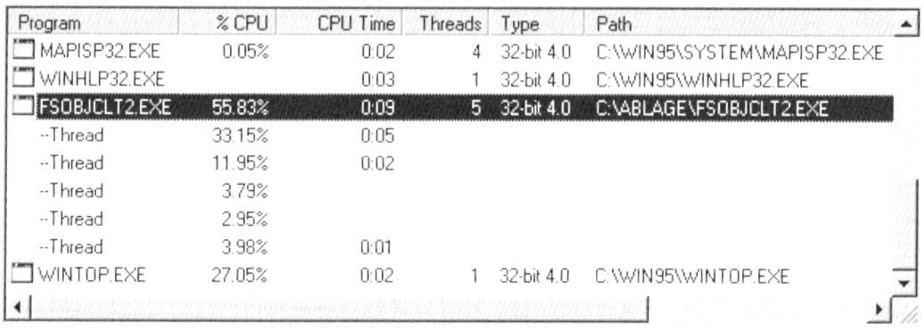

Abb. 4.29: GetMessage verbessert die Situation deutlich

Allerdings muss nun der Client dafür sorgen, dass die Message Loop zum Programmende auch wieder verlassen wird. Der `Break`-Aufruf reicht dazu nicht aus, da diese Zeile erst dann geprüft wird, wenn der Thread eine Botschaft aus der eigenen Botschaftswarteschlange ausgelesen hat und diese auch verarbeitet.

```
procedure TSinkThread.Execute;
var
  aMsg     : TMsg;
```

```
    FSinkObj : IFileSearchFound;
begin
  // neues STA-Apartment initialisieren
  OleCheck(CoInitialize(nil));
  try
    dwSinkThread := GetCurrentThreadId;
    // Instanz des Sink-Objekts erzeugen
    FSinkObj := TFileSearchFoundObj.Create;
    IncSinkObjCounter;
    // Interface-Zeiger des Sink-Objekts vorbereiten
    OleCheck(CoMarshalInterThreadInterfaceInStream(
           IFileSearchFound,
           FSinkObj, IStream(pSinkStream)));
    // Semaphore-Sperrobjekt signalisieren
    ReleaseSemaphore(aSinkSemaphore, 1, nil);
    // COM-Forderung: STA-Thread muß Message Loop implementieren
    while GetMessage(aMsg, 0, 0, 0) do
    begin
      TranslateMessage(aMsg);
      DispatchMessage(aMsg);
      if Terminated then
         Break;
    end;
    FSinkObj := nil;
  finally
    CoUninitialize;
  end;
end;
```

Aus diesem Grund muss der Client einen zusätzlichen Aufruf von PostThreadMessage(dwSinkThread, WM_QUIT, 0, 0) vor dem Aufruf von Terminate einschachteln. Eine geeignete Stelle dafür ist die Ereignisbehandlungsmethode für das CloseQuery-Ereignis des Client-Formulars.

```
procedure TFormClient2.FormCloseQuery(Sender: TObject;
  var CanClose: Boolean);
begin
  TimerSink.Enabled := False;
  PostThreadMessage(dwSinkThread, WM_QUIT, 0, 0);
  Application.ProcessMessages;
  FSinkThread.Terminate;
  FSinkObj := nil;
  FServer := nil;
end;
```

4.10 Zusammenfassung

Betrachten Sie die Threading-Modelle als vertragliche Vereinbarungen, welche Regeln im Zusammenspiel zwischen Client, COM und dem COM-Server gelten sollen. Jeder Vertrag sollte wasserdicht formuliert sein, um Missverständnissen keinen Raum zu lassen. In diesem Sinne sollten Sie auch die folgenden Regeln beachten:

- Jede Anwendung, die COM nutzt, muss COM darüber informieren, wie es mit dem Threading-Problem umgehen kann.
- Jeder Thread einer Anwendung, der auf COM zugreift, muss zuerst ein Apartment initialisieren und am Ende wieder freigeben. Sobald ein COM-Server mehrere STAs einrichten will, erwartet COM, dass die Anwendung in jedem Thread unabhängig vom restlichen Programm das passende CoInitialize(CoInitializeEx)/CoUninitialize-Paar aufruft.
- Immer dann, wenn das Threading-Modell von Client und Server nicht übereinstimmt, übernimmt COM die notwendige Anpassung, was zu einer Verschlechterung der Performance führt. Dies bedeutet jedoch auch, dass sich beide Partner exakt so verhalten müssen, wie sie es entsprechend der ersten Regel angekündigt haben!
- Wird ein STA verwendet, muss der zuständige Thread kontinuierlich die Botschaftswarteschlange auslesen (GetMessage) und vorgefundene Botschaften verteilen (DispatchMessage). Da COM die Serialisierung verschiedener Zugriffe auf das COM-Objekt über ein verstecktes (d.h. unsichtbares) Fenster vornimmt, sorgt das Nichtauslesen der Botschaften für das Blockieren der Anwendung, sobald das COM-Objekt aus einem anderen Thread heraus verwendet wird beziehungsweise sogar für das Blockieren des Systems, wenn eine andere Anwendung via Broadcast Botschaften an alle aktiven Anwendungen verteilt.

Um zu erreichen, dass verschiedene COM-Objekte in verschiedenen Threads laufen, stehen mehrere Optionen zur Verfügung:

- Jeder Client könnte seine eigene COM-Serverinstanz starten. Unter Windows NT tritt dieser Fall zum Beispiel immer dann automatisch ein, wenn der COM-Server im Kontext des Benutzerkontos eines Clients ausgeführt werden soll. Jede Serverinstanz läuft im primären Thread des eigenständigen Prozesses und wird vom Betriebssystem gleichmäßig mit Rechenzeit bedacht. Falls Sie mit Hunderten gleichzeitig ausgeführten Client-Zugriffen rechnen müssen, ist diese Variante sehr ressourcenintensiv.
- Der COM-Server könnte für jeden Client einen eigenen Thread abspalten und die Objektinstanz in diesem Thread erzeugen. Auf den ersten Blick hört sich das gut an, allerdings wird auch hier ein Punkt erreicht, bei dem die interne Threadverwaltung mehr Schaden als Nutzen anrichtet.
- Der COM-Server könnte einen feststehenden Thread-Pool einrichten und in jedem Thread eine Objektinstanz erzeugen. Jedem Client-Zugriff wird dann ein Thread aus diesem Pool zugeordnet. Somit kann der Server verschiedene Clients gleichzeitig bedienen, ohne dass die Gefahr besteht, durch das Erzeugen von zu vielen Threads das System lahmzulegen.
- Der Entwickler stattet seinen völlig threadfesten COM-Server selbst mit der Multithreading-Fähigkeit aus und fordert für ihn ein MTA an. Das erhöht allerdings zum

einen den Entwicklungsaufwand und zum anderen die Fehleranfälligkeit (kein Entwickler schreibt auf Anhieb perfekten Code).
- Die Aufgabe der Skalierung wird an den Microsoft Transaction Server (MTS) weitergegeben, der COM-Objekte in Form von In-process Servern erwartet, die für das STA ausgelegt sind. In diesem Fall ist der Entwickler aus dem Schneider – er muss sich um dieses Thema nicht mehr kümmern, da der MTS oder COM+ die Aufgabe der Skalierung übernimmt.

Der In-process Server wird im Prozess des Clients ausgeführt. Immer dann, wenn die Threading-Modelle nicht zusammenpassen, muss COM geeignete Mechanismen dazwischenschalten. Damit hängen wichtige Parameter, wie zum Beispiel die Performance, vom Threading-Modell des Clients und des Servers ab.

Client	Server	Bemerkungen
STA	Single	COM erzeugt das Objekt im primären Thread (STA0) des Clients, alle Server-Aufrufe werden aus dem STA0 heraus ausgeführt. Ein Aufrufer aus einem anderen Thread erhält einen Interface-Zeiger auf ein Proxy-Objekt zurück.
MTA	STA	Da ein STA-Objekt nicht im MTA ausgeführt werden kann, richtet COM im Client zusätzlich zum MTA ein STA ein und erzeugt von dort aus die Objektinstanz. Der Interface-Zeiger wird vom Marshaler auf ein Proxy-Objekt gesetzt und an das MTA übergeben.
STA	MTA	Da ein MTA-Objekt nicht im STA ausgeführt werden kann, richtet COM im Client zusätzlich zum STA ein MTA ein und erzeugt von dort aus die Objektinstanz. Der Interface-Zeiger wird vom Marshaler auf ein Proxy-Objekt gesetzt und an das STA übergeben.
Single	MTA	Da Single nur eine Unterart von STA ist, gilt das Gleiche wie bei der vorherigen Zeile.

Tabelle 4.7: Das Zusammenspiel unterschiedlicher Konfigurationen

4.11 Fehlt da was?

Dieses Kapitel hat sich – hoffentlich erschöpfend – mit den unter Windows 9x und Windows NT 4 zur Verfügung stehenden Threading-Modellen beschäftigt. Aber was ist mit Windows 2000 und dem zusammen mit COM+ neu eingeführten Thread Neutral Apartment (TNA)? Keine Sorge, das TNA wird nicht vergessen, sondern kommt erst im Kapitel 16 im Zusammenhang mit COM+ zur Sprache.

5 HRESULT und SafeCall

Delphi verbirgt so viele der internen Details wie nur möglich vor dem Entwickler. Normalerweise ist dies sehr vorteilhaft, dass wir uns nur um das kümmern müssen, was zusätzlich zum Standardverhalten hinzukommen soll. Allerdings führt diese Fürsorglichkeit auch dazu, dass wichtige Zusammenhänge nicht auf den ersten Blick klar werden. Und dies wird immer dann problematisch, wenn ein Entwickler bestimmte Techniken, die in der Literatur für C/C++ vorgestellt werden, in Delphi nachbauen will. Aus diesem Grund widmet sich ein ganzes Kapitel den Hintergründen um HRESULT und SafeCall.

Immer dann, wenn eine Interface-Methode mit der Compilerdirektive SafeCall deklariert wird, zaubert Delphi etwas im Hintergrund. Der Entwickler sieht zum Beispiel nur diese Fassung:

```
function GetInfo: WideString; safecall
begin
  Result := 'Der Text vom COM-Objekt';
end;
```

Für COM hingegen – und für alle externen Aufrufer – stellt sich die Interface-Methode in der folgenden Fassung dar.

```
function GetInfo(out RetVal: WideString): HResult; stdcall;
begin
  try
    RetVal := 'Der Text vom COM-Objekt';
    Result := S_OK;
  except
    Result := E_UNEXPECTED;
  end;
end;
```

Sie sehen, dass Delphi uns das routinemäßige Kapseln in einen Try..Except-Block erspart. Es wird Zeit, den im Hintergrund ablaufenden Mechanismus und die sich daraus ergebenden Möglichkeiten näher zu beleuchten.

5.1 HRESULT

Beim Aufruf von COM/OLE-API-Funktionen werden Sie sehr häufig mit einem Rückgabewert vom Typ HRESULT konfrontiert. Doch auch in der Delphi-Hilfe wird auf diesen speziellen Rückgabewert Bezug genommen, der folgende Auszug verlangt sogar speziell nach diesem Typ:

„*Damit eine Schnittstelle als duale Schnittstelle eingesetzt werden kann, muss sie von IDispatch abgeleitet sein und Typen benutzen, die zur OLE-Automatisierung kompatibel sind. Diese Typbeschränkungen stellen sicher, dass die automatische Sequenzbildung von OLE korrekt arbeitet. Dies hat folgende Auswirkungen:*

- *Eine duale Schnittstelle unterliegt den Einschränkungen der Automatisierungskompatibilität: keine Datenstrukturen (außer zur Implementierung eines weiteren Eigenschaftsobjekts), keine vorzeichenlosen Argumente, obligatorische Verwendung langer Strings, usw.*
- *Alle Elemente einer dualen Schnittstelle müssen ein HRESULT als Rückgabewert übergeben.*
- *Elemente einer dualen Schnittstelle, die andere Werte zurückliefern müssen, sollten den letzten Parameter als var oder out deklarieren, damit der Rückgabewert durch einen Ausgabeparameter repräsentiert wird."*

5.1.1 Exceptions in einer Interface-Methode?

Wohl jeder Entwickler hat sich an die Exception-Handling-Fähigkeiten von Delphi so gewöhnt, dass `try..except`- oder `try..finally`-Blöcke wohl in jedem Programm vorkommen. Gehören Sie zur Zeit noch nicht zu dieser Kategorie, wird Ihnen wohl nichts mehr anderes übrig bleiben.

> *Unter COM ist es streng untersagt, eine Exception innerhalb des Interfaces nach außen dringen zu lassen! Dies ist auch ein Grund dafür, dass die Aufrufkonvention SafeCall zur Verfügung steht. Die Implementierung der Interface-Methoden sollte daher immer in einen try..except-Block eingekapselt werden, in dem die Exception abgefangen wird.*

Der Grund für diese strikte Einschränkung liegt darin, dass nicht alle Umgebungen – und damit nicht alle Clients – mit Exceptions umgehen können.

Auch dann, wenn Sie selbst keine eigenen Exceptions im Programm auslösen, müssen Sie immer damit rechnen, dass Delphi dies tut. Aus diesem Grund gehen Sie am besten auf Nummer sicher, indem die Implementation jeder Interface-Methode in der COM-Klasse in einen try..except-Block eingekapselt wird. Delphi verwendet das gleiche Verfahren, wenn eine Interface-Methode mit der Aufrufkonvention `SafeCall` gekennzeichnet wird.

```
try
  Result := S_OK;
  ........
except

  on E.EOleSysError do
    Result := E.ErrorCode
  else Result := E_FAIL;
end;
```

Im Except-Block dürfen Sie nicht `Raise` aufrufen, damit die Exception auch tatsächlich niemals die Methode verlässt. Stattdessen wird nur die Fehlernummer zurückgeliefert.

HRESULT und SafeCall

Handelt es sich um einen OLE-Fehler, steht in `EOleSysError.ErrorCode` der entsprechende HRESULT-Wert. Alle anderen Exceptions werden in diesem Beispiel ignoriert, indem die Methode nur den vordefinierten Wert E_FAIL zurückliefert.

5.1.2 HRESULT-Aufbau

Der Begriff HRESULT kann als Abkürzung für ein Handle auf einen Rückgabewert (engl. „handle to a result") gedeutet werden. Ein HRESULT hat zudem die gleiche Struktur wie die Win32-Fehlercodestruktur SCODE. Die Unterscheidung zwischen HRESULT und SCODE stammt noch aus den guten alten 16-Bit-Tagen.

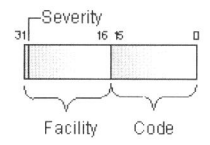

Abb. 5.1: Die Struktur eines HRESULT

Schaut man sich dann die Struktur eines HRESULT an, fällt auf, dass diese in vier Teile untergliedert ist:

- Ein 1 Bit großes Flag – genannt Severity – für die schnelle Fehlererkennung. Der Wert 0 kennzeichnet das erfolgreiche Aufrufen der Funktion, während der Wert 1 einen Fehlschlag meldet.
- Ein 4 Bit großer, reservierter Bereich.
- Ein 11 Bit großer Bereich für eine Gruppe von Status-Codes. Dieser Bereich wird Facility genannt. Damit kann der Aufrufer ermitteln, welche der beteiligten Stellen eine Fehlerbedingung verursacht.
- Ein 16-Bit großer Bereich für die Fehlercodes.

Der große Vorteil des Severity-Flags liegt darin, dass eine Funktion durchaus mehrere verschiedene Rückgabewerte für einen erfolgreichen oder auch einen fehlgeschlagenen Aufruf definieren kann. Dies ist wesentlich flexibler als die klassische TRUE/FALSE-Lösung. Allerdings ist dies auch unübersichtlicher, da es ein Entwickler durchaus mit unterschiedlichsten Rückgabewerten zu tun bekommt. Um alle diese Varianten auf einen Blick der richtigen Kategorie zuordnen zu können, legt COM eine bestimmte Notation fest:

- Konstanten, die mit „E_" beginnen, kennzeichnen einen fehlerhaften Aufruf (Error).
- Konstanten, die mit „S_" beginnen, kennzeichnen einen fehlerfreien Aufruf (Success).

In der Praxis könnte eine Abfrage zum Beispiel so aussehen, wobei diese direkte Auswertung des HResult-Rückgabewertes unter Delphi eher selten anzutreffen ist. Stattdessen ist es sinnvoller, die Delphi-Prozedur `OleCheck` aus der Unit *ComObj* einzusetzen.

```
procedure TFormMain.SBtnGetClick(Sender: TObject);
var
  aTGUID : TGUID;
```

HRESULT

```
    dwTick : DWord;
    sLine  : String;
begin
    dwTick := GetTickCount;
    if CoCreateGuid(aTGUID) = S_OK
      then sLine := Format('TickCount: %d   GUID: %s',
                           [dwTick, GUIDToString(aTGUID)]);
    ListBoxGUID.Items.Add(sLine);
end;
```

Konstante	Wert	Bedeutung
S_OK	$00000000	Die Funktion war erfolgreich. Entspricht dem Rückgabewert TRUE einer klassischen Funktion.
S_FALSE	$00000001	Die Funktion war erfolgreich (genauer gesagt, bei der Ausführung ist intern kein Fehler aufgetreten), allerdings liefert die Funktion den Wert FALSE zurück.
E_NOINTERFACE	$80004002	Die IUnknown-Methode QueryInterface konnte das gewünschte Interface nicht finden.
E_NOIMPL	$80004001	Die vom Client aufgerufene Interface-Methode hat keine Implementierung.
E_FAIL	$80004005	Die Funktion konnte nicht fehlerfrei ausgeführt werden.
E_OUTOFMEMORY	$8007000E	Die Funktion konnte nicht die benötigten Systemressourcen anfordern (weil zum Beispiel die Zugriffsrechte auf dieses Objekt fehlen).
NOERROR	0	entspricht S_OK
NO_ERROR	0	entspricht S_OK
ERROR_SUCCESS	0	entspricht S_OK

Tabelle 5.1: Wichtige HRESULT-Werte

Die Verwendung von so unterschiedlichen Konstantennamen wie S_OK, NOERROR, NO_ERROR oder schlimmer ERROR_SUCCESS für ein und dieselbe Sache trägt nicht gerade zur Übersichtlichkeit bei.

Über die Win32-API-Funktionen `GetLastError` und `FormatMessage` können Sie sich vom System einen Hinweistext zum Fehlercode anzeigen lassen. Damit Sie nicht erst die notwendige Syntax zusammensuchen müssen, hat Borland dies für Sie bereits in der Unit *SysUtils* erledigt. Somit reicht ein einfacher Einzeiler aus, um einen hoffentlich aussagekräftigeren Fehlertext zu erhalten:

HRESULT und SafeCall

```
ShowMessage(SysErrorMessage(GetLastError));
```

Um mal auf die Schnelle einen Wert nachzuschlagen, hilft das FreeWare-Tool HR Plus weiter, das über die URL **http://www.softstyle.com** heruntergeladen werden kann.

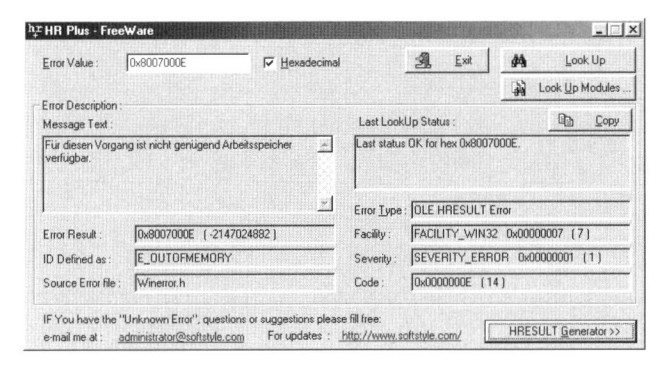

Abb. 5.2: HR Plus – der HRESULT Coder/Decoder

Arbeiten Sie noch mit einer älteren Delphi-Version, bei der die Funktion `SysError-Message` fehlt? Kein Problem – wie das folgende Beispiel demonstriert.

```
procedure TFormMain.Button1Click(Sender: TObject);
var
  szMsgBuf : array[0..199] of Char;
begin
  FormatMessage(FORMAT_MESSAGE_FROM_SYSTEM or
                FORMAT_MESSAGE_IGNORE_INSERTS, nil,
                aResult, 0, @szMsgBuf, SizeOf(szMsgBuf), nil);
  StatBar.SimpleText := szMsgBuf;
end;
```

Sie werden mir sicherlich zustimmen, wenn ich behaupte, dass die umständliche Prüfung des Rückgabewertes HRESULT nicht mehr so Recht zu Delphi passt. In einem C/C++-Programm mag das normal sein, unter Delphi ist die Fehlerbehandlung über Exceptions so alltäglich geworden, dass das umständliche Abfragen des HRESULT-Wertes sofort auffällt. Die Borländer scheinen das genauso gesehen zu haben – in der Delphi-Unit *ComObj* wird daher das Gegenstück `OleCheck` bereitgestellt.

5.1.3 HRESULT-Wert auswerten und erzeugen

In der Delphi-Unit *ActiveX.pas* finden Sie gleich eine Handvoll von Hilfsfunktionen zum Thema HRESULT. Mit diesen Funktionen können Sie zum einen die einzelnen Bestandteile des HRESULT-Wertes direkt auslesen oder gar einen eigenen HRESULT-Wert zusammenbauen.

```
function Succeeded(Res: HResult): Boolean
begin
```

```
  Result := Res and $80000000 = 0;
end;

function Failed(Res: HResult): Boolean
begin
  Result := Res and $80000000 <> 0;
end;

function ResultCode(Res: HResult): Integer
begin
  Result := Res and $0000FFFF;
end;

function ResultFacility(Res: HResult): Integer
begin
  Result := (Res shr 16) and $00001FFF;
end;

function ResultSeverity(Res: HResult): Integer;
begin
  Result := Res shr 31;
end;

function MakeResult(Severity, Facility, Code: Integer): HResult;
begin
  Result := (Severity shl 31) or (Facility shl 16) or Code;
end;
```

Gerade die Funktion `MakeResult` werden Sie unter Umständen häufiger benötigen. Zum Beispiel erwartet das Betriebssystem bei einem Kontextmenü-Handler die Anzahl der neu hinzugefügten Menüpunkte als codierten Wert in einem HRESULT.

5.1.4 OleCheck

Die Delphi-Prozedur `OleCheck` prüft über die eigene Funktion `Succeeded` nach, ob das Severity-Flag des HRESULT-Wertes gesetzt ist. Wird der Wert 0 vorgefunden, war der Aufruf der OLE-Funktion erfolgreich. Hat das Severity-Flag nicht den Wert 0, so ruft Delphi die eigene Prozedur `OleError` auf und erzeugt damit eine Exception. Außerdem wird der numerische Fehlercode bei dieser Gelegenheit gleich in den dazugehörenden Fehlertext umgewandelt – der Anwender bekommt somit eine aussagekräftigere Fehlermeldung zu sehen.

```
procedure OleCheck(Result: HResult);
begin
  if not Succeeded(Result) then OleError(Result);
end;
```

HRESULT und SafeCall

```
procedure OleError(ErrorCode: HResult);
begin
  raise EOleSysError.Create('', ErrorCode, 0);
end;
```

Das folgende Einsatzbeispiel stammt aus einem der Beispielprogramme, die im zweiten Kapitel vorgestellt wurden. Das eigene Programm muss nicht mehr prüfen, ob der Aufruf der OLE-Funktion erfolgreich war. Delphi selbst löst über `OleCheck` im Fehlerfall eine Exception aus, sodass der nachfolgende Programmcode erst gar nicht mehr ausgeführt wird.

```
procedure TFormMain.ButtonGetIDsOfNamesClick(Sender: TObject);
begin
  sPropName := 'Visible';
  OleCheck(pDisp.GetIDsOfNames (GUID_NULL, @sPropName, 1,
          LOCALE_SYSTEM_DEFAULT, @iDispId));
  StaticTextDispID.Caption := Format('Visible = %d', [iDispId]);
  ButtonInvoke.Enabled := True;
end;
```

5.2 SafeCall

Immer dann, wenn Delphi ein Automation-Objekt generiert, werden die Interface-Methoden vom Delphi-Wizard mit dem reservierten Wort `SafeCall` deklariert. Unter COM ist es streng untersagt, eine innerhalb des Interfaces ausgelöste Exception nach außen dringen zu lassen. Stattdessen muss die Interface-Methode eine Fehlersituation über den HRESULT-Wert kennzeichnen. Das ist zwar für Delphi rein technisch gesehen kein Problem, aber es passt nicht so recht zur visuellen Entwicklungsumgebung. Delphi wäre nicht Delphi, wenn derartiger Verwaltungskram nicht implizit von Delphi im Hintergrund erledigt würde. Und genau aus diesem Grund steht die Aufrufkonvention `SafeCall` zur Verfügung. Immer dann, wenn eine Methode als SafeCall deklariert ist, wird sie von Delphi intern so umgebaut, dass sie als Funktion einen HRESULT-Wert zurückliefert. Dieser HRESULT-Wert wird dabei automatisch von Delphi gesetzt, sodass Sie als Entwickler diesen Mechanismus gar nicht erst zu Gesicht bekommen. Tritt innerhalb der Methode eine Exception auf, fängt Delphi diese ab und setzt den Wert von HRESULT auf einen Fehlerwert.

> *Delphi schlägt an dieser Stelle zwei Fliegen mit einer Klappe. Zum einen vereinfacht sich das Leben für den Entwickler, da er sich nicht mehr um den immer gleichen Verwaltungskram kümmern muss. Und zum anderen schränkt dieser Automatismus die Verwendbarkeit des eigenen Servers in anderen Entwicklungsumgebungen und Sprachen nicht ein.*

Angenommen, eine Interface-Methode soll einen WideString-Wert zurückliefern. Die Methode wird im Typbibliothekseditor auch als Funktion deklariert:

```
ISafeCallDemo = interface(IDispatch)
  ['{51ECBFCB-080F-4162-B7B8-CEDA46EFD9EA}']
    function  GetInfo: WideString; safecall;
end;
```

Trotzdem ist nicht das, was Sie als Entwickler hier sehen auch das, was COM zu Gesicht bekommt. Denn für COM muss ein Automation-kompatibles Interface immer einen HRESULT-Wert zurückliefern, aber Delphi verbirgt diesen Mechanismus.

Hatte ich vorhin behauptet, dass Sie den Mechanismus nicht zu Gesicht bekommen? So ganz stimmt dieser Satz nicht, über die PROJEKTOPTIONEN kann auf der Registerseite für die Typbibliothek das Verhalten von Delphi geändert werden.

Mit diesen Optionen legen Sie fest, welche Funktionen als SafeCall deklariert werden, wenn Delphi Ihre Object-Pascal-Deklarationen in der generierten Typbibliothek in IDL-Definitionen umsetzt. Bei diesen Funktionen werden automatisch die COM-Konventionen für die Fehler- und Exception-Behandlung implementiert und HRESULT-Fehlercodes in die entsprechenden Exceptions konvertiert. Bei IDL-Funktionsdeklarationen muss die Aufrufkonvention explizit als SafeCall oder StdCall angegeben werden.

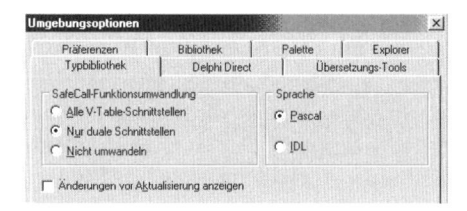

Abb. 5.3: Konfigurationsoptionen des Typbibliothekseditors

Wird der Radiobutton für die SafeCall-Funktionsumwandlung auf NICHT UMWANDELN gesetzt, bekommen Sie auch wieder die HRESULT-Rückgabeparameter zu Gesicht. Das sieht beim gerade vorgestellten Beispiel-Interface etwa so aus:

```
ISafeCallDemo = interface(IDispatch)
  ['{5A3A85F4-A01D-49C3-A9ED-CF64FECD4944}']
    function  GetInfo(out sInfo: WideString): HResult; stdcall;
end;
```

Da die Funktion einen HRESULT zurückliefern muss, wird der eigentliche Rückgabewert als OUT-Parameter deklariert.

Da sich für COM die beiden Alternativen nicht unterscheiden, gibt es in der Regel keinen Grund, auf die Bequemlichkeiten von SafeCall zu verzichten.

HRESULT und SafeCall

5.2.1 Das Problem

Das grundlegende Problem bei gemeinsam genutzten binären Objekten (wie zum Beispiel bei COM-Objekten) liegt darin, dass Rücksicht auf das „schwächste" Glied in der Kette genommen werden muss. Zum Beispiel darf eine ganz normale DLL-Funktion immer dann keine Exception an den Aufrufer weitergeben, wenn damit zu rechnen ist, dass nicht alle Aufrufer mit Exceptions umgehen können. Im Fall der klassischen Win32-DLLs ist es daher gängige Praxis, im Fehlerfall nur eine Fehlernummer als Rückgabewert zurückzuliefern, aber jede Exception innerhalb der DLL-Funktion zu kapseln. Somit spielt es keine Rolle mehr, ob der Aufrufer in der Lage ist, auf eine Exception korrekt zu antworten.

```
function DLLFunktion(sTxt : PChar): Integer; stdcall;
begin
  Result := 0;
  try
    DoWork(sTxt);
    Result := 1;
  except
  end;
end;
```

Das DLL-Beispiel kann auch mit COM verglichen werden. COM legt analoge Regeln fest, was im Fehlerfall zu machen ist. Da eine aufgetretene Exception von COM nicht über die Grenzen eines Marshalers hinweg transportiert wird, sind andere Mechanismen notwendig. COM verwendet dazu ein eigenes Objekt, um die so genannten Rich-Error-Information weiterzugeben. Dieses spezielle Fehler-Objekt wird vom COM-Subsystem jedem Thread einer COM-Anwendung zugeordnet. Wenn nun im COM-Objekt eine Exception auftritt und dieses COM-Objekt dieses standardisierte Fehler-Objekt unterstützt, kann die Anwendung eine Fehlerbeschreibung über das definierte ICreateErrorInfo-Interface an COM übergeben. Der Client darf nun über das dazugehörige Gegenstück IErrorInfo diese Informationen aus dem Fehler-Objekt auslesen. Ein COM-Server, der das ISupportErrorInfo-Interface unterstützt, arbeitet mit dem Fehler-Objekt von COM zusammen.

Nun stellt sich die Frage, ob Delphi's COM-Objekte auch diese Fähigkeiten besitzen. Ein Blick in die Delphi-Hilfe reicht aus, um das zu bestätigen – dort ist der folgende Satz zu finden: „TAutoIntfObject unterstützt durch die Implementierung der ISupportErrorInfo-Schnittstelle OLE-Exception-Behandlung."

Und damit diese Fähigkeiten den Entwickler nicht unnötig belasten, übernimmt Delphi mit der SafeCall-Deklaration alles in eigener Regie. Somit gilt die folgende Formel:

```
SafeCall = StdCall + automatische Exception-Fehlerbehandlung
```

Um zum Beispiel zu der normalen DLL-Funktion zurückzukommen, ist mit der SafeCall-Deklaration eine implizite Try..Except-Behandlung verbunden. Der Entwickler muss also nicht mehr selbst eine eventuell auftretende Exception abfangen, das erledigt Delphi für ihn.

5.2.2 Ein praktisches Beispiel

Im Typbibliothekseditor wird die Interface-Methode `SafeCallProc` als Prozedur mit einem Parameter deklariert.

Das Beispielprojekt finden Sie im Verzeichnis »Kapitel 5\SafeCall«.

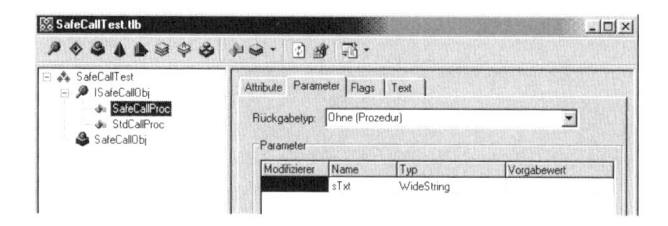

Abb. 5.4: Die Interface-Methoden des Beispiel-Servers

Delphi setzt diese Deklaration in die folgende Object-Pascal-Syntax um:

```
type
  TSafeCallObj = class(TAutoObject, ISafeCallObj)
  protected
    procedure SafeCallProc(const sTxt: WideString); safecall;
    procedure StdCallProc(const sTxt: WideString); safecall;
  end;
```

Allerdings verbirgt hier Delphi einige wichtige Details, denn für COM muss die Interface-Methode als Funktion einen Rückgabewert zurückliefern, den HRESULT-Wert.

Bereich	Sichtweise der Deklaration
Delphi	procedure SafeCallProc(const sTxt: WideString); safecall;
COM	function SafeCallProc(const sTxt: WideString): HRESULT; stdcall;

Tabelle 5.2: Die unterschiedliche Sichtweise auf die Interface-Methode

HRESULT und SafeCall

Somit kann auch ein Nicht-Delphi-Client diese Interface-Methoden aufrufen – er „sieht" nur die COM-Fassung mit dem HRESULT-Rückgabewert.

Es spielt keine Rolle, welche Technik Sie einsetzen, auch ein Mixen beider Aufrufkonventionen in einem Interface ist zulässig. Dies können Sie auch gleich praktisch nachprüfen, indem die Interface-Methode `StdCallProc` entsprechend geändert wird.

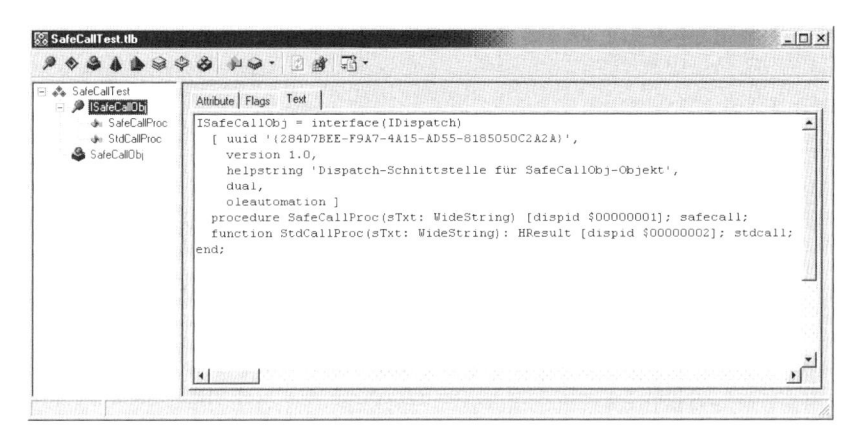

Abb. 5.5: Die zweite Interface-Methode verwendet StdCall

Somit ergibt sich in der Implementierungs-Unit für das Interface das folgende Bild:

```
type
  TSafeCallObj = class(TAutoObject, ISafeCallObj)
  protected
    procedure SafeCallProc(const sTxt: WideString);
      safecall;
    function StdCallProc(const sTxt: WideString): HRESULT;
      stdcall;
  end;
```

Der Entwickler darf durchaus auf den SafeCall-Komfort verzichten und alles von Hand erledigen. Im Normalfall gibt es jedoch überhaupt keinen Grund, von sich aus auf den SafeCall-Komfort zu verzichten. Denn wenn eine Interface-Methode als StdCall deklariert wird, muss der Entwickler dafür sorgen, dass niemals eine Exception den Gültigkeitsbereich dieser Methode verlässt! Zusätzlich muss er den entsprechenden HRESULT-Wert selber festlegen. Im folgenden Beispiel sorgt der Aufruf von SafeCallException dafür, dass der HRESULT-Wert E_UNEXPECTED zurückgeliefert wird.

```
procedure TSafeCallObj.SafeCallProc(const sTxt: WideString);
begin
  ShowMessage(sTxt);
  if sTxt = 'Error' then
```

```
    raise Exception.Create('Eine gezielte Exception');
end;

function TSafeCallObj.StdCallProc(
  const sTxt: WideString): HRESULT;
begin
  try
    ShowMessage(sTxt);
    if sTxt = 'Error' then
      Result := S_FALSE
    else
      Result := S_OK;
  except
    Result := SafeCallException(ExceptObject, ExceptAddr);
  end;
end;
```

Doch das ist nur eine Seite der Medaille, für Delphi hat SafeCall gleich an zwei Stellen Auswirkungen:

- Wenn in einer mit SafeCall deklarierten Interface-Methode eine Exception ausgelöst wird, greift Delphi automatisch diese Exception auf und übergibt die Daten dem COM-Fehler-Objekt. Dies gilt auch dann, wenn es sich um eine native Win32-Exception handelt, die nicht in der VCL deklariert wurde. Im Sonderfall der Win32-Exception kann Delphi jedoch nur E_UNEXPECTED (alias Unexpected failure) zurückliefern.
- Wenn eine mit SafeCall deklarierte Interface-Methode aufgerufen wird, löst Delphi für jeden dabei aufgetretenen COM-Fehler eine Exception für den Aufrufer aus. Dazu prüft Delphi nach, welcher Wert für HRESULT zurückgeliefert wurde.

Auswirkungen auf den Client

Wenn der Client nun absichtlich eine Exception auslösen will, indem im folgenden Beispiel die Zeichenkette „Error" übergeben wird, so führt dies nur beim Aufruf der SafeCall-Methode zu einer aussagekräftigen Fehlermeldung.

```
procedure TForm1.Button1Click(Sender: TObject);
begin
  if CheckBoxException.Checked then
    FTxt := 'Error'
  else
    FTxt := 'SafeCallProc';
  FSrv.SafeCallProc(FTxt);
end;
```

HRESULT und SafeCall

Abb. 5.6: Die Fehlermeldung beim SafeCall-Aufruf

Beim Aufruf der StdCall-Methode passiert gar nichts; da diese Interface-Methode auf den SafeCall-Automatismus verzichtet, hält sich Delphi auch auf der Client-Seite aus allem heraus.

```
procedure TForm1.Button2Click(Sender: TObject);
begin
  if CheckBoxException.Checked then
    FTxt := 'Error'
  else
    FTxt := 'StdCallProc';
  FSrv.StdCallProc(FTxt);
end;
```

Der Entwickler muss also den HRESULT-Rückgabewert der aufgerufenen Interface-Methode selber nachprüfen und bei Bedarf eine Fehlermeldung auslösen. Das nächste Beispiel delegiert diese Aufgabe an die Delphi-Funktion OleCheck weiter, wobei der Zwischenschritt über die lokale HRESULT-Variable nur dem besseren Verständnis dient:

```
procedure TForm1.Button3Click(Sender: TObject);
var
  hRes : HRESULT;
begin
  if CheckBoxException.Checked then
    FTxt := 'Error'
  else
    FTxt := 'StdCallProc';
  hRes := FSrv.StdCallProc(FTxt);
  OleCheck(hRes);
end;
```

Trotzdem ist das Ergebnis immer noch nicht vollständig befriedigend, da in der MessageBox nur der Text „Unerwarteter Fehler" zu lesen ist, aber nicht der eigene Fehlertext.

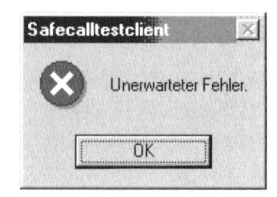

Abb. 5.7: Die Fehlermeldung beim StdCall-Aufruf

5.2.3 Der Haken an der Sache mit SafeCall

Normalerweise verwendet Delphi SafeCall für Interface-Methoden und erleichtert somit die Arbeit des Entwicklers. Doch jede Bequemlichkeit hat ihren Preis; das Verbergen des HRESULT-Wertes bedeutet jedoch auch, dass der Entwickler keinen direkten Einfluss darauf hat, welchen HRESULT-Wert Delphi automatisch generiert. Dies führt in mehreren Szenarien zu einem Problem:

- Ein COM-Server soll ein bereits vordefiniertes Interface implementieren und dabei müssen bestimmte Zustände über vordefinierte HRESULT-Werte zurückgeliefert werden.
- Der eigene COM-Server soll verschiedene Zustandsinformationen in Form eines HRESULT zurückliefern.

In diesem Fall kann man versuchen, wie im bereits vorgestellten Beispiel demonstriert, für die betroffenen Interface-Methoden die SafeCall-Deklaration durch StdCall zu ersetzen und der Methode einen HRESULT-Rückgabewert zuzuordnen.

> *Eine Alternative zur StdCall-Deklaration stelle ich Ihnen im nachfolgenden Abschnitt vor. Mit einer selbst ausgelösten EOleException ist es möglich, von Delphi und COM eine eigene Fehlernummer vom Server zum Client transportieren zu lassen.*

Doch was passiert, wenn die Interface-Methode bereits eine Funktion ist, die einen eigenen Rückgabewert zurückliefern soll? In diesem Fall wird der eigene Rückgabewert als Out-Parameter an letzter Stelle der Parameterliste deklariert.

Bereich	Sichtweise der Deklaration
Delphi	function SafeCallFunc(const sTxt: WideString): Integer; safecall;
COM	function SafeCallProc(const sTxt: WideString; out Value: Integer): HRESULT; stdcall;

Tabelle 5.3: Die unterschiedliche Sichtweise auf die Interface-Methode

5.2.4 SafeCall – ein Blick hinter die Kulissen

Wenn eine Exception in einer mit SafeCall deklarierten Interface-Methode auftritt, sorgt die Delphi-Prozedur _HandleAutoException aus der Unit *System* dafür, dass die dem COM-Objekt zugewiesene Handler-Methode SafeCallException aufgerufen wird. Im Initialization-Abschnitt der Unit *ComObj* wird diese Handler-Methode zugewiesen. In der Unit *ComObj* findet sich außerdem die folgende Implementierung von SafeCallException:

```
function TComObject.SafeCallException(ExceptObject: TObject;
  ExceptAddr: Pointer): HResult;
var
  Msg: string;
  Handled: Integer;
begin
  Handled := 0;
  if ServerExceptionHandler <> nil then
  begin
    if ExceptObject is Exception then
      Msg := Exception(ExceptObject).Message;
    Result := 0;
    ServerExceptionHandler.OnException(ClassName,
      ExceptObject.ClassName, Msg, Integer(ExceptAddr),
      WideString(GUIDToString(FFactory.ErrorIID)),
      FFactory.ProgID, Handled, Result);
  end;
  if Handled = 0 then
    Result := HandleSafeCallException(ExceptObject, ExceptAddr,
      FFactory.ErrorIID, FFactory.ProgID,
      FFactory.ComServer.HelpFileName);
end;
```

Immer dann, wenn die Eigenschaft ServerExceptionHandler eines COM-Objekts auf eine gültige Handler-Methode zeigt, hält sich SafeCallException zuerst zurück. Erst dann, wenn die aufgerufene Ereignisbehandlungsmethode die Exception als nicht abschließend bearbeitet markiert, greift Delphi zur Behandlung auf den vordefinierten Handler HandleSafeCallException zurück.

```
function HandleSafeCallException(ExceptObject: TObject;
  ExceptAddr: Pointer; const ErrorIID: TGUID; const ProgID,
  HelpFileName: WideString): HResult;
var
  E: TObject;
  CreateError: ICreateErrorInfo;
  ErrorInfo: IErrorInfo;
begin
```

```
Result := E_UNEXPECTED;
E := ExceptObject;
if Succeeded(CreateErrorInfo(CreateError)) then
begin
  CreateError.SetGUID(ErrorIID);
  if ProgID <> '' then CreateError.SetSource(PWideChar(ProgID));
  if HelpFileName <> '' then
    CreateError.SetHelpFile(PWideChar(HelpFileName));
  if E is Exception then
  begin
    CreateError.SetDescription(PWideChar(WideString(
                               Exception(E).Message)));
    CreateError.SetHelpContext(Exception(E).HelpContext);
    if (E is EOleSysError) and
       (EOleSysError(E).ErrorCode < 0) then
      Result := EOleSysError(E).ErrorCode;
  end;
  if CreateError.QueryInterface(IErrorInfo,
                       ErrorInfo) = S_OK then
    SetErrorInfo(0, ErrorInfo);
  end;
end;
```

5.2.5 ServerExceptionHandler

Muss man die internen Details als Entwickler, der mit Delphi arbeitet, überhaupt wissen? Die Antwort auf diese Frage hängt davon ab, ob Sie mit Delphi auch Remote Server entwickeln. Ein Remote Server wird als COM-Objekt auf einem fremden Rechner ausgeführt, und dort ist nicht immer jemand zur Stelle, der eine Exception-Meldung wegklickt.

> *Die Ausgabe von Hinweismeldungen über eine MessageBox ist zwar während der Programmentwicklung sehr hilfreich und wird auch von mir zu diesem Zweck häufig verwendet. Allerdings sollten Sie spätestens vor der Auslieferung an den Kunden dieses Prinzip nochmals gründlich überdenken. Denn solange niemand dieses Hinweisfenster wegklickt, ist kein weiterer Server-Aufruf durch den Client möglich.*

Stattdessen wird in diesem Einsatzfall ein Weg benötigt, der Fehlermeldungen in einer anderen Form protokolliert. Ein Entwickler, der die Details von Delphi nicht ignoriert, wird nach kurzer Suche in Delphi auf eine einsatzfertige Implementierung stoßen – womit auch die anfangs gestellte hypothetische Frage mit einem klaren „Ja!" beantwortet werden kann.

Die Eigenschaft `ServerExceptionHandler` stellt einen Zugriff auf den Delphi-internen Verarbeitungsprozess der SafeCall-Exception bereit. Damit können Sie diese Fehlermeldungen in einer Datei protokollieren oder an einen externen Monitor leiten. Der Monitor kann ein anderes Objekt in demselben COM-Server-Modul sein oder er kann sich auf einem gänzlich anderen Rechner befinden. Ereignisbehandlungsroutinen für Server-Exceptions können für die Ausführung der folgenden Aufgaben implementiert werden:

- COM-Server-Exceptions in der NT-Systemereignis-Logdatei protokollieren
- Exceptions in eine Textdatei speichern
- eMails an einen Administrator senden
- Technische Mitarbeiter über einen Pager informieren

Beispiel aus der Delphi-Hilfe

Das folgende Beispiel habe ich fast ungeändert aus der Delphi-Hilfe übernommen – alle Änderungen betreffen nur den Kommentarbereich. In der Methode `Initialize` installiert das COM-Objekt einen eigenen Exception-Handler und in der Methode `CallingCOM` wird absichtlich eine Exception provoziert. Da der eigene Handler zu diesem Zeitpunkt bereits aktiv ist, fängt das Objekt die Exception ab, trägt eine Meldung in die NT-Ereignisanzeige ein und verbirgt anschließend diese Exception vor der COM-Runtime.

```
unit Comexcu;

interface

uses
  ComObj, ActiveX, COMExcp_TLB;

type
  TServerExcp = class(TInterfacedObject, IServerExceptionHandler)
    procedure OnException(const ServerClass, ExceptionClass,
                          ErrorMessage: WideString;
                          ExceptAddr: Integer;
                          const ErrorIID, ProgID: WideString;
                          var Handled: Integer;
                          var Result: HResult);
  end;

  TServExcpt = class(TAutoObject, IServExcpt)
  protected
    procedure CallingCOM; safecall;
  public
    procedure Initialize; override;
  end;

implementation
```

SafeCall

```pascal
uses Windows,Sysutils,ComServ,DbTables,SvcMgr;

var
  EventLogger : TEventLogger = nil;

procedure TServExcpt.Initialize;
begin
  inherited Initialize;
  // Neues COM-Server-Safecall-Exceptionobjekt erzeugen
  ServerExceptionHandler := TServerExcp.Create;
end;

// Diese Methode wird von einem Remote-Rechner aufgerufen.

procedure TServExcpt.CallingCOM;
var
  aTable : TTable;
begin
  aTable := TTable.Create(nil);
  try
    aTable.DataBaseName := 'DBDEMOS';
    aTable.TableName := 'NoExsistenttable.db'; // Fehler erzeugen
    aTable.Open;
  finally
    aTable.Free;
  end;
end;

procedure TServerExcp.OnException(const ServerClass,
  ExceptionClass, ErrorMessage: WideString;
  ExceptAddr: Integer; const ErrorIID, ProgID: WideString;
  var Handled: Integer; var Result: HResult);
begin
  // Informationen in die NT-Eventlog-Datei schreiben
  if (EventLogger <> nil) then
   EventLogger.LogMessage('The class ' + ClassName +
    ' caused an '+ ExceptionClass +' Exception :' + ErrorMessage);
  // nicht an das COM-Subsystem des Betriebssystems übergeben
  Handled := Integer(true);
end;

// Hilfsfunktion, um den Modulnamen der Dll zu ermitteln.

function GetModuleName: string;
```

HRESULT und SafeCall

```
var
  ModName: array[0..MAX_PATH] of Char;
begin
  SetString(Result, ModName, Windows.GetModuleFileName(HInstance,
           ModName, SizeOf(ModName)));
  Result := ExtractFileName(Result);
end;

initialization
  TAutoObjectFactory.Create(ComServer, TServExcpt,
    Class_ServExcpt, ciMultiInstance, tmApartment);

  // Event-Logging-Mechanismus instantiieren
  EventLogger := TEventLogger.Create(GetModuleName);

finalization
  EventLogger.Free;

end.
```

> *Die Delphi-Klasse TEventLogger aus der Unit SvcMgr ist nicht in allen Delphi-Versionen enthalten.*

5.3 SafeCall für Nicht-COM-Anwendungen?

Wenn die Delphi-Hilfe sogar ein gutes Beispiel für das Mitprotokollieren von Exceptions aufzeigt, warum sollte dieser elegante Weg nicht auch für normale Anwendungen genutzt werden? Natürlich dürfen dabei innerhalb der Exception-Behandlung keine COM-spezifischen Teile aufgerufen werden, aber sogar das ist mit Delphi kein Problem. Wenn die Methode SafeCallException überschrieben wird und auch die Variable Safe-CallErrorProc auf eine passende Methode zeigt, kann der SafeCall-Mechanismus auch für Nicht-COM-Anwendungen verwendet werden.

Im folgenden Beispielprojekt wird die private Methode DoWork als SafeCall deklariert, obwohl es sich nur um eine ganz normale Anwendung (ohne COM) handelt. Somit muss die Anwendung auch die Methode SafeCallException überschreiben, um entsprechend auf eine Exception reagieren zu können.

> *Das Beispielprojekt für Delphi 5 finden Sie im Verzeichnis »Kapitel 5\ SafeCall ohne COM «.*

```
type
  TForm1 = class(TForm)
    StatusBar1: TStatusBar;
    Edit1: TEdit;
    ButtonConvert: TButton;
    procedure ButtonConvertClick(Sender: TObject);
  private
    procedure DoWork; safecall;
  public
    function SafeCallException(ExceptObject: TObject;
      ExceptAddr: Pointer): HResult; override;
  end;
```

Im Initialization-Abschnitt der Unit wird die eigene SafeCallError-Implementierung der von Delphi vordefinierten globalen Prozedurvariable zugewiesen. Somit ruft Delphi bei jeder ausgelösten Exception die eigene Implementierung auf.

```
initialization
  SafeCallErrorProc := @SafeCallError;
finalization
  SafeCallErrorProc := nil;
```

Und in SafeCallException legt das Programm fest, welche Exception der Anwender zu Gesicht bekommen soll und welche nicht. Aber alle Exceptions werden in der Textdatei mitprotokolliert.

```
function TForm1.SafeCallException(ExceptObject: TObject;
  ExceptAddr: Pointer): HResult;
var
  Handled: Boolean;
begin
  Result := E_UNEXPECTED;
  Handled := False;
  // spezielle Exception auswerten und als behandelt kennzeichnen
  if ExceptObject is EConvertError then
  begin
    Handled := True;
    ShowMessage('Die Umwandlung dieses Wertes ist nicht möglich');
  end;
  // Exception im Log mitprotokollieren
  LogError(Exception(ExceptObject), ExceptAddr);
  if Handled then
    gPrivateExceptionClass := nil
  else
  begin
    gPrivateExceptionClass := ExceptClass(ExceptObject.ClassType);
```

HRESULT und SafeCall

```
      gPrivateExceptionMsg := Exception(ExceptObject).Message
    end
end;
```

Kann SafeCallException eine Exception konkret zuordnen und soll diese Exception nicht angezeigt werden, setzt der Handler die globale Variable gPrivateExceptionClass auf den Wert Nil. In diesem Fall löst SafeCallError nur noch eine stille Exception aus, indem Abort aus der Unit *SysUtils* aufgerufen wird.

```
Var
  gPrivateExceptionClass : ExceptClass = nil;
  gPrivateExceptionMsg   : String;

procedure SafeCallError(ErrorCode: Integer; ErrorAddr: Pointer);
begin
  if gPrivateExceptionClass <> nil then
    raise gPrivateExceptionClass.Create(gPrivateExceptionMsg)
  else
    SysUtils.Abort
end;
```

Die globale Prozedur LogError speichert die wichtigsten verfügbaren Informationen von jeder aufgetretenen Exception in einer ASCII-Datei.

```
procedure LogError(ExceptObject: Exception; ExceptAddr: Pointer);
var
  Log: TextFile;
const
  LogName = 'C:\Temp\SafeCallLog.txt';
begin
  AssignFile(Log, LogName);
  if FileExists(LogName) then
    Append(Log)
  else
    Rewrite(Log);
  try
    WriteLn(Log, Format('%s'#9'%s'#9'$%p'#9'%s',
      [ExceptObject.ClassName, ExceptObject.Message,
       ExceptAddr, Application.ExeName]))
  finally
    CloseFile(Log)
  end;
end;
```

Zum Test kann nun eine Exception provoziert werden. In der Methode DoWork soll ein vom Anwender in eine TEdit-Instanz eingetragene Zahl in einen Integer-Wert konvertiert werden. Dies wird immer dann eine Exception auslösen, wenn der Eintrag nicht umwandelbar ist. Und die zweite Methode `DoRaise` löst direkt eine Exception aus, indem eine neue Instanz eines Exception-Objekts erzeugt wird:

```
procedure TForm1.DoWork;
var
  i : Integer;
begin
  i := StrToInt(Edit1.Text);
  StatusBar1.SimpleText := IntToStr(i);
end;

procedure TForm1.DoRaise;
begin
  raise Exception.Create('Eine absichtliche Exception');
end;
```

Während im ersten Fall der eigene Exception-Handler für jede EConvertError-Exception eine eigene Hinweismeldung anzeigt, wird der Text der zweiten Exception direkt an den Benutzer weitergereicht.

Allerdings sind die Exceptions auch in der Log-Datei vermerkt – neben dem Exception-Text steht dort auch die Fehleradresse sowie der Programmpfad – genau so, wie der Format-Aufruf die Daten zusammengestellt hat.

```
EConvertError   '10,5' ist kein gültiger Integerwert
    $00407A34   C:\ABLAGE\SAFECALLOHNECOM.EXE
Exception       Eine absichtliche Exception
    $00446E59   C:\ABLAGE\SAFECALLOHNECOM.EXE
```

5.4 EOleSysError

COM verwendet einen gemeinsamen Standardmechanismus, um Fehler vom Server an den Client zurückzuliefern. Delphi kapselt diese Schnittstelle in der `EOleSysError`-Exception ein.

Wenn der Server bestimmte Fehlerbedingungen in Form von eigenen Fehlernummern an den Client zurückliefern soll, muss der Server eine eigene Exception von diesem Typ auslösen. Die Fehlernummer wird dabei als negative Fehlernummer in der `ErrorCode`-Eigenschaft des Exception-Objekts übergeben.

Das Beispielprojekt finden Sie im Verzeichnis »Kapitel 5\EOleSysError«.

Der Beispiel-Server deklariert eine Methode, die zwei Parameter verwendet und als SafeCall-Methode gekennzeichnet wurde.

HRESULT und SafeCall

```
type
  TOleError = class(TAutoObject, IOleError)
  protected
    procedure DoAction(const InputTxt: WideString;
                       out OutputTxt: WideString); safecall;
    { Protected-Deklarationen }
  end;
```

Immer dann, wenn als erster Parameter die Zeichenkette „Crash" übergeben wird, löst die Methode eine eigene EOleSysError-Exception aus. Dank SafeCall hat das für den Server keine gravierenden Folgen – Delphi wandelt diese Exception in einen HRESULT-Wert um, sodass die COM-Runtime von diesen Manipulationen nichts mitbekommt.

```
const
  UserErrorCrash = -100;

procedure TOleError.DoAction(const InputTxt: WideString;
  out OutputTxt: WideString);
begin
  if InputTxt = 'Crash' then
    raise EOleSysError.Create('Server-Crash', UserErrorCrash, 0);
  OutputTxt := 'Aufwar war in Ordnung';
end;
```

Der Client muss immer dann, wenn die Interface-Methode des aufgerufenen Servers eigene Exceptions auslösen kann, den Aufruf dieser Methode in einen Try..Except-Block einkapseln. Denn dann hat der Client die Chance, bei einer tatsächlich vom Server ausgelösten Exception den Wert der Eigenschaft ErrorCode zu prüfen.

```
const
  UserErrorCrash = -100;

procedure TForm1.ButtonTestCrashClick(Sender: TObject);
begin
  try
    try
      FSrv.DoAction('Crash', FServerMsg);
    except
      on E:EOleSysError do
      begin
        if E.ErrorCode = UserErrorCrash then
          ShowMessage('UserErrorCrash erkannt!');
      end;
    end;
  finally
    StatusBar1.SimpleText := FServerMsg;
```

```
  end;
end;
```

6 Aggregation und Containment

COM unterstützt nicht das Vererben der Implementierung eines Interfaces, allerdings ist das Vererben nur eine und nicht die einzige Möglichkeit, eine Funktion wiederzuverwenden. Unter COM wird eine Funktion wieder verwendet, indem diese Funktion in ein Objekt verpackt und über das Interface veröffentlicht wird. Andere Anwendungen können nun auf diese bereits implementierten Funktionen über diese Interfaces zugreifen.

Die Techniken Aggregation und Containment (der Originalbegriff lässt sich am besten mit dem Wort Enthaltung übersetzen) dienen dazu, die Identitäten von mehreren Objekten zu verbinden.

Immer dann, wenn zwei COM-Objekte über ihre Interfaces für den Client als ein COM-Objekt erscheinen sollen, kommt die so genannte Aggregation zum Einsatz. Für den Client ist zwischen einem Containment und einer Aggregation kein Unterschied feststellbar, für den Entwickler des COM-Objekts aber schon.

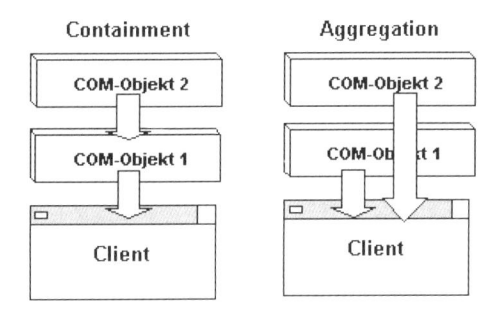

Abb. 6.1: Unterschiede zwischen Containment und Aggregation

Beim Containment implementiert zum Beispiel das COM-Objekt 1 die Interface-Methoden sowohl vom eigenen COM-Objekt als auch vom COM-Objekt 2. Allerdings werden die Interface-Methoden vom zweiten COM-Objekt direkt aus den eigenen heraus aufgerufen. Der COM-Server schiebt die Arbeit also auf das eingebundene zweite Objekt ab. Das könnte zum Beispiel so aussehen:

```
procedure TComServer1.Initialize;
begin
  FComObject2 := CoComObject2.Create;
end;

procedure TComServer1.InterfaceMethode2;
begin
  FComObject2.InterfaceMethode2;
end;
```

Bei der Aggregation ist das anders, hier implementiert das COM-Objekt 1 nur die eigenen Interface-Methoden. Die Deklaration und die Implementation der Interface-Methoden von Objekt 2 erfolgt ausschließlich im zweiten Objekt. Damit das auch so funktioniert, muss der erste COM-Server mit den beiden vorhandenen IUnknown-Interfaces umgehen können. Ein aggregierbares Objekt kann somit zwei Versionen des IUnknown-Interfaces implementieren.

Das Thema Aggregation hat in COM den Ruf, besonders schwierig zu sein. Es liegt nahe, dass auch hier Delphi dem Entwickler unter die Arme greift und spezielle Wege vorsieht. Bevor ich auf die Details näher eingehe, soll das grundlegende Prinzip an einem Beispiel demonstriert werden.

6.1 Native Aggregation

Beim Containment implementiert das Hauptobjekt die Interface-Methoden sowohl vom eigenen COM-Objekt als auch vom Hilfsobjekt. Allerdings werden die Interface-Methoden vom zweiten COM-Objekt direkt aus den eigenen heraus aufgerufen. Der COM-Server schiebt die Arbeit also auf das eingebundene zweite Objekt ab, indem er nur eine Rumpfimplementierung für die Interface-Methode verwendet und in dieser die Methode des Hilfsobjekts aufruft. Es liegt auf der Hand, dass dieser Weg immer dann Nachteile hat, wenn sehr viele Interface-Methoden berücksichtigt werden müssen.

Bei der Aggregation ist das anders, hier implementiert das Hauptobjekt nur die eigenen Interface-Methoden, sodass die Implementierung des Hauptobjekts übersichtlicher bleibt. Die Deklaration und die Implementation der Interface-Methoden vom Hilfsobjekt erfolgt ausschließlich im Hilfsobjekt.

Die beiden Beispielprojekte für Delphi 4 und 5 finden Sie im Verzeichnis »Kapitel 6\NativeAggregation«.

Im Beispiel greift ein Local Server auf die Aggregation zurück, um verschiedene Interface-Methoden in separate Objekte auszulagern. Der Client bekommt von dieser Server-internen Arbeitsteilung nichts mit, sondern greift stattdessen wie gewohnt auf die verschiedenen Server-Interfaces zu. Der COM-Server stellt 3 Automation-Objekte zur Verfügung, wobei nur ein Objekt von „außen" (also von einem Client) erzeugt werden kann. Die beiden anderen COM-Objekte muss das Hauptobjekt `TNativeAggregat` bei seiner Initialisierung mit erzeugen.

Aggregation und Containment

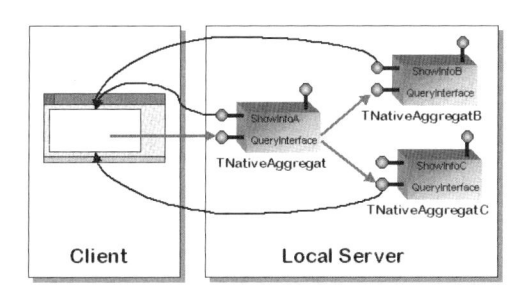

Abb. 6.2: Das Prinzip des Beispielprogramms

Der Local Server

Da der Delphi-Wizard für ein Automation-Objekt nicht nur das Interface und die CoClass generiert hat, sondern auch den entsprechenden ClassFactory-Aufruf im Sourcecode eingefügt hat, beschränken sich die Korrekturen auf das optionale Entfernen des ERZEUGEN MÖGLICH-Flags für die beiden anderen CoClasses. Wird die Typbibliothek aktualisiert, entfernt Delphi die nun überflüssigen CoClass-Funktionen für die Objekt-Instanzierung. Bei der Implementierung des Local Servers habe ich die folgenden Schritte abgearbeitet:

1. In Delphi eine neue Anwendung anlegen und das Projekt speichern.
2. Neues Automatisierungsobjekt anlegen und die Typbibliothek speichern.
3. Interface-Methode für INativeAggregat deklarieren.
4. Interface-Methode für INativeAggregat implementieren.
5. Neues Automatisierungsobjekt anlegen – implementiert INativeAggregatB.
6. Neues Automatisierungsobjekt anlegen – implementiert INativeAggregatC.
7. Server-Initialize: Die COM-Objektinstanzen B und C erzeugen.
8. Server-QueryInterface: IID prüfen und zuständige QueryInterface-Implementierung aufrufen.
9. CoClass NativeAggregatB: Flag ERZEUGEN MÖGLICH entfernen. Delphi entfernt daraufhin die CoClass-Instanzierung.
10. CoClass NativeAggregatC: Flag ERZEUGEN MÖGLICH entfernen. Delphi entfernt daraufhin die CoClass-Instanzierung.

Am Ende ergibt sich in der Typbibliothek das folgende Bild.

Native Aggregation

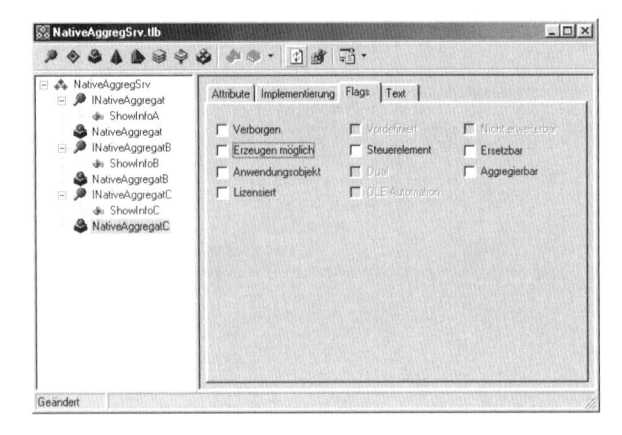

Abb. 6.3: Die Typbibliothek des Local Servers deklariert alle Interfaces

```
type
  TNativeAggregat = class(TAutoObject, IUnknown, INativeAggregat)
  private
    FSrvB : IUnknown;
    FSrvC : IUnknown;
  protected
    // IUnknown
    function QueryInterface(const IID: TGUID;
                            out Obj):HResult; stdcall;
    // INativeAggregat
    procedure ShowInfoA(const sMsg: WideString); safecall;
  public
    procedure Initialize; override;
  end;
```

Ein Client kann primär nur über das INativeAggregat-Interface auf den Server zugreifen, allerdings kann er sich von hier aus einen Interface-Zeiger auf die beiden anderen Interfaces besorgen. Damit dies funktioniert, muss die IUnknown-Implementierung von QueryInterface geändert werden. Die Methode QueryInterface ist nun nicht nur für das eigene Interface INativeAggregat zuständig, sondern auch für die beiden anderen Interfaces INativeAggregatB und INativeAggregatC. Da die IUnknown-Implementierung vom Vorfahren TAutoObject geerbt wird, muss beim erneuten Deklarieren exakt die gleiche Syntax verwendet werden.

```
function TNativeAggregat.QueryInterface(const IID: TGUID;
  out Obj): HResult;
begin
  if IsEqualGuid(IID, INativeAggregatB) then
    Result := FSrvB.QueryInterface(IID, Obj)
  else
```

```
      if IsEqualGuid(IID, INativeAggregatC) then
        Result := FSrvC.QueryInterface(IID, Obj)
      else
        Result := inherited QueryInterface(IID, Obj);
end;
```

In der eigenen Version von QueryInterface wird nun geprüft, welche Interface-ID (IID) angefordert wird. Stimmt der Parameter mit der Interface-ID von INativeAggregatB überein, so muss die QueryInterfac-Methode des zweiten Objekts aufgerufen werden, die dann das vom eigenen Objekt implementierte Interface zurückliefert. Handelt es sich um das Interface INativeAggregatC, so wird die QueryInterface-Implementierung aus dem dritten Objekt aufgerufen. War keines von beiden gemeint, entscheidet die eigene Implementierung, ob der Client einen Interface-Zeiger auf die eigenen Interfaces oder eine Fehlermeldung erhält.

Allerdings ist jeder Server dafür verantwortlich, dass die Interface-Methoden auch tatsächlich implementiert werden. Daher erzeugt das Hauptobjekt TNativeAggregat automatisch die beiden verwendeten Hilfsobjekte. Die von TAutoObject geerbte Methode Initialize ist genau der richtige Ort dafür.

```
procedure TNativeAggregat.Initialize;
begin
  OleCheck(CoCreateInstance(Class_NativeAggregatB,
          Self as IUnknown, CLSCTX_ALL, IUnknown, FSrvB));
  OleCheck(CoCreateInstance(Class_NativeAggregatC,
          Self as IUnknown, CLSCTX_ALL, IUnknown, FSrvC));
end;
```

Mit der Abwahl des Flags ERZEUGEN MÖGLICH für die beiden Hilfsobjekte steht der bequeme Delphi-Weg für das Erzeugen der Objekte nicht mehr zur Verfügung. Der Server greift daher direkt auf die API-Funktion CoCreateInstance zurück und hat dabei den Gestaltungsfreiraum, um als zweiten Parameter einen Zeiger auf das IUnknown-Interface des Aggregations-Controllers übergeben zu können.

Der Client

Der Client fordert zuerst eine Objektinstanz an und speichert dann die Interface-Referenz in einem privaten Objektfeld vom Typ INativeAggregat. Anschließend kann er sofort die Interface-Methode von INativeAggregat aufrufen. Um die anderen Methoden zu erreichen, muss der Client jedoch vorher den vorhandenen Interface-Zeiger in den jeweiligen anderen Typ umtauschen – eine Aufgabe, die in Delphi über die As-Typumwandlung schnell erledigt ist.

```
procedure TFormClient.FormCreate(Sender: TObject);
begin
  FSrv := CoNativeAggregat.Create;
end;
```

```
procedure TFormClient.ButtonAClick(Sender: TObject);
begin
  FSrv.ShowInfoA('ShowInfoA');
end;

procedure TFormClient.ButtonBClick(Sender: TObject);
var
  aSrvIntfB : INativeAggregatB;
begin
  aSrvIntfB := FSrv as INativeAggregatB;
  aSrvIntfB.ShowInfoB;
end;

procedure TFormClient.ButtonCClick(Sender: TObject);
var
  aSrvIntfC : INativeAggregatC;
begin
  aSrvIntfC := FSrv as INativeAggregatC;
  aSrvIntfC.ShowInfoC;
end;
```

Beide Hilfsobjekte wurden über den Aufruf von `CoCreateInstance` erzeugt, wobei der zweite Parameter einen IUnknown-Interfacezeiger auf den Aggregation-Controller (alias das Hauptobjekt) übergeben hat. Daher ist es auch problemlos möglich, von jeder Stelle aus einen vorhandenen Interface-Zeiger in einen der anderen Interface-Zeiger umzutauschen, wie das folgende Beispiel demonstriert.

```
procedure TFormClient.ButtonRetourClick(Sender: TObject);
var
  aSrvIntfB : INativeAggregatB;
  aSrvIntfC : INativeAggregatC;
  aSrvIntf  : INativeAggregat;
begin
  aSrvIntfB := FSrv as INativeAggregatB;
  aSrvIntfB.ShowInfoB;
  aSrvIntfC := aSrvIntfB as INativeAggregatC;
  aSrvIntfC.ShowInfoC;
  aSrvIntf := aSrvIntfC as INativeAggregat;
  aSrvIntf.ShowInfoA('Ein Interface-Rücktausch ist zulässig!');
end;
```

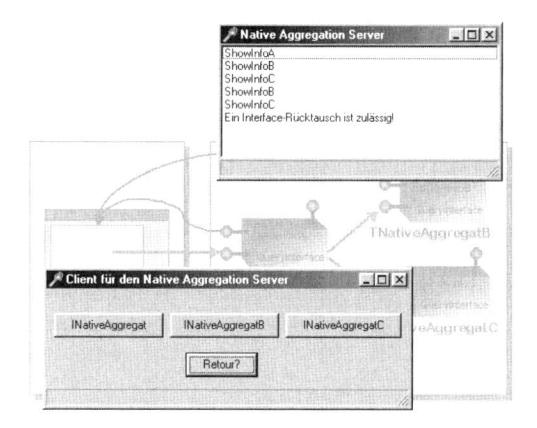

Abb. 6.4: Das Beispielprogramm in Aktion

Sie sehen, dass Aggregation für Delphi generell kein Problem ist. Allerdings passt die manuelle Implementierung von QueryInterface nicht so recht in das Gesamtbild, da Delphi diese Aufgabe auch automatisch im Hintergrund erledigen könnte. Mittlerweile kann das Delphi auch, aber bevor ich auf die Hintergründe von Implements komme, darf das Methoden-Mapping nicht unterschlagen werden.

6.2 Interface-Methoden-Mapping

Ein bestimmtes COM-Objekt in einem COM-Server darf mehrere Interfaces verwenden. Eine bestimmte COM-Klasse darf ihrerseits mehrere Interfaces deklarieren. Was passiert dann, wenn zufälligerweise mehrere Interfaces gleiche Methodennamen verwenden? Genau – ohne Vorsorge würde sich der Compiler beschweren! In diesem Szenario kommt das Interface-Methoden-Mapping ins Spiel.

Wenn Sie sich einmal den Protected-Abschnitt der TComObject-Deklaration anschauen, werden Sie die folgenden Zeilen vorfinden:

```
{ IUnknown }
 function IUnknown.QueryInterface = ObjQueryInterface;
 function IUnknown._AddRef = ObjAddRef;
 function IUnknown._Release = ObjRelease;
 { IUnknown methods for other interfaces }
 function QueryInterface(const IID: TGUID;
   out Obj): Integer; stdcall;
 function _AddRef: Integer; stdcall;
 function _Release: Integer; stdcall;
```

Alle drei IUnknown-Methoden bekommen Alias-Namen, d.h. die Implementierung der Methoden dieser Schnittstelle findet unter anderem Namen statt.

```
function ObjQueryInterface(const IID: TGUID; out Obj): Integer;
```

Ein Mappen der Methodennamen ist dabei nur innerhalb der eigenen Klasse zulässig. Warum benötigt man überhaupt zwei Implementierungen für QueryInterface? Klarheit verschaffen Sie sich dann, wenn Sie sich im Folgenden einmal die Implementierung der Methoden-Varianten anschauen.

TComObject unterstützt die direkte Aggregation über die `Controller`-Eigenschaft. Wenn nun eine TComObject-Instanz zusammen mit einer anderen zu einem übergeordneten Aggregat-Verbund gehört, zeigt die Controller-Eigenschaft auf das IUnknown-Interface dieser übergeordneten Instanz. In diesem Fall muss die untergeordnete Instanz die drei IUnknown-Methoden aller nicht-originalen IUnknown-Interfaces zum übergeordneten Objekt weiterreichen. Diese Methoden dürfen vom untergeordneten Client nicht abgearbeitet werden.

```
{ TComObject.IUnknown }
function TComObject.ObjQueryInterface(const IID:TGUID;
  out Obj): Integer;
begin
  if GetInterface(IID, Obj)
    then Result := S_OK
    else Result := E_NOINTERFACE;
end;
```

Nur dann, wenn die Instanz nicht als Mitglied eines Aggregat-Verbunds einer übergeordneten Instanz „gehört", darf sie die Methoden direkt aufrufen.

```
{ TComObject.IUnknown for other interfaces }
function TComObject.QueryInterface(const IID: TGUID;
  out Obj): Integer;
begin
  if FController <> nil
    then Result := IUnknown(FController).QueryInterface(IID, Obj)
    else Result := ObjQueryInterface(IID, Obj);
end;
```

6.3 Implements

Mit Delphi 4 hat Borland den Mechanismus für das Implementieren von Interfaces erweitert. Damit das explizite Deklarieren und Implementieren jeder Interface-Methode, die vom Objekt verwendet wird, entfällt, erlaubt Object Pascal ab Delphi 4 das Delegieren der Implementierung auf eine andere Klasse. Über eine frei wählbare Objekt-Eigenschaft wird dazu entweder eine Klassenreferenz oder eine Interface-Referenz auf das Objekt deklariert, das tatsächlich diese Interface-Methoden implementiert. Können Sie mir noch folgen? Zugegeben – es wird Zeit, dass ein überschaubares Beispiel die Zusammenhänge näher beleuchtet.

6.3.1 Einfaches Aggregations-Beispiel

Erinnern Sie sich noch an das Beispiel *Vergleich.dpr* aus dem zweiten Kapitel? Dort haben zwei Objekte das gleiche Interface verwendet. Da allerdings die Implementierung eines Interfaces niemals direkt geerbt werden kann, mussten beide Objekte die Interface-Methode in eigener Regie deklarieren und implementieren. Dies ist zwar über die Zwischenablage schnell erledigt, aber eleganter ist der Weg über ein gemeinsam genutztes drittes Objekt.

> *Das Beispielprojekt finden Sie auf der CD-ROM im Verzeichnis »Kapitel 6\Implements«.*

Das Objekt TLogMsg mit seinem Interface ILogMsg soll die Ausgabe der Protokolleinträge in der Listbox im Formular vereinfachen. Die beiden Objekte TMWSt16 und TMWSt7 binden nun beide Interfaces ein, wobei allerdings nur die Interface-Methoden aus dem Berechnungs-Interface IMWStVergleich deklariert und implementiert werden.

```
type
  { Interfaces und Klasse zur Protokollierung }
  ILogMsg = interface(IUnknown)
    ['{14B890AC-9AB2-4B3B-86EA-8CAA8E96806B}']
    procedure Log(const sMsg: String);
  end;

  TLogMsg = class(TInterfacedObject, ILogMsg)
  public
    procedure Log(const sMsg: String);
  end;

  { Interfaces und Klassen zur Berechnung }
  IMWStVergleich = interface(IUnknown)
    ['{B0BAF2E9-120D-40FF-B30A-74D8A0FAD9DE}']
    function GetBrutto(const aNetto: Currency): Currency;
  end;

  TMWSt16 = class(TInterfacedObject, IMWStVergleich, ILogMsg)
  private
    FLog16 : ILogMsg;
  public
    function GetBrutto(const aNetto: Currency): Currency;
    destructor Destroy; override;
    procedure AfterConstruction; override;
    property LogProp: ILogMsg read FLog16 write FLog16
                      implements ILogMsg;
  end;
```

Über das Property LogProp – der Name ist dabei frei wählbar – wird das zweite Interface ILogMsg deklariert, wobei das Schlüsselwort `Implements` dem Compiler mitteilt, dass die Implementierung dieser Interface-Methoden in dem Objekt gesucht werden muss, das in dem Objektfeld FLog16 bzw. FLog7 verwaltet wird. Somit erfüllt Delphi die COM-Forderung, dass alle Interface-Methoden aller Interfaces vom Class Object auch tatsächlich implementiert werden müssen. Doch halt – der letzte Satz ist erst dann korrekt, wenn man sicherstellt, dass das zweite Objekt auch tatsächlich „lebt", bevor der erste Interface-Aufruf erfolgen kann. Und diese Forderung wird im Beispiel durch das Überschreiben der geerbten Methode `AfterConstruction` erfüllt.

```
procedure TMWSt16.AfterConstruction;
begin
  inherited;
  FLog16 := TLogMsg.Create;
end;
```

Sobald das Objekt TMWSt16 beziehungsweise TMWSt7 erzeugt wurde, initialisiert das Objekt auch sein privates Objektfeld mit einem Interface-Zeiger auf das TLogMsg-Objekt. Somit dürfen unmittelbar danach alle Interface-Methoden aufgerufen werden, da die Implementierung sichergestellt ist. Der Zugriff auf die TListBox-Instanz im Formular erfolgt nun ausschließlich aus dem TLogMsg-Objekt heraus.

```
procedure TLogMsg.Log(const sMsg: String);
begin
  Form1.ListBoxLog.Items.Add(sMsg);
end;
```

Und da die beiden anderen Objekte (TMWSt16 bzw. TMWSt7) das Interface ILogMsg einbinden, dürfen auch diese Objekte direkt die Interface-Methode Log aufrufen.

```
function TMWSt16.GetBrutto(const aNetto: Currency): Currency;
begin
  FLog16.Log('   TMWSt16.GetBrutto');
  Result := aNetto * 1.16;
end;

destructor TMWSt16.Destroy;
begin
  inherited;
  FLog16.Log('   TMWSt16.Destroy');
end;
```

Klassen-Typ vs. Interface-Typ

Das Beispielprojekt *Implements2Demo.dpr* aus dem gleichen Verzeichnis demonstriert, dass beim Einsatz von Implements auch eine Klassen-Referenz für die Eigenschaft zulässig ist.

```
TMWSt16 = class(TInterfacedObject, IMWStVergleich, ILogMsg)
private
  FLog16 : TLogMsg;
public
  function GetBrutto(const aNetto: Currency): Currency;
  destructor Destroy; override;
  procedure AfterConstruction; override;
  property LogProp: TLogMsg read FLog16 write FLog16
                    implements ILogMsg;
end;
```

Anstelle von ILogMsg kann auch TLogMsg verwendet werden, allerdings ist das nicht empfehlenswert. Das Mischen von Klassen- und Interface-Referenzen sollte wenn möglich immer vermieden werden, da nur beim Zugriff über Interface-Variablen die Referenzzählung überschaubar bleibt.

Implements-Problem von TInterfacedObject

Kommen wir zurück zur ersten Fassung des Implements-Beispielprojekts. Obwohl das Programm scheinbar perfekt arbeitet, steckt doch ein Problem in der gewählten Implementierung. Dieses Problem tritt immer dann zu Tage, wenn die beiden Interface-Zeiger gegeneinander ausgetauscht werden sollen. Damit Sie dieses Verhalten selbst nachvollziehen können, habe ich eine dritte Fassung dieses Beispiels vorbereitet.

> *Die dritte Fassung des Beispielprojekts finden Sie unter dem Projektnamen »Implements3Demo.dpr« im Verzeichnis »Kapitel 6\Implements« auf der CD-ROM.*

Um das Problem exakt einzugrenzen, sollten Sie einen Breakpoint im Programm setzen und die Funktion in Delphi schrittweise ausführen lassen. Das Programm soll dazu die folgenden Schritte abarbeiten:

1. Objektinstanz erzeugen und Interface-Zeiger für IMWStVergleich anfordern
2. IMWStVergleich-Methode Add aufrufen
3. IMWStVergleich-Interface gegen einen Zeiger auf ILogMsg eintauschen
4. ILogMsg-Methode Log aufrufen
5. ILogMsg-Interface gegen einen Zeiger auf IMWStVergleich eintauschen
6. IMWStVergleich-Methode Add aufrufen

Implements

```
procedure TForm1.ButtonImplementsClick(Sender: TObject);
var
  aIMWV : IMWStVergleich;
  aILM  : ILogMsg;
begin
  aIMWV := TMWSt16.Create;
  LBLog.Items.Add(Format('Ergebnis: %m', [aIMWV.GetBrutto(10)]));
  aILM := aIMWV as ILogMsg;
  aILM.Log('IMWStVergleich wurde gegen ILogMsg eingetauscht');
  // Fehler "Schnittstelle wird nicht unterstützt" provozieren
  aIMWV := aILM as IMWStVergleich;
  LBLog.Items.Add(Format('Ergebnis: %m', [aIMWV.GetBrutto(20)]));
  ListBoxLog.Items.Add('   (Ende)');
end;
```

Und beim fünften Arbeitsschritt kommt das Veto von COM – angeblich wird das angeforderte Interface nicht unterstützt.

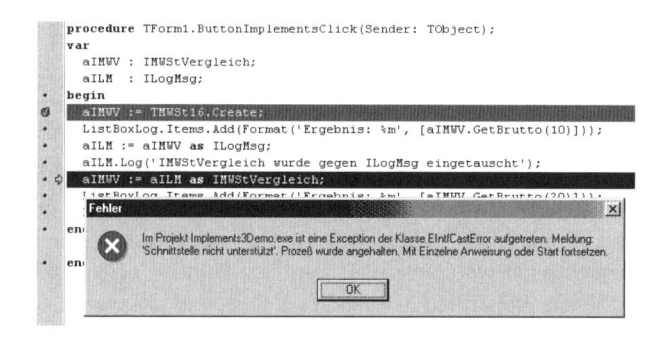

Abb. 6.5: TInterfacedObject hat ein Problem mit der Implements-Direktive

Diese Fehlermeldung ist schon deshalb scheinbar völlig absurd, weil das angeforderte Interface bereits in den ersten beiden Arbeitsschritten erfolgreich verwendet wurde! Was hat es mit dieser mysteriösen Fehlermeldung auf sich? Nun – die Erklärung wird plausibler, wenn man in Gedanken die einzelnen Schritte nachvollzieht. Zuerst wird das „Hauptobjekt" im dritten Arbeitsschritt beauftragt, den Interface-Zeiger auf die zweite Klasse, die das ILogMsg-Interface implementiert, herauszugeben. Da die Implements-Direktive im Hauptobjekt verwendet wurde, kennt TMWSt16 beide Interfaces. Völlig anders sieht es jedoch beim vierten Arbeitsschritt aus. Das „Hilfsobjekt" TLogMsg erbt die QueryInterface-Implementierung von TInterfacedObject und hat daher keine Ahnung, dass es nur die Interface-Methoden im Auftrag einer anderen Klasse implementiert.

Um dieses Problem zu lösen, muss die Anwendung anstelle von TInterfacedObject auf TAggregatedObject als Vorfahr seiner Hilfsklasse zurückgreifen.

TAggregatedObject

Wird in der „Hilfsklasse" der Vorfahr TInterfacedObject durch TAggregatedObject ausgetauscht, ist das Problem beseitigt.

```
TLogMsg = class(TAggregatedObject, ILogMsg)
public
   procedure Log(const sMsg: String);
end;
```

In diesem Fall erwartet der Konstruktor Create einen Parameter – der übergebene Wert Self wird als IUnknown-Interfacezeiger auf das Hauptobjekt interpretiert und intern im Objektfeld `FController` gesichert.

```
constructor TMWSt16.Create;
begin
  inherited;
  FLog16 := TLogMsg.Create(self);
end;
```

Wird nun in der Hilfsklasse die IUnknown-Methode QueryInterface aufgerufen, so schiebt TAggregatedObject die Arbeit sofort an das Hauptobjekt zurück, indem der gesicherte IUnkown-Zeiger auf das Hauptobjekt verwendet wird.

```
function TAggregatedObject.QueryInterface(const IID: TGUID;
  out Obj): HResult;
begin
  Result := IUnknown(FController).QueryInterface(IID, Obj);
end;
```

Somit wird klar, warum die folgenden Programmzeilen mit TAggregatedObject keine Exception provozieren. Da beim Eintauschen der Interface-Zeiger in jedem Fall die gleiche QueryInterface-Methode aufgerufen wird, ist jeder Aufruf erfolgreich.

```
procedure TForm1.ButtonImplementsClick(Sender: TObject);
var
  aIMWV : IMWStVergleich;
  aILM  : ILogMsg;
begin
  aIMWV := TMWSt16.Create;
  LBLog.Items.Add(Format('Ergebnis: %m',[aIMWV.GetBrutto(10)]));
  aILM := aIMWV as ILogMsg;
  aILM.Log('IMWStVergleich wurde gegen ILogMsg eingetauscht');
  aIMWV := aILM as IMWStVergleich;
  LBLog.Items.Add(Format('Ergebnis: %m', [aIMWV.GetBrutto(20)]));
  ListBoxLog.Items.Add('(Ende)');
end;
```

Identität

Nachdem das praktische Einsatzbeispiel die Hemmschwelle gegen die Aggregation beseitigt hat, wird es Zeit, nochmals zur grauen Theorie zurückzukehren. Im zweiten Kapitel habe ich bei der Vorstellung des IUnknown-Interfaces ein wichtiges Thema unterschlagen – die Identität.

Nur der IUnknown-Interfacezeiger begründet die Identität einer Instanz eines COM-Objekts. Während der gesamten Lebensdauer muss die Identität und somit die Eindeutigkeit dieses Interface-Zeigers erhalten bleiben. Es verwundert daher nicht, dass COM spezielle Regeln in Bezug auf die Identität aufstellt:

- Objekte müssen statische Interfaces unterstützen
- IUnknown darf nicht mehrmals vorhanden sein
- QueryInterface muss reflexiv sein
- QueryInterface muss symmetrisch sein
- QueryInterface muss transitiv sein

Wenn ein Aufruf von QueryInterface für einen bestimmten Interface-Zeiger erfolgreich war, müssen auch alle nachfolgenden Aufrufe erfolgreich sein. Außerdem muss der Zeiger auf die QueryInterface-Methode bei jedem Client immer auf die gleiche Speicher-Adresse zeigen. Mit TAggregatedObject werden diese Anforderungen erfüllt.

6.3.2 Komplexes Aggregations-Beispiel

Mit den Fähigkeiten von Delphi, die ab der Version 4 zur Verfügung stehen, wird das Thema Aggregation so einfach, dass wohl jeder bei Bedarf darauf zurückgreifen wird. Diese Behauptung soll ein Beispielprojekt untermauern, das gegenüber dem letzten Beispiel einen anderen Implementierungsweg einschlägt.

> *Das Beispielprojekt »CVSA.DPR« für Delphi 4 finden Sie auf der CD-ROM im Verzeichnis »Kapitel 6\Aggregation«.*

Gemäß den COM-Regeln muss jede in einem Interface veröffentlichte Methode auch tatsächlich implementiert werden. Das Interface stellt nur die Deklaration, aber keine Implementation zur Verfügung. Soll nun ein bestimmtes Objekt die Fähigkeiten mehrerer Interfaces seinen Clients zur Verfügung stellen, gibt es zwei Alternativen:

1. Die benötigten Interface-Methoden werden über das Containment direkt in diesem Objekt implementiert.
2. Die Implementation der benötigten Interface-Methoden wird über die Aggregation direkt in den dazugehörenden fremden Objekten erledigt.

Rein technisch gesehen ist die zweite Lösung – also die Aggregation – die weitaus bessere, da das Hauptobjekt übersichtlich bleibt (die fremden Interface-Methoden müssen direkt im Objekt weder deklariert noch implementiert werden).

Ab Delphi 4 ist die Aggregation auch für den Entwickler sehr einfach einsetzbar – solange das zu Grunde liegende Prinzip verstanden wird. In jedem Fall muss das eigene Objekt dafür sorgen, dass vor dem ersten Zugriff auf die fremden Interface-Methoden die fremden Objektinstanzen und damit die Implementierung der fremden Interface-Methoden erzeugt wird.

Prinzip des Beispielprogramms

Der Server

In diesem Beispiel-Server gibt es drei COM-Objekte:
1. TUserName aus *CvsA_Imp.pas* stellt das Interface IUserName mit einer Methode zur Verfügung.
2. TComputerName aus *CvsA_Imp2.pas* stellt das Interface IComputerName mit einer Methode zur Verfügung.
3. TPC aus *CvsA Imp3.pas* stellt gleich 3 Interfaces (IPC, IUserName, IComputer) zur Verfügung, wobei allerdings nur eine Methode für IPC selbst implementiert wird. Die beiden Methoden der anderen beiden Interfaces „borgt" sich TPC via Aggregation von den anderen Objekten aus.

Der Client

Im Beispielprogramm können alle drei Objekte über eine eigene Schaltfläche aufgerufen werden, wobei das TPC-Objekt tatsächlich auch die Informationen der beiden anderen Objekte zurückliefert, obwohl diese Objekte im Beispielprogramm gar nicht erzeugt werden! Die ersten beiden Ereignisbehandlungsmethoden für die Mausklicks auf die Buttons entsprechen dem unter Delphi üblichen Vorgehen – zuerst wird ein Interface-Zeiger erzeugt und dann wird die Interface-Methode direkt aufgerufen.

```
uses CvsA_TLB;

{ Das Interface »IUserName« für das Objekt »TUserName« wird
  verwendet, um den Benutzernamen auszulesen. }

procedure TFormMain.ButtonUserNameClick(Sender: TObject);
var
  aUser : IUserName;
begin
  aUser := CoUserName.Create;
  StatusBar1.SimpleText := Format('Benutzername: %s',
                                  [aUser.Get_UserName]);
end;

{ Das Interface »IComputerName« für das Objekt »TComputerName«
  wird verwendet, um den Computernamen auszulesen. }

procedure TFormMain.ButtonComputerNameClick(Sender: TObject);
var
  aComp : IComputerName;
```

```
begin
  aComp := CoComputerName.Create;
  StatusBar1.SimpleText := Format('Computername: %s',
                           [aComp.Get_ComputerName]);
end;
```

{ Beispiel für die Aggregation: Das Objekt »TPC« stellt die
folgenden Interfaces zur Verfügung:
  1. IPC   = wird in TPC implementiert
  2. IUserName   = wird in TUserName implementiert
  3. IComputerName = wird in TComputerName implementiert
Durch die Aggregation können die Fähigkeiten eines Objekts
erweitert werden, ohne daß die benötigten Interface-Methoden im
Objekt auftauchen. Durch das neue Delphi4-Schlüsselwort
»Implements« wird ein Objekt benannt, welches die Interface-
Methoden implementiert. }

```
procedure TFormMain.ButtonAggregationClick(Sender: TObject);
var
  aPC     : IPC;
  aUser   : IUserName;
  aComp   : IComputerName;
  iSpeed  : Integer;
  sUser   : String;
  sPC     : String;
begin
  aPC     := CoPC.Create;
  iSpeed  := aPC.Get_CPUSpeed;
  aUser   := aPC as IUserName;
  sUser   := aUser.Get_UserName;
  aComp   := aPC as IComputerName;
  sPC     := aComp.Get_ComputerName;
  StatusBar1.SimpleText := Format('PC:%s mit %d MHz CPU; User:%s',
                           [sPC, iSpeed, sUser]);
end;
```

Bei der Ereignisbehandlungsmethode `ButtonAggregationClick` sieht die Sache etwas anders aus. Die Methode deklariert gleich drei lokale Interface-Variablen, wobei allerdings nur ein Objekt via `CoPC.Create` erzeugt wird. Die IPC-Methode Get_CPUSpeed wird analog zu den anderen beiden Objekten aufgerufen. Dann allerdings wird es spannend, der Client holt sich über die Zuweisung `aUser := aPC as IUserName` eine neue Interface-Referenz auf eines der „fremden" Interfaces. Mit diesem Interface-Zeiger kann der Client direkt eine Interface-Methode aufrufen, die offensichtlich in TUserName implementiert wird. Das gleiche Vorgehen gilt auch für das dritte

Aggregation und Containment

Interface IComputerName. Damit ist TPC in der Lage, Anforderungen für alle drei Interfaces abzudecken.

Beispiel-Server Schritt für Schritt entwickelt

Falls Sie die Entwicklung dieses Beispiels selber nachvollziehen möchten (Übung macht ja bekanntlich den Meister), fasse ich alle notwendigen Schritte zusammen:

Schritt 1

- Neues Anwendungsprogramm anlegen und in einem Verzeichnis speichern.

Schritt 2

- Über Menü DATEI | NEU | ACTIVEX rufen Sie aus der Objektgalerie ein COM-Objekt mit Typbibliothek ab. Als Klassenname habe ich „UserName" mit dem Interface „IUserName" verwendet.
- Im Typbibliothekseditor wird gleich die Interface-Eigenschaft (Read-Only) „UserName" eingetragen.

Abb. 6.6: Das erste COM-Objekt wird angelegt

Schritt 3

- Über Menü DATEI | NEU | ACTIVEX rufen Sie aus der Objektgalerie ein COM-Objekt ab, wobei für dieses Objekt ebenfalls eine Typbibliothek angefordert wird. Als Klassenname habe ich „ComputerName" mit dem Interface „IComputerName" verwendet.
- Im Typbibliothekseditor wird gleich die Interface-Eigenschaft (Read-Only) „ComputerName" eingetragen.

Schritt 4
- Über Menü DATEI | NEU | ACTIVEX rufen Sie aus der Objektgalerie ein COM-Objekt ab, wobei für dieses Objekt ebenfalls eine Typbibliothek angefordert wird. Als Klassenname habe ich „PC" mit dem Interface „IPC" verwendet.
- Im Typbibliothekseditor wird gleich die Interface-Eigenschaft (Read-Only) „PC" eingetragen.

Der Beispiel-Server im Detail

Der Delphi-Wizard hat für die drei verschiedenen COM-Objekte auch drei getrennte Units für die Implementierung generiert. Alle drei Objekte verwenden allerdings die gleiche Typbibliothek. Am Ende ergibt sich für die Typbibliothek das folgende Bild: jedes COM-Objekt hat eine eigene CoClass und kann somit völlig eigenständig erzeugt werden.

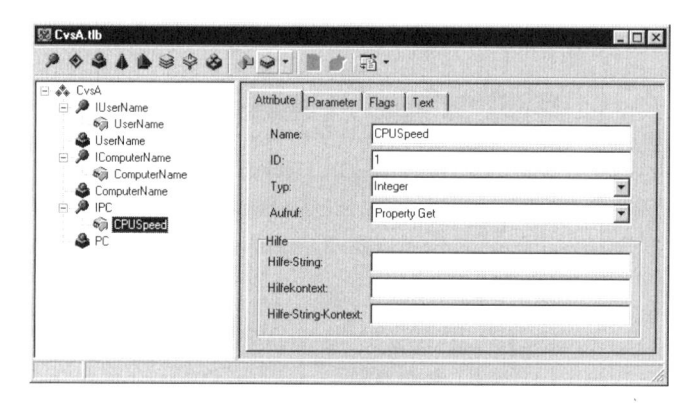

Abb. 6.7: Die Typbibliothek enthält alle drei CoClasses und Interfaces

Implementierungs-Unit für IUserName

Das erste COM-Objekt TUserName stellt für sein Interface nur eine Methode für das Auslesen des Benutzernamens im Netzwerk zur Verfügung.

```
unit CvsA_Impl;

interface

uses
  Windows, ActiveX, ComObj, CvsA_TLB;

type
  TUserName = class(TTypedComObject, IUserName)
  protected
    function Get_UserName: WideString; stdcall;
```

```
    end;

implementation

uses ComServ;

function TUserName.Get_UserName: WideString;
var
  szBuffer : array [0..49] of Char;
  dwSize   : DWORD;
begin
  dwSize := Sizeof(szBuffer);
  FillChar(szBuffer, dwSize, #0);
  WNetGetUser(nil, szBuffer, dwSize);
  Result := szBuffer;
end;

initialization
  TTypedComObjectFactory.Create(ComServer, TUserName,
    Class_UserName, ciMultiInstance, tmSingle);
end.
```

Implementierungs-Unit für IComputerName

Das zweite COM-Objekt TComputerName stellt für sein Interface nur eine Methode für das Auslesen des Rechnernamens zur Verfügung. Damit entspricht es vom Aufbau dem ersten Objekt.

```
unit CvsA_Impl2;

interface

uses
  Windows, ActiveX, ComObj, CvsA_TLB;

type
  TComputerName = class(TTypedComObject, IComputerName)
  protected
    function Get_ComputerName: WideString; stdcall;
  end;

implementation

uses ComServ;
```

```
function TComputerName.Get_ComputerName: WideString;
var
  szBuffer : array [0..MAX_COMPUTERNAME_LENGTH] of Char;
  dwSize   : DWORD;
begin
  dwSize := Sizeof(szBuffer);
  FillChar(szBuffer, dwSize, #0);
  if GetComputername(szBuffer, dwSize) then
    Result := szBuffer
  else
    Result := '';
end;

initialization
  TTypedComObjectFactory.Create(ComServer, TComputerName,
      Class_ComputerName, ciMultiInstance, tmSingle);
end.
```

Implementierungs-Unit für IPC

Das COM-Objekt TPC implementiert nur die eine Funktion Get_CPUSpeed des eigenen Interfaces IPC. Die Implementierung der Interface-Methode der anderen beiden Interfaces wird über das Schlüsselwort Implements direkt aus den anderen beiden COM-Objekten ausgeborgt. Dazu bedient sich das Objekt zweier Dummy-Properties, die einen völlig beliebigen Namen haben dürfen. Wichtig ist nur, dass der Wert für diese Read-Only-Properties in Objektfeldern gespeichert wird. Die Direktive Implements teilt Delphi mit, dass die Methoden des definierten Interfaces in dem Objekt implementiert werden, auf das dieses Property zeigt. Die Direktive Implements muss der letzte Bezeichner in der Eigenschaftsdeklaration sein und kann mehrere Schnittstellen enthalten, die durch Kommata voneinander getrennt sind. Die beauftragte Eigenschaft muss folgende Bedingungen erfüllen:

- Sie muss vom Typ der Klasse oder Schnittstelle sein.
- Sie darf keine Array-Eigenschaft sein und keinen Index-Bezeichner verwenden.
- Sie muss über einen Read-Bezeichner verfügen. Wenn es für die Eigenschaft eine Read-Methode gibt, muss diese die standardmäßige Aufrufkonvention Register verwenden. Außerdem darf die Methode nicht dynamisch, wohl aber virtuell sein.

Aggregation und Containment

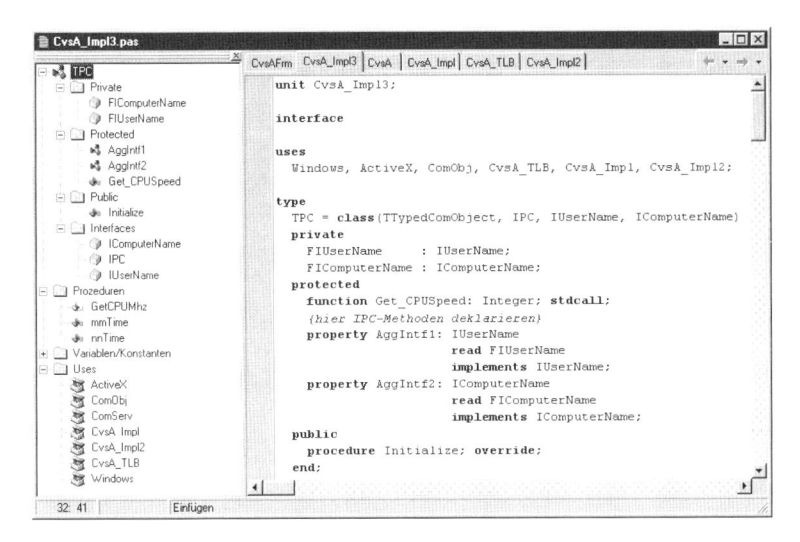

Abb. 6.8: Der Aufbau von TPC

Der Schlüssel zum Verständnis des Ganzen verbirgt sich hinter der Implementierung von TPC.Initialize. Hier tauchen die Begriffe CreateAggregated und Controller auf.

```
procedure TPC.Initialize;
begin
  FIUserName := TUserName.CreateAggregated(Controller);
  FIComputerName := TComputerName.CreateAggregated(Controller);
end;
```

Mit CreateAggregated wird ein COM-Objekt instanziert, das Teil eines Aggregatobjekts ist. Dazu wird das Steuerobjekt IUnknown im Parameter Controller übergeben.

Dieser Weg ist eine Alternative zum Einsatz von TAggregatedObject, den das vorangegangene Beispiel demonstriert hat.

Warum ist der Parameter Controller so wichtig? Nun – der Client „sieht" so immer nur ein IUnknown-Interface für das COM-Objekt, unabhängig davon, welches Interface, und damit welches COM-Objekt angesprochen wird. Das Objekt TPC delegiert die Methoden von gleich zwei Interfaces an zwei andere COM-Objekte, wobei allerdings jedes COM-Objekt ein eigenes IUnknown-Interface besitzt. IUnknown ist über seine Methode QueryInterface für das Zurückliefern eines Interface-Zeigers verantwortlich, wobei jede einzelne IUnknown-Implementierung nur das eigene Interface kennt. Also muss TPC als einbettendes Objekt einen Weg bereitstellen, wie die QueryInterface-Aufrufe an das „richtige" IUnknown-Interface weitergeleitet werden. Mit dem Aufruf der Methode CreateAggregated übernimmt Delphi diese Aufgabe in völlig eigener Regie, sodass der Entwickler sich nicht mehr darum kümmern muss!

```
unit CvsA_Impl3;

interface

uses
  Windows, ActiveX, ComObj, CvsA_TLB, CvsA_Impl, CvsA_Impl2;

type
  TPC = class(TTypedComObject, IPC, IUserName, IComputerName)
  private
    FIUserName     : IUserName;
    FIComputerName : IComputerName;
  protected
    function Get_CPUSpeed: Integer; stdcall;
    {hier IPC-Methoden deklarieren}
    property AggIntf1: IUserName
                      read FIUserName
                      implements IUserName;
    property AggIntf2: IComputerName
                      read FIComputerName
                      implements IComputerName;
  public
    procedure Initialize; override;
  end;

implementation

uses ComServ;

{-----------------------------------------------------------}
{ Private Hilfsfunktionen                                   }
{-----------------------------------------------------------}

var
  mhi,mlo,nhi,nlo: DWord;

procedure mmTime; assembler;
asm
  DB 0FH           // Read Time
  DB 031H          // Stamp Counter
  mov mhi,edx
  mov mlo,eax
```

```
end;

procedure nnTime; assembler;
asm
  DB 0FH
  DB 031H
  mov nhi,edx
  mov nlo,eax
end;

function GetCPUMhz: Integer;
var
  dwTick : DWORD;
begin
  dwTick := GetTickCount;
  while dwTick = GetTickCount do
    ; // NOP
  mmTime;
  while GetTickCount < (dwTick + 400) do
    ; // NOP
  nnTime;
  Result := Round(2.5e-6*((nhi-mhi) * $FFFFFFFF + nlo - mlo));
end;


{---------------------------------------------------------}
{ Interface-Methode implementieren                        }
{---------------------------------------------------------}

function TPC.Get_CPUSpeed: Integer;
begin
  Result := GetCPUMhz;
end;


{---------------------------------------------------------}
{  Aggregations-Objekte erzeugen                          }
{---------------------------------------------------------}

procedure TPC.Initialize;
begin
  FIUserName := TUserName.CreateAggregated(Controller);
  FIComputerName := TComputerName.CreateAggregated(Controller);
end;

initialization
```

```
  TTypedComObjectFactory.Create(ComServer, TPC, Class_PC,
    ciMultiInstance, tmSingle);

end.
```

7 Datenaustausch

Delphi vereinfacht unbestritten die Entwicklung von COM-Servern. Allerdings ist diese Vereinfachung nur deshalb möglich, weil sich Delphi freiwillig einigen Beschränkungen unterwirft. Immer dann, wenn der Client und der Server nicht das gleiche Apartment verwenden, schaltet COM den Marshaler als Verbindungsstelle ein. Der Marshaler sorgt über die Proxy- und Stub-Objekte dafür, dass der Client unabhängig vom tatsächlichen Server-Standort (eigener Prozess, fremder Prozess oder fremder Rechner) immer auf die gleiche Art und Weise auf den Server zugreifen kann. Unter C++ ist es üblich, die Proxy/Stub-Objekte in einer eigenen DLL zu implementieren, wobei das Sourcecode-Gerüst vom Microsoft-Tool MIDL generiert wird. Die Entwickler von Delphi haben sich nicht für diesen Weg entschieden, sondern greifen auf den Standard-Marshaler (alias Universal Marshaler) zu. Der Standard-Marshaler dient dazu, den einfachen Zugriff via Automation abzuwickeln. Speziell vorbereitete Proxy/Stub-Objekte sind nicht mehr notwendig, da der Marshaler alle notwendigen Informationen direkt aus der Typbibliothek des COM-Servers auslesen kann. So gut das Ganze auch ist, mit dem Standard-Marshaler sind leider auch zwei Beschränkungen verbunden:

1. Im eigenen Interface können nur OleVariant-kompatible Datentypen verwendet werden.
2. Sowohl auf der Client-Seite als auch auf der Server-Seite muss die Typbibliothek beim Zugriff auf den Server zur Verfügung stehen (dies wird dann wichtig, wenn via DCOM beide beteiligten Stellen auf getrennten Rechnern ausgeführt werden).

Die erste Beschränkung (OleVariant-kompatible Datentypen) sieht auf den ersten Blick wie ein schwer wiegendes Handicap aus – allerdings stehen auch mit dem Standard-Marshaler mehrere Alternativen zur Lösung des Problems zur Verfügung.

Da ich im Entwickler-Forum (**www.entwickler-forum.de**) sowie auf den Entwickler-Konferenzen häufig auf dieses Thema angesprochen werde, stelle ich in diesem Kapitel verschiedene Lösungswege vor. Die Reihenfolge stellt dabei keine Wertung dar.

7.1 IStream

Das erste Beispiel zeigt, wie das von COM bereitgestellte `IStream`-Interface zur Datenübertragung zwischen Client und COM-Objekt in einem In-process Server genutzt werden kann.

Das Beispielprojekt finden Sie im Verzeichnis »Kapitel 7\IStream«.

Der Server

Allerdings geht das nur über einen Umweg, da IStream nicht in der Typbibliothek als Datentyp angegeben werden kann. Stattdessen greift das Interface auf das in jedem Fall passende IUnknown-Interface zurück.

```
// ***************************************************************//
// Schnittstelle: IStreamServer
// Flags:       (4416) Dual OleAutomation Dispatchable
// GUID:        {1DF40EE1-EC48-11D2-870D-444553540000}
// ***************************************************************//
  IStreamServer = interface(IDispatch)
    ['{1DF40EE1-EC48-11D2-870D-444553540000}']
    function Get_Text: WideString; safecall;
    procedure SetData(const Stream: IUnknown;
                      Size: Integer); safecall;
    property Text: WideString read Get_Text;
  end;
```

Wird die Server-Methode aufgerufen, übergibt der Client die IStream-Daten in Gestalt eines IUnknown-Interfacezeigers. Der Server muss also im ersten Schritt den IUnknown-Interfacezeiger in das IStream-Interface umtauschen. Über das Schlüsselwort As sorgt Delphi hinter den Kulissen dafür, dass IUnknown.QueryInterface für das gesuchte IStream-Interface aufgerufen wird und einen gültigen Interface-Zeiger für IStream zurückliefert. Um nun die Daten aus diesem Stream auszulesen, muss der Server den IStream-Interfacezeiger in ein gültiges Handle auf den entsprechenden Speicherbereich umtauschen. Dazu wird die API-Funktion GetHGlobalFromStream aufgerufen. Der nächste Schritt hängt davon ab, welche Daten ausgetauscht werden sollen. Um das Beispiel auf das Wesentliche zu beschränken, wird eine Zeichenkette übertragen. Der Server tauscht also das Handle auf den Speicherbereich in einen Zeiger auf einen nullterminierten Speicherbereich um, indem die API-Funktion GlobalLock eine PChar-kompatible Adresse zurückliefert.

```
procedure TStreamServer.SetData(const Stream: IUnknown; Size:
Integer);
var
  aIStream : IStream;
  hGLBL    : HGLOBAL;
  pText    : PChar;
  szBuffer : array[0..99] of Char;
begin
  FillChar(szBuffer, SizeOf(szBuffer), #0);
  aIStream := Stream as IStream;
  OleCheck(GetHGlobalFromStream(aIStream, hGLBL));
  pText := GlobalLock(hGLBL);
  try
    StrLCopy(szBuffer, pText, Size);
```

```
      FText := StrPas(szBuffer);
    finally
      GlobalUnlock(hGLBL);
    end;
end;
```

Der Client

Der Client legt seine Daten in einem IStream-Speicherbereich ab, der über die API-Funktion `CreateStreamOnHGlobal` von Windows selbst angefordert wurde. Über die IStream-Methode `Write` kann der Client Daten in diesem Speicherbereich ablegen.

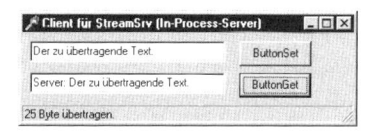

Abb. 7.1: Das IStream-Beispiel überträgt die Daten zum In-process Server

Das von COM vordefinierte Interface IStream steht als Datentyp für die Typbibliothek nicht zur Verfügung. Aus diesem Grund greift der In-process Server StreamSrv auf IUnknown als das grundlegende Interface zurück.

```
type
  TForm1 = class(TForm)
    StatusBar1: TStatusBar;
    EditSource: TEdit;
    EditTarget: TEdit;
    ButtonSet: TButton;
    ButtonGet: TButton;
    procedure FormCloseQuery(Sender: TObject;
                             var CanClose: Boolean);
    procedure FormCreate(Sender: TObject);
    procedure ButtonSetClick(Sender: TObject);
    procedure ButtonGetClick(Sender: TObject);
  private
    { Private-Deklarationen }
    FServer : IStreamServer;
    FStream : IStream;
  public
    { Public-Deklarationen }
  end;

procedure TForm1.ButtonSetClick(Sender: TObject);
var
  aUnk     : IUnknown;
```

```
  iWritten : Integer;
  pText    : PChar;
  iLen     : Integer;
begin
  pText := PChar(EditSource.Text);
  iLen := EditSource.GetTextLen;
  OleCheck(CreateStreamOnHGlobal(0, True, FStream));
  OleCheck(FStream.Write(pText, iLen, @iWritten));
  aUnk := IUnknown(FStream);
  FServer.SetData(IUnknown(FStream), iLen);
  StatusBar1.SimpleText := Format('%d Byte übertragen.',
                                  [iWritten]);
end;
```

7.2 IStrings

Wohl jeder Entwickler wird schon einmal die Dienste von TStrings in Anspruch genommen haben. Getreu meinem Motto „Luxus schafft Probleme" gibt es aber bei der Kombination TStrings und COM-Server Schwierigkeiten. Es geht dabei darum, dass COM als sprachunabhängiges Modell natürlich keine Rücksicht auf solche „Exoten" wie zum Beispiel TStrings nimmt. Damit TStrings trotzdem in COM-Servern verwendet werden können, hat Borland ein passendes Interface bereits spendiert – IStrings.

7.2.1 Ein Beispiel

Bevor ich näher auf `IStrings` eingehe, möchte ich anhand eines Beispielprojektes zeigen, wie einfach der Einsatz dieses Interfaces ist.

> *Die einzelnen Schritte des Beispielprojekts finden Sie auf der CD-ROM als Unterverzeichnisse von »Kapitel 10\IStrServer«.*

Schritt 1: Automatisierungsobjekt und Interface

Mit dem Delphi-Wizard für Automatisierungs-Objekte wird die Anwendung zum Local Server erweitert, der den Klassennamen IStr verwendet. Delphi zeigt dabei sofort den Typbibliothekseditor an, dort ist bereits das Interface IIStr und die CoClass IStr voreingetragen. Sie müssen nur noch die Eigenschaft Items dem Interface IIStr hinzufügen:

```
property Items: IStrings
```

Mit der Schaltfläche REFRESH sorgen Sie dafür, dass Delphi den Inhalt der Typbibliotheks-Unit *IStrServer_TLB.pas* aktualisiert.

Datenaustausch

Es hat natürlich seinen Grund, warum dieser Interface-Typ im Typbibliothekseditor zur Auswahl angeboten wird. Ohne IStrings wäre die DAX-Technologie für das einfache Erstellen von ActiveX-Controls mit Delphi nicht möglich. Sie können jedoch ebenfalls auf diesem Weg eigene Interface-Typen zur Wiederverwendung im System registrieren lassen.

Parallel zur Typbibliotheks-Unit *IStrServer_TLB.pas* hat Delphi die Unit für die Implementierung der dem Interface zu Grunde liegenden Methoden erzeugt. Diese Unit bekommt bei mir immer die Namensendung *_Impl.pas*, sodass in unserem Beispiel die Datei unter dem Namen *IStrServer_Impl.pas* gespeichert wird.

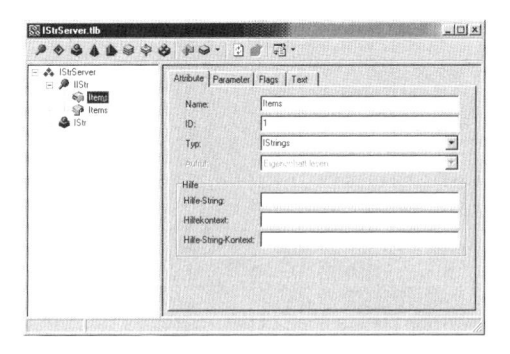

Abb 7.2: Die Eigenschaft Items wird hinzugefügt

Der Typbibliothekseditor hat die Interface-Eigenschaft Items in eigener Regie wie bei ganz normalen VCL-Komponenten auch in eine Get_- und eine Set_-Methode umgesetzt. Die COM-Klasse TIStr muss dabei nur diese Methoden implementieren, da jeder Zugriff des Clients auf die Eigenschaft in eine dieser beiden Methoden umgesetzt wird.

IStrServer_TLB	IStrServer_Impl

IIStr = interface(IDispatch)
['{DF6ED3A1-B4CE-11D1-95EA-444553540000}']
function Get_Items: IStrings; safecall;
procedure Set_Items(const Value: IStrings);
 safecall;
property Items: IStrings read Get_Items
  write Set_Items;
end;
	TIStr = class(TAutoObject, IIStr)
	protected
	 function Get_Items: IStrings; safecall;
	 procedure Set_Items(const Value: IStrings);
	 safecall;
	end;

Tabelle 7.1: Der Zusammenhang zwischen TLB- und Impl-Unit

Schritt 2: Klassen-Methoden implementieren

Alle Ergänzungen in der Unit, die der Entwickler selbst vornehmen muss, hebe ich im folgenden Listing in **Fettschrift** hervor. Dabei sind die folgenden Bestandteile einzufügen:

- Unit *StdVCL* für die IStrings-Deklaration
- Unit *AxCtrls* für die GetOleStrings/SetOleStrings-Funktionen
- Privates Objektfeld für die TStrings-Instanz
- Methoden, um die TStrings-Instanz zu erzeugen und zu zerstören
- Implementierung aller deklarierten Methoden

Damit beim Testen auch eine visuelle Rückmeldung erscheint, protokolliert der Server die Aufrufe in einer TMemo-Instanz im Server-Fenster mit und aktualisiert zudem die Statuszeile.

```
unit IStrServer_Impl;

interface

uses
  ComObj, ActiveX, IStrServer_TLB, Classes, StdVCL, AxCtrls;

type
  TIStr = class(TAutoObject, IIStr)
  private
    FItems : TStrings;
  protected
    procedure Initialize; override;
    destructor Destroy; override;
    function Get_Items: IStrings; safecall;
    procedure Set_Items(const Value: IStrings); safecall;
  end;

implementation

uses ComServ, IStrServerFrm;

procedure TIStr.Initialize;
begin
  inherited Initialize;
  FItems := TStringList.Create;
end;

destructor TIStr.Destroy;
begin
  FItems.Free;
  inherited
```

```
end;

function TIStr.Get_Items: IStrings;
begin
  with FormMain do begin
    MemoLog.Lines.Assign(FItems);
    GetOLEStrings(FItems, Result);
    StatBar.SimpleText := 'TIStr.Get_Items:IStrings';
  end;
end;

procedure TIStr.Set_Items(const Value: IStrings);
begin
  with FormMain do begin
    SetOLEStrings(FItems, Value);
    MemoLog.Lines.Assign(FItems);
    StatBar.SimpleText := 'TIStr.Set_Items(const Value:IStrings)';
  end;
end;

initialization
  TAutoObjectFactory.Create(ComServer, TIStr,
                            Class_IStr, ciMultiInstance);
end.
```

Damit ist der Server fertig, er kann kompiliert, gestartet und damit im System automatisch registriert werden.

Schritt 3: Der Client

Der Client kann nun mehrzeiligen Text sowohl zum Server schicken als auch den aktuellen Inhalt aus dem Memofeld des Serverfensters auslesen. Der Server protokolliert den letzten Aufruf in seiner Statuszeile mit.

Abb. 7.3: Der Client überträgt seinen Memo-Inhalt über das IStrings-Interface

```
procedure TFormClient.FormCreate(Sender: TObject);
begin
  FClientIStr := CoIStr.Create;
```

```
end;

procedure TFormClient.FormDestroy(Sender: TObject);
begin
  FClientIStr := nil;
end;
```

Streng betrachtet ist die Zuweisung `FClientIStr := nil` am Programmende nicht notwendig – die Verbindung wird bei einer Interface-Referenzvariablen automatisch abgebaut, wenn die Variable ungültig wird. Für den Fall, dass der Server vom Programm explizit während der Programmlaufzeit deaktiviert werden soll, können Sie diese Zuweisung jedoch verwenden.

Über den Aufruf von `SetOleStrings` wird der Inhalt des Servers in das TMemo-Feld im Formular eingesetzt:

```
procedure TFormClient.ButtonGetClick(Sender: TObject);
begin
  SetOleStrings(Memo1.Lines, FClientIStr.Items);
  StatusBar1.SimpleText := 'FClientIStr.Items';
end;
```

7.2.2 IStrings intern

Zum Interface IStrings werden Sie in der Delphi-Hilfe nichts finden – dieses Interface wurde von Borland nur in einer technischen Information (exakt „Technical Information TI3240") aufgeführt, aber selbst dort nicht dokumentiert. Dafür finden Sie umso häufiger Einsatzstellen dieses Interfaces – zum Beispiel im Delphi-Verzeichnis *Demos\ActiveX-\DELCTRLS*. Schaut man sich diese Units einmal genauer an, wird klar, warum IStrings bereits vordefiniert ist. Ohne dieses Interface können VCL-Komponenten nicht in ActiveX-Controls konvertiert werden. Wenn also IStrings offiziell nicht dokumentiert wird, muss sich der Entwickler in den Source-Dateien selbst auf die Suche machen.

Jeder ernsthafte Entwickler wird zumindest die Professional-Version von Delphi einsetzen und ist damit automatisch im Besitz der Source-Dateien. Die folgenden Erläuterungen beziehen sich auf die Delphi 3.02-Versionen der angesprochenen Units.

In der Delphi-Unit *StdVCL* wird das Interface IStrings deklariert:

```
{ Collection Interface for TStrings }
IStrings = interface(IDispatch)
  ['{EE05DFE2-5549-11D0-9EA9-0020AF3D82DA}']
  function Get_ControlDefault(Index: Integer): OleVariant;
    safecall;
```

```
    procedure Set_ControlDefault(Index: Integer;
                           Value: OleVariant); safecall;
    function Count: Integer; safecall;
    function Get_Item(Index: Integer): OleVariant; safecall;
    procedure Set_Item(Index: Integer; Value: OleVariant);
      safecall;
    procedure Remove(Index: Integer); safecall;
    procedure Clear; safecall;
    function Add(Item: OleVariant): Integer; safecall;
    function _NewEnum: IUnknown; safecall;
    property ControlDefault[Index: Integer]: OleVariant
                           read Get_ControlDefault
                           write Set_ControlDefault; default;
    property Item[Index: Integer]: OleVariant
                           read Get_Item
                           write Set_Item;
  end;
```

Da aber ein Interface nur Methoden deklariert, aber niemals selbst implementiert, muss irgendwo ein echte COM-Klasse vorhanden sein, auf die sich dieses Interface bezieht. Allerdings ist TStrings ein VCL-Konstrukt und kein COM-Server. Ein Interface „passt" jedoch nur zu einem Server. Auch wenn es nicht sofort offensichtlich ist, alle notwendigen Zutaten sind vorhanden (auch wenn sie tief im System im Verborgenen wirken). Delphi deklariert in der Unit *Classes* ein Hilfs-Interface vom Typ IStringsAdapter.

IStringsAdapter

Die VCL-Klasse TStrings deklariert das private Objektfeld FAdapter als Interface-Referenzvariable auf das IStringsAdapter-Interface. Damit ist schon einmal eine Verknüpfung zwischen TStrings und einem Interface erkennbar.

```
{ IStringsAdapter interface }
  { Maintains link between TStrings and IStrings implementations }
  IStringsAdapter = interface
    ['{739C2F34-52EC-11D0-9EA6-0020AF3D82DA}']
    procedure ReferenceStrings(S: TStrings);
    procedure ReleaseStrings;
  end;

  TStrings = class(TPersistent)
  private
    FUpdateCount: Integer;
    FAdapter: IStringsAdapter;
    ...
    procedure SetStringsAdapter(const Value: IStringsAdapter);
    ...
```

```
    property StringsAdapter: IStringsAdapter
                      read FAdapter
                      write SetStringsAdapter;
  end;
```

Da auch IStringsAdapter als Interface keine Methoden implementiert, muss irgendeine echte COM-Klasse dieses Interface verwenden. Diesmal wird der Suchen-Dialog in der Delphi-Unit *AxCtrls* fündig. Die COM-Klasse TStringsAdapter deklariert gleich zwei bereits bekannte Interfaces. Sowohl IStrings als auch IStringsAdapter werden eingebunden.

```
  TStringsAdapter = class(TAutoIntfObject,
                    IStrings, IStringsAdapter)
  private
    FStrings: TStrings;
  protected
    { IStringsAdapter }
    procedure ReferenceStrings(S: TStrings);
    procedure ReleaseStrings;
    { IStrings }
    function Get_ControlDefault(Index: Integer): OleVariant;
      safecall;
    procedure Set_ControlDefault(Index: Integer;
                       Value: OleVariant); safecall;
    function Count: Integer; safecall;
    function Get_Item(Index: Integer): OleVariant; safecall;
    procedure Set_Item(Index: Integer; Value: OleVariant);
      safecall;
    procedure Remove(Index: Integer); safecall;
    procedure Clear; safecall;
    function Add(Item: OleVariant): Integer; safecall;
    function _NewEnum: IUnknown; safecall;
  public
    constructor Create(Strings: TStrings);
  end;
```

Der Beispiel-Client *IstrClient.dpr* verwendet eine TStringsAdapter-Instanz, um den Inhalt des TMemo-Feldes über die Eigenschaft Lines zum Server zu transportieren.

```
procedure TFormClient.ButtonSetClick(Sender: TObject);
begin
  with Memo1 do begin
    if Lines.StringsAdapter = nil
      then Lines.StringsAdapter := TStringsAdapter.Create(Lines);
    FClientIStr.Items := Lines.StringsAdapter as IStrings;
  end;
end;
```

```
  StatusBar1.SimpleText := 'FClientIStr.Set_Items(TmpIStr)';
end;
```

Die Methode `TStringsAdapter.Create` wird in der Delphi-Unit *AxCtrls* folgendermaßen implementiert:

```
constructor TStringsAdapter.Create(Strings: TStrings);
var
  StdVcl: ITypeLib;
begin
  OleCheck(LoadRegTypeLib(LIBID_STDVCL, 1, 0, 0, StdVcl));
  inherited Create(StdVcl, IStrings);
  FStrings := Strings;
end;
```

Und hier passiert etwas Merkwürdiges. Die Win32-API-Funktion `LoadRegTypeLib` lädt über die Windows-Registry die Typbibliothek mit der GUID LIBID_STDVCL. Und diese LIBID taucht in der gleichen Delphi-Unit *StdVCL* auf, in der auch das IStrings-Interface deklariert wird. Zufall? Mit Sicherheit nicht!

```
unit StdVCL;

{ Borland standard VCL type library }
{ Version 1.0 }

interface

const
  LIBID_StdVCL: TGUID = '{EE05DFE0-5549-11D0-9EA9-0020AF3D82DA}';
```

Als Alternative zu LoadRegTypeLib steht noch die API-Funktion LoadTypeLib zur Verfügung, bei der die Typbibliothek direkt aus einer Datei eingelesen wird. Das hat den Vorteil, dass die Typbibliothek nicht unbedingt in der Registry aufgeführt werden muss.

Außerdem steht da noch der Kommentar „{ Borland standard VCL type library }" in der Unit. Da nur COM-Objekte eine Typbibliothek (Type Library) benötigen, muss irgendwo ein COM-Server für die VCL-Klassen vorhanden sein. Und hier schließt sich der Kreis wieder, da das passende COM-Objekt als Gegenstück für IStrings somit gefunden wurde. Das würde aber bedeuten, dass der eigene COM-Server noch Unterstützung benötigt. Und in der Tat ist der COM-Server für die VCL-Klassen auch tatsächlich im Typbibliothekseditor sichtbar, wie in der Abbildung 7.4 deutlich wird.

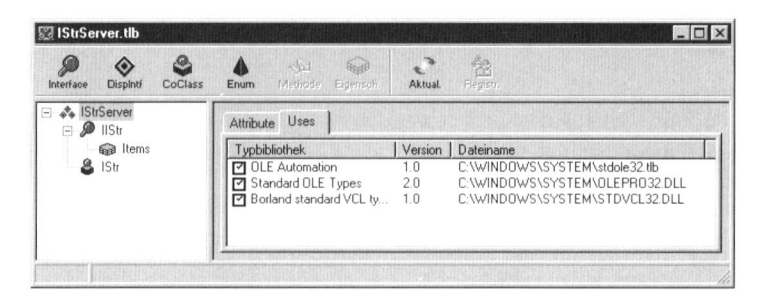

Abb. 7.4: Der Server »STDVCLxx.DLL« wird immer eingebunden

Das Setup-Programm von Delphi hat den COM-Server *STDVCL32.DLL* (Delphi 3) beziehungsweise *STDVCL40.DLL* (Delphi 4) in das Systemverzeichnis von Windows platziert. Schaut man sich diese DLL einmal mit dem Tool „Dependency Walker" aus dem Win32-SDK an, exportiert die DLL in der Tat die vier für einen COM-Server markanten Funktionen.

> *Delphi 4 verwendet nicht »STDVCL32.DLL«, sondern »STDVCL40.DLL«. Sollten Sie einmal beim Kompilieren/Ausführen eines älteren Beispielprojekts einen Fehler wegen der fehlenden »STDVCL32.DLL« erhalten (zum Beispiel auf den Rechnern, auf denen Delphi 3 nicht installiert war), müssen Sie nur den entsprechenden Typbibliothek-Eintrag aktualisieren. Dazu klicken Sie auf die Checkbox zum Eintrag* BORLAND STANDARD VCL LIBRARY *– Delphi aktualisiert dann den Eintrag auf die korrekte Version.*

Es fehlt noch der Beweis, dass tatsächlich das IStrings-Interface in *STDVCL32.DLL* auftaucht. Diesen liefert ein anderes Tool aus dem Win32-SDK, der „OLE COM-Object Viewer" mit seinem Modul „Typlib Viewer". Mit diesem Tool sehen Sie auch einen Auszug aus der Rückübersetzung der Delphi-Typbibliothek in die Interface-Sprache IDL (Interface Description Language). Steht Ihnen dies nicht zur Verfügung, können Sie mit dem Delphi-Zubehör Typbibliothekseditor die Datei *STDVCL32.TLB* aus dem Delphi-Unterverzeichnis *Bin* öffnen. Beide Tools zeigen im Prinzip die gleichen Informationen an, nur die Darstellungsart unterscheidet sich. Während der Typlib Viewer die Abstammungskette IUnknown, IDispatch und IStrings klar durch die unterschiedliche Verschachtelungstiefe anzeigt, müssen Sie sich mit dem Typbibliothekseditor über die Eigenschaft „Übergeordnetes Interface" durchfragen.

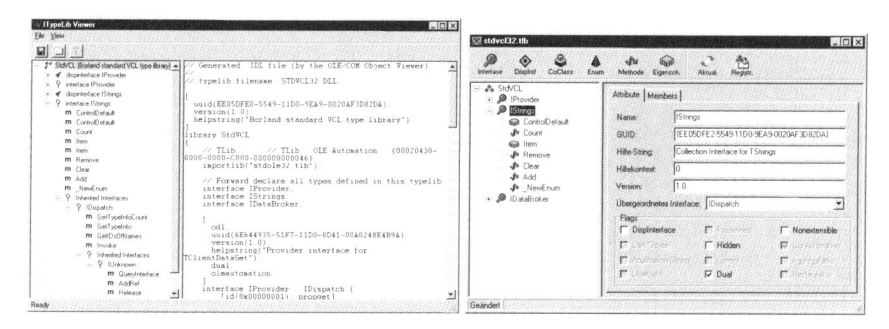

Abb. 7.5: Zwei unterschiedliche Tools zeigen die gleichen Informationen an

Im Beispielprojekt ist das private Objektfeld FClientIStr eine Interface-Referenzvariable auf das IIStr-Interface des eigenen COM-Servers IStrServer.

```
FClientIStr.Items := Lines.StringsAdapter as IStrings;
```

Da die IIStr-Eigenschaft Items vom Typ IStrings ist, verbindet die Zuweisung über das Schlüsselwort AS automatisch mit dem entsprechenden Interface des StringAdapters.

GetOleStrings und SetOleStrings

Sowohl der Server als auch der Client verwenden die Funktionen SetOleStrings und GetOleStrings. Diese Hilfsfunktionen dienen dazu, normale TStrings-Instanzen über das Interface zum Server zu transportieren oder von dort abzuholen. Im Client sorgt zum Beispiel der Aufruf von SetOleStrings dafür, dass der Inhalt des Servers in das TMemo-Feld im Formular eingesetzt wird.

```
procedure TFormClient.ButtonGetClick(Sender: TObject);
begin
  SetOleStrings(Memo1.Lines, FClientIStr.Items);
  StatusBar1.SimpleText := 'FClientIStr.Items';
end;
```

Beide Funktionen werden in der Delphi-Unit *AxCtrls* implementiert. Schaut man sich dann zum Beispiel SetOleStrings etwas genauer an, wird klar, dass Delphi den nicht COM-kompatiblen Datentyp TStrings in einzelne Zeichenketten aufteilt, die dann wieder COM-kompatibel sind.

Über die IStrings-Eigenschaft Count kann der Client auslesen, wie viele Stringsbestandteile in der Liste vorhanden sind. Da die IStrings-Eigenschaft Item zum einen indiziert ist und zum anderen einen neutralen OleVariant-Datentyp zurückliefert, steht der Abholung jedes einzelnen Strings in der Stringliste nichts mehr entgegen.

```
procedure SetOleStrings(Strings: TStrings; const OleStrings:
IStrings);
var
  I: Integer;
```

```
begin
  if Strings = nil then Exit;
  Strings.Clear;
  for I := 0 to OleStrings.Count-1 do
    Strings.Add(OleStrings.Item[I]);
end;

procedure GetOleStrings(Strings: TStrings; var OleStrings:
IStrings);
begin
  OleStrings := nil;
  if Strings = nil then Exit;
  if Strings.StringsAdapter = nil then
    Strings.StringsAdapter := TStringsAdapter.Create(Strings);
  OleStrings := Strings.StringsAdapter as IStrings;
end;
```

7.2.3 Fehlt da nicht etwas?

Falls nun ein Leser in diesem Zusammenhang das IPicture- oder IFont-Interface vermisst, sei ihm gesagt, dass diese streng genommen hier nicht hingehören. Es ist zwar richtig, dass diese Interfaces ebenfalls zum sofortigen Einsatz zur Verfügung stehen, allerdings kann sich bei diesen beiden Interfaces nicht Delphi die Lorbeeren gutschreiben. Stattdessen ist OLE als Ursprung für die COM-Technologie für diese beiden Interfaces zuständig. Um diese Behauptung nachzuprüfen, müssen Sie sich die Typbibliothek für *STDVCL40.DLL* anschauen. Dort werden Sie nicht fündig – allerdings bindet der Typbibliothekseditor von Delphi standardmäßig mit *STDOLE2.TLB* noch eine weitere Bibliothek ein.

```
typelib Project1
  [ uuid '{5220C7AA-C5B8-11D2-95EB-00104B3F5870}',
    version 1.0,
    helpstring 'Project1 Bibliothek' ];

uses STDOLE2.TLB, STDVCL40.DLL;

  IPictureTest = interface(IDispatch)
    [ uuid '{5220C7AB-C5B8-11D2-95EB-00104B3F5870}',
      version 1.0,
      helpstring 'Dispatch-Schnittstelle für PictureTest-Objekt',
      dual,
      oleautomation ]
  end;

  PictureTest = coclass(IPictureTest [default] )
```

```
    [ uuid '{5220C7AD-C5B8-11D2-95EB-00104B3F5870}',
      version 1.0,
      helpstring 'PictureTest Objekt' ];
end.
```

Falls Sie nun *STDOLE2.TLB* mit dem Typbibliothekseditor von Delphi untersuchen, stoßen Sie nicht nur auf IUnknown und IDispatch, sondern auch auf solche „Exoten" wie zum Beispiel IFont, IFontDisp, IPicture und IPicureDisp. Doch damit nicht genug, COM stellt sogar über LoadPicture und SavePicture gleich die passenden Tools aus der System-Datei *OLEAUT32.DLL* zur Verfügung.

```
StdFunctions = module
  [ uuid '{91209AC0-60F6-11CF-9C5D-00AA00C1489E}',
    helpstring 'Functions for Standard OLE Objects',
    helpcontext $00002775,
    dllname 'oleaut32.dll' ]
const
type
  function LoadPicture(optionalin filename: OleVariant;
                       optionalin widthDesired: SYSINT = 0;
                       optionalin heightDesired: SYSINT = 0;
                       optionalin flags: LoadPictureConstants = 0;
                       retval retval: IPictureDisp): HResult
    [entry 'OleLoadPictureFileEx',
      helpstring 'Loads a picture from a file',
      helpcontext $00002775]; stdcall;
  function SavePicture(Picture: IPictureDisp;
                       filename: WideString): HResult
    [entry 'OleSavePictureFile',
      helpstring 'Saves a picture to a file',
      helpcontext $00002775]; stdcall;
end;
```

Warum erwähne ich dann aber IPicture in diesem Zusammenhang? Weil es doch irgendwie mit diesem Thema zusammenhängt, denn auch hier verwendet Delphi mit TPictureAdapter ein eigenes Hilfsobjekt, auf das über GetOLEPicture und SetOLEPicture analog wie beim IStrings-Interface zugegriffen wird.

7.3 IFont und IFontDisp

Das COM-Font-Objekt ist ein Überbau über das Font-Objekt von Windows und erlaubt über das IFont-Interface einen Zugriff auf die Methoden und Eigenschaften dieses Objektes. Als Alternative steht zusätzlich das von IDispatch abgeleitete IFontDisp-Interface zur Verfügung, sodass auch Automation-Server einen Zugriff auf das Font-Objekt anbieten

IFont und IFontDisp

können. Beide Interfaces werden vom System implementiert, solange das Font-Objekt über den Aufruf der API-Funktion `OleCreateFontIndirect` erzeugt wurde.

In der Delphi-Unit *AxCtrls* sieht das zum Beispiel so aus. Zuerst holt sich die VCL einen Zeiger auf das IFont-Interface. Anschließend wird über die Interface-Methoden das Font-Objekt so konfiguriert, wie es dem VCL-Gegenstück entspricht.

```
procedure TFontAdapter.Update;
var
  ...
  Style: TFontStyles;
  FOleFont: IFont;
begin
  if Updating then Exit;
  FOleFont := FOleObject as IFont;
  if FOleFont = nil then Exit;
  FOleFont.get_Name(Name);
  FOleFont.get_Size(Size);
  Style := [];
  FOleFont.get_Bold(Temp);
  ...
end;
```

Analog zur Vorgehensweise bei IStrings greift Delphi auch hier auf Adapter-Objekte zurück und stellt eigene Hilfsfunktionen bereit, die das Leben des Entwicklers spürbar erleichtern. Das Beispielprojekt zu IFontDisp soll diese Behauptung belegen.

> *Das Beispielprojekt finden Sie im Verzeichnis »Kapitel 7\IFontDisp«.*

Im Beispielprojekt geht es darum, dass ein Client die Schriftart und die Hintergrundfarbe der TMemo-Instanz im Automation-Server über das Server-Interface verändern kann.

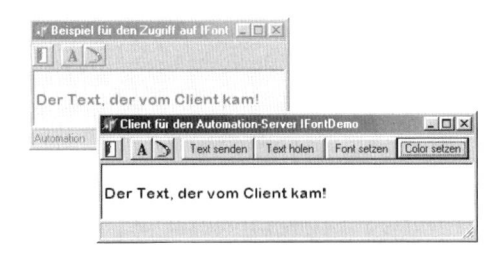

Abb. 7.6: Der Client steuert den Automation-Server

Das gleiche Beispielprogramm finden Sie auch im Kapitel 12 „Automation" vor, dort gehe ich Schritt für Schritt auf das Entwickeln der Anwendung ein. In diesem Kapitel steht die Anbindung der IFontDisp-Schnittstelle im Vordergrund, daher beschränke ich meine Erläuterungen an dieser Stelle auch nur auf diesen Teilbereich.

Im Typbibliothekseditor werden drei Interface-Properties mit Lese/Schreibfunktionen angelegt.

```
IMemoSrvIFont = interface(IDispatch)
  ['{328C0EA9-C8DC-4227-BC5E-8903A77C7087}']
  function  Get_Color: OLE_COLOR; safecall;
  procedure Set_Color(Value: OLE_COLOR); safecall;
  function  Get_Font: IFontDisp; safecall;
  procedure Set_Font(const Value: IFontDisp); safecall;
  function  Get_Text: IStrings; safecall;
  procedure Set_Text(const Value: IStrings); safecall;
  property Color: OLE_COLOR read Get_Color write Set_Color;
  property Font: IFontDisp read Get_Font write Set_Font;
  property Text: IStrings read Get_Text write Set_Text;
end;
```

Die beiden Interface-Methoden, die für das Auslesen beziehungsweise für das Setzen der Schriftart zuständig sind, verwenden als Datentyp das IFontDisp-Interface. Über die aus der VCL-Unit *AxCtrls* stammenden Hilfsfunktionen `GetOleFont` und `SetOleFont` wird eine TFont-Instanz der VCL zum entsprechenden IFontDisp-Interfacezeiger konvertiert.

```
function TMemoSrvIFont.Get_Font: IFontDisp;
begin
  GetOleFont(Form1.Memo1.Font, Result);
end;

procedure TMemoSrvIFont.Set_Font(const Value: IFontDisp);
begin
  SetOleFont(Form1.Memo1.Font, Value);
end;
```

Wenn der Client nun die Schriftart im Automation-Server über die Interface-Methode ändern will, muss er sich zuerst über den Aufruf von GetOleFont in den Besitz eines Interface-Zeigers auf das vergleichbare COM-Font-Objekt holen. Dieser Interface-Zeiger wird dann beim Aufruf der Interface-Methode als Parameter an den Server übergeben.

```
procedure TForm1.ButtonSetFontClick(Sender: TObject);
var
  aFontDisp : IFontDisp;
begin
  GetOleFont(Memo1.Font, aFontDisp);
  FSrv.Set_Font(aFontDisp);
end;
```

7.4 IPictureDisp

Das von OLE vordefinierte `IPictureDisp`-Interface (alias `Picture` in Delphi) sowie die beiden Hilfsfunktionen `GetOlePicture` und `SetOlePicture` können nur innerhalb eines Prozesses eingesetzt werden. Somit beschränkt sich der Einsatz auf die Kombination Client und In-process Server.

> *Im Win32-SDK tauchen diese Funktionen im Abschnitt der ActiveX-Controls auf.*

Das Problem liegt dabei darin, dass die Delphi-Funktion GetOlePicture intern die Win32-API-Funktion `OleCreatePictureIndirect` aufruft; dort wird nur ein GDI-Objekt (Picture-Handle) in einem COM-Objekt verpackt. Allerdings ist ein Bitmap-Handle nur innerhalb des eigenen Prozesses gültig, sodass bei einem DCOM-Zugriff und beim Einsatz in einem Local Server Probleme auftreten.

> *Das Beispielprojekt finden Sie im Verzeichnis »Kapitel 7\IPictureDisp«.*

Der Server

Die einzige Besonderheit der Typbibliothek liegt darin, dass die Interface-Methode Picture als Rückgabewert einen Zeiger auf das IPictureDisp-Interface zurückliefert.

```
IPictureServer = interface(IDispatch)
  ['{3CA40C68-AFB4-44B9-A72C-04B0720CAC45}']
  function Get_Picture: IPictureDisp; safecall;
  property Picture: IPictureDisp read Get_Picture;
end;
```

Während das IStrings-Interface von Borland implementiert wurde, ist das IPicture- und IPictureDisp-Interface ein Bestandteil von COM, genauer gesagt vom OLE-Ursprung von COM. Nach den OLE-Konventionen werden Bilder als Automatisierungsobjekte implementiert, in denen die Eigenschaften des Bildes enthalten sind. Die Prozedur GetOlePicture erstellt ein Adapterobjekt (genau so wie bei StringAdapter), das die Eigenschaften eines nativen TPicture-Objekts von Delphi auf ein OLE-Bildobjekt abbildet und damit einem OLE-Client den Zugriff auf die Bildeigenschaften eines VCL-Steuerelements gestattet.

Rufen Sie GetOlePicture zur Implementierung einer Methode auf, die einen TPicture-Wert aus einem VCL-Objekt abruft und ihn als OLE-Bild zurückgibt. Der Parameter Picture ist ein Zeiger auf das native TPicture-Objekt. Es kann sich dabei um die Eigenschaft Picture eines VCL-Steuerelements handeln. Das OLE-Bild wird im Parameter OlePicture zurückgegeben. Das resultierende OLE-Bildobjekt stellt eine direkte Verbindung zum nativen Delphi-Bild dar. Eine Änderung der Eigenschaften des OLE-Bildes führt deshalb zu einer entsprechenden Änderung der TPicture-Eigenschaften (und umgekehrt). Und hier wird auch klar, warum das Ganze nur mit In-process Servern funktioniert: Die IPictureDisp-Schnittstelle ist nur ein COM-Überbau zum Zugriff auf das originale Picture, und dieses ist als GDI-Objekt nur innerhalb des gleichen Prozesses gültig.

```
uses ComServ, AxCtrls;

const
  cBMP_PATH = 'C:\WINNT\winnt256.bmp';

procedure TPictureServer.Initialize;
begin
  inherited;
  FPicture := TPicture.Create;
  FPicture.LoadFromFile(cBMP_PATH);
end;

destructor TPictureServer.Destroy;
begin
  FPicture.Free;
  inherited;
end;

function TPictureServer.Get_Picture: IPictureDisp;
begin
  GetOlePicture(FPicture, Result);
end;
```

Client

Die Abbildung 7.7 zeigt, dass sogar eine 154 kByte große BMP-Datei über die IPictureDisp-Schnittstelle vom In-process Server geladen werden kann. Die Prozedur SetOlePicture verbindet ein OLE-Bildobjekt mit einem TPicture-Objekt und kopiert die Eigenschaften des OLE-Bildobjekts in das TPicture-Objekt.

```
procedure TFormMain.FormCreate(Sender: TObject);
begin
  FSrv := CoPictureServer.Create;
end;

procedure TFormMain.Button1Click(Sender: TObject);
var
  aPicture     : TPicture;
  aPictureDisp : IPictureDisp;
begin
```

```
  aPicture := TPicture.Create;
  try
    aPictureDisp := FSrv.Picture;
    SetOlePicture(aPicture, aPictureDisp);
    Image1.Picture := aPicture;
    aPictureDisp := nil;
  finally
    aPicture.Free;
  end;
end;
```

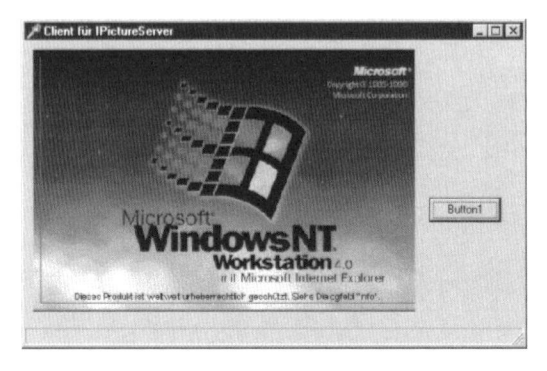

Abb. 7.7: Der Client hat sich über IPictureDisp eine Grafik vom Server geholt

7.5 Variant-Array

Die Datentypen Variant und Variant-Array bilden aufgrund ihrer Häufigkeit und ihres relativ einfachen Einsatzes einen Schwerpunkt in der tagtäglichen Arbeit. So einfach diese Typen auch sind, gibt es doch Stolperstellen und Nebenwirkungen, die im folgenden Abschnitt vorgestellt werden sollen.

7.5.1 Variant

Ein Variant ist eine Variable, die verschiedene Datentypen speichern kann. Mit dieser Eigenschaft muss ein Variant zwangsläufig ein „Fremdkörper" in Delphi sein, denn die Sprache Object Pascal zeichnet sich ja gerade durch ihre strenge Typprüfung aus. Jede Variable muss vor ihrem Einsatz in jedem Fall mit dem Typ deklariert werden, der später in dieser Variablen abgelegt werden soll. Die scheinbar einzige Ausnahme von dieser Regel betrifft die Variants, denn einer Variablen von diesem Typ können unterschiedliche Datentypen zugewiesen werden.

Das folgende kurze Beispiel demonstriert diesen Fall. Beachten Sie, dass in der dritten Zeile der ShowMessage-Aufruf das korrekte Ergebnis anzeigt, obwohl die zweite zu addierende Zahl als Text definiert wurde. Delphi ist also in der Lage, eine Konvertierung bei Bedarf im Hintergrund vorzunehmen.

```
procedure TForm1.Button1Click(Sender: TObject);
var
  vValue1 : Variant;
  vValue2 : Variant;
begin
  vValue1 := 2;
  vValue2 := '25';
  ShowMessage(IntToStr(vValue1 + vValue2));
  vValue1 := 'Anstelle einer Zahl ';
  vValue2 := 'wird Text zugewiesen';
  ShowMessage(vValue1 + vValue2);
end;
```

Bevor Sie jetzt auf dumme Gedanken kommen und aus Bequemlichkeit nur noch Variants einsetzen möchten, gehe ich gleich auf die Nebenwirkungen ein. Zum einen belegt eine Variant-Variable 16 Byte, da ein Variant eher einem Record entspricht als einer schlichten Variablen. Wenn Sie das nächste Beispiel selbst ausprobieren, werden Sie in beiden Fällen den Wert 16 angezeigt bekommen.

```
procedure TForm1.Button2Click(Sender: TObject);
var
  vValue1 : Variant;
begin
  vValue1 := 2;
  ShowMessage(IntToStr(SizeOf(vValue1)));
  vValue1 := 'Dieser Text steckt im Variant';
  ShowMessage(IntToStr(SizeOf(vValue1)));
end;
```

Und das nächste Beispiel verdeutlicht, warum Delphi im Hintergrund notwendige Typumwandlungen automatisch vornehmen kann. Jeder Variant-Wert speichert auch Informationen über seinen aktuellen Datentyp, wobei eine Anwendung diese Informationen jederzeit auslesen kann. Wenn Sie das nächste Beispiel nachvollziehen, erhalten Sie jedes Mal einen anderen Text im Hinweisfenster, da sowohl der Integerwert als auch der Object-Pascal-String sowie der BSTR über die Prüfung mit VarType sicher erkannt werden.

```
function CheckVariantType(const vValue: Variant): String;
begin
  case VarType(vValue) and VarTypeMask of
    varInteger  : Result := 'Integer';
    varSmallint : Result := 'SmallInt';
    varString   : Result := 'Object Pascal-String';
    varOleStr   : Result := 'BSTR (OLE String)';
  end;
end;
```

```
procedure TForm1.Button3Click(Sender: TObject);
var
  vValue1 : Variant;
  swTxt   : WideString;
begin
  vValue1 := 2;
  ShowMessage(CheckVariantType(vValue1));
  vValue1 := 'Ein Object Pascal-String';
  ShowMessage(CheckVariantType(vValue1));
  swTxt := 'Ein BSTR (OLE-String)';
  vValue1 := swTxt;
  ShowMessage(CheckVariantType(vValue1));
end;
```

Und zum anderen geht ein Variant zu Lasten der Performance – ein Nachteil, der allerdings angesichts der heute üblichen Prozessoren scheinbar immer mehr in den Hintergrund gedrängt wird. Schon am Wörtchen „scheinbar" wird deutlich, dass auch zu Zeiten eines 800 MHz schnellen Pentium III dieser Aspekt nicht bedeutungslos ist.

Performance-Vergleich

Papier ist geduldig und wenn ich vorhin gesagt habe, dass es Performance-Nachteile bei den Variants gibt, ist das wenig aussagefähig. Daher soll ein praktischer Versuch vergleichbare Zahlen liefern.

Das Beispielprojekt finden Sie im Verzeichnis »Kapitel 7\PerformanceVergleich«.

Im Beispielprojekt werden verschiedene von Object Pascal unterstützte Alternativen für die Verkettung von Zeichenketten nach ihrer Ausführungsgeschwindigkeit untersucht:
- String (AnsiString)
- Pascal-String
- WideString
- Array of Char
- Variant

Um genaue Ausführungszeiten zu erhalten, greife ich auf die Win32-API-Funktion `QueryPerformanceCounter` zurück.

Für jede Variablenart gibt es eine eigene Methode, bei der in der Regel nur die Variablen-Deklaration für „s" entsprechend geändert wird.

```
procedure TForm1.ButtonStringClick(Sender: TObject);
var
  i : Integer;
  s : String;
```

```
begin
  StartTiming;
  for i := 1 to 10000 do
  begin
    s := 'Das ';
    s := s + ' ist ';
    s := s + ' ein ';
    s := s + ' Test!';
  end;
  Memo1.Lines.Add(s);
  StopTiming('String');
end;
```

Überträgt man dann alle Ergebnisse in eine Tabelle, ergibt sich das folgende Bild:

Variablen-Typ	Ausführungszeit in Millisekunden
String (AnsiString)	58,18
Pascal-String	6,26
WideString	279,93
Array of Char	27,73
Variant	252,79

Tabelle 7.2: Gegenüberstellung der Ausführungszeiten mit Delphi 5

Im ungünstigsten Fall ist die Ausführungszeit für Variant-Variablen um den Faktor 42 langsamer.

7.5.2 Was ist ein Variant-Array?

Wie der Name nahe legt, ist ein Variant-Array ein Array von Variant-Werten. Im Unterschied zu einem normalen Object-Pascal-Array kann bei einem Variant-Array dabei jedes einzelne Element unterschiedliche Datentypen enthalten. Somit ist ein Variant-Array eher mit einer Kollektion als mit einem Object-Pascal-Array zu vergleichen.

Um ein Variant-Array anzulegen, gibt es im Wesentlichen zwei unterschiedliche Wege. Am häufigsten wird `VarArrayCreate` eingesetzt, um ein neues Array zu erstellen. Diese Funktion kann auch mit mehrdimensionalen Arrays umgehen und ist somit sehr flexibel. Seltener kommt der zweite Weg zum Einsatz, mit `VarArrayOf` kann über eine einzige Programmzeile ein eindimensionales Array deklariert werden.

Das folgende Beispiel greift auf diese Möglichkeit zurück und definiert ein Variant-Array, das aus drei Zeichenketten besteht. Über speziellen Funktionen kann das Programm die Anzahl der Dimensionen sowie die Anzahl der im Array gespeicherten Elemente bestimmen. Außerdem greift das Beispiel am Ende direkt über den Index auf jedes einzelne Element aus dem Array zu.

```
procedure TForm1.Button4Click(Sender: TObject);
var
  vVal       : Variant;
  iD, iL, iH : Integer;
  iIdx       : Integer;
begin
  vVal := VarArrayOf(['Delphi 3', 'Delphi 4', 'Delphi 5']);
  iD := VarArrayDimCount(vVal);
  iL := VarArrayLowBound(vVal,1);
  iH := VarArrayHighBound(vVal,1);
  ShowMessage(Format('Dimension: %d; Low: %d; High: %d',
                     [iD, iL, iH]));
  for iIdx := iL to iH do
    ShowMessage(vVal[iIdx]);
end;
```

Allerdings bekommen Sie immer dann ein Problem, wenn das Variant-Array aus sehr vielen Elementen besteht. Das folgende Beispiel demonstriert das Problem und zeigt auch eine Lösung für dieses Problem auf.

Ein aus 10000 Elementen bestehendes Integer-Array soll in einer Schleife 1000 mal mit Werten gefüllt werden. Diese unsinnige Sisyphus-Arbeit hat nur einen Zweck: der Prozessor soll für längere Zeit beschäftigt werden, damit Ungenauigkeiten bei der Zeitermittlung das Ergebnis nur unwesentlich verfälschen.

```
const
  TestArraySize = 10000;

type
  TTestArray = array[1 .. TestArraySize] of Integer;
  PTestArray = ^TTestArray;
```

Fall a) Zugriff auf ein Object-Pascal-Array

Der erste Testfall verwendet die Standardtechnik unter Object Pascal. Da der Compiler die Größe des Arrays genau bestimmen kann, wird der direkte Zugriff über den Index des Arrays verwendet.

```
procedure TForm1.ButtonOPArrayClick(Sender: TObject);
var
  dwStart : DWord;
  dwStop  : DWord;
  pTA     : PTestArray;
  iLoop   : Integer;
  iIdx    : Integer;
begin
  GetMem(pTA, TestArraySize * SizeOf(Integer));
```

```
  dwStart := GetTickCount;
  for iLoop := 1 to 1000 do
    for iIdx := 1 to TestArraySize do
      pTA^[iIdx] := iIdx;
  dwStop := GetTickCount;
  ShowMessage(IntToStr(dwStop - dwStart));
  FreeMem(pTA, TestArraySize * SizeOf(Integer));
end;
```

Fall b) Zugriff auf ein Variant-Array

Der zweite Testfall arbeitet die gleichen Schritte ab, allerdings wird hier das Array über den Aufruf von `VarArrayCreate` als Variant-Array erzeugt.

Im Gegensatz zum ersten Fall wird der Typ der einzelnen Elemente des Arrays erst beim Aufruf von VarArrayCreate als Parameter übergeben. Und im Gegensatz zum ersten Beispiel benötigt jedes Element des Arrays nicht nur 4 Byte Speicherplatz, sondern gleich 16 Byte.

```
procedure TForm1.ButtonVarArrayClick(Sender: TObject);
var
  dwStart : DWord;
  dwStop  : DWord;
  vTest   : Variant;
  iLoop   : Integer;
  iIdx    : Integer;
begin
  vTest := VarArrayCreate([1, TestArraySize], varInteger);
  dwStart := GetTickCount;
  for iLoop := 1 to 1000 do
    for iIdx := 1 to TestArraySize do
      vTest[iIdx] := iIdx;
  dwStop := GetTickCount;
  ShowMessage(IntToStr(dwStop - dwStart));
  VarClear(vTest);
end;.
```

Vergleicht man die beiden gerade vorgestellten Fälle, so ergibt sich ein drastischer Unterschied in der Ausführungszeit.

Fall	Technik	Ausführungszeit
a)	Zugriff auf ein Object-Pascal-Array	157 Ticks
b)	Zugriff auf ein Variant-Array	10 627 Ticks

Fall	Technik	Ausführungszeit
c)	Zugriff auf ein gesperrtes Variant-Array	157 Ticks

Tabelle 7.3: Zeitbedarf auf einem 300 MHz schnellen Pentium II

Das Variant-Array ist um den Faktor 67 langsamer als das Object-Pascal-Array. Allerdings verschwindet dieser Performance-Einbruch im Fall c) – es muss also eine Option geben, wie der Geschwindigkeitsnachteil von Variant-Arrays beseitigt werden kann.

Fall c) Zugriff auf ein gesperrtes Variant-Array

Der dritte Testfall unterscheidet sich vom zweiten nur durch zwei zusätzliche Programmzeilen. Mit dem Aufruf von `VarArrayLock` wird das Variant-Array gesperrt und ein Zeiger auf den Datenbereich des Arrays zurückgeliefert.

```
procedure TForm1.ButtonVarArrayLockClick(Sender: TObject);
var
  dwStart : DWord;
  dwStop  : DWord;
  vTest   : Variant;
  pTA     : PTestArray;
  iLoop   : Integer;
  iIdx    : Integer;
begin
  vTest := VarArrayCreate([1, TestArraySize], varInteger);
  dwStart := GetTickCount;
  pTA := VarArrayLock(vTest);
  for iLoop := 1 to 1000 do
    for iIdx := 1 to TestArraySize do
      pTA^[iIdx] := iIdx;
  VarArrayUnlock(vTest);
  dwStop := GetTickCount;
  ShowMessage(IntToStr(dwStop - dwStart));
  VarClear(vTest);
end;
```

Am Ende macht der Aufruf von `VarArrayUnlock` die Manipulation wieder rückgängig. Um den Grund für diese drastische Verbesserung der Zugriffszeit zu ermitteln, wird das Beispiel etwas abgewandelt. Ein `SizeOf`-Aufruf soll die tatsächliche Array-Größe nach dem Aufruf von VarArrayLock ermitteln.

```
procedure TForm1.ButtonSizeOfClick(Sender: TObject);
var
  vTest : Variant;
  pTA   : PTestArray;
  iLoop : Integer;
```

Datenaustausch

```
  iIdx    : Integer;
begin
  vTest := VarArrayCreate([1, TestArraySize], varInteger);
  pTA := VarArrayLock(vTest);
  for iLoop := 1 to 1000 do
    for iIdx := 1 to TestArraySize do
      pTA^[iIdx] := iIdx;
  ShowMessage(IntToStr(SizeOf(pTA^)));
  VarArrayUnlock(vTest);
  VarClear(vTest);
end;
```

Und hier erhalten Sie mit dem Wert 40000 exakt den gleichen Wert wie beim Fall a) zurück. Wie macht Delphi das? Nun – Delphi ist daran völlig unbeteiligt. Wenn Sie etwas in der Delphi-Unit *System* herumstöbern, fällt Ihnen sicherlich auf, dass die Delphi-Funktion VarArrayLock die Arbeit sofort an die Win32-API-Funktion `SafeArrayAccessData` weiterdelegiert. Also ist die Umwandlungsfunktionalität fest im Betriebssystem eingebaut.

> *Die Delphi-Bezeichnung Variant Array ist weitgehend mit der Win32-Bezeichnung Safe Array identisch. Daher sind auch die Delphi-Funktionen sowie die API-Funktionen austauschbar. Auf das Thema PSafeArray komme ich in diesem Kapitel noch zurück.*

7.5.3 TMemo-Inhalt als Variant-Array

Das Beispielprojekt *VarArMemo.dpr* demonstriert die Datenübertragung von Strings zum Local Server über eine Verpackung als Variant-Datentyp, indem der mehrzeilige Text in einem Variant-Array abgelegt wird. Diese Technik beschränkt sich nicht nur auf mehrzeiligen Text, sondern ist für jede Art von Daten (einschließlich binärer Daten) geeignet.

> *Das Beispielprojekt finden Sie im Verzeichnis »Kapitel 7\Memo«.*

Der Server

Das Server-Interface verwendet für die Eigenschaft Data den Datentyp OleVariant und deklariert für die Eigenschaft auch zwei Interface-Methoden, die für das Lesen und Schreiben des Eigenschaftswertes zuständig sind.

```
IMemoData = interface(IDispatch)
  ['{D64ED2E1-EA7C-11D2-95EB-00104B3F5870}']
```

335

```
    function Get_Data: OleVariant; safecall;
    procedure Set_Data(Value: OleVariant); safecall;
    property Data: OleVariant read Get_Data write Set_Data;
end;
```

Wenn der Client über den Aufruf der Interface-Methode Get_Data den Inhalt der TMemo-Instanz auslesen will, wird zuerst die aktuelle Textlänge ermittelt. Daraufhin kann ein ausreichend großes Variant-Array erzeugt werden, wobei die Delphi-Funktion `VarArrayCreate` die Arbeit sehr erleichtert.

Beim Arbeiten mit Variant-Arrays entsteht ein gewisser Systemaufwand. Zum schnellen Verarbeiten von Arrays dienen die beiden Funktionen `VarArrayLock` und `VarArrayUnlock`. Mit VarArrayLock wird ausgehend von einem Variant-Array ein standardmäßiges Object-Pascal-Array zurückgegeben. Voraussetzung hierfür ist, dass das Array explizit mit einem der Standard-Typen wie Integer, Bool, String, Byte oder Float deklariert wurde. Der im Variant-Array verwendete Typ muss dem Typ im Object-Pascal-Array in allen Elementen exakt entsprechen (d.h. die Datentypen müssen exakt den gleichen Speicherplatzverbrauch haben).

```
uses ComServ, VarArMemoFrm;

function TMemoData.Get_Data: OleVariant;
var
  pData   : Pointer;
  iLength : Integer;
begin
  iLength := Length(FormMain.MemoServer.Text);
  Result := VarArrayCreate([0, iLength - 1], varByte);
  pData := VarArrayLock(Result);
  try
    Move(FormMain.MemoServer.Text[1], pData^, iLength);
  finally
    VarArrayUnlock(Result);
  end;
end;

procedure TMemoData.Set_Data(Value: OleVariant);
var
  pData   : Pointer;
  iLength : Integer;
  sBuffer : String;
begin
  iLength := VarArrayHighBound(Value, 1) -
             VarArrayLowBound(Value, 1) + 1;
  SetLength(sBuffer, iLength);
  pData := VarArrayLock(Value);
```

```
  try
    Move(pData^, sBuffer[1], iLength);
  finally
    VarArrayUnlock(Value);
  end;
  FormMain.MemoServer.Text := sBuffer;
end;
```

Client

Der Client verwendet zur Übertragung beziehungsweise zur Abholung der im Variant-Array verpackten Texte zwei Funktionen, die Sie nicht in der Delphi-Hilfe und auch nicht in der Win32-Hilfe finden werden:

```
procedure TForm1.ActionSendExecute(Sender: TObject);
begin
  FServer.Data := StringToVariant(MemoClient.Text);
end;

procedure TForm1.ActionGetExecute(Sender: TObject);
begin
  MemoClient.Text := VariantToString(FServer.Data);
end;
```

Diese universell nutzbaren Hilfsfunktionen stammen aus der eigenen Unit *VarArMemo2Variant.pas* und lassen sich bei Bedarf auch in anderen Projekten wieder verwenden.

```
{ ************************************************************
  Typ              : Tool-Unit
  Autor            : Andreas Kosch
  Compiler         : Delphi 4.02 CSS
  Betriebssystem   : Windows 98
  Beschreibung     : String in ein Variant verpacken
                     (Datenübertragung via Dual Interface)
  ************************************************************ }

unit VarArMemo2Variant;

interface

function StringToVariant(const Text: String): OleVariant;
function VariantToString(const Data: OleVariant): String;

implementation

function StringToVariant(const Text: String): OleVariant;
```

```
var
  pData    : Pointer;
  iLength  : Integer;
  vBuffer  : OleVariant;
begin
  iLength := Length(Text);
  vBuffer := VarArrayCreate([0, iLength - 1], varByte);
  pData := VarArrayLock(vBuffer);
  try
    Move(Text[1], pData^, iLength);
  finally
    VarArrayUnlock(vBuffer);
  end;
  Result := vBuffer;
end;

function VariantToString(const Data: OleVariant): String;
var
  pData    : Pointer;
  iLength  : Integer;
  sBuffer  : String;
begin
  iLength := VarArrayHighBound(Data, 1) -
             VarArrayLowBound(Data, 1) + 1;
  SetLength(sBuffer, iLength);
  pData := VarArrayLock(Data);
  try
    Move(pData^, sBuffer[1], iLength);
  finally
    VarArrayUnlock(Data);
  end;
  Result := sBuffer;
end;

end.
```

7.5.4 TStrings als Variant-Array

Das Beispielprojekt *TSLSrv.dpr* zeigt eine Variation des gerade vorgestellten Beispiels, indem der Inhalt einer TStringList-Instanz als Variant-Datentyp verpackt und zwischen Client und Server ausgetauscht wird.

Das Beispielprojekt finden Sie im Verzeichnis »Kapitel 7\TStringList«.

```
// ********************************************************//
// Schnittstelle: ITStringListSrv
// Flags:      (4416) Dual OleAutomation Dispatchable
// GUID:       {960476AD-1E62-451B-B951-10529E95E8E2}
// ********************************************************//
  ITStringListSrv = interface(IDispatch)
    ['{960476AD-1E62-451B-B951-10529E95E8E2}']
    function  Get_StringList: OleVariant; safecall;
    procedure Set_StringList(Value: OleVariant); safecall;
    property StringList: OleVariant read Get_StringList
                                    write Set_StringList;
  end;
```

Der Server

Das COM-Objekt verwaltet in einem privaten Objektfeld die Referenz auf eine TStringList-Instanz, in der die vom Client übergebene String-Liste zwischengespeichert wird. Damit diese TStringList-Instanz sofort aufrufbar ist, wird die Methode Initialize überschrieben. Für das Konvertieren der TStringList in einen Variant sind zwei Hilfsfunktionen zuständig.

```
type
  TTStringListSrv = class(TAutoObject, ITStringListSrv)
  private
    FStringList : TStrings;
  protected
    function  Get_StringList: OleVariant; safecall;
    procedure Set_StringList(Value: OleVariant); safecall;
    { Protected-Deklarationen }
  public
    procedure Initialize; override;
    destructor Destroy; override;
  end;

implementation

uses ComServ, TSLSrvFrm, TSL_Variant;

procedure TTStringListSrv.Initialize;
begin
  inherited;
```

```
  FStringList := TStringList.Create;
end;

destructor TTStringListSrv.Destroy;
begin
  FStringList.Free;
  inherited;
end;

function TTStringListSrv.Get_StringList: OleVariant;
begin
  Result := StringlistToVariant(FStringList);
end;

procedure TTStringListSrv.Set_StringList(Value: OleVariant);
begin
  VariantToStringlist(Value, FStringList);
  FormServer.ListBoxStrings.Items.AddStrings(FStringList);
end;
```

Client

Der Client greift ebenfalls auf die vorbereiteten Hilfsfunktionen zurück, um den Inhalt der TMemo-Instanz in ein Variant-Array zu verpacken beziehungsweise ein vom Server erhaltenes Variant-Array in der TMemo-Instanz anzuzeigen.

```
procedure TFormClient.ButtonSetClick(Sender: TObject);
begin
  FSrv.StringList := StringlistToVariant(Memo1.Lines);
end;

procedure TFormClient.ButtonGetClick(Sender: TObject);
begin
  VariantToStringlist(FSrv.StringList, Memo1.Lines);
end;
```

Hilfsfunktionen

Wenn es darum geht, die erhaltene TStrings-Instanz in ein Variant-Array zu verpacken, setzt die Funktion StringlistToVariant den Zwischenschritt über TMemoryStream ein. Denn ein Speicherblock kann direkt als Variant-Array von einzelnen Byte-Werten abgebildet werden.

```
function StringlistToVariant(aStrlist: TStrings): OleVariant;
var
  hStream: TStream;
```

Datenaustausch

```
    p: Pointer;
begin
  hStream := TMemoryStream.Create;
  try
    aStrList.SaveToStream(hStream);
    hStream.Seek(0,soFromBeginning);
    Result := VarArrayCreate([0, hStream.Size - 1], varByte);
    p := VarArrayLock(Result);
    try
      hStream.Position := 0;
      hStream.Read(p^, hStream.Size);
    finally
      VarArrayUnlock(Result);
    end;
  finally
    hStream.Free;
  end;
end;
```

Es liegt auf der Hand, dass dieser Umweg auch in der komplementären Funktion `VariantToStringlist` eingeschlagen wird.

```
procedure VariantToStringlist(const Data: OleVariant;
  aStrlist: TStrings);
var
  hStream: TStream;
  p: Pointer;
begin
  hStream := TMemoryStream.Create;
  try
    p := VarArrayLock(Data);
    try
      hStream.Write(p^, VarArrayHighBound(Data,1) + 1);
    finally
      VarArrayUnlock(Data);
    end;
    hStream.Seek(0, soFromBeginning);
    aStrList.LoadFromStream(hStream);
  finally
    hStream.Free;
  end;
end;
```

7.5.5 Beispielprojekt Records als Variant-Array

Das nächste Beispielprojekt aus dem Unterverzeichnis *Records* ist eine Variation des gerade vorgestellten Beispiels. Anstatt eine Zeichenkette in das Array zu verpacken, wird gleich eine als Pascal-Record deklarierte eigene Datenstruktur verwendet. Im Beispiel werden dazu die Informationen verwendet, die für einen fiktiven Kontozugriff benötigt werden (Name, Kontonummer, BLZ).

Das Beispielprojekt finden Sie im Verzeichnis »Kapitel 7\Records«.

Der Server

Wie bereits beim vorherigen Beispiel zu sehen war, verwendet sowohl der Server als auch der Client dieselben Funktionen zum Verpacken und Entpacken, daher ist es sinnvoll, diese Hilfsfunktionen in eine gemeinsam genutzte Unit auszulagern.

```
uses Classes, ComServ, VarArSrvFrm, VarArSrv_Rec;

procedure TVarArraySrv.ShowText(aText: OleVariant);
var
  aKunde : TKontoverbindung;
begin
  aKunde := VariantToRecord(aText);
  with FormMain do
  begin
    EditName.Text := aKunde.Kontoinhaber;
    EditKontonummer.Text := aKunde.Kontonummer;
    EditBLZ.Text := aKunde.Bankleitzahl;
  end;
end;
```

Die beiden Funktionen `VariantToRecord` und `RecordToVariant` stammen aus der Unit *VarArSrv_Rec.pas*:

```
unit VarArSrv_Rec;

interface

type
  TKontoverbindung = Record
    Kontoinhaber  : String[29];
    Kontonummer   : String[10];
    Bankleitzahl  : String[8];
  end;
```

Datenaustausch

```
function RecordToVariant(const Rec: TKontoverbindung): OleVariant;
function VariantToRecord(const V: OleVariant): TKontoverbindung;

implementation

function RecordToVariant(const Rec: TKontoverbindung): OleVariant;
var
  P : Pointer;
begin
  Result := VarArrayCreate([0, SizeOf(Rec) - 1], varByte);
  P := VarArrayLock(Result);
  try
    Move(Rec, P^, SizeOf(Rec));
  finally
    VarArrayUnlock(Result);
  end;
end;

function VariantToRecord(const V: OleVariant): TKontoverbindung;
var
  P: Pointer;
begin
  P := VarArrayLock(V);
  try
    Move(P^, Result, SizeOf(Result));
  finally
    VarArrayUnlock(V);
  end;
end;
```

Der Client

Die Daten des Clients werden in einer TKontoverbindung-Struktur über die Umwandlung in ein SafeArray zum Server übertragen. Die Umwandlungsfunktionen stammen aus der Unit *VarArSrv_Rec.pas*, die sowohl vom Server als auch vom Client gemeinsam genutzt wird.

```
procedure TFormMain.BitBtnSendClick(Sender: TObject);
begin
  // Struktur füllen
  with FBankkunde do
  begin
    Kontoinhaber  := EditName.Text;
    Kontonummer := EditKontonummer.Text;
```

```
    Bankleitzahl := EditBLZ.Text
  end;
  // Daten in eine SafeArray übernehmen
  vData := RecordToVariant(FBankkunde);
  // Server-Methode über IVarArraySrv-Interface aufrufen
  FIVarArraySrv.ShowText(vData);
end;
```

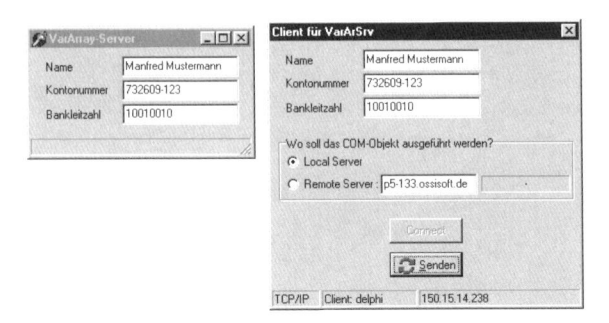

Abb. 7.8: Der Client überträgt seine Record-Daten zum Server

7.5.6 TStream als VariantArray verpackt

Das letzte Beispielprojekt zum Thema Variant-Array verpackt den Inhalt eines TStream-Nachfolgers in einem Array, damit dieses als OleVariant vom Server zum Client transportiert werden kann.

Das Beispielprojekt finden Sie im Verzeichnis »Kapitel 7\StreamVariant«.

Der Server

Das Dual Interface deklariert nur eine einzige Methode, die zudem nur einen OleVariant-Wert an den Client zurückliefert.

```
IStreamToVariantSrv = interface(IDispatch)
  ['{09590506-734A-4626-889B-89BA0C7C7A0A}']
  function  DoWork: OleVariant; safecall;
end;
```

Die Interface-Methode `DoWork` erzeugt zuerst eine `TMemoryStream`-Instanz, um den Inhalt der Datei über den Aufruf von `LoadFromFile` in den Arbeitsspeicher einzulesen. Immer dann, wenn es sich nicht um eine leere Datei handelt, wird nun der Stream-Inhalt in einen OleVariant verpackt und als Rückgabewert an den Client zurückgeliefert.

```
function TStreamToVariantSrv.DoWork: OleVariant;
resourcestring
  cPATH = 'C:\ABLAGE\DIR.TXT';
var
  aMS    : TMemoryStream;
  iCount : Integer;
begin
  aMS := TMemoryStream.Create;
  aMS.LoadFromFile(cPATH);
  iCount := aMS.Size;
  try
    if iCount > 0 then
      Result := StreamToOleVariant(aMS, iCount)
    else
      Result := Null;
  finally
    aMS.Free;
  end;
end;
```

Der Client

Der Client macht nun die im Server abgearbeiteten Schritte rückgängig, indem er seine eigene TMemoryStream-Instanz mit den Daten aus dem OleVariant-Rückgabewert der Interface-Methode `DoWork` füllen lässt. Anschließend kann der so übertragene Datei-Inhalt über die TMemoryStream-Methode `SaveToFile` wieder als Datei unter einem anderen Namen gespeichert werden.

```
uses S2VSRV_TLB, OS_StreamVariant;

procedure TForm2.Button1Click(Sender: TObject);
resourcestring
  cPATH = 'C:\ABLAGE\DIR_BAK.TXT';
var
  aSrv : IStreamToVariantSrv;
  aMS  : TMemoryStream;
  vData: OleVariant;
begin
  aSrv := CoStreamToVariantSrv.Create;
  aMS := TMemoryStream.Create;
  try
    vData := aSrv.DoWork;
    OleVariantToStream(vData, aMS);
    aMS.SaveToFile(cPATH);
  finally
```

```
    aMS.Free;
  end;
  StatusBar1.SimpleText := cPATH;
end;
```

Hilfsfunktionen

In der Unit *OS_StreamVariant.pas* werden die beiden Hilfsfunktionen implementiert, die vom Server und vom Client aufgerufen werden.

```
Type
  TByteArray = array of Byte;

procedure OleVariantToStream(var Input: OleVariant;
                             Stream: TStream);
var
  pBuf: Pointer;
begin
  pBuf := VarArrayLock(Input);
  Stream.Write(TByteArray(pBuf^), Length(TByteArray(Input)));
  VarArrayUnlock(Input);
end;

function StreamToOleVariant(Stream: TStream;
                            Count: Integer): OleVariant;
var
  pBuf: Pointer;
begin
  Result := VarArrayCreate([0, Count-1], varByte);
  pBuf := VarArrayLock(Result);
  Stream.Read(TByteArray(pBuf^), Length(TByteArray(Result)));
  VarArrayUnlock(Result);
end;
```

7.6 PSafeArray

Ein SafeArray ist ein Array, das Informationen über die Anzahl der Dimensionen sowie der Größe der Dimensionen enthält. Jede Dimension wird durch eine TSafeArrayBound-Struktur beschrieben:

```
type
  tagSAFEARRAYBOUND = record
    cElements: Longint;
    lLbound: Longint;
  end;
  TSafeArrayBound = tagSAFEARRAYBOUND;
```

Das Record-Feld lLbound legt die untere Grenze der Dimension fest, während das Feld cElements die Anzahl der Elemente in der Dimension definiert. Mit diesen beiden Informationen kann eine Anwendung gezielt auf jedes einzelne Element zugreifen.

Die Definition eines SafeArrays unterscheidet sich in Win32 von Win16, allerdings wird wohl niemand mehr 16-Bit-Anwendungen schreiben, sodass ich mich nur auf den Win32-Teil beschränke. Neben der Anzahl der Dimensionen im Array werden auch die Eigenschaften und die Regeln zur Freigabe des Speicherbereichs als Recordfelder mitgeführt. Die Daten des SafeArrays selbst sind über das Feld pvData als Zeiger auf diesen Speicherbereich verfügbar. Somit besteht ein SafeArray aus zwei unterschiedlichen Teilen: zum einen der Beschreibung des Arrays und zum anderen aus einem Zeiger auf die Daten selbst.

```
PSafeArray = ^TSafeArray;
tagSAFEARRAY = record
  cDims: Word;
  fFeatures: Word;
  cbElements: Longint;
  cLocks: Longint;
  pvData: Pointer;
  rgsabound: array[0..0] of TSafeArrayBound;
end;
TSafeArray = tagSAFEARRAY;
SAFEARRAY = TSafeArray;
```

Über die Win32-API-Funktion `SafeArrayCreate` wird ein SafeArray angelegt, wobei der erste Parameter den Datentyp der Elemente im Array festlegt. Der zweite Parameter bestimmt die Anzahl der Dimensionen, der letzte Parameter definiert als Record den Startpunkt sowie die Größe der Dimension. Die API-Funktion liefert einen Zeiger vom Typ `PSafeArray` zurück.

```
function SafeArrayCreate(vt: TVarType; cDims: Integer;
                        const rgsabound): PSafeArray; stdcall;
```

Das Gegenstück – die Win32-API-Funktion `SafeArrayDestroy` – zerstört das Array und alle darin enthaltenen Daten. Schaut man sich nun das Delphi-Gegenstück `VarArrayCreate` etwas näher an, fällt auf, dass es einen kleinen, aber wichtigen Unterschied gibt:

```
function VarArrayCreate(const Bounds: array of Integer;
                       VarType: Integer): Variant;
```

Im Gegensatz zur API-Funktion SafeArrayCreate liefert VarArrayCreate kein PSafeVArray, sondern ein Variant zurück. In der Delphi-Unit *System.pas* finden sich in der Implementierung von VarArrayCreate die folgenden Programmzeilen, die das Problem deutlich machen:

PSafeArray

```
VarArrayRef := SafeArrayCreate(VarType, DimCount, VarBounds);
if VarArrayRef = nil then Error(reVarArrayCreate);
_VarClear(Result);
TVarData(Result).VType := VarType or varArray;
TVarData(Result).VArray := VarArrayRef;
```

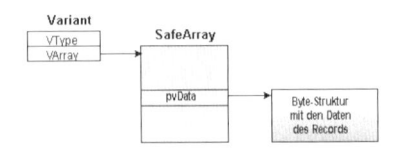

Abb. 7.9: Delphi liefert nur ein Variant mit einem Zeiger auf ein SafeArray zurück

Ein Variant ist eine universelle Variable, die unter anderem auch einen Zeiger auf ein SafeArray speichern kann. Somit kapseln die VarArrays von Delphi das SafeArray in eine Variant-Umverpackung ein. Dies bedeutet jedoch auch, dass erst über die Auswertung des Record-Feldes VArray die Referenz auf das SafeArray ausgelesen werden kann.

```
SafeArrayRef := PSafeArray(TVarData(aArray).VArray);
```

An diesen Weg sollten Sie sich immer erinnern, wenn zur Zusammenarbeit mit fremden COM-Objekten beziehungsweise mit Clients, die nicht mit Delphi entwickelt werden, ein direkter Zugriff auf das SafeArray benötigt wird.

Dieser Unterschied wird zum Beispiel dann relevant, wenn ein Delphi-Objekt mit einem Visual Basic/VBA-Client über ein SafeArray Daten austauschen soll. Durch die Ummantelung ist der VB/VBA-Datentyp SafeArray nicht mehr vollständig mit dem Delphi-Datentyp VarArray kompatibel. Der eigene Server sollte daher in derartigen Fällen Parameter vom Typ PSafeArray verwenden oder direkt auf die Win32-API-Funktionen für SafeArrays zurückgreifen.

7.6.1 VarArrayRef

Leider ist die Sache noch etwas komplizierter als bisher beschrieben, da auch das verwendete Interface eine Rolle spielt. Genauer gesagt geht es darum, ob über die späte Bindung (IDispatch) oder über die frühe Bindung (Dual Interface) auf die Interface-Methode zugegriffen wird. Angenommen, das COM-Objekt verwendet das folgende Interface:

```
ISafeArrayServer = interface(IDispatch)
  [ uuid '{A690AD88-1F09-40A6-94CD-D89395B3C24F}',
```

Datenaustausch

```
      version 1.0,
      helpstring 'Dispatch-Schnittst. SafeArrayServer-Objekt',
      dual,
      oleautomation ]
    procedure DoWork(saWert: safearray of Double;
      out sMsg: WideString) [dispid $00000001]; safecall;
  end;
```

Die IDL-Darstellung lässt keine Rückschlüsse darauf zu, ob dieses COM-Objekt mit Delphi, mit C++ oder mit Visual Basic entwickelt wurde. Der erste Parameter der Interface-Methode DoWork ist ein SAFEARRAY von Double-Werten.

Das Beispielprojekt für Delphi 5 finden Sie im Verzeichnis »Kapitel 7\VarArrayRef«.

Wird die Typbibliothek dieses COM-Servers in Delphi 5 importiert, finden sich in der TLB.pas die beiden folgenden Deklarationen. Beim Dual Interface hat Delphi den SAFEARRAY-Wert als PSafeArray deklariert.

```
  ISafeArrayServer = interface(IDispatch)
    ['{A690AD88-1F09-40A6-94CD-D89395B3C24F}']
    procedure DoWork(saWert: PSafeArray;
      out sMsg: WideString); safecall;
  end;
```

Im Gegensatz dazu sieht das DispInterface (IDispatch über die DispId) etwas merkwürdig aus – der Parametertyp PSafeArray wurde von Delphi auskommentiert und durch ein OleVariant ersetzt.

```
  ISafeArrayServerDisp = dispinterface
    ['{A690AD88-1F09-40A6-94CD-D89395B3C24F}']
    procedure DoWork(saWert: {??PSafeArray} OleVariant;
      out sMsg: WideString); dispid 1;
  end;
```

Daraus ergeben sich für den Client – der diese Interface-Methode einmal über die späte Bindung und einmal über die frühe Bindung aufrufen will – durchaus Konsequenzen, wie das nächste Beispiel demonstriert. Bei der frühen Bindung über das Dual Interface ist die Sache einfach – das über VarArrayCreate erzeugte Variant-Array kann direkt übergeben werden.

```
procedure TForm1.ButtonISafeArrayServerDispClick(Sender: TObject);
var
  aSrv  : ISafeArrayServerDisp;
  vWert : OleVariant;
```

```
    i     : Integer;
    swMsg : WideString;
begin
  aSrv := CoSafeArrayServer.Create as ISafeArrayServerDisp;
  vWert := VarArrayCreate([0, 4], varDouble);
  for i:= 0 to 3 do
    vWert[i] := i * 2.3;
  aSrv.DoWork(vWert, swMsg);
  ShowMessage(swMsg);
end;
```

Wird nun allerdings direkt ein Interface-Zeiger auf IDispatch angefordert, erhält man zur Laufzeit die Exception „Typkonflikt", wenn das mit VarArrayCreate erzeugte Array unbehandelt übergeben wird. Diese Laufzeitfehlermeldung verschwindet erst, wenn das Array über die Funktion `VarArrayRef` übergeben wird.

```
function VarArrayRef(const A: Variant): Variant;
```

In der Delphi-Hilfe steht dazu der folgende Satz: „Mit VarArrayRef wird eine Referenz auf ein variantes Array für einen API-Aufruf zurückgegeben." Somit liefert diese Funktion genau die Referenz auf ein Variant-Array zurück, die von den API-Funktionen oder vom Interface-Datentyp SAFEARRAY erwartet wird.

```
procedure TForm1.ButtonIDispatchClick(Sender: TObject);
var
  vSrv  : OleVariant;
  vWert : OleVariant;
  i     : Integer;
  swMsg : WideString;
begin
  vSrv := CreateOLEObject('SASRV.SafeArrayServer');
  vWert := VarArrayCreate([0, 4], varDouble);
  for i:= 0 to 3 do
    vWert[i] := i * 2.2;
  //vSrv.DoWork(vWert, swMsg);   <-- Laufzeitfehler "Typkonflikt"
  vSrv.DoWork(VarArrayRef(vWert), swMsg);  // <-- OK
  ShowMessage(swMsg);
end;
```

7.6.2 Einsatzbeispiel: Interne Verwendung

Der Einsatz von COM-Objekten soll sprachübergreifend sein, sodass die Entwicklungsumgebung keine Rolle spielt. Dieser Vorteil hat jedoch auch den Nachteil zur Folge, dass bestimmte Begriffe dann doch sprachspezifisch sind. Dies gilt zum Beispiel für SafeArray oder PSafeArray (dem Zeiger auf ein SafeArray). Im Typbibliothekseditor von Delphi 5 wird ein PSaveArray in der Form `PSafeArray(WideString)` als safearray of WideString angezeigt. SafeArrays können als OleVariant übertragen werden und Object Pascal definiert über TVarData die Struktur eines Variants.

Wenn die Dimension des Arrays zur Kompilierungszeit feststeht, kann man sich die Sache vereinfachen, indem der Zugriff auf das SafeArray vereinfacht wird. Das folgende Beispiel demonstriert einen derartigen Einsatzfall:

Das Beispielprojekt »PSafeArrayTest.dpr« finden Sie im Verzeichnis »Kapitel 7\PSafeArray«.

```
procedure TForm1.Button1Click(Sender: TObject);
var
   i      : Integer;
   aArray : Variant;
   sTxt   : String;
begin
   aArray := VarArrayCreate([0, 8], varOleStr);
   for i := 0 to 8 do begin
     sTxt := 'Eintrag ' + IntToStr(i+1);
     aArray[i] := sTxt;
   end;
   // Beide Aufrufe führen zum gleichen Ergebnis
   ShowArrayItems(PSafeArray(TVarData(aArray).VArray));
   ListBox1.Items.Add('---------------');
   ShowVariantArrayItems(aArray);
end;

procedure TForm1.ShowArrayItems(pValues: PSafeArray);
var
   i       : Integer;
   swValue : WideString;
begin
   for i := 0 to 8 do begin
     SafeArrayGetElement(pValues, i, swValue);
     ListBox1.Items.Add(swValue);
   end;
end;

procedure TForm1.ShowVariantArrayItems(aValues: Variant);
var
   i : Integer;
begin
   for i := 0 to 8 do
```

```
      ListBox1.Items.Add(aValues[i]);
end;
```

Steht allerdings die Anzahl der Elemente im SafeArray nicht fest, muss der Aufruf von `SafeArrayGetElement` durch `SafeArrayGetUBound` ersetzt werden. Anschließend wird der Endwert für die For-Schleife durch den von SafeArrayGetUBound ermittelten Wert für die Anzahl der Einträge im SafeArray ersetzt.

7.6.3 Einsatzbeispiel: Local Server fordert Speicher an

Der Local Server legt seine Daten (WideStrings) in einem SafeArray ab, wobei der Client den Pufferbereich bereits als PSafeArray-Argument beim Aufruf übergibt. Der Server prüft nun nach, ob das SafeArray bereits angelegt wurde. Wenn nicht, so erstellt der Server das Array über den Aufruf von `SafeArrayCreate`, füllt die einzelnen Einträge aus und übergibt das Ganze zurück zum Client.

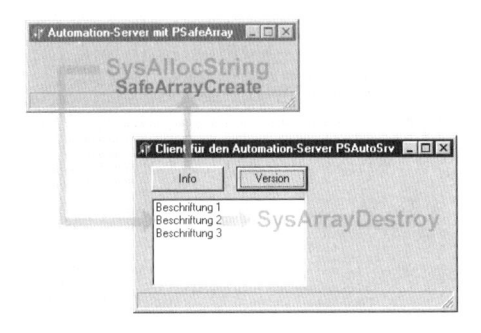

Abb. 7.10: Der Server fordert Speicher an, den der Client freigeben muss

Der Client bestimmt nun zuerst die Anzahl der Dimensionen sowie die Anzahl der Elemente in der Dimension einschließlich des Startpunkts und kann mit diesen Informationen gezielt auf jedes einzelne WideString-Element des Arrays zugreifen. Am Ende gibt der Client den vom Server angeforderten Speicherbereich über den Aufruf von `SysArrayDestroy` wieder frei.

Das Beispielprojekt »PSAutoSrv.dpr« finden Sie im Verzeichnis »Kapitel 7\PSafeArray«.

Der Server

Die Interface-Methode GetInfos deklariert den Parameter mit dem Typ `safearray of WideString`. Diesen Typ zeigt der Typbibliothekseditor von Delphi immer dann an, wenn in den Umgebungsoptionen die Darstellung in der Pascal-Syntax aktiviert wurde (Voreinstellung). Taucht bei Ihnen die Anzeige BSTR auf, so haben Sie sicherlich die IDL-Syntax aktiviert.

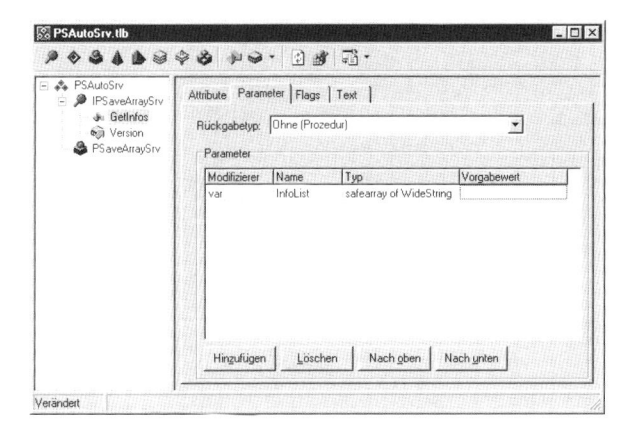

Abb. 7.11: Die Interface-Methode verwendet ein safearray of WideString

Wie auch immer, beide Anzeigevarianten führen in der Typbibliothek zum gleichen Ergebnis. Hier taucht nur der Begriff PSafeArray auf.

```
IPSaveArraySrv = interface(IDispatch)
  ['{0814F643-BE9C-11D3-BF49-005004303872}']
  procedure GetInfos(var InfoList: PSafeArray); safecall;
  function  Get_Version: WideString; safecall;
  property Version: WideString read Get_Version;
end;
```

Wenn der Client die Interface-Methode GetInfos des Servers aufruft, prüft dieser nach, ob der PSafeArray-Parameter bereits einen Array-Wert enthält. Wenn ja, wird dieses bereits vorhandene Array nur in seiner Größe angepasst. Übergibt der Client beim Aufruf der Interface-Methode jedoch einen nil-Wert, so erzeugt der Server über den Aufruf von SafeArrayCreate ein neues SafeArray.

Anschließend kopiert der Server drei Strings in jeweils ein Array-Element, wobei der Speicherplatz für jeden String über den Aufruf von SysAllocString explizit angefordert wurde.

```
procedure TPSaveArraySrv.GetInfos(var InfoList: PSafeArray);
var
  aBound : TSafeArrayBound;

  procedure PutString(pSA: PSafeArray; iPos: Integer;
    sText: String);
  var
    pData   : Pointer;
    swText  : WideString;
  begin
    swText := sText;
    pData := SysAllocString(PWideChar(swText));
```

```
      SafeArrayPutElement(pSA, iPos, pData^);
    end;

begin
  with aBound do
  begin
    cElements := 3;
    lLbound := 0;
  end;
  if (InfoList = nil ) then
    InfoList := SafeArrayCreate(VT_BSTR, 1, aBound)
  else
    SafeArrayRedim(InfoList, aBound);
  // Elemente ablegen
  PutString(InfoList, 0, 'Beschriftung 1');
  PutString(InfoList, 1, 'Beschriftung 2');
  PutString(InfoList, 2, 'Beschriftung 3');
end;
```

Der Client

Der Client definiert eine lokale Variable vom Typ PSafeArray, initialisiert deren Inhalt mit dem Wert nil und ruft dann die Interface-Methode GetInfos mit diesem Parameter auf. Da der Server den Wert nil vorfindet, erzeugt er selbst ein neues SafeArray und kopiert die drei Strings in jeweils ein Array-Element. Der Client muss nun zuerst ermitteln, wie viele Elemente im Array vom Server zurückgeliefert wurden. Hat er die untere und die obere Array-Grenze bestimmt, so darf er über den Aufruf von SafeArrayGetElement auf jedes einzelne Element zugreifen.

```
procedure TFormMain.ButtonInfoClick(Sender: TObject);
var
  pSA     : PSafeArray;
  i       : Integer;
  swValue : WideString;
  iDim    : Integer;
  iLBound : Integer;
  iUBound : Integer;
begin
  pSA := nil;
  FSrv.GetInfos(pSA);
  iDim := SafeArrayGetDim(pSA);
  if iDim = 1 then
    begin
      SafeArrayGetLBound(pSA, 1, iLBound);
      SafeArrayGetUBound(pSA, 1, iUBound);
```

```
  for i := iLBound to iUBound do
  begin
    SafeArrayGetElement(pSA, i, swValue);
    ListBox1.Items.Add(swValue);
  end;
 end;
 SafeArrayDestroy(pSA);
end;
```

Mit dem Aufruf von `SafeArrayDestroy` zerstört der Client das vom Server erzeugte SafeArray mit allen seinen intern gespeicherten Elementen.

7.7 JPG-Grafik als WideString übertragen

Die Übertragung von beliebigen binären Daten sowie die Übertragung von Grafiken über die vordefinierte IPictureDisp-Schnittstelle wurde bereits vorgestellt. Hier folgt eine objektorientierte und vor allem flexiblere Alternative.

Das Beispielprojekt finden Sie im Verzeichnis »Kapitel 7\ImageSrv«.

Der Server

Die Grafikdaten werden – so verblüffend das auf den ersten Blick auch aussieht – als WideString übertragen! Die Erklärung dafür ist simpel, wenn man sich an den objektorientierten Aufbau der VCL erinnert.

```
IImgSrv = interface(IDispatch)
  ['{275F6BF2-5BAE-11D3-BEE4-005004303872}']
  procedure GetImage(const Filename: WideString;
                 out SrvMsg: WideString); safecall;
  function GetImageEx(const Filename: WideString): OleVariant;
                 safecall;
end;
```

Um Grafiken zu übertragen, steht zum Beispiel bei einem DCOM-Server das IPictureDisp-Interface nicht zur Verfügung, da Rechnergrenzen zu überwinden sind. Also muss die Grafik als rohe Bytefolge interpretiert werden, wobei ein Übertragungsformat gewählt werden muss, das vom Universal Marshaler (alias Typbibliotheksmarshaler) übertragen werden kann.

1. Methode: Delphi-Komponente wird als Text übertragen

Die VCL von Delphi ist so flexibel, dass eine „lebende" Objektinstanz in ein Abbild aus ASCII-Zeichen umgewandelt und an anderer Stelle (anderer Prozess oder anderer Rechner) wieder zum Leben erweckt werden kann. Das alles hört sich komplizierter an als es in Wirklichkeit ist; die Delphi-Prozedur `ObjectBinaryToText` erledigt alle Arbeiten.

```
procedure TImgSrv.GetImage(const Filename: WideString;
  out SrvMsg: WideString);
var
  ss  : TStringStream;
  ms  : TMemoryStream;
  img : TImage;
begin
  ms := TMemoryStream.Create;
  try
    ss := TStringStream.Create(SrvMsg);
    try
      img := TImage.Create(nil);
      with img do
      try
        Picture.LoadFromFile(Filename);
        ms.WriteComponent(img);
        ms.Seek(0, soFromBeginning);
        ObjectBinaryToText(ms, ss);
        ss.Seek(0, soFromBeginning);
        SrvMsg := ss.DataString;
      finally
        Free;
      end;
    finally
      ss.Free;
    end;
  finally
    ms.Free;
  end;
end;
```

2. Methode: SafeArray

Der zweite Weg verwendet eine Technik, die in der Hilfedatei zu Delphi 3 demonstriert wurde und deren Prinzip ich bereits an anderer Stelle vorgestellt habe. Der Inhalt der Grafikdatei wird als SafeArray verpackt und kann somit als OleVariant-Datentyp vom Universal Marshaler über Rechnergrenzen hinweg transportiert werden.

```
function TImgSrv.GetImageEx(
  const Filename: WideString): OleVariant;
var
  F: file;
  Size: Integer;
```

```
  Data: PChar;
begin
  AssignFile(F, FileName);
  Reset(F, 1);
  try
    Size := FileSize(F);
    Result := VarArrayCreate([0, Size - 1], varByte);
    Data := VarArrayLock(Result);
    try
      BlockRead(F, Data^, Size);
    finally
      VarArrayUnlock(Result);
    end;
  finally
    CloseFile(F);
  end;
end;
```

Der Client

Wie das Beispielprojekt des Clients demonstriert, kann er die im Formular angezeigte Grafik direkt von einem DCOM-Server laden. Da ein WideString völlig problemlos über Rechnergrenzen hinweg transportiert werden kann, ist das eine universelle Lösung.

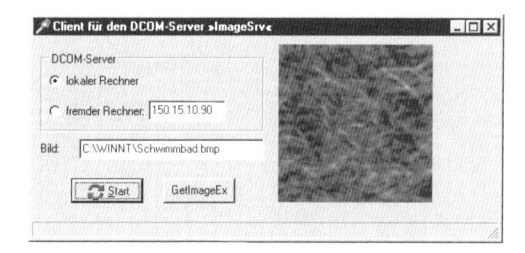

Abb. 7.12: Der Client kann auf diesem Weg das Bild auch vom DCOM-Server holen

Und da der Server in seinen beiden Interface-Methoden unterschiedliche Übertragungstechniken verwendet, muss auch der Client zwei verschiedene Methoden für die Übernahme der Grafikdaten vorsehen.

1. Methode: Delphi-Komponente wird als Text übertragen

Mithilfe von `ObjectTextToBinary` wird die WideString-Inkarnation der vom Server „eingefrorenen" TImage-Instanz wieder in eine aktive TImage-Instanz umgewandelt. Dieser Vorgang vollzieht sich in zwei Schritten. Zuerst wird eine leere TImage-Instanz über den Aufruf ihres Konstruktors erzeugt. Anschließend wird das Speicherabbild der frisch konvertierten Instanz über den Aufruf von `ReadComponent` in die leere Hülle geladen.

JPG-Grafik als WideString übertragen

```
procedure TFormClt.BitBtn1Click(Sender: TObject);
var
  aSrv : IImgSrv;
  ss   : TStringStream;
  ms   : TMemoryStream;
  ti   : TImage;
  swImg: WideString;
begin
  case RadioGroupSrv.ItemIndex of
    0 : aSrv := CoImgSrv.Create;
    1 : aSrv := CoImgSrv.CreateRemote(EditSrvName.Text);
  end;
  aSrv.GetImage(EditImage.Text, swImg);
  ss := TStringStream.Create(swImg);
  try
    ms := TMemoryStream.Create;
    try
      ObjectTextToBinary(ss, ms);
      ms.Seek(0, soFromBeginning);
      try
        ti := TImage.Create(Self);
        ms.ReadComponent(ti);
        Image1.Picture := ti.Picture;
      finally
        ti.Free;
      end;
    finally
      ms.Free;
    end;
  finally
    ss.Free;
  end;
  aSrv := nil;
end;
```

Diese Technik finden Sie auch in anderen Objekten wieder vor. Zum Beispiel arbeitet das Recordset-Objekt von ADO bei der Übertragung vom Server zum Client nach dem gleichen Prinzip, allerdings mit einer anderen Implementierung.

2. Methode: SafeArray

Zur zweiten Technik ist nicht viel zu sagen – das Prinzip stimmt mit den bereits vorgestellten Variant-Array-Beispielen überein.

```
procedure TFormClt.ButtonGetImageExClick(Sender: TObject);
const
  cBUFFER = 'C:\TEMP\BUFFER.BMP';
var
  aSrv  : IImgSrv;
  pData : PChar;
  vData : OleVariant;
  iCnt  : Integer;
  ms    : TMemoryStream;
begin
  case RadioGroupSrv.ItemIndex of
    0 : aSrv := CoImgSrv.Create;
    1 : aSrv := CoImgSrv.CreateRemote(EditSrvName.Text);
  end;
  vData := aSrv.GetImageEx(EditImage.Text);
  pData := VarArrayLock(vData);
  try
    iCnt := VarArrayHighBound(vData, 1) + 1;
    ms := TMemoryStream.Create;
    try
      ms.Write(pData^, iCnt);
      ms.SaveToFile(cBUFFER);
      Image1.Picture.LoadFromFile(cBUFFER);
    finally
      ms.Free;
    end;
  finally
    VarArrayUnlock(vData);
  end;
  aSrv := nil;
end;
```

7.8 User Defined Types (UDT) und Delphi

Mit der Einführung von Visual Basic 6.0 legt Microsoft großen Wert darauf, auf die Fähigkeiten der neuen UDT für COM-Objekte hinzuweisen. Zwar stehen die UDT nur dann zur Verfügung, wenn Windows 98 aktualisiert wird (DCOM for Windows 98) oder gar Windows 2000 eingesetzt wird, aber trotzdem bleiben die Vorteile beeindruckend. Anstelle dutzender Parameter kann jetzt nur ein Parameter auf eine eigene, benutzerdefinierte Datenstruktur übergeben werden.

Was haben hier Delphi 4 oder Delphi 5 zu bieten? Nun, bei Delphi 5 werden Sie eine integrierte Unterstützung für UDTs nicht finden. Und Delphi 4 ist älter als VB 6, also vermutet man hier UDTs erst gar nicht. Also hat hier Delphi das Nachsehen? Nein, für den Fall der In-process Server, die im gleichen Apartment wie der Client ausgeführt werden, hat Delphi ab der Version 4.0 bereits alles an Bord.

User Defined Types (UDT) und Delphi

Das Beispielprojekt finden Sie im Verzeichnis »Kapitel 7\UDT-Srv«.

Der Server

Schauen Sie sich dazu einmal die folgende, mit Delphi 4 entwickelte Typbibliothek an:

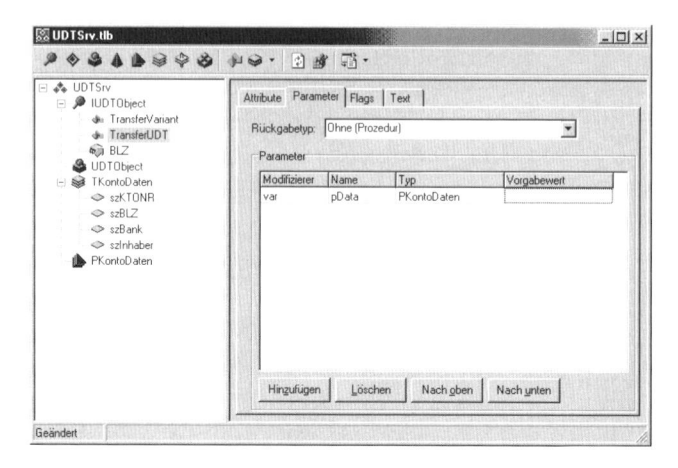

Abb. 7.13: Die in der Typbibliothek definierte Record-Struktur wird verwendet

Gleich auf den ersten Blick fallen zwei Bestandteile auf, die in trivialen Beispielprojekten nicht zu finden sind:

- Der Record TKontoDaten ist das Typbibliotheks-Gegenstück zu einem Pascal-Record, der im Beispiel aus 4 Feldern besteht. Das Besondere an diesen Feldern besteht darin, dass alle Felder vom Typ ARRAY[0..x] OF SHORTINT sind (entspricht der Deklaration eines nullterminierten Strings über ARRAY[0..x] OF CHAR).
- Der Alias PKontoDaten definiert einen neuen Zeigertyp auf den gerade frisch deklarierten Record-Typ.

```
PKontoDaten = ^TKontoDaten;

 TKontoDaten = packed record
  szKTONR: array[0..10] of Shortint;
  szBLZ: array[0..8] of Shortint;
  szBank: array[0..27] of Shortint;
  szInhaber: array[0..27] of Shortint;
end;
```

Es werden Datentypen verwendet, die nicht OLE-Automation-kompatibel sind! Geht das mit Delphi überhaupt? Ja, solange niemals beim Aufruf ein Marshaler von COM benötigt wird. Somit erklärt sich auch, warum in der Einleitung vom Einsatzfall „gleiches Apartment" die Rede war.

Das Server-Objekt speichert im Objektfeld FUDTData (vom eigenen, in der Typbibliothek deklarierten Typ TKontoDaten) alle Daten, die der Client bei seinem Server-Aufruf im Block übergeben hat.

```
type
  TUDTObject = class(TTypedComObject, IUDTObject)
  private
    FVariantData : OleVariant;
    FUDTData     : TKontoDaten;
  protected
    procedure TransferUDT(var pData: PKontoDaten); stdcall;
    procedure TransferVariant(vData: OleVariant); stdcall;
    function Get_BLZ: WideString; stdcall;
    {hier IUDTObject-Methoden deklarieren}
  end;
```

Über die Interface-Methode Get_BLZ stellt der Server aus diesem Datenrecord eine einzelne Information bereit, sodass der Client nicht in jedem Fall den vollständigen Datenblock wieder vom Server abfordern muss.

```
procedure TUDTObject.TransferUDT(var pData: PKontoDaten);
begin
  FUDTData := pData^;
end;

procedure TUDTObject.TransferVariant(vData: OleVariant);
begin
  FVariantData := vData;
end;

function TUDTObject.Get_BLZ: WideString;
var
  szBLZ : array[0..8] of Char;
begin
  StrLCopy(szBLZ, PChar(@FUDTData.szBLZ), 8);
  Result := szBLZ;
end;
```

Der Client

Bevor die Implementierung im COM-Objekt betrachtet wird, soll der Aufruf im Client-Programm beleuchtet werden. Über den Set-Button werden die Daten aus den 4 TEdit-Instanzen in der Record-Struktur verpackt und beim Aufruf der Server-Methode über einen Zeigertyp auf diese Struktur übergeben. Im Server-Interface taucht jedoch nur ein

Parameter auf. Dieser scheinbare Widerspruch klärt sich auf, wenn man sich einmal die Implementierung im Client anschaut. Über die Typumwandlung werden die einzelnen Record-Felder als PChar interpretiert, sodass der Inhalt jedes einzelnen Feldes getrennt kopiert werden kann.

```
procedure TFormMain.ButtonSetClick(Sender: TObject);
var
  aTKD : TKontoDaten;
  pTKD : PKontoDaten;
begin
  StrPCopy(PChar(@aTKD.szKTONR), EditKTO.Text);
  StrPCopy(PChar(@aTKD.szBLZ), EditBLZ.Text);
  StrPCopy(PChar(@aTKD.szBank), EditBANK.Text);
  StrPCopy(PChar(@aTKD.szInhaber), EditINHABER.Text);
  pTKD := @aTKD;
  FSrv.TransferUDT(pTKD);
end;
```

Zugegeben – das gerade vorgestellte Beispiel sieht gleich aus mehreren Gründen etwas unsauber aus. Es gibt Leute, die werfen immer dann gleich das Handtuch, wenn Zeiger im Spiel sind und Daten direkt über Zeiger manipuliert werden. Außerdem muss der Recordaufbau bereits zur Kompilierungszeit bekannt sein und sprachunabhängig ist die Lösung schon gar nicht. Wobei wir bei der nächsten Alternative wären – mit dem Zugriff auf das `IRecordInfo`-Interface sollten auch beim skeptischen Anwender alle Zweifel ausgeräumt werden können.

7.9 User Defined Types (UDT) via IRecordInfo

Mithilfe des IRecordInfo-Interfaces kann die Struktur einer in der Typbibliothek deklarierten UDT (User Defined Type) ausgelesen werden. Das hört sich schwierig an, wird aber einfach, da man diese Interface-Methoden nicht selbst implementieren muss. Stattdessen ist die COM-Runtime für die Implementierung zuständig, wobei dies auch bedeutet, dass die UDT-Funktionen nur unter aktuellen Windows-Versionen zur Verfügung stehen.

> *Sie können daher das Beispielprojekt nur dann erfolgreich nachvollziehen, wenn Sie unter Windows 98 das Setup von „DCOM for Windows 98" ausgeführt haben. Setzen Sie bereits Windows 2000 ein, haben Sie alles Notwendige an Bord.*

Wenn Daten zwischen verschiedenen Prozessen, Rechnern oder auch nur zwischen verschiedenen Apartments übertragen werden sollen, muss der Marshaler wissen, wie er diese Daten transportiert. Bei den Automation-kompatiblen Datentypen ist dieses Wissen fest in der COM-Runtime integriert. Aber bei einer eigenen Datenstruktur (UDT) muss

Datenaustausch

jemand den Marshaler über den exakten Aufbau dieser Struktur informieren. Speziell geht es dabei darum, wie diese Struktur im Arbeitsspeicher abgebildet werden muss. Und damit dies so transparent wie nur möglich ablaufen kann, hat COM das IRecordInfo-Interface als definierte Schnittstelle vorgesehen.

Deklaration des Interfaces und einiger Hilfsfunktionen

Das Interface IRecordInfo kann nur unter aktuellen Windows-Versionen genutzt werden, da die Interface-Methoden direkt von der COM-Runtime implementiert werden. Sie werden dieses Interface daher nicht in den Delphi-Units finden, sondern müssen selbst Hand anlegen. Oder besser, Sie greifen auf meine Fassung aus der Unit *OsUDFExt.pas* zurück. Dort sind auch weitere Hilfsfunktionen implementiert, die zur Unterstützung von IRecordInfo benötigt werden.

```
uses
  ComObj, ActiveX, SysUtils, Windows;

const
  VT_Record = 36;

type
  IRecordInfo = interface(IUnknown)
    ['{0000002F-0000-0000-C000-000000000046}']
    function GetField(Data: pointer;
      FieldName: WideString;
      Field:OleVariant): HResult; stdcall;
    function GetFieldNames(NumberOfNames: Integer;
      NameList: OleVariant): HResult; stdcall;
    function GetFieldNoCopy(const Data: pointer;
      const FieldName:WideString;
      Field: OleVariant; DataArray: pointer): HResult; stdcall;
    function GetGUID(var GUID: TGUID): HResult; stdcall;
    function GetName(var Name: WideString): HResult; stdcall;
    function GetSize(var Size: Integer): HResult; stdcall;
    function GetTypeInfo(var TypeInfo: ITypeInfo): HResult;
      stdcall;
    function IsMatchingType(
      const RecordInfo: IRecordInfo): HResult;stdcall;
    function PutField(const Flags: Integer;
      Data: Pointer; const FieldName: WideString;
      const Field: OleVariant): HResult;stdcall;
    function PutFieldNoCopy(const Flags: Integer;
      Data: pointer; const FieldName: WideString;
      const Field: OleVariant): HResult;stdcall;
    function RecordClear(Existing: Pointer): HResult; stdcall;
    function RecordCopy(Existing: Pointer;
```

```
      var New: Pointer): HResult; stdcall;
    function RecordCreate: Pointer; stdcall;
    function RecordCreateCopy(Source: Pointer;
      var Dest: Pointer): HResult; stdcall;
    function RecordDestroy(RecordToDelete: Pointer): HResult;
      stdcall;
    function RecordInit(NewRecord: Pointer): HResult; stdcall;
  end;
```

Das Beispielprojekt

Das Beispielprojekt finden Sie im Verzeichnis »Kapitel 7\IRecordInfo«.

Schritt 1: Record-Struktur im Typbibliothekseditor anlegen

Im Typbibliothekseditor legen Sie zuerst über die Schaltfläche RECORD einen Record (alias UDT) an. Mit der rechten Maustaste kann dann der Menüpunkt NEU | FELD aufgerufen werden, um jedes einzelne Record-Feld zu deklarieren.

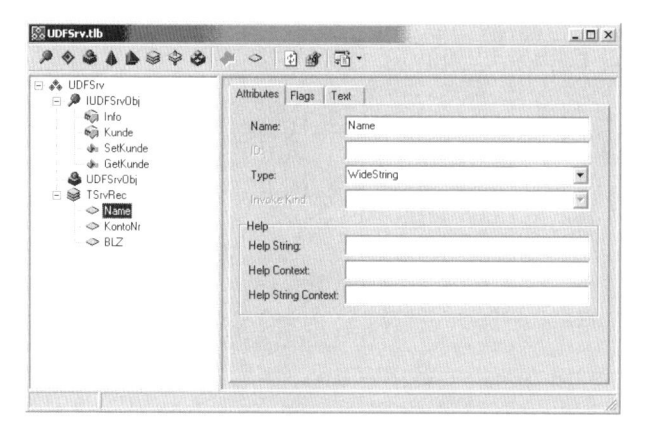

Abb. 7.14: Die eigene UDT wird deklariert

Das Ergebnis dieser visuellen Konfiguration sieht schlicht und einfach aus – Delphi hat die Record-Struktur in der Typbibliothek deklariert.

```
TSrvRec = packed record
  Name: WideString;
  KontoNr: Integer;
  BLZ: Integer;
end;
```

Schritt 2: GUID für den Record als Konstante übernehmen

Delphi vergibt zwar im Typbibliothekseditor eine GUID für die eigene Record-Struktur, allerdings wird diese GUID in der generierten *TLB.pas* nicht als Konstante deklariert. Daher muss dieser Schritt im Implementationsteil des COM-Servers nachgeholt werden:

```
Implementation

uses
  ComServ, OsUDFExt;

const
  // GUID für Record aus dem TLB-Editor hierher kopieren
  IID_SrvRec : TGUID = '{56D4F066-F5B3-11D3-BF78-005004303872}';
```

In der eingebundenen Unit *OsUFDExt.pas* werden die zusätzlichen COM-Interfaces und Funktionen deklariert und implementiert, die als Erweiterung des Funktionsumfangs von Delphi 5 für den Zugriff auf UDF-Parameter benötigt werden.

Schritt 3: Record-Struktur als Datentyp für die Interface-Methoden verwenden

Im Typbibliothekseditor wird nun der eigene UDT-Datentyp als Typ des Parameters der Interface-Methode `GetKunde` aus der Liste ausgewählt.

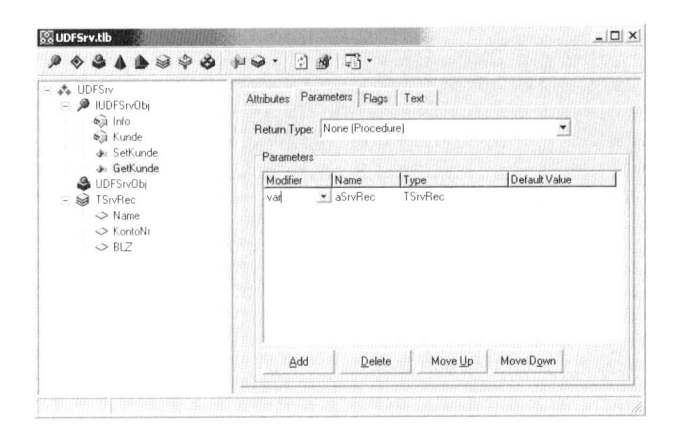

Abb. 7.15: Die eigene UDT-Struktur wird als Parameter-Typ verwendet

Ob das Ganze auch wirklich funktioniert, hängt jetzt davon ab, ob Sie bereits das UpdatePack#1 zu Delphi 5 installiert haben oder nicht.

> *Achtung! Delphi-5-Bug, der erst mit dem UpdatePack#1 beseitigt wird.*

User Defined Types (UDT) via IRecordInfo

Delphi 5 hat in der Originalversion ein Problem mit den UDTs. Beim Generieren der *xxxTLB.pas* setzt Delphi anstelle von TSrvRec den Datentyp TGUID ein:

```
// ***********************************************************//
// Schnittstelle: IUDFSrvObj
// Flags:         (4416) Dual OleAutomation Dispatchable
// GUID:          {56D4F062-F5B3-11D3-BF78-005004303872}
// ***********************************************************//
  IUDFSrvObj = interface(IDispatch)
    ['{56D4F062-F5B3-11D3-BF78-005004303872}']
    function  Get_Info: WideString; safecall;
    function  Get_Kunde: OleVariant; safecall;
    procedure SetKunde(aKunde: TGUID); safecall;
    property Info: WideString read Get_Info;
    property Kunde: OleVariant read Get_Kunde;
  end;
```

Erst dann, wenn das Projekt unter Delphi 5 UpdatePack#1 geöffnet wird, trägt Delphi den richtigen Datentyp ein:

```
// ***********************************************************//
// Interface: IUDFSrvObj
// Flags:         (4352) OleAutomation Dispatchable
// GUID:          {56D4F062-F5B3-11D3-BF78-005004303872}
// ***********************************************************//
  IUDFSrvObj = interface(IDispatch)
    ['{56D4F062-F5B3-11D3-BF78-005004303872}']
    function  Get_Info: WideString; safecall;
    function  Get_Kunde: OleVariant; safecall;
    procedure SetKunde(aKunde: TSrvRec); safecall;
    procedure GetKunde(var aSrvRec: TSrvRec); safecall;
    property Info: WideString read Get_Info;
    property Kunde: OleVariant read Get_Kunde;
  end;
```

Schritt 4: Dual Interface abwählen

Der COM-Server darf allerdings nun kein Dual Interface verwenden, daher wird diese Option auf der Registerseite FLAGS in der TLB abgewählt. Der Grund für diese Einschränkung liegt in der Beschränkung des Dispatch-Interfaces. Das von Delphi automatisch generierte zweite DispInterface verwendet auch beim UpdatePack von Delphi 5 den falschen Datentyp TGUID. Allerdings wird der richtige Datentyp in Kommentarklammern dahintergesetzt, und da nun beide Interfacedeklarationen unterschiedlich sind, weigert sich Delphi, dieses Gebilde zu kompilieren. Um das neue Problem zu lösen, verzichte ich auf die späte Bindung, sodass der COM-Server nur noch ein Interface unterstützt.

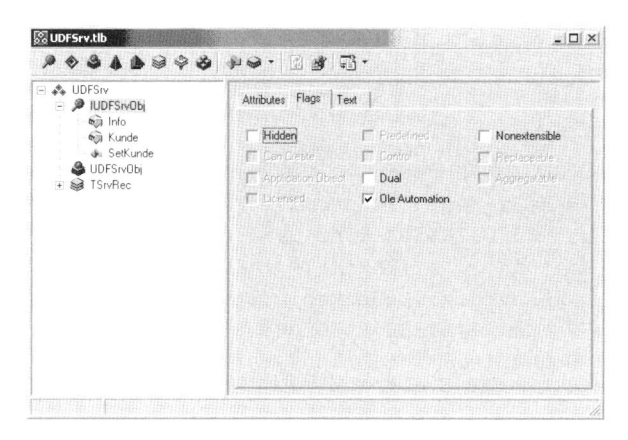

Abb. 7.16: Das Dual Interface wird abgewählt

Das Flag OLE AUTOMATION muss aber aktiviert bleiben, damit der Standard-Marshaler (alias Typbibliotheks-Marshaler) auch weiterhin genutzt werden kann.

Allerdings tauscht nun Delphi auch alle Safecall-Aufrufe durch Stdcall aus, was wiederum zu mehr manuellem Mehraufwand führen würde. Zum Glück kann dies sofort rückgängig gemacht werden. Im Dialog UMGEBUNGSOPTIONEN wird der Radiobutton auf den Eintrag ALLE V-TABLE-INTERFACES gesetzt.

Abb. 7.17: Delphi soll für alle Interface-Typen den bequemen SafeCall-Weg vorsehen

Schritt 5: Interface-Methode des COM-Servers implementieren

Das COM-Objekt deklariert ein privates Objektfeld vom Typ `TSrvRec` und kann somit die einzelnen Informationen der Record-Felder in dieser Variablen ablegen. Wenn der Client die Interface-Methode `SetKunde` aufruft, ist das direkte Zuweisen der Recordfelder möglich. Aber auch dann, wenn die Record-Informationen als universelles OleVariant-Ergebnis benötigt werden, kann auf die Unterstützung der COM-Runtime zurückgegriffen werden. Über die Funktion `GetStructRecordInfo` aus der Unit *OsUDFExt.pas* wird nach dem Laden der Typbibliothek die API-Funktion `GetRecordInfoFromTypeInfo` aufgerufen, um einen Zeiger auf das IRecordInfo-Interface abzufordern. Und die anschließend aufgerufene API-Funktion `SafeArrayCreateEx` ist speziell darauf vorbereitet, die UDT-Struktur über einen IRecordInfo-Interfacezeiger auszulesen.

```
uses
  ComObj, ActiveX, UDFSrv_TLB, StdVcl;
```

```pascal
type
  TUDFSrvObj = class(TAutoObject, IUDFSrvObj)
  private
    FSrvRec : TSrvRec;
  protected
    function Get_Info: WideString; safecall;
    function Get_Kunde: OleVariant; safecall;
    procedure GetKunde(var aSrvRec: TSrvRec); safecall;
    procedure SetKunde(aKunde: TSrvRec); safecall;
    { Protected-Deklarationen }
  end;

implementation

uses
  ComServ, OsUDFExt;

const
  // GUID für Record aus dem TLB-Editor hierher kopieren
  IID_SrvRec : TGUID = '{56D4F066-F5B3-11D3-BF78-005004303872}';

function TUDFSrvObj.Get_Info: WideString; safecall;
begin
  Result := 'UDF-Version 1.0';
end;

type
  TSrvRecArray = array of TSrvRec;

function TUDFSrvObj.Get_Kunde: OleVariant; safecall;
var
  vRecordInfo : IRecordInfo;
  p           : Pointer;
begin
  vRecordInfo := GetStructRecordInfo(IID_SrvRec, LIBID_UDFSrv);
  try
    if (vRecordInfo <> nil) then begin
      result := VarArrayCreateEx([0,2], VT_RECORD, vRecordInfo);
      p := VarArrayLock(result);
      TSrvRecArray(p)[0].Name := FSrvRec.Name;
      TSrvRecArray(p)[0].KontoNr := FSrvRec.KontoNr;
      TSrvRecArray(p)[0].BLZ := FSrvRec.BLZ;
      TSrvRecArray(p)[1].Name := 'Mustermann';
      TSrvRecArray(p)[1].KontoNr := 987654321;
```

Datenaustausch

```
      TSrvRecArray(p)[1].BLZ := 20020020;
      TSrvRecArray(p)[2].Name := 'Feldbusch';
      TSrvRecArray(p)[2].KontoNr := 66666666;
      TSrvRecArray(p)[2].BLZ := 30030030;
      VarArrayUnlock(result);
    end;
  finally
    vRecordInfo := nil;
  end;
end;

procedure TUDFSrvObj.SetKunde(aKunde: TSrvRec); safecall;
begin
  FSrvRec.Name := aKunde.Name;
  FSrvRec.KontoNr := aKunde.KontoNr;
  FSrvRec.BLZ := aKunde.BLZ;
end;

procedure TUDFSrvObj.GetKunde(var aSrvRec: TSrvRec);
begin
  //
  aSrvRec.Name := FSrvRec.Name;
  aSrvRec.KontoNr := FSrvRec.KontoNr;
  aSrvRec.BLZ := FSrvRec.BLZ;
end;

initialization
  TAutoObjectFactory.Create(ComServer, TUDFSrvObj,
    Class_UDFSrvObj, ciMultiInstance, tmApartment);
end.
```

Schritt 6: Client für den COM-Server implementieren

Der Client demonstriert den Zugriff auf die UDT-Daten des Servers sowohl über einen direkten Zugriff über die TSrvRec-Struktur als auch über den OleVariant-Rückgabewert.

User Defined Types (UDT) via IRecordInfo

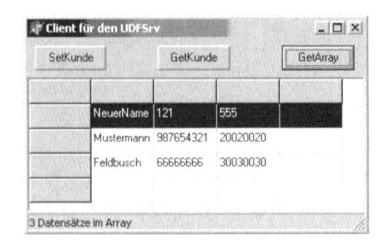

Abb. 7.18: Der Client greift auf die UDT-Recorddaten zu

Der direkte Zugriff über TSrvRec ist schnell implementiert und bedarf wohl keiner weiteren Erläuterungen.

```
procedure TForm1.ButtonSetKundeClick(Sender: TObject);
var
  aSrvRec : TSrvRec;
begin
  aSrvRec.Name := 'NeuerName';
  aSrvRec.KontoNr := 121;
  aSrvRec.BLZ := 555;
  FSrv.SetKunde(aSrvRec);
end;

procedure TForm1.ButtonGetKundeClick(Sender: TObject);
var
  aSrvRec : TSrvRec;
begin
  FSrv.GetKunde(aSrvRec);
  ShowMessage(Format('%s; %d; %d', [aSrvRec.Name,
              aSrvRec.KontoNr, aSrvRec.BLZ]));
end;
```

Etwas komplizierter ist das Aufteilen von TSrvRec-Datensätzen aus einem Variant-Array, das über einen OleVariant-Rückgabewert vom Server abgefordert wurde. Über die Typumwandlung via TSrvRecArray kann jedoch der Client auf jedes einzelne Element des Arrays in der gewohnten Art und Weise zugreifen.

```
type
   TSrvRecArray = array of TSrvRec;

procedure TForm1.ButtonGetArrayClick(Sender: TObject);
var
  vSrvRecs : OLEVariant;
  aSrvRec  : TSrvRec;
  iDimCount: Integer;
  iLow     : Integer;
  iHigh    : Integer;
```

```
    i        : Integer;
    p        : Pointer;
begin
  vSrvRecs := FSrv.Get_Kunde;
  iDimCount := VarArrayDimCount(vSrvRecs);
  iLow := VarArrayLowBound(vSrvRecs, iDimCount);
  iHigh := VarArrayHighBound(vSrvRecs, iDimCount);
  p := VarArrayLock(vSrvRecs);
  try
    for i := iLow to iHigh do begin
      aSrvRec := TSrvRecArray(p)[i];
      StringGrid1.Cells[1, i + 1] := aSrvRec.Name;
      StringGrid1.Cells[2, i + 1] := IntToStr(aSrvRec.KontoNr);
      StringGrid1.Cells[3, i + 1] := IntToStr(aSrvRec.BLZ);
    end;
  finally
    VarArrayUnlock(vSrvRecs);
  end;
end;
```

7.10 IMalloc

Bislang wurde das Problem der Speicherverwaltung vollständig ignoriert, da die vorgestellten Beispielprojekte damit auch nicht konfrontiert wurden. Bei dem Thema interessieren vor allem drei Fragen:

1. Wie groß ist der Speicherbereich, der angefordert werden muss?
2. Wem soll dieser Speicherbereich gehören?
3. Falls der Speicher als Parameter an eine Funktion/Prozedur übergeben wird, wer ist dann für die Freigabe des nicht mehr benötigten Speicherbereiches zuständig? Der Aufrufer oder die aufgerufene Funktion/Prozedur?

In einem normalen Delphi-Programm (das nicht auf COM zugreift) ist dies kein großes Problem, die dritte Frage wird zum Beispiel für die auf dem Stack abgelegten Parameter und Variablen über die Compilerdirektiven `stdcall` beziehungsweise `cdecl` geregelt. Auch dann, wenn der Speicherbereich nur über einen Zeiger an die Funktion übergeben wird, tritt kein Problem auf. Schauen Sie sich dazu einmal das folgende Beispiel an:

```
procedure ShowData(pText : PChar); stdcall;
```

Der Prozedur wird ein Zeiger auf einen Speicherbereich übergeben, wobei die Aufrufkonvention `stdcall` festlegt, dass die Prozedur (und nicht der Aufrufer) am Ende diesen Stack-Speicher wieder freigeben soll. Generell gilt, dass nur der Prozess einen Speicherbereich freigeben kann, in dem dieser Speicher auch angefordert wurde. In einem normalen Programm, das in einem Prozess und damit in einem Adressraum ausgeführt wird, mag das angehen. Was passiert aber, wenn der Parameter beim Aufruf einer „fremden" Prozedur benötigt wird? Dann wird eine neutrale Stelle benötigt, die derartige Aufgaben prozessübergreifend erfüllen kann.

COM löst dieses Speicheranforderungsproblem, indem über das `IMalloc`-Interface ein neutraler Speichermanager zur Verfügung steht. Über den Aufruf von `CoGetMalloc` kann ein Client jederzeit eine Referenz auf das IMalloc-Interface anfordern. Jeder Speicherbereich, den der Client über `IMalloc.Alloc` anfordert, kann von einem beliebigen Server freigegeben werden, solange auch der Server dies über die Methoden von IMalloc macht. Zusätzlich steht die Win32-API-Funktion `SHGetMalloc` zur Verfügung, die als Hilfsfunktion alle notwendigen Zwischenschritte intern erledigt und somit den Aufruf vereinfacht.

```
IMalloc = interface(IUnknown)
  ['{00000002-0000-0000-C000-000000000046}']
  function Alloc(cb: Longint): Pointer; stdcall;
  function Realloc(pv: Pointer; cb: Longint): Pointer; stdcall;
  procedure Free(pv: Pointer); stdcall;
  function GetSize(pv: Pointer): Longint; stdcall;
  function DidAlloc(pv: Pointer): Integer; stdcall;
  procedure HeapMinimize; stdcall;
end;
```

Im dem oben genannten Beispiel könnte das wie folgt aussehen:
- Der Client fordert über die IMalloc-Methode `Alloc` einen ausreichend großen Speicherbereich an.
- Der Client verwendet diesen Speicherbereich als Parameter.
- Der Server gibt über die IMalloc-Methode `Free` den Speicherbereich wieder frei.

Einsatzfälle

Der Lebenszyklus von Zeigern auf ein bestimmtes Interface wird immer durch die entsprechenden Aufrufe von `IUnknown.AddRef` und `IUnknown.Release` verwaltet. Darum muss sich also ein Entwickler nicht mehr kümmern. Dies gilt jedoch nicht für die anderen Parameter von Interface-Methoden, die nicht als Wert übergeben werden:
- Der Speicher für In-Parameter muss vom Aufrufer angefordert und freigegeben werden.
- Der Speicher für Out-Parameter muss von der aufgerufenen Methode angefordert werden. Allerdings ist der Aufrufer dieser Methode für die Freigabe zuständig.
- Der Speicher für In-Out-Parameter wird zuerst vom Aufrufer definiert, von der aufgerufenen Methode neu zugewiesen und muss anschließend vom Aufrufer wieder freigegeben werden.

Damit sind für die letzten beiden Fälle sowohl Aufrufer als auch die aufgerufene Methode beteiligt, sodass nur der gemeinsame Zugriff auf die COM-Speicherverwaltung zulässig ist. Nur dann kann ein Modul einen Speicherbereich gefahrlos freigeben, der von einem anderen Modul angefordert wurde.

7.10.1 Das erste Beispielprogramm

Windows definiert für seine Shell bestimmte eigene Verzeichnisse, die jeweils einen eindeutigen Bezeichner verwenden: Favorites, Desktop, Programs, Fonts, SendTo, Start Menu, Templates, Startup, Recent und NetHood. Möchte nun ein Entwickler bestimmte Dateien in diesen Verzeichnissen ablegen, muss er sich zuerst über den konkreten absoluten Pfadnamen informieren. Dazu kann er es sich einfach machen, indem er den Pfadnamen direkt aus der Registrierungsdatenbank ausliest. Microsoft warnt allerdings vor einer derartigen Vorgehensweise, da spätere Windows-Versionen andere Schlüssel verwenden könnten und damit die Anwendung ein Problem bekommt. Der offizielle (und etwas umständlichere) Weg führt über die so genannten Shell-Funktionen von Windows und damit direkt zum Thema COM.

Das Beispielprojekt »IMallocTest.DPR« zum Thema IMalloc finden Sie auf der CD-ROM im Verzeichnis »Kapitel 7\IMalloc.

Das Beispielprojekt demonstriert beide Wege, wobei ich hier nur den „offiziellen" Weg über die Shell-Funktionen vorstelle. Über die Win32-API-Funktion `SHGetSpecialFolderLocation` fordern Sie von Windows die Item-ID für das gesuchte Verzeichnis an. Als Item-ID wird der binäre Verweis auf dieses Verzeichnis in dem mit dem Desktop-Objekt beginnenden Namensbereich der Windows-Shell bezeichnet. Als zweiter Parameter wird die in der Unit *ShlObj.pas* deklarierte Konstante für den jeweils gesuchten Ordner übergeben. Der dritte Parameter ist ein Zeiger auf eine `PItemIDList`-Struktur. Die Funktion selbst fordert den notwendigen Speicherblock für die Item-ID an und setzt nur den Zeiger pIIL auf diesen Speicherbereich. Die aufrufende Anwendung muss also nur den 4 Byte großen Speicher für die Zeigervariable bereitstellen, aber nicht den Speicherbereich, auf den dieser Zeiger nach dem Aufruf der Funktion zeigt. Diese Forderung wird durch die Deklaration von pIIL als PItemIDList-Typ erfüllt, der Compiler kann somit den benötigten Platzbedarf des Zeigers selbst ermitteln.

Über die Win32-API-Funktion `SHGetPathFromIDList` tauschen Sie die Item-ID in eine Zeichenkette mit der Pfadinformation um. Den Speicherbereich für diese Zeichenkette hat die eigene Anwendung über das Array of Char selbst angefordert. Am Ende muss die eigene Anwendung nur noch den von Windows selbst für die Item-ID angeforderten Speicherbereich freigeben.

```
uses Registry, ShlObj, COMObj, ActiveX;

procedure TFormMain.ButtonCOMClick(Sender: TObject);
var
  pIIL    : PItemIDList;
  szPath  : array[0..MAX_PATH] of Char;
  aMalloc : IMalloc;
begin
  StatBar.SimpleText := 'SHGetSpecialFolderLocation ...';
```

```
  Memo1.Lines.Clear;
  OleCheck(SHGetSpecialFolderLocation(0,
          CSIDL_DESKTOPDIRECTORY, pIIL));
  SHGetPathFromIDList(pIIL, szPath);
  OleCheck(SHGetMalloc(aMalloc));
  aMalloc.Free(pIIL);
  Memo1.Lines.Add(szPath);
end;
```

Dazu holt sich die Anwendung über den Aufruf der Win32-API-Funktion `SHGetMalloc` einen Interfacezeiger vom Typ IMalloc auf den so genannten Task-Allocator der Windows-Shell.

```
function SHGetMalloc(var ppMalloc: IMalloc): HResult; stdcall;
```

Der Aufruf von SHGetMalloc entspricht dem Aufruf von `CoGetMalloc` mit dem Parameter MEMCTX_TASK und verwendet damit den COM-Speichermanager. Über die zurückgelieferte Interfacevariable kann nun die IMalloc-Interfacemethode `Free` aufgerufen werden, um den Speicherbereich für die Item-ID freizugeben. Da die Interfacevariable aMalloc als lokale Variable deklariert ist, sorgt Delphi in eigener Regie für das Abräumen der Referenz auf IMalloc.

Trotz der tatkräftigen Hilfe von Delphi muss der Entwickler jedes Mal mindestens drei Zeilen Code schreiben, wobei darin eine Interfacevariable enthalten ist. Geht das nicht einfacher? In der Praxis schon, da im Win32-API drei Hilfsfunktionen vordefiniert werden:

```
function CoTaskMemAlloc(cb: Longint): Pointer; stdcall;

function CoTaskMemRealloc(pv: Pointer;
                cb: Longint): Pointer; stdcall;

procedure CoTaskMemFree(pv: Pointer); stdcall;
```

Während `CoTaskMemAlloc` über die IMalloc-Schnittstelle einen uninitialisierten Speicherblock zurückliefert, kann `CoTaskMemRealloc` über die gleiche Schnittstelle die Größe dieses Blockes nachträglich ändern. Last – but not least – gibt `CoTaskMemFree` einen Speicherblock in der gleichen Art und Weise wieder frei, wie das im gezeigten Beispiel über `IMalloc.Free` erledigt wurde.

7.10.2 Das zweite Beispielprogramm

Während beim ersten Beispielprojekt zu IMalloc die Zusammenarbeit mit dem Betriebssystem im Vordergrund stand, demonstriert das zweite Beispielprogramm die Implementierung eines eigenen COM-Servers, der zusammen mit dem Client den Speicher gemeinsam verwaltet.

Das Beispielprojekt finden Sie im Verzeichnis »Kapitel 7\IMalloc«.

Der Server

Der In-process Server *IMSrv.dpr* liefert in seiner Interface-Methode GetInfos ein PChar (also nur einen Zeiger auf einen Speicherbereich) zurück, wobei das COM-Objekt den Speicherbereich über IMalloc anfordert.

```
// ********************************************************//
// Schnittstelle: IMallocSrv
// Flags:       (4416) Dual OleAutomation Dispatchable
// GUID:        {3B520618-44B5-4178-BD4B-E6E270760760}
// ********************************************************//
  IMallocSrv = interface(IDispatch)
    ['{3B520618-44B5-4178-BD4B-E6E270760760}']
    function Get_Info: Integer; safecall;
    procedure GetInfos(var Buffer: PChar); safecall;
    property Info: Integer read Get_Info;
  end;
```

Der Aufrufer (also der Client) muss diesen Speicherbereich nach der Datenübernahme/Verarbeitung wieder freigeben.

```
procedure TMallocSrv.GetInfos(var Buffer: PChar);
var
  sTxt    : String;
  aMalloc : IMalloc;
begin
  sTxt := 'Dieser Text soll zum Client übertragen werden.' + #0;
  SHGetMalloc(aMalloc);
  Buffer := aMalloc.Alloc(Length(sTxt));
  StrPCopy(Buffer, sTxt);
end;
```

Der Client

Da der COM-Server über die IMalloc-Schnittstellen den Speicherbereich angefordert hat, holt sich der Client in diesem Beispiel ebenfalls einen Interface-Zeiger auf IMalloc, um dann über die Interface-Methode Free den vom Speicher allozierten Speicherbereich wieder freizugeben.

```
procedure TFormClient.ButtonInfoClick(Sender: TObject);
var
  aSrv    : IMallocSrv;
```

```
    aMalloc : IMalloc;
    pBuffer : PChar;
  begin
    aSrv := CoMallocSrv.Create;
    try
      aSrv.GetInfos(pBuffer);
      ShowMessage(Format('Text vom Server: »%s«', [pBuffer]));
      SHGetMalloc(aMalloc);
      aMalloc.Free(pBuffer);
    finally
      aSrv := nil;
    end;
  end;
```

Betrachten Sie dies nur als ein Einsatzbeispiel – bei den häufig verwendeten Parametern vom Typ WideString ist eine derartige Sonderbehandlung nicht notwendig, da Delphi alles automatisch im Hintergrund erledigt.

7.11 CoTaskMemAlloc

War Ihnen der gerade vorgestellte Zugriff auf IMalloc zu umständlich? Wenn ja, sollten Sie sich einmal die Alternative `CoTaskMemAlloc` ansehen. Diese API-Funktion fordert einen Speicherblock in genau der gleichen Art und Weise an wie das die IMalloc-Methode Alloc auch tut. Der Inhalt des zurückgelieferten Speicherblocks ist undefiniert, sodass Sie bei Bedarf diesen Block selbst initialisieren müssen. Außerdem garantiert Windows nicht, dass in jedem Fall ein Speicherblock angefordert werden kann, sodass auch der Inhalt der Puffervariablen geprüft werden sollte.

Das folgende Beispielprojekt demonstriert, wie innerhalb des COM-Objekts über den Aufruf von CoTaskMemAlloc ein Speicherblock angefordert wird, der vom Aufrufer (Client) ausgewertet und dann über den Aufruf von CoTaskMemFree wieder freigegeben wird. Dies hat den Vorteil, dass der Client keine Vorkehrungen treffen muss, um einen ausreichend großen Speicherblock an das COM-Objekt zu übergeben. Stattdessen hält sich der Client heraus und überlässt es der aufgerufenen Server-Methode, einen ausreichend großen Speicherbereich anzufordern und zum Aufrufer zurückzuliefern.

Das Beispielprojekt finden Sie im Verzeichnis »Kapitel 7\CoTaskMemAlloc«.

Server

Der Server wurde als In-process Server vom Delphi-5-Experten angelegt und verwendet als Nachfolger von TTypedComObject eine Typbibliothek.

```
ICTMAObj = interface(IUnknown)
  ['{8BF4A57E-37B4-4B9A-A991-65401DAB0846}']
  function  GetData(out iCount: Integer;
    out Buffer: PChar): HResult; stdcall;
end;
```

Da der Zugriff nur vom eigenen Client geplant ist, wird kein Dual Interface und auch keine Unterstützung für OLE Automation benötigt. In der Voreinstellung von Delphi 5 bedeutet dies, dass alle Interface-Methoden des Objekts nicht als SafeCall deklariert werden. In diesem Beispiel ändere ich diese Voreinstellung nicht, sodass die Interface-Methode als Rückgabewert einen HRESULT-Wert zurückliefert. Dies bedeutet jedoch auch, dass alle Parameter, die zum Client zurückgeliefert werden sollen, als Out-Parameter deklariert werden müssen.

```
type
  TCTMAObj = class(TTypedComObject, ICTMAObj)
  protected
    function GetData(out iCount: Integer;
      out Buffer: PChar): HResult; stdcall;
  end;
```

In der Interface-Methode GetData fordert das COM-Objekt über den Aufruf von CoTaskMemAlloc einen 1 kByte großen Speicherblock an. Anstelle der festen Größe könnte der Server jedoch auch den Bedarf erst zur Laufzeit feststellen und somit effektiv nur das anfordern, was tatsächlich benötigt wird. Damit der Aufrufer (der Client) das Ergebnis prüfen kann, kopiere ich eine Zeichenkette in diesen Speicherblock. Da der Parameter Buffer als PChar deklariert wurde, erhält der Aufrufer nur einen Zeiger auf diesen Speicherblock zurück. Zur Kontrolle wird außerdem die Länge der kopierten Zeichenkette über den Parameter iCount zurückgeliefert.

```
uses ComServ, SysUtils;

function TCTMAObj.GetData(out iCount: Integer;
  out Buffer: PChar): HResult;
const
  cBUFFER_SIZE = 1024;
var
  sTxt : String;
begin
  try
    Buffer := CoTaskMemAlloc(cBUFFER_SIZE);
    if not Assigned(Buffer) then
```

```
      Abort;
    sTxt := 'Das ist nur ein Beispiel';
    StrPCopy(Buffer, sTxt);
    iCount := Length(sTxt);
    Result := S_OK;
  except
    Result := E_UNEXPECTED;
  end;
end;
```

Client

Der Client fordert einen Interface-Zeiger für das COM-Objekt an und ruft anschließend die Interface-Methode GetData auf. Beachten Sie, dass zu diesem Zeitpunkt der Client noch keinen Speicherplatz für die PChar-Variable angefordert hat. Somit hat der Compiler für pBuffer nur 4 Byte für den Zeigerwert reserviert. Innerhalb der Server-Methode GetData fordert das COM-Objekt einen 1 kByte großen Speicherbereich an, sodass der Client über den ShowMessage-Aufruf den Inhalt dieses Speicherbereichs ausgeben kann. Wichtig ist, dass am Ende der Client für das Freigeben des vom Server angeforderten Speicherbereichs zuständig ist. Dies erledigt der Aufruf von CoTaskMemFree.

```
uses CTMATest_TLB, ActiveX;

procedure TForm1.Button1Click(Sender: TObject);
var
  aSrvOvj : ICTMAObj;
  iCount  : Integer;
  pBuffer : PChar;
begin
  aSrvOvj := CoCTMAObj.Create;
  aSrvOvj.GetData(iCount, pBuffer);
  ShowMessage(pBuffer);
  StatusBar1.SimpleText := IntToStr(iCount);
  // Wichtig! Speicher wieder freigeben
  CoTaskMemFree(pBuffer);
end;
```

Fragen Sie sich jetzt vielleicht, warum in den bisherigen Beispielen der vorangegangenen Kapitel der Client nicht den vom Server angeforderten Speicherplatz für Strings freigegeben hat? Normalerweise verwende ich WideStrings (alias BSTR) und Automation-kompatible Interfaces, und dort ist das automatische Freigeben bereits fest eingebaut. Sie müssen sich daher nur dann um das Freigeben kümmern, wenn keine BSTRs und keine Automation-Interfaces verwendet werden.

Ein Beispiel für die Verwendung von SysAllocString stelle ich Ihnen im nächsten Abschnitt vor.

7.12 IEnumString

Das IEnumString-Interface ist ein von COM vordefiniertes Interface für Enumerations-Objekte für BSTRs. Und da die WideStrings von Delphi mit den COM-BSTRs identisch sind, darf auch Delphi auf diese Schnittstelle zugreifen.

Das Beispielprojekt finden Sie im Verzeichnis »Kapitel 7\EnumStrings«.

Der Server

Der Server stellt eine String-Kollektion bereit, die vom Client abgefragt werden kann. Ein spezielles Aufzählungsobjekt (TEnumStringObj aus der Unit *IESObj_Impl.pas*) implementiert dazu das von COM vordefinierte IEnumString-Interface. Da dieses Enumerations-Objekt die Strings intern in einer eigenen TStringList-Instanz verwaltet, kann der Aufrufer dieses Objekts (in diesem Fall der Server) seine Strings unmittelbar danach freigeben.

```
//*********************************************************//
// Schnittstelle: IEnumStringSrv
// Flags:     (4416) Dual OleAutomation Dispatchable
// GUID:      {93439670-5C24-4D43-A550-FC4E51D878B8}
//*********************************************************//
  IEnumStringSrv = interface(IDispatch)
    ['{93439670-5C24-4D43-A550-FC4E51D878B8}']
    procedure GetInfos(out Data: IUnknown); safecall;
  end;

procedure TEnumStringSrv.GetInfos(out Data: IUnknown);
var
  aSL : TStrings;
begin
  aSL := TStringList.Create;
  try
    aSL.Add(Format('Thread: %d', [GetCurrentThreadID]));
    aSL.Add(Format('Automation-Objekt: %s',
                   [TEnumStringSrv.Classname]));
```

```
      aSL.Add(Format('IEnumString-Objekt: %s',
                 [TEnumStringObj.Classname]));
      Data := TEnumStringObj.Create(aSL);
    finally
      aSL.Free;
    end;
end;
```

Enumerationsobjekt für IEnumStrings

Die Implementierung in der Unit *IESObj_Impl.pas* lehnt sich stark an die Vorlage TStringsEnumerator aus der Delphi-Unit *AxCtrls* an. Zur Demonstration sorgen MessageBox-Aufrufe dafür, dass der exakte Zeitpunkt des Erzeugens und Zerstörens dieses Hilfsobjekts visuell rückgemeldet wird.

```
type
  TEnumStringObj = class(TComObject, IEnumString)
  private
    FIndex   : Integer;     // aktuelle Position der Kollektion
    FStrings : TStrings;    // Daten der Kollektion
  public
    constructor Create(const Strings: TStrings);
    destructor Destroy; override;
    function Next(celt: Longint; out elt;
      pceltFetched: PLongint): HResult; stdcall;
    function Skip(celt: Longint): HResult; stdcall;
    function Reset: HResult; stdcall;
    function Clone(out enm: IEnumString): HResult; stdcall;
  end;

const
  Class_EnumStringObj: TGUID = '{DA3F04E6-...-1E670358264F}';
```

Die Einträge der VCL-TStringlist-Instanz werden in die eigene TStringList-Instanz kopiert, sodass dieses Objekt seine Daten in eigener Regie verwalten kann. Der Aufrufer (COM-Server) legt BSTRs ab, deren Speicherbereich intern über SysAllocString angefordert wurde.

```
constructor TEnumStringObj.Create(const Strings: TStrings);
var
  i : Integer;
begin
  inherited Create;
  FStrings := TStringList.Create;
  for i := 0 to Strings.Count - 1 do
    FStrings.Add(Strings[i]);
```

```
  FIndex := 0;
  ShowMessage('TEnumStringObj.Create');
end;

destructor TEnumStringObj.Destroy;
begin
  Windows.MessageBox(0, PChar(FStrings.Text),
                    'TEnumStringObj.Destroy', 0);
  FStrings.Clear;
  FStrings.Free;
  inherited destroy;
end;
```

Die Interface-Methode Next soll das nächste Element der Kollektion beziehungsweise eine definierbare Anzahl aufeinanderfolgender Elemente zurückliefern. Wenn der Client im letzten Parameter einen Zeiger auf eine LongInt-Variable übergeben hat, wird dort die Anzahl der zurückgelieferten Elemente abgelegt. Anschließend teilt die Methode dem Aufrufer über den HRESULT-Rückgabewert noch mit, ob alle angeforderten Elemente auch wirklich zurückgeliefert werden konnten.

```
function TEnumStringObj.Next(celt: Longint; out elt;
  pceltFetched: PLongint): HResult;
var
  i: integer;
begin
  i := 0;
  while (i < celt) and (FIndex < FStrings.Count) do
  begin
    TPointerList(elt)[i] := PWideChar(WideString(
                              FStrings[FIndex]));
    Inc(i);
    Inc(FIndex);
  end;
  if pceltFetched <> nil then
    pceltFetched^ := i;
  if i = celt then
    Result := S_OK
  else
    Result := S_FALSE;
end;
```

Die Interface-Methode Skip überspringt die als Parameter übergebene Anzahl von Elementen in der Kollektion, während die Methode Reset den Kollektionszeiger auf den ersten Eintrag zurücksetzt.

```
function TEnumStringObj.Skip(celt: Longint): HResult;
begin
  if (FIndex + celt) <= FStrings.Count then
    begin
       Inc(FIndex, celt);
       Result := S_OK;
    end
  else
    begin
       FIndex := FStrings.Count;
       Result := S_FALSE;
    end;
end;

function TEnumStringObj.Reset: HResult;
begin
  FIndex := 0;
  Result := S_OK;
end;
```

Über die Interface-Methode Clone kann eine Kopie des Enumerations-Objekts mit seinen Einträgen angelegt werden.

```
function TEnumStringObj.Clone(out enm: IEnumString): HResult;
begin
  try
    enm := TEnumStringObj.Create(FStrings);
    Result := S_OK;
  except
    Result := E_UNEXPECTED;
  end;

end;
```

Client

Der Client holt sich nun einen Interface-Zeiger auf das COM-Objekt und tauscht das erhaltene Interface IEnumStringSrv gegen einen Zeiger auf IEnumString um. Solange der Aufruf der IEnumString-Interfacemethode Next erfolgreich ist, fordert der Client in der Schleife vom Server das nächste Element aus der Kollektion ab.

```
uses IESSrv_TLB, ActiveX;

procedure TFormClient.ButtonInfosClick(Sender: TObject);
var
  aSrv          : IEnumStringSrv;
```

```
  aIUnknown      : IUnknown;
  aIEnumString   : IEnumString;
  hRes           : HResult;
  lFetched       : Longint;
  pElement       : PWideChar;
begin
  aSrv := CoEnumStringSrv.Create;
  aSrv.GetInfos(aIUnknown);
  aIEnumString := aIUnknown as IEnumString;
  while (TRUE) do
  begin
    hRes := aIEnumString.Next(1, pElement, @lFetched);
    if hRes <> S_OK then
      Break;
    ListBox1.Items.Add(WideCharToString(pElement));
  end;
  ShowMessage('Client hat alle Elemente übernommen.');
  aIEnumString := nil;
  aSrv := nil;
end;
```

7.13 IEnumVariant

Über das IEnumVariant-Interface stellt COM für Automation-Server eine definierte Schnittstelle zur Verfügung, mit deren Hilfe der Client eine Kollektion von Variants vom Server abrufen kann. Da in einem Variant so ziemlich alles verpackt werden kann, ist das ein flexibler Transportmechanismus. Zumal der Zugriff auf das IEnumVariant-Interface in Visual Basic und den vergleichbaren Makrosprachen (VBA und VBScript) sehr einfach ist.

```
Dim X

For Each X In EnumObject
   MsgBox X.ObjectMethode
Next
```

Das IEnumVariant-Interface ist für Delphi nicht automatisch die erste Wahl, sondern macht nur dann Sinn, wenn der eigene Automation-Server damit rechnen muss, später von „unbekannten" Clients abgefragt zu werden. Sind Sie als Entwickler sowohl für den Automation-Server als auch für den Client zuständig, ist der IEnumVariant-Aufwand nicht sinnvoll.

IEnumVariant

Damit das Ganze jedoch funktioniert, muss sich der Server an die von COM vorgegebenen Konventionen halten. Ein Client kann dann via IEnumVariant auf die Server-Kollektionen zugreifen, wenn er im Server-Interface die Eigenschaft _NewEnum mit der feststehenden DispID -4 vorfindet. Über _NewEnum kann der Client bei Bedarf einen Interface-Zeiger auf das Aufzählobjekt des Servers anfordern. Und dieses speziell angepasste Aufzählobjekt muss dann die vordefinierte Schnittstelle IEnumVariant implementieren.

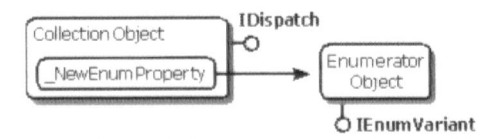

Abb. 7.19: Über die _NewEnum-Eigenschaft wird IEnumVariant abgefordert

Alle Server-Methoden, die mit einem Unterstrich beginnen, betrachtet COM als verborgene Methoden. Daher ist die Interface-Methode _NewEnum im Objektkatalog von Microsoft Word 2000 auch nicht sichtbar.

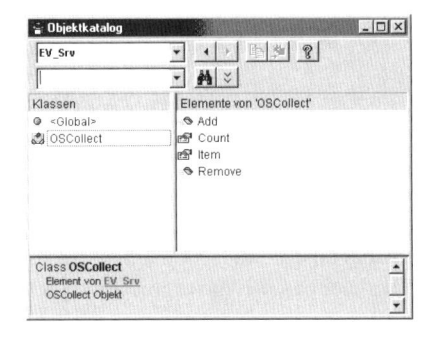

Abb. 7.20: Das versteckte Property _NewEnum steht nur im Programm zur Verfügung

Das IEnumVariant-Interface ist einfach aufgebaut, es müssen nur vier Interface-Methoden implementiert werden:

- Next – liefert einen oder mehrere Einträge aus der Kollektion beginnend beim aktuellen Eintrag zurück
- Skip – überspringt einen oder mehrere Einträge in der Kollektion
- Reset – setzt den Verweis auf den aktuellen Eintrag auf den ersten Eintrag der Kollektion
- Clone – kopiert den gegenwärtigen Status der Kollektion (fungiert so u.a. als Bookmark)

Falls Sie das Buch von Anfang an bis hierher gelesen haben, sollten Ihnen diese Methoden bekannt vorkommen. Wenn nicht, blättern Sie bitte bis zum Abschnitt zu IEnumStrings zurück.

Damit es nicht so eintönig wird, fange ich bei diesem Beispielprojekt einmal mit dem Client an.

Das Beispielprojekt finden Sie im Verzeichnis »Kapitel 7\IEnumVariant«.

Der Client

Mit dem Anklicken des Buttons Enum listet der Client alle in der Server-Kollektion gespeicherten Elemente auf. Dabei greift er auf die im Server implementierte IEnumVariant-Schnittstelle zu und verwendet somit den gleichen Aufrufmechanismus wie beim Visual Basic-Gegenstück For Each.

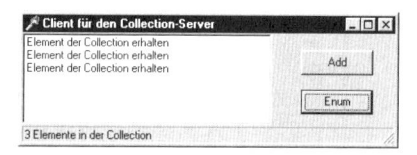

Abb. 7.21: Der Client holt sich vom Server alle Elemente der Enumeration

Analog zum IEnumStrings-Beispiel holt sich der Client einen Interface-Zeiger auf die IEnumVariant-Schnittstelle des Aufzählobjekts im Automation-Server, wobei der interne Verweiszähler des Aufzählobjekts noch auf den ersten Eintrag in der Kollektion zeigt. Somit reicht es aus, über den Aufruf der IEnumVariant-Methode Next jedes einzelne Element in der Kollektion abzurufen.

```
procedure TFormClt.ButtonEnumClick(Sender: TObject);
var
  pEnum       : IEnumVARIANT ;
  vOut        : VARIANT ;
  dwRetrieved : DWORD ;
  hRes        : HResult;
begin
  ListBoxEnum.Items.Clear;
  pEnum := FSrv.Get__NewEnum as IEnumVARIANT;
  while (TRUE) do
  begin
    hRes := pEnum.Next(1, vOut, @dwRetrieved);
    if hRes <> S_OK then
      Break;
    ListBoxEnum.Items.Add('Element der Collection erhalten');
  end;
end;
```

Der Server

Das eigentliche Server-Objekt TOSCollect wurde vom Delphi-Wizard für den Automation-Server angelegt. Sie als Entwickler müssen für dieses Objekt in der Typbibliothek die Server-Methoden definieren, über die der Client die Serverfunktionen aufrufen kann. Zusätzlich dazu kommt nun die Eigenschaft _NewEnum als definierte Schnittstelle für unbekannte Clients. Für diese Eigenschaft muss der DispID-Wert –4 eingetragen werden. Über _NewEnum kann der Client einen Interface-Zeiger auf das Objekt abrufen, das für die Implementierung von IEnumVariant zuständig ist. Und hier beginnt die Handarbeit, indem das zweite Objekt TCollectEnum als TInterfacedObject-Nachfolger deklariert und implementiert wird.

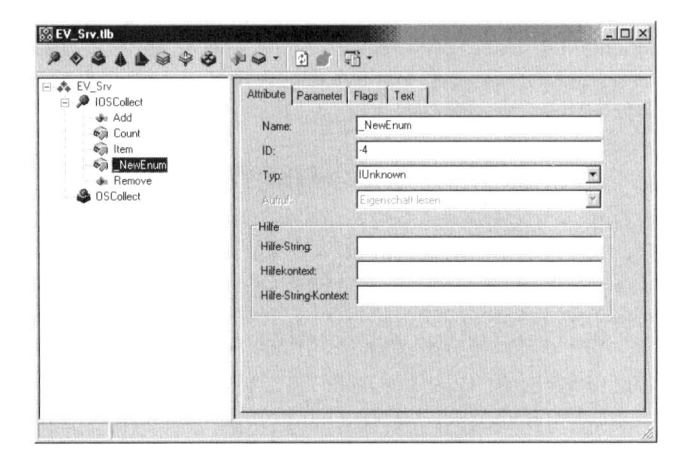

Abb. 7.22: Das Interface muss das vorgegebene Property _NewEnum enthalten

```
// ***********************************************************//
// Schnittstelle: IOSCollect
// Flags:       (4416) Dual OleAutomation Dispatchable
// GUID:        {18ED14A1-61ED-11D3-BEEA-005004303872}
// ***********************************************************//
  IOSCollect = interface(IDispatch)
    ['{18ED14A1-61ED-11D3-BEEA-005004303872}']
    procedure Add(const Element: IUnknown; const Before: IUnknown;
      const After: IUnknown); safecall;
    function Get_Count: Integer; safecall;
    function Get_Item(Index: OleVariant): IDispatch; safecall;
    function Get__NewEnum: IUnknown; safecall;
    procedure Remove(Index: OleVariant); safecall;
    property Count: Integer read Get_Count;
    property Item[Index: OleVariant]: IDispatch read Get_Item;
    property _NewEnum: IUnknown read Get__NewEnum;
  end;
```

Beachten Sie, dass COM für die vorgegebene _NewEnum-Eigenschaft den feststehenden DispID-Wert –4 erwartet.

```
// ********************************************************//
// DispIntf:   IOSCollectDisp
// Flags:      (4416) Dual OleAutomation Dispatchable
// GUID:       {18ED14A1-61ED-11D3-BEEA-005004303872}
// ********************************************************//
  IOSCollectDisp = dispinterface
    ['{18ED14A1-61ED-11D3-BEEA-005004303872}']
    procedure Add(const Element: IUnknown; const Before: IUnknown;
      const After: IUnknown); dispid 1;
    property Count: Integer readonly dispid 3;
    property Item[Index: OleVariant]: IDispatch readonly dispid 4;
    property _NewEnum: IUnknown readonly dispid -4;
    procedure Remove(Index: OleVariant); dispid 6;
  end;
```

Das Funktionsprinzip wird deutlich, wenn man sich einmal die Implementierung der folgenden drei Methoden anschaut:

```
procedure TOSCollect.Initialize;
begin
  inherited Initialize;
  FOSCollectList := TInterfaceList.Create;
end;

destructor TOSCollect.Destroy;
begin
  FOSCollectList.Free;
  inherited Destroy;
end;

function TOSCollect.Get__NewEnum: IUnknown;
begin
  Result := TCollectEnum.Create(FOSCollectList, 0) as IUnknown;
end;
```

Da das Aufzählobjekt TOSCollection nicht von außen erzeugt werden kann und daher auch keine Class Factory besitzt, muss der eigene Automation-Server dieses Aufzählobjekt erzeugen. Jeder Client, der über die Servermethode Get__NewEnum einen Zeiger auf das IEnumVariant-Interface anfordert, erhält eine eigene Instanz.

Die Implementierung der IEnumVariant-Interfacemethoden ähnelt der bereits vorgestellten Implementierung von IEnumStrings, sodass ich nicht näher darauf eingehe. Im Beispielprojekt kann sich jeder die Details in aller Ruhe ansehen.

7.14 Optionale Parameter

In der Typbibliothek können auch für die unter Delphi üblichen Dual Interfaces optionale Parameter mit einem Vorgabewert definiert werden.

Das Beispielprojekt finden Sie im Verzeichnis »Kapitel 7\OptionalParam«.

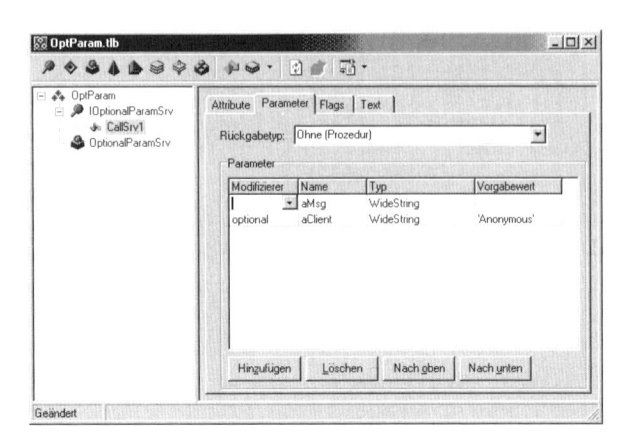

Abb. 7.23: Der zweite Parameter wird als optionaler Parameter deklariert

Die Typbibliothek in der IDL-Syntax sieht zum Beispiel in diesem Fall folgendermaßen aus:

```
IOptionalParamSrv = interface(IDispatch)
  [ uuid '{4A275C81-609A-11D3-96D7-F7C69B21CD30}',
    version 1.0,
    helpstring 'Dispatch-Schnittst. OptionalParamSrv-Objekt',
    dual,
    oleautomation ]
  procedure CallSrv1(aMsg: WideString;
                     optional aClient: WideString = 'Anonymous')
                     [dispid $00000001]; safecall;
end;
```

In der Typbibliotheks-Importunit sowie in der von Delphi automatisch angelegten Implementierungsunit tauchen keine Bezüge zum optionalen Parameter auf, aber trotzdem steht die Funktion beim direkten Zugriff auf das DispInterface (IDispatch) zur Verfügung!

```
procedure TOptionalParamSrv.CallSrv1(const aMsg,
  aClient: WideString);
begin
```

```
FormSrv.ListBox1.Items.Add(Format('%s-%s', [aMsg, aClient]));
end;
```

Ein Client kann die Server-Methode entweder mit einem Parameter oder mit beiden Parametern aufrufen. Wird nur ein Parameter übergeben, erhält der Server im zweiten Parameter den Vorgabewert (im Beispiel die Zeichenkette 'Anonymous').

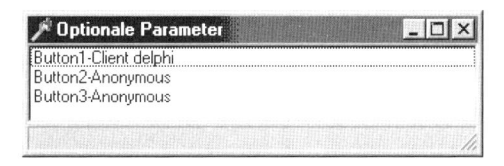

Abb. 7.24: Der Client kann den optionalen Parameter des Interfaces ausnutzen

Dabei kann auch dann ein optionaler Parameter ausgenutzt werden, wenn das COM-Objekt über die frühe Bindung (d.h. über die Funktion der COM-Klasse) erzeugt wurde. Allerdings ist immer dann, wenn der optionale Parameter nicht vom Typ OleVariant ist, eine temporäre Umwandlung des Interfaces notwendig. Über die Typumwandlung OleVariant(Interfacezeiger) tauscht Delphi für diesen Aufruf die frühe Bindung gegen die späte Bindung um.

```
procedure TForm1.Button3Click(Sender: TObject);
var
  aSrv : IOptionalParamSrv;
begin
  aSrv := CoOptionalParamSrv.Create;
  OleVariant(aSrv).CallSrv1('Button3');
end;
```

7.15 IDataObject

Über das IDataObject-Interface können Anwendungen Daten übertragen und sich gegenseitig über Änderungen an den Daten informieren lassen. Die vom Interface angebotenen Übertragungsmethoden lassen es zu, dass der Empfänger der Daten das Format sowie den Übertragungsweg in gewissen Grenzen wählen kann. Aus diesem Grund unterstützt IDataObject auch Methoden, die in der Lage sind, die zur Zeit unterstützten Formate abzufragen.

Mit dem Begriff „Data Object" bezeichnet Microsoft dabei alle die Objekte, die das IDataObject-Interface implementieren. Dabei steht es jedem Objekt frei, nur bestimmte Teilbereiche tatsächlich bereitzustellen und auf die restlichen Interface-Methoden mit dem Fehlerwert E_NOTIMPL zu antworten.

In diesem Buch-Abschnitt geht es nicht darum, wie ein eigener COM-Server die IDataObject-Schnittstelle implementiert. Stattdessen betrachte ich nur die andere Richtung – die eigene Anwendung holt sich über IDataObject die Daten eines fremden COM-Servers.

7.15.1 IDataObject-Grundlagen

Über die IDataObject-Schnittstelle stehen Methoden für das Zuweisen und Auslesen von Objektdaten zur Verfügung, wobei ein eventuell vom Objekt verwendetes spezielles Format berücksichtigt wird. Außerdem stellt IDataObject einen Informationsmechanismus für geänderte Daten bereit – somit „outet" sich diese Schnittstelle als Fundament für das klassische Linking&Embedding. Damit die unterschiedlichen Programme gegenseitig Daten austauschen können, wandelt OLE bei Bedarf das Quellformat in das gewünschte Zielformat um. Sie können diesen Effekt jederzeit mithilfe eines einfachen Tests nachvollziehen:

- Öffnen Sie eine beliebige HTML-Datei, sodass der Internet Explorer den Inhalt anzeigt und Sie einen unterschiedlich formatierten Textbereich in die Zwischenablage kopieren können.
- Starten Sie den Editor *Notepad.exe* von Windows und fügen Sie den Inhalt aus der Zwischenablage ein. Sie sehen nur den unformatierten Text.
- Starten Sie WordPad und fügen Sie ebenfalls den Inhalt aus der Zwischenablage ein. Hier behält der eingefügte Text jedoch seine Formatierung (Schriftstil und Schriftgröße).

Obwohl der gleiche Text aus der Zwischenablage eingefügt wurde, gehen doch beide Zielprogramme unterschiedlich damit um. Während der Windows-Editor nur das einfache Format CF_TEXT kennt und damit nicht von Textformatierungen behelligt wird, kann WordPad wesentlich mehr mit diesen Informationen anfangen.

TFormatEtc

Die TFormatEtc-Struktur ist ein universelles Zwischenablage-Format, das in der Lage ist, ein Zielgerät, eine Sichtweise (Aspekt) der Daten und ein Übertragungsmedium anzugeben. Dabei kann diese Struktur sowohl vom Anbieter der Daten als auch von der anfordernden Stelle verwendet werden. Im ersten Fall teilt eine Anwendung damit mit, welche Formate sie unterstützt und im zweiten Einsatzfall kann eine Anwendung die Daten in dem Format anfordern, das sie selbst weiterverarbeiten kann.

```
tagFORMATETC = record
  cfFormat: TClipFormat;
  ptd: PDVTargetDevice;
  dwAspect: Longint;
  lindex: Longint;
  tymed: Longint;
end;
TFormatEtc = tagFORMATETC;
```

Feld	Bedeutung
cfFormat	Legt das Exportformat fest, in dem die Daten bereitgestellt werden sollen. Hierbei kann es sich um ein standardisiertes Zwischenablageformat, ein spezielles Anwendungsprogrammformat oder um ein OLE-Format handeln.

Datenaustausch

Feld	Bedeutung
	Wird hier keines der 16 vordefinierten Standardformate vorgefunden, kann die Anwendung die Formatbezeichnung über den Aufruf von GetClipboardFormatName auslesen.
ptd	Zeiger auf eine DVTargetDevice-Struktur, die das Zielgerät definiert. Es geht dabei darum, ob das Ausgabeziel ein Drucker oder ein Bildschirm ist.
dwAspect	Legt die Sichtweise auf die Daten fest. Hier kann ein Empfänger festlegen, ob er den vollständigen Inhalt, ein Icon oder eine Miniaturabbildung erhält.
lindex	Definiert die angeforderte Sichtweise – wobei in der Regel der Wert »-1« für den vollständigen Inhalt übergeben wird.
tymed	Definiert das Übertragungsmedium für die Daten. Neben einem globalen Speicherbereich kann dies eine Datei, ein OLE-Structured-Storage-Interface oder eines der anderen vordefinierten Übertragungsmedien sein.

Tabelle 7.4: Aufbau der TFormatEtc-Struktur

Über `IDataObject.EnumFormatEtc` kann ein Enumerator-Objekt angesprochen werden, um alle vom Objekt unterstützten Formate aufzählen zu lassen.

tymed	Bedeutung
TYMED_NULL	Keine Daten
TYMED_HGLOBAL	Daten befinden sich in einem globalen Speicherbereich
TYMED_FILE	Daten befinden sich in einer Datei
TYMED_ISTREAM	Daten können über ein OLE-Stream-Interface abgefordert werden
TYMED_ISTORAGE	Daten können über ein OLE-Storage-Interface abgefordert werden
TYMED_GDI	Daten werden als Windows-GDI-Objekt übergeben
TYMED_MFPICT	Daten werden als Metadatei im Speicher übergeben
TYMED_ENHMF	Daten werden als erweiterte Metadatei im Speicher übergeben

Tabelle 7.5: Vordefinierte tymed-Werte

TStgMedium

Die TFormatEtc-Struktur erweitert die Fähigkeiten der normalen Windows-Zwischenablage, während die TStgMedium-Struktur verschiedene Optionen für den Datenaustausch zur Verfügung stellt und damit die Betriebssystemfähigkeiten in diesem Bereich erweitert. In dem Flag `TStgMedium.tymed` wird definiert, welches Übertragungsmedium verwendet werden soll. Je nach dem hier übergebenen Wert ändert sich die Bedeutung des zweiten Record-Bestandteils.

```
tagSTGMEDIUM = record
    tymed: Longint;
    case Integer of
        0: (hBitmap: HBitmap; unkForRelease: Pointer{IUnknown});
        1: (hMetaFilePict: THandle);
        2: (hEnhMetaFile: THandle);
        3: (hGlobal: HGlobal);
        4: (lpszFileName: POleStr);
        5: (stm: Pointer{IStream});
        6: (stg: Pointer{IStorage});
    end;
TStgMedium = tagSTGMEDIUM;
```

7.15.2 Das Beispielprojekt

Damit das Beispielprojekt auch einen praktischen Nutzen hat, implementiert es den direkten Versand des Inhalts eines Word-Dokuments als eMail. Das Anhängen einer DOC-Datei an eine eMail ist schnell erledigt, aber hier soll es nicht darum gehen, dass ein Word-Dokument als eMail-Anhang verschickt wird. Stattdessen wird der Inhalt des Word-Dokuments im RTF-Format direkt als eMail-Inhalt verschickt. Der Vorteil dieses Weges besteht darin, dass der Empfänger diese eMail auch dann lesen kann, wenn er nicht Microsoft Word oder den Word-Viewer auf seinem Rechner installiert hat.

Betrachten Sie dieses Beispielprogramm als Vorgriff auf das Kapitel über Automation, ich gehe im Folgenden nur auf die Aspekte zur IDataObject-Schnittstelle ein.

Das Beispielprojekt für Delphi 5 finden Sie im Verzeichnis »Kapitel 7\IDataObject«. Das Programm greift über Automation auf Microsoft Outlook 2000 und Microsoft Word 2000 zu, daher müssen diese beiden Programme auf Ihrem Rechner installiert sein. Allerdings sollte das Programm auch mit der Kombination Microsoft Outlook 97 und Microsoft Word 97 zusammenarbeiten.

Schritt 1: Ole-Umgebung initialisieren

Ein Entwickler, der Delphi einsetzt, verlässt sich mit der Zeit darauf, dass Delphi die notwendigen Initialisierungen automatisch im Hintergrund vornimmt. Vor einem Zugriff auf COM-Funktionen ist ein expliziter Aufruf von `CoInitialize` in der Regel nicht notwendig, da die VCL dies bereits erledigt hat. Allerdings betrifft dieser Komfort nicht den uralten OLE-Teil von COM, sodass Sie selbst vor dem ersten Zugriff auf die „alten" OLE-Funktionen die OLE-Umgebung über den Aufruf von `OleInitialize` initialisieren müssen.

```
initialization
  OleInitialize(nil);

finalization
  OleUninitialize;
```

Diese API-Funktion richtet ein STA (Single-threaded Apartment) ein und ist somit mit der API-Funktion CoInitialize vergleichbar. Allerdings ist damit die Arbeit noch nicht erledigt, sondern OleInitialize unternimmt weitere vorbereitende Schritte. In der Dokumentation zum Microsoft Platform SDK werden die folgenden Funktionsbereiche genannt, bei denen ein vorheriger Aufruf von OleInitialize notwendig ist.

- Clipboard
- Drag & Drop
- Object Linking and Embedding (OLE)
- In-place activation

Das IDataObject-Interface gehört zum Bereich Object Linking and Embedding, sodass ein Aufruf von OleInitialize notwendig ist.

Schritt 2: TWordApplication und TWordDocument einbinden

Das Beispielprogramm soll über die IDataObject-Schnittstelle den Inhalt des aktuellen Word-Dokuments im RTF-Format kopieren. Somit wird ein Interface-Zeiger auf den Automation-Server Microsoft Word benötigt. Am einfachsten geht das, wenn der Entwickler auf die entsprechenden Komponenten aus der Palettenseite SERVERS zurückgreift.

```
type
  TFormMain = class(TForm)
    StatusBar1: TStatusBar;
    GroupBoxMail: TGroupBox;
    BitBtnMail: TBitBtn;
    EditMailAddress: TEdit;
    EditMailSubject: TEdit;
    MemoMailBody: TMemo;
    Label5: TLabel;
    Label6: TLabel;
    Label7: TLabel;
    WordApplication1: TWordApplication;
    WordDocument1: TWordDocument;
    procedure BitBtnMailClick(Sender: TObject);
  private
    { Private-Deklarationen}
  public
    { Public-Deklarationen}
  end;
```

Schritt 3: Notwendige Units einbinden

Der dritte Schritt ist am schnellsten erledigt – die zusätzlich benötigten Units werden eingebunden. Während *ComObj* und *ActiveX* zur VCL gehören, verbirgt sich hinter dem Namen *Outlook_TLB* die in Delphi importierte Typbibliothek von Microsoft Outlook.

```
uses ComObj, Outlook_TLB, ActiveX;
```

Schritt 4: Daten holen und über Outlook als eMail verschicken

Das Beispielprogramm greift in zwei Teilbereichen dem Kapitel über Automation vor. Ich gehe daher nicht weiter auf den Einsatz von Microsoft Word als Automation-Server ein und vertröste Sie auch beim Thema Outlook auf das 12. Kapitel. Stattdessen fange ich direkt da an, wo IDataObject ins Spiel kommt. Über die TWordApplication-Komponente ist der Client im Besitz eines Interface-Zeigers auf das Application-Interface von Word. Er braucht jedoch einen Interface-Zeiger auf die IDataObject-Schnittstelle von Word. Daher tauscht er als Erstes den vorhandenen Zeiger in den gesuchten um, indem `Query-Interface` bemüht wird:

```
aIUnknown := WordApplication1.ActiveDocument as IUnknown;
aIUnknown.QueryInterface(IDataObject, aDataObject);
```

Diese beiden Zeilen sollen nur den im Hintergrund ablaufenden Mechanismus verdeutlichen. Sie können selbstverständlich auch gleich das IDataObject-Interface über die Typumwandlung über As abfordern.

Als Nächstes holt sich das Programm über die IDataObject-Methode `EnumFormatEtc` einen Interface-Zeiger auf das Enumerations-Objekt, das in der Lage ist, alle zurzeit unterstützten Formate aufzuzählen.

```
OleCheck(aDataObject.EnumFormatEtc(DATADIR_GET, aEnumFmt));
```

War das erfolgreich, lässt sich das Programm so lange alle Formate aufzählen, bis die Zeichenkette „Rich Text Format" erkannt wird. In diesem Fall wird die TFormatEtc-Struktur in der lokalen Variablen gesichert. Sobald das Format feststeht, wird Word beauftragt, die RTF-Daten im Übertragungsmedium abzulegen.

```
OleCheck(aDataObject.GetData(aFormatEtc, aMedium));
```

Das Programm interpretiert anschließend den Datenblock im Übertragungsmedium als ein PChar, sodass eine direkte Zuweisung zur MailItem-Eigenschaft `Body` zulässig ist.

```
pRTFData := GlobalLock(aMedium.hglobal);
```

Das Ganze sieht am Stück folgendermaßen aus:

Datenaustausch

```
procedure TFormMain.BitBtnMailClick(Sender: TObject);
const
  RTF_NAME     = 'Rich Text Format';
  RTF_NAME_MAX = 254;
var
  aDataObject : IDataObject;
  aEnumFmt    : IEnumFORMATETC;
  aFormatEtc  : TFormatEtc;
  aMedium     : TStgMedium;
  pFmtName    : PChar;
  bFmtFound   : Boolean;
  pRTFData    : PChar;
  aIUnknown   : IUnknown;
  aOutlook    : _Application;
  aMAPI       : NameSpace;
  aOutbox     : MAPIFolder;
  aMail       : MailItem;
  aReci       : Recipient;
  vDOCPath    : OleVariant;
  vReadOnly   : OleVariant;
begin
  vDOCPath := 'C:\Temp\Test.rtf';
  vReadOnly := True;
  WordApplication1.Connect;
  WordApplication1.Documents.OpenOld(vDOCPath, EmptyParam,
    vReadOnly, EmptyParam, EmptyParam, EmptyParam, EmptyParam,
    EmptyParam, EmptyParam, EmptyParam);
  WordDocument1.ConnectTo(WordApplication1.ActiveDocument);
  aIUnknown := WordApplication1.ActiveDocument as IUnknown;
  aIUnknown.QueryInterface(IDataObject, aDataObject);
  // IDataObject der Quelle ok ?
  if aDataObject = nil then
    Abort;
  // cfFormat-Wert für den RTF-Inhalt des Dokuments ermitteln
  bFmtFound := False;
  OleCheck(aDataObject.EnumFormatEtc(DATADIR_GET, aEnumFmt));
  while (not bFmtFound) and
        (aEnumFmt.Next(1, aFormatEtc, nil) = S_OK) do
  begin
    pFmtName := AllocMem(RTF_NAME_MAX + 1);
    GetClipBoardFormatName(aFormatEtc.cfFormat, pFmtName,
                           RTF_NAME_MAX);
    if (String(pFmtName) = RTF_NAME) then
      bFmtFound := True;
    FreeMem(pFmtName);
```

```
    end;
    if not bFmtFound then
      Abort;
    OleCheck(aDataObject.GetData(aFormatEtc, aMedium));
    // RTF-Format wird über einen globalen Puffer übergeben
    pRTFData := GlobalLock(aMedium.hglobal);
    try
      Screen.Cursor := crHourglass;
      aOutLook := CoOutlookApplication.Create;
      try
        aMAPI := aOutlook.GetNameSpace('MAPI');
        aOutbox := aMAPI.GetDefaultFolder(olFolderOutbox);
        aMail := aOutbox.Items.Add(olMailItem) as MailItem;
        aReci := aMail.Recipients.Add(EditMailAddress.Text);
        aReci.Type_ := olTo;
        // Empfänger prüfen (falls nicht bekannt -> Exception)
        aReci.Resolve;
        aMail.Subject := EditMailSubject.Text;
        aMail.Body := pRTFData;
        // eMail senden
        aMail.Send;
      finally
        aOutlook := nil;
        Screen.Cursor := crDefault;
      end;
    finally
      GlobalUnlock(aMedium.hglobal);
    end;
end;
```

7.16 ADO-Recordset

Falls Sie der Auffassung sind, dass ich die zur Verfügung stehenden Alternativen für den Datenaustausch bereits erschöpfend vorgestellt habe, muss ich Ihnen leider widersprechen. Denn mindestens ein wichtiger Teil fehlt noch – das Recordset-Objekt von ADO.

Keine Sorge, an dieser Stelle beginnt keine erschöpfende Einführung in die Microsoft Active Data Objects (ADO). Stattdessen beschränke ich mich auf die Theorieteile, die zum Verständnis der vorgestellten Technik notwendig sind.

ADO ist der Überbau von OLE DB und hat somit nur das primäre Ziel, das Leben für den Anwendungsentwickler zu erleichtern, indem er vor den komplexen OLE-DB-Funktionen abgeschirmt wird. Allerdings zeichnen sich die ADO-Objekte durch eine erstaunliche Flexibilität aus, die zu Lasten der Komplexität geht und am Anfang für Verwirrung sorgt. Eine Aufgabe kann mit ADO in verschiedenen Implementierungs-Alternativen abgearbeitet werden.

Microsoft sagt in den eigenen technischen Unterlagen, dass OLE DB nur für „System programmers", aber nicht für „Application programmers" gedacht ist. Die ADO-Objekte vereinfachen den Zugriff auf die OLE DB Provider, allerdings nur so weit es geht. Dies bedeutet jedoch auch, dass das Verhalten von ADO in erster Linie vom Verhalten des verwendeten OLE DB Providers abhängt.

7.16.1 Warum ADO?

Nicht nur Borland hat mit der BDE einen Weg entwickelt, um auf die unterschiedlichen Datenbanken mit einem einheitlichen API zuzugreifen. Der erste Versuch in diese Richtung kam von Microsoft in Form von ODBC. Beide Implementierungen basieren auf einer klassischen API-Erweiterung, indem zusätzliche Funktionen in separaten DLLs zur Verfügung gestellt werden. Allerdings gingen seitdem die Entwicklungsumgebungen einen objektorientierten Weg, wobei Borland mit den VCL-Datenbankkomponenten eigene Objekte bereitstellte, die den Entwickler von den zu Grunde liegenden API-Funktionen abschirmten. Microsoft auf der anderen Seite setzt nun alles auf die Karte COM (Component Object Model), also verwundert es auch nicht, wenn mit OLE DB ein Objektüberbau über ODBC angeboten wird. Dabei muss OLE DB nicht zwangsläufig auf ODBC-Treiber zurückgreifen, aber heute bilden überwiegend noch die alten ODBC-Treiber den Schwerpunkt bei den zur Verfügung stehenden Treibern.

Allerdings ging Microsoft von ODBC zu OLE DB einen etwas verschlungenen Weg, was man an den Zwischenstationen sehen kann:

- ODBC (Open Database Connectivity) als reiner API-orientierter Zugriffsweg auf die unterschiedlichsten Datenbankformate.
- DAO (Data Access Objects) als COM-Aufsatz für die Microsoft Jet Database Engine. VISUAL BASIC 3 verwendet zum Zugriff auf ISAM-Datenbanken (Desktop-Datenbanken) die JET-ENGINE und nutzte dazu das DAO-Interface. DAO war speziell für die Eigenschaften von Desktop-Datenbanken konzipiert, wobei über die ODBC-Verbindung eine Vielzahl von Datenbanken unterstützt wurde.
- RDO (Remote Data Objects) wurde entwickelt, um einen einfachen Zugriff auf die SQL-Server als Kapselung des ODBC-APIs zur Verfügung zu stellen. Das Konzept bestand dabei darin, die prinzipiellen Unterschiede zwischen den SQL-Datenbanken und den Desktop-Datenbanken zu verbergen. Dies betraf zum Beispiel den Aufruf von Stored Procedures, ein Zugriffsweg, der bei ISAM-Datenbanken unüblich ist.
- OLE DB (Object Linking and Embedding DataBase) als COM-Aufsatz für sowohl relationale als auch nicht-relationale Datenbanken.
- ADO (ActiveX Data Objects) als OLE-DB-Consumer.

DAO und RDO haben nicht das gleiche Objektmodell, weil beide für völlig unterschiedliche Datenbankprinzipien ausgelegt wurden (ISAM vs. SQL-Server). Dies bedeutet, dass der Entwickler jeweils unterschiedliche Zugriffsverfahren beherrschen muss. Dies wird dann zum Problem, wenn in einer Anwendung sowohl ISAM-Datenbanken als auch

SQL-Datenbanken verwendet werden. ADO führt mit dem Result-Set-Modell eine abstrakte Ebene ein, in der die Herkunft der Daten (relationale Datenbank, Tabelle, Stored Procedure oder ASCII-Datei usw.) keine Rolle mehr spielt. Erst die OLE-DB-Treiber greifen als Middleware direkt auf die Informationen zu, sodass ADO auch als Programmier-Interface von OLE DB betrachtet werden kann.

Die bisher üblichen DAO-Treiber (Data Access Objects als Aufsatz auf die Microsoft Access/Jet Database Engine), die unter anderem von Microsoft-Office-Produkten installiert wurden und auf die auch der native MSACCESS-Treiber der BDE basiert, sollen künftig keine Rolle mehr spielen. Stattdessen sind die ADO-Treiber auf jedem künftigen Windows-Rechner vorinstalliert. Somit entfällt auch das Problem, dass ein Delphi-Entwickler die bisher für MSACCESS notwendigen Microsoft-DAO-Treiber nicht zusammen mit seiner Anwendung weitergeben durfte. ADO wird bei Bedarf vom Installationsprogramm von Delphi 5 mitinstalliert. Arbeiten Sie noch mit Delphi 4, können Sie die Microsoft Data Access Components (MDAC) und somit ADO als 6,3 MByte große Datei herunterladen. Mit der nächsten ADO-Version ist eine separate Installation nicht mehr möglich, spätestens dann will Microsoft ADO vollständig in Windows integrieren.

ADO-Version	Einführung	Bemerkungen
1.1	1996	Windows 98; Internet Explorer
1.5	1997	Windows NT 4 Option Pack
2.0	1998	Visual Studio 6
2.1	1999	Office 2000; Internet Explorer 5; SQL Server 7; Delphi 5
2.5	1999	Windows 2000
2.51	2000	Windows 2000 Service Pack 1
2.6	2000	Microsoft SQL Server 2000

Tabelle 7.6: Die ADO-Vergangenheit

Die Entwicklung von ADO war nicht geradlinig, ursprünglich hatte Microsoft das einfache Entwickeln von Web-Anwendungen im Sinn und lehnte sich dabei eng an die Anforderungen von VBScript an. Die Version 1.0 stellt nur eine Untermenge von RDO bereit und war primär für die Verwendung innerhalb von Active Server Pages (ASP) gedacht. Die ADO-Version 1.5 tauchte zusammen mit dem Internet Explorer 4 und dem Internet Information Server 4 auf und trat damit in Konkurrenz zu den bereits vorhandenen Technologien RDO und DAO. Erst die ADO-Version 2.0 hat die Funktionalität von RDO und DAO spürbar integriert, sodass nun wohl ADO der Gewinner dieses Technologie-Wettbewerbs ist.

Delphi und ADO

ADO steht nicht erst mit Delphi 5 und dessen ADOExpress-Komponenten zur Verfügung. Sie können auch mit Delphi 4 direkt auf die ADO-Objekte über ihre Interfaces

Datenaustausch

zugreifen. Im Kapitel 16 finden Sie dazu ein Beispielprojekt, das ohne ADOExpress-Komponenten auskommt. Allerdings geht dabei der Vorteil der schnellen visuellen Anwendungsentwicklung verloren – sodass die ADOExpress-Komponenten in der Regel auch genutzt werden. Steht Ihnen nicht die Enterprise-Version von Delphi zur Verfügung, können Sie ADOExpress für Delphi 5 Professional nachkaufen. Beim deutschen Borland Upgrade Center ist ADOExpress unter der Bestellnummer BOR188 für 449,00 DM (Stand Juli 2000) zu haben.

Wenn also ADO nur eine Umkapselung der komplexen OLE-DB-Funktionen ist, kommt für uns Delphianer noch eine Ebene hinzu – die ADO-Komponenten der VCL. Sie werden sich sicherlich vorstellen können, dass ein Entwickler im Fehlerfall erst einmal die für diesen Fehler verantwortliche Stelle ermitteln muss. Der Bug kann sich schließlich sowohl in den ADO-Komponenten der VCL, in der ADO-Runtime von Microsoft oder im verwendeten OLE DB Provider verbergen. Jeder der ADO einsetzt, sollte sich daher gewisse Mindestkenntnisse über die vollständige Funktionskette aneignen.

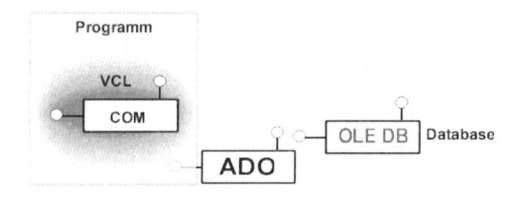

Abb. 7.25: Der Zugriffsweg auf die Datenbank

Es liegt somit auf der Hand, dass zuerst ein Blick auf das Prinzip von OLE DB geworfen werden muss.

7.16.2 OLE DB

Der Begriff OLE DB kennzeichnet eine OLE-Schnittstelle (alias COM-Schnittstelle), die verschiedenen Anwendungen einen gleichartigen Zugriff auf Daten aus unterschiedlichen Quellen bietet. Dabei übernehmen diese OLE-Schnittstellen die Aufgaben des DBMS für das jeweilige Datenformat. Die gemeinsam zu nutzenden Daten müssen dazu noch nicht einmal in einer Datenbank vorliegen, OLE DB unterstützt auch den Zugriff auf externe Daten (wie zum Beispiel Dateisystem, e-Mails, Spreadsheets, Projektmanagement-Tools usw.). Der Vorteil dieser Technologie liegt dabei darin, dass Anwendungen universell und gemeinsam auf die unterschiedlichsten Daten zugreifen können, ohne dass jeweils eine eigene Schnittstelle sowie die dann erforderliche Anpassung notwendig wird.

Beim Einsatz eines klassischen DBMS ist die Entscheidung für ein bestimmtes Produkt mit dem Nachteil verbunden, dass der Anwender mit all den Vor- und Nachteilen dieses Produkts leben muss. Oftmals benötigt er gar nicht alle der angebotenen Features, sodass ein erheblicher Overhead ungenutzt bleibt. Außerdem werden in der Praxis nicht alle Daten in einem DBMS gespeichert, viele Informationen liegen in einem anderen Format vor. Eine eMail-Datei oder eine Spreadsheet-Tabelle ist ein gutes Beispiel dafür. Ein Component Database Management System kapselt nun frei wählbare und erweiterbare Teile der DBMS-Funktionalität ein. Damit besteht eine OLE DB zum Beispiel aus einem

Datencontainer, einem Abfrage-Generator und einem Transaktions-Koordinator, die alle eine einheitliche Schnittstelle für den Zugriff auf die unterschiedlichsten Datenquellen bereitstellen und auch über ein einheitliches Interface angesprochen werden.

OLE DB Provider

Der Consumer nutzt die Fähigkeiten eines OLE-DB-Objektes aus. Der Provider hingegen ist die Software, die eine OLE-DB-Schnittstelle zur Verfügung stellt. Allerdings muss dabei zwischen zwei verschiedenen Provider-Arten unterschieden werden:

Ein Data Provider verwaltet selbst die Daten und stellt diese als Datenmenge in Tabellenform zur Verfügung. Neben den DBMS können auch eine Spreadsheet-Tabelle, ein e-Mail-Server oder ein Festplattenverzeichnis als Datenquelle dienen.

Ein Service Provider verwaltet selbst keine Daten, sondern stellt nur zusätzliche Dienste für den Datenzugriff zur Verfügung. Damit ist ein Service Provider streng betrachtet sowohl Consumer als auch Provider, da er seine Daten von einem anderen OLE-DB-Provider bezieht.

Jeder OLE-Provider besteht aus mindestens drei Objekten: Data Source, Session und Rowset. Jedes dieser Objekte stellt ein eigenes COM-Interface zur Verfügung.

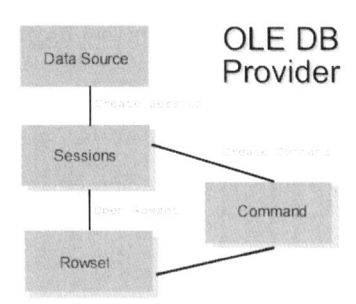

Abb. 7.26: Das Prinzip des OLE DB Providers

Das Data-Source-Objekt ist die Verbindung zwischen Provider und Consumer. Die Datenquelle definiert einen eindeutigen Namen und stellt die Mechanismen der Zugangskontrolle bereit. Eine Verbindung zur Data Source ist eine Session, der Consumer kann nur über ein Session-Objekt auf die anderen Elemente zugreifen. Das Rowset enthält eine Menge von Datensätzen und jeder einzelne Datensatz enthält eine Menge von Feldern; somit stellt das Rowset die Informationen in tabellarischer Form bereit. OLE DB Provider können auch weitere, optionale Objekte bereitstellen. Eines davon, Command, kann einen definierten Befehl ausführen, wobei allerdings auch wieder ein Rowset als Ergebnis zurückgeliefert wird.

OLE DB Consumer

Der Consumer nutzt die Fähigkeiten eines OLE DB Providers aus. Ein OLE DB Consumer kann auf drei unterschiedliche Schnittstellen auf einen Provider zugreifen:
- COM-Interfaces, die vom OLE DB Provider direkt angeboten werden

- ADO
- RDS (Remote Data Services) für Web-orientierte Anwendungen

Die Varianten a) und b) sind technisch gesehen identisch, allerdings ist ADO der offizielle und entsprechend dokumentierte Weg.

7.16.3 ADO 2.1 – die Bestandteile

Die ActiveX Data Objects (ADO) sind einer der grundlegenden Bausteine der neuen Microsoft Strategie Universal Data Access (UDA). Als anwendungsübergreifende Schnittstelle steht der universelle Zugriff auf Daten im Vordergrund. In der ADO-Version 2.1 gehören 4 Objektmodelle dazu:

- Microsoft ActiveX Data Objects 2.1 bilden das ADODB-Objektmodell ab und stellen die grundlegenden Objekte Connection, Command und Recordset zur Verfügung.
- Microsoft ADO Extension 2.1 for DDL and Security bilden das ADOX-Objektmodell ab. Diese Objekte können mit den Anweisungen aus der Data Definition Language umgehen und kennen die Zugriffsschutzmechanismen (Passwort).
- Microsoft Jet and Replication Objects 2.1 bilden das JRO-Objektmodell und damit die Schnittstelle auf die Replikationsfähigkeiten der Microsoft Jet Engine ab.
- Microsoft ActiveX Data Objects (Multidimensional) bilden das ADO-MD-Objektmodell ab. Sprachunabhängig kann auf mehrdimensionale Daten über Cube-Def und Cellset-Objekte zugegriffen werden, solange ein Provider mit OLAP-Fähigkeiten, ein so genannter Multidimensional Data Provider (MDP), zur Verfügung steht.

Die neuen ADO-Komponenten von Delphi 5 bilden nur die ADODB-Objekte ab. Wenn die beiden anderen Kategorien benötigt werden, muss der Entwickler selbst Hand anlegen und die Typbibliotheken in Delphi importieren.

7.16.4 ADO-Programmiermodell

Das ADO-Objektmodell lehnt sich an die OLE-DB-Objekte an und stellt mit Connection, Command und Recordset vergleichbare Objekte bereit. Das Recordset ist das zentrale Objekt von ADO und entspricht dem Rowset-Objekt von OLE DB. Somit stellt auch ADO die Daten generell in tabellarischer Form zur Verfügung.

Mit ADO 2.5 wird das Konzept des universellen Datenzugriffs mit den Objekten Record und Stream erweitert. Das Record-Objekt erlaubt die Darstellung von Informationen, die sich nicht in Tabellenform abbilden lassen, weil jeder Eintrag durchaus unterschiedliche Einzelinformationen speichern kann. Das Record-Objekt wurde primär für dokumentbasierende Daten und Verzeichnisstrukturen entwickelt. Die meisten OLE DB Provider unterstützen dieses Record-Objekt nicht.

Interessanter ist dann schon die zweite Neuheit der Version 2.5, das Stream-Objekt. Das Stream-Objekt bietet Methoden an, die das Hantieren mit BLOb-Daten spürbar vereinfachen.

ADO-Recordset

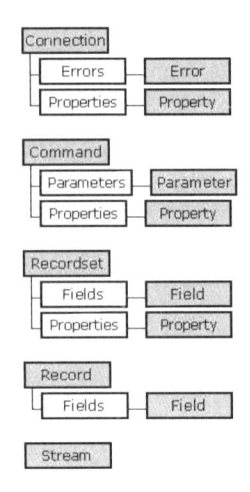

```
Connection
├── Errors ── Error
└── Properties ── Property

Command
├── Parameters ── Parameter
└── Properties ── Property

Recordset
├── Fields ── Field
└── Properties ── Property

Record
└── Fields ── Field

Stream
```

Abb. 7.27: Das ADO-Objektmodell

ADO hat das Ziel, als Middleware die Daten aus den unterschiedlichsten Quellen zu verwalten. Somit muss ADO sowohl mit SQL-Datenbanken umgehen können, aber auch mit eMail-Systemen wie zum Beispiel EXCHANGE. Da somit gravierende Unterschiede zu überbrücken sind, sieht ADO den folgenden Implementierungsweg vor:

1. Das Programm stellt eine Verbindung zu einer Datenquelle (Data Source) her.
2. Das Programm definiert ein Kommando (Command), mit dem der Zugriff auf die gewünschten Informationen möglich wird. Werden Parameter benötigt, steht ein eigenes Parameter-Objekt zur Verfügung.
3. Das Programm sorgt dafür, dass ADO das Kommando ausführt.
4. Wenn als Folge des ausgeführten Kommandos eine Datenmenge zurückgeliefert wird, die in tabellarischer Form vorliegt, puffert ADO diese Daten in einem Cache. Dieser Cache kann je nach Konfiguration entweder auf dem Server oder auch auf dem Client vorgehalten werden. Die Daten werden als Datenmenge vom Recordset-Objekt abgebildet, wobei die Werte einer bestimmten Tabellenspalte von einer Kollektion von Field-Objekten wiedergegeben werden.
5. Werden die Daten im Cache geändert, muss ADO einen Weg vorsehen, wie diese Änderungen in der originalen Datenquelle eingetragen werden.
6. Ein Error-Objekt kann optional für die Fehlerbehandlung verwendet werden.

Das Connection-Objekt

Das Connection-Objekt bildet die Schnittstelle zwischen der eigenen Anwendung und der Datenbank. Als universelle Datenbankschnittstelle muss dieses Objekt mit den unterschiedlichsten Providern zusammenarbeiten können, dabei bezieht sich der Zugriff nicht nur auf die relationalen Datenbanken. Die Provider-Eigenschaft legt daher den Übertragungsweg fest und bestimmt somit das Verhalten dieser Datenbankverbindung.

Provider	Treiber	Bemerkungen
ODBC	MSDASQL	Einbindung existierender ODBC-Treiber
JET 4.0	Microsoft.Jet.SQLOLEDB.4.0	Treiber für die JET-4.0-Datenbanken (wie zum Beispiel MS ACCESS)
SQL Server	SQLOLEDB	Microsoft-SQL-Server-Datenbanken (Versionen 6.5 und 7)
Oracle	MSDAORA	Oracle Datenbanken (der Treiber stammt von Microsoft!)
Directory Services	ADSDSOObject	Read-Only-Zugriff auf das Active Directory von Windows 2000 (LDAP-kompatible Verzeichnisdienste)
Index Server	MSIDXS	Read-Only-Zugriff auf den Microsoft Index Server 2.0
Data Shape	MSDataShape	Master/Detail-Datenmengen

Tabelle 7.7: Wichtige OLE DB Provider

Das Connection-Objekt wird von ADOExpress durch die TADOConnection-Komponente abgebildet.

Das Recordset-Objekt

Nach dem Connection-Objekt ist das Recordset-Objekt ein zweiter wesentlicher Bestandteil von ADO. Ein Recordset kann eine Tabelle, ein View oder eine SQL-Anweisung, die eine Datenmenge zurückliefert, abbilden. Die Eigenschaften und Fähigkeiten des Recordset-Objekts hängen dabei stark vom verwendeten Provider (Connection-Objekt) ab. Wird dem Recordset-Objekt kein explizites Connection-Objekt zugewiesen, ist das Objekt in der Lage, eine eigene Verbindung aufzubauen. Allerdings kann dies immer dann problematisch werden, wenn mehrere Recordset-Objekte gleichzeitig aktiv sind. In diesem Fall würde jede Instanz einen eigene, implizite Verbindung zur Datenbank aufbauen.

CursorLocation

Die prinzipiellen Unterschiede zwischen den datensatzorientierten Desktop-Datenbanken und den mengenorientierten SQL-Datenbanken kann auch ADO nicht ignorieren. Aus diesem Grund unterstützt das Recordset-Objekt auch zwei unterschiedliche Betriebsarten. Bevor ein Recordset geöffnet wird, muss die Eigenschaft `CursorLocation` definiert werden:
- Client-side Recordset: Die Datenverarbeitung, einschließlich der Datensatzbearbeitung und Indexaktualisierung, findet auf dem Client-Rechner statt. Aus diesem

Grund kann die Verbindung zu einer SQL-Datenbank während der Bearbeitung unterbrochen werden.
- Server-side Recordset: Die Datenverarbeitung findet ausschließlich auf der Server-Seite statt, zum Client wird nur die Ergebnismenge des aktuellen Datensatzes der jeweiligen Abfrage zurückgeliefert. Das Recordset hält ständig eine Verbindung zur Datenbank offen. Sobald der Client einen Datensatz ändert, wird diese Änderung auch an der Datenbank vorgenommen.

Greift das Recordset-Objekt über den Provider JET ENGINE auf eine ACCESS-Datenbank zu, sollte immer ein Server-side Cursor verwendet werden. Die Auswahl zwischen Client-side und Server-side macht je nach Anforderung nur bei SQL-Datenbanken Sinn.

Effizienter Datenzugriff auf SQL-Datenbanken

Eine SQL-Datenbank arbeitet mengenorientiert, wobei die Sprache SQL verschiedene Möglichkeiten zur Verfügung stellt, wie die Anzahl der Datensätze in einer Ergebnismenge verringert werden kann. Der Client erhält somit im optimalen Fall nur die Datensätze, die er für seine momentane Arbeit benötigt. Damit entfällt der intensive Datenaustausch zwischen Server und Client, der bei einer datensatzorientierten ISAM-Datenbank unumgänglich ist. Es ist in jedem Fall effizienter, die Daten bereits auf der Server-Seite einzuschränken, als alle Daten zum Client zu transportieren und erst hier auszusortieren.

Prinzipiell erwarten die SQL-Server, dass der Client die von ihm angeforderten Daten so schnell wie möglich ausliest und lokal auf seinem Rechner zwischenpuffert, damit der Server die belegten Ressourcen freigeben und für neue Anforderungen anderer Clients verwenden kann. Dies bedeutet im Umkehrschluss aber auch, dass der Client nur die Datenmenge anfordern darf, die er auch problemlos auf seinem Rechner verwalten kann. Allerdings erzwingen die SQL-Server dieses Prinzip nicht, sodass auch eine andere Situation denkbar ist. Wenn der Client alle Datensätze auf einmal vom Server anfordert, aber nur die wenigen Datensätze sofort lädt, die er momentan benötigt, ist der Client aus dem Schneider. Den schwarzen Peter hat nun der Server, denn er muss sowohl die Ergebnismenge als auch die Clientverbindung im aktiven Zustand lassen, sodass anderen Clients nicht mehr die normalen Server-Ressourcen zur Verfügung stehen. Je nach SQL-Datenbank tauchen zusätzliche Probleme auf, die sich aus den aktiven Datensatzsperren ergeben. Andere Benutzer können daran gehindert werden, Daten zu aktualisieren, solange die Ergebnismenge auf der Server-Seite nicht freigegeben wird.

Da dieses Problem für alle SQL-Server typisch ist, gibt es auch eine generelle Regel: Der Client fordert sofort alle Datensätze der Ergebnismenge vom Server ab und beendet seine aktive Transaktion. Und dies bedeutet zwangsläufig, dass der Client in seinem Interesse nur die Datensätze und die Spalten eines Datensatzes anfordern darf, die er für seine momentane Arbeit tatsächlich benötigt.

Diese generelle Regel hilft nicht bei allen Aufgaben weiter, es gibt durchaus Fälle, wo der Client sehr große Datenmengen aufbauen muss, obwohl er nur wenig Datensatz effektiv benötigt. Daher stellen einige SQL-Datenbanken – darunter der Microsoft SQL Server – spezielle Server Cursors zur Verfügung, mit deren Hilfe ein Client in der Ergebnismenge navigieren und nur eine kleine Untermenge abfordern kann. Es stehen Funktionen zur Verfügung, um zu den nächsten x Datensätzen oder zu den vorangegangenen x Datensätzen zu wechseln. Außerdem erlaubt ein Server Cursor ein Updaten eines positionierten Datensatzes, bei dem der Client den Datensatz nicht über eine logisch eindeutige Anweisung definieren muss. Hilfreich ist das zum Beispiel bei Tabellen, die keinen Primärschlüssel verwenden und bei denen vollständig doppelte Datensätze vorkommen dürfen.

Nun bedeutet das Anbieten eines Server Cursors nicht, dass man dieses Feature unabhängig von der konkreten Situation nutzen darf. Im Normalfall ist ein Server Cursor immer die schlechtere Wahl, da der Client die Probleme nur auf die Server-Seite verlagert hat. Aus diesem Grund gelten zum Beispiel für den Microsoft SQL Server die folgenden Einschränkungen:

- Ein dynamic Server Cursor erwartet einen eindeutigen Index.
- Keyset oder Static Server Cursors machen intensiv Gebrauch von temp. Speicherplatz auf dem Server.

Das RecordSet-Objekt wird von ADOExpress durch die TADODataSet-Komponente abgebildet. TADODataSet ist allerdings nur die primäre, direkte Kapselung des RecordSet-Objekts. Aus Kompatibilitätsgründen stehen parallel noch TADOQuery, TADOTable und TADOStoredProc zur Verfügung, die eine Migration einer bereits bestehenden BDE-Anwendung erleichtern sollen. So legt zum Beispiel bei TADOTable die Eigenschaft TableDirect fest, welcher Wert für die Eigenschaft CommandType des RecordSet-Objekts genutzt werden soll (ist TableDirect auf True, so wird CommandType auf cmdTableDirect gesetzt).

Das Command-Objekt

Das Command-Objekt zeichnet sich durch 3 Vorteile aus:
- Eine SELECT-Anweisung kann eine Datenmenge zurückliefern.
- Eine parametrisierte SELECT-Anweisung kann ausgeführt werden.
- Andere SQL-Anweisungen (UPDATE, INSERT und DELETE) können ausgeführt werden.

Wird dem Command-Objekt kein explizites Connection-Objekt zugewiesen, ist das Objekt in der Lage, eine eigene Verbindung aufzubauen. Es gibt verschiedene Typen von Command-Objekten:

- AdCmdText: Ausführen eines Kommandos, das auf einer SQL-Anweisung, einer Tabelle oder Stored Procedure basiert.
- AdCmdTable: Liefert alle Spalten der Tabelle zurück, die SELECT-Anweisung wird intern generiert.
- AdCmdStoredProc: Führt die Anweisungen einer Stored Procedure aus.
- AdCmdUnknown: Standardwert – der Kommandotyp ist undefiniert.

- AdCmdFile: Führt die in einer Datei abgelegten Kommandos für eine Datenmenge aus.
- AdCmdTableDirect: Als Kommando wird ein Tabellenname betrachtet. Liefert alle Spalten der Tabelle zurück, ohne dass SQL generiert wird.

Die auszuführende Anweisung wird der Eigenschaft `CommandText` zugewiesen. Wenn eine Stored Procedure ausgeführt werden soll, wird der Name zugewiesen. Über die Eigenschaft `Prepared` legt das Objekt fest, ob die Anweisung vor dem ersten Ausführen zuerst kompiliert und in der Datenbank abgelegt wird. Der erste Aufruf verzögert sich zwar etwas, aber dafür werden alle nachfolgenden wiederholten Aufrufe schneller ausgeführt. Die Methode `Execute` führt die in CommandText abgelegte Anweisung aus. Dabei kann geprüft werden, wie viele Datensätze der Datenmenge von dieser Anweisung betroffen waren:

```
var
  iRecsChanged: Integer;
begin
  with ADOCommand1 do
  begin
    CommandType := cmdText;
    CommandText := 'UPDATE Project_Dtl ' +
      'Set QTY_BILLED = (QTY_BILLED + :QTY_BILLED) ' +
      'WHERE (PROJECT_NO = :PROJECT_NO) AND ' +
      '(DRAWING_NO = :DRAWING_NO) ' +
      'AND (DESCRIP = :DESCRIP)';
    Execute(iRecsChanged, VarArrayOf([Qty, ProjectNo,
        DrawingNo, Descrip]));
  end;
  if iRecsChanged <> 1 then
    ShowMessage('Update des Datenbanktabelle ist fehlgeschlagen!');
end;
```

Die Methode `CreateParameter` erzeugt einen neuen Parameter für ein Kommando. Aber erst nach dem Aufruf von `Append` wird der neue Parameter zur Parameters-Kollektion des Command-Objekts hinzugefügt.

Ein Beispiel für das Erzeugen von eigenen Parameter-Objekten finden Sie im Kapitel 16.

7.16.5 Das Recordset-Beispielprojekt

Eine Datenmenge einer Datenbank kann nicht nur über MIDAS zum Client transportiert werden, auch ADO ist dazu prinzipiell in der Lage. Da ADO auch den so genannten Briefcase-Modus unterstützt, bei dem die Datenmenge lokal zwischengespeichert werden kann, geht so etwas auch mit einem COM/DCOM-Server. Dabei ist der COM-Server die Datenquelle und der COM-Client der Ort, an dem die „Briefcase"-Daten verwaltet und gespeichert werden. In der Praxis könnte das zum Beispiel so aussehen.

Das Beispielprojekt finden Sie im Verzeichnis »Kapitel 7\ADO Recordset«. Im Beispiel greife ich auf die zusammen mit Delphi 5 ausgelieferte Beispieldatenbank »dbdemos.mdb« zurück – Sie müssen nur den Pfadnamen dieser ACCESS-Datenbank anpassen.

Der Server

Der COM-Server stellt über seine Interface-Methode ReturnRS die Datenmenge als vollständiges RecordSet-Objekt zur Verfügung. Da das Interface `_RecordSet` ein Dual Interface ist, darf der Server auch den Interface-Vorfahren IDispatch und somit OleVariant verwenden.

```
type
  TADOServer = class(TAutoObject, IADOServer)
  protected
    function ReturnRS: OleVariant; safecall;
    procedure SubmitRS(RS: OleVariant; out Msg: WideString);
      safecall;
  end;
```

Der Server erzeugt anschließend eine Instanz vom Connection-Objekt sowie vom Recordset-Objekt in ADO. Nachdem die Eigenschaft `CursorLocation` des Connection-Objekts auf den Wert `adUseClient` gesetzt wurde, kann die Verbindung geöffnet werden. Und sobald die Verbindung steht, aktiviert der Server das ADO-Recordset-Objekt. Der Interface-Zeiger auf dieses RecordSet-Objekt wird als Rückgabewert der Interface-Methode übernommen, sodass die zu Grunde liegende Verbindung wieder geschlossen werden kann.

```
uses ComServ, ADODB_TLB, SysUtils;

resourcestring
  cConnStr = 'Provider=Microsoft.Jet.OLEDB.4.0;' +
             'Data Source=C:\Database\dbdemos.mdb;' +
             'Persist Security Info=False';

function TADOServer.ReturnRS: OleVariant;
var
  adoCon1: _Connection;
  adoRs1: _Recordset;
begin
```

ADO-Recordset

```
  adoCon1 := CoConnection.Create;
  adoRs1 := CoRecordset.Create;
  adoCon1.CursorLocation := adUseClient;
  adoCon1.Open(cConnStr, '', '', 0);
  adoRs1.Open('SELECT * FROM Country', adoCon1, adOpenKeyset,
              adLockBatchOptimistic, 0);
  // vollständiges ADO-Recordset zurückliefern
  Result := adoRs1;
  adoRs1.Set_ActiveConnection(nil);
  adoCon1.Close;
end;
```

Beschwert sich Ihre Delphi-Version beim Kompilieren über unbekannte Interface-Namen, so müssen Sie die ADO-Typbibliothek einmalig in Delphi importieren.

Abb. 7.28: Die ADO-Typbibliothek wird importiert

Mit dem Import der Typbibliothek kann Delphi alle von den COM-Objekten unterstützten Interfaces, Methoden, Aufrufparameter und vordefinierten Konstanten direkt nachschlagen.

> *Borland liefert mit Delphi 5 auch die Unit »ADOInt.pas« aus, die alle Interfaces der Version 2.1 deklariert. Für den Fall, dass Sie nicht auf die Neuheiten der Version 2.5 zurückgreifen müssen, macht ADOInt den Import der Typbibliothek überflüssig. Allerdings hat Borland innerhalb von ADOInt einige Deklarationen von Hand geändert, sodass ein Konflikt mit den importierten Interface-Deklarationen auftritt. Im Kapitel 16 komme ich auf dieses Problem zurück.*

Der Client

Der COM-Client kommt vollständig ohne eigene ADO-Verbindung aus, stattdessen übernimmt die TADOTable-Instanz im Formular die Daten vom RecordSet-Objekt des COM-Servers.

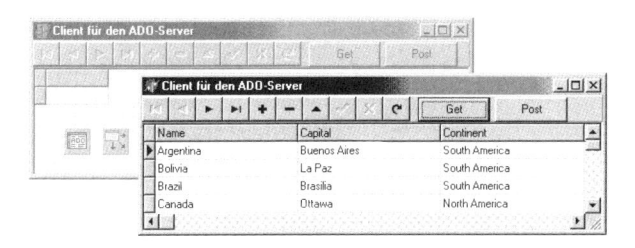

Abb. 7.29: Der Client erhält die Daten als RecordSet vom Server

Sie müssen zugeben, dass die folgenden Programmzeilen nur schwer zu minimieren sind.

```
uses ADOSrv_TLB;

procedure TForm1.ButtonGetClick(Sender: TObject);
var
  aSrv : IADOServer;
  aRS  : _Recordset;
begin
  aSrv := CoADOServer.Create;
  aRS := IDispatch(aSrv.ReturnRS) as _Recordset;
  ADOTable1.Recordset := aRS;
  ADOTable1.Active := True;
end;
```

Was passiert hier? ADO greift auf die gleiche Technik zurück, die ich im Abschnitt 7.6 für das Übertragen von TImage-Instanzen verwendet habe. Der Client erhält nicht direkt das originale Recordset-Objekt vom Server. Stattdessen werden nur die Zustandsdaten dieser Objektinstanz übertragen. Im zweiten Kapitel bin ich auf die Objekt-Eigenschaften eingegangen, wobei ein Objekt über drei Merkmale gekennzeichnet wurde:

1. Identity (CLSID des Objekts)
2. State (Zustand)
3. Behavior (Methoden und Verhalten)

Wenn nun sowohl der Server als auch der Client eine eigene Objektinstanz vom Recordset-Objekt erzeugen, sind die Merkmale Identity und Behavior bereits identisch. Um das Objekt zu klonen, muss nur noch das Merkmal State und somit alle Instanz-Daten übertragen werden. Und genau das passiert beim Übertragen eines Client-side Recordset-Objekts, der Client erzeugt eine neue Recordset-Instanz, die später nur noch mit den Server-Daten gefüllt wird. Aus diesem Grund kann der Client auch dann noch mit der

Objektinstanz arbeiten, wenn die Verbindung zum Server getrennt und die originale Recordset-Instanz bereits wieder zerstört wurde.

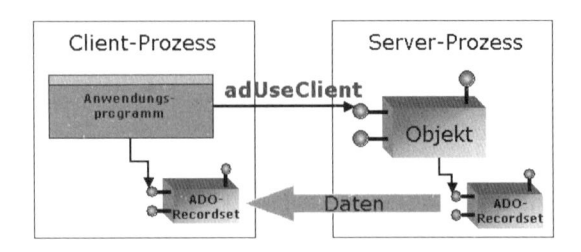

Abb. 7.30: Marshaling eines Client-side Recordset-Objekts

7.16.6 Das Stream-Objekt von ADO 2.5

ADO 2.5 hat zusätzlich zum Record-Objekt das Stream-Objekt in das ADO-Objektmodell eingeführt. Mit diesem Objekt vereinfacht sich der Zugriff auf BLOb-Daten (Binary Large Objects), da das Hantieren mit den alten Methoden `GetChunk` und `AppendChunk` nicht mehr notwendig ist. Mit dem neuen Objekt ist auch das vorherige Bestimmen der BLOb-Größe nicht mehr notwendig, sodass sich der Einsatz spürbar vereinfacht. Dies gilt auch dann, wenn ohne ADOExpress direkt auf die ADO-Objekte zugegriffen wird.

Im Beispielprojekt zum Thema wird der Inhalt einer Datei eingelesen und als binärer Inhalt in einer Image-Spalte einer SQL-Server-7-Datenbanktabelle abgelegt. Anschließend liest das Programm den gespeicherten Inhalt über eine SELECT-Abfrage neu ein und speichert diese Daten unter einem anderen Dateinamen wieder ab. Sie können somit leicht nachprüfen, ob Sie am Ende tatsächlich wieder das erhalten, was am Anfang in der Datenbank abgelegt wurde.

Das Beispielprojekt finden Sie im Verzeichnis »Kapitel 7\ADO Stream«.

Das Beispielprogramm stellt die private Methode `InitDatabase` zur Verfügung, damit bei Bedarf die Tabelle StreamBLOBDemo in der SQL-Server-7-Datenbank angelegt werden kann. Der Spaltentyp `Image` ist für das Ablegen von binären Daten geeignet.

```
procedure TForm1.InitDatabase;
const
  SQL1 = 'DROP TABLE StreamBLOBDemo';
  SQL2 = 'CREATE TABLE StreamBLOBDemo ('+
    'ID int NOT NULL CONSTRAINT PK_StreamBLOBTest PRIMARY KEY,' +
    'FileContents image)';
var
  swSQL : WideString;
```

```
  iRecs : Integer;
begin
  swSQL := SQL1;
  try
    ADOConnection1.Execute(swSQL, iRecs, [eoExecuteNoRecords]);
  except
    // falls Tabelle noch nicht vorhanden
  end;
  swSQL := SQL2;
  ADOConnection1.Execute(swSQL, iRecs, [eoExecuteNoRecords]);
end;
```

Mit dem Importieren der Typbibliothek von ADO 2.5 stehen in der *TLB.pas* auch die CoClass-Einträge für das Recordset- und Stream-Objekt von ADO zur Verfügung. Das Programm kann somit diese beiden Objekte direkt anfordern. Aus Bequemlichkeit habe ich für die ADO-Connection eine TADOConnection-Instanz eingesetzt, aber falls A-DOExpress nicht zur Verfügung steht, kann auch TADOConnection direkt durch das Connection-Objekt von ADO ersetzt werden.

Über eine „unsinnige" SELECT-Abfrage wird eine garantiert leere Datenmenge im Recordset geöffnet:

```
SELECT ID, FileContents FROM StreamBLOBDemo WHERE 1 = 0
```

Somit muss das Recordset-Objekt keine Daten vom SQL-Server laden, sodass über den Aufruf von AddNew gleich ein neuer Datensatzpuffer angefordert wird. Über die Fields-Kollektion des Recordset-Objekts übergibt das Programm die Daten für beide Spalten des neuen Datensatzes, sodass dieser Datensatz über den Aufruf von Update gespeichert werden kann, ohne dass der SQL-Server-7 einen fehlenden Primärschlüsselwert bemängelt.

War das erfolgreich, liest das Programm den gerade neu angelegten Datensatz über eine zweite SELECT-Abfrage wieder ein. Nun wird in der WHERE-Einschränkung der gerade eingefügte Primärschlüsselwert verwendet, sodass die Datenbank garantiert nur einen einzigen Datensatz zurückliefert.

```
SELECT ID, FileContents FROM StreamBLOBDemo WHERE ID = 5
```

Wird nun eine neue Instanz des Stream-Objekts erzeugt, kann dieses über die Write-Methode die als Parameter übergebenen Daten in den eigenen Stream schreiben. Ist das erledigt, speichert der Aufruf von SaveToFile diese Streamdaten in einer Datei ab.

```
procedure TForm1.ToolButtonBLOBClick(Sender: TObject);
resourcestring
  RS_SQL =
    'SELECT ID, FileContents FROM StreamBLOBDemo WHERE 1 = 0';
  SELECT =
    'SELECT ID, FileContents FROM StreamBLOBDemo WHERE ID = ';
```

```
var
  aADOStream : _Stream;
  aRS        : _RecordSet;
  iID        : Integer;
  vSQL       : OleVariant;
begin
  // Step 1: ADO-Stream-Objekt initialisieren
  aADOStream := CoStream.Create;
  aADOStream.Type_ := adTypeBinary;
  aADOStream.Open(EmptyParam, adModeUnknown,
                  adOpenStreamUnspecified, '', '');
  aADOStream.LoadFromFile(FFileName);
  // Step 2: ADO-Recordset-Objekt initialisieren
  aRS := CoRecordset.Create;
  aRS.CursorLocation := adUseClient;
  vSQL := RS_SQL;
  aRS.Open(vSQL, ADOConnection1.ConnectionObject,
           adOpenStatic, adLockOptimistic, adCmdText);
  // Step 3: Neuen Datensatzpuffer anfordern
  aRS.AddNew(EmptyParam, EmptyParam);
  iID := StrToInt(EditID.Text);
  // Step 4: Werte zuweisen, BLOb aus Stream-Objekt zuordnen
  aRS.Fields.Item['ID'].Value := iID;
  aRS.Fields.Item['FileContents'].Value := aADOStream.Read(
                                              adReadAll);
  // Step 5: Datensatz speichern
  aRS.Update(EmptyParam, EmptyParam);
  aRS.Close;
  aADOStream.Close;
  aRS := nil;
  aADOStream := nil;
  // Step 6: Datensatz zur Kontrolle neu einlesen
  aRS := CoRecordset.Create;
  vSQL := SELECT + IntToStr(iID);
  aRS.Open(vSQL, ADOConnection1.ConnectionObject,
           adOpenForwardOnly, adLockReadOnly, adCmdText);
  // BLOb-Inhalt via Stream-Objekt auslesen und speichern
  aADOStream := CoStream.Create;
  aADOStream.Type_ := adTypeBinary;
  aADOStream.Open(EmptyParam, adModeUnknown,
                  adOpenStreamUnspecified, '', '');
  aADOStream.Write(aRS.Fields.Item['FileContents'].Value);
  aADOStream.SaveToFile(FSaveFileName, adSaveCreateOverWrite);
  aADOStream.Close;
  aRS.Close;
```

```
  Inc(iID);
  EditID.Text := IntToStr(iID);
end;
```

7.16.7 RDS – das Borland-Beispiel wird erweitert

Im Demos-Verzeichnisbaum von Delphi 5 findet sich das Beispielprojekt *rdstest.bpg*, das demonstriert, wie ein RecordSet-Objekt von einem Rechner zum anderen transportiert wird. So gut das Beispiel auch funktioniert, es hat einen gravierenden Nachteil. Ein Updaten des vom Client geänderten Datenbestandes zurück zum Server wird nicht gezeigt. Dies ist jedoch mit wenig Aufwand nachzurüsten, wie das folgende Beispiel demonstriert.

Das Beispielprojekt finden Sie im Verzeichnis »Kapitel 7\ADO RDS-Beispiel«.

Erweiterungen am Server

Die bereits vorhandene Interface-Methode `Employee` liefert über den Rückgabewert vom Typ _Recordset ein RecordSet-Objekt zum Client zurück. Um diesen Interface-Typ im Server verwenden zu können, muss die Microsoft ActiveX Data Objects 2.1 Library in die Liste der verwendeten Typbibliotheken aufgenommen werden.

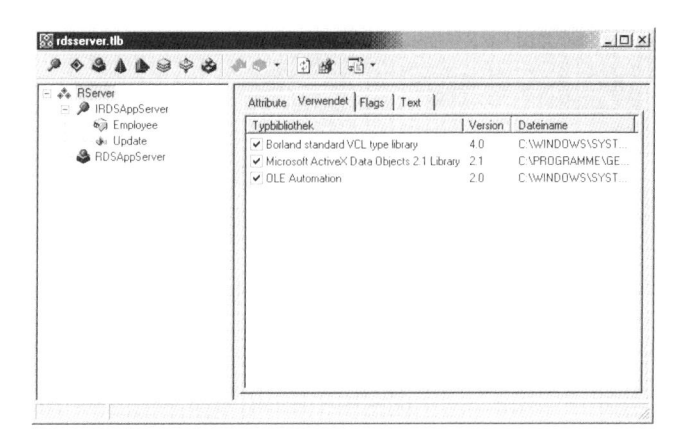

Abb. 7.31: Die ADO-Typbibliothek muss eingebunden werden

Zusätzlich erhält das Interface noch die Methode `Update`, um die Änderungen im Datenbestand einzuarbeiten. Diese Methode erhält vom Client als Parameter das RecordSet-Objekt zurück, das der Client über Employee vorher abgefordert hat.

```
IRDSAppServer = interface(IDispatch)
  ['{3C464A21-1DB2-11D3-931D-00C04FB17A5E}']
```

ADO-Recordset

```
    function  Get_Employee: _Recordset; safecall;
    function  Update(const RS: _Recordset): Integer; safecall;
    property Employee: _Recordset read Get_Employee;
  end;
```

Somit steht der Erweiterung der Server-Funktionalität nichts mehr im Wege, wie die folgenden Programmzeilen demonstrieren. Die Interface-Methode Get_Employee transportiert ein Recordset-Objekt zum Client.

```
function TRDSAppServer.Get_Employee: _Recordset;
var
  ConnStr: WideString;
begin
  { Create an ADO Recordset instance directly }
  ConnStr := 'FILE NAME=' + DataLinkDir + '\DBDEMOS.UDL';
  Result := CoRecordSet.Create;
  Result.CursorLocation := adUseClient;
  Result.Open('Employee', ConnStr, adOpenStatic,
              adLockBatchOptimistic, adCmdTable);
end;
```

Der Client kann nun die Datensätze im Recordset-Objekt ändern und über den Aufruf der Interface-Methode Update seine Änderungen in der originalen Datenbank von ADO einarbeiten lassen. Dazu wird die RecordSet-Methode `UpdateBatch` aufgerufen.

```
function TRDSAppServer.Update(const RS: _Recordset): Integer;
var
  aRS     : _RecordSet;
  ConnStr : WideString;
begin
  ConnStr := 'FILE NAME=' + DataLinkDir + '\DBDEMOS.UDL';
  aRS := CoRecordset.Create;
  aRS.Open(RS, ConnStr, TOleEnum(adOpenUnspecified),
           TOleEnum(adLockUnspecified),
           TOleEnum(adCmdUnspecified));
  aRS.UpdateBatch(adAffectAll);
  Result := 1;
end;
```

Erweiterungen am Client

Am Client-Teil wird nur ein neuer Button (Update) hinzugefügt, die dabei zu implementierende Funktion beschränkt sich auf eine einzige Programmzeile.

```
procedure TForm1.ButtonUpdateClick(Sender: TObject);
begin
```

```
  RDSConnection1.AppServer.Update(Employee.Recordset);
end;
```

8 Callback vs. Connection Point

Dieses Kapitel finden Sie auf der beiliegenden Buch-CD.

9 Objektmodelle

Bislang haben alle Beispielprojekte immer nur ein COM-Objekt pro Server verwendet, wobei dieses Objekt im besten Fall mehrere Interfaces zur Verfügung gestellt hat oder bestimmte Interface-Methoden auf ein anderes Objekt weiterdelegiert wurden. In vielen Fällen reicht ein derart einfach aufgebautes Objekt nicht aus, um alle Anforderungen zu erfüllen. Allerdings hindert Sie niemand daran, mehrere COM-Objekte zu einem Objektmodell zusammenzufügen.

Das im Kapitel 7 vorgestellte RecordSet-Objekt von ADO ist zum Beispiel ein COM-Objekt aus einem umfangreichen Objektmodell.

Und bei der Implementierung eines Objektmodells führen viele Wege zum Ziel, einige davon stellt Ihnen dieses Kapitel vor.

9.1 Einfaches Beispiel mit fester Objektanzahl

Das Beispielprojekt finden Sie im Verzeichnis »Kapitel 9\OM«.

Das erste Beispiel demonstriert ein Objekt-Modell aus verschiedenen COM-Objekten eines Automation-Servers. Aus der Sicht eines Clients stellt sich das Objektmodell folgendermaßen dar:

```
Client ──▶ ObjectModelSrv
              ├─ Version
              └─ AddObj ── FileObjects
                              ├─ Count
                              └─ FileObject ── FileObject
                                                  │
                                                  FileName
```

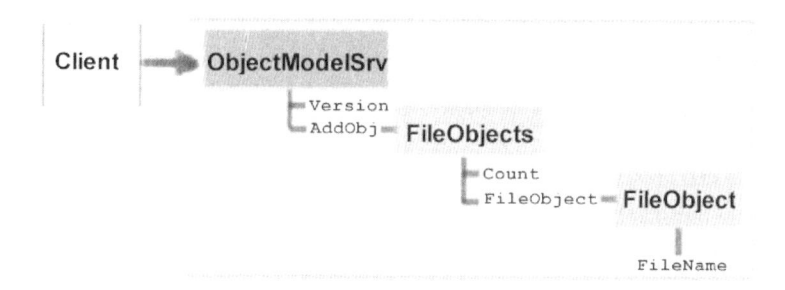

Abb. 9.1: Das Objektmodell des ersten Beispiels

Der Client kann nur eine Instanz des Hauptobjekts ObjectModelSrv des Automation-Servers erzeugen. Dieses Hauptobjekt unterstützt die Eigenschaft Version sowie die Methode AddObj, mit deren Hilfe der Client einen Interface-Zeiger auf ein weiteres COM-Objekt (FileObjects) des Automation-Servers abrufen kann. Dabei wird dieses Objekt im Server erst dann erzeugt, wenn der Client diese Methode AddObj aufruft.

Einfaches Beispiel mit fester Objektanzahl

Beim Erzeugen der FileObjects-Instanz erzeugt dieses Objekt intern das nächste COM-Objekt FileObject. FileObject als letztes Objekt in der Pipeline stellt die Eigenschaft FileName zur Verfügung.

COM-Objekt	Verwendung	Implementiert als
TObjectModelSrv	Hauptobjekt	TAutoObject
TFileObjects	Verwalter für die Detailobjekte	TTypedComObject
TFileObject	Detailobjekt	TTypedComObject

Tabelle 9.1: Die Aufgabenverteilung im Objektmodell

Schritt 1: Hauptobjekt erzeugen

Im Beispiel wird der Automation-Server als Local Server implementiert, er wird also immer als eigenständiger Prozess ausgeführt. Daher beginnt die Entwicklung mit einer neuen Anwendung, erst im zweiten Schritt wird dieser Anwendung ein Automation-Objekt zugeordnet.

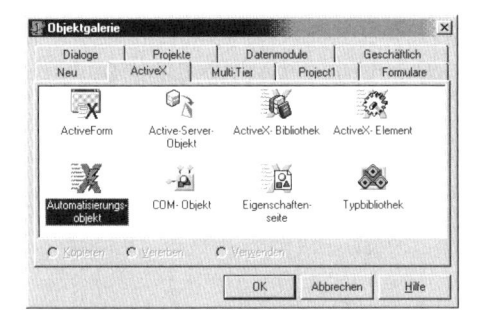

Abb. 9.2: Das Hauptobjekt wird als Automatisierungsobjekt angelegt

Die von Delphi generierten Projektdateien speichere ich vorerst ohne Änderung ab.

Schritt 2: Verwalter- und Detailobjekt erzeugen

Da der Client nur das Hauptobjekt direkt erzeugen darf und die untergeordneten Objekte kein Dual Interface unterstützen müssen, werden diese Objekte über den Experten für COM-Objekte erzeugt.

Objektmodelle

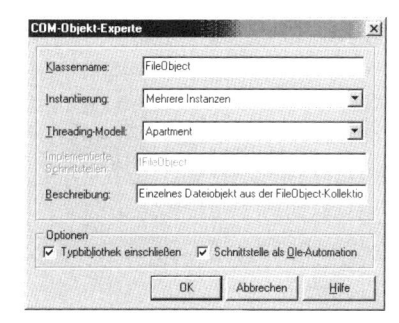

Abb. 9.3 Das Detail-Objekt ist ein TComObject-Nachfolger

Schritt 3: Typbibliothek – Interfacemethoden zuordnen

Bislang hat der Delphi-Wizard in der Typbibliothek nur die CoClass- und Interface-Einträge vorgenommen. Daher werden nun die fehlenden Eigenschaften und Methoden der Interfaces von Hand nachgerüstet.

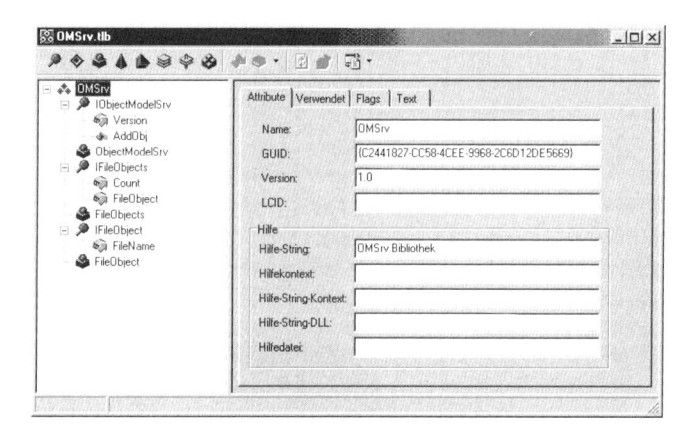

Abb. 9.4: Die Interface-Methoden werden deklariert

Die CoClass des Verwaltungs- und Detail-Objekts wird nur innerhalb des Hauptobjekts benötigt, daher wird bei beiden Objekten FileObjects und FileObject die Checkbox ERZEUGEN MÖGLICH deaktiviert und dafür die Checkbox VERBORGEN markiert. Dies ist zwar keine elegante Lösung – eine bessere Alternative stelle ich Ihnen noch vor – aber während der Entwicklung des Objektmodells ist dieser Weg eindeutig der für den Entwickler bequemste. Am Ende sieht der wesentliche Teil der Typbibliothek folgendermaßen aus:

```
// ***********************************************************//
// Schnittstelle: IObjectModelSrv
// Flags:         (4416) Dual OleAutomation Dispatchable
// GUID:          {5B049CA6-5A1B-4637-9163-ED2A680A6017}
// ***********************************************************//
```

```
IObjectModelSrv = interface(IDispatch)
  ['{5B049CA6-5A1B-4637-9163-ED2A680A6017}']
  function  Get_Version: Integer; safecall;
  function  AddObj: FileObjects; safecall;
  property Version: Integer read Get_Version;
end;

// ************************************************************//
// Schnittstelle: IFileObjects
// Flags:      (256) OleAutomation
// GUID:       {58934386-76C7-4EF0-B117-50F7CE220781}
// ************************************************************//
  IFileObjects = interface(IUnknown)
    ['{58934386-76C7-4EF0-B117-50F7CE220781}']
    function  Get_Count(out Value: Integer): HResult; stdcall;
    function  Get_FileObject(out Value: IFileObject): HResult;
      stdcall;
  end;

// ************************************************************//
// Schnittstelle: IFileObject
// Flags:      (256) OleAutomation
// GUID:       {7856C2B3-3EBB-401D-B8C4-BE7380A88A4D}
// ************************************************************//
  IFileObject = interface(IUnknown)
    ['{7856C2B3-3EBB-401D-B8C4-BE7380A88A4D}']
    function  Get_FileName(out Value: WideString): HResult;
      stdcall;
  end;

  CoObjectModelSrv = class
    class function Create: IObjectModelSrv;
    class function CreateRemote(
      const MachineName: string): IObjectModelSrv;
  end;
```

Schritt 4: Implementierung des Hauptobjekts

Die Interface-Methode `AddObj` liefert mit FileObject einen Interface-Zeiger vom Typ IFileObjects auf das Verwaltungsobjekt zurück. Dieses Objekt wird erst dann erzeugt, wenn der Client diese Interface-Methode aufruft. Dank der Fähigkeiten von Delphi darf der Konstruktor Create direkt aufgerufen werden, wenn der zurückgelieferte Wert einer Interface-Variablen (in diesem Fall der Rückgabewert der Funktion) zugeordnet wird.

Objektmodelle

```
type
  TObjectModelSrv = class(TAutoObject, IObjectModelSrv)
  protected
    function Get_Version: Integer; safecall;
    function AddObj: FileObjects; safecall;
  end;

implementation

uses ComServ, OMSrvFileObjects_Impl;

function TObjectModelSrv.Get_Version: Integer;
begin
  Result := 1;
end;

function TObjectModelSrv.AddObj: FileObjects;
begin
  Result := TFileObjects.Create;
end;

initialization
  TAutoObjectFactory.Create(ComServer, TObjectModelSrv,
    Class_ObjectModelSrv, ciMultiInstance, tmApartment);
end.
```

Schritt 5: Implementierung des Verwaltungsobjekts

Das erst zur Laufzeit aus dem Hauptobjekt heraus erzeugte Verwaltungsobjekt erzeugt intern sofort eine Instanz des Detailobjekts, damit der Client auf die Eigenschaften des Detailobjekts zugreifen kann. Da das Verwaltungsobjekt den Interface-Zeiger als privates Objektfeld zwischenpuffert, ist die Lebensdauer des Detailobjekts mit der Lebensdauer des Verwaltungsobjekts identisch. Im Normalfall wird anstelle des Objektfeldes für eine Interface-Variable eine Liste verwendet, um eine variable Anzahl von Detailobjekten verwalten zu können.

Mit dem Verzicht auf ein Automation-Objekt und somit dem Verzicht auf ein Dual Interface verwendet Delphi in der Voreinstellung keine SafeCall-Aufrufkonvention. Dies kann zwar jederzeit über die Projektoptionen geändert werden, aber in diesem Beispiel werden die StdCall-Aufrufe so gelassen. Dem Nachteil der eigenen Fehlerbehandlung in einem Try..Except-Block steht der Vorteil gegenüber, die HResult-Fehlerwerte in eigener Regie setzen zu können. Sie können daher eigene Fehlerwerte an den Aufrufer dieses Objekts zurückliefern, indem eigene Konstanten für HResult deklariert werden.

```
type
  TFileObjects = class(TTypedComObject, IFileObjects)
```

```
  private
    FObj : IFileObject;
  protected
    function Get_Count(out Value: Integer): HResult; stdcall;
    function Get_FileObject(out Value: IFileObject): HResult;
      stdcall;
  public
    procedure Initialize; override;
    destructor Destroy; override;
  end;

implementation

uses ComServ, OMSrvFileObject_Impl;

procedure TFileObjects.Initialize;
begin
  inherited;
  FObj := TFileObject.Create;
end;

destructor TFileObjects.Destroy;
begin
  FObj := nil;
  inherited;
end;

function TFileObjects.Get_Count(out Value: Integer): HResult;
begin
  Value := 1;
  Result := S_OK;
end;

function TFileObjects.Get_FileObject(
  out Value: IFileObject): HResult;
begin
  if Assigned(FObj) then
    begin
      Value := FObj;
      Result := S_OK
    end
  else
    begin
      Value := nil;
      Result := E_NOINTERFACE
```

```
      end
end;

initialization
  TTypedComObjectFactory.Create(ComServer, TFileObjects,
    Class_FileObjects, ciMultiInstance, tmApartment);
end.
```

Schritt 6: Implementierung des Detailobjekts

Die Instanz des Detailobjekts TFileObject wird automatisch innerhalb der Initialize-Methode des Verwaltungsobjekts erzeugt. Damit das erste Beispiel für ein Objektmodell übersichtlich bleibt, liefert das Detail-Objekt nur eine feststehende Zeichenkette in der Interface-Methode Get_FileName zurück.

```
type
  TFileObject = class(TTypedComObject, IFileObject)
  protected
    function Get_FileName(out Value: WideString): HResult;
      stdcall;
  end;

implementation

uses ComServ;

function TFileObject.Get_FileName(out Value: WideString): HResult;
begin
  Value := 'Dateiname-Dummy';
  Result := S_OK;
end;

initialization
  TTypedComObjectFactory.Create(ComServer, TFileObject,
    Class_FileObject, ciMultiInstance, tmApartment);
end.
```

Schritt 7: Implementierung des Clients

Der Client fordert sofort beim Programmstart eine Instanz des Hauptobjekts des Automation-Servers ab. Erst dann, wenn der Button angeklickt wird, sorgt die Interface-Methode AddObj dafür, dass das Hauptobjekt das Verwaltungsobjekt erzeugt. Über die Eigenschaft Count kann sich der Client davon überzeugen, wie viele Detailobjekte das Verwaltungsobjekt bereitgestellt hat. In diesem einfachen Beispiel wird nur ein einziges Detailobjekt unterstützt, also liefert Count immer den gleichen Wert zurück. Über den

Aufruf der Interface-Methode `Get_FileObject` fordert der Client vom Verwaltungsobjekt einen Interface-Zeiger auf das Detailobjekt ab. Anschließend kann die Interface-Methode `Get_FileName` aufgerufen werden, um die Existenz des Detail-Objekts durch das Abrufen der fest zugewiesenen Zeichenkette nachzuweisen.

```
procedure TFormClient.FormCreate(Sender: TObject);
begin
  FSrv := CoObjectModelSrv.Create;
  StatusBar1.SimpleText := Format('Version %d', [FSrv.Version]);
end;

procedure TFormClient.FormDestroy(Sender: TObject);
begin
  FSrv := nil;
end;

procedure TFormClient.Button1Click(Sender: TObject);
var
  aObj    : IFileObjects;
  iCount  : Integer;
  aFile   : IFileObject;
  swName  : WideString;
begin
  aObj := FSrv.AddObj;
  aObj.Get_Count(iCount);
  ListBox1.Items.Add(Format('%d Objekt', [iCount]));
  aObj.Get_FileObject(aFile);
  aFile.Get_FileName(swName);
  ListBox1.Items.Add(swName);
end;
```

9.2 Komplexes Beispiel mit variabler Objektanzahl

Das zweite Beispiel verwendet das gleiche Objektmodell, allerdings nimmt das Verwaltungsobjekt für jede im Festplattenverzeichnis gefundene Datei eine separate Instanz des Detail-Objekts (ExFileObject) in seine Kollektion auf. Somit steht die Anzahl der Detail-Objekte erst dann fest, wenn das zu durchsuchende Verzeichnis durch den Client definiert wurde.

Das Beispielprojekt finden Sie im Verzeichnis »Kapitel 9\OMX«.

Damit der Client auf jedes einzelne dieser Detail-Objekte zugreifen kann, stellt das Verwaltungsobjekt `ExFileObjects` ein eigenes Enumerations-Objekt zur Verfügung.

Objektmodelle

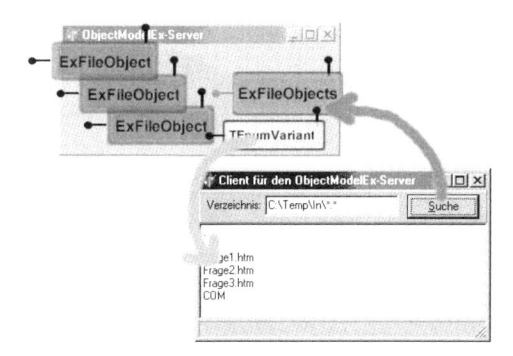

Abb. 9.5: Das Zusammenspiel im zweiten Beispiel

Der Client kommuniziert nur über das Hauptobjekt `ObjectModelEx` mit dem Server; über dessen Interface-Methode `FindFiles` holt sich der Client einen Interface-Zeiger auf das Verwaltungsobjekt für das als Parameter definierte Verzeichnis. Zur Vereinfachung nutze ich den Delphi-Wizard für Automation-Objekte aus, sodass TAutoObject-Instanzen verwendet werden. Erst am Ende wird beim Feintuning TAutoIntfObject eingesetzt.

Da sich das Zusammenbauen des zweiten Beispielprojekts in den gleichen Schritten wie beim ersten Beispiel vollzieht, gehe ich jetzt nur noch auf die geänderten Details ein.

Typbibliothek

Die Interface-Methoden des zweiten Beispielservers verwenden die Aufrufkonvention SafeCall, sodass sich die Implementierung dieser Methoden entsprechend vereinfacht. Außerdem muss das Interface spezielle Methoden für das Bestimmen der Anzahl der vorhandenen Objekte sowie für das Auswählen eines bestimmten Objekts zur Verfügung stellen. Über die von COM vordefinierte Methode `_NewEnum` stellt das Interface des Verwaltungsobjekts auch eine Schnittstelle für das eigene Enumerationsobjekt zur Verfügung.

```
// *******************************************************//
// Schnittstelle: IObjectModelEx
// Flags: (4416) Dual OleAutomation Dispatchable
// GUID: {5BC70079-EFF9-41DD-AB99-65E31208DF40}
// *******************************************************//
  IObjectModelEx = interface(IDispatch)
    ['{5BC70079-EFF9-41DD-AB99-65E31208DF40}']
    function   FindFiles(
      const sSelect: WideString): IExFileObjects; safecall;
  end;

// *******************************************************//
// Schnittstelle: IExFileObjects
// Flags: (4416) Dual OleAutomation Dispatchable
```

Komplexes Beispiel mit variabler Objektanzahl

```
// GUID: {31D6BAB2-AB1A-4E99-B1F9-9A9299979FC7}
// *************************************************//
  IExFileObjects = interface(IDispatch)
    ['{31D6BAB2-AB1A-4E99-B1F9-9A9299979FC7}']
    function   Get_Count: Integer; safecall;
    function   GetItem(Index: Integer): IExFileObject; safecall;
    function   _NewEnum: IUnknown; safecall;
    property Count: Integer read Get_Count;
  end;

// *************************************************//
// Schnittstelle: IExFileObject
// Flags: (4416) Dual OleAutomation Dispatchable
// GUID: {888148BF-E73C-41D1-8B64-57485CCB3BF6}
// *************************************************//
  IExFileObject = interface(IDispatch)
    ['{888148BF-E73C-41D1-8B64-57485CCB3BF6}']
    function   Get_Name: WideString; safecall;
    function   Get_Size: Integer; safecall;
    property Name: WideString read Get_Name;
    property Size: Integer read Get_Size;
  end;

  CoObjectModelEx = class
    class function Create: IObjectModelEx;
    class function CreateRemote(
      const MachineName: string): IObjectModelEx;
  end;
```

Hauptobjekt des Servers

Die Implementierung des Hauptobjekts entspricht vom Aufbau her dem ersten Beispiel, nur das Weiterreichen des vom Client erhaltenen Parameters an das Verwaltungsobjekt ist neu hinzugekommen.

```
type
  TObjectModelEx = class(TAutoObject, IObjectModelEx)
  protected
    function FindFiles(const sSelect: WideString): IExFileObjects;
      safecall;
  end;

implementation

uses ComServ, OMXSrvExFileObjects_Impl;
```

```
function TObjectModelEx.FindFiles(
  const sSelect: WideString): IExFileObjects;
begin
  Result := TExFileObjects.Create(sSelect);
end;

initialization
  TAutoObjectFactory.Create(ComServer, TObjectModelEx,
    Class_ObjectModelEx, ciMultiInstance, tmApartment);
end.
```

Verwaltungsobjekt des Servers

Das Verwaltungsobjekt muss in der Lage sein, für jede im Verzeichnispfad vorgefundene Datei ein eigenes Objekt in die Kollektion aufzunehmen. Daher erzeugt das Verwaltungsobjekt eine Instanz von `TInterfaceList` und nimmt für jedes erzeugte Detailobjekt einen Interface-Zeiger in diese Liste mit auf.

Über die Interface-Methode `Get_Count` kann der Client die Anzahl der in der Kollektion verwalteten Detail-Objekte auslesen. Und über die Interface-Methode `GetItem` erreicht der Client jedes einzelne Objekt in dieser Liste. Außerdem erzeugt das Verwaltungsobjekt immer dann das Enumerationsobjekt, wenn der Client über den Aufruf der Interface-Methode `_NewEnum` ein solches Objekt anfordert.

```
type
  TExFileObjects = class(TAutoObject, IExFileObjects)
  private
    FList: TInterfaceList;
  public
    constructor Create(const aSelect: String);
    destructor Destroy; override;
  protected
    function Get_Count: Integer; safecall;
    function GetItem(Index: Integer): IExFileObject; safecall;
    function _NewEnum: IUnknown; safecall;
  end;

implementation

uses ComServ, SysUtils, OMXSrvExFileObject_Impl,
     OMXSrvExFileObjects_Enum;

constructor TExFileObjects.Create(const aSelect: String);
var
  iRet  : Integer;
```

```
    aSR   : TSearchRec;
    Obj   : IExFileObject;
begin
  inherited Create;
  FList := TInterfaceList.Create;
  iRet := FindFirst(aSelect, faAnyFile, aSR);
  try
    while iRet = 0 do
    begin
      Obj := TExFileObject.Create(aSR);
      FList.Add(Obj);
      iRet := FindNext(aSR);
    end;
  finally
    SysUtils.FindClose(aSR);
  end;
end;

destructor TExFileObjects.Destroy;
var
  i: Integer;
begin
  FList.Free;
  inherited;
end;

function TExFileObjects.Get_Count: Integer;
begin
  Result := FList.Count;
end;

function TExFileObjects.GetItem(Index: Integer): IExFileObject;
begin
  if (Index > 0) and (Index <= FList.Count) then
    begin
      Result := IExFileObject(FList[Index-1]);
      Result._AddRef;
    end
end;

function TExFileObjects._NewEnum: IUnknown;
begin
  Result := TEnumVariant.Create(Self, FList) as IUnknown;
end;
```

Objektmodelle

```
initialization
  TAutoObjectFactory.Create(ComServer, TExFileObjects,
    Class_ExFileObjects, ciMultiInstance, tmApartment);
end.
```

Detailobjekt des Servers

Das Detailobjekt wird vom Verwaltungsobjekt für jede vorgefundene Datei erzeugt und kapselt nur die Eigenschaften Name und Größe der vorgefundenen Datei in einem COM-Objekt ein.

```
type
  TExFileObject = class(TAutoObject, IExFileObject)
  private
    FFileName : String;
    FFileSize : Integer;
  protected
    function Get_Name: WideString; safecall;
    function Get_Size: Integer; safecall;
  public
    constructor Create(const SR: TSearchRec);
  end;

implementation

uses ComServ;

constructor TExFileObject.Create(const SR: TSearchRec);
begin
  inherited Create;
  FFileName := SR.Name;
  FFileSize := SR.Size;
end;

function TExFileObject.Get_Name: WideString;
begin
  Result := FFileName;
end;

function TExFileObject.Get_Size: Integer;
begin
  Result := FFileSize;
end;

initialization
```

431

```
    TAutoObjectFactory.Create(ComServer, TExFileObject,
      Class_ExFileObject, ciMultiInstance, tmApartment);
end.
```

Enumerationsobjekt des Servers

Die Anzahl der Detailobjekte in der Kollektion (TInterfaceList-Instanz) des Verwaltungsobjekts ist je nach ausgewähltem Verzeichnispfad variabel. Somit stellt das Verwaltungsobjekt dem Client einen Interface-Zeiger auf das Enumerations-Objekt zur Verfügung. Über dieses Enumerations-Objekt kann sich der Client jedes einzelne in der Kollektion erfasste Detailobjekt „aufzählen" lassen.

Auf die einzelnen Interface-Methoden von IEnumVariant bin ich im Buch bereits an verschiedenen Stellen eingegangen, sodass ich mir hier jede weitere Erläuterung erspare.

> *Neben IEnumVariant tauchen diese Methoden auch beim Interface IEnumStrings auf. Auch in den VCL-Units von Delphi finden Sie verschiedene Implementierungen vor, sodass genug „Kopiervorlagen" für eigene Projekte zur Auswahl stehen.*

```
type
  TEnumVariant = class(TInterfacedObject, IEnumVariant)
  private
    FIndex   : Integer;
    FList    : TInterfaceList;
    FParent  : IUnknown;
  public
    constructor Create(aParent: IUnknown; aList: TInterfaceList);
  protected
    function Next(celt: LongWord; var rgvar : OleVariant;
      out pceltFetched: LongWord): HResult; stdcall;
    function Skip(celt: LongWord): HResult; stdcall;
    function Reset: HResult; stdcall;
    function Clone(out enum: IEnumVariant): HResult; stdcall;
  end;

implementation

uses Windows;

constructor TEnumVariant.Create(aParent: IUnknown;
  aList: TInterfaceList);
begin
  FParent := aParent;
```

```
    FList := aList;
end;

function TEnumVariant.Next(celt: LongWord; var rgvar: OleVariant;
  out pceltFetched: LongWord): HResult;
type
  TVariantArray = packed array[0..0] of OleVariant;
var
  i: Integer;
begin
  for i := 0 to celt - 1 do
    VariantClear(TVariantArray(rgvar)[i]);
  i := 0;
  while (celt > 0) and (FIndex < FList.Count) do
  begin
    TVariantArray(rgvar)[i] := IUnknown(FList[FIndex]) as
      IDispatch;
    Inc(i);
    Dec(celt);
    Inc(FIndex);
  end;
  pceltFetched := i;
  if celt = 0 then
    Result := S_OK
  else
    Result := S_FALSE;
end;

function TEnumVariant.Reset: HResult;
begin
  FIndex := 0;
  Result := S_OK;
end;

function TEnumVariant.Skip(celt: LongWord): HResult;
begin
  while (celt > 0) and (FIndex < FList.Count) do
  begin
    Dec(celt);
    Inc(FIndex);
  end;
  if celt = 0 then
    Result := S_OK
  else
    Result := S_FALSE;
```

```
end;

function TEnumVariant.Clone(out enum: IEnumVariant): HResult;
var
  aEnumVariant : TEnumVariant;
begin
  aEnumVariant := TEnumVariant.Create(FParent, FList);
  aEnumVariant.FIndex := FIndex;
  enum := aEnumVariant;
  Result := S_OK;
end;

end.
```

Implementierung des Automation-Clients

Die einzige Besonderheit beim Client besteht in der privaten Methode `EnumFileElements` – mit dieser Methode übernimmt der Client alle gesuchten Informationen zu den Detailobjekt-Instanzen in der Server-Kollektion in eine eigene TListBox-Instanz.

```
procedure TFormClient.ButtonSearchClick(Sender: TObject);
var
  aExFileObjects : IExFileObjects;
begin
  aExFileObjects := FSrv.FindFiles(EditDir.Text);
  EnumFileElements(aExFileObjects, ListBoxFound);
end;
```

Die private Methode erhält vom Aufrufer als ersten Parameter einen Interface-Zeiger auf das Verwaltungsobjekt des Servers. Dieser Interface-Zeiger wird in einen Zeiger auf das IEnumVariant-Interface eingetauscht. Das Enumerationsobjekt im Server liefert nun für jede Detailobjekt-Instanz in der Server-Kollektion einen Zeiger auf dessen IDispatch-Interface zurück. Dieser Zeiger wird implizit über die Typumwandlung über As in einen Interface-Zeiger auf das Detailobjekt umgetauscht, sodass die IExFileObject-Methode Name direkt aufgerufen werden kann.

```
procedure TFormClient.EnumFileElements(aObj: IExFileObjects;
    aLB: TListBox);
var
  pEnum       : IEnumVARIANT ;
  vOut        : OleVariant ;
  dwRetrieved : LongWord ;
  hRes        : HResult;
  aFileObj    : IExFileObject;
begin
  aLB.Items.Clear;
```

```
pEnum := aObj._NewEnum as IEnumVARIANT;
while (TRUE) do
begin
  hRes := pEnum.Next(1, vOut, dwRetrieved);
  if hRes <> S_OK then
    Break;
  aFileObj := IDispatch(vOut) as IExFileObject;
  aLB.Items.Add(aFileObj.Name);
end;
end;
```

9.3 Feintuning – aus TAutoObject wird TAutoIntfObject

Nachdem der COM-Server seine Funktionstüchtigkeit unter Beweis gestellt hat, erfolgt das Feintuning. Genauer gesagt, wird der überflüssige Ballast entfernt, der beim bequemen Programmieren durch den Delphi-Wizard angelegt wurde. Die TAutoObject-Instanzen werden durch die abgespeckte Version TAutoIntfObject ersetzt. Dazu sind die folgenden Schritte notwendig:

Das Beispielprojekt finden Sie im Verzeichnis »Kapitel 9\OMX2«.

Schritt 1: Typbibliothek aufräumen

In der Typbibliothek werden die beiden „überflüssigen" CoClass-Einträge `ExFileObject` und `ExFileObjects` entfernt:

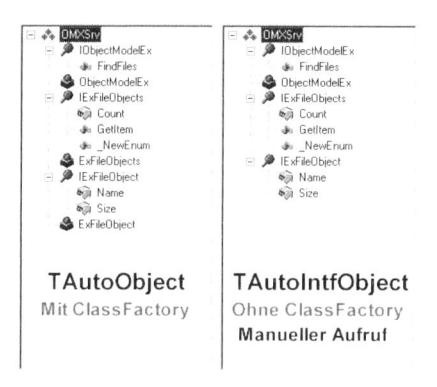

TAutoObject	TAutoIntfObject
Mit ClassFactory	Ohne ClassFactory
	Manueller Aufruf

Abb. 9.6: Nur eine CoClass bleibt übrig

Feintuning – aus TAutoObject wird TAutoIntfObject

Schritt 2: ClassFactory-Aufruf auskommentieren

In den Implementierungs-Units von ExFileObject und ExFileObjects werden die Aufrufe der ClassFactory-Registrierung auskommentiert. Eine Class Factory ist bei TAutoIntfObject nur überflüssiger Ballast, der entfernt wird:

```
initialization
  { ClassFactory ist bei TAutoIntfObject überflüssig und wird
    auskommentiert
  TAutoObjectFactory.Create(ComServer, TExFileObject,
    Class_ExFileObject, ciMultiInstance, tmApartment);
  }
```

Schritt 3: Konstruktor erweitern

In der Implementierung des Konstruktors Create von ExFileObject und ExFileObjects wird die Parameter-Liste um den Verweis auf die Typbibliothek sowie des einzubindenden Interfaces erweitert.

```
inherited Create(ComServer.TypeLib, IExFileObjects);
```

Alle Interfaces setzen das Flag OLE-AUTOMATION und teilen somit der COM-Runtime mit, dass sie die Dienste des Standard-Marshalers (alias Typbibliothek-Marshaler) in Anspruch nehmen möchten.

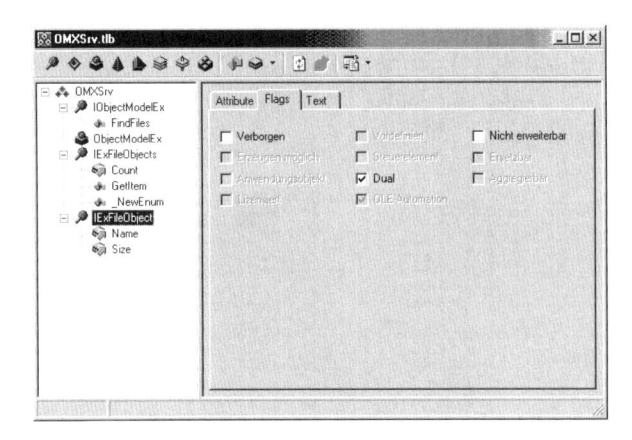

Abb. 9.7: Alle Interfaces setzen das Flag OLE-Automation

Allerdings benötigt dieser Marshaler den Zugriff auf die registrierte Typbibliothek des Servers, sodass TAutoIntfObject.Create dafür sorgt, dass die durch das Entfernen der Class Factory verloren gegangenen Informationen an dieser Stelle zur Verfügung gestellt werden.

```
constructor TAutoIntfObject.Create(const TypeLib: ITypeLib;
  const DispIntf: TGUID);
```

```
begin
  inherited Create;
  OleCheck(TypeLib.GetTypeInfoOfGuid(DispIntf, FDispTypeInfo));
  FDispIntfEntry := GetInterfaceEntry(DispIntf);
end;
```

9.4 Umbau zum DCOM-Server

Was denn – sollte es für ein COM-Objekt nicht egal sein, ob es als In-process Server, Local Server oder Remote Server verwendet wird? Im Prinzip schon, allerdings bedeutet DCOM auch, dass eine Netzwerkverbindung zwischen Client und Server liegt. Und nun wird man mit der Zeitverzögerung der Netzwerkverbindung konfrontiert, also einer Sache, die mit COM/DCOM nicht direkt zu tun hat. Bei Zugriff auf einen DCOM-Server (Remote Server) gilt die folgende Faustregel: Der Client muss mit so wenigen Aufrufen von Server-Methoden wie möglich auskommen!

> *In diesem Kapitel gehe ich nur auf die DCOM-Auswirkungen auf das Objektmodell eines Servers ein. Im Kapitel 14 stelle ich DCOM in seiner ganzen Bandbreite vor.*

Somit liegt es auf der Hand, dass der bisher verwendete Weg über IEnumVariant sowie den Zugriffen auf die einzelnen Detail-Objekte für einen DCOM-Server der ungünstigste Implementierungsweg ist. Die bisher verwendete Methode würde zu ständigen Server-Aufrufen führen, wobei sich die Situation mit wachsender Datenmenge verschlechtert.

Also muss der Beispiel-Server umgebaut werden, sodass der Client unabhängig von der Anzahl der gefundenen Dateien immer nur mit einem Aufruf der Server-Methode auskommt:

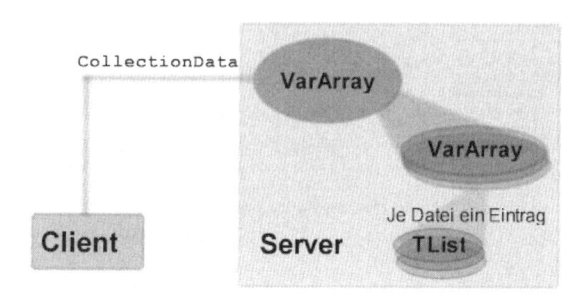

Abb. 9.8: Der Umbau zum DCOM-Server

Anstelle des alten Detail-Objets `FileObject` ist nun eine `TList`-Instanz dafür zuständig, die Daten zu den einzelnen gefundenen Dateien zu speichern. Wenn der Client die Daten vom Server abfordert, werden die Informationen zu jeder einzelnen Datei (TList-Eintrag) in ein Variant-Array (VarArray) verpackt. Jeder VarArray-Datenblock wird in ein weiteres VarArray verpackt, sodass am Ende tatsächlich ein VarArray-Datenblock an den Client zurückgeliefert wird. Mit einem einzigen Methoden-Aufruf hat somit der Client alle Daten vom Server abgeholt, er muss jetzt nur noch die doppelt verpackten Daten entwirren.

Schaut man sich die Projektdateien an, so fällt auf, dass nur noch zwei Implementierungs-Units für den DCOM-Server übriggeblieben sind; sowohl das Detail-Objekt FileObject als auch das Enumerations-Objekt sind weggefallen. Dafür ist eine Unit für die Implementierung der Verwaltung der Dateidaten in einer TList-Instanz hinzugekommen.

Die Typbibliothek

Auch die Typbibliothek ist übersichtlicher geworden. Das Verwaltungsobjekt ExFileObjects stellt nun über seine Eigenschaft `CollectionData` das VarArray-Packet mit den Dateidaten zur Verfügung.

```
⊟ ❖ OMDCOMSrv
  ⊟ 🔍 IObjectModelEx
       🔹 FindFiles
       🔹 ObjectModelEx
  ⊟ 🔍 IExFileObjects
       🔹 Count
       🔹 CollectionData
```

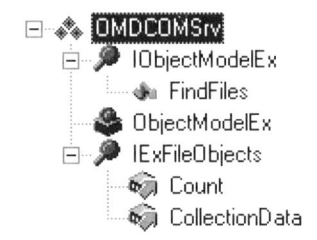

Abb. 9.9: CollectionData stellt alle Daten auf einmal zur Verfügung

```
// *************************************************************//
// Schnittstelle: IObjectModelEx
// Flags:       (4416) Dual OleAutomation Dispatchable
// GUID:        {5BC70079-EFF9-41DD-AB99-65E31208DF40}
// *************************************************************//
  IObjectModelEx = interface(IDispatch)
    ['{5BC70079-EFF9-41DD-AB99-65E31208DF40}']
    function  FindFiles(
      const sSelect: WideString): IExFileObjects; safecall;
  end;

// *************************************************************//
// Schnittstelle: IExFileObjects
// Flags:       (4416) Dual OleAutomation Dispatchable
// GUID:        {31D6BAB2-AB1A-4E99-B1F9-9A9299979FC7}
// *************************************************************//
  IExFileObjects = interface(IDispatch)
    ['{31D6BAB2-AB1A-4E99-B1F9-9A9299979FC7}']
    function  Get_Count: Integer; safecall;
    function  Get_CollectionData: OleVariant; safecall;
```

Objektmodelle

```
    property Count: Integer read Get_Count;
    property CollectionData: OleVariant read Get_CollectionData;
  end;
```

Implementierung des Hauptobjekts

Für den Client hat sich an dieser Stelle nichts geändert, die Schnittstelle zum Hauptobjekt des Servers ist ungeändert geblieben. Er fordert auch weiterhin vom Server einen Interface-Zeiger auf das Verwaltungsobjekt ab, wobei das zu untersuchende Festplattenverzeichnis als Parameter beim Aufruf der Interface-Methode `FindFiles` übergeben wird.

```
type
  TObjectModelEx = class(TAutoObject, IObjectModelEx)
  protected
    function FindFiles(
      const sSelect: WideString): IExFileObjects; safecall;
  end;

implementation

uses ComServ, OMDCOMSrvExFileObjects_Impl;

function TObjectModelEx.FindFiles(
  const sSelect: WideString): IExFileObjects;
begin
  Result := TExFileObjects.Create(sSelect);
end;

initialization
  TAutoObjectFactory.Create(ComServer, TObjectModelEx,
    Class_ObjectModelEx, ciMultiInstance, tmApartment);
```

Implementierung des Verwaltungsobjekts

Die DCOM-Version des Verwaltungsobjekts ist völlig anders aufgebaut als die COM-Version. Alle Detail-Informationen werden nun nicht mehr in einer TInterfaceList gespeichert, sondern in einem eigenen TList-Nachfolger. Somit wird bei jeder im Verzeichnis gefundenen Datei auch kein COM-Objekt mehr erzeugt, sondern nur eine deutlich kleinere TObject-Instanz. Da der Server dem Client kein Enumerationsobjekt zur Verfügung stellt, haben die bisher verwendeten COM-Detailobjekte auch keinen direkten Nutzen mehr. Stattdessen kann der Client die vom Server eingesammelten Informationen nur am Stück in Form eines Variant-Arrays abfordern.

```
type
  TExFileObjects = class(TAutoIntfObject, IExFileObjects)
  private
```

```
    FData : TFileCollection;
  public
    constructor Create(const aSelect: String);
    destructor Destroy; override;
  protected
    function Get_Count: Integer; safecall;
    function Get_CollectionData: OleVariant; safecall;
  end;

implementation

uses ComServ, SysUtils;

constructor TExFileObjects.Create(const aSelect: String);
var
  iRet : Integer;
  aSR  : TSearchRec;
begin
  inherited Create(ComServer.TypeLib, IExFileObjects);
  FData := TFileCollection.Create;
  iRet := FindFirst(aSelect, faAnyFile, aSR);
  try
    while iRet = 0 do
    begin
      FData.Add(aSR.Name, aSR.Size);
      iRet := FindNext(aSR);
    end;
  finally
    SysUtils.FindClose(aSR);
  end;
end;

destructor TExFileObjects.Destroy;
begin
  FData.Free;
  inherited;
end;

function TExFileObjects.Get_Count: Integer;
begin
  Result := FData.Count;
end;

function TExFileObjects.Get_CollectionData: OleVariant;
begin
```

```
  Result := FData.GetCollectionPacket;
end;
```

Implementierung der Datenspeicherung in der TList-Instanz

In der Unit werden zwei eigene TObject-Nachfolger deklariert. Dabei kapselt TFileData die benötigten Informationen zu einer Datei in einem Objekt ein, während TFileCollection ein Umkapselungsobjekt für die TList-Instanz darstellt, in der die einzelnen TFileData-Instanzen verwaltet werden.

Alle Daten zu den Dateien in der Liste werden von TFileData in der Methode `GetFileDataPacket` als ein Variant-Array verpackt, sodass der DCOM-Client alle Daten mit nur einem Aufruf einer Server-Methode abholen kann. Jeder Eintrag besteht aus den Feldern FileName und FileSize.

In der Methode `GetCollectionPacket` von TFileCollection werden die von TFileData verwalteten Variant-Arrays als einzelne Elemente in ein einziges Variant-Array übernommen.

```
type
  TFileData = class
  private
    FFileName : String;
    FFileSize : Integer;
  public
    constructor Create(const FileName: String; FileSize: Integer);
    function GetFileDataPacket: Variant;
  end;

  TFileCollection = class(TObject)
  private
    FFileList : TList;
    FCount: Integer;
  public
    constructor Create;
    destructor Destroy; override;
    procedure Add(const FileName: String; FileSize: Integer);
    property Count: Integer read FCount;
    function GetCollectionPacket: Variant;
  end;

implementation

{ TFileData }

constructor TFileData.Create(const FileName: String; FileSize:
  Integer);
```

```pascal
begin
  FFileName := FileName;
  FFileSize := FileSize;
end;

function TFileData.GetFileDataPacket: Variant;
begin
  Result := VarArrayCreate([0, 2], varVariant);
  Result[0] := FFileName;
  Result[1] := FFileSize;
end;

{ TFileCollection }

constructor TFileCollection.Create;
begin
  FFileList := TList.Create;
end;

destructor TFileCollection.Destroy;
begin
  FFileList.Free;
  inherited;
end;

procedure TFileCollection.Add(const FileName: String;
  FileSize: Integer);
var
  aFD : TFileData;
begin
  aFD := TFileData.Create(FileName, FileSize);
  FFileList.Add(aFD);
  Inc(FCount);
end;

function TFileCollection.GetCollectionPacket: Variant;
var
  i : Integer;
begin
  if FCount > 0 then
    begin
      Result := VarArrayCreate([0, FCount - 1], varVariant);
      for i := 0 to FCount - 1 do
        Result[i] := TFileData(
                       FFileList.Items[i]).GetFileDataPacket;
```

```
      end;
end;
```

DCOM-Client

In der DCOM-Version hat sich beim Client nur die Implementierung der privaten Methode EnumFileElements geändert. Da der Client sich alle Informationen nicht mehr vom Enumerationsobjekt des Servers aufzählen lassen kann, muss er stattdessen das doppelt verpackte Paket mit den Variant-Arrays aufschnüren. Dazu tauscht er den vom Server erhaltenen OleVariant-Inhalt gegen einen Zeiger auf ein SafeArray um.

```
pSA := PSafeArray(TVarData(vCollection).VArray);
```

> *Im Kapitel 7 finden Sie Hintergrund-Informationen zum Thema PSafeArray.*

Da der Client weiß, dass der Server die Daten nur in einem eindimensionalen Array von einzelnen Variant-Arrays verpackt hat, kann der Client sofort die Anzahl der Elemente im Array bestimmen. Über den Aufruf von SafeArrayGetElement holt er sich ein einzelnes Variant-Array ab, sodass er über den Indexwert auf das erste Element dieses Detail-Arrays zugreifen kann.

```
procedure TFormClient.ButtonSearchClick(Sender: TObject);
var
  aExFileObjects : IExFileObjects;
begin
  aExFileObjects := FSrv.FindFiles(EditDir.Text);
  EnumFileElements(aExFileObjects, ListBoxFound);
end;

procedure TFormClient.EnumFileElements(aObj: IExFileObjects;
  aLB: TListBox);
var
  vCollection : OleVariant;
  pSA         : PSafeArray;
  vFileData   : OleVariant;
  iLBound     : Integer;
  iUBound     : Integer;
  i           : Integer;
begin
  aLB.Items.Clear;
  vCollection := aObj.CollectionData;
  pSA := PSafeArray(TVarData(vCollection).VArray);
  SafeArrayGetLBound(pSA, 1, iLBound);
```

Umbau zum DCOM-Server

```
  SafeArrayGetUBound(pSA, 1, iUBound);
  for i := iLBound to iUBound do
  begin
    SafeArrayGetElement(pSA, i, vFileData);
    aLB.Items.Add(vFileData[0]);
  end;
end;
```

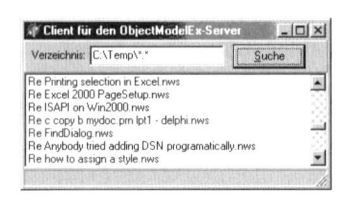

Abb. 9.10: Der Client hat sich die Daten vom DCOM-Server in einem Stück geholt

Da es in diesem Beispiel nur um die Änderungen im Objektmodell ging, greift der Client nicht auf einen „richtigen" DCOM-Server zu. Stattdessen wird der Local Server auf dem eigenen Rechner aktiviert. Die erste tatsächliche DCOM stelle ich Ihnen im Buch erst im Kapitel 14 vor.

10 COM und das Betriebssystem

Dieses Kapitel finden Sie auf der beiliegenden Buch-CD.

11 OLE – der Ursprung von COM

Dieses Kapitel finden Sie auf der beiliegenden Buch-CD.

12 Automation

Seit Jahren nutzen immer mehr Entwickler die Fähigkeiten der bereits auf dem Rechner installierten Anwendungen aus, indem diese als Automation-Server vom eigenen Programm fernbedient werden. Schaut man sich den Leistungsumfang von Programmen wie zum Beispiel Microsoft Word oder Microsoft Excel an, so treten die sich daraus ergebenen Vorteile für uns deutlich hervor. Alles, was von dort ausgeborgt werden kann, muss man nicht selber schreiben. Und auch der Benutzer wird zufrieden sein, denn bei Bedarf kann er in seiner gewohnten Umgebung weiterarbeiten.

Viele Anwendungsprogramme nutzen das Component Object Model (COM), um wieder verwendbare und gemeinsam zu nutzende Funktionen in gesonderte binäre Objekte zu kapseln. Dabei beschränkt sich der Zugriff auf diese COM-Objekte nicht nur auf die eigene Anwendung, das COM-Objekt kann seine Fähigkeiten auch anderen Anwendungen zur Verfügung stellen. Von einem Automation-Server spricht man dann, wenn ein Programm seine Objekte, Methoden, Eigenschaften und Ereignisse über COM anderen Anwendungen über das IDispatch-Interface zur Verfügung stellt. Ein anderes Anwendungsprogramm kann dann als Controller auf die Fähigkeiten des Automation-Servers zurückgreifen, indem der Client die über ein Interface exportierten Methoden des COM-Objekts direkt aufruft.

Für den Delphi-Entwickler ist Automation sehr leicht vorstellbar. Ein Automation-Controller (der Client) erzeugt ein Automation-Serverobjekt und bindet anschließend über qualifizierte Bezeichner die Fähigkeiten des Serverobjektes in die eigene Anwendung ein.

> *Heute ist es im Sprachgebrauch von Microsoft üblich, anstelle von OLE Automation nur noch von Automation zu sprechen. Borland hat – wie alle anderen auch – diesen neuen Ausdruck übernommen, sodass ich im Buch ebenfalls den Begriff verwende. Sollten Sie trotzdem noch Textstellen finden, in denen OLE Automation vorkommt, ist in jedem Fall das Gleiche gemeint.*

Sie müssen sich dabei nicht darum kümmern, wo der Server (das benötigte Anwendungsprogramm) liegt. Alle notwendigen Angaben verwaltet Windows intern in der Registry. Dabei ist der Aufruf und das Einbinden eines Automation-Servers vollkommen unabhängig von der Programmiersprache, es spielt keine Rolle, ob Delphi, C++ oder Visual Basic zum Einsatz kommt. Allerdings hat jede Sache zwei Seiten, sodass auch Automation in der Praxis durchaus schwierig sein kann – ich komme im Beispielprojekt zu diesem Thema nochmals zurück.

12.1 Was ist zu tun?

Die Arbeitsteilung zwischen Server und Client macht es notwendig, dass die jeweiligen Aufgabenbereiche exakt abgesteckt werden.

Automation-Server

Der Server ist ein COM-Objekt, das den Clients Methoden, Eigenschaften und Ereignisse zur Verfügung stellt:

- Methoden sind die vom Client aus aufrufbaren Programmfunktionen des Servers.
- Eigenschaften definieren den Zustand des Objekts und werden intern ebenfalls über Methoden im Server implementiert.
- Ereignisse informieren über eine Zustandsänderung, indem das Objekt eine im Client implementierte Methode aufruft.

Ein Automation-Server sollte – als Folge des COM-Standards – in jedem Fall die folgenden Schritte abarbeiten:

Aufgabe	Schritte
COM-Objekt initialisieren	1. COM initialisieren
	2. Server-Informationen in der Registry eintragen
	3. Class Factory des Objekts registrieren
	4. Aktives Objekt registrieren
Interface-Methoden implementieren	1. Methoden aller Interfaces implementieren
	2. Interne Methoden des Objekts implementieren
	3. Information über die Type Library bereitstellen
COM-Objekt am Ende freigeben	1. Aktives Objekt wieder abmelden
	2. Class Factory abmelden
	3. COM uninitialisieren

Tabelle 12.1: Implementierungsaufgaben eines Automation-Servers

Dank Delphi ist Ihre Aufgabenliste kürzer – viele Schritte erledigt Delphi selbst im Hintergrund. Dies betrifft zum Beispiel auch das Auswerten des Aufrufparameters.

Aufrufparameter

Jeder mit Delphi entwickelte Local Server wertet automatisch die folgenden Aufrufparameter aus, wobei Delphi die beiden Aufrufparameter „Embedding" und „Automation" völlig gleich behandelt. Neben dem Zeichen »/« wird auch noch »-« als Schalter für einen Aufrufparameter akzeptiert.

Parameter	Bedeutung
/Embedding	Der COM-Server wird in einen Container eingebunden.
/Automation	Der COM-Server wird von einem Controller über Automation angesprochen.
/RegServer	Der COM-Server soll sich selbst in die Registry eintragen.
/UnRegServer	Der COM-Server entfernt seine Einträge aus der Registry.

Tabelle 12.2: Aufrufparameter des Servers

Automation-Controller

Der Client als Automation-Controller manipuliert den Automation-Server, indem er über die Interfaces des Servers Nutzen aus den bereitgestellten Methoden, Eigenschaften und Ereignissen zieht. Dazu sind in jedem Fall die folgenden vom COM-Standard vorgesehenen Schritte notwendig:

Aufgabe	Schritte
COM-Objekt initialisieren	1. COM initialisieren 2. Instanz des Server-Objekts erzeugen
Methoden und Eigenschaften verwenden	1. Informationen auslesen 2. Methoden und Eigenschaften aufrufen
COM-Objekt freigeben	1. Server-Instanz wieder freigegeben 2. COM uninitialisieren

Tabelle 12.3: Implementierungsaufgaben eines Clients

Auch hier übernimmt Delphi automatisch einen großen Teil der Arbeit, sodass sich der Anteil des Entwicklers entsprechend verkleinert. Falls ein Entwickler in seiner Delphi-Anwendung auf die Fähigkeiten eines Automation-Servers zurückgreifen will, hat er es mit zwei Aspekten zu tun. Zum einen geht es um die Implementierung der Schnittstelle zum Automation-Server, hier kommen die Begriffe Interface, frühe Bindung und späte Bindung ins Spiel. Viel wichtiger ist der zweite Bereich: das Objekt-Modell des Servers. Nur dann, wenn der Entwickler die vom Automation-Server unterstützten Objekte, Methoden, Eigenschaften und Ereignisse kennt, kann er diese in seiner Clientanwendung effektiv einsetzen. Aus diesem Grund müssen diese beiden Aspekte auch voneinander getrennt betrachtet werden. Und das geht am besten, wenn die Zusammenhänge an einem bekannten Beispiel demonstriert werden. Daher stelle ich Ihnen im Verlauf dieses Kapitels Beispiele für die Automation der Anwendungen aus dem Microsoft-Office-2000-Paket vor. Doch bevor es mit den komplexen Beispielen weitergeht, soll ein eigenes, einfaches Beispiel die Hintergründe näher beleuchten.

12.2 Eigenen Automation-Server entwickeln

Im Kapitel 7 habe ich Ihnen den Automation-Server *IFontDemo.dpr* kurz vorgestellt. Da es im siebten Kapitel nur um die IFontDisp-Schnittstelle ging, hole ich hier die restlichen, dort noch nicht beschriebenen Schritte nach. Es geht speziell darum, wie die eigene, eventuell bereits vorhandene Anwendung um eine Automation-Schnittstelle erweitert werden kann.

12.2.1 Schritt 1: Anwendungsprogramm

Der erste Schritt sollte überhaupt kein Problem darstellen, Delphi spielt hier seine Vorteile als RAD-System (Rapid Application Development) voll aus. Das Programm besteht aus einer Statuszeile, einer TMemo-Instanz, einem Dialog für die Hintergrundfarbe und einem Dialog für die Schriftart.

Abb. 12.1: Ein ganz normales Programm

Als einzige Besonderheit fällt die Ereignisbehandlungsmethode für OnCreate auf, hier prüft das Programm nach, ob es vom Anwender direkt aufgerufen wurde oder ob ein Client auf das Automation-Objekt zugreift und daher das Programm von COM gestartet wurde. Da im ersten Schritt das Automation-Objekt noch fehlt, werden Sie beim Start immer die Zeichenkette „Normalbetrieb" in der Statuszeile vorfinden.

```
uses ComServ;

procedure TForm1.FormCreate(Sender: TObject);
begin
  if (Comserver.StartMode = smStandAlone) then
    StatusBar1.Panels[0].Text := 'Normalbetrieb'
  else
    StatusBar1.Panels[0].Text := 'Automation'
end;
```

Die Ereignisbehandlungsmethoden für das Zuweisen der Schriftart sowie der Hintergrundfarbe sind mit Delphi ebenfalls schnell fertig, da im Programm direkt auf die TMemo-Eigenschaften zugegriffen wird.

```
procedure TForm1.ToolButtonFontClick(Sender: TObject);
begin
  if FontDialogMemo.Execute then
    Memo1.Font.Assign(FontDialogMemo.Font);
end;
```

```
procedure TForm1.ToolButtonColorClick(Sender: TObject);
begin
  if ColorDialogMemo.Execute then
    Memo1.Color := ColorDialogMemo.Color;
end;
```

12.2.2 Schritt 2: Automatisierungsobjekt

Das Programm kann vom Anwender manuell bedient werden, wobei auch die Schriftart sowie die Hintergrundfarbe auswählbar sind. Angenommen, diese Einstellungen sollen nun auch über Automation für einen externen Client offen sein. Um dies zu realisieren, benötigt das Programm ein Automatisierungsobjekt, das über sein Interface spezielle Methoden für jede einzelne Programmfunktion vorsieht. Daher wird als Erstes der Delphi-Experte für Automatisierungsobjekte bemüht.

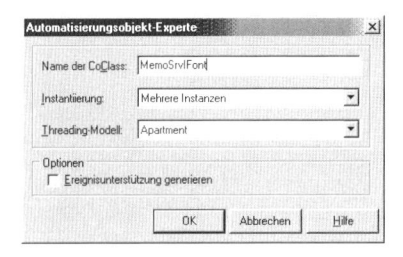

Abb. 12.2: Der Experte legt das Automatisierungsobjekt an

Das Programm greift zur Änderung der Schriftart sowie der Hintergrundfarbe auf die Eigenschaften von TMemo zurück. Es liegt somit auf der Hand, dass auch das Automationobjekt für den Text, die Schriftart sowie die Hintergrundfarbe im Interface die entsprechenden Properties veröffentlicht.

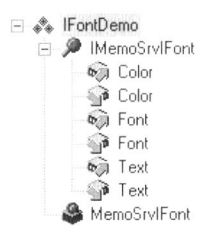

Abb. 12.3: Das Interface deklariert drei Properties

Am Ende erhalten Sie nach der visuellen Konfiguration im Typbibliothekseditor von Delphi das folgende Ergebnis. Die drei Interface-Properties werden aufgrund ihrer Lese/Schreib-Eigenschaften jeweils von eigenen Get- und Set-Methoden umgesetzt.

```
IMemoSrvIFont = interface(IDispatch)
  ['{328C0EA9-C8DC-4227-BC5E-8903A77C7087}']
  function  Get_Color: OLE_COLOR; safecall;
  procedure Set_Color(Value: OLE_COLOR); safecall;
  function  Get_Font: IFontDisp; safecall;
  procedure Set_Font(const Value: IFontDisp); safecall;
  function  Get_Text: IStrings; safecall;
  procedure Set_Text(const Value: IStrings); safecall;
  property Color: OLE_COLOR read Get_Color write Set_Color;
  property Font: IFontDisp read Get_Font write Set_Font;
  property Text: IStrings read Get_Text write Set_Text;
end;
```

Da ein COM-Objekt alle im Interface veröffentlichten Methoden in jedem Fall auch implementieren muss, fehlt nur noch das Umsetzen einer Interface-Methode in den Aufruf der jeweiligen TMemo-Eigenschaft.

```
function TMemoSrvIFont.Get_Color: OLE_COLOR;
begin
  Result := Form1.Memo1.Color;
end;

procedure TMemoSrvIFont.Set_Color(Value: OLE_COLOR);
begin
  Form1.Memo1.Color := Value;
end;

function TMemoSrvIFont.Get_Font: IFontDisp;
begin
  GetOleFont(Form1.Memo1.Font, Result);
end;

procedure TMemoSrvIFont.Set_Font(const Value: IFontDisp);
begin
  SetOleFont(Form1.Memo1.Font, Value);
end;

function TMemoSrvIFont.Get_Text: IStrings;
begin
  GetOleStrings(Form1.Memo1.Lines, Result);
end;

procedure TMemoSrvIFont.Set_Text(const Value: IStrings);
begin
  SetOleStrings(Form1.Memo1.Lines, Value);
end;
```

12.2.3 Schritt 3: Client

Der Client stellt eine eigene Programmoberfläche für das Auswählen der Schriftart und des Hintergrundes zur Verfügung. Über die Schaltflächen TEXT SENDEN, FONT SETZEN und COLOR SETZEN sorgt er durch den Aufruf der Interface-Methoden dafür, dass der Server seine Einstellung übernimmt.

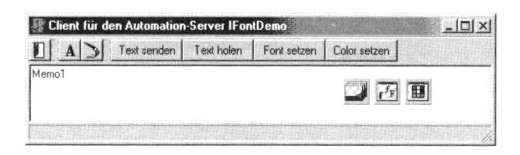

Abb. 12.4: Der Client kann seine Auswahl zum Server transportieren

```
procedure TForm1.ButtonSetColorClick(Sender: TObject);
begin
  FSrv.Set_Color(ColorToRGB(Memo1.Color));
end;

procedure TForm1.ButtonSetFontClick(Sender: TObject);
var
  aFontDisp : IFontDisp;
begin
  GetOleFont(Memo1.Font, aFontDisp);
  FSrv.Set_Font(aFontDisp);
end;

procedure TForm1.ButtonSetTextClick(Sender: TObject);
var
  aStrings : IStrings;
begin
  GetOleStrings(Memo1.Lines, aStrings);
  FSrv.Set_Text(aStrings);
end;

procedure TForm1.ButtonGetTextClick(Sender: TObject);
var
  aStrings : IStrings;
begin
  aStrings := FSrv.Get_Text;
  SetOleStrings(Memo1.Lines, aStrings);
end;
```

Der Client greift auf die Typbibliothek des Automation-Servers zurück und kann somit die Vorteile der frühen Bindung ausnutzen. Und da der Server im Sourcecode vorliegt, steht auch die Typbibliothek sofort zur Verfügung. Allerdings ist das nicht notwendig, denn Delphi kann jederzeit über den Menüpunkt PROJEKT | TYPBIBLIOTHEK IMPORTIEREN aus der binären Typbibliothek des Servers die dazugehörende Importunit generieren.

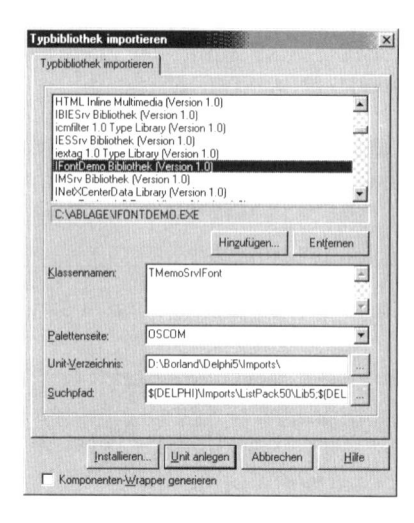

Abb. 12.5: Die Typbibliothek des Automation-Servers wird importiert

Es spielt also keine Rolle, ob Sie die bereits bei der Entwicklung des Servers angelegte Version von *IFontDemo_TLB.pas* verwenden oder ob diese Unit vom Dialog TYPBIBLIOTHEK IMPORTIEREN angelegt wird.

Client mit später Bindung an den Automation-Server

Das Einbinden der Typbibliothek des Automation-Servers ist nur dann notwendig, wenn innerhalb von Delphi die Vorteile der frühen Bindung ausgenutzt werden sollen. Es geht selbstverständlich auch ohne Typbibliothek, indem der Client nur die späte Bindung einsetzt und nicht auf das Dual Interface des Automation-Servers zugreift, sondern ausschließlich auf das Dispatch-Interface. Dazu wird das Objektfeld `FSrv` als Variant deklariert und die Funktion `CreateOleObject` aufgerufen, um eine Instanz des Automation-Servers anzufordern.

Das Beispielprojekt »IFontClientLate.dpr« finden Sie im Verzeichnis »Kapitel 12\Eigener Automation-Server\Step 3«.

```
uses AxCtrls, StdVCL, ComObj;

procedure TForm1.FormCreate(Sender: TObject);
begin
  FSrv := CreateOleObject('IFontDemo.MemoSrvIFont');
end;
```

```
procedure TForm1.ButtonGetTextClick(Sender: TObject);
var
  aStrings : IStrings;
begin
  aStrings := IDispatch(FSrv.Text) as IStrings;
  SetOleStrings(Memo1.Lines, aStrings);
end;
```

Beachten Sie, dass Delphi immer dann eine explizite Typumwandlung erwartet, wenn auf spezielle Interfaces zurückgegriffen wird. Außerdem ist Delphi bei der späten Bindung nicht in der Lage, nachzuprüfen, ob die aufgerufene Interface-Methode überhaupt vom Server unterstützt wird.

12.2.4 Schritt 4: Running Object Table (ROT)

In der Einleitung habe ich davon gesprochen, dass ein Automation-Server beim Initialisieren des COM-Objekts im vierten Schritt das aktive Objekt registrieren soll. Dazu trägt er sich in der Running Object Table (ROT) ein.

Solange der Server dann läuft, kann sich ein Client mit der bereits aktiven Instanz verbinden. Die COM-Regeln legen außerdem fest, dass sich der Server unmittelbar vor seinem Lebensende wieder aus der ROT abmelden muss. Daher überschreibt das Objekt die beiden geerbten Methoden Initialize und Destroy.

```
type
  TMemoSrvIFont = class(TAutoObject, IMemoSrvIFont)
  private
    FSrvROTHandle : Integer;
  protected
    function Get_Color: OLE_COLOR; safecall;
    function Get_Font: IFontDisp; safecall;
    function Get_Text: IStrings; safecall;
    procedure Set_Color(Value: OLE_COLOR); safecall;
    procedure Set_Font(const Value: IFontDisp); safecall;
    procedure Set_Text(const Value: IStrings); safecall;
    { Protected-Deklarationen }
  public
    procedure Initialize; override;
    destructor Destroy; override;
  end;
```

Über die API-Funktion RegisterActiveObject trägt der Server seine Klassenbezeichnung in die Running Object Table ein. Da Borland das IUnknown-Interface fest in die Sprache Object Pascal integriert hat, kann das Objekt den Zeiger auf sich selbst (Self) als Interface-Zeiger auf IUnknown interpretieren.

```
procedure TMemoSrvIFont.Initialize;
begin
  inherited Initialize;
  RegisterActiveObject(Self as IUnknown, CLASS_MemoSrvIFont,
                ACTIVEOBJECT_WEAK, FSrvROTHandle);
end;

destructor TMemoSrvIFont.Destroy;
begin
  RevokeActiveObject(FSrvROTHandle, nil);
  inherited;
end;
```

Wenn das Automation-Objekt zerstört wird, muss es sich über den Aufruf der API-Funktion `RevokeActiveObject` wieder abmelden.

12.2.5 Schritt 5: Client nutzt die ROT aus

Gegenüber der Version vom vierten Schritt wird der Client nur an einer Stelle geändert, die Ereignisbehandlungsmethode für das OnCreate-Ereignis des Hauptformulars muss angepasst werden. Zuerst versucht der Client über den Aufruf der API-Funktion `GetActiveObject` einen Interface-Zeiger auf eine bereits laufende Objekt-Instanz des Automation-Servers zu erhalten.

War dieser Aufruf erfolgreich, wird das zurückgelieferte IUnknown-Interface gegen einen Interface-Zeiger auf IMemoSrvIFont eingetauscht. War der Aufruf jedoch nicht erfolgreich, muss der Client auf dem normalen Weg eine neue Objekt-Instanz seines Automation-Servers anfordern.

```
procedure TForm1.FormCreate(Sender: TObject);
var
  aSrvObj : IUnknown;
begin
  GetActiveObject(CLASS_MemoSrvIFont, nil, aSrvObj);
  if Assigned(aSrvObj) then
    begin
      FSrv := aSrvObj as IMemoSrvIFont;
      StatusBar1.SimpleText := 'Connect an bestehendes Objekt';
    end
  else
    begin
      FSrv := CoMemoSrvIFont.Create;
      StatusBar1.SimpleText := 'Connect an neues Objekt';
    end;
end;
```

12.3 Das Objektmodell von Microsoft Word

Eine Anwendung wie Microsoft Word besteht primär aus zwei unterschiedlichen Teilen: dem Inhalt eines geöffneten Dokuments und der Funktionalität, die Word zur Bearbeitung dieses Dokuments anbietet. Dabei beschränkt sich der Inhalt nicht nur auf den Text beziehungsweise auf eventuell eingebundene Grafiken, sondern auch auf die Attribute des Inhalts. Es liegt auf der Hand, dass Word diese zwei unterschiedlichen Bereiche auch über unterschiedliche Objekte abbildet. Und das führt dann dazu, dass Microsoft Word gleich eine umfangreiche Objektsammlung bereitstellt. Die Beziehungen und Abhängigkeiten dieser einzelnen Objekte werden im Objektmodell dargestellt. In der aktuellen Version Word 2000 umfasst der Ausdruck des Objektmodells sechs Seiten – die Anzahl der Objekte ist dreistellig geworden.

Falls Sie noch mit Word 97 arbeiten, finden Sie das Objektmodell in der Hilfedatei »VBAWRD8.HLP« (Suche nach „Objekte | Übersicht", auf der Seite ist ganz unten ein Link zum Objektmodell). Falls Sie diese Hilfedatei auf Ihrer Festplatte nicht vorfinden, müssen Sie das benutzerdefinierte Setup aufrufen; in der Standardinstallation werden die VBA-Hilfedateien nicht mitinstalliert.

12.3.1 Was ist ein Objektmodell?

Bei dieser Objekthierarchie wird es notwendig, für das Abrufen einer bestimmten Information den Objektbaum bis zu dem Objekt zu durchwandern, das für die Verwaltung dieser Information zuständig ist. Das folgende Beispiel formatiert das zweite Wort im dritten Absatz in Fettschrift:

```
procedure TForm1.Button1Click(Sender: TObject);
var
  FWord     : OleVariant;
  vTmpWord  : OleVariant;
begin
  FWord := CreateOleObject('Word.Application');
  FWord.Visible := True;
  vTmpWord := FWord.Documents.Item(1).Paragraphs.Item(3);
  vTmpWord.Range.Words.Item(2).Bold := True;
end;
```

Es ist sehr wichtig, dass Sie das zu Grunde liegende Objektmodell verstehen. Bevor Sie mit einem Objekt arbeiten können, müssen Sie sich in der Objekthierarchie erst bis zu dieser Stelle vorarbeiten. Das kann zum einen über ein spezielles Interface des Automation-Servers erfolgen oder zum anderen über einen qualifizierten Bezeichner, der in der Punktnotation alle Elternobjekte aufzählt.

Das Objektmodell von Microsoft Word

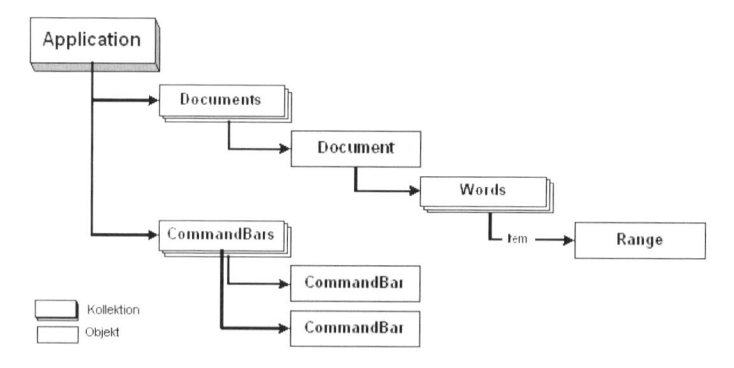

Abb. 12.6: Ein kleiner Auszug aus dem Objektmodell von Word 2000

Ohne eine Beschreibung beziehungsweise grafische Darstellung des Objektmodells von Word kommt der Entwickler also nicht weiter. Erwarten Sie diese Dokumentation nicht in der Hilfe von Delphi, es ist üblich, dass stattdessen der Hersteller des Automation-Servers die Dokumentation liefert. Im Fall von Word erfüllt Microsoft seine Pflichten, indem die Dokumentationswünsche im Office-Paket „Microsoft Office 2000 Developer" restlos erfüllt werden.

Word-2000-Objekt	Delphi-5-Komponente
Application	TWordApplication
Document	TWordDocument
Font	TWordFont

Tabelle 12.4: Gegenüberstellung einiger Word-Objekte mit den Delphi-Komponenten

Zum Glück stellt der aus dem VBA-Editorfenster aufrufbare Objektkatalog (siehe Abbildung 12.7) als Navigator eine effektive Hilfe dar. Über den Fragezeichen-Button rufen Sie zu jedem ausgewählten Objekt sofort die entsprechende Hilfeseite auf.

Abb. 12.7: Der Objektkatalog als Navigator im Objektmodell

Collection Object

In den Dokumentationen zu den Office-Objektmodellen kommen die folgenden Begriffe vor, die zuerst etwas näher betrachtet werden sollen:

- Object
- Collection
- Property
- Method

Bis auf Collection sind das von Delphi her bekannte Begriffe, wobei die Begriffe in beiden Umgebungen exakt die gleiche Bedeutung haben. Viele Office-Objekte sind vom Typ Collection und stellen als Verwalter eine Sammlung von mehreren Einzelobjekten zur Verfügung. Zum Beispiel gibt es in Word die Documents-Kollektion, die aus einzelnen Document-Objekten besteht. Microsoft hat absichtlich den gleichen Objektnamen verwendet, die Kollektion verwendet nur die Plural-Fassung des Namens. Somit ist es für uns einfacher, im Objektmodell die Übersicht zu behalten.

Soll nun ein neues Dokument – und damit ein neues Document-Objekt – erstellt werden, wird die Methode Add des Elternobjekts Documents aufgerufen.

> *Die Eigenschaft Item ist die Standardmethode der meisten Collection Objects. Allerdings nimmt es der Delphi-Compiler beim Einsatz der frühen Bindung sehr genau, sodass Sie immer über Item auf ein einzelnes Objekt einer Kollektion zugreifen sollten.*

Ein Collection Object stellt die Anzahl der untergeordneten Childobjekte über die Eigenschaft Count zur Verfügung. Eine mit Delphi entwickelte Anwendung kann als Controller über die Kombination von Count und Item alle Elemente der Kollektion durchwandern. Der folgende Auszug demonstriert das Prinzip:

```
iCount := FWord.Documents.Count;
StatusBar1.SimpleText := Format('%d Dokumente sind geöffnet',
                          [iCount]);
for iLoop := 1 to iCount do
begin
  vParam := iLoop;
  FDoc := FWord.Documents.Item(vParam);
  Listbox1.Items.Add(FDoc.FullName);
end;
```

> *Die Abfrage der Anzahl der Elemente über Count sowie der Schleifenaufruf für jedes Element ist eine der von Delphi angebotenen Alternativen für den FOR-EACH-Aufruf von Vi-*

sual Basic. Eine andere Alternative besteht im Zugriff auf das IEnumVariant-Interface.

Bevor nun ein einzelnes Objekt verwendet werden kann, muss es aus der Kollektion ausgewählt werden. Bleiben wir beim Beispiel Documents, das könnte zum Beispiel so aussehen:

aDoc := aApp.Documents.ActiveDocument;
aDoc := aApp.Documents.Item(vIndex)

Während a) auf die Eigenschaft `ActiveDocument` zurückgreift, um das gerade im Vordergrund ausgewählte Objekt aus der Kollektion zu ermitteln, ist b) flexibler. Über die Methode `Item` greift der Controller direkt auf ein definiertes Objekt in der Kollektion zu.

```
function Item(var Index: OleVariant): WordDocument;
```

In den Microsoft-Office-Anwendungen stellt das `Application`-Objekt das Top-Level-Objekt dar. Dieses Objekt enthält andere Objekte, wie zum Beispiel `Documents`, auf die nur dann zugegriffen werden kann, wenn das Application-Objekt aktiv ist. Da Documents somit direkt von Application abhängt, wird Documents auch als Child-Objekt bezeichnet. In der Gegenrichtung bildet Application das Parent-Objekt von Documents. Allerdings bleibt es nicht bei dieser einfachen Zuordnung. Ein Objekt kann mehrere Child-Objekte verwalten und auch mehrere Parent-Objekte haben. Damit liegt es auf der Hand, dass ein Entwickler die Dokumentation des Objektmodells des Automation-Servers benötigt. Der einfachste Weg, diese Informationen abzurufen, besteht im Zugriff auf die Hilfe-Datei oder im Aufzeichnen eines Makros.

12.3.2 Wie finde ich das richtige Objekt?

Erwarten Sie von Delphi keine vollständige Antwort auf diese Frage, dies betrifft allein den Automation-Server Microsoft Word 97/2000. Delphi selbst kann nach dem Einbinden der Typbibliothek von Word nur seine Programmierhilfe sowie die strenge Typprüfung des Compilers zur Verfügung stellen. Alles andere liegt im Zuständigkeitsbereich der Dokumentation des Automation-Servers. Sie sollten also in der folgenden Reihenfolge nach Informationen suchen:

Office-Dokumentation

Für jede Office-Version gibt es die Language Reference sowohl in gedruckter Form (Verlag Microsoft Press) als auch in Form einer Online-Hilfe:

- Microsoft Office 97 Visual Basic for Applications Language Reference; ISBN 1-57231-339-0
- Microsoft Office 2000 Visual Basic for Applications Language Reference; ISBN 1-57231-955-0
- Microsoft Office 97 Visual Basic Programmer's Guide

Automation

Die Online-Ausgabe ist entweder in der Microsoft Office Developer Edition oder im MSDN zu finden.

Außerdem stellt Microsoft auf seinen Webseiten umfangreiche Unterlagen zur Verfügung, wobei sich die exakte URL von Zeit zu Zeit ändern kann. Vertrauen Sie also nicht darauf, dass die folgenden URLs auch in einigen Monaten noch gültig sind:

- http://www.microsoft.com/officedev
- http://support.microsoft.com/support/officedev/offdevout.asp
- http://msdn.microsoft.com/officedev/

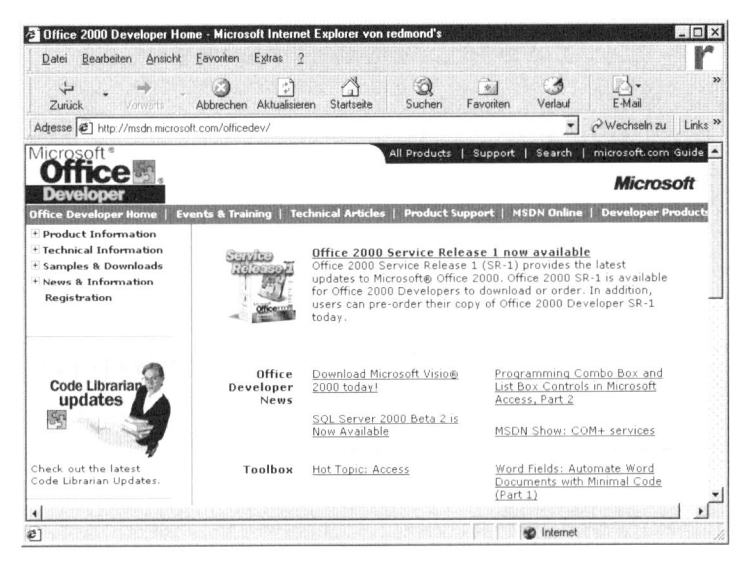

Abb. 12.8: Die Office-Developer-Rubrik der MSDN-Webseiten

Hilfedateien

Zu jeder Office-Anwendung stellt Microsoft eine Hilfedatei zur Verfügung, die sich speziell mit VBA und somit mit der Automation-Schnittstelle befasst. Beachten Sie, dass die VBA-Hilfedateien in der Regel nicht mitinstalliert werden, Sie müssen bei Office 97 diese Option explizit anwählen. Anders verhält sich Office 2000 – hier werden die Hilfedateien erst beim ersten Aufruf installiert.

Application	Version 97 (oder 8.0)	Version 2000 (oder 9.0)
Microsoft Access	Acvba80.hlp	Acmain9.chm
Microsoft Excel	Vbaxl8.hlp	Vbaxl9.chm
Microsoft Graph	Vbagrp8.hlp	Vbagrp9.chm

Das Objektmodell von Microsoft Word

Application	Version 97 (oder 8.0)	Version 2000 (oder 9.0)
Microsoft Office	Vbaoff8.hlp	Vbaoff9.chm
Microsoft Outlook	Vbaoutl.hlp	Vbaoutl9.chm
Microsoft PowerPoint	Vbappt.hlp	Vbappt9.chm
Microsoft Word	Vbawrd8.hlp	Vbawrd9.chm

Tabelle 12.5: Die Hilfedateien von Office 97/2000

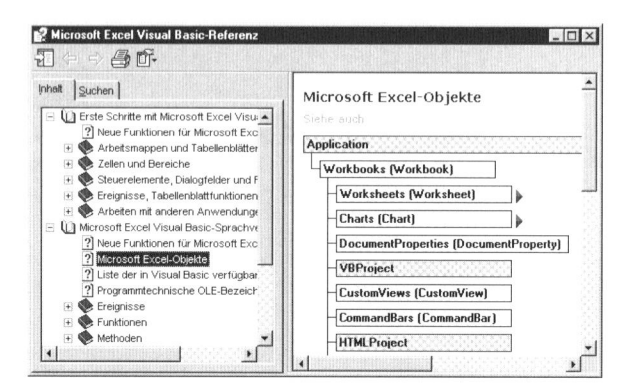

Abb. 12.9: Das Objektmodell ist in der Hilfedatei zu finden

Codebibliothekar

Jeder Entwickler wird mir zustimmen, wenn ich sage, dass der Rückgriff auf bereits fertige Beispiele immer effektiver ist als das mühsame Suchen nach einer eigenen Lösung. Allein aus diesem Grund werden Sie dieses Buch lesen. Neben Büchern, Artikeln in Fachzeitschriften, dem Entwickler-Forum oder den über das Internet erreichbaren Webseiten stellt jedoch auch Microsoft eine Bibliothek mit wieder verwendbaren Programmteilen zur Verfügung. Die Datenbank „Codebibliothekar" (Code Librarian) ist allerdings nicht frei erhältlich. Meines Wissens nach erhalten Sie diese passwortgeschützte Datenbank nur dann, wenn Sie eines der folgenden Software-Pakete kaufen:

- Microsoft Office 2000 Developer Edition
- Microsoft Developer Network Universal
- Microsoft Visual Studio

Die Code-Librarian-Datenbank wird dabei in zwei Ausführungen bereitgestellt. Zum einen als normale Anwendung, die auch eigenständig aufgerufen werden kann. Und zum anderen als AddIn für die verschiedenen Office-Anwendungen. Sie können somit die Datenbank auch direkt aus dem VBA-Fenster aufrufen.

Automation

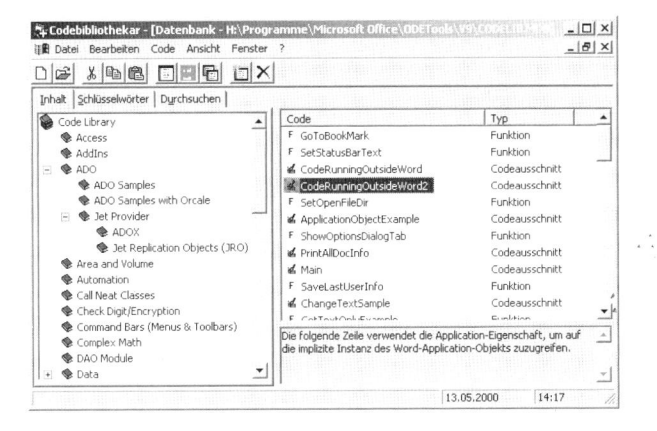

Abb. 12.10: Die Beispieldatenbank von Microsoft

Die Datenbank ist erweiterbar. Zum Beispiel hat Microsoft kurz nach der Übernahme von VISIO eine Erweiterung zur Verfügung gestellt. Aber auch jeder Entwickler kann eigene Beispiele der Datenbank zufügen.

Weitere Informationsquellen

Als Ergänzung zur gedruckten und der Online-Dokumentation können Sie ergänzende Informationen in den folgenden Quellen finden:

1. Makro-Recorder von Word 97/2000. Das Aufzeichnen und spätere Nachbauen von Makros ist ein guter Ausgangspunkt, wobei allerdings nicht immer das optimale Ergebnis erreicht wird. Der Makro-Recorder geht immer von einer visuellen Benutzeroberfläche aus, da im Regelfall ein Anwender das Makro aufruft. Somit werden nicht immer die am besten für eine bestimmte Aufgabe geeigneten Objekte vom Makro-Recorder ausgewählt.

2. Der Objektkatalog des VBA-Editors von Word 97/2000. Dazu wählen Sie die Bibliothek Word aus der Auswahlliste aus; der Objektkatalog zeigt dann das komplette Objektmodell von Word inklusive einer Kurzbeschreibung an. Außerdem wird in diesem Dialog auch das Elternobjekt – falls vorhanden – aufgeführt.

3. Die Typbibliotheken der Office-Anwendungen dokumentieren in jedem Fall den aktuellsten Stand aller Interface-Methoden. Tauchen hier bestimmte, in der Hilfe beschriebene Methoden nicht auf, können Sie auch nicht über Delphi darauf zugreifen.

Application	Version 97 (oder 8.0)	Version 2000 (oder 9.0)
Microsoft Access	Msacc8.olb	Msacc9.olb

Das Objektmodell von Microsoft Word

Application	Version 97 (oder 8.0)	Version 2000 (oder 9.0)
Microsoft Excel	Excel8.olb	Excel9.olb
Microsoft Graph	Graph8.olb	Graph9.olb
Microsoft Outlook	Msoutl8.olb (Msoutl85.olb)	Msoutl9.olb
Microsoft PowerPoint	Msppt8.olb	Msppt9.olb
Microsoft Word	Msword8.olb	Msword9.olb

Tabelle 12.6: Die Typbibliotheken der Office-Anwendungen

Die Office-Anwendungen verpacken gleich mehrere Typbibliotheken in eine DLL. Microsoft vergibt in diesen Fällen die Dateiendung .OLB, um auf das Vorhandensein von mehreren, auf den ersten Blick ersichtlichen, Typbibliotheken hinzuweisen. Die OLB-Dateien werden in der Regel im gleichen Verzeichnis wie die Programmdatei gespeichert.

Bevor das Objektmodell von Word 2000 anhand von Beispielen näher untersucht werden soll, muss zuerst die Basis für eigene Experimente geschaffen werden. Es geht darum, wie die eigene Delphi-Anwendung als Controller auf den Automation-Server Word 2000 zugreift.

12.3.3 Delphi als Automation-Controller

Da ein Automation-Server automatisch auch ein COM-Server ist, und da Word seine Objekte über Dual Interfaces zur Verfügung stellt, kann der Delphi-Client als Controller auf zwei prinzipiell unterschiedliche Art und Weisen auf den Server zugreifen:

- Zugriff über das Dispatch-Interface, d.h. der Controller verwendet die späte Bindung, um auf Server-Methoden und Eigenschaften zuzugreifen.
- Zugriff über die vom Dispatch-Interface abgeleiteten speziellen VTABLE-Interfaces (Dual Interfaces) von Word. In diesem Fall verwendet der Controller die frühe Bindung, da Delphi zur Kompilierungszeit alle Interface-Zeiger und die Methodenaufrufe fest dem jeweiligen VTABLE-Eintrag zuordnen kann.

Die Unterscheidung zwischen später und früher Bindung basiert also auf dem Zeitpunkt, zu dem der Controller eine aufgerufene Methode oder Eigenschaft auflösen kann. Bei der späten Bindung passiert dies erst zur Laufzeit, während bei der frühen Bindung alle Referenzen von Delphi bereits bei der Kompilierung des Controllers zugewiesen werden müssen. Und das ist auch die Erklärung dafür, warum Delphi beim Zugriff über die frühe Bindung die importierte Typbibliothek des Automation-Servers benötigt.

Zum Vergleich eignet sich ein kurzes Beispiel besser. Das eigene Programm soll als Controller das zweite Wort im dritten Absatz eines Word-Dokuments in Fettschrift hervorheben.

Minimalbeispiel für die späte Bindung

Das erste Beispiel verwendet die späte Bindung und greift über das Dispatch-Interface auf den Automation-Server Word zu. Die Instanz des Automation-Servers wird über den Aufruf der Funktion `CreateOleObject` angefordert, wobei der Interface-Zeiger in einer OleVariant-Variablen abgelegt wird. Die Funktion CreateOleObject erwartet eine Programm-ID (ProgID), die als Zeichenkette den zu startenden Automation-Server definiert. Während der Installation von Office trägt das Setup-Programm alle CLSIDs für die Automation-Klassen sowie die Programm-Identifiers (ProgID) in die Registry ein. Wird nun CreateOleObject für eine bestimmte ProgID aufgerufen, kann COM die dazu gehörende CLSID und somit die dazugehörende ausführbare Programmdatei ermitteln.

Anwendung	Programm-Identifier (PROGID)
Microsoft Access	Access.Application
Microsoft Excel	Excel.Application Excel.Worksheet Excel.Chart
Microsoft Graph	MSGraph.Chart
Microsoft Outlook	Outlook.Application
Microsoft PowerPoint	PowerPoint.Application PowerPoint.Presentation
Microsoft Word	Word.Application Word.Document

Tabelle 12.7: Die unterstützten Programm-Identifier

In der Tabelle sind nur die versionsunabhängigen ProgIDs aufgeführt. Zusätzlich trägt das Setup-Programm noch weitere, versionsspezifische ProgIDs in die Registry ein. Zum Beispiel werden Sie dort für Excel 97 die ProgID Excel.Application.8 und für Excel 2000 die ProgID Excel.Application.9 vorfinden. Microsoft empfiehlt jedoch, nur die versionsunabhängigen ProgIDs zu verwenden, damit die eigene Anwendung auch nach dem nächsten Office-Update noch korrekt arbeitet.

```
uses ActiveX, ComObj;

const
  cDOC = 'C:\Ablage\Test.doc';

procedure TForm1.Button1Click(Sender: TObject);
var
  vWord : OleVariant;
  v     : OleVariant;
begin
  vWord := CreateOleObject('Word.Application');
  vWord.Visible := True;
  vWord.Documents.Open(FileName := cDOC);
  v := vWord.Documents.Item(1).Paragraphs.Item(3);
  v.Range.Words.Item(2).Bold := True;
  ShowMessage('Fertig');
  vWord.Quit(False);
end;
```

Die Methode `Open` der Documents-Kollektion öffnet ein bereits vorhandenes Word-Dokument und fügt das dafür zuständige Document-Objekt in die Kollektion ein. Über die Item-Methode greift das Programm auf den Inhalt des Dokuments zu, indem ein Absatz aus der Paragraph-Kollektion ausgewählt wird. Auf das Range-Objekt gehe ich im nächsten Beispiel näher ein.

Die späte Bindung hat Vor- und Nachteile. Zum einen muss der Automation-Server Word beim Entwickler gar nicht auf dem Rechner installiert sein – was ein Vorteil sein kann. Und zum anderen ist er nicht auf die importierte Typbibliothek angewiesen. Dank später Bindung darf er optionale und benannte Parameter einsetzen, wie der Aufruf der Documents-Methode `Open` zeigt. Diesen Vorteilen stehen natürlich auch Nachteile gegenüber. Delphi kann zur Kompilierungszeit die Fehlerfreiheit nicht nachprüfen, dies passiert erst zur Laufzeit. Auch die Programmierhilfe steht nicht zur Verfügung. Last but not least ist die späte Bindung im Vergleich zur frühen Bindung auch langsamer.

Optionale Parameter

Warum die optionalen Parameter für tippfaule Entwickler von Vorteil sind, wird deutlich, wenn Sie sich einmal die Deklaration der Interface-Methode `PrintOut` näher anschauen. Diese Methode hat leider eine 15 verschiedene Werte umfassende Parameterliste:

```
procedure PrintOut(var Background: OleVariant;
                   var Append: OleVariant;
                   var Range: OleVariant;
                   var OutputFileName: OleVariant;
                   var From: OleVariant;
                   var To_: OleVariant;
```

```
                var Item: OleVariant;
                var Copies: OleVariant;
                var Pages: OleVariant;
                var PageType: OleVariant;
                var PrintToFile: OleVariant;
                var Collate: OleVariant;
                var FileName: OleVariant;
                var ActivePrinterMacGX: OleVariant;
                var ManualDuplexPrint: OleVariant); safecall;
```

In der von Delphi generierten Importdatei *Word_tlb.pas* für die Typbibliothek von Word 97 finden Sie jedoch keinen Hinweis auf optionale Parameter. Sie müssen daher im Zweifelsfall entweder in der Word-Hilfedatei zu VBA nachschlagen oder die originale Typbibliothek über den Microsoft OLE/COM Object Viewer in der IDL-Syntax untersuchen:

```
[id(0x0000012e), helpcontext(0x0970012e)]
HRESULT PrintOut(
                [in, optional] VARIANT* Background,
                [in, optional] VARIANT* Append,
                [in, optional] VARIANT* Range,
                [in, optional] VARIANT* OutputFileName,
                [in, optional] VARIANT* From,
                [in, optional] VARIANT* To,
                [in, optional] VARIANT* Item,
                [in, optional] VARIANT* Copies,
                [in, optional] VARIANT* Pages,
                [in, optional] VARIANT* PageType,
                [in, optional] VARIANT* PrintToFile,
                [in, optional] VARIANT* Collate,
                [in, optional] VARIANT* FileName,
                [in, optional] VARIANT* ActivePrinterMacGX,
                [in, optional] VARIANT* ManualDuplexPrint);
```

Zur Ehrenrettung von Delphi soll nicht unterschlagen werden, dass auch der Typbibliothekseditor von Delphi diese Informationen anzeigt. Sie müssen dazu nur die originale Word-Typbibliothek öffnen und, je nach Prozessorleistung, schlimmstenfalls einige Minuten Wartezeit für die Übersetzung in Kauf nehmen.

Bleiben wir bei der bereits angesprochenen Methode `PrintOut`. Nun haben Sie bei einer derartig deklarierten Methode drei Möglichkeiten:

- Sie definieren exakt jeden erwarteten Parameter mit einem gültigen Wert.
- Sie übergeben den unter Delphi vordefinierten Wert `EmptyParam` und teilen dem Automation-Server Word damit mit, dass der Parameterwert unbekannt ist und somit Word auf den eigenen Vorgabewert zurückgreifen soll.
- Sie verwenden die späte Bindung über das Dispatch-Interface, somit dürfen ganz offiziell alle optionalen Parameter unter den Tisch fallen.

Für den Fall, dass Sie die EmptyParam-Orgie vermeiden möchten, gibt es da den Trick über die Typumwandlung des Interface-Zeigers in einen OleVariant. Mit der folgenden Typumwandlung tauschen Sie die schnelle frühe Bindung nur für diesen einen Methodenaufruf in die langsamere, aber flexiblere späte Bindung um:

```
procedure TWordObject.Print;
begin
  OleVariant(FWordApp).PrintOut;
end;
```

Minimalbeispiel für die frühe Bindung

Das zweite Beispiel nutzt die frühe Bindung aus, indem nicht mehr auf das Dispatch-Interface zugegriffen wird, sondern direkt auf die spezialisierten Interfaces der einzelnen COM-Objekte von Word. Bereits an der zusätzlichen Uses-Klausel können Sie erkennen, dass Delphi den Import der Typbibliothek erwartet. In dieser Typbibliothek findet der Compiler die Deklarationen der Interfaces mit ihren Methoden vor, sodass die Typprüfung beim Kompilieren greift und die Programmierhilfe zur Verfügung steht.

Abb. 12.11: Automation-Methoden werden von Delphi zur Auswahl aufgelistet

Der von Delphi beim Import der Typbibliothek zugewiesene Interface-Name hängt von der Delphi-Version ab. Da für COM nur die CLSID als eindeutiger Interface-Kennzeichner eine Rolle spielt, ist der im eigenen Programm verwendete Name des Bezeichners zweitrangig. Das Beispielprojekt *W2kFake.dpr* demonstriert dies – die Typbibliothek wurde nach dem Import von Hand so geändert, dass die CoClass anstelle von `_Application` den Interface-Bezeichnernamen `W2kApp` verwendet.

> *Zum Nachvollziehen dieses Beispiels muss nicht unbedingt die aktuelle Word-Version 2000 auf Ihrem Rechner installiert sein. Der Vorgänger Word 97 reicht völlig aus. Da in jedem Fall nur die Typbibliothek der auf dem Rechner installierten Word-Version importiert wird, kann ein Entwickler an dieser Stelle nichts falsch machen.*

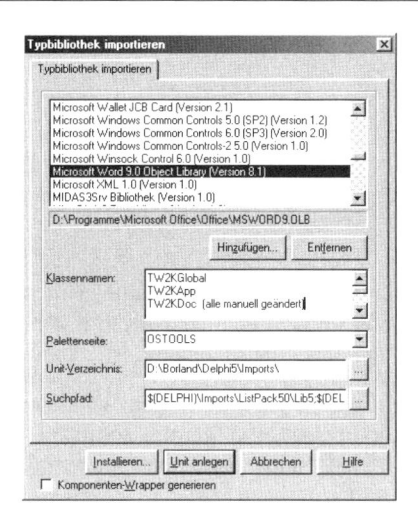

Abb 12.12: Die Typbibliothek von Word 2000 wird importiert

Doch zurück zum Normalfall. Delphi legt die Unit *Word_TLB.pas* mit allen Deklarationen aus dieser Typbibliothek an, wobei allerdings mit *Office_TLB.pas* und *VBIDE_TLB.pas* zwei zusätzliche Dateien generiert werden. Delphi hat beim Import der Typbibliothek auch Hilfsfunktionen der CoClass generiert, sodass der Konstruktor Create dieser CoClass-Implementierung direkt zur Verfügung steht.

```
uses ActiveX, ComObj, Word_TLB;

const
  cDOC = 'C:\Ablage\Test.doc';

procedure TForm1.Button2Click(Sender: TObject);
var
  FWord   : _Application;
  FDoc    : _Document;
  FPara   : Paragraph;
  FRange  : Range;
  vParam  : OleVariant;
begin
  FWord := CoWordApplication.Create;
  FWord.Visible := True;
  vParam := cDOC;
  FWord.Documents.OpenOld(vParam, EmptyParam,
    EmptyParam, EmptyParam, EmptyParam,
    EmptyParam, EmptyParam, EmptyParam,
    EmptyParam, EmptyParam);
  vParam := 1;
  FDoc := FWord.Documents.Item(vParam);
```

```
  FPara := FDoc.Paragraphs.Item(3);
  FRange := FPara.Range.Words.Item(2);
  FRange.Bold := 1;
  ShowMessage('Fertig');
  vParam := False;
  FWord.Quit(vParam, EmptyParam, EmptyParam);
end;
```

Bei der frühen Bindung stehen die benannten Parameter nicht mehr zur Verfügung und auch die optionalen Parameter müssen von der Anzahl her angegeben werden. Der Weg bis zur Eigenschaft `Bold` verwendet die folgenden Zwischenschritte:

- Ein Interface-Zeiger auf das Application-Objekt von Word wird angefordert, indem die CoClass-Hilfsfunktion `Create` aufgerufen wird.
- Über das Application-Objekt wird das Child-Objekt Documents (eine Kollektion) angesprochen, wobei die Documents-Methode `Open` ein bereits bestehendes Dokument öffnet. Da der Controller die frühe Bindung verwendet, kann er nicht auf die benannten und optionalen Parameter dieser Methode zurückgreifen, sondern muss stattdessen alle Parameter mit dem erwarteten Typ übergeben. Der einzige Komfort, den Delphi bietet, ist die vordefinierte Variable `EmptyParam`, die immer dann eingesetzt wird, wenn der Automation-Server seinen Vorgabewert nutzen soll.
- Das Documents-Objekt von Word verwaltet als Auflistungsobjekt alle geöffneten Dokumente, sodass der Controller das gewünschte Dokument extra definieren muss. Das kann zum einen das aktive (d.h. das im Vordergrund bearbeitete) Dokument sein; in diesem Fall wird die Application-Eigenschaft `ActiveDocument` abgefragt. Oder der Controller verwendet, wie in diesem Beispiel, einen Indexwert für die Auflistung. Das so definierte Document-Objekt wird in einer dritten Interface-Variablen für das _Document-Interface gesichert.
- Das Document-Objekt des ausgewählten Dokuments enthält als Eltern-Objekt eine Vielzahl von Child-Objekten. Das Beispiel nutzt das Paragraphs-Objekt, um eine Auflistung aller vorhandenen Abschnitte in diesem Dokument zu erhalten und aus dieser Auflistung den dritten Abschnitt als gesondertes Paragraph-Objekt auszuwählen. Auch dieses Objekt wird über einen eigenen Interface-Zeiger gesichert.
- Letztendlich wird über das Range-Objekt der Bereich im Dokument festgelegt, der bearbeitet werden soll. Das Paragraph-Objekt verwaltet als Eltern-Objekt die einzelnen Wörter in diesem Abschnitt als Words-Auflistung. Jedes Element der Words-Auflistung ist ein Range-Objekt, das ein Wort darstellt. Es gibt kein Word-Objekt, sodass der Controller im Beispiel-Listing auch nur ein Range-Objekt für dieses Wort erhält. Die Formatierung dieses Range-Objekts wird über die Eigenschaft Bold geändert.

Dabei kommt es zu der auf den ersten Blick paradoxen Situation, dass die späte Bindung zwar für den Programmierer am schnellsten erledigt ist, dafür aber zur Laufzeit gegenüber der frühen Bindung langsamer abgearbeitet wird. Trotzdem lohnt sich der Mehraufwand für die frühe Bindung in den meisten Fällen: Delphi kann zum einen die Unterstützung der Programmierhilfe (Tooltip-Hilfe, Parameteraufstellung usw.) auch für die Methoden und Eigenschaften des Automation-Servers anbieten als auch die Typprüfung beim Kompilieren vornehmen. Damit wird in den meisten Fällen die Entwicklungszeit trotz deutlich höherem Tippaufwand bei der frühen Bindung geringer sein. Zumal ein Entwickler dank der Flexibilität von Delphi einen Dual-Interface-Zeiger jederzeit temporär in einen Dispatch-Interface-Zeiger „umtauschen" kann. Im folgenden Aufruf sorgt die Typumwandlung über OleVariant dafür, dass Delphi hinter den Kulissen einen Interface-Zeiger auf das Dispatch-Interface anfordert. Für diese eine Programmzeile verwendet Delphi die späte Bindung, daher ist auch der benannte Parameter `SaveChanges` an dieser Stelle zulässig:

```
OleVariant(FWord).Quit(SaveChanges := False);
```

Die Typumwandlung des Interface-Zeigers über OleVariant sorgt dafür, dass Delphi hinter den Kulissen den Interface-Zeiger nur für diesen einen Aufruf über QueryInterface gegen einen Zeiger auf das IDispatch-Interface umtauscht. Somit müssen Sie sich nicht mehr darum kümmern.

Lassen Sie sich von den vielen Programmzeilen im Beispiel für die frühe Bindung nicht täuschen, auch dann, wenn mit früher Bindung Delphi deutlich mehr Programmzeilen vorgesetzt bekommt, ist die Fernbedienung von Word über Automation trotzdem schneller als bei der späten Bindung.

Dazu ein Beispiel: Das Programm soll gezielt eines von mehreren offenen Word-Dokumenten schließen. Die Version für die späte Bindung kommt mit einem Aufruf aus.

```
procedure TForm1.ButtonDispatchClick(Sender: TObject);
begin
  OleVariant(FWord).Documents.Item(EditDocName.Text).Close;
end;
```

Im Gegensatz dazu sieht die Version für die frühe Bindung komplizierter und umständlicher aus.

```
procedure TForm1.ButtonDualClick(Sender: TObject);
var
  iCount  : Integer;
  iLoop   : Integer;
  vParam  : OleVariant;
  sName   : String;
  vSave   : OleVariant;
begin
  iCount := FWord.Documents.Count;
  for iLoop := 1 to iCount do
  begin
```

```
      vParam := iLoop;
      sName := FWord.Documents.Item(vParam).Name;
      if UpperCase(sName) = EditDocName.Text then
        begin
          vSave := WdDoNotSaveChanges;
          FWord.Documents.Item(vParam).Close(vSave,
            EmptyParam, EmptyParam);
          Exit;
        end;
    end;
end;
```

Trotzdem ist die zweite Implementierung effektiver, denn beim einzeiligen Aufruf der späten Bindung sind die sich daraus für Word ergebenden Arbeitsschritte nur nicht auf den ersten Blick sichtbar. Kommt es in Ihrer Anwendung nicht auf jede Millisekunde an, gibt es aber keinen gravierenden Grund, um im Einzelfall auf die Bequemlichkeiten der OleVariant-Typumwandlung zu verzichten. Zumal es bei allen Performance-Betrachtungen darauf ankommt, in welchem Verhältnis die Aufrufzeit der Interface-Methode zur Bearbeitungszeit innerhalb von Word steht. Je länger Word intern für eine Aufgabe benötigt, umso weniger Nutzen hat man von der besseren Performance der frühen Bindung.

Vorteile der späten Bindung	Nachteile der späten Bindung
Der OLE-Container kann 16-Bit- und 32-Bit-Server ansprechen.	Langsamer Zugriff auf den Server.
Funktionen können mit variabler Parameteranzahl aufgerufen werden, d.h. die Übergabe der Parameter ist optional!	Keine Typprüfung der Parameter und Funktionen, der Delphi-Compiler kann nicht unterstützend eingreifen.
Der OLE-Container arbeitet auch mit zukünftigen Word-Versionen zusammen, solange dieser ein IDispatch-Interface zur Verfügung stellt.	Während der Programmentwicklung erfolgt der Zugriff auf den Server in vielen Fällen im Try & Error-Prinzip.
Die Component Object Library konvertiert automatisch inkompatible Datentypen.	Für den Fall, dass der OLE-Automation-Server sichtbar gemacht wird, darf der Anwender den Server selbst nicht schließen.
Die Typbibliothek des OLE-Servers ist bei der Programmentwicklung nicht zwingend notwendig.	
Potentielle Namenskollisionen von gleichlautenden Bezeichnern der VCL und des OLE-Servers spielen keine Rolle, da die Typbibliothek des Servers nicht eingebun-	

Vorteile der späten Bindung	Nachteile der späten Bindung
den werden muss.	

Tabelle 12.8: Vor- und Nachteile der späten Bindung im Vergleich

Problem der Namenskollisionen

Jeder Delphi-Anwender kennt `Application`, das Applikationsobjekt von Delphi. Leider verwendet auch Word ab der Version 8 ein Objekt mit dem gleichen Namen, sodass Delphi beim Import der Typbibliothek fast alle Referenzen von Application in _Application ändert. Allerdings kann es vorkommen, dass die folgenden Zeilen in der Unit verbleiben:

```
Type
  ...
  Application = _Application;
```

Wenn auch die Typbibliothek den Typ Application definiert, ist dieser Begriff für den Compiler nicht mehr eindeutig. Damit muss auch die Projektdatei der Anwendung von Hand geändert werden, damit der Aufruf `Application.Initialize` keinen Compilerfehler provoziert. Genauer gesagt müssen Sie über einen qualifizierten Bezeichner exakt angeben, welches Application-Objekt verwendet werden soll:

```
program Word97Early;

uses
  Forms,
  Word97EarlyForm in 'Word97EarlyForm.pas' {Form1},
  Word_TLB in 'Word_TLB.pas';

{$R *.RES}

begin
  Forms.Application.Initialize;
  Forms.Application.CreateForm(TForm1, Form1);
  Forms.Application.Run;
end.
```

Ob Sie dies tatsächlich so nachvollziehen müssen, hängt von Ihrer Delphi-Version ab. Hier unterscheiden sich die einzelnen Versionen und UpdatePacks. Betrachten Sie dies als Hinweise, wie Sie derartige Probleme umgehen können.

Kommen wir nun zur Vorstellung einiger Word-Objekte, wobei ich mich aus Platzgründen auch nur auf einige Methoden und Eigenschaften dieser Objekte beschränken muss.

12.3.4 Global-Objekt

Das Global-Objekt von Word spielt, bis auf eine Ausnahme, für einen Controller nur eine untergeordnete Rolle. Die angesprochene Ausnahme wird an dem folgenden Beispiel deutlich. Das Delphi-Programm in Funktion des Controllers kann festlegen, ob eine neue Word-Instanz erzeugt werden soll (Parameter NewInstance = True), oder ob eine bereits laufende Instanz von Word für die Automation verwendet wird. Über das Global-Objekt (genauer gesagt dessen Eigenschaft `Application`) kann ein Controller auf eine bereits laufende Server-Instanz zugreifen. Schlägt dies aus irgendeinem Grund fehl, wird eine neue Word-Instanz erzeugt. Über das Objektfeld FNewInstance prüft der Controller in diesem Beispiel, ob eine neue Instanz erzeugt wurde.

```
constructor TOSWordObject.Create(NewInstance : Boolean);
begin
  FNewInstance := False;
  if NewInstance then
    begin
      FWordApp := CoApplication_.Create;
      FNewInstance := True;
    end
  else
    begin
      try
        FWordGlobal := CoGlobal.Create;
        FWordApp := FWordGlobal.Application_;
      except
        FWordApp := CoApplication_.Create;
        FNewInstance := True;
      end;
    end;
  FEventSink := TWordEventSink.Create(Self,FWordApp,
    ApplicationEvents, DocumentEvents);
end;
```

12.3.5 Application-Objekt

Immer dann, wenn ein Controller Microsoft Word als Automation-Server aufruft, steht das Application-Objekt zur Verfügung. Vergleichbar zum Application-Objekt von Delphi ist dieses Objekt für die anwendungsbezogenen Eigenschaften und Methoden der Word-Instanz zuständig. Falls Sie zum Beispiel das Aussehen, die Größe oder die Position des Word-Fensters ändern möchten, sind Sie hier genau richtig. Eine Eigenschaft, mit der Sie es sehr häufig zu tun bekommen ist `Visible`, da nur über diesen Aufruf das Programmfenster des Automation-Servers sichtbar gemacht werden kann.

Einsatzbeispiele

```
FWord := CoApplication_.Create;
FWord.Visible := True;
```

Über die Eigenschaft Version liefert der Automation-Server die exakte Versionsnummer zurück, für Word 97 mit installiertem Service Release 1 erhalten Sie hier zum Beispiel die Zeichenkette „8.0a".

```
StatusBar1.SimpleText := FWord.Version;
```

Nun könnte man meinen, dass das Zerstören eines Automation-Server-Objekts mit Delphi einfacher erledigt werden kann als das Erzeugen. Dies stimmt in der Regel auch, aber es gibt keine Regel ohne Ausnahme. Die Automation-Server von Microsoft haben Eigenheiten – andere würden Bugs dazu sagen – die eine zusätzliche Behandlung notwendig machen. So hat zum Beispiel Microsoft im MSDN darauf hingewiesen, dass zur Sicherheit vor dem Freigeben des Interface-Zeigers die Methode Quit des Application-Objekts von Word aufgerufen werden soll.

```
procedure TForm1.FormDestroy(Sender: TObject);
begin
  if Assigned(FWord) then
    begin
      OleVariant(FWord).Quit(SaveChanges := False);
      FWord := nil;
    end;
end;
```

Der Automation-Server Word ist in der Lage, den Ausdruck von Dokumenten in einen separaten Thread zu verlegen und somit im Hintergrund zu drucken. Für den Anwender ist das eine feine Sache, denn er kann somit ungestört weiterarbeiten. Für einen Controller hingegen taucht hier ein neues Problem auf, denn sein Aufruf von PrintOut kommt sehr schnell zurück, obwohl Word eventuell im Hintergrund noch druckt. Wird nun die Instanz des Automation-Servers zu früh freigegeben, bekommt man ein Problem. Das nächste Beispiel zeigt, wie der Entwickler diese Stolperstelle umgehen kann. In einer While-Schleife wird dazu die Eigenschaft BackgroundprintingStatus des Application-Objekts von Word abgefragt, um bis zum Druckende warten zu können.

```
procedure TForm1.ToolButtonPrintClick(Sender: TObject);
begin
  WordDocument1.PrintOut;
  while WordApplication1.BackgroundprintingStatus > 0 do
    begin
      StatusBar1.SimpleText := Format('%d Datei(en) zu drucken.',
        [WordApplication1.BackgroundprintingStatus]);
      Application.ProcessMessages;
      Sleep(250);
```

```
    end;
  StatusBar1.SimpleText := 'Ausdruck ist erledigt.';
end;
```

12.3.6 Document-Objekt

Ein in Word geöffnetes Dokument wird von einem Document-Objekt repräsentiert. Word verwaltet dazu alle Document-Objekte (falls mehrere Dokumente gleichzeitig geöffnet sind, hantiert Word mit mehreren Document-Objekten) in der Documents-Kollektion. Sie haben es hier also mit zwei verschiedenen Objekten zu tun und müssen selber entscheiden, ob eine Aktion nur ein einzelnes Dokument betreffen soll (Document-Objekt) oder ob die Aktion für alle Dokumente (Documents-Kollektion) gelten soll.

Stellvertretend für die vielfältigen Fähigkeiten des Document-Objekts möchte ich Ihnen einige Beispielaufrufe vorstellen. Ein neues Dokument wird durch den Aufruf von Add von einer DOT-Vorlage abgeleitet. Übergeben Sie keinen Namen einer DOT-Vorlage indem der Platzhalter EmptyParam eingesetzt wird, greift Word auf die Standardvorlage *NORMAL.DOT* zurück.

```
FWord.Documents.Add(EmptyParam,EmptyParam);
```

Sie können jedoch auch ein bereits vorhandenes Dokument öffnen.

```
vParam := 'C:\ABLAGE\TEST1.DOC';
FWord.Documents.Open(vParam, EmptyParam,EmptyParam,
                    EmptyParam,EmptyParam,EmptyParam,
                    EmptyParam,EmptyParam,EmptyParam,
                    EmptyParam);
```

Die Anzahl der geöffneten Dokumente wird über die Methode Count ermittelt.

```
iCount := FWord.Documents.Count;
```

Um nun alle geöffneten Dokumente in einer Listbox aufzuführen, muss die Documents-Kollektion durchwandert werden.

```
iCount := FWord.Documents.Count;
for iLoop := 1 to iCount do
begin
  vParam := iLoop;
  FDoc := FWord.Documents.Item(vParam);
  Listbox1.Items.Add(FDoc.FullName);
end;
```

Anschließend kann das Programm ein bestimmtes Dokument aktivieren,

```
OleVariant(FWord).Documents.Item('TEST1.DOC').Activate;
```

oder abspeichern. In beiden Fällen erspart sich der Entwickler unnötige Tipparbeit, indem kurzzeitig für diesen Aufruf auf die späte Bindung gewechselt wird. Somit kann das eigene Programm die Vorteile der benannten Parameter ausnutzen.

```
OleVariant(FWord).ActiveDocument.SaveAs(
            Filename := 'C:\Ablage\Test2.doc');
```

Alle offenen Dokumente werden geschlossen, indem die Methode Close der Documents-Kollektion aufgerufen wird.

```
procedure TForm1.ButtonCloseClick(Sender: TObject);
var
  vSave    : OleVariant;
begin
  vSave := WdDoNotSaveChanges;
  FWord.Documents.Close(vSave,EmptyParam,EmptyParam);
end;
```

Im Gegensatz dazu muss auf die Document-Methode Close zurückgegriffen werden, wenn nur ein bestimmtes Dokument (also ein Document-Objekt aus der Documents-Kollektion) geschlossen werden soll.

```
iCount := FWord.Documents.Count;
for iLoop := 1 to iCount do
begin
  vParam := iLoop;
  sName := FWord.Documents.Item(vParam).Name;
  if UpperCase(sName) = 'TEST1.DOC' then
    begin
      StatusBar1.SimpleText := 'Dokument gefunden!';
      vParam := iLoop;
      vSave := WdDoNotSaveChanges;
      OleVariant(FWord).Documents.Item(vParam).Close(vSave);
      Exit;
    end;
end;
```

Kommt Ihnen das zu aufwendig vor? Dann gibt es einen Ausweg – der temporäre Zugriff über die späte Bindung erfüllt auch hier die gleiche Aufgabe mit deutlich weniger Tippaufwand.

```
vSave := WdDoNotSaveChanges;
OleVariant(FWord).Documents.Item('TEST1.DOC').Close(vSave);
```

Das letzte Beispiel zum Document-Objekt ermittelt die Anzahl der Tabellen im Dokument. Dazu liest der Controller die Eigenschaft Count der Tables-Kollektion aus.

```
procedure TForm1.ButtonTabellenClick(Sender: TObject);
var
  vParam : OleVariant;
  FDoc   : _Document;
begin
  vParam := 'C:\Ablage\Test3.doc';
  FWord.Documents.Open(vParam, EmptyParam, EmptyParam, EmptyParam,
                      EmptyParam, EmptyParam, EmptyParam,
                      EmptyParam, EmptyParam, EmptyParam);
  FDoc := FWord.ActiveDocument;
  StatusBar1.SimpleText := Format('Es sind %d Tabellen in %s',
                          [FDoc.Tables.Count, FDoc.Name]);
end;
```

12.3.7 Range-Objekt

Für Word besteht ein Dokument aus einer Vielzahl von einzelnen Objekten und Wörtern. Bevor irgend etwas mit dem Dokumentinhalt gemacht werden kann, muss der Controller zuerst das zu bearbeitende Element exakt definieren. Dazu stehen zwei prinzipiell unterschiedliche Objekte zur Verfügung: das Range-Objekt und das Selection-Objekt. Beide Objekte unterscheiden sich gravierend voneinander:

- Im Dokument kann es nur ein Selection-Objekt geben, das zudem eine visuelle Rückmeldung der aktuellen Cursorposition an den Anwender zurückliefert. Mit dem Zugriff auf die Benutzerschnittstelle ist das Selection-Objekt auch langsamer als das Range-Objekt.
- Im Dokument können beliebig viele Range-Objekte gleichzeitig vorkommen, somit ist das Range-Objekt wesentlich flexibler. Range-Objekte sind unabhängig vom Selection-Objekt.

Ein Range-Objekt kennzeichnet den zu bearbeitenden Bereich, indem die Start- und Endposition festgelegt wird. Ist ein solches Objekt definiert, kann der Controller über die Eigenschaften und Methoden des Objekts den Dokumentinhalt bearbeiten. Ein Range-Objekt kann sich nur auf die aktuelle Cursorposition oder auch auf das komplette Dokument beziehen. Allerdings wird dieses Objekt niemals, im Gegensatz zu Bookmarks, im Dokument gespeichert, sondern ist nur so lange aktiv, wie der Controller auf seine Automation-Serverinstanz zugreift.

Ein Range-Objekt wird, im Gegensatz zum Selection-Objekt, in einem Dokument visuell nicht kenntlich gemacht. Für den Fall, dass der Bereich doch visuell gekennzeichnet werden soll, kann die Select-Methode des Range-Objekts verwendet werden:

```
FRange := FWord.ActiveDocument.Words.Item(2);
FRange.Select;
```

Das folgende Beispiel nutzt ein bereits im Dokument definiertes Bookmark-Objekt, um die Position des Range-Objekts abzuleiten.

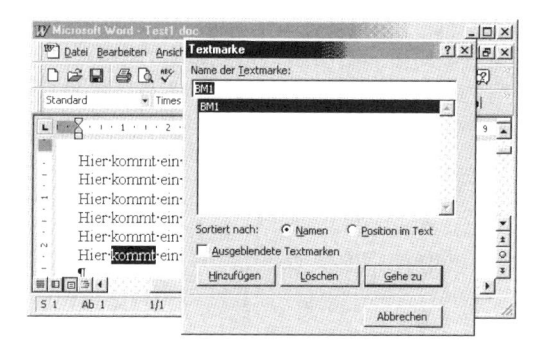

Abb. 12.13: Eine Textmarke wird über Automation angesprochen

Die Textmarke „BM1" wurde dazu im Dokument *TEST1.DOC* auf ein komplett markiertes Wort gelegt, sodass im folgenden Beispiel dieses Wort in Fettschrift hervorgehoben wird.

```
procedure TForm1.ButtonRange1Click(Sender: TObject);
var
  vParam : OleVariant;
  FRange : Range;
begin
  vParam := 'C:\Ablage\Test1.doc';
  FWord.Documents.Open(vParam, EmptyParam, EmptyParam,
    EmptyParam, EmptyParam, EmptyParam, EmptyParam,
    EmptyParam, EmptyParam, EmptyParam);
  StatusBar1.SimpleText := FWord.ActiveDocument.Name;
  vParam := 'BM1';
  FRange := FWord.ActiveDocument.Bookmarks.Item(vParam).Range;
  FRange.Bold := $FF;
end;
```

Weitere Beispiele

Habe ich etwas Wichtiges zum Range-Objekt unterschlagen? Mit Sicherheit – daher stelle ich im Schnelldurchlauf einige weitere Aufrufe vor.

Text vor dem Range-Objekt einfügen:

```
FRange.InsertBefore('Der neue Text vor der Markierung. ');
```

Text nach dem Range-Objekt einfügen:

```
FRange.InsertAfter(' Der neue Text nach der Markierung.');
```

Text des Range-Objekts ersetzen:

```
FRange.Text := 'Ersatz für die Markierung.';
```

Absatz als Range-Objekt festlegen:

```
FRange := FWord.ActiveDocument.Paragraphs.Item(2).Range;
FRange.InsertBefore('Neu: ');
FRange.Bold := $FF;
```

Wort als Range-Objekt festlegen:

```
FRange := FWord.ActiveDocument.Words.Item(2);
FRange.Bold := $FF;
```

Einzelne Zeichen als Range-Objekt festlegen und in Fettschrift hervorheben:

```
OleVariant(FWord).ActiveDocument.Range(1, 3).Bold := $FF;
```

Text eines Absatzes kopieren:

```
FRange := FWord.ActiveDocument.Paragraphs.Item(2).Range;
FRange.Copy;
ShowMessage(Format('Range-Text: %s', [FRange.Text]));
```

Bereich des Range-Objekts neu definieren. Im folgenden Beispiel wird das 2. bis 4. Zeichen im Absatz kopiert:

```
FRange := FWord.ActiveDocument.Paragraphs.Item(2).Range;
FRange.SetRange(1, 5);
FRange.Copy;
ShowMessage(Format('Range-Text
```

12.3.8 Selection-Objekt

Wenn ein Anwender mit Word an einem Dokument arbeitet, wird er die zu bearbeitenden Textstellen auswählen (markieren) und erst dann die neuen Eigenschaften an den nun hervorgehoben dargestellten Text zuweisen. Beim Zugriff eines Controllers auf den Automation-Server Word ist dies jedoch nicht üblich, da aus Performance-Gründen ein Controller auf die Range-Objekte zugreifen wird. Falls der Controller trotzdem eine interaktive Schnittstelle zum Benutzer unterstützen will, kann er auf das Selection-Objekt von Word zurückgreifen. Da es in einem Dokument nur eine einzige Markierung geben kann, gibt es auch nur ein Selection-Objekt, sodass Word die globale Eigenschaft Selection als schnellen Zugriffsweg auf dieses Selection-Objekt zur Verfügung stellt.

Das folgende Beispiel kopiert die vom Anwender im Dokument markierte Zeichenkette in die Zwischenablage und zeigt dies anschließend auch in einem Hinweisfenster an:

```
procedure TForm1.ButtonSelection1Click(Sender: TObject);
var
  vParam : OleVariant;
  FRange : Range;
```

```
begin
  vParam := 'C:\Ablage\Test1.doc';
  FWord.Documents.Open(vParam, EmptyParam, EmptyParam,
    EmptyParam, EmptyParam, EmptyParam, EmptyParam,
    EmptyParam, EmptyParam, EmptyParam);
  StatusBar1.SimpleText := FWord.ActiveDocument.Name;
  ShowMessage('Markieren Sie einen Textteil!');
  FWord.Selection.Copy;
  ShowMessage(Format('Range-Text: %s', [FWord.Selection.Text]));
end;
```

Wenn Sie sich einmal in der Hilfedatei *VBAWRD8.HLP* die Eigenschaften und Methoden des Selection-Objekts etwas genauer anschauen, werden Sie viele Gemeinsamkeiten mit dem Range-Objekt feststellen. Es gibt ebenso eine `Text`-Eigenschaft wie die `InsertAfter`- und `InsertBefore`-Methoden.

12.3.9 Word als Report-Engine

Dieser Teil stellt Ihnen zwei Komponenten für den Einsatz von Microsoft Word als Report-Engine vor. Ab der Version Word 97 verwendet Microsoft anstelle von WordBASIC das wesentlich leistungsfähigere Visual Basic for Applications (VBA), sodass ein Automation-Client auf das vollständige Objektmodell von Word zurückgreifen kann. Somit stehen im Gegensatz zur alten Textmarken-Lösung von Word 2/6/7 neue Optionen zur Verfügung:

- DOKVARIABLE und
- FORMULARTEXT

Die Funktionalität der Komponente steht in zwei Implementierungen zur Verfügung:

1. TOSWordReport verwendet das Dispatch-Interface von Word (späte Bindung).
2. TOSWordReportEx verwendet die spezifischen VTABLE-Interfaces von Word (frühe Bindung über die Dual Interfaces).

Die Komponente TOSWordReport wurde konzipiert, um den Aufwand für den Entwickler in Delphi zu minimieren. Es reicht in der Delphi-Anwendung aus, wenn die TOSWordReport-Instanz im Formular mit einem DataSet-Nachfolger verbunden wird und die zu verwendende DOT-Vorlage definiert wird. Alles Weitere findet in der DOT-Vorlage statt. Der Entwickler muss für jede einzufügende Position ein Textformularfeld einfügen und diesem Feld exakt den Namen vergeben, der auch im DataSet für dieses Feld verwendet wird. Zur Laufzeit sucht TOSWordReport über diesen Namen nach dem passenden Textformularfeld und fügt immer dann den Wert in das Dokument ein, wenn das DataSet-Feld in Delphi als Visible gekennzeichnet wurde.

Sie finden das Beispielprojekt und die Komponenten im Verzeichnis »Kapitel 12\Office97\WordReport«.

Zur Anpassung an ein Projekt sind die folgenden Schritte notwendig:

Das Objektmodell von Microsoft Word

Schritt 1: DOT-Vorlage für Word erstellen

Für jedes Feld der Ergebnismenge der Datenbankabfrage wird in der DOT-Vorlage ein Textformularfeld vorgesehen. Dazu rufen Sie über die Menüpunkte ANSICHT | SYMBOLLEISTEN | FORMULAR den Dialog für die Textformularfelder auf.

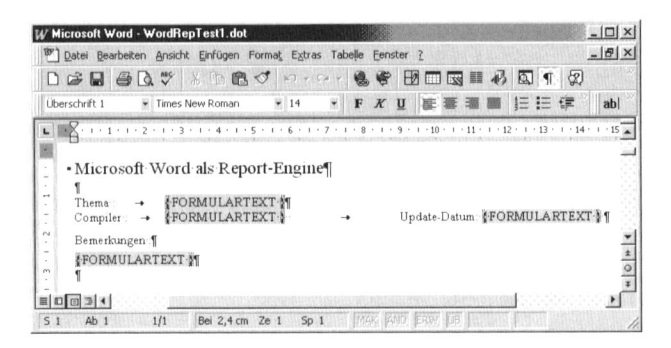

Abb. 12.14: FORLMULARTEXT-Felder als Platzhalter für die Werte aus der Datenbank

Das neu eingefügte Textformularfeld wird nun über die rechte Maustaste konfiguriert, indem der Dialog OPTIONEN FÜR TEXTFORMULARFELDER aufgerufen wird. Als Name der Textmarke wird der Feldname aus der Datenmenge eingetragen. Somit stellt die Komponente später nur über den Namen der Textmarke die Verbindung zum einzusetzenden Wert aus der Datenbank her.

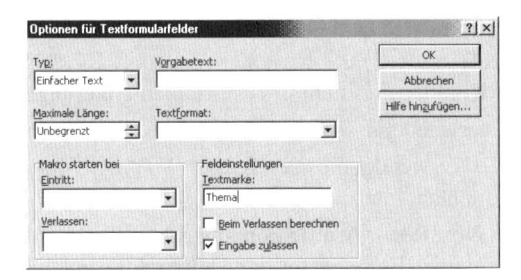

Abb. 12.15: Das Textformularfeld wird konfiguriert

Die Detail-Datensätze zu einem Master-Datensatz werden als Tabelle eingefügt, d.h. in der DOT-Vorlage muss eine Tabelle vorhanden sein. Sind mehrere Tabellen vorhanden, fügt TOSWordReport die Daten in die erste Tabelle im Dokument ein.

Schritt 2: Datasets zuweisen

Die Eigenschaft `MasterDataset` muss immer definiert werden, in diesem Beispiel ist es die TQuery-Instanz mit der SQL-Abfrage, wobei diese Abfrage nur die Ergebnisspalten zurückliefert, die auch in der DOT-Vorlage als Textformularfeld-Name definiert wurden.

Automation

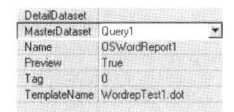

Abb. 12.16: Die Verbindung zur Datenmenge wird hergestellt

Schritt 3: Report ausführen
Über den Aufruf von `OSWordReport.Execute` wird der Report ausgeführt. Ist die Eigenschaft `Preview` auf True gesetzt, zeigt Word den generierten Report Seite für Seite an. Ist Preview auf False, wird der Report gleich ausgedruckt.

12.3.10 Delphi und die Datentypen von VBA

Im MSDN sowie in den Microsoft-Dokumentationen werden Sie eine Unmenge von Beispielen für die Automation von Office-Anwendungsprogrammen finden, die aber in der Regel alles eines gemeinsam haben: Alle Beispiele verwenden VBA als Sprache. Das ist die schlechte Nachricht. Die gute Nachricht besteht darin, dass sich alle diese Beispiele in Delphi nachbauen lassen. Und als Hilfe dazu stelle ich die vergleichbaren Datentypen vor, wobei „x" als Platzhalter für den Variablennamen verwendet wird.

Delphi	VBA
Boolean	By Val x As Boolean
PChar	By Val x As String
Integer	By Val x As Integer
HWND	By Val x As Long
Zeiger auf einen Integer	X As Integer
Zeiger auf einen DWORD	X As Long
Variant	X As Any

Tabelle 12.9: VBA unterscheidet ByVal und ByRef

Es fällt sofort ins Auge, dass VBA eine strikte Unterscheidung zwischen der Übergabe eines Parameters als Wert (By Val) oder als Zeiger (By Ref als Voreinstellung) vornimmt.

12.3.11 Stolperstellen

In einem Buch beschränken sich die Beispielprojekte meistens nur auf das Notwendigste, um dem Leser das Zurechtfinden zu erleichtern. In einer „richtigen" Anwendung ist es jedoch in der Regel nicht mit der Handvoll Aufrufen getan, der Client wird den Automation-Server intensiver beschäftigen. Dabei kann es unter Windows 95 und Windows 98

vorkommen, dass Sie nach einiger Zeit „merkwürdige" Fehlermeldungen vom Server erhalten oder sich der Server anormal verhält:
- Der Automation-Server hängt sich scheinbar auf.
- Sie erhalten eine „Out of Memory"-Fehlermeldung.
- Der Automation-Server verbleibt im Arbeitsspeicher, obwohl der Client alle Interface-Variablen freigegeben hat.

Falls Sie diese Effekte zu Gesicht bekommen, sind Sie auf eine interne Beschränkung von Windows 95 und Windows 98 gestoßen. Microsoft hat dieses Verhalten in dem Knowledge-Base-Artikel Q216400 „PRB: Cross-Process COM Automation Hangs Client App on Win95/Win98" dokumentiert. Es gibt immer dann Probleme, wenn die Anzahl der Interface-Zugriffe des Clients auf den Server die Zahl 64 000 erreicht beziehungsweise in ihre Nähe kommt. Beachten Sie, dass hier nicht 64 000 Zeilen in Ihrem Delphi-Programm gemeint sind, sondern beim Server eintreffende Interface-Aufrufe. Bei einer späten Bindung beziehungsweise beim Umtauschen eines Interface-Zeigers ruft Delphi implizit im Hintergrund das Server-Interface häufiger auf, als es auf den ersten Blick aussieht. Somit wird dieses Limit leider schneller erreicht, als uns lieb sein kann.

Es handelt sich hier um kein Delphi-Problem, da auch Visual Basic beziehungsweise VBA davon betroffen ist. Um das Problem erst gar nicht relevant werden zu lassen, muss der Automation-Zugriff so gestaltet werden, dass sich so wenig Interface-Zugriffe wie nur möglich ergeben. Microsoft hat dazu für Visual Basic das folgende Beispiel veröffentlicht. Schauen Sie sich dazu den folgenden Aufruf in der Schleife an:

```
For counter = 1 to 100
   oApp.Workbooks.Item("Book1").Worksheets.Item( _
             "Sheet1").Cells(counter,1).Value = 5
Next
```

Jeder Schleifenaufruf verbraucht 5 Interface-Zugriffe, sodass sich insgesamt 500 Zugriffe ergeben. Im Gegensatz dazu ist das nächste Beispiel bei gleicher Funktionalität deutlich sparsamer im „Verbrauch" an Interface-Aufrufen:

```
Dim oSheet as Excel.Worksheet

Set oSheet = _
    oApp.Workbooks.Item("Book1").Worksheets.Item("Sheet1")

For counter = 1 to 100
   oSheet.Cells(counter,1).Value = 5
Next
```

Da der Interface-Zeiger auf das eigentlich benötigte Objekt bereits vor dem Eintritt in die Schleife angefordert wird, ergeben sich nur 4 + (100 x 1) = 114 Interface-Aufrufe.

Aus Platzgründen beschränke ich mich exemplarisch nur auf dieses Problem. Wenn ich Sie überzeugen konnte, dass bei

Problemen zuerst eine Recherche im MSDN sinnvoll ist, hat dieser Abschnitt sein Ziel erreicht. Falls nicht, sollten Sie sich zusätzlich den Beitrag Q178510 „PRB: Excel Automation Fails Second Time Code" anschauen. Spätestens dann werden Sie einsehen, dass eigene Versuch-und-Irrtum-Experimente im Einzelfall zum Scheitern verurteilt sind. Auf die Idee, dass in Excel im Gegensatz zu anderen Office-Anwendungen zuerst UserControl auf True gesetzt werden muss, bevor Visible aktiviert wird, kommt man nicht von selbst.

Eine Handvoll Tipps von Microsoft

In einem Microsoft Product Support Services White Paper mit dem Titel „Automating Microsoft Office 97 and Office 2000" werden fünf Tipps für die Verbesserung der Performance von Automation-Zugriffen auf Office-Anwendungen veröffentlicht. Obwohl sich diese Tipps primär an die Entwickler richten, die Visual Basic beziehungsweise VBA verwenden, gelten sie doch ebenfalls für uns Delphianer:

1. Einsatz von `Select`- oder `Activate`-Aufrufen wenn möglich vermeiden. Obwohl der Makro-Recorder diese Anweisungen massenhaft aufzeichnet, sollten diese Zugriffe auf das User Interface (Benutzeroberfläche) der Anwendungen vermieden und durch vergleichbare Objekte wie zum Beispiel das Range-Objekt ersetzt werden.
2. Anzahl der Repaint-Vorgänge des User Interfaces vermeiden, indem die `Screen-Updating`-Eigenschaft der Application-Objekte auf False gesetzt wird. Microsoft ACCESS stellt analog dazu die `Echo`-Eigenschaft zur Verfügung.
3. Anstelle von einzelnen Zugriffen sollten wenn möglich gleich mehrere Werte über ein Array übergeben werden.
4. Bevor man viele Einzelaktionen auslöst, sollte man im Objektmodell nach effektiveren Methoden suchen, die das gleiche Ergebnis mit wenigeren Aufrufen schaffen.
5. Minimieren der Anforderungen von Interface-Referenzen. Wenn in einer Schleife immer wieder auf qualifizierte Interface-Referenzen zurückgegriffen wird, ist es effektiver, einen Interface-Zeiger auf das gesuchte Objekt bereits vor dem Eintritt in die Schleife abzufordern.

12.4 TOleServer – Neues in Delphi 5

Alle diejenigen unter Ihnen, die bereits mit Delphi 3 oder 4 die Automation-Fähigkeiten von Word genutzt haben, haben bisher noch nicht viel Neues erfahren. Mit Delphi 5 und seiner Fähigkeit, spezielle VCL-Hilfsklassen (so genannte Wrapper-Klassen) für Automation-Server zu generieren, ändert sich die Vorgehensweise. Zusätzlich zu den beiden vorgestellten Zugriffsverfahren (späte und frühe Bindung) kommt ein weiteres hinzu. Bei exakter Betrachtung sind die neuen Wrapper-Klassen nur ein objektorientierter Überbau für die frühe Bindung, am zu Grunde liegenden Prinzip hat sich nichts geändert. Aus diesem Grund können Sie auch mit Delphi 5 genau so vorgehen wie bisher gewohnt.

Haben Sie sich jedoch für den neuen Weg entschieden, stellt die Delphi-Hilfe zu TOle-Server umfangreiche Informationen über das zu Grunde liegende Prinzip bereit. Alle Infos zu den Methoden und Eigenschaften gelten allgemein für alle erzeugten Wrapper-Klassen, eine detaillierte Hilfe zu den einzelnen Automation-Servers werden Sie verständlicherweise in der Delphi-Hilfe jedoch nicht finden.

12.4.1 TWordApplication und TWordDocument

Um diese neuen Fähigkeiten zu demonstrieren, wird Delphi 5 mit einer Office-Komponentensammlung auf der Registerseite SERVERS ausgeliefert.

> *Das Aussehen der Registerseite Servers hängt davon ab, ob das UpdatePack#1 für Delphi 5 bereits installiert wurde. Wenn ja, stehen zusätzlich zu den Servers-Komponenten für Microsoft Office 97 alternativ auch eine zweite Komponentensammlung für Microsoft Office 2000 zur Verfügung. Sie können jedoch immer nur eines der beiden Packages zur gleichen Zeit installieren.*

Diese Komponenten hat Delphi in eigener Regie beim Importieren der Office97-Typbibliotheken generiert – die Entwickler bei Borland schmücken sich also auf der Registerseite Servers mit fremden Federn.

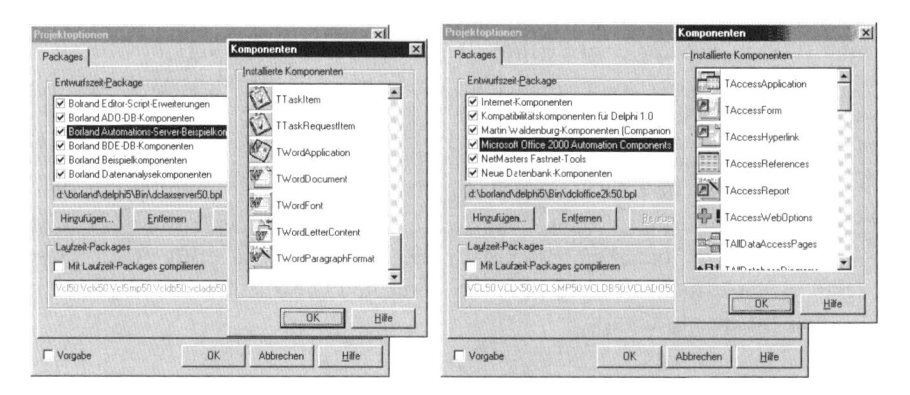

Abb. 12.17: Die Office-97- bzw. -2000-Komponenten als Package

Somit kann der Entwickler auf spezielle „Gegenstücke" zu den Word-Objekten zugreifen, die als nicht visuelle Komponenten im Formular oder Datenmodul platziert werden.

```
uses
  Windows, ….. Word_TLB, OleServer;

type
```

```
  TForm1 = class(TForm)
    WordApplication1: TWordApplication;
    WordDocument1: TWordDocument;
    Button1: TButton;
    procedure Button1Click(Sender: TObject);
  private
    { Private-Deklarationen }
  public
    { Public-Deklarationen }
  end;
```

Diese Komponenten wurden von Office 97 abgeleitet, sodass am Beispiel Microsoft Word auch die Typbibliothek von Word 97 (Version 8) zu Grunde gelegt wurde. Trotzdem können die gleichen Komponenten auch für Word 2000 verwendet werden, wie ein praktischer Test beweist:

```
procedure TForm1.Button1Click(Sender: TObject);
var
  vParam : OleVariant;
  FPara  : Paragraph;
  FRange : Range;
begin
  WordApplication1.Connect;
  try
    vParam := cDOC;
    WordApplication1.Documents.Open(vParam,
        EmptyParam, EmptyParam, EmptyParam,
        EmptyParam, EmptyParam, EmptyParam,
        EmptyParam, EmptyParam, EmptyParam);
    WordDocument1.ConnectTo(
        WordApplication1.ActiveDocument);
    FPara := WordDocument1.Paragraphs.Item(3);
    FRange := FPara.Range.Words.Item(2);
    FRange.Bold := 1;
    WordApplication1.Visible := True;
    ShowMessage('Fertig');
    vParam := False;
    WordDocument1.Close(vParam);
    WordDocument1.Disconnect;
  finally
    WordApplication1.Disconnect;
  end;
end;
```

Der Grund dafür liegt darin, dass nach den COM-Regeln ein einmal veröffentlichtes Interface später nicht mehr geändert werden darf. Somit muss auch Word 2000 die Interface-Methoden von Word 97 unterstützen.

Delphi-Komponenten kapseln die Word-Objekte ein

Die Instanz des Automation-Servers wird angefordert, indem die Methode Connect der Komponente TWordApplication aufgerufen wird. Über die Eigenschaft ConnectKind legt das Programm dabei fest, dass eine bereits laufende Word-Instanz mitgenutzt werden soll. Anschließend kann auf die Kollektion Documents zugegriffen werden, wobei deren Methode Open ein vorhandenes Word-Dokument öffnet. Nach diesen Vorbereitungen wird die im Formular platzierte TWordDocument-Instanz über die Methode ConnectTo mit dem aktiven Dokument verbunden. Der Rest entspricht der Vorgehensweise der frühen Bindung. Der Vorteil der Wrapper-Komponenten TWordApplication und TWordDocument liegt darin, dass bestimmte Eigenschaften und Ereignisse visuell im Objektinspektor konfiguriert werden können. Das Thema Automation ist für Einsteiger somit „begreifbarer", da er in der Delphi-Entwicklungsumgebung die Word-Objekte als Komponenten „sieht".

Im Beispielprojekt *TWordFont.dpr* verwende ich die TWordFont-Komponente, um die Schriftattribute des ausgewählten Wortes zu ändern.

```
procedure TForm1.Button1Click(Sender: TObject);
var
  vWhat     : OleVariant;
  vBookmark : OleVariant;
  vSave     : OleVariant;
  aRange    : Range;
begin
  WordApplication1.Connect;
  WordApplication1.Visible := True;
  WordApplication1.Documents.AddOld(EmptyParam, EmptyParam);
  WordDocument1.ConnectTo(WordApplication1.ActiveDocument);
  // An das Ende des Dokuments gehen
  vWhat := OleVariant(wdGoToBookmark);
  vBookmark := '\EndOfDoc';
  WordApplication1.Selection.GoTo_(vWhat, EmptyParam,
                         EmptyParam, vBookmark);
  WordApplication1.Selection.TypeText('Hier kommt ein Text');
  // Erstes Wort in Fettschrift hervorheben
  WordFont1.ConnectTo(WordDocument1.Words.First.Font);
  WordFont1.Bold := 1;
  // Drittes Wort in Fettschrift hervorheben
  aRange := WordDocument1.Words.Item(3);
  WordFont1.ConnectTo(aRange.Font);
  WordFont1.Bold := 1;
```

Automation

```
  ShowMessage('Fertig');
  vSave := False;
  WordApplication1.Documents.Close(vSave, EmptyParam, EmptyParam);
  WordApplication1.Disconnect;
end;
```

Auch hier wird die TWordFont-Komponente über die Methode `ConnectTo` mit einem bereits aktiven Interface-Zeiger auf ein Range-Objekt verbunden.

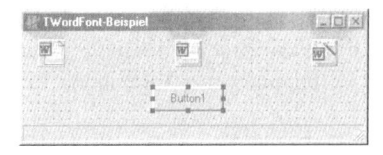

Abb. 12.18: Das Zusammenspiel der drei VCL-Wrapperkomponenten

Der größte Vorteil der VCL-Wrapperkomponenten wurde bisher aber noch gar nicht angesprochen. Über den Objektinspektor stehen auch die Server-Events als normale Delphi-Ereignisse zur Verfügung, sodass auch hier eine einfache visuelle Programmentwicklung möglich wird. Mit dem Begriff Event ist auch schon das nächste Stichwort gefallen.

12.4.2 TWordApplication und Threads

Die neuen Komponenten von der Registerseite SERVERS sind eine bequeme Sache, da die Ereignisse des Automation Servers direkt über den Objektinspektor ausgewertet werden können. Wie sieht das aber aus, wenn diese Auswertung in einem separaten Thread stattfinden soll, um den primären Thread der Anwendung nicht zu behindern? In diesem Fall kommen die COM-Apartments und die sich daraus ergebenden Regeln ins Spiel.

Das Beispielprojekt finden Sie im Verzeichnis »Kapitel 12\Office2000\WrdEventThread«.

Angenommen, das Programm soll gleich drei Instanzen von Word über Automation starten und dabei das Word-Ereignis `OnQuit` in jeweils einem eigenen Thread auswerten. Dazu wird ein eigener TThread-Nachfolger angelegt, der unter anderem die Ereignisprozedur `WrdAppQuit` deklariert.

```
TWrdObjThread = class(TThread)
private
  FText     : String;
  FThreadId : Integer;
  procedure UpdateFrm;
  procedure WrdAppQuit(Sender: TObject);
  procedure LogMsg(sText: String);
protected
  procedure Execute; override;
public
  constructor Create(Text: String);
end;
```

Nur die Programmzeilen in der TThread-Methode `Execute` werden in einem separaten Thread ausgeführt, sodass alle relevanten Aufrufe in dieser Methode vorgenommen werden müssen. Zuerst initialisiert der Thread über den Aufruf von `CoInitialize` ein neues Apartment und erfüllt somit eine der wichtigsten COM-Regeln. Anschließend wird eine neue Instanz von TWordApplication erzeugt und mit der im Thread implementierten Ereignisbehandlungsmethode für das OnQuit-Ereignis verbunden. Ist das erledigt, stellt die Methode `Connect` die Verbindung zum Automation Server Word her.

```
procedure TWrdObjThread.Execute;
var
  aThrdWordApp : TWordApplication;
  vSaveChanges : OleVariant;
begin
  OleCheck(CoInitialize(nil));
  FThreadId := GetCurrentThreadId;
  try
    aThrdWordApp := TWordApplication.Create(nil);
    try
      aThrdWordApp.OnQuit := WrdAppQuit;
      aCS.Enter;
      aThrdWordApp.Connect;
      FText := Format('Thread-Id: %d - Word-Version: %s',
               [FThreadId, aThrdWordApp.Version]);
      aCS.Leave;
      UpdateFrm;
      aCS.Enter;
      aThrdWordApp.Quit(vSaveChanges);
      aThrdWordApp.Disconnect;
      aCS.Leave;
    finally
      aThrdWordApp.Free;
    end;
  finally
```

Automation

```
        CoUninitialize;
    end;
end;
```

Zur Sicherheit sorgt eine TCriticalSection-Instanz dafür, das die kritischen Stellen (Connect und Disconnect) nur von jeweils einem Thread gleichzeitig aufgerufen werden können.

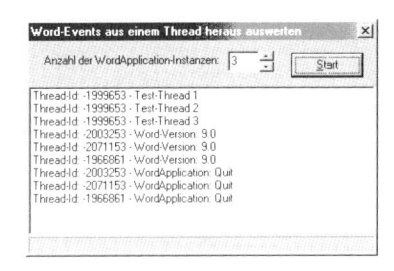

Abb. 12.19: Zugriff über drei Threads

Startet nun das Programm gleich drei Word-Instanzen in jeweils einem eigenen Thread, so tauchen in der Listbox auch drei Protokoll-Einträge auf, die von der Ereignisbehandlungsmethode für das OnQuit-Ereignis von Word ausgegeben werden. Da in diesem Eintrag auch die über GetCurrentThreadId ermittelte Thread-ID ausgegeben wird, kann sich jeder visuell davon überzeugen, dass drei Threads im Spiel sind.

```
procedure TWrdObjThread.WrdAppQuit(Sender: TObject);
begin
  LogMsg(Format('Thread-Id: %d - WordApplication: Quit',
              [FThreadId]));
end;
```

12.5 Neues in Microsoft Word 2000

Allein die Vorstellung aller Neuerungen von Word 2000 würde das Kapitel ausfüllen, daher beschränke ich mich auf einige der neuen Objekte und der neuen Ereignisse. Während die Delphi-5-Komponente TWordApplication für Word 97 (aus *DclAxServer50.bpl*) nur drei Ereignisse unterstützt, stellt die frisch für Word 2000 generierte TWordApplication-Komponente ganz und gar 13 Ereignisse zur Verfügung.

Allerdings zeigt die Abbildung 12.20 – ich gebe es zu, es ist eine Montage – zwei Komponenten mit dem gleichen Namen TWordApplication. Aber unter Delphi kann niemals eine Komponente installiert werden, wenn deren Name nicht eindeutig ist. Aus diesem Grund ist es notwendig, die jeweils nicht benötigten Packages zu deinstallieren. Ist das erledigt, sind keine Komponenten auf der Servers-Registerseite vorhanden, sodass auch der Komponentenname TWordApplication beim Erzeugen der neuen Komponenten eindeutig ist.

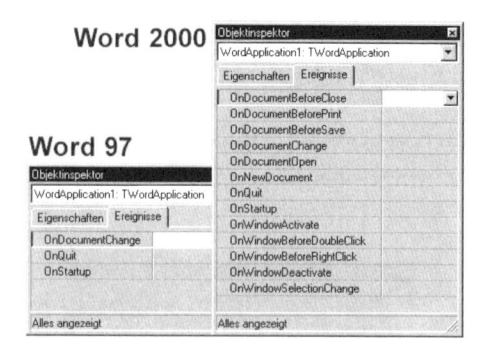

Abb. 12.20: Word 2000 ist gesprächiger geworden

12.5.1 Komponenten für Office 2000 installieren

Je nachdem, ob Sie Delphi 4 oder 5 verwenden und ob das Update Pack #1 für Delphi 5 bereits installiert wurde, unterscheidet sich die Vorgehensweise für die Installation der VCL-Wrapperkomponenten für Microsoft Office 2000.

Delphi 5 ohne Update Pack #1

Die Installation der neuen VCL-Wrapper-Komponenten für die Automation-Server von Office 2000 beschränkt sich in der Regel auf den Aufruf einiger Dialogfenster für den Import der dazugehörenden Typbibliotheken.

Abb. 12.21: Die Word-2000-Typbibliothek wird importiert

Sobald eine Typbibliothek aus der Auswahlliste ausgewählt wurde, informiert Delphi über die zu generierenden Klassennamen. Können Sie hier bereits auf den ersten Blick erkennen, dass es Kollisionen mit bereits vorhandenen (installierten) VCL-Klassennamen geben wird, haben Sie die Möglichkeit, im Eingabefeld die vorbelegten Namen zu editieren. Es wäre zum Beispiel denkbar, den vorgeschlagenen Namen TWordApplication in TW2kApplication zu ändern. Allerdings sind dann die unter Verwendung dieses Namens entwickelten Programme nicht mehr universell austauschbar, da alle anderen Nutzer ebenfalls die Word-2000-Komponenten unter diesem Namen installieren müssen. Um diesem Problem aus dem Weg zu gehen, entscheide ich mich für die übersichtlichere Methode: Das Package mit den Office-97-Komponenten wird abgewählt, sodass auch TWordApplication nicht mehr verwendet wird und somit beim Import von Word 2000 eindeutig ist.

Haben Sie vergessen, vorher die Borland-Automations-Server-Beispielkomponenten aus der Liste der geladenen Packages abzuwählen (Markierung aus der Checkbox entfernen), macht Sie Delphi sofort mithilfe der Fehlermeldung „Eine Klasse mit der Bezeichnung TWordApplication wurde bereits installiert" auf das Versäumnis aufmerksam. Solange jedoch eindeutige Komponentennamen verwendet werden, richtet Delphi ohne Murren neue Komponenten ein.

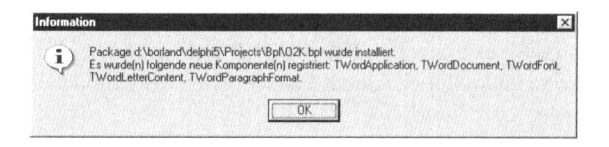

Abb. 12.22: Die Word-2000-Komponenten sind da

Im Interesse der Übersichtlichkeit lege ich die zusammengehörenden Komponenten immer in einem eigenen Package ab.

Am Ende ist die Servers-Palettenseite wieder gefüllt. Sie können nun je nach Projektanforderung durch die Abwahl und Auswahl der entsprechenden Packages entweder mit den „alten" Office-97-Komponenten der Delphi-5-Installation oder mit den eigenen, neu importierten Office-2000-Komponenten arbeiten. Nur beide Packages gleichzeitig – das geht nicht!

Delphi 5 mit installiertem Update Pack #1

Zusammen mit dem Update Pack für Delphi 5 wird die Datei *upd1rdme.txt* installiert, in der wichtige Informationen zum Update Pack stehen. Ein Abschnitt befasst sich dabei mit der Einbindung dem neuen Office-2000-Komponenten-Package. Alles was Sie noch tun müssen, sind die folgenden Handgriffe:

1. Delphi wird gestartet, wobei alle Projekte geschlossen werden.
2. Über KOMPONENTE | PACKAGES installieren wird der Dialog Projektoptionen Packages aufgerufen.
3. Entfernen Sie das Package *DclAxServer50.bpl*, um Konflikte mit den originalen Office-97-Komponenten zu vermeiden. Das Abwählen der Checkbox reicht dazu aus, wobei dieser Handgriff jederzeit rückgängig gemacht werden kann.
4. Fügen Sie Package DCLOFFICE2K50.BPL hinzu, das die Office-2000-Komponenten enthält.

12.5.2 Überladene Interface-Methoden

Das einfache Beispielprogramm *Word2000Test.dpr* demonstriert die neuen Möglichkeiten. Dabei geht es weniger darum, die Feinheiten des Word-Objektmodells zu beleuchten, sondern es stehen die von Word ausgelösten Ereignisse im Vordergrund. Dazu protokollieren die eingerichteten Ereignisbehandlungsmethoden den eigenen Aufruf in der TListbox-Instanz mit.

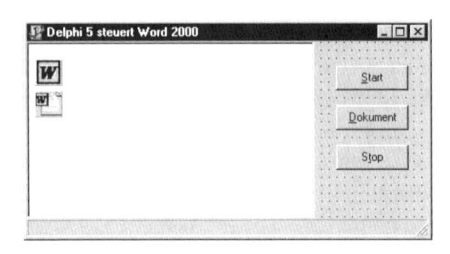

Abb. 12.23: TWordApplication und TWordDocument

Zur Implementierung dieses einfachen Beispiels gäbe es fast nichts zu sagen – die einzige Besonderheit verbirgt sich hinter der durch Fettschrift hervorgehobenen Zeile:

```
procedure TForm1.ButtonStartClick(Sender: TObject);
begin
  WordApplication1.Connect;
  StatusBar1.SimpleText := 'Automation läuft....';
end;

procedure TForm1.ButtonStopClick(Sender: TObject);
var
  vSaveChanges : OleVariant;
begin
  vSaveChanges := WdDoNotSaveChanges;
  try
    WordApplication1.Quit(vSaveChanges);
    WordApplication1.Disconnect;
  except
    on E: Exception do
    begin
      Showmessage(E.Message);
      WordApplication1.Disconnect;
    end;
  end;
  StatusBar1.SimpleText := '';
end;

procedure TForm1.ButtonDokumentClick(Sender: TObject);
begin
```

Automation

```
    WordApplication1.Visible := True;
    WordApplication1.Documents.AddOld(EmptyParam, EmptyParam);
    WordDocument1.ConnectTo(WordApplication1.ActiveDocument);
    WordDocument1.PrintPreview;
end;
```

Schaut man sich die fett hervorgehobene Zeile etwas genauer an, fällt auf, dass die Word-Methode Quit mit nur einem Parameter aufgerufen wird. Wie denn das? Bisher musste doch beim Zugriff über die frühe Bindung jeder Parameter angegeben werden, ab Delphi 4 stand dafür der vordefinierte Platzhalter EmptyParam zur Verfügung. Erst ein Blick in die von Delphi beim Import der Typbibliothek generierte Unit klärt das Rätsel auf: Delphi 5 hat gleich vier überladene Quit-Methoden eingerichtet.

> *Somit „sucht" sich Delphi je nach dem verwendeten Parameter bzw. je nach der Parameteranzahl selbst die passende Implementierung aus.*

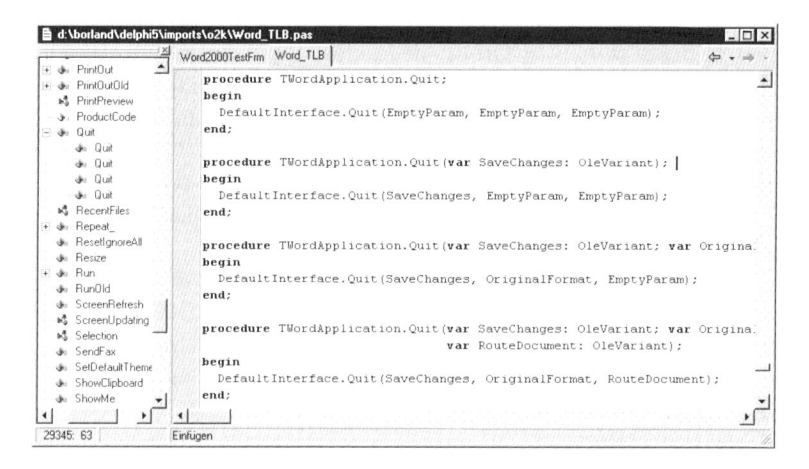

Abb. 12.24: Word-Methode Quit in fünf Varianten

Diese Vereinfachung steht auch bei den Delphi-5-Komponenten für Office 97 zur Verfügung – entscheidend ist, dass Delphi 5 die VCL-Hilfsklassen für den Automation-Server angelegt hat.

12.5.3 COM Add-In für Word 2000

Ein Office 2000 COM Add-In ist ein COM-Objekt, das das von Microsoft vordefinierte Interface IDTExtensibility2 unterstützt, sich speziell im System registriert und somit von den Office-Anwendungen universell eingebunden werden kann. In diesem Punkt unterscheidet sich das neue COM Add-In von den alten Add-Ins, die immer produktspezifische waren.

```
_IDTExtensibility2 = interface(IDispatch)
  ['{B65AD801-ABAF-11D0-BB8B-00A0C90F2744}']
  procedure OnConnection(const Application: IDispatch;
    ConnectMode: ext_ConnectMode; const AddInInst: IDispatch;
    var custom: PSafeArray); safecall;
  procedure OnDisconnection(RemoveMode: ext_DisconnectMode;
    var custom: PSafeArray); safecall;
  procedure OnAddInsUpdate(var custom: PSafeArray); safecall;
  procedure OnStartupComplete(var custom: PSafeArray); safecall;
  procedure OnBeginShutdown(var custom: PSafeArray); safecall;
end;
```

Das Interface IDTExtensibility2 ist mit seinen 5 Interface-Methoden einfach aufgebaut, da dieses Interface in allen Office-2000-Anwendungen genutzt werden kann. Wie die Interface-Namen vermuten lassen, informiert Office das COM Add-In über bestimmte Zustände, der Einsatz entspricht daher den Ereignisbehandlungsmethoden von Delphi.

- OnConnection wird von Office aufgerufen, wenn die Office-Anwendung das COM Add-In lädt. Das Add-In erhält einen Interface-Zeiger auf das Application-Objekt sowie zusätzliche Informationen wie zum Beispiel über den StartMode.
- OnDisconnect wird von Office aufgerufen, wenn die Office-Anwendung das COM Add-In entlädt. Falls das Add-In eigene Elemente in die Benutzerschnittstelle der Anwendung eingefügt hat, müssen diese als Reaktion auf diesen Aufruf wieder entfernt werden.
- OnAddInsUpdate teilt dem COM Add-In mit, dass sich die Liste der geladenen Add-Ins geändert hat. Dies sollte nur dann eine Rolle spielen, wenn das eigene Add-In auf andere Add-Ins zugreifen muss.
- OnStartupComplete kommt immer dann ins Spiel, wenn das COM Add-In automatisch mit dem Start der Anwendung geladen wurde. Office ruft diese Methoden erst dann auf, wenn alle registrierten Add-Ins geladen wurden.
- OnBeginShutdown wird von Office immer dann aufgerufen, wenn die Anwendung geschlossen wird.

Ein COM Add-In wird nur dann von einer Office-Anwendung eingebunden, wenn dieses COM-Objekt zusätzlich im Zweig Add-Ins der jeweiligen Office-Anwendung eingetragen wurde.

```
\Software\Microsoft\Office\Word\AddIns\MeinCOMAddIn
```

Die vom COM Add-In ausgewerteten Registry-Einträge habe ich in der Tabelle 12.10 zusammengestellt.

Automation

Registry-Eintrag	Bedeutung
FriendlyName	Bezeichnung des COM Add-Ins, die in der Darstellung der verfügbaren Add-Ins verwendet wird.
Description	Bezeichnung des COM Add-Ins, die innerhalb von VBA über die Description-Eigenschaft zur Verfügung steht.
LoadBehavior	Ladeverhalten des COM Add-Ins, legt fest, zu welchem Zeitpunkt das Objekt aktiviert wird. Eine Beschreibung der verfügbaren Werte stelle ich Ihnen später noch vor.

Tabelle 12.10: Die Registry-Einträge für ein COM Add-In

Schritt 1: Prinzipielle Funktion nachweisen

Um mit Delphi 5 ein COM Add-In entwickeln zu können, muss zuerst die Interface-Struktur von IDTExtensibility2 importiert werden. Dies wird auf die gleiche Art und Weise erledigt wie bei jeder anderen Typbibliothek. Über den Menüpunkt PROJEKT | TYPBIBLIOTHEK IMPORTIEREN wählen Sie den Eintrag „AddInDesigner Objects (Version 1.0)" aus. Dieses Interface wird in der Microsoft-DLL *MSADDNDR.DLL* bereitgestellt. Beim Importieren der Typbibliothek vergibt Delphi 5 dem Interface einen geänderten Namen, indem ein Unterstrich vorangestellt wird. Da Interface-Namen Schall und Rauch sind (es kommt nur auf die IID an), stört uns das nicht weiter.

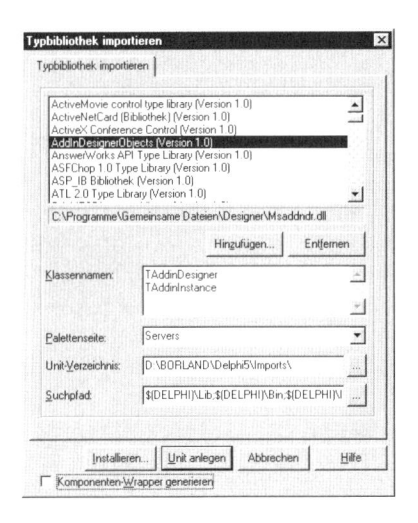

Abb. 12.25: Das IDTExtensibility-Interface muss eingebunden werden

Ist das erledigt, wird über den Automatisierungsobjekt-Experten ein neues Automations-Objekt mit dem Namen „W2KAddIn1" und dem Threading-Modell Apartment angelegt. Dieses COM-Objekt wird nun um das zweite Interface IDTExtensibility2 erweitert, sodass auch dessen Interface-Methoden implementiert werden müssen.

```
uses
  ComObj, ActiveX, W2KAdd1_TLB, StdVcl, AddInDesignerObjects_TLB;

type
  TW2KAddIn1 = class(TAutoObject, IW2KAddIn1, IDTExtensibility2)
  protected
    { Protected-Deklarationen }
    procedure OnConnection(const Application: IDispatch;
                           ConnectMode: ext_ConnectMode;
                           const AddInInst: IDispatch;
                           var custom: PSafeArray); safecall;
    procedure OnDisconnection(RemoveMode: ext_DisconnectMode;
                              var custom: PSafeArray); safecall;
    procedure OnAddInsUpdate(var custom: PSafeArray); safecall;
    procedure OnStartupComplete(var custom: PSafeArray); safecall;
    procedure OnBeginShutdown(var custom: PSafeArray); safecall;
  end;
```

Allerdings reicht es völlig aus, nur leere Methodenrümpfe anzulegen. Damit der Ladevorgang nachverfolgt werden kann, gibt das COM-Objekt einen Hinweistext in den Methoden OnConnection und OnDisconnection aus.

Das Beispielprojekt finden Sie im Verzeichnis »Kapitel 12\Office2000\COMAddIn\Step 1«.

```
procedure TW2KAddIn1.OnConnection(const Application: IDispatch;
  ConnectMode: ext_ConnectMode; const AddInInst: IDispatch;
  var custom: PSafeArray);
begin
  Win32MsgBox('OnConnection');
end;

procedure TW2KAddIn1.OnDisconnection(RemoveMode:
ext_DisconnectMode;
  var custom: PSafeArray);
begin
  Win32MsgBox('OnDisconnection');
end;
```

Wenn das eigene COM-Objekt im System registriert wurde, muss nur noch das Ladeverhalten für die Office-Anwendungen festgelegt werden. Dafür ist der Wert des Eintrags *LoadBehavior* zuständig, der für jedes Add-In getrennt konfiguriert werden muss:

Automation

1. Unter *HKEY_CURRENT_USER\Software\Microsoft\Office\Word\AddIns* wird ein neuer Zweig mit der ProgID des eigenen COM-Objekts angelegt. Für das Beispielprojekt muss die Zeichenkette „W2KAdd1.W2KAddIn1" eingetragen werden.
2. In dem gerade angelegten Schlüssel wird der Wert *LoadBehavior* angelegt, wobei ein DWORD-Wert erwartet wird. Für das Beispielprojekt verwende ich den Wert 3, damit das Add-In automatisch beim Start von Word geladen wird.

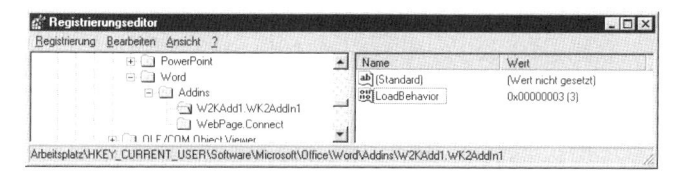

Abb. 12.26: Das Startverhalten des COM Add-In wird festgelegt

LoadBehavior-Wert	Bedeutung
$0	COM Add-In soll nicht geladen werden
$1	COM Add-In soll geladen werden
$2	COM Add-In soll automatisch beim Start geladen werden
$8	COM Add-In wird vom Benutzer geladen
$16	COM Add-In wird einmalig beim nächsten Start geladen

Tabelle 12.11: Die Bedeutung der LoadBehavior-Einträge

Schritt 2: Registrierung automatisieren

Die manuelle Registrierung des COM-Add-In-Objekts über den Registrierungseditor wird im zweiten Schritt überflüssig gemacht. Delphi erlaubt es, dass das eigene Objekt die von TAutoObjectFactory geerbte Methode UpdateRegistry überschreibt. Somit können Sie festlegen, welche zusätzlichen Arbeitsschritte durchgeführt werden sollen, wenn das COM-Objekt im System registriert beziehungsweise abgemeldet wird. Daher füge ich die folgenden Zeilen ein:

```
TCOMAddInFactory = class(TAutoObjectFactory)
public
  procedure UpdateRegistry(Register: Boolean); override;
end;
```

Das Beispielprojekt finden Sie im Verzeichnis »Kapitel 12\Office2000\COMAddIn\Step 2«.

Die geerbte Methode `UpdateRegistry` wird überschrieben, wobei in der ersten Zeile die geerbte Funktionalität aufgerufen wird. Anschließend prüft das Objekt, ob es die zusätzlichen Schritte zum Anmelden oder Abmelden ausführen soll. Über die Eigenschaft `ProgID` liest das Objekt seine eigene Bezeichnung aus, sodass der Registry-Schlüssel automatisch zusammengesetzt werden kann.

Somit kann eine TRegistry-Instanz die notwendigen Einträge einfügen beziehungsweise beim Abmelden des COM Add-Ins alle Einträge wieder aus der Registry entfernen.

```
procedure TCOMAddInFactory.UpdateRegistry(Register: Boolean);
var
  aTReg : TRegistry;
  sKey  : String;
  aSL   : TStringList;
  i     : Integer;
begin
  inherited;
  sKey := Format('\Software\Microsoft\Office\Word\AddIns\%s',
                 [ProgID]);
  if Register then
    begin
      aTReg := TRegistry.Create;
      try
        aTReg.OpenKey(sKey, True);
        aTReg.WriteString('FriendlyName', 'COMAddIn Delphi 5');
        aTReg.WriteString('Description', 'COMAddIn Delphi 5');
        aTReg.WriteInteger('LoadBehavior', 3);
      finally
        aTReg.Free;
      end;
    end
  else
    begin
      aTReg := TRegistry.Create;
      try
        aSL := TStringList.Create;
        try
          if aTReg.OpenKey(sKey, False) then
            begin
              aTReg.GetValueNames(aSL);
              for i := 0 to aSL.Count - 1 do
                aTReg.DeleteValue(aSL[i]);
              aTReg.CloseKey;
              aTReg.DeleteKey(sKey);
            end;
        finally
```

```
        aSL.Free;
      end;
    finally
      aTReg.Free;
    end;
  end;
end;
```

Schritt 3: Word-Ereignisse auswerten

Nun ja – das COM Add-In meldet seine Aktivitäten über MessageBox-Aufrufe an den Benutzer zurück, aber so richtig sinnvoll ist doch die Angelegenheit nicht. Daher soll im dritten Schritt das Objekt bestimmte Ereignisse des Application-Objekts von Word auswerten. Es liegt auf der Hand, dafür die neuen Word-Komponenten von Delphi 5 einzusetzen. Allerdings hat das eigene COM-Objekt als DLL kein Formular, also wohin mit der TWordApplication-Instanz? Um die Vorteile der visuellen Entwicklung nicht zu verlieren, füge ich ein Datenmodul dem Projekt zu.

> *Die Bezeichnung Datenmodul bedeutet nicht, dass man hier nur Datenzugriffskomponenten unterbringen darf. Da Delphi an dieser Stelle alle nicht visuellen Komponenten unterstützt, ist die Bezeichnung als Datenmodul wohl nicht ganz korrekt.*

Somit kann ich auch eine TWordApplication-Instanz im Datenmodul platzieren und die Ereignisbehandlungsmethoden für diese Instanz bequem im Objektinspektor zuweisen.

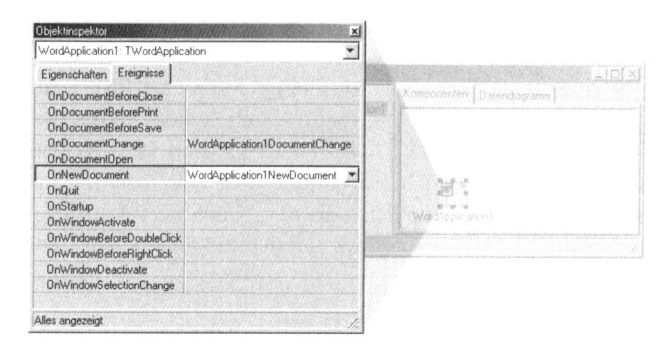

Abb. 12.27: Die Ereignisse werden im Objektinspektor konfiguriert

> *Das Beispielprojekt finden Sie im Verzeichnis »Kapitel 12\Office2000\COMAddIn\Step 3«.*

Das Ganze sieht dann zum Beispiel so aus, wobei eine öffentliche Methode des Datenmoduls für die Anbindung der TWordApplication-Instanz an das Application-Objekt von Word zuständig ist.

```
procedure TDataModule1.WordAppConnect(
  const Application: IDispatch);
begin
  WordApplication1.ConnectTo(Application as _Application);
end;

procedure TDataModule1.WordAppDisconnect;
begin
  WordApplication1.Disconnect;
end;

procedure TDataModule1.WordApplication1DocumentChange(
  Sender: TObject);
begin
  Windows.MessageBox(0, 'OnDocumentChange',
    'Info aus dem COM Add-In', mb_IconInformation);
end;

procedure TDataModule1.WordApplication1NewDocument(
  Sender: TObject; var Doc: OleVariant);
begin
  Windows.MessageBox(0, 'OnNewDocument',
    'Info aus dem COM Add-In', mb_IconInformation);
end;
```

Allerdings bin ich nun auch selbst dafür zuständig, wann eine Instanz dieses Datenmoduls erzeugt und freigegeben werden soll. Dazu werte ich die vom Interface bereitgestellten Methoden OnConnection und OnDisconnection aus. Wenn Word über den Verbindungsaufbau zum COM Add-In informiert, muss eine neue Instanz des Datenmoduls erzeugt werden. Anschließend soll sich die dort platzierte TWordApplication-Instanz über den Parameter Application mit der aktivierten Objektinstanz von Word verbinden.

```
procedure TW2KAddIn1.OnConnection(const Application: IDispatch;
  ConnectMode: ext_ConnectMode; const AddInInst: IDispatch;
  var custom: PSafeArray);
begin
  DataModule1 := TDataModule1.Create(nil);
  DataModule1.WordAppConnect(Application);
  Win32MsgBox('OnConnection');
end;
```

Automation

```
procedure TW2KAddIn1.OnDisconnection(
  RemoveMode: ext_DisconnectMode; var custom: PSafeArray);
begin
  DataModule1.WordAppDisconnect;
  DataModule1.Free;
  Win32MsgBox('OnDisconnection');
end;
```

Als Gegenstück dazu informiert Word das COM Add-In über den Aufruf von OnDisconnection vom Verbindungsabbau, sodass auch die TWordApplication-Instanz im Datenmodul die Verbindung trennen muss. Ist das erledigt, wird das Datenmodul selbst nicht mehr benötigt und kann somit zerstört werden.

12.6 Delphi 5 und Microsoft Office 2000

Bevor ich zum Thema Microsoft Excel komme, stelle ich noch einige weitere Beispielprojekte für den Zugriff auf Word und einige der anderen, allgemeinen Office-Objekte vor.

12.6.1 Text über Bookmarks einfügen

In diesem ersten Beispielprojekt geht es darum, die Anschrift in einem Brief über Textmarken in der verwendeten DOT-Vorlage automatisch einzufügen.

Das Beispielprojekt finden Sie im Verzeichnis »Kapitel 12\Office2000\Bookmark«. Alle Projekte verwenden die Komponenten aus der Package dcloffice2k50.bpl, die mit dem UpdatePack für Delphi 5 unter dem Namen „Microsoft Office 2000 Automation Components" installiert werden können.

Die private Methode `SelectBookmarkRange` liefert ein Range-Objekt für den als Parameter übergebenen Namen der Textmarke zurück.

```
function TForm1.SelectBookmarkRange(sBookmark: String): Range;
var
  vParam    : OleVariant;
begin
  vParam := sBookmark;
  Result := WordDocument1.Bookmarks.Item(vParam).Range
end;
```

Somit kann das Programm über die Range-Methode `InsertAfter` den Text für die Anschrift im Dokument eintragen.

```
procedure TForm1.ToolButtonInsertClick(Sender: TObject);
var
```

```
  vDOT     : OleVariant;
  vNewDOT  : OleVariant;
  aRange   : Range;
begin
  vDOT := 'OSW2K.DOT';
  vNewDOT := False;
  WordApplication1.Documents.Add(vDOT, vNewDOT);
  WordDocument1.ConnectTo(WordApplication1.ActiveDocument);
  aRange := SelectBookmarkRange('Anschrift1');
  aRange.InsertAfter(EditAnschrift1.Text);
  aRange := SelectBookmarkRange('Anschrift2');
  aRange.InsertAfter(EditAnschrift2.Text);
  aRange := SelectBookmarkRange('Anschrift3');
  aRange.InsertAfter(EditAnschrift3.Text);
  aRange := SelectBookmarkRange('PLZORT');
  aRange.InsertAfter(EditPLZ.Text);
  aRange.InsertAfter(' ');
  aRange.InsertAfter(EditOrt.Text);
  WordApplication1.Visible := True;
end;
```

12.6.2 Der Serienbrief in Word 2000

Das Erzeugen von Serienbriefen über Word ist wohl der typische Einsatzfall für Automation. Für die dabei beteiligten 4 Word-Objekte stehen mit TWordApplication und TWordDocument bereits zwei VCL-Komponenten zur Verfügung. Die Documents-Kollektion ist über TWordApplication erreichbar, sodass nur ein Interface-Zeiger auf das MailMerge-Objekt in eigener Regie deklariert werden muss.

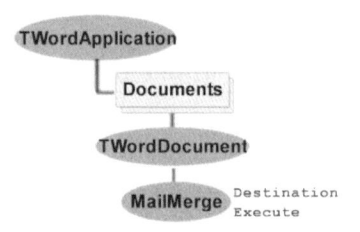

Abb. 12.28: Objektzugriff im Projekt »MailMerge.dpr«

Der Interface-Zeiger auf das MailMerge-Objekt wird als Eigenschaft der TWordDocument-Instanz abgefordert. Über diesen Interface-Zeiger setzt das Programm das Ziel des Serienbriefs, wobei die Konstante wdSendToNewDocument die Ausgabe in ein neues Dokument festlegt. Die MailMerge-Methode Execute startet anschließend die Generierung der Serienbriefe.

Das Beispielprojekt finden Sie im Verzeichnis »Kapitel 12\Office2000\MailMerge«.

```
procedure TForm1.Button1Click(Sender: TObject);
var
  vFileName  : OleVariant;
  aMailMerge : MailMerge;
  vPause     : OleVariant;
  vSave      : OleVariant;
begin
  vFileName := 'C:\MailMerge\Serienbrief.doc';
  WordApplication1.Connect;
  WordApplication1.Documents.OpenOld(vFileName,
    EmptyParam, EmptyParam, EmptyParam,
    EmptyParam, EmptyParam, EmptyParam,
    EmptyParam, EmptyParam, EmptyParam);
  WordDocument1.ConnectTo(
    WordApplication1.ActiveDocument);
  WordApplication1.Visible := True;
  vPause := True;
  aMailMerge := WordDocument1.MailMerge;
  aMailMerge.Destination := wdSendToNewDocument;
  aMailMerge.Execute(vPause);
  ShowMessage('Fertig');
  vSave := False;
  WordApplication1.Documents.Close(vSave,
    EmptyParam, EmptyParam);
  WordDocument1.Disconnect;
  WordApplication1.Disconnect;
end;
```

Das Beispielprojekt *MailMerge.dpr* verwendet das Word-Seriendruckdokument *Serienbrief.doc*, dem die Datendatei *Daten.csv* zugeordnet wurde. Diese Datei im CSV-Format ist eine reine ASCII-Datei, deren Inhalt problemlos von Delphi generiert wird. Der folgende Auszug demonstriert den Aufbau. Die erste Zeile definiert die Spalten der Datenmenge, alle folgenden Zeilen sind jeweils ein zusammengehörender Datensatz.

```
Vorname;Name;PLZ;Ort;Telefon
Manfred;Mustermann;99999;Irgendwo;(030)12345
Frank;Borland;55555;Bonn;(021)54321
```

Die einzelnen Felder werden durch das Semikolon als Trennzeichen abgeschlossen. Allerdings ist Word flexibel genug, um auch mit anderen, frei wählbaren Trennzeichen umgehen zu können.

12.6.3 Word 2000 und das Internet

Die neue Word-Version ist in der Lage, ein Dokument mit eingebetteten Grafiken etc. vollständig im HTML-Format direkt auf einem Web-Server zu speichern. Dabei bleiben auch alle Word-spezifischen Formatierungen erhalten. Neben den HTML-Dateien legt Word auch Grafiken als separate Dateien sowie eine XML-Datei mit der „Zutaten-Liste" auf dem Web-Server ab. Alle diese zusätzlichen Dateien werden in einem Unterverzeichnis gespeichert, das den gleichen Namen trägt wie das HTML-Dokument (allerdings ohne die Dateinamenerweiterung).

Das Beispielprojekt *W2KFSO.dpr* soll nun alle Word-Dokumente aus einem Verzeichnis der lokalen Festplatte im HTML-Format auf dem Web-Server ablegen. Und damit das Beispiel nicht zu einfach wird, sollen die Word-Dokumente über das Microsoft-Scripting-Objekt gesucht werden. Also wird im ersten Schritt die Typbibliothek der Microsoft Scripting Runtime in Delphi importiert.

Das Beispielprojekt finden Sie im Verzeichnis »Kapitel 12\Office2000\W2kFileSystemObject«.

Abb. 12.29: Microsoft Scripting Runtime importieren

Ist das erledigt, stehen die Interfaces und Konstanten in Delphi zur Verfügung, sodass die Programmierhilfe und die Typprüfung die Arbeit erleichtern können. Den im Beispielprojekt verwendeten Zugriffsweg auf die FileSystemObject-Objekte stellt die Abbildung 12.30 dar.

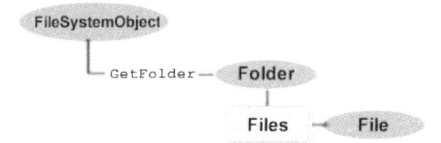

Abb. 12.30: Die im Projekt verwendeten Objekte

Über die FileSystemObject-Methode `GetFolder` holt sich der Controller einen Interface-Zeiger auf das Folder-Objekt für das gesuchte Festplatten-Verzeichnis. Dieses enthält als eine Eigenschaft einen Verweis auf die Kollektion `Files`, und in dieser Kollektion sind alle Dateien dieses Verzeichnisses als einzelne `File`-Objekte enthalten. Sobald eine Kollektion im Spiel ist, bedeutet das bei Microsoft-Objekten in der Regel auch, dass der Zugriff über das `IEnumVARIANT`-Interface unterstützt wird. Über das Enumerations-Objekt kann sich der Controller vom Automation-Server jedes einzelne Objekt in dieser Sammlung „aufzählen" lassen. Dabei wird der zurückgelieferte IDispatch-Interfacezeiger über die As-Umwandlung in das gesuchte IFile-Interface umgetauscht.

Über die TWordApplication- und die TWordDocument-Instanz im Formular steht der direkte Zugriff auf den Automation-Server Microsoft Word zur Verfügung. Bis auf eine Ausnahme werden alle Voreinstellungen übernommen, die TWordApplication-Eigenschaft `AutoQuit` erhält im Objektinspektor den Wert True. Damit ruft Delphi automatisch immer dann die Word-Methode `Quit` auf, wenn die Verbindung zum Automation-Server wieder vom Controller deaktiviert wird.

```
procedure TForm1.ButtonStartClick(Sender: TObject);
var
  aFSO   : IFileSystem;
  aFld   : IFolder;
  aFiles : IFileCollection;
  aFile  : IFile;
...
begin
  WordApplication1.Connect;
  try
    aFSO := CoFileSystemObject.Create;
    aFld := aFSO.GetFolder(EditDOCPath.Text);
    aFiles := aFld.Files;
    // Alle Dateien aus diesem Verzeichnis prüfen
    pEnum := aFiles.Get__NewEnum as IEnumVARIANT_D4;
    while (TRUE) do
    begin
      hRes := pEnum.Next(1, vOut, @dwRetrieved);
      if hRes <> S_OK then Break;
      aFile := IDispatch(vOut) as IFile;
      if aFile.Type_ = 'Microsoft Word-Dokument' then
```

```
        begin
          ShowStatusInfo('Bearbeite ' + aFile.Name);
          vDOCPath := aFile.Path;
          vReadOnly := True;
          WordApplication1.Documents.OpenOld(
              vDOCPath, EmptyParam, vReadOnly,
              EmptyParam, EmptyParam, EmptyParam,
                EmptyParam, EmptyParam, EmptyParam, EmptyParam);
          WordDocument1.ConnectTo(
              WordApplication1.ActiveDocument);
          sHTMLName := ChangeFileExt(
              WordDocument1.Name, '.htm');
          vURL := 'http://localhost/W2k/' + sHTMLName;
          vWdFormat := wdFormatHTML;
          WordDocument1.SaveAs(vURL, vWdFormat);
          vDocClose := WdDoNotSaveChanges;
          WordDocument1.Close(vDocClose);
        end;
    end;
  finally
    WordApplication1.Disconnect;
  end;
end;
```

12.6.4 Das FileSearch-Objekt

Die verschiedenen Anwendungen aus dem Office-2000-Paket haben nicht nur die Makrosprache VBA (Visual Basic for Applications) gemeinsam, auch verschiedene COM-Objekte werden gemeinsam genutzt. Zwei davon – FileSearch und Assistant – stelle ich Ihnen hier vor.

Um Dateien in den Untiefen der heute üblichen Festplatten zu finden, wird nicht unbedingt der Microsoft Scripting Host benötigt. Und auch Kenntnisse über das Win32-API mit seinen Funktionen sind nicht unbedingt notwendig, denn auch Office 2000 stellt mit `FileSearch` ein spezielles Objekt zur Suche nach Dateien zur Verfügung. Dieses FileSearch-Objekt entspricht den erweiterten Fähigkeiten des Datei-öffnen-Dialogs von Word 2000. Somit kann auch nach Zeichenketten im Dokumenttext oder in den Dokumenteigenschaften gesucht werden, wenn auf das PropertyTest-Objekt zurückgegriffen wird.

Das Beispielprojekt finden Sie im Verzeichnis »Kapitel 12\Office2000\W2kSharedObject«.

Das Beispielprogramm *W2kSO.dpr* demonstriert auch, dass nicht unbedingt die VCL-Komponenten für die Office-2000-Server in Delphi angelegt werden müssen. Für den Fall, dass Sie die Standardinstallation von Delphi mit den Office-97-Komponenten ständig installiert beibehalten wollen, wird nur die Typbibliothek von Word 2000 importiert, ohne dass die VCL-Hilfsklassen angelegt werden. Der zuständige Dialog stellt genau für diesen Einsatzfall die Checkbox KOMPONENTEN-WRAPPER GENERIEREN zur Verfügung.

Über das Application-Objekt von Word 2000 wird ein Interface-Zeiger auf das universell nutzbare FileSearch-Objekt abgefordert.

```
Application
    └─FileSearch─ FileSearch ─Execute─ FoundFiles
                      LookIn
                      FileName
                      SearchSubFolders
```

Abb. 12.31: Das FileSearch-Objekt von Office 2000

Nachdem das Programm die Eigenschaften des FileSearch-Objekts definiert hat, wird mit dem Aufruf von Execute eine neue Suche ausgeführt. Alle gefundenen Dokumente verwaltet FileSearch als Liste in dem Objekt FoundFiles. Die Dokumentation zu diesen Objekten ist direkt über die Word-Hilfe aus dem VBA-Editorfenster zu erreichen; an dieser Stelle spielt das neue Hilfesystem von Word 2000 seine Stärken vollständig aus.

Abb. 12.32: Die Word-Hilfe „kennt" alle Objekte

Über Die _Application-Methode FileSearch holt sich das Programm einen Interface-Zeiger vom Typ FileSearch und damit einen Verweis auf das FileSearch-Objekt. Leider ist FileSearch auch eine in der Unit *SysUtils* deklarierte Delphi-Funktion, sodass der vollständig qualifizierte Interface-Name *Office_TLB.FileSearch* angegeben werden muss. Über diesen Interface-Zeiger auf das Objekt können im Beispiel drei seiner Eigenschaften definiert werden: LookIn gibt das Startverzeichnis der Suche an; FileName definiert die Suchmaske, und die Eigenschaft `SearchSubFolders` legt fest, ob auch die eventuell vorhandenen Unterverzeichnisse durchsucht werden sollen.

```
procedure TForm1.ButtonSearchClick(Sender: TObject);
var
  aWordApp : _Application;
  aFS   : Office_TLB.FileSearch;
  iDOCs : Integer;
begin
  aWordApp := CoWordApplication.Create;
  try
    aFS := aWordApp.FileSearch;
    aFS.LookIn := EditPath.Text;
    aFS.FileName := '*.doc';
    aFS.SearchSubFolders :=
       CheckBoxSubFolders.Checked;
    if aFS.Execute(msoSortByFileName,
       msoSortOrderAscending, False) > 0 then
      begin
        iDOCs := aFS.FoundFiles.Count;
        if CheckBoxShowFiles.Checked then
           ShowFileSearchFiles(aFS.FoundFiles);
      end;
  finally
    aWordApp.Quit(EmptyParam, EmptyParam, EmptyParam);
  end;
  StatusBar1.SimpleText := Format(
    '%d DOC-Dateien gefunden.', [iDOCs]);
end;
```

12.6.5 Office Assistant

Die von Office 97 erstmals verwendeten Figuren des Office-Assistant-Objektes sind wohl jedem Anwender sofort aufgefallen. Auch wenn einige Zeitgenossen diese Animationen als „Schnickschnack" ablehnen – die Assistenten sind eine sehr wirkungsvolle Art, um Benachrichtigungen oder Hilfestellungen zu vermitteln.

Freundlicherweise erlaubt es Word, dass wir uns den Assistenten für unser eigenes Delphi-Programm „ausborgen". Der Anwender bekommt dabei vom im Hintergrund laufenden Word nichts mit; dank Automation funktioniert das Ganze auch dann, wenn Word überhaupt nicht sichtbar ist. Allerdings hat Microsoft eine Hürde eingebaut: Zum Zeitpunkt des Aufrufens der Balloon-Fenster muss zum Beispiel Word 97 als Anwendung im Vordergrund aktiv sein, wobei dies nicht bedeutet, dass Word auch für den Anwender sichtbar sein muss! Halten Sie sich nicht an diese Mindestanforderung, straft Sie Word beim ersten Aufruf mit dem Fehlerfenster ab, das in der Abbildung 12.33 zu sehen ist.

Automation

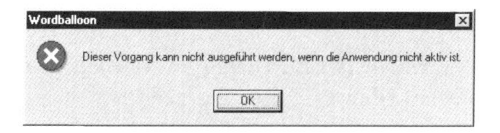

Abb. 12.33: Das Veto von Word

Aus diesem Grund sichert das eigene Programm das Fensterhandle vom unsichtbaren Word-Fenster in dem Objektfeld FWordWnd, wobei die Win32-API-Funktion FindWindow nur den Namen der Fensterklasse des Word-Programmfensters verwendet. Falls Sie nicht wissen, welcher Fensterklassenname gesucht werden muss, leistet das Delphi-Tool WinSight gute Dienste.

```
procedure TForm1.FormCreate(Sender: TObject);
begin
  FWordApp := CoApplication_.Create;
  FWordWnd := FindWindow('OpusApp', nil);
  if FWordWnd = 0 then
    raise Exception.Create('Word-Fensterhandle ist undefiniert!');
end;
```

Mit diesen Vorbereitungen kann das eigene Programm über den Aufruf von SetForegroundWindow das unsichtbare Word-Programmfenster unmittelbar vor dem Aufruf der Balloon-Fenster aktivieren.

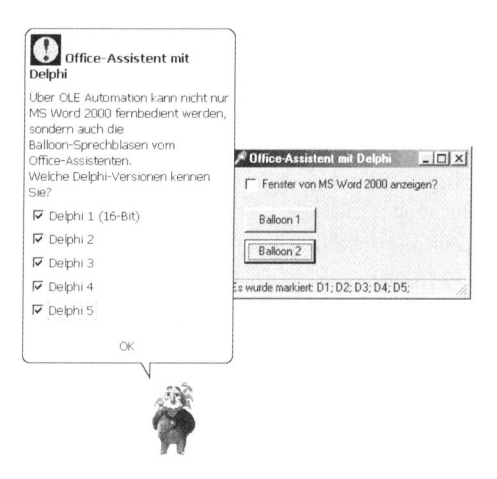

Abb. 12.34: Der Assistant hilft dem eigenen Programm

Im Gegensatz zu modalen Dialogfenstern, auf die der Anwender in jedem Fall reagieren muss, nimmt es einem der Assistent nicht übel, wenn man ihn längere Zeit ignoriert. Dabei beschränkt sich der Einsatz dieser Assistenten nicht nur auf Office-Anwendungen, wie die Abbildung 12.34 demonstriert. Auch in Ihrem Delphi-Programm können sie dank Automation auf die Figuren zurückgreifen.

Das Delphi-5-Beispiel

Das Beispielprojekt *WordBalloon.dpr* für Delphi 5 verwendet zwei Aufrufe. Beim ersten Aufruf wird nur ein einfaches Hinweisfenster angezeigt.

```
procedure TForm1.Button1Click(Sender: TObject);
var
  aBalloon   : Balloon;
begin
  aBalloon := WordApplication1.Assistant.NewBalloon;
  with aBalloon do
  begin
    BalloonType := msoBalloonTypeBullets;
    Heading := 'Office-Assistent mit Delphi';
    Text := 'Ein langer Text......';
    Mode := msoModeModal;
    Icon := msoIconTip;
  end;
  SetForegroundWindow(FWordWnd);
  aBalloon.Show;
end;
```

Das Delphi-4-Beispiel

Arbeiten sie noch mit Delphi 4, stehen die TOleServer-Nachfolger nicht zur Verfügung, sodass im Programm direkt auf die Interfaces des Assistant-Objekts zugegriffen werden muss. Mit dem Einbinden der Importunits *Word_TLB.pas* und *Office_TLB.pas* stehen die Interfaces Assistant, Balloon, BalloonCheckboxes und Ballooncheckbox des Office-Assistenten zur Verfügung. Um ein einfaches Balloon-Hinweisfenster zu aktivieren, reicht das Balloon-Interface völlig aus. Allerdings erhält das eigene Programm über den Aufruf der Assistant-Methode NewBalloon nur ein Dispatch-Interface zurück. Daher ist eine explizite Anforderung des Dual Interfaces Balloon notwendig, über die Typumwandlung IUnknown(xxx) as Balloon erledigt Delphi diese Aufgabe im Hintergrund.

```
procedure TForm1.Button1Click(Sender: TObject);
var
  aBalloon : Balloon;
begin
  aBalloon := IUnknown(FWordApp.Assistant.NewBalloon) as Balloon;
  with aBalloon do
  begin
    BalloonType := msoBalloonTypeBullets;
    Heading := 'Office-Assistent mit Delphi';
    Text := 'Über OLE Automation kann nicht nur MS Word 97 ' +
            'fernbedient werden, sondern auch die Balloon-' +
```

```
                    'Sprechblasen vom Office-Assistenten';
    Mode := msoModeModal;
    Icon := msoIconAlert;
  end;
  // Word-Fenster muss zum Zeitpunkt des Aufrufs aktiv sein !
  SetForegroundWindow(FWordWnd);
  aBalloon.Show;
end;
```

Komplizierter geht es beim zweiten Aufruf zu – die vom Anwender im Fenster des Assistenten getroffene Auswahl wird vom eigenen Programm ausgewertet.

Das zweite Aufrufbeispiel demonstriert ein interaktives Balloon-Fenster, hier kann der Anwender vier Checkboxen bedienen, wobei die aufrufende Delphi-Anwendung das Ergebnis am Ende auch auslesen kann. Analog zum Objektmodell von Word 97 verwendet auch der Office Assistant spezielle Kollektions-Objekte, wenn eine Auflistung von Childobjekten verwaltet werden soll. Daher holt sich das Programm auch zuerst einen Interface-Zeiger auf BalloonCheckboxes, bevor jeder Aufruf von aCheckboxes.Item[x] eine neue Checkbox im Balloon-Fenster anlegt.

```
procedure TForm1.Button2Click(Sender: TObject);
var
  aBalloon     : Balloon;
  aCheckboxes  : BalloonCheckboxes;
  aCheckbox1   : BalloonCheckbox;
  aCheckbox2   : BalloonCheckbox;
  aCheckbox3   : BalloonCheckbox;
  aCheckbox4   : BalloonCheckbox;
begin
  aBalloon := IUnknown(FWordApp.Assistant.NewBalloon) as Balloon;
  with aBalloon do
  begin
    BalloonType := msoBalloonTypeBullets;
    Heading := 'Office-Assistent mit Delphi';
    Text := 'Über OLE Automation kann nicht nur MS Word 97 ' +
            'fernbedient werden, sondern auch die Balloon-' +
            'Sprechblasen vom Office-Assistenten. ' + #13#13+
            'Welche Delphi-Versionen kennen Sie?';
    Button := msoButtonSetOK;
    Mode := msoModeModal;
  end;
  aCheckboxes := IUnknown(aBalloon.Checkboxes) as
    BalloonCheckboxes;
  aCheckbox1 := IUnknown(aCheckboxes.Item[1]) as BalloonCheckbox;
  aCheckbox1.Text := 'Delphi 1 (16-Bit)';
  aCheckbox2 := IUnknown(aCheckboxes.Item[2]) as BalloonCheckbox;
  aCheckbox2.Text := 'Delphi 2';
```

```
aCheckbox3 := IUnknown(aCheckboxes.Item[3]) as BalloonCheckbox;
aCheckbox3.Text := 'Delphi 3';
aCheckbox4 := IUnknown(aCheckboxes.Item[4]) as BalloonCheckbox;
aCheckbox4.Text := 'Delphi 4';
//
aBalloon.Icon := msoIconAlert;
SetForegroundWindow(FWordWnd);
aBalloon.Show;
StatusBar1.SimpleText := 'Es wurde markiert: ';
if aCheckBox1.Checked then
  StatusBar1.SimpleText := StatusBar1.SimpleText + 'D1; ';
if aCheckBox2.Checked then
  StatusBar1.SimpleText := StatusBar1.SimpleText + 'D2; ';
if aCheckBox3.Checked then
  StatusBar1.SimpleText := StatusBar1.SimpleText + 'D3; ';
if aCheckBox4.Checked then
  StatusBar1.SimpleText := StatusBar1.SimpleText + 'D4; ';
end;
```

12.6.6 Makro, Menü und Toolbar konfigurieren

Das letzte Beispielprojekt für Word 2000 greift etwas tiefer in die Trick-Kiste und zeigt, wie mächtig die Automation-Schnittstelle von Word ist. Ein mit Delphi entwickelter Controller kann die Menüstruktur von Word erweitern, ein neues VBA-Makro anlegen und auch neue Toolbars mit neuen Buttons erzeugen.

> *Das Beispielprojekt finden Sie im Verzeichnis »Kapitel 12\Office2000\WordMenuExt«.*

Neuen Menüeintrag im Word-2000-Menü hinzufügen

Im Interesse der besseren Übersicht beschränkt sich das erste Beispiel auf das Einfügen eines neuen Menüpunktes in das Word-2000-Menü. Dabei wird nicht geprüft, ob dieser zusätzliche Menüeintrag eventuell bereits vorhanden ist. Im Objektmodell von Word taucht die direkt dem Application-Objekt zugeordnete CommandBars-Kollektion auf, die alle einzelnen CommandBar-Objektinstanzen verwaltet.

In der VBA-Hilfedatei zu Word 2000 ist eine Beschreibung von CommandBars mit seinen Eigenschaften und Methoden zu finden. Über die Eigenschaft ActiveMenuBar kann der Client einen Interface-Zeiger auf die Controls-Kollektion abfordern, die alle zugeordneten Objekte des Menüs beziehungsweise der Toolbar verwaltet. Wie jedes Kollektion-Objekt stellt auch Controls die Methode Add zur Verfügung, um ein neues Objekt in die Sammlung aufzunehmen.

Automation

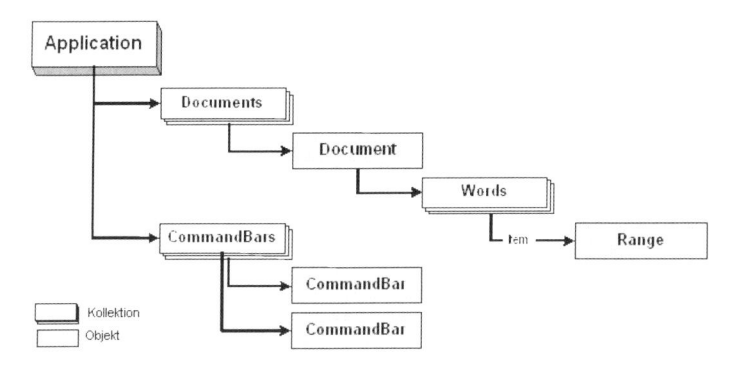

Abb. 12.35: Die CommandBars-Kollektion verwaltet Menüs und Toolbars

Wurde ein neues Objekt eingefügt, kann dieses über seine Eigenschaften konfiguriert werden. Allerdings hängt der Weg dazu davon ab, welches Interface diese Eigenschaften bereitstellt. Zum Beispiel wird bei der Eigenschaft Caption ein kleiner Umweg notwendig, indem der Interface-Zeiger nur für diesen einen Aufruf umgetauscht wird:

```
OleVariant(Menu).Caption := 'Beispiel';
```

Sie sollten sich immer dann, wenn der Delphi-Compiler eine ReadOnly-Eigenschaft nicht zuweisen will, an die impliziten QueryInterface-Fähigkeiten von Delphi erinnern.

```
procedure TForm1.ButtonMenuClick(Sender: TObject);
var
  Menu     : CommandBarPopup;
  MenuItem : OleVariant;
begin
  WordApplication1.Visible := True;
  WordApplication1.Documents.AddOld(EmptyParam, EmptyParam);
  WordDocument1.ConnectTo(WordApplication1.ActiveDocument);
  // Schritt 1: Temporären Menüpunkt erstellen
  Menu := WordApplication1.CommandBars.ActiveMenuBar.Controls.Add(
          msoControlPopup, EmptyParam, EmptyParam,
          EmptyParam, True) as CommandBarPopup;
  // ReadOnly-Fix
  OleVariant(Menu).Caption := 'Beispiel';
  MenuItem := Menu.Controls.Add(msoControlButton, EmptyParam,
                                EmptyParam, EmptyParam, True);
  MenuItem.Caption := 'MsgBox-Beispiel';
  MenuItem.DescriptionText := 'Ruft eine MsgBox auf';
  // vorhander Makro-Name aus NORMAL.DOT zuordnen
  MenuItem.OnAction := 'AAA';
  ShowMessage('Fertig!');
  WordDocument1.Close;
```

```
    WordDocument1.Disconnect;
end;
```

Über die Eigenschaft `OnAction` wird ein bereits vorhandes Word-Makro mit dem neuen Menüpunkt verbunden. Damit taucht aber ein neues Problem auf: Wie stellt das eigene Programm sicher, dass dieses Makro auch wirklich in Word beim Aufruf des Menüpunktes vorhanden ist. Eine Lösung dieses Problems könnte darin bestehen, über Automation das Makro zur Laufzeit anzulegen.

Neues Makro mit einem neuen Toolbar-Button verbinden

Über das `VBProject`-Objekt werden zum einen die Eigenschaften für das Projekt festgelegt und zum anderen steht der Zugriff auf die `VBComponents`-Kollektion zur Verfügung. Über das CodeModule-Objekt steht der direkte Zugriff auf den Sourcecode des Moduls und somit auch auf die dort untergebrachten Makros zur Verfügung. Somit kann das eigene Delphi-Programm über Automation ein VBA-Makro in Word unterbringen. Ich greife dazu auf die `InsertLines`-Methode zurück, die als ersten Parameter die Zeilennummer erwartet, an der die als zweiten Parameter übergebene Zeichenfolge eingetragen werden soll.

```
var
  aCM : CodeModule;
...
  aCM := WordDocument1.VBProject.VBComponents.Item(1).Codemodule;
  aCM.InsertLines(2, 'Sub ' + cMAKRO);
  aCM.InsertLines(3, 'shell "calc.exe",1');
  aCM.InsertLines(4, 'End Sub');
```

Im Gegensatz zum ersten Beispiel für das Einfügen eines neues Menüpunktes geht das Beispielprogramm beim Einfügen eines neuen Toolbar-Buttons sorgfältiger vor.
1. Es wird geprüft, ob die eigene Toolbar in Word 2000 bereits vorhanden ist.
2. Eine neue Toolbar wird nur dann erzeugt und angezeigt, wenn beim Schritt 1 keine Instanz gefunden wurde.
3. Es wird geprüft, ob der eigene Button in der Toolbar bereits vorhanden ist.
4. Ein neuer Buton wird nur dann erzeugt und angezeigt, wenn beim Schritt 3 keine Instanz gefunden wurde.

Um die Performance zu verbessern und potentiellen Problemen aus dem Weg zu gehen, holt sich das Programm einen direkten Interface-Zeiger auf das CommandBars-Objekt.

```
aCBs := WordApplication1.CommandBars;
```

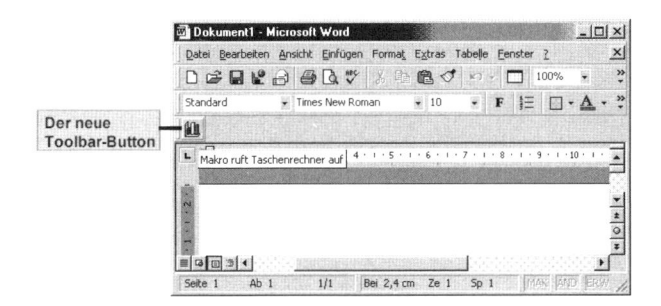

Abb. 12.36: Der von Delphi 5 angelegte Button in der neuen Toolbar

Der Rest ist Routine – über die `Get_Count`-Methode ermittelt das Programm die Anzahl der einzelnen Objekte der Kollektion, um dann über die `Get_Item`-Methode jedes einzelne Objekt zu untersuchen. Allerdings unterscheidet Word zwischen dem allgemeinen CommandBarControl-Objekt und dem spezialisierten CommandBarButton-Objekt. Diese Unterscheidung bekommen Sie immer dann zu spüren, wenn der neue Button zusätzlich zu seiner Grafik auch eine eigene Beschriftung erhalten soll. In diesem Fall hilft das CommandBarControl-Objekt nicht weiter, denn hier fehlt die Style-Eigenschaft im Interface. Eine Suche in der Datei *Office2000.pas* wird jedoch beim Interface _CommandBarButton fündig. Dieses Interface ist ein Nachfolger von CommandBarControl und stellt die gesuchten Eigenschaften des Buttons zur Verfügung. Somit muss nur eine neue Interface-Variable für dieses Interface deklariert werden. Der Interface-Zeiger auf CommandBarControl wird dazu über die As-Typumwandlung in einen Zeiger auf _CommandBarButton umgetauscht.

```
procedure TForm1.Button1Click(Sender: TObject);
const
  cMAKRO   = 'MakroFromDelphi';
  cTOOLBAR = 'DelphiToolBar';
  cTOOLTIP = 'Makro ruft Taschenrechner auf';
var
  aCBs    : CommandBars;
  aCM     : CodeModule;
  aCB     : CommandBar;
  aCBC    : CommandBarControl;
  aCBBtn  : _CommandBarButton;
  iCnt    : Integer;
  i       : Integer;
  sName   : String;
  bNewTB  : Boolean;
  bNewBtn : Boolean;
  vSave   : OleVariant;
begin
  bNewTB  := True;
  bNewBtn := True;
```

```
WordApplication1.Documents.AddOld(EmptyParam, EmptyParam);
WordDocument1.ConnectTo(WordApplication1.ActiveDocument);
WordApplication1.Visible := True;
// VBA-Makro über Automation anlegen
aCM := WordDocument1.VBProject.VBComponents.Item(1).Codemodule;
aCM.InsertLines(2, 'Sub ' + cMAKRO);
aCM.InsertLines(3, 'shell "calc.exe",1');
aCM.InsertLines(4, 'End Sub');
// Interface-Zeiger auf die CommandBars-Kollektion holen
aCBs := WordApplication1.CommandBars;
// Prüfen, ob die Toolbar bereits vorhanden ist
iCnt := aCBs.Get_Count;
for i := 1 to iCnt do
begin
  sName := aCBs.Get_Item(i).Get_Name;
  if UpperCase(sName) = UpperCase(cTOOLBAR) then
    begin
      aCB := aCBs.Get_Item(i);
      // Toolbar gefunden - nicht neu erzeugen
      bNewTB := False;
      Break;
    end;
end;
// Bei Bedarf neue Toolbar erzeugen, falls nicht vorhanden
if bNewTB then
  begin
    aCB := aCBs.Add(cTOOLBAR, msoBarTop, False, False);
    // ReadOnly-Hack
    OleVariant(aCB).Visible := True;
  end;
// Prüfen, ob der Button in der Toolbar bereits vorhanden ist
iCnt := aCB.Controls.Count;
for i := 1 to iCnt do
begin
  sName := aCB.Controls.Get_Item(i).TooltipText;
  if UpperCase(sName) = UpperCase(cTOOLTIP) then
    begin
      aCBC := aCB.Controls.Get_Item(i);
      bNewBtn := False;
      Break;
    end;
end;
// Bei Bedarf neuen Button in der neuen Toolbar erzeugen
if bNewBtn then
  begin
```

```
        aCBC := aCB.Controls.Add(msoControlButton,
                                 EmptyParam,EmptyParam,
                                 EmptyParam, False);
        // Button konfigurieren
        aCBC.Set_DescriptionText('Aufruf des Taschenrechners');
        aCBC.Set_OnAction(cMAKRO);
        aCBC.Set_TooltipText(cTOOLTIP);
        // Grafik und Beschriftung für den Button zuweisen
        aCBBtn := aCBC as _CommandBarButton;
        aCBBtn.Set_Style(msoButtonIconAndCaption);
        aCBBtn.Set_Caption('Beschriftung');
        aCBBtn.Set_FaceId(17);
     end;
   ShowMessage('Fertig !');
   vSave := wdDoNotSaveChanges;
   WordDocument1.Close(vSave);
   WordDocument1.Disconnect;
end;
```

12.7 Controller für Word 95 und Word 97/2000?

Es gibt auch heutzutage noch Entwicklungssysteme für Windows, die ohne eine Erweiterung beziehungsweise Unterstützung nichts mit COM anfangen können. Für ein derartiges System sollte ein Controller in Form einer DLL (Dynamic Link Library) entwickelt werden, der in der Lage ist, die beiden Microsoft-Word-Versionen 7 und 8 anzusprechen. Dabei unterscheiden sich diese beiden Word-Versionen in Bezug auf Automation leider gravierend voneinander.

Merkmal	Word 7 (Office 95)	Word 8/9 (Office 97/2000)
Objekt	Word.Basic	Word.Application
Sprache	Makrobefehle von WordBASIC in Deutsch	Makrobefehle von VBA (Visual Basic for Applications) in Englisch

Tabelle 12.12: Die Unterschiede von Word 7 zu Word 8

Da eine der Anforderungen darin bestand, sowohl mit Word 7 als auch mit Word 8 zusammenarbeiten zu müssen, bleibt als überschaubare Alternative die späte Bindung via IDispatch-Interface übrig. Da beim VTable-Zugriff durch das Kompilieren die Adressen der Funktionszeiger in der VTable direkt zugewiesen werden, kann diese Lösung nur speziell für eine bestimmte Version des OLE-Automation-Servers verwendet werden. Das IDispatch-Interface hat dazu den Vorteil, dass im Notfall auch das 16-Bit Microsoft Word 6 angesprochen werden kann, da OLE über das Marshaling automatisch alle Datentypen zwischen diesen beiden Bit-Welten konvertiert.

Die Dateien des Beispielprojekts finden Sie auf der CD-ROM im Verzeichnis »Kapitel 12\Automation«.

Risiken und Nebenwirkungen des IDispatch-Interfaces

Die Funktionen und Funktionsparameter werden über die IDispatch-Methoden `GetIDsOfNames` und `Invoke` aufgerufen beziehungsweise übergeben. Dabei hat der Aufrufer keinerlei Kontrolle darüber, ob die Funktion tatsächlich vorhanden ist und ob korrekte Parameter übergeben werden. Erst zur Laufzeit löst im Fehlerfall die Component Object Library (COL) eine OLE-Exception aus, die vom OLE-Controller behandelt werden muss. Normalerweise reicht der Controller diese Exception an den Aufrufer weiter, der dann entsprechend in seinem Programm reagieren kann. Im konkreten Einsatzfall reagiert das mit CENTURA SQLWindows/32 generierte Programm auf jede Exception mit dem sofortigen Programmende, sodass der Controller die Exceptions in eigener Regie behandeln muss. Das aufrufende Programm bekommt von diesen Fehlermeldungen nichts mit. Zur akustischen Rückmeldung löst die DLL in diesem Fall ein MessageBeep aus, damit ist im PC-Lautsprecher ein kurzes Signal zu hören.

Normalerweise wird eine Server-Instanz komplett in einem Programmabschnitt gekapselt, indem die Interface-Variable als lokale Funktionsvariable deklariert wird. Wird der Programmabschnitt verlassen, so wird der Stack der Funktion und damit die lokale Variable ungültig. Das Server-Objekt wird dabei automatisch von Delphi freigegeben. Dieser Mechanismus kann in der DLL nicht verwendet werden, da vom Anwendungsprogramm die DLL-Funktionen jeweils einzeln aufgerufen werden. Aus diesem Grund puffert die DLL den Zeiger auf das IDispatch-Interface des Servers in einer globalen Variablen. Damit ist allerdings auch der Nachteil verbunden, dass ein einmal aus dem Programm heraus aufgerufener OLE-Automation-Server über einen anderen Aufruf wieder zerstört werden muss.

Gegensätze zwischen Word 95 und Word 97/2000

Mit Office 97 hat Microsoft im Vergleich zu früheren Word-Versionen gravierende Änderungen vorgenommen, sodass in jedem Fall eine unterschiedliche Behandlung der beiden Word-Versionen notwendig wird. Anstelle von WordBASIC verwendet Word ab der Version 8 das neue VBA als Makrosprache. Das hat in den folgenden Punkten Auswirkungen auf die Implementierung:

DDE-Schnittstelle

Ab der Version 8 muss über das WordBASIC-Kompatibilitäts-Objekt angesprochen werden, wenn in allen Versionen die prinzipiell gleichen Funktionen aufgerufen werden sollen. Dabei unterstützt dieser Modus zum einen nicht alle der alten Befehle und zum anderen müssen die WordBASIC-Befehle der US-Versionen von Word 2, 6 und 7 verwendet werden. Damit wird zum Beispiel aus der Anweisung

```
[ExtrasMakro .Name="CallDruck", .Ausführen, .Anzeigen = 1]
```

der Befehl

[ToolsMacro .Name="CallDruck, .Run, .Show = 1]

Außerdem wird die DDE-Schnittstelle zum „russischen Roulette", da jeder DDE-Befehl von Word in das temporäre Makro „tmpDDE" übersetzt wird. Bei jedem Zwischenfall bleibt dieses Makro in der Vorlage erhalten, sodass beim nächsten Aufruf die Fehlermeldung „tmpDDE ist zweideutig" erscheint.

DOT-Vorlagen

Word 8 fragt nach jedem Verwenden einer mit Word 6 oder Word 7 erstellten DOT-Vorlage nach, ob die Änderungen in der DOT-Vorlage gespeichert werden sollen. Der Grund dafür liegt in den Inkompatibilitäten der Dateiformate sowie im automatischen Übersetzen von „alten" Makros in die neue Sprache VBA.

UNC-Notation

Word 8 kann mit den via Explorer nachträglich „gemappten" Laufwerksbuchstaben innerhalb von VBA nicht umgehen, es wird in vielen Fällen der komplette Pfadname für Netzlaufwerke in der UNC-Notation erwartet.

Implementierung des Controllers

Um eine OLE-Automation-Server-Instanz von Microsoft Word zu erzeugen, arbeitet der Controller in der DLL die folgenden Schritte ab:

Schritt 1: Word-8-Objekt anfordern

Der Controller ruft `CreateOleObject` für das Word-8-Anwendungsobjekt (Word 97/2000) auf, indem die AppID „Word.Application" verwendet wird. Aus diesem Aufruf ergeben sich die folgenden impliziten Aktionen der COM-Umgebung:
- Die Component Object Library (COL) sucht den Klassennamen „Word.Application" in der Registry und ermittelt die CLSID des COM-Objekts.
- Die COL verwendet die CLSID, um in der Registry nach dem dazugehörenden Programm-Modul zu suchen (Eintrag LocalServer32).
- Die COL startet Word über den im Eintrag *LocalServer32* definierten Aufruf, an Word wird der Parameter „/Automation" übergeben. Damit initialisiert sich Word als unsichtbarer OLE-Automation-Server.
- Die COL holt sich über das IUnknown-Interface einen Zeiger auf das IClassFactory-Interface und liest dort den Bauplan des Servers aus.
- Sobald sich das Server-Objekt initialisiert hat, liefert die COL dem Controller einen Zeiger auf das IDispatch-Interface zurück.

Schritt 2: Eventuell auftretende Exception abfangen

Die Component Object Library von Win32 löst immer dann eine Exception aus, wenn das aufgerufene COM-Objekt nicht initialisiert werden kann. Der Controller fängt diese Exception ab und versucht anschließend, über `CreateOleObject` eine Verbindung zum Objekt von Word 6 beziehungsweise Word 7 herzustellen, indem als Parameter die AppID „Word.Basic" verwendet wird.

Schritt 3: Ergebnis prüfen

Konnte auch im zweiten Fall keine Verbindung zu Word hergestellt werden, sind alle Funktionen in der DLL deaktiviert, damit werden beim Aufruf diese Funktionen sofort wieder verlassen.

Konnte eine Verbindung hergestellt werden, verwaltet die DLL über eine globale Variable die jeweiligen Word-Versionen. Eine DLL-Funktion ruft damit die unterschiedlichen Server-Anweisungen der jeweiligen Word-Version auf.

Aufruf-Beispiel: Datei drucken

Angenommen, das aktuelle Dokument soll ausgedruckt werden. In Abhängigkeit von der installierten Word-Version muss der Controller völlig unterschiedliche Interface-Methoden des Automation-Servers Microsoft Word aufrufen.

Word 6/7	Word 8/9
ExtrasOptionenDrucken(Hintergrund := 0); DateiDrucken;	Options.PrintBackground := 0; WordBasic.FilePrint;

Tabelle 12.13: Die Druckanweisung in zwei Übersetzungen

Im DLL-Projekt *E_OLE32.DPR* sieht der gerade geschilderte Ablauf wie folgt aus:

```
var
  vMSWord : Variant;    // OLEAutomation-Server-Objekt
  bWord95 : Boolean;    // Ziel = Word95 ?

function WordStart(iVisible: Integer): Integer; stdcall;
resourcestring
  cOLEMsg1 = 'Microsoft Word nicht gefunden!';
var
  sMsg     : String;
begin
  Result := 0;
  try
    try
      // Word97 installiert (VBA-Objekt) ?
      vMSWord := CreateOLEObject('Word.Application');
      bWord95 := False;
    except
      try
        // Word95 installiert (WordBASIC-Objekt) ?
        vMSWord := CreateOLEObject('Word.Basic');
```

```
          bWord95 := True;
        except
          // OLEAutomation-Server konnte nicht aktiviert werden
          sMsg := cOLEMsg1;
          raise;
        end;
      end;
    // IDispatch-Interface zu Word aktiv ?
    if VarIsEmpty(vMSWord) then Exit;
    // Word anzeigen ?
    if iVisible = E_WORD_SERVER_SHOW then
       if bWord95
          then vMSWord.AnwAnzeigen
          else vMSWord.WordBasic.AppShow;
    // alles ok -> Rückgabewert 1
    Result := 1;
  except
    ShowExceptionMsg(sMsg);
  end;
end;

...

procedure WordFilePrint; stdcall;
resourcestring
  cErrMsg = 'WordFilePrint ist fehlgeschlagen';
begin
  try
    if VarIsEmpty(vMSWord) then
       Exit;
    if bWord95 then
       begin
         vMSWord.ExtrasOptionenDrucken(Hintergrund := 0);
         vMSWord.DateiDrucken;
       end
    else
       begin
         vMSWord.Options.PrintBackground := 0;
         vMSWord.WordBasic.FilePrint;
       end;
  except
    ShowExceptionMsg(cErrMsg);
  end;
end;
```

Die praktische Implementierung des Controllers ist verblüffend einfach, wobei allerdings Delphi selbst einen großen Teil der Arbeiten übernimmt. Allerdings liegen die größten Schwierigkeiten darin, die „richtigen" Befehle des Automation-Servers aufzurufen. Ohne eine umfassende Dokumentation des Servers kommen Sie als Anwendungsentwickler in diesem Fall nicht aus.

> *Microsoft hat die Serverdokumentation von Word 97 in der 2,5 MByte großen Hilfedatei VBAWRD8.HLP zusammengefasst. Diese Datei finden Sie im Office-Unterverzeichnis einer Microsoft-Office-Installation vor. Dort ist auch eine Excel-Tabelle mit der Gegenüberstellung der deutschen und englischen WordBASIC-Anweisungen zu finden.*

Das Testprogramm für die Wrapper-DLL

Die Delphi-Anwendung *E_OLE32Test.dpr* ruft als Testprogramm die Funktionen aus der DLL *E_OLE32.DLL* auf und erzeugt somit ein Word-Dokument, wobei die tatsächlich beim Anwender installierte Word-Version keine Rolle spielt.

Um die Funktionen aus der DLL nutzen zu können, werden diese statisch importiert. Das Schlüsselwort External teilt dem Compiler mit, dass die Implementierung für diese Funktion nicht in der Unit, sondern in der angegebenen DLL gesucht werden soll.

```
const
  cDLL = 'E_OLE32.DLL';       // DLL-Name
...

function WordStart(iVisible: Integer): Integer; stdcall;
      external cDLL;
function WordFileNew(const pDOT : PChar): Integer; stdcall;
      external cDLL;
function WordFileSaveAs(const pTxt : PChar):Integer; stdcall;
      external cDLL;
procedure WordDocClose(iSave : Integer); stdcall;
      external cDLL;
...
```

Mit diesen Vorarbeiten ist das automatische Ausfüllen des Word-Dokuments fast ein Kinderspiel. Die kritischen Aufrufe wurden in der DLL als Funktionen implementiert und liefern im Fehlerfall den Wert „0" zurück. Damit kann das aufrufende Programm via Abort die Steuerung des OLE-Automation-Servers gezielt abbrechen.

```
procedure TFormMain.ButtonGoClick(Sender: TObject);

  procedure ShowStatus(sTxt: String);
  begin
```

```
    StatBar.SimpleText := sTxt;
    StatBar.Refresh;
  end;

begin
  // Start
  ShowStatus('WordStart....');
  if WordStart(E_WORD_SERVER_SHOW) = 0
    then Abort;
  // Datei neu...
  ShowStatus('WordDateiNeu');
  if WordFileNew('OLEAutomation.DOT') = 0
    then Abort;
  ShowStatus('Daten übertragen');
  // BearbeitenGeheZu
  WordEditGoTo('Thema');
  // Einfügen
  WordInsert('Controller für Word 6/7/8/9');
  // Einfügen an Textmarke
  WordXInsAtPos('Datum',PChar(DateToStr(Now)));
  WordXInsAtPos('Text','Dieser Text stammt vom Controller..');
  WordInsertPara;
  WordAppShow;
  // AutoText einfügen
  WordEditAutoText('OLE');
  WordInsertPara;
  WordInsertPara;
  // zum Dateiende
  WordEndOfDocument;
  // Seitenwechsel einfügen
  ShowStatus('Datei wird gespeichert');
  WordAppHide;
  WordFileSaveAs('C:\TEMP\OLETEST.DOC');
  //ShowMessage('Zwischenstop');
  ShowStatus('Datei wird gedruckt');
  WordFilePrint;
  WordDocClose(1);
  WordStop;
  ShowStatus('...WordStop!');
end;
```

12.8 Beispiele mit Microsoft Excel 2000

Alle Anwendungen aus dem Microsoft-Office-Paket stellen die Funktionalität als Automation-Server über ein Objektmodell zur Verfügung. Dabei sind sich diese verschiedenen Modelle sehr ähnlich, zumindest was den Aufbau angeht. Intern gibt es im Detail aber dann doch wesentliche Unterschiede. Excel ist das beste Beispiel dafür. In der Vergangenheit hatte Excel eine eigene Makrosprache verwendet, die nicht mit der Fassung aus Word kompatibel war. Aus dieser Zeit stammende Fragmente tauchen auch heute noch in VBA an verschiedenen Stellen auf.

Es liegt auf der Hand, dass so grundverschiedene Anwendungen wie Word 2000 und Excel 2000 auch verschiedene Objektmodelle nutzen. Also muss auch der Excel-Teil zuerst das Objektmodell betrachten.

12.8.1 Das Objektmodell von Excel 2000

Auch in Excel beginnt alles mit dem Application-Objekt, dem viele andere Objekte untergeordnet werden. Im Interesse der besseren Übersichtlichkeit beschränke ich mich nur auf 2 Child-Objekte. Die CommandBars-Kollektion sollte ein guter Bekannter von Ihnen sein, wenn nicht, haben Sie die vorangegangenen Seiten zu Word 2000 zu schnell überblättert.

Was bei Word 2000 das Document-Objekt ist, wird in Excel 2000 als Workbook-Objekt bezeichnet. Alle Workbooks verwaltet Excel in der Workbooks-Kollektion. Jedes einzelne Workbook kann aus verschiedenen Worksheet- und Chart-Objekten bestehen. Und auch die Worksheet-Objekte werden in einer Kollektion verwaltet, indem das Worksheets-Objekt diese Sammlung bereitstellt. Mit dem Worksheet ist noch lange nicht das Ende des Objektbaumes erreicht, die beiden zugeordneten Objekte sollen dies nur andeuten.

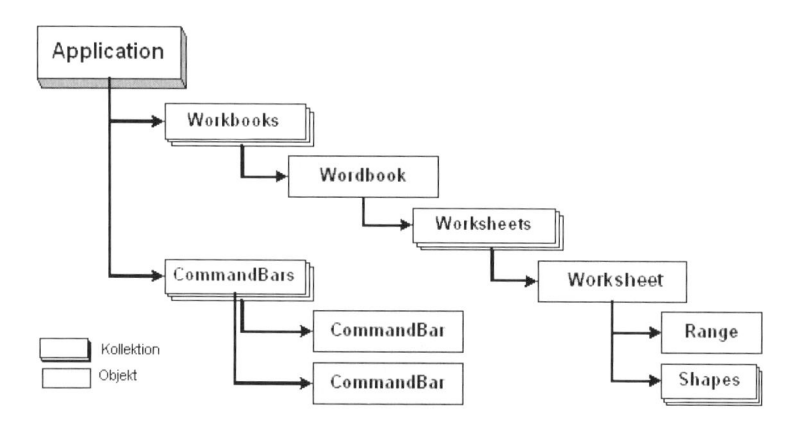

Abb. 12.37: Ein Auszug aus dem Objektmodell von Excel 2000

Das Range-Objekt repräsentiert eine oder mehrere Zellen in einem Worksheet und stellt über seine Eigenschaften einen Weg zur Konfiguration des Erscheinungsbildes einer Zelle zur Verfügung.

Excel-2000-Objekt	Delphi-5-Komponente
Application	TExcelApplication
Workbook	TExcelWorkbook
Worksheet	TExcelWorksheet
Chart	TExcelChart

Tabelle 12.14: Gegenüberstellung der Excel-Objekte mit den Delphi-Komponenten

Word und Excel verwenden beide VBA als Makrosprache und für beide Anwendungen ist auch der gleiche Visual-Basic-Editor zuständig. Haben Sie sich im Objektmodell von Excel verirrt oder suchen Sie Grundlageninformationen über die verschiedenen Objekte, sollten Sie über den Menüpunkt EXTRAS | MAKRO | VISUAL BASIC-EDITOR die zuständige VBA-Hilfe aufrufen.

Die beiden folgenden Beispielprojekte für Delphi 5.01 finden Sie im Verzeichnis »Kapitel 12\Office2000\Excel2000«. Alle Projekte verwenden die Komponenten aus der Package dcloffice2k50.bpl, die mit dem UpdatePack für Delphi 5 unter dem Namen „Microsoft Office 2000 Automation Components" installiert werden können.

12.8.2 Zellen auslesen und mit den Daten füllen

Das erste Beispielprojekt *D5E2KTest.dpr* macht Sie mit den grundlegenden Aspekten vertraut. Über jeweils einen eigenen Button löst das Programm verschiedene Aktionen aus:

1. Excel als Automation-Server starten und anzeigen lassen.
2. Ein Workbook über eine bereits bestehende XLS-Datei öffnen.
3. Ein bestimmtes Worksheet aus dem Workbook aktivieren.
4. Werte in das Worksheet eintragen, wobei verschiedene Techniken mit ihren Auswirkungen verglichen werden.
5. Einen Bereich im Worksheet löschen.
6. Das Workbook schließen und die Automation von Excel beenden.

Schritt 1: Excel 2000 als Automation-Server aktivieren

Ich hatte in der Einleitung zu Excel bereits angedeutet, dass Excel aufgrund seiner Vergangenheit an verschiedenen Stellen eigene Wege geht. Während zum Beispiel bei Word die Eigenschaft `Visible` eine einfache Boolean-Eigenschaft ist, will es Excel genauer wissen, indem zusätzlich ein Wert für den Locale-Identifier erwartet wird. Über den Aufruf der Win32-API-Funktion `GetUserDefaultLCID` setze ich den Wert ein, den mir Windows zurückliefert.

Ein Locale ist eine Sammlung von sprachspezifischen Daten in Form einer Aufstellung von Einzelwerten. Jedes Windows-System hat mindestens ein definiertes Locale.

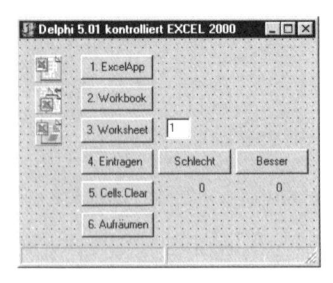

Abb. 12.38: Das Testprogramm für den Zugriff auf EXCEL 2000

Die zweite Besonderheit liegt bei Excel darin, dass die beiden Eigenschaften Visible und UserControl immer parallel gesetzt werden sollten.

Die Betonung liegt dabei auf „sollten", denn Excel beschwert sich nicht sofort mit einer Fehlermeldung, wenn UserControl unbeachtet bleibt. Allerdings müssen Sie immer dann damit rechnen, dass die Benutzeroberfläche von Excel im Automation-Betrieb zu jedem Zeitpunkt wieder unsichtbar werden kann. Erst dann, wenn UserControl auf True gesetzt wird, darf der Anwender ohne Nebenwirkungen mit der über Automation aufgerufenen Excel-Instanz arbeiten.

```
procedure TForm1.Button_1Click(Sender: TObject);
begin
  FLCID := GetUserDefaultLCID;
  ExcelApplication1.Connect;
  ExcelApplication1.Visible[FLCID] := True;
  ExcelApplication1.UserControl := True;
end;
```

Schritt 2: XLS-Datei als Workbook öffnen

Über die Methode Open des Kollektion-Objekts Workbook wird eine XLS-Datei geöffnet und somit in Excel als Workbook-Objekt dieser Kollektion hinzugefügt. Die Bedeutung der einzelnen Parameter wird in der VBA-Hilfe dokumentiert, sodass ich nicht weiter darauf eingehe.

Über die Eigenschaft ActiveWorkBook des Application-Objekts von Excel kann sich die TExcelWorkbook-Instanz mit diesem Workbook-Objekt verbinden. Der sich daraus ergebende Vorteil wird jedoch erst im letzten Schritt sichtbar. Beachten Sie, dass die Delphi-Komponente TExcelWorkbook nur das originale Workbook-Objekt (genauer gesagt dessen Workbook-Interface) von Excel einkapselt. Somit können Sie direkt auf die Worksheets-Kollektion zugreifen, um über die Eigenschaft Count die Anzahl der Worksheets in diesem Workbook auszulesen.

```
procedure TForm1.Button_2Click(Sender: TObject);
begin
  ExcelApplication1.Workbooks.Open(cXLS_FileName, False, False,
    EmptyParam,'',False,False,EmptyParam,
    EmptyParam, False, False, EmptyParam, False, 0);
  ExcelWorkbook1.ConnectTo(ExcelApplication1.ActiveWorkBook);
  FSheetCount := ExcelWorkbook1.Worksheets.Count;
  ShowMessage(Format(
    'Es wurden %d Worksheets im Workbook gefunden.',
    [FSheetCount]));
end;
```

Schritt 3: Ein bestimmtes Worksheet aus dem Workbook aktivieren

Das Workbook verwaltet eine Kollektion der einzelnen Worksheets, sodass sich die im Formular verwendete TExcelWorksheet-Instanz mit einem bestimmten Worksheet verbinden kann. In diesem Fall greift das Programm über Item auf die Kollektion zu. Allerdings wird die Eigenschaft Item in der Typbibliothek mit dem Rückgabewert IDispatch deklariert:

```
property Item[Index: OleVariant]: IDispatch read Get_Item;
```

Die TExcelWorksheet-Methode ConnectTo erwartet jedoch einen Parameter vom Typ _Worksheet.

```
procedure ConnectTo(svrIntf: _Worksheet);
```

Aus diesem Grund muss das Programm explizit eine Typumwandlung über As vornehmen, damit Delphi über den Aufruf von QueryInterface den Interface-Zeiger auf IDispatch gegen einen Interface-Zeiger auf _Worksheet eintauscht.

Anschließend wird für die Zelle „A5" ein Range-Objekt angefordert, um den aktuellen Wert aus dieser Zelle auszulesen. Sie können somit im Programm über diese Rückmeldung nachprüfen, ob tatsächlich das richtige Worksheet angesprochen wird. Beachten Sie dabei bitte, dass ein Range-Objekt nichts mit der visuell sichtbaren Benutzeroberfläche zu tun hat. Daher ändert sich die Anzeige in Excel auch nicht zwangsläufig, wenn ein anderes Worksheet aktiviert wird.

```
procedure TForm1.Button_3Click(Sender: TObject);
var
  iItem : Integer;
  sValue: String;
begin
  iItem := StrToInt(EditSheetNr.Text);
  if (iItem > FSheetCount) or (iItem < 0 ) then
    raise Exception.Create('Dieses Sheet gibt es nicht.');
  ExcelWorksheet1.ConnectTo(ExcelWorkbook1.Sheets.Item[iItem] as
```

```
                    _Worksheet);
  sValue := ExcelWorksheet1.Range['A5','A5'].Value;
  ShowMessage(sValue);
end;
```

Alternativ zu dem numerischen Index für die Item-Eigenschaft von Sheets kann das eigene Programm selbstverständlich auch über den Namen der Seite direkt auf das Worksheets-Objekt zugreifen. Das würde dann so aussehen:

```
ExcelWorksheet1.ConnectTo(
  ExcelWorkbook1.Worksheets.Item['Tabelle2'] as _WorkSheet);
```

Schritt 4: Werte und Formeln im Worksheet eintragen

Damit das Eintragen der Werte im Worksheet auch visuell nachverfolgt werden kann, sorgt der Aufruf der Worksheet-Methode Activate dafür, dass Excel dieses Worksheet auch in der Benutzeroberfläche anzeigt.

Anschließend sollen vier Spalten beschriftete werden, wobei dies in einem einzigen Aufruf erledigt wird. Nachdem mit VarArrayOf ein Variant-Array für die vier Spaltentitel erzeugt wurde, kann dieses Array für den Inhalt der Zellen A1 bis D1 an das Range-Objekt übergeben werden. Die Überschriftspalten werden zusätzlich durch Fettschrift hervorgehoben.

Das gleiche Prinzip wird genutzt, um die Werte in der nächsten Zeile einzutragen. Über die Eigenschaft Formula des Range-Objekts trägt das Programm eine Formel in die Zelle D2 ein und hebt auch dieses Ergebnisfeld durch Fettschrift hervor.

```
procedure TForm1.Button_4Click(Sender: TObject);
var
  vArray : OleVariant;
  aRange : Range;
begin
  ExcelWorksheet1.ConnectTo(
    ExcelWorkbook1.Sheets.Item[3] as _Worksheet);
  // Benutzer soll das Sheet auch sehen
  ExcelWorksheet1.Activate;
  // Überschrift eintragen
  vArray := VarArrayOf(['Datum', 'Auftragsnummer',
                        'Betrag', 'Info']);
  aRange := ExcelWorksheet1.Range['A1','D1'];
  aRange.Value := vArray;
  aRange.Font.Bold := True;
  aRange.EntireColumn.AutoFit;
  // Werte eintragen
  vArray := VarArrayCreate([0, 2], varVariant);
  vArray[0] := 12;
  vArray[1] := 20;
```

```
    vArray[2] := 30;
    ExcelWorksheet1.Range['A2','C2'].Value := vArray;
    // Formel eintragen und Ergebnis in Fettschrift formatieren
    ExcelWorksheet1.Range['D2','D2'].Formula := '=A2+B2+C2';
    ExcelWorksheet1.Range['D2','D2'].Font.Bold := True;
end;
```

Eine Schwierigkeit für den Einsteiger in das Thema Automation mit Excel besteht darin, das richtige Objekt und die richtige Methode zu finden. Dabei führen mehrere Wege nach Rom, die zwar zum gleichen Ergebnis führen, aber die nicht den gleichen Aufwand verursachen. Vergleichen Sie dazu bitte die beiden folgenden Beispiele, bei denen auf unterschiedliche Art und Weise 100 Werte in das Worksheet eingefügt werden.

Version A

```
procedure TForm1.ButtonBadClick(Sender: TObject);
var
  iLoop : Integer;
  iStart: Integer;
  iStop : Integer;
begin
  iStart := GetTickCount;
  for iLoop := 1 to 100 do
    ExcelWorksheet1.Cells.Item[iLoop,6].Value := 99.99;
    iStop := GetTickCount;
  LabelBad.Caption := IntToStr(iStop - iStart);
end;
```

Version B

```
procedure TForm1.ButtonGoodClick(Sender: TObject);
var
  iLoop : Integer;
  iStart: Integer;
  iStop : Integer;
  aRange: Range;
begin
  aRange := ExcelWorksheet1.Cells;
  iStart := GetTickCount;
  for iLoop := 1 to 100 do
    aRange.Item[iLoop,7].Value := 99.99;
  iStop := GetTickCount;
  LabelGood.Caption := IntToStr(iStop - iStart);
end;
```

Während Version A in der Schleife über `ExcelWorksheet1.Cells.Item` auf ein einzelnes Range-Objekt zugreift und dabei implizit mehrere Interface-Aufrufe beteiligt sind, geht Version B effektiver vor, da bereits vor dem Start der Schleife ein Interface-Zeiger auf das Range-Objekt für den ganzen Zellenbereich angefordert wird.

Schritt 5: Einen Bereich im Worksheet löschen

Im fünften Schritt setzt das Programm die Erfahrungen aus dem letzten Test in die Praxis um und löscht die 100 Zelleninhalte nicht in einer Schleife, sondern über ein einziges Range-Objekt für den vollständigen Zellenbereich.

```
procedure TForm1.Button_5Click(Sender: TObject);
begin
  ExcelWorksheet1.Range['F1','F100'].Clear;
  ExcelWorksheet1.Range['G1','G100'].Clear;
end;
```

Schritt 6: Workbook schließen und die Automation von Excel beenden

Über den Aufruf der TExcelWorkbook-Methode `Close` wird die XLS-Datei geschlossen, ohne dass die Änderungen gespeichert werden. Das Programm übergibt dabei nur einen einzigen Parameter, obwohl die Interface-Methode Close gleich vier Parameter erwartet.

Abb. 12.39: Die überladene Interface-Methode Close

Die Auflösung für diesen Widerspruch wird sichtbar, wenn man sich einmal die Implementierung von TExcelWorkbook anschaut. Delphi hat beim Generieren dieser Komponente – die ja als TOleServer-Nachfolger nur eine Ummantelung des Excel-Interfaces ist – die Interface-Methode Close mit mehreren Ausführungen überladen. Es gibt somit fünf verschiedene Methoden mit dem gleichen Namen, die sich nur durch die unterschiedliche Parameter-Anordnung unterscheiden.

Automation

```
procedure TForm1.Button_6Click(Sender: TObject);
begin
  ExcelWorksheet1.Disconnect;
  // Workbook ohne Speichern schliessen
  ExcelWorkbook1.Close(False);
  ExcelWorkbook1.Disconnect;
  // Excel beenden
  ExcelApplication1.Quit;
  ExcelApplication1.Disconnect;
end;
```

12.8.3 Excel 2000 und ADO

Das letzte Beispiel für die Automation von Excel fügt die Datenmenge aus einem ADO-Recordset in ein Worksheet ein. Für diese Aufgabe gibt es ebenfalls mehrere Lösungsansätze, ich stelle daher nur den effektivsten Zugriffsweg vor.

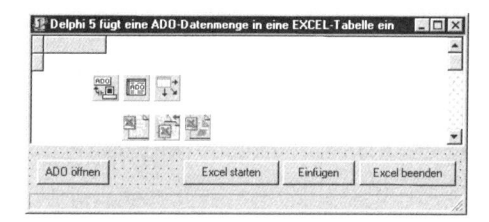

Abb. 12.40: Ein ADO-Recordset wird in die Excel-Tabelle übernommen

Das Range-Objekt von Excel stellt die Methode `CopyFromRecordset` zur Verfügung, um die vollständige Datenmenge eines ADO-Recordsetobjekts mit einem einzigen Automation-Aufruf in die Excel-Tabelle einzufügen. Anstelle der TADOTable-Instanz können Sie, falls die ADOExpress-Komponenten nicht zur Verfügung stehen, das Recordset auch direkt vom ADO-Recordset-Objekt abfordern. Beispiele dafür finden Sie im Kapitel 7 und im Kapitel 16.

Zuerst wird die Spaltenbeschriftung in der Excel-Tabelle eingesetzt, wobei das Programm den Spaltentitel sowie die Spaltenbreite direkt aus der Datenmenge ausliest. Anschließend wird ein Range-Objekte für eine bestimmte Position in der Tabelle aktiviert, um dann über den Aufruf von CopyFromRecordset die Daten einzufügen.

```
procedure TForm1.ButtonInsertClick(Sender: TObject);
var
  aRS    : _RecordSet;
  iCnt   : Integer;
  i      : Integer;
  aRange : Range;
  aField : Field;
begin
```

```
  aRS := ADOTable1.Recordset;
  iCnt := aRS.Fields.Count;
  // Spaltenbeschriftung
  for i := 1 to iCnt do
    begin
      aRange := IDispatch(
        ExcelWorksheet1.Cells.Item[9,i]) as Range;
      aRange.Font.Bold := True;
      aField := aRS.Fields[i-1];
      aRange.Value := aField.Name;
      aRange.EntireColumn.ColumnWidth := aField.ActualSize;
    end;
  // Daten aus der ADO-Datenmenge kopieren
  ExcelWorksheet1.Range['A10','A10'].CopyFromRecordset(aRS,
    EmptyParam, EmptyParam);
end;
```

12.9 Beispiele mit Microsoft Outlook

Das Programm Microsoft Outlook wird auch als Desktop Information Manager bezeichnet, da es mehr ist als ein reines E-Mail-Programm. Als Nachfolger von Microsoft Schedule+ werden vor allem die Kalenderfunktion sowie das Planen von Meetings in der Arbeitsgruppe genutzt.

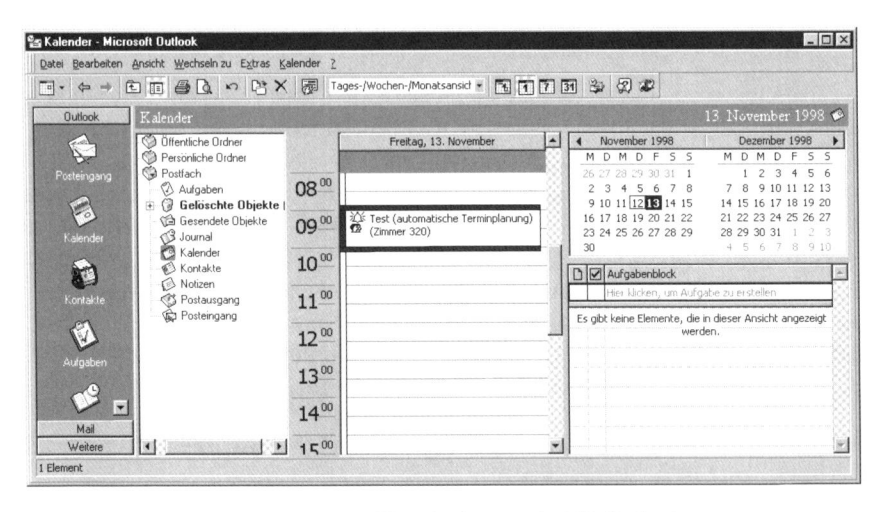

Abb. 12.41: Eine Terminplanung in MS Outlook

12.9.1 Das Objektmodell von Outlook

Das Objektmodell von Outlook unterscheidet sich vom Aufbau der anderen Office-Produkte, da Outlook im Gegensatz zu Word und Excel nicht dokumentenorientiert ist.

Außerdem muss sich Outlook für seine E-Mail-Funktionalität an die dort üblichen Unterteilungen halten, sodass das Objekt-Modell etwas aus dem Rahmen fällt. Aber nur dann, wenn einem Entwickler das Objekt-Modell bekannt ist, gelingt die erfolgreiche Automation von Outlook.

Objekte			Bemerkungen
Application			Application ist das Wurzelobjekt von Outlook und damit der Ausgangspunkt für alle anderen Zugriffe.
	Namespace		Jeder Zugriff muss über ein Namespace-Objekt erfolgen, wobei dieses Objekt die implementierende Provider-Schicht definiert. Zur Zeit unterstützt Outlook nur das Namespace-Objekt MAPI.
		MAPIFolder	Jede Provider-Schicht kann persistente Daten über eine hierarchische Verzeichnisstruktur speichern. Das Namespace-Objekt verwaltet eine Kollektion von Verzeichnissen (Folder), die ihrerseits wiederum andere Folder speichern können.
		Item	Die Daten in den Foldern werden von den Items-Kollektionen repräsentiert. Jeder Eintrag in diesen Kollektionen kann eine eMail-Nachricht, einen Kalendertermin oder eine Meeting-Planung kennzeichnen.
		AppointmentItem	Kalender-Termin
		MailItem	E-Mail-Nachricht
		TaskItem	Eintrag im Aufgabenverzeichnis
		NoteItem	Eintrag im Notizbuch

Tabelle 12.15: Das Objekt-Modell von Outlook

Nicht alle Objekte und Einträge muss der Entwickler initialisieren, einige davon – wie zum Beispiel das `MeetingRequestItem`-Objekt – generiert Outlook in eigener Regie und stellt es den Empfängern zur Verfügung.

Outlook und Exchange

Das Programm Microsoft Outlook erfüllt viele seiner Aufgaben nur dann, wenn es auf Microsoft Exchange oder, genauer gesagt, auf eine MAPI-Implementation (Messaging Application Programming Interface) zurückgreifen kann. Dazu muss sich der Client beim Exchange-Server anmelden, eine Aufgabe, die bereits mit der erfolgreichen Anmeldung in der NT-Domäne erfüllt wird. Trifft diese Annahme nicht zu, blendet Outlook ein Dialogfenster für die Auswahl des Exchange-Profils ein.

Outlook ist ein Automation-Server und kann somit von Delphi aus direkt angesprochen werden, wobei dazu unter Delphi verschiedene Optionen zur Verfügung stehen.

12.9.2 Delphi 4/5 ohne Outlook-Komponenten

Über Automation kann auf Microsoft Outlook auf verschiedene Art und Weise zugegriffen werden – zwei Alternativen mit ihren Vor- und Nachteilen stelle ich vor. Das äußere Erscheinungsbild der beiden Programmvarianten ist im Wesentlichen gleich.

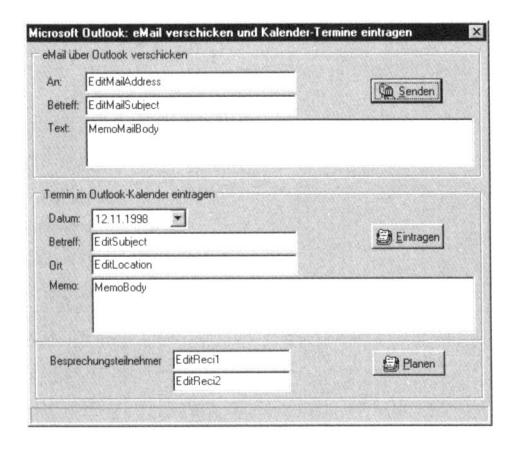

Abb. 12.42: Termine planen und E-Mails verschicken mit Delphi

Späte Bindung über das Dispatch-Interface

Das Beispielprojekt finden Sie auf der CD-ROM unter »Kapitel 12\Outlook\Delphi4\Variant«. Die Beispiele greifen über die ProgID „Outlook.Application.8" auf Outlook zu, um eine bestimmte Outlook-Version anzufordern. Sollten Sie eine andere Outlook-Version installiert haben, müssen Sie die ProgID ersetzen, wobei die versionsunabhängige ProgID „Outlook.Application" in jedem Fall genutzt werden kann.

Die erste Variante aus dem Unterverzeichnis *Dispatch* greift auf das klassische I-Dispatch-Interface zu. Die Outlook-Typbibliothek wird nicht benötigt, das hat einige Nachteile:
- Der Compiler kann seine strenge Typprüfung nicht nutzen.
- Die Delphi-Programmierhilfen stehen nicht zur Verfügung.
- Die speziellen Outlook-Konstanten müssen selbst deklariert werden.
- Die Ausführungszeit der Aufrufe ist langsamer.
- Der Erfolg – oder Misserfolg – des eigenen Bemühens wird erst zur Programmlaufzeit sichtbar.

Zum Absenden einer E-Mail sind die folgenden Arbeitsschritte notwendig:
- Interface-Zeiger auf das Applikationsobjekt von Outlook anfordern.
- Interface-Zeiger auf das Namespace-Objekt MAPI anfordern.
- Interface-Zeiger auf das MAPIFolder-Objekt anfordern.
- MailItem-Objekt anlegen.
- MailItem-Objekt initialisieren und eMail abschicken.

Im Beispielprojekt sieht das Ganze dann so aus:

```
const
  olFolderOutbox = $00000004;
  olMailItem = $00000000;
  olTo = $00000001;

var
  dwStart, dwEnd : DWord;   // Ausführungszeit ermitteln

procedure TFormMain.BitBtnMailClick(Sender: TObject);
var
  aOutlook   : Variant;
  aMAPI      : Variant;
  aOutbox    : Variant;
  aMail      : Variant;
  aRecipient : Variant;
begin
  StatusBar1.SimpleText := 'eMail wird über Outlook verschickt...';
  dwStart := GetTickCount;
  Screen.Cursor := crHourglass;
  aOutlook := CreateOleObject('Outlook.Application.8');
  try
    aMAPI := aOutlook.GetNameSpace('MAPI');
    aOutbox := aMAPI.GetDefaultFolder(olFolderOutbox);
    aMail := aOutbox.Items.Add(olMailItem);
    aRecipient := aMail.Recipients.Add(EditMailAddress.Text);
    aRecipient.Type := olTo;
    // Empfänger prüfen (falls nicht bekannt -> Exception)
```

```
    aRecipient.Resolve;
    aMail.Subject := EditMailSubject.Text;
    aMail.Body := MemoMailBody.Text;
    // eMail senden
    aMail.Send;
  finally
    aOutlook := Unassigned;
    Screen.Cursor := crDefault;
  end;
  dwEnd := GetTickCount;
  StatusBar1.SimpleText := Format(
    'Ausführungszeit: %d Windows-Ticks', [dwEnd - dwStart]);
end;
```

Für die zweite Aufgabe – das Eintragen eines Termins in den Outlook-Kalender – sind im Prinzip die gleichen Arbeitsschritte notwendig.

```
procedure TFormMain.BitBtnCalendarClick(Sender: TObject);
var
  aOutlook  : Variant;
  aMAPI     : Variant;
  aCalendar : Variant;
begin
  StatusBar1.SimpleText := 'Termin wird in Outlook
eingetragen...';
  dwStart := GetTickCount;
  Screen.Cursor := crHourglass;
  aOutlook := CreateOleObject('Outlook.Application.8');
  try
    aMAPI := aOutlook.GetNameSpace('MAPI');
    aCalendar := aMAPI.GetDefaultFolder(
      olFolderCalendar).Items.Add;
    aCalendar.Start := EncodeTime(9, 0, 0, 0) +
                       Int(DateTimePicker1.Date);
    aCalendar.End := aCalendar.Start;
    aCalendar.Subject := EditSubject.Text;
    aCalendar.Location := EditLocation.Text;
    aCalendar.Body := MemoBody.Text;
    aCalendar.Save;
  finally
    aOutlook := Unassigned;
    Screen.Cursor := crDefault;
  end;
  dwEnd := GetTickCount;
  StatusBar1.SimpleText := Format(
```

```
      'Ausführungszeit: %d Windows-Ticks', [dwEnd - dwStart]);
end;
```

ID-Bindung über das DispID-Interface

Das Beispielprojekt finden Sie auf der CD-ROM unter »Kapitel 12\Outlook\Delphi4\DispID«.

Die zweite Variante aus dem Unterverzeichnis *DispID* greift auf das DispID-Interface zu. Die Outlook-Typbibliothek wird in diesem Fall benötigt, damit Delphi die DispIDs auch bereits zur Kompilierungszeit zuordnen kann. Mit diesem Aufwand können Sie die folgenden Vorteile ausnutzen:

- Die Outlook-Konstanten sind bereits in der Typbibliothek deklariert und müssen daher nicht mehr mühsam zusammengesucht werden.
- Die Delphi-Programmierhilfe, wie zum Beispiel die Code-Vervollständigung sowie die strenge Typprüfung des Compilers, ist wirksam.
- Die Ausführungsgeschwindigkeit des Programms ist höher, da der Compiler direkte Aufrufe von Invoke vorsehen kann. Der beim klassischen Dispatch-Interface notwendige Aufruf von GetIDsOfNames entfällt ersatzlos.

Abb. 12.43: Die Delphi-Programmierhilfe „Code-Vervollständigung" steht zur Verfügung

Vergleicht man nun einmal die folgende Implementierung mit dem ersten Beispiel, so fällt auf, dass die lokalen Variablen nicht mehr als Variant deklariert werden, sondern alle einen eigenen Typ haben. Aus diesem Grund kann auch Delphi die Dienste seiner strengen Typprüfung zur Verfügung stellen; die Entwicklung wird „seriöser" und ist nicht mehr vom „Versuch-und-Irrtum-Prinzip" abhängig.

```pascal
uses ComObj, Outlook_TLB;

var
  dwStart, dwEnd : DWord;   // Ausführungszeit stoppen

procedure TFormMain.BitBtnMailClick(Sender: TObject);
var
  aOutlook : Application_;
  aMAPI    : NameSpace;
  aOutbox  : MAPIFolder;
  aMail    : MailItem;
  aReci    : Recipient;
begin
  StatusBar1.SimpleText := 'eMail wird über Outlook
verschickt...';
  dwStart := GetTickCount;
  Screen.Cursor := crHourglass;
  aOutLook := CoApplication_.Create;
  try
    aMAPI := aOutlook.GetNameSpace('MAPI');
    aOutbox := aMAPI.GetDefaultFolder(olFolderOutbox);
    aMail := aOutbox.Items.Add(olMailItem) as MailItem;
    aReci := aMail.Recipients.Add(EditMailAddress.Text);
    aReci.Type_ := olTo;
    // Empfänger prüfen (falls nicht bekannt -> Exception)
    aReci.Resolve;
    aMail.Subject := EditMailSubject.Text;
    aMail.Body := MemoMailBody.Text;
    // eMail senden
    aMail.Send;
  finally
    aOutlook := nil;
    Screen.Cursor := crDefault;
  end;
  dwEnd := GetTickCount;
  StatusBar1.SimpleText := Format(
    'Ausführungszeit: %d Windows-Ticks', [dwEnd - dwStart]);
end;
```

Bevor ich auf die Outlook-Beispiele für Delphi 5 eingehe, möchte ich noch kurz die Implementierung von zwei weiteren Aufgaben vorstellen. Zum einen geht es um das Auslesen der im Outlook-Kalender eingetragenen Termine und zum anderen um das Auslesen der Kontakt-Adressen, die man in Outlook erfasst hat.

Alle Termine aus Outlook auslesen

Das Beispielprojekt finden Sie im Verzeichnis »Kapitel 12\Outlook\Delphi4\Kalender«.

```
uses Outlook_TLB;

procedure TForm1.ToolButtonListClick(Sender: TObject);
var
  Outlook      : _DApplication;
  DefNamespace : NameSpace;
  Journals     : MAPIFolder;
  aItem        : OleVariant;
  iCnt         : Integer;
begin
  Outlook := CoApplication_.Create;
  DefNameSpace := Outlook.GetNamespace('MAPI');
  Journals := DefNameSpace.GetDefaultFolder(olFolderCalendar);
  for iCnt := 1 to Journals.Items.Count do
  begin
    aItem := Journals.Items.Item(iCnt);
    ListBox1.Items.Add(Format('%s - %s',
                       [DateTimeToStr(aItem.Start),
                        aItem.Subject]));
  end;
  Outlook := nil;
  StatusBar1.SimpleText := Format('%d Termine gefunden.', [iCnt]);
end;
```

Alle Kontakte aus Outlook auslesen

Das Beispielprojekt finden Sie im Verzeichnis »Kapitel 12\Outlook\Delphi4\Kontakte«.

```
uses Outlook_TLB;

procedure TForm1.ToolButtonListClick(Sender: TObject);
var
  Outlook      : _DApplication;
  DefNamespace : NameSpace;
```

```
  Contacts    : MAPIFolder;
  Contact     : _DContactItem;
  iCnt        : Integer;
begin
  Outlook := CoApplication_.Create;
  DefNameSpace := Outlook.GetNamespace('MAPI');
  Contacts := DefNameSpace.GetDefaultFolder(olFolderContacts);
  for iCnt := 1 to Contacts.Items.Count do
  begin
    Contact := Contacts.Items.Item(iCnt) as _DContactItem;
    ListBox1.Items.Add(Format('%s %s',
                       [Contact.FirstName, Contact.LastName]));
  end;
  Outlook := nil;
  StatusBar1.SimpleText := 'Fertig';
end;
```

12.9.3 Delphi 5 mit den Outlook-Komponenten

Dieser Abschnitt stellt die bisher vorgestellten Beispiele in der Fassung für die mit Delphi 5 neu hinzugekommenen TOleServer-Nachfolger vor. Speziell für MS Outlook geht es dabei um den Einsatz von TOutlookApplication.

Da sich das zu Grunde liegende Prinzip gegenüber der Fassung für Delphi 4 nicht geändert hat, verzichte ich auf die Wiederholung der Erläuterungen und beschränke mich nur auf die Unterschiede.

Unterschiede zwischen Delphi 5 und Delphi 5 Update Pack 1

Der Typbibliothekseditor von Delphi und die dahinterliegende Funktion zum Umwandeln der binären Typbibliothek in die Importunit für Delphi gehört zu den fragilsten Bestandteilen von Delphi. In einer E-Mail hat sich ein Mitglied von Borland's R&D-Abteilung folgendermaßen ausgedrückt: „Die Funktionalität dieses Teils gerät bereits in Gefahr, wenn jemand im gleichen Raum hustet". Dies ist nicht abwertend gemeint, sondern soll nur verdeutlichen, welche Komplexität diese Umwandlungsfunktion bereits erreicht hat.

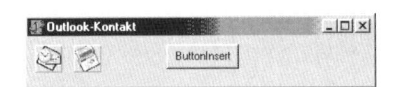

Abb. 12.44: TContactItem aus dem Office-97-Package

Sie müssen immer damit rechnen, dass sich nach dem Einspielen einer neuen Delphi-Version oder eines Update Packs das bisherige Verhalten ändert. Ein gutes Beispiel dafür ist die TContactItem-Komponente aus der Registerseite SERVERS. In der Originalversion war diese Komponente für Outlook 97 vorhanden, nach dem UpdatePack 1 fehlt sie immer dann, wenn die neuen Office-2000-Komponenten aktiviert werden.

Wenn Sie im Programm einen neuen Kontakt-Datensatz in Outlook anlegen möchten, hängt es nun davon ab, mit welcher Delphi-5-Version Sie arbeiten. Das erste Beispiel verwendet die Office-97-Komponenten, sodass die TContactItem-Komponente zur Verfügung steht.

Das Beispielprojekt »D5Outlook97_Variante2.dpr« finden Sie im Verzeichnis »Kapitel 12\Delphi5\D5Outlook97«.

Die TContactItem-Instanz kann sich über den Aufruf von ConnectTo mit dem neu angelegten Kontakt-Eintrag verbinden.

```
procedure TForm1.ButtonInsertClick(Sender: TObject);
begin
  ContactItem1.ConnectTo(OutlookApplication1.CreateItem(
    olContactItem) as _DContactItem);
  ContactItem1.FirstName := 'Manfred';
  ContactItem1.LastName := 'Mustermann';
  ContactItem1.BusinessTelephoneNumber := '12345';
  ContactItem1.HomeAddressCity := 'Irgendwo';
  ContactItem1.HomeAddressPostalCode := '12345';
  ContactItem1.BusinessTelephoneNumber := '(030) 12345';
  ContactItem1.Save;
end;
```

Haben Sie allerdings das Update Pack 1 bereits installiert und setzen Sie auch die neuen Office-2000-Komponenten ein, steht TContactItem nicht mehr zur Verfügung. In diesem Fall bleibt als Alternative nur der direkte Zugriff auf das Interface übrig.

Das Beispielprojekt »D5Outlook97.dpr« finden Sie im Verzeichnis »Kapitel 12\Delphi5\D5Outlook97«.

In diesem Fall muss die Anwendung direkt auf das _DContactItem-Interface zugreifen, was auch nicht mehr Aufwand wie die Alternative mit TContactItem verursacht. Es handelt sich also nicht um einen großen Verlust, wenn TContactItem nicht mehr zur Verfügung steht.

```
procedure TForm1.ButtonInsertViaDualClick(Sender: TObject);
var
  aContactItem : _DContactItem;
begin
  aContactItem := OutlookApplication1.CreateItem(
    olContactItem) as _DContactItem;
  aContactItem.FirstName := 'Andreas';
```

```
   aContactItem.LastName := 'Kosch';
   aContactItem.BusinessTelephoneNumber := '12345';
   aContactItem.HomeAddressCity := 'Irgendwo';
   aContactItem.HomeAddressPostalCode := '12345';
   aContactItem.BusinessTelephoneNumber := '(030) 12345';
   aContactItem.Save;
end;
```

Der Vollständigkeit halber liefere ich noch die Implementierung der beiden letzten Delphi-4-Beispielprojekte in der Fassung für Delphi 5 nach.

Alle Termine aus Outlook auslesen

Das Beispielprojekt finden Sie im Verzeichnis »Kapitel 12\Outlook\Delphi5\Kalender«.

```
procedure TForm1.ToolButtonListClick(Sender: TObject);
var
  DefNamespace : NameSpace;
  Journals     : MAPIFolder;
  ItemColl     : Items;
  aJournal     : OleVariant;
  iCnt         : Integer;
begin
  OutlookApplication1.Connect;
  DefNameSpace := OutlookApplication1.GetNamespace('MAPI');
  Journals := DefNameSpace.GetDefaultFolder(olFolderCalendar);
  ItemColl := Journals.Items;
  for iCnt := 1 to ItemColl.Count do
  begin
    aJournal := ItemColl.Item(iCnt);
    ListBox1.Items.Add(Format('%s - %s',
                       [DateTimeToStr(aJournal.Start),
                        aJournal.Subject]));
  end;
  OutlookApplication1.Disconnect;
  StatusBar1.SimpleText := 'Fertig.';
end;
```

Alle Kontakte aus Outlook auslesen

Das Beispielprojekt finden Sie im Verzeichnis »Kapitel 12\Outlook\Delphi5\Kontakte«.

```
procedure TForm1.ToolButtonListClick(Sender: TObject);
var
  DefNamespace : NameSpace;
  Contacts     : MAPIFolder;
  ItemColl     : Items;
  iCnt         : Integer;
begin
  OutlookApplication1.Connect;
  DefNameSpace := OutlookApplication1.GetNamespace('MAPI');
  Contacts := DefNameSpace.GetDefaultFolder(olFolderContacts);
  ItemColl := Contacts.Items;
  for iCnt := 1 to ItemColl.Count do
  begin
    ContactItem1.ConnectTo(ItemColl.Item(iCnt) as _DContactItem);
    ListBox1.Items.Add(Format('%s %s', [ContactItem1.FirstName,
                                ContactItem1.LastName]));
  end;
  OutlookApplication1.Disconnect;
  StatusBar1.SimpleText := 'Fertig.';
end;
```

12.10 Anwendungsbeispiel Microsoft Agent

Mit Microsoft Agent – einem COM-Modul in Form eines Local Servers – kann jeder Delphi-Anwender seine Programme auch mit „lebenden" Figuren ausstatten. Als Agenten stehen dabei gleich mehrere Typen zur Auswahl, wobei ich hier stellvertretend für alle anderen nur die Figuren „Merlin", „Genie" und „Robby" vorstelle.

Abb. 12.45: Die vordefinierten Figuren

Zum Agent gehören auch die Tools, die zum Erstellen eigener Figuren notwendig sind. Im Laufe der Zeit hat sich auch der Microsoft Agent weiterentwickelt, sodass verschiedene Versionen im Umlauf sind. Meine Beispiele sollten sich ab der Version 1.5 nachvollziehen lassen.

12.10.1 Die Installation

Bevor Sie das Beispielprogramm von der CD-ROM starten können, muss – falls notwendig – der Microsoft Agent auf dem Rechner installiert werden.

> *Arbeiten Sie unter Windows 2000 oder mit einem Programm aus dem Microsoft-Office-97/2000-Paket, so befindet sich der Microsoft Agent bereits auf Ihrem Rechner.*

Dazu benötigen Sie neben dem Internet Explorer (ab Version 3.02) nur zwei Dateien:

- Das 331 KByte große Installationsprogramm *MSAGENT.EXE* installiert den Microsoft Agent in dem Verzeichnis *C:\Programme\Microsoft Agent*.
- Die 3,1 MByte große vertonte Figurdatei *MERLINSFX.ACS* müssen Sie von Hand in das Verzeichnis *C:\Programme\Microsoft Agent\Characters* kopieren. Allerdings kann auch ein beliebiges anderes Verzeichnis für die Figurdatei gewählt werden, wenn der Pfad im Beispielprogramm angepasst wird.

Sie werden diese Dateien jedoch nicht auf der CD-ROM vorfinden. Der Grund dafür liegt in den Lizenzbestimmungen (siehe *LICENSE.HTM*) vom Microsoft Agent. Obwohl die Module kostenfrei weitergegeben werden, ist eine formelle Vertriebslizenz notwendig. Aus diesem Grund stehen Ihnen nur zwei Wege offen:

Abonnenten des Microsoft Developer Networks (MSDN) finden auf der US-DISC 6 „Platform SDK" sowohl das Installationsprogramm unter dem Verzeichnis *\mssdk\redist\complib* als auch die Figurdateien im Pfad *\samples\internet\msagent\characters* vor.

Alle anderen müssen sich die notwendigen Zutaten aus dem Internet über die WWW-Seite »http://www.microsoft.com/workshop/prog/agent/« besorgen. Dort finden Sie auch ein 523 KByte großes ZIP-Archiv mit der Dokumentation.

> *In der Vergangenheit hat Microsoft ständig die URLs für die eigenen Webseiten geändert, sodass Sie heute den Agent eventuell an anderer Stelle finden.*

12.10.2 Der Import in Delphi 4

Der COM-Server Microsoft Agent kann als ActiveX in eine nicht visuelle Komponente importiert werden. In der Delphi-Entwicklungsumgebung rufen Sie den Dialog ActiveX-Element importieren über das Menü KOMPONENTE | ACTIVEX IMPORTIEREN auf.

Automation

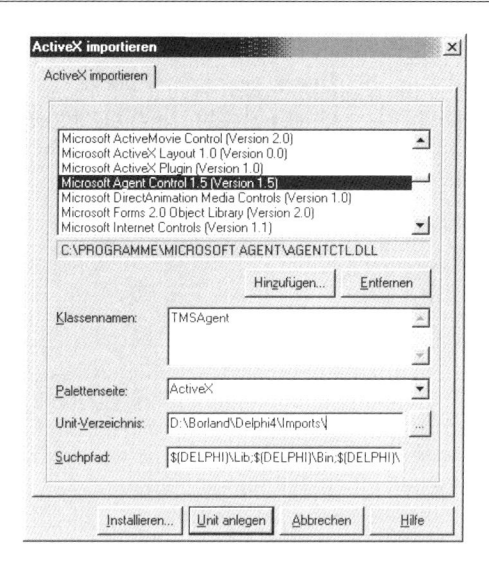

Abb. 12.46: Typbibliothek des Servers Microsoft Agent Control einbinden

In der Listbox sollte der Eintrag »Microsoft Agent Control 1.5« angezeigt werden, wenn nicht, müssen Sie über den Hinzufügen-Button die Datei *AGENTCTL.DLL* aus dem Agent-Verzeichnis auswählen. Als Klassenname tragen Sie dann „TMSAgent" (ich habe in diesem Fall das Präfix „MS"vor dem Namen gesetzt, um Kollisionen mit bereits installierten Komponenten zu vermeiden) ein – damit taucht nach der Fertigstellung eine neue Komponente in Ihrer Palette auf.

TMSAgent

Um nun im eigenen Programm eine Verbindung zum COM-Server Microsoft Agent aufzubauen, reicht es aus, eine Instanz der TMSAgent-Komponente im Formular zu platzieren und deren Eigenschaft `Connected` im Objektinspektor auf `True` zu setzen.

Abb. 12.47: Die nicht visuelle Komponente TMSAgent auf dem Formular

Damit taucht das Agent-Symbol im Benachrichtigungsbereich des Taskbars auf. Allerdings ist noch keine Figur zu sehen, da diese erst ausgewählt werden muss. Der Pfad für die Figurdatei sowie der programminterne Name der Figur wird platzsparend in den Ressourcen abgelegt. Damit kann bei Bedarf auch der Pfad über einen Ressourcen-Editor nachträglich geändert werden. Die Figur „Merlin" liegt in zwei Dateivarianten vor: *merlinsfx.acs* bietet eine Soundunterstützung an, während *merlin.acx* zwar unvertont, dafür aber merklich kleiner ist.

```
resourcestring
  cMerlinPath = 'C:\Programme\...\Characters\merlinsfx.acs';
  cMerlinName = 'MERLIN';

procedure TFormMain.FormCreate(Sender: TObject);
begin
  vFast := False;
  MSAgent1.Characters.Load(cMerlinName, cMerlinPath);
  aDispMerlin := MSAgent1.Characters.Item[cMerlinName];
  PostMessage(Handle, PM_Message, 0, 0);
end;
```

Kennt Microsoft Agent seine Figur, kann auch die Verbindung zu dieser Figur hergestellt werden. Dazu stehen verschiedene Alternativen zur Verfügung:
- IAgentCtlCharacter-Interface
- IAgentCtlCharactersDisp-Interface
- Dispinterface IDispatch

Nicht immer muss das schnellste Interface das beste sein, sodass ich im Beispielprogramm auf das klassische IDispatch-Interface zurückgreife. Dazu reicht es aus, die Interfacevariable aDispMerlin mit dem Typ OleVariant zu deklarieren. Da der COM-Server als EXE in einem eigenen Prozess und damit in einem eigenen Adressbereich ausgeführt wird, muss COM intern über einen Marshaler die Verbindung vom Client zum Server herstellen. In diesem Fall verringern sich die Geschwindigkeitsdifferenzen zwischen den drei Zugriffsalternativen, sodass es beim ersten Beispiel sinnvoll ist, das „pflegeleichte" Interface IDispatch zu verwenden.

Ist die Figur erst einmal sichtbar, sorgt jeder Aufruf der Server-Methode `Speak` dafür, dass eine Sprechblase mit der als Parameter übergebenen Zeichenkette erscheint.

Über die Server-Methode `Play` übermittelt die Anwendung die Drehbuch-Anweisungen an die Figur. Jede Anweisung wird dazu als Zeichenkette übertragen, wobei ich 80 Anweisungen in der TComboBox-Instanz im Formular voreingetragen habe. Sie können somit jede dieser Anweisungen ausprobieren und die jeweilige Zeichenkette in Ihr Drehbuch übernehmen. Wenn Sie sich die in der TComboBox-Eigenschaft `Items` eingetragenen Anweisungen einmal anschauen, erkennen Sie ein System. Eine Anweisung liegt in der Regel in zwei Varianten vor, wobei die zweite Version mit der Endung „Return" die Figur wieder in die Ausgangslage bringt. Allerdings gilt dies nicht für die langandauernden Sequenzen. Hier müssen Sie jede Animation zuerst über die Server-Methode `Stop` beenden, bevor eine neue Anweisung zur Figur geschickt werden darf.

```
procedure TFormMain.ButtonSpeakClick(Sender: TObject);
begin
  aDispMerlin.Speak(EditSpeak.Text,'');
  Application.ProcessMessages;
  Sleep(2000);
  aDispMerlin.Play('Blink');
end;
```

Allerdings müssen Sie damit rechnen, dass die Figur den Bereich des eigenen Formulars überschneidet. Damit muss sich das Formular ständig neu darstellen können. Es reicht daher nicht aus, nur über die Win32-API-Funktion `Sleep` eine Wartepause im Drehbuch einzulegen. Stattdessen müssen Sie dafür sorgen, dass auch während dieser Wartezeit das Formular jedes Übermalen durch die Figur korrigieren kann. Zu diesem Zweck ruft die lokale Prozedur `WinDelay` in einer Schleife die Botschaftsverwaltung des Applications-Objekts der Anwendung während der Wartezeit auf.

12.10.3 Das Beispielprogramm

Mit dem Beispielprogramm können Sie sich einen ersten Überblick über die Fähigkeiten dieser Figuren verschaffen. Unmittelbar nach dem Programmstart läuft die erste „Spielfilmsequenz" ab. Außerdem können Sie die Anweisungen aus der Combobox ausprobieren oder über den MoveTo-Button die Position der Figur ändern.

Das Beispielprojekt finden Sie auf der CD-ROM im Verzeichnis »Kapitel 12\MSAgent«.

Die TMSAgent-Komponente stellt über den Objektinspektor gleich 20 Ereignisse zur Verfügung. Dieses Beispiel wertet davon nur OnClick aus.

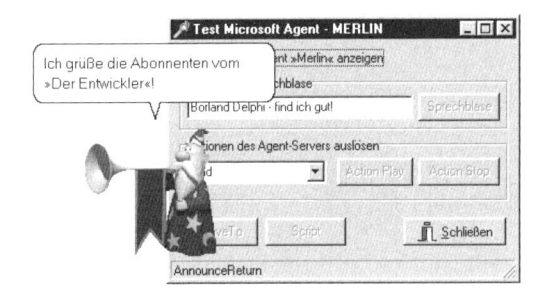

Abb. 12.48: Das Beispielprogramm in Aktion

Damit es wie ein „echter" Spielfilm erscheint, muss das Programm Animations-Anweisungen zur Figur schicken und gleichzeitig die Wartedauer zwischen den einzelnen Sequenzen berücksichtigen. Während dieser Wartezeit zeichnet sich das Formular immer dann neu, wenn die Figur den Bereich des Formulars überdeckt hat. Aus diesem Grund

Anwendungsbeispiel Microsoft Agent

darf Sleep nicht für die gesamte Wartezeit aufgerufen werden, sondern „bremst" nur die Schleife in der lokalen Prozedur `WinDelay` etwas ab. Die gerade verschickte Anweisung zeigt das Programm zudem in der Statuszeile an.

```
procedure TFormMain.DoWork(sAction: String; iWait: Integer);

  procedure WinDelay(const dwDelay: DWord);
  var
    dwTickCount : DWord;
  begin
    dwTickCount:= GetTickCount;
    while GetTickCount - dwTickCount < dwDelay do
    begin
      Application.ProcessMessages;
      Sleep(50);
    end
  end;

begin
  Application.ProcessMessages;
  StatBar.SimpleText := sAction;
  aDispMerlin.Play(sAction);
  Application.ProcessMessages;
  WinDelay(iWait);
end;
```

Allerdings ist es nicht unbedingt notwendig, alle vom Agent unterstützten Aktionsbezeichnungen von Hand in die Listbox einzutragen. Diese Informationen kann das Programm auch zur Laufzeit direkt beim Agent-Objekt erfragen, wie das folgende Beispiel demonstriert.

```
procedure TFormMain.GetAnimationList(aSL: TStrings);
  var
  pEnum        :IEnumVARIANT ;
  vAnimName    :VARIANT ;
  dwRetrieved  :DWORD ;
  hRes         : HResult;
begin
  pEnum := aDualMerlin.AnimationNames.Enum as IEnumVARIANT;
  while (TRUE) do
  begin
    hRes := pEnum.Next(1, vAnimName, @dwRetrieved);
    if hRes <> S_OK then
      Break;
    aSL.add(vAnimName);
```

Automation

```
    end;
end;
```

Das IEnumVARIANT-Beispiel finden Sie auf der CD-ROM im Verzeichnis »Kapitel 12\ AgentGreeting«, wobei dieses Projekt die Installation der Version 2.0 von Microsoft Agent voraussetzt.

12.10.4 Connection-Points-Unterstützung

Im Objektinspektor sind zwar die 20 Ereignisse von TMSAgent sichtbar und können dort auch mit eigenen Aktionen hinterlegt werden. Für die Figuren gilt dies aber nicht, hier stellt Delphi 4 keinen „hausgemachten" Weg zur Verfügung. Gerade dann, wenn mehrere Figuren interaktiv miteinander agieren sollen, muss ein Programm auf die Figurbenachrichtigungen reagieren. Die im ersten Beispiel verwendete fest codierte Wartezeit ist nur ein Notbehelf für relativ einfache Animationen.

Das zweite Beispiel für den Microsoft Agent ist hier flexibler, da tatsächlich die Figurereignisse im Objektinspektor konfiguriert werden können. Wie sofort im Formular auffällt, wird eine zweite nicht visuelle Komponente benötigt.

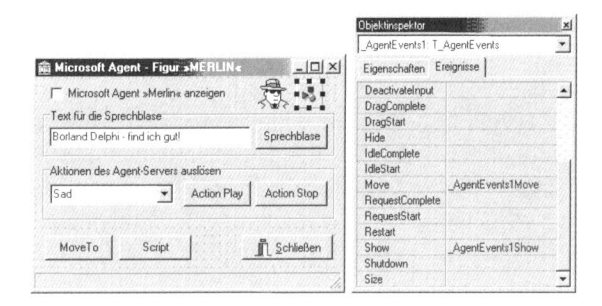

Abb. 12.49: Die generierte Hilfskomponente macht die Figurereignisse sichtbar

Der Weg für Delphi 4

Unter der URL »http://www.castle.net/~bly« stellt der von zahlreichen Veröffentlichungen bekannte Entwickler Binh Ly ein Freeware-Tool zur Verfügung, mit dessen Hilfe die Outgoing-Interfaces eines COM-Servers ausgelesen werden und das dazu passende Sink-Interface auf der Clientseite generiert wird.

Anwendungsbeispiel Microsoft Agent

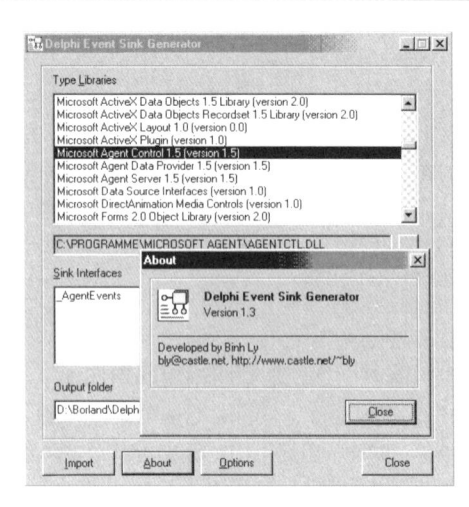

Abb. 12.50: Das Freeware-Tool »Delphi Event Sink Generator« von Binh Ly

Sobald Sie nun das »Microsoft Agent Control 1.5« aus der Liste mit den Typbibliotheken auswählen und auf die Import-Schaltfläche drücken, generiert das Tool eine neue nicht visuelle Komponente mit dem Sink-Interface für diesen Server.

Das Beispielprojekt finden Sie auf der CD-ROM im Verzeichnis »Kapitel 12\MSAgent\Delphi4\MSAgentEvents«.

Nachdem diese unter Delphi installiert wird (hier zeigen sich wieder einmal die Vorteile der Packages, da die Komponenten projektbezogen installiert werden können), stehen neben den Ereignissen von TMSAgent auch die Figur-Ereignisse von T_AgentEvents im Objektinspektor zur Verfügung.

```
Type
  TFormMain = class(TForm)
    MSAgent1: TMSAgent;
    ...
    _AgentEvents1: T_AgentEvents;
    procedure ButtonSpeakClick(Sender: TObject);
    ...
```

Damit sich nun der Client in den Connection Point des Servers ein- und wieder ausklinken kann, stellt die generierte Komponente die Methoden Connect und Disconnect zur Verfügung. Für das Herstellen der Verbindung über Connect wird das IUnknown-Interface des COM-Servers Microsoft Agent benötigt. Über die Typumwandlung IUnknown(MSAgent1.OleObject) steht dies zur Verfügung.

```
procedure TFormMain.FormCreate(Sender: TObject);
begin
```

```
    vFast := False;
    MSAgent1.Characters.Load(cMerlinName, cMerlinPath);
    aDispMerlin := MSAgent1.Characters.Item[cMerlinName];
    _AgentEvents1.Connect(IUnknown(MSAgent1.OleObject));
    PostMessage(Handle, PM_Message, 0, 0);
end;


procedure TFormMain.FormDestroy(Sender: TObject);
begin
    _AgentEvents1.Disconnect;
    aDispMerlin := Null;
end;
```

Die beiden folgenden Ereignisbehandlungsmethoden für die Figur-Ereignisse sollen den Einsatz demonstrieren.

```
procedure TFormMain._AgentEvents1Show(Sender: TObject;
    const CharacterID: WideString; Cause: Smallint);
begin
    ShowMessage('Figur zeigt sich');
end;

procedure TFormMain._AgentEvents1Move(Sender: TObject;
    const CharacterID: WideString; x, y, Cause: Smallint);
begin
    ShowMessage('Figur hat neue Position eingenommen');
end;
```

Der Weg für Delphi 5

Mit Delphi 5 wird die Angelegenheit spürbar einfacher, da Delphi selbst eine Komponente für den COM-Server Microsoft Agent zusammenbauen kann. Sie müssen nur darauf achten, dass beim Importieren der Typbibliothek die Checkbox KOMPONENTEN-WRAPPER GENERIEREN angekreuzt wird.

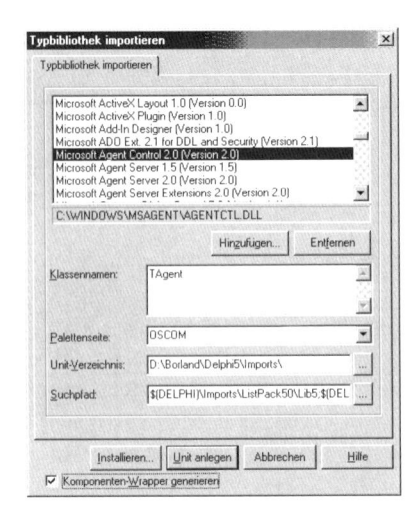

Abb. 12.51: Der TOleServer-Nachfolger für MS Agent Control 2.0 wird angelegt

Der Dialog wird dann über den Button INSTALLIEREN geschlossen, wobei Delphi die automatisch generierte Komponente TAgent in eine Package einbindet. Nachdem Sie den Package-Namen ausgewählt haben, wird die Package kompiliert und die neue Komponente somit in Delphi registriert.

Nach diesen Vorbereitungen kann das „alte" Delphi-4-Projekt mit Delphi 5 weiterbearbeitet werden. Allerdings stoßen Sie dann auf ein neues Problem, für das Delphi 5 jedoch bereits eine Lösung mitbringt.

IEnumVARIANT vs. IEnumVARIANT_D4

In der Delphi-Unit *ActiveX* von Delphi 5 finden Sie gleich zwei Ausführungen für das IEnumVARIANT-Interface, wobei Borland sogar einen Kommentar dazu spendiert hat:

```
IEnumVariant = interface(IUnknown)
  ['{00020404-0000-0000-C000-000000000046}']
  function Next(celt: LongWord; var rgvar : OleVariant;
    out pceltFetched: LongWord): HResult; stdcall;
  function Skip(celt: LongWord): HResult; stdcall;
  function Reset: HResult; stdcall;
  function Clone(out Enum: IEnumVariant): HResult; stdcall;
end;

IEnumVariant_D4 = interface(IUnknown)
  ['{00020404-0000-0000-C000-000000000046}']
  function Next(celt: Longint; out elt;
    pceltFetched: PLongint): HResult; stdcall;
  function Skip(celt: Longint): HResult; stdcall;
  function Reset: HResult; stdcall;
  function Clone(out Enum: IEnumVariant): HResult; stdcall;
```

```
end;

{ IEnumVariant_D4 is the IEnumVariant interface as used by
  Delphi 4, and has been deprecated due to changes in the
  type library. IEnumVariant has been updated to reflect
  those changes. }
```

Die Parameter der Interface-Methode Next wurden in Delphi 5 neu deklariert, sodass die strenge Typprüfung des Delphi-Compilers an dieser Stelle Schwierigkeiten macht. Damit diese Änderung nicht zu grundlegenden Änderungen an vorhandenen Dephi-4-Projekten führt, kann der Entwickler den Typ IEnumVARIANT einfach durch die alte Deklaration IEnumVARIANT_D4 austauschen. Somit muss auch in meinem Beispielprojekt die Methode GetAnimationList an zwei Stellen geändert werden.

```
procedure TFormMain.GetAnimationList(aSL: TStrings);
var
  pEnum        : IEnumVARIANT_D4 ;
  vAnimName    : VARIANT ;
  dwRetrieved  : DWORD ;
  hRes         : HResult;
begin
  pEnum := aDualMerlin.AnimationNames.Enum as IEnumVARIANT_D4;
  while (TRUE) do
  begin
    hRes := pEnum.Next(1, vAnimName, @dwRetrieved);
    if hRes <> S_OK then
      Break;
    aSL.add(vAnimName);
  end;
end;
```

12.11 Internet Explorer

Nur der Vollständigkeit halber darf auch ein Beispiel zum Thema Internet und Automation nicht fehlen. Der Microsoft Internet Explorer (IE) stellt eine eigene leistungsfähige Automation-Schnittstelle zur Verfügung.

Das erste Beispiel startet eine neue IE-Instanz

Das folgende Minimal-Beispiel demonstriert das Anwählen von URLs aus dem eigenen Programm heraus.

Das Beispielprojekt finden Sie im Verzeichnis »Kapitel 12\Internet Explorer«.

Da im Beispiel nur die Methode Navigate aufgerufen wird, ist der Verzicht auf die frühe Bindung verschmerzbar. Sie müssen somit noch nicht einmal die Typbibliothek des Internet Explorers einbinden.

```
uses ComObj;

procedure TForm1.FormCreate(Sender: TObject);
begin
  vIE := CreateOleObject('InternetExplorer.Application');
  if not VarIsEmpty(vIE) then
    vIE.Visible := True;
end;

procedure TForm1.SpeedButtonURLClick(Sender: TObject);
begin
  if not VarIsEmpty(vIE) then
    vIE.Navigate(ComboBoxURL.Text);
end;
```

Im Beispielprogramm wird dazu eine neue Instanz des Internet Explorers abgefordert. Was ist aber notwendig, wenn eine bereits laufende Instanz fernbedient werden soll? Leider trägt sich der Internet Explorer nicht in die Running Object Table (ROT) ein, sodass der übliche Weg über GetOleObject keine Wirkung zeigt.

Das zweite Beispiel verwendet die bereits aktive IE-Instanz

Erst die Suche in der MSDN Library hat im Knowledge-Base-Artikel Q176792 „HOW-TO: Connecting to a Running Instance of Internet Explorer" eine Lösung für dieses Problem gefunden. Anstelle der ROT wird das ShellWindows Object empfohlen, um dort nach dem gesuchten Interface zu fragen. Im Knowledge-Base-Artikel ist für Visual Basic und für C++ ein Beispiel aufgeführt, das VB-Beispiel habe ich einmal zum Test nachgebaut. Und hier kann ich tatsächlich den bereits laufenden IE auf eine andere URL umbiegen. Dazu ist es notwendig, die Typbibliothek der Microsoft Internet Controls zu installieren, wobei Delphi die beiden neuen Komponenten TShellWindows und TInternetExplorer generiert.

```
procedure TForm1.Button1Click(Sender: TObject);
var
  aBrowserObj : IWebBrowser2;
  i           : Integer;
begin
  for i := 0 to ShellWindows1.Count - 1 do
  begin
    aBrowserObj := ShellWindows1.Item(i) as
      IWebBrowser2;
    if aBrowserObj.LocationURL =
```

```
          'http://www.entwickler.com/' then
      begin
        InternetExplorer1.ConnectTo(aBrowserObj);
        InternetExplorer1.GoHome;
        InternetExplorer1.Disconnect;
      end;
    end;
end;
```

Mithilfe dieser beiden Komponenten kann nun das eigene Programm die bereits laufende Internet-Explorer-Instanz auf eine andere URL umleiten.

Das Beispielprojekt finden Sie im Verzeichnis »Kapitel 12\Internet Explorer\ConnectToIE«.

13 DCOM

Dieses Kapitel finden Sie auf der beiliegenden Buch-CD.

14 MIDAS

Die Zeiten ändern sich. Vor Jahren noch war der direkte Zugriff auf Datenbanken entfernter Server nur selten anzutreffen. Meistens griff ein Entwickler zudem auf die Replikation der Datenbestände zurück. Mit dem Internet-Boom änderte sich die Situation jedoch grundlegend, der ungehinderte Informationsaustausch über Internet, Intranet und Extranet gehört nunmehr zum Alltag. Dies hat auch Konsequenzen für uns als Entwickler von IT-Lösungen. Viele Kunden erwarten nun eine Option, über die genauso einfach auf entfernte Datenbanken zugegriffen werden kann, wie sie es vom Browsen im Internet her gewohnt sind. Es liegt auf der Hand, dass bei diesem Szenario ganz andere Kriterien ins Spiel kommen.

MIDAS 2 (Multi-tier Distributed Application Services) stellte für diese und viele andere Aufgaben eine vorgefertigte Implementierung bereit. Um praxisnah den unterschiedlichen Anforderungen gerecht zu werden, muss MIDAS eine Flexibilität anbieten, die auf den ersten Blick verwirrend ausschaut. Alle Konfigurationsoptionen lassen sich dabei in drei Gruppen einteilen:

- Verbindungsprotokoll zum MIDAS-Applikationsserver
- Wirkungsprinzip des MIDAS-Applikationsservers
- Erscheinungsform des MIDAS-Clients

Mit MIDAS 3 wurde vieles anders, denn im Gegensatz zu den ersten beiden MIDAS-Versionen stehen nun die zustandslosen Server im Mittelpunkt. Dieser Schritt war notwendig, damit sich die MIDAS-Server besser in den MTS – oder Windows DNA, wie der aktuelle Marketingname bei Microsoft heute lautet – eingliedern kann.

Im nächsten Kapitel gehe ich beim Thema MTS genauer auf die Unterschiede zwischen den zustandsbehafteten und den zustandslosen Servern ein.

Doch das ist leider nicht die einzige gravierende Änderung. Sie werden immer dann mit Problemen konfrontiert, wenn in der MIDAS-Anwendung über ADO oder IBX auf die Datenbank zugegriffen werden soll.

Für eine umfassende Einführung in MIDAS fehlt in diesem Buch der dafür notwendige Platz, ich gehe daher nur auf die Punkte ein, die das Zusammenspiel von MIDAS mit COM beschreiben.

14.1 Delphi 4 und MIDAS 2

14.1.1 Client ruft Server – die Verbindungsalternativen

Bereits beim Verbindungsprotokoll zum Applikationsserver hat der Entwickler die Qual der Wahl. Neben TDCOMConnection, TSocketConnection und TCorbaConnection steht auch noch TOLEnterpriseConnection zur Verfügung. Nur zwei davon sind allgemein verfügbar, für CORBA und OLEnterprise wird zusätzliche kostenpflichtige Software benötigt. Der Zugriff auf diese beiden Komponenten macht nur dann Sinn, wenn die Anwendung in ein bereits bestehendes System eingebunden werden soll.

Bleiben also TDCOMConnection und TSocketConnection übrig. MIDAS ist auf COM bzw. DCOM aufgebaut. Daher ist auch TDCOMConnection die native Zugriffskomponente. Dies setzt allerdings voraus, dass die vom DCOM-Standard vorgegebenen Spielregeln eingehalten werden. Konkret bedeutet dies, dass ein Windows NT-Server als Domänenkontroller für die Clients zuständig sein muss, um die Vorteile von DCOM tatsächlich voll auszunutzen. Da DCOM ein integrierter Bestandteil von Windows NT ist, übernimmt das Betriebssystem die Zugriffskontrolle auf den MIDAS-Applikationsserver. Ein zweiter, wichtiger Pluspunkt für DCOM ist die im Vergleich zu allen anderen Alternativen höchste Performance bei der Datenübertragung.

Allerdings ist DCOM nicht für alle Einsatzfälle geeignet. Immer dann, wenn mit "anonymen" Benutzern gerechnet werden muss, die sich zudem nicht in der NT-Domäne anmelden können, steht mit TSocketConnection eine einfachere Alternative zur Verfügung. Hier reicht eine einfache TCP/IP-Verbindung zwischen Client und Applikationsserver aus. Da MIDAS 2 allerdings auf COM basiert, wird in Form von *SCKTSRVR.EXE* (oder von *SCKTSRVC.EXE* als NT-Service) ein Verbindungsglied benötigt. Der Borland Socket Server setzt die eintreffenden TCP/IP-Aufrufe in COM-Aufrufe um und bedient auch die Gegenrichtung. Es liegt auf der Hand, dass dieser Zwischenschritt seinen Tribut an Prozessorzeit fordert.

14.1.2 MIDAS-2-Server

Die unterschiedlichen Wirkungsprinzipien eines MIDAS-2-Servers stelle ich Ihnen in fünf Erscheinungsformen vor:

1. Briefcase-Modell
2. SingleInstance-Server
3. MultiInstance-Server
4. MultiInstance-Multithread-Server
5. Poolmanager-Server

Alle Beispielprojekte finden Sie auf der CD-ROM zum Buch vor, wobei ich generell TDCOMConnection-Instanzen einsetze und davon ausgehe, dass InterBase-Server, MIDAS-Server und MIDAS-Client auf dem gleichen Rechner ausgeführt werden. Es hindert Sie jedoch niemand daran, den BDE-Alias für die InterBase-Datenbank auf einen Server-Pfad zu ändern beziehungsweise über *DCOMCNFG.EXE* auch den MIDAS-Server auf einem anderen Rechner ausführen zu lassen.

Alle Beispiel-Server verwenden eine grafische Benutzeroberfläche, um aktuelle Zustandsinformationen auszugeben.

BDE-Alias KonferenzCS1Test

Alle MIDAS-Applikationsserver greifen über den BDE-Alias *KonferenzCS1Test* auf die lokale InterBase-5.1-Datenbank *IBTEST.GDB* zu. Zur Entwicklungszeit wurde die folgende Alias-Konfiguration verwendet. Nach dem Kopieren der Datenbankdatei aus dem

Verzeichnis *Database* auf ein Festplattenlaufwerk Ihrer Wahl, muss der aktuelle Pfad unter SERVER NAME geändert werden.

```
SERVER NAME=E:\Database\Ibtest.gdb
USER NAME=SYSDBA
OPEN MODE=READ/WRITE
SCHEMA CACHE SIZE=8
LANGDRIVER=DBWINWE0
SQLQRYMODE=
SQLPASSTHRU MODE=SHARED AUTOCOMMIT
SCHEMA CACHE TIME=-1
MAX ROWS=-1
BATCH COUNT=200
ENABLE SCHEMA CACHE=FALSE
SCHEMA CACHE DIR=
ENABLE BCD=FALSE
BLOBS TO CACHE=64
BLOB SIZE=32
PASSWORD=masterkey
```

Server-Registrierung

Vor dem ersten Aufruf der Client-Programme bzw. der Webseite müssen alle Server auf dem Rechner registriert werden. Dazu müssen Sie entweder

- die Local Server im EXE-Format starten und wieder beenden
- die In-process Server im DLL/OCX-Format über *REGSVR32.EXE* registrieren oder nach dem Neukompilieren den entsprechenden Menüpunkt in Delphi aufrufen.

Delphi Projektoptionen

Alle Beispielprojekte verwenden die folgende Konfiguration für die Verzeichnisse:

- Ausgabeverzeichnis = *D:\COM-Server*
- Ausgabe für Units = *C:\Ablage*

Gegebenenfalls müssen Sie unter PROJEKT | OPTIONEN diese Einträge mit Ihren Angaben überschreiben.

14.1.3 Briefcase-Modell

Beim Briefcase(Aktentaschen)-Modell kann der Client auch dann noch mit dem Datenbestand weiterarbeiten, wenn die Verbindung zum Server unterbrochen ist. Neben den Anwendungen für Außendienstler, die unterwegs auf einem Notebook weiterarbeiten, sind auch Zugriffe auf entfernte Datenbanken über Wählverbindungen klassische Anwendungsfälle für dieses Modell.

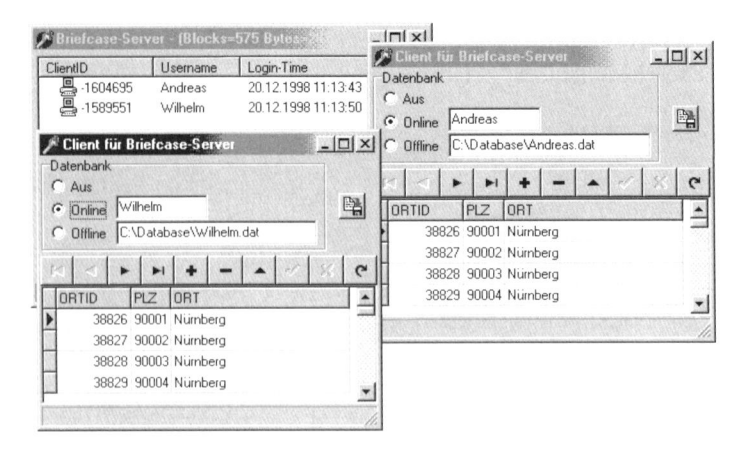

Abb. 14.1: Zwei Clients sind mit dem Server verbunden

Da mehrere Clients unsynchronisiert mit dem gleichen Ausgangsdatenbestand arbeiten, muss das spätere Updaten der Server-Datenbank mit Konfliktfällen rechnen. MIDAS stellt dazu eine vorgefertigte Implementierung zur Verfügung.

Zur Demonstration kann ein Konflikt absichtlich erzeugt werden. Dazu gehen beide Clients offline und ändern den ersten Datensatz. Der erste Client kann anschließend online problemlos alle Änderungen zum Server schicken und sich im Anschluss daran eine aktuelle Kopie der Daten vom Server herunterladen. Versucht der zweite Client das Gleiche, erhält er von MIDAS einen speziellen Fehlerdialog.

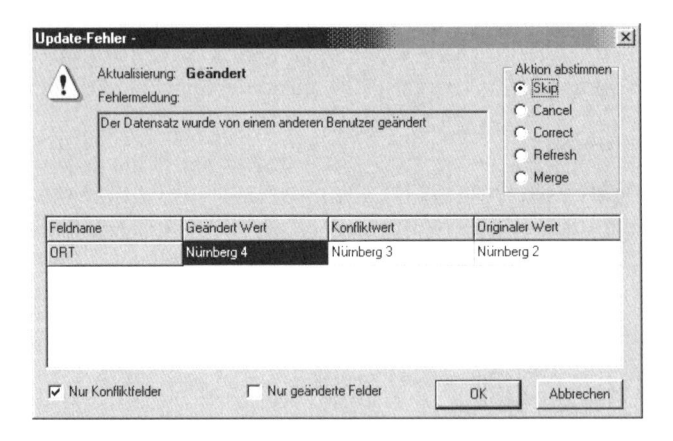

Abb. 14.2: Der Konflikt wird automatisch erkannt

Im CLIENTDATASET STANDARD RECONCILE ERROR-Dialog stellt MIDAS völlig in eigener Regie die Konfliktsituation dar, der Entwickler muss hier nicht speziell eingreifen. Der Anwender kann nun entscheiden, was mit seiner Datensatzänderung passieren soll.

Berücksichtigt man dabei noch, dass auch das Briefcase-Modell keine BDE, sondern nur eine 150 KByte große DLL benötigt, ist das durchaus eine interessante Sache. Allerdings bleibt als Wermutstropfen die Tatsache, dass die ClientDatasets alle Datensätze im Arbeitsspeicher puffern. Das ist zwar sehr schnell, aber ressourcenintensiv, sodass der Entwickler dafür sorgen muss, dass keine sehr großen Datenmengen auftreten.

Die Projektdateien für Delphi 4 finden Sie auf der CD-ROM im Verzeichnis »Kapitel 14\MIDAS 2\BriefcaseDBSrv«.

Der Server

Der MIDAS-2-Server besteht aus drei Teilen. Neben dem Formular für die Benutzeroberfläche und dem externen Datenmodul muss dieser COM-Server als Pflichtaufgabe auch eine Typbibliothek bereitstellen. Der Client kann ausschließlich über ein Interface auf den COM-Server zugreifen, wobei MIDAS mit IDataBroker ein geeignetes Interface als Grundlage bereitstellt. Der Server soll das Ergebnis einer SQL-Abfrage zur Verfügung stellen, daher muss auch die TQuery-Instanz ihre Datenmenge in einer für COM geeigneten Form übermitteln. Unter MIDAS übernimmt diesen Aufgabenbereich das IProvider-Interface. Über die Interface-Methode `AddUser` teilt der Client dem Server seinen Benutzernamen mit, sodass dieser die Anzeige aller aktiven Clients im Formular aktualisieren kann.

```
IBriefcaseServer = interface(IDataBroker)
  ['{AC523E02-6BFB-11D2-870D-9618C0110399}']
  function Get_Query1: IProvider; safecall;
  procedure AddUser(CltID: Integer;
                    const UserName: WideString); safecall;
  property Query1: IProvider read Get_Query1;
end;
```

Externes Datenmodul

Die auf den ersten Blick schwierigste Aufgabe, die Übertragung der Ergebnismenge der SQL-Abfrage zum Client, ist mit MIDAS am schnellsten erledigt. Die TQuery-Instanz stellt über die Eigenschaft `Provider` eine geeignete Schnittstelle zur Verfügung.

```
uses BriefcaseDBSrvFrm;

function TBriefcaseServer.Get_Query1: IProvider;
begin
  Result := Query1.Provider;
end;

procedure TBriefcaseServer.AddUser(CltID: Integer;
                                   const UserName: WideString);
begin
  FCltID := IntToStr(CltID);
```

```
    FormServer.AddUserToList(FCltID, UserName, DateTimeToStr(Now));
end;

procedure TBriefcaseServer.BriefcaseServerDestroy(Sender:
TObject);
begin
    FormServer.DeleteUserFromList(FCltID);
end;
```

Das Anmelden eines Clients ist im Datenmodul ebenfalls schnell erledigt, indem die Arbeit sofort an das Server-Formular weitergereicht wird. Falls der Client seine Verbindung zum Server abbaut, entfernt die Ereignisbehandlungsmethode für das OnDestroy-Ereignis den Eintrag für diesen Client.

Server-Formular

Das Server-Formular übernimmt als Benutzeroberfläche zwei Aufgaben. Zum einen soll der aktuelle Speicherverbrauch des Speichermanagers ständig aktualisiert werden. Und zum anderen protokolliert der Server in einer TListView-Instanz alle zurzeit angemeldeten Clients mit.

```
procedure TFormServer.FormCreate(Sender: TObject);
begin
    FCaption := Caption;
    Application.OnIdle := ShowHeapStatus;
end;

procedure TFormServer.AddUserToList(const CltID,
                                          UserName,
                                          LoginDate: String);
var
    ListItem: TListItem;
begin
    with ListViewUsers do
    begin
        ListItem := Items.Add;
        with ListItem do
        begin
            Caption := CltID;
            ImageIndex := 0;
            SubItems.Add(Username);
            SubItems.Add(LoginDate);
        end;
    end;
end;
```

```
procedure TFormServer.DeleteUserFromList(const ThrdID: String);
begin
  with ListViewUsers do
    Items.Delete(Items.IndexOf(FindCaption(0, ThrdID, False,
                                            True, False)));
end;

procedure TFormServer.ShowHeapStatus(Sender: TObject; var Done:
Boolean);
begin
  Caption := Format('%s - (Blocks=%d Bytes=%d)',
                    [FCaption, AllocMemCount, AllocMemSize]);
end;
```

Der Client übergibt beim Aufruf der Methode `AddUser` eine Nummer, die als Garderobenmarke zur eindeutigen Zuordnung verwendet wird. Dabei speichert die TListView-Instanz alle angemeldeten Benutzer, sodass ein Client auch direkt über seine ID-Nummer wieder aus dieser Liste entfernt werden kann.

Der Client

Der MIDAS-Client für den Briefcase-Server besteht aus zwei Formularen, wobei eines davon, der CLIENTDATASET STANDARD RECONCILE ERROR-Dialog, bereits einsatzfertig zum MIDAS-Lieferumfang gehört.

Immer dann, wenn der Client offline arbeiten will, greift er auf die lokal gespeicherten Daten zu. Da in diesem Beispiel auf dem gleichen Rechner auch mehrere Clients gleichzeitig gestartet werden können, muss das Programm für jeden Client einen eindeutigen Dateinamen vorsehen. Im Beispiel wird dazu der Benutzername herangezogen. Außerdem ermittelt das Programm gleich beim Start über die Win32-API-Funktion `GetCurrentThreadID` eine eindeutige ID-Nummer.

```
procedure TFormClient.FormCreate(Sender: TObject);
begin
  FCltID := GetCurrentThreadID;
  EditDBFile.Text := Format('C:\Database\%s.dat',
                             [EditUserName.Text]);
end;

procedure TFormClient.EditUserNameExit(Sender: TObject);
begin
  EditDBFile.Text :=
Format('C:\Database\%s.dat',[EditUserName.Text]);
end;
```

Der zweite Aufgabenbereich betrifft das Aktivieren des Datenbestandes, wobei entweder mit den lokal gespeicherten Daten gearbeitet werden kann oder direkt mit den Daten vom

MIDAS-Server. Dazu stellt die TDCOMConnection-Instanz DCOMDBSrv eine Verbindung zum eigenen MIDAS-Server her. Über die TDCOMConnection-Eigenschaft App-Server kann der Client direkt auf das Dispatch-Interface vom Server zugreifen und so, ohne eine eigene Interface-Variable anzufordern, auf die Interface-Methoden des Servers zugreifen.

```
procedure TFormClient.RadioGroupConnectClick(Sender: TObject);
begin
  case RadioGroupConnect.ItemIndex of
    0 : begin
          ClientDataSetBC.Active := False;
          DCOMDBSrv.Connected := False;
          SBtnUpdate.Enabled := False;
        end;
    1 : begin
          ClientDataSetBC.FileName := EditDBFile.Text;
          DCOMDBSrv.Connected := True;
          DCOMDBSrv.AppServer.AddUser(FCltID,
            WideString(EditUserName.Text));
          ClientDataSetBC.Active := True;
          SBtnUpdate.Enabled := True;
        end;
    2 : begin
          DCOMDBSrv.Connected := False;
          ClientDataSetBC.FileName := EditDBFile.Text;
          ClientDataSetBC.Active := True;
          SBtnUpdate.Enabled := False;
        end;
  end;
end;
```

Der Client kann die Daten nicht nur auswerten, sondern auch ändern. Um nun seine Aktualisierungen in der Server-Datenbank eintragen zu lassen, muss er online gehen und den Update-Vorgang durch den Aufruf von ApplyUpdates anstoßen. Der Parameter MaxErrors legt dabei die Schmerzgrenze für Update-Konflikte fest. Wenn MaxErrors den Wert -1 hat, wird der Update-Prozess im Fehlerfall abgebrochen, und aus dem Änderungsprotokoll werden keine Datensätze entfernt.

```
procedure TFormClient.SBtnUpdateClick(Sender: TObject);
begin
  ClientDataSetBC.ApplyUpdates(-1);
end;
```

Allerdings reicht der Abbruch des Update-Vorgangs allein nicht aus, der Konflikt muss so oder so beseitigt werden. Dafür ist die Ereignisbehandlungsmethode für das OnReconcileError-Ereignis der TClientDataSet-Instanz zuständig. Diese Methode macht nichts anderes, als den ClientDataSet Standard Reconcile Error-Dialog von MIDAS anzuwerfen.

```
procedure TFormClient.ClientDataSetBCReconcileError(
                    DataSet: TClientDataSet;
                    E: EReconcileError;
                    UpdateKind: TUpdateKind;
                    var Action: TReconcileAction);
begin
  Action := HandleReconcileError(DataSet, UpdateKind, E);
end;
```

14.1.4 SingleInstance-Server

Wird im Experte für externes Datenmodul die Instanzierungsart EINE INSTANZ ausgewählt, erhält jeder Client einen eigenen MIDAS-Serverprozess und damit ein eigenes externes Datenmodul. Dies ist mit einer klassischen Client/Server-Anwendung vergleichbar, nur dass zwischen dem für den Anwender sichtbaren Formular und dem im Hintergrund agierenden Datenmodul eine Rechnergrenze liegt. Auf dem Client-Rechner wird weder die BDE noch ein Datenbanktreiber benötigt, die 150 KByte große *DBCLIENT.DLL* stellt stattdessen die Verbindung zum MIDAS-Server sicher.

Somit ist dies die für den Entwickler einfachste Implementierung einer verteilten Anwendung. Da jeder Client seinen eigenen Server-Prozess erhält, ist die einfachste auch die stabilste Implementierung. Ein abstürzender MIDAS-Serverprozess hat nur für einen Client Konsequenzen.

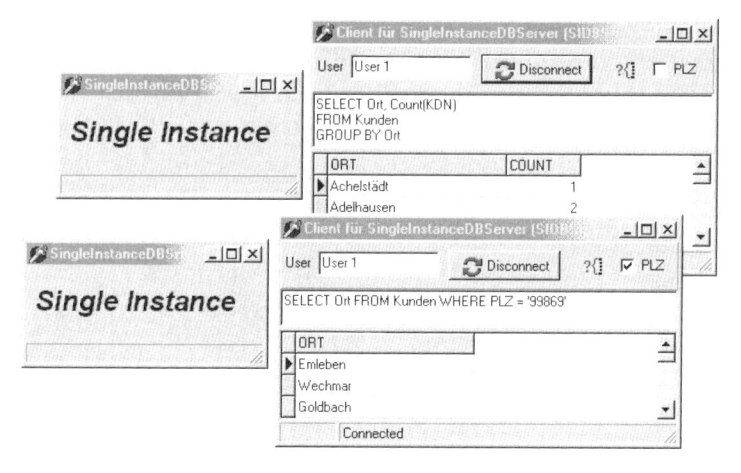

Abb. 14.3: Zwei Clients = zwei Server!

Allerdings gibt es da natürliche Grenzen für die Anzahl der maximal gleichzeitig aktiven Clients. Jeder Client startet einen neuen MIDAS-Serverprozess, der über die BDE auf die

SQL-Datenbank zugreift. Damit existieren zwangsläufig gleich drei Engstellen im System:
- Auf einem Rechner dürfen nur maximal 48 Prozesse auf die BDE zugreifen.
- Ein SQL-Server kann nicht beliebig viele Sessions (Clients) parallel bedienen (lizenzrechtliche und technische Beschränkungen).
- Windows NT kann auch bei einem gut ausgestatteten Rechner nicht beliebig viele Prozesse parallel ausführen.

Wird der MIDAS-Server mit Runtime-Packages kompiliert, resultiert daraus eine sehr kleine EXE-Datei. Da die Package-DLLs von mehreren Server-Instanzen gemeinsam genutzt werden (auch wenn Win32 die DLLs in jeden Adressraum spiegelt), wird so der Arbeitsspeicherverbrauch verringert. Der SingleInstance-Server ist also immer dann eine brauchbare Lösung, wenn die Beschränkung auf maximal 48 gleichzeitig aktive Benutzer kein Problem darstellt.

Die Projektdateien für Delphi 4 finden Sie auf der CD-ROM im Verzeichnis »Kapitel 14\MIDAS 2\SingleInstanceDBSrv«.

Der SingleInstance-Server enthält so wenig Programmzeilen, dass nur eine einzige Stelle der Erwähnung wert ist:

```
function TSIDBServer.ProviderIDDataRequest(Sender: TObject;
                  Input: OleVariant): OleVariant;
begin
  QuerySI.SQL.Text := Input;
end;
```

Das Ereignis `OnDataRequest` der TProvider-Instanz wird ausgewertet, damit der Client den SQL-Abfragetext der TQuery-Instanz im Server festlegen kann. Mit diesen Vorbereitungen kann der Client beliebige SQL-Abfragen beim MIDAS-Server abfordern.

```
procedure TFormClient.SBtnStartClick(Sender: TObject);
begin
  DBGrid1.Visible := False;
  ClientDataSetSI.Close;
  ClientDataSetSI.Provider.DataRequest(MemoSQL.Lines.Text);
  ClientDataSetSI.Open;
  DBGrid1.Visible := True;
end;
```

Immer dann, wenn mit mehr als einem Dutzend gleichzeitig aktiver Clients gerechnet werden muss, sollten Sie sich eine der folgenden Server-Arten etwas genauer anschauen.

14.1.5 MultiInstance-Server

Wird im Experten für externes Datenmodul die Instanzierungsart MEHRERE INSTANZEN ausgewählt, so teilen sich alle Clients eine Serverinstanz. Damit spielt das BDE-Limit von 48 Prozessen keine Rolle mehr. Beachten Sie dabei bitte, dass die Instanzierungsart beim Generieren des MIDAS-Servers abgefragt wird, daher gilt MEHRERE INSTANZEN nur aus der Sichtweise des Servers in Hinblick auf die Clients.

> *Die Projektdateien für Delphi 4 finden Sie auf der CD-ROM im Verzeichnis »Kapitel 14\MIDAS 2\DBSrv«.*

Der eine Server-Prozess instanziert für jeden Client ein eigenes externes Datenmodul. Alle externen Datenmodule benutzen jedoch den gleichen Prozessraum. Und hier liegt auch der Haken an der Sache: Alle Zugriffe der Clients werden vom Server in einem gemeinsamen Thread (dem primären Thread des Server-Prozesses) ausgeführt und damit zwangsläufig serialisiert! Das entsprechende BDE-Limit liegt nun bei theoretisch 2048 Clients, vorausgesetzt, die HandleShared-Eigenschaft der TDatabase-Instanz im externen Datenmodul wurde auf True gesetzt. Damit können zwar wesentlich mehr Clients gleichzeitig mit dem Server verbunden sein, aber die einzelnen Zugriffe auf den Server sind nur nacheinander möglich.

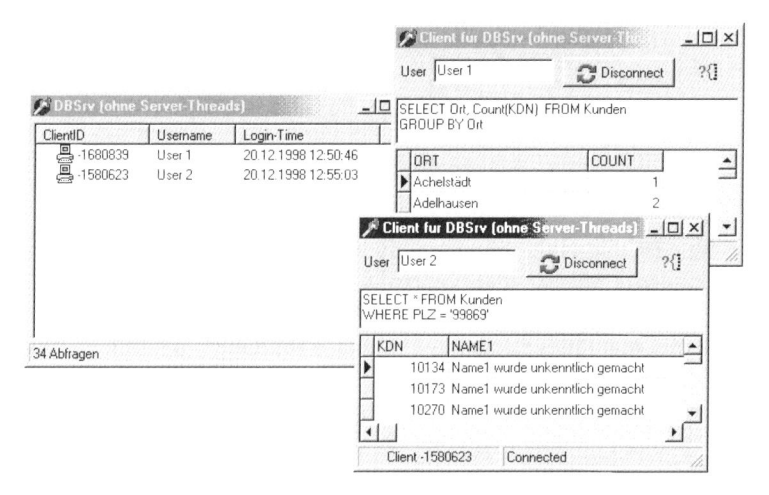

Abb. 14.4: Alle Clients teilen sich einen Server

Mit dem Beispielprogramm *DBCLT.EXE* können Sie das nachvollziehen. Auch dann, wenn ein Client nur eine einfache SQL-Abfrage zum Server schickt, bekommt der Anwender erst dann das Ergebnis zu sehen, wenn der andere Client mit seiner komplexen Abfrage fertig ist.

Der Server

Der MIDAS-2-Server ist für mehrere Clients zuständig. Jeder Client erhält zwar ein eigenes externes Datenmodul, aber alle werden im primären Thread des Servers ausgeführt. Damit nicht jeder Client auch eine eigene Datenbankverbindung erzeugt, wird die TDatabase-Eigenschaft `HandleShared` auf True gesetzt, somit nutzt jeder Client die gemeinsame BDE-Verbindung. Der Vorteil liegt auf der Hand: ein wesentlich geringerer Speicherverbrauch pro Clientverbindung.

Das externe Datenmodul verwendet jeweils eine TQuery- und TProvider-Instanz. Es wird jedoch nur QueryVarSQL aus dem Datenmodul exportiert, die TProvider-Instanz hingegen nicht. Die TProvider-Instanz im externen Datenmodul dient dazu, auf das OnDataRequest-Ereignis reagieren zu können. Damit kann auch in diesem Beispiel der Client den SQL-Abfragetext frei wählen. Damit dies jedoch auch so funktioniert, muss die Standard-Zuordnung von `QueryVarSQL.Provider` durch `ProviderVarSQL.Provider` ersetzt werden.

```
function TDBServer.Get_QueryVarSQL: IProvider;
begin
  //Result := QueryVarSQL.Provider;  Original von Delphi generiert
  Result := ProviderVarSQL.Provider;
end;
```

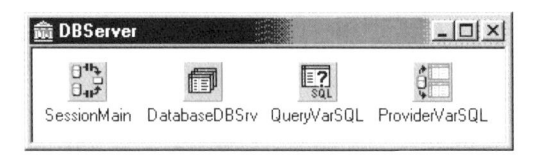

Abb. 14.5: Das externe Datenmodul des MultiInstance-Servers

Damit sind die Möglichkeiten der Delphi-Wizards von Delphi 4 erschöpft, es wird nur die Wahl zwischen einfacher und mehrfacher Instanz geboten. Dies bedeutet jedoch nicht, dass damit das Ende der Fahnenstange erreicht ist. Ganz im Gegenteil, es wird erst richtig interessant. Allerdings steht ab sofort kein Wizard mehr zur Unterstützung bereit.

14.1.6 MultiInstance-Multithread-Server

Das Problem beim vom Wizard generierten MultiInstance-Server liegt darin, dass der Server zwar für jeden Client eine eigene Instanz des externen Datenmoduls erzeugt, alle Instanzen aber im gleichen Thread ausgeführt werden. Wenn es nun gelingt, jede Instanz des externen Datenmoduls in einem eigenen Thread auszuführen, wird der MultiInstanz-Server wieder richtig interessant.

Hier kommt die `TThreadedClassFactory` von Borland ins Spiel. Allen denjenigen unter Ihnen, die sich die Beispielprojekte aus dem Demos-Verzeichnis von Delphi angeschaut haben, wird TThreadedClassFactory bekannt vorkommen.

MIDAS

Beachten Sie, dass dieser Buchabschnitt nur für MIDAS-2-Server gilt, die mit Delphi 4 entwickelt wurden. Ab Delphi 5 spielt TThreadedClassFactory keine Rolle mehr.

Die in der Unit *ThrddCF.pas* implementierten Klassen gestatten den für den Entwickler einfachen Einsatz von mehreren Threads in einem Local/Remote-Server. Durch TThreadedClassFactory erhält jeder Client sein eigenes externes Datenmodul in einem eigenen Apartment (alias Thread). Damit kann der MIDAS-Server alle Clients scheinbar parallel bedienen, da Windows die Prozessorzeit auf die einzelnen aktiven Threads aufteilt. Für MIDAS und die beteiligten VCL-Komponenten ist das der Idealfall, da das Apartment-Threading die einzige offiziell unterstützte Multithreading-Option ist.

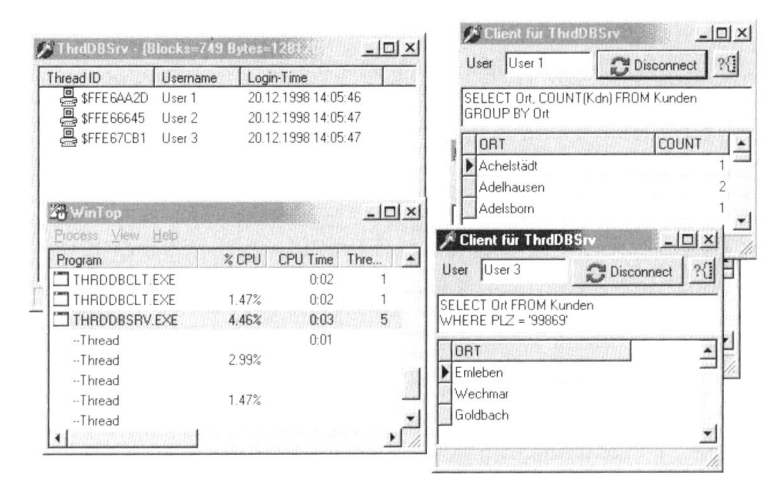

Abb. 14.6: Der Multithread-Server in Aktion

Mit dem Beispielprojekt *THRDDBCLT.EXE* werden die Vorteile des Multithreadings in einem MIDAS-Server deutlich. Obwohl der dritte Benutzer seine Abfrage als letzter gestartet hat, erhält er für seine einfache SQL-Abfrage das Ergebnis zuerst. Mit dem Tool WinTop aus den Microsoft Kernel Toys sind zudem die zusätzlichen Threads gut sichtbar.

Die Projektdateien für Delphi 4 finden Sie auf der CD-ROM im Verzeichnis »Kapitel 14\MIDAS 2\ThrdDBSrv«.

Der Server

Der Einsatz ist verblüffend einfach. Neben der Einbindung der Unit *ThrddCF* in die Uses-Klausel des externen Datenmoduls muss im Initialization-Abschnitt nur der vom

Wizard generierte Aufruf von `TComponentFactory.Create` durch den neuen Aufruf `TThreadedClassFactory.Create` ersetzt werden.

```
Initialization
  TThreadedClassFactory.Create(ComServer, TThrdDBServer,
    Class_ThrdDBServer,ciMultiInstance);
```

Es gibt natürlich einen Grund, warum Sie TThreadedClassFactory nur in den Demos-Verzeichnissen vorfinden. Eine Unit aus Demo-Projekten muss nicht den gleichen Qualitätsanforderungen unterliegen, die für die offiziellen Delphi-Bestandteile gelten. Dabei ist der Einsatz von TThreadedClassFactory nur unter Windows 95 sowie Windows NT 3.5x problematisch. In unregelmäßigen Abständen meldet der Server eine allgemeine Schutzverletzung. Das Problem wird an den folgenden Zeilen deutlich:

```
function TInterfacedObject._AddRef: Integer;
begin
  Result := InterlockedIncrement(FRefCount);
end;

function TInterfacedObject._Release: Integer;
begin
  Result := InterlockedDecrement(FRefCount);
  if Result = 0 then
    Destroy;
end;
```

Die beiden Win32-API-Funktionen `InterlockedIncrement` und `InterlockedDecrement` sollen den Variablenwert threadsicher hoch- bzw. herunterzählen. Wo liegt denn da ein Problem? Nun, im Win32-API. Microsoft spendiert in den MSDN-Unterlagen diesen beiden API-Funktionen eine kleine Fußnote, die darauf hinweist, dass unter Windows 95 und Windows NT 3.5x der Rückgabewert der Funktionen nicht immer korrekt ist. Erst ab Windows 98 und Windows NT 4 dürfen die beiden Funktionen uneingeschränkt verwendet werden. Leider hat Microsoft diese Warnung nicht in den alten Hilfedateien im HLP-Format vermerkt, sodass auch in der Delphi-Hilfe davon kein Wort zu lesen ist!

Eine weitere Änderung betrifft die Client-ID, die der Server in seinem Fenster anzeigt. Zur visuellen Rückmeldung, dass tatsächlich jeder Client eine Instanz des externen Datenmoduls in einem eigenen Thread erhält, wird die Thread-ID des Betriebssystems als Client-ID verwendet.

```
procedure TThrdDBServer.ThrdDBServerCreate(Sender: TObject);
begin
  FThreadID := Format('$%x', [GetCurrentThreadID]);
end;
```

Unit ThrddCF

In der Delphi-Unit *ThrddCF* aus dem *Pooler*-Demoprogramm stellt Borland angepasste Class Factories für Local/Remote-Server zur Verfügung. Die TThreadedAutoObjectFactory stattet die TAutoObject-Nachfolger mit Multithreading-Fähigkeiten aus, während die Alternative TThreadedClassFactory ein leistungsfähiger Ersatz für TComponentFactory ist.

Was macht diese Class Factory nun so anderes? Als Erstes fällt auf, dass in der im primären Thread (also im Apartment STA0) ausgeführten Methode CreateInstance ein neuer Thread erzeugt wird. Über `CreateSemaphore(nil, 0, 1, nil)` wurde vorher dafür gesorgt, dass immer nur ein Aufruf in dieser Zeit stattfindet und dass diese Methode darauf warten kann, vom gerade frisch erzeugten Thread einen gültigen Interface-Zeiger zu bekommen. Der abgespaltete Thread richtet ein eigenes Apartment ein und erzeugt von dort aus eine Serverinstanz. Da der Interface-Zeiger nur in seinem Apartment gültig ist, der Zeiger jedoch im primären Thread verwendet werden soll, muss der abgespaltete Thread den Interface-Zeiger über den Marshaler vorbereiten lassen. Ist dies erledigt, wird das Semaphore-Objekt freigegeben. Sobald das Semaphore sein Veto zurückzieht (weil die beteiligte zweite Stelle den Abschluss ihrer Vorbereitungen mit der Freigabe des Semaphore-Objekts signalisiert), kann CoGetInterfaceAndReleaseStream im primären Thread aufgerufen werden. Nach diesem Aufruf steht im out-Parameter Obj der entsprechend vorbereitete Interface-Zeiger auf das im fremden Apartment ausgeführte COM-Objekt für den Client zur Verfügung.

```
function TThreadedClassFactory.CreateInstance(
  const UnkOuter: IUnknown;
  const IID: TGUID; out Obj): HResult; stdcall;
begin
  with TApartmentThread.Create(DoCreateInstance, UnkOuter, IID) do
  begin
    if WaitForSingleObject(Semaphore,
                        INFINITE) = WAIT_OBJECT_0 then
    begin
      Result := CreateResult;
      if Result <> S_OK then Exit;
      Result := CoGetInterfaceAndReleaseStream(IStream(ObjStream),
                                             IID, Obj);
    end else
      Result := E_FAIL;
  end;
end;
```

In der ersten Zeile von `TThreadedClassFactory.CreateInstance` wurde der neue Thread im nicht suspensierten Zustand erzeugt; somit wird die Execute-Methode des neuen Threads sofort ausgeführt. Nach den Regeln von COM muss jeder Thread, der auf ein COM-Objekt zugreifen will, die COM-Umgebung initialisieren und dies zum Zeitpunkt seines Ablebens auch wieder rückgängig machen. Sie finden daher den Aufruf von CoInitialize am Beginn und von CoUninitialize am Ende der Execute-Methode. Der neue Thread erzeugt als Nächstes eine neue Instanz des benötigten COM-Objekts, wobei tief verschachtelt in der VCL unter anderem CreateComObject aufgerufen wird. Nach einem `ObjQueryInterface(IID, vObject)`-Aufruf steht der angeforderte Interface-Zeiger für das neue COM-Objekt zur Verfügung. Dieser Interface-Zeiger ist jedoch so noch nicht brauchbar, da das COM-Objekt nun in einem fremden Apartment lebt. Aus diesem Grund muss der Thread den Interface-Zeiger über CoMarshalInterThreadInterfaceInStream verpacken und die wartende Class Factory über die Freigabe des Semaphore-Objektes verständigen.

Ohne sich weiter um die dort zu erledigenden Aufgaben zu kümmern, aktiviert der Thread eine Message-Loop, also eine Botschaftswarteschleife. Haben Sie das Buch von Anfang an aufmerksam gelesen, wissen Sie warum. Wenn nicht, soll der Hinweis reichen, dass COM für jedes im Apartment-Modell eingerichtete COM-Objekt ein unsichtbares Fenster einrichtet, über dessen Botschaftswarteschlange die Aufrufe serialisiert werden.

```
procedure TApartmentThread.Execute;
var
  msg: TMsg;
  Unk: IUnknown;
begin
  CoInitialize(nil);
  FCreateResult := FCreateInstanceProc(FUnkOuter, FIID, Unk);
  if FCreateResult = S_OK then
    CoMarshalInterThreadInterfaceInStream(FIID, Unk,
                                          IStream(FStream));
  ReleaseSemaphore(FSemaphore, 1, nil);
  if FCreateResult = S_OK then
    while GetMessage(msg, 0, 0, 0) do
    begin
      DispatchMessage(msg);
      Unk._AddRef;
      if Unk._Release = 1 then break;
    end;
  Unk := nil;
  CoUninitialize;
end;
```

Beachten Sie auch das trickreiche Vorgehen, mit dem das Objekt ermittelt, zu welchem Zeitpunkt es „Harakiri" begehen soll. Über `_AddRef` wird der Referenzzähler erst hochgezählt, um dann sofort mittels `_Release` zu prüfen, ob der Zählerstand 1 erreicht wurde. Wenn ja, ist kein Client mehr mit diesem Objekt verbunden, das Apartment wird nicht mehr benötigt.

Limits?

Sobald Multithreading in einer Datenbankanwendung ins Spiel kommt, muss für jeden Thread eine eigene TSession-Instanz eingerichtet werden. Dies gilt auch für TThreadedClassFactory. Damit kommt automatisch eine andere BDE-Einschränkung ins Spiel. Die BDE unterstützt nur maximal 256 Sessions in einem Prozess. Auf einem Rechner können somit nur maximal 48 MIDAS-Server mit jeweils 256 Clients ausgeführt werden. Obwohl das in den meisten Fällen nur eine theoretische Einschränkung ist, gibt es doch Fälle, wo tatsächlich sehr viele Clients auf den MIDAS-Server zugreifen. In diesen Fällen schlägt die Stunde eines weiteren speziellen MIDAS-Servers, den ich als Poolmanager-Server bezeichne.

14.1.7 Poolmanager-Server

Im Verzeichnis *Demos\Midas\Pooler* der Delphi 4 Client/Server Suite finden Sie ein MIDAS-Beispielprojekt, in dem das Prinzip eines Verbindungspools zur Datenbank demonstriert wird. Beim Multithreading-Server belegt jeder Client eine BDE-Session zur Datenbank. Damit werden zum einen BDE-Ressourcen verbraucht, aber auch Verbindungen zum Datenbank-Server. Bei vielen SQL-Servern geht die Anzahl der gleichzeitig möglichen Verbindungen in den Verkaufspreis mit ein, sodass auch aus diesem Grund die Anzahl der gleichzeitig offenen Verbindungen niedrig sein sollte.

Der Poolmanager-Server teilt eine fest definierte maximale Anzahl von Datenbankverbindungen den einzelnen Client-Anforderungen zu. Dabei wird der Client zum frühestmöglichen Zeitpunkt wieder von der Datenbankverbindung getrennt, zum Beispiel dann, wenn eine SQL-Abfrage ein Ergebnis zurückgeliefert hat. Der ressourcenintensive Bestandteil eines MIDAS-Servers (externes Datenmodul mit der Datenbankverbindung) wird gemeinsam genutzt.

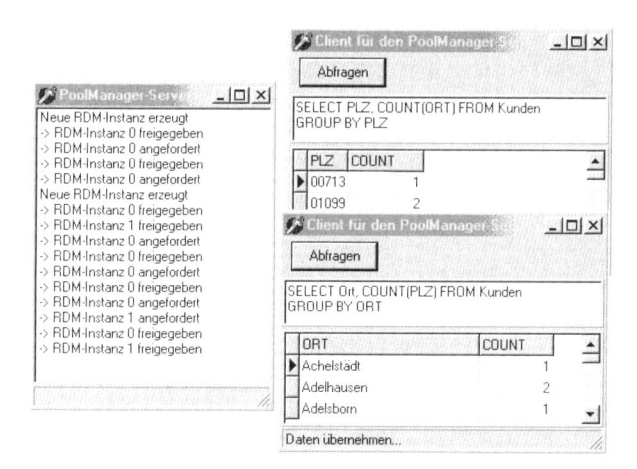

Abb. 14.7: Der Poolmanager-Server

Damit ein Vergleich mit den bisher vorgestellten MIDAS-Servern möglich wird, habe ich das Poolmanager-Prinzip nachgebaut. Starten Sie dazu mehrere Instanzen von *POOL-*

MANCLT.EXE und führen Sie die SQL-Abfragen nacheinander aus. Der erste Zugriff erzeugt ein neues externes Datenmodul. Ein anderer Client nutzt zu einem späteren Zeitpunkt die gleiche Verbindung. Erst dann, wenn tatsächlich mehrere Clients zur gleichen Zeit einen SQL-Befehl abschicken, erzeugt der Poolmanager-Server bei Bedarf neue Instanzen des externen Datenmoduls. Die aktuell verwendete Nummer des externen Datenmoduls zeigt der Beispielserver zur Demonstration mit an.

> *Die Projektdateien für Delphi 4 finden Sie auf der CD-ROM im Verzeichnis »Kapitel 14\MIDAS 2\PoolManager«.*

Auf den ersten Blick ist das die überzeugendste Lösung. Allerdings hat auch der Poolmanager-Server seine Nachteile. Im Gegensatz zu den normalen externen Datenmodulen (RDM) müssen die gepoolten RDMs zustandslos sein, d.h. der Client darf nicht erwarten, dass im RDM für die Zeit zwischen den Aufrufen bestimmte Daten zwischengespeichert werden können. Da ein Client keinen Einfluss darauf hat, welches RDM er aus dem Pool erhält, muss er jedes RDM als gerade frisch initialisiert betrachten. Damit verursacht der Poolmanager-Server die gleichen Beschränkungen wie der Microsoft Transaction Server (MTS) – kein Wunder, da in diesem Punkt das Prinzip das gleiche ist.

In der Praxis führt dieser Nachteil dazu, dass beim Poolmanager-Server auch mit Delphi und MIDAS 2 das RAD (Rapid Application Development) nur mit Abstrichen unterstützt wird. Die Anwendung wird komplexer und damit zwangsläufig die Entwicklung zeitaufwendiger. Damit stellt von allen Server-Implementationen der MultiInstance-Multithread-Server bei MIDAS 2 aus meiner Sicht den besten Kompromiss zwischen Leistungsfähigkeit und Entwicklungsaufwand dar.

> *Bei MIDAS 3 sieht die Situation völlig anders aus – mit dem Verzicht auf zustandsbehaftete MIDAS-Server können die Vorteile des Poolmanagers vollständig ausgenutzt werden. Allerdings ist der Poolmanager nun völlig überflüssig geworden, da der Microsoft Transaction Server eine wesentlich effektivere Pool-Implementierung zur Verfügung stellt.*

Der Server

Der Poolmanager-Server muss zwangsläufig etwas komplexer aufgebaut sein, da ein Client nicht direkt eine Instanz des benötigten COM-Servers anfordert, sondern immer erst über den vorgeschalteten Poolmanager gehen muss. Aus diesem Grund besteht dieser MIDAS-Server auch aus mehreren Teilen:

- Server-Programmfenster (Unit PoolManSrvFrm)
- Externes Datenmodul (Unit PoolManSrv_rDM)
- Poolmanager (Unit PoolManSrv_Pooler)
- Multithreadfähige Class Factory (Unit ThrddCF)

MIDAS

Externes Datenmodul

Der MIDAS-Server greift ebenfalls auf die gerade vorgestellte Unit *ThrddCF* zurück, wobei jedoch einige zusätzliche Besonderheiten auftauchen. Als Erstes wird eine globale Referenz auf die TThreadedClassFactory-Instanz im externen Datenmodul benötigt, da der Poolmanager bei Bedarf jederzeit über `RDMFactory.CreateComObject(nil) as IPoolManDM` eine neue Objekt-Instanz erzeugen soll.

```
var
  PoolManDM: TPoolManDM;
  RDMFactory: TThreadedClassFactory;
```

Im Initialization-Abschnitt des externen Datenmoduls wird, wie im vorherigen Beispiel auch, die Arbeit des Delphi-Experten auskommentiert und durch den Aufruf von TThreadedClassFactory ersetzt. Außerdem wird dieses Objekt über den Parameter `ciInternal` als internes COM-Objekt angemeldet, taucht damit nicht in der Registry auf und kann somit von außen nicht aufgerufen werden.

```
initialization
  {
  TComponentFactory.Create(ComServer, TPoolManDM,
    Class_PoolManDM, ciInternal, tmApartment);
  }
  RDMFactory := TThreadedClassFactory.Create(ComServer,
    TPoolManDM, Class_PoolManDM, ciInternal);
```

Poolmanager

Wenn also das Objekt, das die eigentlichen Datenbankfunktionen bereitstellt, als internes Objekt registriert wird, kann ein externer MIDAS-Client keine Instanz von diesem Objekt direkt anfordern. Stattdessen greift ausschließlich der Poolmanager auf dieses Objekt zu. Dies bedeutet jedoch auch, dass ein MIDAS-Client einen anderen Ansprechpartner im Server benötigt. Aus diesem Grund verwendet der Poolmanager eine eigene CoClass.

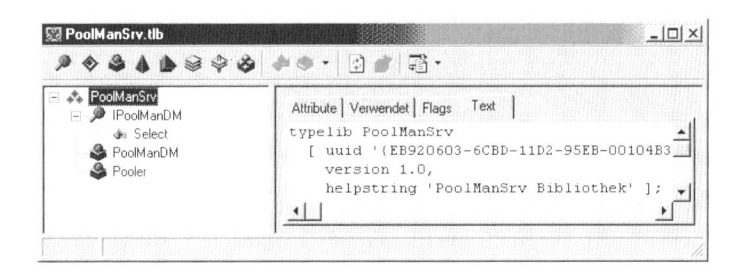

Abb. 14.8: Das als „ciInternal" gekennzeichnete Datenmodul-Objekt braucht einen Helfer

In der Typbibliothek werden zwei verschiedene CoClasses deklariert, die jedoch beide mit IPoolManDM das gleiche Interface zurückliefern.

```
CoPoolManDM = class
  class function Create: IPoolManDM;
  class function CreateRemote(
    const MachineName: string): IPoolManDM;
end;

CoPooler = class
  class function Create: IPoolManDM;
  class function CreateRemote(
    const MachineName: string): IPoolManDM;
end;
```

Dies ist nicht die einzige Gemeinsamkeit, der Poolmanager dupliziert auch die Interface-Methoden des externen Datenmoduls. Somit kann der Poolmanager immer dann, wenn der Client die Server-Methode `Select` aufruft, die Arbeit sofort an das aus dem eigenen Pool befristet zugeordnete externe Datenmodul (genauer gesagt an das COM-Objekt) weiterdelegieren.

Externes Datenmodul	Poolmanager

`TPoolManDM = class(TRemoteDataModule,`
`            IPoolManDM)`
  `Session1: TSession;`
  `Database1: TDatabase;`
  `Query1: TQuery;`
`private`
  `{ Private-Deklarationen}`
`public`
  `{ Public-Deklarationen}`
`protected`
  `procedure Select(`
  `const SQLStr: WideString;`
  `out Data: OleVariant); safecall;`
`end;`
	`TPooler = class(TAutoObject,`
	`            IPoolManDM)`
	`protected`
	  `{ IDataBroker }`
	  `function GetProviderNames:`
	    `OleVariant; safecall;`
	  `{ IPoolManDM }`
	  `procedure Select(`
	  `const SQLStr: WideString;`
	  `out Data: OleVariant); safecall;`
	  `function LockRDM: IPoolManDM;`
	  `procedure UnlockRDM(`
	    `Value: IPoolManDM);`
	`end;`

Tabelle 14.1: Die Interface-Methode Select wird dupliziert

Das Wichtigste fehlt aber noch. Der MIDAS-Client kann nur auf den Poolmanager zugreifen. Also muss dieser zum einen sofort nach dem Start des MIDAS-Servers zur Verfügung stehen und zum zweiten auch von außen her aufgerufen werden können. Diese Forderungen erfüllt der Poolmanager in seinem Initialization-Abschnitt. Nachdem die eigene Instanz erzeugt wurde, registriert sich auch die Class Factory des für alle Clients zuständigen Poolmanager-Objekts. Über den Parameter `ciMultiInstance` sorgt der Poolmanager dafür, dass alle Clients bei der Anforderung des COM-Servers an die gleiche Server-Instanz weiterverbunden werden.

```
initialization
  PoolManager := TPoolManager.Create;
  TThreadedAutoObjectFactory.Create(ComServer, TPooler,
    Class_Pooler, ciMultiInstance);

finalization
  PoolManager.Free;
```

Falls nun ein MIDAS-Client die Server-Methode `Select` aufruft, besorgt sich der Poolmanager eine zurzeit unbeschäftigte Objektinstanz aus seinem eigenen Pool. Kann er keine finden und ist die definierte maximale Anzahl noch nicht erreicht, wird eine neue Objektinstanz in den Pool aufgenommen. Anschließend ruft der Poolmanager die duplizierte Server-Methode Select aus dem externen Datenmodul auf, sodass die Arbeit tatsächlich vom kurzzeitig zugeordneten COM-Objekt erledigt wird.

```
procedure TPooler.Select(const SQLStr: WideString;
  out Data: OleVariant);
var
  RDM: IPoolManDM;
begin
  RDM := LockRDM;
  try
    RDM.Select(SQLStr, Data);
  finally
    UnlockRDM(RDM);
  end;
end;
```

Client

Zum MIDAS-Client gibt es nur wenig zu sagen; die einzige Besonderheit liegt darin, dass im Objektinspektor der TDCOMConnection-Instanz als ServerGUID die CLSID der CoClass Pooler (CLASS_Pooler) über die Zwischenablage zugewiesen wurde. Somit baut der Client auch nur eine Verbindung zum Poolmanager auf.

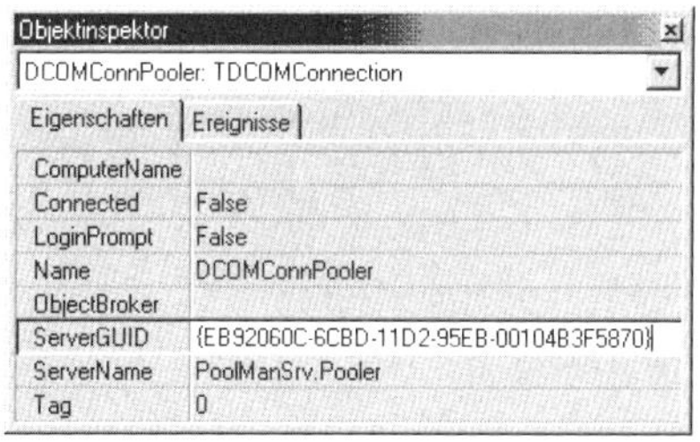

Abb. 14.9: Die TDCOMConnection-Instanz verwendet die CLSID des Poolmanagers

14.1.8 ActiveForm als MIDAS-Client

Ein MIDAS-2-Client muss nicht immer nur ein normales Anwendungsprogramm sein. Delphi bietet über seine ActiveForms die Möglichkeit an, komplette Formulare als ActiveX-Control zu verpacken und so in einem Web-Browser anzuzeigen. Wird dann noch die CAB-Dateikomprimierung verwendet, sind viele Updateprobleme für die Clients gelöst.

Das ActiveForm-Beispiel für einen MIDAS-Client wurde für den lokalen Web-Server Microsoft PWS konfiguriert. Soll die OCX-Datei neu kompiliert werden, müssen Sie auch hier die Verzeichnis- und URL-Angaben an Ihren Rechner anpassen.

- Zielverzeichnis = *I:\WEBSHARE\WWWROOT\ActiveX*
- Ziel-URL = *http://localhost/ActiveX/*
- HTML-Verzeichnis = *I:\WEBSHARE\WWWROOT\ActiveX*

Zum Test reicht es aber aus, nur die Datei *AXDBClt.htm* zu editieren. Dazu muss in der Zeile

```
codebase=http://localhost/ActiveX/AXDBClt.cab#version=1,2,0,4"
```

die HTTP-URL für die eigene CAB-Datei an Ihre Konfiguration angepasst werden.

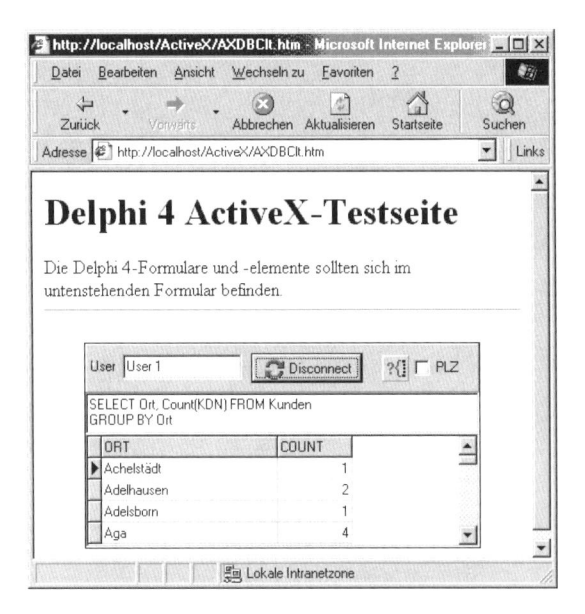

Abb. 14.10: Ein ActiveForm als MIDAS-Client

14.2 Delphi 5 und MIDAS 3

In Delphi 5 wurde die MIDAS-Architektur zur Unterstützung mehrschichtiger Datenbankserver in zustandslosen Umgebungen (MTS/COM+) geändert. Dies hat Vorteile gegenüber der früheren Architektur und führt zu einem signifikanten Zugewinn an Per-

MIDAS

formance und Skalierbarkeit. Um in den Genuss dieser Vorteile zu kommen, müssen Sie Ihre MIDAS-1- und MIDAS-2-Anwendungen aktualisieren, damit sie mit MIDAS 3 zusammenarbeiten. In der Delphi-Hilfe werden die dazu notwendigen 15 Arbeitsschritte ausführlich beschrieben.

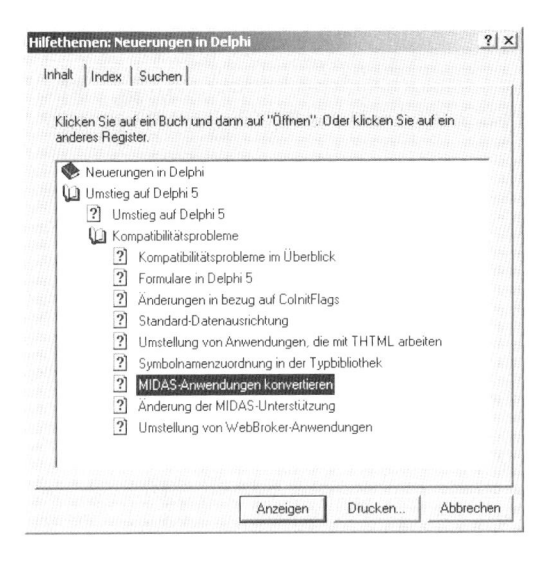

Abb. 14.11: Die Migrationshinweise in der Delphi-Hilfe

Da sich dieses Buch jedoch nicht primär mit MIDAS beschäftigt, gehe ich hier im Text nicht weiter darauf ein. Auf der CD-ROM zum Buch finden Sie im Verzeichnis *Kapitel 14\MIDAS 3* gleich sechs Beispielprojekte für eine MIDAS-3-Anwendung, deren primäres Ziel darin besteht, die Flexibilität von MIDAS hervorzuheben:

- Beispielprojekt MIDAS-3-Server
- Beispielprojekt MIDAS-3-DCOM-Client
- Beispielprojekt MIDAS-3-Socket-Client
- Beispielprojekt MIDAS-3-ActiveForm-Client
- Beispielprojekt MIDAS-3-HTML-Client
- Beispielprojekt MIDAS-3-Server + Client (inklusive Login-Dialog)

Allerdings taucht in MIDAS 3 eine Neuheit auf, die nicht nur für verteilte MIDAS-Anwendungen nutzbar ist, sondern für COM-Server jeglicher Art. Und da diese Neuheit von Delphi 5 das Verhalten von Multi-Instanz-Objekten tangiert, darf sie in einem COM-Buch nicht fehlen.

14.3 TComponentFactory

Die Class Factory `TComponentFactory` stammt von TAutoObjectFactory ab, sodass der Experte für ein externes Datenmodul nur dafür sorgt, dass zusätzliche Schritte gegenüber TAutoObjectFactory abgearbeitet werden. Warum es diese spezielle Class Factory gibt und was das Thema mit der bereits vorgestellten `TThreadedClassFactory` von Delphi 4 zu tun hat, wird beim folgenden Vergleich deutlich.

14.3.1 Das Standardverhalten von TAutoObjectFactory

Auch wenn der Eintrag MEHRERE INSTANZEN im Automatisierungs-Experten von Delphi 5 ausgewählt wird, bedeutet dies nur, dass alle Clients die gleiche Prozessinstanz des Local Servers verwenden, aber nicht die gleiche Objektinstanz. Jeder Client erhält eine eigene Objektinstanz mit eigenen privaten Objektfeldern, wobei jedoch alle diese Objektinstanzen in einem gemeinsamen Thread und in einem gemeinsamen Server-Prozess ausgeführt werden. Das erste Beispielprojekt *Delphi5STASrv.dpr* soll dies demonstrieren, wobei die Auflistung der Thread-ID im Server-Fenster eindeutig ist.

Die Projektdateien für Delphi 5 finden Sie auf der CD-ROM im Verzeichnis »Kapitel 14\TComponentFactory«. Beachten Sie bitte, dass hier keine MIDAS-Komponenten verwendet werden und daher auch keine Lizenzkosten entstehen.

Der Automatisierungs-Experte von Delphi 5 sorgt dafür, dass der COM-Server von einer TAutoObjectFactory-Instanz zum Leben erweckt wird.

```
Initialization
  TAutoObjectFactory.Create(ComServer, TD5STASSrv,
    Class_D5STASSrv, ciMultiInstance, tmApartment);
```

Wie sieht das Ergebnis aus, wenn nun zwei Clients zur gleichen Zeit auf diesen COM-Server zugreifen? Beide Client-Instanzen werden in einem eigenen Prozess, einem eigenen Adressraum und somit zwangsläufig auch in einem Thread ausgeführt. Aber beide Clients greifen auf getrennte Objektinstanzen des COM-Objekts im Local Server zu, die gemeinsam in einem Thread ausgeführt werden.

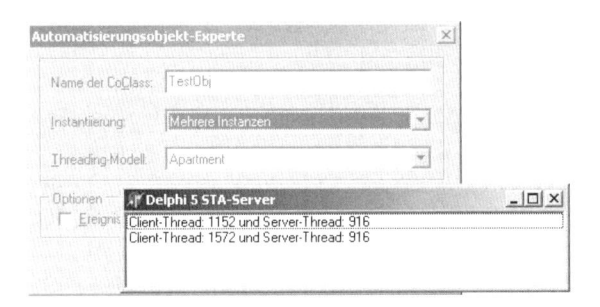

Abb. 14.12: Das Standardverhalten von TAutoObjectFactory

Die Abbildung 14.12 demonstriert dies; bei beiden Clients ist der gleiche Server-Thread für die Abarbeitung der Aufrufe zuständig. Somit serialisiert der Server alle Client-Zugriffe, was immer dann von Nachteil ist, wenn die Server-Funktionen unterschiedlich lange Ausführungszeiten benötigen.

14.3.2 Das Standardverhalten von TComponentFactory

Immer dann, wenn anstelle eines Automatisierungs-Objekts ein externes Datenmodul verwendet wird und der Experte für externes Datenmodul das Grundgerüst anlegt, sieht die Situation völlig anders aus. Das externe Datenmodul ist völlig leer, dort müssen keine MIDAS-Komponenten oder Ähnliches untergebracht werden. Wichtig ist nur, dass anstelle von TAutoObjectFactory die in Delphi 5 neu hinzugekommene TComponentFactory als Class Factory verwendet wird.

```
Initialization
  TComponentFactory.Create(ComServer, TD5STASrvRDM,
    Class_D5STASrvRDM, ciMultiInstance, tmApartment);
```

Wie sieht das Ergebnis aus, wenn nun zwei Clients zur gleichen Zeit auf diesen COM-Server zugreifen? Beide Client-Instanzen werden in einem eigenen Prozess, einem eigenen Adressraum und somit zwangsläufig auch in einem Thread ausgeführt. Aber beide Clients greifen auf getrennte Objektinstanzen des COM-Objekts im Local Server zu, die jedoch – im Gegensatz zu TAutoObjectFactory – in jeweils einem eigenen Server-Thread ausgeführt werden. Somit führt der Local Server jede COM-Objektinstanz in einem eigenen STA (Apartment) aus, sodass der Server die Clientaufrufe nicht mehr serialisiert, sondern parallel abarbeiten kann.

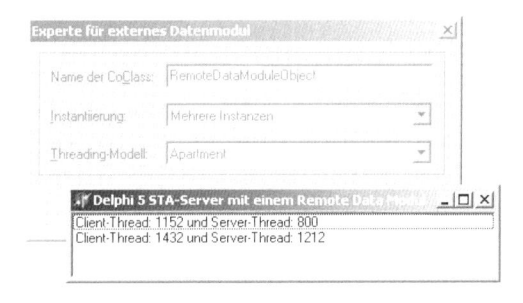

Abb. 14.13: Der Server spaltet je Client einen eigenen Thread ab

Die Abbildung 14.13 demonstriert dies; bei beiden Clients ist ein eigener Server-Thread für die Abarbeitung der Aufrufe zuständig.

14.3.3 Das Geheimnis von TComponentFactory

Die Class Factory TComponentFactory stammt von TAutoObjectFactory ab, der für das Verständnis wichtige Teil verbirgt sich hinter der Implementierung der TComponentFactory-Methode `CreateInstance`. Dort wird sichtbar, dass der neue Thread und somit das neue Apartment nur dann angelegt wird, wenn es sich um einen Local Server für das Apartment-Modell STA handelt.

```
function TComponentFactory.CreateInstance(
  const UnkOuter: IUnknown;
  const IID: TGUID; out Obj): HResult; stdcall;
```

```
begin
  if not IsLibrary and (ThreadingModel = tmApartment) then
  begin
    LockServer(True);
    try
      with TApartmentThread.Create(Self, UnkOuter, IID) do
      begin
        if WaitForSingleObject(Semaphore,
                          INFINITE) = WAIT_OBJECT_0 then
        begin
          Result := CreateResult;
          if Result <> S_OK then Exit;
          Result := CoGetInterfaceAndReleaseStream(
                    IStream(ObjStream), IID, Obj);
        end else
          Result := E_FAIL
      end;
    finally
      LockServer(False);
    end;
  end else
    Result := inherited CreateInstance(UnkOuter, IID, Obj);
end;
```

Immer dann, wenn kein In-process Server, sondern ein Local Server vorliegt und im Experten der Eintrag APARTMENT für das Threading-Modell ausgewählt wurde, spaltet der Server einen neuen Thread für die Ausführung der neuen COM-Objektinstanz ab. Im neuen Thread (genauer gesagt innerhalb von TApartmentThread.Execute) wird eine neue Instanz des COM-Objekts erzeugt und der Interface-Zeiger darauf über den Aufruf von CoMarshalInterThreadInterfaceInStream für den Transport in den primären Thread des Servers vorbereitet. Wurde dies erledigt, gibt der neue Thread über den Aufruf von ReleaseSemaphore das verwendete Sperrobjekt frei, sodass innerhalb von CreateInstance der WaitForSingleObject-Aufruf weiterläuft und der Interface-Zeiger über CoGetInterfaceAndReleaseStream umgetauscht werden kann. Der Interface-Zeiger verweist nun auf das Stub-Objekt des Servers, sodass der Client darauf zugreifen kann.

Auch wenn diese Fähigkeiten von TComponentFactory angesichts des MTS und COM+ scheinbar überflüssig sind, gibt es doch zahlreiche Einsatzfälle. Beachten Sie, dass dies nicht nur mit MIDAS so funktioniert, sondern mit beliebigen COM-Objekten, die nicht im MTS/COM+ laufen sollen.

15 MTS

Der Microsoft Transaction Server (MTS) gehört zu der Softwarekategorie, die sich durch nicht eindeutige Produktnamen auszeichnet. Kritische Zeitgenossen unterstellen Microsoft, bewusst diesen etwas irreführenden Namen aus Gründen des Marketings gewählt zu haben. Während althergebrachte Transaktionsmonitore richtig ins Geld gehen, liefert Microsoft den eigenen MTS für Windows-NT-Anwender frei Haus. Analog zu anderen Softwareprodukten sorgte dieses Bundling dafür, dass der MTS in relativ kurzer Zeit von einer breiten Basis genutzt wird. Denn wenn auch seine Leistungsfähigkeit in den Versionen 1.0 und 2.0 den klassischen Transaktionsmonitoren unterlegen ist, für die meisten Anwender reicht der MTS zur Erledigung der alltäglichen Aufgaben völlig aus.

15.1 Standortbestimmung

Der MTS führte ein völlig neues Konzept für die Art und Weise der Entwicklung von Objekten ein – die attribute-basierende Programmierung. Anstatt wesentliche Funktionen immer wieder selbst zu schreiben, beschreibt der Entwickler nur die Eigenschaften des Objekts und vertraut später darauf, dass der MTS diese Eigenschaften in ein entsprechendes Verhalten umsetzt. Das ist eine völlig neue Herangehensweise, da bisher der Entwickler die API-Funktion mit den entsprechenden Parametern von Hand aufgerufen hat. Diese „alte" Herangehensweise hat nur zwei Nachteile:

1. Wenn das API erweitert wird, können bestehende Anwendungen nur dann einen Vorteil daraus ziehen, wenn sie ebenfalls geändert und neu kompiliert werden.
2. Der Entwickler kann die im eigenen Objekt kompilierten API-Aufrufe nicht ohne Neukompilation deaktivieren.

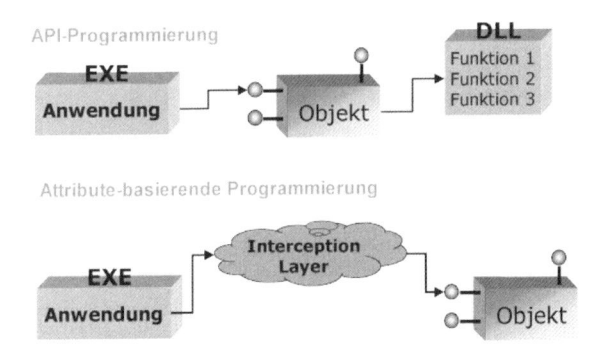

Abb. 15.1: Das Interception-Prinzip im MTS

Bei einem MTS-Objekt legt der Entwickler bestimmte Eigenschaften fest. Wenn die Anwendung nun dieses Objekt aufruft, prüft der MTS erst nach, ob er aufgrund der definierten Eigenschaft bestimmte zusätzliche Aufgaben vorher durchführen muss. Somit reicht eine spätere Umkonfiguration des Objekts aus, damit das Objekt ohne Neukompilierung sein Verhalten im System ändert. Das Dazwischenschalten zwischen Client und Objekt wird mit dem Begriff Interception gekennzeichnet.

15.1.1 Was ist der MTS?

Am Anfang dieser Entwicklung stand im Jahr 1993 COM, das Component Object Model. Mit DCOM (Distributed COM) schafften die COM-Objekte zwei Jahre später den Sprung auf externe Rechner. Mit dem MTS (Microsoft Transaction Server) ist COM/DCOM erwachsen geworden, da das Betriebssystem nun die grundlegenden Dienste übernimmt. Dabei ging es nur nebenbei um die Transaktionssteuerung – in seiner Gesamtheit ist der MTS eher eine effektive Plattform für verteilte Anwendungen jeglicher Art. Das Ziel bestand darin, so viel wie nur möglich von der Komplexität von verteilten Anwendungen vor dem Entwickler zu verbergen, indem das Betriebssystem spezielle Dienste dafür anbietet. Und mit Windows 2000 wird der MTS in Form von COM+ vollständig in das Betriebssystem integriert.

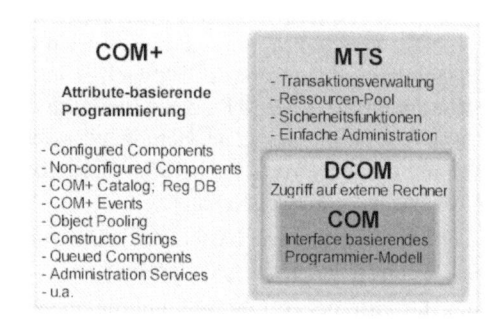

Abb. 15.2: Eine Ortsbestimmung zum MTS

Dem MTS können die folgenden Beschreibungen zugeordnet werden:
- ist eine Laufzeitumgebung für COM-Objekte
- dient als Host für Multi-tier-Applicationsobjekte
- arbeitet als deklarativer Transaktions-Verwalter
- anspruchsloser Server (läuft unter Windows 95/98/NT 4/2000)
- ist Freeware
- stellt Sicherheitsfunktionen (Roles) zur Verfügung
- enthält ein Ablagesystem für Daten in Form des Shared Property Managers (SPM)
- erlaubt die einfachere Administration der COM-Objekte
- übernimmt die Skalierbarkeit für COM-Server, die nur für STA ausgelegt sind

Gerade der letzte Punkt sorgt dafür, dass der MTS für den Entwickler eine spürbare Verringerung des Entwicklungsaufwands mit sich bringt. Der Entwickler kann davon ausgehen, dass sein Objekt nur von einem Client zur gleichen Zeit verwendet wird. Somit ist das von Delphi als Vorgabe verwendete Single Threaded Apartment (STA) für den MTS ideal geeignet. Der MTS skaliert, indem immer dann zusätzliche Threads aus dem Pool zugeordnet werden, wenn eine neue Objektinstanz benötigt wird. Über die Just-In-Time-Activation (JITA) wird ein Objekt erst dann erzeugt, wenn der Client tatsächlich eine

Interface-Methode dieses Objekts aufruft. Über As-Soon-As-Possible-Deactivation (A-SAPD) sorgt der MTS dafür, dass dieses Objekt so früh wie möglich wieder zerstört wird und somit keine Ressourcen mehr auf dem Server belegt. Und über einen Pool für Datenbankverbindungen und Threads kann der MTS sehr schnell und sehr effektiv neue Objektinstanzen anlegen. Außerdem puffert der MTS die Class Factory und die Type Library des Objekts – was den Prozess der Instanzierung nochmals beschleunigt.

Es liegt auf der Hand, dass diese speziellen Eigenschaften des MTS dazu führen, dass auch die MTS-Objekte an dieses Verhalten angepasst werden müssen. Zum Beispiel sollte ein MTS-Objekt keine eigenen Threads mehr abspalten. Bei einer Notwendigkeit für einen eigenen Thread sollte stattdessen das Design geändert werden, indem die Funktion in einem neuen MTS-Objekt implementiert wird. Wenn dieses zusätzliche Objekt aus dem ersten heraus aufgerufen wird, ordnet der MTS automatisch einen neuen Thread zu, sodass der Entwickler völlig aus dem Spiel ist und sich um die Thread-Problematik nicht mehr kümmern muss.

15.1.2 Einsatzfälle

Ein DCOM-Server soll in einer Three-tier-Architektur von verschiedenen Clients gemeinsam genutzt werden können. Punkt! Dieser schlichte Satz hat es in sich, wenn die Anzahl von Clients auch dreistellig werden darf. Hier kommt die Anforderung der Skalierbarkeit auf Sie zu. Im vorangegangenen MIDAS-Kapitel hatte ich einige der möglichen Variationen zu diesem Thema vorgestellt. Sie werden mir zustimmen, dass letztendlich nur weniges davon so trivial ist, dass ein Entwickler ohne Einarbeitung damit problemlos zurechtkommt.

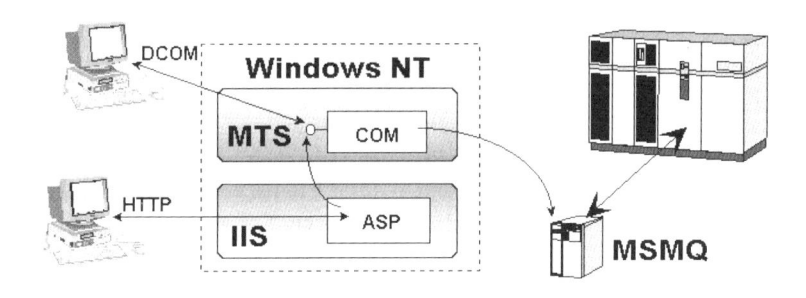

Abb. 15.3: Ein komplexeres Einsatzbeispiel

Hier setzt nun der MTS an, indem ein standardisierter Mechanismus für die Aufgabenbereiche Skalierbarkeit, Sicherheit, Transaktionen und Management von COM-Objekten angeboten wird. Für den Entwickler vereinfacht sich seine Arbeit, da wesentliche Bereiche (wie zum Beispiel Multithreading) nicht mehr auf seiner Agenda stehen, sondern ausschließlich vom MTS abgedeckt werden. Und dies ist letztendlich auch eine Erklärung dafür, warum sich der MTS in kürzester Zeit so durchgesetzt hat. Es ist nicht mehr zwingend notwendig, einen Guru in seinem Entwicklungsteam zu haben, die Aufgabe ist auch so zu schaffen.

Wie an der Darstellung des komplexen Einsatzbeispiels zu sehen ist, stellt COM und damit erst recht der MTS eine Plattform zur Verfügung, mit deren Hilfe die unterschiedlichsten Clients auf die gemeinsamen Objekte zugreifen können. Dies gilt zum Beispiel auch für die HTTP-Verbindungen, die beim Aufrufen einer Active Server Page (ASP) auf dem Internet Information Server (IIS) aufgebaut werden. Da im Script einer ASP problemlos COM-Server aufgerufen werden können, steht für normale Win32-Anwendungen sowie für Web-Anwendungen eine gemeinsame Schnittstelle zur Verfügung.

> *Der MTS ist die Schlüsselkomponente für Microsofts neue Windows Distributed Network Architecture (Windows DNA). Aus diesem Grund kann der MTS als Bestandteil des Windows NT 4.0 Option Pack über das Web heruntergeladen werden. Zusätzliche Lizenzen werden nicht benötigt.*
>
> *Ab Windows 2000 ist der MTS vollständig in COM+ integriert, sodass keine zusätzlichen Installationsschritte notwendig werden. Im übernächsten Kapitel komme ich mit Beispielprojekten noch einmal auf die Web-Anbindung zurück.*

15.1.3 MTS-Steckbrief

Der MTS erblickte – im gleichen Jahr wie DCOM – als Endprodukt im Jahre 1996 das Licht der Welt. Da der MTS ausschließlich COM-Objekte verwalten kann und ein Client ausschließlich über DCOM auf den MTS zugreift, ist die enge Bindung zwischen MTS und DCOM erklärbar. Aus den zusammen mit dem MTS ausgelieferten Unterlagen lässt sich der folgende Steckbrief zusammenstellen:

- Automatische Transaktionen – das Verhalten eines COM-Objekts kann auch noch nach seiner Auslieferung geändert werden, da der MTS selbst die Kontrolle über die Transaktionen behält. Mithilfe des Distributed Transaction Coordinators (DTC) dürfen Transaktionen über Objekt- und Rechnergrenzen hinweg gültig sein.
- Konfigurierbare Sicherheit – der Administrator kann spezielle Rollen (Roles) vergeben und einzelne Benutzer diesen Rollen zuordnen. Damit wird eine Rechtevergabe auf Gruppenbasis unterstützt.
- Datenbankverbindungs-Pool – die Serverobjekte können bereits bestehende Datenbankverbindungen gemeinsam nutzen. Damit ist es nicht mehr zwingend notwendig, dass jeder Client eine eigene Session zum Datenbankserver aufbaut. Neben den Kostenvorteilen (der SQL-Server kann eine Nummer kleiner eingekauft werden) steigt auch die Performance, da sehr viele Sessions jeden Datenbankserver in die Knie zwingen würden.
- Zugriff auf mehrere Datenbanken – die Serverobjekte können auf die unterschiedlichsten Datenbanken oder sogar auf andere Resource Manager wie zum Beispiel Microsoft-Message-Queue-Server zugreifen. Da der MTS die Transaktionen in eigener Regie verwaltet, sind damit sogar Transaktionen über Datenbankgrenzen hinweg möglich!

- Automatische Thread-Unterstützung – der Entwickler eines COM-Servers muss nur ein Single-threaded COM-Objekt entwickeln. Damit sieht es für den Entwickler so aus, als ob immer nur ein Anwender auf das Objekt zugreift. Für die Skalierung über mehrere Threads für diesen Server ist der MTS zuständig. In der Praxis ist das der Punkt, der am gravierendsten die Entwicklung vereinfacht.
- Zustands-Management – der MTS initialisiert jedes nicht mehr benötigte Objekt nach dem Ende der Transaktion und legt Teile davon in den gemeinsam zu nutzenden Pool zurück (ein echtes Objekt-Pooling wird jedoch in der Version 2.0 noch nicht unterstützt). Der Entwickler darf dann allerdings niemals davon ausgehen, dass ein Objekt zwischen den einzelnen Aufrufen bestimmte Informationen zwischenspeichert. Wird so etwas jedoch benötigt, stehen die Dienste des Shared Property Managers (SPM) zur Verfügung.
- Prozess-Isolation durch Packages – zusammengehörende Server-Objekte können in einem Package zusammengefasst werden und werden damit in einem eigenen MTS-Prozess ausgeführt. Damit erhöht sich die Betriebssicherheit, da beim Absturz eines COM-Objekts im schlimmsten Fall nur die anderen Objekte im gleichen Package betroffen sind.
- Unterstützung durch unterschiedliche Entwicklungswerkzeuge – die im MTS einzusetzenden Objekte können mit den unterschiedlichsten Entwicklungsumgebungen erzeugt werden und sind somit sprachunabhängig (solange jedenfalls die Windows-Plattform nicht verlassen wird).
- Einfache Installation – der MTS ist Bestandteil des Windows NT 4.0 Option Packs und kann über das Setup-Programm installiert werden. Außerdem steht der MTS nunmehr sogar für Windows 95/98 zur Verfügung. Mit dem neuen COM+-Standard und mit Windows 2000 wird der MTS ein integrierter Bestandteil des Betriebssystems und steht dann sofort zur Verfügung.

15.2 Installation des MTS

Je nach der eingesetzten Betriebssystemversion unterscheidet sich die Vorgehensweise bei der Installation des MTS. Dabei müssen die folgenden Fälle unterschieden werden:
- Windows 95/98
- Windows NT 4.0
- Windows 2000

Installation unter Windows 95/98

Auch wenn es auf den ersten Blick verwirrend ist – für die Installation des MTS unter Windows 95/98 ist das Option Pack für Windows NT 4 zuständig! Beachten Sie, dass Microsoft verschiedene Ausführungen des Option Pack anbietet. Wenn Sie das Option Pack über das Internet herunterladen wollen, sollten Sie daher genauer nachlesen, ob der PSW in dieser Version mitenthalten ist. Die Abonnenten des MSDN können nichts falsch machen, auf den MSDN-CD-ROMs ist immer die vollständige Version.

Das Setup-Programm prüft das aktuell verwendete Betriebssystem und bietet unter Windows 95/98 nur die Option an, den Personal Web Server aus dem NT 4 Option Pack zu installieren. Stimmen Sie diesem Vorschlag zu, wird der MTS „nebenbei" mitinstalliert.

Installation des MTS

Achtung: Unter Windows 95/98 muss der DTC über den Transaction Server Explorer von Hand aktiviert werden.

Der MTS wird über den Microsoft Transaction Server Explorer (MTSE) konfiguriert. Da der MTS unter Windows 95/98 als „Zubehör" für den Personal Web Server installiert wurde, ist der MTSE über den Menüpunkt MICROSOFT PERSONAL WEBSERVER | MICROSOFT TRANSACTION SERVER erreichbar.

Installation unter Windows NT 4.0

Der MTS wird als Bestandteil des Option Pack für Windows NT 4 installiert. Das Option Pack gibt es zum einen über das MSDN (ab der Professional-Version) in Form einer CD-ROM, kann jedoch auch kostenlos von den Microsoft-Webseiten heruntergeladen werden. Unter Windows NT stellt der MTS seine Konfiguration in Form eines Snap-In für die Microsoft Management Console (MMC) zur Verfügung.

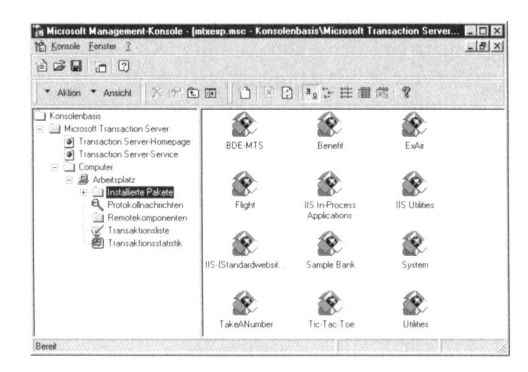

Abb. 15.4: Der Microsoft Transaction Server Explorer als Plug-In der MMC

Nur unter NT/Windows 2000 wird der DTC als NT-Service sofort gestartet, sodass Sie an dieser Stelle nichts vergessen können.

Installation unter Windows 2000

Die Funktionalität des MTS ist fest in COM+ integriert, somit ist keine zusätzliche Installation notwendig. Da die Funktionen fest im Betriebssystem eingebunden sind, bedeutet dies allerdings auch, dass der MTS nicht entfernt werden kann. Sie haben als Entwickler nur die Freiheit, die Funktion nicht zu nutzen! Allerdings fehlen unter Windows 2000 die MTS-Beispiele und Tools aus dem Option Pack, die unter Windows 9x oder NT installiert werden.

Installation testen

Haben Sie den MTS unter Windows 95/98 beziehungsweise Windows NT 4 installiert, finden Sie auf Ihrer Festplatte das von Microsoft bereitgestellte Testprogramm „Tic-Tac-

Toe Client" im Verzeichnis *C:\Programme\Mts* vor. Können Sie damit gegen den Computer spielen, befindet sich ein voll funktionstüchtiger MTS auf Ihrem Rechner.

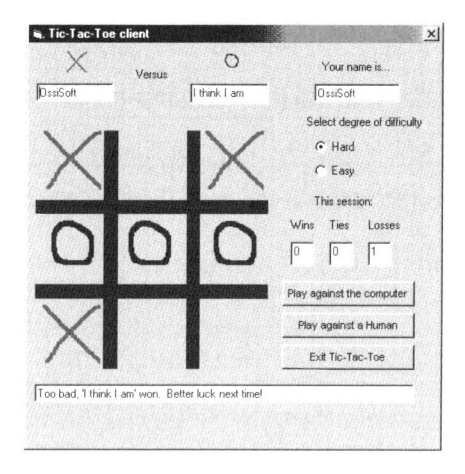

Abb. 15.5: Das MTS-Beispielprogramm Tic-Tac-Toe

Zusätzlich finden Sie im Verzeichnis *C:\WINDOWS\MTSLogs* die Datei *MSDTC.TXT* vor. In dieser Logdatei protokolliert der MTS alle Statusmeldungen mit, die für den Entwickler von Interesse sein könnten. Auch dann, wenn Sie bei Ihren Versuchen keinen Fehler provozieren, sollten zumindest die Startmeldungen des DTC im Log zu finden sein.

```
Ereignis wurde erzeugt in 12.11.99, 13:42:18 Ortszeit
    Ereignistyp: Informationen
    Kategorie: SVC
    Ereignis: DTC-Dienst erfolgreich installiert
Ereignis wurde erzeugt in 12.11.99, 14:32:56 Ortszeit
    Ereignistyp: Informationen
    Kategorie: SVC
    Ereignis: DTC-Dienst erfolgreich installiert
```

Wenn Sie unter Windows NT 4 arbeiten, finden Sie alle Protokollinformationen des MTS in der NT-Ereignisanzeige.

MTS-Utilities

Zusammen mit dem MTS werden einige Tools installiert, die für uns als Delphianer aber nicht unbedingt notwendig sind. Dies gilt zumindest dann, wenn Sie Delphi 4 oder 5 einsetzen und auf die Experten für das Zusammenbauen von MTS-Objekten zurückgreifen.

Installation des MTS

MTS-Utility	Verwendung
MTXSTOP.EXE	Herunterfahren aller MTS-Prozesse (Packages)
MTXREREG.EXE	Aktualisiert alle Registrierungen der Komponenten
SAMPDTCC.EXE	Client für das DTC-Testprogramm SAMPDTCS.EXE
SAMPDTCS.EXE	Server für das DTC-Testprogramm

Tabelle 15.1: Die von Microsoft bereitgestellten Tools

Zum Beispiel dient das Tool MTXREREG.EXE dazu, die von Visual Basic beim Installieren von MTS-Objekten beschädigte Registry wieder zu reparieren. Der nachträglich installierte MTS ist nur ein Aufsatz zu COM, sodass sich MTS-Objekte vom Verhalten und der Konfiguration her von normalen COM-Objekten unterscheiden. Erst mit COM+ verschwinden diese Unterscheidung und somit auch die potenziellen Problemstellen.

Funktion des DTC testen

Der Distributed Transaction Coordinator (DTC) ist ein wesentlicher Bestandteil des MTS. Daher installiert das Option Pack ein eigenes Testprogramm, mit dessen Hilfe die Funktionsfähigkeit nachgeprüft werden kann. Um diesen Test auf Ihrem Windows-9x-Rechner durchzuführen, sind die folgenden Arbeitsschritte notwendig:

Schritt 1: Transaction Server Explorer starten

Das Konfigurationsprogramm Transaction Server Explorer (*mtxexp.exe*) ist unter Windows 9x im Verzeichnis *C:\Programme\Mts* zu finden. Nach dem Aufrufen dieses Tools überzeugen Sie sich davon, ob der DTC bereits ausgeführt wird.

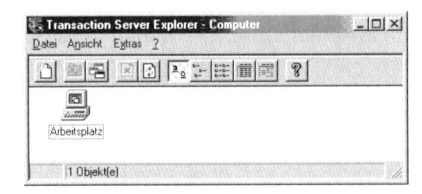

Abb. 15.6: Der DTC ist auf diesem Rechner aktiv

Das Arbeitsplatz-Symbol (Computer) zeigt den Status des DTC über seine Farbe an. Ein dunkelgrüner Bildschirm bedeutet, dass der DTC nicht läuft. In diesem Fall müssen Sie über den Menüpunkt EXTRAS | DTC | START (oder über die rechte Maustaste) den DTC starten. Erst wenn die Bildschirmfarbe auf Hellgrün wechselt, ist der DTC aktiv.

MTS

Mit einem Doppelklick auf das Arbeitsplatz-Symbol im Transaction Server Explorer erreichen Sie die Darstellung der installierten MTS-Packages sowie die Anzeige der Transaktionsliste, der Transaktionsstatistik sowie der Protokollnachrichten.

Schritt 2: Seite Transaktionsstatistik aufrufen

Im Transaction Server Explorer wechseln Sie nun mit einem Doppelklick auf das Arbeitsplatz-Symbol auf die Seite mit der Transaktionsstatistik. In diesem Fenster werden Daten aus zwei Bereichen geliefert. Zum einen die aktuellen Zustandsdaten und zum anderen die kumulierten Werte seit dem letzten Hochfahren des Betriebssystems.

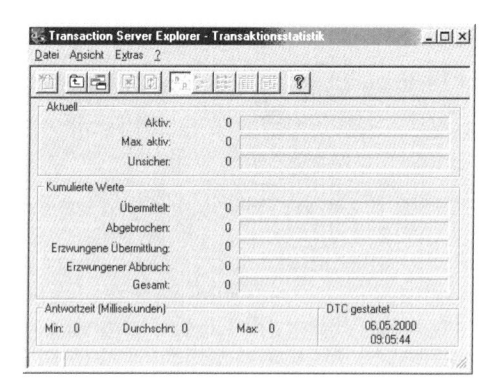

Abb. 15.7: Der MTS führt Buch über die Transaktionsstatistik

Beachten Sie, dass der MTS auch Daten über die Antwortzeit der MTS-Objekte liefert. Mit COM+ stehen diese Daten auch rechnerübergreifend zur Verfügung, sodass ein automatischer Lastausgleich möglich wird.

Schritt 3: Testprogramm SampDtcC.exe starten

Nun starten Sie das im Verzeichnis *C:\Programme\Mts* zu findende DTC-Testprogramm *SampDtcC.exe*. Im Testprogramm wird über den Button NEW eine neue Transaktion begonnen. Anschließend beenden Sie über den Button COM die laufende Transaktion, indem ein Commit ausgelöst wird. Auf der Seite Transaktionsstatistik wird dieser Vorgang mitgezählt. Starten Sie nun eine neue Transaktion, beenden diese jedoch über den Button ABORT, sodass der DTC die laufende Transaktion abbricht. Auf der Seite Transaktionsstatistik wird auch dieser Vorgang mitgezählt.

Wenn Sie nun mehrfach neue Transaktionen starten, über Commit bestätigen oder über Abort abbrechen, sollte sich die Anzeige auf der Seite Transaktionsstatistik nach einer kurzen Verzögerung ständig aktualisieren.

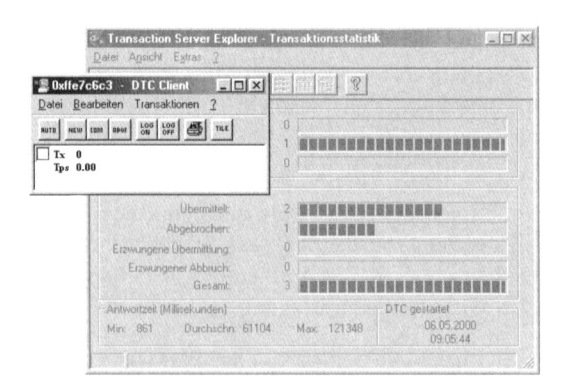

Abb. 15.8: Im Testprogramm wurde eine neue Transaktion gestartet

MTS-Scripts

Es liegt auf der Hand, dass der MTS eine eigene Automation-Schnittstelle zur Verfügung stellt. Aus diesem Grund kann zum Beispiel Delphi die eigenen MTS-Objekte über eigene Menüpunkte im MTS installieren. Allerdings steht diese Automation-Schnittstelle jeden Umgebungen zur Verfügung, die mit COM umgehen können. Somit gilt dies auch für den Windows Scripting Host (WSH), der über ein VBScript den Zugriff auf den MTS ermöglicht. Microsoft stellt dazu im Unterverzeichnis *MTS\Samples\WSH* einige Beispiel-Scripte zur Verfügung. Zum Beispiel ist *InstDLL.vbs* für die Installation der Beispiel-Anwendung „SampleBank" zuständig.

DISP.DLL und DISP.PAK

In der *README.TXT* von Delphi 4 und 5 befasst sich ein ganzer Abschnitt mit der Konfiguration der Delphi-spezifischen Teile. Wenn der MTS vor Delphi 4/5 installiert wird, besteht die einzige erforderliche Vorbereitung darin, dass die Eigenschaft MTS POOLING in der BDE-Konfigurationsdatei auf True gesetzt wird. Die Einstellung MTS POOLING finden Sie im Abschnitt SYSTEM | INIT der BDE-Konfiguration. Sie ermöglicht es der BDE, das MTS-Pooling zu verwenden. Dadurch wird die anfängliche Verbindungszeit beim Öffnen einer Datenbank verkürzt und BDE-Datenbankverbindungen können an MTS-Transaktionen teilnehmen.

Falls MTS nach der Installation von Delphi 4/5 installiert wird, müssen zusätzliche Schritte durchgeführt werden.

1. Kopieren Sie die Datei *DISP.DLL* aus dem Verzeichnis *RUNIMAGE* der Delphi 5-CD in das BDE-Verzeichnis auf dem Host-Computer.
2. Führen Sie folgenden Befehl aus dem Fenster der Ausgabeaufforderung heraus aus: *REGSVR32 <BDE-Verzeichnis>\DISP.DLL*
3. Im Explorer des Transaction Servers müssen Sie das BDE-MTS-Package installieren, indem über NEW | PACKAGE der Eintrag INSTALL PRE-BUILT-PACKAGE ausgewählt wird. Die hinzuzufügende Datei *DISP.PAK* finden Sie im BDE-Verzeichnis.

4. Setzen Sie den Wert MTS POOLING im Abschnitt SYSTEM | INIT der BDE-Konfiguration auf True.

Immer dann, wenn Sie die Fehlermeldung „Cannot load an IDAPI service library. File: DISP.DLL" erhalten, sollten Sie die Schritte 1 bis 4 abarbeiten.

15.3 Das Minimal-Beispiel mit Delphi

Nachdem Sie sich davon überzeugt haben, dass der MTS auf Ihrem Rechner voll funktionstüchtig ist, wird es Zeit, das Zusammenspiel mit Delphi zu überprüfen. Delphi stellt eigene Experten und VCL-Units zur Verfügung, die das Entwickeln von MTS-Objekten stark vereinfachen. Damit Sie sich ein besseres Bild von den Zusammenhängen machen können, soll dieses Beispiel vorerst nur das Zusammenspiel von Delphi mit dem MTS betrachten. Die Erläuterung der Zusammenhänge sowie der speziellen Begriffe hebe ich mir für den anschließenden theoretischen Teil des Kapitels auf.

Die notwendigen Arbeitsschritte lassen sich wie folgt zusammenfassen:

1. MTS-Komponente entwickeln
2. MTS-Komponente im MTS installieren
3. Base Client für diese Komponente entwickeln
4. Ergebnis testen

Das folgende Minimal-Beispiel wurde mit Delphi 5 entwickelt, kann aber problemlos mit Delphi 4 nachgebaut werden.

Das Beispielprojekt finden Sie im Verzeichnis »Kapitel 15\ET2KMTS«.

Schritt 1: MTS-Komponente entwickeln

Ein MTS-Objekt ist ein COM-Objekt mit speziellen Eigenschaften. Daher fängt die Entwicklung eines MTS-Objekts wie gewohnt an, der Delphi-Experte für eine ActiveX-Bibliothek legt ein leeres Grundgerüst für dieses COM-Objekt in Form eines In-process Servers an. Anschließend wird der Experte für ein transaktionales Objekt von der Registerseite Multi-tier aus aufgerufen.

Da es sich um ein Minimal-Beispiel handeln soll, vergebe ich nur einen eindeutigen Namen für die CoClass und übernehme ansonsten alle vom Experten vorgeschlagenen Voreinstellungen.

Abgesehen von anderen Unit-Namen geht es dann wie gewohnt weiter. Das COM-Objekt erhält eine Interface-Methode, die später vom Client aufgerufen werden soll.

```
IETObj = interface(IDispatch)
  ['{BEC3EB16-DCD4-4641-BD26-23FFCE3A0B50}']
    procedure ShowMsg(out sSrvMsg: WideString); safecall;
end;
```

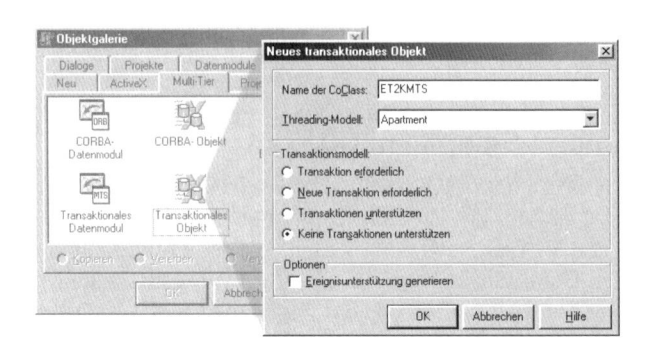

Abb. 15.9: Der Delphi-Experte legt ein neues MTS-Objekt an

Und auch die Implementierungs-Unit ist so übersichtlich, dass ich sie hier im Buch in voller Länge vorstellen kann. Sie müssen zugeben, dass bisher keine MTS-spezifischen Besonderheiten ins Spiel kamen. Der einzige sichtbare Unterschied besteht in den eingebundenen Unit-Namen, aber diese Aufstellung hat der Experte angelegt, sodass Sie an dieser Stelle gar nicht beteiligt sind.

```
unit ET2KMTS_Impl;

interface

uses
  ActiveX, MtsObj, Mtx, ComObj, ET2KMTS_TLB, StdVcl;

type
  TETObj = class(TMtsAutoObject, IETObj)
  protected
    procedure ShowMsg(out sSrvMsg: WideString); safecall;
  end;

implementation

uses ComServ;

procedure TETObj.ShowMsg(out sSrvMsg: WideString);
begin
  sSrvMsg := 'Der Text vom MTS';
end;
```

```
initialization
  TAutoObjectFactory.Create(ComServer, TETObj, Class_ETObj,
    ciMultiInstance, tmApartment);
end.
```

Schritt 2: MTS-Komponente im MTS installieren

Wenn das neue COM-Objekt erfolgreich kompiliert werden konnte, wird in Delphi der Menüpunkt START | MTS-OBJEKTE INSTALLIEREN aufgerufen. Über zwei Dialogfenster legen Sie nun fest, in welcher MTS-Package das neue Objekt installiert werden soll. Auf den Begriff MTS-Package gehe ich später noch detaillierter ein, jetzt reicht es aus zu wissen, dass hier der Container-Prozess gemeint ist, in den die DLL als In-process Server geladen werden soll. Somit ist es sinnvoll, für zusammenhängende MTS-Objekte ein eigenes MTS-Package zu verwenden. Für das Minimal-Beispiel lasse ich Delphi ein neues Package anlegen, indem auf der Registerseite IN NEUES PACKAGE ein neuer Package-Name eingetragen wird.

Abb. 15.10: Delphi installiert das neue MTS-Objekt

Schritt 3: Base Client für diese Komponente entwickeln

Der Client unterscheidet sich in keiner Weise von einem Client für ein normales COM-Objekt, wie Sie am folgenden Aufruf sehen können:

```
procedure TForm1.Button1Click(Sender: TObject);
var
  sSrvMsg : WideString;
begin
  FSrv.ShowMsg(sSrvMsg);
  ShowMessage(sSrvMsg);
end;
```

Warum wird aber der Begriff „Base Client" verwendet? Die Unterteilung in einen „Client" und in einen „Base Client" macht nur bei verteilten Anwendungen Sinn, denn dort teilt sich eine Anwendung in der Regel auf mehrere COM-Objekte auf. Dabei wird ein COM-Objekt unter Umständen von einem anderen COM-Objekt aus aufgerufen. Befinden sich alle COM-Objekte in der gleichen MTS-Package, unterscheiden sich rein tech-

technisch gesehen die Zugriffe innerhalb des MTS aus der gleichen Package heraus von den Zugriffen von einem anderen Rechner aus. Nur der „Base Client" ruft sein MTS-Objekt von einem anderen Rechner oder zumindestens von einem anderen Prozess aus auf.

Schritt 4: Ergebnis testen

Wenn der Client nun gestartet wird, erhalten Sie nach dem Anklicken des Buttons die Rückmeldung über das ShowMessage-Dialogfenster. Somit ist die Funktionstüchtigkeit des COM-Objekts nachgewiesen. Allerdings fehlt noch der Beweis, dass dieses Objekt auch tatsächlich innerhalb des MTS ausgeführt wird. Und diesen Beweis erhalten Sie nur im Transaction Server Explorer (TSE).

Sobald Sie dieses Tool aufrufen, finden Sie das von Delphi neu angelegte Package OSMTS vor. Mit einem Doppelklick auf dieses Package zeigt der TSE alle in dieses Package installierten MTS-Objekte an. In unserem Beispiel ist das nur ein einziges Objekt, dessen Icon sich um die eigene Achse dreht. Schaltet man nun die Anzeige auf die Status-Darstellung um, wird sichtbar, dass ein Client auf eine im MTS ausgeführte Objektinstanz zurückgreift.

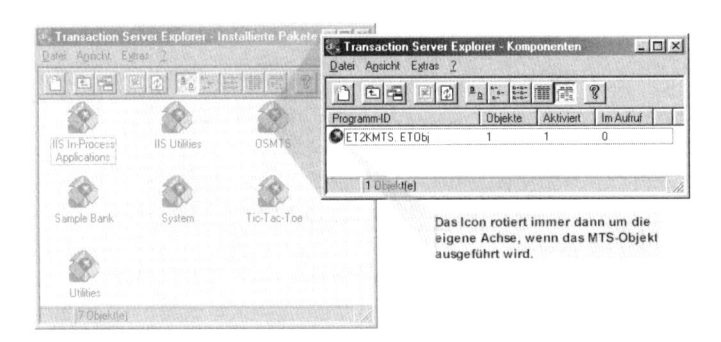

Abb. 15.11: Das Minimal-Beispiel wird getestet

Somit haben wir den Beweis angetreten, dass es funktioniert. Jetzt wird es Zeit zu erläutern, warum es so funktioniert.

15.4 Das Prinzip des MTS

15.4.1 MTS-Begriffe

Wie jede neue Technologie führt auch der MTS völlig neue Begriffe ein. Jeder Entwickler, der sich ernsthaft mit dem MTS beschäftigen will, muss zwangsläufig diese Begrifflichkeit übernehmen, wenn er in den umfangreichen Dokumentationen zum MTS den Überblick behalten will. Der MTS kennt die folgenden wichtigen Architekturelemente, wobei ich die englischen Originalbegriffe verwende.

MTS

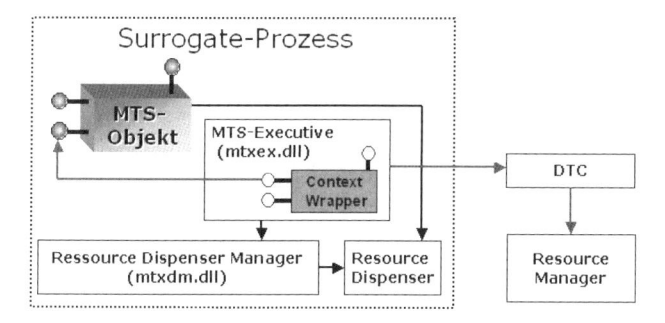

Abb. 15.12 MTS-Architektur

ActiveX-Component

Ein ActiveX-Component implementiert die Anwendungsfunktion in einem COM-Objekt. Im Sprachgebrauch des MTS ist eine Komponente ein COM-Objekt (genauer gesagt ein In-process Server). Somit kollidiert dieser Begriff mit der Delphi-Komponente. Um mögliche Verwechslungen zu vermeiden, verwende ich in diesem Kapitel die vollständige Bezeichnung ActiveX-Komponente oder den neutralen Begriff MTS-Objekt.

Transaction Server Executive

Transaction Server Executive stellt die Laufzeitumgebung für die Anwendungsobjekte zur Verfügung. Unter Windows 95/98 und Windows NT 4 ist dazu als Host der Server-Prozess *MTX.EXE* sowie eine Reihe von DLLs zuständig. Ab Windows 2000 gibt es keine eigenständigen Module mehr, da die Funktionalität des MTS vollständig im Betriebssystem integriert wurde.

Server Process (Surrogate Process)

Server Processes stellen als Win32-Prozesse den „Lebensraum" für die Anwendungsobjekte zur Verfügung. Es gibt die unterschiedlichsten Ausführungen von COM-Servern. Neben den In-process Servern, die als DLL direkt im Adressraum des Clients ausgeführt werden, gibt es noch die Local Server und die Remote Server als normale Anwendungsprogramme im EXE-Format. Alle diese Ausführungen können über DCOM auf einem externen Rechner angesprochen werden. Für die In-process Server ist dazu eine gesonderte Behandlung notwendig, denn eine DLL kann nicht so ohne weiteres auf einem fremden Rechner gestartet werden. Es fehlt dazu ein Prozess, wobei DCOM genau zu diesem Zweck die so genannte Surrogate-Anwendung *DLLHOST.EXE* vorsieht. Soll ein Client auf einen In-process Server auf einem fremden Rechner zugreifen, muss in der DCOM-Konfiguration für diesen Server die Surrogate-Anwendung aktiviert werden.

Das Prinzip des MTS

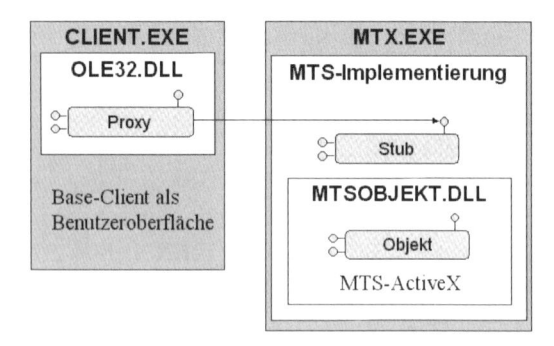

Abb. 15.13: Das MTS-Objekt ist für den Client ein Local/Remote Server

Der MTS kann nur In-process Server einbinden, für die in jedem Fall ein Surrogate-Prozess benötigt wird. Allerdings übernimmt der MTS diese Aufgabe völlig in eigener Regie, wobei jedes MTS-Package einen eigenen Surrogate-Prozess erhält. Wenn also ein COM-Server im MTS installiert wird, ändert der MTS die Registry-Einträge für dieses COM-Objekt so ab, dass DCOM automatisch den MTS als Surrogate-Prozess für dieses Objekt betrachtet. Das bedeutet jedoch auch, dass nach der Installation im MTS das Objekt nicht mehr auf normalem Weg erreicht werden kann (es sei denn, Sie überschreiben die Registry-Einträge wieder).

Der Surrogate-Prozess ist streng genommen nicht zwingend vorgeschrieben. Ein MTS-Objekt kann auch im Prozess des Clients ausgeführt werden, wenn »MTXEX.DLL« als Proxy zugeordnet wird. Dann ist das Ganze jedoch keine Multitier-Anwendung.

Erst ab Windows 2000 gibt es zwischen einem Surrogate-Prozess für einen DCOM-Server und einem Surrogate-Prozess für ein MTS-Objekt keine Unterschiede mehr.

Resource Manager

Resource Manager (RM) sind für die Verwaltung von dauerhaften Zuständen beziehungsweise Daten zuständig, wie zum Beispiel in einem Dateisystem oder einer SQL-Datenbank. Die transaktionsfähigen Resource Manager unterstützen die Datenspeicherung über eigene interne Transaktionen.

Resource Dispenser

Resource Dispenser (RD) verwalten die nicht beständigen, gemeinsam genutzten Daten von Anwendungsobjekten innerhalb eines Prozesses und sind vor allem für zwei Aufgaben zuständig. Zum einen verwalten sie einen Pool von Verbindungen zum Resource Manager und zum anderen stellen sie die Zuordnung des Resource Managers zur aktuellen Transaktion der ActiveX-Komponente her. Außerdem sorgt der Resource Dispenser dafür, dass ungenutzte Ressourcen nach der vereinbarten Timeout-Zeitspanne automatisch freigegeben und zurück in den Pool gelegt werden.

MTS

Der MTS unterstützt von Haus aus vier Resource Dispenser:
1. ODBC-Treiber ab der Version 3.0
2. OLE DB-Treiber ab der Version 2.0
3. Borland Database Engine (BDE) ab Delphi 4
4. Shared Property Manager

Allerdings kann ein Anbieter zusätzlich eigene RDs zur Verfügung stellen, wie das Borland mit der BDE auch tatsächlich macht. Auch der Microsoft Message Queue Server stellt einen eigenen Resource Dispenser zur Verfügung.

Dispenser Manager

Der Dispenser Manager (DM) ist – wie das bei Managern so üblich ist – für das Koordinieren der Aktivitäten der einzelnen Resource Dispenser zuständig. Alle Resource Dispenser registrieren sich beim Dispenser Manager. Der DM verwaltet die Ressourcen in einem Pool (Datenbank-Verbindungspool) und meldet Transaktionen beim Dispenser an. Der Pool wächst auf Anforderung durch Clients bei Bedarf an, wobei der Dispenser Manager alle zehn Sekunden nachprüft, ob die Ressource noch verwendet wird. Falls nicht, wird die Verbindung geschlossen und aus dem Pool entfernt.

Distributed Transaction Coordinator

Der Distributed Transaction Coordinator (DTC) koordiniert die Transaktionen der verschiedenen Resource Manager, Resource Dispenser und ActiveX-Components. Er implementiert ein 2-Phasen-Commit-Protokoll, das sicherstellt, dass eine Transaktion auch von mehreren Beteiligten korrekt abgewickelt wird. Da die beteiligten MTS-Objekte durchaus auf verschiedenen Rechnern laufen dürfen, muss er auch mit einem Rechnerausfall und Netzwerkproblemen umgehen können.

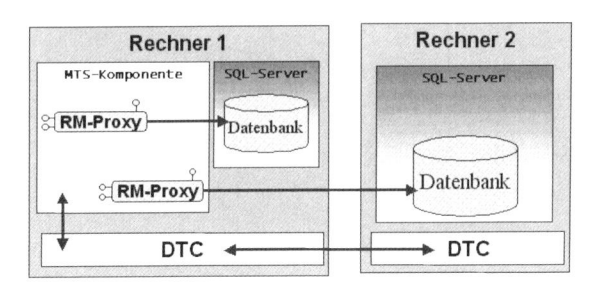

Abb. 15.14: Ein Beispiel für das 2-Phasen-Commit

Daneben tauchen in den MTS-Dokumentationen weitere Begriffe auf, die ich ebenfalls in der englischen Originalbezeichnung verwende:

Packages

Die MTS-Packages kapseln als Kollektion mehrere funktional zusammenhängende MTS-Objekte ein. Alle Anwendungsobjekte eines Packages werden vom MTS in einem eigenen Prozess ausgeführt. Damit verbessert sich die Fehlertoleranz, da jeweils nur das eigene Package betroffen ist. Außerdem vereinfacht sich die Installation von derart zusammenhängenden Objekten. Die MTS-Packages bilden zusätzlich eine Möglichkeit zur übersichtlichen Rechte-Vergabe an den einzelnen Objekten.

Base Clients

Mit dem Begriff Base Client wird das Client-Programm des MTS-Objekts bezeichnet. Aufgrund der MTS-Architektur macht es Sinn, zwischen dem Anwendungsprogramm auf dem Client-Rechner (Base Client) und dem Client-Objekt auf der MTS-Seite zu unterscheiden. Der Base Client ist somit der Ausgangspunkt des ersten Objektaufrufs.

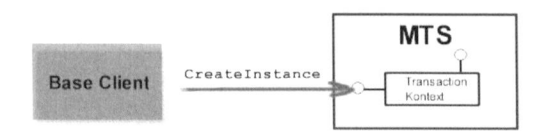

Abb 15.15: Der Base Client greift auf ein MTS-Objekt zu

Das vom Base Client aufgerufene MTS-Objekt kann nun selbst andere Objekte anfordern und die Arbeit an diese zusätzlichen Objekte weiterdelegieren. Dabei wird der Entwickler dafür sorgen, dass sich alle diese Objekte in der gleichen MTS-Package befinden und somit im gleichen Host-Prozess ausgeführt werden. Und dies hat zur Folge, dass innerhalb der gleichen Activity der Zugriff so schnell wie bei einer normalen DLL ist.

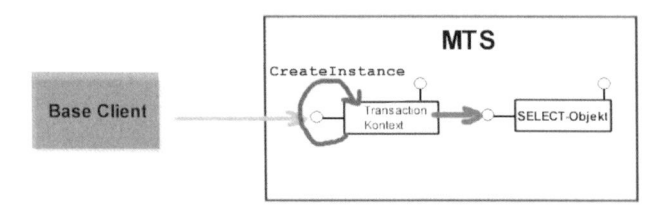

Abb. 15.16: Das MTS-Objekt wird zum Client eines zweiten Objektes

Später komme ich nochmals auf diese Unterschiede und die sich daraus ergebenden Folgen zurück.

Activity

Eine Activity ist ein logischer Ausführungspfad für die vom Base Client erzeugten Objektinstanzen. Jedes MTS-Objekt „lebt" in exakt einer Activity, aber eine Activity kann beliebig viele Objekte umfassen. Der MTS verwaltet seine Transaktionen bezogen auf die Activity, sodass darin auch verschiedene Objekte gemeinsam eingebunden werden können.

Das vom Base Client als erstes Objekt angeforderte Root-Objekt wird immer in einer neuen Activity ausgeführt. Spaltet das Root-Objekt hingegen über den Aufruf von ObjectContext.CreateInstance weitere Objekte ab, so werden diese Mitglieder

der Root-Objekt-Activity. Somit ergibt sich ein logischer Ausführungspfad für alle beteiligten Objekte, was zu einer einfacheren Entwicklung führt.

> *Eine Activity ist ähnlich wie ein Apartment nur ein logisches Modell, damit die Betrachtung für den Entwickler einfacher wird. Während ein Apartment die Aufgabe der Synchronisation übernimmt, ist eine Activity für das reibungslose Ausführen von Objektinstanzen in einem Thread-Pool zuständig. Der MTS übernimmt vollständig die Zuordnung von physisch existierenden Threads zu einer Activity, sodass der Entwickler sich um diese Details nicht kümmern muss.*

Hinter den Kulissen ordnet der MTS der Activity des vom Client angeforderten Root-Objekts einen Thread aus seinem Thread-Pool zu. Im MTS 2.0 wird dazu je Package ein Pool von bis zu 100 STA-Threads vorgehalten. Erst dann, wenn diese Anzahl nicht mehr ausreicht, ordnet der MTS mehrere Activities wechselseitig einem gemeinsamen Thread zu.

Immer dann, wenn das neue Objekt nicht im gleichen Thread und somit in der gleichen Activity laufen soll, kann das Root-Objekt durch den Verzicht auf die ObjectContext-Methode `CreateInstance` diese neue Instanz in einer neuen Activity ausführen lassen. Allerdings befindet sich dann ein Proxy/Stub-Paar dazwischen, sodass der Zugriff auf das neue Objekt deutlich langsamer ist als bei den Objekten, die in der gleichen Activity ausgeführt werden.

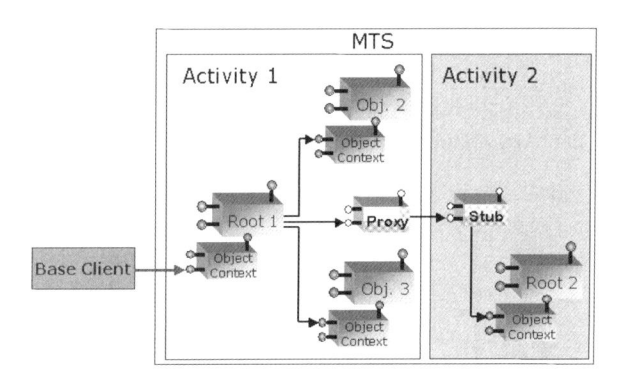

Abb. 15.17: Objektinstanzen in verschiedenen Activities

Eine Activity kann durchaus auch Objekte aus verschiedenen Packages oder gar Objekte auf unterschiedlichen Rechnern umfassen.

Context Object

Während die Activity ähnlich wie ein COM-Apartment nur ein logisches Denkmodell darstellt, ist das Context Object für die praktische Realisierung zuständig. Das Kontext-

Das Prinzip des MTS

Objekt stellt sicher, dass ein durch den Aufruf einer Interface-Methode zu aktivierendes Objekt auch tatsächlich erzeugt wird.

Wird ein Interface-Zeiger über den Aufruf von `SafeRef` für die Weitergabe an Dritte vorbereitet, so zeigt dieser Interface-Zeiger in Wirklichkeit auf das Context Object. Neben den Transaktionsinformationen ist das Context Object auch für die vom MTS angebotenen Sicherheitsfunktionen zuständig.

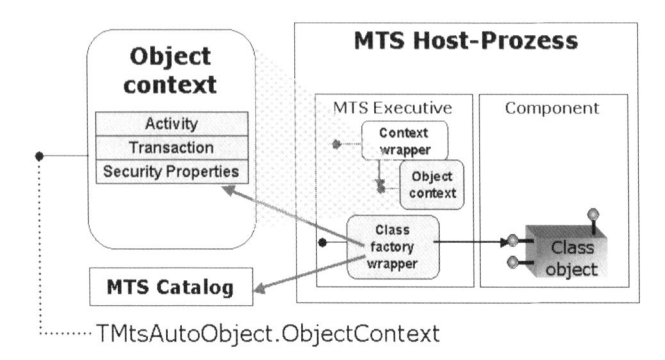

Abb. 15.18: Die Funktion des Objekt-Kontextes

15.4.2 Beispiel für das Zusammenspiel

Es wird Zeit, die graue Theorie durch eine verständliche Grafik aufzulockern. Eine Three-tier-Anwendung besteht aus drei Bestandteilen: den User Services (das Anwendungsprogramm für den Benutzer), den Business Services (Applikationsserver für die Implementierung der gemeinsam zu nutzenden Funktionen) sowie den Data Services (wie zum Beispiel einem SQL-Server). Zwischen diesen drei Bestandteilen existiert eine logische und in den meisten Fällen auch physikalische Trennung. Die Abbildung 15.19 versucht, einen typischen Anwendungsfall darzustellen.

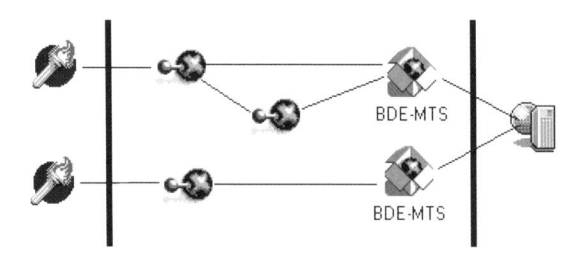

Abb. 15.19: Das Zusammenspiel von Base Client, ActiveX Component, RD und RM

Zwei verschiedene Base Clients greifen auf insgesamt drei MTS-Objekte zu, wobei das dritte Objekt indirekt vom ersten angefordert wird.

Teil	Funktion	Beschreibung
	Base Client	Der so genannte Base Client in Form eines mit Delphi entwickelten Anwendungsprogramms stellt als User Service die Oberfläche für den Anwender bereit.
	ActiveX Component	Die ActiveX-Komponenten (MTS-Objekte) in einem Package implementieren als Business Services die Anwendungslogik. Dabei kann ein Anwendungsobjekt durchaus eine eigene Verbindung zu anderen Objekten aufbauen, wobei dies auch Objekte in anderen Packages oder auf anderen Rechnern sein können.
	Resource Dispenser	Die Borland Database Engine übernimmt für die Delphi-eigenen Datenbankverbindungen die Funktion eines Resource Dispensers. In diesem Beispiel betrifft dies die SQL-Links zum InterBase-Server.
	Resource Manager	Der InterBase-Server stellt als Resource Manager eine SQL-Datenbank für die dauerhafte Speicherung von Daten und Zustandsinformationen zur Verfügung.

Tabelle 15.2: Zusammenstellung der beteiligten Rollen

15.5 Middle-tier-Objekte für den MTS

In der Three-tier-Architektur ist die mittlere Schicht für die so genannten Business Rules zuständig, d.h. in diesen Objekten wird die von der Benutzeroberfläche unabhängige Programmlogik verpackt. Ist ein solches COM-Objekt fertig, wird es im MTS installiert. Für das bedarfsweise Erzeugen und Zerstören der Objekte ist dann ausschließlich der MTS zuständig. Nun, falls Sie das Buch von Anfang an durchgelesen haben, werden Sie vielleicht einwenden, dass dazu kein MTS benötigt wird. COM selbst kann dies auch, welchen Sinn soll eine zusätzliche Systemkomponente haben? Die Antwort darauf ist einleuchtend – der Entwickler darf immer dann für sein Objekt alle Multi-User-Belange vernachlässigen, wenn das Objekt im MTS ausgeführt wird! Der Entwickler darf ungestraft davon ausgehen, dass immer nur ein Client seinen COM-Server nutzt. In der Praxis wird dieses COM-Objekt natürlich von mehreren Clients gleichzeitig angesprochen, aber für das Managen dieser Fälle ist ausschließlich der MTS zuständig.

Der MTS nimmt für sich in Anspruch, Millionen von Client-Anforderungen pro Tag handhaben zu können, wobei der Client sowohl eine Active Server Page (ASP) als auch eine traditionelle Win32-Anwendung sein darf.

Im Mai 1997 hat Microsoft mit dem so genannten „Scalability day" die Leistungsfähigkeit des MTS demonstriert. Mithilfe von 45 zusammengeschalteten MTS (jeweils auf eigenem Windows-NT-Server) wurden 13000

Sekunde verarbeitet. Die vollständige Story wurde im „Developer Network Journal" (Ausgabe NOV/DEC 1998) veröffentlicht.

Der Entwickler kann ein Tool seiner Wahl einsetzen (für uns eine sehr einfache Wahl), um COM-Objekte als ActiveX-Komponenten für den MTS zu erzeugen. Allerdings sollte er einige Besonderheiten beachten, wenn nicht nur lauffähige, sondern auch effektive Komponenten benötigt werden:

- Die Komponenten sollten eine Referenz auf das Kontext-Objekt verwenden – erst dann stehen die MTS-Transaktionen sowie die zusätzlichen Sicherheitsfunktionen zur Verfügung. Mit den vom Delphi-Experten aus der Client/Server Suite beziehungsweise der Enterprise-Version generierten MTS-Objekten wird diese Forderung automatisch erfüllt.
- Die Komponenten sollten niemals globale Statusinformationen speichern, das Ablegen von Informationen zwischen einzelnen Methodenaufrufen verhindert die effektive Ressourcenverwaltung. Der MTS kann eine derartige Komponente erst dann deaktivieren, wenn der Base Client seine Referenz darauf zerstört.
- Wenn eine Komponente die Arbeit erfolgreich erledigt hat, sollte sie so schnell wie möglich die `SetComplete`-Methode des Kontext-Objektes aufrufen. Mit diesem Aufruf erhält der MTS die Freigabe zur sofortigen Deaktivierung der Komponente, was sich auf die effektive Ressourcenverwaltung sehr günstig auswirkt. Gleiches gilt für die `SetAbort`-Methode – nur mit dem Unterschied, dass eine laufende Transaktion abgebrochen wird.

Diese Anforderungen sind extrem wichtig – damit sie nicht beim Lesen unbemerkt überblättert werden, gehe ich in den folgenden Abschnitten detaillierter darauf ein. Spätestens dann, wenn ich die Beispielprojekte vorstelle, werden Sie einen Bezug zu diesen Forderungen herstellen können.

15.5.1 Objekt-Anforderungen

Eine ActiveX-Komponente für den MTS ist ein COM-Objekt in Form eines In-process Servers, der in der MTS-Laufzeitumgebung ausgeführt wird. Damit steht das Format des ausführbaren Programmmoduls bereits fest – es muss eine DLL sein. Doch damit nicht genug, der MTS stellt auch weitere Anforderungen, die ein MTS-Objekt vollständig erfüllen muss. Dank Delphi werden alle diese Hürden spielend leicht überwunden:

- Das COM-Objekt muss eine Class Factory und das IClassFactory-Interface bereitstellen. Außerdem wird der Export der Funktion `DllGetClassObject` zwingend vorgeschrieben.
- Alle Interface-Methoden müssen den Standard-Marshaler verwenden.
- Alle Interfaces und CoClasses müssen in der Typbibliothek beschrieben werden.
- Das COM-Objekt muss die Funktion `DllRegisterServer` exportieren und außerdem in der Lage sein, seine CLSID, die ProgID und die Typbibliothek über den Aufruf dieser Funktion selbst in die Windows-Registry einzutragen.

Verschiedene ActiveX-Komponenten für den MTS dürfen durchaus in einer DLL implementiert werden. Ab der Version 2.0 erlaubt es der MTS auch, dass MTS-Objekte aus der gleichen DLL in verschiedene Packages installiert werden dürfen.

Die Anforderungen auf der Seite des Base Clients lassen sich in einem Punkt zusammenfassen, der Client benötigt ausschließlich die Typbibliothek des MTS-Objekts, um auf dieses über den MTS zugreifen zu können.

15.5.2 Objekt-Aktivierung

Ein normaler DCOM-Client fordert einen Zeiger auf das Interface eines DCOM-Servers ab, wobei der Server bis zum Freigeben des letzten Interface-Zeigers aktiv ist. Was bei einigen wenigen Clients völlig belanglos ist, kann bei hunderten oder gar tausenden von Clients ein ernsthaftes Problem werden. Oftmals ruft ein Client nur kurzzeitig eine Server-Funktion auf, trotzdem bleibt die Verbindung und damit das Server-Objekt ständig bestehen. Aus diesem Grund ändert der MTS den Mechanismus für das Erzeugen und Zerstören von COM-Objekten. Wenn ein Client ein Server-Objekt anfordert, erzeugt der MTS eine Instanz des gewünschten Objekts im deaktivierten Zustand und liefert eine Referenz darauf an den Client zurück. Zu diesem Zeitpunkt handelt es sich um eine Referenz auf eine „Server-Attrappe" (was früher mal als „potemkinsches Dorf" bezeichnet wurde). Der Client geht davon aus, dass er einen gültigen Interface-Zeiger auf den Server besitzt, was jedoch zu diesem Zeitpunkt definitiv nicht der Fall ist. Erst dann, wenn der Client tatsächlich eine Server-Methode über diesen Interface-Zeiger aufruft, versetzt der MTS den COM-Server in den aktivierten Zustand.

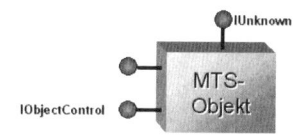

Abb. 15.20: IObjectControl informiert über die Lebenszeit

Ist die Arbeit fürs Erste erledigt (das MTS-Objekt hat dies über `SetComplete` beziehungsweise `SetAbort` mitgeteilt), setzt der MTS das Objekt wieder in den deaktivierten Zustand zurück, indem die Instanz zerstört wird. Erst dann kann der MTS die belegten Ressourcen freigeben beziehungsweise wieder verwerten.

> *Das vollständige Wiederverwenden von MTS-Objekten in einem Pool wird von der MTS-Version 2.0 noch nicht unterstützt. Aus diesem Grund setzt Delphi die Objekt-Eigenschaft CanBePooled auf False. Erst unter Windows 2000 steht der Objekt-Pool zur Verfügung, allerdings nur dann, wenn das Objekt die Mindestanforderungen erfüllt.*

Dies bedeutet jedoch auch, dass ein Mechanismus vorgesehen werden muss, über den ein Objekt den Zeitpunkt des Erzeugens beziehungsweise Deaktivierens erkennen kann.

Über die Methoden des IObjectControl-Interfaces steht ein solcher Mechanismus zur Verfügung. Immer dann, wenn der Delphi-Experte für MTS-Objekte um seine Mitarbeit gebeten wird, generiert er ein Objekt, das von TMtsAutoObject abstammt. Und in dieser Klasse wird das IObjectControl-Interface implementiert.

```
type
  TMtsAutoObject = class(TAutoObject, IObjectControl)
  private
    FObjectContext: IObjectContext;
  protected
    { IObjectControl }
    procedure Activate; safecall;
    procedure Deactivate; stdcall;
    function CanBePooled: Bool; stdcall;
    procedure OnActivate; virtual;
    procedure OnDeactivate; virtual;
    property ObjectContext: IObjectContext read FObjectContext;
  public
    procedure SetComplete;
    procedure SetAbort;
    procedure EnableCommit;
    procedure DisableCommit;
    function IsInTransaction: Bool;
    function IsSecurityEnabled: Bool;
    function IsCallerInRole(const Role: WideString): Bool;
  end;
```

Somit kann jedes mit Delphi erstellte MTS-Objekt sofort auf drei wichtige Teilfunktionen zurückgreifen:
- Activate/OnActivate meldet den Aktivierungszeitpunkt.
- Deactivate/OnDeactivate informiert das Objekt über die unmittelbar bevorstehende Zerstörung.
- ObjectContext liefert einen Interface-Zeiger auf das Kontext-Objekt zurück.

Client und DLL-Host

Beachten Sie, dass der MTS die ActiveX-Komponenten einer Package in einem eigenen Prozess ausführt. Obwohl in Delphi das MTS-Objekt als In-process Server in Form einer DLL entwickelt wurde, verhält sich das Objekt gegenüber dem Client wie ein Local/Remote Server, der in einem anderen Prozess ausgeführt wird. Das Objekt selbst wird als DLL in diesen Host-Prozess geladen – somit muss beim bedarfsgerechten Erzeugen der Objekte kein neuer Prozess gestartet werden, solange sich alle Objekte in der gleichen MTS-Package befinden. Stattdessen erzeugt der MTS einen neuen Thread für diese Komponente, wobei der MTS einen Thread-Pool verwendet. Wenn nun ein neuer Client auf ein im MTS installiertes COM-Objekt zugreift, besorgt sich der MTS einen zurzeit

ungenutzten Thread aus dem Pool, führt das Objekt in diesem Thread aus und stellt den
Thread, sobald das Objekt deaktiviert wird, wieder dem Pool zur Verfügung.

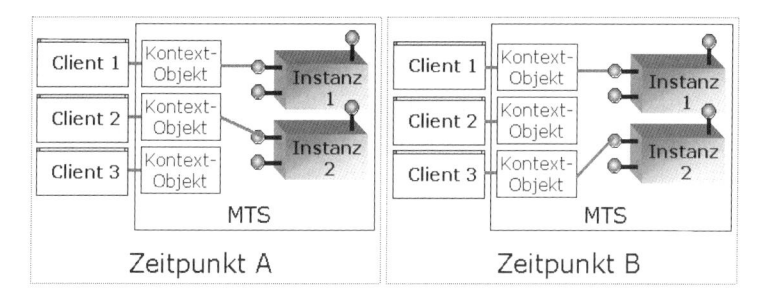

Abb. 15.21: Das Objekt-Instanz-Management des MTS

In einer klassischen Client/Server-Anwendung behält der Client ständig eine offene Verbindung zu seinem SQL-Server. Muss mit vielen gleichzeitig aktiven Clients gerechnet werden, ist das eine sehr ressourcenintensive Angelegenheit. Dabei ist technisch diese permanente Verbindung gar nicht notwendig, in der meisten Zeit herrscht völlige Ruhe auf den einzelnen Verbindungskanälen. Wenn es gelingt, dass sich mehrere Clients diese ressourcenintensiven Objekte teilen, ist das größte Problem gelöst. Und genau dies macht der MTS über seine Just-in-Time Activation im Hintergrund. Der Client bekommt davon überhaupt nichts mit, für ihn sieht es so aus, als ob er der einzige Benutzer dieses Objektes ist. Über das Kontext-Objekt wird für den Client eine permanente Verbindung simuliert.

> *Das Kontext-Objekt ist kein COM-Objekt, sondern nur eine Datenstruktur, mit deren Hilfe der MTS eine Verbindung zum zuständigen Class-Factory-Objekt herstellen kann. Die interne Implementierung spielt für den Client auch keine Rolle – wichtig ist nur, dass beim Aufruf einer Methode des MTS-Objekts in jedem Fall eine „lebende" Instanz zugeordnet wird.*

Solange der Client seine Interface-Referenz auf das MTS-Objekt nicht freigibt, existiert das Kontext-Objekt.

15.5.3 Zustandslose Objekte

Damit gehört ein Objekt nur dann einem Client, wenn es sich im aktivierten Zustand befindet. Im Normalfall ist es nur für die Zeitdauer eines Methodenaufrufs aktiv, sodass es sich jeweils nur um kurze Zeitschlitze handelt. Sobald ein Objekt deaktiviert wurde, steht es im MTS-Pool für Anforderungen von Clients zur Verfügung. Falls nun der gleiche Client erneut eine Methode „seines" Servers aufruft, erhält er ein zurzeit freies MTS-Objekt aus dem Pool. Dabei muss es sich nicht um das konkrete Objekt handeln, das den ersten Methodenaufruf abgewickelt hat. Man spricht deshalb davon, dass MTS-Objekte zustandslos (stateless) sind.

> *Man kann im MTS auch ganz normale COM-Objekte, die nicht zustandslos sind, laufen lassen. Allerdings macht das dann keinen Sinn, da die Vorteile des MTS nicht zur Geltung kommen und das Ganze mit dem normalen DCOM zudem einfacher wäre.*

Nun wird auch klar, warum der MTS so gut skalieren kann. Vergleicht man das Verhältnis der Zeit für einen Methodenaufruf mit dem Zeitbedarf für das Erzeugen einer DCOM-Server-Instanz, so wird deutlich, dass die meiste Zeit für das Erzeugen der Server-Instanz benötigt wird. Wenn also der MTS mehrere Server-Instanzen scheinbar auf Halde legt und erst bei Bedarf nur für die Zeitdauer des Methodenaufrufs einem bestimmten Client zuordnet, wird viel Zeit gespart, die dann anderen Clients zur Verfügung steht.

Ein zustandsloses Objekt kann auch keine Datenbankverbindung offen halten. Daher muss sich der MTS auch darum kümmern. Rein formell führt jeder Aufruf einer Server-Methode dazu, dass jedes Mal unmittelbar bei der Aktivierung des MTS-Objektes eine Datenbankverbindung aufgebaut werden muss, die am Ende wieder korrekt abgeräumt wird. Bei den meisten SQL-Servern dauert das Herstellen einer Datenbankverbindung (Session) seine Zeit, sodass dieser direkte Weg nicht sinnvoll ist. Stattdessen nimmt der MTS – genauer gesagt der zuständige Resource Dispenser – auch die einmal angeforderten Datenbankverbindungen in seinen Pool auf, sodass der Verbindungsaufruf aus dem Server heraus abgefangen wird, wenn eine freie Verbindung im Pool verfügbar ist. Trennt das MTS-Objekt die Datenbankverbindung wieder, wird auch dieser Aufruf abgefangen, sodass die aktive Verbindung zurück in den Pool wandert.

> *Das Poolen von Datenbankverbindungen funktioniert nur dann, wenn ein geeigneter Resource Dispenser wie zum Beispiel die BDE für die angesprochene Datenbank verfügbar ist.*

In der Praxis werden jedoch häufig Objekte benötigt, die **nicht** zustandslos sind. Um diese Fälle nicht von vornherein auszuschließen, stellt auch der MTS verschiedene Optionen bereit, wie clientspezifische Informationen trotzdem zwischengespeichert werden können.

1. Der Client kann alle benötigten Daten auf seiner Seite puffern und bei einem Methodenaufruf als Parameter an das MTS-Objekt übergeben. In diesem Fall darf der COM-Server tatsächlich völlig zustandslos sein, allerdings zu Lasten der Netzbelastung zwischen Client und Server sowie der Performance.
2. Wird das COM-Objekt aus einer Active Server Page (ASP) heraus aufgerufen, können dort clientspezifische Daten zwischengepuffert werden. Damit entfällt die zusätzliche Netzwerkbelastung zwischen Client- und Server-Rechnern.

3. Das COM-Objekt kann Daten in einer Datenbank zwischenpuffern und diese quasi als Schließfachanlage nutzen. Auch der schnellste SQL-Server wird dafür deutlich spürbar Zeit benötigen.
4. Die Dienstleistungen des MTS werden in Form des Shared Property Managers (SPM) in Anspruch genommen. Der SPM gehört zur Gattung der so genannten Resource Dispenser und unterstützt das Zwischenspeichern von Daten zwischen einzelnen Methodenaufrufen beziehungsweise den gemeinsamen Datenaustausch zwischen verschiedenen MTS-Objekten. Der MTS stellt dabei sicher, dass immer nur ein Objekt zur gleichen Zeit die Daten lesen bzw. schreiben kann.

MTS-Objekt ist zustandsbehaftet	MTS-Objekt ist zustandslos
Der Base Client kann zustandslos sein und darf nur Teile der Datenmenge bei einem Aufruf übergeben.	Der Base Client muss den Zustand verwalten, indem zum Beispiel alle Daten als Parameter bei einem Aufruf übergeben werden.
Das MTS-Objekt muss die Daten zwischen den einzelnen Aufrufen zwischenspeichern.	Das MTS-Objekt muss in der Lage sein, während des Aufrufs die Funktion vollständig abzuarbeiten.
Durch die einzelnen Server-Aufrufe entsteht eine hohe Netzwerkbelastung, somit verschlechtern diese Aufrufe als zeitkritischer Teil die Performance.	Es ist nur ein Server-Aufruf je Funktion notwendig, somit stellt dies den optimalen Fall dar.
Das MTS-Objekt kann nicht deaktiviert werden und „verschwendet" somit Ressourcen auf dem Server-Rechner.	Der MTS kann das Objekt sofort nach der Rückkehr der aufgerufenen Methode deaktivieren.
Die Lösung ist nur schlecht skalierbar.	Die Lösung ist gut skalierbar.

Tabelle 15.3: Eigenschaften und Verhalten der unterschiedlichen Kategorien

Regeln für zustandslose Objekte

Als Zusammenfassung stelle ich die wichtigsten Regeln für zustandslose Objekte auf einen Blick zusammen:

- Das Objekt verwendet keine globalen Variablen, um Daten mit anderen Instanzen gemeinsam zu verwalten.
- Die Klasse verwendet keine privaten Objektfelder, die eine Lebensdauer haben, die länger ist als ein vom Client ausgelöster Methodenaufruf.
- Eine Datenbankverbindung wird erst in der aufgerufenen Methode hergestellt und am Ende sofort wieder getrennt.
- Am Ende einer jeden Methode wird entweder `SetComplete` oder `SetAbort` aufgerufen.

Eine Zusammenstellung, zu welchem Zeitpunkt ein MTS-Objekt deaktiviert wird und somit seine momentanen Zustandsdaten verliert, finden Sie im folgenden Abschnitt.

15.6 MTS-Transaktionen

Verteilte Anwendungen, die als Three-tier-Anwendungen mit dem Microsoft Transaction Server zusammenarbeiten, können sehr variabel aufgebaut werden. Zum einen kann es sich um gewohnte Windows-Anwendungen handeln, die nur auf Server-Funktionen des Application-Objekts zugreifen. Es kann sich aber auch um eine Web-Anwendung handeln, bei der die MTS-Komponenten aus einer Active Server Page (ASP) heraus aufgerufen werden. Es liegt auf der Hand, dass in beiden Fällen grundlegend unterschiedliche Umgebungsbedingungen vorliegen. Während in einer Windows-Anwendung, die unter Delphi entwickelt wurde, alle Register der eigenen Kunst gezogen werden können, ist das bei einer ASP aufgrund der dort gesetzten Beschränkungen nicht mehr der Fall. Dies macht sich dann bemerkbar, wenn Datenbankanwendungen implementiert werden sollen. Um unabhängig von der Einsatzumgebung trotzdem vergleichbare Rahmenbedingungen zu schaffen, basiert der MTS auf dem Prinzip der deklarativen Transaktionen. Womit wir beim Thema Transaktionen sind. Über Transaktionen können mehrere Anweisungen in eine gemeinsame „Alles-oder-nichts"-Aktion gekapselt werden.

15.6.1 Ein kurzer Ausflug in die Theorie

Der Transaktionsmechanismus bildet das Fundament der Mehrbenutzerfähigkeiten der SQL-Datenbanksysteme. Obwohl sich viele SQL-Server in ihrem Transaktionsverhalten stark unterscheiden, basieren alle auf den gleichen Prinzipien und Regeln. Eine davon ist die ACID-Regel:

Eigenschaft	Bedeutung
Atomicity (Unteilbarkeit)	Umschreibt die „Alles-oder-nichts"-Methode. Entweder es werden alle Aktionen im Datenbestand erfolgreich abgearbeitet oder gar keine. Tritt irgendwo ein Fehler auf, muss die Datenbank den alten Zustand wiederherstellen, der zu Beginn der Transaktion vorlag.
Consistency (Konsistenzerhaltung)	Eine Transaktion muss das Datenbanksystem von einem konsistenten Zustand in einen anderen konsistenten Zustand überführen. Ihre Aufgabe als Anwendungsentwickler besteht darin, der Datenbank die anzuwendenden Regeln (Business Rules) bekannt zu machen.
Isolation	Obwohl mehrere Transaktionen zur gleichen Zeit zulässig sind, muss jede Transaktion völlig unabhängig von anderen ablaufen können. Das System muss sich aus der Sicht einer Transaktion so verhalten, als wäre diese Transaktion der einzige Vorgang. Dies bedeutet, dass im Kontext einer Transaktion keine Änderungen am Datenbestand sichtbar sind, mit Ausnahme der Änderungen der eigenen Transaktion. Die SQL-Server stellen diese Forderung sicher, indem ein Sperr-Mechanismus implementiert wird.
Durability	Jede über die COMMIT-Anweisung bestätigte Transaktion muss

Eigenschaft	Bedeutung
(Dauerhaftigkeit)	permanent im Datenbestand der Datenbank gespeichert werden. Ein späterer Systemabsturz darf diese Daten nicht beschädigen.

Tabelle 15.4: Die ACID-Merkmale einer Transaktion

Mit der ACID-Eigenschaft Isolation wird der Entwickler früher oder später direkt konfrontiert. Wenn zum Beispiel die Transaktion A einen Datensatz geändert hat, verhindern die meisten Server (mit Ausnahme des InterBase), dass andere Transaktionen diesen Datensatz lesen oder ebenfalls ändern können, solange die Transaktion A noch aktiv ist. Wurde die Transaktion A über COMMIT abgeschlossen, „sehen" die anderen Transaktionen nun den neuen Wert. Bei einem ROLLBACK hingegen wird die Änderung vollständig zurückgenommen, sodass nur der Ausgangswert sichtbar ist. Da die Entscheidung erst mit Abschluss der Transaktion A feststeht, müssen alle anderen beim Zugriff auf den Datensatz so lange warten, bis die Transaktion A beendet wird.

Damit wird auch der Nachteil an der ganzen Sache deutlich: Die ACID-Forderung Isolation ist nur über Sperren zu erfüllen und jede Sperre behindert andere Transaktionen und somit andere Nutzer. Wenn die Systemleistung als Anwendungsziel mit im Vordergrund steht, hat der Entwickler also dafür zu sorgen, dass Transaktionen in OLTP-Anwendungen so kurz wie möglich aktiv sind und zudem so wenig Sperren setzen wie möglich.

Nicht ohne Grund verwendet Delphi den AUTOCOMMIT-Modus als Standardwert beim Zugriff auf SQL-Datenbanken. Allerdings ist die Forderung nach kurzen Transaktionszeiten abhängig vom SQL-Server und dem verwendeten Datenmodell der Datenbank. Sie müssen also immer im Einzelfall entscheiden.

Das Verhalten eines Datenbanksystems hängt auch davon ab, für welchen Einsatzfall es verwendet wird. Dabei werden generell drei verschiedene Modelle zur Beschreibung des Einsatzfalls verwendet.

Modell	Beschreibung
OLTP	Eine Datenbankanwendung der OLTP-Kategorie (On Line Transaction Processing) wird dadurch gekennzeichnet, dass der Anwender häufig kleine, nur kurzzeitig wirkende Transaktionen startet. Zum Beispiel trifft dies für die nachträgliche Belegerfassung zu, die Datenbank muss überwiegend neue Datensätze einfügen. Umfangreiche und damit lang andauernde Abfragen und Berichte finden außerhalb der Bürostunden in der Nacht statt, damit die Datenerfassung tagsüber nicht behindert wird.
DSS	Eine Datenbankanwendung der DSS-Kategorie (Decision Support Systems) ist speziell dafür ausgelegt, lang andauernde Transaktionen für

Modell	Beschreibung
	umfangreiche Reporte oder statistische Auswertungen zu unterstützen. Damit wird vorausgesetzt, dass die Datenbank über einen längeren Zeitraum nicht geändert wird, d.h., Schreibzugriffe anderer Benutzer sind für die Dauer der Abfrage-Transaktion nicht zulässig. Ein praktisches Einsatzbeispiel ist die Berichts-Datenbank für das Management einer Firma. Im Gegensatz zum OLTP-Modell wird diese Datenbank außerhalb der Bürostunden mit den Daten gefüllt.
OLCP	Das OLCP-Modell (On Line Complex Processing) ist eine Mischung der beiden anderen Modelle. Bei diesem Modell wird Wert darauf gelegt, dass die Datenbank universell für alle Aufgaben geeignet ist. Das Datenbanksystem muss höheren Anforderungen genügen: 1. hohe Leistung der Datenbank; 2. hohe Verfügbarkeit des Datenbanksystems; 3. Fähigkeit zum On-Line-Backup bei laufendem Betrieb; 4. lang andauernde Abfrage-Transaktionen dürfen die Datenerfassung nicht behindern und 5. die Datenerfassung darf den schnellen Zugriff auf komplexe Informationen nicht behindern.

Tabelle 15.5: Die verschiedenen Transaktionsmodelle

Somit darf ein SQL-Server für eine OLCP-Anwendung nicht zu üppig mit Datensatzsperren umgehen – was wiederum den InterBase-Server aufgrund seiner Multigenerationen-Architektur geradezu für diese Aufgabe sehr geeignet erscheinen lässt. Am Beispiel des Microsoft SQL-Servers sollen im Kontrast dazu die Probleme der klassischen Datensatzsperren aufgezeigt werden:

- Bis einschließlich der Version 6.5 hat der Microsoft SQL-Server keine Datensatzsperren (ROW LEVEL LOCKS), sondern nur Seiten- und Tabellensperren unterstützt. Somit konnte nicht ein einzelner Datensatz gezielt gesperrt werden, sondern der SQL-Server hat „breit gestreut" und alle Datensätze auf der jeweiligen Datenbankseite gesperrt. Damit die Streuverluste nicht zu groß wurden, waren sehr kleine Datenbankseiten (nur 2 KByte) üblich. Diese technische Beschränkung hatte zur Folge, dass der SQL-Server den vom SQL-Standard vorgesehenen Isolationsgrad (Isolation Level) Repeatable Read nicht unterstützt hat!
- Ab der Version 7.0 stellt der Microsoft SQL-Server echte Datensatzsperren zur Verfügung. Da die technische Beschränkung weggefallen ist, erhöht er auch die Größe der Datenbankseite auf 8 KByte. Außerdem kann nur der Isolationsgrad Repeatable Read angeboten werden, der Grund dafür wird deutlich, wenn man sich einmal die Sperrtypen und die Isolationsgrade etwas näher anschaut.

Sperrtypen der SQL-Server

Die Sperrmanager der meisten SQL-Server verwenden zwei prinzipielle Sperren: Schreibsperren und Lesesperren. Die Schreibsperren (Exclusive Lock alias X-Lock) werden gesetzt, um während der laufenden Transaktion alle unbestätigten Änderungen vor den anderen gleichzeitig aktiven Transaktionen zu schützen und zu verbergen. Eine

Schreibsperre kann nur dann erfolgreich gesetzt werden, wenn für diesen Datensatz keine andere Lesesperre oder Schreibsperre aktiv ist. Eine Lesesperre (Shared Lock alias S-Lock) wird immer dann gesetzt, wenn ein Datensatz gelesen wird. Die Zeitdauer der Wirksamkeit der Sperren hängt vom Isolationsgrad ab.

	Vorhandene Locks		
Angeforderte Locks	S-Lock	X-Lock	(keine)
S-Lock	✓	✗	✓
X-Lock	✗	✗	✓

S-Lock = Shared Lock (Lesezugriff)
X-Lock = Exclusive Lock (Schreibzugriff)

Abb. 15.22: Die vom SQL-Standard vorgesehenen Sperren

Isolationsgrade (Isolation Levels)

Verblüffenderweise sind die Lesesperren (S-Locks) komplizierter und für den Entwickler verwirrender als die Schreibsperren (X-Locks). Bei Schreibsperren ist die Sache immer klar – es kann nur einen geben, der einen Datensatz ändert, und auch die Zeitdauer der Sperre ergibt sich automatisch durch den Aufruf von COMMIT oder ROLLBACK. Bei Lesesperren gilt dies nicht so uneingeschränkt! Hier sind zwei Optionen möglich:

1. Der S-Lock wird nur so lange gesetzt, bis der physische Datenzugriff abgeschlossen ist. Somit ist der S-Lock völlig unabhängig von der Zeitdauer der aktiven Transaktion.
2. Der S-Lock bleibt bis zum Ende der aktiven Transaktion bestehen.

Die zweite Option verringert die Wahrscheinlichkeit, dass sich mehrere Benutzer untereinander in die Quere kommen, allerdings auf Kosten des uneingeschränkten Datenzugriffs. Da eine Entscheidung für oder gegen eine Option stark vom Anwendungsaufbau und dem Datenmodell abhängt, hat der Entwickler über die Isolationsgrade die Qual der Wahl.

Isolation Level	Auswirkungen
Read Uncommitted (Dirty Read)	Andere Transaktionen können jeweils den aktuellsten Datenbestand lesen, auch wenn dieser noch nicht via COMMIT bestätigt wurde. Der SQL-Server muss sich in diesem Fall um Lesesperren nicht kümmern.
Read Committed	Andere Transaktionen können nur den Datenbestand von über COMMIT erfolgreich abgeschlossenen Transaktionen lesen. Eine Lesetransaktion muss immer dann warten, wenn für diesen Datensatz noch eine offene Schreibtransaktion vorhanden ist. Die Lese-

Isolation Level	Auswirkungen
	sperre (S-Lock) ist nur kurzzeitig für den physischen Datenzugriff wirksam, unabhängig von der eigenen Transaktionsdauer. Read Committed ist der Standard für den Microsoft SQL-Server und ADO, solange der Zugriff nicht aus dem MTS heraus erfolgt.
Repeatable Read	Entspricht Read Committed mit einer kleinen, aber folgenschweren Ausnahme. Die Lesesperren (S-Locks) bleiben für die Zeitdauer der eigenen Transaktion bestehen, sodass keine andere Transaktion einen Schreibzugriff auf die Daten erfolgreich durchführen kann. Somit garantiert der SQL-Server, dass die eigene Transaktion während der Zeitdauer der Transaktion immer den exakt gleichen Datenbestand „sieht".
Serializable	Entspricht Repeatable Read mit einer Erweiterung: Jede SQL-Abfrage muss während der Zeitdauer der eigenen Transaktion garantiert immer das gleiche Ergebnis liefern! Da dies auch „SELECT COUNT(*) FROM Tabelle" einschließt, darf keine andere Transaktion neue Daten einfügen. Der SQL-Server greift dazu auf komplette Tabellen- oder Index-Sperren zurück. Serializable ist der Standard für den Microsoft SQL-Server und ADO, wenn der Zugriff aus einer MTS-Komponente heraus erfolgt.

Tabelle 15.6: Die verschiedenen Transaction Isolation Levels

Nun wird auch verständlich, warum der Microsoft SQL-Server erst ab der Version 7 den Isolationsgrad Repeatable Read unterstützt. Vor der Version 7 waren keine Datensatzsperren, sondern nur breit streuende Seitensperren möglich. Bei gehaltenen S-Locks hätte das für den Mehrbenutzerzugriff verheerende Auswirkungen gehabt.

Somit ist der Isolationsgrad Serializable der einzige Modus, der die ACID-Forderungen einer Transaktion garantiert vollständig erfüllt. Alle anderen Levels sind nur ein Kompromiss zwischen Isolation und Concurrency. Wenn alle Transaktionen Serializable verwenden, hat das den gleichen Effekt, als ob alle Transaktionen einzeln nacheinander ausgeführt werden.

Mit einem bildlichen Vergleich werden die Auswirkungen deutlicher, und da Deutschland ja oftmals als Autofahrer-Nation bezeichnet wird, greife ich auf das Beispiel einer Autobahn zurück:

- Read Committed: Die Autos fahren auf allen drei Spuren mit einer frei wählbaren Geschwindigkeit und dürfen somit überholen. Der Durchsatz ist am höchsten, allerdings wird dies durch ein erhöhtes Unfallrisiko (alias Kollision im Mehrbenutzerbetrieb) erkauft.

- Repeatable Read: Die Autos fahren auf allen drei Spuren, wobei Überholverbot gilt. Der Durchsatz ist niedriger, wobei aber auch die Kollisionsgefahr abnimmt.
- Serializable: Fahrbahnverengung auf nur eine Spur. Der Durchsatz ist am geringsten, allerdings wird auch die Kollisionsgefahr drastisch reduziert – solange an der Einfädelstelle keine Manta-Fahrer in der Nähe sind.

Es verwundert daher nicht, dass der MTS versucht, den Isolationsgrad Serializable zu aktivieren. Je weniger Kollisionen auftreten können, umso einfacher wird der Zugriff via WAN oder Internet/Intranet. Solange nur der Application-Server eingesetzt wird und dieser nur mit einer CPU bestückt wurde, hat der Einsatz von Serializable auch keine deutlichen Performance-Nachteile. Denn alle Threads auf dem Application-Server werden im Zeitschlitzverfahren nacheinander ausgeführt, sodass zum Zeitpunkt X immer nur ein Client auf den SQL-Server zugreifen kann. Erst dann, wenn mehrere Application-Server oder mehrere CPUs eingesetzt werden, macht sich Serializable als „Bremse" etwas bemerkbar.

15.6.2 Das 2-Phasen-Commit des MTS

In einer Two-tier-Client/Server-Anwendung ist die Sache in der Regel noch einfach. Die Anwendung greift in der Regel nur auf eine Datenbank zu, sodass die Transaktionsanweisungen des SQL-Servers alle Anforderungen vollständig erfüllen. Bei einer Three-tier-Anwendung ist das jedoch nicht mehr uneingeschränkt so:

- Es können mehrere Server-Objekte auf dem Application-Server laufen, die unabhängig voneinander in einer Transaktion agieren sollen.
- Es können mehrere Datenbanken beteiligt sein, die in einer gemeinsamen Transaktion verwendet werden sollen.
- Es können mehrere SQL-Server auf verschiedenen Rechnern beteiligt sein, die durchaus auch von verschiedenen Herstellern stammen können.

Um die Standardfähigkeiten der SQL-Server zu erweitern, stellt Microsoft über den Distributed Transaction Coordinator (DTC) einen Service zur Verfügung, der das 2-Phasen-Commit mit verschiedenen SQL-Servern beziehungsweise verschiedenen Applikations-Objekten beherrscht. Damit der MTS flexibel mit den unterschiedlichsten Datenbanken umgehen kann, sorgt der DTC für eine erweiterbare Schnittstelle und unterstützt alle Plattformen, die sich an den X/Open-DTP-XA-Standard halten.

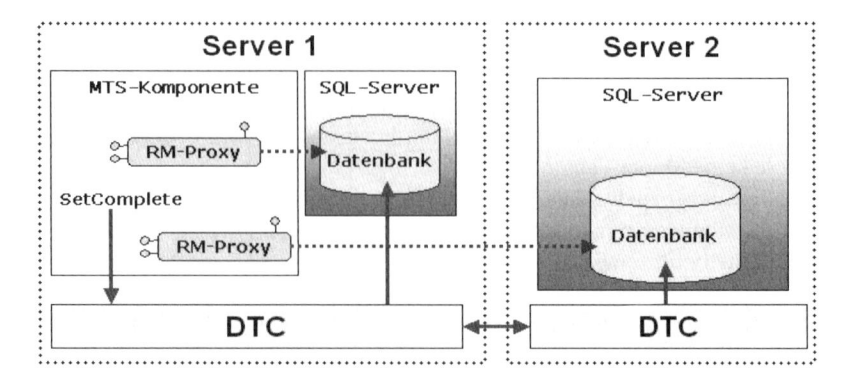

Abb. 15.23: Der DTC unterstützt über das 2-Phasen-Commit auch mehrere RM

Da auf den DTC nur über Low-level-Funktionen zugegriffen werden kann, sorgt der MTS dafür, dass der Entwickler einer Three-tier-Anwendung von diesem komplexen Thema vollständig entkoppelt wird. Der MTS verbirgt alle DTC-Aktionen, indem das neue Prinzip der deklarativen Transaktionen eingeführt wird.

15.6.3 Deklarative Transaktionen

Der MTS unterstützt sowohl vom Client kontrollierte Transaktionen (so wie das bei traditionellen Client/Server-Anwendungen üblich ist) als auch die automatischen Transaktionen. Wenn ein Client explizit eine Transaktion steuern will, muss er sich eine Referenz auf das Transaction Context Object (IObjectContext) besorgen. Über dessen CreateInstance-Methode können dann untergeordnete Komponenten aufgerufen werden, die im gleichen Transaktionskontext laufen. Über den Aufruf der Commit-Methode des Kontext-Objektes wird die laufende Transaktion bestätigt. Allerdings wird die explizite Steuerung durch den Client in der MTS-Dokumentation nicht empfohlen. Stattdessen soll sich der Client auf die automatisch ausgelösten Transaktionen verlassen, die zwei Vorteile gegenüber der expliziten Steuerung haben:

1. Der Entwickler vereinfacht sich seine Aufgabe, da der MTS den Beginn und den Abschluss einer Transaktion in eigener Regie verwaltet.
2. Die Transaktionssteuerung findet ausschließlich auf der Server-Seite statt und hängt somit nicht mehr primär von der Erreichbarkeit des Base Clients ab. Außerdem verringert sich die Netzwerkbelastung, da der Base Client in diesem Fall nicht mehr an der Kommunikation zur Transaktionssteuerung beteiligt ist.

Bei den automatisch ausgelösten Transaktionen übernimmt der MTS die Konfiguration, die dem MTS-Objekt im Package zugewiesen wurde. Ein unter dem MTS ausgeführtes COM-Objekt kann vier Transaktions-Levels unterstützen:

Transaktionseigenschaft	Bedeutung
Erfordert eine Transaktion	Die MTS-Komponente wird im Kontext einer Transaktion erzeugt. Handelt es sich um das Root-Objekt (d.h. die erste Objektinstanz), so wird eine neue

Transaktionseigenschaft	Bedeutung
	Transaktion gestartet, anderenfalls wird die Instanz im Kontext des bereits lebenden Objekts ausgeführt.
Erfordert eine neue Transaktion	Die MTS-Komponente wird auch dann im Kontext einer eigenen Transaktion ausgeführt, wenn bereits eine andere Objektinstanz aktiv ist.
Unterstützt Transaktionen	Die MTS-Komponente wird nur dann im Kontext einer Transaktion ausgeführt, wenn bereits ein anderes Objekt eine Transaktion angefordert hat.
Keine Transaktionsunterstützung	Die MTS-Komponente beteiligt sich nicht an den deklarativen Transaktionen des MTS. Dies ist die Standardeinstellung des MTS, die so lange gilt, bis das Objekt keine andere Eigenschaft definiert.

Tabelle 15.7: Die Transaktionseigenschaften der MTS-Objekte

Ein Base Client löst somit immer dann eine Transaktion aus, wenn eines seiner Objekte aktiviert wird, das eine Transaktion erfordert. Benötigt dieses Root-Objekt noch andere Objekte im Kontext der gleichen Transaktion, so müssen die anderen Objektinstanzen über `CreateInstance` des Kontext-Objekts erzeugt werden. Jeder Transaktionskontext entspricht einer MTS-Activity.

Es gibt einen Unterschied zwischen den logischen Transaktionen des MTS und den physischen Transaktionen des DTC. Der Zeitpunkt des Starts der logischen MTS-Transaktion entspricht nicht immer dem Zeitpunkt des Starts der vom DTC ausgelösten Datenbanktransaktion.

- Objektinstanz wird erzeugt = Beginn der logischen Transaktion
- Objektinstanz wird aktiviert = Beginn der physischen Transaktion

Da der MTS durch sein JITA (Just-in-Time Activation) ein MTS-Objekt erst dann aktiviert, wenn der Client eine Methode dieses Objekts aufruft, beginnt der DTC die Datenbanktransaktion zum spätmöglichsten Zeitpunkt. Außerdem prüft der DTC nach, ob die Timeout-Grenze von 60 Sekunden eingehalten wird (in einer verteilten Transaktion, an der mehrere Datenbanken verteilt sind, kann ein Deadlock nicht mehr automatisch erkannt werden). Somit steht die maximale Transaktionsdauer (solange die MTS-Konfiguration nicht geändert wird) vorerst fest. Wann wird nun aber die Transaktion im Normalfall beendet? Auch hierzu gibt es zwei Varianten:

1. Das Root-Objekt (also das erste vom Base Client erzeugte Objekt) übergibt die Kontrolle wieder an den Aufrufer (d.h. die Methode kehrt zurück).
2. Das Root-Objekt wird vom MTS deaktiviert.

Happy-Bit und Done-Bit

Angenommen, ein Base Client erzeugt eine Objektinstanz, die mit der Eigenschaft ERFORDERT EINE TRANSAKTION versehen wurde. Der MTS beginnt eine logische Transaktion für das zurzeit noch deaktivierte Objekt. Sobald der Base Client eine Objektmethode

MTS-Transaktionen

aufruft, wird das Objekt aktiviert. Unmittelbar vorher startet der DTC eine physische Transaktion. Wenn der Base Client nichts weiter aufruft und die Objektinstanz wieder freigibt, bestätigt der MTS die logische Transaktion über COMMIT, sodass auch der DTC die physische Transaktion via COMMIT beendet. Der Grund für dieses Verhalten liegt darin, dass jedes MTS-Objekt über das so genannte „Happy-Bit" festlegt, ob eine Transaktion via COMMIT beendet werden soll. Dieses Happy-Bit wird standardmäßig auf True gesetzt, sodass ein MTS-Objekt sein Veto dagegen einlegen muss. Das Veto ist auf verschiedenen Wegen möglich:

Der Aufruf von `DisableCommit` setzt das Happy-Bit auf False, sodass am Ende die Transaktion über ROLLBACK zurückgenommen wird. Da es sich nur um eine boolsche Variable handelt, darf DisableCommit innerhalb einer Objektmethode beliebig oft aufgerufen werden. Allerdings kann der MTS auch nach dem Aufruf dieser Funktion das Objekt nicht deaktivieren, da das Arbeitsende nicht mitgeteilt wurde und somit das so genannte „Done-Bit" noch auf dem Standardwert False steht. Ein aktiviertes MTS-Objekt kann erst dann vom MTS deaktiviert werden, wenn das Done-Bit auf True gesetzt wurde und somit der MTS davon informiert wurde, dass diese Objektinstanz nicht mehr benötigt wird.

Der Aufruf von `EnableCommit` setzt das Happy-Bit auf True und macht somit den Aufruf von DisableCommit rückgängig. Der MTS beendet die aktive Transaktion über COMMIT.

Der Aufruf von `SetAbort` setzt das Happy-Bit auf False und das Done-Bit auf True. Der MTS beendet die aktive Transaktion über ROLLBACK und deaktiviert das Objekt sofort.

Der Aufruf von `SetComplete` setzt sowohl das Happy-Bit als auch das Done-Bit auf True. Der MTS beendet die aktive Transaktion über COMMIT und deaktiviert das Objekt sofort.

Aufruf	Happy-Bit	Done-Bit
`DisableCommit`	False	False
`EnableCommit`	True	False
`SetAbort`	False	True
`SetComplete`	True	True

Tabelle 15.8: Das Zusammenspiel von Happy- und Done-Bit

Der Base Client bekommt davon nichts mit, wenn der MTS ein Objekt deaktiviert. Der Base Client sieht nur den Kontext-Wrapper (das Kontext-Objekt), und dieser ist so lange aktiv, wie der Base Client eine Referenz auf das Interface des MTS-Objekts hält.

Sind an der Transaktion mehrere MTS-Objekte im gleichen Transaktionskontext beteiligt, so beendet der MTS die Transaktion erst dann, wenn das Root-Objekt freigegeben wird beziehungsweise dessen Methode zum Aufrufer zurückkehrt. Das Root-Objekt kann auch dann SetComplete aufrufen, wenn eines der anderen Objekte das Happy-Bit auf False gesetzt hat. Trotzdem beendet der MTS die Transaktion über ROLLBACK; da das Root-Objekt jedoch SetComplete aufgerufen hat, informiert der MTS den Aufrufer zusätzlich über eine Fehlermeldung (mtsErrCtxAborted). Wenn dann das Root-Objekt ein neues Objekt im nun ungültigen Transaktionskontext aktivieren will, erhält der Aufrufer die Fehlermeldung mtsErrCtxAborting. Daraus ergibt sich Folgendes:

- Das Root-Objekt sollte nicht SetComplete aufrufen, wenn eines der anderen Objekte das Happy-Bit auf False gesetzt hat (DisableCommit oder SetAbort).
- Das Root-Objekt muss daher die aufgerufenen Objektinstanzen überwachen, indem entweder ein Rückgabewert der Methode ausgewertet wird oder dazu eine eigene Exception verwendet wird.

Datenbankverbindungen und der DTC

Wenn eine neue Instanz einer MTS-Komponente innerhalb einer MTS-Transaktion erzeugt wurde, muss jede von dieser Instanz aufgebaute Datenbankverbindung durch den DTC berücksichtigt werden. Dafür ist der Resource Dispenser verantwortlich, sodass der Entwickler keine besonderen Vorkehrungen treffen muss. Es reicht aus, die Datenbankverbindung zu öffnen. Alles andere erledigt der MTS in Verbindung mit dem DTC. Obwohl sich die Implementierung der Programmfunktion damit auf unterschiedliche Komponenten aufteilt, bleibt die Transaktionssteuerungslogik in einer Hand. Dies bedeutet jedoch auch, dass immer dann, wenn der Entwickler direkt in seinem Objekt eigene Transaktionsanweisungen zum SQL-Server schicken will, das Objekt mit der Eigenschaft UNTERSTÜTZT KEINE TRANSAKTIONEN versehen werden sollte. In diesem Fall klinkt sich der DTC nicht ein.

15.6.4 Transaktionsregeln des MTS

Der MTS definiert zwei strenge Regeln für das Starten einer Transaktion:

1. Eine neue Transaktion wird dann erzeugt, wenn ein Client ein COM-Objekt aktiviert, das für den Transaktions-Level „Erfordert eine Transaktion" konfiguriert wurde. Es wird ebenfalls eine neue Transaktion gestartet, wenn dieses Objekt aus einem anderen MTS-Objekt aufgerufen wird und dieses selbst keine Transaktionen unterstützt.
2. Eine neue Transaktion wird unabhängig vom Aufrufer immer dann gestartet, wenn das COM-Objekt für den Transaktions-Level „Erfordert eine neue Transaktion" konfiguriert wurde. Dies gilt auch dann, wenn der Aufruf bereits im Kontext einer eigenen Transaktion läuft.

Eine MTS-Transaktion muss nicht in jedem Fall mit einer Datenbanktransaktion für den angesprochenen SQL-Server übereinstimmen. Eine Datenbanktransaktion wird erst dann gestartet, wenn der Resource Dispenser die Datenbankverbindung bereitgestellt hat. Damit kann ein COM-Objekt beliebig viele Datenbanktransaktionen auf unterschiedlichen Datenbankverbindungen gleichzeitig offen halten. In diesem Fall nutzt der MTS in Verbindung mit dem DTC die so genannten 2-Phasen-Commits.

Bei einer Three-tier-Anwendung ist es die Regel, dass die mittlere Schicht aus mehreren, speziell für eine Aufgabe zuständigen COM-Objekten besteht. Eine Transaktion ist in dieser Umgebung objektübergreifend, sodass nur der MTS als gemeinsamer Überbau als Schiedsrichter die Entscheidung treffen darf, ob alle Aktionen bestätigt werden oder gemeinsam zurückgenommen werden müssen.

Jedes COM-Objekt gibt dazu seine Stimme über den Aufruf der IObjectContext-Methoden `SetComplete` und `SetAbort` ab. Hat auch das letzte COM-Objekt mit SetComplete gestimmt, wird die Transaktion erfolgreich beendet. Für den Fall, dass mindestens ein Objekt SetAbort aufgerufen hat, macht der MTS vor dem Deaktivieren des letzten Objekts alle vorgenommenen Änderungen rückgängig.

Diese automatische Behandlung von Transaktionen vereinfacht die Entwicklung von verteilten Anwendungen, deren Funktionalität in verschiedenen MTS-Objekten steckt, sehr. Die Verantwortung wird vom Entwickler weg auf die MTS-Bestandteile Resource Dispenser und Resource Manager verlagert. Sind verschiedene ActiveX-Komponenten beteiligt, kann der MTS als Objekt-Container die Meldungen der betroffenen Komponenten „einsammeln". Erst dann, wenn jedes dieser Objekte ein Commit angefordert hat, bestätigt der MTS alle Aktionen, die innerhalb dieses Transaktionskontextes abgelaufen sind. Legt auch nur ein Objekt sein Veto ein, findet die Party nicht statt. Erst dieses Verhalten stellt die Grundlage für die Aufteilung von Anwendungen in einzelne MTS-Objekte zur Verfügung.

Beginn einer Transaktion

Der Microsoft Transaction Server beginnt erst dann eine Transaktion, wenn zum ersten Mal eine Methode des MTS-Objekts aufgerufen wird. Allerdings gilt dies nicht für alle Methoden, denn bei den folgenden von COM und vom MTS vordefinierten Methoden macht eine Transaktion überhaupt keinen Sinn:

- AddRef
- Release
- QueryInterface
- IDispatch-Methoden
- ISupportErrorInfo-Methoden

Generell gilt die Regel, dass der MTS sicherstellt, dass eine Transaktion immer dann begonnen wird, wenn das Objekt sie benötigt.

Ende einer Transaktion

Der Microsoft Transaction Server bestätigt beziehungsweise verwirft eine Transaktion, wenn das auslösende MTS-Objekt den Abschluss der Arbeit signalisiert. Dieses Signal kann auf unterschiedliche Art und Weise ausgelöst werden:

- Die Komponente ruft `SetComplete` auf – der MTS bestätigt die Transaktion, sobald die vom Client aufgerufene Server-Methode zurückkehrt. Dies gilt auch dann, wenn der Base Client noch eine Referenz auf die Komponente offen hält – in diesem Fall wird das MTS-Objekt deaktiviert. Das Kontext-Objekt bleibt jedoch für den Client noch bestehen.

- Die Komponente ruft `SetAbort` auf – der MTS verwirft die Transaktion, sobald die vom Client aufgerufene Server-Methode zurückkehrt. Dies gilt auch dann, wenn der Base Client noch eine Referenz auf die Komponente offen hält – in diesem Fall wird das MTS-Objekt deaktiviert. Das Kontext-Objekt bleibt jedoch für den Client noch bestehen.
- Die Komponente ruft `DisableCommit` auf – der MTS verwirft die Transaktion erst dann, wenn der Base Client seine Referenz auf die Komponente freigibt. Der MTS kann bis zur Freigabe durch den Client das MTS-Objekt nicht deaktivieren, sodass die Ressourcen die ganze Laufzeit über nicht freigegeben werden. Damit behält das Objekt seine Zustandsinformationen zwischen den einzelnen Aufrufen der Methoden durch einen Client.
- Die Komponente ruft `EnableCommit` auf – der MTS bestätigt die Transaktion erst dann, wenn der Base Client seine Referenz auf die Komponente freigibt. Der MTS kann bis zur Freigabe durch den Client das MTS-Objekt nicht deaktivieren, sodass die Ressourcen die ganze Laufzeit über nicht freigegeben werden. Damit behält das Objekt seine Zustandsinformationen zwischen den einzelnen Aufrufen der Methoden durch einen Client.

Wenn die Komponente niemals SetComplete, SetAbort, DisableCommit oder EnableCommit aufruft, so bestätigt der MTS eine laufende Transaktion erst dann, wenn der Base Client seine Referenz auf die Komponente freigibt. Greifen die beteiligten ActiveX-Komponenten auf transaktionsfähige Resource Manager zu, so gibt das Kontext-Objekt die Commit-Anforderung an den Distributed Transaction Coordinator (DTC) weiter, der dann die beteiligten Resource Manager mit dem Commit beauftragt.

> *EnableCommit ist der Vorgabewert für ein aktiviertes Objekt. Aus diesem Grund behält ein Objekt seine Zustandsinformationen immer dann, wenn die beiden Methoden SetComplete oder SetAbort nicht aufgerufen werden. Das Objekt kann damit niemals vom MTS in eigener Regie deaktiviert werden.*

Die Anwendung kann an zwei verschiedenen Stellen die Methoden SetComplete, SetAbort, DisableCommit oder EnableCommit aufrufen. Der Normalfall besteht darin, dass dies aus dem MTS-Objekt heraus erfolgt. Unter Delphi stehen dazu zwei Wege offen, die ich Ihnen am Beispiel von SetComplete vorstellen möchte. Neben der TMtsAutoObject-Methode SetComplete kann das Objekt auch direkt die Interface-Methoden des Context Objects über ObjectContext.SetComplete aufrufen.

> *Die TMtsAutoObject-Methoden SetComplete und SetAbort entsprechen dem Aufruf von ObjectContext.SetComplete und ObjectContext.SetAbort. Allerdings dürfen die TMtsAutoObject-Methoden auch dann aufgerufen werden, wenn das Objekt nicht im MTS installiert ist (Debugging während der*

Entwicklung).

Allerdings ist auch der Sonderfall zulässig, bei dem der Base Client über das ITransactionContextEx-Interface direkt die Kontrolle über die MTS-Transaktionen übernimmt (siehe das Beispiel in Delphi-Hilfe).

Beobachtung von Transaktionen

Immer dann, wenn der Base Client auf die empfohlenen automatischen Transaktionen zurückgreift, erhält er keine direkte Rückmeldung darüber, ob und vor allem wann tatsächlich eine Transaktion abgeschlossen wurde. In vielen Fällen wird das Fehlen einer derartigen Information verschmerzbar sein – allerdings gibt es immer wieder Anwendungen, die es genauer wissen müssen. Für diesen Zweck stellt der MTS das IMTSTxEvents-Interface mit den Methoden OnTransactionStart, OnTransactionPrepare und OnTransactionAbort zur Verfügung.

> *Ein Beispiel für den Einsatz des IMTSTxEvents-Interface finden Sie in der zusammen mit dem MTS-SDK ausgelieferten Beispielanwendung »Microsoft Transaction Server Spy«.*

15.7 Zustandslose vs. zustandsbehaftete Objekte

Die Design-Entscheidung „Zustandsloses Objekt" oder „Zustandsbehaftetes Objekt" hat gravierende Auswirkungen auf die Erweiterbarkeit und Skalierbarkeit von Objekten. Nur die zustandslosen Objekte sind im MTS effektiv skalierbar, sodass sich mittlerweile diese Kategorie allgemein durchgesetzt hat. Dies hat zum Beispiel dazu geführt, dass Borland mit Delphi 5 die MIDAS-Technologie grundlegend geändert hat. Während die mit MIDAS 1 und MIDAS 2 erstellten Objekte noch zustandsbehaftete Objekte waren, ist MIDAS 3 vollständig auf die Vorteile von zustandslosen Objekten ausgerichtet. Allerdings hatten diese grundlegenden Änderungen für uns schmerzliche Folgen, die derjenige am eigenen Leib gespürt hat, der einen MIDAS-2-Server auf MIDAS 3 migrieren musste. Die beiden folgenden Beispielprojekte sollen das grundlegende Problem und das unterschiedliche Verhalten aufzeigen.

15.7.1 Zustandsbehaftetes Objekt

Das theoretische Rüstzeug ist nun soweit vermittelt – es wird Zeit, die ersten praktischen Versuche mit einem Anwendungsobjekt für den MTS zu unternehmen. Da der MTS auch die einfachere Verwaltung von COM-Objekten verspricht, soll das erste Beispiel noch ohne Datenbankanbindung auskommen. Stattdessen wird eines der bereits im Buch vorgestellten DCOM-Objekte zweckentfremdet. Allerdings ist es eine gute Idee, diesem Objekt eine neue Umhüllung in Form von eigenen CLSIDs und IIDs zu geben – mit dem Einbinden in ein MTS-Package „meldet" der MTS dieses Objekt unter DCOM ab. Genauer gesagt, wird für die betreffende CLSID und IID der MTS als zuständiges Objekt eingetragen. Da das COM-Objekt aber noch als unabhängiger DCOM-Server benötigt

MTS

wird, beginne ich als Erstes in Delphi ein neues Projekt und kopiere nur die Implementation des alten COM-Servers.

> *Mit der einfachen Übernahme einer bereits bestehenden Implementierung eines DCOM-Objektes muss man in diesem Beispiel in Kauf nehmen, dass der MTS seine Leistungsfähigkeit nicht ausnutzen kann. Auf die Gründe dieser Einschränkung gehe ich im weiteren Verlauf noch näher ein. Wichtig ist nur, dass Sie dieses zustandsbehaftete Objekt nicht als Muster für alle Ihre Objekte verwenden.*

Beachten Sie, dass sich bis auf wenige Unterschiede die Entwicklung eines COM-Objekts für den MTS nicht von der Entwicklung eines DCOM-Servers unterscheidet. Ich gehe daher in der folgenden Beschreibung nur kurz auf die einzelnen Schritte ein.

Schritt 1: ActiveX-Bibliothek anlegen

Der erste Schritt ist mit der Vorgehensweise für einen DCOM-Server völlig identisch. Da ein Objekt für den MTS als DLL installiert werden muss, besteht der Ausgangspunkt in Delphi in einer neuen ActiveX-Bibliothek. Das von Delphi generierte Grundgerüst speichern Sie gleich unter dem neuen Namen ab.

Schritt 2: MTS-Objekt neu anlegen

Der MTS erwartet von einem MTS-Objekt die Bereitstellung von definierten Interfaces und Funktionen. Die Besitzer der Client/Server Suite von Delphi 4 oder der Enterprise-Version von Delphi 5 haben es da sehr einfach – sie können auf den Experten für das MTS-Objekt zurückgreifen.

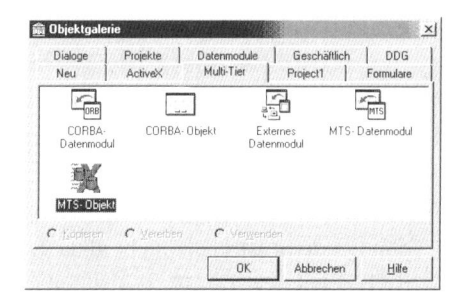

Abb. 15.24: Im zweiten Schritt wird ein neues MTS-Objekt angelegt

Der MTS-Automationsobjekt-Experte ist sehr übersichtlich; in diesem einfachen Beispiel muss nur ein eindeutiger Klassenname eingetragen werden. Da für die Berechnung der Bruttosumme keine Transaktionen benötigt werden, bleibt die Vorbelegung des Radiobuttons für das Transaktionsmodell bestehen.

Zustandslose vs. zustandsbehaftete Objekte

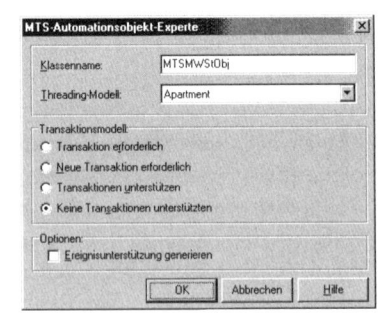

Abb. 15.25: Ein Delphi-Experte erleichtert die Arbeit

Mit dem Anklicken der OK-Schaltfläche arbeitet Delphi für einen Sekundenbruchteil im Hintergrund – allerdings schauen wir uns das Ergebnis im Moment noch nicht an, da Delphi sofort im Anschluss daran den Typbibliothekseditor in den Vordergrund bringt.

Schritt 3: Interface-Methoden deklarieren und implementieren

Der dritte Schritt entspricht wieder völlig der Vorgehensweise für einen normalen DCOM-Server. Über die Interface-Methoden stellt das MTS-Objekt seine Funktionen einem Client zur Verfügung. Bevor Sie hier eigene Ergänzungen vornehmen, sollten Sie die von Delphi im Hintergrund angelegten Dateien speichern.

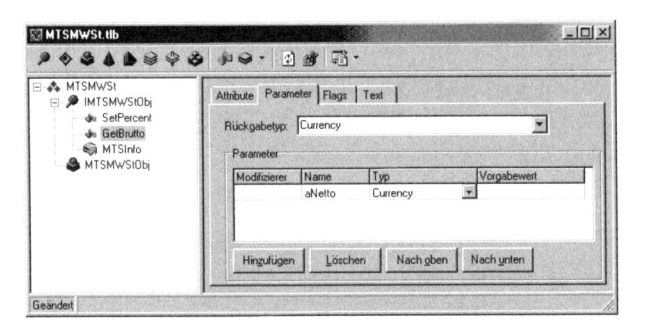

Abb. 15.26: Die Interface-Beschreibung wird aktualisiert

Ist die Interface-Beschreibung in der Typbibliothek fertig, müssen Sie nur dafür Sorge tragen, dass jede im Interface veröffentlichte Methode auch tatsächlich vom COM-Objekt implementiert wird. Ihre Verantwortung ist dabei nicht allzu groß, denn alle Methodenrümpfe hat Delphi bereits vorbereitet, sodass Ihre Aufgabe nur darin besteht, diese Methoden mit Leben zu füllen.

Ist das erledigt, wird der In-process Server kompiliert und in Delphi als ActiveX registriert. Die Quelltextdateien sind so klein, dass eine Auflistung der Projekt- und Implementierungsdatei vertretbar ist.

Das Beispielprojekt »MTSMWStGroup.bpg« finden Sie auf der CD-ROM im Verzeichnis »Kapitel 15\MTSMWSt«.

Die Projektdatei

```
library MTSMWSt;

uses
  ComServ,
  MTSMWSt_TLB in 'MTSMWSt_TLB.pas',
  MTSMWSt_Impl in 'MTSMWSt_Impl.pas' {MTSMWStObj: CoClass};

exports
  DllGetClassObject,
  DllCanUnloadNow,
  DllRegisterServer,
  DllUnregisterServer;

{$R *.TLB}

{$R *.RES}

begin
end.
```

Die Implementierungs-Unit

```
unit MTSMWSt_Impl;

interface

uses
  ActiveX, MtsObj, Mtx, ComObj, MTSMWSt_TLB;

type
  TMTSMWStObj = class(TMtsAutoObject, IMTSMWStObj)
  private
    FMWStPercent : Real;
  protected
    procedure SetPercent(aPercent: Integer); safecall;
    function GetBrutto(aNetto: Currency): Currency; safecall;
    function Get_MTSInfo: WideString; safecall;
  public
```

Zustandslose vs. zustandsbehaftete Objekte

```
    procedure Initialize; override;
  end;

implementation

uses ComServ;

procedure TMTSMWStObj.Initialize;
begin
  inherited Initialize;
  FMWStPercent := 1.16;
end;

procedure TMTSMWStObj.SetPercent(aPercent: Integer);
begin
  FMWStPercent := 1.0 + (aPercent / 100);
end;

function TMTSMWStObj.GetBrutto(aNetto: Currency): Currency;
begin
  Result := aNetto * FMWStPercent;
end;

function TMTSMWStObj.Get_MTSInfo: WideString;
begin
  Result := 'Das erste Anwendungsobjekt für den MTS 2.0';
end;

initialization
  TAutoObjectFactory.Create(ComServer, TMTSMWStObj,
    Class_MTSMWStObj, ciMultiInstance, tmApartment);
end.
```

Sie sehen selbst – bis auf das Einbinden der Delphi-Units *MtsObj* und *Mtx* unterscheidet sich eine ActiveX-Komponente für den MTS nicht von einem ganz normalen DCOM-Server.

Schritt 4: Der erste lokale Test

Zurzeit handelt es sich bei dem gerade erstellten COM-Objekt um einen Zwitter. Es wurde zwar als ActiveX-Komponente für den MTS angelegt, ist jedoch zur gleichen Zeit dank der VCL auch ein normaler In-process Server. Somit wird der so genannte Base Client des MTS-Objekts genauso entwickelt wie ein normaler Client für jedes beliebige COM-Objekt.

```
procedure TForm1.FormCreate(Sender: TObject);
begin
  // erster Test mit lokalem COM-Objekt
  aMWSt := CoMTSMWStObj.Create;
  // zweiter Test mit MTS-Objekt auf dem NT-Server
  //aMWSt := CoMTSMWStObj.CreateRemote('P5-133');
end;
```

Über den Aufruf von `CoMTSMWStObj.Create` aktiviert der Client das lokale COM-Objekt als In-process Server auf dem eigenen Rechner. Ist der Zugriff auf das COM-Objekt problemlos möglich, können Sie den Wechsel zum MTS versuchen.

Schritt 5: Anwendungsobjekt im MTS auf dem Server installieren

Um ein Anwendungsobjekt im MTS zu installieren, gibt es verschiedene Möglichkeiten:

1. Sie verwenden den MTS-Installationsexperten von Delphi.
2. Sie erzeugen im MTS-Explorer ein neues Package und importieren eine unregistrierte DLL.
3. Sie erzeugen im MTS-Explorer ein neues Package und importieren eine bereits als DCOM-Server registrierte DLL.
4. Sie binden nur ein bereits fertiges Package ein und haben damit fast gar nichts mehr zu tun.

Für dieses Beispiel greife ich auf das einfachste Verfahren zurück und verwende den über das Menü START | MTS-OBJEKTE INSTALLIEREN erreichbaren MTS-Installationsexperten von Delphi.

Dieser Menüpunkt führt nur dann zum Erfolg, wenn Delphi auf dem Rechner installiert ist, auf dem auch der MTS läuft. Ist das bei Ihnen nicht der Fall, müssen Sie zu den Alternativen 2 und 3 greifen. Eine nähere Beschreibung dazu finden Sie in den nachfolgenden Beispielen.

Das im MTS zu installierende Objekt markieren Sie durch das Anwählen der Checkbox im Dialog MTS-OBJEKTE INSTALLIEREN.

Zustandslose vs. zustandsbehaftete Objekte

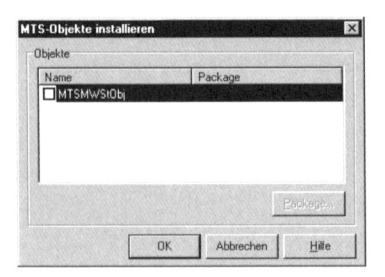

Abb. 15.27: Der zu installierende COM-Server muss ausgewählt werden

Als Nächstes müssen Sie festlegen, ob das neue MTS-Objekt in ein bereits bestehendes oder in ein neues Package installiert werden soll. Da es sich um eine völlig neue Aufgabe handelt, bekommt unser Testobjekt ein eigenes Package.

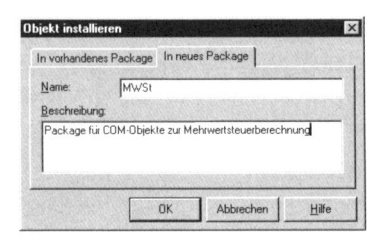

Abb. 15.28: In welches Package soll die ActiveX-Komponente installiert werden?

Damit hat der MTS-Installationsexperte von Delphi alle Informationen, die er für das Installieren des neuen Objekts in das neue Package benötigt.

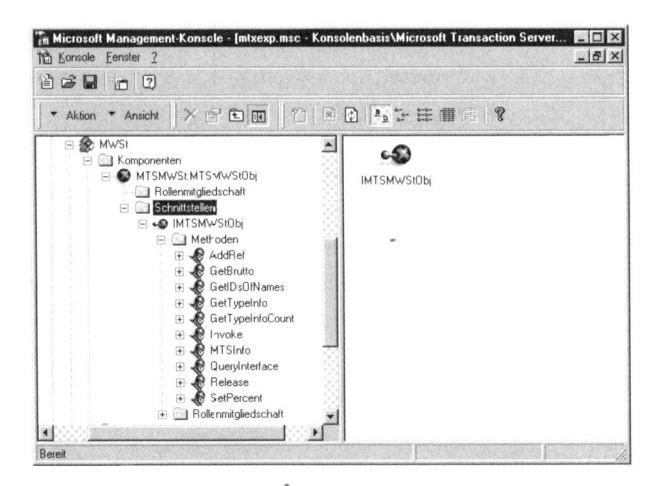

Abb. 15.29: Das Ergebnis des MTS-Installationsexperten von Delphi

Vom Erfolg der Installation können Sie sich im MTS-Explorer der Microsoft-Management-Konsole überzeugen. Das neue Package, das neue Objekt sowie alle definierten Interface-Methoden werden aufgelistet.

Schritt 6: Base Client greift auf das MTS-Objekt auf dem Server zu

Somit steht dem ersten Test des MTS-Objekts nichts mehr im Wege – der Base Client wird dazu nur geringfügig geändert. Der Aufruf von CoMTSMWStObj.Create wird auskommentiert und durch CoMTSMWStObj.CreateRemote('P5-133') ersetzt.

```
procedure TForm1.FormCreate(Sender: TObject);
begin
  // erster Test mit lokalem COM-Objekt
  //aMWSt := CoMTSMWStObj.Create;
  // zweiter Test mit MTS-Objekt auf dem NT-Server
  aMWSt := CoMTSMWStObj.CreateRemote('P5-133');
end;
```

Sobald der Client auf das MTS-Objekt zugreift, sollten Sie im MTS-Explorer der Microsoft-Management-Konsole das animierte Server-Icon des MTS-Objekts sehen. Die Kugel mit dem grünen „X" dreht sich, solange der Client das Anwendungsobjekt verwendet.

TMTSMWStObj als zustandsbehaftetes Objekt

Der MTS kann nur dann effektiv die Ressourcen verwalten, wenn er die zurzeit nicht benötigten ActiveX-Komponenten deaktivieren kann. In diesem Fall bleibt nur das Kontext-Objekt als Brückenkopf für den Base Client am Leben – eine sehr ressourcensparende Angelegenheit. Eine ActiveX-Komponente wird deaktiviert, wenn eine der folgenden Bedingungen zutrifft:

- Die Komponente meldet den Abschluss ihrer Arbeit über den Aufruf von SetComplete oder SetAbort.
- Der letzte Base Client gibt seinen Interface-Zeiger auf das Objekt frei. In diesem Fall wird auch das Kontext-Objekt zerstört.

EnableCommit ist der Vorgabewert für ein aktiviertes Objekt. Aus diesem Grund behält ein Objekt seine Zustandsinformationen immer dann, wenn die beiden Methoden SetComplete oder SetAbort nicht aufgerufen werden. Das Objekt kann damit niemals vom MTS in eigener Regie deaktiviert werden.

Im Wizard wurde beim Generieren der MTSMWStObj-Komponente der Eintrag KEINE TRANSAKTIONEN UNTERSTÜTZEN ausgewählt – somit wird auch SetComplete oder SetAbort nicht aufgerufen. Dies bedeutet jedoch auch, dass dieses Objekt vom MTS nicht zwischendurch deaktiviert werden kann. Es bleibt die ganze Zeit über bis zur Freigabe durch den Client aktiv und gehört somit zu den zustandsbehafteten Objekten. Im MTS-Explorer können Sie diesen Zustand auch visuell überprüfen: Über ANSICHT | ZEIGT DEN STATUS AN listet der MTS die Anzahl der Objektinstanzen sowie getrennt davon auch die Anzahl der aktivierten Objekte auf. Zwischen den einzelnen Aufrufen der

Zustandslose vs. zustandsbehaftete Objekte

Methoden kann der Client davon ausgehen, dass der einmal zu Beginn gesetzte Steuersatz immer noch gültig ist.

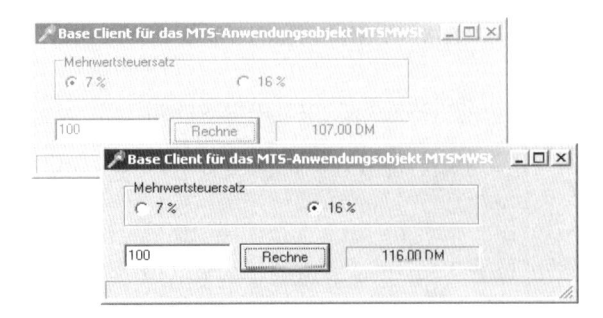

Abb. 15.30: Zwei Programminstanzen arbeiten völlig unabhängig voneinander

Dies gilt auch dann, wenn zwei Instanzen des Base Clients unterschiedliche Steuersätze für ihre Berechnungen verwenden.

Damit demonstriert das erste Beispiel, wie man es **nicht** machen sollte. Die ActiveX-Komponente hat folgende Schwachpunkte, die in der nun folgenden Version beseitigt werden sollen:

- MTS-Transaktionen werden nicht unterstützt – das Objekt kann nicht deaktiviert werden.
- Nachfolgende Methodenaufrufe setzen voraus, dass der zu Beginn vorbelegte Steuersatz noch gültig ist. Damit ist das Objekt nicht zustandslos und kann allein auch aus diesem Grund nicht deaktiviert werden.

15.7.2 Zustandsloses Objekt

Die neuen Projektdateien werden wieder von Grund auf neu über die Delphi-Wizards ActiveX-Bibliothek und MTS-Objekt angelegt und erhalten somit neue GUIDs sowie neue Dateinamen. Die Vorgehensweise entspricht dabei vollständig dem vorangegangenen Beispiel – sodass ich Sie nicht mit einer Wiederholung langweile. Ich gehe daher nur auf die Änderungen ein.

Das Beispielprojekt »MTSMWSt2Group.bpg« finden Sie auf der CD-ROM im Verzeichnis »Kapitel 15\MTSMWSt2«.

MTS-Objekt

Der erste Unterschied muss bereits beim MTS-Automationsobjekt-Experten von Delphi beachtet werden. Im Gegensatz zur ersten Version, die keine Transaktionen unterstützt, wird für die zweite Version der Eintrag NEUE TRANSAKTION ERFORDERLICH ausgewählt.

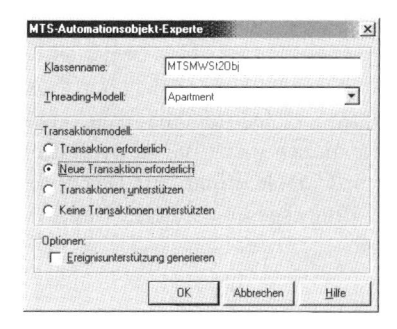

Abb. 15.31: Die zweite Version läuft im Kontext einer neuen Transaktion

Mit dieser Einstellung führt der MTS das Objekt garantiert in einer eigenständigen Transaktion aus.

Ein weiterer Unterschied betrifft die Typbibliothek: Der neue Server soll zustandslos sein und darf somit den zu verwendenden Steuersatz nicht zwischen den einzelnen Berechnungen speichern. Stattdessen bekommt die Interface-Methode CalcBrutto alle benötigten Daten als Parameter mit auf den Weg, sodass der Base Client tatsächlich mit nur einem Aufruf das Ergebnis erhält.

```
IMTSMWSt2Obj = interface(IDispatch)
  ['{9ADB70A1-B8F0-11D2-95EB-00104B3F5870}']
  function CalcBrutto(aPercent: Integer;
                     aNetto: Currency): Currency; safecall;
end;
```

Der MTS kann nur dann effektiv die Ressourcen verwalten, wenn er die zurzeit nicht benötigten ActiveX-Komponenten deaktivieren kann. In diesem Fall bleibt nur das Kontext-Objekt als Brückenkopf für den Base Client am Leben. Der Vorgabewert für die transaktionsunterstützenden Objekte ist der Modus EnableCommit, somit bleibt ohne eigenen Eingriff ein Objekt immer so lange aktiviert, bis der Base Client seine Referenz auf dieses Objekt freigibt. Da genau dieses Verhalten nicht gewünscht wird, muss das COM-Objekt über den Aufruf von SetComplete beziehungsweise im Fehlerfall SetAbort das Standardverhalten ändern.

```
function TMTSMWSt2Obj.CalcBrutto(aPercent: Integer;
                                aNetto: Currency): Currency;
begin
  try
    if aPercent <> 0 then
      Result := aNetto * (1.0 + (aPercent / 100))
    else
      Result := aNetto;
    SetComplete;
  except
    SetAbort;
```

```
  end;
end;
```

Durch einen Aufruf der TMtsAutoObject-Methode SetComplete wird angezeigt, dass die Verwaltung von Statusinformationen durch die ActiveX-Komponente nicht mehr erforderlich ist. Ein Aufruf von SetComplete führt zur Deaktivierung des MTS-Objekts, sobald der aktuelle Methodenaufruf abgeschlossen ist. Das gleiche Verhalten wird im Fehlerfall von SetAbort ausgelöst.

> *Das Beispielobjekt ruft direkt die TMtsAutoObject-Methoden SetComplete und SetAbort auf – alternativ dazu wäre auch die Referenz über ObjectContext.SetComplete und ObjectContext.SetAbort zulässig. Allerdings haben die TMtsAutoObject-Methoden einen großen Vorteil – sie dürfen auch dann aufgerufen werden, wenn das Objekt nur lokal (und damit außerhalb des MTS) während der Entwicklung getestet werden soll.*

Base Client

Der Base-Client muss beim Aufruf der Interface-Methode `CalcBrutto` sowohl den zu verwendenden Steuersatz als auch den Nettobetrag als Parameter übergeben. Damit speichert nun – im Gegensatz zum ersten Beispiel – der Client die Statusinformation „Steuersatz" und nicht mehr das Server-Objekt.

```
procedure TForm1.FormCreate(Sender: TObject);
begin
  FMWStSatz := 16;
end;

procedure TForm1.RadioGroupMWStClick(Sender: TObject);
begin
  if RadioGroupMWSt.ItemIndex = 0
    then FMWStSatz := 7
    else FMWStSatz := 16;
end;
```

Um im MTS-Explorer den Unterschied zwischen dem Erzeugen/Zerstören und Aktivieren/Deaktivieren des MTS-Objekts besser demonstrieren zu können, kann der Base Client zur eigenen Programmlaufzeit die Referenz auf das Objekt anfordern und wieder freigeben.

```
procedure TForm1.RadioGroupMTSClick(Sender: TObject);
begin
  if RadioGroupMTS.ItemIndex = 0 then
```

```
      begin
        aMWSt := CoMTSMWSt2Obj.CreateRemote('P5-133');
        StatusBar1.SimpleText := 'MTS-Objekt wurde angefordert...';
        ButtonCalc.Enabled := True;
      end
    else
      begin
        aMWSt := nil;
        StatusBar1.SimpleText := '...MTS-Objekt wurde freigegeben.';
        ButtonCalc.Enabled := False;
      end;
end;
```

Letztendlich muss auch der Aufruf von `CalcBrutto` angepasst werden, als Parameter wird dieser Methode nun gleichzeitig der Steuersatz und auch der Ausgangsbetrag übergeben.

```
procedure TForm1.ButtonCalcClick(Sender: TObject);
var
  cBrutto : Currency;
begin
  cBrutto := aMWSt.CalcBrutto(FMWStSatz,
StrToFloat(EditNetto.Text));
  StaticTextBrutto.Caption := Format('%m',[cBrutto]);
end;
```

ActiveX-Komponente über den MTS-Komponenten-Assistenten installieren

Im ersten Beispiel wurde die eigene ActiveX-Komponente über den MTS-Installations-Experten von Delphi installiert. Dies setzt jedoch voraus, dass Delphi auf dem NT-Server installiert ist, auf dem auch der MTS läuft. Haben Sie die neu zu installierende Komponente jedoch auf einem anderen Rechner entwickelt, ist die Installation genau so einfach über den MTS-Assistenten möglich. Da das neue Objekt die gleichen Aufgaben erledigt wie das erste Beispielobjekt, soll es auch in das gleiche Package aufgenommen werden. Dazu wird die gerade frisch kompilierte DLL in das gleiche Verzeichnis wie beim ersten Beispielobjekt kopiert.

Wählen Sie dazu im MTS-Explorer den Ordner KOMPONENTEN der Package *MWSt* aus. Über AKTION | NEU | KOMPONENTE erreichen Sie den Komponenten-Assistenten des MTS. Da bisher die neue DLL nur in das Verzeichnis kopiert wurde, aber noch nicht über die DCOM-Konfiguration als DCOM-Objekt angemeldet wurde, müssen Sie im Komponenten-Assistenten den Button NEUE KOMPONENTE INSTALLIEREN auswählen. In diesem Dialog wird die DLL über den Button DATEIEN HINZUFÜGEN ausgewählt.

Zustandslose vs. zustandsbehaftete Objekte

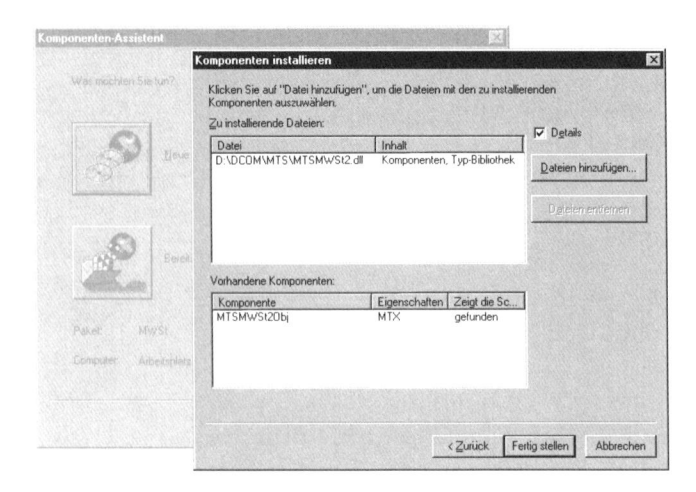

Abb. 15.32: Die Installationsalternative direkt über den MTS-Explorer

Der MTS überprüft dabei, ob das ausgewählte COM-Objekt die Anforderungen für eine ActiveX-Komponente erfüllt. Wenn ja, installieren Sie nun dieses Objekt über die Schaltfläche FERTIG STELLEN. Der MTS-Explorer listet das neue Objekt als Bestandteil des Packages auf und nimmt auch die vom Interface bereitgestellten Methoden zur Kenntnis.

Base Client greift auf das MTS-Objekt zu

Experimentiert man nun einmal mit beiden Base Clients für die beiden MTS-Objekte, so wird man hier keinen Unterschied feststellen. Allerdings macht der MTS selbst nach dem Aufruf der ersten Berechnung schon einen Unterschied, wie die Abbildung 15.33 demonstriert:

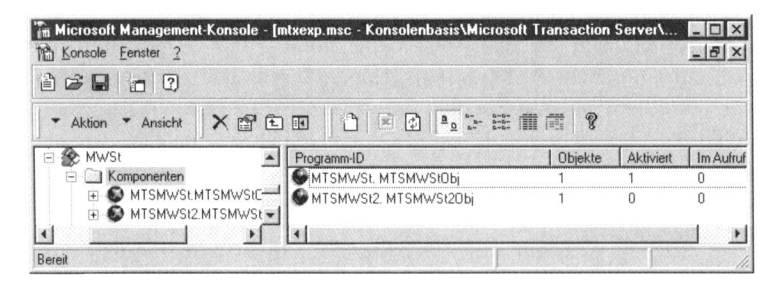

Abb. 15.33: Unterschied zwischen aktiviertem und deaktiviertem Objekt

Über ANSICHT | ZEIGT DEN STATUS AN listet der MTS die Anzahl der erzeugten Objektinstanzen sowie die Anzahl der aktivierten Objekte auf. Beide Base Clients sind aktiv – dies verdeutlicht der Wert „1" als Kennzeichnung für die Kontext-Objekte in der Spalte Objekte. Aber nur das alte, zustandsbehaftete, Objekt MTSMWStObj ist permanent aktiviert und belegt somit Ressourcen im MTS. Das zustandslose Objekt MTSMWSt2Obj ruft am Ende der Methode CalcBrutto sofort SetComplete auf und wird somit vom MTS unmittelbar darauf deaktiviert. Somit ist der Beweis angetreten, dass sich der in diesem

Beispiel geringfügig höhere Aufwand bei der Entwicklung des MTS-Objektes in jedem Fall gelohnt hat.

15.7.3 Shared Property Manager

In den beiden letzten Beispielprojekten wurden die Vor- und Nachteile von zustandsbehafteten und zustandslosen MTS-Objekten gegenübergestellt. Neben dieser rigorosen Entweder-oder-Lösung gibt es beim MTS in Form des Sowohl-als-auch noch den goldenen Mittelweg. Über den Shared Property Manager können zustandslose MTS-Objekte die benötigten Daten auf der Server-Seite zur gemeinsamen Nutzung parken. Somit dürfen die Objektinstanzen wieder zwischen den einzelnen Methodenaufrufen auf globale Daten zugreifen, auch wenn sie der MTS zwischendurch ständig deaktiviert. Dazu muss nur eine Forderung erfüllt werden: Alle beteiligten MTS-Objekte müssen im gleichen Prozess ausgeführt werden, was zwangsläufig bedeutet, dass alle diese Objekte im gleichen MTS-Package installiert werden müssen.

Für den Entwickler ist der Zugriff auf den Shared Property Manager völlig transparent – alle notwendigen Aktionen für den threadsicheren Zugriff auf die gemeinsam genutzten Informationen wickelt der Shared Property Manager in eigener Verantwortung ab.

Zwei MTS-Objekte teilen sich globale Daten

Das Beispielprojekt für den Shared Property Manager bleibt bei der gut eingeführten Berechnung der Bruttosumme. Wie im ersten Beispiel wird die Übermittlung des zu verwendenden Steuersatzes sowie der Nettobetrag über zwei getrennte Methoden an das Server-Objekt übermittelt. Allerdings ruft das MTS-Objekt sofort SetComplete auf, was der MTS mit der sofortigen Deaktivierung beantwortet. Das Objekt verliert somit seine Zustandsdaten. Trotzdem wird zwischen den einzelnen Berechnungen der korrekte Steuersatz verwendet. Und nicht nur das, startet man beide Base Clients, so rechnen beide mit dem Steuersatz, der von einem der beiden gesetzt wurde.

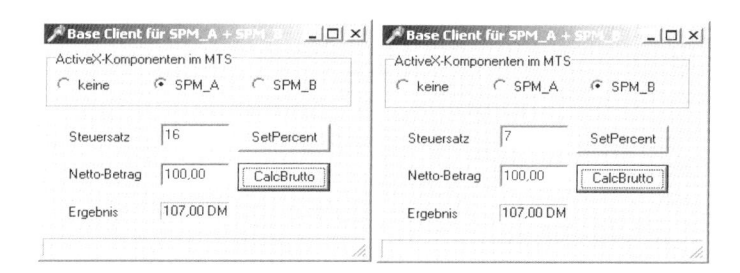

Abb. 15.34: Der Shared Property Manager wird von zwei Objekten gemeinsam genutzt

Wenn der erste Base Client für das SPM_B-Objekt den Steuersatz von 7 Prozent zugewiesen hat, erhält der danach gestartete Base Client für das SPM_A-Objekt über den CalcBrutto-Button gleich das korrekte Ergebnis, obwohl er selbst den Steuersatz nicht zugewiesen hat. Damit hat das Beispielprojekt bewiesen, dass es funktioniert. Befassen wir uns nun detaillierter damit, wie es funktioniert.

Die Beispielprojekte finden Sie auf der CD-ROM im Verzeichnis »Kapitel 15\Shared Property Manager«.

Ein MTS-Objekt greift auf den Shared Property Manager über das ISharedPropertyGroup-Interface zu. Dieses Interface wird – neben zusätzlichen Hilfsfunktionen – in der Delphi-Unit *Mtx* deklariert.

```
type
  TSPMObj_A = class(TMtsAutoObject, ISPMObj_A)
  private
    FMWSt    : Integer;
    FSPMGroup : ISharedPropertyGroup;
  protected
    function CalcBrutto(aValue: Currency): Currency; safecall;
    procedure SetPercent(aValue: Integer); safecall;
    { Protected-Deklarationen }
    procedure OnActivate; override;
    procedure OnDeactivate; override;
  end;
```

Immer dann, wenn voneinander mehr oder weniger unabhängige Objekte bestimmte Dinge gemeinsam verwenden sollen, bekommt man es mit dem Bezeichnungsproblem zu tun. Die gemeinsam zu nutzende Information muss exakt bezeichnet werden, wobei potenzielle Namenskollisionen unbedingt minimiert werden müssen. Der Shared Property Manager versucht dieses Problem zu lösen, indem neben dem Namen für die globalen Daten auch noch eine weitere Bezeichnung für den Namensbereich erwartet wird.

Im Beispiel verwende ich die Zeichenkette „MWStSatz" als Namensbereich und die Zeichenkette „Prozent" als Bezeichnung für die globale Variable. Über das IObject-Control-Interface teilt der MTS dem Objekt mit, wann es aktiviert beziehungsweise deaktiviert wird. Delphi kapselt diese Informationen in TMtsAutoObject bereits ein, sodass die leeren Methoden OnActivate und OnDeactivate überschrieben werden können.

```
resourcestring
  SPM_PROERTY_GROUP = 'MWStSatz';
  SPM_PROPERTY_NAME = 'Prozent';

procedure TSPMObj_A.OnActivate;
var
  bExits      : WordBool;
  aSteuersatz : ISharedProperty;
begin
  FSPMGroup := CreateSharedPropertyGroup(SPM_PROERTY_GROUP);
  aSteuersatz := FSPMGroup.CreateProperty(SPM_PROPERTY_NAME,
                                          bExits);
end;
```

```
procedure TSPMObj_A.OnDeactivate;
begin
  FSPMGroup := nil;
end;
```

Wird das Objekt vom MTS aktiviert, so holt es sich einen Interface-Zeiger auf das ISharedPropertyGroup-Interface des MTS. Über die in der Unit *Mtx* implementierte Hilfsfunktion `CreateSharedPropertyGroup` wird eine Shared Property Group für diesen Namensbereich angelegt. Im zweiten Schritt wird der Property-Alias für die „globale Variable" über das ISharedProperty-Interface angelegt. Mit diesen Vorbereitungen kann das MTS-Objekt nun Daten in dieser „globalen Variable" ablegen und wieder auslesen, unabhängig davon, wie oft es in der Zwischenzeit deaktiviert wurde. Beim Deaktivieren baut das Objekt nur die Interface-Referenz zum Shared Property Manager ab.

In den beiden eigenen Interface-Methoden `SetPercent` und `CalcBrutto` wird die reservierte „globale Variable" intensiv genutzt. Setzt ein Base Client den Steuersatz, so hinterlegt die Implementierung von SetPercent eine Kopie des aktuellen Wertes beim Shared Property Manager. Nach dem Aufruf von SetComplete wird das Objekt vom MTS sofort deaktiviert.

```
procedure TSPMObj_A.SetPercent(aValue: Integer);
var
  aSteuersatz : ISharedProperty;
begin
  FMWSt := aValue;
  aSteuersatz := FSPMGroup.PropertyByName[SPM_PROPERTY_NAME];
  aSteuersatz.Value := FMWSt;
  SetComplete;
end;

function TSPMObj_A.CalcBrutto(aValue: Currency): Currency;
var
  aSteuersatz : ISharedProperty;
begin
  aSteuersatz := FSPMGroup.PropertyByName[SPM_PROPERTY_NAME];
  FMWSt := aSteuersatz.Value;
  Result := aValue * (1.0 + (FMWSt / 100));
  SetComplete;
end;
```

Ruft der Base Client nun die Berechnungsmethode CalcBrutto auf, trifft er auf ein gerade aktiviertes und somit frisch initialisiertes MTS-Objekt. Dieses greift als Erstes auf den Shared Property Manager zu, um den aktuellen Steuersatz für die Berechnung auszulesen.

> *Der Shared Property Manager ist vom Design her dafür ausgelegt, kleine Informationseinheiten in einer „Einmal schreiben und wiederholt auslesen"-Umgebung zu speichern. Sie sollten daher der Versuchung widerstehen, dort Objekte abzulegen. Da ein Objekt einem bestimmten Thread zugeordnet wird, würde das Auslesen in einer anderen Instanz (Thread) zur Beeinträchtigung des JITA-Verfahrens führen.*

15.7.4 MTS-Objekte debuggen

Eine ActiveX-Komponente für den MTS muss als In-process Server in Form einer DLL vorliegen. Somit gelten die gleichen Regeln wie für das Debuggen einer DLL unter Delphi. Konkret bedeutet dies, dass die Host-Anwendung für die DLL definiert werden muss. Im Fall des MTS ist dies der Surrogate-Prozess *MTX.EXE* aus dem *System32*-Unterverzeichnis von Windows NT. Da der Surrogate-Prozess alle Objekte eines Packages lädt, muss der Package-Name auch über einen vom MTS erwarteten Parameter wie zum Beispiel /p:"MWSt" angegeben werden.

> *Bei der MTS-Version 1.0 war es an dieser Stelle noch notwendig, die Package-GUID anzugeben. Der MTS 2.0 ist an dieser Stelle wesentlich benutzerfreundlicher geworden (auch wenn das wie ein Eingeständnis der Notwendigkeit von Debug-Sitzungen interpretiert werden kann).*

Somit kann man im Delphi-Debugger zum Beispiel das Aktivieren eines MTS-Objektes gut nachverfolgen, indem ein Breakpoint in die Methode `TSPMObj_A.OnActivate` gesetzt wird. In einer laufenden Transaktion sollte jedoch zusätzlich die Timeout-Zeit von 60 Sekunden verlängert werden – ansonsten laufen Sie Gefahr, dass der MTS in Ihrer langen Debug-Sitzung die Transaktion von sich aus abwürgt.

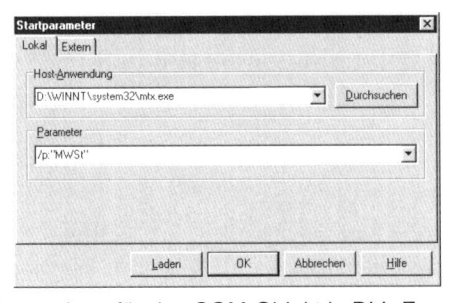

Abb. 15.35: Die Host-Anwendung für das COM-Objekt in DLL-Form muss definiert werden

Allerdings werden Sie erst dann das Projekt neu kompilieren können, wenn der MTS die DLL nicht mehr verwendet. Dazu müssen alle Base Clients die Referenzen auf das Objekt schließen. Über die Package-Aktion HERUNTERFAHREN kann der MTS mehr oder weniger gezwungen werden, die Objekte alle freizugeben.

Delphi stellt ab der Version 4.0 das Ereignisprotokoll als zusätzliches Debug-Tool zur Verfügung. In diesem Fenster werden auch die Informationen angezeigt, die ein ausführbares Modul über die Win32-API-Funktion `OutputDebugString` absetzen kann. Anstatt zu den auf die Dauer nervenden MessageBox-Aufrufen zu greifen, sollten Sie lieber gleich die eigenen Debug-Meldungen über die wesentlich besser geeignete Funktion OutputDebugString abschicken. Eine weitere Alternative – der Zugriff auf die Ereignisanzeige von Windows NT – finden Sie in den nachfolgenden Beispielen.

15.8 MTS-Objekte mit Datenbankzugriff

Schaut man sich die umfangreichen Dokumentationen und die externen Veröffentlichungen zum MTS einmal etwas genauer an, fällt die Vielzahl der dort beschriebenen Datenbankverbindungs-Optionen auf. Neben ODBC taucht auch ADO als Verbindungsglied zur Datenbank auf. Obwohl mit Delphi alle diese Optionen ebenfalls zur Verfügung stehen, liegt es doch nahe, dass der Entwickler bei dem Gewohnten und Bewährten bleibt: der Borland Database Engine (BDE) in Verbindung mit den SQL-Links.

Ist Ihnen auch schon aufgefallen, dass in den Delphi-Beispielen (wie zum Beispiel im Delphi 4-Demoprogramm *MTSCustomerTree* oder in Charlie Calvert's Buch „Delphi 4 Unleashed") ausschließlich Paradox-Datenbanken verwendet werden? Zufall? Nein, ganz sicher nicht. Sobald das MTS-Objekt zum Beispiel auf eine SQL-Datenbank wie InterBase 5.x zugreift, bekommt man bei der offiziell von Borland vorgesehenen Konfiguration des Systems einige OLE-Fehlermeldungen wie zum Beispiel 8004E002 um die Ohren geschlagen!

Abb. 15.36: Eine Nebenwirkung des „ungeschützten" BDE-Poolings

Auch in den einschlägigen Newsgroups (wie zum Beispiel borland.public.database.multitier und inprise.public.midas) tauchen diese Probleme immer wieder auf. Aus diesem Grund stelle ich Ihnen mehrere Implementierungsalternativen vor, die das grundsätzliche Problem der aktuellen BDE-Implementierung mehr oder weniger geschickt umgehen.

MTS-Objekte mit Datenbankzugriff

> *Der MTS ist als Microsoft-Produkt natürlich speziell auf die Anforderungen der eigenen Produkte wie zum Beispiel „ODBC" und „MS SQL-Server" ausgelegt. Offiziell werden nur zwei SQL-Datenbanken für den MTS zertifiziert: der eigene MS SQL-Server sowie „Oracle 7". Die Borland Database Engine ist als „eierlegende Wollmilchsau" wesentlich komplexer als ODBC, was durch den TSession-Mechanismus von Delphi zusätzlich erweitert wird. Immer dann, wenn beim Aktivieren beziehungsweise Deaktivieren von MTS-Objekten die TSession-Instanzen ohne spezielle Vorbereitung ebenfalls erzeugt oder entsorgt werden, kommt die BDE in Schwierigkeiten.*

15.8.1 BDE als Resource Dispenser

Die BDE ist ab der Version 5.x in der Lage, die Rolle eines *Resource Dispensers* für den MTS einzunehmen. Eine Aufgabe der Resource Dispenser besteht darin, über das Kontext-Objekt die Transaktionseigenschaften des verwendeten Resource Managers für das Objekt anzubieten. Wenn ein aktives Objekt (wie zum Beispiel das MTS-Datenmodul von Delphi) in einer laufenden MTS-Transaktion über den Resource Dispenser eine Datenbankverbindung zum SQL-Server (Resource Manager) öffnet, sorgt der Resource Dispenser dafür, dass automatisch die Datenbanktransaktion innerhalb der laufenden MTS-Transaktion aufgeführt wird. Somit werden auch alle Datenbankaktionen über das Kontext-Objekt entweder bestätigt oder verworfen – der Base Client muss in diesem Szenario im Gegensatz zur konventionellen Client/Server-Anwendung niemals die SQL-Server-Transaktion direkt steuern.

MTS-Pooling der BDE

Im Normalfall wird die Funktionalität des Application-Servers auf mehrere spezialisierte Anwendungsobjekte aufgeteilt, die nur für einen eng begrenzten Zeitraum aktiv sind. Außerdem sind sie in der Regel zustandslos. Ein zustandsloses Objekt kann jedoch zum Beispiel keine Datenbankverbindung offen halten, sodass bei jedem Aufruf eine neue Verbindung aufgebaut werden muss. Daraus ergeben sich neue Probleme, für die der MTS allerdings bereits eine Lösung bereitstellt:

- Der Aufbau einer neuen Datenbankverbindung (Session) zu einer SQL-Datenbank ist relativ zeitaufwendig, sodass die Ausführungszeit des Anwendungsobjekts bereits überwiegend von dem Zeitbedarf für die Verbindungsaufnahme beeinflusst wird.
- Der Aufbau einer eigenen Datenbankverbindung pro Client-Zugriff kann je nach der Lizenz des SQL-Servers sehr kostenintensiv sein. Außerdem begrenzt dies die Anzahl der gleichzeitig aktiven Clients, da ein SQL-Server nicht beliebig viele offene Sessions unterstützt. Das MTS-Anwendungsobjekt ist somit nicht mehr uneingeschränkt skalierbar.

- Auch wenn die beiden erstgenannten Probleme über eine selbst entwickelte Lösung gemindert werden sollen, bleibt der erhebliche Aufwand für eine eigene Lösung bestehen.

Zum MTS gehören die Resource Dispenser (RD), die für die gemeinsame Nutzung von Systemressourcen, über die Grenzen von Anwendungsobjekten hinweg, zuständig sind. Standardmäßig stellt der MTS nur den Resource Dispenser für ODBC-Datenbankverbindungen sowie den Shared Property Manager zur Verfügung. Die Anwendungsobjekte fordern über die vorgegebenen ODBC-Funktionsaufrufe eine Datenbankverbindung an, die der MTS über seinen RD aus dem eigenen Verbindungspool bedient. Damit fällt der zeitaufwendige Verbindungsaufbau weg, was sich deutlich auf die Performance der Anwendungsobjekte auswirkt.

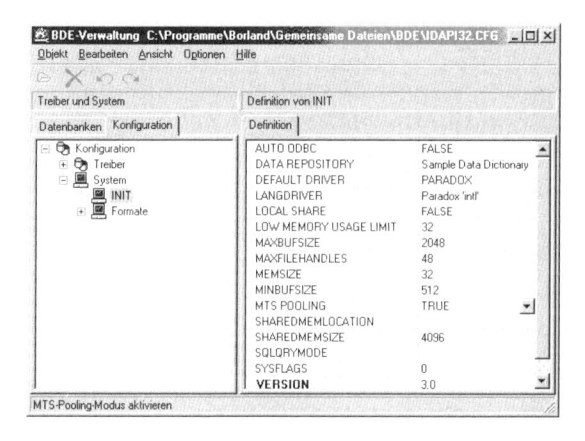

Abb. 15.37: Die BDE-Eigenschaft MTS-POOLING der BDE-Version 5.x

So weit, so gut – allerdings werden ODBC-Treiber in einer Delphi-Anwendung in der Regel nicht verwendet. Warum zu einer ODBC-Verbindung wechseln, wenn über die SQL-Links ein nativer Treiber für die Datenbank zur Verfügung steht? Der Wechsel ist auch gar nicht notwendig, da der MTS von seiner Konzeption her auch den Zugriff auf durch Drittanbieter bereitgestellte Resource Dispenser unterstützt. Im Fall Delphi hat der Drittanbieter Borland mit der BDE-Version 5.x die Borland Database Engine mit den Fähigkeiten eines Resource Dispensers ausgestattet.

In der BDE-Verwaltung stoßen Sie ab der BDE-Version 5.0 auf den Konfigurationseintrag MTS POOLING. In der Hilfedatei der BDE-Verwaltung werden Sie zu diesem Eintrag keine Informationen finden, daher müssen Sie sich selbst einen Überblick über die sich daraus ergebenden Konsequenzen verschaffen. Den ersten Ansatzpunkt bildet das Delphi-Beispielprojekt *MTSPool.dpr* aus dem Delphi-Unterverzeichnis *Demos\DB\-MTSPOOL*.

MTS-Objekte mit Datenbankzugriff

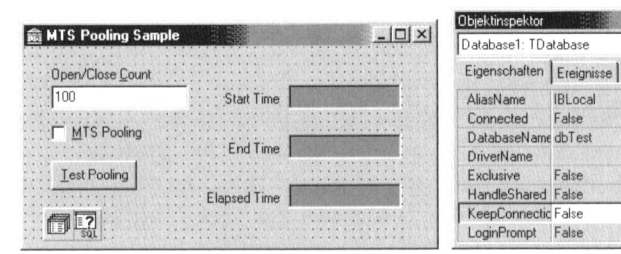

Abb. 15.38: Das Beispielprojekt »MTSPool.dpr«

Schaut man sich das Beispielprojekt einmal genauer an, fällt auf, dass die TDataBase-Instanz im Formular zum einen noch deaktiviert ist und zum anderen die Eigenschaft `KeepConnection` auf False steht. Somit muss bei jedem neuen Öffnen der SQL-Abfrage eine neue Datenbankverbindung aufgebaut werden, zumal in der privaten Methode `DoTest` in jedem Zyklus auch noch `Session.Close` aufgerufen wird.

```
procedure TForm1.DoTest;
var
  iCnt : Integer;
begin
  // Close bde to ensure MTS Pooling param will be used
  Session.Close;
  for iCnt := 1 to StrToInt( Count.Text ) do
  begin
    Database1.Connected := True;
    Query1.Active := True;
    Query1.Active := False;
    Database1.Connected := False;
  end;
  Session.Close;
end;
```

Sie kompilieren das Projekt am besten gleich und vergleichen dann die Ergebnisse, wenn das Programm zum einen auf einem Rechner ohne installierten MTS und zum anderen auf einem Rechner mit MTS ausgeführt wird. Obwohl es sich um ein und dasselbe Programm handelt, erhalten Sie völlig unterschiedliche Ergebnisse!

Rechnerkonfiguration	MTS-Pooling aktiviert	MTS-Pooling deaktiviert
Pentium II 300 MHz; 128 MB RAM; Windows 98 ohne installierten MTS	26,5 Sekunden	25,9 Sekunden
Pentium 133 MHz; 80 MB RAM; Windows NT 4 SP 4, MTS 2.0	12,4 Sekunden	37,3 Sekunden

Tabelle 15.9: Die im praktischen Versuch ermittelten Ergebnisse

Während es auf dem Windows-98-Rechner ohne installierten MTS praktisch keinen Unterschied macht, ob der BDE-Konfigurationseintrag MTS POOLING aktiviert wird, sieht das auf dem NT-Server mit installiertem MTS ganz anders aus! Beachten Sie, dass es sich bei dem Testprogramm um ein ganz normales Delphi-Programm im EXE-Format handelt – das Programm kann als EXE gar nicht im MTS installiert und dort verwendet werden. Trotzdem verkürzt sich die Ausführungszeit um mehr als die Hälfte.

Die Erklärung für dieses Phänomen findet sich tief verborgen in der MTS-Dokumentation. Ein Resource Dispenser (in diesem Fall die BDE) muss auch in der Lage sein, Objekte zu bedienen, die außerhalb des MTS laufen. Damit profitieren vom Ressourcen-Pooling auch die Objekte, die ohne MTS-Einbindung auf dem Rechner laufen, auf dem der MTS installiert ist. Dies bedeutet jedoch auch, dass der RD in diesem Fall die Dienste des DTC in Anspruch nimmt.

Das Ressourcen-Pooling durch den Resource Dispenser findet ausschließlich auf Prozessebene statt, es gibt keine gemeinsam genutzten Ressourcen über Prozessgrenzen hinweg! Da ein Anwendungsobjekt vom MTS im Kontext eines Packages ausgeführt wird und jedes Package einen eigenen MTS-Prozess bekommt, bedeutet dies auch, dass nur Objekte des gleichen Packages vom Pooling profitieren können.

An dieser Regel kommt auch die Borland Database Engine als Resource Dispenser nicht vorbei. Die BDE stellt nur dann einen Connection-Pool zur Verfügung, wenn die folgenden drei Bedingungen eingehalten werden:

1. Der Benutzername für die Datenbankverbindung muss gleich sein.
2. Das Passwort für diesen Benutzernamen der Datenbankverbindung muss gleich sein.
3. Die Session-Bezeichnung (TSession-Instanz) muss noch die gleiche sein.

Trifft eine dieser Bedingungen nicht zu, öffnet die BDE eine neue Datenbankverbindung, auch wenn noch ungenutzte im Pool des Resource Dispensers BDE vorhanden sind.

Die Datenbankverbindungen bleiben nur max. 200 Sekunden ungenutzt im Pool, danach gibt die BDE die Verbindung wieder frei. Über den undokumentierten Registry-Eintrag MTSPoolSecsFree können Sie einen kleineren Wert als Zeichenkette unter dem Schlüssel »HKLM/Software/Borland/-DatabaseEngine/Settings/SYSTEM/INIT« eintragen.

15.8.2 Die Beispiel-Datenbank

Die Datenbank-Beispielprojekte aus diesem Kapitel verwenden eine eigene *InterBase*-Datenbank. Somit haben Sie zwar zusätzliche Arbeit beim Nachvollziehen der Beispiele, da zumindest die Datenbank kopiert sowie ein BDE-Alias eingerichtet werden muss. Allerdings bleiben so die zusammen mit Delphi ausgelieferten Beispiel-Datenbanken in ihrer Originalform. Sie können also unbesorgt Datensätze hinzufügen oder löschen, ohne Gefahr zu laufen, dass sich dies auf andere Beispielprojekte auswirkt. Ich unterstelle dabei einfach, dass jeder, der sich an das Thema „MTS und Datenbanken" heranwagt, auch mit dem Thema SQL-Datenbanken einigermaßen vertraut ist.

> *Ist das bei Ihnen nicht der Fall, finden Sie weitergehende Informationen zum InterBase sowie zu den grundlegenden Prinzipien von SQL-Datenbanken in meinem im gleichen Verlag erschienenen Buch „Client/Server Datenbankentwicklung mit Delphi".*

In der Datenbank geht es darum, einen Geldbetrag von einer Tabelle in eine andere zu transferieren. Diese an sich sehr simple Aufgabe ist gut geeignet, um die Wirksamkeit von Transaktionen (sowohl der SQL-Server-Transaktionen als auch der MTS-Transaktionen) nachzuweisen. Die verwendete InterBase-Datenbank wurde mit dem folgenden SQL-Script für WindowsISQL erzeugt:

```
/**************************************************
/* Master-Script fuer die MTSDB-Datenbank      */
/**************************************************/

SET NAMES ISO8859_1;

/* Datenbank erzeugen */

CREATE DATABASE "C:\Database\MTSDB.GDB"
USER "SYSDBA" PASSWORD "masterkey"
DEFAULT CHARACTER SET ISO8859_1;

/* Domains der Datenbank festlegen */

CREATE DOMAIN TKontoStand AS DECIMAL (8,2) NOT NULL;
CREATE DOMAIN TKdn AS INTEGER NOT NULL;
CREATE DOMAIN TUserName AS VARCHAR(30) NOT NULL COLLATE DE_DE;
CREATE DOMAIN TDatum AS DATE DEFAULT "NOW" NOT NULL;

/* Generatoren festlegen */

CREATE GENERATOR Gen_KdnNr;
```

```
SET GENERATOR Gen_KdnNr TO 1000;

/* Tabellen */

CREATE TABLE KONTO (
  KdnNr      TKdn       PRIMARY KEY,
  Stand      TKontoStand,
  Bearbeiter TUserName,
  Datum      TDatum,
  CHECK (Stand > 100)
);

CREATE TABLE AUSGABE (
  Stand      TKontoStand PRIMARY KEY
);

COMMIT WORK;
SET TERM ^ ;

/* Trigger */

CREATE TRIGGER Set_KdnNr FOR KONTO BEFORE INSERT AS
BEGIN
  IF (NEW.KdnNr IS NULL) THEN NEW.KdnNr = GEN_ID(Gen_KdnNr,1);
END
^
/* Stored Procedures */

CREATE PROCEDURE DOTRANSFER (BETRAG NUMERIC(9, 2)) AS
BEGIN
  UPDATE KONTO
    SET STAND = STAND - :Betrag;
  UPDATE AUSGABE
    SET STAND = STAND + :Betrag;
END
^

SET TERM ; ^

COMMIT WORK;
```

Sie müssen nicht unbedingt dieses Script verstehen – für das Ausführen ist der InterBase zuständig. Wichtig ist nur eines: Die Tabelle KONTO verwendet einen CHECK-Constraint, der automatisch prüft, ob der Wert in der Tabellenspalte STAND den Betrag von 100 unterschreitet. Wenn ja, legt der InterBase sein Veto gegen die Datenbankoperation ein.

Konfiguration des BDE-Alias »IB_MTSDB«

Alle folgenden Beispielprojekte greifen über den BDE-Alias *IB_MTSDB* auf diese Datenbank zu. Ich habe dabei die folgende Konfiguration verwendet:

```
SERVER NAME=C:\Database\Mtsdb.gdb
USER NAME=SYSDBA
OPEN MODE=READ/WRITE
SCHEMA CACHE SIZE=8
LANGDRIVER=DBWINWE0
SQLQRYMODE=
SQLPASSTHRU MODE=SHARED AUTOCOMMIT
SCHEMA CACHE TIME=-1
MAX ROWS=-1
BATCH COUNT=200
ENABLE SCHEMA CACHE=FALSE
SCHEMA CACHE DIR=
ENABLE BCD=FALSE
BLOBS TO CACHE=64
BLOB SIZE=32
PASSWORD=masterkey
```

Die TDatabase-Instanz in den Projekten überschreibt dabei projektbezogen nur einige dieser BDE-Alias-Einträge.

15.8.3 Der konventionelle Client/Server-Ansatz

Es ist eine gute Idee, die ersten Schritte auf das noch unbekannte Terrain in einer gewohnten Programmumgebung zu beginnen. Daher verwendet das erste MTS-Objekt mit Datenbankzugriff – wie von der konventionellen Client/Server-Programmentwicklung her gewohnt – auch im MTS ausschließlich die in eigener Regie ausgelösten Datenbank-Transaktionen. Das MTS-Objekt wird dazu in Delphi mit dem Attribut „Unterstützt keine Transaktionen" gekennzeichnet. Somit hält sich der MTS in Bezug auf die Datenbank vollständig heraus, wobei allerdings das MTS-Objekt selbst wieder zu einem zustandsbehafteten Objekt wird.

Die Beispielprojekte finden Sie auf der CD-ROM im Verzeichnis »Kapitel 15\FirstDB«.

Das MTS-Objekt

Die Vorbereitungen sind schnell erledigt:

1. Über DATEI NEU | ACTIVE X | ACTIVEX-BIBLIOTHEK wird der In-process Server generiert.

2. Über DATEI NEU | MULTI-TIER | MTS-DATENMODUL wird das MTS-Objekt mit dem Threading-Modell Apartment und dem Transaktionsmodell KEINE TRANSAKTIONEN UNTERSTÜTZEN generiert.

Als Nächstes kommt die Typbibliothek an die Reihe, die Methoden des Interfaces IFirstDB müssen deklariert werden. Dabei führt jede Methode einen Var-Parameter für eine Statusmeldung des MTS-Objektes mit sich. Warum das sinnvoll ist, werden Sie spätestens beim Experimentieren mit dem Base Client sehen.

```
IFirstDB = interface(IDataBroker)
  ['{B3BE5241-BE63-11D2-95EB-00104B3F5870}']
  procedure Transfer(cBetrag: Currency;
                     var iRetCode: Integer;
                     var sStatus: WideString); safecall;
  procedure GetKontostand(var cBetrag: Currency;
                     var iRetCode: Integer;
                     var sStatus: WideString); safecall;
  procedure ResetTables(var iRetCode: Integer;
                     var sStatus: WideString); safecall;
end;
```

Die Methode `GetKontostand` ermittelt das aktuelle Guthaben aus der Tabelle KONTO. Über `Transfer` wird ein Betrag aus der KONTO-Tabelle in die AUSGABE-Tabelle transferiert. Last but not least stellt die Methode `ResetTables` die Ausgangssituation wieder her.

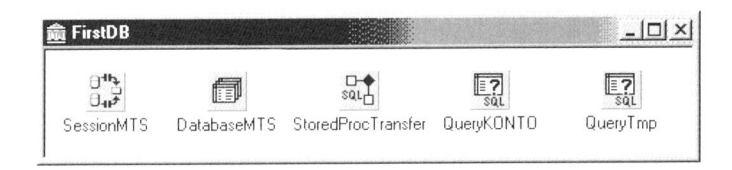

Abb. 15.39: Das MTS-Datenmodul von »FirstMTSDB.dpr«

Da mehrere Clients zur gleichen Zeit auf das MTS-Objekt zugreifen sollen, verwendet das Datenmodul die gewohnte Konfiguration.

Objekt	Eigenschaft	Wert
SessionMTS	Active	False
	AutoSessionName	True
	KeepConnection	True
DatabaseMTS	Connected	False
	HandleShared	True

MTS-Objekte mit Datenbankzugriff

	KeepConnection	True

Tabelle 15.10: Die Konfiguration im Datenmodul

Das MTS-Datenmodul implementiert sowohl die Interface-Methoden von IFirstDB als auch die sonstigen Funktionen, die in einem Datenmodul zu finden sind. Außerdem kann das Datenmodul zusätzlich auf die Ereignisse OnActivate und OnDeactivate des MTS-Kontext-Objekts reagieren.

```
type
  TFirstDB = class(TMtsDataModule, IFirstDB)
    SessionMTS: TSession;
    DatabaseMTS: TDatabase;
    StoredProcTransfer: TStoredProc;
    QueryKONTO: TQuery;
    QueryKONTOSTAND: TIntegerField;
    QueryTmp: TQuery;
    procedure FirstDBActivate(Sender: TObject);
    procedure FirstDBDeactivate(Sender: TObject);
  private
    { Private-Deklarationen }
  public
    { Public-Deklarationen }
  protected
    procedure GetKontostand(var cBetrag: Currency;
                    var iRetCode: Integer;
      var sStatus: WideString); safecall;
    procedure Transfer(cBetrag: Currency; var iRetCode: Integer;
      var sStatus: WideString); safecall;
    procedure ResetTables(var iRetCode: Integer;
                    var sStatus: WideString); safecall;
  end;
```

Wie im bereits vorgestellten Beispielprojekt für den Shared Property Manager nutzt das MTS-Datenmodul die Ereignisse OnActivate und OnDeactivate des MTS-Kontext-Objekts aus, um die eigenen Ressourcen anzufordern beziehungsweise freizugeben.

```
procedure TFirstDB.FirstDBActivate(Sender: TObject);
begin
  DatabaseMTS.Open;
end;

procedure TFirstDB.FirstDBDeactivate(Sender: TObject);
begin
  DatabaseMTS.Close;
end;
```

Die TDatabase-Methode `Open` aktiviert dabei in eigener Regie die zugeordnete TSession-Instanz. Allerdings wird das zustandsbehaftete Objekt niemals zwischen den einzelnen Methodenaufrufen deaktiviert, sodass die Datenbankverbindung die ganze Laufzeit über offen ist.

Interface-Methode GetKontostand

Die Interface-Methode `GetKontostand` liest über eine vorbereitete SELECT-Abfrage den Wert der Tabellenspalte STAND aus der Tabelle KONTO aus. Dabei kapselt diese Methode – wie alle anderen aus diesem Beispiel auch – den Zugriff auf die Datenbank in eine konventionelle Datenbanktransaktion. Der MTS ist an dieser Stelle nicht beteiligt.

```
procedure TFirstDB.GetKontostand(var cBetrag: Currency;
                                 var iRetCode: Integer;
                                 var sStatus: WideString);
begin
  iRetCode := MTS_DB_ERROR;
  sStatus := 'GetKontostand OK';
  DatabaseMTS.StartTransaction;
  try
    QueryKONTO.Open;
    cBetrag := QueryKONTOSTAND.AsCurrency;
    QueryKONTO.Close;
    iRetCode := MTS_DB_SUCCESS;
    DatabaseMTS.Commit;
  except
    on E: Exception do
    begin
      DatabaseMTS.Rollback;
      sStatus := SessionMTS.SessionName +
                 ' GetKontostand-Fehler: ' + E.Message;
    end;
  end;
end;
```

Tritt dabei ein Fehler auf, liefert die Methode den aktuellen TSession-Namen sowie die originale Fehlermeldung über den Var-Parameter `sStatus` an den Base Client zurück.

Interface-Methode Transfer

Die Interface-Methode `Transfer` löst über die Stored Procedure zwei Schreibzugriffe in der SQL-Datenbank aus und bucht den Betrag von der KONTO-Tabelle in die AUSGABE-Tabelle. Dabei prüft der InterBase in eigener Regie, ob der CHECK-Constraint für den Minimalwert von 100 für den Betrag in der KONTO-Tabellenspalte STAND eingehalten wird. Außerdem kann der Base Client eine Exception und damit einen Rollback provozieren, indem beim Aufruf von Transfer der Parameter `iRetCode` auf den Wert 99 gesetzt wird.

MTS-Objekte mit Datenbankzugriff

```
procedure TFirstDB.Transfer(cBetrag: Currency;
                            var iRetCode: Integer;
                            var sStatus: WideString);
var
  bRaiseError : Boolean;
begin
  if iRetCode = 99 then
    bRaiseError := True
  else
    bRaiseError := False;
  // Rückgabeparameter vorbelegen
  iRetCode := MTS_DB_ERROR;
  sStatus := 'Transfer OK';
  DatabaseMTS.StartTransaction;
  try
    with StoredProcTransfer do
    begin
      Params[0].Value := cBetrag;
      ExecProc;
    end;
    // prüfen, ob die Datenbank tatsächlich einen Rollback macht
    if bRaiseError then
      raise Exception.Create('Provozierter Fehler');
    iRetCode := MTS_DB_SUCCESS;
    DatabaseMTS.Commit;
  except
    on E: Exception do
    begin
      DatabaseMTS.Rollback;
      sStatus := SessionMTS.SessionName +
                 ' Transfer-Fehler: ' + E.Message;
    end;
  end;
end;
```

Interface-Methode ResetTables

Der InterBase prüft bei jedem Schreibzugriff auf die Tabelle KONTO die Einhaltung des CHECK-Constraints nach. Wird der Minimalbetrag von 100 unterschritten, schlägt somit zwangsläufig jede Transaktion fehl. Daher muss der Base Client in der Lage sein, für weitere Tests die Ausgangsbeträge in den beteiligten Tabellen wieder zurückzusetzen.

```
procedure TFirstDB.ResetTables(var iRetCode: Integer;
                               var sStatus: WideString);
begin
```

```
    iRetCode := MTS_DB_ERROR;
    sStatus := 'ResetTables OK';
    DatabaseMTS.StartTransaction;
    try
      with QueryTmp do
      begin
        SQL.Clear;
        SQL.Add('UPDATE KONTO SET STAND = 1000');
        ExecSQL;
        SQL.Clear;
        SQL.Add('UPDATE AUSGABE SET STAND = 0');
        ExecSQL;
      end;
      iRetCode := MTS_DB_SUCCESS;
      DatabaseMTS.Commit;
    except
      on E: Exception do
      begin
        DatabaseMTS.Rollback;
        sStatus := SessionMTS.SessionName +
                   ' Reset-Fehler: ' + E.Message;
      end;
    end;
end;
```

Der Base Client

Über die Checkbox im Formular kann der Anwender das MTS-Objekt zur Laufzeit anfordern und wieder freigeben. Dabei ist es sinnvoll, zuerst den In-process Server als normales COM-Objekt lokal auf dem Rechner außerhalb des MTS zu testen. Die Buttons im Formular dürfen dabei erst dann freigegeben werden, wenn die Interface-Variable FMTSObj gültig ist. Aus diesem Grund führt das Programm das Objektfeld FActiveObj als Vergleichsvariable für die TActionList-Instanz mit.

```
procedure TFormMain.CheckBoxMTSClick(Sender: TObject);
begin
  if CheckBoxMTS.Checked then
    begin
      //FMTSObj := CoFirstDB.Create;
      FMTSObj := CoFirstDB.CreateRemote('P5-133');
      FActiveObj := True;
    end
  else
    begin
      FActiveObj := False;
```

MTS-Objekte mit Datenbankzugriff

```
      FMTSObj := nil;
    end;
end;
```

Der Base Client versucht beim Aufruf der Server-Methoden so viel Statusinformationen wie möglich unterzubringen. Er muss immer damit rechnen, dass es irgendwo „klemmt", sodass in der Entwicklungsphase reichlich Informationen ausgegeben werden.

```
procedure TFormMain.BitBtnTransferClick(Sender: TObject);
var
  cBetrag  : Currency;
  iRetCode : Integer;
  sStatus  : WideString;
begin
  ShowStatusBar('Step 1...');
  FMTSObj.GetKontostand(cBetrag, iRetCode, sStatus);
  MemoStatus.Lines.Add(Format('Vorher - Kontostand: %m',
                       [cBetrag]));
  sStatus := '-';
  cBetrag := StrToCurr(EditBetrag.Text);
  ShowStatusBar('Step 2...');
  // soll ein Fehler provoziert werden?
  if CheckBoxRaiseError.Checked then
    iRetCode := 99
  else
    iRetCode := 0;
  FMTSObj.Transfer(cBetrag, iRetCode, sStatus);
  MemoStatus.Lines.Add(sStatus);
  ShowStatusBar('Step 3...');
  FMTSObj.GetKontostand(cBetrag, iRetCode, sStatus);
  MemoStatus.Lines.Add(Format('Nachher - Kontostand: %m (%s)',
                       [cBetrag, sStatus]));
  MemoStatus.Lines.Add('---');
  ShowStatusBar('...fertig!');
end;
```

Der Einsatz

Nachdem das MTS-Objekt *FirstMTSDB.dll* in das MTS-Package *MTSDB* installiert wurde, steht dem ersten echten Test nichts mehr im Wege. Starten Sie dazu gleich mehrere Instanzen des Base Clients *CltFirstMTSDB.exe* und beobachten Sie die Anzeige sowohl im MTS-Explorer als auch im Active Database Connection-Dialog des InterBase-Servers sowie im Programmfenster des Base Clients. Im besten Fall befinden sich diese Client-Instanzen auf unterschiedlichen Rechnern.

Beachten Sie dabei, dass der Client beim Anklicken des Transfer-Buttons nacheinander drei Server-Methoden aufruft. Vor und nach der Transfer-Methode sorgt der Aufruf von

GetKontostand dafür, dass der Client im Programmfenster den aktuellen Kontostand anzeigt. Da es sich allerdings um getrennte Aufrufe handelt, können andere Clients zwischen diesen Aufrufen den Datenbankinhalt ändern.

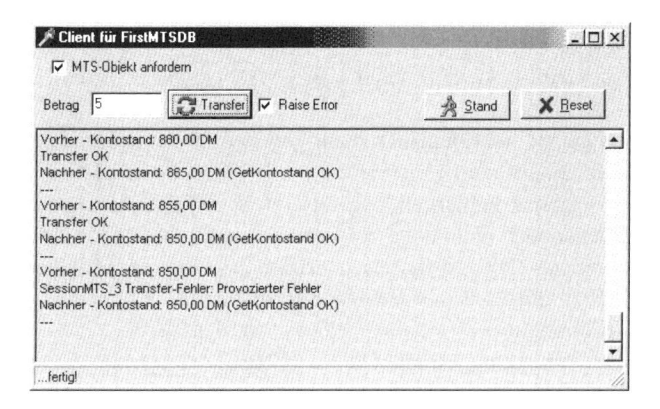

Abb. 15.40: Ein Server-Fehler wurde provoziert

Die Abbildung 15.40 zeigt einen derartigen Fall. Der Kontostand in der oberen Buchung springt von 880,00 DM sofort auf 865,00 DM, obwohl nur der Betrag von 5,00 DM transferiert wurde. Bei der letzten Buchung wurde die Checkbox RAISE ERROR markiert, die Server-Methode Transfer löst somit nach dem Aufruf der Stored Procedure eine Exception aus, was in der Methode mit einem Aufruf von TDatabase.Rollback beantwortet wird. Die Datenbank hat die Buchung auch korrekt zurückgenommen – der Kontostand vor und nach dem Aufruf von Transfer ist gleich.

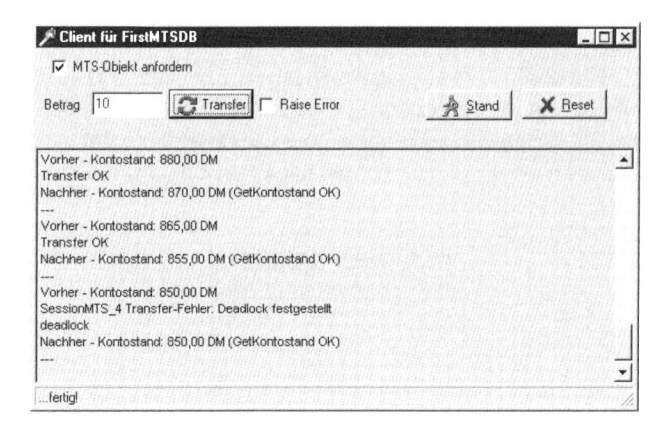

Abb. 15.41: Der InterBase meldet eine Deadlock-Situation

Wie in jeder konventionellen Client/Server-Anwendung auch, gibt es immer dann Probleme, wenn zwei Clients zur gleichen Zeit auf exakt den gleichen Datensatz schreibend zugreifen wollen. Da die Beispieldatenbank jeweils nur einen Datensatz in beiden Tabellen verwendet, liegt in jedem Fall der „Worst case"-Fall für das Konfliktrisiko vor. Auch

MTS-Objekte mit Datenbankzugriff

daher ist es sinnvoll, die originale Fehlermeldung des MTS-Objekts als variablen Methoden-Parameter an den Client zurückzugeben. Der Entwickler kann dann immer noch entscheiden, ob die Fehlermeldung im Original an den Benutzer weitergegeben wird.

Nach einem intensiven Test mit mehreren Base Client-Instanzen werden Sie dabei das folgende Verhalten feststellen:

- Es können problemlos mehrere Clients das MTS-Objekt anfordern und gleichzeitig den Kontostand abfragen.
- Es können mehrere Clients annähernd zur gleichen Zeit einen Transfer ausführen.
- Rufen mehrere Clients zum gleichen Zeitpunkt die Transfer-Methode auf, erhält der zweite eine Deadlock-Fehlermeldung des InterBase. Da die Datenbanktransaktion des ersten Clients noch nicht abgeschlossen ist, darf kein anderer Benutzer diese Tabellenspalte updaten. Dies ist für den InterBase das typische Verhalten und hat nichts mit dem MTS zu tun. Erst mit der neuen BDE-Version 5.02 kann über den WAIT-ON-LOCK-Eintrag dieses Verhalten geändert werden.
- Wird eine Fehlermeldung zurückgeliefert (CHECK-Constraint, Deadlock oder Provozierter Fehler), so erhält der Base Client zur Information auch den Namen der TSession-Instanz. Jede Client-Instanz zeigt dabei einen anderen TSession-Namen an, wobei der Name im Laufe der Programmlaufzeit des Clients immer der gleiche ist. Somit steht bei dieser Konfiguration der Vorteil des BDE-Poolings nicht zur Verfügung – auch wenn der Eintrag in der BDE-Konfiguration aktiviert wurde. Das ist jedoch in diesem Fall kein Nachteil, da der MTS das Objekt nicht deaktivieren kann, die Verbindung bleibt also ständig aktiv.
- Im Active Database Connection-Dialog des InterBase Server Managers wird jeder Base Client als einzelne Datenbankverbindung angezeigt. Die Anzahl entspricht dabei der Anzahl der Client-Instanzen zuzüglich der eigenen InterBase Server Manager-Instanz.
- Baut ein Client seine Referenz auf das MTS-Objekt ab, gibt die BDE die Datenbankverbindung nicht sofort frei. Im Active Database Connection-Dialog des InterBase-Servers bleibt die Anzeige gleich.
- Erst nach ca. 200 Sekunden zeigt der Active Database Connection-Dialog des InterBase-Servers nur noch die eigene Datenbankverbindung des Interbase Server Managers an.

Abb. 15.42: Jeder Client verwendet seine eigene Datenbankverbindung zum InterBase

Resümee

Das MTS-Objekt *FirstMTSDB.dll* hat zwar seine prinzipielle Funktionsfähigkeit nachgewiesen, allerdings zum Preis eines zustandsbehafteten Objekts. Somit kann der MTS seine Mechanismen zur Ressourcen-Einsparung nicht einsetzen und auch an die Datenbankverbindungen zum InterBase werden hohe Anforderungen gestellt (die Lizenz muss für die maximale Anzahl von offenen Datenbankverbindungen ausgelegt werden).

15.8.4 Das zustandslose Datenbankobjekt

Das zweite Beispielprojekt soll sich als zustandsloses MTS-Objekt besser in die MTS-Umgebung einpassen. Dieses Objekt darf nicht mehr die Datenbanktransaktionen aufrufen, sondern muss sich vollständig auf den MTS-Transaktionsmechanismus verlassen. Damit Sie das Verhalten sowie die Vor- und Nachteile der unterschiedlichen Implementierungen besser nachvollziehen können, verwendet auch das zweite Beispiel die gleiche Server-Funktionalität sowie den gleichen Aufbau des Base Clients. Nur die inneren Werte – und selbstverständlich das Verhalten im MTS – ändern sich.

Die Beispielprojekte finden Sie auf der CD-ROM im Verzeichnis »Kapitel 15\SimpleDB«.

Das MTS-Objekt

Die Vorbereitungen sind – analog zum vorangegangenen Beispiel – schnell erledigt:
1. Über DATEI NEU | ACTIVE X | ACTIVEX-BIBLIOTHEK wird der In-process Server generiert.
2. Über DATEI NEU | MULTI-TIER | MTS-DATENMODUL wird das MTS-Objekt mit dem Threading-Modell Apartment und dem Transaktionsmodell EINE NEUE TRANSAKTION WIRD BENÖTIGT generiert.

Der Aufbau der Typbibliothek entspricht bis auf den Eintrag für das Transaktionsmodell dem des vorangegangenen Beispiels. Dies gilt mit einigen wenigen Einschränkungen ebenfalls für das MTS-Datenmodul. Dort sorgen die `OutputDebugString`-Aufrufe dafür, dass jedes Aktivieren und Deaktivieren des MTS-Objekts exakt unter dem Delphi-Debugger im Ereignisfenster mitprotokolliert werden kann.

```
procedure TSimpleDB.SimpleDBActivate(Sender: TObject);
begin
  OutputDebugString('Activate');
  DatabaseMTS.Open;
end;

procedure TSimpleDB.SimpleDBDeactivate(Sender: TObject);
begin
  OutputDebugString('Deactivate');
```

```
  DatabaseMTS.Close;
end;
```

Anstelle der direkt aufgerufenen Datenbanktransaktionen verwendet das MTS-Objekt die MTS-Transaktionen, indem `SetComplete` beziehungsweise `SetAbort` aufgerufen wird.

```
procedure TSimpleDB.GetKontostand(var cBetrag: Currency;
                                 var iRetCode: Integer;
                                 var sStatus: WideString);
begin
  OutputDebugString('GetKontostand');
  SetAbort;
  iRetCode := MTS_DB_ERROR;
  sStatus := 'GetKontostand OK';
  try
    QueryKONTO.Open;
    cBetrag := QueryKONTOSTAND.AsCurrency;
    QueryKONTO.Close;
    iRetCode := MTS_DB_SUCCESS;
    SetComplete;
  except
    on E: Exception do
    begin
      SetAbort;
      sStatus := SessionMTS.SessionName +
                 ' GetKontostand-Fehler: ' + E.Message;
    end;
  end;
end;
```

Damit ist alles Neue zum MTS-Objekt gesagt. Da der Base Client exakt den gleichen Aufbau wie beim vorangegangenen Beispiel hat, kommen wir gleich zum praktischen Einsatz. Vergewissern Sie sich dabei vorher, dass der Eintrag BDE POOLING in der BDE-Konfiguration auf True steht.

Der Einsatz

Auch hier werden die gleichen drei Instanzen des Base Clients gestartet, wobei jede Instanz einmal den Kontostand abfragt.

Im Active Database Connection-Dialog des InterBase-Servers wird nur eine Datenbankverbindung angezeigt – alle drei Clients nutzen somit die gleiche Verbindung. Das BDE-Pooling funktioniert nachgewiesenermaßen in diesem konkreten Fall.

Im MTS-Explorer sind die drei Kontext-Objekte für die Base Clients in der Spalte Objekte vermerkt. Aber sofort nach der Rückkehr der mit SetComplete abgeschlossenen Methode GetKontostand deaktiviert der MTS das Objekt wieder.

MTS

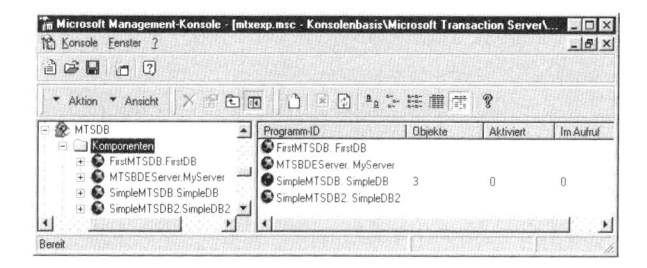

Abb. 15.43: Das zustandslose MTS-Objekt wird sofort wieder deaktiviert

Somit taucht ein Eintrag größer null immer nur kurzfristig auf; der MTS scheint also tatsächlich ressourcenschonend das Objekt immer wieder zu deaktivieren. Den endgültigen Beweis für diese Schlussfolgerung liefert der Delphi-Debugger. Mit Delphi kann im Debugger auch eine DLL untersucht werden – und ein MTS-Objekt ist nichts anderes als eine DLL. Wird im Delphi-Dialog STARTPARAMETER ALS HOST-ANWENDUNG die Zeile *D:\WINNT\system32\mtx.exe* sowie als Aufrufparameter die Zeile »/p:"MTSDB"« eingetragen, können Sie die OutputDebugString-Meldungen unter Delphi mitverfolgen.

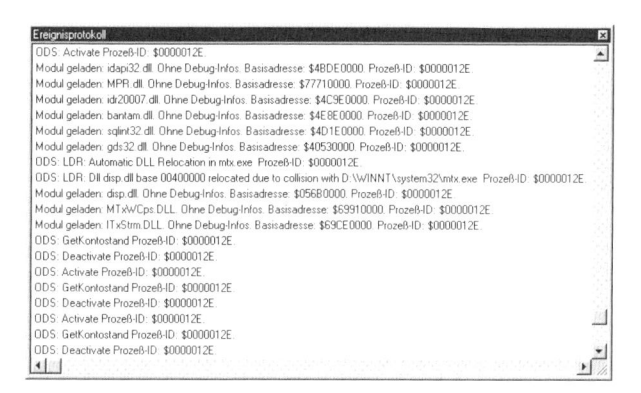

Abb. 15.44: Der MTS aktiviert das Objekt nur für die Zeitdauer des Methodenaufrufs

Nur dem ersten Activate-Eintrag folgen die Meldungen über das Laden der Treiber-DLL für die Verbindung zur InterBase-Datenbank. Somit ist die erste aktivierte TSession-Instanz für das Initialisieren der Borland Database Engine zuständig. Sofort nach dem Aufrufen von `GetKontostand` steht eine Deactivate-Meldung im Ereignisprotokoll.

Dieses Spiel der ständigen Activate- und Deactivate-Aufrufe findet so lange statt, bis der letzte Base Client eine Interface-Referenz zum MTS-Objekt abbaut oder bis sich die BDE mit einer Fehlermeldung in Erinnerung bringt. Und genau das passiert leider jederzeit reproduzierbar! Egal ob nun ein Client gestartet wird oder mehrere, nach dem vierten Methodenaufruf steigt die Wahrscheinlichkeit dramatisch an, dass Sie die Fehlermeldung OLE-Fehler 8004E002 erhalten. In der Delphi-Unit *Mtx.pas* finden Sie die Deklaration der Fehlernummer:

```
mtsErrCtxAborted    = $8004E002.
```

MTS-Objekte mit Datenbankzugriff

Das MTS-Kontext-Objekt hat die Transaktion abgebrochen, doch dazu später mehr.

> *Im MTS-Explorer können Sie für das betroffene Package die Aktion „Herunterfahren" aufrufen, um ein hängen gebliebenes MTS-Objekt zu beenden. Dies ist auch immer dann hilfreich, wenn eine neue Version kompiliert beziehungsweise kopiert werden soll.*

Damit hören die Merkwürdigkeiten jedoch noch nicht auf. Obwohl der Base Client zum Test eine Exception auslöst und dies auch im Statusparameter vom MTS-Objekt bestätigt wird, sieht es so aus, als ob der Transfer im dritten Testaufruf trotzdem vom InterBase gebucht wird. Beim direkten Zugriff auf die Datenbank bestätigt sich auch diese Vermutung. In den ersten beiden Fällen hat der absichtlich provozierte Fehler auch tatsächlich dazu geführt, dass der Resource Dispenser BDE den Resource Manager InterBase zu einem Rollback veranlasst hat. Im dritten Aufruf hingegen nicht – obwohl der Transferaufruf den provozierten Fehler als Statusmeldung zurückliefert, ergibt die nachfolgende Kontostandabfrage einen um den Wert 5 kleineren Betrag. Also hat der InterBase die Schreibzugriffe in dieser Transaktion nicht zurückgenommen.

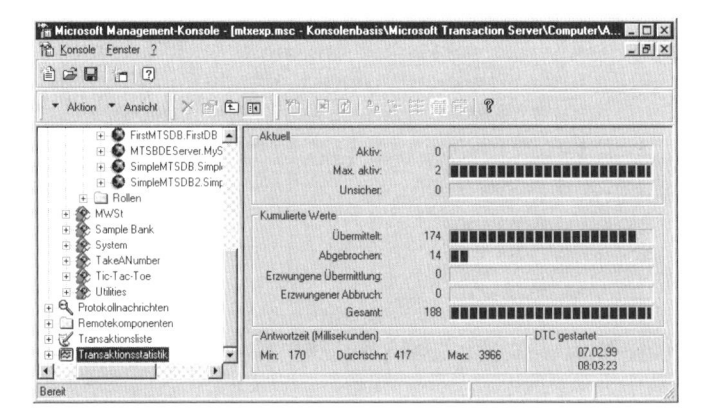

Abb. 15.45: Der MTS-Explorer führt über die eigenen Transaktionen genau Buch

Dass tatsächlich MTS-Transaktionen im Spiel sind, zeigt ein Blick auf die MTS-Transaktionsstatistik.

Aber auch dann, wenn man im eigenen MTS-Objekt weitere OutputDebugString-Aufrufe unterbringt, klärt sich das merkwürdige Verhalten nicht auf. Im Delphi-Ereignisprotokoll wird bei einem absichtlich ausgelösten Fehler die folgende Aufrufsequenz aufgelistet:

1. Activate
2. Transfer
3. Exception „Provozierter Fehler"
4. Transfer – SetAbort
5. Deactivate

Das Objekt hat also tatsächlich `SetAbort` aufgerufen und wurde auch vom MTS im Anschluss daran sofort deaktiviert. Die Ursache für die zeitweise unwirksamen Rollbacks können also nicht im MTS liegen.

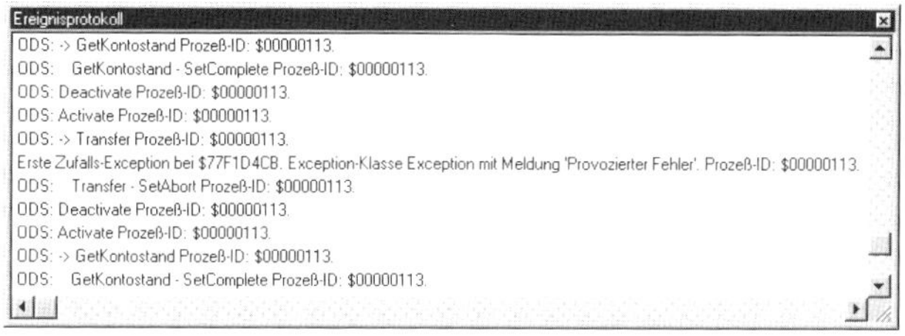

```
Ereignisprotokoll
ODS: -> GetKontostand Prozeß-ID: $00000113.
ODS:    GetKontostand - SetComplete Prozeß-ID: $00000113.
ODS: Deactivate Prozeß-ID: $00000113.
ODS: Activate Prozeß-ID: $00000113.
ODS: -> Transfer Prozeß-ID: $00000113.
Erste Zufalls-Exception bei $77F1D4CB. Exception-Klasse Exception mit Meldung 'Provozierter Fehler'. Prozeß-ID: $00000113.
ODS:    Transfer - SetAbort Prozeß-ID: $00000113.
ODS: Deactivate Prozeß-ID: $00000113.
ODS: Activate Prozeß-ID: $00000113.
ODS: -> GetKontostand Prozeß-ID: $00000113.
ODS:    GetKontostand - SetComplete Prozeß-ID: $00000113.
```

Abb. 15.46: Die OutputDebugString-Aufrufe werden in Delphi mitprotokolliert

Für einen Softwareentwickler gehören die nicht in jedem Fall reproduzierbaren Fehler zur schlimmsten Kategorie. Wenn also schon ein derart einfaches MTS-Objekt solche Probleme verursacht, ist an einen echten Praxis-Einsatz nicht zu denken. Die Transaktionen der SQL-Datenbanken gehören zum Heiligsten überhaupt – niemand rechnet hier damit, dass einige Rollbacks ignoriert werden. Der Fehler ist ernsthaft genug, um weitere Untersuchungen anzustellen.

Debug-Informationen über die Ereignisanzeige von Windows NT

Unter Windows NT steht neben den OutputDebugString-Aufrufen mit der Ereignisanzeige noch eine weitere Option für das Mitprotokollieren von eigenen Informationen zur Verfügung. Normalerweise ist das ein komplexes Thema, da hier ein spezieller Compiler aus dem Win32-SDK die Ereignisressourcen aufbereiten muss, die dann in eine DLL verpackt und in der Registry angemeldet werden. Alternativ zu diesem offiziellen Weg, der alle Leistungsoptionen der Ereignisanzeige ausschöpft, gibt es aber noch eine Minimallösung. Mit Delphi wurde sogar diese Minimallösung erneut vereinfacht, indem Delphi die TEventLogger-Klasse aus der Unit *SvcMgr* bereitstellt. Diese Klasse ist zwar undokumentiert, aber dafür sehr einfach einzusetzen. Mit den folgenden Aufrufen legt das MTS-Objekt unter Windows NT einen neuen Eintrag in der Ereignisanzeige für Anwendungen an, unter Windows 9x allerdings passiert gar nichts.

```
procedure TSimpleDB.SimpleDBCreate(Sender: TObject);
var
  tel: TEventLogger;
begin
  tel := TEventLogger.Create('SimpleMTSDB');
  try
   tel.LogMessage('===> OnCreate', EVENTLOG_INFORMATION_TYPE);
  finally
    tel.Free;
  end;
end;
```

MTS-Objekte mit Datenbankzugriff

```
procedure TSimpleDB.SimpleDBDestroy(Sender: TObject);
var
  tel: TEventLogger;
begin
  tel := TEventLogger.Create('SimpleMTSDB');
  try
   tel.LogMessage('<=== OnDestroy', EVENTLOG_INFORMATION_TYPE);
  finally
    tel.Free;
  end;
end;
```

Neben den Ereignissen OnCreate, OnActivate, OnDeactivate und OnDestroy protokolliert das MTS-Objekt auch die Aufrufe der Interface-Methoden mit. Sobald der OLE-Fehler auftritt, wird der Inhalt der Ereignisanzeige in eine Textdatei exportiert. In der Delphi-Entwicklungsumgebung können Sie anschließend diese Textdatei öffnen und über die Blockfunktionen [STRG+ALT+MAUSMARKIERUNG] des Editors die störenden Spalten im Log einfach entfernen. Nach diesen Vorbereitungen sieht die Testsituation (vier erfolgreiche Aufrufe, OLE-Fehlermeldung unmittelbar nach dem 5. Aufruf) wie folgt aus. Zur besseren Unterscheidung habe ich die einzelnen Abschnitte durch von Hand eingefügte Kommentarzeilen abgetrennt:

```
// Verbindung des Base Clients zum MTS-Objekt wird hergestellt

14:55:07   ===> OnCreate.
14:55:07   <=== OnDestroy.

// 1. Aufruf von GetKontostand ist OK

14:55:07   ===> OnCreate.
14:55:10   Activate.
14:55:11   -> GetKontostand .
14:55:11       GetKontostand: IsInTransaction .
14:55:11   <- GetKontostand - nach SetComplete.
14:55:11   Deactivate.
14:55:11   <=== OnDestroy.

// 2. Aufruf von GetKontostand ist OK

14:55:12   ===> OnCreate.
14:55:12   Activate.
14:55:13   -> GetKontostand .
14:55:13       GetKontostand: IsInTransaction .
14:55:13   <- GetKontostand - nach SetComplete.
14:55:13   Deactivate.
14:55:13   <=== OnDestroy.
```

// 3. Aufruf von GetKontostand ist OK

```
14:55:14   ===> OnCreate.
14:55:14   Activate.
14:55:15   -> GetKontostand .
14:55:15      GetKontostand: IsInTransaction .
14:55:15   <- GetKontostand - nach SetComplete.
14:55:15   Deactivate.
14:55:15   <=== OnDestroy.
```

// 4. Aufruf von GetKontostand ist OK

```
14:55:16   ===> OnCreate.
14:55:16   Activate.
14:55:18   -> GetKontostand .
14:55:18      GetKontostand: IsInTransaction .
14:55:18   <- GetKontostand - nach SetComplete.
14:55:18   Deactivate.
14:55:18   <=== OnDestroy.
```

// 5. Aufruf von GetKontostand: Base Client zeigt keine Info an,
//   stattdessen erscheint der OLE-Error 8004E002

```
14:55:19   ===> OnCreate.
14:55:19   Activate.
14:55:20   -> GetKontostand .
14:55:20      GetKontostand: IsInTransaction .
14:55:20   <- GetKontostand - nach SetComplete.
14:55:20   Deactivate.
14:55:20   <=== OnDestroy.
```

Die einzelnen Zyklen für das zustandslose MTS-Objekt sind sehr gut erkennbar, bei jedem Aufruf einer Methode wird das MTS-Datenmodul erzeugt und aktiviert. Nachdem die Methode entweder `SetComplete` oder `SetAbort` aufgerufen hat, sorgt der MTS dafür, dass das Objekt sofort wieder deaktiviert und zerstört wird.

Dieser Zyklus wird auch beim 5. Aufruf von `GetKontostand` mitprotokolliert, trotzdem erhält der Base Client die Fehlermeldung 8004E002. In der Delphi-Unit *Mtx.pas* finden Sie die Deklaration der Fehlernummer als `mtsErrCtxAborted`, es sieht so aus, als ob der MTS die laufende Transaktion nach dem Aufruf von SetComplete abgebrochen hat. Der Fehler kann nicht im eigenen MTS-Objekt liegen, denn dann würde ein entsprechender Eintrag in der Ereignisanzeige von Windows NT vermerkt sein. Somit bleibt mit hoher Wahrscheinlichkeit nur noch eine Fehlerursache übrig, das Zusammenspiel von DTC (Distributed Transaction Coordinator) mit dem RD (BDE als Resource Dispenser) und dem RM (InterBase als Resource Manager) klappt nicht zuverlässig.

Falls auch Sie nicht an Zufälle glauben, sollte die Tatsache bedenklich stimmen, dass zusammen mit Delphi eine für fünf Lizenzen ausgelegte InterBase-Version ausgeliefert wird. Es sieht so aus, als ob der BDE Pooling-Mechanismus auch hier der Verursacher der Probleme ist.

Der Systemadministrator des Windows-NT-Servers kann jederzeit das Transaktionsmodell des MTS-Objekts über den MTS-Explorer ändern. Wird der Eintrag auf UNTERSTÜTZT KEINE TRANSAKTIONEN gesetzt, werden Sie nicht mehr von der Fehlermeldung OLE-Fehler 8004E002 belästigt. Dafür kommt eine andere zu Wort – der InterBase beschwert sich darüber, dass die maximale Anzahl der gleichzeitigen Datenbankverbindungen für die InterBase-Lizenz überschritten wird.

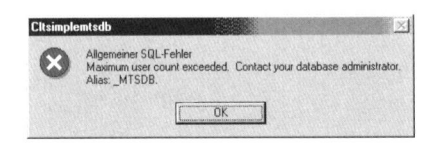

Abb. 15.47: Folgen des abgeschalteten BDE Poolings

Ohne BDE-Pooling verhindern die über einen längeren Zeitraum offen bleibenden Datenbankverbindungen einen unbegrenzten Zugriff auf das MTS-Objekt. Auch dann, wenn über den Registry-Eintrag die Zeitspanne bis zum Freigeben der Datenbankverbindungen heruntergesetzt wird, ist irgendwann das Ende der Fahnenstange erreicht. Und mit aktiviertem BDE Pooling wird man vom OLE-Fehler 8004E002 belästigt und muss zudem mit nicht in jedem Fall korrekt ausgeführten Rollbacks rechnen. In der Theorie zum MTS liest sich das doch ganz anders – der MTS soll doch das Leben für den Softwareentwickler einfacher gestalten. Allerdings ist hier nicht der MTS der Schuldige, wie die nachfolgenden Projekte beweisen.

SimpleDB2 – eine teilweise Verbesserung

Wollen Sie selbst einmal die Strapazierfähigkeit Ihrer Nerven testen, ist das folgende Beispielprojekt gut dafür geeignet. Auf den ersten Blick sieht es aus, als ob es ein Schritt in die richtige Richtung ist.

Die Beispielprojekte zu SimpleDB2 finden Sie auf der CD-ROM im Verzeichnis »Kapitel 15\SimpleDB2«.

Dieses MTS-Objekt verwendet kein MTS-Datenmodul, sondern erzeugt ein normales Datenmodul immer dann selbst, wenn es vom MTS aktiviert wird. Somit ist die eigene Anwendung dafür zuständig, die Datenbankverbindung zu öffnen.

```
procedure TSimpleDB2.OnActivate;
begin
  OutputDebugString('-> Activate');
  try
    DataModuleHelpMTS := TDataModuleHelpMTS.Create(nil);
    if Assigned(DataModuleHelpMTS) then
      with DataModuleHelpMTS do
      begin
        OutputDebugString('    Open(Activate)');
        DatabaseMTS.Connected := True;
      end;
  except
    ;
  end;
end;


procedure TSimpleDB2.OnDeactivate;
begin
  try
    if Assigned(DataModuleHelpMTS) then
      with DataModuleHelpMTS do
      begin
        OutputDebugString('    Close(Activate)');
        DatabaseMTS.Connected := False;
        SessionMTS.Active := False;
        DataModuleHelpMTS.Free;
      end;
    DataModuleHelpMTS := nil;
  except
    ;
  end;
end;
```

Im Active Database Connection-Dialog des InterBase-Servers wird nur eine Datenbankverbindung angezeigt – alle Clients nutzen somit die gleiche Verbindung. Damit steht das BDE Pooling wieder zur Verfügung. Und auch der MTS deaktiviert wieder die Objekte nach jedem Methodenaufruf.

Trotzdem ist das primäre Problem noch da, wie der folgende Auszug aus den mitprotokollierten Statusmeldungen zeigt. Ein SetAbort wurde nicht korrekt abgewickelt:

```
Kontostand: 631,00 DM (SessionMTS_16GetKontostand OK)
Kontostand: 631,00 DM (SessionMTS_19GetKontostand OK)
SessionMTS_20Transfer-Fehler: Provozierter Fehler
Kontostand: 631,00 DM (SessionMTS_21GetKontostand OK)
SessionMTS_22Transfer-Fehler: Provozierter Fehler
Kontostand: 631,00 DM (SessionMTS_23GetKontostand OK)
```

MTS-Objekte mit Datenbankzugriff

```
SessionMTS_24Transfer-Fehler: Provozierter Fehler
Kontostand: 620,00 DM (SessionMTS_25GetKontostand OK)
SessionMTS_26Transfer-Fehler: Provozierter Fehler
Kontostand: 620,00 DM (SessionMTS_27GetKontostand OK)
Transfer OK
Kontostand: 609,00 DM (SessionMTS_29GetKontostand OK)
```

Der MTS aktiviert bei jedem Methodenaufruf das Objekt, wobei das Datenmodul neu erzeugt wird. Damit wird auch eine neue TSession-Instanz erzeugt, sodass sich der automatisch generierte Session-Name stetig hochzählt.

15.8.5 Self-made Session-Manager

Bei den absolvierten Experimenten hat sich als vermutliche Fehlerursache das Zusammenspiel zwischen DTC, RD und RM herauskristallisiert. Von diesen drei Bestandteilen ist wiederum der für den Datenbankverbindungs-Pool zuständige Resource Dispenser der kritische Punkt. Der RD soll eine Datenbankverbindung mit im Transaktionskontext ausführen. Die vom InterBase als Resource Manager abgearbeiteten Datenbanktransaktionen wirken auf die jeweilige Session. Somit scheint die InterBase-Session ein kritischer Punkt zu sein.

Zusammen mit der Delphi 4 Client/Server Suite wird die MIDAS-Beispielanwendung *Pooler.dpr* ausgeliefert. Dort wird ein ähnliches Problem gelöst, indem ein spezieller Manager einen Pool von funktionstüchtigen TDataModule-Instanzen als eigenständige COM-Objekte verwaltet. Die analog zum MTS zustandslosen Server-Objekte fordern kurzzeitig eine Datenmodul-Instanz an und geben sie anschließend in den Pool zurück. Über `ThreadedClassFactory` wird jede Datenmodul-Instanz in einem eigenen Thread ausgeführt. Somit hat dieses Objekt viele der Eigenschaften, die auch ein MTS-Objekt hat. Allerdings verwendet der MTS einen eigenen Thread-Pool, sodass ein Vorhalten von vollständigen Datenmodul-Instanzen in einem eigenen Pool nicht zweckmäßig ist.

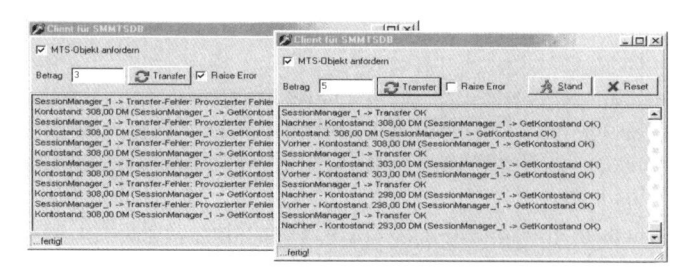

Abb. 15.48: Der Session-Manager in Aktion

Allerdings muss es ja nicht das komplette Datenmodul sein – die kritischen TSession-Instanzen reichen bereits aus. Werden die verwendeten TSession-Instanzen innerhalb des MTS-Objekts über einen eigenen Pool verwaltet, treten die vorher festgestellten Probleme nicht mehr auf. Zum einen führt jeder Aufruf von `SetAbort` zu einem InterBase-

Rollback, somit ist die Konsistenz der Datenbank gewährleistet. Und zum anderen verschwindet auch der OLE-Fehler 8004E002.

> *Die Beispielprojekte zum Session-Manager finden Sie auf der CD-ROM im Verzeichnis »Kapitel 15\SessionManager«.*

Unit SessMngr

Das Prinzip und die interne Implementierung des Session-Managers sind sehr eng an das Delphi-4-Beispielprogramm „MIDAS RemoteDataModule Pooler Demo" aus dem Delphi-Unterverzeichnis *Demos\Midas\Pooler* angelehnt.

```
type
  TAllocatedSession = class
  private
    FBusy: Boolean;
    FSession: TSession;
    function GetSessionName: string;
  public
    property Busy: Boolean read FBusy write FBusy;
    property Session: TSession read FSession;
    property SessionName: string read GetSessionName;
    constructor Create(ID: Integer);
    destructor Destroy; override;
  end;

  TSessionManager = class
  private
    FAllocatedSessions: TThreadList;
  public
    constructor Create;
    destructor Destroy; override;
    procedure AllocateSession(Database: TDatabase);
    procedure ReleaseSession(Database: TDatabase);
  end;
```

Die TSessionManager-Instanz verwaltet über `TAllocatedSession` eine Liste von TSession-Instanzen, die bei Bedarf von einem TMtsDataModule ausgeliehen werden können. Dabei stellt der Session-Manager sicher, dass alle TDBDataSet- und TDataBase-Nachfolger im Datenmodul den ausgeliehenen Session-Namen verwenden.

> *Bevor Sie vor Ehrfurcht erschauern – es ist alles nur geklaut. Spaß beiseite, dieser Lösungsvorschlag wurde zum ersten Mal von Serge Bodrov (Borland Certified Delphi De-*

veloper; bodrovs@marotz.com) in den Newsgroups inprise.public.midas und borland.public.delphi.database.multitier veröffentlicht.

Unit SMMTSDB_DM (TMtsDataModule)

In der TMtsDataModule-Instanz wird nun unmittelbar vor dem Öffnen der Datenbankverbindung beim Session-Manager eine freie TSession-Instanz abgefordert. Der Session-Manager stellt dabei auch sicher, dass alle relevanten Datenzugriffskomponenten auch den zugewiesenen Session-Namen verwenden.

```
procedure TSMDB.SMDBActivate(Sender: TObject);
begin
  // Neu 07.02.1999 (analog zu TPoolManager aus pooler.pas
  FCriticalSection.Enter;
  try
    MTSSessionManager.AllocateSession(DatabaseMTS);
    DatabaseMTS.Open;
  finally
    FCriticalSection.Leave;
  end;
end;

procedure TSMDB.SMDBDeactivate(Sender: TObject);
begin
  // Neu 07.02.1999 (analog zu TPoolManager aus pooler.pas)
  FCriticalSection.Enter;
  try
    DatabaseMTS.Close;
    MTSSessionManager.ReleaseSession(DatabaseMTS);
  finally
    FCriticalSection.Leave;
  end;
end;
```

Hat das MTS-Objekt seine Arbeit erledigt, gibt es bei seiner Deaktivierung die ausgeborgte TSession-Instanz in den Pool zurück. Alles andere ist beim Alten geblieben, sodass ein Nachrüsten mit dem Session-Manager in bestehenden Projekten schnell erledigt ist.

Über die TCriticalSection-Instanz schottet das MTS-Objekt über die vom Betriebssystem zur Verfügung gestellten Critical Sections den Zuweisungsmechanismus zusätzlich ab. Dies ist die Folge einer Paranoia, die sich im Laufe der bisherigen Arbeit mit dem MTS bei mir ausgeprägt hat. Sie können die TCriticalSection-Aufrufe auch weglassen – theoretisch dürfte beim MTS an dieser Stelle kein anderer Thread in die Quere kommen, solange alle Instanzen in der gleichen Activity laufen.

Rufen zwei Clients tatsächlich zur gleichen Zeit die Transfer-Funktion des MTS-Objekts auf, so erhält der zweite Client eine frisch erzeugte TSession-Instanz aus dem Pool.

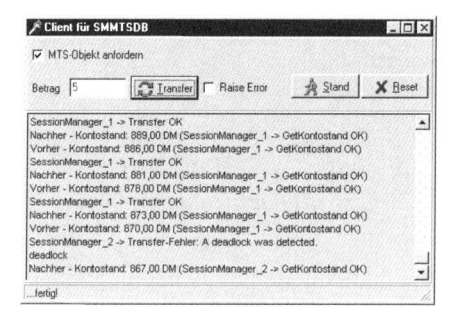

Abb. 15.49: Gleichzeitige Zugriffe erhalten eine andere TSession-Instanz

Ungeachtet dessen hat trotzdem der InterBase das letzte Wort. Er ist in jedem Fall nicht damit einverstanden, wenn mehrere Clients den gleichen Datensatz zur gleichen Zeit ändern wollen. Diesen Fall zeigt der Base Client über den Eintrag „A deadlock was detected" an.

Im MTS-Explorer können Sie sich außerdem davon überzeugen, dass der Session-Manager keine nachteiligen Auswirkungen auf das zustandslose MTS-Objekt hat. Der MTS kann immer noch völlig problemlos die Objekte sofort nach der Rückkehr des Methodenaufrufs deaktivieren.

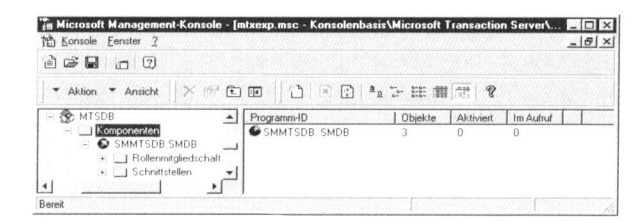

Abb. 15.50: Obwohl drei Base Clients das Objekt verwenden, ist keine Instanz aktiviert

15.8.6 MIDAS für Arme

Ein wichtiges Argument für den Microsoft Transaction Server ist die Tatsache, dass er zum Nulltarif zu haben ist. Die eingesparten Mittel stehen somit für längere Eigenentwicklungen zur Verfügung. Und diese sind im Datenbankbereich auch immer dann notwendig, wenn der gleiche Komfort wie bei einer konventionellen Client/Server-Anwendung erwartet wird. Die MTS-Objekte als COM-Server können nur über die Interface-Methoden von den Clients aus aufgerufen werden und die Interfaces eines Delphi-Servers tolerieren nur Automation-kompatible Datentypen. Ein TDataset- oder gar TDatasource-Parameter ist an dieser Stelle völlig unbekannt. Sie müssen also in eigener Verantwortung diese Funktionen nachbilden. Dieser Aufwand lässt sich mit einer MIDAS-Lizenz vermeiden, sodass Sie selbst von Fall zu Fall entscheiden müssen, was am Ende

MTS-Objekte mit Datenbankzugriff

die effektivste Lösung ist. Je nach eingesetzter Datenbank steht auch ADO zur Verfügung, um komplette Datenmengen vom Server zum Client zu transportieren. Falls nach reiflicher Überlegung MIDAS oder ADO trotzdem nicht in Frage kommt, stelle ich Ihnen einen Lösungsansatz vor, der zumindest die Anzeige von mehreren Datensätzen in einer Griddarstellung implementiert.

> *Die Beispielprojekte für das Darstellen von mehreren Datensätzen in einer Tabelle finden Sie auf der CD-ROM im Verzeichnis »Kapitel 15\SessionManager2«.*

Datenmenge in ein VarArray verpacken

Der Standard-Marshaler von COM kann nur mit Automation-kompatiblen Datentypen umgehen. Aus diesem Grund kann ein TDataset nicht direkt übergeben werden. Stattdessen verpackt diese Methode den Inhalt der Datenmenge in ein zweidimensionales Array. Dazu sind die folgenden Arbeitsschritte notwendig:

1. Anzahl der Spalten in der Datenmenge ermitteln.
2. Anzahl der Zeilen ermitteln, dabei wird die Zeile 0 mit den Spaltenüberschriften (Datenfelder) der Datenmenge gefüllt.
3. Ein zweidimensionales Array mit der benötigten Spalten- und Zeilenanzahl erzeugen; jedes Element ist vom Typ `varVariant`. Dieser Datenblock wird vom Standard-Marshaler akzeptiert.
4. Die erste Zeile des Arrays wird mit den Spaltenüberschriften der Datenmenge gefüllt.
5. Die restlichen Zeilen des Arrays werden mit den Daten aus der Datenmenge gefüllt, dabei kommt der erste Datensatz in die zweite Zeile (Index = 1).

In der Unit *ResultSetToVarArray* sieht die Implementierung wie folgt aus:

```
procedure VarArrayFromDataset(var aResultSet: OleVariant;
                              aDataset: TDataset);
resourcestring
  cErrMsg = 'Exception VarArrayFromDataset (%d Zeilen, %d Spalten): %s';
var
  iCurCol  : Integer;
  iRows,
  iColumns,
  iCurRec  : Integer;
begin
  // Warnungen deaktivieren
  iRows := 0;
  iColumns := 0;
  try
```

```
    iColumns := Max(0, aDataset.FieldCount - 1);
    iRows := Max(0, aDataset.RecordCount);
    aResultSet := VarArrayCreate([0, iColumns, 0, iRows],
                                 varVariant);
    for iCurCol := 0 to iColumns do
      aResultSet[iCurCol, 0] :=
        ADataset.Fields[iCurCol].DisplayLabel;
    aDataset.First;
    iCurRec := 1;
    with aDataset do
      while not EOF do
      begin
        for iCurCol := 0 to iColumns do
          aResultSet[iCurCol, iCurRec] := Fields[iCurCol].Value;
        Next;
        Inc(iCurRec);
      end;
  except
    on E: Exception do
      raise Exception.CreateFmt(cErrMsg, [iRows, iColumns,
                                         E.Message]);
  end;
end;
```

Im MTS-Objekt kann daraufhin die Ergebnismenge der SQL-Abfrage von Query-CUSTOMER über den Aufruf von `VarArrayFromDataset` als VarArray in den Parameter `oleOutput` abgelegt werden. Ist das erledigt, wird die originale Datenmenge nicht mehr benötigt und die TQuery-Instanz geschlossen.

```
procedure TSMDB2.ListCustomer(const sCountry: WideString;
                              var oleOutput: OleVariant;
                              var iRetCode: Integer;
                              var sStatus: WideString);
begin
  try
    QueryCUSTOMER.Params[0].Value := sCountry;
    QueryCUSTOMER.Open;
    VarArrayFromDataset(oleOutput, QueryCUSTOMER);
    QueryCUSTOMER.Close;
    SetComplete;
  except
    on E: Exception do
    begin
      SetAbort;
      sStatus := DatabaseMTS.SessionName +
                 ' -> ListCustomer-Fehler: ' + E.Message;
```

```
    end;
  end;
end;
```

Datenmenge aus dem VarArray in einem StringGrid anzeigen

Da mit dem zwangsläufigen Verzicht auf die Datenzugriffs-Komponenten auch die Datensteuerungs-Komponenten von Delphi nicht mehr zur Verfügung stehen, werden die Daten der Ergebnismenge in einem normalen TStringGrid angezeigt. Allerdings steigt dann der notwendige Aufwand für den Entwickler, wenn Wert auf korrekte Spaltenbreiten gelegt wird. Die folgende Minimallösung nimmt darauf keine Rücksicht, sondern kopiert nur Feld für Feld den Inhalt in das StringGrid. In der Unit *ResultSetToVarArray.pas* sieht die Implementierung wie folgt aus:

```
procedure StringGridFromVarArray(aStringGrid : TStringGrid;
                                 const aResultSet: OleVariant);
var
  iColLow,
  iColHigh,
  iRowLow,
  iRowHigh : Integer;
  x, y     : integer;
begin
  if VarArrayDimCount(aResultSet) <> 2 then
    raise Exception.Create('Ungültiges Resultset!');
  // Array-Abmessungen ermitteln
  iColLow  := VarArrayLowBound(aResultSet, 1);
  iColHigh := VarArrayHighBound(aResultSet, 1);
  iRowLow  := VarArrayLowBound(aResultSet, 2);
  iRowHigh := VarArrayHighBound(aResultSet, 2);
  // Daten in die TStringGrid-Instanz übernehmen
  with AStringGrid do
  begin
    FixedCols := 0;
    FixedRows := 1;
    ColCount := iColHigh - iColLow;
    RowCount := iRowHigh - iRowLow;
    for y := 0 to RowCount do
      for x := 0 to ColCount do
        // Sonderfall NULL-Felder im Result Set beachten
        if not VarIsNull(aResultSet[x,y])
          then Cells[x,y] := aResultSet[x,y];
  end;
end;
```

Der Base Client muss dann nur noch nach dem Aufrufen der Server-Methode über den Aufruf von `StringGridFromVarArray` die Daten aus dem VarArray im StringGrid ablegen.

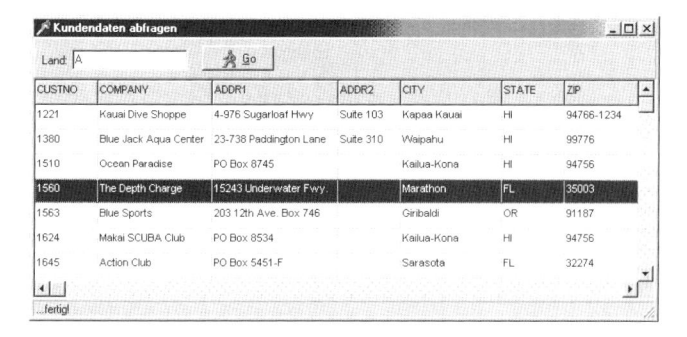

Abb. 15.51: Ein TStringGrid als schlichter TDBGrid-Ersatz

```
procedure TFormCustomer.BitBtn1Click(Sender: TObject);
var
  oleResultSet : OleVariant;
  iRetCode     : Integer;
  sStatus      : WideString;
  I, J : Integer;
begin
  // TStringGrid-Instanz leeren
  with StringGrid1 do
    for I := 0 to ColCount - 1 do
      for J:= 0 to RowCount - 1 do
        Cells[I,J] := '';
  StatusBar1.SimpleText := 'Neue Daten werden geholt...';
  Refresh;
  // neue Daten vom MTS-Objekt abfordern
  FormMain.FMTSObj.ListCustomer(EditCountry.Text,oleResultSet,
                                iRetCode, sStatus);
  StringGridFromVarArray(StringGrid1, oleResultSet);
  oleResultSet := UnAssigned;
  StatusBar1.SimpleText := '...fertig!';
end;
```

15.9 Design von Multi-tier-Anwendungen

In Multi-tier-Anwendungen wird der Einsatz eines einzigen Objekts, das für alle Aufgaben zuständig ist, in der Regel die Ausnahme sein. Der Vorteil der mehrschichtigen Anwendungen liegt ja gerade darin, dass mehrere Objekte arbeitsteilig die Aufgaben gemeinsam erledigen. Durch das Aufteilen auf verschiedene Objekte kann jedes Objekt für

Design von Multi-tier-Anwendungen

sich entsprechend der Einsatzumgebung optimal konfiguriert und implementiert werden. Dabei können diese Objekte je nach Verwendungszweck in verschiedene Kategorien eingeordnet werden.

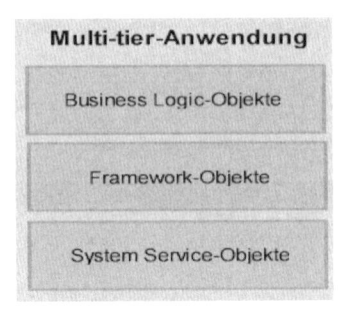

Abb. 15.52: Die Aufteilung in verschiedene Rubriken

Kategorie	Erläuterung
Business-Logic-Objekte	Server-Objekte, in denen der Geschäftsprozess mit seinen "business rules" implementiert wird. Da sich in diesem Punkt jede Anwendung stark von anderen Anwendungen unterscheidet, können die Objekte dieser Kategorie in der Regel nicht in anderen Projekten wieder verwendet werden.
Framework-Objekte	Server-Objekte, die allgemeine Funktionen implementieren, die sich auch in anderen Projekten wieder verwenden lassen.
System-Service-Objekte	Server-Objekte, die sich nicht einer der beiden anderen Kategorien zuordnen lassen.

Tabelle 15.11: Die Kategorie-Unterteilung im Detail

Auf den ersten Blick hat die Einordnung der eigenen Objekte in diese Kategorien keinen erkennbaren Vorteil. Sie dient auch nur dem besseren Verständnis beziehungsweise als Erklärung für die folgenden Aspekte. Im ersten Ansatz könnte man zum Beispiel in einer Datenbankanwendung für jede Tabelle ein eigenes Objekt vorsehen und somit die angebotenen Funktionen für eine bestimmte Aufgabe einkapseln. Allerdings ist das nicht immer die beste Lösung.

15.9.1 CRUD-Aktionen

Mit dem Begriff CRUD-Aktionen werden die wichtigsten Aufgaben eines Server-Objekts in einer Datenbankanwendung umschrieben:

- C = CREATE
- R = READ
- U = UPDATE

MTS

- D = DELETE

Betrachtet man diese Aktionen, so stellen diese unterschiedliche Anforderungen an ein Server-Objekt:

Aktion	Eigenschaften und Anforderungen
R	Es wird keine Transaktion benötigt, es sind keine Zustandsinformationen zwischen mehreren Aufrufen notwendig. Ein MTS-Objekt, das eine Transaktion anfordert, verursacht bei dieser Aktion unnötigen Mehraufwand. Außerdem kann das zustandslose Objekt schnellstmöglich wieder freigegeben werden, es ist damit auch ressourcenschonender.
C, U, D	Es wird in der Regel eine Transaktion benötigt und es ist damit zu rechnen, dass während der Abarbeitung das Server-Objekt Zustandsdaten zwischenspeichern muss. Solange Zustandsdaten benötigt werden, kann das Objekt nicht deaktiviert werden und verursacht daher beim Zugriff von mehreren Clients aus einen höheren Ressourcenverbrauch.

Tabelle 15.12: Die CRUD-Aufteilung in unterschiedliche Anforderungen

Daher ist es in vielen Fällen besser, die Business-Logic-Objekte in die beiden Kategorien R und C+U+D aufzuteilen.

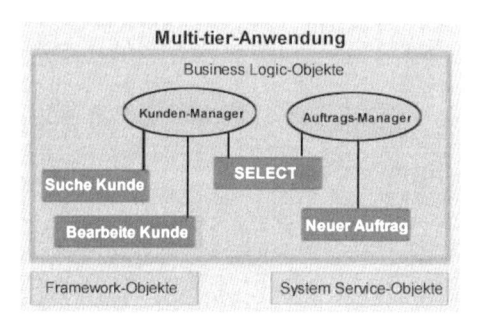

Abb. 15.53: Beispiel für eine Objektaufteilung

Die Aufteilung hat die folgenden Vorteile:
- Der Base Client hat durch das vorgeschaltete Manager-Objekt immer nur einen „Ansprechpartner" vor Ort (MTS). Je nach aufgerufener Manager-Funktion wird die eigentliche Arbeit an die anderen Objekte delegiert. Damit muss sich der Base Client nicht zwischen den transaktionslosen und transaktionsbehafteten Objekten entscheiden, er erzeugt immer nur eine Manager-Instanz.
- MTS-Objekte können das tatsächlich benötigte Transaktionsmodell getrennt auswählen.
- Zustandslose Objekte werden von zustandsbehafteten Objekten getrennt, somit kommen die Vorteile von JITA (Just-in-Time-Activation) voll zur Geltung.

Design von Multi-tier-Anwendungen

- Wenn sich der Geschäftsprozess an einer Stelle ändert, ist es wahrscheinlicher, dass nur eines der Objekte geändert werden muss.
- Das SELECT-Objekt kann als flexibel für variable SQL-Abfragen ausgelegt werden, d.h. ein Objekt kann von verschiedenen Managern verwendet werden.
- Das SELECT-Objekt verwendet keine MTS-Transaktionen und verursacht damit weniger Overhead.
- Das SELECT-Objekt ist zustandslos und wird damit frühstmöglich vom MTS deaktiviert und belegt somit weniger Ressourcen.
- Das „Suche Kunde"-Objekt ist zustandslos und verwendet keine Transaktionen und deckt den R-Bereich der CRUD-Aktionen ab.
- Das „Bearbeite Kunde"-Objekt verwendet Transaktionen und ist im ungünstigsten Fall zustandsbehaftet und deckt den CUD-Bereich der CRUD-Aktionen ab.
- Nur das Manager-Objekt muss benutzerfreundliche Fehlermeldungen in Textform unterstützen, da die anderen Objekte nur intern vom Manager aufgerufen werden.
- Werden Zustandsdaten zwischen den Aufrufen auf der Server-Seite benötigt, so kann der Manager als Leichtgewicht diese Daten speichern. Die ressourcenintensiven bzw. verbindungslimitierten anderen Objekte können als zustandslose Objekte wesentlich effektiver ausgelegt werden.

15.9.2 Beispielprojekt MTSKdnManager

Im Beispiel greift der Base Client nur auf das Manager-Objekt zu. Dabei ist die Methode `DoWork` des Managers nur ein Wrapper auf das zweite MTS-Objekt MTSKdnManager-Select.

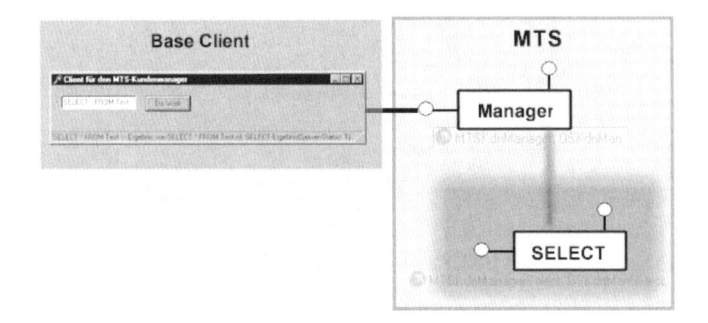

Abb. 15.54: Das Zusammenspiel im Beispielprojekt MTSKdnManager

Manager-Objekt

Die ObjectContext-Interface-Methode `CreateInstance` instanziert ein anderes MTS-Objekt im gleichen Kontext (Activity) des Aufrufers. Wenn die Komponente, die das Objekt bereitstellt, Transaktionen unterstützt oder erfordert, läuft das neue Objekt unter der Transaktion des Objkts. In diesem Beispiel befindet sich der Aufruf des Transaktionskontextes in einem Aufruf von `OleCheck`. Dies ist erforderlich, weil die Methode CreateInstance nicht mit safecall deklariert ist.

Der Aufruf von ObjectContext.CreateInstance ist auch nur dann notwendig, wenn das neue Objekt im gleichen Kontext wie das alte Objekt ausgeführt werden soll. Ist das nicht erwünscht, kann das zweite Objekt ganz normal über CoClass.Create oder CoClass.CreateRemote erzeugt werden. Mit COM+ von Windows 2000 wird der Aufruf von ObjectContext.CreateInstance überflüssig, da nunmehr alle COM-Objekte in einem Kontext ausgeführt werden.

Jede Activity repräsentiert eine Menge von Objekten, die zu einem einzelnen Base Client gehören. Aus diesem Grundsatz ergeben sich zwei Regeln:

1. Verschiedene Clients dürfen niemals die gleiche Activity und somit die gleiche Objektinstanz verwenden. Diese Regel ist auch der Grund, warum Singleton-Server im MTS nicht zulässig sind.
2. Alle Objekte, die zum gleichen Base Client gehören, sollten in der gleichen Activity erzeugt werden. Allerdings ist das keine zwingende Forderung, sondern nur eine Empfehlung, die in begründeten Sonderfällen ignoriert werden darf.

Betrachten Sie diese Regeln von der praktischen Seite. Alle Objektinstanzen, die zur gleichen Activity gehören, werden im gleichen STA-Thread ausgeführt, sodass alle Aufrufe tatsächlich in einem Ausführungs-Thread stattfinden. Wenn aus dem Root-Objekt heraus eine neue Objektinstanz über den Aufruf von CreateInstance angefordert wird, legt der MTS diese Instanz in der gleichen Activity ab. Dabei wird nur ein neuer Kontext-Wrapper benötigt, aber kein Proxy/Stub-Paar. Somit ist der Aufruf innerhalb einer Activity schneller als ein Activity-übergreifender Aufruf.

Wie in der Abbildung 15.55 zu sehen ist, delegiert das Manager-Objekt die Arbeit einfach weiter. Das zweite Objekt liefert nur platzsparende numerische Statusinformationen zurück, wobei das Manager-Objekt diese für den Base Client in eine benutzerfreundlichere Fehlermeldung übersetzen kann.

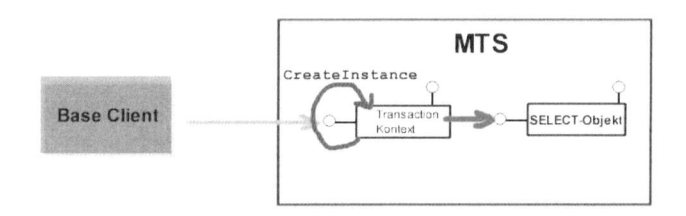

Abb. 15.55: Der Manager spaltet andere Objekte in der gleichen Activity ab

```
uses ComServ, SysUtils, MTSKdnManagerSelect_TLB;

procedure TOSKdnMan.DoWork(const sText: WideString;
  out sStatus: WideString);
var
```

Design von Multi-tier-Anwendungen

```
    aSelectObj : IOSKdnManSelect;
    swStatus   : WideString;
    iStatus    : Integer;
begin
  OleCheck(ObjectContext.CreateInstance(
    CLASS_OSKdnManSelect,IOSKdnManSelect, aSelectObj));
  aSelectObj.DoSELECT(sText, swStatus, iStatus);
  sStatus := Format('%s -> %s(Server-Status: %d)',
    [sText, swStatus, iStatus]);
end;
```

SELECT-Objekt

Das SELECT-Objekt simuliert nur eine Funktion, liefert jedoch in jedem Fall eine Information über den Erfolg oder Misserfolg an den Aufrufer zurück.

```
unit MTSKdnManagerSelect_Impl;

interface

uses
  ActiveX, MtsObj, Mtx, ComObj, MTSKdnManagerSelect_TLB;

type
  TOSKdnManSelect = class(TMtsAutoObject, IOSKdnManSelect)
  protected
    procedure DoSELECT(const sSQL: WideString;
      out sResult: WideString; out iStatus: Integer); safecall;
  end;

implementation

uses ComServ, SysUtils;

procedure TOSKdnManSelect.DoSELECT(const sSQL: WideString;
  out sResult: WideString; out iStatus: Integer);
begin
  iStatus := 0;
  sResult := Format('Ergebnis von %s ist: SELECT-Ergebnis',
    [sSQL]);
  iStatus := 1;
end;

initialization
  TAutoObjectFactory.Create(ComServer, TOSKdnManSelect,
```

```
      Class_OSKdnManSelect, ciMultiInstance, tmApartment);
end.
```

Wer die Wahl hat, hat die Qual!

Betrachten Sie das gerade eben Gesagte bitte nur als Anregung und nicht als universell brauchbare Kopiervorlage. Wie im richtigen Leben hat auch eine verteilte Anwendung immer zwei Seiten, wobei sich hier die beiden Punkte Performance und einfache Entwicklung und Pflege gegenüberstehen. Wenn es im Wesentlichen auf eine gute Performance unabhängig von der Anzahl der gleichzeitigen Client-Zugriffe ankommt, tritt das objektorientierte Design und somit auch das Objektmodell in den Hintergrund. Die beste Performance erreicht das System, das große Teile der Business Rules direkt in der SQL-Datenbank in Form von Stored Procedures, Trigger oder erweiterten Funktionen unterbringen kann. Die Aufgabenverteilung auf mehrere universell nutzbare Objekte der mittleren Schicht tritt dagegen in den Hintergrund. So ein System ist zwar schnell, aber „langsam" und unflexibler in der Entwicklungsphase.

Müssen Sie hingegen nicht mit einer unbekannten Benutzeranzahl rechnen und ist die Hardware leistungsfähig genug, kann man den etwas bequemeren Weg gehen und die Business Rules in den Objekten auf der mittleren Schicht unterbringen. Zwar sinkt die maximal erreichbare Leistung, dafür ist aber die Anwendung in der späteren Weiterentwicklung flexibler.

Im nächsten Kapitel komme ich nochmals auf dieses Problem zurück.

15.10 MTS und ADO

Beim Thema MTS und verteilte Datenbankanwendungen steht und fällt alles mit dem Resource Dispenser. Nur wenn ein funktionstüchtiger RD zur Verfügung steht, kann der MTS seine Vorteile richtig ausspielen. Bisher haben die Beispielprojekte die BDE als Resource Dispenser verwendet. Allerdings gehören auch alle OLE DB-Treiber zu dieser Kategorie, somit kann der Entwickler im MTS auch auf eine ADO-Verbindung zurückgreifen. Allerdings ergeben sich dabei aufgrund der Flexibilität von ADO neue potenzielle Probleme, sodass ich zuerst auf die von Microsoft veröffentlichten Empfehlungen eingehe.

15.10.1 Microsoft-Empfehlungen

Microsoft hat im August 1999 im MSDN ein Papier mit der Überschrift „How to Improve the Performance of Your MDAC Application" veröffentlicht. Wie der Titel schon sagt, geht es darum, auf die Problemstellen hinzuweisen und Tipps für das eigene Design von performanten mehrschichtigen Datenbankanwendungen mit ADO zu geben. Das Extrakt dieser Empfehlungen fasse ich stichpunktartig zusammen:

- Frühe Bindung verwenden. Für Delphi bedeutet das, keine Variants als Interface-Variablen einzusetzen, sondern direkt auf die ADO-Interfaces aus der importierten Typbibliothek als Variablentyp zurückzugreifen.
- Suche in Kollektionen über den Namen vermeiden, wenn diese Aufrufe in Schleifen häufig vorkommen. Der direkte Zugriff über den numerischen Indexwert (Item-Eigenschaft) ist schneller.
- Für Updates separate SQL-Anweisungen verwenden, nach Möglichkeit auf die RecordSet-Fähigkeiten (UpdateBatch) verzichten.
- Stored Procedures mit Output-Parametern an Stelle von dynamischen SELECT-Anweisungen verwenden.
- Nur die Daten anfordern, die tatsächlich für diese Aufgabe benötigt werden.
- Die ADO-Voreinstellungen adUseServer, adOpenForwardOnly und adLockReadOnly erzielen beste Leistung bei Durchlaufen der Datenmenge in eine Richtung.
- Die ADO-Voreinstellung adUseServer wird nur aus Gründen der Abwärtskompatibilität zu älteren Versionen aktiviert. Wenn der Client scrollen soll, ist adUseClient besser. Der Server-Cursor ist nur bei sehr großen Server-Datenmengen sinnvoll.
- Wenn die Daten nicht aktualisiert werden müssen, sollte in jedem Fall adLockReadOnly verwendet werden.
- Die Recordset-Eigenschaft CacheSize stellt einen Zwischenpuffer bereit, die Größe kann experimentell ermittelt werden.
- ADO-Objekte sollten so früh wie möglich freigegeben werden.
- Anstatt die Command-Parameter über Parameters.Refresh aus der DB auszulesen, sollten diese im Sourcecode deklariert werden.
- Bei lang andauernden Benutzeraktionen sollte das RecordSet-Objekt von der ADO-Verbindung getrennt werden (ActiveConnection := UnAssigned).
- Es ist besser, die Connection-Methode Execute mit dem Parameter adExecuteNoRecords zu verwenden, wenn Anweisungen abgeschickt werden sollen, die keine Ergebnismenge zurückliefern. Wird adExecuteNoRecords verwendet, erstellt ADO kein unnötiges RecordSet-Objekt.
- IIS, ASP und MTS: nach Möglichkeit einzelne Anweisungen über Connection.Execute abschicken – ADO optimiert auf geringsten Ressourcenverbrauch.
- Active X Data Object C++ Extension in C++ verwenden (Umgehung aller Variant-Datentypen/Variablen!).
- OLE DB-Verbindungen und ODBC-Verbindungen werden gepoolt, wobei OLE DB-Datenbankverbindungen automatisch gepoolt werden.
- Three-tier-Anwendungen: Datenbank-Connection nicht im eigenen Server cachen, sondern sofort freigeben.
- ADO ist für STA optimiert – nur dann, wenn auf die ADO-Objekte von einem STA aus zugegriffen wird, verzichten die Objekte weitgehend auf interne Synchronisierungsmaßnahmen.

Die ADO-Implementierung ist vom Prinzip her free threaded, allerdings sind Synchronisationen über Critical Sections am Werk. Daher wird die beste Leistung im STA erreicht, somit passen MTS-Objekte und ADO in dieser Hin-

MTS

> *sicht ideal zusammen. Wenn als Threading-Modell Apartment verwendet wird, schützt ADO nur die Class Factories und globale Variablen mit Critical Sections. An allen anderen Stellen werden keine Vorkehrungen getroffen, da STA dies implizit erledigt.*

Was sagt uns das nun? Wichtig sind vor allem drei Erkenntnisse.

1. Das Ergebnis hängt entscheidend von der verwendeten Konfiguration der ADO-Objekte ab. In diesem Punkt unterscheidet sich ein MTS-Objekt, das ADO verwendet, nicht von einer beliebigen Datenbankanwendung, in der ebenfalls ADO eingesetzt wird.
2. Der direkte Zugriff auf das für eine Aufgabe am besten geeignetste Objekt ist besser als das bequeme Trittbrettfahren über das universelle Recordset-Objekt.
3. Obwohl ADO eine Anbindung an einen vorhandenen ODBC-Treiber ermöglicht, ist der Einsatz einer Datenbank, für die ein OLE DB-Treiber zur Verfügung steht, sinnvoller. Leider bleibt damit der von mir bisher bevorzugte InterBase vorerst außen vor, solange der OLE DB-Treiber nicht aus dem unvollständigen Beta-Zustand herauskommt.

Somit muss man kritisch hinterfragen, ob die ADO-Komponenten von Delphi 5 in einem MTS-Objekt überhaupt Sinn machen. Im Gegensatz zur Client-Seite, wo der Zugriff auf diese Komponenten die visuelle Entwicklung ermöglicht, hat auf der Server-Seite der Verzicht auf die ADO-Komponenten einige Vorteile. In den folgenden Beispielen werden Sie daher in den MTS-Objekten nur den direkten Zugriff auf die ADO-Objekte vorfinden. Erst im nächsten Kapitel stelle ich beide Alternativen in Beispielprojekten gegenüber, sodass Sie sich selbst ein Bild davon machen können.

15.10.2 ACCESS-Datenbank ohne Transaktion

Das erste Beispiel greift über ADO auf eine ACCESS-Datenbanktabelle zurück und verwendet somit den einfachsten Fall, der von jedem nachvollzogen werden kann. Da das MTS-Objekt sowie der Client keine ADO-Komponenten verwenden, kann die vollständige Anwendung mit jeder Delphi-Version entwickelt werden.

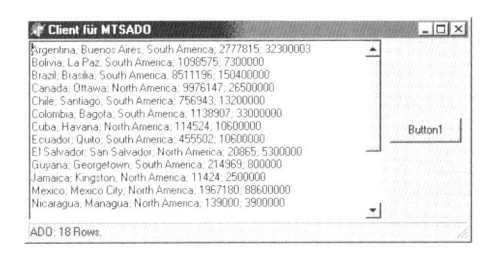

Abb. 15.56: Das erste Beispiel greift auf eine ACCESS-Datenbank zu

Das Beispielprojekt finden Sie im Verzeichnis »Kapitel 15\ADO-Bsp\MTSADO«.

MTS-Objekt

Das MTS-Objekt greift unter Verzicht auf die neuen Delphi-5-Komponenten direkt auf die ADO-Objekte Connection und Recordset zurück und liefert das Ergebnis in Form eines WideStrings an den Client zurück. Damit Sie dieses Beispiel nachvollziehen können, greife ich auf die zusammen mit Delphi 5 ausgelieferte ACCESS-Beispieldatenbank *DBDEMOS.MDB* zurück. Zuerst baut das Connection-Objekt eine Verbindung zur Datenbank auf. Der dazu verwendete Connection-String definiert den vollständigen Pfad zur Datenbankdatei. Anschließend wird eine neue Instanz des Recordset-Objekts erzeugt, wobei die Datenmenge dieses Recordsets erst mit dem Aufruf von Open basierend auf die als Parameter übergebene SQL-Anweisung aufgebaut wird. Über die Recordset-Methode Get_RecordCount und GetString liest das MTS-Objekt die Anzahl der Datensätze sowie den Inhalt dieser Datensätze aus, damit diese Informationen an den Client zurückgeliefert werden können.

Auf das ADO-Objektmodell sowie auf die wesentlichen Grundlagen von ADO bin ich bereits im Kapitel 7 eingegangen.

```
uses SysUtils, ComServ, ADODB_TLB;

procedure TMtsADOSelect.GetCountryData(out sData,
  sSrvMsg: WideString);
var
  aConnection : _Connection;
  aRecordset  : _Recordset;
  swConnString: WideString;
  iRecCount   : Integer;
begin
  sSrvMsg := 'Error';
  // Step 1: Connection-Objekt
  aConnection:= CoConnection.Create;
  swConnString := 'Provider=Microsoft.Jet.OLEDB.4.0;' +
                  'Data Source=C:\DevDays\Database\dbdemos.mdb;' +
                  'Persist Security Info=False';
  aConnection.Open(swConnString, '', '', -1);
  // Step 2: Recordset-Objekt
  aRecordset:=CoRecordSet.Create;
  try
```

```
    aRecordset.CursorType := adOpenKeyset;
    aRecordset.LockType := adLockOptimistic;
    // Step 3: Datenmenge des Recordsets aufbauen
    aRecordset.Open('SELECT * FROM Country',
                    aConnection, adOpenStatic,
                    adLockReadOnly, adCmdText);
    iRecCount := aRecordset.Get_RecordCount;
    sData := aRecordset.GetString(adClipString, iRecCount,
                                  '; ', #13#10,'(NULL)');
    sSrvMsg := 'ADO: ' + IntToStr(iRecCount) + ' Rows.';
  finally
    aRecordset.Close;
  end;
end;
```

Base Client

Der Base Client verzichtet ebenfalls auf die neuen ADO-Komponenten von Delphi 5, sodass auch der Client mit Delphi 4 oder Delphi 5 nachgebaut werden kann. Da das MTS-Objekt die Daten aus der Datenbank als Zeichenkette in einem WideString zurückliefert, reicht eine TMemo-Instanz für die Anzeige der Daten in diesem Minimalbeispiel aus.

```
procedure TForm1.Button1Click(Sender: TObject);
var
  aMTSObj  : IMtsADOSelect;
  swData   : WideString;
  swSrvMsg : WideString;
begin
  Button1.Enabled := False;
  aMTSObj := CoMtsADOSelect.Create;
  aMTSObj.GetCountryData(swData, swSrvMsg);
  Memo1.Text := swData;
  StatusBar1.SimpleText := swSrvMsg;
  Button1.Enabled := True;
  // Stopper: Icon im MTS-Explorer dreht sich
  ShowMessage('Soll das MTS-Objekt freigegeben werden?');
end;
```

Nachdem der Zugriff auf eine ACCESS-Datenbank erfolgreich war, soll der Test mit einer SQL-Datenbank wiederholt werden. Allerdings schränkt ADO die Anzahl der einsetzbaren SQL-Datenbanken spürbar ein. Zum Beispiel steht für den InterBase kein voll funktionstüchtiger OLE DB-Treiber zur Verfügung. Zwar könnte man auf die ODBC-Anbindung von ADO zurückgreifen, aber das hat Nebenwirkungen, die Microsoft in dem einleitend erwähnten Beitrag näher erläutert. Aus diesem Grund verwende ich für die folgenden Beispiele den Microsoft SQL-Server 7 beziehungsweise die Microsoft Database Engine (MSDE).

15.10.3 Kurzeinführung in die MSDE

Im Herbst 1999 gab es eine spürbare Erschütterung im Marktsegment der SQL-Server. Nachdem Microsoft seinen neuen SQL-Server 7 vorgestellt hatte, tauchte eine „Lite"-Version davon unter dem Namen MSDE (Microsoft Database Engine) auf. Dabei handelt es sich um eine binärkompatible abgespeckte Version vom SQL-Server 7, bei der die Leistung ab mehr als fünf gleichzeitigen Benutzerzugriffen heruntergeregelt wird. Die Ursache der Erschütterung im Markt lag aber nicht in den technischen Details der MSDE, sondern in den Lizenzvereinbarungen. Die MSDE darf frei verteilt werden, wenn eine (beliebige) Anwendung mit Microsoft-Entwicklungsumgebungen entwickelt wurde. Außerdem gehört die MSDE zum Office-2000-Packet und ist daher immer dann auf dem Rechner, wenn zum Beispiel die Datenbank Microsoft ACCESS 2000 eingesetzt wird.

Installation der MSDE

Ist die MSDE einmal installiert, kann sie von Delphi aus aktiviert und angesprochen werden. Dabei wird für das Anlegen von neuen Datenbanken und Tabellen noch nicht einmal MS ACCESS 2000 benötigt. Seit der Version 6.0 stellt der Microsoft SQL-Server mit dem Distributed Management Object (DMO) eine COM-Schnittstelle für die Automation zur Verfügung, die mit jeder neuen Version erweitert wurde. Und da der SQL Server 7 und die MSDE rein technisch gesehen identisch sind, kann eine Delphi-Anwendung als Automation-Controller die MSDE fernbedienen.

Schritt 1: MSDE installieren

Die Besitzer von Microsoft Office 2000 Developer finden das dialogbasierende Setup-Programm auf der ersten CD-ROM vor. Während des Setups muss die Spracheinstellung ausgewählt werden, meine Beispieldatenbank verwendet den Zeichensatz 1252 sowie das Gebietsschema Deutsch.

Soll die Anwendung entsprechend den Lizenzbestimmungen weitergegeben werden, liegt die selbst installierende Datei *msdex86.exe* für die „unsichtbare" Installation bereit. Ist die MSDE über eine der beiden Alternativen installiert worden, steht einem ersten Test nichts mehr im Wege.

Schritt 2: MSDE zum Test starten

Über das Distributed Management Object (DMO) stellt die MSDE verschiedene COM-Objekte zur Verfügung, die auch von Delphi aufgerufen werden können. Der erste Test verzichtet dabei auf das Importieren der Typbibliothek von DMO und ruft den Server über die späte Bindung auf. Als Vorbelegung hat die MSDE für den Datenbankadministrator den Benutzernamen „sa" zugewiesen, wobei kein Passwort notwendig ist. Über die DMO-Methode `Start` wird die MSDE aktiviert, wobei gleich ein Login erfolgt.

MTS

```
uses
  ComObj, ActiveX

var
  aSrv : Variant;

procedure TForm1.ButtonStartClick(
  Sender: TObject);
begin
  aSrv := CreateOleObject('SQLDMO.SQLServer');
  aSrv.LoginTimeout := 20;
  aSrv.Start(True, '(local)', 'sa', '');
end;

procedure TForm1.ButtonStopClick(
  Sender: TObject);
begin
  aSrv.Disconnect;
  aSrv.Stop;
end;
```

Über die DMO-Methode Disconnect meldet sich das Programm vom Server ab und der Aufruf von Stop beendet die MSDE wieder. Sie müssen zugeben – noch einfacher geht es nicht!

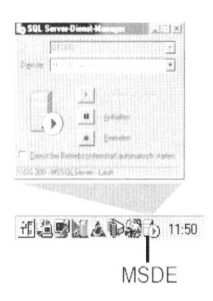

Abb. 15.57: Das MSDE-Icon in der Taskleiste

Über das MSDE-Icon im Benachrichtigungsbereich der Taskleiste können Sie das Aktivieren und Deaktivieren visuell nachvollziehen.

Schritt 3: Neue Datenbank anlegen
Nachdem geklärt ist, dass die MSDE erfolgreich angesprochen werden kann, soll gleich eine neue Datenbank erzeugt werden. Spätestens dann ist es sinnvoll, auf die frühe Bindung zu den COM-Objekten zu wechseln. Delphi erwartet dazu eine einmalig importierte

MTS und ADO

Typbibliotheks-Unit. Allerdings gibt es beim Importieren der Microsoft SQLDMO Object Library 7.0 einige Schwierigkeiten, da die vorgeschlagenen Namen wie zum Beispiel TApplication und TDatabase bereits von Delphi verwendet werden. Aus diesem Grund ändere ich im Eingabefeld alle Klassennamen ab und deaktiviere auch die Checkbox KOMPONENTEN-WRAPPER GENERIEREN.

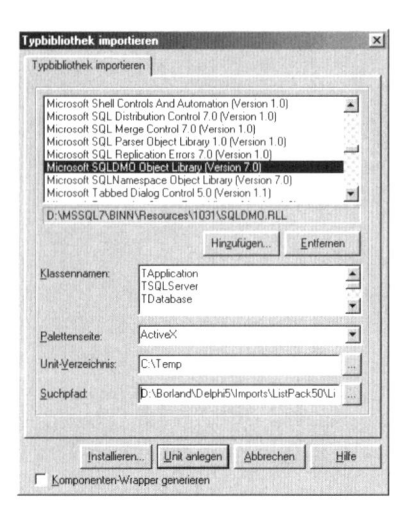

Abb. 15.58: DMO wird importiert

Ist das erledigt, generiert Delphi über die Schaltfläche UNIT ANLEGEN die Typbibliotheks-Unit. Sie müssen diesen Schritt nicht unbedingt nachvollziehen, die 743 KByte große generierte TLB-Unit *SQLDMO_TLB.pas* ist im Beispielprojekt bereits enthalten.

Abb. 15.59: Die neue Datenbank wird erzeugt

Das Beispielprojekt finden Sie im Verzeichnis »Kapitel 15\MSDE«.

Mit dem Einbinden der Typbibliotheks-Unit werden die Interfaces von DMO direkt verwendet. Der Aufruf von `CreateOleObject` aus dem ersten Beispiel wird durch den Aufruf der CoClass-Methode `Create` ersetzt.

```
var
  aMSDE    : _SQLServer;
  ...
begin
  aMSDE := CoSQLServer.Create;
  aMSDE.Connect('(local)', 'sa', '');
```

Anschließend wird geprüft, ob bereits eine Datenbank mit diesem Namen vorhanden ist.

```
try
  aDB := aMSDE.Databases.Item(cDBNAME, '');
except
  aDB := nil;
end;
```

Da sich das Programm unter dem Benutzernamen „sa" als Datenbankadministrator angemeldet hat, spielt der Datenbankbesitzer in diesem Fall keine Rolle.

Wird die Datenbank über diesen Aufruf nicht gefunden, darf sie neu angelegt werden. Allerdings ist der Microsoft SQL-Server 7 und damit auch die MSDE nicht so pflegeleicht wie zum Beispiel der InterBase-Server. Die MSDE teilt eine Datenbank auf Data Devices auf, somit darf eine Datenbank aus verschiedenen Dateien mit unterschiedlichen Namen bestehen. Diese Eigenheit führt dann dazu, dass gleich drei DMO-Objekte gleichzeitig benötigt werden. Zur Vereinfachung lege ich die Datenbankdatei und die Logdatei in das gleiche Verzeichnis. Die Datenbank wird mit der Größe von 1 MByte angelegt und darf bei Bedarf automatisch weiter anwachsen.

```
resourcestring
  cDBNAME = 'OSSISOFT';
  cLOGNAME = 'OSSILog';
  cTABLENAME = 'KUNDEN';
  cDBPATH = 'd:\mssql7\data\%s.mdf';
  cLOGPATH = 'd:\mssql7\data\%s.ldf';

aDB := CoDatabase.Create;
aDB.Name := cDBNAME;
dbFile := CoDBFile.Create;
logFile := CoLogFile.Create;
dbFile.Name := cDBNAME;
dbFile.PhysicalName := Format(cDBPATH, [cDBNAME]);
dbFile.PrimaryFile := True;
dbFile.FileGrowthType := SQLDMOGrowth_MB;
dbFile.FileGrowth := 1;
aDB.FileGroups.Item('PRIMARY').DBFiles.Add(dbFile);
logFile.Name := cLOGNAME;
logFile.PhysicalName := Format(cLOGPATH, [cDBNAME]);
```

MTS und ADO

```
aDB.TransactionLog.LogFiles.Add(logFile);
aMSDE.Databases.Add(aDB);
```

Mit der letzten Programmzeile legt die MSDE die neue Datenbank an, allerdings werden diese Anweisungen nur dann aufgerufen, wenn die Datenbank vorher nicht bereits vorhanden war. Daher muss das Programm auch bei der Tabelle vorher nachschauen, ob sie auch wirklich fehlt.

```
try
  aTable := aDB.Tables.Item(cTABLENAME, '');
except
  aTable := Nil
end;
```

Falls die Interface-Variable nach der Prüfung den Wert nil enthält, muss die Tabelle neu angelegt werden. Dabei sind – Sie werden es bereits ahnen – wiederum mehrere DMO-Objekte im Spiel. Eine Tabelle besteht aus einzelnen Objekten, wobei jede Spalte und jeder Schlüssel ein eigenes Objekt ist. Die DMO-Objekte erwarten, dass Sie jede dieser Objekteigenschaften exakt definieren.

```
aTable := CoTable.Create;
aPK := CoKey.Create;
// Tabellenspalten-Objekte erzeugen
aFirmaCol := CoColumn.Create;
aMemoCol := CoColumn.Create;
aOrtCol := CoColumn.Create;
aReklaCol := CoColumn.Create;
// Firma
aFirmaCol.Name := 'Firma';
aFirmaCol.DataType := 'varchar';
aFirmaCol.Length := 20;
aFirmaCol.AllowNulls := False;
….
// Primärschlüssel festlegen
aPK.Clustered := True;
aPK.Type_ := SQLDMOKey_Primary;
aPK.KeyColumns.Add ('Firma');
aTable.Keys.Add (aPK);
// Tabelle erzeugen
aDB.Tables.Add(aTable);
```

Ist alles eingetragen, wird das neue Tabellen-Objekt zur Kollektion `Tables` hinzugefügt und die MSDE legt die neue Tabelle an.

Sie können zwar eine neue Datenbank auch über SQL-Anweisungen anlegen, aber der Zugriff auf DMO passt besser in ein COM-Buch.

Schritt 4: Neue Datenbanktabelle bearbeiten

Nun kann das zweite Beispielprojekt *OpenDB.dpr* die neu erstellte Datenbank zur Bearbeitung öffnen. Mit Delphi 5 und den neuen ADO-Komponenten ist der Aufwand minimal, wie die folgenden Programmzeilen beweisen:

```
procedure TForm1.ButtonStartClick(Sender: TObject);
begin
  FSrv := CoSQLServer.Create;
  FSrv.LoginTimeout := 20;
  FSrv.Start(True, '(local)', 'sa', '');
  ADOConnection1.Connected := True;
  ADOQuery1.Active := True;
end;
```

Abb. 15.60: Die Tabelle wird bearbeitet

Wenn die MSDE ständig läuft, könnten sogar die ersten drei Programmzeilen auskommentiert werden. In diesem Fall reicht es aus, die TADOConnection-Instanz zu aktivieren und dann TADOQuery zu öffnen. Die VCL-Komponenten für ADO greifen dabei über den OLE DB Provider for SQL Server (SQLOLEDB) auf die MSDE-Datenbank zu. Alternativ dazu würde auch der Microsoft OLE DB Provider for ODBC (MSDASQL) zur Verfügung stehen, der über einen vorhandenen ODBC-Treiber andere Datenbanken (wie zum Beispiel eine InterBase-Datenbank) ansprechen kann.

MTS und ADO

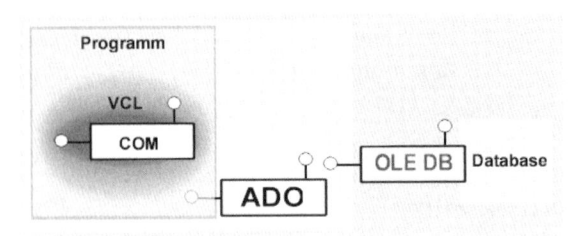

Abb. 15.61: Das Zusammenspiel mit OLE DB

Das Beispielprogramm greift über den folgenden `ConnectionString` auf die MSDE-Datenbank zu:

```
Provider=SQLOLEDB.1;
Persist Security Info=False;
User ID=sa;
Initial Catalog=OSSISOFT;
Data Source=(local)
```

Über den Data Source-Wert wird die lokale MSDE angesprochen, wobei der Katalog die primäre Datenbank festlegt. Diesen Katalognamen hat das erste Programm bei der Erzeugung der Datenbank verwendet – somit steht die zu verwendende Datenbank fest.

Falls das feste Ablegen des Datenbanknamens nicht gewünscht wird, steht noch eine zweite Alternative zur Verfügung. Als gültiger ConnectionString darf auch eine UDL-Datei angegeben werden

```
FILE NAME=C:\Programme\xyz\IBDemo.udl
```

Hier kann der Anwender vor Ort die zu verwendende Datenbank jederzeit selbst festlegen.

MSDE und der SQL-Explorer?

Die Freizügigkeit von Microsoft geht nicht so weit, dass mit dem MSDE auch die visuellen Tools wie zum Beispiel der SQL Enterprise Manager ausgeliefert würden. Nur der DTS-Assistent hilft beim Importieren von bestehenden Daten aus anderen Datenquellen. Aus diesem Grund ist Delphi's SQL-Explorer unverzichtbar. Allerdings bleibt hier nur der Umweg über den ODBC-Treiber für den SQL-Server. Über diesen Weg kann auch der SQL-Explorer auf die MSDE-Datenbanken zugreifen.

Für den Microsoft SQL-Server war ODBC schon immer ein nativer Treiber, der im Gegensatz zu vielen anderen Datenbankherstellern kein Aufsatz auf das native API war, sondern eine gleichwertige Alternative.

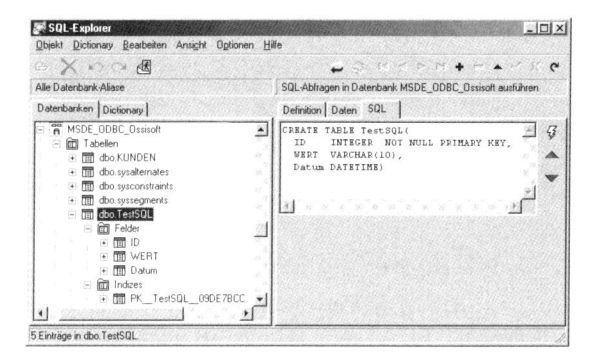

Abb. 15.62: Der SQL-Explorer von Delphi 5 greift auf die MSDE-Datenbank zu

Somit können Sie auch mit dem SQL-Explorer eine neue Tabelle in der MSDE-Datenbank anlegen. Für das Erzeugen der Tabellen ist der umständliche DMO-Weg also nicht unbedingt zwingend notwendig.

Dem Feedback zu meinen bereits früher erschienenen Büchern konnte ich entnehmen, dass die Konfiguration einer ODBC-Verbindung für viele Leser ein Problem darstellt. Daher stelle ich die notwendigen Schritte kurz vor – wobei es selbstverständlich auch andere Wege gibt, die zum gleichen Ziel führen.

Schritt 1: ODBC-DSN anlegen

Das Anlegen eines Benutzer-DSN für die ODBC-Verbindung zur MSDE ist nur einmal notwendig. Die BDE und der SQL-Explorer sind anschließend in der Lage, beliebig viele andere MSDE-Datenbanken zu verwalten. Im ersten Schritt wird der ODBC-Datenquellen-Administrator aus der Systemsteuerung heraus aufgerufen. Dort fügen Sie einen neuen Benutzer-DSN für den ODBC-Treiber „SQL Server" hinzu.

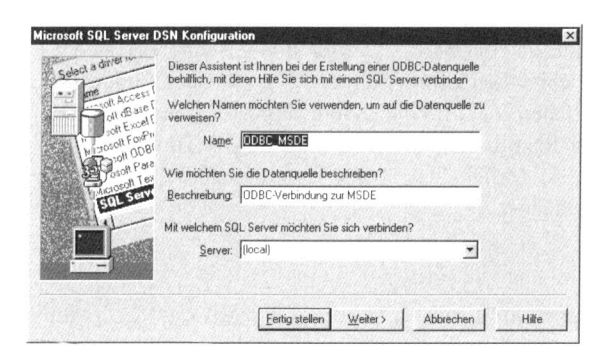

Abb. 15.63: Konfiguration der ODBC-Datenquelle

Der hier eingetragene Name wird später im SQL-Explorer in der Liste ODBC DSN angezeigt. Bei der lokal installierten MSDE muss als Server die Zeichenkette „(local)" ausgewählt werden.

Im nächsten Dialogfenster wird die Authentifizierungsmethode festgelegt. Der Microsoft SQL-Server 7 bietet neben der klassischen Benutzeranmeldung auch das direkte Nutzen der NT-Anmeldung an. Falls die NT-Authentifizierung fehlschlägt, wird in jedem Fall ein Anmeldedialog für Benutzername/Passwort angezeigt.

Die im anschließenden Dialogfenster angezeigten Voreinstellungen des Verbindungsweges zum Server werden nicht geändert.

Schritt 2: BDE-Alias im SQL-Explorer anlegen

Im SQL-Explorer (oder in der BDE-Verwaltung) legen Sie einen neuen Alias für den SQL-Server an. Im Eingabefeld DATABASE NAME wird kein Dateiname eingetragen, sondern nur der Name der Datenbank. Anschließend wird der Alias-Eintrag gespeichert und sofort erneut editiert. Erst im zweiten Schritt wird der ODBC-DSN aus der Liste ausgewählt.

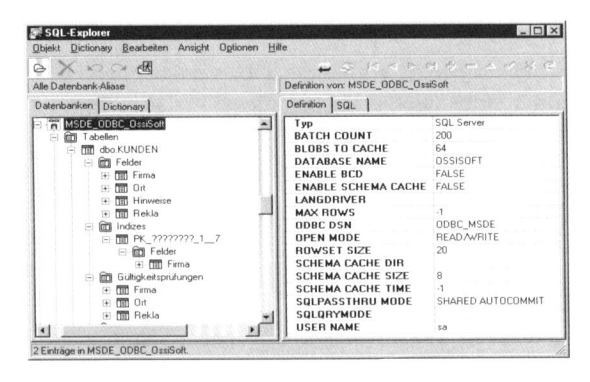

Abb. 15.64: Der BDE-Alias für den ODBC-DSN zur SQL-Server-Datenbank

Das Anlegen eines ODBC-DSN für die ODBC-Verbindung zur MSDE ist nur einmal notwendig. Die BDE und der SQL-Explorer sind anschließend in der Lage, beliebig viele andere MSDE-Datenbanken zu verwalten. Es spielt dabei keine Rolle, dass der ODBC DSN-Name beim ersten Mal für eine andere MSDE-Datenbank angelegt wurde. Die BDE verwendet diesen DSN nur als Vorlage für die ODBC-Treiberkonfiguration, die letztendlich zu verwendende MSDE-Datenbank legt ausschließlich der Eintrag in der Spalte DATABASE NAME fest.

DTS-Assistent

Zusammen mit der MSDE wird auch der DTS-Assistent (Distributed Transformation Service) installiert, der nur eine Benutzeroberfläche für das Package-Objekt der MSDE ist und flexibel die meisten Anforderungen für den Datenexport und Datenimport erfüllt. Es gibt mehrere Alternativen, um auf das Package-Objekt zuzugreifen:

1. DTS-Assistent (*DTSWIZ.EXE*) als grafische Benutzeroberfläche, der Anweisungen nach VBScript umsetzt und ausführt

2. Kommandozeilen-Tool *DTSRUN.EXE*, wobei Aufrufparameter verwendet werden können (Batch- bzw. Job-Betrieb)

3. COM-Schnittstelle über das Package-Interface, die über CoPackage.Create aufgerufen werden kann

Die einzelnen Dialogfenster des DTS-Assistenten sind selbst erklärend. Die abzuarbeitende Aufgabe besteht darin, Tabellen aus einer InterBase-Datenbank in eine neu zu erstellende MSDE-Datenbank zu importieren. Der DTS-Assistent wird dazu über den Menüpunkt START | PROGRAMME | MSDE | DATEN IMPORTIEREN UND EXPORTIEREN aufgerufen.

Nachdem die Einleitungsseite über den WEITER-Button überblättert wird, muss die Quelldatenbank ausgewählt werden. Im Beispiel habe ich dazu einen DSN-Eintrag im ODBC32-Manager für die InterBase-Datenbank angelegt. Es kann jedoch auch ein vorhandener Datei-DSN verwendet werden (wenn zum Beispiel eine der InterBase/Delphi-Demodatenbanken verwendet werden soll).

Im nächsten Fenster wird die Zieldatenbank definiert: Sie müssen festlegen, ob eine neue MSDE-Datenbank oder eine vorhandene Datenbank als Ziel verwendet werden soll. Ich lasse eine neue MSDE-Datenbank durch den DTS-Assistenten anlegen. Je nach zu importierenden Datenvolumen kann die Anfangsgröße der MSDE-Datenbank voreingestellt werden. Ab der Version 7 ist der Microsoft SQL-Server in der Lage, den Platz bei Bedarf selbstständig zu erweitern.

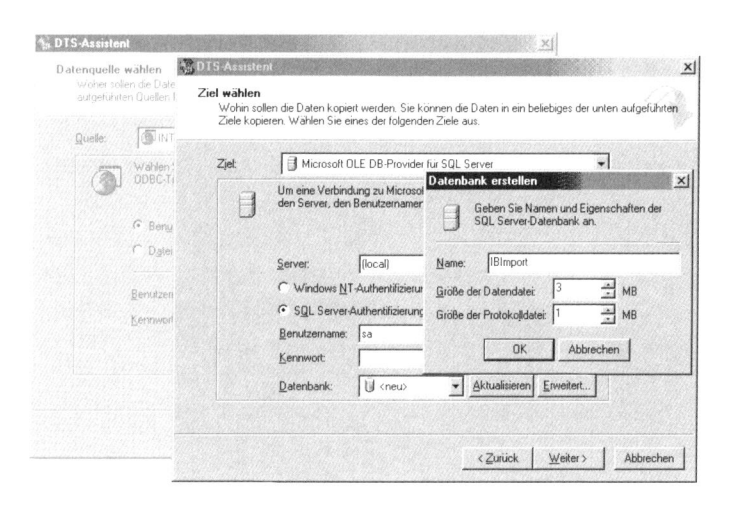

Abb. 15.65: Eine InterBase-Datenbank wird importiert

Nun wird festgelegt, ob vollständige Tabellen oder nur die Datenmenge einer SELECT-Abfrage importiert werden sollen. Sie können die zu importierenden Tabellen sowie Konvertierungsregeln über verschiedene Dialogfenster verteilt selber definieren.

OSQL – der Kommandozeilenersatz für den Enterprise Manager

Wie bereits erwähnt, fehlen bei der MSDE die visuellen Tools wie zum Beispiel der Enterprise Manager oder der Query Analyzer. Was jedoch zur Verfügung steht, ist der direkte Zugriff auf die MSDE über eine ODBC-Verbindung, die in Form einer Konsolen-Anwendung vom Programm *OSQL.EXE* bereitgestellt wird. Über den Parameter „-U"

MTS und ADO

wird der Benutzername übergeben, der Parameter „-Ps" legt das Passwort fest. In der Voreinstellung der MSDE (d.h. wenn das Passwort nicht geändert wurde) ist der folgende Aufruf erfolgreich:

```
osql -Usa -P
```

Über OSQL können Sie zum Beispiel ein Backup der Datenbank anlegen.

```
BACKUP DATABASE IBImport
  TO DISK = 'C:\MSSQL7\Backup\1.bak' WITH INIT
```

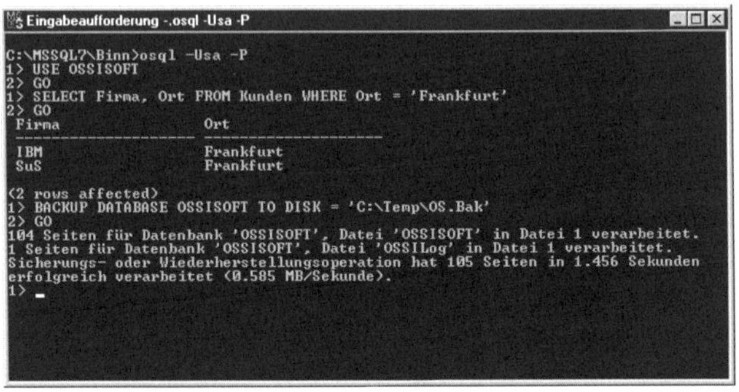

Abb. 15.66: SELECT und BACKUP über die Kommandozeile

Gerade dann, wenn bereits vorhandene Datenbankdateien in den eigenen SQL-Server eingebunden werden sollen, ist das Tool sehr hilfreich, da die zuständige Systemprozedur `sp_attach_single_file_db` aufgerufen werden kann:

```
C:\MSSQL7\Binn> osql -Usa -P
1>EXEC sp_attach_single_file_db @dbname = 'IBImport',
2>    @physname = 'C:\MSSQL7\Data\IBImport.mdf'
3>GO
Datenbank 'IBImport' erfolgreich attached
1>USE IBImport
2>GO
1>SELECT COUNT(*) FROM Kunden
2>GO
```

Im Data-Verzeichnis hat die MSDE nun eine neue Logdatei mit dem Namen *IBImport_log.ldf* angelegt. Auf die Datenbank kann ab sofort zugegriffen werden.

15.10.4 MSDE-Datenbank ohne Transaktion

Das zweite Beispiel greift auf eine SQL-Datenbank zu, die entweder vom Microsoft SQL-Server 7 oder von der Microsoft Database Engine (MSDE) bereitgestellt wird.

Das Beispielprojekt finden Sie im Verzeichnis »Kapitel 15\ADO-Bsp\MSDE1«. Sie müssen dazu die SQL-Server-7-Datenbank »IBImport.mdf« aus dem Database-Verzeichnis der CD-ROM in den SQL-Server 7/MSDE einbinden. Ein Beispiel dazu habe ich gerade im Zusammenhang mit dem Tool OSQL vorgestellt.

Gegenüber dem ersten Beispiel hat sich nur die Implementierung des MTS-Objekts geändert, wobei sich die Änderung vor allem auf die Verbindung zum SQL-Server bezieht. Der Client übergibt eine Postleitzahl an den Server und erwartet eine Aufstellung aller Orte, die diese Postleitzahl verwenden.

```
uses SysUtils, ComServ, ADODB_TLB;

procedure TMTSADO_MSDE_NoTransaction.GetOrte(
  const sPLZ: WideString;
  out sORTE, sSrvMsg: WideString);
var
  aConnection : _Connection;
  aRecordset  : _Recordset;
  swConnString: WideString;
  swSQL       : WideString;
  vRowsAffect : OleVariant;
begin
  // Step 1: Connection-Objekt
  aConnection:= CoConnection.Create;
  swConnString :=
   'Provider=SQLOLEDB.1;Persist Security Info=False;' +
   'User ID=sa;Initial Catalog=IBImport;Data Source=(local)';
  aConnection.Open(swConnString, '', '', -1);
  swSQL := Format('SELECT ORT FROM ORTE WHERE PLZ = %s', [sPLZ]);
  aRecordset := aConnection.Execute(swSQL, vRowsAffect, 0);
  try
    sORTE := aRecordset.GetString(adClipString, -1, '; ',
                                  #13#10,'(NULL)');
    sSrvMsg := 'ADO: Daten vom MSDE erhalten';
  finally
    aRecordset.Close;
  end;
end
```

15.10.5 MSDE-Datenbank mit Transaktion

Entsprechend den Microsoft-Hinweisen wird immer dann eine gute Performance erreicht, wenn die folgenden Forderungen erfüllt werden:

- Connection-Objekte dürfen nicht global für mehrere Clients zwischengespeichert werden.
- Jeder Client fordert bei jedem Server-Zugriff eine eigene Connection-Instanz innerhalb des MTS-Objekts an. Dank dem automatischen Datenbankverbindungs-Pool von OLE DB ist das effektiver als die Synchronisation beim gemeinsamen Zugriff.
- Jede Connection-Instanz wird auch innerhalb des MTS-Objekts wieder freigegeben.

Das Beispielprojekt finden Sie im Verzeichnis »Kapitel 15\ADO-Bsp\MSDE2«.

MTS-Objekt

Um den Transaktionskontext von Seiten des MTS-Servers zu kontrollieren, erstellen Sie eine Instanz über ObjectContext.CreateInstance. Indem ObjectContext auf diese Weise verwendet wird, erbt die zu erstellende Instanz des Objekts alle Transaktionsattribute des erstellenden Objekts, die ADO-Objekte werden in der gleichen Activity ausgeführt. Somit laufen alle Aktionen in der Transaktion des Aufrufers ab. Der Aufruf von ObjectContext-Methoden wird von `OleCheck` eingeklammert, da die Methode `CreateInstance` nicht als safecall deklariert wird.

```
procedure TMTSADOMSDE_Transaction.GetOrte(const sPLZ: WideString;
    out sORTE, sSrvMsg: WideString);
var
  aConnection : _Connection;
  aRecordset  : _Recordset;
  swConnString: WideString;
  swSQL       : WideString;
  vRowsAffect : OleVariant;
begin
  //aConnection:= CoConnection.Create;    CLASS_Connection
  OleCheck(ObjectContext.CreateInstance(CLASS_Connection,
           _Connection, aConnection));
  swConnString :=
   'Provider=SQLOLEDB.1;Persist Security Info=False;' +
   'User ID=sa;Initial Catalog=IBImport;Data Source=(local)';
  aConnection.Open(swConnString, '', '', -1);
  swSQL := Format('SELECT ORT FROM ORTE WHERE PLZ = %s', [sPLZ]);
  aRecordset := aConnection.Execute(swSQL, vRowsAffect, 0);
  try
    sORTE := aRecordset.GetString(adClipString, -1,
                                  '; ', #13#10,'(NULL)');
    sSrvMsg := 'ADO: Daten vom MSDE erhalten';
    ObjectContext.SetComplete;
  finally
```

```
    aRecordset.Close;
    aConnection.Close;
  end;
end;

initialization
  TAutoObjectFactory.Create(ComServer, TMTSADOMSDE_Transaction,
    Class_MTSADOMSDE_Transaction, ciMultiInstance, tmApartment);
end.
```

Durch den Aufruf von SetComplete wird der MTS davon informiert, dass die Arbeit von dem MTS-Objekt erfolgreich abgeschlossen wurde und somit die Ressourcen nicht mehr benötigt werden.

Base Client

Zum Base Client gibt es nichts zu sagen, denn an dieser Stelle taucht nichts ADO-Relevantes auf. Der Server überträgt ja seine Daten als WideString.

```
uses MTSADOMSDE2_TLB;

procedure TForm1.Button1Click(Sender: TObject);
var
  sSrv     : IMTSADOMSDE_Transaction;
  swORTE   : WideString;
  swSrvMsg : WideString;
begin
  sSrv := CoMTSADOMSDE_Transaction.Create;
  sSrv.GetOrte(EditPLZ.Text, swORTE, swSrvMsg);
  Memo1.Text := swORTE;
  StatusBar1.SimpleText := swSrvMsg;
end;
```

MTS-Explorer

Der Transaction Server Explorer führt über jeden erfolgreichen/fehlgeschlagenen Aufruf Buch. Wie die Abbildung 15.67 zeigt, waren alle fünf Abfragen des Clients bei der MSDE-Datenbank erfolgreich.

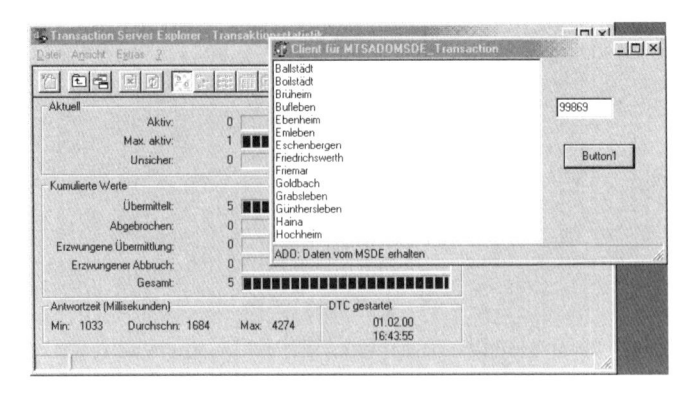

Abb. 15.67: Die erfolgreichen Transaktionen werden mitprotokolliert

Achtung: Deadlocks

Eine Anwendung aus der OLTP-Kategorie (On Line Transaction Processing) muss einen Mittelweg zwischen den beiden primären Zielen Mehrbenutzerbetrieb und Datenkonsistenz wählen. Die Konsistenz des Datenbestands wird jedoch nur dann garantiert, wenn der SQL-Server zu seinen Sperren greifen darf, um die eigene Transaktion gegenüber den zur gleichen Zeit aktiven anderen Transaktionen abzuschotten. Je besser diese Abschottung ist, umso mehr wird jedoch das Mehrbenutzerverhalten der kompletten Anwendung in Mitleidenschaft gezogen.

Eine MTS-Anwendung verwendet als Vorgabewert für den Datenzugriff auf SQL-Datenbanken den Isolationsgrad Serializable. Das ist der höchste vom SQL-Standard vorgesehene Abschottungsgrad, sodass die Datenintegrität oberste Priorität hat. Aufgrund der sich daraus ergebenden Tabellen- und Indexsperren arbeitet der SQL-Server alle Aufträge nacheinander ab, sodass gleichzeitige Zugriffe über eine „Warteschleife" abgewickelt werden. Der Isolationsgrad Serializable wird erst dann zum Problem, wenn verschiedene MTS-Objekte blockierende Sperren provozieren. Angenommen, das Objekt A fordert zuerst eine Schreibsperre (X-Lock) für die Tabelle Kunden an, aktualisiert dort den Datensatz und will nun ebenfalls den Datensatz in der Tabelle Auftrag aktualisieren. Zum gleichen Zeitpunkt hat aber Objekt B bereits den Datensatz in der Tabelle Auftrag aktualisiert und fordert nun eine Schreibsperre für die Tabelle Kunden an.

Immer dann, wenn ein Datensatz über SELECT eingelesen wird, setzt der SQL-Server eine Lesesperre (S-Lock). Andere Transaktionen können beim S-Lock (Shared Lock) ebenfalls diesen Datensatz einlesen. Sobald jedoch ein Schreibzugriff auf diesen Datensatz erfolgt (UPDATE, DELETE), versucht der SQL-Server, den S-Lock zum X-Lock (Exclusive Lock) zu erweitern. Dies gelingt jedoch nur dann, wenn keine andere Transaktion einen S-Lock oder X-Lock gesetzt hat.

In dieser Situation warten beide Objekte in der Warteschleife darauf, dass das jeweils andere Objekt die Sperre freigibt. Da dieser Zugriffskonflikt nicht gelöst werden kann, löst der SQL-Server einen Deadlock aus und erklärt eine Transaktion zum „Verlierer", sodass dessen Aktionen über einen Rollback widerrufen werden. Alle Sperren des „Verlierers" werden beseitigt, sodass die wartende Transaktion ihre Arbeit fertigstellen kann. Solange sich alle Zugriffe einer Transaktion nur auf einen einzigen SQL-Server beziehen, ist dieser Mechanismus wirksam. Bei einem verteilten Datenbankzugriff auf mehrere SQL-Server kann das so nicht funktionieren, da jeder SQL-Server für sich einen derartigen Deadlock nicht erkennen kann. Der DTC muss also auch hier einspringen, wobei er zur Vereinfachung immer dann von einem Deadlock ausgeht, wenn die Transaktion länger als 60 Sekunden aktiv ist.

Für uns ergeben sich daraus drei Erkenntnisse:

- Wenn verschiedene Objekte innerhalb einer Transaktion auf verschiedene Tabellen schreibend zugreifen, sollte dies immer in der gleichen Reihenfolge passieren. Um beim Beispiel von vorhin zu bleiben, sollte jedes Objekt zuerst auf die Tabelle Kunden und erst dann auf die Tabelle Auftrag zugreifen.
- Eine Transaktion darf nicht länger als 60 Sekunden dauern, es sei denn, der Timeout-Wert des MTS wurde erhöht. Allerdings bedeutet eine Erhöhung des Timeout-Wertes auch, dass sich im echten Deadlock-Fall der DTC entsprechend länger Zeit nimmt, um das Problem zu lösen.
- Immer dann, wenn von vornherein feststeht, dass für die eigene Transaktion verschiedene Tabellen benötigt werden, kann man diese Datensätze bereits beim Einlesen (SELECT) für den späteren Schreibzugriff mit einen Update-Lock reservieren. Somit leidet zwar die Mehrbenutzerleistung, aber die Deadlock-Gefahr wird drastisch reduziert.

Update-Lock

Neben den Lese- und Schreibsperren unterstützt der Microsoft SQL-Server auch noch die Update-Sperre und stellt so einen Ausweg für das Deadlock-Problem zur Verfügung. Immer dann, wenn von vornherein feststeht, dass mehrere Datensätze aus verschiedenen Tabellen eingelesen und später in der gleichen Transaktion aktualisiert werden müssen, ist der Einsatz der Update-Locks zweckmäßig. Auch wenn nur einige Millisekunden zwischen dem SELECT und dem UPDATE liegen, steigt in einer hoch ausgelasteten Three-tier-Anwendung mit jedem zusätzlichen Benutzer die Gefahr eines Deadlocks.

Ein Update-Lock zeichnet sich durch das folgende Verhalten aus:

- Ein angeforderter Update-Lock blockiert, solange eine andere Transaktion bereits einen X-Lock oder Update-Lock aktiviert hat.
- Im Gegensatz zu einem echten X-Lock führt ein gesetzter Update-Lock nicht dazu, dass andere Transaktionen den Datensatz nicht mehr lesen können. Auch bei einem aktiven Update-Lock kann eine andere Transaktion über SELECT einen S-Lock auf den gleichen Datensatz setzen.
- Wenn eine fremde Transaktion den Datensatz über SELECT eingelesen und somit mit einem S-Lock gesperrt hat, kann die eigene Transaktion trotzdem erfolgreich einen Update-Lock für diesen Datensatz anfordern.

Wenn man sich nun dieses Verhalten des Update-Locks einmal durch den Kopf gehen lässt, wird klar, dass der Update-Lock nichts anderes als ein „Garantieschein" ist, der im Konfliktfall automatisch die eigene Transaktion sofort zum „Gewinner" erklärt. Um die Vorteile des Update-Locks in eigenen Projekten zu nutzen, muss die SELECT-Abfrage mit dem Hinweis (Hint) UPDLOCK ergänzt werden.

```
SELECT Ort
FROM Orte WITH (UPDLOCK)
WHERE PLZ = '99869'
```

Immer dann, wenn Sie beim Zugriff über ADO für das Recordset einen Server-side-Cursor in Kombination mit dem pessimistischen Sperrverfahren anfordern, greift der SQL-Server anstelle des S-Locks auf einen Update-Lock zu.

15.10.6 Recordset-Objekt übertragen

Das letzte Beispielprojekt können nur diejenigen von Ihnen nachvollziehen, denen die ADO-Komponenten von Delphi 5 zur Verfügung stehen. Im Gegensatz zu den bisher vorgestellten Beispielen liefert in diesem Fall das MTS-Objekt ein „lebendes" Recordset-Objekt an den Client zurück. Somit kann der Client die Daten in einem TDBGrid wie gewohnt anzeigen.

Das Beispielprojekt finden Sie im Verzeichnis »Kapitel 15\ADO-Bsp\MTSADORS«.

MTS-Objekt

Im Kontext der eigenen Transaktion erzeugt das MTS-Objekt jeweils eine Instanz vom Connection- und Recordset-Objekt. Da das Recordset an den Client zurückgeliefert werden soll, muss die Connection-Eigenschaft Cursorlocation auf den Wert adUseClient gesetzt werden. Auch das Recordset wird über den Parameter adLockBatchOptimistic für den BatchModus vorbereitet, somit könnte der Client alle seine Änderungen wieder vom MTS-Objekt in der Datenbank nachtragen lassen (auch wenn dies Performance-Nachteile hat). Sobald das Recordset „lebt", kann die Verbindung zum Connection-Objekt getrennt werden. Das Recordset-Objekt befindet sich somit im „Briefcase"-Modus und kann zum Client zurückgeliefert werden. Über den Aufruf von SetComplete sorgt das MTS-Objekt dafür, dass sowohl das Happy-Bit als auch das Done-Bit des MTS gesetzt werden, sodass der MTS das eigene Objekt sofort zerstört.

```
uses SysUtils, ComServ, ADODB_TLB;
```

```pascal
{$DEFINE MitMTS}

function TMTSADORecordSet.GetOrte(
  const sPLZ: WideString): OleVariant;
var
  aConnection  : _Connection;
  aRS          : _Recordset;
  swConnString: WideString;
  swSQL        : WideString;
begin
  {$IFDEF MitMTS}
  OleCheck(ObjectContext.CreateInstance(CLASS_Connection,
    _Connection, aConnection));
  OleCheck(ObjectContext.CreateInstance(CLASS_Recordset,
    _Recordset, aRS));
  {$ELSE}
  aConnection := CoConnection.Create;
  aRS := CoRecordset.Create;
  {$ENDIF}
  swConnString :=
    'Provider=SQLOLEDB.1;Persist Security Info=False;' +
    'User ID=sa;Initial Catalog=IBImport;Data Source=(local)';
  // adUseClient, da die Connection wieder getrennt wird!
  aConnection.CursorLocation := adUseClient;
  aConnection.Open(swConnString, '', '', 0);
  swSQL := Format('SELECT ORT FROM ORTE WHERE PLZ = %s', [sPLZ]);
  aRS.Open(swSQL, aConnection, adOpenKeyset,
           adLockBatchOptimistic, 0);
  Result := aRS;
  aRS.Set_ActiveConnection(nil);
  aConnection.Close;
  {$IFDEF MitMTS}
  ObjectContext.SetComplete;
  {$ENDIF}
end;
```

Base Client

Im Base Client finden Sie keine TMemo-Instanz mehr vor, sondern die typischen Elemente einer Beispiel-Datenbankanwendung. Die Daten werden im TDBGrid angezeigt (auch wenn das in einer echten Anwendung wohl eher die Ausnahme sein wird) und der Benutzer kann über den TDBNavigator im Datenbestand blättern. Als Komponente für die Datenmenge setzt das Beispiel eine TADOTable-Instanz ein.

MTS und ADO

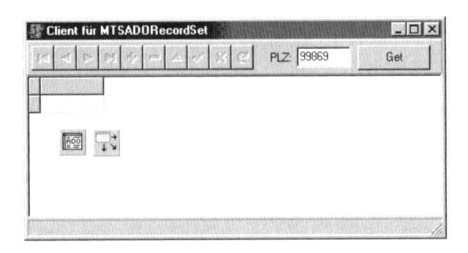

Abb. 15.68: Der Client setzt TADODataset ein

Der Client erhält vom MTS-Objekt einen Interface-Zeiger auf ein Recordset-Objekt zurück. Die TADOTable-Komponente stellt über die Eigenschaft Recordset eine geeignete Schnittstelle zur Verfügung, sodass der Client das erhaltene Recordset-Objekt der TADOTable-Instanz zuweist.

```
uses MTSADORS_TLB;

procedure TForm1.ButtonGetClick(Sender: TObject);
var
  aSrv     : IMTSADORecordSet;
  vRS      : OleVariant;
  swSrvMsg : WideString;
begin
  aSrv := CoMTSADORecordSet.Create;
  vRS := aSrv.GetOrte(EditPLZ.Text);
  ADOTable1.Recordset := IDispatch(vRS) as _Recordset;
  ADOTable1.Active := True;
  StatusBar1.SimpleText := swSrvMsg;
end;
```

MTS-Explorer

Im MTS-Explorer prüfen Sie anschließend nach, ob der MTS das Objekt nach dem Aufruf tatsächlich deaktiviert. Dies ist auch der Fall, somit können sich mehrere Clients effektiv diese Verbindung zur Datenbank teilen.

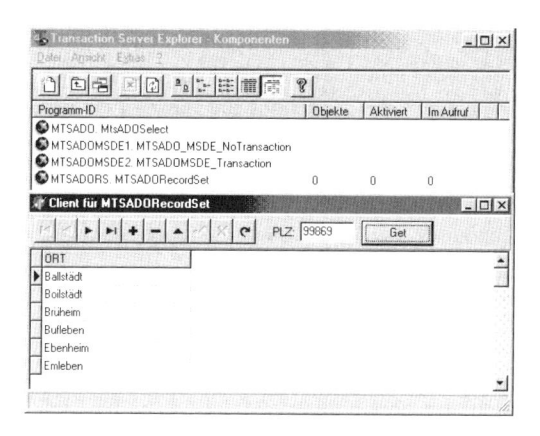

Abb. 15.69: Das MTS-Objekt ist zustandslos

In diesem Zusammenhang erhält die „Leistungsbremse" der MSDE eine völlig neue Bedeutung. Da die Bremse erst ab fünf gleichzeitigen Zugriffen greift, würde das gemeinsam genutzte zustandslose MTS-Objekt eine deutlich höhere Benutzerzahl ermöglichen.

By Value oder By Reference?

Bei der Übertragung von Daten stehen prinzipiell zwei Mechanismen zur Verfügung. Die Daten können entweder als Wert (By Value) oder als Zeiger (By Reference) übergeben werden. Dabei gelten für COM die folgenden Regeln:

- COM-Objekte, die den Standard-Marshaler verwenden, werden immer als Referenz übergeben.
- MTS-Objekte werden in jedem Fall als Referenz übergeben.
- Recordset-Objekte sind keine MTS-Objekte.

Mit Delphi spielt der letzte Punkt jedoch keine Rolle, da Delphi in jedem Fall den Standard-Marshaler nutzt und somit auch ADO-Objekte als Referenz übergeben werden.

15.11 Microsoft-Regeln zum MTS

Als Ersatz für ein eigenes Resümee zitiere ich die von Microsoft veröffentlichten fünf Grundregeln für den Entwickler:

1. SetComplete so häufig wie möglich aufrufen
2. Base Client hält Interface-Verbindung zum Kontext-Objekt immer aufrecht
3. Datenbankverbindung so kurzzeitig wie möglich anfordern
4. MTS-Roles verwenden (wenn Zugriffsbeschränkungen notwendig sind)
5. Wenn Transaktionen, dann deklarative MTS-Transaktionen

Will man diese Ratschläge beherzigen, so ergibt sich zwangsläufig ein zustandsloses Objekt, das vom Client sofort beim Programmstart angefordert und erst beim Programmende wieder freigegeben wird. Da der Client die ganze Zeit über nur einen Interface-Zeiger auf das Kontext-Objekt in seinen Händen hält, hat dies keine nachteiligen Auswirkungen. Die anderen Punkte fordern uns auf, die vom MTS bereitgestellten Dienste (Zugriffsbeschränkung über ROLES und Transaktionsverwaltung) auch wirklich zu nutzen und auf eigene Nachbau-Versuche für diese Funktionen zu verzichten.

15.12 Troubleshooting

Unter Windows NT ist der Event Viewer die erste Adresse in Sachen Fehlerdiagnose. Speziell das Application Log enthält tiefergehende Hinweise zur Ursache von zuerst unerklärlichen Fehlermeldungen. Reicht dies nicht aus, so helfen vielleicht die folgenden Tipps weiter:

- Prüfen Sie, ob der Distributed Transaction Coordinator (DTC) läuft.
- Prüfen Sie, ob auf dem NT-Rechner die beiden Dienste REMOTE PROCEDURE CALL SERVICE und REMOTE PROCEDURE CALL (RPC) LOCATOR laufen und ob die Startart auf Automatisch eingestellt ist.
- Prüfen Sie, ob zwischen allen beteiligten Rechnern die Netzwerkverbindung noch steht. Im Fall von TCP/IP als Netzwerkprotokoll ist das Tool *PING.EXE* aus dem Windows-Verzeichnis für die Prüfung sehr gut geeignet.
- Werfen Sie einen Blick auf den Wert für MTS Transaction Timeout. Der MTS wird in jedem Fall die Transaktion abbrechen, wenn die verstrichene Zeitspanne den hier definierten Wert übersteigt. Alle nachfolgenden Komponenten-Aufrufe liefern dann nur noch die Fehlermeldung CONTEXT_E_ABORTED zurück. Für die Entwicklungs- und Debugphase ist es sinnvoll, den Standardwert von 60 Sekunden zu erhöhen.
- Verwenden Sie einen ODBC-Treiber als Verbindungsglied zu einer Datenbank, so muss dieser ODBC-Treiber threadsicher sein. Erhalten Sie nach circa 60 Sekunden (genauer gesagt nach der über MTS Transaction Timeout definierten Zeitspanne) eine allgemeine Schutzverletzung, so ist Ihr ODBC-Treiber nicht threadfest und somit nicht für den MTS geeignet.
- Kann ein Client überhaupt keine Verbindung zu einer ActiveX-Komponente auf dem MTS herstellen, prüfen Sie über ein Neubooten des Clients nach, ob er sich korrekt am Domaincontroller des Netzwerks anmelden kann. Beseitigt dies nicht das Problem, sollte zuerst der Verbindungsaufbau zu einem DCOM-Server auf diesem Rechner probiert werden, um Konfigurationsprobleme (Zugriffsberechtigung) als Ursache auszuschließen.
- Verwenden Sie für die DCOM-Konfiguration über *DCOMCNFG.EXE* auch den Eintrag IDENTIFIZIEREN für die Standardidentitätswechselebene und den Wert VERBINDEN oder (KEINE) für die Standardauthentifizierungsebene?
- Ist in der DCOM-Konfiguration auch die Checkbox DCOM (DISTRIBUTED COM) AUF DIESEM COMPUTER AKTIVIEREN angekreuzt?
- Passen die über DCOM gesetzten Werte auch zu den Einstellungen, die im MTS-Explorer zugewiesen wurden?

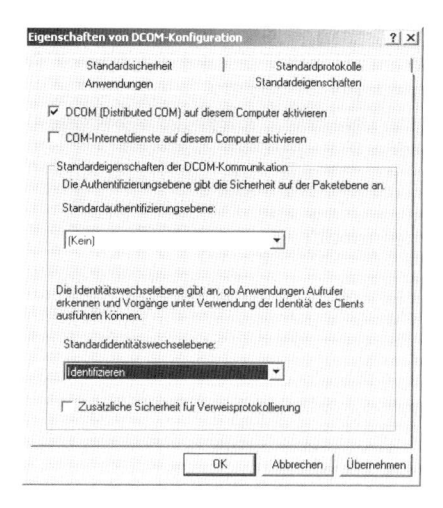

Abb. 15.70: Empfohlene Test-Konfiguration

16 COM+

In der ersten Ankündigung von COM+ hat Microsoft im Herbst 1997 erstaunliche Verbesserungen im Bereich COM (Component Object Model) versprochen. Nun ist COM+ in Form von Windows 2000 auf dem Markt – nur von den damaligen Versprechungen ist nicht viel übrig geblieben. Betrachten Sie dies positiv, so ist die Lernphase kürzer. Denn mit COM+ kommt es zu der paradoxen Situation, dass zwar die Technologie im Vergleich zum bisher gewohnten COM komplexer wird, aber der Entwickler in seiner tagtäglichen Arbeit eine deutliche Entlastung spürt. Am Beispiel des Themas COM und Threads wird dies sehr deutlich. Während der Entwickler früher mit den schon vom Namen her beeindruckenden API-Funktionen CoMarshalInterThreadInterfaceInStream und CoGetInterfaceAndReleaseStream hantieren musste, kann er heute mit COM+ verschiedene Threads nutzen, ohne sich darum zu kümmern. Die notwendigen Schritte übernimmt COM+, sodass sich die Entwicklung einer stabil laufenden Anwendung drastisch vereinfacht. Denn wo der Entwickler selbst keine Threads abspaltet, kann er auch keine Fehler machen. Dass im Ergebnis dann doch wieder Threads im Spiel sind, die COM+ hinter den Kulissen verwaltet, demonstrieren die in diesem Kapitel vorgestellten Beispielprojekte. Doch soweit sind wir noch nicht – als Erstes sollte die Frage geklärt werden, wie es zur aktuellen Implementierung von COM+ überhaupt gekommen ist.

16.1 Standortbestimmung

In der heutigen Zeit wird ein Entwickler in immer kürzeren Zeiträumen mit neuen Abkürzungen und Begriffen konfrontiert. Gerade Microsoft ist ja dafür berüchtigt, eine fleißige Marketing-Abteilung zu haben, die ständig neue Abkürzungen für bereits bestehende Technologien generiert. Der Begriff Windows DNA (Windows Distributed Inter-Net Applications) ist dafür das beste Beispiel.

> *Die „Abkürzungswut" wird anscheinend auch innerhalb von Microsoft von einigen kritisch gesehen. In einer technischen Dokumentation habe ich als Überspitzung sogar für das „Rad" eine neue Abkürzung gefunden: CLD (Circular Locomotion Device). Somit muss der allgemein bekannte Ausspruch „Man soll das Rad nicht zweimal erfinden" relativiert werden.*

16.1.1 Von COM zu COM+

Aber auch COM+ ist als Ganzes betrachtet keine vollständig neue Technologie, sondern nur die Fortsetzung und Erweiterung von COM, DCOM, MTS und MSMQ. COM+ soll die folgenden COM-Schwachstellen beseitigen:
- zu geringe Performance beim Zugriff auf Properties

- nicht ausreichende Datentyp-Kompatibilität beim Einsatz mehrerer Programmiersprachen
- nicht optimale Performance beim Erstellen von Objekten
- ungenügende Unterstützung einer Event-Infrastruktur
- fehlende einfache Erweiterbarkeit der COM-Umgebung

Mit COM+ müssen Sie nicht alle Ihre bisherigen Erfahrungen über Bord werfen. Ganz im Gegenteil, die bisherigen Techniken gelten im Prinzip weiter.

In der Abbildung 16.1 habe ich versucht, den Zusammenhang darzustellen. Am Anfang dieser Entwicklung stand im Jahr 1993 COM, das Component Object Model. Mit DCOM (Distributed COM) schaffen die COM-Objekte zwei Jahre später den Sprung auf externe Rechner. Mit dem MTS (Microsoft Transaction Server) ist COM/DCOM erwachsen geworden, da grundlegende Dienste nun vom Betriebssystem übernommen wurden. Dabei ging es nur nebenbei um die Transaktionssteuerung – in seiner Gesamtheit ist der MTS eher eine effektive Plattform für verteilte Anwendungen jeglicher Art. Das Ziel bestand darin, so viel wie nur möglich von der Komplexität von verteilten Anwendungen vor dem Entwickler zu verbergen, indem das Betriebssystem spezielle Dienste dafür anbietet.

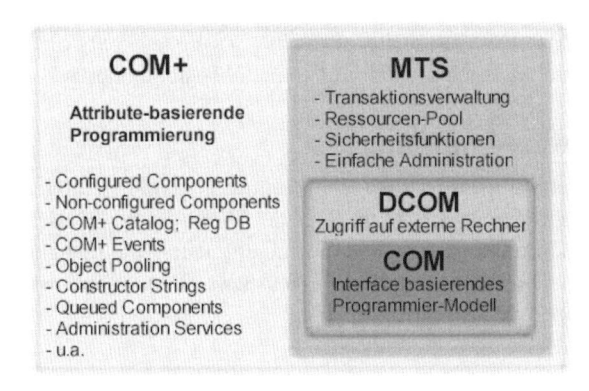

Abb. 16.1: Die Wurzeln von COM+

Der MTS musste jedoch über das Option Pack zusätzlich installiert werden, war also kein direkter Bestandteil des Betriebssystems. Dies hatte zur Folge, dass sich COM-Objekte und MTS-Objekte von der Entwicklung und dem Verhalten her unterschieden haben. Ein Entwickler, der beide Technologien einsetzte, war somit gezwungen, ständig umzudenken. Mit Windows 2000 ist das kein Thema mehr – die Funktionalität vom MTS wurde vollständig in das Betriebssystem integriert, sodass es keinen Unterschied mehr zwischen einem COM-Objekt und einem MTS-Objekt gibt. Auf die sich daraus ergebenden Auswirkungen auf Delphi 5 gehe ich noch ein.

Viele haben sich tatsächlich den MTS nur deshalb niemals genauer angeschaut, weil ihre Objekte nicht mit Transaktionen umgehen mussten. Allein aus diesem Grund war es eine gute Idee, dem Kind mit COM+ einen neuen Namen zu ge-

ben. *Falls Sie das vorangegangene MTS-Kapitel überblättert haben, ist es eine gute Idee, zuerst dort weiterzulesen. Ich gehe im COM+-Kapitel als Schwerpunkt nur auf die Änderungen und Erweiterungen ein, sodass erst die Kombination der beiden Kapitel zusammen ein vollständiges Bild ergibt.*

Doch wenn bislang immer nur vom MTS die Rede war, darf der dritte Bestandteil nicht unter den Tisch fallen. Mit Windows NT 4 Server wurde COM nicht nur im Bereich DCOM und MTS erweitert, sondern auch im Bereich der asynchronen Verwendung von Objekten. Mit dem Microsoft Message Queue Server (MSMQ) stand der Zugriff auf die auf externen Rechnern ausgeführten Objekte jederzeit zur Verfügung, auch für den Fall, dass der Rechner zum Zeitpunkt des Aufrufs offline war.

COM
Windows NT 4

DCOM MTS MSMQ

Abb. 16.2: Die drei Hauptbereiche von Windows NT 4

Auch wenn die vollständige Integration des MTS bereits einen Namenswechsel zu COM+ rechtfertigen würde, tauchen noch weitere grundlegende Änderungen auf. Die wichtigste davon ist das erweiterte Prinzip der Attribute-basierenden Programmierung. Der Entwickler definiert zur Entwicklungszeit oder zur Laufzeit bestimmte Attribute seines Objekts, und die COM+ Services sorgen dafür, dass sich das Objekt gemäß der gesetzten Konfiguration entsprechend verhält. Da der Administrator des Servers die Attribute dieses Objekts später ändern kann, erlaubt es dieses Prinzip, das Verhalten des Objekts zu ändern, ohne dass ein Neukompilieren notwendig wird. Die Attribute-basierende Programmierung hat somit einige Vorteile:

- Der Entwickler muss weniger selbst schreiben, da Basisfunktionen vom Betriebssystem (COM+) aufgrund der zugewiesenen Attribute bereitgestellt werden.
- Die Attribute können später vor Ort geändert werden und werden sofort wirksam, ohne dass dieses Objekt neu kompiliert werden muss.

16.1.2 Configured vs. Nonconfigured

Allerdings hat Microsoft eine Hintertür offen gelassen, indem feinsinnig zwischen den konfigurierbaren COM+-Komponenten und den nicht konfigurierbaren Komponenten als Bezeichnung für die „alten" COM-Objekte unterschieden wird. Der Begriff Komponente hat bei Microsoft eine andere Bedeutung als bei Delphi und kennzeichnet bei COM+ das COM-Objekt.

Eine Configured Component wird in eine COM+ Application installiert, während die Nonconfigured Components als allein stehende COM-Objekte im System registriert, aber nicht in eine COM+ Application installiert werden.

> *Die COM+ Application entspricht der MTS-Package, sodass Microsoft hier nur einen neuen, eindeutigen Begriff eingeführt hat. Somit kann der Begriff „Package" wieder eindeutig einer Delphi-Package zugeordnet werden.*

Nur die konfigurierbaren Komponenten stellen die neuen Möglichkeiten der Attribute-basierenden Programmierung zur Verfügung, während bei den nicht konfigurierbaren Objekten fast alles beim Alten geblieben ist. Aufgrund der Eigenschaften und des Verhaltens wird es auch in Zukunft neue Objekte aus beiden Kategorien geben, die nicht konfigurierbaren COM-Objekte sind keine Auslaufmodelle (zum Beispiel gehören die ADO-Objekte zu dieser Kategorie).

16.2 Was gibt's Neues in COM+?

Wenn eine neue COM+-Anwendung (Serveranwendung) eingerichtet wird, bereitet das Betriebssystem einen neuen Prozess und somit auch eine Prozessgrenze vor. Dieser Prozess erhält die Kontrolle über alle in ihm ausgeführten COM+-Objekte. Wenn diese COM+-Anwendung vom ersten Client aufgerufen wird, erzeugt das Betriebssystem einen neuen Prozess und in diesem die angeforderte Objekt-Instanz. Allerdings laufen dabei noch weitere Arbeitsschritte ab, die nur sekundär etwas mit der angeforderten Objekt-Instanz zu tun haben. COM+ lädt die Class Factories und die Type Libraries aller in diese COM+-Anwendung installierten Komponenten und legt diese Daten in einem speziellen Cache-Bereich ab. Immer dann, wenn viele Komponenten in eine COM+-Anwendung installiert wurden, kann dies beim Hochfahren zu einer zeitlichen Verzögerung führen.

Alle weiteren Anforderungen für Objekte dieser COM+-Anwendung führen dazu, dass COM+ neue Objekt-Instanzen in den nun bereits laufenden Prozess sehr schnell einblendet. Mit dem Bereitstellen des Host-Prozesses ist es jedoch nicht getan, zusätzlich ist COM+ für die Speicherverwaltung, den Thread-Pool, die Transaktionsverwaltung, die Fehlerprüfung sowie für die Sicherheitsmechanismen zuständig. Diese COM+-Leistungsmerkmale können in drei Kategorien eingeteilt werden, auf die ich gleich genauer eingehe: Services, Runtime und Administration.

Serveranwendung und Bibliotheksanwendung

Beim Normalfall der COM+-Serveranwendung werden alle Objekt-Instanzen in dem Server-Prozess ausgeführt. Zwischen Client und dem aufgerufenen COM+-Objekt liegt also in jedem Fall eine Prozessgrenze. Somit gelten die gleichen Einschränkungen und Nachteile (Stichwort Marshaler), die auch unter COM beim Zugriff auf einen Local Server wirksam waren. In den meisten Fällen ist das kein Problem, da die Vorteile einer COM+-Serveranwendung diese Nachteile bei weitem aufwiegen. Trotzdem gibt es Spezialfälle, bei denen die Leistungseinbußen des Marshalers oder die verlängerte Startzeit einer COM+-Serveranwendung unbedingt vermieden werden müssen. Und um diese Anforderungen abzudecken, unterscheidet COM+ zwischen einer COM+-Serveranwendung und einer COM+-Bibliotheksanwendung. Bei einer Bibliotheksanwendung werden die COM+-Objektinstanzen nicht im Host-Prozess, sondern direkt im Prozess des Aufrufers ausgeführt. Allerdings hat jedes Ding seine zwei Seiten und auch die Bibliotheksanwendungen unterliegen neuen Einschränkungen. Da weder der Datenbankverbindungs-Pool noch Queued Components zur Verfügung stehen, wird sich der Einsatz von Bibliotheksanwendungen in der Praxis auf Sonderfälle beschränken.

16.2.1 COM+ Services

Der MTS führte die Anfänge eines Konzepts ein, das von COM+ weiter ausgebaut wird: das Prinzip der Attribute-basierenden Programmierung. Die Attribute einer Anwendung oder eines Objekts können dabei sowohl vom Entwickler zur Designzeit als auch später durch den Administrator vor Ort geändert werden, ohne dass ein Neukompilieren des Objekts notwendig wird.

Der diesem Prinzip zu Grunde liegende Mechanismus wird Interception genannt. Der Client erhält keinen direkten Zugriff auf das Objekt, da COM+ eine Schicht dazwischen einrichtet und somit jeden Aufruf abfangen und speziell vorbereiten kann.

Die meisten neuen Sachen von COM+ lassen sich in die Kategorie der COM+ Services einordnen. Primäres Ziel dieser Services ist die bessere Unterstützung von komponentenbasierenden Anwendungen. Damit meine ich nicht VCL-Komponenten, die in der Delphi-IDE verwendet werden. Stattdessen wird der Begriff Komponente in COM+ als Bezeichnung für ein binäres COM-Objekt verwendet. Anstatt monolithische Anwendungen zu schreiben, besteht eine COM+ Application aus einer Vielzahl von spezialisierten COM+-Komponenten (alias COM-Objekten). Dabei stellen die COM+ Services bestimmte Verhaltungsfunktionen bereit, die von diesen Komponenten ausgenutzt werden können:

- Security, indem ein Rollen-basierendes Sicherheitssystem angeboten wird. Wenn der Security Level (COM-Objekt-Eigenschaft) auf „Perform access checks at the process under component level" geschaltet wird, steht das Interface ISecurityContext zum Aufruf von `IsCallerInRole` zur Verfügung.
- Transactions, indem die vom MTS gewohnte deklarative Transaktionssteuerung nun allen COM+ Komponenten zur Verfügung steht.
- Just-in-Time Activation (JITA), indem der vom MTS gewohnte Ressourcen-Pool sowie die Skalierung von Objekten zur Verfügung stehen.
- Queued Components, indem die vom MSMQ gewohnten asynchronen Objektaufrufe zur Verfügung gestellt werden.
- Object Pooling, eine definierbare Anzahl von Objektinstanzen wird in einem Pool vorgehalten und kann somit einer Client-Anforderung sofort zugewiesen werden.
- Events, indem ein neues, asynchrones Publisher-Subscriber-Modell verwendet wird.

In der Beta-Phase von Windows 2000 waren noch drei Services zu finden, die es aus verschiedenen Gründen nicht bis zur Endkundenversion von Windows 2000 Server geschafft haben:

- In-Memory Database (IMDB) als transaktionsfähige Speicher-Datenbank mit sehr schnellen Zugriffszeiten. Die IMDB steht über einen OLE-DB-Provider zum prozessübergreifenden Datenaustausch in Form von Datenbanktabellen zur Verfügung. Jeder Client von IMDB erhält ein eigenes In-process-Objekt, sodass er direkt auf die Daten ohne einen Prozesswechsel und somit ohne Marshaler zugreifen kann.
- Transactional Shared Property Manager (TSPM) als Erweiterung des vom MTS her gewohnten Shared Property Managers (SPM). Da der TSPM direkt auf die IMDB aufsetzt, bedeutet das Fehlen der IMDB automatisch auch das Fehlen des TSPM. Allerdings ist der SPM in den meisten Fällen ausreichend, sodass sich der Verlust in Grenzen hält.
- Component Load Balancing (CLB) erleichtert die Skalierung durch das automatische Aufteilen von Client-Zugriffen auf verschiedene Rechner. COM+ Load Balancing Service steht nur auf Windows 2000 Advanced Server zur Verfügung.

Es bleibt offen, ob die zurzeit fehlenden Services IMDB und TSPM in späteren Windows-Versionen zur Verfügung stehen. Nach der offiziellen Microsoft-Lesart wurde der IMDB wieder entfernt, weil er nicht alle Anforderungen der Kunden erfüllte.

16.2.2 COM+ Runtime

Unter dem Begriff COM+ Runtime wird überwiegend der Teil zusammengefasst, den man bisher von COM kannte. Dahinter verbergen sich alle die API-Funktionen, die mit den magischen Buchstaben „Co" beginnen. Die Runtime ist für das Erzeugen von Objektinstanzen, das Marshalen und somit für die Proxies zuständig und verwaltet ebenso die gemeinsamen Speicherzugriffe. Es liegt auf der Hand, dass sich auch bei der Runtime etwas geändert haben muss.

COM+ Catalog

Der COM+ Catalog speichert die Attribute der COM+-Anwendungen, wobei zwei verschiedene Stellen diese Informationen verwalten:

- COM+ Registration Database (RegDB) als zentraler Speicherort für die Attribute (Transaktions-Level, JITA, Poolgröße usw.) der COM+-Komponenten
- Registry (HKEY_CLASSES_ROOT) für die Registrierung der Typbibliothek sowie der zuständigen Proxy/Stub-Objekte

Beide Informationsstellen werden von COM+ in einem einheitlichen Zugriffsverfahren gekapselt, die COM+ 1.0 Administration Library stellt eine Automation-Schnittstelle zur Verfügung, sodass auch Script-Sprachen wie zum Beispiel VBScript die Informationen des COM+ Catalogs verarbeiten können.

Die unter COM bisher allein zuständige Registry wird nur noch im Kompatibilitätsmodus betrieben, in den nächsten Windows-Versionen soll die RegDB diese Funktionen allein übernehmen. Wenn eine COM+ Application durch den Aufruf von `DllRegisterServer` registriert wird, zeichnet die COM+ Runtime alle Registry-Zugriffe auf.

> *Der COM+ Catalog (RegDB) ist nicht die Registry! Daher sind nachträgliche manuelle Registry-Änderungen nicht immer wirksam. Dies macht sich auch in dem Unterschied zwi-*

mer wirksam. Dies macht sich auch in dem Unterschied zwischen „Neue Komponente installieren" und „Bereits registrierte Komponente importieren" bemerkbar. Sie sollten alle eigenen Komponenten immer als neue Komponenten installieren, nur so wird der COM+ Catalog vollständig gefüllt.

Alle Daten des COM+ Catalogs können über das Tool COMREPL auf einen anderen Computer repliziert werden.

Configured Components

Alle COM+-Komponenten, die ihre Attribute in der RegDB speichern, werden als konfigurierte Komponenten bezeichnet. Alte COM-Objekte werden von COM+ zwar auch unterstützt, gehören jedoch rein formal nicht zu dieser Kategorie.

Context

Der bisher nur bei den MTS-Objekten verwendete Mechanismus gilt nun für alle COM+ Komponenten. Somit verschiebt sich die von den COM-Objekten bekannte Bedeutung der Apartments etwas. Ein Context ist eine Gruppe von Objekten in einem Prozess, wobei alle Objekte kompatible Eigenschaften haben. Sobald ein Objekt auch nur eine nichtkompatible Eigenschaft hat, muss es einem anderen Context zugeordnet werden. Jedes Objekt gehört zu exakt einem Context, aber in einem Prozess können mehrere Contexte verwendet werden.

Thread-Neutral Apartment (TNA)

Mit dem Thread-Neutral Apartment (TNA) sollen die Performance- und Skalierbarkeits-Vorteile von Free-threaded-Objekten stärker zur Geltung kommen, indem in der Anwendung die Notwendigkeit des Einsatzes von Thread-Synchronisationsmechanismen minimiert und indem ein Lightweight-Proxy genutzt wird. Beim Aufruf eines TNA-Objekts erfolgt kein Thread-Wechsel. Für COM+-Komponenten ohne Benutzeroberfläche wird das TNA empfohlen, wobei für Komponenten mit Benutzeroberfläche das Apartment-Modell (STA) immer noch aktuell ist.

Synchronisierungsunterstützung

Während das Single-threaded Apartment (STA) für Objekte mit einer Benutzeroberfläche immer noch die erste Wahl ist, entfällt unter COM+ die Apartment-Aufgabe der Serialisierung von Aufrufen des Objekts. Unter Windows 9x und Windows NT 4 wurde das versteckte Fenster eines STA dazu genutzt, über Windows-Botschaften die Aufruf-Serialisierung zu gewährleisten. Unter Windows 2000 steht nun ein eleganterer Weg zur Verfügung, da zwischen dem Threading-Modell und der Synchronisation unterschieden wird. Diese Unterscheidung wurde notwendig, da das neue Threading-Modell TNA keinen Thread-Wechsel verursacht und somit auch die eventuell notwendige Serialisierung auf einem anderen Weg sichergestellt werden muss.

16.2.3 COM+ Administration

Alle diese neuen Services und Runtime-Funktionen sollen sich einfacher administrieren lassen, um an dieser Stelle keine zusätzlichen Hürden für den intensiven Einsatz aufzubauen. Aus diesem Grund gibt es mit der Component Services Administration Library (COMAdmin) eine Sammlung von Automation-Objekten, die einen direkten Zugriff über Interfaces zur Verfügung stellen. Somit kann das eigene Programm – oder die IDE – bestimmte Aufgaben direkt selbst erledigen, ohne den Administrator des Rechners bemühen zu müssen. Beispiele für den Zugriff auf die COMAdmin-Objekte aus dem eigenen Projekt heraus stelle ich Ihnen im Verlauf des Kapitels noch vor.

Komponentendienste

Die offizielle Benutzeroberfläche besteht als Snap-In für die Microsoft Management Console auch nur aus einer grafischen Benutzeroberfläche für die Automation-Objekte der Component Services Administration Library.

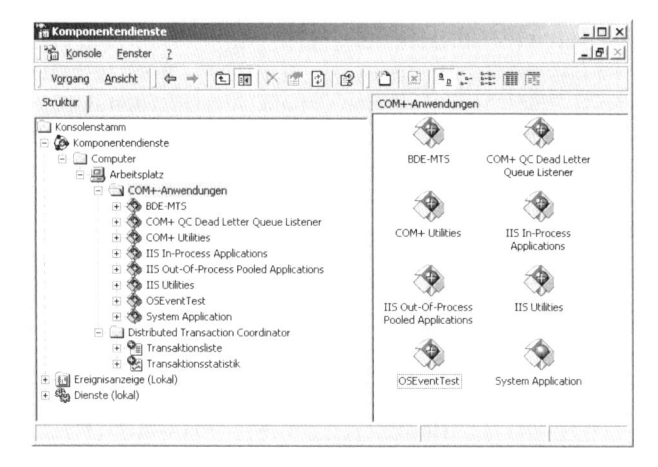

Abb. 16.3: Die Komponentendienste als MMC-Snapp-In

Sowohl die COM+ Application als auch die einzelnen COM+ Components werden über ihre Attribute konfiguriert, die im Eigenschaften-Dialog auf jeweils unterschiedlichen Registerseiten verteilt definiert werden können. Zu jeder Einstellung steht die entsprechende Hilfeseite zur Verfügung, sodass ich mich auf die Auflistung aller Attribute mit ihrem Wertebereich beschränke.

Attribute einer COM+ Application

Jede COM+ Application erhält eine eigene Anwendungs-ID, die von COM beim Einrichten der Anwendung automatisch vergeben wird und die nachträglich nicht mehr verändert werden kann.

Die COM+ Application-ID ist nicht die von COM her bekannte AppID, sondern ein eigener COM+-Kennzeichner und daher auch nicht in der Registry zu finden.

Registerseite	Attribute	Werte
Allgemein	Name	Frei wählbare Zeichenkette
Allgemein	Beschreibung	Frei wählbare Zeichenkette
Sicherheit	Zugriffsüberprüfung für diese Anwendung erzwingen	Ja/Nein
Sicherheit	Sicherheitsstufe	Prozessebene oder Prozess + Komponentenebene
Sicherheit	Authentifizierungsebene für Aufrufe	Keine/Verbinden/Aufruf/Paket/Paketintegrität/Paketdatensicherheit
Sicherheit	Ebene des Identitätswechsels	Anonym/Identifizieren/Identität annehmen/Delegieren
Identität	Konto	Interaktiver Benutzer/Dieser Benutzer
Aktivierung	Aktivierungstyp	Bibliotheksanwendung/Serveranwendung
Warteschlange	Einreihen	Ja/Nein
Warteschlange	Abfragen	Ja/Nein
Erweitert	Serverprozess herunterfahren	Bei Leerlauf in Betrieb lassen/Minuten bis zum Herunterfahren bei Leerlauf
Erweitert	Löschen deaktivieren	Ja/Nein
Erweitert	Ändern deaktivieren	Ja/Nein
Erweitert	Debugger starten	Ja/Nein
Erweitert	Debuggerpfad	Frei wählbare Zeichenkette
Erweitert	Kompensierenden Ressource-Manager aktivieren	Ja/Nein
Erweitert	3-GB-Unterstützung aktivieren	Ja/Nein

Tabelle 16.1: Attribute von COM+ Applications

Attribute einer COM+ Component

Zusätzlich zu den Attributen der COM+ Application können für jede einzelne enthaltene COM+-Komponente deren Attribute festgelegt werden.

Registerseite	Attribute	Werte
Allgemein	Name	Nicht änderbarer Name
Allgemein	Beschreibung	Frei wählbare Zeichenkette
Allgemein	DLL	Nicht änderbarer Dateipfad
Allgemein	CLSID	Nicht änderbare CLSID des COM-Objekts
Allgemein	Anwendung	Nicht änderbare Application-ID
Transaktionen	Transaktionsunterstützung	Deaktiviert/Nicht unterstützt/ Unterstützt/Erforderlich/Erforderlich neu
Transaktionen	Globalen Transaktions-Timeoutwert überschreiben	Ja/Nein
Transaktionen	Transaktions-Timeout	Zeitangabe in Sekunden
Sicherheit	Zugriffsüberprüfung auf Komponentenebene erzwingen	Ja/Nein
Sicherheit	Rollen explizit für ausgewählte Elemente festlegen	Auswahl
Aktivierung	Objektpooling aktivieren	Ja/Nein
Aktivierung	Minimale Poolgröße	Anzahl
Aktivierung	Maximale Poolgröße	Anzahl
Aktivierung	Erstellungs-Timeout	Zeitangabe in Sekunden
Aktivierung	Objektkonstruktion aktivieren	Ja/Nein
Aktivierung	Konstruktorzeichenfolge	Frei wählbare Zeichenkette
Aktivierung	Just-in-Time-Aktivierung ermöglichen	Ja/Nein
Aktivierung	Komponente unterstützt Ereignisse und Statistiken	Ja/Nein
Aktivierung	Muss im Kontext des Aufrufers aktiviert werden	Ja/Nein
Gleichzeitigkeit	Synchronisierungsunterstützung	Deaktiviert/Nicht unterstützt/ Unter-

Registerseite	Attribute	Werte
		stützt/Erforderlich/Erfordert neu
Gleichzeitigkeit	Threading-Modell	Nicht änderbare Anzeige
Erweitert	Warteschlange-Ausnahmeklasse	Frei wählbare Zeichenkette

Tabelle 16.2: Attribute von Klassen, Interfaces und Methoden

Weitergabe

Bislang hat der MTS 2.0 die PAK-Dateien verwendet, um Objekte über den MTS-Explorer zu installieren. Bei COM+ generiert der Component Service Explorer (Komponentendienste) beim Export eine MSI-Datei (Microsoft Installer), sodass von außen kein Unterschied zwischen einer Betriebssystem-Installation und der Installation einer COM+ Application sichtbar wird. COM+ ist fest in das Betriebssystem integriert, sodass eine nochmalige Unterscheidung unzweckmäßig ist.

Eine MSI-Datei ist ein OLE Compound Document, in dem alle unterschiedlichen Informationen als Streams abgelegt werden. Wenn eine COM+-Anwendung exportiert wird, legt COM+ dort die folgenden Informationen ab:

- Microsoft Installer-Tabelle mit den Catalog-Informationen (CLB)
- Attribute-Konfiguration (APL)
- Typbibliothek (TLB)
- DLLs – wobei hier nicht automatisch alle zusätzlichen Runtime-DLLs mit berücksichtigt werden. Diese müssen entweder separat installiert oder über die editierte MSI in das Microsoft Installer-Paket hinzugefügt werden.

Zusätzlich zur MSI-Datei wird eine CAB-Datei angelegt, die als Umverpackung für die MSI-Datei die Weitergabe über das Internet/Intranet vereinfacht.

> *Das Kapitel 11 befasst sich näher mit den OLE Compound Documents. Sie sehen daran, dass sogar Technologien aus der Urzeit von COM immer noch topaktuell sind.*

Auf jedem Windows-2000-Rechner reicht es in der Regel aus, nur eine einzige MSI-Datei einzulesen, um die komplette Anwendung installieren zu können. Allerdings sind Verweise aus der MSI auf externe CAB-Dateien zulässig, wenn es sich um eine sehr große Anwendung handelt. Somit sind die eigenen exportierten COM+-Anwendungen „selbstreparierend", da der Windows Installer dank der MSI-Datei alle fehlenden Bestandteile selbstständig nachinstallieren kann. Alle installierten COM+-Anwendungen können in der SYSTEMSTEUERUNG | SOFTWARE wieder deinstalliert werden.

Client-Konfiguration durch Application Proxy

Ein Client kann nur dann erfolgreich von einem anderen Rechner aus auf eine COM+-Anwendung zugreifen, wenn eine Untermenge der Attribute der COM+-Anwendung auch auf dem Client-Rechner eingerichtet wird. Zusätzlich zu den Attribute-Einstellungen benötigt der Client noch die Typbibliothek, sodass zur Vereinfachung alle notwendigen Daten als Application Proxy bezeichnet werden.

COM+ bietet eine Unterstützung für die Einrichtung der Client-Rechner für eine COM+ Application an. Sie können ein Setup-Programm (MSI-Datei) erstellen lassen, das alle Konfigurations-Informationen kapselt und auch die beteiligten Typbibliotheken auf dem Client-Rechner installiert. Der COM+-Anwendungsexport-Assistent unterscheidet dabei zwischen einem Setup für Serveranwendungen und einem Setup für einen Application Proxy. Wird ein Application Proxy erzeugt, legt COM+ dort die folgenden Informationen ab:

- CLSID und ProgID, der Application Proxy unterstützt bis zu zwei ProgIDs
- AppID (Application Identity)
- Remote Server Name (Rechnername der COM+-Anwendung)
- Marshaler-Informationen (Typbibliothek und Proxy/Stub-DLL)
- MSMQ-Namen (wenn Queued Components verwendet werden)
- Attribute der Anwendung, Klassen, Interfaces und Methoden

Das generierte Application Proxy-Setup (MSI-Datei) unterscheidet auf dem Client-Rechner automatisch zwischen einer Windows 2000-Installation und einer Windows 9x/Windows NT-Installation. Wird Windows 2000 vorgefunden, wandern die Einträge in die RegDB, wobei bei den alten Windows-Versionen alles in die Registry eingetragen wird. Allerdings kann das MSI-Setup unter Windows 9x und Windows NT nur dann ausgeführt werden, wenn dort die passende Version des Microsoft Installers bereits vorhanden ist.

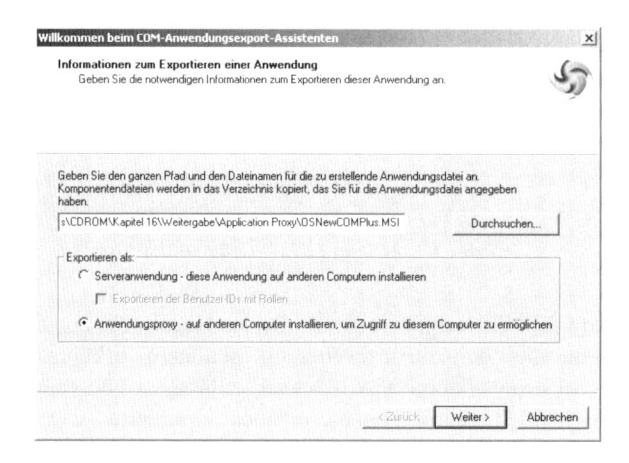

Abb. 16.4: Ein Application Proxy wird generiert

Nachdem ein Application Proxy auf dem Client-Rechner installiert wurde, taucht dort die neue COM+ Application in den Komponentendiensten auf. Der Unterschied besteht nur darin, dass die CLSID auf ein Objekt verweist, das auf einem anderen Rechner ausgeführt werden soll. COM+ setzt dazu als Vorgabewert den Rechnernamen ein, auf dem das Setup für den Application Proxy erzeugt wurde. Soll ein anderer Rechner verwendet werden, muss die COM+-Application-Eigenschaft `RemoteServerName` vor dem Erzeugen des Application Proxys geändert werden.

Außerdem muss vor dem Erzeugen des Application Proxy dafür gesorgt werden, dass alle notwendigen Typbibliotheken dieser COM+ Application zugeordnet wurden. Dazu installieren Sie alle betroffenen DLLs oder TLBs. Beachten Sie dabei bitte, dass im Gegensatz zum Installieren einer neuen Komponente beim Importieren einer bereits registrierten Komponente nicht alle Informationen zur Typbibliothek übernommen werden.

Probleme

COM+ verwendet die Versionsnummer 1.0 – und bei einer 1er-Version unterstellt man instinktiv einige Bugs und Unbequemlichkeiten. COM+ macht da leider keine Ausnahme, sodass die Weitergabe über den Export von COM+-Anwendungen und das Application Proxy stellenweise etwas holprig ist. Zum Beispiel ist es beim Zugriff auf ein DCOM-Objekt üblich, dass nur die Typbibliothek an den Client weitergegeben wird, aber nicht das vollständige Server-Modul (EXE oder DLL). Auch COM+ empfiehlt, nur die Typbibliothek an den Client weiterzugeben. Leider stehen dem zurzeit einige Hindernisse im Weg, sodass Sie die ersten Versuche mit der manuellen Konfiguration starten sollten. Aus Platzgründen zähle ich nur die relevanten Artikel aus der Microsoft Knowledge Base auf, Sie können bei Bedarf den genauen Text im MSDN nachlesen:

- Q255973 „BUG: Exporting Application Proxy in COM+ Gives Export Application Error". Wenn eine DLL, die eine Typbibliothek in den Ressourcen enthält sowie die binäre TLB-Datei separat in eine COM+-Anwendung importiert werden, provoziert der Export eine Fehlermeldung, die den Entwickler zusätzlich auch noch auf die falsche Fährte schickt (Fehler beim Schreiben der Anwendungsdatei, existierende Datei kann nicht überschrieben werden).
- Q249808 „HOWTO: Install a COM+ Component Whose DLL Should Not Part of the Exported Application". Dieser Beitrag beschreibt die Vorgehensweise, wenn die Server-DLL beim Export der Anwendung nicht mitexportiert werden soll.
- Q246057 „BUG: RemoteServerName Cannot be Changed in COM+ Explorer for an Application Proxy".

16.2.4 Process, Apartment, Activity und Context

Auch in COM+ existieren die vom MTS her bekannten Konzepte Apartment, Activity und Context. Allerdings haben sich einige Bedeutungen geändert, sodass eine kurze Zusammenstellung eine gemeinsame Ausgangsbasis für den Rest des Kapitels schafft. Beim Prozess ist noch alles beim Alten geblieben.

COM+ unterteilt den Prozess der COM+-Anwendung in Kontexte als kleinsten Ausführungsbereich. Ein Context ist die Sammlung von Objekten mit den gleichen Attributen und somit den gleichen Anforderungen an die Umgebung. Während die Eigenschaft Apartment festlegt, welche Threads zur Ausführung des Objekts gefahrlos zugeordnet werden können, legt die Eigenschaft SYNCHRONISATION fest, wann dies passieren soll. Das Apartment betrachtet also die technische Seite des Objekts, während die Activity den logischen Ausführungspfad beschreibt.

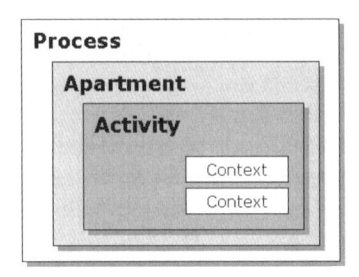

Abb. 16.5: Die Übersichtsdarstellung

Auch dann, wenn die für eine Aufgabe aufgerufenen Objektinstanzen nur kurzzeitig leben und zudem in unterschiedlichen Threads ausgeführt werden, ist für uns Entwickler mit der Activity ein logischer Ruhepunkt in dem scheinbaren Chaos vorhanden. Außerdem ist eine Activity in einer mehrschichtigen Anwendung deutlich effektiver als die klassischen Synchronisationsmechanismen über Critical Sections oder Mutexe.

Apartments

Auch in COM+ existieren die Apartments noch, aber sie sind nicht mehr primär dafür zuständig, Aufrufe von Clients zu synchronisieren. Unter Windows 2000 dient ein Apartment dazu, die Kontexte in einem Prozess zu gruppieren. Ein Prozess kann mehrere Apartments enthalten und jedes Apartment kann mehrere Kontexte einkapseln. Die primäre Aufgabe des Apartments besteht nun darin, festzulegen, welcher Thread im Prozess das Recht hat, Objektaufrufe in einem bestimmten Kontext vorzunehmen. Ein Thread kann erst dann COM verwenden, wenn die API-Funktion `CoInitializeEx` aufgerufen wurde. Erst nach diesem Aufruf ist der Thread dem Standard-Kontext des Apartments zugeordnet.

COM+ kennt immer noch STA und MTA, da sowohl viele Betriebssystem-Funktionen als auch COM-Objekte mit einer Benutzeroberfläche in einem STA ausgeführt werden müssen. COM+ führt das neue Thread Neutral Apartment (TNA) ein, dem keine nativen Threads zugeordnet werden. In jedem Prozess kann es maximal nur ein TNA geben. Das TNA kann nur von einem Thread aus dem gleichen Apartment erreicht werden. Threads „leben" nur in einem STA oder einem MTA, dem TNA werden keine Threads fest zugeordnet. Wenn aus einem STA oder MTA heraus ein TNA-Objekt angefordert wird, baut COM+ nur ein Ultraleicht-Proxy zur Überbrückung der Kontext-Gegensätze ein. Es ist in diesem Fall kein Thread-Wechsel notwendig, um die Thread-Funktion im TNA auszuführen. Falls ein COM+-Kontextwechsel notwendig wird, ist ein Marshaler (Ultraleicht-Proxy) beteiligt, wobei der Aufwand jedoch wesentlich geringer ist als bei den klassischen STA und MTA.

Verwechseln Sie nicht das TNA mit dem Free Threaded Marshaler (FTM). Auf den ersten Blick sehen beide sehr ähnlich aus, denn beide stellen sicher, dass alle Aufrufe durch den Thread des Aufrufers abgearbeitet werden. Allerdings ist ein TNA-Objekt – im Gegensatz zum FTM – immer noch apartment- und kontextabhängig und kann somit universeller eingesetzt werden als die FTM-Objekte. Im Gegensatz zum TNA sorgt der FTM dafür, dass das Objekt sogar kontextneutral ist und daher keine Kontext-Wechsel notwendig werden, da ein auf den FTM zugreifendes COM+-Objekt direkt im Kontext des Clients ausgeführt wird.

> *Da ein TNA einen schnelleren Zugriff auf das Objekt ermöglicht, ist es das bevorzugte Apartment-Modell in COM+ für die Objekte, die keine Benutzeroberfläche besitzen. Um das TNA anzufordern, müssen die Objekte in der Registry den Eintrag ThreadingModel=Neutral verwenden.*

COM+ führt die Synchronisations-Attribute ein, um die Regeln für die Synchronisation flexibel festlegen zu können. Somit sinkt die Bedeutung der Apartments für die Synchronisation.

Activity

Eine Activity ist ein logischer Ausführungspfad für die vom Base Client erzeugten Objektinstanzen. Jedes COM+-Objekt gehört zu einer Activity, wobei diese Zuordnung im Kontext gespeichert wird. `CoCreateInstance` richtet eine neue Activity ein und jedes Objekt, das aus dieser Activity heraus erzeugt wird, wird auch dieser Activity zugeordnet. Die Activity fasst Objekte mit gleichen Synchronisations-Eigenschaften zusammen.

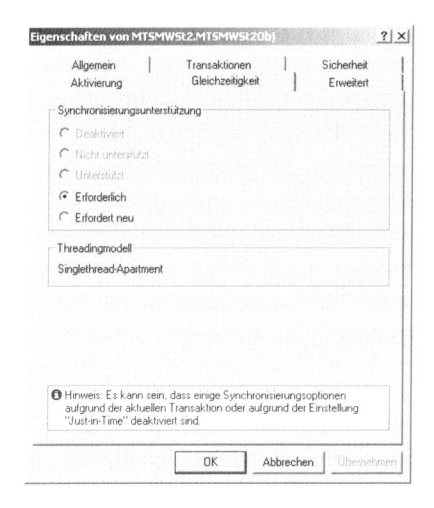

Abb. 16.6: Trennung zwischen Apartment und Synchronisierung

Die Eigenschaften werden über den Dialog GLEICHZEITIGKEIT der Komponentendienste zugeordnet. Unter COM+ sollten alle Objekte ohne Benutzeroberfläche den Eintrag NEUTRAL für das ThreadModel wählen, sodass diese Objekte im TNA ausgeführt werden. Dies bedeutet jedoch nicht, dass sich der Entwickler wieder um die Synchronisierung seiner Objekte selber kümmern muss. COM+ hat nur die Bedeutung der Apartments neu definiert, die Aufgabe der Synchronisierung wird nun über ein COM+-Attribut weitgehend unabhängig vom Apartment festgelegt. Während das Apartment festlegt, welche Threads Aufrufe des Objekts vornehmen können, bestimmt die Synchronisierung den Zeitpunkt dafür. Mit der Kombination von TNA und Synchronisations-Attribut ERFORDERLICH kann zwar jeder Thread das Objekt aufrufen, aber immer nur ein Thread gleichzeitig.

Context

Ein Context ist eine Gruppe von Objekten in einem Prozess, wobei alle Objekte kompatible Eigenschaften haben. Ein Context kann mit einem „Mini-Prozess" verglichen werden, der eine Unterteilung eines Prozesses in verschiedene Stücke mit gleichen Eigenschaften erlaubt. Sobald ein Objekt auch nur eine nicht-kompatible Eigenschaft hat, muss es bei seiner Erzeugung (CoCreateInstance) einem anderen Context zugeordnet werden. Jedes Objekt gehört zu exakt einem Context, aber in einem Prozess können mehrere Contexte verwendet werden. Ein Context enthält alle Informationen über die Umgebungsbedingungen des Objekts, die zur korrekten Ausführung benötigt werden.

Jeder Context kann einem bestimmten Apartment zugeordnet werden. Jeder Zugriff aus einem anderen Context heraus läuft über ein spezielles Interceptor-Objekt (Proxy). Dieses Proxy-Objekt wird von COM+ automatisch eingerichtet und ist für die Anpassung der „nicht kompatiblen" Objekte zuständig. Alle Interface-Zeiger sind kontextabhängig, so wie das früher nur beim MTS so war. Aus diesem Grund gibt es auch keinen Grund mehr, die vom MTS her bekannten Kontext-Wrapper einzusetzen. Die Aufgaben der MTS-Kontext-Wrapper werden nun vollständig von COM+ übernommen.

> *Aus diesem Grund entfällt auch die spezielle Vorbereitung im MTS über SafeRef sowie die Unterscheidung zwischen Create und CreateInstance. Die von COM her bekannte API-Funktion CoMarshalInterface sowie die Global Interface Table (GIT) dienen nun zum Überbrücken der Kontext-Grenzen und nicht mehr allein zur Überbrückung der Apartment-Grenzen.*

Wenn eine Objektmethode ausgeführt wird, sind gleich zwei Context-Arten beteiligt – der Call Context und der Object Context. Auf diese Unterschiede gehe ich später noch ein. Vorerst muss ich – auch wenn es noch unübersichtlicher wird – noch auf den Standard-Kontext hinweisen. Der Standard-Kontext ist der Kontext, unter dem die nichtkonfigurierbaren Komponenten (also die „alten" COM-Objekte) ausgeführt werden. Diese Objekte verwenden keine COM+-Attribute, sodass für sie ein eigener Kontext notwendig wird. Die konfigurierbaren COM+-Komponenten allerdings werden niemals im Standard-Kontext ausgeführt.

Activation

In den meisten COM+-Anwendungen werden COM+-Komponenten zur Aufgabenerfüllung andere Objekte aufrufen. COM+ versucht dabei, im Interesse der optimalen Leistung diese abgespalteten Objekte im gleichen Kontext der aufrufenden COM+-Komponente auszuführen. Wird ein COM+-Objekt erzeugt, vergleicht die COM+-Runtime beim Activation Call die Objektanforderungen an einen Kontext mit dem aktuellen Kontext des Aufrufers. Wenn ein COM+-Objekt von einem anderen Kontext aus (zum Beispiel aus einem anderen Apartment) aufgerufen wird, wird ein Proxy dazwischengeschaltet. Das Proxy-Objekt überwindet dabei nicht nur die Apartments, sondern verbindet auch die unterschiedlichen Kontexte.

Dieses Prinzip führt dazu, dass die von COM+ versuchte Optimierung, das Child-Object im gleichen Kontext wie das Parent-Objekt zu aktivieren, nur unter ganz bestimmten Umständen erfolgreich ist:

- Die COM+-Anwendung muss die Sicherheits-Stufe ZUGRIFFSÜBERPRÜFUNG NUR AUF PROZESSEBENE DURCHFÜHREN verwenden.
- Die Eigenschaft JUST-IN-TIME-AKTIVIERUNG ERMÖGLICHEN des Child-Objekts muss deaktiviert werden.
- Sowohl Parent- als auch Child-Objekt müssen die gleichen passenden Eigenschaften für das Attribut SYNCHRONISIERUNGSUNTERSTÜTZUNG verwenden. Der Eintrag DEAKTIVIERT ist in jedem Fall erfolgreich, während der Eintrag ERFORDERT NEU eine Ausführung im gleichen Kontext aus Prinzip verhindert.
- Das Child-Objekt muss den Wert DEAKTIVIERT für die TRANSAKTIONSUNTERSTÜTZUNG verwenden.
- Das Child-Objekt darf die Eigenschaft KOMPONENTE UNTERSTÜTZT EREIGNISSE UND STATISTIKEN nicht aktivieren.
- Das Child-Objekt muss ein Threading Model verwenden, das kompatibel mit dem Parent-Objekt ist.

> *Sie sehen, dass die meisten Einschränkungen nur das abgespaltete Child-Objekt betreffen. Das Parent-Objekt kann seine Einstellungen in den Punkten Transaktionen, JITA und Gleichzeitigkeit frei bestimmen.*

Wenn also die Aktivierung im gleichen Kontext von den Umgebungsbedingungen abhängt, wie kann der Entwickler ein sicher reproduzierbares Verhalten erzwingen? Dazu steht die Eigenschaft MUSS IM KONTEXT DES AUFRUFERS AKTIVIERT SEIN zur Verfügung. Ein Entwickler aktiviert diese Option, um sicherzustellen, dass das Objekt nur im Kontext des ursprünglichen Aufrufers aktiviert werden kann. Wenn dies aufgrund von Inkompatibilität zwischen den Kontexteigenschaften des Aufrufers und der Konfiguration des Objekts nicht möglich ist, wird das Objekt nicht aktiviert und der Aufruf schlägt mit der Exception 80004024 fehl.

16.2.5 Type Libraries und ProgIDs für COM+

COM+ ist generell abwärtskompatibel zum MTS, sodass auch „alte" MTS-Objekte erfolgreich in COM+ ausgeführt werden können. Ein altes MTS-Objekt wird Referenzen auf die MTS-Objekte wie zum Beispiel den Shared Property Manager aufrufen. Unter COM+ werden auch diese Objekte über den alten Aufrufweg unterstützt.

Microsoft empfiehlt jedoch, zur Sicherheit alle alten MTS-Objekte unter Windows 2000 neu zu kompilieren, wobei auch alle neuen COM+-Typbibliotheken eingebunden werden.

MTS	COM+
Microsoft Transaction Server Library (MTXAS.DLL)	COM+ Services Type Library (COMSVCS.DLL)
Shared Property Manager Type Library (MTXSPM.DLL)	COM+ Services Type Library (COMSVCS.DLL)
MTS 2.0 Admin Type Library (MTXADMIN.DLL)	MTS 2.0 Admin Type Library (MTSADMIN.TLB)

Tabelle 16.3: Die Änderungen in der Typbibliothek

Beachten Sie dabei aber, dass die nun als TLB-Datei vorliegende MTS 2.0 Admin Type Library nur aus Gründen der Abwärtskompatibilität noch unterstützt wird. Neue COM+-Anwendungen sollten gleich die neuen COM+ Admin-Objekte verwenden.

16.2.6 Das neue COM+-Programmier-Modell

Einen ersten Überblick über die Neuheiten erhält man, wenn die Typbibliothek der COM+-Service-Objekte im Typbibliothekseditor von Delphi geöffnet wird. Hier finden Sie deutlich mehr Interfaces vor als in der alten MTS-Typbibliothek.

Unter COM+ taucht der bereits vom MTS bekannte Shared Property Manager genauso auf wie die neue Queued Components sowie die integrierten Sicherheitsfunktionen. Damit die neuen Funktionen direkt in den eigenen Objekten genutzt werden können, importiere ich zuerst alle verfügbaren Typbibliotheken. Und da ich Delphi 5 einsetze, kann ich Delphi mit einem Mausklick beauftragen, für jede vorgefundene CoClass eine VCL-Wrapper-Komponente zusammenzubauen. Nachdem im Dialog TYPBIBLIOTHEK IMPORTIEREN der Eintrag „COM+ Services Type Library" ausgewählt wurde, legt Delphi über die INSTALLIEREN-Schaltfläche die generierten Komponenten in dem angegebenen Package ab.

COM+

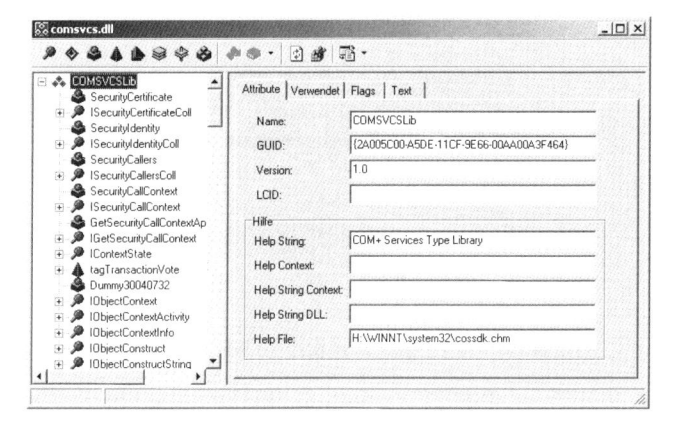

Abb. 16.7: Auszug aus der COM+-Service-Typbibliothek

Außerdem steht nun im angegebenen Unit-Verzeichnis die Typbibliotheks-Unit bereit, sodass im eigenen Programm die neuen Interfaces, Konstanten und sonstige Elemente sofort genutzt werden können.

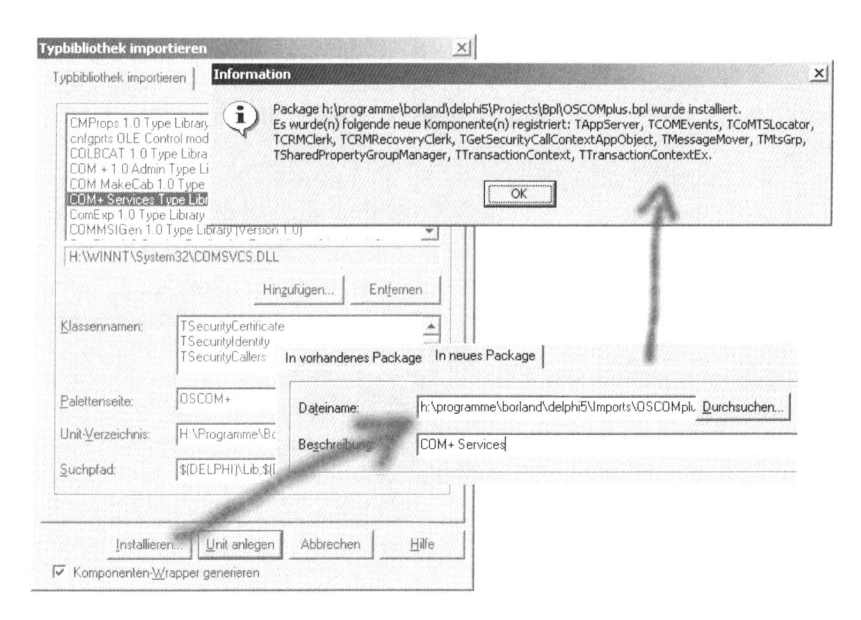

Abb. 16.8: Die COM+-Service-Typbibliothek wird installiert

Nachdem Delphi auf der angegebenen Palettenseite „OSCOM+" elf neue Komponenten abgelegt hat, wird der ganze Vorgang für die „COM+ Admin Type Library" wiederholt. Nach dem Import dieser Typbibliothek kommen drei weitere Komponenten auf die neue Palettenseite.

729

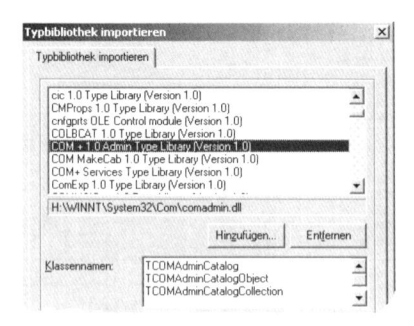

Abb. 16.9: Auch die COM+-Admin-Typbibliothek wird installiert

Ein Entwickler, der bereits in der Vergangenheit MTS-Objekte geschrieben hat, musste direkt oder indirekt nur mit einem einzigen Interface hantieren. Das ObjectContext-Interface stellte alle die Methoden zur Verfügung, die im Alltag benötigt wurden. Mit COM+ ist es mit dieser Schlichtheit vorbei, da die COM+ Runtime gleich vier Interfaces für den sofortigen Zugriff anbietet. Und nicht nur das, unter COM+ kann jedes Interface zwei verschiedenen Kategorien zugeordnet werden:

- Der Object Context wird erzeugt, wenn der Service Control Manager (SCM) einen neuen Context erzeugt, und bleibt in der Regel auch bei mehreren Methodenaufrufen gleich. Er wird zum Verwalten der Transaktionen, der konkurrierenden Zugriffe auf dieses Objekt sowie zur JITA-Steuerung verwendet, um nur einige Einsatzfälle zu nennen.
- Der Call Context enthält aufrufspezifische Informationen, sodass dieser Context nur relativ zur aufgerufenen Methode gilt. Er wird für die Sicherheitsoptionen sowie für den Aufruf-Abbruch verwendet.

Interface	Implementiert von	Typ	Im MTS vorhanden?
ObjectContext	COM+ Runtime	Object Context + Call Context	Ja
ContextInfo	COM+ Runtime	Object Context	Nein
IContextState	COM+ Runtime	Object Context	Nein
ISecurityCallContext	COM+ Runtime	Call Context	Nein
IObjectConstruct	Entwickler	Notification	Nein
ObjectControl	Entwickler	Notification	Ja

Tabelle 16.4: Häufig eingesetzte COM+ Interfaces

Object Context

Jeder Context erhält ein eigenes Object Context-Objekt, das vom System bereitgestellt wird und kontextspezifische Informationen speichert. Außerdem stellt dieses Objekt über sein `ObjectContext`-Interface mehrere Methoden zur Verfügung, über die das eigene Objekt mit der COM+ Runtime kommunizieren kann.

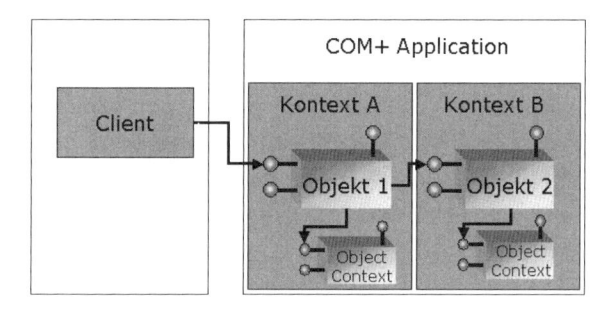

Abb. 16.10: ObjectContext-Interface

Wie man sieht, ist in dieser neuen Interface-Version auch noch die vom MTS her bekannte Methode `CreateInstance` enthalten, obwohl es keine Notwendigkeit mehr für diese Methode gibt. Da die Kompatibilität zu alten MTS-Objekten eine sehr wichtige Rolle gespielt hat, muss das Interface auch alle alten und nunmehr „überflüssigen" Methoden anbieten.

```
ObjectContext = interface(IDispatch)
  ['{74C08646-CEDB-11CF-8B49-00AA00B8A790}']
  function  CreateInstance(
    const bstrProgID: WideString): OleVariant; safecall;
  procedure SetComplete; safecall;
  procedure SetAbort; safecall;
  procedure EnableCommit; safecall;
  procedure DisableCommit; safecall;
  function  IsInTransaction: WordBool; safecall;
  function  IsSecurityEnabled: WordBool; safecall;
  function  IsCallerInRole(
    const bstrRole: WideString): WordBool; safecall;
  function  Get_Count: Integer; safecall;
  function  Get_Item(
    const name: WideString): OleVariant; safecall;
  function  Get__NewEnum: IUnknown; safecall;
  function  Get_Security: SecurityProperty; safecall;
  function  Get_ContextInfo: ContextInfo; safecall;
  property Count: Integer read Get_Count;
  property Item[const name: WideString]: OleVariant
    read Get_Item; default;
  property _NewEnum: IUnknown read Get__NewEnum;
  property Security: SecurityProperty read Get_Security;
  property ContextInfo: ContextInfo read Get_ContextInfo;
end;
```

Um die Kompatibilität zum MTS sicherzustellen, gibt es beim Object Context zwei Interface-Gruppen. Zum einen die Interfaces IObjectContextInfo, IContextState und IGetContextProperties und zum anderen die Kompatibilitäts-Interfaces IObjectContext, IObjectContextActivity und ISecurityProperty. Microsoft empfiehlt, in neuen COM+-Anwendungen auf den Einsatz der Kompatibilitäts-Interfaces zu verzichten.

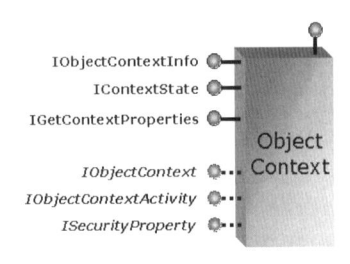

Abb. 16.11: Die Interfaces des Object Contexts

Der neue Weg

In COM+ soll der Object Context über die API-Funktion `CoGetObjectContext` angefordert werden, wobei allerdings auch die Kompatibilitätsfunktion `GetObjectContext` noch zulässig ist. Im Gegensatz zu GetObjectContext kann allerdings CoGetObjectContext je nach Aufruf gleich vier verschiedene Interfaces zurückliefern:

- IObjectContextInfo
- IContextState
- IObjectContext
- IObjectContextActivity

Leider fehlt auch nach dem UpdatePack#1 von Delphi 5 diese API-Funktion in den Delphi-Units, sodass man selbst mit einer eigenen Deklaration Hand anlegen muss, wenn alle verfügbaren Interfaces universell abgefordert werden sollen. Als erster Parameter wird die Interface-ID des benötigten Interfaces übergeben. Da diese Funktion einen Zeiger auf verschiedene Interfaces zurückliefern kann, muss das Ergebnis über einen neutralen Zeiger interpretiert werden.

```
function CoGetObjectContext(const iid: TIID;
                  ppv: Pointer): HResult; stdcall;
       external 'ole32.dll' name 'CoGetObjectContext';
```

Ein Aufruf im COM+-Objekt könnte dann so aussehen, wobei im Beispiel ein Interface-Zeiger für IObjectContextInfo abgefordert wird. Über dieses Interface kann das Objekt den aktuellen Activity-Identifier sowie den aktuellen Context-Identifier abfragen und an den Client zurückliefern. Somit hat man während der Entwicklung die Möglichkeit, die tatsächliche Activity sowie den tatsächlichen Ausführungs-Kontext testweise nachzuprüfen.

```
function TObjContextObj.Get_ObjInfo4: WideString;
var
```

```
  aOCI : COMSVCSLib_TLB.IObjectContextInfo;
  aCId : TGUID;
  aAId : TGUID;
begin
  OleCheck(CoGetObjectContext(IID_IObjectContextInfo , @aOCI));
  aOCI.GetContextId(aCId);
  aOCI.GetActivityId(aAId);
  Result := Format('ContextID: %s; ActivityID: %s',
    [GUIDToString(aCId), GUIDToString(aAId)]);
  SetComplete;
end;
```

> *Das Beispielprojekt finden Sie im Verzeichnis »Kapitel 16\ObjectContext«.*

Der alte Kompatibilitätsweg

Über den Aufruf von `GetObjectContext` kann sich ein Objekt in den Besitz einer Referenz auf das Context Object bringen. Allerdings kollidiert dies bei Delphi mit der alten Implementierung in der Unit *Mtx.pas*, da hier GetObjectContext einen Interface-Zeiger für das „alte" Interface IObjectContext zurückliefert. Um diesem Problem aus dem Weg zu gehen, greife ich auf die gerade beim Import der Typbibliothek der COM+ Services angelegte neue Komponente TAppServer zurück.

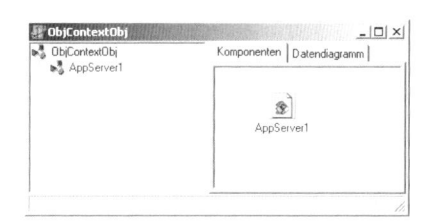

Abb. 16.12: Das transaktionale Datenmodul als Container

Damit diese nicht visuelle Komponente im Objekt untergebracht werden kann, nutze ich ein transaktionales Datenmodul, das der Delphi-Experte für Multi-tier-Anwendungen als Rohgerüst konfiguriert hat.

> *Das Beispielprojekt finden Sie im Verzeichnis »Kapitel 16\ObjectContext«.*

Somit kann sich mein Objekt über die TAppServer-Instanz zuerst einen Interface-Zeiger für ObjectContext holen, um dann dessen Eigenschaft `ContextInfo` auszulesen, damit das Objekt auch einen Zeiger für das ContextInfo-Interface erhält.

```
function TObjContextObj.Get_ObjInfo: WideString;
var
  aOC : COMSVCSLib_TLB.ObjectContext;
  aCI : COMSVCSLib_TLB.ContextInfo;
  aCS : COMSVCSLib_TLB.IContextState;
begin
  aOC := AppServer1.GetObjectContext;
  aCI := aOC.ContextInfo;
  aCS := aOC as COMSVCSLib_TLB.IContextState;
  aCS.SetMyTransactionVote(TxCommit);
  Result := aCI.GetContextId;
end;
```

Nach diesen Vorbereitungen kann der Client die ContextID seines Server-Objekts über den Aufruf der Interface-Methode `Get_ObjInfo` abfragen.

Neben der ContextID kann auch die ActivityID sowie die TransactionID über das ContextInfo-Interface abgefragt werden. Außerdem liefert das Interface die Info zurück, ob das Objekt in einer Transaktion ausgeführt wird. Somit können Sie jederzeit nachprüfen, unter welchen Bedingungen Ihr Objekt tatsächlich von COM+ ausgeführt wird.

Außerdem gibt es da noch das neue Interface IContextState. Dieses Interface ist – analog zu ContextInfo – dem Object Context zugeordnet. Wenn man sich die Interface-Methoden anschaut, fällt auf, dass es hier nur um das Auslesen beziehungweise Steuern der Transaktionen geht. Außerdem tauchen hier Methoden auf, die eine gleiche Funktion haben wie bei ObjectContext. Trotzdem ist diese Funktionsdoppelung sinnvoll, denn so kapselt ein Interface sowohl die alten als auch die neuen Methoden ein.

```
IContextState = interface(IUnknown)
  ['{3C05E54B-A42A-11D2-AFC4-00C04F8EE1C4}']
  function  SetDeactivateOnReturn(
    bDeactivate: WordBool): HResult; stdcall;
  function  GetDeactivateOnReturn(
    out pbDeactivate: WordBool): HResult; stdcall;
  function  SetMyTransactionVote(
    txVote: tagTransactionVote): HResult; stdcall;
  function  GetMyTransactionVote(
    out ptxVote: tagTransactionVote): HResult; stdcall;
end;
```

> *Eine ausführliche Beschreibung des „Happy-Bits" und des „Done-Bits" finden Sie im Kapitel 15, denn diese beiden Flags waren auch schon beim MTS vorhanden.*

Call Context

Während der Object Context ständig an seinem einmal zugewiesenen Platz verbleibt, ist der Call Context deutlich mobiler, denn er folgt der Kette der jeweils aufgerufenen Methoden. Es gibt einen hauptsächlichen Grund, warum ein derart mitfließender Context benötigt wird – die Sicherheit.

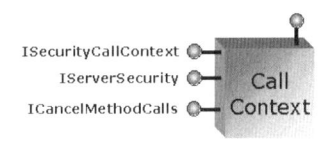

Abb. 16.13: Die Interfaces vom Call Context

COM+ stellte dazu das ISecurityCallContext-Interface für den Zugriff auf die im Call Context verwalteten Informationen bereit. Auch hier fällt auf, dass dieses Interface deutlich mehr Methoden anbietet, als es beim MTS und dem ObjectContext-Interface der Fall war.

```
ISecurityCallContext = interface(IDispatch)
  ['{CAFC823E-B441-11D1-B82B-0000F8757E2A}']
  function  Get_Count: Integer; safecall;
  function  Get_Item(const name: WideString): OleVariant;
    safecall;
  function  Get__NewEnum: IUnknown; safecall;
  function  IsCallerInRole(
    const bstrRole: WideString): WordBool; safecall;
  function  IsSecurityEnabled: WordBool; safecall;
  function  IsUserInRole(var pUser: OleVariant;
    const bstrRole: WideString): WordBool; safecall;
  property Count: Integer read Get_Count;
  property Item[const name: WideString]: OleVariant
    read Get_Item; default;
  property _NewEnum: IUnknown read Get__NewEnum;
end;
```

CoGetCallContext

Der Zugriff auf den Call Context steht über die API-Funktion `CoGetCallContext` zur Verfügung. Analog zu CoGetObjectContext kann auch diese Funktion über einen neutralen Zeigerwert gleich zwei verschiedene Interfaces zurückliefern:
- ISecurityCallContext
- IServerSecurity

Allerdings steht ISecurityCallContext nur dann zur Verfügung, wenn in der COM+-Anwendung auf den Zugriffsschutz über Roles zurückgegriffen wird.

Im Gegensatz zu CoGetObjectContext wird die API-Funktion CoGetCallContext in Delphi 5 in der Unit *ActiveX.pas* deklariert.

```
function CoGetCallContext(const iid: TIID;
                pInterface: Pointer): HResult; stdcall;
```

Somit kann das eigene Objekt sofort darauf zugreifen, wie das folgende Beispiel demonstriert:

```
function TObjContextObj.Get_ObjInfo3: WideString;
var
  aSC : COMSVCSLib_TLB.ISecurityCallContext;
begin
  OleCheck(CoGetCallContext(IID_ISecurityCallContext , @aSC));
  if aSC.IsCallerInRole('Delphi') then
    Result := 'Rolle Delphi erkannt';
  SetComplete;
end;
```

TGetSecurityCallContextAppObject

Delphi stellt über die beim Import der COM+-Services-Typbibliothek automatisch erzeugte Komponente TGetSecurityCallContextAppObject einen bequemen Zugriff auf das Interface ISecurityCallContext zur Verfügung. Im folgenden Beispiel prüfe ich nach, ob der Aufrufer dieser Interface-Methode als Benutzer der vorher eingerichteten Rolle „Delphi" zugeordnet wurde.

```
function TObjContextObj.Get_ObjInfo: WideString;
var
  aOC : COMSVCSLib_TLB.ObjectContext;
  aCI : COMSVCSLib_TLB.ContextInfo;
  aCS : COMSVCSLib_TLB.IContextState;
  aSC : COMSVCSLib_TLB.ISecurityCallContext;
begin
  aOC := AppServer1.GetObjectContext;
  aCI := aOC.ContextInfo;
  aCS := aOC as COMSVCSLib_TLB.IContextState;
  aSC := GetSecurityCallContextAppObject1.GetSecurityCallContext;
```

```
  Result := aCI.GetContextId;
  if aSC.IsCallerInRole('Delphi') then
    Result := Result + ' (Role Delphi)';
  aCS.SetMyTransactionVote(TxCommit);
end;
```

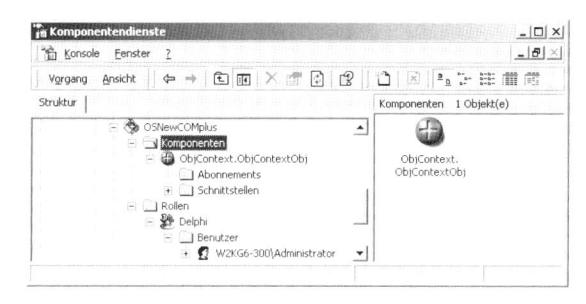

Abb. 16.14: Darf der Benutzer dieses Objekt aufrufen?

Auf das Thema COM+ Security und somit auch die Rollen-Verwaltung komme ich später noch ausführlicher zurück.

Resümee

Jetzt ist also geklärt, was sich so alles unter der Motorhaube von COM+ geändert hat. Noch offen ist die Frage, warum man auf die neuen Fähigkeiten von COM+ zurückgreifen sollte. Die Antwort auf diese Frage lässt sich in einem Satz verdichten: COM+ stellt eine hervorragende Infrastruktur für verteilte Anwendungen zur Verfügung. Wobei diese Antwort eine neue Frage aufwirft – warum sollte sich ein Entwickler mit verteilten Anwendungen beschäftigen?

16.3 Verteilte Anwendungen

Bisherige Einzelplatz- oder Client/Server-Anwendungen waren dann gut gelungen, wenn die geforderten Funktionen mit einer guten Performance abgearbeitet wurden. Solange die Anzahl der gleichzeitigen Benutzer der Anwendung klein bleibt und die Anwendung somit nicht an die Ressourcen-Grenzen des Rechners oder des Netzwerks stößt, steht die Geschwindigkeit der Anwendung im Vordergrund. Sobald jedoch die Benutzeranzahl steigt und von vornherein nicht feststeht, verschiebt sich die Bedeutung von der reinen Performance weg und zur Skalierbarkeit hin.

Eine perfekt skalierende Anwendung würde ihre Antwortzeit auch bei steigender Anzahl von gleichzeitigen Benutzern nicht erhöhen. In der Praxis kommt so etwas nicht vor, eher werden Sie auf eine Situation treffen, die in der Abbildung 16.15 dargestellt wird. Während die Anwendung B bei wenigen gleichzeitigen Benutzern deutlich schneller arbeitet als die Anwendung A, verschiebt sich das Bild mit steigender Benutzeranzahl, sodass am Ende die „langsamere" Anwendung A die besseren Karten hat.

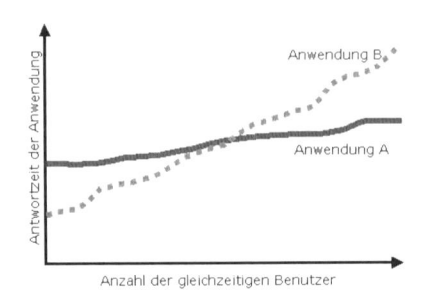

Abb. 16.15: Unterschiedliche Skalierbarkeits-Eigenschaften

16.3.1 Warum eine verteilte Anwendung?

Am Beispiel eines Datenbankprogramms wird der Wechsel von einer Two-tier-C/S-Anwendung zum Three-tier-Modell am verständlichsten. Allerdings gibt es in der Praxis nicht nur diese zwei Implementierungen, sondern gleich fünf davon:

- Physisches Two-tier mit Fat Clients
- Physisches Two-tier mit Fat Server
- Logisches Three-tier bei einer physischen Two-tier-Implementierung
- Physisches Three-tier
- Physisches Three-tier in Form einer Internet-Implementierung

Wer mein Datenbankbuch kennt, kann sofort etwas mit den Begriffen Fat Client und Fat Server anfangen. Beim Fat Client dient die Datenbank ausschließlich zur Datenspeicherung, alle Programm-Logik wird im Client implementiert. Im Gegensatz dazu versucht der Fat Server, zuerst alles über Datenbankfähigkeiten (Domains, Constraints, Trigger, Stored Procedures, External Functions etc.) abzubilden und erst wenn dies nicht möglich ist, die Aufgabe im Clientprogramm zu implementieren.

Auf die dreifache Unterteilung des Three-tier-Prinzips komme ich gleich zurück. Und um zu verstehen, warum dieses Modell entwickelt wurde und aus welchen Gründen es sich immer stärker durchsetzt, muss man die historische Entwicklung der Datenbankanwendungen berücksichtigen.

Terminal/Host

Am Anfang waren monolithische Datenbankanwendungen üblich, die als Mixtur der Bestandteile Relationales Datenbankmanagementsystem (RDBMS) und eigenes Anwendungsprogramm, das die Business Rules (BR) definiert, bestanden. Die vollständige Software wurde auf dem Host-Rechner ausgeführt, alle Clients griffen nur über „dumme" Terminals auf die Anwendung zu. Da das Client-Terminal keine eigene Rechenleistung hatte und nur für die Anzeige der vom Host generierten Benutzeroberfläche zuständig war, spielten die Themen Datenbanktreiber, Datensicherheit und Datenintegrität für den Client überhaupt keine Rolle. Als Verbindung zwischen Host und den Terminals wurde noch nicht einmal eine Netzwerk-Karte benötigt – die serielle Schnittstelle am Terminal reichte sogar bei einer Übertragungsrate von 9600 bps aus. Da auf dem Terminal keine Software läuft, waren auch Updateprobleme und Versionskonflikte völlig unbekannt.

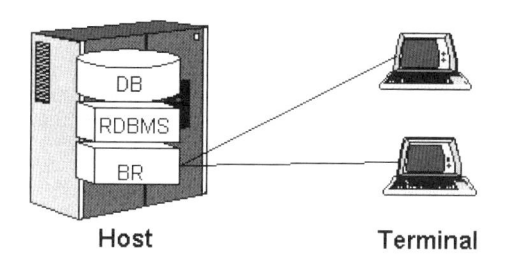

Abb. 16.16: Das Terminal/Host-Prinzip

Diesen Vorteilen standen natürlich auch Nachteile gegenüber. Die monolithischen Anwendungen sind zwar robust, aber unflexibel. Im Laufe der Zeit verschoben sich die Prioritäten der Auftraggeber, sodass dieser Nachteil zum fast völligen Aussterben dieser Gattung führte. Das Terminal/Host-Prinzip wurde weitgehend vom Client/Server-Prinzip verdrängt.

Client/Server

Vergleicht man einmal die Abbildung 16.16 (Terminal/Host) mit der Abbildung 16.17 (Client/Server), fällt der Unterschied sofort ins Auge. Der Aufgabenbereich BR (Business Rules) ist auf der Server-Seite deutlich kleiner geworden, dafür gleicht ein anderes Stück dieses Defizit auf der Client-Seite aus. Somit ist die Datenbankanwendung nur dann lauffähig, wenn beide Teile zusammenspielen, d.h. der Client muss einen Treiber zum Herstellen der Verbindung zur SQL-Datenbank verwenden.

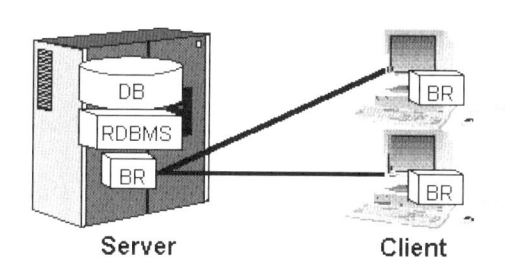

Abb. 16.17: Das Client/Server-Prinzip

Durch das Aufbrechen der monolithischen Anwendung in zwei Bestandteile kann eine Client/Server-Anwendung wesentlich flexibler auf neue Anforderungen reagieren. Das geht zumindestens so lange gut, wie auf dem Client ein monolithisches Anwendungsprogramm zum Zugriff auf die Daten der SQL-Datenbank verwendet wird. In einem kompilierten Programm können Vorkehrungen getroffen werden, um die Mindestanforderungen an Datensicherheit und Datenintegrität einzuhalten. Doch was passiert, wenn auf dem Client-Rechner auch ein Zugriff über Makrosprachen wie zum Beispiel VBA (Visual Basic for Application) oder VBScript gefordert wird? Ein Microsoft Word-Makro ist als Sprache für die Client-Seite nicht geeignet, da der Entwickler keine Vorkehrungen gegen illegale Eingriffe treffen kann. Was passiert mit den Zugriffen aus dem Internet oder von einem Tele-Arbeitsplatz aus? Hier gibt es das Problem der geringen Übertragungsbandbreite, anstelle von 10/100 MBits wie im LAN stehen bei einer ISDN-Verbindung nur 64 kBits zur Verfügung. In diesen speziellen Fällen hätte eine Terminal/Host-Lösung wieder Vorteile. Also „back to the roots"? Nein – stattdessen werden einfach die Vorteile aus beiden Prinzipien zu einem neuen Prinzip erklärt!

Three-tier

Wenn eine Anwendung nicht mehr nur aus zwei Bestandteilen bestehen darf, kann ein dazwischengeschalteter Application Server die funktionellen Aufgaben eines Hosts übernehmen. In diesem Fall wird der Client wieder nur zum Terminal, da auf seiner Seite keine Business Rules implementiert werden, sondern nur die Präsentation der Daten erfolgt.

Schicht	Aufgabe
Data Service	Datenspeicherung und Sicherstellung der Datenintegrität (zum Beispiel durch die Prüfung auf das Einhalten der Regeln zur referenziellen Integrität)
Business Service	Implementierung der Programm-Logik, des Ablaufs einzelner Arbeitsvorgänge und Prüfung auf Einhaltung aller Regeln zur Plausibilität
Presentation Service	Implementierung der Benutzeroberfläche

Tabelle 16.5: Die Bestandteile des Three-tier-Modells

Der Client benötigt auch keine Treiber für die Datenbankverbindung und muss auch gar keine Zugriffsberechtigung für das RDBMS haben, somit sind anonyme Zugriffe auf die Daten möglich. Stattdessen stellt der Application Server spezielle Module bereit, die exakt definierte Sichtweisen auf die Daten exportieren und in der Gegenrichtung exakt definierte Funktionen zur Datenmanipulation bereitstellen. Für den Client hat das zur Folge, dass wie beim Terminal/Host-Prinzip auch die Themen Datensicherheit und Datenintegrität keine Rolle mehr spielen – diese Aufgaben erledigt der Application Server.

Das Three-tier-Modell ist also immer dann sinnvoll, wenn besondere Anforderungen erfüllt werden müssen:

- Die Anwendung muss gut skalierbar sein. Da die Objekte der mittleren Schicht auf verschiedenen Servern parallel ausgeführt werden können, steht eine Lastverteilung zur Verfügung.

- Es dürfen keine festen Bindungen zwischen Front-end (Client) und Back-end (SQL-Server) auftreten.
- Die Anwendung muss mit einer geringen Übertragungsbandbreite auskommen (Stichwort Telearbeitsplatz über Modem/ISDN; Zugriff über das Internet/Extranet).
- Im Interesse einer sichergestellten Datenintegrität sowie einer höheren Datensicherheit sollen die Datenbankregeln an zentraler Stelle und unabhängig von den Clients verwaltet werden.
- Der Anwender muss völlig transparent auf Daten aus unterschiedlichen Quellen zugreifen können.
- Es wird die Funktion einer Firewall gegen unberechtigte Zugriffe auf die Daten benötigt. Der Applications-Server wacht darüber, dass Außenstehende keinen direkten unberechtigten Zugriff auf das interne Netzwerk erhalten.
- Der Client soll das so genannte Briefcase-Modell unterstützen, bei dem er auch offline mit dem Datenbestand arbeiten kann.
- Die Objekte werden aus einer Active Server Page (ASP) heraus aufgerufen.
- Die Anwendung muss einen Zugriff aus Web-Browser heraus über HTTP unterstützen.
- Die Anwendung muss Aufrufe „zwischenpuffern" können, wenn einer der beteiligten Server momentan nicht erreichbar ist.

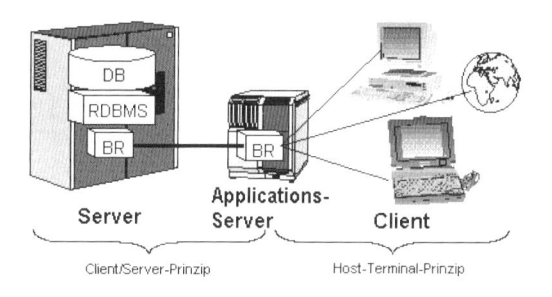

Abb. 16.18: Das Three-tier-Prinzip

Allerdings gibt es auch eine Schattenseite von Three-tier, die Anwendungen werden komplexer und somit ist die Entwicklung als Ganzes aufwendiger.

Trennung zwischen logischer und physischer Schicht

Gerade die Vorteile, die sich aus der strikten Trennung zwischen der logischen und der physischen Schicht ergeben, erhalten in unserer schnelllebigen Zeit eine immer stärker werdende Bedeutung. Auch dann, wenn der Datenbestand auf verschiedene Datenbanken aufgeteilt werden soll, die sogar unter verschiedenen Betriebssystemen laufen, ist der Client davon nicht betroffen. Nur auf dem Application-Server, auf dem die Objekte der mittleren Schicht ausgeführt werden, müssen die Datenbanktreiber sowie die Zugriffsobjekte installiert werden. Im Idealfall wird es der Client überhaupt nicht bemerken, dass er nun mit mehreren Datenbanken gleichzeitig arbeitet.

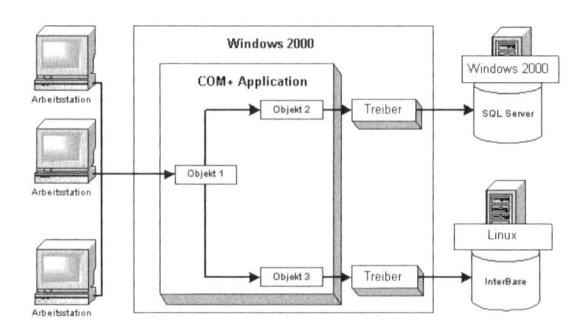

Abb. 16.19: Einsatzbeispiel für den Zugriff auf zwei Datenbanken

Die Internet-Implementierung des Three-tier-Modells

Bislang war die Unterteilung einer Anwendung in drei Schichten einfach – die Daten und der dafür zuständige Data Service werden wohl automatisch einem Datenbank-Managementsystem (DBMS) zugeordnet. Und auch der Presentation Service war in Form eines Windows-Programms, das auf Fenster zurückgreift, sehr gut vorstellbar und vor allem eindeutig zuordenbar.

Was passiert aber mit den Three-tier-Anwendungen, die eine HTML-Oberfläche haben? In diesem Fall kann der Presentation Service nicht mehr uneingeschränkt nur dem Client zugeordnet werden, denn in den meisten Fällen wird ein im Web Server eingebundenes Modul die Aufbereitung des HTML-Textes für den Client übernehmen. Der Client ist nur für die Anzeige des Ergebnisses zuständig und kann im besten Fall zusätzliche Anweisungen (ActiveX oder Scripts) laden, die auf der Client-Seite ausgeführt werden sollen.

Wenn man sich dann einmal die Bestandteile einer MIDAS-Anwendung anschaut, die mit den Internet-Express-Komponenten erstellt wurde, wird das Problem deutlicher. In einer typischen Internet Express-Anwendung sind die folgenden Stellen beteiligt:

- InterBase-Server als Data Service
- MIDAS 3-Serveranwendung als Business Service
- CGI/ISAPI-Anwendung als der erste Teil des Presentation Services
- Web-Browser des Clients als der zweite Teil des Presentation Services

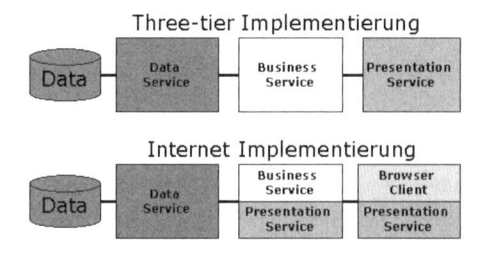

Abb. 16.20: Unterschiede der Internet-Implementierung von Three-tier

Bei einer Internet-Anwendung stellt sich die Frage, wo die notwendigen Plausibilitätsprüfungen implementiert werden. Nicht immer wird es möglich sein, alle Prüfungen nur auf der mittleren Schicht vorzunehmen. Eine benutzerfreundliche Programmoberfläche sollte den Anwender bereits bei der Eingabe in der HTML-Maske auf problematische Einträge hinweisen. Wer hier nicht mit JavaScript oder VBScript hantieren möchte, kann immer noch auf die ActiveForms ausweichen.

16.3.2 Warum nicht CORBA, Java oder XML?

Ich bin mir sicher, dass Sie spätestens jetzt von den Vorteilen einer verteilten Anwendung überzeugt sind. Allerdings bedeutet dies nicht automatisch, dass man seine Lösung auf COM+ aufsetzen muss. Jeder, der in der letzten Zeit Notiz von den Hauptgesprächsthemen unserer Branche genommen hat, wird die oftmals ins Spiel gebrachten Alternativen CORBA, Java oder XML zumindest vom Namen her kennen.

CORBA (Common Object Request Broker Architecture) ist ein Industriestandard, der es vom Alter her mit COM aufnehmen kann. Im Gegensatz zu COM ist CORBA jedoch nur eine Spezifikation, zu der man seine Implementation von einem der Anbieter für teures Geld erst dazukaufen muss. Außerdem ist CORBA trotz der Bezeichnung als Industriestandard nicht so standardisiert, dass man verschiedene Komponenten unterschiedlicher Hersteller problemlos untereinander austauschen kann. Stattdessen wird man mit den gleichen Problemen konfrontiert, die beim Standard SQL oder beim Open-Source-Betriebssystem Linux auftreten. Jeder Anbieter kocht eben gern sein Süppchen und passt auf, dass ihm kein Konkurrent in die Suppe spuckt. CORBA hat jedoch noch einen weiteren gravierenden Nachteil. Während ein Entwickler seine COM-Kenntnisse universell nutzen kann, beschränkt sich CORBA nur auf den Teilbereich der verteilten Anwendung. Dies führt in der Praxis dazu, dass ein Entwickler, der CORBA einsetzt, zusätzlich COM für die anderen Sachen nutzen muss. Die Anforderungen an sein Know-how sind somit deutlich höher als beim Kollegen, der nur COM einsetzt.

Fast genau die gleichen Argumente lassen sich gegen Java vorbringen – eine Anwendung, die nicht zwingend auf beliebigen Betriebssystemen außerhalb des Web-Browsers laufen muss, ist mit COM besser bedient. Dies gilt erst recht dann, wenn fast ausschließlich Windows-Rechner im Einsatz sind.

Fehlt noch XML – hier sieht die Sache anders aus. XML war niemals dazu konzipiert, eine Alternative zu CORBA oder COM zu sein, denn XML hat seine Stärken im Bereich des universellen Datenaustauschs. In einer normalen verteilten Anwendung soll der Client jedoch nicht direkt auf die Daten zugreifen können, da der Application-Server garantiert auf die Einhaltung der Business Rules achten soll. Der Client arbeitet nur mit Objekten, die Daten und Zugriffsmethoden darauf einkapseln.

Dies bedeutet jedoch nicht, dass XML völlig fehl am Platz ist. Als zusätzliches Format ist es ein ideales Übertragungsprotokoll, um anderen Anwendungen einen Zugriff auf die freigegebenen Daten zu gestatten. Aus diesem Grund setzt Borland zum Beispiel in der InternetExpress-Technologie XML als Übertragungsmedium zwischen Application Server und Client (Web-Browser) ein. Allerdings wird das Objekt selbst mit Delphi entwickelt, wobei MIDAS 3 als zustandsloses Objekt nun ideal für den Einsatz in einer COM+ Application geeignet ist.

16.3.3 Nebenwirkungen

Und hier sind wir wieder beim eigentlichen Thema. COM+ stellt eine hervorragende Infrastruktur für verteilte Anwendungen zur Verfügung. Für eine verteilte Anwendung gelten neue Regeln, sodass der Entwickler beim Umstieg trotz seines langjährigen C/S-Erfahrungsschatzes umlernen muss. Damit dieses Thema nicht zu theoretisch und somit zu langweilig wird, verpacke ich es in eine Story. Angenommen, in einer fiktiven Firma soll die C/S-Anwendung auf eine verteilte Anwendung umgestellt werden. Die Außendienstler, Kunden und Zulieferer erhalten so einen direkten Zugriff auf einen Teilbereich der Anwendung. Im Gegensatz zu früher muss das System nun mit einer deutlich höheren Anzahl von gleichzeitig aktiven Benutzern rechnen.

Datenbankverbindungen

Bei einem C/S-Programm wird die Verbindung zur Datenbank in der Regel beim Programmstart hergestellt und die ganze Zeit offen gelassen. Der Grund dafür besteht darin, dass der Verbindungsaufbau ein relativ zeitaufwendiger und ressourcenintensiver Vorgang ist. Beim Verbindungsaufbau sind in der Regel zwei getrennte Rechner beteiligt, sodass die Antwortzeit des Netzwerks eine Rolle spielt.

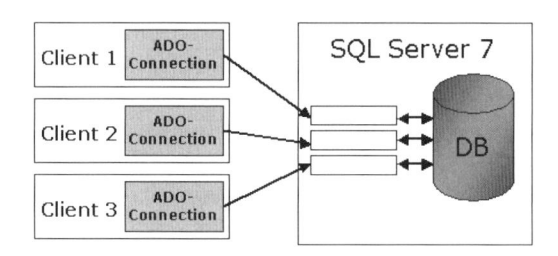

Abb. 16.21: Die Datenbankverbindungen einer Client/Server-Anwendung

Außerdem fordert der Client direkt beim RDBMS (Relational Database Management System) eine Verbindung an, sodass der SQL-Server die Zugriffsberechtigungen des Clients nachprüfen muss. Da jeder Client mindestens in einem eigenen Prozess, aber in der Regel auch auf einem eigenen Rechner läuft, hat der Entwickler keine Chance, einen eigenen Pool zu implementieren. Die einzige Möglichkeit, die ihm bleibt, ist das automatische Trennen einer Datenbankverbindung, die längere Zeit nicht genutzt wurde. Somit gibt der Client eine Ressource frei, die er nicht nutzt. Allerdings hat diese Vorgehensweise auch eine Nebenwirkung – immer dann, wenn der Client die Verbindung wieder benötigt, muss diese Datenbankverbindung neu aufgebaut werden.

Bei einer verteilten Anwendung, bei der die Anzahl der gleichzeitig aktiven Benutzer unbestimmt ist, wird dies zum Problem. Zum einen begrenzen die SQL-Server die maximale Anzahl der gleichzeitig aktiven Verbindungen und zum anderen kann auch der Application Server nur eine begrenzte Anzahl von Objekten gleichzeitig ausführen. COM+ löst dieses Problem, indem die Objekte über Just-in-Time Activation (JITA) nur für den Zeitraum des Client-Zugriffs leben und die Datenbankverbindungen über einen Pool gemeinsam genutzt werden. Wenn der Client eine Interface-Methode des auf dem Application Server ausgeführten Objekts aufruft, holt sich das Objekt nur für den Zeitraum dieses Methodenaufrufs eine freie Datenbankverbindung aus dem Pool. Auch dann, wenn das aufgerufene Objekt die ADO-Verbindung wieder trennt, bleibt die Datenbankverbindung zum SQL-Server aktiv, da die nicht mehr benötigte aktive Verbindung zurück in den Pool gelegt wird. Eine Datenbankverbindung wird somit im Zeitmultiplex-Verfahren von mehreren Clients gemeinsam genutzt, ohne dass sich der Entwickler darum kümmern muss. Daraus ergibt sich, dass eine deutlich höhere Anzahl von Clients die beschränkt zur Verfügung stehende Ressource (Datenbankverbindung) nutzen kann.

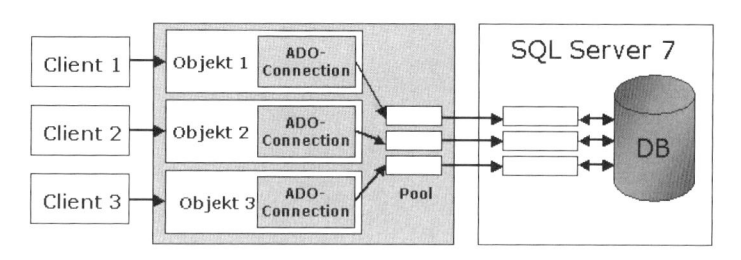

Abb. 16.22: Der Datenbankverbindungs-Pool einer Three-tier-Anwendung

Ein Datenbankverbindungs-Pool kann jedoch nur dann effektiv arbeiten, wenn alle Datenbank-Handles mit gleichen Benutzerrechten auf den SQL-Server zugreifen. Denn dann kann jedes freie Handle bei der nächsten Anforderung vergeben werden. Dies hat zur Folge, dass die in einer C/S-Anwendung übliche Anmeldung mit Benutzernamen und Passwort für die Datenbank nicht mehr zur Verfügung steht. Alle Objekte greifen mit den gleichen Rechten auf die SQL-Datenbank zu. Die Zugriffskontrolle kann somit die Rechtevergabe an Datenbankobjekten nicht mehr ausnutzen, sondern muss einen eigenen Weg gehen. Damit dies für den Entwickler nicht zur Mehrbelastung wird, übernimmt COM+ die Zugriffskontrolle. Für jede COM+-Anwendung, für jedes Objekt, jedes Interface und sogar für jede Interface-Methode können Zugriffsregeln definiert werden. Und über die COM+ Roles stellt das Betriebssystem sogar eine Gruppenverwaltung für die Zugriffsrechte zur Verfügung, die vollständig in das Sicherheitssystem von Windows 2000 integriert ist.

Objektmodell

In Multi-tier-Anwendungen ist der Einsatz eines einzigen Objekts, das für alle Aufgaben zuständig ist, die Ausnahme. Der Vorteil der mehrschichtigen Anwendungen liegt ja gerade darin, dass mehrere Objekte arbeitsteilig die Aufgaben gemeinsam erledigen. Durch das Aufteilen auf verschiedene Objekte wird jedes Objekt für sich entsprechend der Einsatzumgebung optimal konfiguriert und implementiert. Nur so kann das für verteilte Anwendungen geforderte Ziel der Skalierbarkeit erreicht werden. Außerdem kann die Anwendung leichter gepflegt und erweitert werden, da immer nur einzelne binäre Objekte betroffen sind.

Die Abbildung 16.23 stellt dazu ein Beispiel dar. Die Clients rufen nur Interface-Methoden der beiden Manager-Objekte auf. Dabei wird jede Aufgabe an das Objekt weiterdelegiert, das dafür vorgesehen ist. Zum Beispiel sorgt das SELECT-Objekt dafür,

dass eine SQL-Abfrage in der Datenbank ausgeführt wird. Dabei verwendet dieses Objekt die folgenden Eigenschaften:
- verwendet keine deklarativen COM+-Transaktionen und verursacht damit weniger Overhead
- ist zustandslos, wird damit frühestmöglich von COM+ deaktiviert und belegt nur kurzzeitig Ressourcen
- ist flexibel für variable SQL-Abfragen ausgelegt und kann von verschiedenen Managern verwendet werden

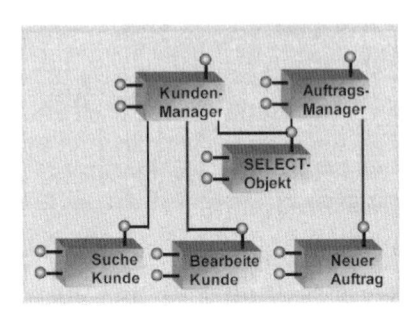

Abb. 16.23: Ein Beispiel einer COM+-Anwendung

Wenn eine verteilte Anwendung aus verschiedenen Objekten besteht, die keine gemeinsame „Lebensdauer" haben, gibt es ein neues Problem. In einer C/S-Anwendung werden die zusammengehörenden Datenbankaktionen in eine gemeinsame Transaktion gekapselt. Der Entwickler bestimmt dabei für Beginn und Ende einer Transaktion den exakten Zeitpunkt. Dies kann aber nur dann funktionieren, wenn die Datenbankverbindung die ganze Zeit über aktiv bleibt.

In einer verteilten Anwendung wird jedoch die letzte Forderung nicht erfüllt, da die Datenbankverbindung sofort nach Gebrauch in den Pool zurückgelegt wird. Ein einzelnes Objekt kann somit die Transaktion nicht steuern. Eine verteilte Anwendung soll durch ein neues Objekt einfach erweitert werden können, ohne dass die bereits bestehenden Objekte geändert werden müssen. Somit darf die eigene verteilte Anwendung keine direkte Kontrolle über die Datenbanktransaktionen haben.

Dieser Widerspruch der Anforderungen wird von COM+ durch den Mechanismus der deklarativen Transaktionen aufgelöst. Jedes Objekt beschreibt über seine Attribute die Anforderungen in Bezug auf Transaktionen und legt somit das Verhalten fest:
- Es unterstützt keine deklarativen Transaktionen.
- Es wird in der gleichen Transaktion wie der Aufrufer ausgeführt.
- Es wird in einer neuen, eigenen Transaktion ausgeführt.

Jedes Objekt teilt COM+ mit, ob es seine Arbeit erfolgreich erledigt hat oder nicht. Wenn der Aufruf der Interface-Methode des Servers zum Client zurückkehrt, prüft COM+ nach, ob alle Objekte die Arbeit erfolgreich erledigt haben. Wenn ja, sorgt COM+ dafür, dass die Datenbanktransaktion über ein COMMIT abgeschlossen wird. Hat aber auch nur ein einziges Objekt sein Veto eingelegt, weil etwas schief gegangen ist, sorgt COM+ automatisch für ein ROLLBACK aller Aktionen, die innerhalb dieser Transaktion ausgeführt wurden. Durch den im Betriebssystem integrierten Distributed Transaction Coordinator (DTC) funktioniert das auch rechnerübergreifend mit mehreren Datenbanken.

Somit ist es möglich, unabhängig von allen anderen Objekten ein neues Objekt für neue Aufgaben in die gleiche Transaktion einzubinden. Wenn eines der Objekte als Publisher ein COM+ Event auslöst, kann ein neues Objekt als Subscriber ein Abonnement auf dieses Event anmelden. Somit ruft COM+ das Subscriber-Objekt immer dann automatisch auf, wenn der Publisher sein Event auslöst.

Kommen wir zum Beispiel der fiktiven Firma zurück. Angenommen, die Firmenzentrale legt fest, dass jede Rechnungsgutschrift ab dem Betrag von 500 DM zusätzlich in der zentralen Firmendatenbank mitprotokolliert werden muss. Da der Entwickler sein Objektmodell vorausschauend geplant hat, löst sein Rechnungs-Objekt ein Event aus, indem neben der Rechnungsnummer auch der Rechnungsbetrag als Parameter übergeben wird. Um die zusätzliche Forderung zu implementieren, muss er somit seine bereits bestehenden Objekte nicht ändern. Stattdessen entwickelt er ein neues Subscriber-Objekt, das ein Abonnement für das Event anmeldet. Somit ruft COM+ das neue Objekt immer dann auf, wenn der Benutzer über das Rechnungs-Objekt einen Vorgang bearbeitet. Anhand der Parameter kann das Subscriber-Objekt nun entscheiden, ob es sich um eine protokollpflichtige Gutschrift handelt.

Und da der Entwickler schon seine Erfahrungen mit der „Änderungswut" der Firmenleitung gemacht hat, sieht er auch einen Weg vor, wie der Betrag für die Auslösungsschwelle variabel konfiguriert werden kann. Dazu greift er auf die COM+ Constructor Strings zurück.

16.3.4 Performance von verteilten Anwendungen

Bei der Zusammenstellung aller Vorteile des Three-tier-Modells habe ich auch die Schattenseite nicht verschwiegen – die Anwendungen werden komplexer und somit ist die Entwicklung als Ganzes aufwendiger. Dies gilt insbesondere immer dann, wenn die Anwendung in der Lage sein soll, die Anforderungen von vielen Benutzern gleichzeitig zu erfüllen.

Performance vs. Scalability

Die Leistung sowie die Skalierbarkeit einer verteilten Anwendung hängen zwar irgendwie zusammen, sind jedoch nicht identisch. Im Gegensatz zur Skalierbarkeit spielt bei der Ermittlung des Antwortverhaltens (Leistung) der Anwendung die Anzahl der gleichzeitigen Benutzer nur eine untergeordnete Rolle. Von einer guten Skalierbarkeit spricht man, wenn die Leistung linear in dem Maß ansteigt, wie die Rechenleistung des Systems erhöht wird. Dies wird nur dann erreicht, wenn in allen beteiligten Komponenten keine Engstelle vorhanden ist, die als schwächstes Glied das Verhalten aller Teile bestimmt. Das Bestreben nach guter Skalierbarkeit kann dazu führen, dass die Performance der Anwendung bei einer kleinen Anzahl von gleichzeitigen Benutzerzugriffen sogar sinkt. Wenn zum Beispiel bestimmte Daten in den Application-Objekten der mittleren Schicht zwischengespeichert werden, verbessert dies das Antwortverhalten bei niedriger Benutzeranzahl. Allerdings ist diese Lösung nicht gut skalierbar, denn mit steigender Benutzeranzahl wird die Effizienz dieses internen Zwischenpuffers immer schlechter werden und so die Leistung negativ beeinflussen. Ein anderes Beispiel betrifft das permanente Belegen von Datenbank-Handles. Eine Anwendung, die ihr Handle niemals freigibt, wird einzeln betrachtet leistungsfähiger sein als eine Anwendung, die ein Datenbank-Handle sofort nach Gebrauch zurück in den Pool legt. Allerdings ist nur die Anwendung gut skalierbar, die den Datenbankverbindungs-Pool nutzt.

Angenommen, ein 300 MHz schneller Pentium III kann 50 Benutzer innerhalb der geforderten maximalen Antwortzeit bedienen. Wird der Rechner auf eine 600-MHz-CPU hochgerüstet, sollte eine gut skalierbare Anwendung mit 100 Benutzern gleichzeitig umgehen können. Diese Milchmädchenrechnung lässt dabei aus Vereinfachungsgründen außer Acht, dass die CPU nicht allein für die Leistungsfähigkeit eines Rechners zuständig ist. Besser geeignet ist ein Beispiel, bei dem die Anzahl der Server verdoppelt wird. Auch hier sollte eine gut skalierbare Anwendung die Anzahl der gleichzeitigen Benutzerzugriffe annähernd verdoppeln.

Mit dem Windows 2000 AppCenter Server steht eine leistungsfähige Umgebung zur Verfügung, die Mechanismen für den automatischen Lastausgleich auf verschiedene Rechner unterstützt.

Microsofts Ratschläge für skalierbare Three-tier-Anwendungen

Microsoft hat auf seinen Web-Seiten im Beitrag „Top Windows DNA Performance Mistakes and How to Prevent Them" verschiedene Ratschläge gegeben, deren Einhaltung eine gute Ausgangsbasis für skalierbare Anwendungen schaffen soll. Das Extrakt aus diesem Artikel stelle ich Ihnen bereichsbezogen vor.

Transaktionen

Die Zeitdauer einer Transaktion hängt zum einen von den Umgebungsbedingungen (Geschwindigkeit des Netzwerks; Zugriffsgeschwindigkeit der Festplatten, Sperrmechanismus der Datenbank usw.) und zum anderen vom Anwendungs-Design ab. Da der Hardware natürliche Grenzen gesetzt sind, hat das geeignete Anwendungs-Design die größeren Auswirkungen. Ein Benutzer sollte niemals interaktiv die Zeitdauer einer Transaktion beeinflussen dürfen. Auch Netzwerkzugriffe auf externe Ressourcen sollten nicht innerhalb einer laufenden Transaktion ausgelöst werden, sondern vorher. Nach Möglichkeit sollte die Anwendung auf gepoolte Datenbankverbindungen zugreifen, anstatt sich selbst um das Anfordern einer neuen Datenbankverbindung zu kümmern.

Der letzte Punkt wird immer dann automatisch erfüllt, wenn die Anwendung innerhalb des MTS beziehungsweise COM+ über einen Resource Dispenser auf die Datenbank zugreift.

Objekte der mittleren Schicht

Hinter dem primären Ziel der guten Skalierbarkeit muss das sekundäre Ziel, eine objektorientierte Anwendung zu schreiben, zurücktreten. Das Implementieren von komplexen und tiefgeschachtelten Objekt-Hierarchien sowie der Zugriff auf eine sehr große Anzahl von Objektinstanzen haben einen negativen Einfluss auf die Skalierbarkeit. Im Kapitel 9 (Objektmodelle) bin ich auf ein derartiges Beispiel eingegangen. Während die Einzelplatzversion für jede vorgefundene Datei eine eigene Objektinstanz erzeugt hat, war für die DCOM-Version ein grundlegender Umbau notwendig. Anstelle von einzelnen Objekten hat der DCOM-Server auf eine schlichtere, aber effektivere Art der Datenspeicherung zurückgegriffen. Es kommt also weniger auf Schönheit und Eleganz (im objektorientierten Sinn), sondern mehr auf die Skalierbarkeit an.

Der nächste Punkt betrifft den Glaubens-Krieg „Fat Client vs. Fat Server", der üblicherweise bei den C/S-Datenbankanwendungen geführt wird. Auch wenn dies ein Two-tier-Problem ist, bedeutet das nicht, dass eine Three-tier-Anwendung automatisch davon verschont wird. Ganz im Gegenteil – denn am Anfang habe ich ja darauf hingewiesen, dass zwischen Data Service und Business Service eine C/S-Beziehung besteht. Somit gilt auch hier die Regel, dass so viel wie nur möglich auf die SQL-Datenbank verlagert werden sollte. Immer dann, wenn ein Trigger, eine Stored Procedure oder eine externe Prozedur direkt im SQL-Server oder zumindestens auf dem Rechner des SQL-Servers ausgeführt wird, spielt die Netzwerkbandbreite zwischen Data Service und Business Service keine Rolle mehr. Genauso nachteilig ist es, wenn erst das Objekt in der mittleren Schicht die vom SQL-Server abgeforderten Datenmengen aus verschiedenen Tabellen miteinander verbindet oder Daten erst in der mittleren Schicht sortiert werden. Eine Master/Detail-Beziehung sollte über einen JOIN direkt vom SQL-Server hergestellt werden, und auch für die Sortierung ist der SQL-Server besser geeignet.

> *Einige MIDAS-Beispiele von Borland halten sich nicht an diese Empfehlung. Allerdings sollen diese Beispiele nur demonstrieren, wie einfach eine MIDAS-Anwendung ausgelegt werden kann. Es geht bei den Beispielen offensichtlich nicht darum, eine gut skalierbare MIDAS-Anwendung zu entwickeln.*

Auf die Hintergründe der Forderung, nach Möglichkeit nur zustandslose Objekte zu verwenden, bin ich ausführlich im vorangegangenen Kapitel über den MTS eingegangen.

Performance-Monitor

Im Rahmen des Tests der verteilten Anwendung sollten die folgenden Ressourcen über einen längeren Zeitraum durch den Performance-Monitor von NT/Windows 2000 überwacht werden:
- Anzahl der Handles
- Größe der Auslagerungsdatei
- Anzahl der ausgelagerten Seiten

- Anzahl der nichtausgelagerten Seiten
- Anzahl der privaten Bytes
- Anzahl der Threads
- Anzahl der virtuellen Bytes

Datenbank

Jede SQL-Datenbank stellt eigene Wege und Mittel zur Verfügung, um einzelne SQL-Anweisungen auf ihre Auswirkungen hin zu untersuchen. Dabei ist vor allem der Ausführungsplan und damit indirekt das Ergebnis des internen Optimizers von Interesse. Nur so kann nachgeprüft werden, ob ein vorhandener Index sinnvoll ist oder ob ein zusätzlicher Index Vorteile bringt. Wenn man dann noch ein Auge auf die anderen Performance-Werte (Anzahl der IO-Zugriffe, Speicherverbrauch etc.) wirft, kann man abwägen, ob eine De-Normalisierung des Datenmodells der Datenbank eine Verbesserung mit sich bringt. Je nach verwendeter SQL-Datenbank und verwendetem Zugriffsweg (ADO) treffen die folgenden Aspekte als Empfehlung zu:

- Stored Procedures verbessern die Performance spürbar.
- Explizit von der Anwendung deklarierte Parameter beziehungsweise persistente TField-Instanzen sind immer effektiver als die zur Laufzeit implizit ermittelten Konfigurationen.
- Falls möglich, sollten BLObs (Binary Large Objects) vermieden werden.
- Für die jeweilige Aufgabe muss der am optimalsten geeignete Cursor-Typ ausgewählt beziehungsweise experimentell ermittelt werden.

Auf den ersten Punkt mit der Stored Procedure komme ich noch einmal zurück. Angenommen, Ihre Anwendung ist auf BLObs angewiesen und muss Grafiken in einer Microsoft SQL-Server-7-Datenbank speichern. Wird eine neue Grafik über eine INSERT-Anweisung direkt über SQL eingefügt, muss der binäre Inhalt der Grafik vor der Übertragung zur SQL-Datenbank erst in die Textdarstellung umgewandelt werden. Dabei wird sich die Größe schätzungsweise verdoppeln. Auf der Server-Seite wird dies danach wieder rückgängig gemacht, sodass der binäre Inhalt in der Datenbank abgelegt werden kann. Legt der Entwickler allerdings eine Stored Procedure in der SQL-Datenbank an, sieht die Situation völlig anders aus.

```
CREATE PROCEDURE P(@p1 IMAGE) AS INSERT Test VALUES (@p1)
```

Da nun beiden Seiten der exakte Datentyp bekannt ist, wird der Grafikinhalt in seiner originalen binären Form übertragen.

16.4 COM+ und Delphi 5

Welche COM+-Neuheiten können nun sofort mit Delphi 5 ausgenutzt werden? Zur Beantwortung dieser Frage greife ich nur drei Bereiche heraus. Zum einen können die neuen COM+ Events sofort eingesetzt werden, ohne dass irgendwelche Anpassungen notwendig sind. Zwar fehlen in Delphi noch die Experten, aber das automatische Installieren von COM+-Objekten ist eine Sache weniger Programmzeilen. Auch die COM+ Application als Container-Prozess für die In-process Server (DLL) stellt für Delphi keine Hürde dar.

Im Gegensatz dazu hat die vollständige Integration des MTS (Microsoft Transaction Server) in das Betriebssystem die Auswirkung, dass „alte" mit Delphi entwickelte MTS-Objekte nicht mehr vom JITA-Mechanismus (Just-in-Time Activation) profitieren und auch die Transaktionssteuerung fehlschlägt. Um diesen Missstand zu beseitigen, gibt es drei Möglichkeiten. Die erste besteht darin, das UpdatePack für Delphi 5 zu installieren. Die zweite Option ist für Delphi 4 und Delphi 5 geeignet und legt selbst Hand an die Delphi-Unit *MTX.PAS*, indem alle `GetModuleHandle`-Verweise auf *mtxex.dll* durch *ole32.dll* ersetzt werden. Die Teilnehmer der Entwickler Tage 2000 werden dieses Patch bereits kennen – allen anderen stelle ich es an dieser Stelle vor. Die dritte Option besteht darin, auf die Experten der Enterprise-Version zu verzichten und die notwendigen Schritte genauso manuell abzuarbeiten, wie es auch für die Anwender von Delphi 5 Professional notwendig ist. Die dazu notwendigen Schritte habe ich in Form von Kommentarzeilen in einem Beispielprojekt (Verzeichnis Kapitel 17\Delphi5Professional) dokumentiert.

16.4.1 Borlands Eigentor

Microsoft hat großen Wert darauf gelegt, dass die für den MTS geschriebenen Objekte auch unter COM+ funktionstüchtig bleiben. Auf der Seite des Win32-API wurden dazu entsprechende Vorkehrungen getroffen, die für die C++-Leute auch problemlos funktionieren. Nur mit Delphi gibt es ein Problem – allerdings liegt hier die Ursache eindeutig bei Borland und nicht bei Microsoft. Wird ein bereits vorhandenes MTS-Objekt in einer COM+ Application installiert, so machen sich beim ersten Funktionstest die folgenden Probleme bemerkbar:

- Alte zustandslose MTS-Objekte werden nicht mehr deaktiviert, auch wenn die Methode `SetComplete` aufgerufen wird.
- Kein JITA der Objektinstanzen.
- Keine Transaktionen, ein Rollback ist nicht erfolgreich.

Für dieses fehlerhafte Verhalten gibt es selbstverständlich auch Gründe, die an dieser Stelle nicht verschwiegen werden sollen:

- Der Surrogate-Prozess *MTX.EXE* (MTS) wird zu *DLLHOST.EXE* (COM+).
- Die DLL *MTXEX.DLL* wird nicht mehr in den Prozess geladen, somit muss die Delphi-Unit *MTX.PAS* beim `GetModuleHandle`-Aufruf aufgrund der von Borland verwendeten Implementierung zwangsläufig scheitern.
- Die Win32-API-Funktion `CoGetObjectContext` wird in Windows 2000 in der DLL *OLE32.DLL* exportiert.
- Die Funktion `SafeRef` ist bei COM+ bedeutungslos.

Mit der folgenden Programmzeile hat Borland ein Eigentor geschossen, da direkt die API-Funktion GetModuleHandle aufgerufen wird:

```
Mtxdll := GetModuleHandle('mtxex.dll');
```

Microsoft setzt in den Beispielen im SDK immer den `LoadLibrary`-Aufruf davor, sodass deren Anwendungen den Wechsel vom MTS zu COM+ problemlos überstehen. Borland hat – um den im MTS „unnötigen" LoadLibrary-Aufruf zu vermeiden – direkt das Handle auf die DLL abgefordert. Aber während die DLL *MTXEX.DLL* im MTS im-

COM+ und Delphi 5

mer vorhanden ist, fehlt diese DLL unter COM+ vollständig. Somit greift auch die von Microsoft vorgesehene Kompatibilitätslösung nicht, da Borland die dafür vorgesehene Funktion (LoadLibrary) erst gar nicht aufruft.

Bereits im August 1999 stand mit der Beta 3 von Windows 2000 eine funktionstüchtige Version von COM+ zur Verfügung. Und da ich die ganze Zeit über nicht auf das Update-Pack zu Delphi 5 warten wollte, habe ich einen eigenen Workaround für dieses Problem zusammengebastelt.

> *Im Gegensatz zum UpdatePack für Delphi 5 können Sie diesen Workaround auch für Delphi 4 nachvollziehen. Arbeiten Sie mit Delphi 5, sind Sie mit dem UpdatePack auf jeden Fall besser bedient.*

Ich kopiere dazu die Delphi-Unit *MTX.PAS* in das eigene Projektverzeichnis, sodass beim nächsten Kompilieren alle von mir vorgenommenen Änderungen im kompilierten Modul berücksichtigt werden. In der Unit korrigiere ich die Prozedur `LoadMtsProcs` sowie die Funktion `GetObjectContext`, sodass die API-Funktionen nun aus der richtigen DLL geladen werden. Allerdings gibt sich mein Patch dann schon zufrieden, sodass anstelle der Methode SetComplete das eigene Objekt direkt die Methoden des Kontext-Objekts wie zum Beispiel `ObjectContext.SetComplete` aufrufen muss.

> *Das Beispielprojekt finden Sie im Verzeichnis »Kapitel 16\Transactions\W2K_MTS«.*

Die geänderte Fassung der Delphi-Unit *MTX.PAS* sieht bei mir nun wie folgt aus, wobei ich an den geänderten Stellen Kommentare eingefügt beziehungsweise die originalen Aufrufe nur auskommentiert habe.

```
uses ComObj;

{--------------------------------------------------------------}
{ Windows 2000 COM+                                            }
{--------------------------------------------------------------}

type
  // Neu ----->
  TCoGetObjectContextProc = function(const riid:TGUID;
    var ObjectContext: IObjectContext): HRESULT; stdcall;
  //<-----
  TGetObjectContextProc = function(
    var ObjectContext: IObjectContext): HRESULT; cdecl;
  TSafeRefProc = function(const rid: TGUID;
    Unk: IUnknown): Pointer; cdecl;
```

```
var
  // Neu ------>
  CoGetObjectContextProc: TCoGetObjectContextProc = nil;
  //<--------
  GetObjectContextProc: TGetObjectContextProc = nil;
  SafeRefProc: TSafeRefProc = nil;
  MtsProcsLoaded: Boolean = False;

procedure LoadMtsProcs;
var
  Mtxdll: HModule;
begin
  (* Originaler Aufruf wurde auskommentiert !
  if MtsProcsLoaded then Exit;
  MtsProcsLoaded := True;
  Mtxdll := GetModuleHandle('mtxex.dll');
  if mtxdll <> 0 then
  begin
    @GetObjectContextProc := GetProcAddress(Mtxdll,
      'GetObjectContext');
    @SafeRefProc := GetProcAddress(Mtxdll, 'SafeRef');
  end;
  *)
  Writeln('-> MTX.PAS: LoadMtsProcs.....');
  Mtxdll := GetModuleHandle('ole32.dll');
    if mtxdll <> 0 then
      begin
        @CoGetObjectContextProc := GetProcAddress(Mtxdll,
          'CoGetObjectContext');
        Writeln('<- MTX.PAS: LoadMtsProcs... erfolgreich');
      end;
end;

const
  // Neu ------>
  IID_IObjectContext : TGUID =
    '{51372AE0-CAE7-11CF-BE81-00AA00A2FA25}';
  //<-------

function GetObjectContext: IObjectContext;
begin
  LoadMtsProcs;
  (* Originaler Aufruf wurde auskommentiert !
  if Assigned(GetObjectContextProc) then
    OleCheck(GetObjectContextProc(Result))
```

```
    else
      Result := nil;
*)
    Writeln('-> MTX.PAS: GetObjectContext.....');
    if Assigned(CoGetObjectContextProc) then
      begin
        OleCheck(CoGetObjectContextProc(IID_IObjectContext,
                                        Result));
        Writeln('<- MTX.PAS: GetObjectContext.....erfolgreich');
      end
    else
      Result := nil;
end;
```

Falls Sie sich die Implementierung im Detail angeschaut haben, wundern Sie sich eventuell über die `Writeln`-Aufrufe. Da normalerweise das in der COM+ Application installierte Objekt still und stumm vor sich hinwerkelt, ist die Ausgabe von Meldungen in einem Konsolenfenster eine sehr hilfreiche Sache. Im Gegensatz zu den MessageBox-Aufrufen muss der Entwickler jede Meldung nicht wegklicken. In der Implementierungs-Unit des Objekts rufe ich im Initialization-Abschnitt die Win32-API-Funktion `AllocConsole` auf. Solange dieser Schritt nicht durch den Aufruf von `FreeConsole` aufgehoben wird, kann das eigene Programm nun Text im Konsolenfenster über einen Writeln-Aufruf absetzen.

```
procedure TW2KMTSDebugObj.DoWork(const sTxt: WideString;
  out sSrvMsg: WideString);
begin
  WriteLn('MTS-Objekt: DoWork');
end;

initialization
  TAutoObjectFactory.Create(ComServer, TW2KMTSDebugObj,
    Class_W2KMTSDebugObj, ciMultiInstance, tmApartment);
  AllocConsole;

finalization
  FreeConsole;
```

Das sieht beim Beispielprojekt zum Beispiel so wie in der Abbildung 16.24 dargestellt aus. Sobald der Client eine Instanz seines Objekts anfordert, erscheint auch ein Konsolenfenster, in dem die Statusmeldungen mitprotokolliert werden.

Der Einsatz des Konsolenfensters hat noch einen weiteren Nutzen. Sie können jederzeit mitverfolgen, wann die COM+ Application heruntergefahren wird. Möchten Sie das Konso-

lenfenster gleich schließen, reicht es aus, die Anwendung von Hand herunterzufahren.

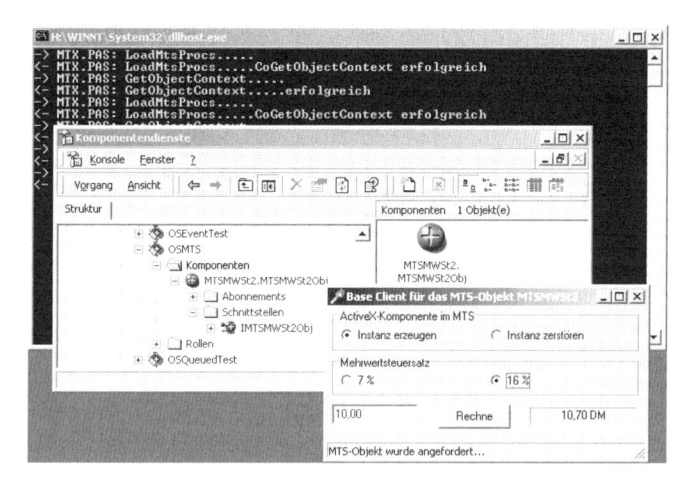

Abb. 16.24: Das Konsolenfenster als Debug-Hilfsmittel in Aktion

16.4.2 Non-blocking Calls

Leider gibt es auch einen COM+-Bereich, der für Delphi zurzeit verschlossen bleibt. Die Vorteile der Non-blocking Calls können mit Delphi nicht ausgenutzt werden. Hinter diesem Begriff verbergen sich Server-Aufrufe, die den Client nicht blockieren. Der Vorteil liegt auf der Hand, der Client erreicht eine parallele Verarbeitung, ohne separate Threads abspalten zu müssen und ohne sich um die Synchronisierung zu kümmern. Der Server ist ohne Mehraufwand besser skalierbar.

Angenommen, der Client ruft die Interface-Methode Summe auf, wobei die ersten beiden Parameter vom Server zur Berechnung des Ergebnisses herangezogen werden. Wenn der Server einige Zeit dazu benötigt, wird der Client beim Aufruf dieser Methode blockiert.

```
IBeispiel.Summe(Wert1, Wert2, Ergebnis)
```

Mit den Non-blocking Calls „zaubert" COM+ im Hintergrund, sodass der Client, ohne das Server-Interface ändern zu müssen, auch die folgenden Aufrufe vornehmen darf:

```
aSrv.Begin_Summe(iWert1, iWert2);
..... (irgend etwas machen)
aSrv.Finish_Summe(iErgebnis)
```

Die Interface-Methode wird mit einem neuen Namen aufgerufen, wobei das Präfix „Begin_" den Aufruf mit der Parameterübergabe definiert. Der dritte Parameter für das Ergebnis fehlt, denn das Ergebnis holt der Client zu einem späteren Zeitpunkt über den zweiten Aufruf mit dem vorangestellten Präfix „Finish_" ab. Zwischen beiden Aufrufen läuft der Client normal weiter, er blockiert somit nicht mehr.

Somit sind die Non-blocking Calls eine sehr interessante Sache – aber leider für uns Delphianer aus den folgenden Gründen nicht erreichbar:

- Problem ASYNC_UUID in der IDL-Datei: Es gibt keinen MIDL-Compiler in Delphi, sodass auch der Interface-Generator für die Hilfsfunktionen nicht aktiv werden kann.
- Problem Proxy/Stub: Delphi verwendet nur den Typbibliothek-Marshaler, aber keine separaten Proxy/Stub-DLLs. Somit fehlen zwangsläufig die automatisch generierten Hilfsfunktionen für das originale Server-Interface.
- Microsoft sagt: Nur C++ (Microsoft Visual Studio) verwenden.

Gerade der letzte Punkt widerspricht dem bisherigen Grundsatz, dass COM sprachunabhängig sein soll. Allerdings hat Microsoft eine Hintertür für Visual Basic vorgesehen – mal sehen, ob Borland diesen Weg auch für Delphi 6 anbietet. Man kann dies als Prüfstein ansehen, ob Delphi für Windows noch mit hoher Priorität weiterentwickelt wird.

Doch betrachten wir nun die Sachen, die mit Delphi 5 umgesetzt werden können, etwas genauer.

16.4.3 COM+-Komponenten debuggen

Im Eigenschafts-Dialog einer COM+-Anwendung kann auf der Registerseite ERWEITERT ein Debugger eingetragen werden. Entsprechend dem Hilfetext aktiviert ein Entwickler diese Option, um anzugeben, dass eine Serveranwendung beim Starten im Debugger aufgerufen werden soll, wobei die im Debuggerpfad angegebene Debuggerbefehlszeile verwendet wird.

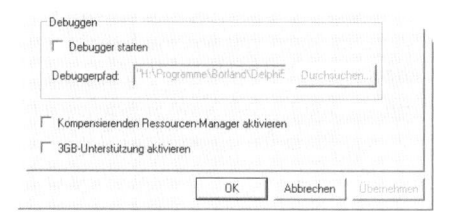

Abb. 16.25: Die COM+-Debugger-Unterstützung bleibt deaktiviert

Für Delphi führt jedoch der bisher beim MTS verwendete Weg zum Erfolg, sodass der Debugger nicht über den Eigenschafts-Dialog aktiviert wird. Stattdessen werden alle benötigten Informationen über das Dialogfenster der STARTPARAMETER erfasst. Da es im Gegensatz zum MTS die Host-Anwendung *MTX.EXE* unter COM+ nicht mehr gibt, muss der allgemeine Surrogate-Prozess *DLLHOST.EXE* als Host-Anwendung ausgewählt werden. Da diese Host-Anwendung für jede COM+ Application einzeln gestartet wird, muss als Parameter die Prozess-ID definiert werden. Dazu kopieren Sie über die Zwischenablage die Anwendungs-ID von der Registerseite ALLGEMEIN des Eigenschafts-Dialogs der COM+ Application.

Wird nun innerhalb von Delphi ein Breakpoint in einer Interface-Methode gesetzt und der Client gestartet, stoppt Delphi am Breakpoint, sodass man nun zeilenweise seinen eigenen Server untersuchen kann.

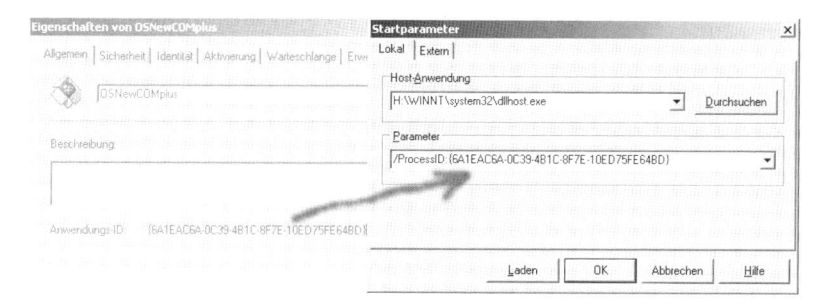

Abb. 16.26: Delphi debuggt eine COM+-Komponente

16.5 Verwendete Entwicklungsumgebung

Alle im Folgenden vorgestellten Beispielprojekte habe ich mit Delphi 5 Enterprise mit installiertem UpdatePack#1 unter Windows 2000 Professional geschrieben. Falls ein Zugriff auf einen anderen Rechner demonstriert werden soll, greife ich dazu auf einen Rechner zurück, der unter Windows 2000 Server läuft. Allerdings handelt nur das letzte Kapitel im Buch von COM+ und nicht alle wechseln sofort zu Windows 2000, sodass die von mir genutzte Konfiguration folgendermaßen aussieht:

Rechner	Partition	Betriebssystem
Entwicklungs-Rechner	C (FAT32)	Windows 98
	D (FAT32)	Windows-98-Programme
	E (FAT16)	860 MByte für temp. CDRW-Daten
	F (FAT32)	Gemeinsam genutzte Daten
	H (NTFS5)	Windows 2000 Professional
Server	C (FAT16)	Windows 95 Debug Version
	D (NTFS)	Windows NT 4.0 Server SP4
	E (NTFS5)	Windows 2000 Server
	F (NTFS5)	Gemeinsam genutzte Daten
Notebook	C (FAT32)	Windows 98
	D (FAT32)	Gemeinsam genutzte Daten

Rechner	Partition	Betriebssystem
	E (NTFS5)	Windows 2000 Professional

Tabelle 16.6: Meine Arbeitsumgebung

Da Windows 2000 sowohl auf sein eigenes NTFS-Format als auch auf eine FAT32-Partition zugreifen kann, steht eine elegante Dual-Boot-Konfiguration zur Verfügung. Gerade beim Thema DCOM spielen die Rechte und die Sicherheitskonfiguration eine wesentliche Rolle, sodass mit dieser Arbeitsumgebung fast alle Varianten nachvollzogen werden können.

> *Allein schon wegen der benötigten Lizenzen für die unterschiedlichen Windows-Versionen ist es eine sehr gute Idee, sich mindestens das MSDN Professional-Abo zu beschaffen. Der Kaufpreis für das jährliche Abo liegt weit unter dem Preis für die separat gekauften Betriebssystem-Versionen.*

16.6 COM+ Event Service

Die Unterrichtung von bestimmten Ereignissen ist eine fundamentale Aufgabe in verteilten Anwendungen. Wenn eine „alte" homogene Anwendung in eine Vielzahl „neuer" COM+-Objekte aufgeteilt werden soll, wird ein schneller und zuverlässiger Kurierdienst benötigt, um ein effektives Arbeiten im „Team" zu gewährleisten. Bislang gab es so etwas auch in COM, die beiden Alternativen Callback und Connection Points hatten jedoch mehrere Nachteile. Als Zusammenfassung reicht die Aussage, dass beide Alternativen zur Kategorie TCE (tighly-coupled events) gehören – zwischen Absender und Empfänger besteht eine sehr enge Interface-Verbindung.

> *Das Kapitel 8 im Buch befasst sich ausschließlich mit der unterschiedlichen Implementierung von Callbacks und Connection Points. Sie finden in diesem Kapitel auch nähere Informationen über die Beschränkungen dieser beiden Techniken.*

Im Gegensatz dazu gehören die COM+ Events zur Kategorie LCE (loosely-coupled events). Zwischen dem Absender und dem Empfänger einer Benachrichtigung besteht keine direkte Verbindung mehr. Die Anwendung wird automatisch stabiler, da ein fehlerhafter Client den Server nicht mehr in Mitleidenschaft ziehen kann.

Begriffsbestimmung

Mit jeder neuen Technologie verwendet Microsoft auch neue Begriffe – dies gilt auch für den COM+ Event Service. Die neuen Begriffe sind besser verständlich, wenn Sie sich dazu die Abbildung 16.27 einmal näher anschauen. Mit dem Begriff Publisher wird die

Anwendung (beziehungsweise das Objekt) bezeichnet, die einen Event auslöst. Dazu wird eine Instanz der vorher im System einmalig registrierten Event Class angefordert und die für das Event zuständige Interface-Methode aufgerufen. Allerdings handelt es sich hier um eine völlig leere Methode, die keine Funktionalität implementiert. Stattdessen ist dafür ein zweites Objekt zuständig – der Subscriber. Für ein Event sind beliebig viele Subscriber-Objekte zulässig, wobei ein Abonnement (Subscription) die Verbindung zwischen der Event Class und einem konkreten Subscriber-Objekt herstellt.

Möchte ein Subscriber nicht mehr vom Publisher unterrichtet werden, reicht es aus, einfach das Abonnement aufzuheben. Es gibt zwei Arten von Abonnements. Zum einen die feststehenden (persistenten) Abos, die vom Administrator des Windows-2000-Rechners visuell zusammengeklickt werden. Und zum anderen kann ein Subscriber ein transientes Abo „auf Zuruf" für einen bestimmbaren Zeitraum einrichten.

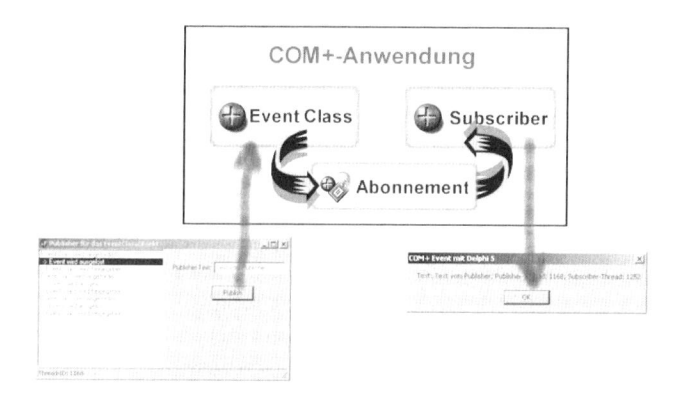

Abb. 16.27: COM+ Events am Beispiel erklärt

Der Event Service von COM+ ist für das Informieren aller Subscriber eines Events allein verantwortlich. Im COM+ Event Store als Teil der COM+-Catalog-Datenbank werden dazu alle aktiven Abonnements gespeichert.

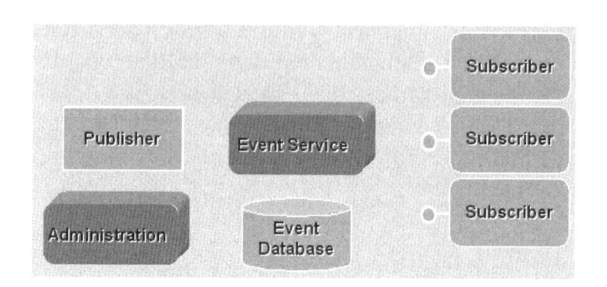

Abb. 16.28: Das abstrakte Prinzip

Der Vorteil dieser losen Kopplung zwischen Absender und Empfänger liegt auf der Hand. Der Publisher ruft das Event-Class-Objekt auf, wobei der Aufruf dieses Dummy-Objekts nur den internen Verteilmechanismus startet. Der Publisher hat zu diesem Zeitpunkt auch keine Kenntnisse darüber, wer sich alles als Subscriber registriert hat. Alle

Arbeiten zur Benachrichtigung erledigt COM+, somit muss sich der Entwickler keine Gedanken darüber machen. Zusätzlich steht bei den COM+ Events die Option zur Verfügung, alle Benachrichtigungen parallel zur gleichen Zeit durchzuführen. Somit wird ein „bummelnder" Subscriber auch nicht mehr alle anderen behindern.

Mit der sehr losen Kopplung ist zwangsläufig eine Aufteilung in verschiedene Objekte verbunden:

- Das Event Class-Objekt beschreibt das vom Event genutzte Interface.
- Das Subscriber-Objekt implementiert das Event-Interface und ist somit für die Reaktion auf das zugestellte Event zuständig.
- Der Publisher (Anwendung oder Objekt) löst ein Event aus.

Somit besteht eine Anwendung, die COM+ Events nutzt, aus mindestens drei Bestandteilen. Dies hat zur Folge, dass man mit Delphi auch mindestens drei Projekte in die Projektgruppe aufnehmen muss.

Zustellmechanismus

Die Zustellung von Events erfolgt entweder über COM/DCOM-Aufrufe oder über Queued Components, die beide eine Punkt-zu-Punkt-Kommunikation aufbauen. Dies bedeutet, dass der Zustellungsaufwand und die Zustellungszeit linear mit steigender Subscriber-Anzahl zunehmen. Im Umkehrschluss bedeutet dies, dass COM+ nicht unendlich viele Subscriber bedienen kann. Soll eine drei- oder vierstellige Client-Anzahl informiert werden, wird es daher sinnvoll sein, einen Subscriber zu registrieren, der die Information dann über UDP oder TCP/IP an die unzähligen Client-Rechner weiterverteilt. Das Auslösen eines Events läuft synchron mit dem Event-Objekt ab. Wenn eine Event-Methode zurückkehrt, kann der Publisher davon ausgehen, dass Folgendes passiert ist:

- Alle Subscriber, die keine Queued Components sind und die eine transiente Subscription eingerichtet haben, wurden aufgerufen und sind zurückgekehrt.
- Alle Subscriber, die keine Queued Components sind und die eine persistente Subscription eingerichtet haben, wurden erzeugt, aufgerufen und nach Beendigung ihrer Arbeit wieder zerstört.
- Der Aufruf einer Queued Component wurde erfolgreich aufgezeichnet.

Der Rückgabewert einer Event-Methode liefert dem Publisher eine Information über das Ergebnis der Event-Auslösung zurück. Im Fehlerfall besteht jedoch keine Möglichkeit, im Detail nachzuschauen, an welcher Stelle und aus welchem Grund ein Fehler aufgetreten ist. Dies ist keine Schwäche von COM+, sondern ergibt sich zwangsläufig aus dem Prinzip der loosely-coupled Events.

Return Code	Beschreibung
S_OK	Der Event wurde erfolgreich allen Subscribers zugestellt.
EVENT_S_SOME_SUBSCRIBERS_FAILED	Der Event wurde erfolgreich einigen, aber nicht allen Subscribers zugestellt.

Return Code	Beschreibung
EVENT_E_ALL_SUBSCRIBERS_FAILED	Der Event konnte keinem Subscriber erfolgreich zugestellt werden.
EVENT_S_NOSUBSCRIBER	Es gibt zurzeit keine Subscriber.

Tabelle 16.7: Die Rückgabewerte einer Event-Auslösung

Zurzeit kann die Reihenfolge der Event-Zustellung an die Subscriber mit einfachen Mitteln nicht festgelegt werden. Als Vorgabewert wird die Benachrichtigung einzeln jedem Subscriber zugestellt, aber die Reihenfolge steht nicht fest und ist zudem nicht garantiert wiederholbar. Ein Publisher, der die Reihenfolge festlegen will, muss dazu einen Publisher-Filter implementieren. Außerdem kann der Publisher festlegen, dass ein Event gleichzeitig an alle Subscriber zugestellt werden soll, indem die Eigenschaft PARALLEL STARTEN auf der Registerseite ERWEITERT aktiviert wird. Sobald dieser Eintrag gesetzt wird, verwendet COM+ mehrere Threads, um alle Subscriber gleichzeitig aufrufen zu können. Dies ist immer dann von Vorteil, wenn nicht alle Subscriber die gleiche Zeit für ihre Aufgabenerfüllung benötigen. Ohne die parallele Auslösung würde der zweite Subscriber erst dann aufgerufen, wenn die Benachrichtigungsmethode des ersten Subscribers zurückkehrt.

Beachten Sie, dass die Eigenschaft PARALLEL STARTEN die parallele Zustellung des Events nur erlaubt, aber nicht erzwingt.

Transaktionen

Wenn der Publisher in einer Transaktion ausgeführt wird und der Subscriber den Wert UNTERSTÜTZT für die Transaktionsunterstützung definiert, wird die Publisher-Transaktion an die Event Class und von dort aus an den Subscriber weitergeleitet. Der Subscriber kann somit zum Beispiel über das IObjectContext-Interface seine Stimme über Erfolg oder Misserfolg der Transaktion abgeben. Kompliziert wird es, wenn nur einige der Subscriber in einer Transaktion ausgeführt werden und somit nur einige bei einem Fehlschlag die Publisher-Transaktion über `SetAbort` beeinflussen können. In diesem Fall bekommen diejenigen Subscriber, die nicht in einer Transaktion ausgeführt werden, nichts vom Fehlschlag ihrer Kollegen mit.

Sicherheit

Das COM+ Event System verwendet den gleichen Sicherheitsmechanismus, der auch allen anderen COM+-Anwendungen zur Verfügung steht. Es gibt nur eine Besonderheit bei den COM+-Bibliotheksanwendungen. Wenn die Event-Class-Eigenschaft IN-PROCESS-ABONNENTEN ZULASSEN nicht aktiviert ist, wird das Subscriber-Objekt auch dann in einem eigenen Prozess erzeugt, wenn der Subscriber als Bibliotheksanwendung konfiguriert wurde.

War Ihnen das bisher zu theoretisch? Wenn ja, ändert sich das – ich stelle Ihnen drei Beispielprojekte vor, mit denen die Leistungsfähigkeit sowie die Flexibilität von COM+ Events demonstriert werden.

16.6.1 Das Minimalbeispiel

Das Minimalbeispiel (*COMplusEventGroup.bpg*) verwendet eine persistente Subscription, wobei der Subscriber zur Vereinfachung auf eine eintreffende Benachrichtigung nur mit einer MessageBox reagiert. Der Entwickler arbeitet ca. 95 % der Arbeitsschritte visuell ab, sodass ich Sie hier einmal vollständig mit allen Arbeitsschritten in Wort und Bild vertraut mache. Auch wenn der folgende Teil eher wie ein Comic als ein Fachbuch aussieht, ist er als Referenz für die nachfolgenden Themen gut geeignet.

Das Beispielprojekt finden Sie im Verzeichnis »Kapitel 16\Events\Event«.

Schritt 1: In-process Server für die Event-Class-Definition

Das erste COM+-Objekt definiert die Event Class und dient nur als Definition des Ereignisses, das vom Publisher ausgelöst wird und auf das alle registrierten Subscriber reagieren sollen. Daher ist die erste Aufgabe sehr schnell erledigt, bis auf die Deklaration der Interface-Methode im Typbibliothekseditor von Delphi sind keine weiteren manuellen Eingriffe notwendig. Ich fasse die Arbeitsschritte zur besseren Übersicht zuerst stichpunktartig zusammen:

- Menüpunkt DATEI | NEU: ActiveX-Bibliothek
- Menüpunkt DATEI | NEU: Automation-Objekt
- keine Implementierung der Interface-Methoden, der von Delphi generierte Rumpf wird im Originalzustand belassen
- keine Registrierung des COM-Objekts in Delphi

Im ersten Schritt wird das Event-Class-Objekt entwickelt. Da COM+-Objekte in DLL-Form vorliegen müssen, wird dazu zuerst eine neue ActiveX-Bibliothek erzeugt. Anschließend wird ein Automation-Objekt zugeordnet, wobei eine Interface-Methode für das Event deklariert wird.

```
IEventClassObj = interface(IDispatch)
    ['{78750C5E-6382-4D29-A83D-EF6A6F8FF785}']
    procedure DoEvent(const sSrvMsg: WideString;
                iThreadID: Integer); safecall;
  end;
```

Im Beispiel verwende ich zwei Aufrufparameter, um einen Text sowie die Thread-ID übergeben zu können. Der von Delphi angelegte Methodenrumpf wird nicht mit eigenen Programmzeilen ausgefüllt, denn für die Implementierung der Event-Reaktion ist das Subscriber-Objekt zuständig.

```
procedure TEventClassObj.DoEvent(
  const sSrvMsg: WideString;
  iThreadID: Integer);
begin
  // keine Implementierung
end;
```

Der Mini-In-process Server wird nun kompiliert, aber nicht in Delphi registriert. Stattdessen rufen Sie die Komponentendienste von Windows 2000 auf, um im zweiten Schritt die Event Class zu registrieren.

Schritt 2: Registrierung der Event Class

Die Event Class muss nun in der Event Database von Windows 2000 registriert werden. Erst dann ist eine Zuordnung zu den Subscribern möglich und auch der Publisher bezieht sich immer nur direkt auf die Event Class, aber niemals direkt auf einen Subscriber. Das hört sich komplizierter an, als es in der Praxis ist, denn für die meisten Aufgaben stellt COM+ komfortable Assistenten zur Verfügung. Über die SYSTEMSTEUERUNG | VERWALTUNG erreichen Sie das MMC-Snapp-In für die KOMPONENTENDIENSTE. Unterhalb vom Symbol ARBEITSPLATZ ist der Ordner COM+-ANWENDUNGEN zu finden, von dem aus alle zurzeit installierten COM+-Anwendungen aufgelistet werden. Jede COM+-Anwendung führt die zugeordneten COM+-Objekte in ihrem Prozess aus.

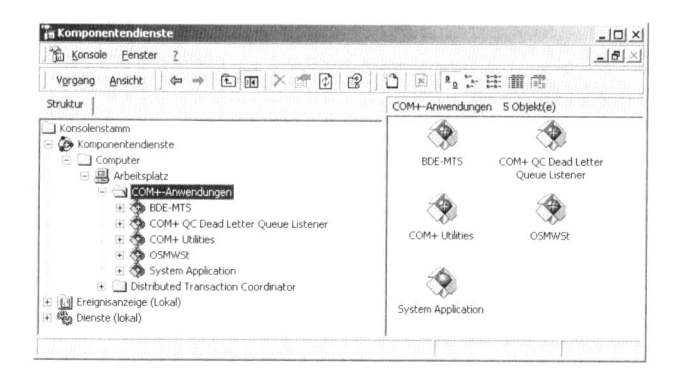

Abb. 16.29: Die Darstellung der Komponentendienste unter Windows 2000

In diesem Beispiel soll eine neue COM+-Anwendung angelegt werden, über die rechte Maustaste wird dazu der COM-Anwendungsinstallations-Assistent aufgerufen. Zuerst lege ich eine neue COM+-Anwendung als Container-Prozess für die einzelnen In-process Server über die Auswahl EINE LEERE ANWENDUNG ERSTELLEN an.

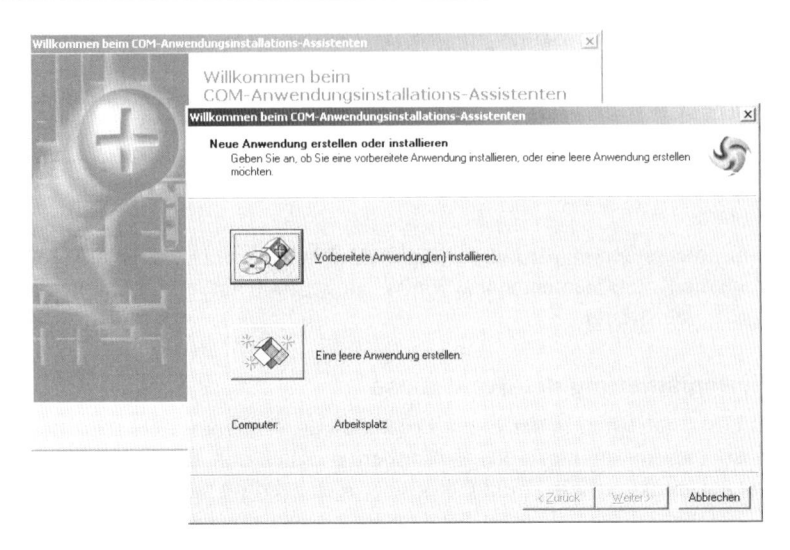

Abb. 16.30: Der Startbildschirm des Assistenten

Die neue COM+-Anwendung erhält dabei einen eindeutigen Namen und wird als Serveranwendung definiert. Die Serveranwendungen sind der Normalfall in COM+, daher ist der Radiobutton beim Aufruf des Assistenten auch auf dieser Einstellung vorbelegt.

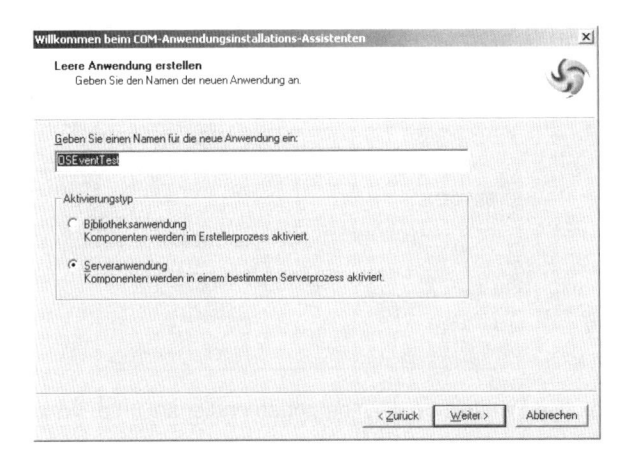

Abb. 16.31: Eine neue COM+-Serveranwendung wird vorbereitet

Nachdem ein eindeutiger Name für die Serveranwendung vergeben wird, wird auch die Voreinstellung INTERAKTIVER BENUTZER bestätigt (das Subscriber-Objekt verwendet ja eine MessageBox).

COM+

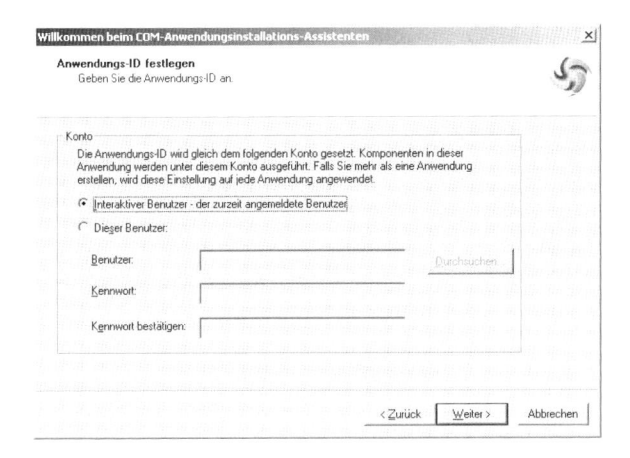

Abb. 16.32: Das Benutzerkonto für diese Anwendung wird definiert

Der Assistent „baut" nun den Eintrag für die neue COM+-Anwendung zusammen. Auf die Abbildung des letzten Dialogfensters habe ich verzichtet, da an dieser Stelle keine Eingaben mehr möglich sind.

Somit ist die neue COM+-Anwendung als Container für die einzelnen COM-Objekte (Inprocess Server) fertig – dieser Anwendung wird nun im zweiten Schritt die Event Class zugeordnet. Mit einem rechten Mausklick auf den gerade angelegten neuen COM+-Anwendungseintrag wird eine neue Komponente hinzugefügt. Auch für diese Aufgabe ist ein weiterer Assistent zuständig. Die Event Class wird über die Schaltfläche NEUE ER-EIGNISKLASSE INSTALLIEREN im System registriert.

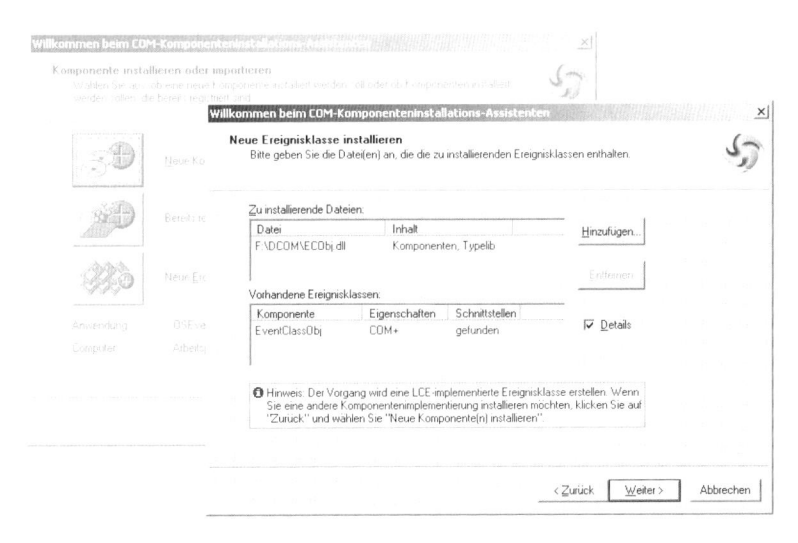

Abb. 16.33: Das Event-Class-Objekt wird installiert

Über die Schaltfläche HINZUFÜGEN wird die DLL ausgewählt, die Delphi im Schritt 1 generiert hat. Werden alle erwarteten Bestandteile und Schnittstellen vorgefunden, kann die Installation abgeschlossen werden. Auch hier verzichte ich auf die Abbildung des letzten Fensters des Assistenten.

Ergebnis

Somit ergibt sich bei der Anzeige der Komponentendienste das in der Abbildung 16.34 dargestellte Bild. Die neue COM+-Anwendung OSEventTest wird aufgelistet. In dieser COM+-Anwendung ist die Komponente ECObj.EventClassObj mit dem IEventClassObj-Interface aufgeführt. Das Event Class-Objekt hat als gerade frisch installierte Komponente noch keine Abonnements (Subscriptions).

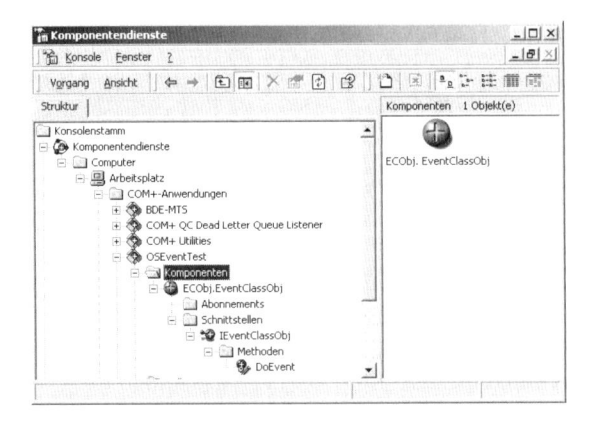

Abb. 16.34: Das Ergebnis am Ende des zweiten Schritts

Schritt 3: Implementierung des Subscriber-Objekts

Das Subscriber-Objekt ist der Empfänger des Events, der von COM+ automatisch von diesem Ereignis benachrichtigt wird. Dabei muss der Subscriber zum Zeitpunkt des Auslösens des Events durch den Publisher nicht einmal aktiv sein, COM+ ist in der Lage, diese Situation zu erkennen und den Subscriber bei Bedarf neu zu starten. Dies bedeutet jedoch auch, dass ein Subscriber-Objekt immer mindestens zwei Interfaces implementieren muss:

1. Das eigene Interface des Automation-Objekts, damit das Objekt bei Bedarf neu gestartet werden kann
2. Das Interface der registrierten Event Class, damit die Benachrichtigung zugestellt werden kann

Aus diesem Grund sind im dritten Schritt im Vergleich zum Step 1 auch einige zusätzliche Arbeitsschritte notwendig, die ich wiederum zuerst in der Kurzfassung als Stichpunkte aufführe:

- Menüpunkt DATEI | NEU: ActiveX-Bibliothek
- Menüpunkt DATEI | NEU: Automation-Objekt

Zusätzlich zu den bereits vorhandenen Typbibliotheken *STDVCL40.DLL* und *STDOLE2.TLB* muss die Typbibliothek des Event-Class-Objekts *ECOBJ.DLL* importiert werden. Dort wird das registrierte Event-Class-Interface definiert, das vom Subscriber somit nur noch implementiert werden muss.

Über die rechte Maustaste kann man sich dazu in der Registerseite VERWENDET alle Typbibliotheken in einer Auflistung anzeigen lassen. Nachdem die neue Typbibliothek ECObj Bibliothek über die Checkbox markiert wurde, schaltet man am besten zur übersichtlicheren Darstellung NUR AUSGEWÄHLTE TYPBIBLIOTHEKEN zurück.

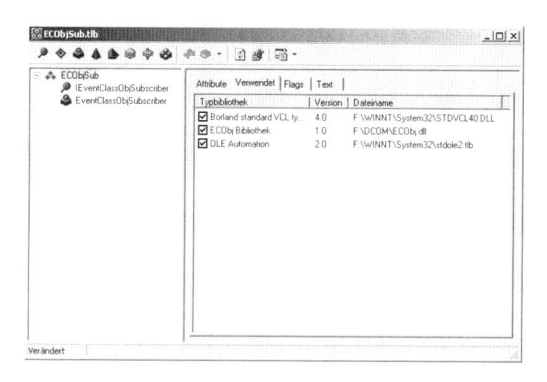

Abb. 16.35: Die Typbibliothek der Event Class wird eingebunden

Damit sind die Vorbereitungen soweit abgeschlossen, dass der CoClass auch das zweite Interface der Event Class zugeordnet werden kann. Auf der Registerseite IMPLEMENTIERUNG wird dieses zweite Interface über die rechte Maustaste zugeordnet.

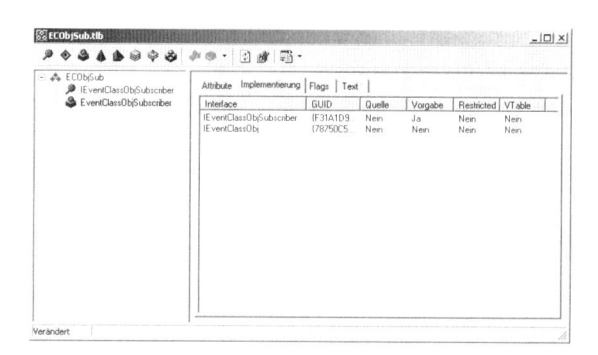

Abb. 16.36: Die CoClass ist für beide Interfaces zuständig

Wird nun die Implementierung aktualisiert, legt Delphi das Grundgerüst der Server-Implementierung für die beiden Interfaces an. Da das IEventClassObjSubscriber-Interface keine Methoden enthält und völlig leer ist, muss das Subscriber-Objekt nur die Event-Class-Interface-Methode `DoEvent` implementieren.

```
unit ECObjSub_Tmpl;

interface
```

```
uses
  ComObj, ActiveX, ECObjSub_TLB, StdVcl,
  // EventClass-TLB von Hand einfügen
  ECObj_TLB;

type
  TEventClassObjSubscriber = class(TAutoObject,
    IEventClassObjSubscriber, IEventClassObj)
  protected
    procedure DoEvent(const sSrvMsg: WideString;
                      iThreadID: Integer); safecall;
  end;

implementation

uses ComServ, SysUtils, Windows;

procedure TEventClassObjSubscriber.DoEvent(
  const sSrvMsg: WideString; iThreadID: Integer);
var
  sTxt       : String;
  iSubscriberThreadID : Integer;
begin
  iSubscriberThreadID := GetCurrentThreadID;
  sTxt := Format(
    'Text: %s; Publisher-Thread: %d; Subscriber-Thread: %d',
    [sSrvMsg, iThreadID, iSubscriberThreadID]);
  MessageBox(0, PChar(sTxt), 'COM+ Event mit Delphi 5', MB_OK);
end;

initialization
  TAutoObjectFactory.Create(ComServer, TEventClassObjSubscriber,
    Class_EventClassObjSubscriber,
    ciMultiInstance, tmApartment);
end.
```

Zur Verdeutlichung, wo dieses Objekt ausgeführt wird, werden in der MessageBox gleich zwei Thread-IDs angezeigt. Zum einen die vom Publisher beim Aufruf als Parameter übergebene eigene Thread-ID und zum anderen die über `GetCurrentThreadID` ermittelte Thread-ID des Subscriber-Objekts selbst.

Schritt 4: Registrierung des Subscriber-Objekts

Zum jetzigen Zeitpunkt ist das Vorlagen-Objekt für die Event Class als DLL im System registriert und auch das Subscriber-Objekt liegt als In-process Server in Form einer DLL vor. Was jetzt noch fehlt, ist die Verbindung zwischen der Event Class und dem Subscri-

COM+

ber-Objekt. Bevor diese Verbindung hergestellt werden kann, muss das COM+-Objekt des Subscribers zuerst in die COM+-Anwendung importiert werden. Somit besteht der Schritt 4 aus zwei Teilaufgaben:

1. Teilaufgabe: Subscriber-Objekt in die COM+-Anwendung installieren
2. Teilaufgabe: Abonnement zwischen Subscriber-Objekt und Event Class herstellen

Die nächsten beiden Abbildungen werden Ihnen bekannt vorkommen, denn über diesen Weg wurde ja bereits im Schritt zwei das Event-Class-Objekt in die COM+-Anwendung aufgenommen. Allerdings wird nun – im Gegensatz zum Schritt 2 – die Schaltfläche NEUE KOMPONENTE INSTALLIEREN ausgewählt.

> *Sie sollten immer den Weg über die Schaltfläche „Neue Komponente installieren" gehen, da nur hier die DLL automatisch abgefragt und infolgedessen alle Konfigurationen automatisch gesetzt werden. Im Gegensatz dazu werden beim Importieren einer bereits registrierten Komponente nur einige Registry-Einträge umgesetzt. Alternativ zur Schaltfläche „Neue Komponente installieren" können Sie das zu installierende COM+-Objekt auch über Drag&Drop vom Explorer in den COM+-Application-Ordner ziehen.*

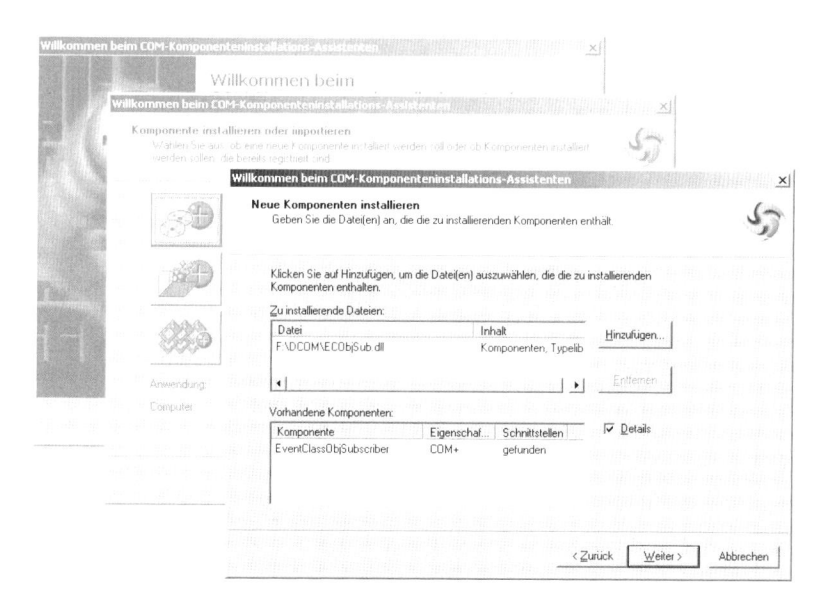

Abb. 16.37: Das Subscriber-Objekt wird installiert

Über die Schaltfläche HINZUFÜGEN wird der Dateiname des Subscriber-Objekts definiert. Am Ende des vierten Arbeitsschritts ergibt sich das folgende Bild:

769

COM+ Event Service

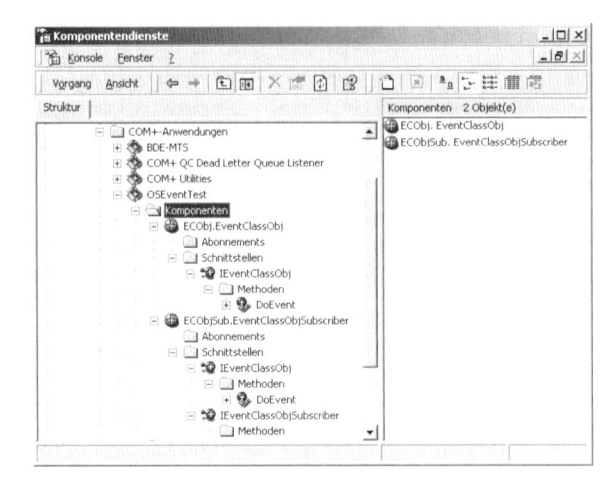

Abb. 16.38: Das Ergebnis des vierten Arbeitsschritts

Jetzt sind beide Objekte in der COM+-Anwendung installiert, es fehlt nur noch die Verbindung zwischen der Event Class und dem Subscriber-Objekt. Über die rechte Maustaste wird dazu ein neues Abonnement eingerichtet.

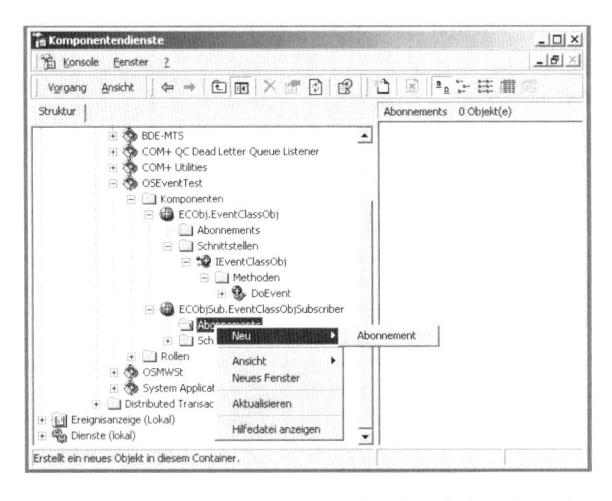

Abb. 16.39: Ein neues Abonnement wird für den Subscriber eingerichtet

Auch für diese Teilaufgabe steht die Unterstützung durch einen eigenen Assistenten zur Verfügung. Die im Schritt 1 deklarierte Interface-Methode DoEvent der Event Class wird ausgewählt. Der Assistent ermittelt in eigener Regie, welches Objekt für die Implementierung der Event-Class-Methode zuständig ist, sodass die per Mausklick getroffene Auswahl nur noch über den Button WEITER bestätigt werden muss.

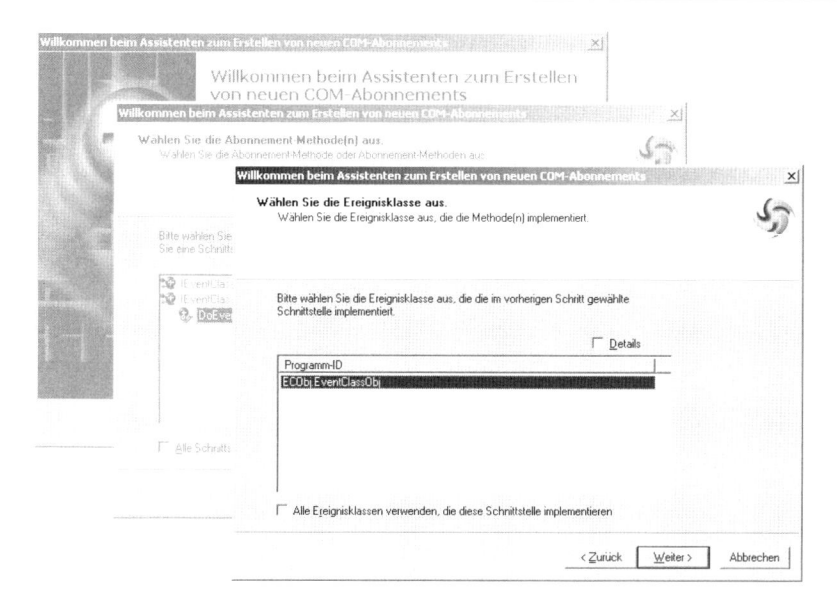

Abb. 16.40: Das COM-Abonnement wird konfiguriert

Die Verbindung zwischen Event Class und Subscriber erhält einen frei wählbaren Namen und die Checkbox DIESES ABONNEMENT SOFORT AKTIVIEREN legt fest, ob der Subscriber ab sofort von Events informiert werden soll. Da zurzeit noch kein Publisher für diese Event Class erstellt wurde, kann diese Checkbox völlig gefahrlos bereits jetzt markiert werden.

Abb. 16.41: Das Abo erhält einen Namen

Das Ergebnis der Konfiguration wird in der Anzeige wiedergegeben und kann später geändert werden, indem man die verschiedenen Eigenschaftsdialoge der unterschiedlichen Einträge aufruft.

COM+ Event Service

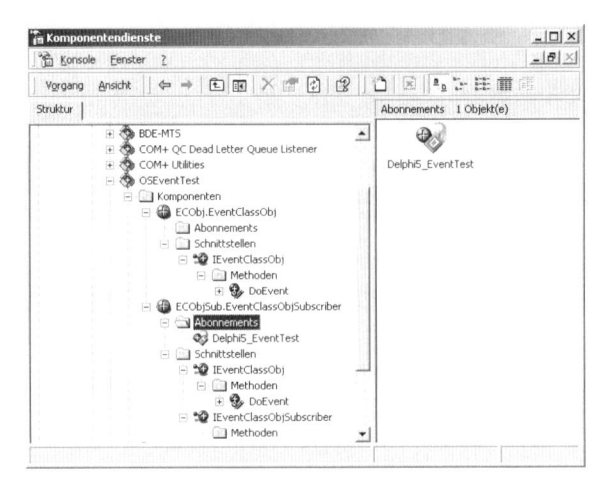

Abb. 16.42: Das Ergebnis am Ende des vierten Arbeitsschritts

Schritt 5: Implementierung des Publishers

Der Publisher löst ein Event aus, indem er eine Instanz des Event-Class-Objekts (von Step 1) erzeugt und die Interface-Methode `DoEvent` aufruft. Die Implementierung unterscheidet sich beim Publisher in keiner Weise von einem normalen COM-Client, wie man es seit Delphi 3 gewohnt ist. Über den Aufruf von `CoEventClassObj.Create` wird ein Interface-Zeiger auf das Event-Class-Objekt abgefordert, sodass über diesen Interface-Zeiger die Interface-Methode DoEvent mit den beiden Parametern aufgerufen werden kann.

```
unit ECObjPubFrm;

interface

uses
  Windows, Messages, SysUtils, Classes, Graphics, Controls, Forms,
  Dialogs, StdCtrls, ComCtrls;

type
  TFormMain = class(TForm)
    StatusBar1: TStatusBar;
    ListBoxLog: TListBox;
    Label1: TLabel;
    EditPublisherText: TEdit;
    ButtonPublish: TButton;
    procedure ButtonPublishClick(Sender: TObject);
    procedure FormCreate(Sender: TObject);
  private
    { Private-Deklarationen }
```

```
    FThrdID : Integer;
  public
    { Public-Deklarationen }
  end;

var
  FormMain: TFormMain;

implementation

{$R *.DFM}

uses ECObj_TLB;

procedure TFormMain.FormCreate(Sender: TObject);
begin
  FThrdID := GetCurrentThreadID;
  StatusBar1.SimpleText := Format('Thread-ID: %d', [FThrdID]);
end;

procedure TFormMain.ButtonPublishClick(Sender: TObject);
var
  aEvent : IEventClassObj;
begin
  ListBoxLog.Items.Add('Event Class wird angefordert...');
  aEvent := CoEventClassObj.Create;
  ListBoxLog.Items.Add(' -> Event wird ausgelöst');
  aEvent.DoEvent(EditPublisherText.Text, FThrdID);
  ListBoxLog.Items.Add('...Event Class wird freigegeben');
end;

end.
```

Schritt 6: COM+ Event auslösen

Wird nun die Publisher-Anwendung gestartet, erscheint nach jedem Anklicken der Schaltfläche PUBLISH das MessageBox-Dialogfenster vom Subscriber-Objekt. Sobald der Button angeklickt wird, erscheint beim ersten Aufruf die Message-Box erst nach einer kurzen Verzögerung. Beim ersten Mal muss COM+ den Subscriber erst starten, aber alle späteren Aufrufe werden sofort beantwortet. Im Gegensatz zu den Callbacks und Connection Points muss das Benachrichtigungsobjekt nicht ständig aktiv sein. Erst beim Auslösen eines Events wird der Subscriber gestartet, wobei der Subscriber auch auf einem anderen Rechner liegen darf. Über die Option der Filter besteht sogar die Möglichkeit, bestimmte Bedingungen für die Benachrichtigung des Subscribers festzulegen.

Wie im Text dieser Message-Box gut zu erkennen ist, wird das Subscriber-Objekt in einem anderen Thread ausgeführt als das Publisher-Objekt. Das ist auch logisch, denn der Publisher wird als EXE in einem eigenen Adressraum ausgeführt, während alle Komponenten der COM+-Anwendung in einem zweiten Adressraum (und somit auch in einem anderen Thread) ausgeführt werden.

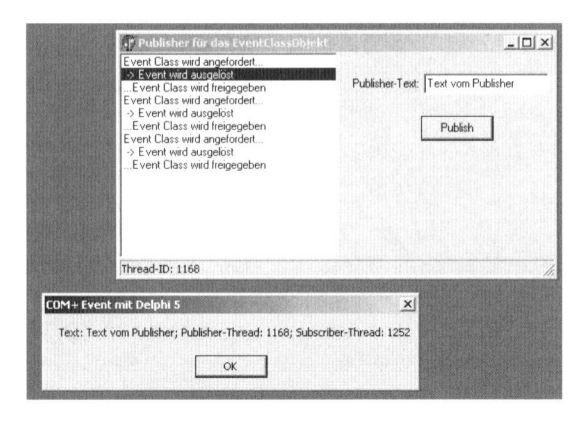

Abb. 16.43: Der Test

Ruft man nun bei den Komponentendiensten die Eigenschaftsseite des Abonnements auf, kann dieses Abo deaktiviert werden. Ist das erledigt, bleiben alle Publisher-Aufrufe folgenlos. Das Subscriber-Objekt wird nicht mehr von diesem Event verständigt.

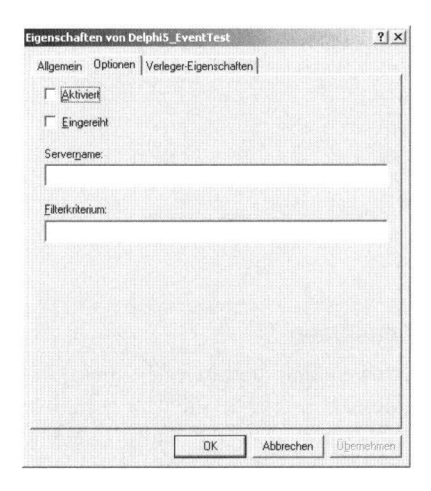

Abb. 16.44: Das Abo wird kurzzeitig deaktiviert

16.6.2 Transiente Subscription

Das zweite Beispielprojekt (*TransistentEventGroup.bpg*) richtet ein temporäres Abonnement ein, sodass die visuelle Konfiguration des Abos über die Komponentendienste entfällt. Und nicht nur das, auch das Event-Class-Objekt sowie das Subscriber-Objekt werden direkt aus dem eigenen Programm heraus installiert. COM+ stellt dazu – wie sollte es auch anders sein – eine eigene Automation-Schnittstelle zur Verfügung. Alles, was Sie mit Delphi 5 noch tun müssen, ist der Import der Typbibliothek COM+ 1.0 ADMIN TYPE LIBRARY, falls das noch nicht bereits früher schon erledigt wurde. Beim Import legt Delphi 5 drei Wrapper-Komponenten an. Im eigenen Programm werden nun die automatisch generierten Komponenten eingebunden, sodass man sich nicht mehr um die Aufrufe der Hilfsfunktionen aus der CoClass kümmern muss, um eine Instanz von diesen Objekten anzufordern.

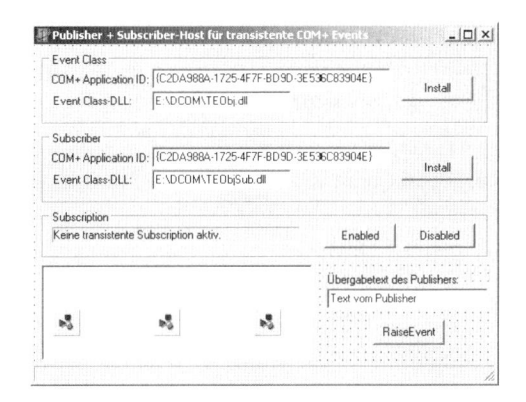

Abb. 16.45: Die importierten Komponenten

Daher reichen die folgenden Programmzeilen aus, um eine Event Class im System zu registrieren:

```
procedure TForm1.ButtonInstallClick(
  Sender: TObject);
begin
  COMAdminCatalog1.Connect;
  COMAdminCatalog1.InstallEventClass(
    EditAppID.Text,
    EditEventClassDLL.Text, '','');
  COMAdminCatalog1.Disconnect;
end;
```

Das Installieren des Subscriber-Objekts verursacht auch keinen höheren Aufwand. Eine transiente Subscription wird hergestellt, indem der Iunknown-Interface-Zeiger einer bereits laufenden Subscriber-Instanz der Eigenschaft SubscriberInterface des Katalog-Objekts für die transiente Subscription zugeordnet wird. Sobald COM+ diese Subscription akzeptiert hat, wird das Subscriber-Objekt von COM+ festgehalten. Das eigene Programm gibt daher den Interface-Zeiger auf das Subscriber-Objekt wieder frei (ansonsten könnte die transiente Subscription nicht wieder zur Laufzeit abgemeldet werden).

```
COMCatalog1.Connect;
COMCatalogCollection1.ConnectTo(
  COMCatalog1.GetCollection(
  'TransientSubscriptions') as ICatalogCollection);
COMCatalogObject1.ConnectTo(
  COMCatalogCollection1.Add as ICatalogObject);
COMCatalogObject1.Value['Enabled'] := True;
COMCatalogObject1.Value['SubscriberInterface'] :=
    aSubsriber;
COMCatalogObject1.Value['InterfaceID'] :=
  GUIDToString(IID_ITransistentEventObject);
FCookie := COMCatalogObject1.Key;
COMCatalogCollection1.SaveChanges;
```

Über das Catalog-Objekt kann die transiente Subscription jederzeit auch wieder beendet werden – das Subscriber-Objekt wird in diesem Fall nicht mehr von den vom Publisher ausgelösten Events informiert.

> *Sollten Sie beim Aufruf von SaveChanges eine Exception erhalten, ist ein Bug in COM+ dafür verantwortlich. Microsoft hat das Problem in seiner Knowledge Base unter Q241690 „BUG:ICatalogCollection::SaveChangesFails witch ACCESS_DENIED When Trying to Subscribe to Events" dokumentiert, wobei auch ein Workaround aufgezeigt wird.*

16.6.3 Die Bibliotheksanwendung

Alle bisher vorgestellten Beispiele haben die selbst erstellten COM+-Objekte (alias COM+-Komponenten) als Serveranwendung installiert. Dies bedeutet nichts anderes, als dass alle In-process Server im Prozess der COM+-Anwendung ausgeführt werden. Somit werden die COM-Server, obwohl es sich um DLLs handelt, nicht im Adressraum des Clients eingebunden. Dies bedeutet jedoch auch, dass die Vorteile einer DLL nicht vollständig ausgenutzt werden können. Allerdings lässt COM+ die Auswahl zwischen der Serveranwendung (Regelfall) und der Bibliotheksanwendung (Sonderfall) zu.

Wird eine COM+-Anwendung als Bibliotheksanwendung konfiguriert, so werden alle eingebetteten Objekte im Prozess des Clients und somit auch im Adressraum des Clients ausgeführt. Somit darf die DLL wieder über Zeiger direkt auf Methoden der Anwendung zugreifen, wie das dritte Beispielprojekt demonstriert. Wie an den mitprotokollierten Meldungen gut zu erkennen ist, erzeugt jede transiente Subscription ein neues Subscriber-Objekt. Und das Subscriber-Objekt wird in jedem Fall ohne Zutun des Entwicklers in einem eigenen Thread ausgeführt, sodass die Anwendung vom Subscriber-Objekt niemals behindert wird.

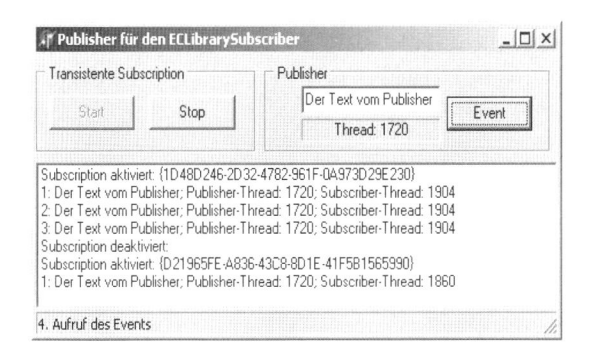

Abb. 16.46: Das Beispiel für die Bibliotheksanwendung

Der Publisher übergibt beim Auslösen des Events einen Zeiger auf sein eigenes Formular.

```
procedure TFormPublisher.ButtonEventClick(
  Sender: TObject);
var
  aEvent : IECLibraryEventClassObject;
begin
  aEvent := CoECLibraryEventClassObject.Create;
  aEvent.DoEvent(EditPublisherText.Text,
     FThreadID, Integer(FormPublisher));
  Inc(FCount);
  StatusBar1.SimpleText := Format(
     '%d. Aufruf des Events',[FCount]);
end;
```

Dieser Zeiger wird von COM+ auch dem Subscriber-Objekt zugestellt. Allerdings ist der Zeigerwert nur dann brauchbar, wenn sich das Subscriber-Objekt im gleichen Adressraum wie der Publisher befindet. Und dies ist dann der Fall, wenn die COM+-Anwendung als Containerobjekt als Bibliotheksanwendung konfiguriert wird. Sie können diese Behauptung jederzeit kontrollieren, denn mit einem Mausklick kann die COM+-Anwendung im Eigenschaftsdialog auf eine Serveranwendung umgeschaltet werden.

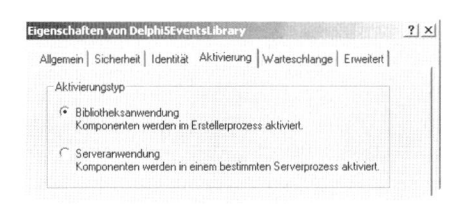

Abb. 16.47: Das Objekt wird als Bibliotheksanwendung ausgeführt

Das Subscriber-Objekt tauscht den Zeigerwert über eine direkte Typumwandlung in eine Referenz auf TFormPublisher – das Formular des Publishers – ein und darf somit die im Public-Abschnitt deklarierte Methode LogEvents direkt aufrufen.

```
procedure TECLibarySubscriber.DoEvent(
  const sTxt: WideString;
  iThrd, iForm: Integer);
var
  sMsgTxt            : String;
  iSubscriberThreadID : Integer;
begin
  iSubscriberThreadID := GetCurrentThreadID;
  Inc(FCount);
  sMsgTxt := Format('%d: %s; Publisher-Thread: %d;
     Subscriber-Thread: %d', [FCount, sTxt, iThrd,
     iSubscriberThreadID]);
  TFormPublisher(iForm).LogEvent(sMsgTxt);
end;
```

16.6.4 Event-Filter

Es wird sehr häufig vorkommen, dass Subscriber nur in bestimmten Situationen von einem Ereignis unterrichtet werden sollen beziehungsweise dass verschiedene Subscriber für bestimmte Situationen zuständig sind. Angenommen, Sie möchten, dass bei bestimmten kritischen Fehlerbedingungen ein Objekt auf einem anderen Rechner informiert wird. Die Allerweltsfehler sollen jedoch dieses Objekt nicht aktivieren, um die Netzlast nicht unnötig zu erhöhen. In diesem Fall wäre es möglich, als Auslösemechanismus einen Filter zu verwenden.

```
IEventClassObj = interface(IDispatch)
  ['{78750C5E-6382-4D29-A83D-EF6A6F8FF785}']
   procedure DoEvent(const sSrvMsg: WideString;
     iThreadID: Integer); safecall;
end;
```

Beachten Sie, dass in einem Event-Filter nur bestimmte Datentypen zulässig sind. Ein Variant-Parameter ist nicht zulässig!

Publisher-Filter

Es wird zwischen dem deklarativen Filter und dem Runtime-Filter unterschieden, wobei diese Unterscheidung nur die Art und Weise des Einrichtens des Filters beschreibt. Über die Eigenschaft `MultiFilterPublisherCLSID` der Event Class kann ein Filter-Objekt aktiviert werden. Das Filter-Objekt wird von COM+ automatisch aktiviert, wenn die Event Class angesprochen wird, wobei dieses spezielle Objekt für die Ausfilterung zuständig ist.

Parameter-Filter

Bei einem Parameter-Filter wird das Filterkriterium dem Subscriber zugewiesen, sodass COM+ für das Ausfiltern der Events zuständig ist. Das Filterkriterium wird dazu im Eigenschaftsdialog eingetragen. Der Parametername entspricht dem im Interface verwendeten Namen:

```
sSrvMsg="Panic"
```

In diesem Beispiel würde der Subscriber nur dann vom COM+ Event System informiert, wenn im Parameter die Zeichenkette „Panic" übertragen wird.

16.6.5 Queued Subscribers

Eine Subscription kann auch durch die Eigenschaft EINGEREIHT über eine Warteschlange einer Queued Component zugestellt werden. Wird diese Checkbox aktiviert, verändert das System sein Verhalten beim Zustellen der Benachrichtigung:

- Der Publisher wartet nicht auf den Subscriber, sondern macht sofort weiter. Der Subscriber wird von COM+ im asynchronen Modus aufgerufen.
- Sicherheitsprüfungen werden nicht sofort abgearbeitet, sondern ebenfalls erst später.
- Der Subscriber kann den Publisher nicht mehr impersonifizieren.
- Der Subscriber wird in einer anderen Transaktion als der Publisher ausgeführt.
- Der Subscriber wird nicht mehr von einer fehlgeschlagenen Publisher-Transaktion verständigt.
- Der Subscriber wird erst dann informiert, wenn die Publisher-Transaktion erfolgreich abgeschlossen wurde.
- Das Zwischenpuffern in der Warteschlange verursacht mehr Festplatten-Aktivitäten als bei einer direkten Information.

Die Checkbox EINGEREIHT sollte daher nur dann aktiviert werden, wenn dieses spezielle Verhalten auch beabsichtigt ist. Es handelt sich eben nicht nur um eine Option für das Performance-Tuning.

16.7 Constructor Strings

COM+ erlaubt es, dass einem COM+-Objekt unmittelbar nach dem Erzeugen des Objekts und vor dem Aufrufen der ersten Interface-Methode ein frei wählbarer Constructor String übergeben wird. Dieser String kann jederzeit über den Eigenschaftsdialog der Komponentendienste geändert werden, ohne dass eine Neukompilierung des COM+-Objekts notwendig wird. Es ist so zum Beispiel möglich, einen ODBC-DSN oder einen Pfad für eine ADO-UDL flexibel festzulegen. Das Objekt wird automatisch von COM+ über den Inhalt informiert, solange das Objekt danach fragt. Beachten Sie dabei aber bitte, dass der Inhalt der Zeichenkette unverschlüsselt in der RegDB abgelegt wird.

Für Delphi 5 stellen die COM+ Constructor Strings kein Problem dar, mit wenigen Handgriffen wird der zurzeit in Delphi 5 noch fehlende Teil nachgerüstet. Im ersten

Schritt wird die COM+ Services Type Library in die eigene Typbibliothek eingebunden. Das eigene Objekt muss zusätzlich das von COM+ vordefinierte Interface IObject-Construct verwenden. Nachdem diese Typbibliothek über die Checkbox ausgewählt wurde, legt Delphi im Projektverzeichnis die Datei *COMSVCSLib_TLB.pas* an.

> *Das Beispielprojekt finden Sie im Verzeichnis »Kapitel 16\Constructor Strings«.*

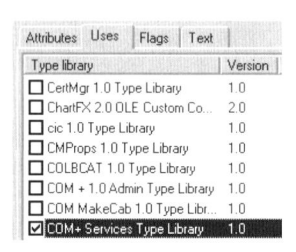

Abb. 16.48: Typbibliothek einbinden

Damit das eigene Objekt auch wirklich beide Interfaces deklariert, wird das IObject-Construct-Interface auch dem Implements-Abschnitt der CoClass hinzugefügt. Im Typbibliothekseditor wird dazu auf der Registerseite IMPLEMENTS das Interface IObject-Construct zusätzlich eingefügt.

Abb. 16.49: IObjectConstruct hinzufügen

Das Interface IObjectConstruct ist sehr schlicht aufgebaut, da es nur aus einer einzigen Methode besteht.

```
IObjectConstruct = interface(IUnknown)
  ['{41C4F8B3-7439-11D2-98CB-00C04F8EE1C4}']
  procedure Construct(const pCtorObj: IDispatch);
    safecall;
end;
```

Nun wird im zweiten Schritt das eigene COM-Objekt implementiert. Da das eigene Objekt zusätzlich das IObjectConstruct-Interface einbindet, muss es auch dessen Interface-Methode Construct implementieren.

```
uses
  ComObj, ActiveX, CSSrv_TLB, StdVcl,
```

```
COMSVCSLib_TLB;

type
  TConstructorStringSrv = class(TAutoObject,
    IConstructorStringSrv, IObjectConstruct)
  private
    FConstructorString: WideString;
  protected
    function Get_ConstructorStringValue: WideString;
      safecall;
    procedure Construct(const pCtorObj: IDispatch);
      safecall;
  end;
```

COM+ ruft sofort nach dem Erzeugen der Objektinstanz über das Interface IObjectConstruct die Interface-Methode `Construct` auf. In dieser Methode fordert das eigene Objekt über den Parameter `pCtorObj` einen Interface-Zeiger für IObjectConstructString an, um den Inhalt des Constructor Strings über dieses Interface auszulesen und in einem privaten Objektfeld zwischenzuspeichern.

```
procedure TConstructorStringSrv.Construct(
  const pCtorObj: IDispatch);
var
  aOC : IObjectConstructString;
begin
  aOC := pCtorObj as IObjectConstructString;
  FConstructorString := aOC.ConstructString;
end;
```

Im dritten Schritt wird das neue Objekt in einer COM+ Application installiert und über den Eigenschaftsdialog konfiguriert. Über die Checkbox OBJEKTKONSTRUKTION AKTIVIEREN teilen Sie COM+ mit, ob das eigene Objekt vom Betriebssystem über den Aufruf der Interface-Methode `Construct` vom Inhalt des Eingabefeldes KONSTRUKTORZEICHENFOLGE informiert werden soll. Das verwendete Beispielprojekt zeigt den Inhalt dieses Eingabefeldes in einer MessageBox an, somit funktionieren die Constructor Strings im praktischen Versuch auch bei einem mit Delphi 5 erzeugten COM-Objekt.

Wenn die Checkbox OBJEKTKONSTRUKTION AKTIVIEREN angekreuzt wird, muss auch eine Zeichenkette übergeben werden. Ansonsten erhalten Sie die Exception 8004E025, weitere Infos finden Sie im Knowledge-Base-Artikel Q239879 „CoCreateInstance Fails on COM+ Object with Object Construction Enabled and No Constructor String Present".

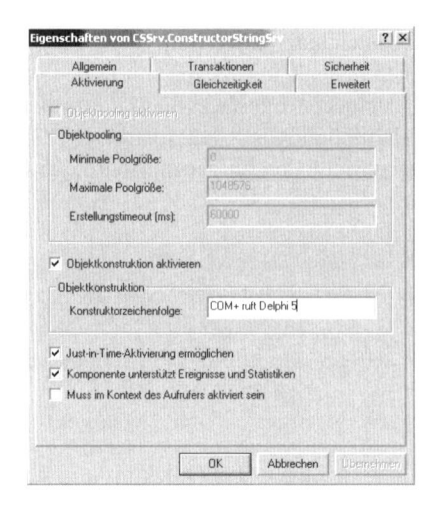

Abb. 16.50: Attribute des Objekts festlegen

16.8 Transaction Services

Bislang war immer die Rede davon, dass der Microsoft Transaction Server vollständig in COM+ integriert wurde. Somit wird die bisherige Sonderbehandlung hinfällig, da bereits die COM+ Runtime von dem Kontext-Objekt weiß und somit mit allen bisherigen Sonderfällen automatisch umgehen kann. Trotzdem kommt Neues auf Sie zu, da zum einen neue Funktionen zur Verfügung stehen und zum anderen auch neue Begriffe verwendet werden.

COM verwendet prinzipiell die gleichen deklarativen Transaktionen wie der MTS, aber dennoch gibt es wichtige Unterschiede. Beim MTS wurden die Transaktionen über die vier Methoden `SetComplete`, `SetAbort`, `EnableCommit` und `DisableCommit` im IObjectContext-Interface kontrolliert. Zusätzlich steht mit COM+ das erweiterte Interface mit dem Namen `ObjectContext` zur Verfügung, in dem die „alten" IObjectContext-Methoden ebenfalls enthalten sind.

```
IObjectContext = interface(IUnknown)
  ['{51372AE0-CAE7-11CF-BE81-00AA00A2FA25}']
  function  CreateInstance(var rclsid: TGUID;
    var riid: TGUID; out ppv: Pointer): HResult; stdcall;
  function  SetComplete: HResult; stdcall;
  function  SetAbort: HResult; stdcall;
  function  EnableCommit: HResult; stdcall;
  function  DisableCommit: HResult; stdcall;
  function  IsInTransaction: Integer; stdcall;
  function  IsSecurityEnabled: Integer; stdcall;
  function  IsCallerInRole(const bstrRole: WideString;
    out pfIsInRole: Integer): HResult; stdcall;
end;
```

Diese vier Methoden stehen auch unter COM+ zur Verfügung, wobei allerdings das neue IContextState-Interface einen neuen Zugriffsweg mit erweiterter Funktionalität zur Verfügung stellt. Der Vorteil des neuen Interfaces liegt darin, dass ein direkter Zugriff auf das Happy- und das Done-Bit möglich ist. Außerdem legt COM+ immer dann sein Veto ein, wenn eine der Interface-Methoden aufgerufen wird, obwohl das Objekt nicht das dazu gehörende Attribut verwendet.

```
IContextState = interface(IUnknown)
  ['{3C05E54B-A42A-11D2-AFC4-00C04F8EE1C4}']
  function   SetDeactivateOnReturn(
    bDeactivate: WordBool): HResult; stdcall;
  function   GetDeactivateOnReturn(
    out pbDeactivate: WordBool): HResult; stdcall;
  function   SetMyTransactionVote(
    txVote: tagTransactionVote): HResult; stdcall;
  function   GetMyTransactionVote(
    out ptxVote: tagTransactionVote): HResult; stdcall;
end;
```

Methode	Beschreibung
SetMyTransactionVote	Setzt das Happy-Bit
GetMyTransactionVote	Liest den aktuellen Wert des Happy-Bits aus
SetDeactivateOnReturn	Setzt das Done-Bit
GetDeactivateOnReturn	Liest den aktuellen Wert des Done-Bits aus

Tabelle 16.8: Die Interface-Methoden von IContextState

Die Methoden des IContextState-Interfaces ändern im Ergebnis das Happy- und das Done-Bit in der gleichen Art und Weise wie die bereits vom MTS bekannten vier Methoden im IObjectContext-Interface. Somit ist es letztendlich egal, welchen Weg Sie in Ihrem Objekt einschlagen.

AutoComplete

Das erste Objekt, das der Base Client anfordert, wird seit dem MTS mit dem Begriff Root-Objekt bezeichnet. Wenn ein Objekt effektiv verwendet werden soll, ist es wichtig, dieses Root-Objekt so schnell wie möglich freizugeben und somit auch eine Transaktion so schnell wie möglich zu beenden. Bislang wurde dieser Forderung durch den Aufruf von `SetComplete` Rechnung getragen, damit das Happy- und das Done-Bit gesetzt werden. Der explizite Aufruf war notwendig, da das Done-Bit den Vorgabewert False verwendet. COM+ erlaubt es nun, dass für jede Methode eines Interfaces das Auto-Complete-Attribut gesetzt werden kann.

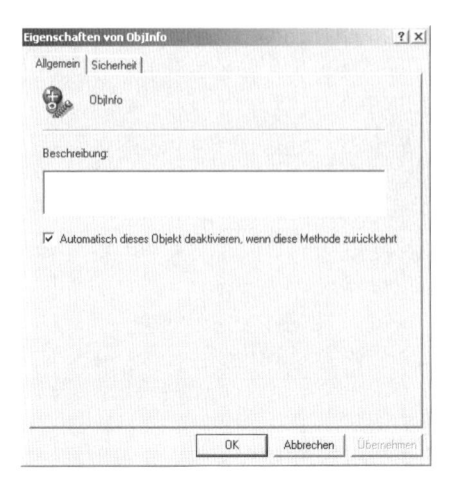

Abb. 16.51: AutoComplete wird für diese Methode aktiviert

Wird die Checkbox AUTOMATISCH DIESES OBJEKT DEAKTIVIEREN, WENN DIE METHODE ZURÜCKKEHRT markiert, so ändert COM+ den Vorgabewert für das Done-Bit von False auf den Wert True. Somit würden auch „alte" Objekte, in denen keine Aufrufe von SetComplete etc. enthalten sind, sich nun wesentlich kooperativer zeigen und JITA unterstützen.

Das AutoComplete initialisiert nur den Vorgabewert für das Done-Bit auf True, sodass während der Ausführung des Objekts das Done-Bit jederzeit wieder auf False zurückgesetzt werden kann. Über den direkten Aufruf von SetComplete etc. haben Sie in jedem Fall eine verlässlichere Steuerungsmöglichkeit über die Zeitdauer der eigenen Transaktion. Diese Eigenschaft wird daher wohl nur dann verwendet, wenn ein „altes" Objekt nachträglich ohne Neukompilierung zu einem zustandslosen Objekt gemacht werden soll.

16.8.1 Beispiel für den Microsoft SQL-Server 7

Im vorangegangenen Kapitel habe ich ein Beispiel einer fiktiven Kontoumbuchung zwischen zwei Tabellen einer InterBase-Datenbank verwendet. Da für den InterBase zurzeit noch kein OLE DB-Treiber zur Verfügung steht, hat das Beispiel auf die BDE zugegriffen. Mit Delphi 5 stehen aber ADO-Komponenten als Aufsatz auf einen OLE DB-Provider zur Verfügung, sodass ich im COM+ Transaction Service-Beispiel eine SQL-Server-7-Datenbank verwende. Da die Microsoft Database Engine (MSDE) binärkompatibel zum Microsoft SQL Server 7 ist, kann das Beispiel auch mit der MSDE nachvollzogen werden. Allerdings stehen Ihnen dann die Tools der großen Version nicht zur Verfügung, die gerade bei der Entwicklung einer Anwendung eine sehr große Hilfe darstellen.

Die Beispielprojekte zu diesem Thema finden Sie im Verzeichnis »Kapitel 16\Transactions\OSTTDB«. Die Beispieldatenbank »OSCOMplus« für den Microsoft SQL-Server 7 beziehungsweise die MSDE ist im Verzeichnis »Database« abgelegt. Sie können jedoch die Datenbank-Objekte über das im Projektverzeichnis beigefügte SQL-Script auch selbst generieren.

Die Datenbank

Als Verfechter der „Fat Server-Architektur", bei der so viel wie möglich direkt in der SQL-Datenbank erledigt wird, nutzte ich einige der Möglichkeiten aus, die der Microsoft SQL-Server 7 und Transact-SQL bieten. Damit ein Vergleich mit der im vorangegangenen Kapitel vorgestellten InterBase-Lösung nicht zu schwer wird, sind beide Implementierungen von der Struktur gleich. Legen Sie die Datenstruktur nicht auf die Goldwaage – das Beispiel soll nur das Prinzip demonstrieren.

Im Microsoft SQL-Server Query Analyzer wird die Datenbank mit dem folgenden Script angelegt. Auf einige Besonderheiten gehe ich später noch detaillierter ein, vorerst müssen aber die untergebrachten Kommentarzeilen ausreichen.

```
/**
 Script für den SQL Server Query Analyzer generiert die Datenbank
 für die Three-tier-Anwendung OSTTDB
 Version 1.0 vom 03.06.2000
 © Andreas Kosch
**/

-- Kontostandstabelle speichert den aktuellen Kontostand
CREATE TABLE konto (
   KdnNr       INTEGER IDENTITY NOT NULL
               CONSTRAINT pk_konto PRIMARY KEY,
   Stand       MONEY NOT NULL CHECK (Stand > 100),
   Bearbeiter  VARCHAR(30) NOT NULL DEFAULT USER,
   Datum       DATETIME NOT NULL DEFAULT CURRENT_TIMESTAMP
)
GO

-- Testdaten einfügen (inkl. DEFAULT-Werte)
INSERT INTO konto (Stand) VALUES (500.00)
INSERT INTO konto (Stand) VALUES (500.00)
INSERT INTO konto (Stand) VALUES (500.00)
GO
```

```sql
-- Ausgabentabelle demonstriert nur die Transaktionsnotwendigkeit
CREATE TABLE ausgabe (
  KdnNr    INTEGER IDENTITY NOT NULL
           CONSTRAINT pk_ausgabe PRIMARY KEY,
  Stand    MONEY NOT NULL
)
GO

-- Testdaten einfügen (inkl. DEFAULT-Werte=
INSERT INTO ausgabe (Stand) VALUES (0)
INSERT INTO ausgabe (Stand) VALUES (0)
INSERT INTO ausgabe (Stand) VALUES (0)
GO

-- Stored Procedure demonstriert den Umbuchungsvorgang
CREATE PROCEDURE do_transfer @betrag MONEY, @KdnNr INTEGER AS
  UPDATE konto
    SET Stand = Stand - @betrag
    WHERE KdnNr=@KdnNr
  UPDATE ausgabe
    SET Stand = Stand + @betrag
    WHERE KdnNr=@KdnNr
GO

-- Testbuchung: Variante 1 ohne benannte Parameter
EXECUTE do_transfer 25.00, 2
GO

-- Testbuchung: Variante 2 mit benannten Parametern
EXECUTE do_transfer @betrag=25.00, @kdnnr=3
GO

-- Ergebnis prüfen
SELECT a.KdnNr, k.Stand AS Kontostand, a.Stand AS Ausgaben,
       k.Datum
FROM konto k join ausgabe a ON k.KdnNr = a.KdnNr
GO

-- SELECT-Prozedur anlegen
CREATE PROCEDURE auswertung AS
  SELECT a.KdnNr, k.Stand AS Kontostand,
         a.Stand AS Ausgaben, k.Datum
  FROM konto k join ausgabe a ON k.KdnNr = a.KdnNr
GO
```

```sql
-- SELECT-Prozedur für einen bestimmten Kunden anlegen
CREATE PROCEDURE show_kdnnr @kdnnr INTEGER AS
   SELECT a.KdnNr, k.Stand AS Kontostand,
          a.Stand AS Ausgaben, k.Datum
   FROM konto k join ausgabe a ON k.KdnNr = a.KdnNr
   WHERE a.KdnNr = @kdnnr
GO


-- SELECT-Prozedur listet alle im Bestand vorhandenen Kdnr auf
CREATE PROCEDURE get_kdnnrlist AS
   SELECT KdnNr FROM konto
   ORDER BY KdnNr
GO


-- Prozedur stellt die Liste über einen CURSOR zusammen
CREATE PROCEDURE get_kdnnrlist2 @liste VARCHAR(500) OUTPUT AS
SET @liste=''
-- INTO-Variable deklarieren
DECLARE @sTmp VARCHAR(4)
-- CURSOR deklarieren
DECLARE cur_KdnNr CURSOR FORWARD_ONLY FOR
   SELECT CAST(KdnNr AS VARCHAR(4)) FROM konto ORDER BY KdnNr
-- CURSOR oeffnen
OPEN cur_KdnNr
FETCH NEXT FROM cur_KdnNr INTO @sTmp
WHILE (@@FETCH_STATUS=0)
   BEGIN
      SELECT @liste=@liste + @sTmp + ','
      FETCH NEXT FROM cur_KdnNr INTO @sTmp
   END
-- CURSOR schliessen
CLOSE cur_KdnNr
-- CURSOR freigeben
DEALLOCATE cur_KdnNr
GO
```

Bevor mit der Entwicklung der Objekte für die mittlere Schicht angefangen wird, überzeugen Sie sich davon, dass in einer mit plausiblen Testdaten gefüllten Datenbank ein effektiver Datenzugriff erfolgt. Das Tool SQL-Server Query Analyzer stellt auch für diese Aufgabe eine Option zur Verfügung. Über den Menüpunkt ABFRAGE | AUSFÜHRUNGSPLAN ANZEIGEN erstellt das Tool eine Grafik, in der die Entscheidung des Optimizers visuell dargestellt wird. Im Beispiel des JOINs greift die Datenbank auf beide Tabellen über den Primärschlüssel zu, der zudem als CUSTERED INDEX eine sehr schnelle Zugriffsgeschwindigkeit mit minimaler I/O-Anzahl bietet.

Transaction Services

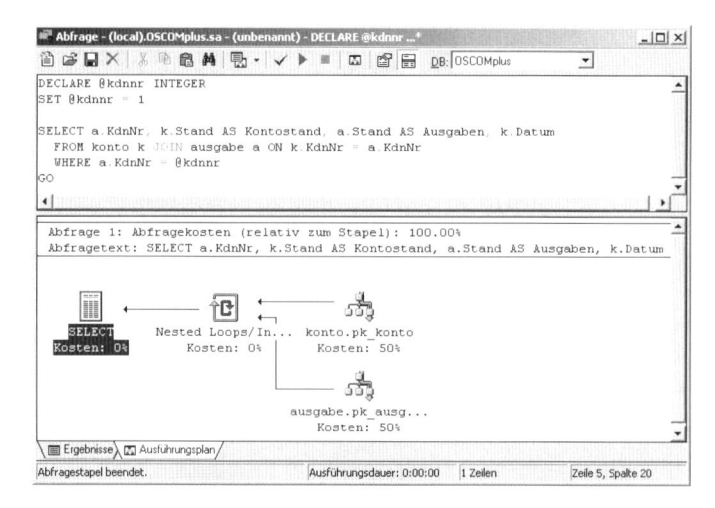

Abb. 16.52: Die Effizienz der SQL-Abfragen wird nachgeprüft

Immer dann, wenn die Objekte der mittleren Schicht und die SQL-Datenbank nicht auf dem gleichen Rechner ausgeführt werden (was wohl der Normalfall ist), spielt die Netzwerkübertragung eine große Rolle. Die Datenbank richtet daher für die Lese- und Schreibzugriffe auf die Daten mehrere Stored Procedures ein. Das hat gleich mehrere Vorteile. Zum einen werden diese bereits kompiliert in der Datenbank abgelegt, sodass der SQL-Server diese Anweisungen schneller ausführen kann. Und zum anderen muss anstelle einer langen SQL-Zeichenkette nur noch der kurze Name der Stored Procedure mit den zugewiesenen Parametern über das Netzwerk zum SQL-Server geschickt werden.

Wenn die Stored Procedure nur einen einzigen Wert zurückliefert, ist der Einsatz eines OUTPUT-Parameters sinnvoll. In diesem Fall wird kein Cursor und keine Ergebnismenge aufgebaut, sodass zwischen dem SQL-Server und dem Aufrufer eine effektivere Kommunikation möglich wird.

16.8.2 Der C/S-Client (Two-tier)

Wenn die Datenbank so weit fertig ist, dass man die einzelnen Stored Procedures erfolgreich von Hand aus dem SQL Query Analyzer aufrufen kann, kommt im nächsten Schritt das Testprogramm *OSTTDBWinClient.dpr* als klassische Client/Server-Lösung an die Reihe. Dieses Testprogramm soll als Prototyp nur die Funktionsfähigkeit der ADO-Verbindung zur SQL-Server-7-Datenbank demonstrieren. Da in der Datenbank sowohl SELECT- als auch EXECUTE-Prozeduren verwendet werden, greift der Client ausschließlich über TADOStoredProc-Komponenten auf die Datenbank zu. Zwar handelt es sich bei TADOStoredProc nur um eine Kompatibilitäts-Komponente, die einen Umstieg von der BDE auf ADO erleichtern soll, aber für den Prototyp ist diese Komponente genau das Richtige.

Eine Kontobuchung kann im Programm über zwei Buttons ausgelöst werden. Während der Button „Transfer" die Stored Procedure ausführt, ohne eine explizite ADO-Transaktion zu starten, kapselt die vom Button „Error" ausgelöste Ereignisbehandlungsmethode die Aufrufe in einen eigenen Transaktionsblock ein. Das Verhalten ist in beiden

Fällen gleich – allerdings unterscheidet sich die Implementierung grundlegend. Schauen Sie sich dazu nochmals die Struktur der Tabelle Konto genauer an.

```
CREATE TABLE konto (
  KdnNr      INTEGER IDENTITY NOT NULL
                CONSTRAINT pk_konto PRIMARY KEY,
  Stand      MONEY NOT NULL CHECK (Stand > 100),
  Bearbeiter VARCHAR(30) NOT NULL DEFAULT USER,
  Datum      DATETIME NOT NULL DEFAULT CURRENT_TIMESTAMP
)
```

Die Tabellenspalte *Stand* deklariert einen CHECK-Constraint, sodass der SQL-Server 7 immer dann sein Veto einlegt, wenn der sich aus einem UPDATE-Vorgang ergebende neue Wert den Schwellwert von 100 unterschreitet. Der Benutzer muss also damit rechnen, dass die Datenbank ein Veto gegen seine Buchung einlegt. Allerdings soll der Anwender über dieses Veto auch informiert werden.

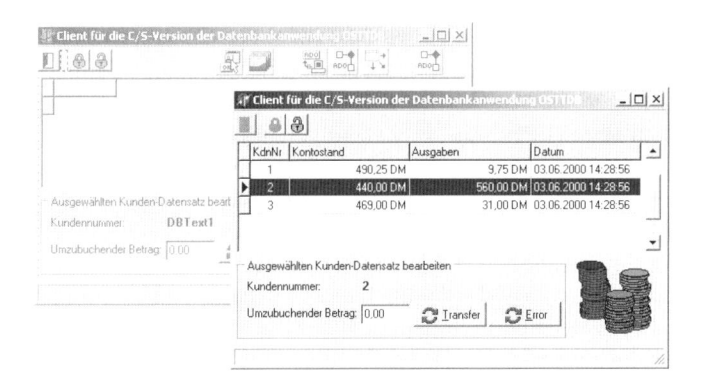

Abb. 16.53: Der C/S-Client als Testprogramm

Wenn der Anwender im Programm eine Kundennummer aus der Tabelle auswählt, kann er einen umzubuchenden Betrag im unteren Eingabefeld eintragen und den Buchungsvorgang über den Transfer-Button starten. Nachdem die Stored Procedure die Umbuchung ausgeführt hat, aktualisiert das Programm auch die Anzeige in der Tabelle, indem auch die SELECT-Prozedur neu gestartet wird.

```
procedure TForm1.BitBtnTransferClick(Sender: TObject);
var
  cValue : Currency;
begin
  cValue := StrToFloat(EditDM.Text);
  with ADOStoredProcTransfer do
  begin
    Parameters[1].Value := cValue;
```

```
    Parameters[2].Value := ADOStoredProcAuswertungKdnNr.Value;
    ExecProc;
  end;
  ADOStoredProcAuswertung.Active := False;
  ADOStoredProcAuswertung.Active := True;
end;
```

Trägt er allerdings einen Betrag ein, der zur Unterschreitung des Mindestwertes führt, so wird der Anwender über eine Exception über das Veto der Datenbank informiert.

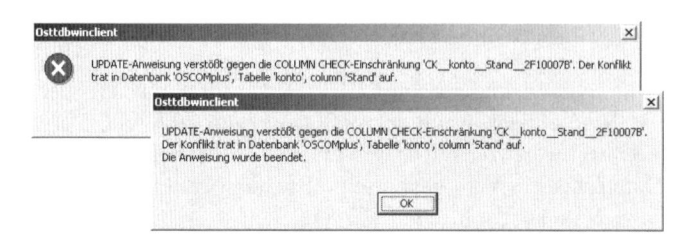

Abb. 16.54: Die beiden unterschiedlichen Fehlermeldungen

Allerdings ändert sich das Verhalten schlagartig, wenn das eigene Programm eine explizite Transaktion über den Aufruf von BeginTrans startet. Die SQL-Datenbank löst zwar immer noch ein Veto aus und verweigert somit die Umbuchung – allerdings erhält der Anwender keine Rückmeldung mehr. Erst dann, wenn das eigene Programm auf das Errors-Objekt von ADO zugreift, stehen die zusätzlichen Informationen wieder zur Verfügung. Das Errors-Objekt speichert alle Fehlermeldungen in einer Kollektion. Diese Fehlerkollektion enthält alle vom OLE DB-Provider generierten Fehler. Für jeden Fehler werden ein oder mehrere ADO-Fehlerobjekte in die Kollektion eingefügt, sie entsprechen den einzelnen Provider-Fehlern und sind nicht ADO-spezifisch. Somit erhalten Sie ein unterschiedliches Verhalten, wenn beim Zugriff auf die SQL-Server-7-Datenbank zwischen dem OLE DB-Provider und dem ODBC-Provider (MSDASQL) gewechselt wird. Da der OLE DB-Provider nur auf den ODBC-Treiber zugreift, stehen ihm auch nur die Informationen zur Verfügung, die der ODBC-Treiber weiterreicht. Und in der Tat meldet die Ereignisbehandlungsmethode BitBtnErrorClick beim Zugriff über den OLE DB-Provider und nach dem expliziten Auswerten der Errors-Kollektion auch zwei Fehler:

1. UPDATE-Anweisung wird wegen des CHECK-Vetos nicht ausgeführt.
2. Anweisung wurde beendet.

```
procedure TForm1.BitBtnErrorClick(Sender: TObject);
var
  cValue : Currency;
  iError : Integer;
  sError : String;
begin
  sError := '';
```

```
  cValue := StrToFloat(EditDM.Text);
  ADOConnection1.BeginTrans;
  try
    with ADOStoredProcTransfer do
    begin
      Parameters[1].Value := cValue;
      Parameters[2].Value := ADOStoredProcAuswertungKdnNr.Value;
      ExecProc;
    end;
  except
    for iError := 0 to ADOConnection1.Errors.Count - 1 do
      sError := sError +
        ADOConnection1.Errors[iError].Description + #10#13;
    ShowMessage(sError);
    if ADOConnection1.InTransaction then
      ADOConnection1.RollbackTrans;
  end;
  if ADOConnection1.InTransaction then
    ADOConnection1.CommitTrans;
  ADOStoredProcAuswertung.Active := False;
  ADOStoredProcAuswertung.Active := True;
end;
```

16.8.3 Fehlerbehandlung von ADO

ADO ist historisch gewachsen – und das „Erbe" von DAO, RDO und ODBC macht sich an einigen Stellen negativ bemerkbar. Während man beim Zugriff über ODBC oder auch beim Zugriff über die BDE davon ausgehen kann, dass im Fehlerfall automatisch eine Exception im Programm ausgelöst wird, ist das beim Zugriff über die nativen Objekte (OLE DB-Provider) anders. Hier erhalten Sie eine automatische Fehlermeldung nur dann, wenn nur eine einzige Datenbankanweisung aufgerufen wird. Sobald mehrere Anweisungen abgesetzt werden – auch wenn diese sich in einer aufgerufenen Stored Procedure befinden –, geht der OLE DB-Provider davon aus, dass zu jeder Anweisung Fehlerinformationen bereitgestellt werden. Dies ist auch der Grund für die Errors-Kollektion, denn dort finden Sie alle aufgetretenen Fehler vor. Wenn das eigene Programm nicht alle Kollektionseinträge auswertet, besteht die Gefahr, dass nur die letzte Meldung sichtbar wird.

Um zu demonstrieren, dass dies tatsächlich so ist, wird die Datenbank um eine Tabelle und zwei weitere Stored Procedures erweitert. Die erste Stored Procedure löst über den Aufruf von RAISEERROR sofort eine Fehlermeldung mit dem Schweregrad 16 aus, während die zweite Stored Procedure vorher eine Transaktion beginnt, eine INSERT-Anweisung absetzt und diese Anweisung über ROLLBACK widerruft.

```
-- Testtabelle mit Testdatensatz anlegen
CREATE TABLE errortest(
  FehlerNummer   INTEGER IDENTITY NOT NULL PRIMARY KEY,
```

```
  FehlerText      VARCHAR(50)
)
GO
INSERT INTO errortest (FehlerText) VALUES ('Der Testdatensatz');
GO

-- Stored Procedure löst eine Fehlermeldung aus
CREATE PROCEDURE DoRaiseError1 AS
  RAISERROR ('DoRaiseError1',16,1)
GO
-- Stored Procedure löst Rollback und Fehlermeldung aus
CREATE PROCEDURE DoRaiseError2 AS
  BEGIN TRANSACTION
  INSERT INTO errortest (FehlerText)
    VALUES ('Dies darf nicht zu sehen sein!');
  ROLLBACK TRANSACTION
  RAISERROR ('DoRaiseError2 - Rollback', 16, 1)
GO
```

Im Beispielprogramm werden zwei TADOConnection-Instanzen jeweils für den nativen OLE DB-Provider für den SQL-Server 7 (SQLOLEDB) und für den ODBC OLE DB-Provider (MSDASQL) konfiguriert. Die Verbindung über MSDASQL greift dazu auf einen vorher in der Systemsteuerung eingerichteten ODBC-DSN zu.

Das Beispielprojekt finden Sie im Verzeichnis »Kapitel 16\Transactions\RaiseError«.

SQLOLEDB	Provider=SQLOLEDB.1;Persist Security Info=False;User ID=sa; Initial Catalog=OSCOMplus;Data Source=(local)
MSDASQL	Provider=MSDASQL.1;Persist Security Info=False;User ID=sa; Data Source=LocalServer;Initial Catalog=OSCOMplus

Tabelle 16.9: Die ConnectionStrings der beiden Verbindungen

Zur Laufzeit kann der Anwender über die Radiobuttons den jeweiligen Provider über die zwei TADOConnection-Instanzen wählen. Außerdem sind je Provider auch zwei TADOStoredProc-Instanzen für die beiden in der Datenbank eingerichteten Stored Procedures zugewiesen. Je nachdem, über welche ADOConnection-Instanz die Verbindung aufgebaut wurde, wird die jeweils zugeordnete TADOStoredProc-Instanz über den Aufruf der Methode ExecProc ausgeführt.

COM+

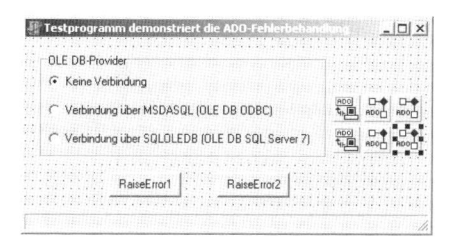

Abb. 16.55: Das Beispielprogramm RaiseError.dpr

```
procedure TForm1.ButtonRaiseError1Click(Sender: TObject);
begin
  case RadioGroup1.ItemIndex of
    0 : ShowMessage('Es ist keine Connection aktiv.');
    1 : ADOStoredProcMSDASQL.ExecProc;
    2 : ADOStoredProcSQLOLEDB1.ExecProc;
  end;
end;

procedure TForm1.ButtonRaiseError2Click(Sender: TObject);
begin
  case RadioGroup1.ItemIndex of
    0 : ShowMessage('Es ist keine Connection aktiv.');
    1 : ADOStoredProcMSDASQL2.ExecProc;
    2 : ADOStoredProcSQLOLEDB2.ExecProc;
  end;
end;
```

Greift ADO über den MSDASQL-Provider und somit über den ODBC-Treiber für den SQL-Server 7 auf die Datenbank zu, so erhält der Anwender in beiden Fällen die innerhalb der Stored Procedure ausgelöste Fehlerinformation.

Wird nun die Verbindung auf den SQLOLEDB-Provider umgeschaltet, so bekommt der Anwender nur beim Button RAISEERROR1 den Fehlertext zu Gesicht. Klickt er hingegen den Button RAISEERROR2 an, passiert scheinbar gar nichts. Es wird also weder eine Exception ausgelöst, noch erhält der Anwender eine Information darüber, was in der Stored Procedure eigentlich passiert ist.

ADO erwartet, dass jeder, der von einem Fehler in jedem Fall informiert werden will, selbst nachschaut, ob Einträge in der Errors-Kollektion vorhanden sind.

Der Aufruf von ADOStoredProcSQLOLEDB2.ExecProc allein reicht also nicht aus, stattdessen ist es notwendig, dass hinterher die Errors-Kollektion ausgewertet wird. Nur so kann der Anwender über den ShowMessage-Aufruf von dem Fehlertext in Kenntnis gesetzt werden, den die Stored Procedure übergeben hat.

Transaction Services

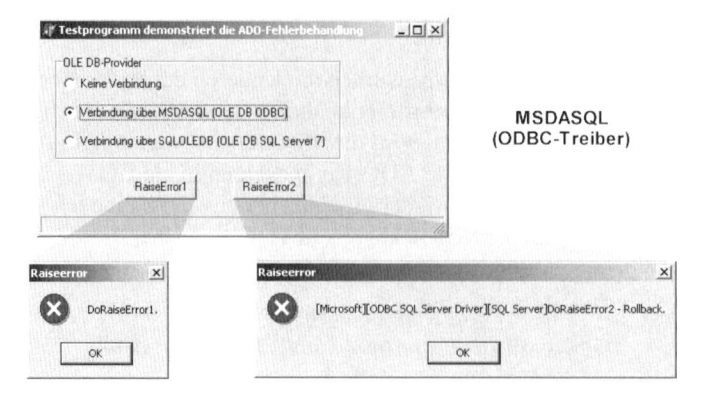

Abb. 16.56: Das Verhalten des ODBC-Treibers

```
procedure TForm1.ButtonRaiseError2aClick(Sender: TObject);
var
  iError : Integer;
  sError : String;
begin
  case RadioGroup1.ItemIndex of
    0 : ShowMessage('Es ist keine Connection aktiv.');
    1 : ADOStoredProcMSDASQL2.ExecProc;
    2 : begin
          ADOStoredProcSQLOLEDB2.ExecProc;
          with ADOConnectionSQLOLEDB do
            for iError := 0 to Errors.Count - 1 do
              sError := sError +
                        Errors[iError].Description + #10#13;
          ShowMessage(sError);
        end;
  end;
end;
```

Handelt es sich hier um einen Fehler in den ADO-Komponenten von Delphi oder gar um einen Fehler in den ADO-Objekten selbst? Nein, dieses Verhalten ist im Design des OLE DB-Providers begründet. Ein Provider wird speziell für die Datenbank zugeschnitten, für die er einen Zugriffsweg schaffen soll. Somit liegt es auf der Hand, dass der SQL-OLEDB-Provider alle Features des Microsoft SQL-Server 7 unterstützt. Und beim SQL-Server 7 kann ein Client nicht nur einzelne SQL-Anweisungen abschicken, sondern im Stapelbetrieb ganze Kommando-Blöcke, die aus leistungsfähigen Transact-SQL-Anweisungen bestehen. Somit reicht eine Fehlermeldung nicht mehr aus, da eine Fehlerinformation für jede einzelne Anweisung aus dem Stapel benötigt wird.

Auch in den Microsoft-Beispielen für Visual Basic oder ASP taucht diese explizite Abfrage der Errors-Kollektion auf. Es handelt sich also nicht um ein Delphi-spezifisches Problem.

16.8.4 Aus C/S wird Three-tier

Mithilfe des klassischen C/S-Prototyps wurden die Untiefen der ersten Versuche mit dem SQLOLEDB-Provider bequem umschifft. Nun, da feststeht, dass die Konfiguration sowie die Aufruf-Technik in Ordnung sind, wird die Three-tier-Anwendung in Angriff genommen. Konkret bedeutet dies, dass alle ADO-Komponenten in ein COM+-Objekt ausgelagert werden. Damit es am Anfang wiederum einfacher zugeht, bleibe ich vorerst bei den TADOStoredProc-Instanzen und den deklarativen Transaktionen.

> *Erst das übernächste Beispiel demonstriert den Verzicht auf TADOConnection und TADOStoredProc und greift direkt auf die ADO-Objekte zu.*

Über den Delphi-Experten für das transaktionale Datenmodul erweitere ich das Grundgerüst der ActiveX-Bibliothek um das Datenmodul für ein zustandsloses COM+-Objekt, das eine Transaktion benötigt.

Immer dann, wenn der Client eine Interface-Methode dieses COM+-Objekts aufruft, wird die Verbindung zur Datenbank über die TADOConnection-Instanz hergestellt und eine der TADOStoredProc-Instanzen ausgeführt. Bevor die Methode zum Client zurückkehrt, sorgt das Objekt dafür, dass die Verbindung wieder getrennt wird. Somit erfüllt das Objekt die grundlegende Forderung des Datenbankverbindungs-Pools, eine Verbindung so spät wie möglich anzufordern und so früh wie möglich wieder freizugeben. Beachten Sie, dass die Three-tier-Anwendung in diesem Punkt völlig anders ausgelegt wird als eine klassische Client/Server-Anwendung. Da das COM+-Objekt über ADO und somit über einen OLE DB-Provider auf die Datenbank zugreift, stehen die Pool-Fähigkeiten eines speziellen OLE DB-Services zur Verfügung. Im Fall des OLE DB-Providers für den SQL-Server 7 (SQLOLEDB) sieht das hinter den Kulissen folgendermaßen aus:

- Wenn ein COM+-Objekt in der COM+ Application zum ersten Mal eine Verbindung für die Datenbank anfordert, richtet OLE DB eine neue Datenbankverbindung zum SQL-Server 7 ein.
- Wenn das COM+-Objekt die ADO-Verbindung wieder trennt, legt der OLE DB-Provider die immer noch aktive Verbindung zur SQL-Server-7-Datenbank zurück in den Pool. Er koppelt also nur das Objekt von der aktiven Verbindung ab, ohne die Verbindung zur Datenbank selbst zu trennen.
- Wenn zu einem späteren Zeitpunkt ein anderes COM+-Objekt eine ADO-Verbindung anfordert, wird nur dann eine zusätzliche Datenbankverbindung zum SQL-Server 7 aufgebaut, wenn keine freie Verbindung im Pool vorgefunden wird. Bei Bedarf wächst der Pool automatisch an.
- Um die Ressourcen effektiv zu verwalten, werden inaktive Datenbankverbindungen nach einer Wartezeit von 60 Sekunden automatisch geschlossen und aus dem Pool entfernt.

Wenn also der OLE DB-Provider den Pool unterstützt, warum steht dieses Leistungsmerkmal nur unter dem MTS beziehungsweise COM+ zur Verfügung? Ein Pool kann immer nur innerhalb eines Prozesses und somit innerhalb eines Adressraums effektiv genutzt werden. Eine normale Anwendung, die kein COM+-Objekt ist, wird jedoch immer in einem eigenen Prozess ausgeführt und hätte somit überhaupt keine Vorteile von einem Verbindungspool. Dies gilt umso mehr, als dass der Pool nur dann funktioniert, wenn alle Verbindungen die gleiche Datenbank und sogar den gleichen Benutzernamen mit dem gleichen Passwort verwenden.

Im Gegensatz dazu macht der Pool bei COM+-Objekten, die gemeinsam in eine COM+ Application installiert wurden, mehr Sinn. Denn in dieser Umgebung hat das Anwendungsmerkmal Skalierbarkeit einen ganz anderen Stellenwert als in einer normalen Anwendung.

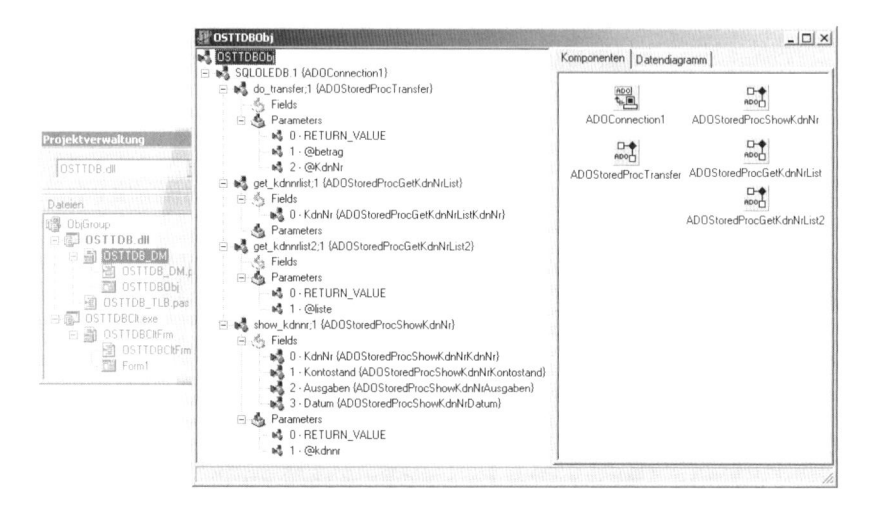

Abb. 16.57: Das MTS-Datenmodul des COM+-Objekts

Die Aufgabe des Entwicklers besteht dabei darin, das Design so anzulegen, dass der Client mit nur wenigen Aufrufen von Interface-Methoden des COM+-Objekts auskommt. Denn immer dann, wenn mit Zugriffen über das WAN oder über Remote-Zugriffen über eine ISDN- oder gar Modem-Verbindung gerechnet werden muss, wird die Schnittstelle zwischen dem Client und der mittleren Schicht die Engstelle im System sein. Je weniger der Client bei seinem Applikations-Objekt nachfragen muss, umso besser ist es.

Außerdem besteht zwischen dem COM+-Objekt auf der mittleren Schicht und der SQL-Datenbank zusätzlich ein Client/Server-Verhältnis. Auch hier spielt es eine Rolle, dass das COM+-Objekt so wenig Zugriffe auf die Datenbank wie nur möglich benötigt. Das COM+-Objekt stellt daher dem Client vier Interface-Methoden zur Verfügung, wobei zwei davon die gleiche Aufgabe in einer unterschiedlichen Implementierung erledigen.

```
IOSTTDBObj = interface(IAppServer)
  ['{FDE187AC-230D-4DE6-987D-FDACCC2E9EC3}']
  procedure DoTransfer(cValue: Currency;
                       iKdnNr: Integer;
                       out sMsg: WideString); safecall;
  procedure DoSelect(iKdnNr: Integer;
                     out cKontostand: Currency;
```

```
                    out cBetrag: Currency;
                    out dtDatum: TDateTime;
                    out sMsg: WideString); safecall;
   procedure GetKdnNr(out sResult: WideString;
                    out sMsg: WideString); safecall;
   procedure GetKdnNr2(out sResult: WideString;
                    out sMsg: WideString); safecall;
end;
```

Interface-Methode	Verwendung
GetKdnNr	Liefert eine Zeichenkette mit allen durch ein Komma unterteilten Kundennummern zurück. Dabei holt sich das COM+-Objekt in einer Schleife alle Datensätze mit den Kundennummern (Fetch), um die Liste zu erstellen.
GetKdnNr2	Liefert eine Zeichenkette mit allen durch ein Komma unterteilten Kundennummern zurück. Die Liste wird jedoch mit Hilfe eines CURSORS direkt in der Stored Procedure erstellt, sodass das COM+-Objekt mit einem einzigen Aufruf auskommt.
DoSelect	Die Kontodaten für eine bestimmte Kundennummer werden an den Client zurückgeliefert.
DoTransfer	Ein Buchungsvorgang für eine bestimmte Kundennummer wird über den Aufruf einer Stored Procedure ausgelöst.

Tabelle 16.10: Die Interface-Methoden des COM+-Objekts

Liste aller vorhandenen Kundennummern ermittelt – Version 1

Über den Aufruf einer Stored Procedure erhält das Objekt ein ResultSet mit allen Kundennummern zurück. Diese Datenmenge wird nun Zeile für Zeile ausgelesen und das Objekt verkettet alle Kundennummern durch Kommas getrennt als Zeichenkette. Somit erhält der Client alle Informationen gleichzeitig am Stück – er muss nur einmal diese Interface-Methode aufrufen. Über den Aufruf von SetComplete teilt das COM+-Objekt dem Betriebssystem mit, dass seine Aufgabe abgeschlossen ist, sodass COM+ das Objekt sofort zerstört. Die Datenbankverbindung geht zurück in den Pool des Resource Dispensers.

Stored Procedure der Datenbank

```
CREATE PROCEDURE get_kdnnrlist AS
   SELECT KdnNr FROM konto
   ORDER BY KdnNr
```

Interface-Methode des COM+-Objekts

```
procedure TOSTTDBObj.GetKdnNr(out sResult, sMsg: WideString);
var
  sKdnNr : String;
begin
  ADOConnection1.Connected := True;
  try
    with ADOStoredProcGetKdnNrList do
    begin
      Active := True;
      while not Eof do
      begin
        sKdnNr := sKdnNr +
          ADOStoredProcGetKdnNrListKdnNr.AsString + ',';
        Next;
      end;
      sResult := sKdnNr;
      Active := False;
    end;
  finally
    ADOConnection1.Connected := False;
  end;
  SetComplete;
  sMsg := sKdnNr;
end;
```

Liste aller vorhandenen Kundennummern ermittelt – Version 2

Die zweite Variante erfüllt die gleiche Aufgabe – allerdings liefert bereits die Stored Procedure alle Kundennummern durch Kommas abgetrennt als Zeichenkette zurück. Somit entfallen die zeitaufwendigen Fetch-Aufrufe, da die einzelnen Datensätze der Ergebnismenge nicht mehr zum COM+-Objekt transportiert werden müssen. Der Nachteil besteht darin, dass in der Stored Procedure kurzzeitig ein CURSOR geöffnet wird. Allerdings wird dieser Mehraufwand durch den Wegfall der Fetch-Aufrufe mehr als kompensiert.

Stored Procedure der Datenbank

```
CREATE PROCEDURE get_kdnnrlist2 @liste VARCHAR(500) OUTPUT AS
SET @liste=''
-- INTO-Variable deklarieren
DECLARE @sTmp VARCHAR(4)
-- CURSOR deklarieren
DECLARE cur_KdnNr CURSOR FORWARD_ONLY FOR
```

```
    SELECT CAST(KdnNr AS VARCHAR(4)) FROM konto ORDER BY KdnNr
-- CURSOR oeffnen
OPEN cur_KdnNr
FETCH NEXT FROM cur_KdnNr INTO @sTmp
WHILE (@@FETCH_STATUS=0)
  BEGIN
    SELECT @liste=@liste + @sTmp + ','
    FETCH NEXT FROM cur_KdnNr INTO @sTmp
  END
-- CURSOR schliessen
CLOSE cur_KdnNr
-- CURSOR freigeben
DEALLOCATE cur_KdnNr
```

Die Stored Procedure liefert über den OUTPUT-Parameter @liste alle Kundennummern als Zeichenkette zurück, wobei jede Kundennummer durch ein Komma abgetrennt wird. Um zu vermeiden, dass alle Datensätze der SELECT-Abfrage vom COM+-Objekt abgefragt werden müssen, greift die Stored Procedure über einen CURSOR direkt auf jeden einzelnen Datensatz der Ergebnismenge zu. Die INTEGER-Werte der Kundennummern werden dabei über einen CAST-Aufruf in eine Zeichenkette umgewandelt, sodass in der WHILE-Schleife eine einfache Verkettung möglich ist.

Interface-Methode des COM+-Objekts

```
procedure TOSTTDBObj.GetKdnNr2(out sResult, sMsg: WideString);
begin
  ADOConnection1.Connected := True;
  try
    with ADOStoredProcGetKdnNrList2 do
    begin
      ExecProc;
      sResult := Parameters[1].Value;
    end;
  finally
    ADOConnection1.Connected := False;
  end;
  SetComplete;
  sMsg := 'ok';
end;
```

Daten einer bestimmten Kundennummer auslesen

Wenn der Client die aktuellen Kontodaten zu einer bestimmten Kundennummer auslesen will, ruft er die Interface-Methode `DoSelect` auf und übergibt dabei fünf Parameter. Der erste Input-Parameter übergibt die ausgewählte Kundennummer an das COM+-Objekt, während alle anderen Output-Parameter das Ergebnis aufnehmen.

Stored Procedure der Datenbank

```
CREATE PROCEDURE show_kdnnr @kdnnr INTEGER AS
  SELECT a.KdnNr, k.Stand AS Kontostand,
         a.Stand AS Ausgaben, k.Datum
  FROM konto k JOIN ausgabe a ON k.KdnNr = a.KdnNr
  WHERE a.KdnNr = @kdnnr
```

Interface-Methode des COM+-Objekts

```
procedure TOSTTDBObj.DoSelect(iKdnNr: Integer; out cKontostand,
  cBetrag: Currency; out dtDatum: TDateTime;
  out sMsg: WideString);
begin
  ADOConnection1.Connected := True;
  try
    ADOStoredProcShowKdnNr.Parameters[1].Value := iKdnNr;
    ADOStoredProcShowKdnNr.Active := True;
    cKontostand := ADOStoredProcShowKdnNrKontostand.Value;
    cBetrag := ADOStoredProcShowKdnNrAusgaben.Value;
    dtDatum := ADOStoredProcShowKdnNrDatum.Value;
    ADOStoredProcShowKdnNr.Active := False;
  finally
    ADOConnection1.Connected := False;
  end;
  SetComplete;
  sMsg := Format('Daten für die KdnNr %d ermittelt.',[iKdnNr]);
end;
```

Umbuchung für eine bestimmte Kundennummer ausführen

In der Datenbank sorgt ein CHECK-Constraint dafür, dass der SQL-Server 7 automatisch sein Veto einlegt, wenn der Betrag in der Spalte *Stand* der Tabelle *Konto* unter den Wert von 100 DM sinkt. Damit der Client eine Rückmeldung über diesen Fehler erhält, muss das COM+-Objekt dafür sorgen, dass unmittelbar nach dem Ausführen der Stored Procedure die Errors-Kollektion von ADO ausgelesen wird. Nur wenn hier kein Fehler vorgefunden wird, ruft das Objekt SetComplete auf und macht somit den gleich am Anfang ausgelösten SetAbort-Aufruf rückgängig. Außerdem wird in jedem Fall die Fehlermeldung über den Output-Parameter an den Client zurückgeliefert.

Stored Procedure der Datenbank

```
CREATE PROCEDURE do_transfer @betrag MONEY, @KdnNr INTEGER AS
  UPDATE konto
    SET Stand = Stand - @betrag
```

```
    WHERE KdnNr=@KdnNr
  UPDATE ausgabe
    SET Stand = Stand + @betrag
    WHERE KdnNr=@KdnNr
```

Interface-Methode des COM+-Objekts

```
procedure TOSTTDBObj.DoTransfer(cValue: Currency;
  iKdnNr: Integer; out sMsg: WideString);
var
  iError : Integer;
  sError : String;
begin
  sError := '-';
  ADOConnection1.Connected := True;
  SetAbort;
  try
    with ADOStoredProcTransfer do
    begin
      Parameters[1].Value := cValue;
      Parameters[2].Value := iKdnNr;
      ExecProc;
    end;
    for iError := 0 to ADOConnection1.Errors.Count - 1 do
      sError := sError +
        ADOConnection1.Errors[iError].Description + #10#13;
    sMsg := sError;
  finally
    ADOConnection1.Connected := False;
  end;
  if sMsg = '-' then
    SetComplete;
  sMsg := sMsg +
    Format(' %d: %m DM gebucht + SetComplete aufgerufen.',
           [iKdnNr, cValue]);
end;
```

Der Client

Um zu demonstrieren, dass die Komponenten aus der Registerseite Datensteuerung gar nicht unbedingt notwendig sind, setzt der Client keine einzige Datenbankkomponente ein. Die Anzeige des Kontostands erfolgt in einer TListView-Instanz und neben TComboBox kommt noch eine TEdit-Instanz zum Einsatz. Der Vorteil dieses Ansatzes liegt darin, dass mit dem Verzicht auf die spezialisierten Datensteuerungs-Komponenten eine spätere Erweiterung auf eine HTML-Oberfläche deutlich problemloser realisiert werden kann.

Abb. 16.58: Der Client für das COM+-Objekt

Da der Client auf ein zustandsloses COM+-Objekt zugreift, das über den JITA-Mechanismus unmittelbar nach dem Aufruf einer Interface-Methode zerstört wird, kann er die Verbindung zum COM+-Objekt die ganze Programmlaufzeit über offen halten. Der Client bekommt von JITA (Just-in-Time Activation) nichts mit – für ihn ist das COM+-Objekt scheinbar die ganze Zeit aktiv.

Das COM+-Objekt liefert die Kundennummern als Zeichenkette zurück, die aus einzelnen durch Kommas voneinander abgetrennten Zahlen besteht. Der Client muss daraus eine Liste der einzelnen Zahlen machen, wobei das TStringList-Objekt der VCL über seine CommaText-Eigenschaft diese Aufgabe vollständig übernehmen kann. Daher wird eine Instanz dieses Objekts gleich beim Programmstart erzeugt.

```
procedure TForm1.FormCreate(Sender: TObject);
begin
  FSL := TStringList.Create;
  FSrv := CoOSTTDBObj.Create;
  FillListboxKdnNr;
end;

procedure TForm1.SpeedButtonRefreshClick(Sender: TObject);
begin
 FillListboxKdnNr;
end;

procedure TForm1.FormDestroy(Sender: TObject);
begin
  FSL.Free;
  FSrv := nil;
end;

procedure TForm1.ComboBoxKdnNrChange(Sender: TObject);
begin
  StaticTextKdnNr.Caption := ComboBoxKdnNr.Text;
  FKdnNr := StrToInt(ComboBoxKdnNr.Text);
```

```
    ShowKdnNrRecord;
  end;

procedure TForm1.BitBtnTransferClick(Sender: TObject);
var
  cValue  : Currency;
  swMsg   : WideString;
begin
  cValue := StrToFloat(EditDM.Text);
  FSrv.DoTransfer(cValue, FKdnNr, swMsg);
  StatusBar1.SimpleText := swMsg;
  ListBoxLog.Items.Add(swMsg);
  ShowKdnNrRecord;
end;
```

Beim Programmstart und über den Refresh-Button wird die TComboBox-Instanz mit den einzelnen Kundennummern gefüllt. Über die Checkbox kann der Anwender festlegen, welche Interface-Methode dabei aufgerufen wird. In der Datenbank sind zwei Stored Procedures vorhanden. Während bei der Interface-Methode GetKdnNr das COM-Objekt alle Datensätze anfordert und die verkettete Liste generiert, übernimmt diese Aufgabe bei der Interface-Methode GetKdnNr2 die Stored Procedure über einen CURSOR in eigener Regie.

```
procedure TForm1.FillListboxKdnNr;
var
  swKdnNrList : WideString;
  swMsg       : WideString;
  iCnt        : Integer;
begin
  FSL.Clear;
  ComboBoxKdnNr.Items.Clear;
  if CheckBoxCursor.Checked then
    FSrv.GetKdnNr2(swKdnNrList, swMsg)
  else
    FSrv.GetKdnNr(swKdnNrList, swMsg);
  FSL.CommaText := swKdnNrList;
  for iCnt := 0 to FSL.Count - 1 do
    ComboBoxKdnNr.Items.Add(FSL.Strings[iCnt]);
  ListBoxLog.Items.Add(swMsg);
  StatusBar1.SimpleText := swMsg;
end;
```

Immer dann, wenn der Anwender eine Kundennummer aus der Combobox ausgewählt hat oder wenn eine Buchung vorgenommen wurde, zeigt der Client die aktuellen Kontodaten an. Von beiden Stellen aus wird dazu die private Methode ShowKdnNrRecord aufgerufen, um die Daten in die TListView-Instanz einzutragen.

```
procedure TForm1.ShowKdnNrRecord;
var
  cKontostand : Currency;
  cAusgaben   : Currency;
  dtDatum     : TDateTime;
  swMsg       : WideString;
  ListItem    : TListItem;
begin
  FSrv.DoSelect(FKdnNr, cKontostand, cAusgaben, dtDatum, swMsg);
  ListViewKdn.Items.Clear;
  ListItem := ListViewKdn.Items.Add;
  ListItem.Caption := Format('%m', [cKontostand]);
  ListItem.SubItems.Add(Format('%m', [cAusgaben]));
  ListItem.SubItems.Add(DateTimeToStr(dtDatum));
  ListBoxLog.Items.Add(swMsg);
  StatusBar1.SimpleText := swMsg;
end;
```

Test der Anwendung: Zwei Clients greifen gleichzeitig zu

Werden nun gleich zwei Instanzen der Client-Anwendung gestartet, können beide unabhängig voneinander mit der Datenbank arbeiten. Doch wie sieht es hinter den Kulissen aus? Über die geeigneten Werkzeuge sollte sich der Entwickler Klarheit über die folgenden Fragen verschaffen:

- Wird das COM+-Objekt tatsächlich nach dem Interface-Aufruf deaktiviert?
- Wird in der Transaktionsstatistik ein ROLLBACK vermerkt, wenn versucht wurde, einen zu hohen Betrag zu buchen und der SQL-Server 7 dabei sein Veto eingelegt hat?
- Nutzen beide Client-Instanzen tatsächlich die gleiche Datenbankverbindung?
- Welche SQL-Anweisungen treffen beim SQL-Server ein – sind irgendwo als Seiteneffekt ausgelöste problematische Aufrufe zu entdecken?
- Können sich zwei Clients gegenseitig in die Quere kommen?

Komponentendienste

Die ersten beiden Fragen lassen sich bereits mit den Bordmitteln von Windows 2000 beantworten. Im Snap-In der Komponentendienste führt COM+ Statistik darüber, wie viele Clients auf ein COM+-Objekt zugreifen und wie viele Objektinstanzen zurzeit aktiv sind. Auch dann, wenn beide Programminstanzen vom Benutzer gleichzeitig bedient werden, bleibt der Aktiviert-Zähler auf null stehen. Das zustandslose COM+-Objekt wird also von JITA nach Gebrauch zerstört.

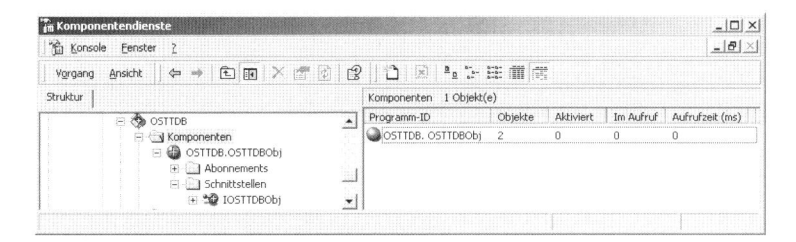

Abb. 16.59: Der Beweis für das zustandslose COM+-Objekt

Nun provoziert ein Client einen Fehler, indem ein zu hoher Buchungsbetrag eingetragen wird. Er erhält sofort über eine MessageBox eine Fehlermeldung – die Buchung wird nicht vorgenommen, alle Kontodaten bleiben unverändert. Und in der Transaktionsstatistik wird auch der Rollback korrekt mitgezählt.

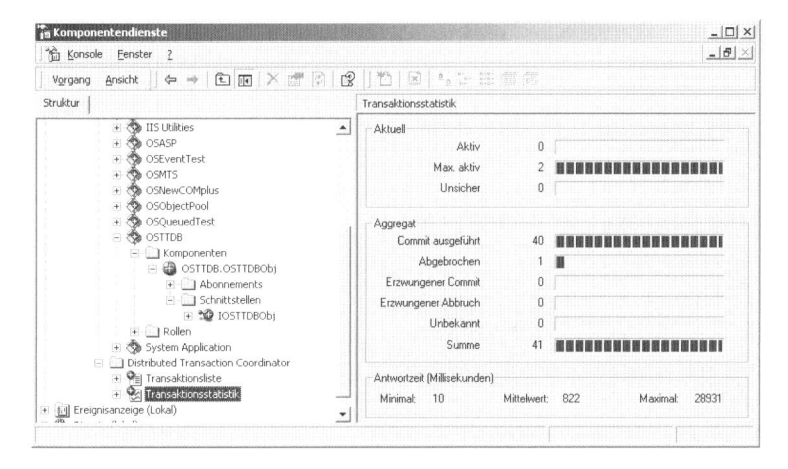

Abb. 16.60: Der Rollback wird mitprotokolliert

SQL Server Profiler

Zur Beantwortung der restlichen Fragen reichen die Bordmittel von Windows 2000 nicht aus – hier ist ein beherzter Griff in die umfangreiche Werkzeugkiste des Microsoft SQL-Server 7 notwendig. Speziell geht es hier um den SQL Server Profiler, mit dessen Hilfe sich der Entwickler einen Überblick über die ausgelösten Datenbankaktionen verschaffen kann. Zum einen sind die beiden Connect-Vorgänge gut erkennbar, denn gleich beim Programmstart liest jeder Client über das COM+-Objekt die Liste mit den vorhandenen Kundennummern ein. Beide Zugriffe verwenden die gleiche Connection-Nummer; somit hat der Datenbankverbindungs-Pool des Resource Dispensers seine Wirksamkeit unter Beweis gestellt.

Jeder OLE DB-Provider ist ein Resource Dispenser, sodass bei einem Zugriff der Datenbankverbindungs-Pool ohne je-

Transaction Services

den zusätzlichen Eingriff automatisch zur Verfügung steht.

Außerdem tauchen im SQL-Server Profiler-Log nur die Aufrufe der Stored Procedures auf – somit werden von den beteiligten Komponenten keine „unsichtbaren" Anweisungen zur Datenbank geschickt. Außerdem ist der Resource Dispenser in Verbindung mit dem Distributed Transaction Coordinator (DTC) so clever genug, nur dann eine Transaktions-ID zu vergeben, wenn tatsächlich mehrere Schreibzugriffe auf die Daten erfolgen. Und solange sich der Zugriff nur auf eine Datenbank beschränkt, bleibt auch das 2-Phasen-Commit ungenutzt in der Kiste.

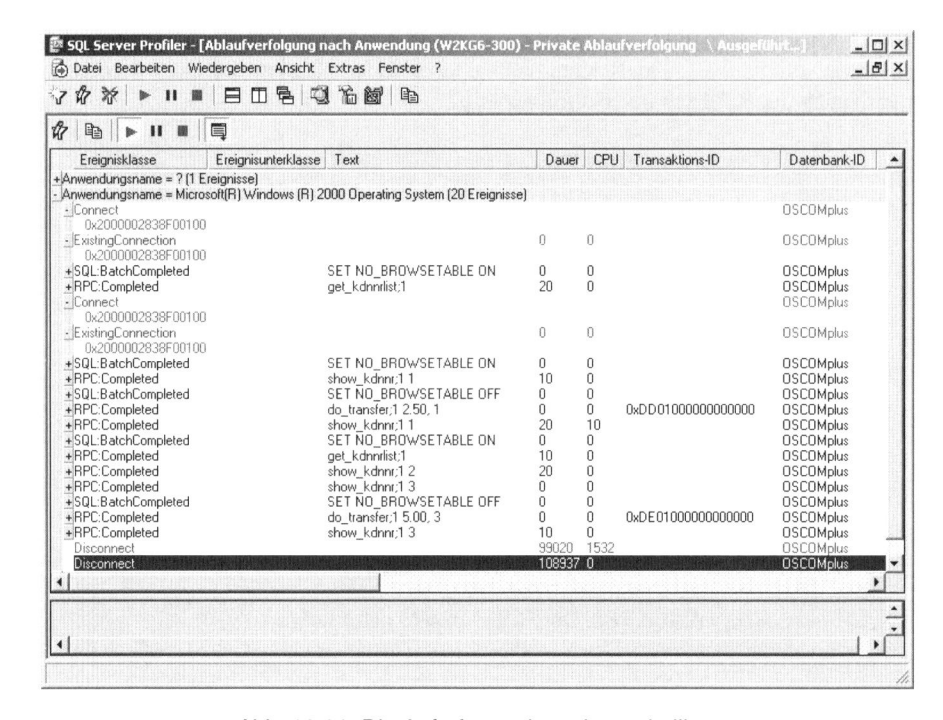

Abb. 16.61: Die Aufrufe werden mitprotokolliert

Was ist aber mit der Kollisionsgefahr bei mehreren gleichzeitigen Zugriffen? Hier sorgt der Resource Dispenser vor, denn jeder Zugriff auf MTS- oder COM+-Objekte wird mit dem Isolation Level SERIALIZABLE ausgeführt. Somit verhält sich ein Zugriff über ADO im MTS/COM+ anders als in einer allein stehenden Anwendung, denn dort wird der Isolation Level READ COMMITTED genutzt.

Da Serializable der restriktivste aller im SQL-Standard vorgesehenen Isolationsgrade ist, setzt der SQL-Server 7 mehr Sperren ein, die zudem länger aktiv sind, als beim Zugriff über Read Committed. So wird vom Server sichergestellt, dass jeder über SELECT eingelesene Datensatz in der gleichen Transaktion auch erfolgreich aktualisiert werden kann, da die Sperre auch nach dem Einlesen bis zum Ende der Transaktion bestehen bleibt.

Allerdings erlaubt der Microsoft SQL-Server 7, dass der Isolation Level über die so genannten Hints für jede einzelne SELECT-Abfrage geändert werden kann. Das folgende Beispiel verringert den Isolationsgrad von Serializable auf Read Committed.

```
DECLARE @kdnnr INTEGER
SET @kdnnr = 1

SELECT a.KdnNr, k.Stand AS Kontostand, a.Stand AS Ausgaben,
    k.Datum
  FROM konto k (READCOMMITTED) JOIN ausgabe a (READCOMMITTED)
    ON k.KdnNr = a.KdnNr
  WHERE a.KdnNr = @kdnnr
```

Transaktionen oder nicht Transaktionen – das ist hier die Frage

Das Beispiel setzt aus Vereinfachungsgründen nur ein COM+-Objekt für alle Arbeiten ein. Dabei wird für die einfache SELECT-Abfrage gar keine deklarative Transaktion benötigt. Es ist daher sinnvoll, bestimmte Arbeitsvorgänge auf ein zweites Objekt zu verlagern, das keine deklarativen Transaktionen verwendet. In diesem Fall hält sich der DTC heraus, sodass das Objekt selbst oder noch besser die Stored Procedure in der Datenbank die Transaktionen in klassischer Art und Weise über die Aufrufe von BEGIN TRANSACTION und COMMIT TRANSACTION festlegt.

16.8.5 Verzicht auf TADOConnection und TADOStoredProc

Die Komplexität von ADO hat zum großen Teil ihre Ursache in der Flexibilität von ADO. Und weil die Gefahr besteht, dass Sie als Leser generell die hier im Buch vorgefundene Lösung für ihre eigenen Projekte verwenden, stelle ich zur Sicherheit zwei weitere Alternativen vor. Mir ist dabei klar, dass anfangs die Übersichtlichkeit leidet, aber spätestens nach dem zweiten Durcharbeiten der beiden Beispielprojekte sollten sich die verdeckenden Nebelschwaden verziehen. Damit sich beide Alternativen besser vergleichen lassen, verwenden beide die gleiche Datenbank und fast die gleichen Interface-Methoden.

Merkmal	OSTTDB.DLL	OSTTDB2.DLL
ADO-Verbindung	TADOConnection	Connection-Objekt
ADO-Ergebnismenge	TADOStoredProc	Recordset-Objekt
Deaktivierung nach Aufruf	alle Interface-Methoden	einige Interface-Methoden

Tabelle 16.11: Die generellen Unterschiede zwischen beiden Alternativen

Mit dem Verzicht auf die zur Entwicklungszeit visuell im Objektinspektor konfigurierbaren VCL-Komponenten gibt es auch keinen Grund mehr, ein transaktionales Datenmodul einzusetzen. Damit wird das COM-Objekt schlanker und in der Ausführung schneller;

allerdings hat jede Sache ihre zwei Seiten. Mit dem Verzicht auf das Datenmodul muss im Server die Implementierung der Interface-Methoden von Hand erledigt werden.

Der Client benötigt für eine Aufgabe zwei Interface-Aufrufe, daher darf der COM-Server in dieser Zeit nicht deaktiviert und auch die ADO-Verbindung nicht zurückgegeben werden. Der COM-Server ist also ein zustandsloses Objekt, das zusätzlich eine zustandsbehaftete Aufgabe erledigen muss. In der Praxis werden Sie häufig mit dieser Aufgabe konfrontiert, denn häufig lässt sich die reine Lehre nur schwer mit den alltäglichen Aufgaben unter einen Hut bringen. Der COM-Server erwartet, dass der Client in jedem (!) Fall die folgende Reihenfolge einhält:

1. Die Interface-Methode `AcquireConnection` fordert eine ADO-Verbindung an und blockiert über den Aufruf von `DisableCommit` das Deaktivieren der Objektinstanz. Somit bleibt die aktive ADO-Verbindung auch dann bestehen, wenn die Interface-Methode zum Client zurückkehrt.
2. Die Interface-Methode `Step1` führt den ersten Arbeitsschritt aus, wobei die durch AcquireConnection angeforderte ADO-Verbindung genutzt wird.
3. Die Interface-Methode `Step2` führt den zweiten Arbeitsschritt aus, wobei die durch AcquireConnection angeforderte ADO-Verbindung genutzt wird.
4. Die Interface-Methode `ReleaseConnection` gibt die ADO-Verbindung wieder frei und meldet an COM+ über den Aufruf von `SetComplete` den Abschluss der Arbeiten, sodass COM+ die Objektinstanz sofort zerstört. Wird allerdings ein negativer Endbetrag vorgefunden, sorgt diese Methode dafür, dass durch den Aufruf von `SetAbort` alle Datenbankaktionen über einen Rollback rückgängig gemacht werden.

Während dieser Zeit liefert der Server immer die gleiche Transaktions-ID zurück, sodass der Beweis für das Funktionieren zurückgeliefert wird. Der Client fordert weiterhin vom Server ein aktives Recordset ab, das auch dann aktiv bleibt, wenn der Server bereits deaktiviert wurde. Die Interface-Methode `ReturnRS1` verwendet einen OleVariant-Rückgabewert, während die Methode `ReturnRS2` einen _Recordset-Interface-Zeiger zurückliefert.

> *Das Beispielprojekt finden Sie im Verzeichnis »Kapitel 16\Transactions\OSTTDB2«. Im gleichen Verzeichnis ist ein Testprogramm zu finden, das ohne COM+-Objekt direkt auf die ADO-Objekte zugreift. Während der Entwicklung kann so effektiv ein Lösungsweg vorab ausprobiert und bewertet werden.*

Das Interface des COM+-Objekts

Neben den neuen Interface-Methoden für das zustandsbehaftete Abarbeiten von zwei Arbeitsschritten tauchen auch zwei Methoden neu auf, die ein ADO-Recordset an den Client zurückliefern.

```
IOSTTDB2Obj = interface(IDispatch)
  ['{B01878DA-E15A-4EE6-AD47-6D06E7D8D8EC}']
  ...
  ...
  procedure AcquireConnection(out sActivity: WideString;
    out sContext: WideString;
    out sMsg: WideString); safecall;
  procedure Step1(iValue: Integer; out sActivity: WideString;
    out sContext: WideString;
    out sMsg: WideString); safecall;
  procedure Step2(iValue: Integer; out sActivity: WideString;
    out sContext: WideString;
    out sMsg: WideString); safecall;
  procedure ReleaseConnection; safecall;
  function  ReturnRS1: OleVariant; safecall;
  function  ReturnRS2: _Recordset; safecall;
end;
```

Da die Interface-Methode `ReturnRS2` einen Rückgabewert vom Typ _Recordset verwendet, muss die Typbibliothek des Microsoft ActiveX Data Objects 2.5 eingebunden werden.

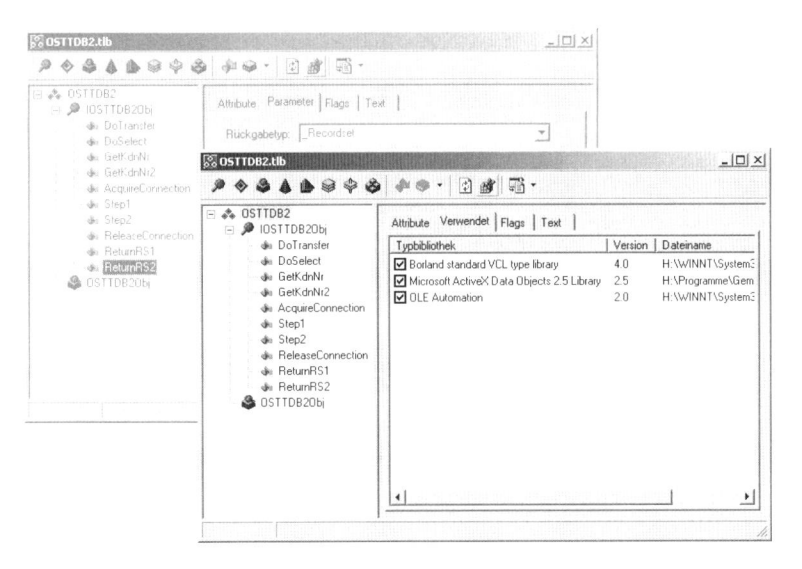

Abb. 16.62: Die ADO-Typbibliothek muss vom eigenen Objekt eingebunden werden

Sobald das erledigt ist, können Sie für die Interface-Methode `ReturnRS2` den Rückgabetyp _Recordset aus der Liste auswählen.

Die Implementierung des COM+-Objekts

Das COM-Objekt soll einige Aufgaben erledigen, die im vorherigen Beispiel im Interesse der Übersichtlichkeit unter den Tisch gefallen sind:

- Zurückliefern der Transaction-ID, der Context-ID und der Activity-ID
- Demonstration des direkten Zugriffs auf die ADO-Objekte
- Deaktivierung zwischen den Aufrufen der Interface-Methoden verhindern

Zurückliefern der Transaction-ID, der Context-ID und der Activity-ID

Ein COM+-Objekt kann über das IObjectContextInfo-Interface einige interessante Kenngrößen auslesen. Unter anderem die aktuelle Transaction-ID, die Context-ID und die Activity-ID. Das Beispiel nutzt diese Möglichkeit, um diese Information an den Client weiterzugeben. Der Client sieht somit auf den ersten Blick, ob für bestimmte Interface-Methoden die gleiche Transaktion verwendet wird oder nicht. Auf die API-Funktion `CoGetObjectContext` zum Anfordern des Interfaces bin ich am Anfang dieses Kapitels bereits näher eingegangen.

Da diese Daten in den verschiedenen Interface-Methoden benötigt werden, stellt das Objekt zwei private Methoden zur Verfügung. Über den Aufruf von `GetActivityContextInformation` werden die privaten Objektfelder mit den aktuell vorgefundenen Werten gefüllt, während die Methode `GetMsgText` eine Zeichenkette zusammenbaut, die an den Client zurückgeliefert wird.

```
uses ComServ, COMSVCSLib_TLB, SysUtils;

function CoGetObjectContext(const iid: TIID;
  ppv: Pointer): HResult; stdcall;
  external 'ole32.dll' name 'CoGetObjectContext';

procedure TOSTTDB2Obj.GetActivityContextInformation;
var
  aOCI : COMSVCSLib_TLB.IObjectContextInfo;
  aCId : TGUID;
  aAId : TGUID;
  aTId : TGUID;
begin
  OleCheck(CoGetObjectContext(IID_IObjectContextInfo , @aOCI));
  aOCI.GetContextId(aCId);
  aOCI.GetActivityId(aAId);
  aOCI.GetTransactionId(aTId);
  FActivityID := GUIDToString(aAId);
  FContextId := GUIDToString(aCId);
  FTransactionID := GUIDToString(aTId);
end;

function TOSTTDB2Obj.GetMsgText: String;
```

```
begin
  Result := Format('TransactionId: %s', [FTransactionID]);
end;
```

Direkter Zugriff auf die ADO-Objekte

Die VCL-Komponenten von ADOExpress sind nur ein visuell zur Entwicklungszeit konfigurierbarer Überbau der ADO-Objekte. Dies bedeutet aber auch, dass die VCL-Komponenten nicht unbedingt benötigt werden. Es liegt bei Ihnen, die Entscheidung für oder gegen die VCL-Komponenten und das Datenmodul zu treffen. Die einfachere visuelle Entwicklung erkaufen Sie sich mit einer Millisekunde längerer Ausführungszeit. Angesichts der heute üblichen Prozessoren wird dieser Nachteil immer weniger ins Gewicht fallen.

Um auf die ADO-Objekte über die frühe Bindung zugreifen zu können, muss die von Delphi beim Import der ADO-Typbibliothek generierte Unit *ADODB_TLB.pas* in die Uses-Aufzählung aufgenommen werden.

```
Uses
  ActiveX, MtsObj, Mtx, ComObj, OSTTDB2_TLB, StdVcl, ADODB_TLB;
```

Damit alle die Interface-Methoden, die eine temporäre ADO-Verbindung aufbauen, den exakt gleichen Verbindungsstring verwenden, wird dieser über die Zwischenablage aus dem vorherigen Projekt kopiert und als Resourcestring-Eintrag in die Unit eingefügt.

```
resourcestring
  cConnStr = 'Provider=SQLOLEDB.1;Persist Security Info=False;' +
    'User ID=sa;Initial Catalog=OSCOMplus;Data Source=(local);' +
    'Use Procedure for Prepare=1;Auto Translate=True;' +
    'Packet Size=4096;Workstation ID=W2KG6-300';
```

Spätestens dann, wenn Sie sich den Implementierungs-Aufwand der beiden Versionen ansehen, wird deutlich, wie stark die ADOExpress-Komponenten den Alltag des Entwicklers erleichtern. Dabei konnte ich beim Nachbau mit den ADO-Objekten auf die ADOExpress-Konfiguration zurückgreifen, was die Parameter-Reihenfolge und die Parameter-Typen angeht. Trotzdem bleibt ein erheblicher Entwicklungsaufwand übrig – sodass der Verzicht auf ADOExpress gut überlegt werden sollte.

Im gleichen Verzeichnis finden Sie ein Testprogramm, in dem alle Zugriffe auf die ADO-Objekte ohne COM+-Objekt ausprobiert wurden. Sobald ein Lösungsweg dort funktioniert, wird er in die Interface-Methode des Objekts übernommen.

Interface-Methode DoSelect

Die Informationen aus der Datenbank müssen über eine Stored Procedure abgerufen werden, die zum einen die Kundennummer als Parameter erwartet und die zum anderen eine Ergebnismenge zurückliefert. Daher greift das COM+-Objekt auf die ADO-Objekte Connection, Command, Parameter und Recordset zurück. Jeder an die Stored Procedure zu übergebender Parameter muss vorher mit seinem Namen, seiner Größe und seinem

Datentyp deklariert werden. Nachdem eine Instanz des Recordset-Objekts angefordert wurde, führt dieses das Command-Objekt aus, wobei das Recordset-Objekt keine eigene ADO-Verbindung definieren darf, da diese bereits vom Command-Objekt festgelegt wird. Am Ende werden die Werte aus der Ergebnismenge der Stored Procedure über die Fields-Kollektion ausgewertet.

```
procedure TOSTTDB2Obj.DoSelect(iKdnNr: Integer; out cKontostand,
  cBetrag: Currency; out dtDatum: TDateTime;
  out sMsg: WideString);
var
  aConnection     : _Connection;
  aCommand        : _Command;
  aParam          : _Parameter;
  aRecordset      : _Recordset;
  vKdnNr          : OleVariant;
  vData           : OleVariant;
begin
  aConnection := CoConnection.Create;
  aConnection.Open(cConnStr, '', '', -1);
  try
    aCommand := CoCommand.Create;
    aCommand.Set_ActiveConnection(aConnection);
    aCommand.CommandType := adCmdStoredProc;
    aCommand.Set_CommandText('show_kdnnr;1');
    aParam := aCommand.CreateParameter('RETURN_VALUE', adInteger,
      adParamReturnValue, 4, EmptyParam);
    aCommand.Parameters.Append(aParam);
    vKdnNr := iKdnNr;
    aParam := aCommand.CreateParameter('@kdnnr', adInteger,
      adParamInput, 4, vKdnNr);
    aCommand.Parameters.Append(aParam);
    aRecordset := CoRecordSet.Create;
    aRecordset.Open(aCommand, EmptyParam, adOpenStatic,
      adLockReadOnly, adCmdUnspecified);
    vData := aRecordset.Fields[1].Value;
    if not VarIsNull(vData) then
      cKontostand := vData;
    vData := aRecordset.Fields[2].Value;
    if not VarIsNull(vData) then
      cBetrag := vData;
  finally
    aRecordset.Close;
    aConnection.Close;
  end;
  GetActivityContextInformation;
```

```
  sMsg := 'DoSelect      ' + GetMsgText;
  SetComplete;
end;
```

Interface-Methode DoTransfer

Die Methode zum Umbuchen eines Betrags verwendet zwar auch eine Stored Procedure, aber diese liefert keine Ergebnismenge zurück. Somit wird neben dem Connection-Objekt nur noch ein Command- und Parameter-Objekt benötigt. Über die Variable vRecordsAffected kann die Methode nachprüfen, wie viele Datensätze der Tabelle von dem Update-Vorgang betroffen waren.

```
procedure TOSTTDB2Obj.DoTransfer(cValue: Currency; iKdnNr:
Integer;
  out sMsg: WideString);
var
  aConnection       : _Connection;
  aCommand          : _Command;
  aParam            : _Parameter;
  vKdnNr            : OleVariant;
  vBetrag           : OleVariant;
  vRecordsAffected  : OleVariant;
  sStatusText       : String;
begin
  aConnection := CoConnection.Create;
  aConnection.Open(cConnStr, '', '', -1);
  try
    aCommand := CoCommand.Create;
    aCommand.Set_ActiveConnection(aConnection);
    aCommand.CommandType := adCmdStoredProc;
    aCommand.Set_CommandText('do_transfer;1');
    vBetrag := cValue;
    aParam := aCommand.CreateParameter('@betrag', adCurrency,
      adParamInput, 8, vBetrag);
    aCommand.Parameters.Append(aParam);
    vKdnNr := iKdnNr;
    aParam := aCommand.CreateParameter('@kdnnr', adInteger,
      adParamInput, 4, vKdnNr);
    aCommand.Parameters.Append(aParam);
    aCommand.Execute(vRecordsAffected, EmptyParam,
      adExecuteNoRecords);
    if vRecordsAffected <> 1 then
      sStatusText := ' (Error)'
    else
      sStatusText := ' (Ok)';
```

```
    finally
      aConnection.Close;
    end;
    GetActivityContextInformation;
    sMsg := 'DoTransfer ' + GetMsgText + sStatusText;
    SetComplete;
  end;
```

Interface-Methode GetKdnNr

Die Daten werden über eine SELECT-Abfrage direkt aus der Tabelle KONTO ausgelesen, somit reicht neben dem Connection-Objekt ein Recordset-Objekt aus. Über die sehr leistungsfähige Recordset-Methode `GetString` werden alle Datensätze der Ergebnismenge als eine Zeichenkette zurückgeliefert, wobei die einzelnen Werte durch ein Komma unterteilt sind.

```
procedure TOSTTDB2Obj.GetKdnNr(out sResult, sMsg: WideString);
var
  aConnection : _Connection;
  aRecordset  : _Recordset;
  swData      : WideString;
  iRecCount   : Integer;
begin
  aConnection := CoConnection.Create;
  aConnection.Open(cConnStr, '', '', -1);
  aRecordset := CoRecordSet.Create;
  try
    aRecordset.CursorType := adOpenKeyset;
    aRecordset.LockType := adLockOptimistic;
    aRecordset.Open('SELECT KdnNr FROM konto ORDER BY KdnNr',
                    aConnection, adOpenStatic,
                    adLockReadOnly, adCmdText);
    iRecCount := aRecordset.Get_RecordCount;
    swData := aRecordset.GetString(adClipString, iRecCount,
                                   ',', #13#10,'(NULL)');
  finally
    aRecordset.Close;
    aConnection.Close;
  end;
  sResult := swData;
  GetActivityContextInformation;
  sMsg := 'GetKdnNr   ' + GetMsgText;
  SetComplete;
end;
```

Interface-Methode ReturnRS2

Bislang haben alle Interface-Methoden die Ergebnisse über einzelne Out-Parameter an den Client zurückgeliefert. Aber ADO unterstützt auch das Übertragen von vollständigen Recordset-Objekten an den Client, sodass dieser alle Datensätze gleichzeitig in einem TDBGrid darstellen kann.

> *Streng genommen wird nicht die Recordset-Objektinstanz selbst übertragen, sondern nur der Zustand dieser Instanz. Bei der Entgegennahme der Daten erzeugt der Client ebenfalls eine Recordset-Objektinstanz, die dann nur mit den übertragenen Daten gefüllt wird. ADO verwendet dabei das gleiche Verfahren, das auch beim Speichern der Recordset-Datenmenge in eine Datei genutzt wird.*

Nachdem das Recordset-Objekt die Datensätze der Ergebnismenge der SELECT-Abfrage enthält, wird die Verbindung zum Connection-Objekt und somit die Verbindung des Recordset-Objekts zur Datenbank getrennt. Nun kann die ADO-Verbindung geschlossen werden, ohne die immer noch aktive Recordset-Objektinstanz zu beeinträchtigen.

Beachten Sie dabei aber, dass nun im Recordset gleich zwei Kopien der Datenmenge enthalten sind. Die zweite Kopie wird benötigt, damit der Client beim Rücktransport nur die Datensätze zusammenpacken kann, die sich geändert haben.

```
function TOSTTDB2Obj.ReturnRS2: _Recordset;
var
  aConnection : _Connection;
  aRecordset  : _Recordset;
begin
  aConnection := CoConnection.Create;
  aRecordset := CoRecordset.Create;
  aConnection.CursorLocation := adUseClient;
  aConnection.Open(cConnStr, '', '', 0);
  try
    aRecordset.Open('SELECT * FROM Konto', aConnection,
      adOpenKeyset, adLockBatchOptimistic, 0);
    // vollständiges ADO-Recordset zurückliefern
    Result := aRecordset;
    aRecordset.Set_ActiveConnection(nil);
  finally
    aConnection.Close;
  end;
  SetComplete;
end;
```

Interface-Methode AcquireConnection

Bisher haben alle Interface-Methoden nur lokale Variablen für die Interface-Zeiger auf die ADO-Objekte verwendet. Somit war in jedem Fall das Ende der Interface-Methode auch mit dem Lebensende der angeforderten ADO-Objektinstanzen identisch. Aber bei den Interface-Methoden `AcquireConnection`, `Step1`, `Step2` und `ReleaseConnection` soll eine gemeinsame ADO-Verbindung genutzt werden, sodass diese Verbindung auch zwischen den Aufrufen der Interface-Methoden aktiv bleiben muss. Daher wird die Interface-Variable FConnection als Objektfeld und nicht als lokale Variable deklariert. Am Ende ruft die Interface-Methode `DisableCommit` auf, sodass COM+ das Objekt nicht über den JITA-Mechanismus sofort zerstören kann. Das Objekt behält also beim Aufruf dieser Interface-Methode – im Gegensatz zu den bisher vorgestellten Methoden – seinen Zustand auch nach dem Aufruf bei.

```
procedure TOSTTDB2Obj.AcquireConnection(out sActivity, sContext,
  sMsg: WideString);
begin
  FConnection := CoConnection.Create;
  FConnection.Open(cConnStr, '', '', -1);
  GetActivityContextInformation;
  sActivity := FActivityID;
  sContext := FContextId;
  sMsg := 'Acquire         ' + GetMsgText;
  DisableCommit;
end;
```

Interface-Methoden Step1 und Step2

Die beiden Interface-Methoden sollen als Beispiel für eine zusammenhängende Aufgabe stehen, die nicht in einem Methodenaufruf erledigt werden kann. Der Client hat mit dem Aufruf von AcquireConnection den Beginn dieses Arbeitsabschnitts definiert, sodass ein zustandsbehaftetes Objekt mit einer offenen ADO-Verbindung zur Verfügung steht. Über das bereits aktive Connection-Objekt wird über `Execute` eine UPDATE-Anweisung an die Datenbank geschickt.

```
procedure TOSTTDB2Obj.Step1(iValue: Integer;
  out sActivity, sContext, sMsg: WideString);
var
  sSQL            : WideString;
  vRecordsAffected : OleVariant;
  sStatusText     : String;
begin
  FValue := iValue;
  sSQL := Format('UPDATE AUSGABE SET STAND = %d WHERE KdnNr = 6',
                 [FValue]);
  FConnection.Execute(sSQL, vRecordsAffected, adExecuteNoRecords);
```

```
    if vRecordsAffected <> 1 then
      sStatusText := ' (Error)'
    else
      sStatusText := ' (Ok)';
    GetActivityContextInformation;
    sActivity := FActivityID;
    sContext := FContextId;
    sMsg := 'Step1        ' + GetMsgText + sStatusText;
    DisableCommit;
end;
```

Auch in dieser Methode wird am Ende `DisableCommit` aufgerufen, sodass diese Objektinstanz immer noch aktiv bleibt und seinen Zustand behält. Das Gleiche gilt für die zweite Methode `Step2`, wobei hier der übergebene Wert dem alten Wert des letzten Aufrufs hinzugezählt wird. Das private Objektfeld FValue kann also von mehreren Interface-Methoden als gemeinsamer Zwischenspeicher genutzt werden, da das Objekt zurzeit seinen Zustand behält.

```
procedure TOSTTDB2Obj.Step2(iValue: Integer; out sActivity,
sContext,
  sMsg: WideString);
var
  sSQL              : WideString;
  vRecordsAffected  : OleVariant;
  sStatusText       : String;
begin
  FValue := FValue + iValue;
  sSQL := Format('UPDATE AUSGABE SET STAND = %d WHERE KdnNr = 6',
                 [FValue]);
  FConnection.Execute(sSQL, vRecordsAffected, adExecuteNoRecords);
  if vRecordsAffected <> 1 then
    sStatusText := ' (Error)'
  else
    sStatusText := ' (Ok)';
  GetActivityContextInformation;
  sActivity := FActivityID;
  sContext := FContextId;
  sMsg := Format('Step2       %s (Ergebnis: %d; Status: %s)',
                 [GetMsgText, FValue, sStatusText]);
  DisableCommit;
end;
```

Interface-Methode ReleaseConnection

Damit das zurzeit zustandsbehaftete Objekt wieder deaktiviert und damit auch die immer noch blockierte ADO-Verbindung zurück in den Pool gelegt werden kann, muss der

Client über den Aufruf der Interface-Methode `ReleaseConnection` das Ende des Arbeitsabschnitts definieren. Als Erstes wird dann die ADO-Verbindung geschlossen, sodass diese Verbindung in den Pool wandert und dort für den nächsten Aufruf zur Verfügung steht.

Außerdem prüft die Methode nach, ob am Ende der beiden einzelnen Arbeitsschritte `Step1` und `Step2` der Betrag in FValue negativ geworden ist. Wenn ja, sorgt der Aufruf von SetAbort dafür, dass die Datenbank über einen ROLLBACK alle Änderungen zurücknimmt, bevor die Objektinstanz zerstört wird. Ist der Betrag jedoch größer als null, so sorgt der Aufruf von SetComplete dafür, dass die seit dem Aufruf von AcquireConnection aktive Transaktion mit einem COMMIT beendet wird.

```
procedure TOSTTDB2Obj.ReleaseConnection;
begin
  FConnection.Close;
  if FValue > 0 then
    SetComplete
  else
    SetAbort;    // Rollback provozieren
end;
```

Der Client

Gegenüber der ersten Version wurde der Client nur erweitert, um die neuen Interface-Methoden aufzurufen. Zum Beispiel soll das vom Server zurückgelieferte Recordset über eine TADOTable-Instanz in einem TDBGrid dargestellt werden. Nach der Zuweisung an die `Recordset`-Eigenschaft von TADOTable ist diese Aufgabe bereits erledigt. Allerdings ist dazu eine Typumwandlung des vom Server zurückgelieferten Interfaces `_Recordset` notwendig.

```
procedure TForm1.ButtonRecordSetClick(Sender: TObject);
var
  aRS : _Recordset;
begin
  ADOTableKUNDE.Active := False;
  ListBoxLog.Items.Add('RecordSet wird angefordert...');
  aRS := ADODB_TLB._Recordset(FSrv.ReturnRS2);
  ADOTableKUNDE.Recordset := ADOInt._Recordset(aRS);
  ADOTableKUNDE.Active := True;
  ListBoxLog.Items.Add('...RecordSet verfügbar.');
end;
```

Aus irgendeinem Grund hat Borland die importierte ADO-Typbibliothek von Hand geändert und als ADOInt.pas abgespeichert. Wird nun unter Windows 2000 die neue Typbiblio-

COM+

thek von ADO 2.5 verwendet, stimmen die Interface-Deklarationen nicht mehr überein. Daher verwende ich die explizite Typumwandlung. Alternativ könnte auch ein Unit-Alias ADODB_TLB=ADOInt deklariert werden, aber die direkte Typumwandlung ist aus meiner Sicht einleuchtender.

Auf die anderen neuen Client-Funktionen gehe ich nicht weiter ein – schauen Sie sich die kommentierten Beispiele am besten direkt in Delphi an. Interessanter ist das Ergebnis im praktischen Test. Das aufgerufene COM+-Objekt ermittelt die Transaction-ID, die Context-ID und die Activity-ID. Da ein Activity ein logischer Ausführungspfad ist, der sich für einen Base Client nicht ändert, verwundert es auch nicht, wenn das Objekt immer die gleiche Activity-ID zurückliefert. Etwas anders sieht es bei der Transaction-ID aus. Das COM+-Objekt verwendet den Transaktionsunterstützungs-Wert ERFORDERT NEU, sodass jede vom Base Client durch den Aufruf einer Interface-Methode erhaltene Objektinstanz in einer neuen Transaktion ausgeführt wird.

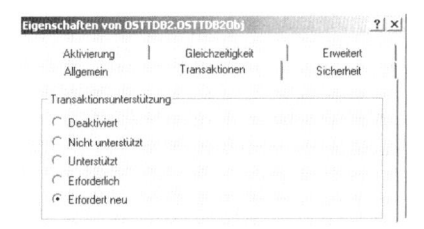

Abb. 16.63: Das COM+-Objekt benötigt immer eine neue Transaktion

Im Client können Sie mitverfolgen, dass in der Tat bei dem Aufruf der Interface-Methoden `GetKdnNr`, `DoSelect` und `DoTransfer` eine neue Transaction-ID im GUID-Format zurückgeliefert wird.

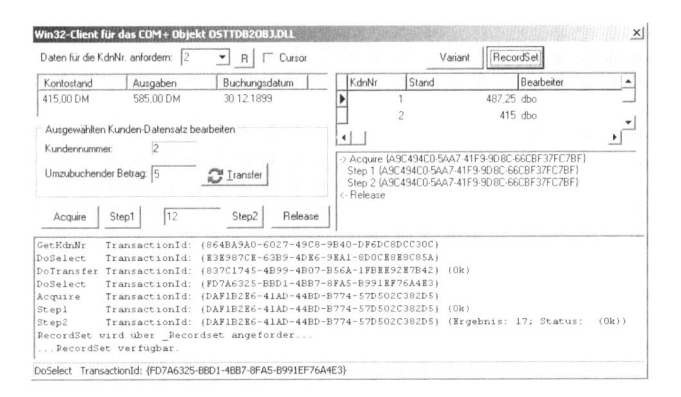

Abb. 16.64: Der Client greift über das COM+-Objekt auf die SQL-Server-7-Datenbank zu

Allerdings ist auch zu sehen, dass mit dem Aufruf der Interface-Methode AcquireConnection das Objekt durch den Aufruf von DisableCommit einen Zustand behält, sodass auch die nachfolgenden Aufrufe der Interface-Methoden Step1 und Step2 unter der gleichen Transaction-ID ausgeführt werden. Startet man nun zwei Client-Instanzen, die zur gleichen Zeit die Interface-Methode AcquireConnection aufrufen, so sind bis zum Aufruf von ReleaseConnection zwei Objektinstanzen aktiv. Und jede dieser Instanzen verwendet eine eigene Activity-ID und eine eigene Transaction-ID, sodass sich beide gleichzeitig zugreifende Clients nicht in die Quere kommen.

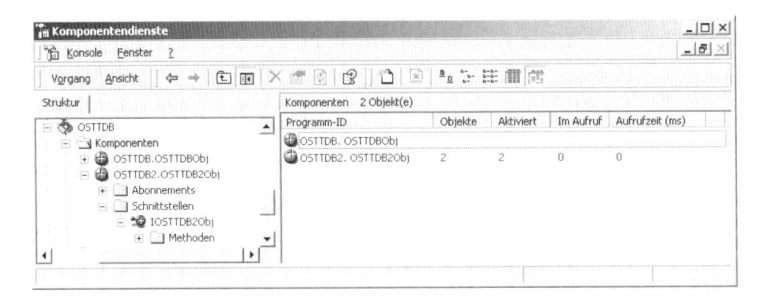

Abb. 16.65: Nach dem Aufruf von AcquiredConnection bleibt die Instanz aktiv

16.8.6 SetAbort-Bug von Windows 2000

Eine völlig fehlerfreie Software wird es nicht geben und so verwundert es nicht, dass sich auch in COM+ noch der eine und andere Fehler verbirgt. Microsoft hat den folgenden Bug in den Knowledge-Base-Artikeln Q255735 und Q255733 dokumentiert, der mit dem ersten Service Pack für COM+ korrigiert werden soll.

Immer dann, wenn ein im STA ausgeführtes zweites Objekt die Methode SetAbort aufruft oder eine Exception auslöst, die bis zum Root-Objekt durchgereicht wird, kann der Inhalt der Fehlermeldung des zweiten Objekts verloren gehen. Die Ursache dieses Fehlers verbirgt sich in dem Mini-Proxy, den COM+ zwischen Root-Objekt und zweitem Objekt einrichtet, wenn beide Objekte im gleichen STA ausgeführt werden.

Als Workaround für dieses Problem empfiehlt Microsoft, dass das zweite Objekt im Fehlerfall nicht SetAbort oder SetDeactivateOnReturn aufruft, sondern stattdessen auf den Aufruf von DisableCommit oder SetMyTransactionVote(TxAbort) ausweicht. Der Bug macht sich nur dann bemerkbar, wenn das Done-Bit vom zweiten Objekt auf True gesetzt wird. Solange das Done-Bit jedoch noch auf dem Vorgabewert False steht, kann das zweite Objekt problemlos Fehlermeldungen an das Root-Objekt weiterreichen.

Beachten Sie, dass dieses Problem nur dann auftritt, wenn der Client von einem anderen Rechner aus das COM+-Objekt aufruft.

Root-Objekt des Beispiels

Ein Testprogramm könnte zum Beispiel so aussehen. Das Root-Objekt erzeugt ein zweites Objekt im Kontext der eigenen Transaktion (für die Instanzierung des zweiten Objekts ist der spezielle Aufruf von `ObjectContext.CreateInstance` unter COM+ nicht mehr notwendig). Konnte das zweite Objekt seine Arbeit korrekt beenden, ruft das Root-Objekt `SetComplete` auf. Ging irgendetwas beim zweiten Objekt schief, werden der Exception-Text, die vom zweiten Objekt zurückgelieferte Beschreibung sowie die Fehlernummer an den Base Client zurückgeliefert. Über die Exception-Eigenschaft `ErrorCode` kann das Root-Objekt eigene Fehlernummern auswerten, solange alle beteiligten Objekte die gleichen negativen Fehlernummern verwenden. Außerdem darf im Fehlerfall das Root-Objekt nicht mehr SetComplete aufrufen, da das zweite Objekt bereits sein Veto eingelegt hat. Daher sorgt der SetAbort-Aufruf im Except-Block dafür, dass die vollständige Transaktion zurückgesetzt wird.

```
const
  UserError = -100;

procedure TOSKdnMan.DoWork(const sText: WideString;
  out sStatus: WideString);
var
  aSelectObj : IOSKdnManSelect;
  swStatus   : WideString;
  iStatus    : Integer;
begin
  aSelectObj := CoOSKdnManSelect.Create;
  try
    aSelectObj.DoSELECT(sText, swStatus, iStatus);
    SetComplete;
  except
    on E:EOleSysError do
      begin
        swStatus := swStatus + ' - ' + Exception(E).Message;
        if E.ErrorCode = UserError then
          swStatus := swStatus + ' (UserError)';
        SetAbort;
      end;
  end;
  sStatus := Format('%s -> %s(Server-Status: %d)',
                    [sText, swStatus, iStatus]);
end;
```

Vom Root-Objekt aufgerufenes zweites Objekt

Sobald das vom Root-Objekt aufgerufene Objekt die Zeichenkette „Error" erkennt, löst es über den Aufruf von `Raise` eine Exception mit einem eigenen Fehlertext sowie einer eigenen Fehlernummer aus. Außerdem wird über `SetAbort` das Scheitern der Aktion gekennzeichnet.

```
const
  UserError = -100;

procedure TOSKdnManSelect.DoSELECT(const sSQL: WideString;
  out sResult: WideString; out iStatus: Integer);
begin
  iStatus := 0;
  if sSQL = 'Error' then
    begin
      //DisableCommit;
      SetAbort;
      sResult := sSQL;
      raise EOleSysError.Create('Simulierter Fehler',
                                UserError, 0);
    end
  else
    begin
      //EnableCommit;
      SetComplete;
      sResult := Format('Ergebnis von %s ist: SELECT-Ergebnis',
                        [sSQL]);
      iStatus := 1;
    end;
end;
```

Der lokale Test

Für das Root-Objekt (OSKdnMan) wird die Transaktionseigenschaft ERFORDERT NEU vergeben, während das zweite Objekt (OSKdnManSelect) die Transaktionseigenschaft ERFORDERLICH verwendet. Wird nun der Base Client gestartet, geht alles so lange gut, bis die Zeichenkette „Error" im Eingabefeld eingetragen und der Button DOWORK angeklickt wird. Sobald das zweite Objekt die Zeichenkette „Error" erkennt, löst es eine Exception aus und sorgt über den Aufruf von SetAbort dafür, dass der MTS das Scheitern zur Kenntnis nimmt. Trotzdem kann das Root-Objekt den vom zweiten Objekt übergebenen Exception-Text erfolgreich zum Base Client zurückliefern, solange der Client auf das lokal installierte COM+-Objekt zugreift.

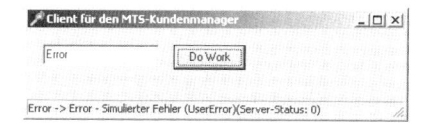

Abb. 16.66: Das Testprogramm arbeitet normal

16.9 Microsoft Message Queue Services

Unter Windows NT 4.0 stand der Microsoft Message Queue Server (MSMQ) als Erweiterung nur über das im November 1997 ausgelieferte Option Pack für Windows NT zur Verfügung. In Windows 2000 ist der MSMQ unter dem Namen Microsoft Message Queue Service (MSMQ) völlig integriert, sodass dieser NT-Dienst nun als Service und nicht mehr als eigenständige Server-Anwendung bezeichnet wird.

Der MSMQ ist ein Middleware-Service, der den Nachrichtenaustausch zwischen verschiedenen Anwendungen in einer mehrschichtigen Umgebung sicherstellt. Immer dann, wenn sich die Anwendung aus verschiedenen Objekten zusammensetzt, die auf verschiedenen Rechnern ausgeführt werden, spielt die Rechner-Erreichbarkeit eine wichtige Rolle. Der MSMQ erlaubt es, dass im Fall einer zeitweise unterbrochenen Verbindung oder bei einem überlasteten Server-Objekt alle Aufrufe eines Objekts in einer benannten Aufruf-Warteschlange zwischengepuffert werden. Somit kann die Anwendung auch dann weiterarbeiten, wenn ein Teil zurzeit nicht erreichbar ist. Dies gilt selbstverständlich nur dann, wenn sich die Arbeit tatsächlich zu einem späteren Zeitpunkt nachholen lässt und die anderen Objekte nicht auf die Ergebnisse des zurzeit nicht zur Verfügung stehenden Objekts angewiesen sind.

Der MSMQ ist so vor allem für die Benutzer von Notebooks interessant, die nicht immer online arbeiten können. Die eigene Anwendung schickt nun alle Aufrufe zur Warteschlange. Ist das Notebook nicht mit dem Netzwerk verbunden, kann das Ziel-Objekt nicht erreicht werden, sodass alle Aufrufe in der lokalen Warteschlange landen. Sobald das Notebook online ist, erkennt dies der MSMQ, sodass alle in der Zwischenzeit in der Warteschlange gelandeten Aufrufe zum nun erreichbaren Server-Objekt geschickt werden.

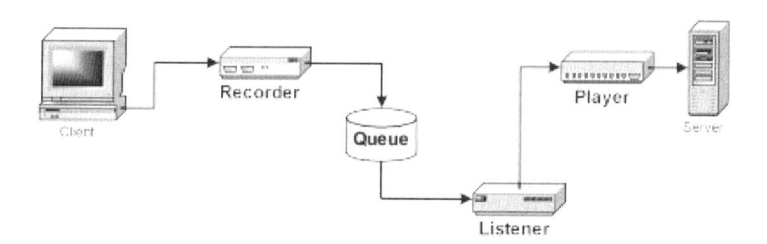

Abb. 16.67: Das Prinzip des MSMQ

Wenn ein Client einen Aufruf des Server-Objekts durchführt, wird dieser Aufruf vom Recorder-Objekt abgefangen, aufgezeichnet und als Eintrag in die Warteschlange

(Queue) gelegt. Der Recorder ist hier nur eine spezielle Art eines Proxy-Objekts, sodass der Client von seinem Wirken nichts mitbekommt. Das Listener-Objekt liest ständig die Warteschlange aus und übergibt alle vorgefundenen Einträge an den zuständigen Player. Der Player ruft nun – stellvertretend für den Client – das Server-Objekt auf.

Und da der MSMQ die Warteschlange über Transaktionen bedient, steht eine hohe Zuverlässigkeit zur Verfügung. Ein in der Warteschlange gespeicherter Aufruf wird mit sehr hoher Sicherheit dann übermittelt, wenn die Verbindung zum Objekt besteht. Anderenfalls erhält der Absender eine Benachrichtigung, dass sein Aufruf nicht zugestellt werden konnte.

Es liegt auf der Hand, dass diese Leistungsmerkmale für den Entwickler nicht ohne Mehraufwand angeboten wurden. Sowohl auf der Client- als auch auf der Server-Seite muss der Entwickler selbst Hand anlegen und Objekte mit speziellen Eigenschaften und Fähigkeiten implementieren. Dieser Mehraufwand schreckt viele Entwickler ab, zumal die zusätzliche Komplexität der Anwendung garantiert die spätere Erweiterung und Pflege erschwert. Aus diesem Grund stellt COM+ eine abgespeckte Lösung zur Verfügung, die ohne Mehraufwand genutzt werden kann. Womit wir beim nächsten Thema wären: den Queued Components.

16.10 Queued Components

COM+ stellt einen als Queued Components bezeichneten Service zur Verfügung, der das Ausnutzen der Vorteile des MSMQ ermöglicht, ohne dass der Entwickler mit dem speziellen API des MSMQ hantieren muss. Die Queued Components sind nur eine zusätzliche Abstraktionsschicht oberhalb des MSMQ, die den Entwickler vor den Details weitgehend abschirmt. Selbstverständlich gibt es einen Haken an der Sache, denn ansonsten würde COM+ nicht zwischen MSMQ und Queued Components unterscheiden. Der vereinfachte Aufruf ist nur dann möglich, wenn das aufgerufene Objekt keine OUT-Parameter, Rückgabewerte oder lesende Propertyzugriffe an den Aufrufer zurückliefert.

> *Der Zugriff auf Queued Components ist eine Einbahnstraße, Sie können nur Parameter übergeben, aber keine Daten vom Objekt zurückerhalten. Daher sind keine Out-Parameter zulässig. Weitere Infos finden Sie im Microsoft Knowledge-Base-Beitrag Q246625 „INFO: Only Write-Only Interfaces Can be Marked as Queued in COM+".*

Nur unter diesen einfachen Bedingungen kann COM+ automatisch alle Aufrufe hinter den Kulissen in MSMQ-Aufrufe übersetzen. Wenn das nicht ausreicht, müssen Sie in den sauren Apfel beißen und sich direkt mit dem MSMQ auseinandersetzen.

Falls Sie jedoch mit diesen Einschränkungen leben können, ist der Einsatz von Queued Components sehr einfach. Die COM+ Application wird mit der Warteschlange-Eigenschaft EINREIHEN – DIESE ANWENDUNG KANN MITTELS MSMQ-WARTESCHLANGEN ERREICHT WERDEN gekennzeichnet. In diesem Fall richtet COM+ im Hintergrund automatisch eine Warteschlange ein, um Aufrufe zwischenzuspeichern.

Die Queued Components stellen einen asynchronen Aufrufweg zur Verfügung, sodass man sich spätestens dann diese Neuheit genauer anschauen sollte, wenn ein Callback oder ein sonstiger Benachrichtigungs-Mechanismus in der Planung ist.

Das Beispielprojekt finden Sie im Verzeichnis »Kapitel 16\QueuedComponent«.

COM+ Component

Zur COM+-Komponente gibt es nur eines zu sagen, in den Interface-Methoden darf kein OUT-Parameter und kein Rückgabewert verwendet werden. Beim Beispielobjekt ist dies der Fall, da der einzige Parameter als Konstante an das Objekt übergeben wird.

```
ID5QCObj = interface(IDispatch)
  ['{541FA13C-9CD1-42E5-8FFA-D24885E95B13}']
  procedure DoWork(const sMsg: WideString); safecall;
end;
```

Nachdem Delphi die DLL für den In-process Server kompiliert hat, muss eine COM+ Application vorbereitet werden, in die das neue Objekt installiert werden kann.

Attribute der COM+ Application

Den Weg, wie eine neue COM+ Application eingerichtet wird, habe ich Ihnen bereits beim Thema COM+ Event ausführlich in Wort und Bild vorgestellt. Ich verzichte daher darauf, alle einzelnen Arbeitsschritte nochmals zu wiederholen.

Abb. 16.68: Die Warteschlange wird eingerichtet

Am Ende müssen jedoch zwei Vorgabewerte für diese COM+ Application geändert werden. Dazu rufen Sie über die rechte Maustaste den Eigenschaftsdialog auf und holen die Registerseite WARTESCHLANGE in den Vordergrund. Beide Checkboxen auf dieser Seite müssen aktiviert werden. Damit sorgen Sie zum einen dafür, dass COM+ im Hintergrund eine Warteschlange für die Aufrufe einrichtet, und zum anderen soll diese Anwendung auch die Warteschlange auswerten, um Aufrufe erkennen zu können.

Die Checkbox „Abfragen" aktiviert den Queue Listener für diese Warteschlange.

Attribute der COM+ Component

COM+ erwartet, dass sowohl für die COM+ Application als auch für das Interface die für Queued Components notwendigen Attribute aktiviert werden. Daher wird das neue Objekt in der gerade eingerichteten COM+ Application installiert.

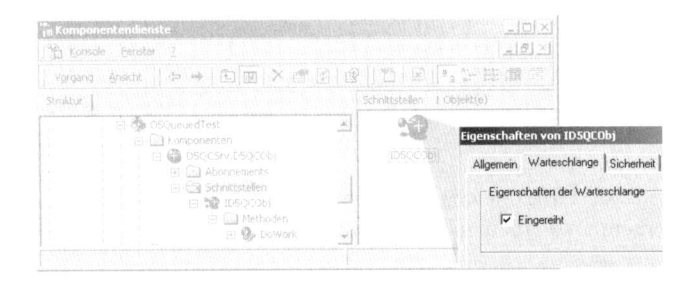

Abb. 16.69: Das Interface-Attribut wird ebenfalls geändert

Danach wird der Vorgabewert für die Interface-Attribute geändert, indem die Checkbox EINGEREIHT aktiviert wird.

Client

Der Client muss im Gegensatz zu einer normalen COM+-Komponente anstelle des Server-Objekts das Recorder-Objekt von COM+ aufrufen. Damit das Prinzip verständlich wird, schauen Sie sich nochmals die Abbildung 16.67 an. Der Client ruft das Recorder-Objekt auf, und das eigentliche Server-Objekt wird vom Player-Objekt von diesem Aufruf informiert.

Somit liegt es auf der Hand, dass der Client nicht mehr wie gewohnt einen Interface-Zeiger auf das Server-Objekt anfordern kann. Der Weg über die CoClass-Funktionen beziehungsweise über den direkten Aufruf von CoCreateInstance steht nicht mehr zur Verfügung. Stattdessen muss der Client den „Umweg" über einen Moniker gehen, um einen Interface-Zeiger für das zuständige Recorder-Objekt zu erhalten. In COM+ wird dazu die Syntax so erweitert, dass über die Zeichenkette „queue:/new:{CLSID}" das Recorder-Objekt erreicht werden kann.

CoGetObject

Die API-Funktion CoGetObject tauscht über einen Moniker die als Zeichenkette übergebene Objektbezeichnung in einen Interface-Zeiger auf das gesuchte Interface zu diesem Objekt um. Die Funktion kapselt als Vereinfachung die einzelnen Funktionen `CreateBindCtx`, `MkParseDisplayName` und die IMoniker-Methode `BindToObject` ein. Leider wird die API-Funktion CoGetObject von Delphi falsch deklariert, sodass ich Ihnen sowohl ein Fix für dieses Problem sowie auch die Alternative über den Aufruf von den drei einzelnen API-Funktionen vorstelle.

Zuerst wird jedoch die Zeichenkette für den Moniker des Recorder-Objekts zusammengebaut. Dazu kopiere ich die CLSID des Objekts aus der Datei *D5QCSrv_TLB.pas* und füge zur Verdeutlichung auch einen entsprechenden Kommentar ein.

```
uses ComObj, ActiveX, D5QCSrv_TLB;

const
  // aus D5QCSrv_TLB kopieren: CLASS_D5QCObj
  // CLASS_D5QCObj = {7E62743A-D283-4753-9C77-653FFB045ECA}
  cObjName : PWideChar =
    'queue:/new:{7E62743A-D283-4753-9C77-653FFB045ECA}';
```

Anschließend muss die API-Funktion `CoGetObject` mit der leider falschen Parameterdeklaration aus der Unit *ActiveX.pas* in die eigene Unit kopiert werden.

```
function CoGetObject(pszName: PWideString;
                     pBindOptions: PBindOpts;
                     const iid: TIID;
                     ppv: Pointer): HResult; stdcall;
```

Mit dem vorangestellten Präfix „Fix" erhält diese Funktion einen neuen Namen, sodass die Parameterdeklaration korrigiert werden kann.

```
function FixCoGetObject(pszName: PWideChar;
                        pBindOptions: PBindOpts;
                        const iid: TIID;
                        out ppv): HResult; stdcall;
                        external 'ole32.dll' name 'CoGetObject';

procedure TForm1.ButtonDoWorkClick(Sender: TObject);
var
  aSrv : ID5QCObj;
begin
  OleCheck(FixCoGetObject(cObjName, nil, ID5QCObj, aSrv));
  aSrv.DoWork(EditMsg.Text);
end;
```

CreateBindCtx, MkParseDisplayName und BindToObject

Der Vollständigkeit halber und um zu demonstrieren, dass man mit Delphi auch ohne diesen Bugfix an dieser Stelle weiterarbeiten kann, verwende ich im Beispielprojekt auch den umständlicheren Weg über die drei API-Funktionen. Über den Aufruf von `CreateBindCtx` wird ein Interface-Zeiger für das Bind Context Object abgefordert. Dieses Objekt speichert die Informationen über die zur Verfügung stehenden Moniker. Über den Aufruf von `MkParseDisplayName` wird die Zeichenkette mit der für uns gut lesbaren Objektbezeichnung in den dazupassenden Moniker eingetauscht, wobei die Funktion auch einen Interface-Zeiger auf das IMoniker-Interface des Moniker-Objekts zurückliefert.

Über die Interface-Methode `BindToObject` wird das gesuchte Objekt ermittelt und falls notwendig aktiviert, sodass ein Zeiger auf das angeforderte IUnknown-Interface zurückgeliefert werden kann.

```
function GetObject(const Name: String): IUnknown;
var
  aBC     : IBindCtx;
  aMoniker : IMoniker;
  iChar   : Integer;
begin
  OleCheck(CreateBindCtx(0, aBC));
  OleCheck(MkParseDisplayName(aBC,
           PWideChar(WideString(Name)), iChar, aMoniker));
  OleCheck(aMoniker.BindToObject(aBC, NIL, IUnknown, Result));
end;
```

Um diese universell nutzbare Funktion einsetzen zu können, muss der Client den erhaltenen Interface-Zeiger für das IUnknown-Interface des Recorder-Objekts über die Typumwandlung in das benötigte ID5QCObj-Interface eintauschen.

```
procedure TForm1.ButtonDoWork2Click(Sender: TObject);
var
  aSrv : ID5QCObj;
begin
  aSrv := GetObject(cObjName) as ID5QCObj;
  aSrv.DoWork(EditMsg.Text);
end;
```

Funktionstest

Nun sind alle beteiligten Stellen so weit vorbereitet, dass einem ersten Test nichts im Wege steht. Ich schlage vor, dass Sie dabei die folgenden Punkte abarbeiten:
- COM+ Application „OSQueuedTest" über die Komponentendienste herunterfahren (Menüpunkt VORGANG | HERUNTERFAHREN)
- Client-Anwendung *D5QCSrv.exe* starten
- Im Client zwei Funktionsaufrufe absetzen, wobei im Eingabefeld zur besseren Unterscheidung jeweils ein neuer Text vergeben wird. Es erscheint kein Hinweisfenster, da die aufgerufene Server-Methode wegen der heruntergefahrenen COM+ Application nicht ausgeführt wurde.

- COM+ Application „OSQueuedTest" über die Komponentendienste starten (Menüpunkt VORGANG | START). Einige Millisekunden später werden beide aufgezeichneten Meldungen angezeigt, also ist keiner der Aufrufe verloren gegangen.
- Wird jetzt im Client die Server-Methode aufgerufen, so erfolgt sofort die Anzeige, da bei einem aktiven Server-Objekt die Warteschlange nicht benötigt wird. Der Recorder kann den Aufruf zum Player weiterreichen.

Queue Moniker

Bislang spielte sich alles auf dem eigenen Rechner ab, wobei es keinen Unterschied zwischen Windows 2000 Professional und Windows 2000 Server gab. Was passiert aber, wenn spezielle Eigenschaften für das Recorder-Objekt notwendig sind oder das aufzurufende Objekt auf einem anderen Rechner ausgeführt werden soll? Für diesen Zweck gibt es die Queue Moniker-Parameter. Zum Beispiel würde der folgende Aufruf einen Zielrechner definieren:

```
queue:ComputerName=P5-133/new:{CLSID}
```

Wird ein Parameter nicht angegeben, verwendet COM+ den Vorgabewert beziehungsweise eine eventuell vorhandene Einstellung für die COM+ Application.

Queue-Moniker-Parameter	Beschreibung
ComputerName	Definiert den ComputerName-Bestandteil des Queue-Pfades
QueueName	Definiert den Queue-Namen
PathName	Vollständiger Queue-Pfadname
FormatName	Definiert den Queue-Formatnamen
AppSpecific	Frei wählbarer DWORD-Wert für eigene Daten
AuthLevel	Definiert den Authentication Level
Delivery	Normal- oder Express-Zustellung
EncryptAlgorithm	Legt die zu verwendende Verschlüsselungsfunktion fest
HashAlgorithm	Legt die zu verwendende Hash-Funktion fest
Journal	Legt den Level der Protokollierung fest
Label	Definiert eine Message-Bezeichnung
MaxTimeToReachQueue	Legt die Obergrenze der Wartezeit für die Queue in Sekunden fest
MaxTimeToReceive	Legt die Obergrenze der Wartezeit für die Zustellung in Sekunden fest

Queue-Moniker-Parameter	Beschreibung
Priority	Legt die Zustellungspriorität fest
PrivLevel	Legt den Level der Verschlüsselung fest
Trace	Legt die Trace-Optionen für diese Queue fest

Tabelle 16.12: Die Queue-Moniker-Parameter

Die vollständige Aufstellung aller Queue-Moniker-Parameter ist im Microsoft Platform SDK unter der Überschrift „Using the Queue Moniker" zu finden. Diese umfangreiche Darstellung erreichen Sie am schnellsten über die Suche nach dem Schlüsselwort „queue moniker, parameters". Dort sind auch Beispiele für das Zusammenketten von Parametern zu finden.

Transaktionen und Sicherheit

Immer dann, wenn der COM+ Player einen Aufruf aus der Warteschlange ausliest und den Aufruf des COM-Objekts durchführt, wird eine neue Transaktion gestartet, wenn das COM-Objekt entsprechend konfiguriert wurde. COM+ bietet für das Transaktionsverhalten mehrere Werte an, wobei Sie sowohl UNTERSTÜTZT als auch ERFORDERLICH auswählen können. Das Problem mit der Einstellung UNTERSTÜTZT liegt dabei darin, dass das Objekt nur dann in einer Transaktion ausgeführt wird, wenn der Aufrufer bereits eine Transaktion ausgelöst hat. Im Gegensatz dazu legt der Wert ERFORDERLICH fest, dass in jedem Fall immer dann eine Transaktion neu begonnen wird, wenn zum Zeitpunkt des Aufrufs in der Activity noch keine aktiv war. Wenn nun ein COM+-Objekt mit dem Wert UNTERSTÜTZT konfiguriert wird, verhält es sich beim direkten Aufruf anders als beim Aufruf als Queued Component. Beim direkten Aufruf wird immer dann keine Transaktion gestartet, wenn der Aufrufer auch keine verwendet hat. Als Queued Component ist jedoch immer eine Transaktion im Spiel.

Sie sollten daher das Transaktionsverhalten von Objekten nicht vom Aufrufer abhängig machen, sondern für das Transaktionsverhalten eindeutigere Einstellungen wählen.

Wenn sowohl der Aufrufer als auch die Queued Component eine Transaktion verwenden, so werden beide in voneinander getrennten Transaktionen ausgeführt. Wenn in der Transaktion des Aufrufers ein Fehler auftritt, sodass diese zurückgesetzt wird, stellt COM+ den Aufruf nicht zu, sodass die Queued Component auch nicht aufgerufen wird.

Doch nicht nur bei den Transaktionen gibt es Unterschiede, auch beim Thema Sicherheit macht sich ein unterschiedliches Verhalten bemerkbar. Der COM+ Recorder zeichnet die

Information über den Aufrufer einer Queued Component sowie die Information über den Absender auf. Normalerweise sind beide Informationen gleich, aber im Fall eines aufgerufenen Local Servers wird sich der Aufrufer vom Absender unterscheiden.

16.11 COM+ Security

Wenn eine Anwendung gegen unbefugten Zugriff abgesichert werden soll, entsteht für den Entwickler ein Aufwand, der nichts mit dem Gebrauchswert der Anwendung zu tun hat. Im Gegensatz zu einer bestimmten Funktion, die etwas Sinnvolles macht, soll die Sicherheitsfunktion ja verhindern, dass ein Benutzer unter bestimmten Umständen etwas macht. Und dies führt meistens dazu, dass das Thema Sicherheit im Projektplan an die letzte Prioritätsstelle geschoben wird. COM+ löst auch dieses Problem, indem der Entwickler von dieser Aufgabe entlastet wird. Der Hauptanteil der übrig bleibenden Arbeit verlagert sich vom Entwickler weg und zum Administrator des Rechners hin.

Wenn sowohl auf der Client- als auch auf der Server-Seite nur Windows NT oder Windows 2000 eingesetzt würde, könnten viele dieser Sicherheitsfunktionen entfallen, da das Betriebssystem dafür zuständig ist. Allerdings sollen auch die Clients nicht ausgesperrt werden, die Windows 95 oder Windows 98 einsetzen, sodass COM eigene Sicherheitsfunktionen bereitstellt, die relativ unabhängig von der Windows-Version sind. Die COM+-Sicherheit ist nur eine weitere Schicht, die auf die vorhandenen Betriebssystemfähigkeiten aufbaut und diese universell erweitert.

Die Sicherheitsfunktionen von COM+ haben vier primäre Ziele:

- Aktivierungskontrolle – wer darf eine COM+ Application starten?
- Zugriffskontrolle – wer darf auf eine laufende COM+-Anwendung zugreifen?
- Authentifizierung – wie gut muss die Netzwerkübertragung geschützt werden?
- Identität – mit welchen Benutzerrechten soll das Objekt ausgeführt werden?

Um diese Ziele durchzusetzen, stellt COM+ zwei unterschiedliche Wege zur Verfügung. Die deklarative Sicherheit nutzt die von außen konfigurierbaren Eigenschaften der COM+-Objekte aus, während die programmgesteuerte Sicherheit von den im Objekt aufgerufenen API-Funktionen und somit vom Entwickler des Objekts implementiert wird.

Deklarative Sicherheit	Programmgesteuerte Sicherheit
Identität	Methode IsCallerInRole
Authentifizierungsebene	Eigenschaft IsSecurityEnabled
Ebene des Identitätswechsels	API-Funktion CoInitializeSecurity
Rolle	API-Funktion CoQueryClientBlanket
	API-Funktion CoImpersonateClient
	Interface IServerSecurity

COM+ Security

Deklarative Sicherheit	Programmgesteuerte Sicherheit
	Interface IClientSecurity

Tabelle 16.13: Beispiele für die deklarative und programmgesteuerte Sicherheit

Allerdings sind die beiden Wege nicht völlig austauschbar. Während die Zugriffskontrolle sowie die Authentifizierung über verschiedene Interfaces und Hilfsfunktionen direkt aus dem Objekt definiert werden können, müssen die Aktivierungskontrolle sowie die Identität auf deklarativem Weg konfiguriert werden. Der Grund für diese Einschränkung liegt auf der Hand, beide Konfigurationen müssen feststehen, bevor das Objekt erzeugt wird.

16.11.1 Standard-Sicherheit

Die deklarative Sicherheit kann außerdem noch in zwei Bestandteile aufgeteilt werden. Zum einen in die Standard-Sicherheit und zum anderen in die komponentenspezifische Sicherheit. Für beide Einstellungen ist das Fenster KOMPONENTENDIENSTE zuständig, aus dem heraus der Eigenschaftsdialog für den Arbeitsplatz die Standard-Konfiguration festlegt und der Eigenschaftsdialog für die COM+ Application die spezifische Konfiguration.

Die Eigenschaftsdialoge der Komponentendienste übernehmen unter anderem die Funktionen, die unter Windows 9x und Windows NT 4 vom DCOM-Konfigurationsprogramm DCOMCNFG.EXE bereitgestellt werden. Sie finden daher viele Punkte vor, die ich bereits im DCOM-Kapitel des Buchs vorgestellt habe.

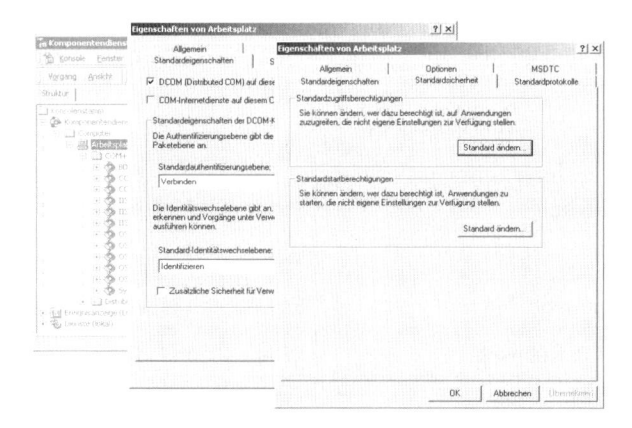

Abb. 16.70: Die Standard-Sicherheitseinstellungen des Rechners

Die unscheinbare Checkbox DCOM (DISTRIBUTED COM) AUF DIESEM COMPUTER AKTIVIEREN ist der Hauptschalter, der festlegt, ob für externe Rechner überhaupt ein Zugriff auf die COM-Objekte des eigenen Rechners erlaubt wird. Diese Option wird gleich bei der Installation von Windows 2000 aktiviert. Die zweite Checkbox COM-INTERNETDIENSTE AUF DIESEM COMPUTER AKTIVIEREN legt fest, ob der http-Zugriff (falls ein Proxy die regulären DCOM-Ports sperrt) auf die COM-Objekte erlaubt sein soll. Aus Sicherheitsgründen wird diese Option bei der Installation abgeschaltet.

Die Authentifizierungsebene (Authentication Level) ist in der Voreinstellung auf VERBINDUNG (Connect) gesetzt. Solange eine Komponente keine eigene Einstellung definiert, wird dieser Wert verwendet. Das Gleiche gilt für die Ebene des Identitätswechsels (Impersonation Level).

Die Checkbox ZUSÄTZLICHE SICHERHEIT FÜR VERWEISPROTOKOLLIERUNG legt fest, ob auch die IUnknown-Interfacemethoden `AddRef` und `Release` gesichert werden sollen. Wenn diese Option aktiviert wird, prüft der Server über zusätzliche Callbacks nach, ob nur berechtigte Clients die Referenzzählung beeinflussen. Da jeder Callback mit zusätzlichen Netzwerkoperationen erkauft werden muss, ist diese Option standardmäßig deaktiviert.

Die Standard-Startberechtigung sowie die Standard-Zugriffsberechtigungen gelten für alle COM-Objekte, die keine eigene COM+-Konfiguration vornehmen. Sie können also an dieser Stelle die Rechte auch für die nicht konfigurierbaren COM-Objekte auf diesem Rechner festlegen. Allerdings sollten die COM+-Anwendungen nicht die Standard-Sicherheit, sondern ihre eigenen spezifischen Sicherheits-Einstellungen verwenden. Den dafür zuständigen Eigenschaftsdialog erreichen Sie über die jeweilige COM+ Application.

16.11.2 Identität

Beachten Sie, dass die Standard-Sicherheitseinstellungen nur dann greifen, wenn für die COM+-Anwendung keine spezifischen Sicherheitseinstellungen zugewiesen werden. Damit aber alle Konfigurationen übersichtlich an einer Stelle zu finden sind, ist es ratsam, immer eine spezifische Konfiguration vorzunehmen. Daher finden Sie im Eigenschaftsdialog für eine bestimmte Komponente auch die bereits bei der Standard-Sicherheit vorgestellte Registerseite SICHERHEIT vor.

Interessanter ist jedoch die Registerseite IDENTITÄT. Hier legen Sie fest, unter welchem Benutzerkonto die COM+-Anwendung ausgeführt wird. Bei der Konfiguration als INTERAKTIVER BENUTZER übernimmt die COM+-Anwendung automatisch die Rechte des aktuell angemeldeten Benutzers. Für die Entwicklungsphase ist das eine sehr sinnvolle Einstellung, da die COM-Objekte einen direkten Zugriff auf die Window Station und somit auf den Desktop des interaktiven Benutzers haben. Wenn sich der Entwickler immer als Administrator an seinem Rechner anmeldet, hat das COM-Objekt auch automatisch alle benötigten Rechte. Allerdings ist diese Einstellung nicht immer geeignet – im DCOM-Kapitel bin ich bereits auf die Risiken und Nebenwirkungen dieser Einstellung eingegangen.

Daher sollte nach Abschluss der Entwicklungsphase die zweite Option – DIESER BENUTZER – verwendet werden. Das COM-Objekt wird in jedem Fall unter dem hier angegebenen Benutzerkonto ausgeführt, wobei COM+ im Hintergrund über den Aufruf der API-Funktion `LogonUser` ein Login dieses Benutzers für diesen Rechner auslöst und dann den Host-Prozess über `CreateProcessAsUser` startet. Außerdem wird als Folge des Login-Vorgangs eine neue, unsichtbare Window Station für diesen Benutzer eingerichtet. Der Benutzer, der im Dialog ausgewählt wird, erhält außerdem im Hintergrund das Privileg LOG ON AS A BATCH JOB, wenn dieses noch nicht eingerichtet war. Sie dürfen dieses Privileg später nicht entfernen, denn dann kann COM+ nicht mehr das Login erfolgreich aufrufen.

Abb. 16.71: Die Identität einer COM+ Application wird festgelegt

16.11.3 Rollen

Das Verwalten von Benutzerrechten soll in der Praxis nicht dazu führen, dass der zuständige Administrator bei immer größer werdenden Umgebungen immer mehr Zeit dafür investieren muss. Das ist nicht nur ein Problem von verteilten Anwendungen, sondern zum Beispiel ebenso ein Problem für die SQL-Datenbanken. Dort wurde dieses Problem gelöst, indem der SQL-Standard um die Roles erweitert wurde. Mit den Rollen (Roles) steht eine Gruppenverwaltung zur Verfügung, sodass nicht jeder Benutzer für jede Tabelle einzeln konfiguriert werden muss. Rechte an den Tabellen erhält nun ein bestimmter Role-Eintrag, sodass beim Hinzufügen eines neuen Benutzers dieser nur einmal der Role hinzugefügt werden muss. Ohne Roles ist es notwendig, dass für den neuen Benutzer die Rechte für jede einzelne Tabelle einzeln vergeben werden. Bei umfangreichen Datenbanken ist das ein zeitintensiver Vorgang, sodass die Vorteile von Roles im Bereich der SQL-Datenbank auf der Hand liegen.

Wenn es also bereits im Datenbankbereich ein seit Jahren erprobtes Verfahren für die effektive Zugriffsverwaltung gibt, liegt es doch nahe, dass dieses Verfahren auch für die Zugriffsverwaltung von COM+ genutzt wird. Zumal hier eine sehr enge Einbindung in das Betriebssystem möglich ist. Die Mitglieder einer Role sind in der Benutzerdatenbank von Windows 2000 vermerkt, sodass COM+ exakt nachprüfen kann, ob der Client überhaupt berechtigt ist, die Interface-Methode des COM-Objekts aufzurufen.

Berücksichtigt man dann auch noch, dass ein Datenbankverbindungs-Pool nur dann effektiv arbeitet, wenn alle Verbindungen den gleichen Benutzernamen und das gleiche

Passwort für die Datenbank verwenden, kommt den COM+ Roles eine noch größere Bedeutung zu. Denn in diesem Fall sind ausschließlich die COM+ Roles für die Zugangsprüfung auf die Daten der Datenbank zuständig.

Schritt 1: Neue Rolle anlegen

Eine neue Rolle wird über die Komponentendienste eingerichtet. Jede COM+ Application stellt dazu neben dem Zweig Komponenten auch einen Zweig für die Rollen zur Verfügung. Über den Menüpunkt VORGANG | NEU | ROLLE können Sie einen neuen Eintrag anlegen, dem später im zweiten Schritt bestimmte Benutzer zugeordnet werden.

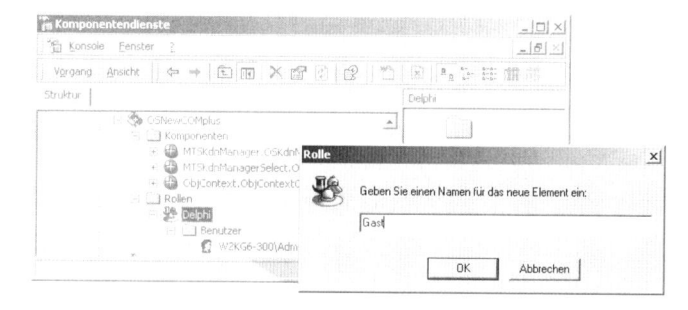

Abb. 16.72: Für die COM+ Application wird eine neue Rolle eingerichtet

Eine Rolle steht hier also für eine Funktion, die ein bestimmter Benutzer später bei seiner Arbeit übernehmen soll. Im Beispiel lege ich die neue Rolle „Gast" an, wobei ein Gast nur bestimmte Interface-Methoden der COM+ Application aufrufen darf. Doch bevor diese Zuordnung erfolgt, muss COM+ noch mitgeteilt werden, wer alles unter dieser Rolle auf die Anwendung zugreifen darf.

Schritt 2: Benutzer einer bestimmten Rolle zuordnen

Ist der Benutzer-Ordner im Fenster der Komponentendienste ausgewählt, kann der Dialog BENUTZER ODER GRUPPEN AUSWÄHLEN über den Menüpunkt VORGANG | NEU | BENUTZER aufgerufen werden.

Nun sind für diese COM+ Application zwei Rollen und jeweils ein Benutzer zu jeder Rolle definiert. In einer richtigen Anwendung wird wohl zumindest die Rolle „Delphi" mehrere Benutzer zuordnen, aber für das einfache Beispiel reicht ein Benutzer je Rolle aus. Was noch fehlt, ist die Aktivierung der Sicherheitsfunktionen und die konkrete Zuordnung einer bestimmten Rolle zu einem bestimmten Interface beziehungsweise einer Interface-Methode.

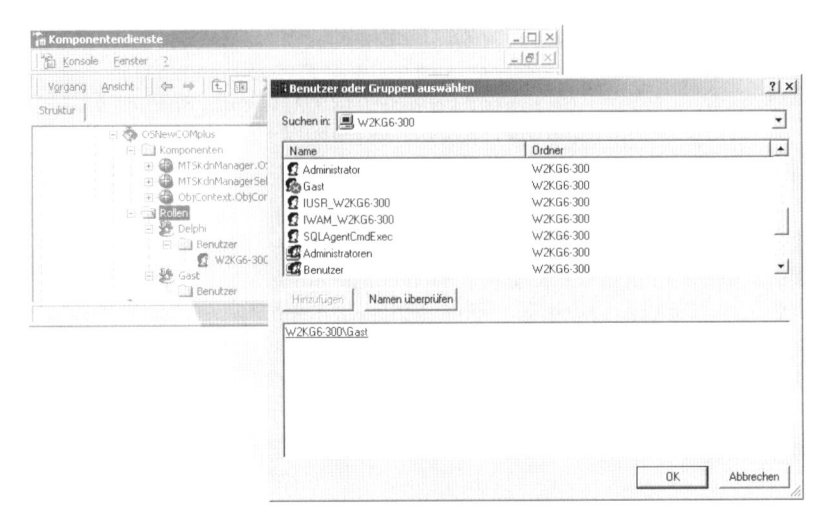

Abb. 16.73: Ein Benutzer wird der Rolle zugeordnet

Schritt 3: Zugriffsüberprüfung für die COM+ Application aktivieren

Damit die Rollenzuordnung beim Aufruf einer Interface-Methode geprüft werden kann, muss die Zugriffsüberprüfung für die COM+ Application aktiviert werden. Über den Eigenschaftsdialog steht dazu die Registerseite SICHERHEIT zur Verfügung. Dort wird die Checkbox ZUGRIFFSÜBERPRÜFUNG FÜR DIESE ANWENDUNG ERZWINGEN angekreuzt.

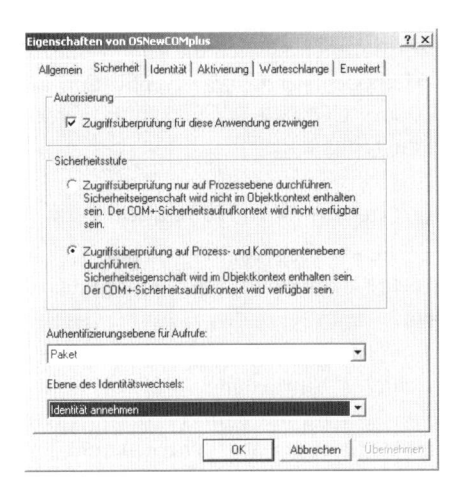

Abb. 16.74: Die Zugriffsüberprüfung wird aktiviert

Sobald diese Checkbox aktiviert wird, erhält die COM+ Application einen kräftigen Türsteher an die Seite gestellt, der nur die Aufrufer hereinlässt, die einen gültigen Ausweis in Form der Rollenzuordnung vorweisen können. Allerdings gibt es hier zwei unterschiedliche Zugriffsüberprüfungen. Wird der Radiobutton für die SICHERHEITSSTUFE auf den Eintrag ZUGRIFFSÜBERPRÜFUNG AUF PROZESSEBENE DURCHFÜHREN geschaltet, so erhält jedes Rollenmitglied einen Universal-Ausweis für alle Objekte dieser Anwendung. Außerdem kann ein einzelnes Objekt sich nicht zusätzlich von der Rollenmitgliedschaft überzeugen. Diese niedrigere Sicherheitsstufe bringt allerdings eine geringe Performance-Verbesserung, da die genauen Sicherheitsüberprüfungen für jedes Interface und für jede Interface-Methode entfallen.

In den meisten Fällen wird eine derartige Vereinfachung nicht den Anforderungen genügen, sodass COM+ im Dialog auch die zweite Einstellung vorbelegt. Bei der ZUGRIFFS-ÜBERPRÜFUNG AUF PROZESS- UND KOMPONENTENEBENE stehen alle Sicherheitsfunktionen von COM+ zur Verfügung. Somit kann eine Rolle einem Interface und sogar jeder Methode einzeln zugeordnet werden. Außerdem darf nun auch das Objekt selbst sich davon überzeugen, ob der Aufrufer einer bestimmten Rolle angehört.

Authentifizierungsebene

Immer dann, wenn COM+ Informationen über den Aufrufer benötigt, wird der Security Provider mit der Überprüfung beauftragt. Dieser liefert das Access-Token zurück, in dem der so genannte Security Identifier (SID) enthalten ist. Über den SID kann der Benutzer platzsparend systemübergreifend identifiziert werden.

Damit dieses Access-Token nicht bei jedem Funktionsaufruf verwendet und damit übertragen werden muss, erlaubt COM+ je nach Sicherheitsbedürfnis unterschiedliche Mechanismen. Dabei wird die Authentifizierungsebene PAKET als Standardwert vorbelegt.

Authentifizierungsebene	Beschreibung
Keine	Es erfolgt keine Prüfung.
Verbinden	Die Prüfung erfolgt nur zum Zeitpunkt des ersten Verbindungsaufbaus.
Aufruf	Die Prüfung erfolgt zu Beginn jeden Aufrufs.
Paket	Die Prüfung erfolgt bei jedem Aufruf, wobei zusätzlich geprüft wird, ob die Daten vollständig übertragen wurden.
Paketintegrität	Die Prüfung erfolgt bei jedem Aufruf, wobei zusätzlich geprüft wird, ob die Daten unbeschädigt übertragen wurden.
Paketdatensicherheit	Die Prüfung erfolgt bei jedem Aufruf, wobei zusätzlich die Daten sowie die Informationen über den Aufrufer verschlüsselt werden.

Tabelle 16.14: Die Authentifizierungsebenen von COM+

Analog zur Vorgehensweise bei DCOM legen auch bei COM+ sowohl der Client als auch die COM+ Application die Authentifizierungsebene fest. Verwenden beide unterschiedliche Werte, so wird die höhere Authentifizierungsebene verwendet. Einem Client stehen dazu verschiedene Techniken zur Verfügung:

- Die Standard-Eigenschaften der DCOM-Kommunikation werden für alle Anwendungen entsprechend geändert. Dies erfolgt unter Windows 2000 über den Dialog EIGENSCHAFT DES ARBEITSPLATZES und unter Windows 9x sowie Windows NT 4.0 über das DCOM-Konfigurationsprogramm (*DCOMCNFG.EXE*).
- Die anwendungsspezifischen Eigenschaften werden über die gleichen Tools wie bei den Standard-Eigenschaften geändert.
- Die Anwendungen (Server und Client) legen die Authentifizierungsebene auf der Prozessebene fest, indem die API-Funktion `CoInitializeSecurity` aufgerufen wird.
- Die Anwendungen (Server und Client) ändern die Authentifizierungsebene dynamisch zur Laufzeit über die API-Funktion `CoSetProxyBlanket`.

Ebene des Identitätswechsels

Auch außerhalb von COM erhalten Benutzer unter Windows NT oder Windows 2000 Rechte an bestimmten Ressourcen. Für den Zugriff auf Verzeichnisse und Dateien sowie auf bestimmte Zweige in der Registry ist das selbstverständliche Praxis. Durch diese Zugriffseinschränkungen werden bereits bestimmte Regeln und Rollen auf globaler Ebene abgebildet, sodass es von Vorteil ist, wenn eine COM+ Application diese Regeln zusätzlich ausnutzen könnte. Und genau dieser Mechanismus steht mit der Konfiguration der Ebene des Identitätswechsels zur Verfügung. Wenn das COM-Objekt auf bestimmte Rechner-Ressourcen zugreift, die bereits extra geschützt sind, benötigt das COM-Objekt die zum Client passenden Zugriffsrechte.

Ebene des Identitätswechsels	Beschreibung
Anonym	Der Client ist für den Server anonym. Der Server kann zwar das Identitäts-Token des Clients annehmen, aber das Objekt kann nicht ermitteln, welcher konkrete Benutzer sich dahinter verbirgt.
Identifizieren	Die Serveranwendung kann die Client-ID abfragen und für ACL-Überprüfungen die Identität des Clients annehmen. Über die Access Control Lists (ACL) erlaubt oder verweigert Windows den Zugriff auf eine bestimmte Ressource (Datei, Registry usw.).
Identität annehmen	Die Serveranwendung kann die Identität des Clients annehmen. Der Server kann auf die Ressourcen desselben Computers zugreifen wie der Client. Wenn sich der Server auf demselben Computer befindet wie der Client, kann er als Client auf Netzwerkressourcen zugreifen. Wenn sich der Server auf einem anderen Computer wie der Client befindet, kann er nur auf die Ressourcen zugreifen, die sich auf demselben Computer wie der Server befinden.

Ebene des Identitätswechsels	Beschreibung
Delegieren	Die Serveranwendung kann die Identität des Clients annehmen, unabhängig davon, ob sie sich auf demselben oder auf einem anderen Computer wie der Client befindet. Während des Identitätswechsels können die Authentifizierungsinformationen des Clients an eine beliebige Anzahl von Computern übergeben werden.

Tabelle 16.15: Die Ebenen des Identitätswechsels

Analog zur Vorgehensweise bei DCOM sowie zur Authentifizierungsebene legen auch bei COM+ sowohl der Client als auch die COM+ Application die Ebene des Identitätswechsels fest. Verwenden beide unterschiedliche Werte, so wird die höhere Ebene verwendet. Die Vorgehensweise stimmt mit dem bereits zum Thema Authentifizierungsebene Gesagtem überein.

Schritt 4: Rollen einem Interface bzw. einer Methode zuordnen

Nachdem die Zugriffsüberprüfung aktiviert wurde, können Sie nun jedem einzelnen Interface und sogar jeder einzelnen Methode die berechtigten Rollen zuordnen. Die Vorgehensweise ist dabei immer die gleiche, sodass ich es bei der einen Abbildung für die Zuordnung einer Rolle zu einer Interface-Methode belasse.

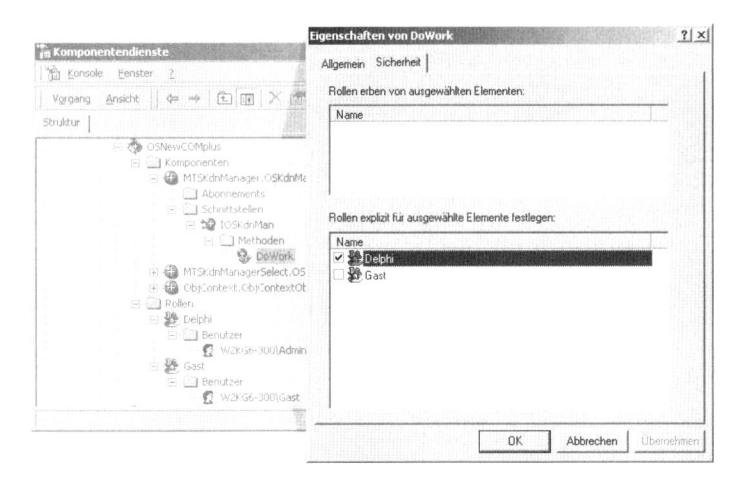

Abb. 16.75: Einer Interface-Methode eine Rolle zuordnen

Nicht ohne Grund habe ich ein bereits vorhandenes Beispielprojekt verwendet. Immer dann, wenn die Rolle „Delphi" für die Interface-Methode DoWork abgewählt wird, erhält der Client sofort das Veto von COM+. Im Beispiel-Client wird die Fehlermeldung ZUGRIFF VERWEIGERT und die Fehlernummer 21494040 in der Statuszeile angezeigt.

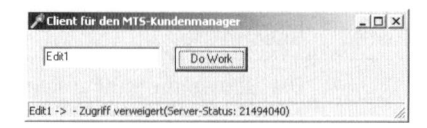

Abb. 16.76: Der Beweis für die korrekte Zugriffsprüfung

Das Beispiel demonstriert, dass die COM+-Sicherheitsfunktionen auch dann zur Verfügung stehen, wenn im COM-Objekt selbst keine zusätzlichen Vorkehrungen getroffen werden. Allerdings kann das COM-Objekt auch direkt auf diese Sicherheitsfunktionen zugreifen – womit wir beim Thema `IsCallerInRole` wären.

IsCallerInRole

Nicht immer wird eine Sicherheitsoption, die vom Administrator des Rechners deaktiviert werden kann, allen Anforderungen genügen. So flexibel und effektiv das Prinzip der deklarativen Sicherheitsüberprüfung auch ist, bestimmte Funktionen müssen in jedem Fall über einen Zugriffsmechanismus geschützt werden, der nicht vom Administrator des Rechners abgeschaltet werden kann.

Der alte Weg

Der Weg über den IsCallerInRole-Aufruf stand bereits beim MTS zur Verfügung, sodass auch COM+ den Weg über das IObjectContext-Interface noch unterstützt. Diese „alten" Teile werden von Delphi in der Unit *Mtx.pas* deklariert, daher habe ich zur eindeutigen Unterscheidung den Unit-Namen dem Interface-Namen sowie dem Methoden-Namen vorangestellt.

Das Beispielprojekt finden Sie im Verzeichnis »Kapitel 16\ObjectContext«.

```
function TObjContextObj.Get_ObjInfo2: WideString;
var
  aOC : Mtx.IObjectContext;
begin
  aOC := Mtx.GetObjectContext;
  if (aOC = nil) then
    Result := 'Error'
  else
    if aOC.IsCallerInRole('Delphi') then
      Result := 'Rolle Delphi erkannt';
  aOC.SetComplete;
end;
```

Die Interface-Methode `IsCallerInRole` liefert einen Bool-Wert zurück, der immer dann True ist, wenn der Aufrufer zu der als Zeichenkette übergebenen Rolle gehört. Ist das nicht der Fall oder hat der Administrator die Rollen-Prüfung deaktiviert, so erhält der Client das Veto von COM+ in Form einer Exception mit der Fehlerbeschreibung „Die angegebene Funktion wurde durch die Anwendung nicht konfiguriert".

Der neue Weg

Neu hinzugekommen ist unter COM+ das ISecurityCallContext-Interface. Auch dort steht die Interface-Methode IsCallerInRole zur Verfügung. Um einen Zeiger auf dieses Interface abzufordern, bietet Delphi 5 zwei Wege an. Der erste Weg hält sich an den Vorschlag aus dem Win32-Platform-SDK, indem über die API-Funktion CoGetCallContext (aus der Delphi-Unit *ActiveX.pas*) ein Interface-Zeiger für die Interface-ID IID_ISecurityCallContext abgefordert wird:

```
function TObjContextObj.Get_ObjInfo3: WideString;
var
  aSC : COMSVCSLib_TLB.ISecurityCallContext;
begin
  OleCheck(CoGetCallContext(IID_ISecurityCallContext , @aSC));
  if aSC.IsCallerInRole('Delphi') then
    Result := 'Rolle Delphi erkannt';
  SetComplete;
end;
```

Über das ISecurityCallContext-Interface kann zusätzlich noch geprüft werden, welche Authentifizierungsebene verwendet wird, ob die Zugriffsüberprüfung aktiv ist und über welchen Weg das Objekt aufgerufen wurde. Allerdings steht auch die von Delphi beim Import der Typbibliothek der COM+ Services generierte Komponente TGetSecurityCallContextAppObject zur Verfügung, wie das dritte Beispiel demonstriert:

```
function TObjContextObj.Get_ObjInfo: WideString;
var
  aOC : COMSVCSLib_TLB.ObjectContext;
  aCI : COMSVCSLib_TLB.ContextInfo;
  aCS : COMSVCSLib_TLB.IContextState;
  aSC : COMSVCSLib_TLB.ISecurityCallContext;
begin
  aOC := AppServer1.GetObjectContext;
  aCI := aOC.ContextInfo;
  aCS := aOC as COMSVCSLib_TLB.IContextState;
  aSC := GetSecurityCallContextAppObject1.GetSecurityCallContext;
  Result := aCI.GetContextId;
  if aSC.IsCallerInRole('Delphi') then
    Result := Result + ' (Role Delphi)';
  aCS.SetMyTransactionVote(TxCommit);
end;
```

Alle drei Aufrufbeispiele haben auch einen unterschiedlichen Weg für den Aufruf der Interface-Methode SetComplete verwendet, um auch hier die Vielfältigkeit der zur Verfügung stehenden Alternativen zu demonstrieren:
- IObjectContext.SetComplete
- SetComplete (Delphi-Methode)
- IContextState.SetMyTransactionVote

Lassen Sie sich an dieser Stelle nicht unnötig verwirren, sondern greifen Sie pragmatisch auf die Alternative zurück, mit der Sie am besten vertraut sind. In jedem Fall können Sie im Einzelfall bei Bedarf zur leistungsfähigsten Alternative (IContextState) greifen.

16.11.4 Call Context

COM+ stellt eine erstaunliche Informationsfülle über sicherheitsrelevante Daten zur Verfügung. Da sich diese Daten von Aufruf zu Aufruf einer Interface-Methode ändern können, hat Microsoft spezielle Call-Context-Interfaces vorgesehen:
- IsecurityCallContext
- ISecurityCallersColl
- ISecurityIdentityColl

Das Beispielprojekt finden Sie im Verzeichnis »Kapitel 16\CallContext«.

Das eigene COM+-Objekt kann über die Win32-API-Funktion `CoGetCallContext` einen Interface-Zeiger auf das Basis-Interface ISecurityCallContext abfordern. Dieses Interface stellt die Informationen auf zwei unterschiedlichen Wegen zur Verfügung. Zum einen über direkt aufrufbare Interface-Methoden wie zum Beispiel `IsCallerInRole` und zum anderen über indirekt abrufbare Detailinformationen, die nur über die Kollektion `Item` erreichbar sind.

```
ISecurityCallContext = interface(IDispatch)
  ['{CAFC823E-B441-11D1-B82B-0000F8757E2A}']
  function  Get_Count: Integer; safecall;
  function  Get_Item(const name: WideString): OleVariant;
    safecall;
  function  Get__NewEnum: IUnknown; safecall;
  function  IsCallerInRole(
    const bstrRole: WideString): WordBool; safecall;
  function  IsSecurityEnabled: WordBool; safecall;
  function  IsUserInRole(var pUser: OleVariant;
    const bstrRole: WideString): WordBool; safecall;
  property Count: Integer read Get_Count;
  property Item[const name: WideString]: OleVariant
```

```
    read Get_Item; default;
  property _NewEnum: IUnknown read Get__NewEnum;
end;
```

Über `Get_Item` kann das Objekt Informationen vom SecurityCallContext-Objekt abfordern, wobei eine Zeichenkette als Index verwendet wird. Immer dann, wenn zum Beispiel über `Get_Item('Callers')` die Kollektion mit allen Aufrufern in der Aufrufkette abgefordert wurde, können die Details über das ISecurityCallersColl-Interface untersucht werden:

```
ISecurityCallersColl = interface(IDispatch)
  ['{CAFC823D-B441-11D1-B82B-0000F8757E2A}']
  function  Get_Count: Integer; safecall;
  function  Get_Item(lIndex: Integer): ISecurityIdentityColl;
    safecall;
  function  Get__NewEnum: IUnknown; safecall;
  property Count: Integer read Get_Count;
  property Item[lIndex: Integer]: ISecurityIdentityColl
     read Get_Item; default;
  property _NewEnum: IUnknown read Get__NewEnum;
end;
```

Zum einen kann man über `Count` die Anzahl der Einträge bestimmen und zum anderen erreicht das Objekt über `Get_Item` für jeden vorgefundenen Eintrag einen Zeiger auf das Interface `ISecurityIdentityColl` mit den Details zu den einzelnen Aufrufern. Auch bei diesem Interface verbergen sich die abrufbaren Detail-Informationen hinter der Anforderung über `Get_Item`. Dabei stehen die folgenden Infos zur Verfügung:

- SID (Security Identifier) des Aufrufers
- AccountName
- AuthenticationService
- AuthenticationLevel
- ImpersonationLevel

```
ISecurityIdentityColl = interface(IDispatch)
  ['{CAFC823C-B441-11D1-B82B-0000F8757E2A}']
  function  Get_Count: Integer; safecall;
  function  Get_Item(const name: WideString): OleVariant;
    safecall;
  function  Get__NewEnum: IUnknown; safecall;
  property Count: Integer read Get_Count;
  property Item[const name: WideString]: OleVariant
     read Get_Item; default;
  property _NewEnum: IUnknown read Get__NewEnum;
end;
```

Die COM+-Security-Theorie soll gleich in die Praxis umgesetzt werden, indem das COM+-Objekt die Informationen über alle drei Interfaces ausliest und am Ende über den Out-Parameter sMsg an den Aufrufer zurückliefert. Zuerst holt sich das Objekt über den Aufruf von CoGetCallContext einen Zeiger auf das Basisinterface. Nun kann das Objekt im zweiten Schritt prüfen, ob überhaupt die Sicherheitsmechanismen aktiviert wurden. Diese Abfrage ist wichtig, da der Aufruf von IsCallerInRole nur dann richtige Daten liefert, wenn auch IsSecurityEnabled den Wert True zurückgeliefert hat.

Denken Sie immer daran, dass der Administrator des Rechners die Konfiguration der COM+ Application jederzeit ändern kann. Sie sollten dieses Beispielprogramm einmal mit aktivierter Zugriffsüberprüfung und einmal ohne aktivierte Zugriffsüberprüfung ausführen (die Checkbox finden Sie auf der Registerseite Sicherheit im Eigenschafts-Dialog der COM+ Application). Die Ergebnisse werden sich unterscheiden.

Das Objekt ermittelt danach die Anzahl der Aufrufer in der Aufrufkette und lässt sich dann den Benutzernamen des Aufrufers von COM+ zurückliefern.

```
procedure TObjectSecurity.DoSafeWork(const sTxt: WideString;
  out sMsg: WideString);
var
  aSC     : ISecurityCallContext;
  sTmp    : String;
  iCount  : Integer;
  iLevel  : Integer;
  vTmp    : OleVariant;
  aSCC    : ISecurityCallersColl;
  iCCount : Integer;
  aSIC    : ISecurityIdentityColl;
  vName   : OleVariant;
begin
  OleCheck(CoGetCallContext(IID_ISecurityCallContext , @aSC));
  if aSC.IsSecurityEnabled then
    sTmp := 'IsSecurityEnable = True' + #13#10
  else
    sTmp := 'IsSecurityEnable = False' + #13#10;
  if aSC.IsCallerInRole('Delphi') then
    sTmp := sTmp + 'Caller ist in der Rolle »Delphi«'
  else
    sTmp := sTmp + 'Caller ist nicht in der Rolle »Delphi«';
  iCount := aSC.Get_Item('NumCallers');
```

COM+

```
    sTmp := sTmp + #13#10 + Format('%d Aufrufer', [iCount]);
    iLevel := aSC.Get_Item('MinAuthenticationLevel');
    sTmp := sTmp + #13#10 + Format('MinAuthenticationLevel: %d',
                                    [iLevel]);
    vTmp := aSC.Get_Item('Callers');
    aSCC := IDispatch(vTmp) as ISecurityCallersColl;
    iCCount := aSCC.Get_Count;
    sTmp := sTmp + #13#10 + Format('%d Einträge in »Callers«',
                                    [iCCount]);
    aSIC := aSCC.Get_Item(0);
    vName := aSIC.Get_Item('AccountName');
    sTmp := sTmp + #13#10 + Format('Benutzerkonto: %s', [vName]);
    if aSC.IsUserInRole(vName, 'Dummy') then
      sTmp := sTmp + #13#10 + 'IsUserInRole »Dummy« = True'
    else
      sTmp := sTmp + #13#10 + 'IsUserInRole »Dummy« = False';
    sMsg := sTmp;
    SetComplete;
end;
```

Auch die Interface-Methode `IsUserInRole` liefert nur dann richtige Daten zurück, wenn vorher die Prüfung mit IsSecurityEnabled erfolgreich war. Um dies visuell überprüfen zu können, habe ich in der COM+ Application die beiden Rollen »Delphi« und »Dummy« eingerichtet. Allerdings wurde nur die Rolle »Delphi« dem Objekt zugeordnet. Trotzdem liefert IsUserInRole auch dann für die Rolle »Dummy« den Wert True zurück, wenn im Eigenschaftsdialog die Zugriffsüberprüfung auf Komponentenebene deaktiviert wurde.

Ist das ein Bug, der von Microsoft in der nächsten Version beseitigt werden muss? Nein, das System muss sich so verhalten. Hat der Administrator des Windows 2000 Servers die Sicherheitsprüfungen abgeschaltet, so liefert IsCallerInRole und IsUserInRole immer True zurück, damit die Anwendung trotzdem fehlerfrei weiterlaufen kann (auch wenn dann die Sicherheit nicht gewährleistet ist). Falls die Sicherheit bei den eigenen Objekten immer im Vordergrund steht, muss man innerhalb der Implementierung der Interface-Methode über IsSecurityEnable nachschauen, ob noch alles korrekt konfiguriert ist.

16.11.5 CoInitializeSecurity

Die COM+-Sicherheitsumgebung wird beim Start des Host-Prozesses der COM+-Anwendung initialisiert. Dabei erhält die Anwendung die Chance, über den Aufruf der API-Funktion `CoInitializeSecurity` die Sicherheitsanforderungen zu definieren. Wenn das die Anwendung nicht macht, holt COM+ automatisch das Versäumnis spätestens dann nach, wenn ein Interface-Zeiger zum ersten Mal eine Apartment-Grenze überschreitet. Dabei verwendet COM+ die deklarativen Sicherheitseinstellungen für diese Anwendung. Dieser Mechanismus entspricht dem alten Mechanismus von DCOM, der so auch unter Windows NT 4 zur Verfügung stand. Allerdings gibt es einen Unterschied –

unter COM+ ruft immer das System selbst CoInitializeSecurity zuerst auf, der Entwickler kommt mit einem eventuell im eigenen Objekt untergebrachten Aufruf zu spät. Allerdings steht diese Option auf der Client-Seite in jedem Fall zur Verfügung.

> *Das Ziel von COM+ Security besteht darin, die Low-Level-API-Funktionen so weitgehend wie möglich vor der Anwendung und somit vor dem Entwickler zu verbergen.*

16.12 Load Balancing

Immer dann, wenn die verteilte Anwendung mit einer sehr hohen und im Voraus nicht exakt bestimmbaren Benutzeranzahl rechnen muss, ist das Aufteilen der Objektinstanzen auf verschiedene Rechner sinnvoll. Das beste Beispiel für eine derartige Anwendung ist der Zugriff über das Internet/Extranet, um für Kunden oder andere Firmen (Stichwort B2B) einen Zugriff bereitzustellen. Das System arbeitet immer dann effektiv, wenn jede neue Anforderung automatisch an den Rechner weitergeleitet wird, der gerade in diesem Moment am wenigsten zu tun hat.

> *Borland stellt für MIDAS mit der TSimpleObjectBroker-Komponente etwas Ähnliches zur Verfügung, wobei dort allerdings die Last nach dem Zufallsprinzip verteilt wird, unabhängig davon, ob der ausgewählte Server überlastet ist oder nicht.*

Der Microsoft AppCenter Server stellt als spezielle Ausführung von Windows 2000 Server einen eleganten und effektiven Weg für die automatische Lastverteilung zur Verfügung. Dabei erfolgt die Verteilung gleich an zwei Stellen:

- Network Load Balancing (NLB) und
- Windows Clustering

Bislang war es beim MTS unter Windows NT 4 möglich, für ein im MTS ausgeführtes Objekt den Benutzungszähler der gleichzeitig aktiven Objekte auszulesen. Diese Daten sind ebenfalls im MTS-Explorer beziehungsweise im MTS-Snap-In für die Management-Konsole sichtbar. Der MTS konnte diese Daten ermitteln, da als Nebenwirkung des Interception-Prinzips jeder einzelne Aufruf vom Betriebssystem zur Kenntnis genommen wurde. COM+ erweitert diese Fähigkeiten, indem nun diese Daten rechnerübergreifend ausgelesen werden können. Außerdem werden auch die Fähigkeiten des Service Control Managers (SCM) erweitert, damit der vom Client ausgelöste DCOM-Aufruf an einen zur Laufzeit variablen Rechner weitergeleitet werden kann.

> *Eine Beschreibung des SCM finden Sie im DCOM-Kapitel dieses Buchs.*

Der Service Control Manager verwendet immer dann seine neuen Fähigkeiten, wenn der Rechner als Load Balancing Server konfiguriert wird. Wird die Checkbox USE THIS COMPUTER AS THE LOAD BALANCING SERVER angekreuzt, können Sie weitere Rechner auswählen, die als Application Cluster im Verbund arbeiten sollen. Die COM+ Application muss auf allen diesen Rechnern installiert werden, wobei der AppCenter-Server von zentraler Stelle aus dies über einen Remote-Zugriff auf die zugewiesenen Server erledigt.

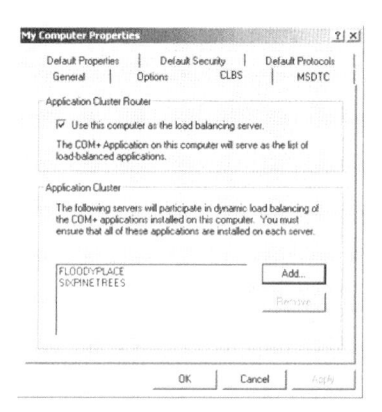

Abb. 16.77: Der Load Balancing Server wird aktiviert

Der SCM wird dann regelmäßig alle 40 Millisekunden nachschauen, wie viele aktive Objekte auf diesen Rechnern ausgeführt werden. Mit diesen Daten aktualisiert er seine interne Liste, wobei der am wenigsten ausgelastete Server an erster Stelle in der Liste steht. Jede Client-Anforderung wird an den Server weitergeleitet, der zu diesem Zeitpunkt an erster Stelle in der Liste steht. So bequem diese automatische Datenzusammenstellung auch ist, so ressourcenintensiv wird sie bei Servern, auf denen eine Vielzahl von Objekten installiert ist. Daher kann jede COM+-Komponente über ihren Eigenschaften-Dialog in diesem Punkt konfiguriert werden. Immer dann, wenn Sie die Checkbox KOMPONENTE UNTERSTÜTZT EREIGNISSE UND STATISTIKEN abwählen, verzichtet COM+ auf das Sammeln und Übertragen der Verwendungsdaten. Da unter dem MTS in jedem Fall diese Daten erfasst wurden, aktiviert COM+ zur Sicherstellung der Kompatibilität diese Option als Vorgabewert. Benötigen Sie diese Informationen nicht, kann der Mechanismus ohne Nebenwirkungen deaktiviert werden.

Das Load Balancing spielt sich vollständig auf dem Microsoft AppCenter Server ab – eine Anpassung des Clients ist nicht notwendig. Allerdings war zum Zeitpunkt der Manuskripterstellung noch unklar, wann und wo diese Funktion zur Verfügung steht. Weitere Infos dazu finden Sie im Microsoft Knowledge-Base-Beitrag Q242026 „INFO: COM+ Component Load Balancing is Removed From Windows 2000".

16.13 Object Pooling

Unter Object Pooling versteht man das Verwalten einer Menge von im Arbeitsspeicher geladenen und für Clients sofort zur Verfügung stehenden Objekten. Bereits beim MTS stand das IObjectControl-Interface mit seiner Methode `CanBePooled` zur Verfügung. Dabei sollte unmittelbar nach der Deaktivierung – also nachdem das Objekt die Benachrichtigung Deactivate erhalten hat – der MTS über den Aufruf von CanBePooled beim Objekt nachfragen, ob es in den Objekt-Pool gelegt werden darf. Allerdings ruft der MTS unter Windows 9x/NT 4 die Methode CanBePooled niemals auf, da in dieser Version der Objekt-Pool nicht unterstützt wird. Erst unter Windows 2000 stellt COM+ einen echten Objekt-Pool zur Verfügung. Somit stellt sich für uns die Frage, ob wir für unsere Objekte den Pool nutzen sollen. Die Antwort auf diese Frage wird in den meisten Fällen „Nein" lauten!

Schauen wir uns jedoch vorher einmal das Pool-Prinzip an. Der Lebenszyklus eines gepoolten Objekts sieht wie folgt aus:

1. Wenn die COM+-Anwendung startet, werden die in der Eigenschaft MINIMALE POOLGRÖßE definierte minimale Poolanzahl von Objekten vorab erzeugt.
2. Wenn das Objekt die neue Fähigkeit Object Construction unterstützt, fragt COM+ das IObjectConstruct-Interface ab. Gelingt dies, wird `Construct` aufgerufen, wobei das Objekt über den übergebenen IDispatch-Interfacezeiger das IObjectConstructString-Interface von COM+ abfragen kann, um die Zeichenkette der ConstructString-Eigenschaft zu ermitteln. Dieser Construct-String kann über den Component Services Explorer definiert werden. Der Construction String initialisiert alle Instanzen des Objekts global, während jede aktivierte individuelle Instanz auf dem normalen Weg behandelt wird.
3. Alle erzeugten Objekte verbleiben im Pool bis die COM+ Application heruntergefahren wird.
4. Wenn ein Client ein Objekt anfordert, wird eine freie Instanz aus dem Pool zugeordnet. Da das Objekt bereits fertig erzeugt war, wird es nur aktiviert, aber nicht mehr erzeugt!
5. Wenn der Client das Objekt wieder freigibt, wird es wieder deaktiviert und in den Pool zurückgelegt. Das Objekt befindet sich dann in einem Zustand, der gleich zu Anfang des Erzeugens initialisiert wurde.

Wird die Option JUST-IN-TIME ACTIVATION (JITA) gewählt, deaktivert COM+ das Objekt nach jedem Methodenaufruf, anstatt bis zum Freigeben durch den Client zu warten. Dies entspricht dem alten MTS-Verhalten für zustandlose Objekte. Dank JITA müssen weniger Objekt-Instanzen im Pool vorgehalten werden, da sich alle Clients die vorhandenen Objekte nur für den Zeitraum des Methodenaufrufs teilen.

Das Object Pooling steht somit in direkter Konkurrenz zum JITA-Mechanismus. Immer dann, wenn der Zeitbedarf für das Erzeugen beziehungsweise Zerstören eines Objekts höher ist als der Zeitbedarf für das Abarbeiten einer Interface-Methode, bringt das Object Pooling spürbare Performance-Vorteile.

> *Beachten Sie, dass der MTS und auch COM+ die Informationen aus der Typbibliothek des Objekts sowie die Class Factory des Objekts im internen Cache speichert. Daher kann der JITA-Mechanismus eine neue Objektinstanz sehr schnell erzeugen. Außerdem stellen die Resource Dispenser für Datenbankverbindungen einen eigenen Pool bereit.*

Dies bedeutet jedoch auch, dass Object Pooling für die meisten der COM-Objekte somit keine Verbesserung bringt, sondern nur für bestimmte Sonderfälle geeignet ist. Zu diesen Sonderfällen gehört das Verwalten von begrenzten Ressourcen. Immer dann, wenn nur eine bestimmte Anzahl von Objekten gleichzeitig aktiv sein darf, ist der Objekt-Pool hilfreich, denn hier kann die Obergrenze der Objektanzahl definiert werden.

Aus diesem Grund lassen sich die Einschränkungen, die für poolbare Objekte gelten, eher verschmerzen (da man selbst nicht davon betroffen ist, wenn auf Object Pooling verzichtet wird):

- Das Objekt muss zustandslos sein.
- Das Objekt darf keine Thread-Abhängigkeit besitzen. Somit dürfen keine sichtbaren Komponenten verwendet werden, aber auch Zugriffe auf Fenster beziehungsweise threadabhängige API-Funktionen sind nicht zulässig. Dies gilt auch für die TLS-Variablen (Thread-local-Storage) oder deren Delphi-Gegenstücke `Threadvar`.
- Das Objekt muss entweder den Eintrag NEUTRAL, BOTH oder FREE für das Apartment Model verwenden.
- Das Objekt muss Aggregationsfähig sein.
- Die Ressourcen müssen manuell in den Transaktionen aufgelistet werden. Damit entfällt der bequeme Zugriff auf die ADO-Objekte, ein Objekt mit Datenbankzugriff ist nur dann poolbar, wenn es direkt mit den OLE DB-Methoden hantiert.
- Das Objekt muss das IObjectControl-Interface implementieren.

> *Sogar Microsoft geht davon aus, dass nur die wenigsten Entwickler tatsächlich ihre Objekte mit der Pooling-Fähigkeit nachrüsten. Für die Mehrzahl der Objekte wird die Abwägung von Aufwand und Nutzen des Objekt-Pools einen Einsatz verhindern.*

16.13.1 Objekt-Pool trotz CanBePooled := False

Wenn die Anforderungen und Einschränkungen für ein echtes Objekt-Pooling einem Einsatz im Weg stehen, gibt es immer noch eine Alternative. So verblüffend es auf den ersten Blick auch aussieht, aber auch dann, wenn ein Objekt auf den Aufruf der Methode `CanBePooled` mit False antwortet, kann COM+ einen Objekt-Pool unterhalten.

Wenn Sie mit Delphi 5 ein Transaktionsobjekt mit dem Threading Model `Both` entwickeln und dort beim Aufruf der Interface-Methode `CanBePooled` mit False geantwortet wird (wie das die VCL von Delphi 5 in jedem Fall macht), steht trotzdem ein Pool zur

Verfügung. Und zwar immer dann, wenn der Pool im Eigenschaftsdialog über die Checkbox OBJEKTPOOLING AKTIVIEREN angefordert und mit einer Mindestgröße definiert wird. Im Beispiel setze ich die minimale und die maximale Poolgröße auf den Wert 5. Sobald nun ein Client zum ersten Mal das Objekt aufruft, erzeugt COM+ gleich fünf Instanzen dieses Objekts, die zum sofortigen Gebrauch im Pool abgelegt werden. Wenn der Client die Interface-Methode `DoWork` des Objekts aufruft, sorgt JITA dafür, dass dieses Objekt sofort zerstört wird. Da es auf die Anfrage über `CanBePooled` mit False antwortet, wird es nicht in den Pool zurückgelegt. Allerdings führt dies dazu, dass der Wert für die Mindestgröße unterschritten wird, sodass COM+ sofort wieder eine neue Instanz erzeugt und in den Pool legt. Somit liegen immer fünf sofort einsatzbereite Objekte im Pool, sodass beim Aufruf durch einen Client keine Instanzierungs-Verzögerung eintreten kann.

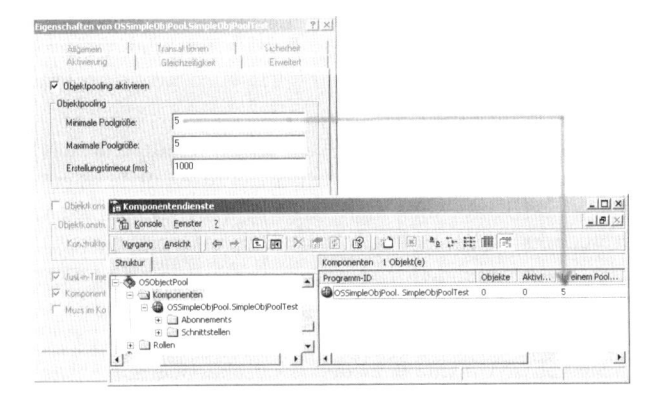

Abb. 16.78: Der aktive Objekt-Pool trotz CanBePooled := False

Das Beispielprojekt finden Sie im Verzeichnis »Kapitel 16\ObjectPool\SimplePool«.

16.13.2 Der echte Objekt-Pool

Die IObjectControl-Interfacemethode `CanBePooled` gab es zwar bereits beim MTS unter Windows NT 4, aber dort stand das echte Objekt-Pooling nicht zur Verfügung, sodass der MTS diesen Rückgabewert auch niemals ausgewertet hat. Mit COM+ ändert sich das, nun steht ein echter Objekt-Pool zur Verfügung. Das eigene COM+ Objekt meldet sich als TNA-Objekt an und überschreibt auch die von TMtsAutoObject geerbte IObjectControl-Interfacemethode CanBePooled.

```
type
  TObjectPool = class(TMtsAutoObject, IObjectPool)
  private
    FValue : Integer;
```

```
protected
  function Get_Version: Integer; safecall;
  function DoWork(cNetto: Currency;
                  out sMsg: WideString): Currency;
    safecall;
  { Protected-Deklarationen }
  function CanBePooled: Bool; stdcall;
end;
```

Innerhalb von CanBePooled liefert das Objekt immer den Wert True zurück, sodass COM+ die Objektinstanz zurück in den Pool legen kann.

Das Beispielprojekt finden Sie im Verzeichnis »Kapitel 16\ObjectPool\Pool«.

Nachdem das COM+-Objekt in einer Anwendung installiert wurde, aktivieren Sie über die Eigenschaft OBJEKTPOOLING AKTIVIEREN den Pool, wobei zum Test als minimale Poolgröße der Wert 3 eingetragen wird. Solange sich der Zähler der AKTIVIERTEN OBJEKTINSTANZEN nicht über diesen Wert erhöht, wird auch der Pool nicht vergrößert. Aus diesem Grund greifen die Clients über eine Schleife ständig auf das COM+ Objekt zu, wobei dieses innerhalb der Interface-Methode über den Aufruf von Sleep eine kleine Pause einlegt. Werden nun zum Beispiel gleich vier Client-Instanzen parallel ausgeführt, sollte sich der Pool bemerkbar machen.

```
procedure TForm1.ButtonDoWorkClick(Sender: TObject);
var
  cNetto : Currency;
  cBrutto: Currency;
  swMsg  : WideString;
  iLoop  : Integer;
begin
  cNetto := StrToCurr(EditNetto.Text);
  for iLoop := 1 to 25 do
  begin
    cBrutto := FSrv.DoWork(cNetto, swMsg);
    ListBoxLog.Items.Add(Format('Netto: %m -> Brutto: %m; %s',
                         [cNetto, cBrutto, swMsg]));
    ListBoxLog.Refresh;
  end;
end;
```

Da nun jeder Aufruf der Interface-Methode DoWork mindestens 300 Millisekunden dauert (die Zeit, die das COM+-Objekt beim Aufruf der Win32-API-Funktion Sleep definiert), sorgen die vier Base Clients dafür, dass beim ständigen Aufruf in der Schleife auch vier aktivierte Objektinstanzen benötigt werden. COM+ erhöht somit den Pool auf vier Objektinstanzen. Sobald aber diese hohe Last entfällt, wird der Pool wieder auf die konfigurierte Mindestgröße von drei Objekten zurechtgestutzt.

16.14 COM+-Synchronisation

Man soll sich ja die guten Sachen immer bis zum Ende aufheben und aus diesem Grund stelle ich Ihnen das komplexe, aber wichtige Thema COM+-Synchronisation Ende des Kapitels vor.

Mit Windows 2000 steht als neues Threading-Modell das THREADNEUTRALE APARTMENT (TNA) zur Verfügung. Dieses Modell wird immer dann empfohlen, wenn das COM+-Objekt keine Benutzeroberfläche hat und auch keinen festen Thread-Bezug benötigt. Warum ein TNA so vorteilhaft ist, soll der folgende Vergleich demonstrieren. Mit dem TNA kann man die Vorteile von MTA ausnutzen, ohne mit den unerwünschten Nebenwirkungen konfrontiert zu werden. Ein Beispielprogramm wird dazu in drei unterschiedlichen Ausführungen untersucht:

- COM+-Objekt und Base Client werden im STA ausgeführt.
- COM+-Objekt und Base Client werden im MTA ausgeführt.
- COM+-Objekt wird im TNA und der Base Client im STA ausgeführt.

Allerdings unterscheiden sich die Projekte nur im Detail, sodass ich zuerst die Gemeinsamkeiten vorstelle.

> *Die Beispielprojekte finden Sie im Verzeichnis »Kapitel 16\Synchronisation«. Jedes Beispiel liegt dort in einem eigenen Unterverzeichnis.*

16.14.1 Gemeinsame Testbedingungen

Das Interface der drei COM+-Objekte ist immer gleich aufgebaut. Die Methode `DoWork` soll eine sinnvolle Aktion simulieren, während die Methode `ShowMsg` über die Anzeige einer Message-Box eine vom Anwender frei wählbare „Wartezeit" implementiert. Über die von Windows angezeigte Message-Box erhalten Sie eine visuelle Rückmeldung, zu welchem Zeitpunkt die Interface-Methode aufgerufen wird.

```
ISTAObject = interface(IDispatch)
  ['{4DC1B51C-6E91-4B67-AF82-28E9A0FF7102}']
  function  DoWork(const sTxt: WideString;
                   out sMsg: WideString): Integer; safecall;
  procedure ShowMsg; safecall;
  function  Get_Version: Integer; safecall;
  property Version: Integer read Get_Version;
end;
```

COM+-Objekt

Jedes COM+-Objekt deklariert ein privates Objektfeld `FValue` sowie die globale Variable `gValue`. Somit wird im praktischen Betrieb die Unterscheidung zwischen den Instanzdaten (FValue) sowie den Moduldaten (gValue) sichtbar.

```
type
  TSTAObject = class(TMtsAutoObject, ISTAObject)
  private
    FValue : Integer;
  protected
    function DoWork(const sTxt: WideString;
                    out sMsg: WideString): Integer; safecall;
    procedure ShowMsg; safecall;
    function Get_Version: Integer; safecall;
  end;

var
  gValue : Integer;
```

Alle COM+-Objekte verwenden die gleiche Implementierung in der Interface-Methode `DoWork`. Nachdem über die Win32-API-Funktion `GetCurrentThreadID` die aktuelle Thread-ID ermittelt wurde, legt das Objekt für 250 Millisekunden eine Pause ein (und simuliert somit eine etwas länger dauernde Aktion). Neben dem übergebenen Parameter wird auch der aktuelle Wert des privaten Objektfeldes `FValue` sowie der aktuelle Wert der globalen Variablen `gValue` zurückgeliefert. Durch den Aufruf von `SetComplete` wird das COM+-Objekt dank JITA sofort nach Rückkehr der Interface-Methode zerstört.

```
uses ComServ, Windows, SysUtils;

function TSTAObject.DoWork(const sTxt: WideString;
  out sMsg: WideString): Integer;
begin
  Inc(FValue);
  InterlockedIncrement(gValue);
  Result := GetCurrentThreadID;
  Sleep(250);
  sMsg := Format('Parameter »%s« FValue: %d; gValue: %d',
                 [sTxt, FValue, gValue]);
  SetComplete;
end;

procedure TSTAObject.ShowMsg;
var
  sTxt : String;
begin
  sTxt := Format('ShowMsg wurde von Thread %d aufgerufen',
```

```
                 [GetCurrentThreadID]);
  Windows.MessageBox(0, PChar(sTxt),'STAOBJ.STAObject', 0);
  SetComplete;
end;
```

Die Interface-Methode ShowMsg soll über einen MessageBox-Aufruf einen visuellen Stopper demonstrieren. Auf diesem Weg wird sichtbar, wann ein Base Client bei einem bestimmten Aufruf warten muss.

Base Client

Jeder Base Client greift sowohl aus seinem primären Thread heraus auf das COM+-Objekt zu als auch über zwei separate gestartete Threads. In jedem Base Client wird dazu nur die TThread-Methode Execute überschrieben.

```
type
  TCallSTAObjThread = class(TThread)
  private
    { Private-Deklarationen }
  protected
    procedure Execute; override;
  end;
```

Alle Base Clients verwenden die gleiche Implementierung für den Aufruf der COM+-Objekte. In einer Schleife wird die Interface-Methode DoWork gleich fünfmal aufgerufen, wobei nach jedem Aufruf eine immer länger werdende Pause gemacht wird:

```
procedure TForm1.ButtonDoWorkClick(Sender: TObject);
var
  iCnt     : Integer;
  iThread  : Integer;
  swSrvMsg : WideString;
begin
  for iCnt := 1 to 5 do
  begin
    iThread := FSrv.DoWork(EditParam.Text, swSrvMsg);
    ListBoxLog.Items.Add(Format('Thread %d: %s',
                                [iThread, swSrvMsg]));
    ListBoxLog.Refresh;
    Sleep(25 * iCnt);
  end;
end;
```

Über den zweiten Button wird die Interface-Methode ShowMsg über zwei nacheinander gestartete Threads parallel aufgerufen. Da innerhalb von ShowMsg ein MessageBox-Aufruf als „Bremse" wirkt, erhält man eine visuelle Rückmeldung, zu welchem exakten Zeitpunkt jeder Thread die Interface-Methode aufrufen kann.

```
procedure TForm1.ButtonShowMsgClick(Sender: TObject);
begin
  with TCallSTAObjThread.Create(False) do
    FreeOnTerminate := True;
  Application.ProcessMessages;
  with TCallSTAObjThread.Create(False) do
    FreeOnTerminate := True;
end;
```

16.14.2 Verhalten des STA-Objekts

Das COM+-Objekt wird über den Delphi-Experten für ein TRANSAKTIONALES OBJEKT erzeugt, wobei als Apartment-Modell die Voreinstellung APARTMENT beibehalten wurde. Da sowohl der Base Client als auch das COM+-Objekt in einem STA ausgeführt werden, muss jeder Thread des Clients ein eigenes STA anmelden. Aus jedem Thread wird ein Interface-Zeiger auf das COM+-Objekt angefordert, sodass jeder Thread völlig unabhängig von allen anderen arbeitet:

```
procedure TCallSTAObjThread.Execute;
var
  aThrdSrv : ISTAObject;
begin
  OleCheck(CoInitialize(nil));
  try
    aThrdSrv := CoSTAObject.Create;
    aThrdSrv.ShowMsg;
    aThrdSrv := nil;
  finally
    CoUninitialize;
  end;
end;
```

Werden nun zwei Instanzen des Base Clients gestartet, so ergibt sich das folgende Ergebnis. Beide Base Clients rufen die Interface-Methode DoWork in einer Schleife auf, wobei das COM+-Objekt nach jedem Aufruf durch SetComplete zerstört wird. Beim Aufruf von ShowMsg spaltet der Base Client zwei zusätzliche Threads ab, wobei die aufgerufene Interface-Methode so lange aktiv bleibt, bis der Messagebox-Dialog geschlossen wird.

Die sichtbar gewordenen Ergebnisse lassen sich in wenigen Punkten zusammenfassen:

- Jeder Base Client verwendet bei jedem Aufruf immer den gleichen Arbeits-Thread, in dem das COM+-Objekt ausgeführt wird.
- Bei jedem Aufruf wird die Objektinstanz neu erzeugt, sodass das private Objektfeld FValue immer neu bei 1 beginnt.
- Das ausführbare Modul bleibt jedoch die ganze Zeit über im Arbeitsspeicher, so dass die globale Variable gValue von beiden Base Clients gemeinsam hochgezählt wird.

COM+-Synchronisation

- Beide separat abgespalteten Threads rufen über ihr jeweils eigenes STA eine eigene Objektinstanz auf, die wiederum jeweils in einem eigenen Thread ausgeführt wird.
- Beide Messagebox-Fenster sind gleichzeitig sichtbar.

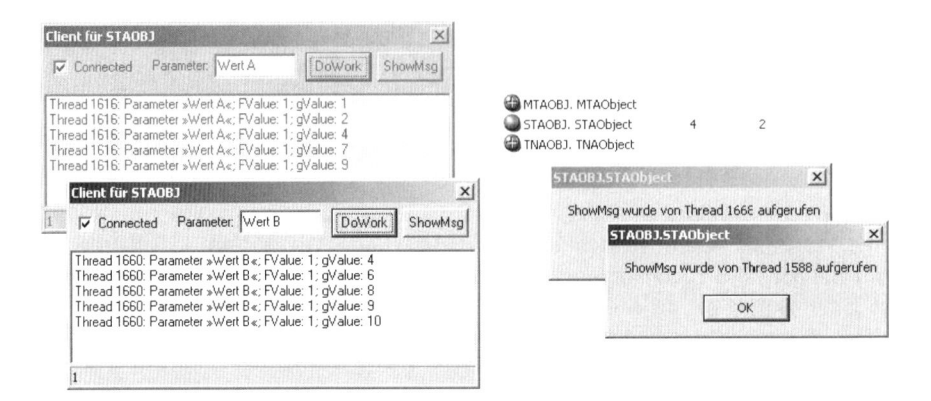

Abb. 16.79: Das Verhalten der STA-Objekte

Die Interface-Methode DoWork verwendet einen Sleep-Aufruf von 250 Millisekunden. Vor Sleep wird der Wert der globalen Variable gValue über InterlockedIncrement threadsicher hochgezählt, aber erst nach der Wartepause zurück zum Client geschickt. Daher zeigen beide Base Clients unter Umständen den gleichen gValue-Wert an. Dies ist ein gutes Beispiel dafür, dass globale Variablen in einem COM+-Objekt nicht verwendet werden sollten, denn in diesem Fall müsste man den kompletten Bereich über Critical Sections bzw. einen Mutex schützen. Wesentlich eindeutiger ist das private Objektfeld, allerdings steht dieses nur für den Zeitraum der JITA-Lebensdauer zur Verfügung.

Die Just-in-Time Activation (JITA) kann über die Eigenschaften bei diesem STA-Objekt nicht deaktiviert werden, und auch bei der Synchronisationsunterstützung gibt es nicht viel Auswahl. COM+ lässt hier nur die Wahl zwischen den Einstellungen ERFORDERLICH und ERFORDERT NEU.

16.14.3 Verhalten des MTA-Objekts

Das COM+-Objekt wird über den Delphi-Experten für ein TRANSAKTIONALES OBJEKT erzeugt, wobei als Apartment-Modell die Voreinstellung Apartment geändert wurde, indem der Eintrag BEIDES aktiviert wird. Zusätzlich zur Arbeit des Experten werden die folgenden Stellen ergänzt beziehungsweise geändert:

```
initialization
  IsMultiThread:= True;
  CoInitFlags := COINIT_MULTITHREADED;
  TAutoObjectFactory.Create(ComServer, TMTAObject,
    Class_MTAObject, ciMultiInstance, tmFree);
```

Der Base Client soll auf das als MTA konfiguriertes COM+-Objekt zugreifen, sodass auch der Base Client ein MTA anfordert:

```
program MTAOBJClt;

uses
  Forms, ComObj, ActiveX,
  MTAOBJCltFrm in 'MTAOBJCltFrm.pas' {Form1};

{$R *.RES}

begin
  IsMultiThread:= True;
  CoInitFlags := COINIT_MULTITHREADED;
  Application.Initialize;
  Application.CreateForm(TForm1, Form1);
  Application.Run;
end.
```

Im Gegensatz zum STA-Client wird der Interface-Zeiger auf das COM+-Objekt nicht mehr als privates Objektfeld, sondern als globale Variable gSrv deklariert:

```
Var
  Form1: TForm1;
  gSrv : IMTAObject;
```

Somit können sowohl der primäre Thread der Anwendung als auch die beiden separat gestarteten Threads über diese Variable auf die gleiche Objektinstanz zugreifen. Im Gegensatz zum STA-Client wird innerhalb des Threads keine neue Objektinstanz angefordert, sondern der globale Interface-Zeiger im von allen Threads gemeinsam genutzten MTA direkt verwendet:

```
procedure TCallMTAObjThread.Execute;
begin
  OleCheck(CoInitializeEx(nil, COINIT_MULTITHREADED));
  try
    gSrv.ShowMsg;
  finally
    CoUninitialize;
  end;
```

```
end;
```

Verhalten des MTA-Objekts mit aktivierter JITA

In der Voreinstellung hat COM+ bei der Installation des Objekts JITA aktiviert und auch die Synchronisation angefordert:

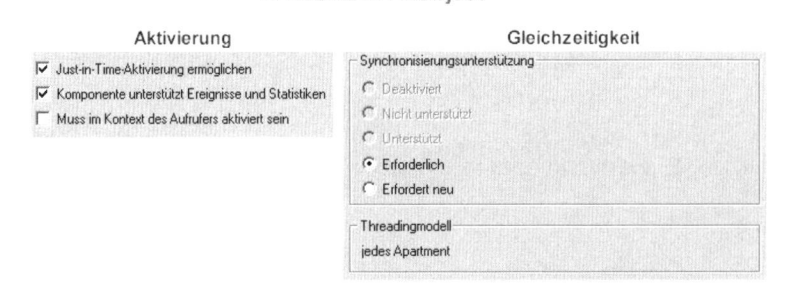

Abb. 16.80: Die Konfiguration des MTA-Objekts bei aktivem JITA

Werden nun zwei Instanzen des Base Clients gestartet, so ergibt sich das folgende Ergebnis. Beide Base Clients rufen die Interface-Methode DoWork in einer Schleife auf, wobei das COM+-Objekt nach jedem Aufruf durch SetComplete zerstört wird. Beim Aufruf von ShowMsg spaltet der Base Client zwei zusätzliche Threads ab, wobei die aufgerufene Interface-Methode so lange aktiv bleibt, bis der Messagebox-Dialog geschlossen wird. Allerdings muss der zweite Thread auf das Ende des Methodenaufrufs des ersten Threads warten!

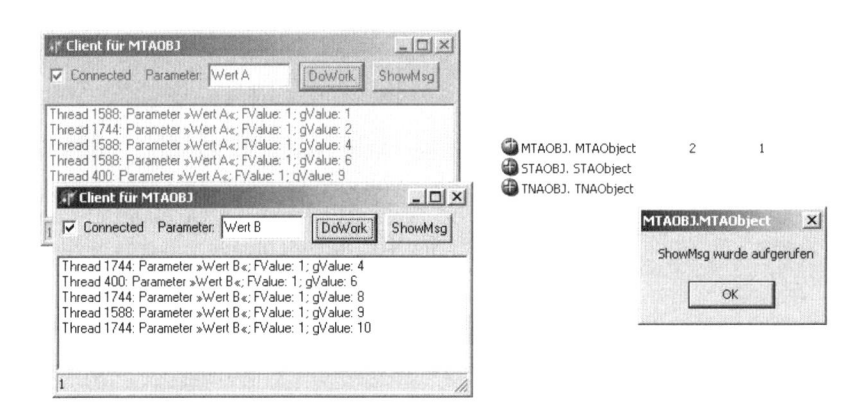

Abb. 16.81: Das Verhalten der MTA-Objekte mit JITA

Die sichtbar gewordenen Ergebnisse lassen sich in wenigen Punkten zusammenfassen:
- Jeder Base Client verwendet bei jedem Aufruf nicht immer den gleichen Arbeits-Thread, in dem das COM+-Objekt ausgeführt wird.

COM+

- Bei jedem Aufruf wird die Objektinstanz neu erzeugt, sodass das private Objektfeld `FValue` immer neu bei 1 beginnt.
- Das ausführbare Modul bleibt jedoch die ganze Zeit über im Arbeitsspeicher, sodass die globale Variable `gValue` von beiden Base Clients gemeinsam hochgezählt wird.
- Beide separat abgespalteten Threads rufen aus dem gemeinsamen MTA die gemeinsam genutzte Objektinstanz auf, die wiederum jeweils in einem eigenen Thread ausgeführt wird.
- Beide Messagebox-Fenster sind nur hintereinander sichtbar, d.h. erst wenn ein Fenster geschlossen wird, taucht das zweite auf.

Der Zugriff eines MTA-Base-Clients auf ein MTA-COM+-Objekt hat somit sowohl zu einer Verbesserung als auch zu einer Verschlechterung geführt. Allerdings liegt dies nur an den Voreinstellungen, denn immer dann, wenn JITA aktiv ist, kümmert sich COM+ automatisch um die Synchronisation.

Die Just-in-Time Activation kann beim MTA-Objekt über den Eigenschafts-Dialog im Gegensatz zum STA-Objekt deaktiviert werden, und auch bei der Synchronisationsunterstützung gibt es mehr Auswahl als beim STA-Objekt.

Verhalten des MTA-Objekts ohne JITA

Schauen wir uns nun einmal das Verhalten an, wenn sowohl JITA als auch die Synchronisationsunterstützung deaktiviert werden. Wird nun die JITA-Checkbox abgewählt, so können für die Synchronisationsunterstützung alle Optionen ausgewählt werden.

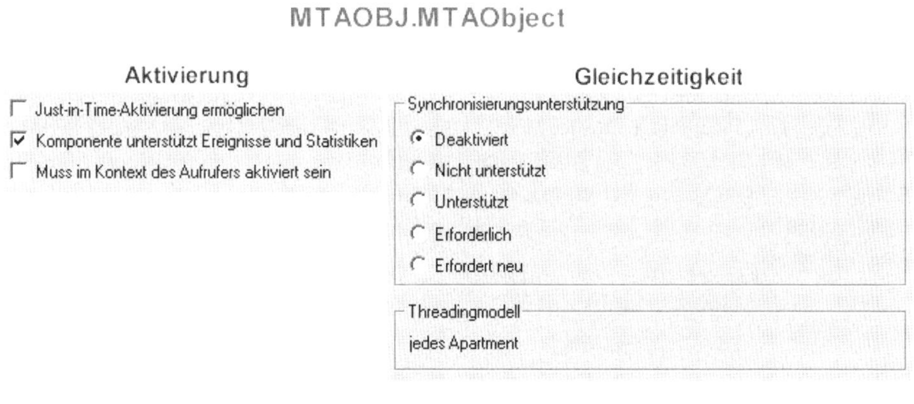

Abb. 16.82 JITA und Synchronisation werden deaktiviert

Ohne dass das COM+-Objekt neu kompiliert wurde, zeigt es nun ein völlig anderes Verhalten. Beide Base Clients rufen die Interface-Methode `DoWork` in einer Schleife auf, wobei das COM+-Objekt nach jedem Aufruf nicht mehr zerstört wird (JITA wurde ja über den Eigenschaftsdialog deaktiviert). Beim Aufruf von `ShowMsg` spaltet der Base Client zwei zusätzliche Threads ab, wobei die aufgerufene Interface-Methode so lange aktiv bleibt, bis der Messagebox-Dialog geschlossen wird. Beide Fenster sind gleichzeitig sichtbar – somit hat das MTA auch an dieser Stelle sein Verhalten geändert.

> *Somit legt nur die Konfiguration der Eigenschaften fest, wie sich das MTA-Objekt verhält. COM+ stellt dazu über die Synchronisierungsunterstützung einen bequemen Weg zur Verfügung, um den Entwickler von dem Aufwand der eigenen Threadabschottung zu entlasten.*

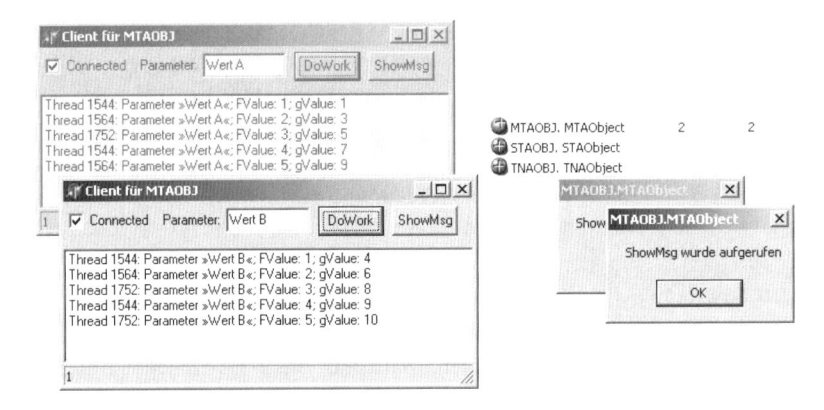

Abb. 16.83: Das Verhalten der MTA-Objekte ohne JITA

Wie funktioniert das?

Immer dann, wenn für das COM+-Objekt das Merkmal Synchronisationsunterstützung angefordert wird, schaltet COM+ ein spezielles Objekt (Service Policity) zwischen den Proxy und den Stub. Über ein Mutex sorgt es dann dafür, dass immer dann, wenn ein Aufruf nicht zur gleichen Activity (logischer Ausführungspfad) gehört, der Aufrufer so lange warten muss, bis der Mutex freigegeben wird.

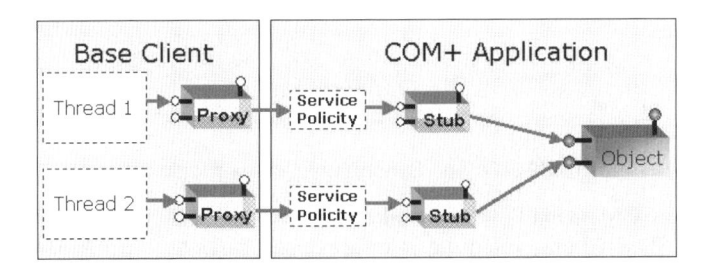

Abb. 16.84: COM+ synchronisiert die Aufrufe des Objekts

Angenommen, die Synchronisation wird im Eigenschaftsdialog aktiviert. Wenn dann zwei Base Clients gleichzeitig die beiden Threads im MTA abspalten und die Interface-

Methode ShowMsg aufrufen, ist für jeden Base Client jeweils immer nur ein Messagebox-Fenster sichtbar. Erst wenn dieses geschlossen wird, taucht das andere auf. COM+ hat automatisch einen Mutex zur Synchronisation dazwischengeschaltet.

Wird nun im Eigenschaftsdialog die Synchronisation deaktiviert, ändert sich das Verhalten schlagartig. Wenn nun zwei Base Clients gleichzeitig die beiden Threads im MTA abspalten und die Interface-Methode ShowMsg aufrufen, sind für jeden Base Client sofort beide Messagebox-Fenster sichtbar. COM+ hält sich nun aus allem heraus, sodass der Entwickler wieder die Verantwortung dafür hat, dass sich die beiden Threads nicht gegenseitig in die Quere kommen.

16.14.4 Verhalten des TNA-Objekts

Das COM+-Objekt wird über den Delphi-Experten für ein TRANSAKTIONALES OBJEKT erzeugt, wobei als Apartment-Models die Voreinstellung Apartment beibehalten wurde (da Delphi 5 noch kein TNA kennt). Damit das TNA beim Installieren des COM+-Objekts in der COM+ Application auch aktiviert wird, muss ein eigener TAutoObjectFactory-Nachfolger angelegt werden:

```
type
  TTNAAutoObjectFactory = class(TAutoObjectFactory)
    procedure UpdateRegistry(Register: Boolean); override;
  end;

procedure TTNAAutoObjectFactory.UpdateRegistry(Register: Boolean);
var
  sClassID, sServerKeyName: String;
begin
  inherited UpdateRegistry(Register);
  if Register then
  begin
    if Instancing = ciInternal then Exit;
    sClassID := GUIDToString(ClassID);
    sServerKeyName := 'CLSID\' + sClassID +
                      '\' + ComServer.ServerKey;
    if (ThreadingModel <> tmSingle) and IsLibrary then
      CreateRegKey(sServerKeyName, 'ThreadingModel', 'Neutral');
  end;
end;
```

Die eigene Class Factory muss anstelle von „Apartment" nur die Zeichenkette „Neutral" in den Registry-Eintrag ThreadingModel einsetzen. Wird dann dieses Objekt in eine COM+ Application installiert, geht COM+ von einem TNA-Objekt aus.

Im Initialization-Abschnitt der Implementierungs-Unit wird dann die vom Experten eingetragene Class Factory durch die eigene Fassung ersetzt:

```
Initialization
  TTNAAutoObjectFactory.Create(ComServer, TTNAObject,
    Class_TNAObject, ciMultiInstance, tmApartment);
```

Immer dann, wenn das COM+-Objekt in einem TNA ausgeführt wird, kann man analog zum MTA die Checkbox JUST-IN-TIME-AKTIVIERUNG abwählen und somit auch alle Optionen der Synchronisierungsunterstützung festlegen. Daher müssen auch hier die Ergebnisse in zwei Konfigurationen ermittelt werden.

Verhalten des TNA-Objekts mit JITA

Beide Base Clients rufen die Interface-Methode `DoWork` in einer Schleife auf, wobei das COM+-Objekt nach jedem Aufruf durch `SetComplete` zerstört wird. Beim Aufruf von `ShowMsg` spaltet der Base Client zwei zusätzliche Threads ab, wobei die aufgerufene Interface-Methode so lange aktiv bleibt, bis der Messagebox-Dialog geschlossen wird.

Man kann nun die sichtbar gewordenen Ergebnisse folgendermaßen zusammenfassen:

- Jeder Base Client verwendet bei jedem Aufruf nicht immer den gleichen Arbeits-Thread, in dem das COM+-Objekt ausgeführt wird.
- Bei jedem Aufruf wird die Objektinstanz neu erzeugt, sodass das private Objektfeld `FValue` immer neu bei 1 beginnt.
- Das ausführbare Modul bleibt jedoch die ganze Zeit über im Arbeitsspeicher, sodass die globale Variable `gValue` von beiden Base Clients gemeinsam hochgezählt wird.
- Beide Messagebox-Fenster sind gleichzeitig sichtbar.

Die Ergebnisse stimmen mit dem Verhalten eines MTA-Objekts bei eingeschalteter Synchronisierung überein, nur dass hier sogar beide Messagebox-Aufrufe gleichzeitig sichtbar sind. Diese Konfiguration ist daher der Optimalfall.

Verhalten des TNA-Objekts ohne JITA

Beide Base Clients rufen die Interface-Methode `DoWork` in einer Schleife auf, wobei das COM+-Objekt nach jedem Aufruf nicht mehr zerstört wird (JITA wurde ja über den Eigenschaftsdialog deaktiviert). Beim Aufruf von `ShowMsg` spaltet der Base Client zwei zusätzliche Threads ab, wobei die aufgerufene Interface-Methode so lange aktiv bleibt, bis der MessageBox-Dialog geschlossen wird.

Man kann nun die sichtbar gewordenen Ergebnisse folgendermaßen zusammenfassen:

- Jeder Base Client verwendet bei jedem Aufruf nicht immer den gleichen Arbeits-Thread, in dem das COM+-Objekt ausgeführt wird.

- Bei jedem Aufruf wird die Objektinstanz nicht mehr neu erzeugt, sodass das private Objektfeld `FValue` analog zur globalen Variablen gemeinsam genutzt wird.
- Das ausführbare Modul bleibt die ganze Zeit über im Arbeitsspeicher, sodass die globale Variable `gValue` von beiden Base Clients gemeinsam hochgezählt wird.
- Beide Messagebox-Fenster sind gleichzeitig sichtbar.

16.15 Migration vom MTS zu COM+

COM+ steht erst mit Windows 2000 zur Verfügung, sodass ein Umstieg vom MTS auf COM+ auch zwangsläufig mit einem Umstieg von Windows NT 4 auf Windows 2000 verbunden ist. Dabei stellt Windows 2000 zwei Alternativen zur Verfügung. Zum einen das Aktualisieren einer bereits vorhandenen NT-4-Server-Installation und zum anderen die vollständige Neuinstallation. Eine Aktualisierung der NT-4-Installation wird nur bei einem Domänen-Controller sinnvoll sein, denn in diesem konkreten Fall erspart sich der Administrator sehr viel Arbeit. Allerdings wird wohl nur in den seltensten Fällen der Domänen-Controller auch als Application-Server eingesetzt. Aus diesem Grund empfiehlt Microsoft auch, dass Windows 2000 generell als Neuinstallation eingerichtet wird. Damit sind zwar danach einige zusätzliche Handgriffe notwendig, um die Anwendungen wieder einzurichten, allerdings umgeht man die Gefahr, bei der Aktualisierung des alten Systems einige Macken mit zu übernehmen.

> *Im Buch „Windows 2000 Server – Das Handbuch" sind einige der Sonderfälle aufgeführt, die beim Upgrade einer alten NT-4-Installation auf Windows 2000 berücksichtigt werden. Am Ende wird sich dieses System definitiv von einer Neuinstallation unterscheiden, da beim Upgrade von NT 4 einige zusätzliche Parameter gesetzt werden, um das „alte" Verhalten sicherzustellen.*

Wenn Windows 2000 Server neu installiert wurde, müssen nun die alten MTS-Anwendungen – soweit sie nicht unter COM+ neu kompiliert werden – wieder installiert werden. Dazu stehen wieder zwei Alternativen zur Verfügung:

1. Wenn die PAK-Datei für das MTS-Package vorliegt, kann diese installiert werden. Windows 2000 konvertiert dabei das MTS-Package in eine COM+ Application. Allerdings ist dieser Weg problematischer als die zweite Alternative.
2. Die COM+ Application wird vollständig neu angelegt und konfiguriert. Microsoft ist der Auffassung, dass nur dieser Weg eine korrekte Installation und Konfiguration in der neuen Umgebung sicherstellt.

Was bedeutet das nun für uns? Zwar unterstützt Windows 2000 die automatische Migration von einem alten NT-4-System, aber im Kleingedruckten wird dieser bequeme Weg nicht empfohlen. Die Entscheidung müssen also Sie treffen. Ich habe beide Wege hinter mir, wobei ich nicht mit Sicherheit sagen kann, ob die Schwierigkeiten der zuerst durchgeführten automatischen Migration tatsächlich ihre Ursache in Windows 2000 hatten. Vielleicht waren auch nur meine Kenntnisse über das neue Betriebssystem beim ersten Versuch nicht ausreichend. Nach einer vollständigen Neuinstallation von Windows 2000 Server waren jedoch alle Probleme verschwunden.

Checkliste für die manuelle Neuinstallation

Falls Sie sich dazu entscheiden, nicht auf die automatische Migration zu vertrauen, sondern zur Sicherzeit lieber alles selbst abzuarbeiten, hilft die folgende Checkliste weiter. Zusätzlich zur Netzwerkkonfiguration sollten Sie sich die folgenden Konfigurationsdaten notieren, bevor Windows 2000 neu installiert wird:

- Welche MTS-Objekte sind in einer MTS-Package vorhanden?
- Handelt es sich um eine Server- oder um eine Library-Package?
- Wie sehen die Sicherheitseinstellungen dieses Objekts aus?
- Wie sehen die Transaktionsattribute dieses Objekts aus?
- Unter welchem Benutzerkonto wird das MTS-Package ausgeführt und welche Rechte hat dieses Konto?
- Wurden von Hand zusätzliche Einträge in die Dateien LMHOST oder HOST beziehungsweise in der Registry abgelegt?

Wenn dann Windows 2000 Server neu installiert wurde, können alle Dateien der nachzuinstallierenden Anwendungen kopiert werden. Sind auch die eventuell verwendeten speziellen Benutzerkonten wieder eingerichtet, wird die COM+ Application von Hand über den Wizard erstellt. Die Objekte werden in diese COM+ Application neu installiert und konfiguriert (Roles usw.).

Geändertes Verhalten

Wenn alte MTS-Packages unter Windows 2000 installiert werden, kann es bei der Ausführung zu Zugriffsfehlern kommen, die ihre Ursache im neuen Sicherheitsprinzip haben. Unter Windows NT 4 wurde – unabhängig von der Einstellung als Server- oder Bibliotheksanwendung – immer der Sicherheitskontext des MTS-Package verwendet. Wenn nun diese MTS-Objekte Ressourcen angefordert haben, erfolgte dies unter dem Benutzerkonto des Prozesses (MTS) und niemals unter dem Konto des Aufrufers.

Im Fall einer Serveranwendung war das der Benutzer, der für die Identität ausgewählt wurde. Im Gegensatz dazu wurde die Bibliotheksanwendung, die vom IIS eingebunden wurde, unter dem Konto *IWAM_Rechnername* ausgeführt. Wenn nun diese Bibliotheksanwendung einen anderen Prozess aufgerufen hat, konnte dieser die Rechte von I-WAM_Rechnername erfolgreich prüfen.

Werden nun die exakt gleichen Objekte mit der exakt gleichen Konfiguration unter Windows 2000 installiert, schlägt der Aufruf fehl, da die Authentifizierung nicht erfolgreich ist. Der Grund dafür liegt darin, dass sich unter Windows 2000 eine Serveranwendung völlig unterschiedlich verhält als eine Bibliotheksanwendung. Unter Windows 2000 greift das Prinzip des „Cloakings", das festlegt, ob das Thread-Token des originalen Aufrufers berücksichtigt werden soll oder nicht.

Ist Cloaking aktiviert, übernimmt der Server die originale Identität des Aufrufers. Die COM+-Anwendung verwendet als Vorgabewert das dynamische Cloaking, sodass bei jedem Aufruf das aktuelle Thread-Token zur Bestimmung der Aufrufer-Identität verwendet wird. Gibt es kein Thread-Token, wird das Prozess-Token genutzt. Wenn eine Bibliotheksanwendung aufgerufen wird, verwendet COM+ auch dann die Identität des originalen Aufrufers, wenn für diese Bibliotheksanwendung ein bestimmter Benutzer als Identität vorgegeben wird.

Die Details zu diesem Problem hat Microsoft im Knowledge-Base-Artikel Q243437 „PRB: Identity Different in MTS and COM+ Library Package by Default" dokumentiert.

17 Internet Information Services

Unter Windows NT 4 musste der Microsoft Internet Information Server 4.0 (IIS) noch über das Option Pack für Windows NT nachträglich installiert werden. Mit Windows 2000 hat sich das geändert, der Web-Server gehört mit der Version 5.0 fest zum Betriebssystem, sodass sich auch die Bezeichnung geändert hat. Anstelle von Internet Information Server tritt nun die Bezeichnung Internet Information Service. Der Web-Server wird also nun als NT-Dienst betrachtet und nicht mehr als eigenständiges Produkt. Das hört sich jetzt nach Haarspalterei an, da auch der „alte" Internet Information Server als NT-Dienst ausgeführt wurde. Der Unterschied liegt daher nur in der Betrachtungsweise. Microsoft unterstellt nun, dass jeder für das Internet/Intranet/Extranet einen Web-Server benötigt, sodass es keinen Grund mehr für die Aufsplitterung als separate Anwendung gibt. Allerdings muss nach der Installation von Windows 2000 Professional der IIS nachträglich über den Dialog WINDOWS-KOMPONENTEN HINZUFÜGEN (zu erreichen über die Systemsteuerung | Software) aktiviert werden.

Der IIS stellt mit dem Internet Server API (ISAPI) eine eigene Programmierschnittstelle zur Verfügung, die dank der Delphi-Experten relativ einfach genutzt werden kann. Eine ISAPI-DLL ist sehr nah am System und daher schnell, aber auch für die Systemstabilität aufgrund der Systemnähe gefährlich. Daher gibt es mit den Active Server Pages (ASP) noch eine harmlosere Alternative, indem eine Script-Engine die eigenen Programmzeilen bei jedem Aufruf auswertet. ASP ist zwar nicht so schnell wie ISAPI, aber deutlich pflegeleichter. Durch die Integration von ASP und COM+ wird der Zugriff auf die eigenen COM+ Components von einer ASP aus einfach.

Allerdings zeichnet sich seit kurzem wieder eine Verlagerung zu ISAPI ab, wobei die neuen SRF-Dateien (Server Response File) von speziellen ISAPI Services ausgewertet und ausgeführt werden. Somit treten bei den SRF-Dateien die Performance-Nachteile von ASP in den Hintergrund.

Um Sie als Leser nicht gleich mit einem Brocken staubtrockener Theorie abzuschrecken, fange ich in diesem Kapitel gleich mit dem praktischen Einsatz an und komme erst später fallbezogen auf die Theorie zurück. Nur wenige Entwickler werden für einen Internet-Server zuständig sein, aber alle Entwickler sollten zumindest ein eigenes Intranet verwenden, und sei es nur auf dem eigenen Rechner. Gerade für das Speichern – und was noch wichtiger ist, auch für das Wiederfinden – von Informationen ist der IIS ideal geeignet. Auch wenn es auf den ersten Blick nicht so aussieht, ist beim Thema IIS sehr viel COM+ im Spiel.

17.1 Intranet Website einrichten

Im Gegensatz zu Windows 2000 Professional ist die Version Windows 2000 Server dafür ausgelegt, mehrere Websites auf einem einzelnen Server auszuführen. Die folgenden Arbeitsschritte können Sie daher nur unter der Server-Version nachvollziehen. Steht Ihnen nur die Professional-Version von Windows 2000 zur Verfügung, macht das auch nichts, denn in diesem Fall können Sie die bereits vorhandene Website mitnutzen beziehungsweise durch ein eigenes virtuelles Web-Verzeichnis ergänzen. Wenn auf einem

Rechner mehrere voneinander unabhängige Websites ausgeführt werden, muss jede davon eindeutig von außen identifizierbar sein. Und dies ist der Fall, wenn sich jede Website in einem der folgenden drei Merkmale unterscheidet:
- Portnummer für die IP-Adresse (nur dann, wenn der Standard-Port 80 verwendet wird, muss die Portnummer für die http-Adresse nicht mit angegeben werden).
- IP-Adresse. Unter Windows NT und Windows 2000 können Sie einer Netzwerkkarte verschiedene IP-Adressen zuordnen.
- Host-Header-Name im http-Header kennzeichnet eindeutig die Website.

Dass es umständlich ist, jedes Mal die Portnummer mit anzugeben (zum Beispiel in der Form „http://localhost:81"), greife ich auf die separate IP-Adresse zurück, um eine bestimmte Website eindeutig zu kennzeichnen. Unter Windows 2000 können Sie einer Netzwerkkarte beliebig viele IP-Adressen zuordnen, wobei sich daraus noch nicht einmal die Notwendigkeit ergibt, den Rechner neu zu booten. Bereits unmittelbar nach dem Schließen des Dialogfensters ist ein Ping-Aufruf von einem anderen Rechner für die gerade frisch zugewiesene IP-Adresse erfolgreich.

17.1.1 Neue IP-Adresse vergeben

Im Gegensatz zu Windows NT 4 Server muss der Rechner unter Windows 2000 Server nicht jedes Mal neu gebootet werden, wenn man eine zusätzliche IP-Adresse für die Netzwerkkarte hinzufügt. Außerdem gibt es nun verschiedene Wege, wie der zuständige Dialog aufgerufen werden kann. Als Ausgangspunkt verwende ich den Dialog WINDOWS 2000 SERVER KONFIGURIEREN, der eine gemeinsame Ausgangsbasis für alle zur Verfügung stehenden Konfigurationsdialoge darstellt.

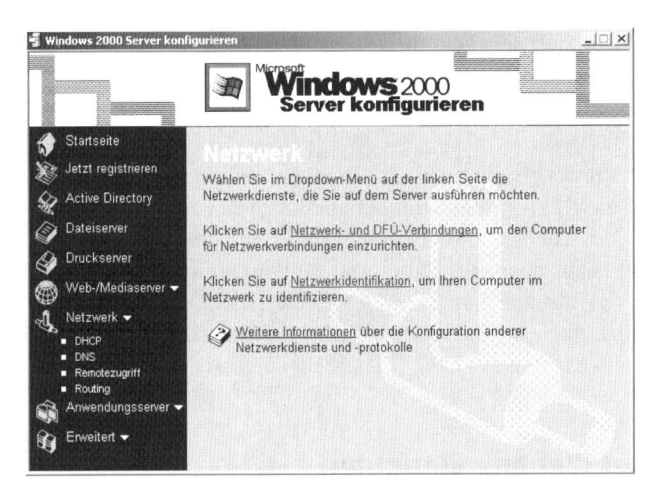

Abb. 17.1: Das Netzwerk wird konfiguriert

Mit einem Mausklick auf den Link für die Netzwerk- und DFÜ-Verbindungen wird das Dialogfenster für die LAN-Einstellungen erreicht. Hier werden die Eigenschaften des Internetprotokolls (TCP/IP) konfiguriert, indem der im Rechner eingebauten Netzwerkkarte eine zweite IP-Adresse zugewiesen wird.

IP-Adresse	Verwendung
192.168.10.1	Primäre IP-Adresse des Windows 2000 Server-Rechners, die gleichzeitig für die vorinstallierte Standard-Webseite des IIS zuständig ist
192.168.10.99	Zweite IP-Adresse des Windows 2000 Server-Rechners, die nur für die neu anzulegende Webseite verwendet wird

Tabelle 17.1: Die beiden IP-Adressen des Servers

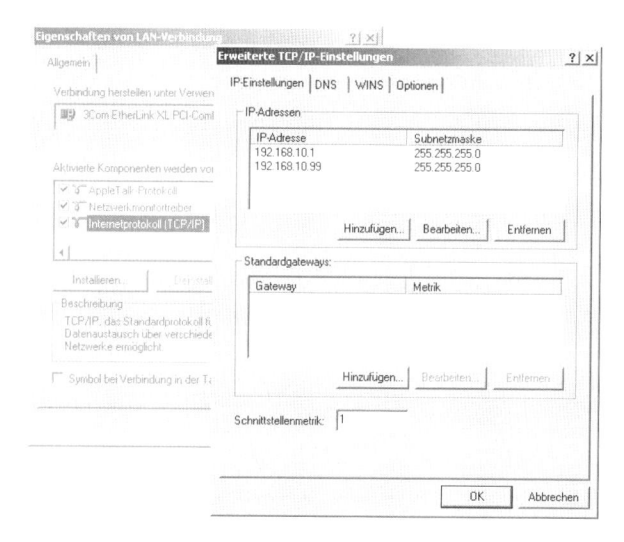

Abb. 17.2: Eine zusätzliche IP-Adresse wird hinzugefügt

Aus der Eingabeaufforderung heraus kann nun über einen Ping-Aufruf geprüft werden, ob die neue IP-Adresse von einem anderen Rechner aus erreichbar ist:

```
C:\> ping 192.189.10.99
```

Alle vier Antwortzeilen sollten innerhalb von 10 ms eintreffen – trifft dies auch bei Ihnen zu, steht der Konfiguration der neuen virtuellen Webseite nichts mehr im Wege.

17.1.2 Neue Website konfigurieren

Über die Systemsteuerung erreicht man die Seite VERWALTUNG und dort ist das Symbol für den Internetdienst-Manager zu finden. Im Dialog INTERNET-INFORMATIONSDIENSTE geht es dann mit einem rechten Mausklick auf das Computersymbol weiter. Aus dem Pop-up-Menü wird nur der Eintrag NEU | WEBSITE ausgewählt. Windows ruft nun den Assistenten für die neue Webseite auf, der alle notwendigen Angaben einsammelt, die für das Konfigurieren der Webseite benötigt werden. Neben einem neuen, eindeutigen Namen für die Webseite ist vor allem die Zuordnung der IP-Adresse wichtig. Denn auf diesem Rechner sollen ja zwei unabhängige Webseiten erreichbar sein. Zum einen kann ein Client unter der IP-Adresse 192.168.10.1 die Standard-Webseite von Windows 2000 Server aufrufen und zum anderen soll über die IP-Adresse 192.168.10.99 ausschließlich die neue Webseite erreichbar sein. Ein Client kann von seinem Rechner aus somit nicht feststellen, auf welchem Rechner die aufgerufene Webseite eigentlich installiert ist. Der Client „sieht" nur die IP-Adresse, die allein festlegt, von welchem Rechner der Inhalt geliefert wird.

Im Dialogfenster IP-ADRESSE UND ANSCHLUSSEINSTELLUNGEN können alle drei markanten Unterscheidungsmerkmale konfiguriert werden. Da eine neue, eindeutige IP-Adresse für die neue Webseite zugewiesen wird, bleiben die beiden anderen Eingabefelder ungeändert.

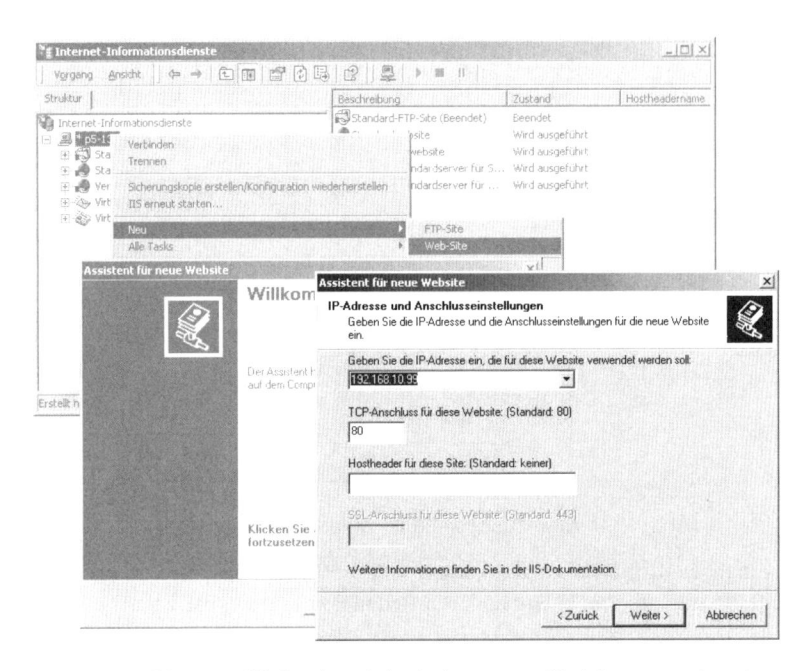

Abb. 17.3: Die neue Webseite wird mit der neuen IP-Adresse verbunden

Jetzt will der Assistent noch wissen, auf welches Festplattenverzeichnis die neue Webseite zeigen soll. Der hier ausgewählte Pfadname bildet als so genanntes Basisverzeichnis das Wurzelverzeichnis der Webseite. Ein Client kann nur die Dateien und Verzeichnisse erreichen, die oberhalb dieses Verzeichnisses liegen. Über die Checkbox ANONYMEN ZUGRIFF AUF DIESE WEBSITE ZULASSEN legen Sie fest, ob sich ein Client für den Zugriff auf die Webseite legitimieren und damit bei Bedarf mit Benutzernamen und Passwort anmelden muss. Das nachfolgende Dialogfenster möchte wissen, wie der anonyme Benutzer auf die Webseiten zugreifen darf. Er darf auf die dort abgelegten Dateien lesend zugreifen – somit sieht er den Inhalt der aufgerufenen HTML-Dateien. Wird auch die Checkbox DURCHSUCHEN angekreuzt, stellt der Internet Explorer des Clients den Inhalt des aufgerufenen Verzeichnisses in der Dateiauflistung dar, wenn keine Standard-Webseite wie zum Beispiel *Default.htm* vorhanden ist.

Internet Information Services

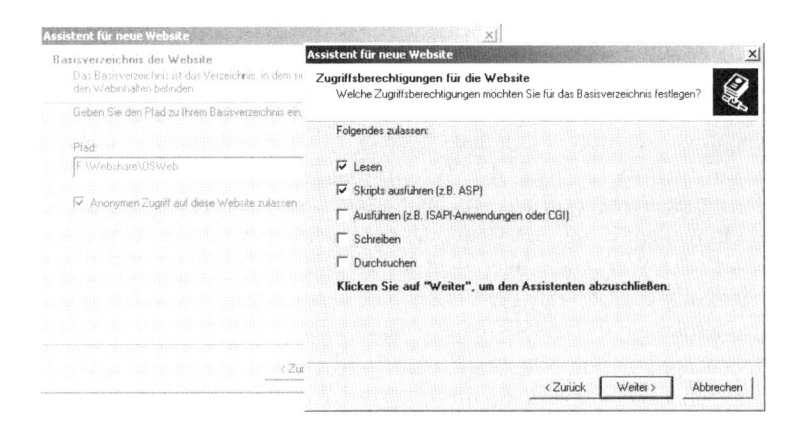

Abb. 17.4: Das Basisverzeichnis wird konfiguriert

Der IIS erlaubt eine sehr flexible Konfiguration, die jedoch für die ersten Versuche nicht notwendig ist. Sie können zum Beispiel sehr detailliert festlegen, wie sich der Server gegenüber einem Client verhalten soll.

Virtuelle Verzeichnisse einrichten

Wenn die Webseite auch ausführbare CGI- oder ISAPI-Module enthalten soll, wird ein zusätzliches virtuelles Verzeichnis benötigt, für das die Zugriffsberechtigung AUSFÜHREN vergeben wird. Dazu wählen Sie im Dialogfenster der Internet-Informationsdienste den Eintrag für die gerade neu angelegte Webseite aus. In meinem Beispiel ist dies die Webseite „OSWeb".

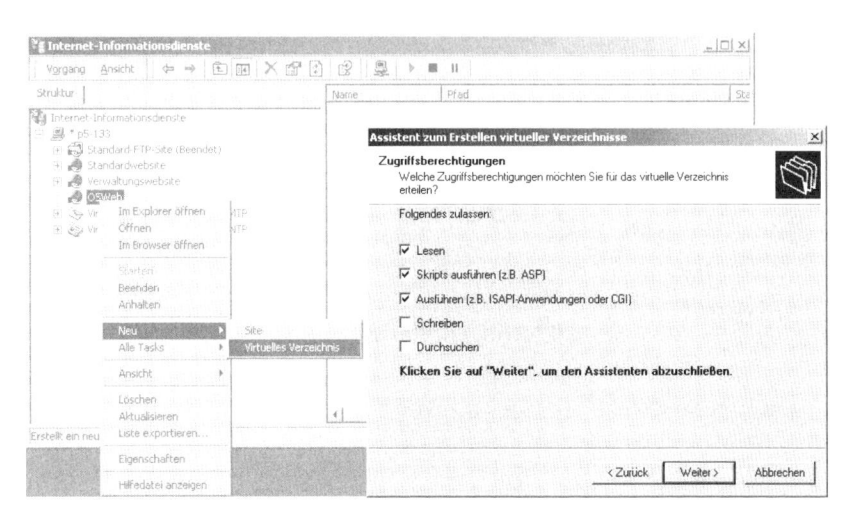

Abb. 17.5: Das virtuelle Verzeichnis für die CGI- und ISAPI-Module wird eingerichtet

Über die rechte Maustaste wird der Menüpunkt NEU | VIRTUELLES VERZEICHNIS aufgerufen, der wiederum zu einem eigenen Assistenten führt. Nachdem das neue virtuelle Ver-

Intranet Website einrichten

zeichnis einen eindeutigen Namen bekommen hat und mit einem vorhandenen Festplattenverzeichnis verbunden wurde, wird die Zugriffsberechtigung AUSFÜHREN für dieses Verzeichnis vergeben.

Angenommen, die Benutzer sollen auch Dateien in ein bestimmtes Verzeichnis hochladen können. Dazu benötigen sie die Zugriffsberechtigung SCHREIBEN für dieses Verzeichnis. Da ein Schreibzugriff auf ein ausführbares Verzeichnis aus Sicherheitsgründen problematisch ist, liegt es auf der Hand, dass ein weiteres virtuelles Verzeichnis für den Upload-Bereich der Webseite eingerichtet wird. Ein neues virtuelles Verzeichnis ist immer dann sinnvoll, wenn sich dieses Verzeichnis in seinen Eigenschaften von den bereits vorhandenen virtuellen Verzeichnissen unterscheiden soll.

Am Ende der Konfiguration besteht die neue Webseite aus zwei virtuellen Verzeichnissen. Alle anderen Verzeichnisse, die für das geordnete Ablegen des Inhalts benötigt werden, können direkt über den Explorer im Dateisystem angelegt werden.

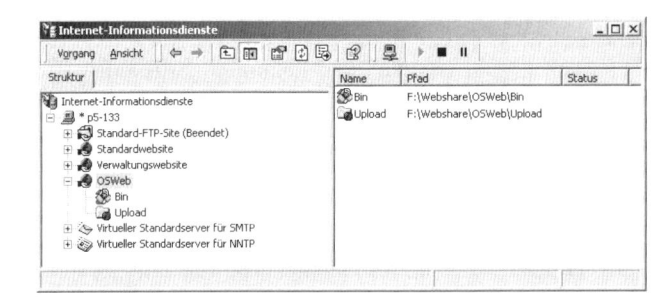

Abb. 17.6: Die neue Webseite nach Abschluss der Konfiguration

Funktionstest

Um zu prüfen, ob die Konfiguration in Ordnung ist, wird von einem anderen Rechner aus im Internet Explorer zuerst die Basis-Seite und danach die Upload-Seite aufgerufen.

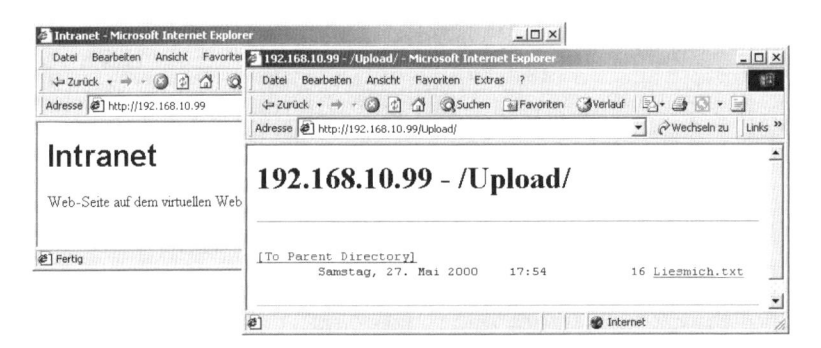

Abb. 17.7: Der Aufruf der Basis-Seite und der Upload-Seite

Während beim Aufruf der Basis-Seite nur dann eine Information angezeigt wird, wenn man dort die Datei *Default.htm* angelegt hat, liefert der Aufruf der Upload-Seite eine

Aufstellung der dort abgelegten Dateien in der Verzeichnis-Darstellung zurück. Die Verzeichnis-Darstellung hat den Vorteil, dass ein einfaches Kopieren der Daten ausreicht, um dies im Browser abrufen zu können. Es ist nicht notwendig, einen Link auf diese Datei einzufügen.

17.1.3 Index Service konfigurieren

Wir leben in einer Informationsgesellschaft – ob uns das passt oder nicht. Gerade für uns Entwickler ist das schnelle Auffinden der richtigen Information der Grundstein für jeden fristgemäßen Projektabschluss. Wenn in Windows 2000 der IIS als Informationsmedium fest integriert wurde, liegt es auf der Hand, dass auch der Index Service als Garant für das schnelle Auffinden der abgelegten Informationen nun fest zum Betriebssystem gehört.

> *Unter Windows NT 4 musste der Microsoft Index Server noch als Bestandteil des Option Pack separat installiert werden.*

Schritt 1: Prüfen, ob der Index Service bereits läuft

Zuerst überzeugen Sie sich davon, ob der Indexdienst auf dem Windows 2000 Server bereits läuft. Wenn nicht, wird er mit dem Starttyp AUTOMATISCH konfiguriert und einmal von Hand gestartet.

Abb. 17.8: Der Indexdienst soll automatisch gestartet werden

Schritt 2: Management-Konsole konfigurieren

Microsoft hat sein neues Server-Betriebssystem Windows 2000 Server mit sehr erstaunlichen Freizügigkeiten ausgestattet, die den Alltag des zuständigen Administrators sehr erleichtern. Eine dieser Möglichkeiten – die allerdings auch bereits unter Windows NT 4 zur Verfügung stand – betrifft die benutzerspezifische Konfiguration der Microsoft Management-Konsole. Da für unsere Webseite der Internet Information Service und der Index Service Hand in Hand arbeiten, richte ich eine Konsole (*MMC.EXE*) ein, in der beide Services gemeinsam konfiguriert werden können. Dieser Schritt ist jedoch optional und dient nur der Bequemlichkeit, da beide Snap-Ins auch separat aufgerufen werden können.

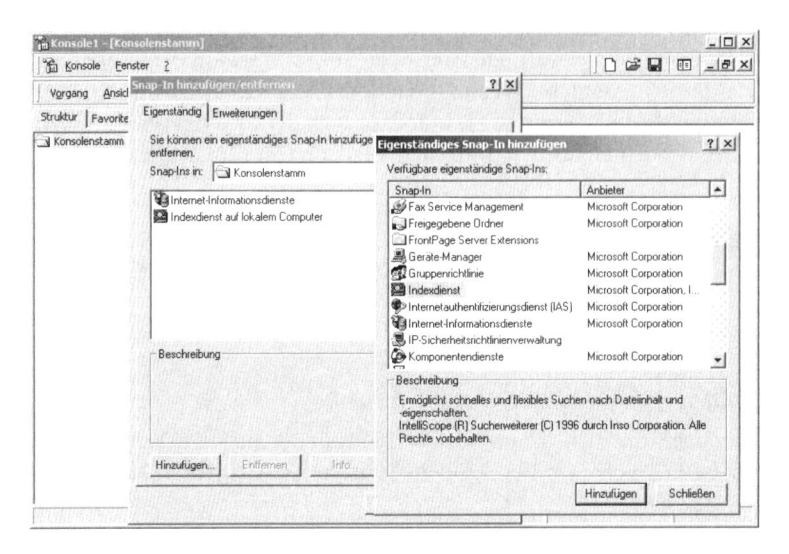

Abb. 17.9: Beide Dienste werden in eine neue Konsole eingebunden

Schritt 3: Neuen Index-Katalog einrichten

Die Konfiguration des Index Servers erfolgt aus der Management-Konsole heraus über das Snap-In des Index-Servers. Für jedes Web kann ein eigener Katalog für die indizierten Begriffe angelegt werden. Als Katalogname verwende ich zur besseren Übersichtlichkeit den Namen der virtuellen Webseite, in unserem Beispiel also die Zeichenkette „OSWeb". Im Eingabefeld ORDNER wird das Verzeichnis ausgewählt, in dem der Index Server automatisch das Unterverzeichnis *catalog.wci* mit den Katalogdaten anlegen soll.

Der Katalog wird erst beim nächsten Index Server-Start wirksam, allerdings sollte vorher die Zuordnung zum Web vorgenommen werden. Es ist daher sinnvoll, den Dienst nicht sofort neu zu starten.

Um den Internet Information Service oder den Index Service neu zu starten, muss Windows 2000 nicht neu gebootet werden. Stattdessen steuern Menüpunkte im Vorgang-Menü der MMC diesen Prozess.

Internet Information Services

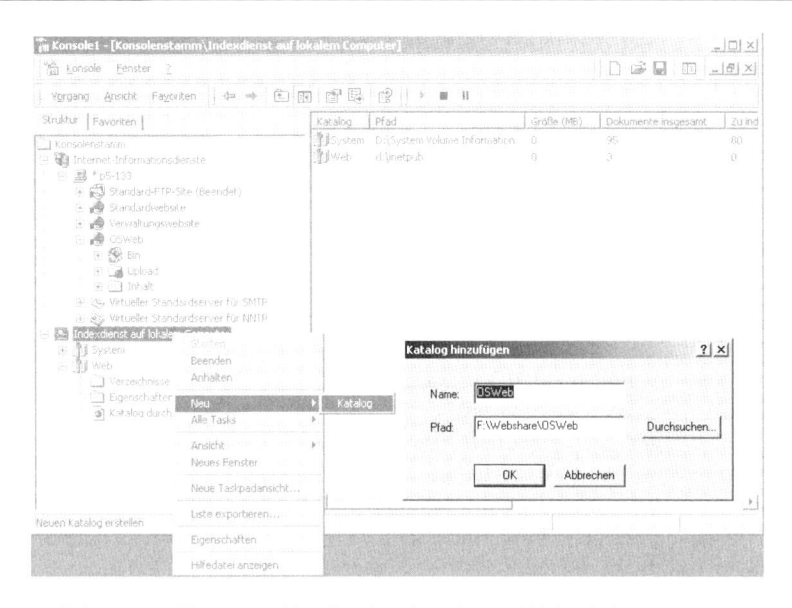

Abb. 17.10: Ein neuer Katalog für das eigene Web wird eingerichtet

Schritt 4: Katalog einem virtuellen Web zuordnen

Mit einem rechten Mausklick auf den neu angelegten Katalog wird die Dialogseite Eigenschaften aufgerufen. Dort wird als WWW-Server das OSWeb-Web aus der Liste ausgewählt.

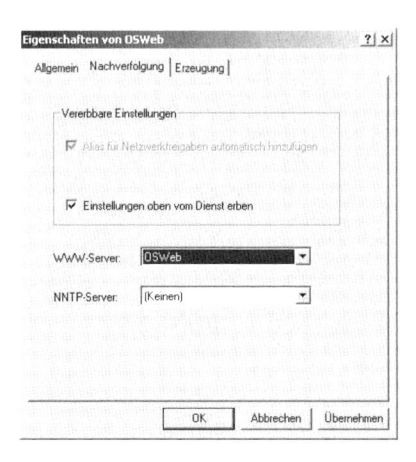

Abb. 17.11: Der Index-Katalog wird mit dem neuen Web verbunden

Im Beispiel soll der Index Service nicht die Beiträge aus den eventuell eingerichteten Newsgroups-Verzeichnissen berücksichtigen.

Intranet Website einrichten

Schritt 5: Bestimmte Verzeichnisse ausgrenzen

Optional kann man bestimmte Verzeichnisse von der Suche ausgrenzen, was ich zum Beispiel für das virtuelle *Bin*-Verzeichnis mache. Da der Index-Server alle HTML-, DOC-, XLS-, PPT- und Text-Dateien indiziert (um nur einige Formate zu nennen), sollten alle die Verzeichnisse ausgegrenzt werden, in denen sehr viele beziehungsweise sehr große Dateien enthalten sind, nach denen nicht gesucht werden muss. Im Verzeichnis-Zweig des neuen Index-Katalogs kann hierzu der Dialog VERZEICHNIS HINZUFÜGEN ausgewählt werden. Für jedes Verzeichnis kann der Administrator festlegen, ob es bei der Indizierung berücksichtigt oder ausgeschlossen werden soll.

Auf dem gleichen Weg wird das virtuelle Wurzelverzeichnis (Basisverzeichnis) beziehungsweise jedes zu indizierende Verzeichnis einzeln als Typ INDEXAUFNAHME JA hinzugefügt. Es ist sinnvoll, vorerst das Basisverzeichnis der Website mit dem Typ EINSCHLIEßEN einzufügen, da dann alle Unterverzeichnisse (bis auf die explizit ausgeschlossenen) enthalten sind. Alle Verzeichnisse, die indiziert werden sollen, müssen das Attribut INDIZIEREN DES VERZEICHNISSES verwenden. Im Snap-In des Internet Information Servers wird dazu die Eigenschaftenseite der neuen Website aufgerufen, auf der Registerseite Basisverzeichnis ist die Checkbox RESSOURCE INDIZIEREN anzukreuzen.

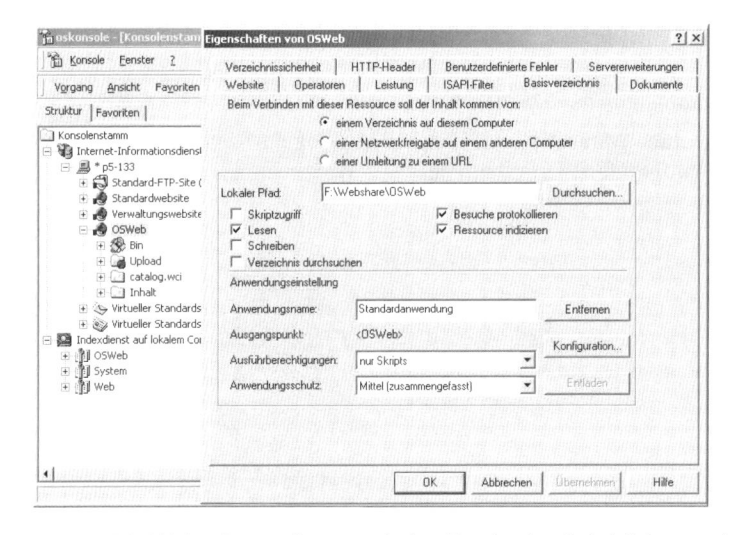

Abb. 17.12: Die Webseiten sollen vom Index Service berücksichtigt werden

Schritt 6: Index Service neu starten

Nun steht dem Beenden und erneutem Starten des Index Services nichts mehr im Wege. Dabei muss der Rechner nicht neu gebootet werden, es reicht aus, den entsprechenden Menüpunkt aus dem Menü VORGANG auszuwählen. Nach dem Starten zeigt der Indexdienst für jeden Katalog getrennt die Größe des Katalogs sowie die Anzahl der berücksichtigten Dateien an. Je nach der Anzahl der bereits vorhandenen und neu zu indizierenden Dateien wird sich die Anzeige in diesem Fenster dynamisch ändern – der Indexdienst werkelt dann im Hintergrund.

Internet Information Services

Der Index Service legt allerdings erst dann so richtig los, wenn sich der als Administrator angemeldete interaktive Benutzer vom Server abgemeldet hat. Mit diesem Verhalten wird der interaktiv angemeldete Benutzer nicht mehr so stark vom laufenden Indexdienst ausgebremst.

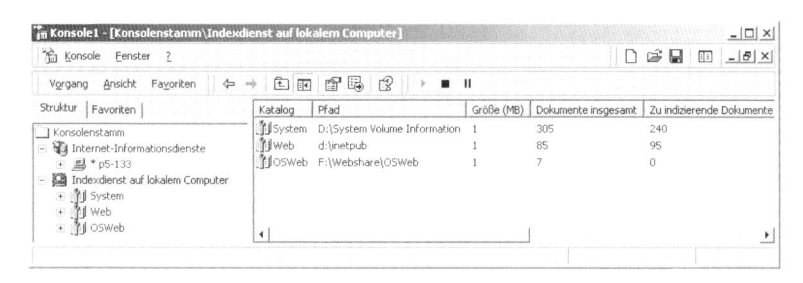

Abb. 17.13: Der neue Katalog wird aufgebaut

Schritt 7: Abfragedateien für den Index Server konfigurieren

Bei der Suche innerhalb des Webs sind die in der folgenden Tabelle aufgeführten Dateien beteiligt. Die Spalte ANPASSEN markiert alle die Dateien, die unter Umständen modifiziert werden müssen, wenn vor Ort eine andere Verzeichnisstruktur verwendet wird. Das Beispiel geht davon aus, dass alle Dateien in das Unterverzeichnis *Search* des Basisverzeichnisses kopiert werden. Alle Dateien stammen von meinem „alten" NT-4-Server, sodass diese Suche auch dann erfolgreich ist, wenn Ihnen nur der Index Server aus dem Option Pack für Windows NT 4 zur Verfügung steht.

Datei	Anpassung	Verwendung
query.htm	Nein	Sichtbares Suchformular, in dem der Suchbegriff definiert wird
query.htx	Nein	Vorlage für das Trefferformular, legt das Aussehen der Trefferanzeige fest
query.asp	Nein	Active Server Page (ausführbares VBScript startet die Suche)
query.idq	Ja	Abfragedatei für das Abfrageformular query.htm
is2style.css	Nein	Cascade Style Sheet definiert eigene Darstellungen/ Formatierungen
ixtiphlp.htm	Nein	Hilfeseite mit der Beschreibung der Suchoptionen

Tabelle 17.2: Die für die Suche notwendigen Dateien

Intranet Website einrichten

Immer dann, wenn Sie die in der Tabelle aufgeführten Dateien nicht in das Unterverzeichnis *Search* kopieren, muss der Inhalt der Variablen `CiCatalog` in der Datei *QUERY.IDQ* angepasst werden:

```
CiCatalog=F:\Webshare\OSWeb
CiFlags=DEEP
CiScope=%CiScope%
CiTemplate=/Search/%TemplateName%.htx
CiForceUseCi=true
```

> *Die Dateien für den Index Service finden Sie im Verzeichnis »Kapitel 17\Index Service\Search«.*

Schritt 8: Suche über den Index Service testen

Wird nun im Internet Explorer die Abfrageseite *Query.htm* aufgerufen (im Beispiel über die URL *http://192.168.10.99/Search/Query.htm*), so kann in der angezeigten Suchmaske ein Suchbegriff eingetragen werden. Mit dem Anklicken der Schaltfläche SUCHE beginnt der Index Service mit dem Herumstöbern in einem Katalog, sodass kurz darauf das Trefferfenster mit den Fundstellen für diesen Begriff angezeigt wird.

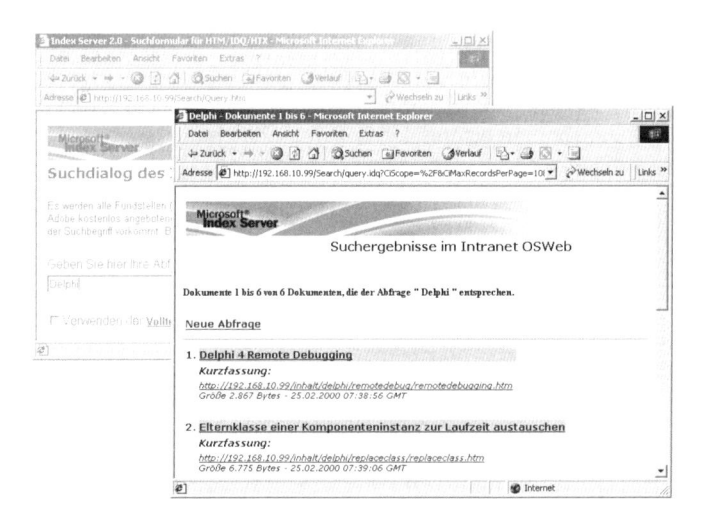

Abb. 17.14: Die Suche und die Trefferanzeige

Falls Sie nun fragen, was der Microsoft Index Service in einem Buch über COM/DCOM und COM+ zu suchen hat, sollten Sie einmal einen Blick in die Datei *Query.asp* werfen:

```
set Q = Server.CreateObject("ixsso.Query")
set util = Server.CreateObject("ixsso.Util")
```

Internet Information Services

In dieser Active Server Page (ASP) wird direkt auf den Auswerteteil des Index Service in seiner Implementierung als Automation-Server zugegriffen. Und was aus einer Active Server Page über VBScript möglich ist, stellt für Delphi ebenfalls kein Hindernis dar.

> *Im Verlauf dieses Kapitels gehe ich noch detaillierter auf die Active Server Pages und deren Funktionsprinzip ein.*

17.2 Die IIS-Architektur

Nachdem gezeigt wurde, wie einfach der IIS ausgenutzt werden kann, bleibt aber immer noch die Frage offen, wie das Ganze funktioniert und ob wir als Entwickler überhaupt wissen müssen, warum das so funktioniert. Wenn Sie sich nicht mit dem im praktischen Versuch-und-Irrtum-Verfahren ermittelten Ergebnis zufrieden geben möchten, sollten Sie diesen Abschnitt nicht überblättern, sondern weiterlesen.

Der IIS ist ein Protokoll-Server, der für die Abwicklung von HTTP-, FTP-, NNTP- und SMTP-Zugriffen zuständig ist. Um eigene Funktionen unterzubringen, stellt der IIS standardisierte Server-Erweiterungen in Form eines Application Programming Interface (API) zur Verfügung. Neben dem Common Gateway Interface (CGI) wird das Internet Server API (ISAPI) deutlich häufiger eingesetzt. Während ein CGI-Modul je Anforderung einen neuen Prozess abspaltet und allein schon deshalb sehr ressourcenaufwendig ist, wird eine ISAPI-Anforderung als DLL-Funktion in einem Thread ausgeführt. Allerdings wäre eine 1:1-Zuordnung von einem Web-Benutzer zu einem Thread sehr ineffektiv, da einige Hundert Threads jeden Rechner in die Knie zwingen. Der IIS greift stattdessen auf einen begrenzten Thread-Pool sowie eine Warteschlange zurück, um alle Web-Zugriffe effektiv abzuwickeln.

> *In der Standardeinstellung setzt der IIS zehn Threads pro installierter CPU ein und begrenzt die Warteschlange auf 500 Einträge. Ein Web-Zugriff kommt immer dann in die Warteschlange, wenn zum Zeitpunkt des Eintreffens alle Arbeits-Threads aus dem Pool ausgelastet waren.*

Jede Medaille hat zwei Seiten, und so steht dem Performance-Vorteil der ISAPI-DLL auch ein Nachteil gegenüber. Eine ISAPI-DLL ist für den Entwickler in der Implementierung anspruchsvoller und auch schwieriger handhabbar, da der IIS eine einmal geladene DLL nicht so schnell wieder herausgibt.

Rein technisch gesehen ist eine ISAPI-DLL für Delphi kein Problem, aber Visual Basic kann zum Beispiel aufgrund der Sprachbeschränkungen keine ISAPI-DLL erzeugen. Aus diesem Grund gibt es für die zeigerlosen Script-Sprachen mit den Active Server Pages (ASP) noch eine dritte Alternative. ASP setzt intern auf eine ISAPI-DLL (*ASP.DLL*) auf, sodass ein einfacher Texteditor ausreicht, um eine ASP-Anwendung zu schreiben. Eine

ASP-Seite kann dazu sowohl HTML-Text als auch Script-Anweisungen enthalten, wobei neben VBScript auch JScript zur Verfügung stehen.

Man kann auch sagen, dass Sie es beim IIS mit drei Hauptbestandteilen zu tun haben:
- Web Service (*inetinfo.exe*)
- ASP Parser (*asp.dll*)
- Scripting Engines (*vbscript.dll* und *jscript.dll*)

17.2.1 Web Application Manager (WAM)

Am Anfang seiner Entwicklung hat der IIS eine ISAPI-DLL und eine ASP im eigenen Prozess und somit im eigenen Adressraum ausgeführt. Somit waren die DLLs ein integrierter Bestandteil des IIS-Prozesses, was zur Folge hatte, dass zwischen DLL und IIS keine Abschottungsmöglichkeit bestand. Eine fehlerhafte DLL hat so zwangsläufig den kompletten Prozess mit in den Abgrund gezogen. Es liegt auf der Hand, dass ein derartiges Verhalten den Ruf einer Webseite ruiniert, sodass die aktuellen IIS-Versionen an dieser Stelle wesentlich flexibler sind. Ab der Version 4.0 verwendet der IIS ein neues Prinzip für ISAPI-DLLs, wobei diese Architektur vollständig auf COM aufbaut und in den MTS integriert wurde. Für das Einbinden einer ISAPI ist nun der Web Application Manager (WAM) zuständig.

Der WAM ist ein COM-Wrapper für ISAPI-DLLs und wird unter Windows NT 4 als MTS-Objekt und unter Windows 2000 als COM+-Objekt im System registriert. Jede separate IIS-Anwendung hat einen eigenen WAM. Somit stehen die Vorteile der Prozess-Isolierung zur Verfügung, ohne dass sich daraus zwangsläufig auch die Nachteile einer CGI-Anwendung ergeben. Denn innerhalb eines WAM-Prozesses werden die einzelnen, zusammenarbeitenden ISAPI-DLLs in einem gemeinsamen Adressbereich ausgeführt. Kommt es jedoch auf maximale Performance an, so erlaubt es die Architektur, dass eine ISAPI-DLL direkt im Prozess des IIS geladen werden darf. Denn auch ein MTS- oder COM+-Objekt kann entweder als Server-Anwendung oder als Bibliotheksanwendung konfiguriert werden. Und im Fall der Bibliotheksanwendung wird das MTS/COM+-Objekt im Adressraum (Prozess) des Aufrufers ausgeführt und somit im Fall des IIS im Adressraum des IIS.

Wenn der IIS eine eintreffende HTTP-Anforderung erkennt, ermittelt der so genannte WAM Redirector, welches WAM-Objekt für diese Anforderung zuständig ist. Anhand der abgeforderten URL kann der Redirector das entsprechende virtuelle Verzeichnis erkennen. Über Registry-Einträge können zusätzlich bestimmte Dateinamen-Erweiterungen bestimmten ISAPI-DLLs zugeordnet werden.

> *In einem der nachfolgend vorgestellten ISAPI-Projekte mache ich Sie mit einem praktischen Konfigurationsbeispiel näher mit dem WAM vertraut.*

Internet Information Services

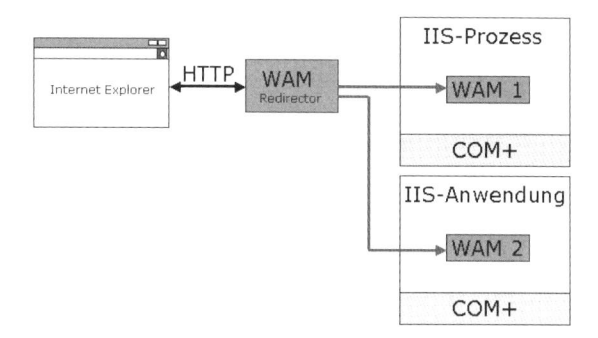

Abb. 17.15: Der WAM Redirector verteilt alle HTTP-Anforderungen

Wurde eine ASP-Seite aufgerufen, erzeugt der Redirector ein Page-Objekt, das alle Script-Anweisungen der ASP abarbeitet. Auch dieses Page-Objekt wird wie das WAM-Objekt auch im MTS beziehungsweise in COM+ ausgeführt, sodass Transaktionen unterstützt werden. Allerdings muss dazu die Transaktionsfähigkeit direkt in der ASP angefordert werden:

```
<%@ TRANSACTION=required %>
```

Im Gegensatz zum Page-Objekt verwenden WAM-Objekte niemals eine Transaktion, sodass eine ASP immer die volle Kontrolle behält.

Der WAM hat aber noch an einer anderen Stelle Auswirkungen. Während für den Dateizugriff auf die Webseiten das Benutzerkonto *ISUR_Rechnername* herangezogen wird, laufen die Web-Anwendungen unter dem Konto *IWAM_Rechnername*.

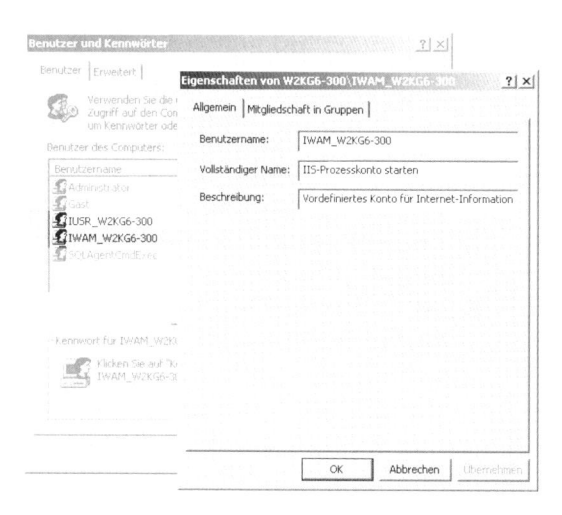

Abb. 17.16: IWAM_Rechnername

Ein aus einer ASP heraus aufgerufener Local Server hat unter dem IIS 4.0 das Prozess-Token übernommen. Aus diesem Grund wurde ein aus einem In-process Modul heraus aufgerufener Local Server unter dem *SYSTEM*-Konto ausgeführt. Im Gegensatz dazu wurde ein aus einem Out-of-Process Modul heraus aufgerufener Local Server unter dem *IWAM_<Rechnername>*-Konto ausgeführt.

Da unter Windows 2000 und somit unter dem IIS 5.0 das Delegieren von Aufrufrechten zur Verfügung steht, werden Local Server nun unter der Identität des Thread-Tokens ausgeführt. Dies hat zur Folge, dass ein aus dem IIS heraus aufgerufener Local Server nun bei anonymen Zugriffen in jedem Fall unter dem Konto *IWAM_<Rechnername>* ausgeführt wird.

Es ist wichtig, dass die Informationen zum *IWAM_<Rechnername>*-Konto sowohl in der IIS Metabase, im SAM (Security Account Manager) als auch in COM+ immer synchron geändert werden. Die Synchronisation zwischen IIS Metabase und SAM erfolgt automatisch, nur der COM+-Eintrag muss von Hand aktualisiert werden. Immer dann, wenn Sie eine Fehlermeldung vom Typ „Logon failure: unknown user name or bad password" für das Konto IWAM_<Rechnername> erhalten, sollten Sie das VBScript *synciwam.vbs* aus dem *AdminScripts*-Unterverzeichnis ausführen.

Über ein VBScript können Sie außerdem auch den aktuellen Benutzernamen und das aktuelle Passwort für den WAM auslesen:

```
Set aObj = GetObject("IIS://localhost/W3SVC")
MsgBox "IWAM-Benutzername: " & aObj.wamUserName & vbCrLf &
"IWAM-Passwort: " & aObj.wamUserPass
```

17.2.2 IIS-Anwendung

Wie wird aber nun eine neue Web-Anwendung und somit ein eigener WAM festgelegt? Die Antwort auf diese Frage ist mit den bereits vorgestellten virtuellen Verzeichnissen verbunden. Immer dann, wenn Sie ein neues virtuelles Web-Verzeichnis anlegen und diesem Verzeichnis Ausführen-Rechte vergeben, betrachtet es der IIS als separate Web-Anwendung, die einen eigenen WAM erhält.

> *Eine IIS-Anwendung wird als Inhalt eines virtuellen Web-Verzeichnisses definiert, das Ausführungsrechte besitzt. Zwischen einer IIS-Anwendung und einem WAM-Objekt existiert eine 1:1-Verbindung. Es ist aus Performancegründen sinnvoll, die eigenen COM-Objekte ebenfalls in der COM+-Anwendung des WAM-Objekts zu installieren.*

Mit einem praktischen Beispiel wird dies verständlicher. Angenommen, eine unfertige ISAPI-DLL soll im IIS getestet werden. Als erfahrener Entwickler rechnen Sie damit, dass sich in der Implementierung noch Fehler verbergen, die nacheinander beseitigt werden müssen. Somit ist es sinnvoll, diese ISAPI-DLL in einem eigenen Prozess zu isolieren, damit der Schaden begrenzt wird und zudem die ISAPI-DLL bequem ausgetauscht werden kann. Sie richten also im IIS ein neues, ausführbares virtuelles Verzeichnis mit dem Namen *ScriptDebug* ein, das auf das Verzeichnis *H:\Inetpub\ScriptsDebug* verweist.

Über den Eigenschaftsdialog aktivieren Sie für den Anwendungsschutz den Eintrag HOCH (ISOLIERT).

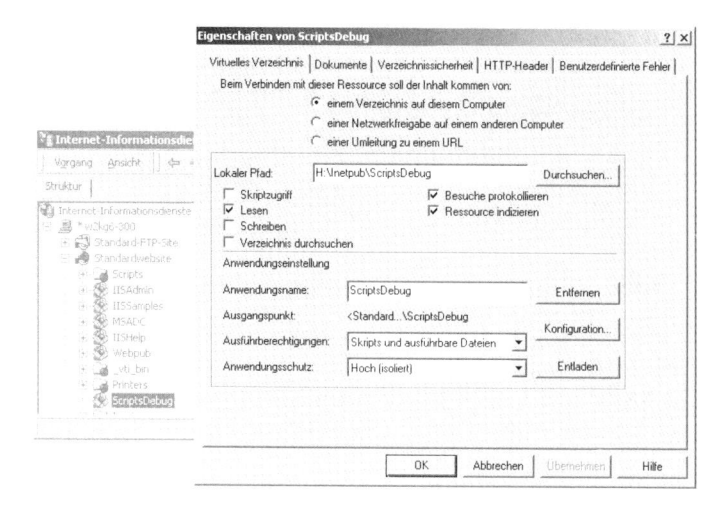

Abb. 17.17: Das neue virtuelle Verzeichnis isoliert die ISAPI-DLL

Dieser Eintrag hat zur Folge, dass der IIS alle in diesem Verzeichnis installierten ISAPI-DLLs in einem eigenen Prozess und somit über eine eigene WAM-Instanz ausführt. Wird jedoch der Eintrag NIEDRIG (IIS-PROZESS) ausgewählt, arbeitet der WAM als COM+-Bibliotheksanwendung, sodass die ISAPI im Prozess des IIS ausgeführt wird.

Immer dann, wenn Sie den Eintrag für den Anwendungsschutz ändern, verschiebt der IIS das WAM-Objekt in die jeweils zuständige COM+-Anwendung.

17.2.3 Anwendungsschutz

Unter dem IIS 4.0 konnte die Option IN SEPARATEN SPEICHERBEREICH AUSFÜHREN aktiviert werden, um ein ISAPI-Modul beziehungsweise eine ASP nicht direkt im Prozess des Web-Servers ausführen zu lassen. Ohne diese Einstellung haben alle Module die Ressourcen und den Speicherbereich des IIS mitgenutzt. Damit wurde zwar die beste Performance erreicht, allerdings zu Lasten der Stabilität des Systems. Außerdem konnten diese Module nur mühsam ersetzt oder im Debugger untersucht werden, denn es war notwendig, den IIS-Dienst herunterzufahren, damit das Modul entladen wurde und somit ersetzt werden konnte.

Mit dem IIS 5.0 ersetzen gleich drei Optionen für den Anwendungsschutz die alte IIS-4-Option. Alle drei Optionen unterscheiden sich im Grad der Abschottung sowie der sich zwangsläufig daraus ergebenden Performance-Verringerung. In der Voreinstellung lagert der IIS alle fremden Module in eine von den Modulen gemeinsam genutzte Host-Anwendung aus. Somit liegt zwischen IIS und den fremden Modulen eine Prozess-

Die IIS-Architektur

Grenze, was der Stabilität und der Zuverlässigkeit des Internet Information Services zugute kommt. Selbst wenn ein fremdes Modul abstürzt und den Prozess beschädigt, bleibt der IIS-Prozess davon unbetroffen.

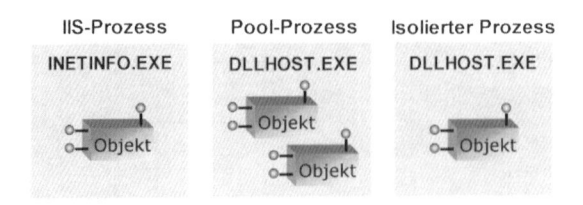

Abb. 17.18: Die Anwendungsschutz-Alternativen des IIS

Allerdings fallen dann alle anderen fremden Komponenten ebenfalls aus, sodass zur Eingrenzung die dritte Option mit dem höchsten Anwendungsschutz-Level zur Verfügung steht. Ein Modul, das instabil läuft (oder was seine Stabilität im Praxiseinsatz erst unter Beweis stellen muss), kann als einzelner isolierter Prozess ausgeführt werden.

Anwendungsschutz-Level	Beschreibung
Niedrig (IIS-Prozess)	Die Anwendung wird im gleichen Prozess wie Inetinfo.exe ausgeführt. Die beste Performance wird allerdings mit dem höchsten Risiko erkauft.
Mittel (zusammengefasst)	Alle Anwendungen werden gemeinsam in einem Host-Prozess ausgeführt, der vom Webserver-Prozess getrennt ist. Diese Standardeinstellung des IIS 5.0 soll laut der Dokumentation effektiver arbeiten als die alte IIS-4-Einstellung.
Hoch (isoliert)	Jede Anwendung wird in einem eigenen Host-Prozess ausgeführt und ist somit vollständig von den anderen Modulen abgeschottet.

Tabelle 17.3: Die IIS-5-Optionen zum Anwendungsschutz

Es gibt natürlich einen Haken an der Sache. Jeder Prozess verbraucht einen gewissen Anteil von Systemressourcen, sodass Microsoft empfiehlt, nicht mehr als zehn isolierte Prozesse gleichzeitig zu definieren. Sie sollten daher den Level Hoch tatsächlich nur für die Fehlereingrenzung/Erprobung verwenden.

Kommen wir nun auf unser Beispiel für das ausführbare virtuelle Verzeichnis mit dem Namen *ScriptDebug* zurück. Für dieses Verzeichnis hat der IIS eine eigene COM+-

Anwendung eingerichtet, sodass die ISAPI-DLL garantiert in einem vom IIS abgetrennten Prozess ausgeführt wird.

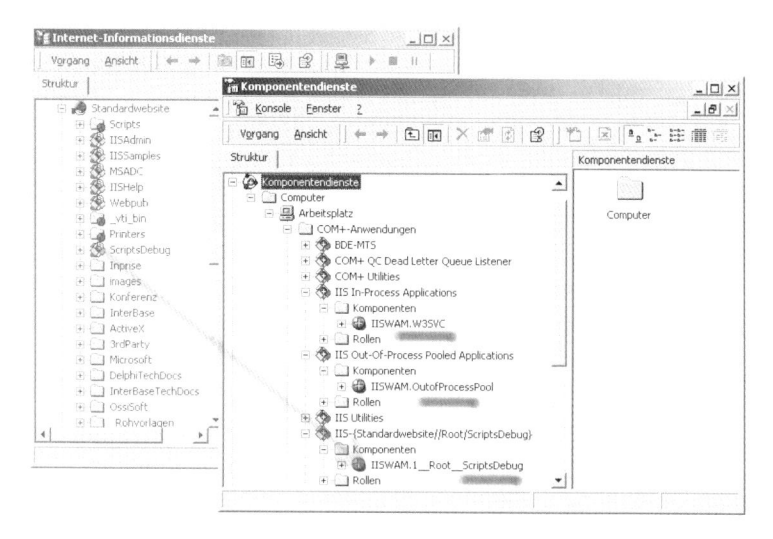

Abb. 17.19: WAM-Objekte für die drei Anwendungsschutz-Levels

17.2.4 IUSR_Rechnername

Auf den speziellen Benutzer *IWAM_Rechnername* bin ich vorhin schon eingegangen, jetzt fehlt also nur noch der Teil zu *IUSR_Rechnername*.

Die wichtigste Sicherheitsregel zu Windows NT und Windows 2000 besteht darin, dass jeder Prozess auf dem Rechner unter einem gültigen Benutzerkonto ausgeführt wird. Von dieser Regel gibt es keine einzige Ausnahme. Somit muss auch der IIS unter einem bestimmten Benutzerkonto ausgeführt werden, damit zum einen der Prozess gestartet werden kann und zum anderen der Festplatten-Zugriff auf die angeforderten Webseiten erfolgreich ist. Der Begriff Impersonation beschreibt diese Zuordnung zu einem bestimmten Benutzerkonto.

Vor Jahren war die Situation mit dem IIS 3.0 noch sehr übersichtlich. Alle ISAPI-DLLs und ASP wurden direkt im IIS-Prozess ausgeführt und liefen somit unter dem *SYSTEM*-Benutzerkonto. Erst der IIS 4.0 hat dieses Sicherheitsproblem beseitigt, indem die ISAPIs und ASP in einen separaten Prozess ausgelagert werden konnten – eine Art „Sandkasten", wenn Sie so wollen. Diesem Prozess konnte ein anderes Benutzerkonto zugewiesen werden, sodass die ISAPI-DLL und die ASP nicht mehr unter dem SYSTEM-Konto ausgeführt wurden.

Allerdings liegt es in der Natur des Internets, dass nicht für jeden Besucher der Webseite ein Benutzerkonto angelegt werden kann. Somit muss der IIS für diese anonymen Zugriffe ein speziell dafür mit den notwendigen Rechten konfiguriertes Benutzerkonto verwenden – das *IUSR_Rechnername*-Konto. Dieses Konto wird der Gastgruppe des Rechners zugeordnet, somit darf ein Web-Besucher alles das machen, was auch ein lokal unter dem

Gastbenutzernamen angemeldeter Benutzer machen darf. Beim einfachen Abrufen von Webseiten ist das kein Problem, was passiert aber, wenn eine ISAPI-DLL oder eine ASP externe Objekte aufruft oder sonst auf irgendeine Weise auf extra geschützte Ressourcen zugreift? Hier gibt es in der Tat ein Problem, für das verschiedene Lösungsmöglichkeiten zur Verfügung stehen. Zum einen kann anstelle des anonymen Zugriffs eine Anmeldung über Benutzernamen und Passwort erzwungen werden, sodass der Rechner ein anderes Benutzerkonto als IUSR_Rechnername verwendet. Kommt das nicht in Frage, kann innerhalb der ISAPI-DLL oder des COM-Objekts ein Logon unter einem anderen Benutzernamen aufgerufen werden, damit die Zugriffe wenigstens zeitweise unter dem berechtigten Benutzerkonto ablaufen.

Client Authentication

Jedes WAM-Objekt wird bei der Bearbeitung einer HTTP-Anforderung einem bestimmten Benutzerkonto zugeordnet. Somit muss auch eine ISAPI-DLL oder eine ASP (die ja nur eine besondere Form einer ISAPI-DLL ist) unter einem Benutzerkonto laufen. Welches Konto verwendet wird, legt das Authentication-Verfahren fest:

- Anonymous
- Certificate-based Authentication
- Integrated Windows Authentication
- Digest

Wird die anonyme Anmeldung aktiviert, so verzichtet der IIS auf die Prüfung des Clients und verwendet gleich das speziell eingerichtete Benutzerkonto *IUSR_Rechnername*. Kann über dieses Konto auf eine gesondert geschützte Datei nicht zugegriffen werden, versucht der IIS eine der anderen aktivierten Anmeldeoptionen. Gelingt dies nicht, so erhält der anonyme Benutzer so lange eine Fehlermeldung, bis er sich über die geforderte Anmeldung als berechtigter Benutzer legitimiert.

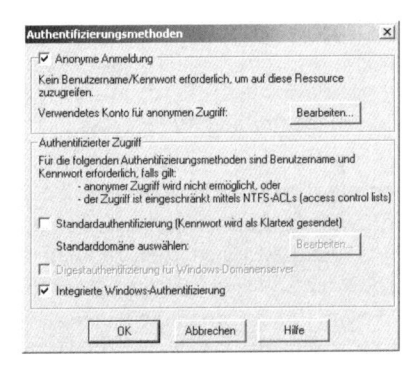

Abb. 17.20: Konfiguration der Authentifizierungsmethode für das Web

17.3 Internet Server API (ISAPI)

17.3.1 Was ist eine ISAPI-DLL?

Delphi stellt über den Menüpunkt DATEI | NEU | WEB SERVER ANWENDUNG den Experten für Web-Server-Anwendungen bereit, der das Grundgerüst für ein ISAPI-Modul zusammenbaut. Das ist zwar sehr bequem, verbirgt allerdings die Hintergründe. Daher stelle ich Ihnen zuerst ein Beispiel vor, das ohne den Experten auskommt. Hinter ISAPI verbirgt sich das Internet Server Application Programming Interface, also eine definierte Programmierschnittstelle, die auf klassischer Art und Weise (d.h. ohne COM) eine Funktionserweiterung durch eine eigene DLL erlaubt.

Das Beispielprojekt finden Sie im Verzeichnis »Kapitel 17\ISAPI-MiniBsp«.

Die Projektdatei

Die ISAPI-DLL muss nur drei Funktionen exportieren, die vom IIS erwartet werden:

```
library ISAPIDLL;

uses
  SysUtils,
  Classes,
  ISAPI_Impl in 'ISAPI_Impl.pas';

{$R *.RES}

exports
  GetExtensionVersion,
  HttpExtensionProc,
  TerminateExtension;

begin
end.
```

Der IIS ruft die Funktion `GetExtensionVersion` auf, wenn die DLL geladen wird. Liefert die Funktion den Wert True zurück, wird diese DLL vom IIS verwendet. Allerdings nur dann, wenn die von der Funktion als Parameter übergebene Versionsnummer mit dem vom IIS erwarteten Wert übereinstimmt.

Die Funktion `HttpExtensionProc` wird vom IIS immer dann aufgerufen, wenn die ISAPI-DLL ihrer Arbeit nachgehen soll. In dieser Methode muss die DLL ihren HTML-Output generieren und zurückliefern. Dabei darf die ISAPI-DLL dafür einen neuen Thread abspalten und die Arbeit an diesen weiterdelegieren. Über spezielle Rückgabewerte kann die ISAPI-DLL den IIS darüber informieren, dass ein Thread abgespaltet wurde und dass der IIS zu einem späteren Zeitpunkt vom Abschluss der Arbeiten informiert wird. Somit kann die ISAPI-DLL mit mehreren zeitgleichen Aufrufen umgehen, wobei jeder Aufruf in einem eigenen Thread abgearbeitet wird.

Über die Funktion `TerminateExtension` teilt der IIS der ISAPI-DLL mit, dass sie demnächst entladen wird.

Alle drei Funktionen werden zwar in der Projektdatei exportiert, aber in der Unit *ISAPI_Impl.pas* implementiert.

Die Implementierungs-Unit

Alle die in der Projektdatei exportierten DLL-Funktionen werden in dieser Unit implementiert. Die Deklaration sowie die verwendeten Konstanten „borge" ich mir dazu auf der Delphi-Unit *ISAPI2.pas* aus.

Wirklich neu ist nur der TThread-Nachfolger TISAPIThread, der die eigentliche Arbeit erledigen soll. In seinen Instanzdaten puffert er die Aufruf-spezifischen Daten, sodass später jeder Thread seinem Client zugeordnet werden kann.

```
unit ISAPI_Impl;

interface

uses
  Windows, Classes, SysUtils, Isapi2;

// Deklaration aus ISAPI2 übernehmen
function GetExtensionVersion(
  var Ver: THSE_VERSION_INFO): BOOL stdcall;
function HttpExtensionProc(
  var ECB: TEXTENSION_CONTROL_BLOCK): DWORD stdcall;
function TerminateExtension(
  dwFlags: DWORD): BOOL stdcall;

type
  TISAPIThread = class(TThread)
  private
    FECB : TEXTENSION_CONTROL_BLOCK;
    FID  : Integer;
  protected
    procedure Execute; override;
  public
    constructor Create(ECB: TEXTENSION_CONTROL_BLOCK;
                       ThreadID: Integer);
  end;
```

Die Implementierung von `GetExtensionVersion` ist schnell erledigt, es geht nur darum, den unterstützten Versionsnummernbereich zurückzuliefern und über den Rückgabewert True sicherzustellen, dass der IIS diese ISAPI-DLL auch wirklich verwendet.

```
function GetExtensionVersion(var Ver: THSE_VERSION_INFO): BOOL;
begin
  try
    Ver.dwExtensionVersion := MakeLong(HSE_VERSION_MINOR,
                                       HSE_VERSION_MAJOR);
    StrLCopy(Ver.lpszExtensionDesc, 'ISAPI-DLL',
          HSE_MAX_EXT_DLL_NAME_LEN);
    Result := True;
  except
    Result := False;
  end;
end;
```

Hinter der Implementierung von `HttpExtensionProc` verbergen sich alle die Aufrufe, über die die Funktionalität der ISAPI-DLL sichergestellt wird. Damit der Aufruf sofort an den IIS zurückkehren kann, wird ein neuer Arbeits-Thread abgespalten. Über den Rückgabewert HSE_STATUS_PENDING teilt die ISAPI-DLL dem IIS mit, dass der Output über einen anderen Thread zurückgeliefert wird. Der IIS beachtet diese Besonderheit so lange, bis die ISAPI-DLL über HSE_REQ_DONE_WITH_SESSION das Ende des Arbeits-Threads mitteilt. Und um zu beweisen, dass tatsächlich verschiedene Threads im Spiel sind, protokolliert die ISAPI-DLL die Anzahl der aktiven Threads in einer globalen Variable mit. Da aber nun verschiedene Threads auf diese globale Variable zugreifen, muss dieser Zugriff über einen Synchronisations-Mechanismus geschützt werden. Die API-Funktion `InterlockedIncrement` kapselt den Zugriff auf die globale Variable threadsicher ein.

```
function HttpExtensionProc(
  var ECB: TEXTENSION_CONTROL_BLOCK): DWORD;
begin
  TISAPIThread.Create(ECB, GetCurrentThreadId);
  InterlockedIncrement(iThreadCount);
  Result := HSE_STATUS_PENDING;
end;
```

Immer dann, wenn der IIS die ISAPI-DLL entladen will, teilt er dies der DLL über den Aufruf von `TerminateExtension` mit. Die Funktion wird erst dann vom IIS aufgerufen, wenn alle Anforderungen fertig abgearbeitet wurden. Somit sollte zum Zeitpunkt des Aufrufs kein Arbeits-Thread mehr aktiv sein. Getreu dem Sprichwort „Vorsicht ist die Mutter der Porzellankiste" gehe ich auf Nummer sicher und prüfe vorher ab, ob noch ein Arbeits-Thread aktiv ist, auf dessen Ende gewartet werden muss.

```
function TerminateExtension(dwFlags: DWORD): BOOL stdcall;
begin
  while iThreadCount > 0 do
    SleepEx(100, False);
  Result := True;
end;
```

Wenn nun die ISAPI-DLL bei jedem Aufruf von `HttpExtensionProc` einen neuen Arbeits-Thread abspaltet, fehlt jetzt nur noch dessen Implementierung. Beim Aufruf des Constructors sichert die TISAPIThread-Instanz zuerst den von HttpExtensionProc übergebenen Parameter in einem eigenen Objektfeld. Das Gleiche gilt für die Thread-ID, unter der der Aufruf von HttpExtensionProc erfolgte. Über den Vergleich dieses Wertes mit der Thread-ID der TISAPIThread-Instanz wird geprüft, ob beide Aktionen tatsächlich in einem eigenen Thread ablaufen.

```
constructor TISAPIThread.Create(ECB: TEXTENSION_CONTROL_BLOCK;
  ThreadID: Integer);
begin
  FECB := ECB;
  FID := ThreadID;
  inherited Create(False);
end;
```

Die überschriebene TISAPIThread-Methode `Execute` legt fest, was die ISAPI-DLL an den Aufrufer zurückliefert. Zuerst ist der Header an der Reihe, der sowohl den Typ (text/html) des nachfolgenden Datenblocks als auch dessen Größe anmeldet. War dieser Aufruf fehlerfrei, wird der HTML-Text hinterhergeschickt, der im Internet Explorer sichtbar sein soll. Am Ende teilt die ISAPI-DLL dem IIS mit, dass der abgespaltete Arbeits-Thread seine Arbeit abgeschlossen hat und die Session geschlossen werden kann.

Damit im späteren Test auch wirklich ein reproduzierbares Ergebnis sichtbar wird, legt der Arbeits-Thread über den Aufruf von `Sleep` gleich am Anfang eine Arbeitspause ein. Somit müssen zeitnahe Aufrufe von mehreren Clients in verschiedenen Arbeits-Threads abgearbeitet werden, da der erste Thread zuerst eine Pause von fünf Sekunden einlegt.

```
procedure TISAPIThread.Execute;
var
  sMsg   : String;
  sHTML  : String;
  dwSize : DWord;
begin
  Sleep(5000);
  FECB.dwHttpStatusCode := 200;
  sMsg := Format('<b>Ergebnis von ISAPIDLL.DLL</b>: <br>' + NL +
    'ISAPI-Thread-ID %d für IIS-Thread %d (insg. %d Threads).',
    [GetCurrentThreadId, FID, iThreadCount]);
  sHTML := Format('Content-Type: text/html' + NL +
```

Internet Information Services

```
                  'Content-Length: %d' + NL +
                  'Content:' + NL + NL,[Length(sMsg)]);
  FECB.ServerSupportFunction(FECB.ConnID,
    HSE_REQ_SEND_RESPONSE_HEADER,
    PChar('200 OK'), nil, LPDWORD(sHTML));
  dwSize := Length(sMsg);
  FECB.WriteClient(FECB.ConnID, Pointer(sMsg), dwSize, 0);
  FECB.ServerSupportFunction(FECB.ConnID,
    HSE_REQ_DONE_WITH_SESSION, nil, nil, nil);
  InterlockedDecrement(iThreadCount);
end;
```

Der Test

Starten Sie nun gleich drei Instanzen des Internet Explorers und rufen Sie kurz hintereinander in allen drei Instanzen die gleiche ISAPI-DLL auf. Wie an der Ausgabe erkennbar ist, sind tatsächlich drei Arbeit-Threads im Spiel, wobei allerdings auch der IIS die DLL-Funktion `HttpExtensionProc` immer dann aus einem anderen Thread heraus aufgerufen hat, wenn der erste noch nicht fertig war.

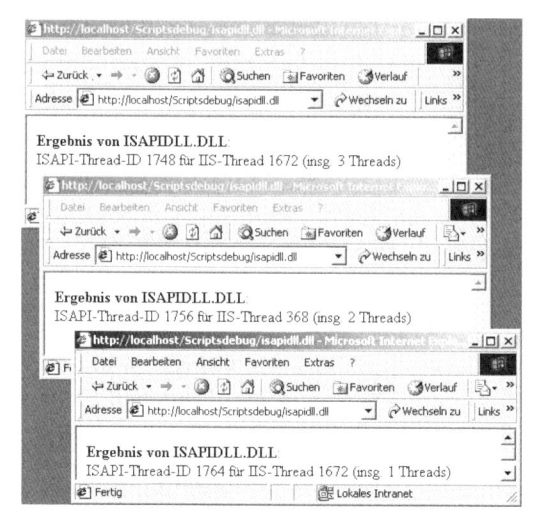

Abb. 17.21: Der Beweis für die Existenz der Arbeits-Threads

Während alle drei Instanzen für den Arbeits-Thread immer eine eigene Thread-ID zurückliefern, wird die ISAPI-DLL-Funktion HttpExtensionProc beim ersten und dritten Aufruf im gleichen Thread aufgerufen. Dies ist der Beweis dafür, dass der IIS selbst einen Thread-Pool beim Aufruf der ISAPI-DLL verwendet.

Internet Server API (ISAPI)

Instanz	Arbeits-Thread	HttpExtensionProc	Thread-Anzahl
1	Thread-ID 1748	Thread-ID 1672	3
2	Thread-ID 1756	Thread-ID 368	2
3	Thread-ID 1764	Thread-ID 1672	1

Tabelle 17.4: Zusammenstellung der Testergebnisse

Die Größe des Thread-Pools des IIS hängt von der Anzahl der Prozessoren im Rechner ab, ist also in jedem Fall beschränkt. Somit macht es Sinn, bei lang andauernden Aktionen in der ISAPI-DLL einen eigenen Arbeits-Thread abzuspalten, denn dann kehrt der Aufruf von HttpExtensionProc sofort zurück, sodass der IIS seinen Thread-Pool für andere Aufrufe effektiver einsetzen kann.

17.3.2 ISAPI-DLL für eine Datenbankabfrage

Wenn Microsoft behauptet, dass der Internet Information Service ein fester und alltäglich genutzter Bestandteil des Betriebssystems ist, sollte sich mit Delphi eine Datenbankabfrage über das Intranet schnell und unkompliziert entwickeln lassen. Im Beispiel verwende ich eine fiktive Auftragsdatenbank, um als Gedächtnishilfe die unerledigten Arbeiten über den Internet Explorer abrufen zu können.

Das Beispielprojekt finden Sie im Verzeichnis »Kapitel 17\ISAPI«. Die verwendete ACCESS2000-Datenbank ist im Verzeichnis »Kapitel 17\IIS« zu finden.

In Delphi wird über den Menüpunkt DATEI | NEU | WEB SERVER ANWENDUNG der Experte für die Web-Server-Anwendungen aufgerufen. Dort lassen Sie den Experten das Grundgerüst für ein ISAPI-Modul zusammenbauen. Da die Daten in einer ACCESS2000-Datenbankdatei liegen, muss eine ADO-Verbindung genutzt werden. Daher lege ich je eine Instanz von TADOConnection und TADOTable in das Web-Modul. Mit einem Doppelklick auf TADOConnection wird nur der Connection-String zusammengebaut und gleich getestet. Anschließend kann TADOTable mit der Tabelle AUFTRAG aus der Datenbank verbunden werden. Das ISAPI-Modul soll sowohl in der Lage sein, alle Datensätze der Tabelle anzuzeigen als auch die Anzeige nur auf die Datensätze zu beschränken, die mich selbst betreffen. Daher werden zwei Web-Actions eingerichtet, sodass die ISAPI-DLL auch mit den Parametern „/ShowAll" und „/ShowAKosch" aufgerufen werden darf.

Internet Information Services

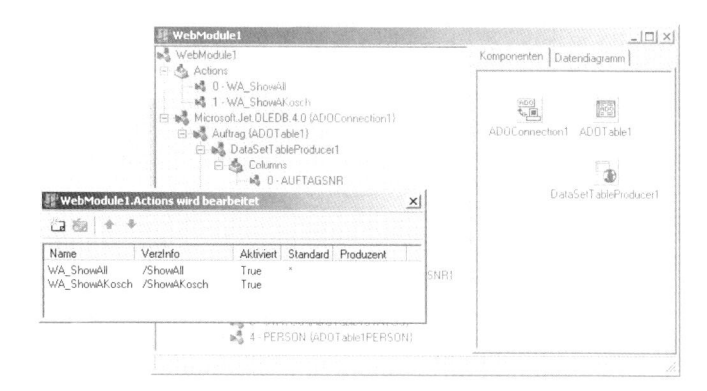

Abb. 17.22: Die Konfiguration im Web-Modul von Delphi

Ist das erledigt, steht die Gestaltung des HTML-Outputs im Vordergrund. Damit die Sache für uns nicht zu schwierig wird, stellt Delphi mit TDataSetTableProducer eine Komponente zur Verfügung, die alle grundlegenden Dinge von selbst erledigt. Meine Aufgabe beschränkt sich daher nur darin, für den Header- und die Footer-Ziele eigene Texte beziehungsweise Formatierungen festzulegen. Mit einem Doppelklick auf die TDataSetTableProducer-Instanz überzeugen Sie sich vor dem Kompilieren vom Erfolg der Bemühungen.

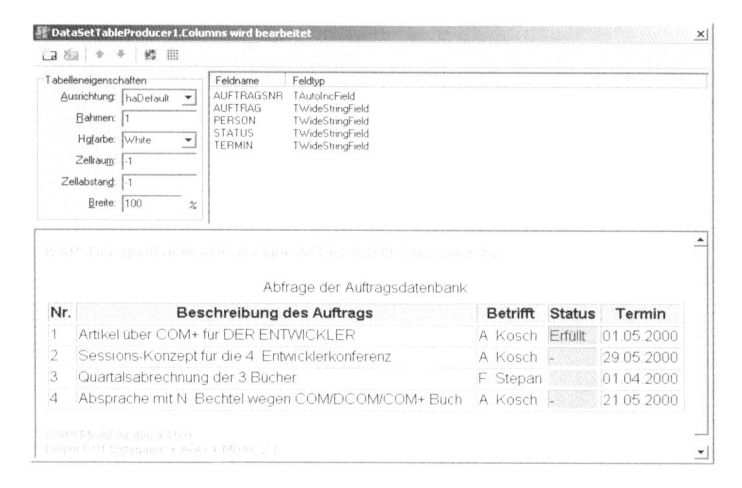

Abb. 17.23: Darstellung im TDataSetTableProducer

Ist das angezeigte Ergebnis zufriedenstellend, wird die TADOTable-Instanz geschlossen und auch die TADOConnection-Instanz muss ihre Verbindung zum Zeitpunkt des Kompilierens trennen. Bislang war die ADO-Verbindung zur Entwicklungszeit geöffnet, aber zur Laufzeit darf die Verbindung erst dann hergestellt werden, wenn ein neues Apartment eingerichtet wurde. Die ADO-Objekte gehören zur Kategorie der nicht konfigurierbaren Komponenten, sodass für diese Objekte die „alten" COM-Regeln gelten. Und da der Internet Information Service für jeden gleichzeitig eintreffenden Client-Aufruf einen neuen Thread abspaltet, muss die ISAPI-DLL auch jedes Mal ein neues Apartment anmelden, in dem die ADO-Objekte ausgeführt werden. Und obwohl die ISAPI-DLL nach dem ersten Aufruf im IIS geladen bleibt, wird die ADO-Verbindung sofort wieder getrennt. Das eigene Modul darf die Verbindung nicht offen halten.

> *Im MTS-Kapitel hat ein praktischer Test ja bewiesen, dass der Datenbank-Verbindungspool des Resource Dispensers auch dann wirksam ist, wenn das Modul nicht direkt im MTS/COM+ ausgeführt wird. Daher hat das ständige scheinbare Öffnen und Schließen der Datenbankverbindung auch keine spürbaren Performance-Nachteile. Dies gilt umso mehr, als dass auch die ISAPI über den WAM in einer COM+ Application ausgeführt wird.*

```
uses ActiveX;

procedure TWebModule1.WebModuleCreate(Sender: TObject);
begin
  CoInitialize(nil);
end;

procedure TWebModule1.WebModule1WebActionItemShowAction(
  Sender: TObject; Request: TWebRequest; Response: TWebResponse;
  var Handled: Boolean);
begin
  ADOConnection1.Connected := True;
  with DataSetTableProducer1 do
  begin
    Dataset.Filtered := False;
    Dataset.Filter := '';
    Dataset.Open;
    Response.Content := Content;
    DataSet.Close;
  end;
  ADOConnection1.Connected := False;
end;

procedure TWebModule1.WebModule1WebActionItem1Action(
  Sender: TObject; Request: TWebRequest; Response: TWebResponse;
  var Handled: Boolean);
begin
  ADOConnection1.Connected := True;
  with DataSetTableProducer1 do
  begin
```

```
    Dataset.Filter := 'PERSON='#39'A. Kosch'#39;
    Dataset.Filtered := True;
    Dataset.Open;
    Response.Content := Content;
    DataSet.Close;
  end;
  ADOConnection1.Connected := False;
end;

procedure TWebModule1.WebModuleDestroy(Sender: TObject);
begin
  CoUninitialize;
end;
```

Wenn die DLL fertig kompiliert ist, wird sie in ein ausführbares Verzeichnis kopiert. Bei der Standard-Installation sollte das Verzeichnis *Scripts* als ausführbar gekennzeichnet sein. Sie können jedoch ein eigenes Verzeichnis definieren, wichtig ist nur, dass im Eigenschaftsdialog für dieses Verzeichnis die Ausführungsberechtigung aktiviert wird. Nun kann die frisch erstellte ISAPI-DLL im Internet Explorer ausprobiert werden. Zurzeit sind zwei Actions definiert:

- /ShowAll
- /ShowAKosch

Da *ShowAll* als Default-Eintrag markiert wurde, wird auch dann diese Action ausgeführt, wenn nur der DLL-Name aufgerufen wird. Das Ergebnis sehen Sie in der Abbildung 17.24.

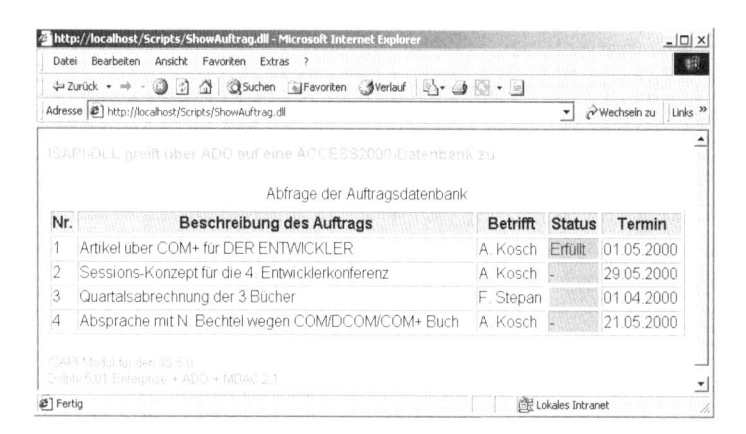

Abb. 17.24: Die ISAPI-DLL wird getestet

Erfahrungsgemäß stellen Sie beim ersten Test fest, dass die DLL geändert werden muss, weil die Darstellung in einem Punkt noch unzufriedenstellend ist. Mit Delphi ist diese Änderung auch schnell erledigt, sodass Sie nach kurzer Zeit eine frische DLL auf Ihrer Festplatte haben. Allerdings gibt es immer dann ein Problem, wenn diese neue DLL-Version in das verwendete Script-Verzeichnis kopiert werden soll. Da die Internetdienste eine einmal aufgerufene ISAPI-DLL im Cache behalten, kann die Datei erst dann kopiert werden, wenn die Internetdienste neu gestartet wurden. Im Gegensatz zum IIS 4.0 unter Windows NT 4 ist der neue IIS 5.0 von Windows 2000 in diesem Punkt pflegeleichter. Über den neuen Menüpunkt IIS ERNEUT STARTEN wird der zuständige Dialog sofort aufgerufen.

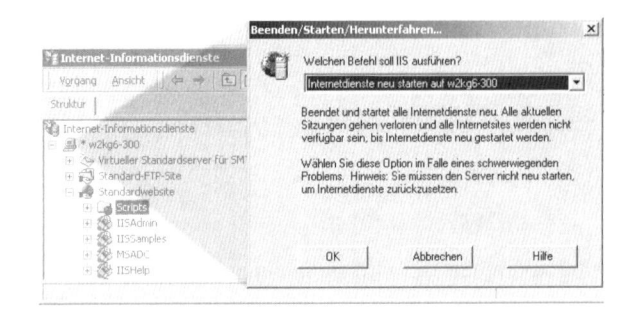

Abb. 17.25: Die Internetdienste werden neu gestartet

Parallel dazu steht auch für die Kommandozeile das Tool IISRESET.EXE zur Verfügung. Mit dem Aufrufparameter /? listet das Tool alle unterstützten Optionen auf. Es gibt allerdings noch einen eleganteren Weg, den ich Ihnen beim Beispielprojekt AuftragDB.dpr zeige.

ISAPI-DLL automatisch beim Öffnen einer HTML-Seite aufrufen

Nicht immer soll der Anwender sofort sehen, dass eine ISAPI-DLL aufgerufen wird. Daher können Sie auch ein Meta-Tag in einer ganz normalen HTML-Seite unterbringen, das dafür sorgt, dass sofort beim Öffnen der HTML-Seite die ISAPI-DLL aufgerufen wird. Im Gegensatz zu einer Script-Lösung steht dieser Weg ab dem Internet Explorer 3 zur Verfügung. Das Meta-Tag `<meta>` wird einzeln ohne abschließendes Tag aufgerufen. Das definierte Attribut `HTTP-EQUIV` sorgt dafür, dass der Output der angegebenen URL ohne Verzögerung an den Client zurückgeliefert wird:

```
<html>
<head>
<title>ISAPI</title>
<meta http-equiv="refresh"
content="0;URL=http://localhost/scripts/ShowAuftrag.dll">
</head>
<body>
<p>ISAPI-DLL beim Zugriff auf eine HTML-Seite aufrufen</p>
</body>
</html>
```

Auf diesem Weg ist es auch möglich, den angezeigten Inhalt zum Beispiel alle zwei Sekunden aktualisieren zu lassen.

```
<META HTTP-EQUIV="REFRESH" CONTENT=2>
```

Das Prinzip des Web-Moduls

Der Delphi-Experte für Web-Anwendungen verbirgt die internen Details vor dem Entwickler, sodass sich dieser nur um seine anwendungsspezifischen Aufgaben kümmern muss. So positiv dies gerade am Anfang ist, so negativ kann es sich auswirken, wenn der Entwickler das dahinter liegende Funktionsprinzip völlig ignoriert.

Eine ISAPI-DLL soll als API-Erweiterung des Internet Information Services eine deutlich bessere Performance erreichen als eine CGI-Anwendung, die als EXE je Aufruf in einem eigenen Prozess ausgeführt wird. Daher wird zum einen die ISAPI-DLL nach dem ersten Aufruf immer im Arbeitsspeicher gehalten und zum anderen spaltet die im Beispiel verwendete ISAPI immer dann eine weitere WebModul-Instanz ab, wenn mehr als ein Client gleichzeitig auf die ISAPI-DLL zugreifen. Die neue WebModul-Instanz wird im Kontext des zuständigen IIS-Threads ausgeführt.

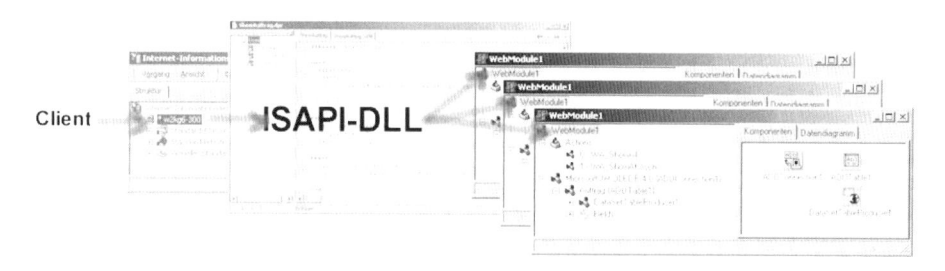

Abb. 17.26: Das ISAPI-Funktionsprinzip

Dies führt dazu, dass es technisch gesehen durchaus einen Unterschied macht, ob fünf Clients nacheinander oder gleichzeitig die Seite aufrufen. Falls der Zugriff nacheinander erfolgt, teilen sich alle fünf Clients die gleiche Instanz des Web-Moduls. Sobald jedoch ein zweiter Client die DLL aufruft, obwohl sein Vorgänger noch nicht fertig ist, spaltet die ISAPI-DLL (genauer gesagt TWebApplication in der DLL) eine neue WebModul-Instanz in einem neuen, vom IIS initialisierten Thread ab, sodass der zweite Client nicht auf das Ende des ersten Zugriffs warten muss.

Aus diesem Grund muss immer dann eine TSession-Komponente im Web-Modul verwendet werden, wenn über die BDE auf die Datenbank zugegriffen wird. Außerdem muss AutoSessionName dieser TSession-Instanz aktiviert werden.

Internet Server API (ISAPI)

In der Implementierung von TWebApplication reagiert diese Klasse auf einen Client-Aufruf (HandleRequest) mit dem Aufruf von ActivateWebModule. Dort wird geprüft, ob die maximale Cache-Größe bereits erreicht wurde. Wenn nicht, wird eine neue Instanz des WebModuls erzeugt, die für die Bearbeitung der Client-Anforderung zuständig ist.

```
function TWebApplication.ActivateWebModule: TDataModule;
begin
  FCriticalSection.Enter;
  try
    Result := nil;
    if (FMaxConnections > 0) and
       (FActiveWebModules.Count >= FMaxConnections) then
      raise Exception.CreateRes(@sTooManyActiveConnections);
    if FInactiveWebModules.Count > 0 then
    begin
      Result := FInactiveWebModules[0];
      FInactiveWebModules.Delete(0);
      FActiveWebModules.Add(Result);
    end else if FWebModuleClass <> nil then
    begin
      TComponent(Result) := FWebModuleClass.Create(Self);
      FActiveWebModules.Add(Result);
    end else raise Exception.CreateRes(@sNoDataModulesRegistered);
  finally
    FCriticalSection.Leave;
  end;
end;
```

Jedes Mal, wenn eine ISAPI-Anwendung eine HTTP-Anforderungsbotschaft (Request) empfängt, ordnet der IIS einen Thread zur Ausführung zu. Dies ermöglicht die Bearbeitung der Anforderung und die Erstellung eines neuen Web-Moduls, das Instanzen aller in der Web-Anwendung eingesetzten Objekte enthält. Zur Erhöhung der Ausführungsgeschwindigkeit können die Web-Module über die TWebApplication-Eigenschaft Cache-Connections in einem Zwischenspeicher abgelegt werden, sobald der mit der HTTP-Anforderungsbotschaft verbundene Thread ausgeführt ist. Wenn Sie CacheConnections auf True setzen, legt die Web-Anwendung inaktive Web-Module in einem Cache ab. Das Zwischenspeichern von Web-Modulen erhöht die Ausführungsgeschwindigkeit, da neue Instanzen des Web-Moduls und deren Inhalt nicht jedes Mal erstellt werden müssen, wenn ein Request eines Clients zu bearbeiten ist.

Falls die eigene Implementierung eine frisch initialisierte Objektinstanz erwartet, sollte die Eigenschaft CacheConnections auf False gesetzt werden. In diesem Fall erzeugt die ISAPI-DLL für jeden Anforderungs-Thread ein neues Web-Modul, das am Ende unmittelbar nach der Deaktivierung zerstört wird.

Die TWebApplication-Eigenschaft `MaxConnections` gibt die maximale Anzahl der Request-Aufrufe an, die von der Anwendung gleichzeitig bearbeitet werden können. Somit legen Sie über diesen Wert fest, wie viele Clients gleichzeitig mit der ISAPI-DLL arbeiten können. Allerdings wirkt MaxConnections nur dann, wenn der hier definierte Wert unterhalb des Wertes für den Thread-Pool des IIS liegt.

> *Für den Fall, dass auf den verwendeten SQL-Server nur vier Benutzer gleichzeitig zugreifen dürfen, kann mit der Einstellung von MaxConnections diese Regel eingehalten werden.*

Da jede WebModul-Instanz im Kontext des zuständigen IIS-Threads ausgeführt wird, bestimmt also die maximale Größe des Thread-Pools vom IIS die Anzahl der gleichzeitigen Client-Zugriffe. Allerdings legt der IIS alle Aufrufe immer dann in einer Warteschlange ab, wenn alle Threads aus dem Pool beschäftigt sind. Somit hängt die tatsächliche maximale Anzahl der gleichzeitigen Client-Zugriffe auch noch vom Ausführungszeitbedarf und der Timeout-Zeitspanne des IIS ab.

17.3.3 ISAPI-DLL für das Einfügen und Löschen von Daten

In diesem Beispielprojekt wird die gerade vorgestellte ISAPI-DLL um zusätzliche Funktionen erweitert:

- In einem HTML-Formular kann der Anwender einen neuen Auftragsdatensatz in die ACCESS-Tabelle einfügen.
- In einem HTML-Formular kann der Anwender einen bestimmten Auftragsdatensatz über die Auftragsnummer löschen.

Somit wird aus der reinen Anzeigefunktion fast schon eine richtige Web-Datenbank. Keine Sorge – Sie müssen nur wenig dazulernen, dank Delphi bleibt das Grundgerüst immer das gleiche.

> *Das Beispielprojekt finden Sie im Verzeichnis »Kapitel 17\ISAPI-Insert«. Die verwendete ACCESS2000-Datenbank ist im Verzeichnis »Kapitel 17\IIS« zu finden.*

Vorbereitungen

Es ist zu erwarten, dass bis zur Fertigstellung einige Versuche und Neukompilierungen notwendig sind. Um hier nicht immer den Internet Information Server neu starten zu müssen, richte ich ein neues virtuelles Verzeichnis ein, damit diese ISAPI-DLL zum einfacheren Debuggen in einen eigenen Prozess ausgeführt wird. Somit reicht es aus, nur dieses virtuelle Verzeichnis zu entladen, um eine neue DLL-Version kompilieren zu können. Im Eigenschaftsdialog dieses neuen virtuellen Verzeichnisses wähle ich den Eintrag HOCH (ISOLIERT) für den Anwendungsschutz aus. Sobald die ISAPI-DLL zum ersten Mal angesprochen wurde, ist der Button ENTLADEN nicht mehr gesperrt. Über diesen Button können Sie nun jederzeit den Host-Prozess für diese eine ISAPI-DLL ent-

Internet Server API (ISAPI)

laden, ohne alle anderen ISAPI-Anwendungen sowie den Internet Information Service zu beeinträchtigen.

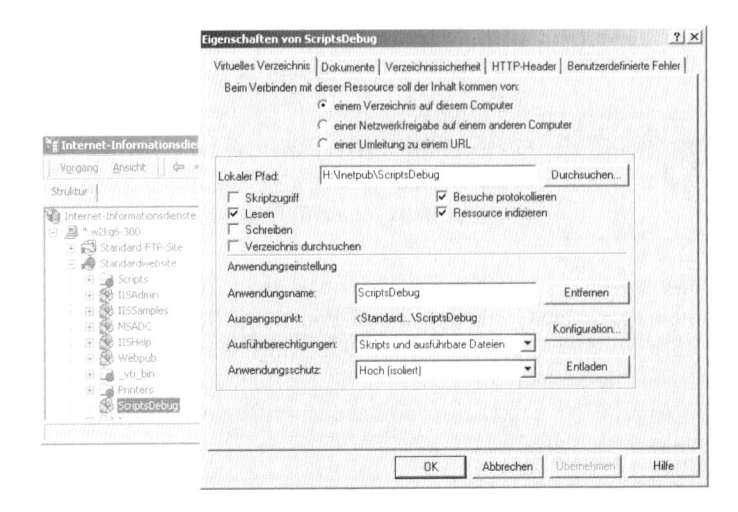

Abb. 17.27: Das neue virtuelle Verzeichnis isoliert die ISAPI-DLL

Falls Sie zweifeln, ob das auch wirklich so ist, sollten Sie einen Blick in das Fenster der Komponentendienste werfen. Dort taucht nun eine neue COM+-Anwendung auf, die über den Namen *IIS-{Standardwebseite/Root/ScriptsDebug}* sehr schnell in Verbindung zum virtuellen Web-Verzeichnis gebracht werden kann. Der Internet Information Service richtet also für eine ISAPI-DLL eine COM+-Anwendung ein, die als Host-Prozess für die geladene DLL dient. Somit wird die einmal geladene ISAPI-DLL immer dann entladen, wenn dieser Host-Prozess heruntergefahren wird. Und da zurzeit nur eine einzige ISAPI-DLL diesem Host-Prozess zugeordnet wurde, kann ich gezielt auch nur diese eine DLL entladen.

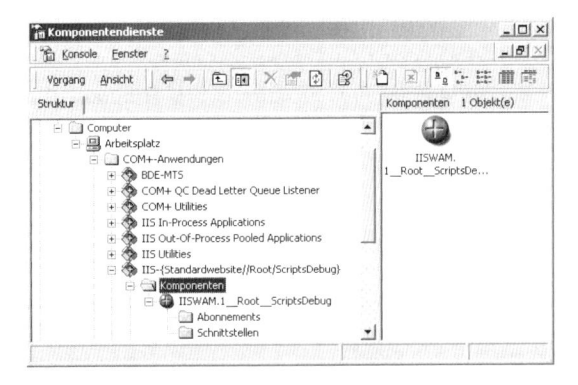

Abb. 17.28: Der IIS kapselt die isolierte ISAPI-DLL in einen eigenen Prozess

HTML-Formular gestalten

Immer dann, wenn die eigene ISAPI-DLL einen HTML-Inhalt an den Client zurückliefern soll, gibt es mit Delphi eine Vielzahl von Alternativen. Ich fange dabei mit der einfachsten an, wobei diese nur vom Verständnis her am einfachsten ist, aber nicht vom Arbeitsumfang her. In einem HTML-Editor Ihrer Wahl gestalten Sie eine Eingabemaske, wobei ich im Beispielprojekt Microsoft FrontPage 2000 verwendet habe. Neben den beiden Buttons werden Textfelder verwendet, wobei diese einen eindeutigen Namen erhalten.

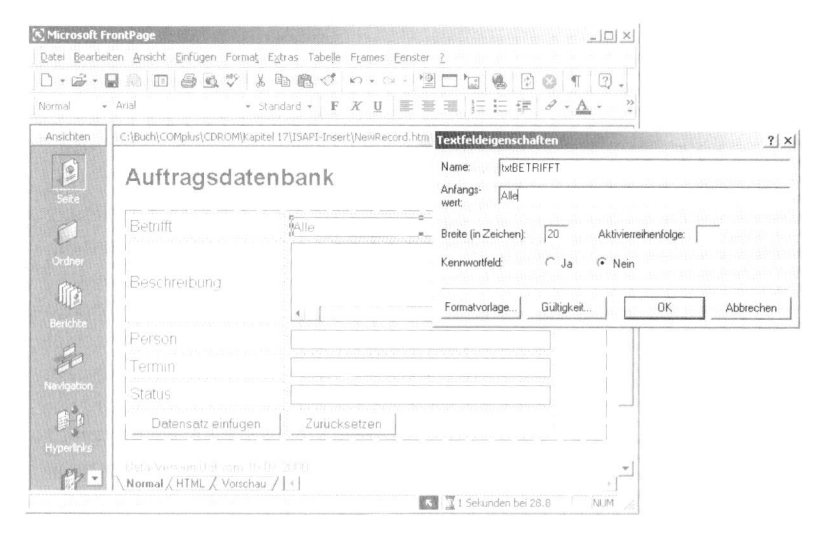

Abb. 17.29: Das HTML-Formular wird in Microsoft FrontPage zusammengebaut

Schaut man sich nun auf der Registerseite HTML die von FrontPage generierten HTML-Anweisungen an, wird Folgendes sichtbar:

- Alle Eingabefelder werden als <INPUT Type="Text"> definiert und über einen Eintrag für NAME eindeutig gekennzeichnet.
- Die Schaltfläche für das Abschicken der Daten wird als <INPUT Type="Submit"> definiert.

> *Beachten Sie bitte, dass nur ein Submit-Button pro Formular erlaubt ist. Die auszulösende Aktion wird dem HTML-Formular, aber nicht dem Button zugeordnet. Allerdings kann jeder Button oder jede Grafik mit einem Ereignis definiert werden, sodass ein zugeordnetes Makro über ein verstecktes Feld (<INPUT Type="Hidden">) eine Unterscheidung des gedrückten Buttons im ISAPI-Modul erlaubt.*

Internet Server API (ISAPI)

POST oder GET – das ist hier die Frage

Ein HTML-Formular legt für den <FORM ACTION>-Eintrag fest, welche URL aufgerufen wird, wenn der Inhalt des ausgefüllten HTML-Formulars ausgewertet werden soll. Zusätzlich wird über <FORM METHOD> definiert, wie die Daten transportiert werden.

```
<FORM METHOD="Post" ACTION="/ScriptsDebug/AuftragDB.dll/DoDelete">
<INPUT TYPE="Text" NAME="txtName">
<INPUT TYPE="Text" NAME="txtVorname">
<INPUT TYPE="Submit" VALUE="Datensatz einfügen">
</FORM>
```

Während Sie für ACTION eine beliebige URL zuweisen können, beschränkt sich der Wertebereich für METHOD auf nur zwei Einträge. Während GET alle Daten an die URL anhängt, wobei die einzelnen Felder durch ein &-Zeichen abgetrennt werden, transportiert POST die Daten über einen HTTP-Datenblock.

Web-Anwendungen erzeugen TWebRequest-Objekte, um Client-Anforderungen abzufangen und die enthaltenen Datenbestandteile aufzusplitten. Die Eigenschaften des TWebRequest-Objekts werden von der HTTP-Anforderung übernommen. Für jedes TWebRequest-Objekt erzeugt Delphi auch ein entsprechendes TWebResponse-Objekt, damit die eigene Anwendung den generierten HTML-Output zurück zum Browser schicken kann. Je nachdem, mit welcher Methode der Browser die Daten zur eigenen Anwendung schickt, stellt das Request-Objekt die Informationen entweder über die Eigenschaft `QueryFields` oder `ContentFields` zur Verfügung. Beide Eigenschaften stellen den Zugriff auf einen TStrings-Nachfolger zur Verfügung, sodass wir einzelne Einträge über die `Value`-Eigenschaft auslesen können.

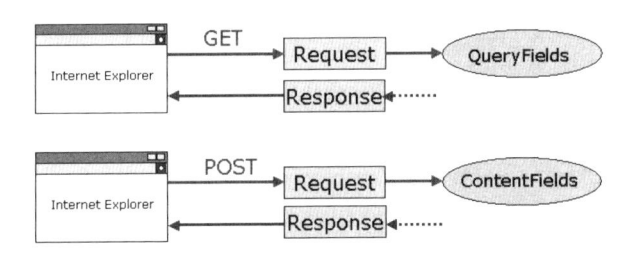

Abb. 17.30: Die ACTION-Alternativen GET und POST

Methode	Request-Daten	HTML-Formular	Beschreibung
GET	QueryFields	Optional	Datenübergabe erfolgt über die URL, ist für den Benutzer sichtbar und in der Länge beschränkt
POST	ContentFields	Notwendig	Datenübergabe erfolgt über separate HTTP-Datenblöcke, ist für den Benutzer unsichtbar und in der Länge nicht

Methode	Request-Daten	HTML-Formular	Beschreibung
			beschränkt

Tabelle 17.5: Unterschiede zwischen POST und GET

Sobald Sie mit dem Aussehen dieses HTML-Formulars zufrieden sind, kopieren Sie den HTML-Inhalt in die Zwischenablage. In FrontPage wechsele ich dazu auf die Registerseite HTML, um die Darstellung auf die HTML-Steuerzeichen umzuschalten. Sollten Sie ein anderes Tool verwenden, reicht es aus, die HTML-Seite in dem Windows-Zubehör Notepad zu öffnen – hier sehen Sie in jedem Fall die reinen HTML-Anweisungen. Alle hier sichtbaren Zeichen müssen von unserer ISAPI-DLL zurückgeliefert werden.

Erweiterungen am Web-Modul

Die ISAPI-DLL soll so erweitert werden, dass ein Hinzufügen eines neuen Datensatzes sowie das Löschen eines vorhandenen Datensatzes über die HTML-Oberfläche möglich sind. Dazu wird die DLL um vier weitere Web-Actions erweitert:

- */NewRecord* zeigt das HTML-Formular für den neuen Datensatz an
- */PostRecord* fügt die Daten aus dem HTML-Formular als neuen Datensatz ein
- */SelectDelete* zeigt das HTML-Formular für das Löschen eines Datensatzes an
- */DoDelete* löscht den Datensatz aus der Tabelle

Während */NewRecord* und */SelectDelete* die jeweils benötigte HTML-Eingabemaske an den Browser zurückliefern, führen die beiden anderen Aktionen die Änderung am Datenbestand durch.

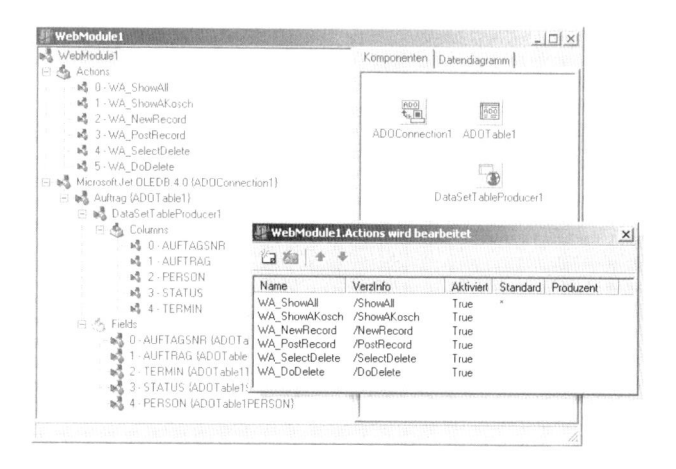

Abb. 17.31: Es kommen vier neue Actions hinzu

Wenn man sich nun die Implementierung der Web-Action für */SelectDelete* anschaut, wird deutlich, warum vorhin der HTML-Text in die Zwischenablage kopiert wurde. Denn dieser Text wird hier als String-Konstante in der Ereignisbehandlungsmethode dazu verwendet, den Output festzulegen, der zurück an den Browser geschickt wird.

Internet Server API (ISAPI)

```
<FORM action='+Request.ScriptName+'/DoDelete method=post'>
```

Auch die aufzurufende Aktion, wenn der Benutzer später den Löschen-Button anklickt, wird dynamisch festgelegt. Dazu greife ich auf die Eigenschaft `ScriptName` des Request-Objekts zurück, sodass der tatsächliche Installationspfad der ISAPI-DLL erst zur Laufzeit ausgewertet und berücksichtigt wird.

```
procedure TWebModule1.WebModule1WA_SelectDeleteAction(
  Sender: TObject; Request: TWebRequest;
  Response: TWebResponse; var Handled: Boolean);
begin
  Response.Content :=
  '<html><head>'+ NL +
  '<title>Autragsdatensatz löschen</title>'+ NL +
  '</head>'+ NL +
  '<body>'+ NL +
  '<H2><font face="Arial">Auftragsdatenbank</font></H2>'+ NL +
  '<FORM action='+Request.ScriptName+'/DoDelete method=post'+NL+
  ' title="Projekt FUMI - Auftragsdatensatz löschen">'+ NL +
  '<TABLE>'+ NL +
  '<TR> '+ NL +
  '<TD><font face="Arial">Zu löschende Auftragsnummer:</font></TD>
'+ NL +
  '<TD><font face="Arial"><INPUT name=txtAUFTAGSNR '+ NL +
  ' style="HEIGHT: 22px; WIDTH: 274px" size="4"
value="1"></font></TD></TR> '+ NL +
  '<TR> '+ NL +
  '<TD></TD> '+ NL +
  '<TD><font face="Arial"><INPUT name=btnINSERT type=submit
value="Löschen"></font></TD></TR></TABLE></FORM> '+ NL +
  '<P><font face="Arial" size="2" color="#808080">Beta-Version 0.9
vom 16.07.2000</font>'+ NL +
  '<P>  '+ NL +
  '</body> '+ NL +
  '</html>';
end;
```

Immer dann, wenn der Benutzer den Löschen-Button anklickt, wird die ISAPI-DLL erneut aufgerufen, aber diesmal mit dem Action-Pfad */DoDelete*. In der Ereignisbehandlungsmethode für dieses Web-Ereignis wird nur ein einziger DELETE-Aufruf abgesetzt, wobei direkt die Methode `Execute` der TADOConnection-Instanz verwendet wird. Der zu löschende Datensatz definiert sich über den Primärschlüsselwert, den der Benutzer im HTML-Formular eingetragen hat. Über die `ContentFields`-Sammlung des Request-Objekts kann die DLL daher den im Textfeld txtAUFTRAGSNR eingetragenen Wert auslesen und der SQL-Anweisung anhängen.

Wurde der Datensatz gelöscht, sorgt die DLL dafür, dass der Benutzer den geänderten Inhalt zu Gesicht bekommt. Dazu wird die `SendRedirect`-Methode des Response-Objekts aufgerufen.

```
procedure TWebModule1.WebModule1WA_DoDeleteAction(
  Sender: TObject; Request: TWebRequest; Response: TWebResponse;
  var Handled: Boolean);
var
  swSQL : WideString;
  iRec  : Integer;
begin
  swSQL := 'DELETE FROM Auftrag WHERE AUFTAGSNR = ' +
    Request.ContentFields.Values['txtAUFTAGSNR'];
  ADOConnection1.Connected := True;
  ADOConnection1.Execute(swSQL, iRec, [eoExecuteNoRecords]);
  ADOConnection1.Connected := False;
  Response.SendRedirect(Request.ScriptName + '/ShowAll');
end;
```

Das Gegenstück – die Ereignisbehandlungsmethode für das Einfügen eines neuen Datensatzes – geht prinzipiell genauso vor wie die Methode zum Löschen eines Datensatzes. Nachdem die ADO-Verbindung aktiviert und die Tabelle geöffnet wurde, legt der Aufruf von `Insert` einen neuen Datensatzpuffer an. Die einzutragenden Werte liest die DLL wiederum direkt aus den ContentFields-Einträgen aus.

```
procedure TWebModule1.WebModule1WA_PostRecordAction(
  Sender: TObject; Request: TWebRequest; Response: TWebResponse;
  var Handled: Boolean);
begin
  // 1. Test liefert nur die Werte zurück
  Response.Content :=
  '<html>'+ NL +
  'Die folgenden Daten wurden hinzugefügt:' + NLBR +
  'Betrifft: ' +
     Request.ContentFields.Values['txtBETRIFFT'] + NLBR +
  'Person: ' +Request.ContentFields.Values['txtPERSON']  + NLBR +
  'Termin: ' +Request.ContentFields.Values['txtTERMIN']  + NLBR +
  'Status: ' +Request.ContentFields.Values['txtSTATUS']  + NLBR +
  'Beschreibung: ' +
     Request.ContentFields.Values['txtBESCHREIBUNG']  + NLBR +
  '</html>';
  ADOConnection1.Connected := True;
  ADOTable1.Open;
  ADOTable1.Insert;
  ADOTable1TERMIN.Value :=
    Request.ContentFields.Values['txtTERMIN'];
```

```
  ADOTable1STATUS.Value :=
    Request.ContentFields.Values['txtSTATUS'];
  ADOTable1PERSON.Value :=
    Request.ContentFields.Values['txtPERSON'];
  ADOTable1AUFTRAG.Value :=
    Request.ContentFields.Values['txtBESCHREIBUNG'];
  ADOTable1.Post;
  ADOTable1.Close;
  ADOConnection1.Connected := False;
  Response.SendRedirect(Request.ScriptName + '/ShowAll');
end;
```

Der praktische Test

Wenn die ISAPI-DLL kompiliert und in das *ScriptsDebug*-Verzeichnis kopiert wurde, steht dem ersten Aufruf nichts im Wege.

```
http://localhost/ScriptsDebug/AuftragDB.dll/NewRecord
```

Sie sollten jetzt eine leere HTML-Eingabemaske für das Hinzufügen eines neuen Datensatzes in die Auftragsdatenbank vorfinden. Nachdem alle Felder mit Testeinträgen ausgefüllt wurden, sorgt das Anklicken des HINZUFÜGEN-Buttons dafür, dass die ISAPI-DLL erneut aufgerufen wird, allerdings nun mit dem Pfadeintrag */PostRecord*.

Abb. 17.32: Das HTML-Formular für das Hinzufügen eines neuen Datensatzes

War auch das Eintragen des Datensatzes erfolgreich, bekommt man am Ende automatisch die tabellarische Darstellung aller vorhandenen Datensätze zu sehen. Dort ist auch der Primärschlüsselwert vermerkt, sodass über diesen Wert der Datensatz in der Löschmaske gelöscht werden kann.

17.3.4 ISAPI-DLL mit TPageProducer

War Ihnen das Kopieren des HTML-Textes über die Zwischenablage und das Umformatieren als String-Konstante zu umständlich? Sie haben völlig Recht – mit Delphi und einer TPageProducer-Instanz gibt es einen eleganteren und vor allem drastisch einfacheren Weg. In diesem Fall wird das Aussehen des HTML-Formulars ausschließlich im HTML-Editor bestimmt. Überall dort, wo später zur Laufzeit ein flexibler Text benötigt wird, kommt ein transparentes HTML-Tag hin. Das sieht im Beispiel des Formulars für das Einfügen des neuen Datensatzes so aus:

```
<FORM action=<#ScriptName>/PostRecord method=post>
```

Der öffnenden spitzen Klammer folgt ohne Leerzeichen ein Nummernzeichen (#), an dem die TPageProducer-Instanz erkennt, dass es sich um ein transparentes HTML-Tag handelt. Auf das Nummernzeichen folgt ohne Leerzeichen der Tag-Name. TPageProducer konvertiert das gesamte transparente HTML-Tag in eine festgelegte HTML-Anweisung. Somit wird auch hier der an den Browser zurückgelieferte Inhalt dynamisch zur Laufzeit zusammengesetzt, allerdings mit dem Unterschied, dass das Aussehen der HTML-Maske jederzeit ohne Neukompilierung der ISAPI-DLL geändert werden kann, solange die transparenten HTML-Tags davon nicht betroffen sind.

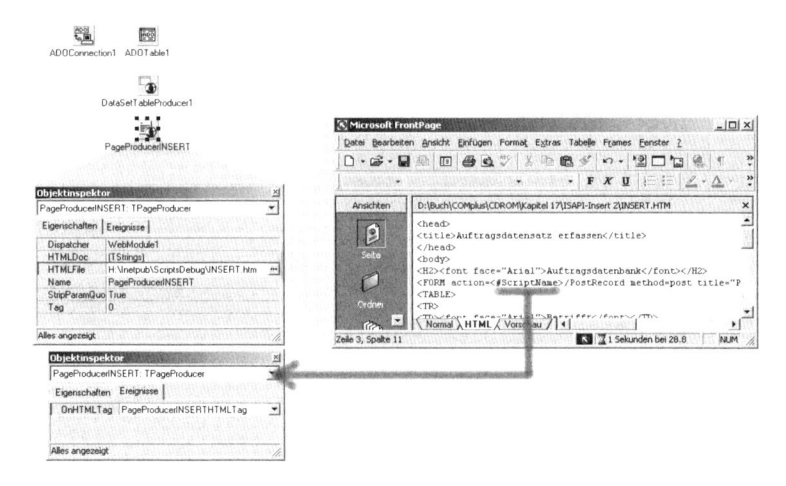

Abb. 17.33: Das Zusammenspiel zwischen TPageProducer und dem HTML-Tag

Die letzten Zweifler werden sicherlich nach einem kurzen Blick auf die Implementierung der Ereignisbehandlungsmethode für das */NewRecord2*-Ereignis in der ISAPI-DLL überzeugt. Anstelle der umständlichen String-Konstanten für den HTML-Text ist nur ein einziger Aufruf notwendig, wobei der Inhalt der TPageProducer-Instanz ohne nochmalige Änderung zurückgeliefert wird.

```
procedure TWebModule1.WebModule1WA_NewRecord2Action(
  Sender: TObject; Request: TWebRequest; Response: TWebResponse;
  var Handled: Boolean);
```

```
begin
  Response.Content := PageProducerINSERT.Content;
end;
```

Allerdings fehlt noch ein Teil, denn das transparente HTML-Tag `<#ScriptName>` muss ja durch den aktuellen Pfad ersetzt werden. Im Objektinspektor legen Sie dazu eine Ereignisbehandlungsmethode für das OnHTMLTag-Ereignis an.

```
procedure TWebModule1.PageProducerINSERTHTMLTag(Sender: TObject;
  Tag: TTag; const TagString: String; TagParams: TStrings;
  var ReplaceText: String);
begin
  if TagString = 'ScriptName' then
    ReplaceText := Request.ScriptName;
end;
```

Das Beispielprojekt finden Sie auf der CD-ROM im Verzeichnis »Kapitel 17\ISAPI-Insert 2«. Zusätzlich ist im Verzeichnis »Kapitel 17\ISAPI-Insert 3« eine Version zu finden, die auch für das Löschen eine zweite TPageProducer-Instanz einsetzt und die somit deutlich übersichtlicher ist, was die Anzahl der Zeilen im Sourcecode angeht.

17.3.5 ISAPI-DLL für das Uploaden von Dateien

Als Beispiel dafür, dass eine ISAPI-DLL nicht nur als Einbahnstraße vom Server zum Client zu gebrauchen ist, soll das nächste ISAPI-Beispiel dienen. Die DLL generiert beim Aufruf eine HTML-Eingabemaske, über die der Client beliebige Dateien in das fest definierte Upload-Verzeichnis auf den Web-Server hochladen kann.

Das Beispielprojekt finden Sie im Verzeichnis »Kapitel 17\ISAPI Upload«.

Die TWebRequest-Eigenschaft `Content` repräsentiert den nicht zerlegten Inhalt der HTTP-Anforderung. Wenn der Inhalt einer Anforderung besonders groß ist, wird er abschnittsweise übertragen. In diesem Fall enthält die Eigenschaft Content nicht die gesamte Anforderung. Mit der Methode `ReadClient` wird der Rest der Anforderung ausgelesen. ReadClient gibt die Anzahl der Bytes zurück, die tatsächlich gelesen wurden. Sind keine weiteren Daten verfügbar, liefert ReadClient -1 zurück.

```
procedure TWebModule1.WebModule1WebActionItem1Action(
  Sender: TObject; Request: TWebRequest; Response: TWebResponse;
  var Handled: Boolean);
```

```
const
  BufferSize = 8192;
var
  TotalBytes      : DWORD;
  AvailableBytes  : DWORD;
  ExtraBytes      : DWORD;
  ExtraBytesRead  : Integer;
  pBuffer         : PChar;
  extBuffer       : PChar;
  Strm            : TMemoryStream;
begin
  try
    TotalBytes := Request.ContentLength;
    GetMem(pBuffer, TotalBytes + 2);
    pBuffer^ := Char(0);
    Strm := TMemoryStream.Create;
    try
      AvailableBytes := TISAPIRequest(Request).ECB.cbAvailable;
      // Inhalt aus Request.Content nach pBuffer übernehmen
      pBuffer := TISAPIRequest(Request).ECB.lpbData;
      Strm.Write(pBuffer^,AvailableBytes);
      // HTTP Content > Request.Content ? ( > 48 kByte?)
      if TotalBytes > AvailableBytes then
      begin
        ExtraBytes := TotalBytes - AvailableBytes;
        GetMem(extBuffer, ExtraBytes + 2);
        extBuffer^ := Chr(0);
        repeat
          ExtraBytesRead := Request.ReadClient(extBuffer^,
                                               BufferSize);
          Strm.Write(extBuffer^,ExtraBytesRead);
        until ExtraBytesRead = -1;
      end;
      // Daten speichern
      RemoveHTTPHeaders(Strm);
      Response.Content :=
        '<H3>Datei-Upload war erfolgreich.</H3>';
    finally
      Strm.Free;
    end;
  except
    on E : Exception do
      Response.Content := '<H3>Fehler: </H3><BR>' + E.Message;
  end;
end;
```

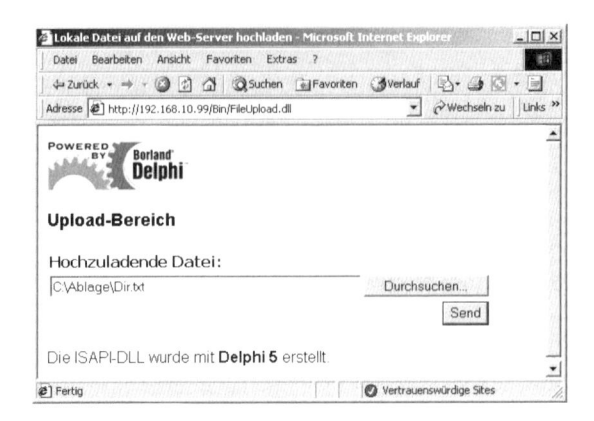

Abb. 17.34: Der Client lädt eine Datei zum Web-Server

17.4 Active Server Pages (ASP)

17.4.1 Was ist eine ASP?

Eine Active Server Page ist eine auf der Server-Seite ausgeführte Script-Umgebung, die das Erzeugen von dynamischen und interaktiven Webseiten erlaubt. ASP sind nun COM+-Objekte, sodass eine vollständige Integration in das System erreicht wird. Die Kombination von HTML-Text, Script-Kommandos und Aufrufe von anderen COM+-Komponenten machen ASP leistungsfähig und flexibel einsetzbar. Auch für ASP stelle ich die Vorteile in Form eines Steckbriefs zusammen:

- Zugriff auf COM+-Objekte
- Integration in COM+ Applications
- ASP sind transaktionsfähig
- ASP erlauben eine Prozess-Isolation in drei Abstufungen
- Universelle Script-Sprachen (VBScript und JavaScript)
- Fehlerbehandlung durch anpassbare ASP-Dateien
- Server Scriptlets (Scriptdateien können als COM-Objekte registriert werden)
- Scriptlose ASP, die nur HTML enthalten und somit später besser erweiterbar sind

Da die Script Engine, die eine ASP auswertet, sowohl VBScript als auch JavaScript versteht, werden sehr viele Entwickler ohne Umstellungsaufwand eigene ASP schreiben können. Falls für Sie beide Script-Sprachen Neuland sind, ist es sinnvoll, sich in VBScript einzuarbeiten. Denn mit VBScript schreiben Sie nicht nur ASP, sondern auch Makros für den Windows Scripting Host (WSH) oder Makros für die Anwendungen, die eine Makroschnittstelle über Visual Basic for Application (VBA) bereitstellen. Neben den Microsoft Office-Anwendungen nutzen mittlerweile auch zahlreiche andere Hersteller VBA als Makrosprache in ihren Programmen. Für eine Einführung in VBScript fehlt in diesem Buch leider der Platz, sodass ich nur auf einige wenige Bereiche näher eingehen kann.

17.4.2 Neue ASP-Funktionen in IIS 5.0

Die Version 5.0 der Internet Information Services bringt deutliche Verbesserungen in den Bereichen Administration und Anwendungs-Entwicklung mit sich. Dies betrifft auch die Active Server Pages. Durch die neue Script Engine 5 und durch die Einbindung von MDAC 2.5 ergeben sich neue Möglichkeiten, von denen ich Ihnen einige vorstellen möchte.

Transfer – Aufruf an andere ASP weiterleiten

Als Ersatz für das mit Nebenwirkungen behaftete `Response.Redirect` steht nun die `Transfer`-Methode des Server-Objekts zur Verfügung. Durch den Verzicht auf die Zurückgabe der Verbindung an den Client ist Transfer zum einen schneller und zum anderen bleibt auch die Session-ID in beiden beteiligten ASP-Seiten gleich.

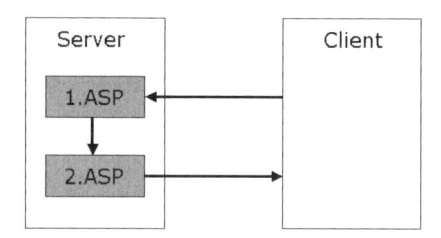

Abb. 17.35: Das Prinzip von Transfer

Angenommen, aus einer ASP-Seite heraus soll eine andere ASP-Seite aufgerufen werden, wobei der Client den generierten HTML-Inhalt von beiden Seiten als ein Ergebnis angezeigt bekommt. Dies könnte nun so aussehen:

ASP1.ASP

```
<HTML>
<BODY>
<TITLE> Beispiel </TITLE>
<CENTER>
<H3> Beispiel 1</H3>
</CENTER>
<HR>
<%
   Response.Write("Dieser Text stammt von BSP1.ASP.<BR>")
   Response.Write("SessionId: " & Session.SessionId & "<BR>")
   Session("MeineVariable") = "Delphi 5"
   Server.Transfer("BSP2.ASP")
%>

<HR>
```

```
</BODY>
</HTML>
```

ASP2.ASP

```
<HTML>
<BODY>
<TITLE> Beispiel </TITLE>
<CENTER><H3> Beispiel 2</H3></CENTER>
<HR>
<%
   sBR = "<BR>"
   Response.Write("Dieser Text stammt von BSP2.ASP" & sBR)
   Response.Write("SessionId: " & Session.SessionId & sBR)
   Response.Write("MeineVariable: " &
                  Session("MeineVariable") & sBR)
   sURL =Request.ServerVariables("URL")
   Response.Write("ServerVariable URL: " & sURL & sBR)
%>
<HR>
</BODY>
</HTML>
```

Beide ASP-Seiten geben den Wert der aktuellen Session-ID aus und die erste Seite definiert eine eigene Variable, deren Inhalt auch von der zweiten Seite ausgewertet werden kann.

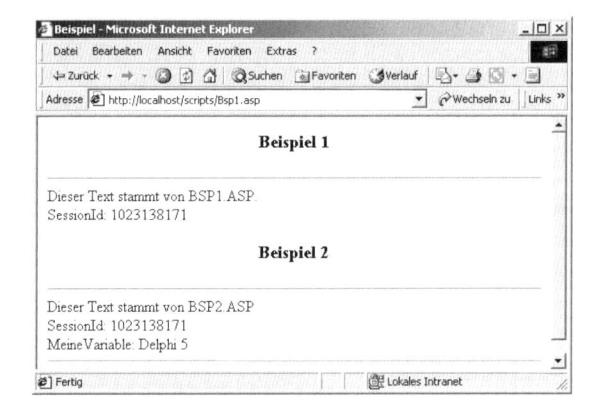

Abb. 17.36: Das Ergebnis beider ASP-Aufrufe

Prozeduren über Server.Execute aufrufen

Neu hinzugekommen ist die Execute-Methode, mit der das Kapseln von bestimmten Funktionen in einer eigenen ASP möglich wird. Aus dem dritten Beispiel *BSP3.ASP* heraus wird die zweite Datei *BSP2.ASP* über Execute als Prozedur aufgerufen.

```
<HTML>
<BODY>
<TITLE> Beispiel </TITLE>
<CENTER><H3> Execute Beispiel 3</H3></CENTER>
<HR>
<%
   sBR = "<BR>"
   Response.Write("Dieser Text stammt von BSP3.ASP" & sBR)
   Response.Write("SessionId: " & Session.SessionId & sBR)
   Response.Write("MeineVariable: " &
                  Session("MeineVariable") & sBR)
   Response.Write("Eine ASP wird als Prozedur aufgerufen" & sBR)
   sURL =Request.ServerVariables("URL")
   Response.Write("ServerVariable URL: " & sURL & sBR)
   Server.Execute("BSP2.asp")
   Response.Write("Der Excecute-Aufruf ist zurückgekehrt." & BR)
%>
<HR>
</BODY>
</HTML>
```

Wird das Beispiel ausgeführt, ist am Output erkennbar, dass sowohl die Session-ID gleich geblieben ist als auch die private Variable ausgewertet werden kann. Somit ist es möglich, bestimmte wieder verwendbare Funktionen als Prozedur in eine eigene ASP auszulagern, die von mehreren Stellen über Execute aufgerufen werden kann.

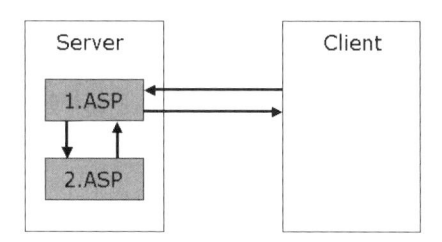

Abb. 17.37: Das Prinzip von Execute

Der IIS 5.0 nutzt dies intern auch, indem zum Beispiel für die Standard-Fehlerbehandlung die Datei 500-100.asp zuständig ist.

HTML-Dateien im ASP-Format

Bisher hat der IIS eine Datei mit der Endung ASP in jedem Fall etwas langsamer ausgeführt, auch wenn dort gar keine Script-Aufrufe enthalten waren. Ab dem IIS 5.0 ist dies nicht mehr so, sodass es keinen Performance-Unterschied zwischen den Dateiendungen HTM und ASP gibt. Microsoft empfiehlt daher, im Interesse der Erweiterbarkeit alle die HTML-Dateien mit der Endung ASP zu versehen, bei denen später eventuell Script-Anweisungen hinzugefügt werden. In den anderen Dateien muss dann der Dateiname nicht mehr angepasst werden.

17.4.3 ASP startet COM-Objekt

Die gleiche Aufgabe, die im ISAPI-Abschnitt bereits vorgestellt wurde, soll nun in Form einer Active Server Page (ASP) implementiert werden. Im Gegensatz zur ISAPI-DLL wird also keine Funktionserweiterung für den Internetdienst entwickelt, sondern ein COM-Objekt in Form eines In-process Servers, das aus einer ASP heraus von der Script Engine aufgerufen wird.

Das Beispielprojekt finden Sie im Verzeichnis »Kapitel 17\IIS\ASP«.

Delphi stellt einen Experten für Active-Server-Objekte zur Verfügung, die eine bereits vorhandene leere ActiveX-Bibliothek mit einem ASP-Objekt nachrüsten.

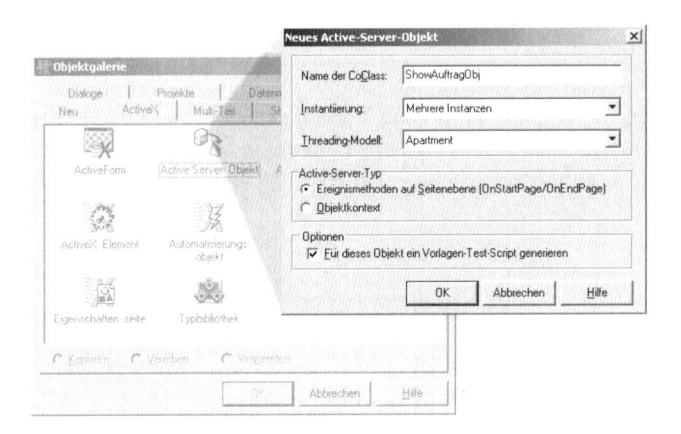

Abb. 17.38: Der Delphi-Experte baut das Grundgerüst zusammen

Der Experte richtet bereits die Interface-Methoden `OnStartPage` und `OnEndPage` ein, sodass ich nur noch die Methode `ShowAll` nachrüsten muss. Immer dann, wenn aus der ASP heraus diese Methode aufgerufen wird, soll das Objekt die Daten aus der Datenbank in tabellarischer Form zurückliefern.

```
IShowAuftragObj = interface(IDispatch)
  ['{08F313EC-F678-4A65-A873-A864BAE1C94C}']
  procedure OnStartPage(
    const AScriptingContext: IUnknown); safecall;
  procedure OnEndPage; safecall;
  procedure ShowAll; safecall;
end;
```

Das neue Datenmodul

Zur Vereinfachung möchte ich wieder die ADO-Komponenten von Delphi 5 einsetzen, allerdings gibt es zum gegenwärtigen Zeitpunkt keinen Platz, wo ich diese nicht visuellen Komponenten ablegen kann. Daher füge ich über DATEI | NEU | DATENMODUL ein neues Datenmodul dem COM-Objekt zu. Nun kann ich wie gewohnt die TADOConnection- und die TADOTable-Instanz visuell im Objektinspektor konfigurieren und auch für TDataSetTableProducer ist noch Platz im Datenmodul.

> *Das Datenmodul ist – unabhängig von seinem Namen – für alle nicht visuellen Komponenten geeignet. Im Automation-Kapitel finden Sie ein Beispiel, wie eine TWordApplication-Instanz über ein Datenmodul in einem COM-Objekt visuell konfiguriert werden kann.*

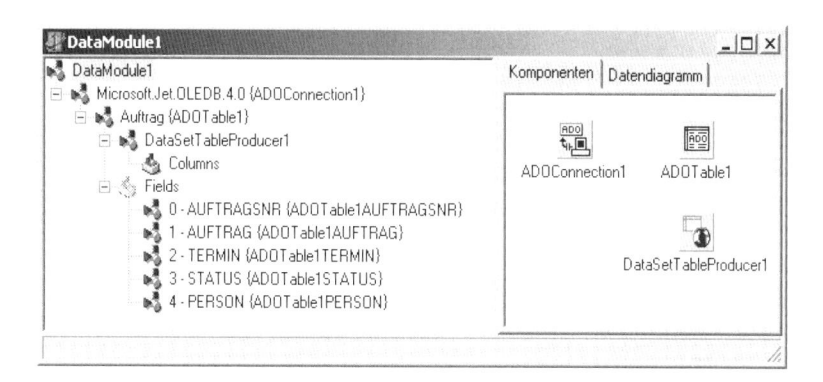

Abb. 17.39: Das hinzugefügte Datenmodul vom ASP-Objekt

Analog zur Vorgehensweise beim ISAPI-Modul richte ich ebenfalls im ASP-Objekt ein eigenes Apartment für die ADO-Objekte ein. Sie können an dieser Stelle nicht zu viel des Guten tun. Das mehrfache (unnötige) Aufrufen von CoInitialize ist unschädlich, solange ein CoUninitialize-Aufruf hinterher wieder aufräumt. Und da Microsoft darauf hinweist, dass die ADO-Objekte am effektivsten in einem Single-threaded Apartment (STA) ausgeführt werden, richte ich auch ein STA-Apartment ein.

```
uses ActiveX;

procedure TDataModule1.DataModuleCreate(Sender: TObject);
begin
  CoInitialize(nil);
end;

procedure TDataModule1.DataModuleDestroy(Sender: TObject);
begin
  CoUninitialize;
end;
```

Die Projektdatei des ASP-Objekts

Um die nächsten Schritte besser verstehen zu können, ist es sinnvoll, zuerst einen Blick auf die Projektdatei der DLL für das ASP-Objekt zu werfen. Delphi hat zum einen gleich am Anfang einen Verweis auf die ASP-Seite vermerkt, die für den Aufruf des Objekts zuständig sein soll. Und nicht nur das, auch der Inhalt dieser Active Server Page ist fast vollständig vom Experten generiert worden.

```
library ShowAuftragASP;

{%File 'H:\Inetpub\Scripts\ShowAuftragObj.asp'}

uses
  ComServ,
  ShowAuftragASP_TLB in 'ShowAuftragASP_TLB.pas',
  ShowAuftragASP_Impl in 'ShowAuftragASP_Impl.pas'
    {ShowAuftragObj: CoClass},
  ShowAuftragASP_DM in 'ShowAuftragASP_DM.pas'
    {DataModule1: TDataModule};

exports
  DllGetClassObject,
  DllCanUnloadNow,
  DllRegisterServer,
  DllUnregisterServer;

{$R *.TLB}
{$R *.RES}

begin
end.
```

Weiterhin sind alle beteiligten Units aufgelistet, darunter auch die nachträglich hinzugefügte Unit für das Datenmodul. Das Datenmodul ist jetzt zwar fertig konfiguriert, aber es fehlt der Aufruf, der eine Instanz dieses Datenmoduls erzeugt. Im Gegensatz zu einer Anwendung, wo dies in der DPR-Datei erledigt wird, ist das bei einer DLL beziehungsweise bei einem COM-Objekt so nicht möglich. Stattdessen ist derjenige für die Instanzierung zuständig, der das Datenmodul dem Projekt hinzugefügt hat.

Die Implementierungs-Unit für das ASP-Objekt

Das Datenmodul wird nur dann benötigt, wenn die Interface-Methode ShowAll aus der ASP heraus aufgerufen wird. Außerdem ist das Datenmodul nur für die Zeitdauer des Methodenaufrufs erforderlich, sodass ich innerhalb der Interface-Methode ShowAll eine neue Instanz des Datenmoduls erzeuge, die ADO-Verbindung öffne, den HTML-Inhalt generiere, die ADO-Verbindung schließe und hinterher das Datenmodul wieder zerstöre. Über ein privates Objektfeld stellt das ASP-Objekt sicher, dass jede von ihm angelegte Instanz eine eigene Referenz auf das Datenmodul verwendet.

```
unit ShowAuftragASP_Impl;

interface

uses
  ComObj, ActiveX, AspTlb, ShowAuftragASP_TLB, StdVcl,
  ShowAuftragASP_DM;

type
  TShowAuftragObj = class(TASPObject, IShowAuftragObj)
  private
    FDM : TDataModule1;
  protected
    procedure OnEndPage; safecall;
    procedure OnStartPage(
      const AScriptingContext: IUnknown); safecall;
    procedure ShowAll; safecall;
  end;

implementation

uses ComServ, Windows, SysUtils;

procedure TShowAuftragObj.OnEndPage;
begin
  inherited OnEndPage;
end;

procedure TShowAuftragObj.OnStartPage(
  const AScriptingContext: IUnknown);
begin
```

Active Server Pages (ASP)

```
    inherited OnStartPage(AScriptingContext);
end;

procedure TShowAuftragObj.ShowAll;
begin
  FDM := TDataModule1.Create(nil);
  try
    Response.Write(Format('Thread-ID: %d',
      [GetCurrentThreadId]) + #13);
    FDM.ADOConnection1.Connected := True;
    FDM.ADOTable1.Active := True;
    Response.Write(FDM.DataSetTableProducer1.Content);
    FDM.ADOTable1.Active := False;
    FDM.ADOConnection1.Connected := False;
  finally
    FDM.Free;
  end;
end;

initialization
  TAutoObjectFactory.Create(ComServer, TShowAuftragObj,
    Class_ShowAuftragObj, ciMultiInstance, tmApartment);
end.
```

Zusätzlich ermittelt das ASP-Objekt die aktuellen Thread-Nummern, damit auch tatsächlich das Ausführen in verschiedenen Threads visuell zurückgemeldet werden kann. Schauen Sie sich dazu die Abbildung 17.40 genauer an.

Abb. 17.40: Zwei Aufrufe = Zwei Threads!

Auf dem gleichen Rechner wurden zwei Instanzen des Internet Explorers gestartet, die beide die gleiche ASP aufrufen. Trotzdem liefert jeder Aufruf eine unterschiedliche

Thread-ID zurück. Um dieses Experiment selbst nachvollziehen zu können, müssen Sie das ASP-Objekt kompilieren (dabei wird in den Projektoptionen als Ausgabeverzeichnis das Script-Verzeichnis des IIS festgelegt) und von Delphi über den Menüpunkt START | ACTIVEX-SERVER EINTRAGEN im System registrieren lassen. Anschließend muss die vom Delphi-Experten als Rohgerüst generierte ASP-Datei von Hand angepasst werden, indem der Methodenaufruf `ShowAll` nachgetragen wird.

```
<HTML>
<BODY>
<TITLE> Test von Delphi ASP </TITLE>
<CENTER>
<H3> Sie sollten das Ergebnis Ihrer Delphi Active Server-Methode
unten sehen</H3>
</CENTER>
<HR>
<% Set DelphiASPObj = Server.CreateObject(
   "ShowAuftragASP.ShowAuftragObj")
   DelphiASPObj.ShowAll
%>
<HR>
</BODY>
</HTML>
```

Der überwiegende Teil der ASP-Datei besteht aus HTML-Anweisungen, wobei zwei VBScript-Aufrufe eingeschachtelt wurden. Jede Script-Anweisung wird in ein spezielles Tag eingekapselt, wobei die beiden Zeichen „<%" den Beginn der Script-Anweisung und die Zeichen „%>" das Ende markieren. Wenn die Script-Engine eine ASP auswertet, werden Zeile für Zeile alle HTML-Anweisungen direkt zum Web-Browser geschickt und alle vorgefundenen Script-Anweisungen ausgeführt. Der Client erhält in seinem Web-Browser nur den HTML-Output der ASP, die Script-Zeilen werden nicht mit zum Client übertragen.

```
<% Anweisung 1 %>
<% Anweisung 2 %>
```

Damit nicht jeder Script-Befehl in ein eigenes Tag-Paar eingekapselt werden muss, dürfen mehrere Anweisungen in einen gemeinsamen Block eingekapselt werden. Dies hat der Delphi-Experte auch so gemacht, denn beide Aufrufe stehen in einem Script-Tag.

> *Eine ASP-Datei ist also nichts weiter als eine HTML-Datei, die zusätzlich VBScript-Aufrufe enthalten darf, die zur Laufzeit ausgewertet und ausgeführt werden.*

Im Beispiel sorgt der `CreateObject`-Aufruf dafür, dass über die späte Bindung ein Interface-Zeiger auf das Disp-Interface des mit Delphi entwickelten COM-Objekts zur

Verfügung steht. Über diesen Interface-Zeiger wird die Interface-Methode `ShowAll` aufgerufen. Kommen Sie aus dem Visual Basic-Umfeld, fällt Ihnen vielleicht auf, dass in VBScript auf „altmodische" Art und Weise eine Objektinstanz erzeugt wird. In Visual Basic wird meistens die `Dim`-Anweisung verwendet, um über den `New`-Aufruf eine Objektinstanz zu erzeugen.

```
Dim rs As New ShowAuftragObj
```

Demgegenüber ist VBScript darauf ausgelegt, die Script-Sprache so einfach wie möglich zu halten, sodass hier die ursprüngliche Syntax der ersten Visual Basic-Versionen erwartet wird. Unter VBScript sind alle Variablen vom Typ Variant und können somit auch Objekte enthalten. Zum Beispiel wird mit der folgenden Anweisung der Variablen X (die vorher nicht deklariert wurde) eine Objektinstanz zugewiesen. Dabei legt die als Zeichenkette übergebene ProgID fest, welches Objekt angefordert wird.

```
Set X = Server.CreateObject("ShowAuftragASP.ShowAuftragObj")
```

Im Typbibliothekseditor können Sie nachschauen, welche ProgID für Ihr ASP-Objekt verwendet werden muss. Der erste Teil vor dem Punkt entspricht dem Namen der TLB-Datei, während der zweite Teil den Namen der CoClass symbolisiert.

17.4.4 ASP ruft direkt die ADO-Objekte auf

Bislang habe ich den Optimalfall für den Einsatz von ASP gezeigt. Da aus der ASP nur das eigene COM-Objekt aufgerufen wurde, treten Performanceprobleme völlig in den Hintergrund, denn die Hauptarbeit erledigt das mit Delphi entwickelte COM-Objekt. Allerdings steht unter ASP auch der direkte Zugriff auf die ADO-Objekte zur Verfügung, sodass für die Entwicklung einer Datenbankabfrage nur ein schlichter Texteditor wie zum Beispiel Notepad benötigt wird. Das folgende Beispiel demonstriert die Abfrage der Anzahl der Datensätze in der Auftragstabelle.

Das Beispiel-Script finden Sie im Verzeichnis »Kapitel 17\IIS\ASP-Beispiele«.

```
<%@ Language=VBScript%>
<HTML>
<HEAD>
<TITLE>ADO-Beispiel 1</TITLE>
</HEAD>
<h3>Direkter Zugriff auf die ADO-Objekte</h3>
<%
  Set Conn = Server.CreateObject("ADODB.Connection")
  Conn.open "Provider=Microsoft.Jet.OLEDB.4.0;" & _
            "Data Source=\Inetpub\Scripts\ProAuftr.mdb;" & _
            "User Id=admin;" & _
```

```
               "Password=;"
  Set Rs = Server.CreateObject("ADODB.Recordset")
  Rs.open "SELECT * FROM [AUFTRAG]", Conn, 3, 3
%>
Anzahl der Datensätze in der Tabelle: <%= Rs.RecordCount %>
<%
  Conn.Close
  set Rs = nothing
  set Conn = nothing
%>
<BR>
</BODY>
</HTML>
```

Sie müssen zugeben, dass die Entwicklung einer Lösung für diese Aufgabe sogar mit Delphi nicht schneller geht.

Tabellarische Darstellung

Aber auch die tabellarische Darstellung aller Datensätze ist kein Problem, wie das nächste Beispiel-Script demonstriert. Nur der Tippaufwand ist etwas höher, da die HTML-Anweisungen für die Tabelle sowie die Anweisungen für das Einfügen der Feldwerte des aktuellen Datensatzes eingetragen werden müssen.

```
<%@ Language=VBScript%>
<HTML>
<HEAD>
<TITLE>ADO-Beispiel 1</TITLE>
</HEAD>
<h3>Direkter Zugriff auf die ADO-Objekte</h3>

<%
  Set Conn = Server.CreateObject("ADODB.Connection")
  Conn.open "Provider=Microsoft.Jet.OLEDB.4.0;" & _
            "Data Source=\Inetpub\Scripts\ProAuftr.mdb;" & _
            "User Id=admin;" & _
            "Password=;"

  Set Rs = Server.CreateObject("ADODB.Recordset")
  Rs.open "SELECT * FROM [AUFTRAG]", Conn, 3, 3
%>
<TABLE BORDER="1" CELLPADDING="2">
<CAPTION>Vorhandene Aufträge
<TR>
<% For Each f In rs.Fields %><TH>
<%= f.Name %></TH>
```

```
<% Next %></TR>
<% While Not rs.EOF %><TR>
<% For Each f In rs.Fields %><TD>
<% Response.Write f.Value %></TD>
<% Next %></TR>
<%
  rs.MoveNext
  Wend
  rs.Close
  Conn.Close
  set Rs = nothing
  set Conn = nothing
%>
</TABLE>
<BR>
</BODY>
</HTML>
```

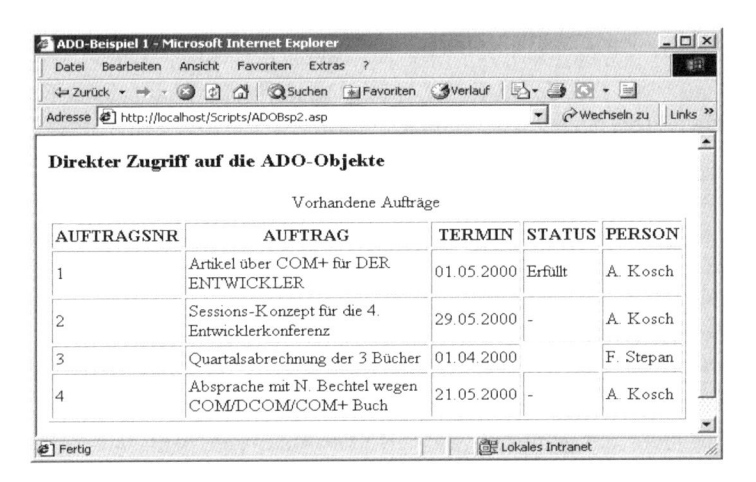

Abb. 17.41: Das Ergebnis des direkten Zugriffs auf die ADO-Objekte

SQL-Abfrage über den direkten Zugriff auf ADO aus einer ASP heraus

Die Verbindung von zwei ASP erlaubt sogar das Abschicken einer benutzerdefinierten SELECT-Abfrage, wobei das Ergebnis in einer Tabelle dargestellt wird.

Die Abfrage-ASP

```
<%@ Language=VBScript%>
<HTML>
<HEAD><TITLE>Abfrage der Auftragsdatenbank</TITLE></HEAD>
```

```html
<h3>Abfrage der Auftragsdatenbank</h3>
<table border="0">
    <tr>
        <td><h2>Abfrage der Auftragsdatenbank</h2>
        <form action="DB_M_R.asp" method="POST">
            <p><textarea name="sql" rows="5" cols="75">
             select * from Auftrag Where Person LIKE 'A%'
            </textarea><br>
            </p>
            <p><input type="submit" value="Ausführen"><input
            type="reset" value="Zurücksetzen"> </p>
        </form>
        </td>
    </tr>
</table>
</body>
</HTML>
```

Die Auswertungs-ASP

```
<%
'---- CursorTypeEnum-Werte ----
Const adOpenForwardOnly = 0
Const adOpenKeyset = 1
Const adOpenDynamic = 2
Const adOpenStatic = 3
'---- LockTypeEnum-Werte ----
Const adLockReadOnly = 1
Const adLockPessimistic = 2
Const adLockOptimistic = 3
Const adLockBatchOptimistic = 4
sql = Request("sql")
If sql = "" Then
  Response.Redirect("DB_M_Q.asp")
End If
Set Conn = Server.CreateObject("ADODB.Connection")
Set RS = Server.CreateObject("ADODB.RecordSet")
Conn.Open "Provider=Microsoft.Jet.OLEDB.4.0;" & _
          "Data Source=\Inetpub\Scripts\ProAuftr.mdb;" & _
          "User Id=admin;" & _
          "Password=;"
RS.Open sql, Conn, adOpenKeyset,adLockReadOnly
RS.PageSize = 100 ' Zeilenzahl pro Seite
if Request("Action") = "" Then
  FormAction = "DB_M_R.asp"
```

```
else
  Response.Redirect("DB_M_Q.asp?sql=" & Server.URLEncode(sql))
end if
%>
<HTML>
<HEAD><TITLE>Abfrage der Auftragsdatenbank</TITLE></HEAD>
<BODY BGCOLOR=#FFFFFF>
<H2>Abfrage der Auftragsdatenbank - Ergebnisse</H2>
<HR>
<INPUT TYPE="HIDDEN" NAME="sql" VALUE="<%=sql%>">
</FORM>
<P>
<TABLE BORDER="1" CELLPADDING="2">
<CAPTION>Vorhandene Aufträge
<TR>
<% For Each f In rs.Fields %><TH><%= f.Name %></TH>
<% Next %></TR>
<% While Not rs.EOF %><TR>
<% For Each f In rs.Fields %><TD>
<% Response.Write f.Value %></TD>
<% Next %></TR>
<% rs.MoveNext
   Wend
   rs.Close
   Conn.Close
   set Rs = nothing
   set Conn = nothing %>
</TABLE>
<P>
</BODY>
</HTML>
```

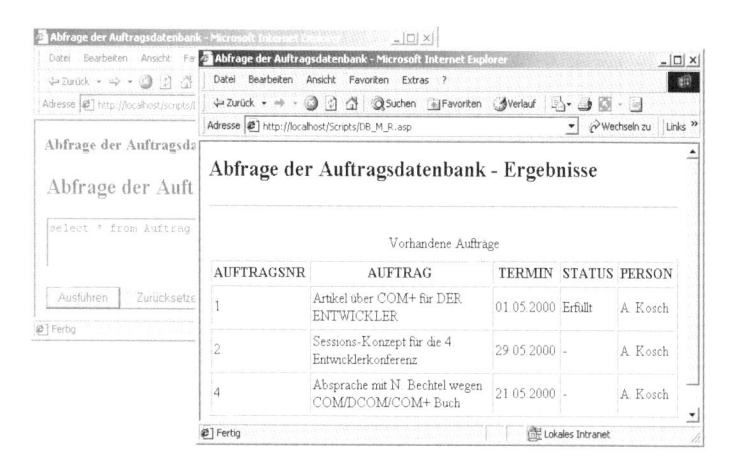

Abb. 17.42: Die benutzerdefinierte SQL-Abfrage und das Ergebnis

17.4.5 ASP mit Objektkontext-Unterstützung

Das gerade vorgestellte Beispiel konnte in dieser Form auch unter Windows 9x und Windows NT 4.0 eingesetzt werden. Mit der vollständigen Integration des MTS in COM+ steht unter Windows 2000 aber ein zusätzlicher Weg zur Verfügung, der direkt auf den Objektkontext zugreift. Somit kann das ASP-Objekt von COM+ effektiv skaliert werden. Das Positive an der Sache liegt darin, dass sogar für uns als Entwickler der Aufwand geringer wird.

Abb. 17.43: Die zweite Version des ASP-Objekts wird angelegt

Das nächste Beispielprojekt soll dies verdeutlichen. Der Delphi-Experte für Active-Server-Objekte legt ein neues Objekt an, wobei diesmal die Einstellung OBJEKTKONTEXT eingeschaltet wird. Der Experte richtet nun keinen Nachfolger von TASPObject ein, sondern er greift auf die speziellen Fähigkeiten von TASPMTSObject zurück. Wie der Klassenname schon andeutet, ist dieses Objekt in der Lage, die Vorteile des MTS (oder anders gesagt, die Vorteile von COM+) in puncto Skalierbarkeit über zustandslose Objekte auszunutzen.

```
unit ShowAuftragASP2_Impl;

interface

uses
  ComObj, ActiveX, AspTlb, ShowAuftragASP2_TLB, StdVcl;

type
  TShowAuftragObj2 = class(TASPMTSObject, IShowAuftragObj2)
  protected
    procedure ShowAll; safecall;
  end;

implementation

uses ComServ;

procedure TShowAuftragObj2.ShowAll;
begin
  //
end;

initialization
  TAutoObjectFactory.Create(ComServer, TShowAuftragObj2,
    Class_ShowAuftragObj2, ciMultiInstance, tmApartment);
end.
```

Das Beispielprojekt finden Sie ebenfalls im Verzeichnis »Kapitel 17\IIS\ASP«.

Allerdings wird nun wieder ein Datenmodul benötigt, um die ADO-Komponenten über den Objektinspektor konfigurieren zu können. Ich erspare mir dies und greife stattdessen auf das bereits fertige Datenmodul vom vorherigen Beispielprojekt zurück. In der Projektverwaltung wird die „alte" Datenmodul-Unit dem „neuen" Projekt zugeordnet. Anschließend wird die Datenmodul-Unit der Uses-Aufzählung hinzugefügt und ein privates Objektfeld als Referenz auf das Datenmodul deklariert. Mit diesen Vorbereitungen kann ich nun in der Interface-Methode `ShowAll` eine neue Instanz des Datenmoduls erzeugen, aktivieren, deaktivieren und wieder zerstören.

```
procedure TShowAuftragObj2.ShowAll;
begin
  FDM := TDataModule1.Create(nil);
  try
    Response.Write(Format('MTS-Thread-ID: %d',
```

```
    [GetCurrentThreadId]) + #13);
    FDM.ADOConnection1.Connected := True;
    FDM.ADOTable1.Active := True;
    Response.Write(FDM.DataSetTableProducer1.Content);
    FDM.ADOTable1.Active := False;
    FDM.ADOConnection1.Connected := False;
  finally
    FDM.Free;
  end;
end;
```

Das Ganze lässt sich sogar kompilieren – aber wie funktioniert es denn intern? Die Klasse TASPMTSObject stellt über ihre Eigenschaften einen direkten Zugriff auf die ASP-relevanten Bestandteile zur Verfügung. Dies gilt zum Beispiel auch für das verwendete Response-Objekt.

```
TASPMTSObject = class(TAutoObject)
private
  function GetApplication: IApplicationObject;
  function GetRequest: IRequest;
  function GetResponse: IResponse;
  function GetServer: IServer;
  function GetSession: ISessionObject;
public
  property Request: IRequest read GetRequest;
  property Response: IResponse read GetResponse;
  property Session: ISessionObject read GetSession;
  property Server: IServer read GetServer;
  property Application: IApplicationObject read GetApplication;
end;
```

Die ReadOnly-Eigenschaft Response wird über die Methode GetResponse implementiert. Wenn das ASP-Objekt in eine COM+ Application installiert wird, kann es über den Aufruf von GetObjectContext einen Interface-Zeiger vom Typ IGetContextProperties abfordern.

> *Auf das ContextObject bin ich im MTS- und COM+-Kapitel näher eingegangen. Sollten Sie diese Seiten überblättert haben, ist es eine gute Idee, das vollständige Kapitel zu lesen.*

Active Server Pages (ASP)

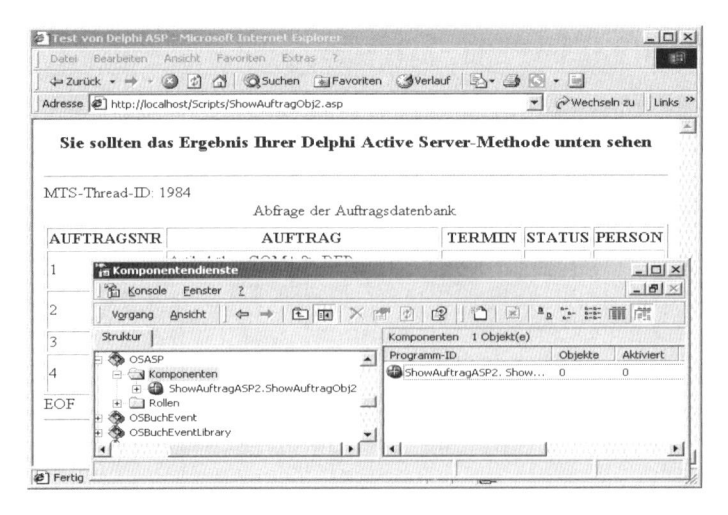

Abb. 17.44: Das ASP-Objekt wird als COM+-Komponente effektiv genutzt

Über das IGetContextProperties-Interface steht die Interface-Methode `GetProperty` zur Verfügung, mit der ein Interface-Zeiger auf das namentlich genannte IIS-Objekt abgefordert wird.

```
function TASPMTSObject.GetResponse: IResponse;
begin
  Result := IUnknown((GetObjectContext as
    IGetContextProperties).GetProperty('Response')) as IResponse;
end;
```

Wird die ASP im Internet Explorer aufgerufen, ist das ASP-Objekt nur kurzzeitig aktiv und wird unmittelbar nach seiner Aufgabenerledigung deaktiviert.

17.4.6 ASP und IBX

In den bisherigen Beispielen hat das Objekt über ADO auf eine ACCESS2000-Datenbankdatei zugegriffen. Falls Ihnen die ADO-Komponenten von Delphi 5 nicht zur Verfügung stehen, geht das Ganze auch mit den InterBase-Express-Komponenten (IBX) und einer InterBase-Datenbank. Allerdings ist IBX kein Resource Dispenser, sodass der Datenbankverbindungs-Pool von COM+ sowie die deklarativen Transaktionen nicht zur Verfügung stehen.

Das Beispielprojekt finden Sie im Verzeichnis »Kapitel 17\ASP_IBX«.

Das Beispielobjekt greift über TIBDatabase auf die InterBase-Beispieldatenbank *employee.gdb* zu, die zusammen mit Delphi installiert wird. Obwohl der InterBase-Server, die Internet Information Services und das eigene ASP-Objekt in diesem Beispiel auf dem gleichen Rechner ausgeführt werden, verwendet IBX das externe Zugriffsverfahren über TCP/IP.

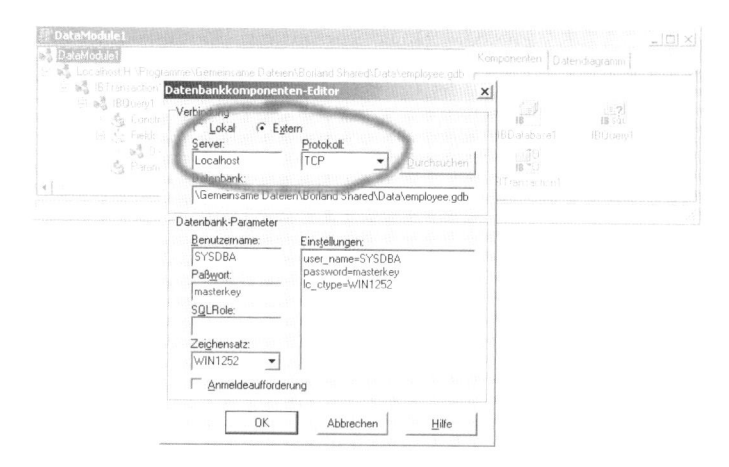

Abb. 17.45: Das Objekt greift über TCP/IP auf die lokale Datenbank zu

Mit dem Verzicht auf die ADO-Komponenten muss das Datenmodul kein neues Apartment einrichten, sodass auch die Aufrufe von CoInitialize und CoUninitialize entfallen. Ansonsten gibt es zum Projekt nichts mehr zu sagen, der restliche Aufbau stimmt mit dem vorherigen Beispiel für ein ASP-Objekt überein. Allerdings wird hier keine vom TDataSetPageProducer generierte HTML-Tabelle zurückgeliefert, sondern nur das schlichte Ergebnis der SELECT COUNT(*) FROM COUNTRY-Abfrage.

```
procedure TInterBaseASP.GetInfo;
begin
  FDM := TDataModule1.Create(nil);
  try
    FDM.IBDatabase1.Connected := True;
    FDM.IBTransaction1.Active := True;
    Response.Write('Der Text vom ASP-Objekt:');
    Response.Write(FDM.GetCount);
    FDM.IBDatabase1.Connected := False;
  finally
    FDM.Free;
  end;
end;
```

17.4.7 ASP-Objekt mit Delphi Professional

Bisher habe ich für das Entwickeln von ASP-Objekten immer auf den Experten aus der Enterprise-Version von Delphi zurückgegriffen. Für den Fall, dass Sie nicht auf diese

Active Server Pages (ASP)

sehr leistungsfähige Delphi-Version zurückgreifen können, stelle ich einen Weg vor, der auch mit Delphi 4/5 Professional beschritten werden kann.

Die ersten beiden Schritte erstellen eine ActiveX-Bibliothek als Container für ein Automation-Objekt. Somit unterscheidet sich das zukünftige ASP-Objekt in keiner Weise von einem In-process Server. Das Server-Interface stellt nur eine Methode zur Verfügung, die später aus der Active Server Page heraus aufgerufen werden soll. Sie sehen, dass es an dieser Stelle keine spezielle Anbindung an den ASP-Mechanismus gibt.

```
IADPObj = interface(IDispatch)
  ['{9E189715-4449-4A1B-AB4F-B2ED3ECEF1B4}']
    procedure DoWork; safecall;
end;
```

Das eigene Objekt ist selbst dafür verantwortlich, innerhalb der Interface-Methode eine Verbindung zu ASP herzustellen, damit die eigenen HTML-Anweisungen zurück zum Client geschickt werden können. Im dritten Schritt wird daher die Typbibliothek der Microsoft Active Server Pages Object Library (Version 3.0) in Delphi importiert, wenn diese noch nicht in Form einer Unit vorhanden ist.

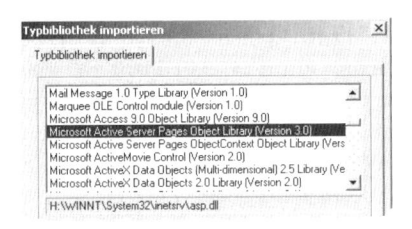

Abb. 17.46: Die ASP-Typbibliothek wird importiert

Das Gleiche wird im vierten Schritt mit der COM+ Services Type Library gemacht. Falls Sie alle bisherigen Beispiele nachvollzogen haben, befindet sich die importierte Unit bereits auf Ihrer Festplatte. Haben Sie einige Buchteile überblättert, sollten Sie nachprüfen, ob sich die Unit *COMSVCSLib_TLB.pas* bereits in Ihrem Importverzeichnis befindet. Falls nicht, muss diese Typbibliothek ebenfalls importiert werden.

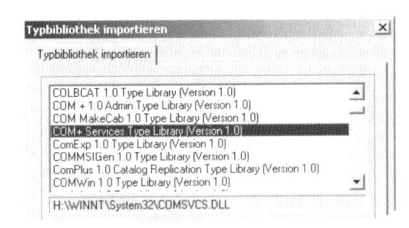

Abb. 17.47: Die COM+ Services Typbibliothek wird importiert

Die beiden Typbibliotheks-Units werden nun in der eigenen Implementierungs-Unit der Uses-Aufzählung hinzugefügt.

```
unit AspDelProObj_Impl;

interface

uses
  ComObj, ActiveX, AspDelProObj_TLB, StdVcl,
  ASPTypeLibrary_TLB, COMSVCSLib_TLB;   // manuell hinzufügen

type
  TADPObj = class(TAutoObject, IADPObj)
  protected
    procedure DoWork; safecall;
  end;
```

Immer dann, wenn das eigene ASP-Objekt etwas an den Client zurückschicken will, benötigt es einen Zugriff auf das ASP-interne Response-Objekt. In der gerade importierten Typbibliotheks-Unit *ASPTypeLibrary_TLB.pas* ist sowohl das Interface IResponse als auch die CoClass CoResponse zu finden. Das sieht auf den ersten Blick so aus, als könnte sich das eigene Objekt über den Aufruf der CoClass in den Besitz eines Interface-Zeigers auf das Response-Objekt bringen. Aber bereits der zweite Blick in die Typbibliothek sorgt für Ernüchterung – das Interface ist als Hidden markiert und kann so nicht direkt aktiviert werden. Diese Einschränkung macht auch durchaus Sinn, denn es geht ja nicht darum, einen Interface-Zeiger auf irgendeine Objektinstanz zu erhalten, sondern es wird stattdessen ein Interface-Zeiger für das zuständige Response-Objekt benötigt. Und das zuständige Response-Objekt kann über den ObjectContext ermittelt werden. Und hier kommt die Typbibliothek *COMSVCSLib_TLB.pas* ins Spiel. Dort findet sich mit Co-AppServer eine CoClass, die einen Zeiger auf das IMTxAS-Interface zurückliefert.

```
IMTxAS = interface(IDispatch)
  ['{74C08641-CEDB-11CF-8B49-00AA00B8A790}']
  function   GetObjectContext: ObjectContext; safecall;
  function   SafeRef(vRefIn: OleVariant): OleVariant; safecall;
end;
```

Die Methode `GetObjectContext` von IMTxAS liefert letztendlich einen Interface-Zeiger auf den zuständigen ObjectContext zurück. Und hat man erst einmal den Object-Context, kann der Interface-Zeiger auf das zuständige Response-Objekt von diesem erfragt werden. Der Microsoft Information Service stellt die folgenden eingebauten Objekte zur Verfügung:

- Request
- Response
- Server
- Application
- Session

Über die Interface-Eigenschaft Item kann jedes dieser Objekte abgefordert werden, wobei das Beispiel direkt die für den Lesezugriff auf Item zuständige Methode

Active Server Pages (ASP)

Get_Item aufruft. Sobald der Interface-Zeiger auf das Response-Objekt vorliegt, kann die Methode Write aufgerufen werden, um HTML-Text zum Client zu schicken.

```
uses ComServ;

procedure TADPObj.DoWork;
var
  aApp : IMTxAS;
  aOC  : ObjectContext;
  aResp: IResponse;
begin
  aApp := CoAppServer.Create;
  aOC := aApp.GetObjectContext;
  aResp := IDispatch(aOC.Get_Item('Response')) as IResponse;
  aResp.Write('<H2> Die Antwort, die aus dem Objekt kam.</H2>');
end;

initialization
  TAutoObjectFactory.Create(ComServer, TADPObj, Class_ADPObj,
    ciMultiInstance, tmApartment);
end.
```

Jetzt fehlt nur noch der Aufruf des eigenen COM-Objekts aus der ASP heraus. Dazu wird am einfachsten eine bereits vorhandene ASP kopiert und von Hand geändert. Zum einen muss die ProgID des eigenen Objekts eingetragen werden und zum anderen wird der aufgerufene Methodenname angepasst.

```
<HTML>
<BODY>
<TITLE> Test von Delphi ASP </TITLE>
<CENTER>
<H3> ASP-Objekt ohne den Wizard aus der Enterprise-Version</H3>
</CENTER>
<HR>
<% Set DelphiObj = Server.CreateObject("AspDelProObj.ADPObj")
   DelphiObj.DoWork
%>
<HR>
</BODY>
</HTML>
```

Argument und Rückgabewert der Interface-Methode

Bislang hat die Interface-Methode aus dem eigenen ASP-Objekt weder ein Argument mit auf den Weg bekommen, noch hat sie einen Wert an die ASP zurückgeliefert. Daher wird das Objekt um zwei zusätzliche Interface-Methoden erweitert, die jeweils ein Beispiel für diese Funktionalität liefern.

```
procedure TADPObj.ShowArgument(vData: OleVariant);
var
  aApp  : IMTxAS;
  aOC   : ObjectContext;
  aResp : IResponse;
begin
  aApp := CoAppServer.Create;
  aOC := aApp.GetObjectContext;
  aResp := IDispatch(aOC.Get_Item('Response')) as IResponse;
  aResp.Write('<H2>Objekt-Methode ShowArgument</H2>');
  aResp.Write('Als Argument wurde übergeben: ' + vData);
end;
```

Die Methode ShowArgument ist nichts Besonderes, das Argument wird einfach der eigenen Antwort angehängt. Aber auch die Interface-Methode ShowServerVariables legt nur eine Zeichenkette im deklarierten Out-Parameter ab:

```
procedure TADPObj.ShowServerVariables(vParam: OleVariant;
  out vResult: OleVariant);
var
  aApp  : IMTxAS;
  aOC   : ObjectContext;
  aResp : IResponse;
begin
  aApp := CoAppServer.Create;
  aOC := aApp.GetObjectContext;
  aResp := IDispatch(aOC.Get_Item('Response')) as IResponse;
  aResp.Write('<H2>Objekt-Methode ShowServerVariables</H2>');
  aResp.Write('Als Argument wurde übergeben: ' + vParam);
  vResult := 'Der Wert aus dem <b>ASP-Objekt</b> wird
zurückgeliefert';
end;
```

Interessanter ist da schon die von der Script Engine erwartete Syntax in der ASP. Ähnlichkeiten mit Visual Basic oder der Syntax von Visual Basic for Applications (VBA) sind nicht zufällig, sondern von Microsoft so beabsichtigt. Der vom eigenen ASP-Objekt zurückgelieferte Wert kann direkt in der ASP über den Bezug auf das Response-Objekt ausgegeben werden.

```
<HTML>
<BODY>
<TITLE> Test von Delphi ASP </TITLE>
<CENTER>
```

```
<H3> ASP-Objekt ohne den Wizard aus der Enterprise-Version</H3>
</CENTER>
<HR>
<% Dim sInString
   Dim sOutString
   sInString = "Input-Argument für ShowServerVariables"
   Set DelphiObj = Server.CreateObject("AspDelProObj.ADPObj")
   DelphiObj.DoWork
   DelphiObj.ShowArgument "Der Text, der aus der ASP kam"
   DelphiObj.ShowServerVariables sInString, sOutString
   Response.Write "<hr>"
   Response.Write sOutString
%>
<HR>
</BODY>
</HTML>
```

17.5 ActiveForm

Mit der Bezeichnung ActiveForm kennzeichnet Borland ein Delphi-Formular, das in ein ActiveX-Control konvertiert wurde. Damit kann dieses Formular direkt über ein HTML-Dokument in einem Web-Browser angezeigt werden. An sich ist das zu Grunde liegende Prinzip nichts Neues, Sie konnten schon mit Delphi 1.0 ein Formular in eine DLL verpacken und dieses Formular dann aus einem Drittprodukt heraus aufrufen. Der gravierende Unterschied von ActiveForm resultiert aus den implementierten COM-Objekten. Damit ist ein Browser wie zum Beispiel der Internet Explorer in der Lage, das Objekt aus der DLL (dem ActiveX-Control) selbst aufzurufen, ohne dass dazu spezielle Deklarationen der Aufruffunktionen notwendig werden. Das geht sogar so weit, dass der Internet Explorer in der Lage ist, das ActiveForm automatisch herunterzuladen und zu installieren, wenn das Modul noch nicht auf dem Client-Rechner installiert ist oder wenn auf dem Server eine neuere Version vorgefunden wird.

17.5.1 Das erste Beispiel

Da zudem noch ein Experte die Arbeit spürbar erleichtert, legen Sie ab Delphi 3.0 tatsächlich im Handumdrehen eine voll funktionstüchtige interaktive Web-Oberfläche an. Das erste Beispiel soll dies demonstrieren.

Schritt 1: ActiveForm-Experte

Seit Delphi 3 ist ein spezieller Experte für das Zusammenbauen des Grundgerüsts für ActiveForms vorhanden. Während in Delphi 3 noch zwei Arbeitsschritte notwendig waren, ist der Experte von Delphi 5 in der Lage, das vollständige Grundgerüst in einem Schritt zu generieren. Im ersten einfachen ActiveForm-Beispiel übernehme ich bis auf den Namen alle vom Experten voreingestellten Werte und füge nur das Info-Fenster sowie die Versionsinformationen hinzu. In den Ressourcen des ausführbaren Moduls

Internet Information Services

vermerkt Delphi die Versionsnummer, sodass der Internet Explorer bei Bedarf automatisch die neue Version vom Web-Server herunterladen kann.

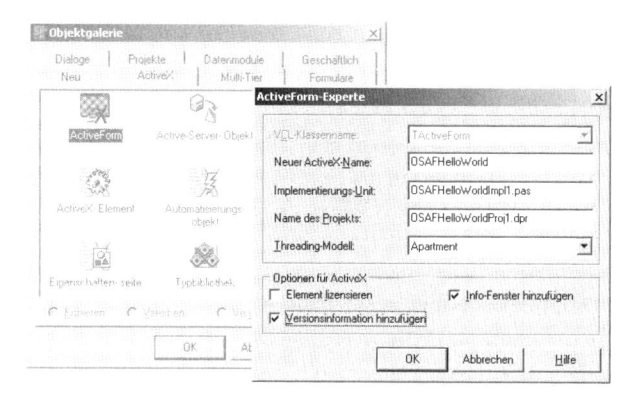

Abb. 17.48: Der Delphi-Experte erstellt das Grundgerüst

Das Beispielprojekt finden Sie im Verzeichnis »Kapitel 17\ActiveX\HelloWorld«.

Schritt 2: Die Programmoberfläche wird festgelegt

Um zu demonstrieren, dass ein ActiveForm im Gegensatz zu einem HTML/DHTML-Formular alle unter Win32 üblichen Controls unterstützt, platziere ich mehrere Eingabefelder, eine Combobox, eine Memo-Instanz, ein Kalender-Control sowie eine Toolbar mit einigen Buttons. Die Grafiken der Toolbar-Button stammen aus einer ImageList.

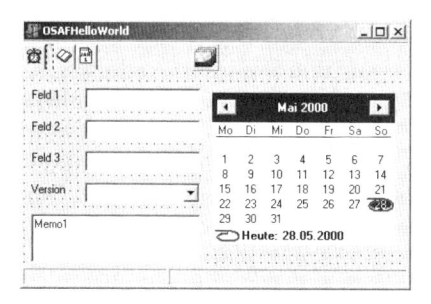

Abb. 17.49: Die Oberfläche des ersten ActiveForm-Beispiels

Bevor an dieser Stelle Euphorie aufkommt, möchte ich gleich auf den Haken an der Sache hinweisen. Im Gegensatz zu einer normalen Delphi-Anwendung ist das Formular eines ActiveForms als Childfenster in den Fensterbereich des

Internet Explorers eingebettet. Somit legt das Elternfenster des Internet Explorers zum Beispiel fest, ob und welche Tastatur-Botschaften das ActiveForm erreichen.

Schritt 3: Optionen für die Distribution über das Web festlegen

Vor dem Kompilieren müssen Sie jedoch noch die Projektoptionen anpassen. Der Grund dafür liegt darin, dass ein ActiveForm als In-process Server (DLL) im OCX-Format nicht direkt aufgerufen werden kann. Das Objekt muss in irgendeiner Form in ein HTML-Dokument eingefügt werden, genauer gesagt, der Bezug zum ActiveForm muss im HTML-Quelltext hergestellt werden. Auch dies erledigt Delphi automatisch für Sie, allerdings benötigt Delphi dazu einige zusätzliche Angaben.

Zum einen müssen die Pfad- und URL-Angaben definiert werden, die Delphi beim Generieren des HTML-Dokuments verwenden soll. Außerdem ist es sehr sinnvoll, die CAB-Dateikomprimierung zu aktivieren und auch die Versionsnummer automatisch hochzählen zu lassen. Verwendet das ActiveForm weitere DLLs oder zusätzliche Dateien, so können diese mit in das CAB-Archiv aufgenommen werden.

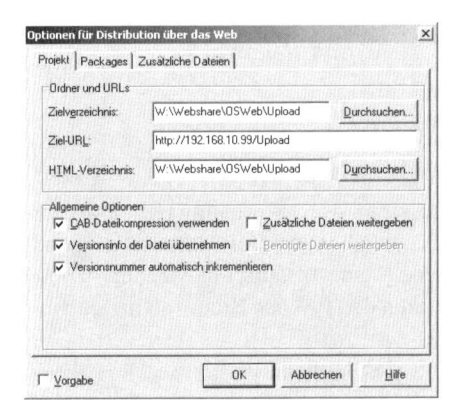

Abb. 17.50: Die Optionen für den Export auf einen Web-Server

Eintrag	Bedeutung
Zielverzeichnis	Legt den Ort fest (Pfadbezeichnung oder URL), an dem die kompilierte DLL (OCX) auf dem Web-Server gespeichert werden soll.
Ziel-URL	Definiert den Ort auf dem Web-Server, an dem die DLL gespeichert wurde. Diesen Eintrag übernimmt Delphi beim Generieren des HTML-Dokuments. Steht Ihnen kein Web-Server zur Verfügung, können Sie hier irgendwelche fiktive Eintragungen vornehmen, das ActiveForm sollte beim lokalen Aufruf trotzdem arbeiten.
HTML-Verzeichnis	Legt den Ort fest, an dem Delphi das HTML-Dokument generiert, in

Eintrag	Bedeutung
	dem das ActiveForm aufgerufen wird. Der Client muss im Internet Explorer diese HTML-Seite aufrufen, um das ActiveForm zu aktivieren.

Tabelle 17.6: Die notwendigen Pfadeinträge und ihre Bedeutung

Schritt 4: Distribution über das Web

Über den Menüpunkt PROJEKT | DISTRIBUTION ÜBER DAS WEB sorgt Delphi dafür, dass das ActiveForm als OCX kompiliert und in einer CAB-Datei verpackt im angegebenen Server-Verzeichnis abgelegt wird. Außerdem generiert Delphi eine HTML-Datei, mit deren Hilfe das ActiveForm aufgerufen wird. Wenn man sich dann einmal die von Delphi generierte Datei *OSAFHelloWorldProj1.htm* näher anschaut, fällt auf, dass außer den HTML-Anweisungen auch ein OBJECT-Aufruf eingebettet ist.

```
<OBJECT
  classid="clsid:73A89E31-7D6B-4F1A-9AC2-746EEC699BF2"
  codebase="http://192.168.10.99/Upload/OSAFHelloWorld-
           Proj1.cab#version=1,0,0,0"
  width=402
  height=250
  align=center
  hspace=0
  vspace=0
>
</OBJECT>
```

Der CLASSID-Eintrag definiert über die weltweit garantiert eindeutige GUID das ActiveForm und der CODEBASE-Eintrag legt fest, wo der Internet Explorer nach den Installationsdateien suchen soll. Da auch die Versionsnummer des ActiveForm bereits hier angegeben wird, kann der Internet Explorer nachprüfen, ob eine eventuell bereits auf dem Client-Rechner installierte und somit registrierte Version noch auf dem aktuellen Stand ist.

ActiveForm

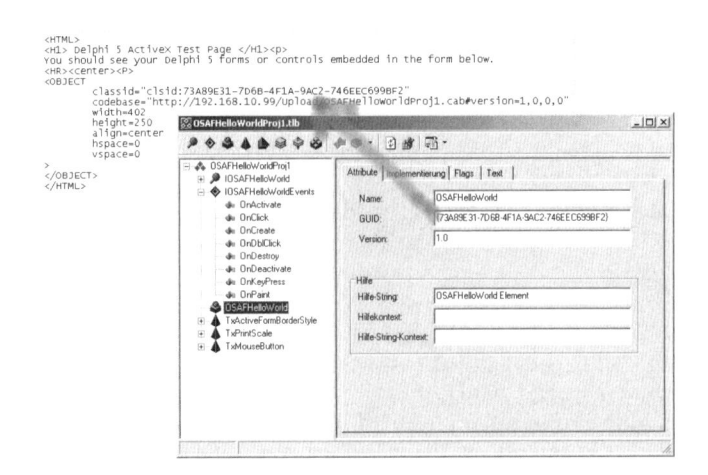

```
<HTML>
<H1> Delphi 5 ActiveX Test Page </H1><p>
You should see your Delphi 5 forms or controls embedded in the form below.
<HR><center><P>
<OBJECT
    classid="clsid:73A89E31-7D6B-4F1A-9AC2-746EEC699BF2"
    codebase="http://192.168.10.99/Upload/OSAFHelloWorldProj1.cab#version=1,0,0,0"
    width=402
    height=250
    align=center
    hspace=0
    vspace=0
>
</OBJECT>
</HTML>
```

Abb. 17.51: Die Verbindung von CLSID der CoClass mit dem OBJECT-Tag

Schritt 5: Webseite als vertrauenswürdige Seite im Internet Explorer festlegen

Angesichts der immer häufiger kursierenden Makro-Viren wird wohl jeder vernünftige Anwender seine Sicherheitsoptionen im Internet Explorer an die gestiegene Gefahr angepasst haben. Sie müssen damit rechnen, dass der Anwender eine sehr hohe Sicherheitsstufe gewählt hat. So positiv diese vorausschauende Einstellung auch ist, für uns als Entwickler ergibt sich daraus ein kleines Problem. Da im Intranet normalerweise keine digitalen Signaturen verwendet werden und somit auch das ActiveForm nicht als sicher zertifiziert wurde, kann der Anwender unser ActiveForm nicht erfolgreich laden. Stattdessen erhält er eine schwarze Umrandung mit einem kleinen roten Kreuz in der Ecke.

Damit dies nicht passiert und trotzdem der Aufwand der Zertifizierung vermieden wird, kann man den eigenen Web-Server als sicheren Server deklarieren. Der Internet Explorer lässt es zu, dass die Sicherheitseinstellungen für diesen vertrauenswürdigen Server separat von den allgemeinen Internet-Einstellungen vorgenommen werden.

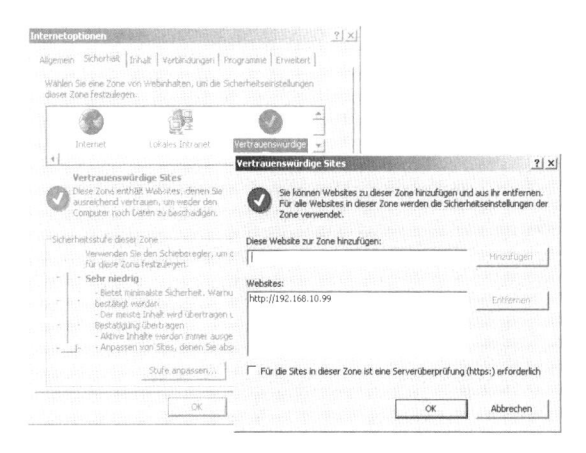

Abb. 17.52: Das eigene Intranet wird als vertrauenswürdig eingestuft

Sobald diese Konfigurationsänderung abgeschlossen ist, kann der Client nach Zustimmung den Internet Explorer veranlassen, die CAB-Datei herunterzuladen, zu dekomprimieren und das ActiveForm im System zu registrieren.

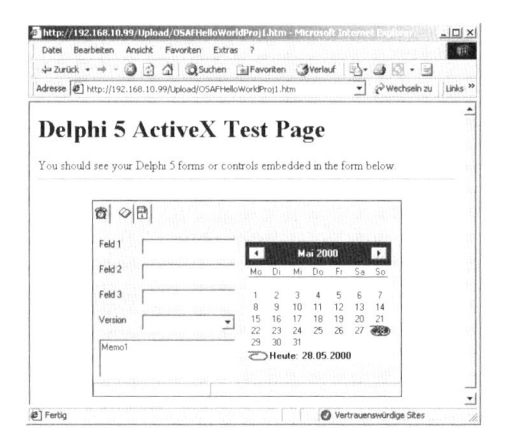

Abb. 17.53: Das eigene ActiveForm wird beim Client angezeigt

17.5.2 ActiveForm-Methoden aus der HTML-Seite aufrufen

Sie können selbstverständlich das von Delphi generierte HTML-Dokument erweitern. Als Beispiel dafür habe ich einen neuen Button dem HTML-Dokument hinzugefügt, wobei mit dem Anklicken dieses Buttons die ActiveForm-Interfacemethode `AboutBox` aufgerufen wird.

```
<input type="button" value="Info über..." name="ShowInfo"
onclick="aObj.AboutBox()">
```

Damit in der ONCLICK-Behandlung für den Button eine Referenz auf das eingebundene ActiveForm-Objekt zur Verfügung steht, habe ich das Attribut ID im OBJECT-Tag von Hand nachgetragen. Das Beispiel finden Sie als Datei *OSAFHelloWorldProj1b.htm* auf der CD-ROM.

```
<HTML>
<H1> <font face="Arial"> Delphi 5 ActiveX (ActiveForm)</font>
</H1><P align="left">Button im HTML-Formular ruft eine ActiveForm-
Methode auf:
<OBJECT
  id="aObj"
  classid="clsid:73A89E31-7D6B-4F1A-9AC2-746EEC699BF2"
  codebase="http://192.168.10.99/Upload/OSAFHelloWorld-
            Proj1.cab#version=1,0,0,0"
  width=402
  height=250
  align=left
  hspace=0
  vspace=0
>
</OBJECT>
<input type="button" value="Info über..." name="ShowInfo"
onclick="aObj.AboutBox()"><br>
</HTML>
```

Wenn der Internet Explorer so konfiguriert wird, dass nicht nur kurze HTTP-Fehlermeldungen angezeigt werden, und falls auch der Microsoft Script Debugger auf dem Rechner installiert ist, steht sogar eine relativ komfortable Debug-Option zur Verfügung. Wird zum Beispiel die aufgerufene Interface-Methode absichtlich falsch geschrieben, aktiviert der Internet Explorer den Script Debugger, sodass die fehlerhafte Stelle farbig hervorgehoben wird.

Abb. 17.54: Der Microsoft Script Debugger hat einen Fehler entdeckt

17.6 TWebConnection

Im COM+-Kapitel habe ich Ihnen verschiedene Beispiele für dreischichtige Anwendungen vorgestellt, bei denen die Client-Anwendung über DCOM auf das COM+-Objekt zugegriffen hat. Allerdings ist nicht jedes Umfeld für DCOM geeignet, immer dann, wenn Firewalls bestimmte Port-Bereiche abblocken, kommt DCOM in Schwierigkeiten. Eine Alternative über eine TCP/IP-Verbindung habe ich Ihnen im MIDAS-Kapitel bereits vorgestellt, aber auch hier wird mindestens ein freier Port benötigt. Was passiert jedoch, wenn die Firewall nur den Port 80 für eine http-Verbindung akzeptiert? In diesem Fall kommt die große Stunde von TWebConnection.

> *Obwohl TWebConnection als Komponente auf der MIDAS-Registerseite zu finden ist, bedeutet das nicht, dass nur der Zugriff auf MIDAS-Server funktioniert. Solange das COM+ ein entferntes Datenmodul verwendet und somit von TRemoteDataModule abstammt, kann TWebConnection eine Verbindung herstellen. Im Beispielprojekt greife ich auf einen TMtsDataModule-Nachfolger zurück. Allerdings ist das nicht Bedingung, solange das COM-Objekt die neuen Sicherheitsfunktionen von Delphi 5 beachtet. Weitere Einzelheiten dazu finden Sie in der Delphi-Hilfe unter der Überschrift „Änderung der MIDAS-Sicherheitsfunktionen".*

TWebConnection richtet die Erstverbindung zwischen Client-Anwendung und Remote-Anwendungsserver mit Hilfe des Protokolls HTTP ein. Dazu müssen folgende Voraussetzungen erfüllt sein:

- Die Systembibliothek *WININET.DLL* muss auf dem Client installiert sein. Diese Datei wird bei der Installation des Internet Explorers 3 (oder höher) automatisch in das Windows-Systemverzeichnis kopiert.
- Auf dem Server muss der Internet Information Server 4 (oder höher) beziehungsweise Netscape Enterprise Version 3.6 (oder höher) installiert sein.
- Die ISAPI-DLL *HTTPSRVR.DLL* muss auf dem Server installiert sein, mit dem eine Verbindung hergestellt wird. Diese Datei gehört zum Lieferumfang von Delphi.

Diese Anforderungen bedeuten im Fall von Windows 2000, dass nur die ISAPI-DLL *HTTPSRVR.DLL* in ein Web-Verzeichnis kopiert werden muss, das Ausführungsrechte hat. Um bei meiner Beispielkonfiguration zu bleiben, kopiere ich daher diese DLL in das *Scripts*-Verzeichnis.

Wenn nun ein Client über TWebConnection eine Verbindung zum COM+-Objekt herstellen möchte, ruft er nur diese ISAPI-DLL auf:

```
http://localhost/Scripts/httpsrvr.dll
```

Die Zuordnung des aufzurufenden COM+-Objekts findet im Objektinspektor statt. Nachdem die korrekte URL für den Zugriff auf die installierte ISAPI-DLL der Eigenschaft URL zugewiesen wurde, bietet der Objektinspektor in der Eigenschaft ServerName eine Auflistung aller installierten TRemoteDataModule-Nachfolger auf diesem Server an. Sobald ein Eintrag ausgewählt wurde, ergänzt der Objektinspektor die CLSID des Objekts in der Eigenschaft `ServerGUID`.

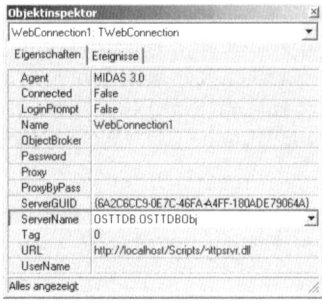

Abb. 17.55: Der Client nutzt eine HTTP-Verbindung zum COM+-Objekt

Sobald diese Daten korrekt zugewiesen sind, steht einem ersten Test nichts mehr im Wege. Wenn die TWebConnection-Eigenschaft `Connected` aktiviert wird, sollte der Verbindungsaufbau erfolgreich stattfinden.

Das Beispielprojekt finden Sie im Verzeichnis »Kapitel 17\OSTTDB-HTTP«. Dieser Client ist bis auf die Ausnahme mit TWebConnection mit dem Client aus »Kapitel 16\Transactions\OSTTDB\Obj« identisch. Das Austauschen der DCOM-Verbindung durch eine http-Verbindung ist dank Delphi mit drei geänderten Programmzeilen erledigt.

Wenn Methoden direkt über `AppServer` und somit über das IDispatch-Interface aufgerufen werden, verwendet die Client-Anwendung die späte Bindung. Um die Vorteile der frühen Bindung zu nutzen, tauscht man normalerweise den AppServer-Interfacezeiger in den entsprechenden Interface-Typ um. Diese Option ist jedoch nicht in jedem Fall möglich. Sie steht nur dann zur Verfügung, wenn die Verbindung mit DCOM aufgebaut wird, aber leider nicht bei einer Verbindung über TWebConnection.

Bestandteil	DCOM	TWebConnection
Interface-Zeiger	FSrv : IOSTTDBObj;	FSrv : OleVariant
Objekt anfordern	FSrv := CoOSTTDBObj.Create;	WebConn.Connected := True; FSrv := WebConn.AppServer;
Objekt freigeben	FSrv := nil;	WebConn.Connected := False;

Tabelle 17.7: Der Umbau von der DCOM- zur HTTP-Verbindung

Das Beispielprogramm aus dem COM+-Kapitel wurde tatsächlich nur an diesen drei Stellen geändert. Mit nur wenig mehr Aufwand kann man das Projekt sogar zum „Dual-Connection"-Client erweitern, der je nach Benutzerauswahl entweder über DCOM oder über HTTP die Verbindung zum COM+-Objekt herstellt.

Index

/

/Automation 450
/Embedding 450
/REGSERVER 164, 187, 451
/UNREGSERVER 164, 451

_

_AddRef 83
_Command 811
_NewEnum 383, 427
_Parameter 811
_Recordset 809
   ADOInt-Problem 818
_Release 83
_Worksheet 531

8

80004024 727
8004E002 .... 645, 663, 667
8004E025 781

A

Abort 526
Abstract 75
ACID 616
Activate
   ExcelWorksheet 532
Activation
   COM+ 727
Active Server Pages 914
ActiveForm 934
ActiveMenuBar 516
ActiveWorkBook 530
ActiveX 18
ActiveX-Bibliothek 25
ActiveX-Component 603
ActiveX-Server eintragen 34
Activity 606, 723
   COM+ 725
   Praxisbeispiel 819
Add-In 497

AddRef 64
ADO 396
   Fehlerbehandlung 790
   Stream-Objekt 410
   Typbibliothek einbinden 809
   Update-Lock 704
ADODB_TLB.pas 811
ADOExpress
   Bestellnummer 399
ADOInt.pas 818
ADSI 46
AfterConstruction 294
Aggregation 285
   Natives Beispiel 286
AllocConsole 754
Apartment 191, 203, 208
Apartments
   COM+ 724
APL 721
Application Proxy 721
ApplyUpdates 570
As 95
   Interface umtauschen 531
ASP 867, 879, 914
   Was ist eine ASP? 910
AutoComplete 783
AutoConnect 184
Automation 98, 449
Automatisierungsobjekt 27
Automatisierungsobjekt-Experte 169
AutoSessionName
   ISAPI 897

B

BackgroundprintingStatus 477
Balloon-Objekt 514
Base Client 606
BDE
   MTS POOLING 646
   Resource Dispenser 646
BDE Pooling 662
BeginTrans

ADO 790
Borland TIP 58
Briefcase 565
BSTR 53, 101

C

CacheConnections
   ISAPI 898
Call Context 735
CanBePooled 848
CGI 879
CiCatalog 878
ciInternal 185
   MIDAS-Beispiel 581
ciMultiInstance 170
ciSingleInstance 170
Class Factory 135
Class Object 125, 135
CLB 721
Client 65
Cloaking 864
CLSID 122
CLSIDFromProgID 145
CoCreateGuid 121, 124
CoCreateInstance 138, 173
Codebibliothekar 464
CoGetCallContext 736, 841, 842
CoGetClassObject 138
CoGetInterfaceAndReleaseStream . 212, 577
CoGetMalloc 372, 374
CoGetObject 179, 826
CoGetObjectContext 732, 810
CoInitFlags 218
CoInitialize 188, 209
   ASP 915
   ISAPI 894
CoInitializeEx 217
CoInitializeSecurity 838
   COM+ 845
COL 68, 142
Collection 461
COM Class 124
COM+ 19, 711
COM+ Admin Type Library 729

COM+ Bug
   Application Proxy 723
   Constructor Strings 781
   RemoteServerName 723
   SaveChanges 776
   SetAbort 820
COM+ Catalog 716
COM+ Event Service 758
COM+ Services Type Library 728
COM+-Bibliotheksanwendung 776
COM+-Serveranwendung 714
COMAdmin 718
CoMarshalInterface 212, 220, 221
   COM+ 726
CoMarshalInterThreadInterfaceInStream 212, 223
COM-Handler 71
COM-Interface 72
CommandBarControl-Objekt 519
CommandBars 516
CommaText 802
Component Object Library 142
Configured Components 20
ConnectionString 694
ConnectKind 184
ConnectTo 490, 531
Constructor Strings 779
Container 65
Containment 285
ContentFields 902, 904
Context 717, 723, 724
   COM+ 726
Context Object 607, 610
ContextInfo 734
Controller 292, 305
CopyFromRecordset 535
CORBA 18, 743
CoRegisterClassFactory 143
CoRegisterClassObject 139, 172
CoRevokeClassObject 139
CoTaskMemAlloc 374, 376
CoTaskMemFree 182, 374
CoTaskMemRealloc 374
CoUninitialize 188
CoUnmarshalInterface 212, 222

946

Index

CreateAggregated 305
CreateBindCtx 828
CreateComObject 132, 136, 137, 138, 173, 176
CreateInstance 138, 680
   COM+ 731
CreateObject 143
CreateOleObject 37, 103, 145, 456
CreateProcess 143
CreateProcessAsUser 834
CreateSharedPropertyGroup 643
CreateStreamOnHGlobal 220, 311
Critial Section 135
Critical Section 724
Currency 102
CursorLocation 403

D

Datenmodul
   Ort für TWordApplication 504
DB-Verbindungs-Pool 744
DclAxServer50.bpl 493, 495
DclOffice2k50.bpl 495
DCOM 19, 69
DCOM95 217
Deadlock 702
Default.htm
   IIS 870
Delphi
   GUID abfordern 88
Delphi-5-Bug
   COM+ 751
DisableCommit 624
   Beispiel 816
DISP.DLL 598
Dispenser Manager 605
DISPID 98
DispInterface 98
DllCanUnloadNow 67
DllGetClassFactory 143
DllGetClassObject 67
DLLGetClassObject 138
DLLHOST.EXE
   MTS 603
DllRegisterServer 67, 68, 163

DllUnregisterServer 67, 163
DMO 688
DSS 617
DTC 605
   Funktionstest 596
Dual 128
Dual Interface 108

E

E_FAIL 262
EmptyParam 110, 478, 497
EnableCommit 624
EOleSysError 132, 266, 282
   ErrorCode 262
Ereignisanzeige 665
Event Class 759
Exchange 538
Execute
   Connection-Objekt 816
External 78

F

Facility 263
Failed 265
FileSearch 511
FindWindow 513
FLAGS 167
For Each 383, 385
FOR EACH
   Ersatz 461
FormatMessage 264
Formula 532
Free Threaded Marshaler
   COM+ 724
FreeConsole 754
Free-threaded Model 217
FTM
   COM+ 724

G

GET 902
GetActiveObject 180, 458
GetCurrentThreadId 493
GetExtensionVersion 887
GetHGlobalFromStream 220, 310

GetIDsOfNames 99
GetInterface 96
GetInterfaceFromGlobal 225
GetLastError 264
GetMessage 216
GetObjectContext 733, 927, 931
GetOleFont 325
GetOlePicture 326
GetOleStrings 314
GetRunningObjectTable 182
GetString
    Recordset-Objekt 814
GetUserDefaultLCID 529
GIT 212, 224
    COM+ 726
Global Interface Table 212, 224
GUID 63, 121

H

HandleRequest
    ISAPI 897
HandleSafeCallException 275
HandleShared 574
Happy-Bit 623
HKEY_CLASSES_ROOT 145
HRESULT 132, 261
HttpExtensionProc 887
HTTPSRVR.DLL 941

I

IBX
    ASP 928
IClassFactory 136, 138, 143
IContextState 732, 734
ICreateErrorInfo 269
IDataObject 389
Identität 298
IDispatch 98
IDL 47, 152, 268
IDragSource 73
IDropTarget 73
IDTExtensibility2 497
IEnumString 379
IEnumVariant 383, 432
IEnumVARIANT 434

MS Agent 552
IEnumVARIANT_D4 556
IErrorInfo 269
IFont 324
IGetContextProperties 927
IGlobalInterfaceTable 224
IID 122
IMalloc 371
    Beispiel 374
IMoniker 828
Impersonation 885
Implements 292, 304
IMTSTxEvents 628
IMTxAS 931
Index Service 873
    Suche 878
Indexdienst 873
InitComObj 141
Initialize 289
In-process Server 66
InprocHandler32 69
InprocServer32 .... 67, 210
InsertLines 518
InstallEventClass 775
Interception 590, 715
Interface 62, 72
    Der Schnittstelle hinzufügen 33
    Einsatzbeispiel 33
    GetInterface 96
    Property 106
    Variablenzuweisung 97
    VTABLE 113
Interface-Methoden-Mapping 291
InterlockedDecrement 576
InterlockedIncrement 135, 576, 889
Intranet 867
Invoke 98
IObjectConstruct 780
IObjectContext 626, 732, 782
IObjectContextActivity 732
IObjectContextInfo 732
    Beispiel 810
IObjectControl 611
IPictureDisp 326
IPSFactoryBuffer 203

IRecordInfo 362
ISAPI 867, 879, 892
   Was ist ISAPI 887
ISAPI2
   Unit 888
IsCallerInRole 840, 844
ISecurityCallContext 736, 842
   Beispiel 736
ISecurityCallersColl 843
IServerSecurity 736
ISharedPropertyGroup 642
IShellLink 22
IsSecurityEnabled 844
IStream 220, 309, 410
IStrings 312, 314
IStringsAdapter 317
ISUR_Rechnername 881
IsUserInRole 845
IUnknown 80
IUSR_Rechnername 885
IWAM_Rechnername 881

J

JITA
   AutoComplete 784

K

KeepConnection 648
Klassengenerator 136
Kollektion
   Beispiel 426

L

LCID 529
Listener 823
LoadFromFile 344
LoadLibrary 143
LoadRegTypeLib 319
Local Server 68
Locales 530
LocalServer32 69
LockServer 136
LogonUser 833

M

MailMerge 506
MakeResult 265
MAPI 538
Marshaler 64, 192
   Standard Marshaler 200
Marshaler
   Aufgaben 66
Marshaling 103
   Custom- 199
   Standard- 199
MaxConnections
   ISAPI 899
MessageBeep 146
Message-Loop 186, 209
Methoden-Mapping 114
Microsoft Installer 721
Microsoft Message Queue Server 823
MIDAS 563
MIDL 152
Mixed-Model 218
MkParseDisplayName 828
Moniker 122, 177, 182, 826
MSDASQL
   Fehlerbehandlung 790
MSDE 688
MSDN Online 57
MSI-Datei 721
MSMQ 19, 591, 823
MTA 192, 217
   COM+ 724
MTS 19, 589
   debuggen 644
   Funktionstest 595
   herunterfahren 645
   Installation 594
   Minimalbeispiel 599
   OnActivate 642, 654
   Timeout 703
   Transaktionsstatistik 664
MTS POOLING 599
MtsObj 632
MTS-Objekt 629
MTSPoolSecsFree 649
Mtx 632

949

Index

MTX.EXE 603
Multi-threaded Apartment 217
Mutex 724, 860

N

NeedToUninitialize 189
Neutral
    ThreadingModel 861
NewBalloon 514
Nonconfigured Components 20

O

Object Interface 133
ObjectBinaryToText 356
ObjectContext 731, 734, 782
ObjectTextToBinary 357
ODL 152
    Beispiel 153
    Syntax 154
Office
    Hilfedateien 463
    OLB-Dateien 465
    Programm-IDs 467
OLCP 618
OLE Automation 128
Ole Automation Flag 201
OLE Compound Document 721
OLE DB 396
OLE/COM Object Viewer
    Download 154
OLE32.DLL 142
OLEAUT32.DLL 98
OLE-Automation
    Interface-Flag 436
OleCheck 132, 265, 273
OleInitialize 392
OLESelfRegister 165
OleUninitialize 392
OLTP 617
OnConnection
    TWordApplication 504
OnDataRequest 572
OnHTMLTag 908
OnReconcileError 570
OpusApp 513

OSQL 697
Out 95, 129
OutputDebugString 661
Override 75

P

Page-Objekt 881
PeekMessage 238
Player 823
POST 902
PostThreadMessage 258
PrintOut 477
ProcessMessages 187
ProgID 38, 49, 145
    ASP 920, 932
    COM+ 728
    UpdateRegistry 163
ProgIDFromCLSID 182
ProgIDtoClassID 145
Proxy-Objekt 197
ProxyStubClsid32 202
Prozess 191
PSafeArray 346
PSAutomation 203
Publisher 758

Q

QueryFields 902
QueryInterface 64, 80, 94
    Aggregation 288
    Einsatzbeispiel 394
QueryPerformanceCounter 330
queue
    /new
        {CLSID} 826
Queued Components 824

R

Range-Objekt 480
Read Committed 619
ReadClient 908
ReadComponent 357
Recorder 823
Recordset 686
Redirect 911

REFIID 122
RegDB 716
Register 304
RegisterActiveObject 179, 457
RegisterInterfaceInGlobal 224
RegisterTypeLib 163
Registry
   COM+ 716
REGSVR32.EXE 163
Release 64
Remote Server 69
RemoteServerName 723
Repeatable Read 620
Resource Dispenser 604
Response 911, 931
RevokeActiveObject 458
ROT 177, 457
RPCSS.EXE 142
Running Object Table 177

S

SafeArray 346
SafeArrayAccessData 335
SafeArrayCreate 347
SafeArrayDestroy 347, 355
SafeArrayGetElement 354
SafeCall 261, 267
SafeCallException 275
SafeRef 608
Schnittstellenroutine 76
SCODE 263
Script ausführen
   IIS 871
ScriptName
   Request-Objekt 904
Selection-Objekt
   Word 483
SendRedirect 905
Serializable 620, 702, 806
Server 65
Server Response File 867
ServerExceptionHandler 277
ServerGUID 942
ServerName 941
SetAbort 624

SetComplete 624
   zustandsloses Objekt 637
SetForegroundWindow 513
SetOleFont 325
SetOleStrings 314, 316
   Beispiel 321
Severity 263
Shared Property Manager 615, 641
SHGetMalloc 372, 374
SHGetPathFromIDList 373
SHGetSpecialFolderLocation 373
Side-by-Side-DLL 62
Single-threading Model 210
Singleton-Server
   MTS 681
Sleep 551
   STA-Problem 236
S-Lock 702
Socket Server 564
sp_attach_single_file_db 698
SQLOLEDB 693
SRF 867
STA 192, 207
   COM+ 724
Standard-Kontext 726
StartMode 185, 452
stdcall 133
STDVCL40.DLL 320
Stream-Objekt 410
Stub-Objekt 197
Subscriber 759
SubscriberInterface 775
Succeeded 265
Supports 95
SysAllocString 353
   BSTR 102
SysFreeString
   BSTR 102

T

TADOConnection
   ISAPI-DLL 892
TADOStoredProc 788, 792
TADOTable 705, 892
TAgent 556

TAggregatedObject 125
TAggregatedObject 297
TAppServer 733
TASPMTSObject 925
TASPObject 917
TAutoIntfObject 126, 435
TAutoObject 126, 435
TAutoObjectFactory 136, 174, 176
    TNA-Anpassung 861
    UpdateRegistry 501
TComClassManager 131
TComObject 126
TComObjectFactory 131
TComponentFactory 585
TContactItem 544, 545
TContainedObject 126
TCriticalSection 234, 493
TDataSetTableProducer 893
TDCOMConnection 564, 570
TerminateExtension 888
TEventLogger 665
TExcelApplication 530
TExcelWorkbook 530
TExcelWorksheet 531
TGUID 124
Thread 191
Threading Model 203
ThreadingModel 210
Threadneutral Apartment 852
Thread-Neutral Apartment 717
TIBDatabase
    ASP 928
TIBQuery
    ASP 929
Tic-Tac-Toe
    MTS-Funktionstest 594
Timeout
    MTS 703
TInterfacedObject 82, 88, 125
    Implements-Problem 295
TInterfaceList 120, 429
TInternetExplorer 558
TLB 29
    COM+ 721
TLIBIMP.EXE 55

TMemoryStream 340, 344
TMtsAutoObject 612, 627
TNA 717, 724, 852, 861
Token 98
TOleServer 488
TOleSysError
    Beispiel 234
TOSWordReport 483
TOutlookApplication 544
TPageProducer 907
Transaktion
    COM+ Event Service 761
Transfer 911
TREGSRV.EXE 56, 162
TRemoteDataModule 941
TSessionManager 671
TShellWindows 558
TSocketConnection 564
TStgMedium 391
TStringsAdapter 318
TThread 854
TThreadedAutoObjectFactory 577
TThreadedClassFactory 577
TTNAAutoObjectFactory 861
TTypedComObject 377
TWebApplication 897
TWebConnection 941
TWebRequest 902
TWebResponse 902
TWordApplication 490, 503
TWordDocument 490
TWordFont 490
Typbibliothek 29, 146
    Enumeration 147
    importieren 35
    Kategorien 152
    Modul 148
    Registrierung 162
Typbibliothekseditor 47
Type Library 146
Typkonflikt 350

U

UDT
    IRecordInfo 362

V

Zeigerzugriff 359
UNC 523
Unit ISAPI2 888
Update-Lock 703
    ADO 704
UpdateRegistry 163, 502
UPDLOCK 704
UserControl 530
UUID 121

V

VarArrayCreate 333, 336, 340, 441
    Unterschied zu SafeArrayCreate .. 347
    Unterschiede 347
VarArrayLock 334
VarArrayOf 331, 532
VarArrayRef 348
VarArrayUnlock 334
Variant 101, 328
VariantToRecord 342
VariantToStringlist 341
VBA 146, 522
VBA-Makro
    Automatisch anlegen 518
VBScript 97
Virtual 75
Virtuelles Verzeichnis
    IIS 871
VTable 71
VTABLE-Interface 113

W

WAIT ON LOCK 660
WAM 880
WAM Redirector 880
WAM-Objekt 881
Web Application Manager 880
Website 869
Window Station
    COM+ 834
Windows DNA 711
WININET.DLL 941
WinSight 513
Word
    Application-Objekt 476
    Document-Objekt 478
    Global-Objekt 476
    Range-Objekt 480
    Selection-Objekt 480
Word.Application 523
Word.Basic 524
WordBASIC 522
WriteIn 754
WSH 45

X

X/Open DTP XA 621
X-Lock 702
XML 743

Index

Mit dem Jahrtausendwechsel zeichnet sich verstärkt ein Wechsel zu echten Client/Server-Lösungen ab. Das Buch von Andreas Kosch arbeitet die grundlegenden Prinzipien der Client/Server-Programmierung heraus, ohne sich mit Kochrezepten für einsatzfähige Anwendungen zu begnügen.

Sie finden in diesem Buch Informationen über

> Datenbankdesign, BDE, ADO, IBX,
> SQL-Einsatzbeispiele, Transaktionen,
> Datenexport und -import
> und Three-Tier-Datenbankanwendungen.

Mit aktuellen Delphi 5 Features .

Client/Server
Datenbankentwicklung mit Delphi

Andreas Kosch
550 Seiten inkl. CD, DM 89,90 ISBN 3-9806738-1-2

Mit Delphi werden Anwendungen für Windows und somit für das Win32-API entwickelt.
Das Buch setzt sich das Ziel, das Zusammenspiel von Delphi mit dem Betriebssystem zu beleuchten und ein Grundverständnis über das prinzipielle Funktionieren einer Windows-Anwendung zu vermitteln.

Das Buch gibt Informationen über
    Win32 Speicherverwaltung,
    Thread-Synchronisierung, VCL,
    Thread und Fiber und DLL.

Delphi
Win32 Lösungen

Andreas Kosch
608 Seiten + CD   DM 89,90   ISBN 3-9806738-2-0

„Java programmieren mit JBuilder" ist keine Übersetzung und stellt das erste in deutscher Sprache geschriebene Buch zu Borland JBuilder dar. Es führt den Leser zügig und ohne Umschweife in die Welt der Java-Programmierung mit JBuilder ein. Die Autoren Peter Tabatt und Henry Wolf sind bekannt als Autoren des Java Magazins und haben Hunderte von Java-Programmierern geschult, weshalb sich das Buch eng an die Praxiserfahrung anlehnt.
Des weiteren sprechen die binnen kürzester Zeit vergriffene erste Auflage dieses Bestsellers und Tausende von zufriedenen Lesern eine deutliche Sprache.
Anfänger und fortgeschrittene Programmierer kommen gleichermaßen auf ihre Kosten, da jedes Kapitel nach einem Überblick über die Java-Grundsätze sofort in die Praxis übergeht – und dies mit einem der besten Tools für Java überhaupt: JBuilder. Die Themen des Buches sind weit gefächert und beginnen bei übersichtlichen Einstiegsprojekten, führen über Datenbankzugriff und serverseitige Java-Programme hin zum Erstellen eigener Komponenten (JavaBeans).

Brechen Sie auf in die Welt der Java-Programmierung! Auf der CD ist alles enthalten, was Sie dazu brauchen.

Java programmieren mit
JBuilder 4.0

Peter Tabatt, Henry Wolf
700 Seiten + CD   DM 89,90 ISBN 3-935042-04-3

Seit der Veröffentlichung der Unified Modeling Language (UML) hat sich diese Sprache zum Modellieren mehr und mehr als Standard in der Programmierung durchgesetzt. Ziel der UML ist es, eine einheitliche Notation für die objektorientierte Entwicklung zur Verfügung zu stellen. UML wird heute von namhaften Herstellern und Produkten unterstützt. Neben dem in diesem Buch eingesetzten Produkt ModelMaker widmet sich hierzu ein ganzes Kapitel, das eine Übersicht über die UML-Tools gibt. Als Techniken setzt dieses Buch OOP und relationale Speicherung mit den Tools Delphi, InterBase und ModelMaker ein, als Prozess kommt das V-Modell zum Tragen. Das eigentliche Modell wird dann Schritt für Schritt mit den einzelnen UML-Diagrammen und einem relationalen Datenmodell vervollständigt.

UML mit Delphi zeichnet sich dadurch aus, dass die konkrete Verbindung zwischen Modell und Code und die Darstellung der einzelnen UML-Diagramme entlang der Projektphasen, die in den meisten Büchern nicht zu finden sind, hier detailliert beschrieben werden. Der Einsatz von Design Patterns rundet das Beispielprojekt im Buch ab. Der Leser lernt, UML im Software-Engineering effizient einzusetzen und Applikationen mit der objektorientierten Sprache Delphi methodisch korrekt mit den entsprechenden UML-Diagrammen zu visualisieren und zu implementieren. Brechen Sie auf in die Welt der objektorientierten Entwicklung mit UML und Delphi.

UML mit Delphi

Max Kleiner
360 Seiten + CD   DM 79,90   ISBN 3-935042-00-0

ALLES
WAS EIN ENTWICKLER BRAUCHT

Datenbanken
Distributed Object
Computing
Software-Entwicklung

DerEntwickler

Wenn Sie jetzt unser Heft abonnieren erhalten Sie die aktuelle Entwickler-CD mit allen Ausgaben von 1996 bis 1999 in elektronischer Form kostenlos dazu. Besuchen Sie unsere Homepage

entwickler.com/de

12 Monate
12 Ausgaben
+ Archiv-CD

Abonnieren Sie jetzt! ⬅

Abonnenten erhalten exklusiv die Java-Magazin-Archiv-CD mit allen Ausgaben aus 98 und 99 in elektronischer Form.

www.entwickler.com/jm

- . . . aktuelle Java-Technologien
- . . . Internet-Programmierung
- . . . Tipps, Tricks, Praxiswissen
- . . . jede Ausgabe **mit CD**
- . . . für nur **9,50 DM**

Java™ ist eingetragenes Warenzeichen der Sun Microsystems Inc.

Java MAGAZIN